动植物检疫处理原理与实用技术

PRINCIPLE AND PRACTICAL TECHNOLOGY OF ANIMAL AND PLANT QUARANTINE TREATMENT

主　编 | 黄庆林

ANIMAL AND PLANT

中国海关出版社有限公司
·北京·

图书在版编目（CIP）数据

动植物检疫处理原理与实用技术/黄庆林主编．—
北京：中国海关出版社有限公司，2021．12
ISBN 978－7－5175－0554－9

Ⅰ．①动…　Ⅱ．①黄…　Ⅲ．①动物检疫 ②植物检疫
Ⅳ．①S851．34 ②S41

中国版本图书馆 CIP 数据核字（2021）第 274509 号

动植物检疫处理原理与实用技术

DONG ZHI WU JIANYI CHULI YUANLI YU SHIYONG JISHU

主　　编：黄庆林
责任编辑：叶　芳
责任监制：赵　宇
出版发行：中国海关出版社有限公司
社　　址：北京市朝阳区东四环南路甲 1 号　　邮政编码：100023
网　　址：https：//weidian．com/？userid＝319526934
编 辑 部：01065194242－7531（电话）
发 行 部：01065194238/4246/4254/5127（电话）
社办书店：01065195616（电话）
印　　刷：北京新华印刷有限公司　　经　　销：新华书店
开　　本：787mm×1092mm　1/16
印　　张：56　　字　　数：1193 千字
版　　次：2021 年 12 月第 1 版
印　　次：2021 年 12 月第 1 次印刷
书　　号：ISBN 978－7－5175－0554－9
定　　价：158．00 元

编委会

主　　编　黄庆林

副 主 编　李雄亚　魏亚东　詹国平　姜　焱

编写人员　（按姓氏笔画排序）

于晓东　马　健　王书平　王娓辰　王　婧　方　焱　帅江冰

任荔荔　刘永胜　刘　波　刘　涛　刘　娟　严　莎　杜　宇

李小燕　李雄亚　吴　昊　吴梅山　吴翠萍　余本渊　余道坚

汪　莹　张　扬　张亚婷　张剑锐　张瑞峰　张　锦　袁　平

陆冠亚　陈　佳　陈　艳　陈　默　林　宇　周江飞　孟庆峰

赵晓燕　赵卿颖　赵菊鹏　种　焱　姜　焱　骆　军　桂　林

贾　贇　钱　科　徐　强　高　建　郭晓林　黄庆林　黄国明

康舒婷　梁　超　葛卜风　韩笑晨　程　瑜　曾宪伟　滑　雪

楼旭日　楼军文　詹国平　潘佃安　薛　腾　戴世泰　魏亚东

1 船舶熏蒸

2 船舶熏蒸（人孔密封）

3 船舶熏蒸测毒

4 输日稻草蒸热处理

5 集装箱熏蒸

6 集装箱熏蒸（测毒）

7 熏蒸投药

8 木质包装残留浓度检测

9 帐幕熏蒸（马来西亚）

10 集装箱帐幕熏蒸

11 帐幕熏蒸

12 火车原木熏蒸

13 罗汉松开顶箱熏蒸

14 逐株实施土壤滴灌处理

15 电子束辐照

16 钴源辐照

17 进境木材熏蒸

18 原木处理区

19 原木下脚料处理区

20 溴甲烷回收设备

21 消毒液配备

22 门式检疫消毒通道

23 木质包装热处理

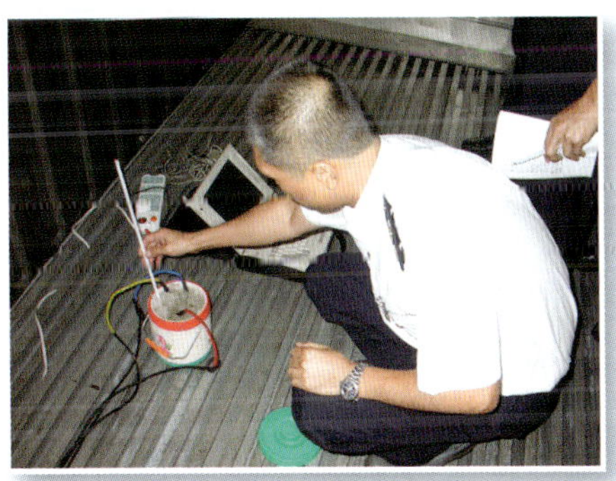

24 冷处理温度校准

25 荔枝冷处理

26 实验室熏蒸试验

27 实验室水果冷处理试验

28 智能一体化监测系统

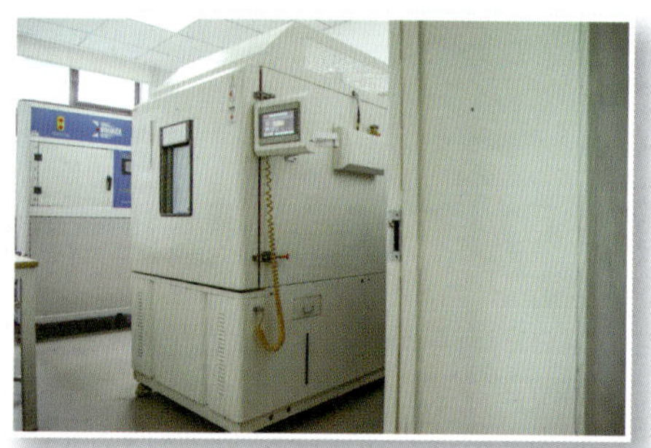
29 热处理设备

30 真空循环熏蒸设备

31 养虫室

32 养虫室

前 言

PREFACE

国门生物安全是国家安全体系的重要组成部分，在《中华人民共和国生物安全法》正式实施的大背景下，国门生物安全工作也需要不断创新与升级。动植物检疫处理作为国门生物安全阻控防线的关键末端，拥有极其重要的节点控制作用。当前，因动植物疫病疫情与货物种类特性复杂化、跨境传播载体多样化、检疫处理手段丰富化，以及《关于消耗臭氧层物质的蒙特利尔议定书》（简称《蒙特利尔议定书》）管控及环境危害的多重压力，如何科学精准、环保高效、标准化实施动植物检疫处理，发挥好国门生物安全的"绿色屏障"作用，值得思考。为此，编者集合动植物检疫处理专家，梳理国内外动植物检疫处理技术现状、探究未来发展趋势。

本书共分十八章，以动植物检疫处理历史、检疫处理技术应用与实践、安全防护与设施设备要求、检疫处理监管政策与信息化、动物疫病和植物及其产品检疫处理参考技术指标为主线，系统概述动植物检疫处理的基础理论知识、关键技术指标、实施操作流程，既涵盖理论概述和实践应用，汇集了检疫处理相关的法律法规及条约、标准，又将商品编号同植物及其产品可能携带有害生物的检疫处理技术指标进行对应。以期新型化、智能化、集成化且具备多场景灵活应用的检疫处理技术与设备成为行业未来的核心驱动力。希望本书可为口岸动植物检疫处理技术的应用与发展提供一定的理论参考和实践指导，为一线关员和检疫处理从业人员实施作业起到相应的辅助作用，有效促进动植物检疫处理高效、安全、环保地实施，有助于积极履行节能减排国际协议，推动我国生态文明建设。

本书的顺利出版得到了生态环境部对外合作与交流中心、海关总署动植物检疫司和天津海关各级领导的关心和支持。在此，感谢各级领导、为本书编写倾心付出的所有编者及提供帮助的各位专家。

尽管编写团队力争做到精益求精，但动植物检疫处理业务涉及面广且处于动态发展中，如有不妥之处，敬请读者批评指正。

编者

2021 年 12 月

目 录

CONTENTS

01 CHAPTER 第一章

动植物检疫处理历史与发展

动植物检疫处理是动植物检疫的重要组成部分，是确保动植物和动植物产品生产、加工、进出口等环节安全的重要手段和最后一道防线，在防止动物传染病、寄生虫病和植物危险性有害生物传入和传出，确保国内外贸易正常进行等方面发挥了重要的作用。动植物检疫处理技术为各国（地区）在世界贸易组织框架内促进贸易发展、保护本国（地区）农产品市场等方面也发挥着极其重要的作用。本章重点介绍了动植物检疫的发展历史及动植物检疫处理的概况。

第一节 动植物检疫发展史

我国的动植物检疫走过了风雨飘摇的一个多世纪，其发展历程与我国的国内外形势、对外贸易水平息息相关。我国的动植物检疫体系是在特殊的历史背景下逐步形成的，在中华人民共和国成立前以外商控制为主，中华人民共和国成立后，动植物检疫既遵循国际规则，又承载我国社会发展的时代要求，体现了中国特色，逐步形成自身的特点和规律。

一、进出境动植物检疫的起源

检疫“Quarantine”一词源自拉丁文“Quarantum”，原意为“40天”。1403年，为阻止船员的传染病传播，威尼斯要求入境的外来船舶和人员在锚地隔离40天。此后，这种始于对人类疫病防范的检疫手段，扩展到动植物领域，演变成了动植物检疫。产业革命之后，随着生产力的迅速发展和现代化交通运输工具的广泛应用，各国（地区）之间的经贸往来更加便捷，生产要素和动植物品种的流动性加大，动物传染病、寄生虫病以及植物有害生物也迅速扩散和蔓延，给农业生产和人民生活造成了极大的危害。最突出的是马铃薯被引种到欧洲后，导致了爱尔兰的马铃薯晚疫病大流行，给爱尔兰带来了重大的经济损失，数以百万人饿死、病死及逃亡。1660年，法国鲁旺地区为防止小麦秆锈病传入，颁布了铲除小蘖（*Berberis kawakamii*）并禁止其传入的法令，这是最早的植物检疫法令。1871年，日本开始采取措施，防御当时西伯利亚地区的牛瘟，阻止其传入日本，并于1886年颁布了《兽医传染病预防规则》。运用法律手段来保护本国（地区）农牧渔业生产安全，防止危害动植物生长的疫病的传入和扩散，已成为现代众多国家和地区的普遍做法。

二、我国动植物检疫的发展

我国的动植物检疫体系是随着进出口贸易的不断发展而逐步建立起来的。

（一）中华人民共和国成立前的动植物检疫

1840年鸦片战争打开了中国的大门，动植物疫病疫情也随之传入。1840年后，中国进入半殖民地半封建社会，进出口贸易为外国商人垄断，帝国主义列强在中国口岸设立检验所等机构，以中国官方名义签发证书，许多动植物检疫机构形同虚设。

1903年，清政府在中东铁路管理局建立了“铁路兽医检疫处”，检疫来自沙俄的各种肉类食品，同时对所辖农场及其铁路沿线农村进行家畜疫病防治，这是中国境内最早的进口动物检疫。1913年，我国在上海成立出口肉类检查所，委任英国兽医派德和洛克办理出口检验、证书签发业务。

1922年，上海总商会根据荷属南洋各地侨商要求电呈农商部，因凡是输往南洋的植物，必须有输出国政府机关发给的检疫证书，才准进口，故请求政府尽快筹设植物检疫机关。1928年，南京政府先后在上海、广州成立农产物检查所，这是我国政府设置机构办理出口植物检疫业务的开端。

1929年，上海商品检验局（简称上海商检局）成立，接管了上海农产物检查所，逐步开展棉花、豆类和茶叶等植物产品，猪鬃、肠衣等动物产品的检疫工作。随后，天津、青岛、汉口、广州商品检验局也分别于1929年5月、7月、8月和1930年成立，由农产品检验人员兼做植物病虫害检疫，但均没有植物病虫害检疫专设部门。

1935年4月，上海商检局将农产品检验处植物病虫害检验组扩建为“植物病虫害检验处”，这是我国植物检疫史上最早的专业单位。同年，我国建立了第一个动物检疫隔离所——江湾牲畜隔离所，开始对进口动物实施隔离检疫。

1937年，“七七事变”爆发，动植物检疫业务被迫中止，许多动物传染病和植物病虫害随战争传入中国。

（二）中华人民共和国成立后的动植物检疫

1950年，根据对外贸易的需要，中央人民政府在全国各商品检验局增设动植物检疫业务，并在东北建立了哈尔滨、沈阳、齐齐哈尔、吉林、锦州五个铁路兽医检疫机构，这些机构负责畜禽及其产品的铁路运输检疫和车辆的消毒工作。20世纪60年代，随着我国大量引进国外优良畜禽和种苗，为了更有效地防止有害生物的传入，国务院将对外动植物检疫业务交由农业部统一管理，实施动植物检疫。1965年，进出境动植物检疫正式由农业部接管，其在全国27个口岸设立了动植物检疫所。

1966年，“文化大革命”开始，我国动植物检疫机构的发展受到严重影响。1977年起，动植物检疫工作步入发展阶段。

1982年，动植物检疫总所成立，这标志着我国建立了口岸动植物检疫机构中央垂直管理体制。

1998年，国家将出入境动植物检疫、卫生检疫和商品检验“三检合一”，组建国家出入境检验检疫局。

2001年，我国加入世界贸易组织（World trade organization，WTO）后，为更好地适应国内外标准统一的要求，将国家出入境检验检疫局与国家质量技术监督局合并为国家质量监督检验检疫总局（简称国家质检总局），国家质检总局动植物检疫监管司具体负责全国的动植物检疫管理工作。国家质检总局在全国共设有35个直属出入境检验检疫局，在海陆空口岸和货物集散地设有近300个分支局和200多个办事处，共有检验检疫人员3万余人。国家质检总局对出入境检验检疫机构实施统一领导、垂直管理。

2018年2月，中国共产党第十九届中央委员会第三次全体会议通过了《深化党和国家机构改革方案》。同年3月，中共中央印发了《深化党和国家机构改革方案》，明确"将国家质量监督检验检疫总局的出入境检验检疫管理职责和队伍划入海关总署"。

三、我国动植物检疫法律法规的发展

1840年鸦片战争后，西方列强夺得了我国的经济贸易控制权，我国大量的农畜产品和工业原料被争相掠夺出口，同时近代西方的昆虫学、植物病理学知识随着西方列强的入侵传入了中国。中国植物病理学先驱邹秉文、朱凤美等认为动植物检疫关乎民生，是国家命脉所系，病虫害常因种苗、农产品的输入而引入，1916年邹秉文先生编写的《植物病理学概要》发表在《科学》杂志第5期上，这是我国最早有关动植物检疫的文献，文中提出的植病预防思想对我国植物检疫事业有重大影响。这也是中国有关动植物检疫最早的思想和建议。

1928年12月，南京国民政府农矿部公布《农产物检查条例》，在上海、广州先后成立农产物检查所；1929年3月公布《农产物检查条例实施细则》，6月公布《农产物检查所检查农产物处罚规则》（1930年9月修正）；1930年4月公布《农产物检查所检验病虫害暂行办法》；1932年公布了《商品检验法》。这些是我国早期的与植物检疫处理相关的法规，其中规定：执行进出口植物病虫害检验、防治病虫害的传入是农产物检查所的任务之一；若进口的农产物经检验被认为是带有病菌害虫者，则令其运往指定地点进行熏蒸消毒、烧弃或退回原地。至此，动植物检疫在中国生根发芽，发挥其特有的历史作用。

1954年，中央人民政府政务院批准并颁布《输出输入商品检验暂行条例》，对外贸易部据此制定《输出输入植物检疫暂行办法》和《输出输入植物应施检疫种类与检疫对象名单》并于1954年2月22日发布，自1954年4月1日起施行，进一步完善了进出口植物检疫的规章。

20世纪60年代，对外贸易部根据工作需要编制了《农产物药剂熏蒸方法》，介绍可供应用的几种药剂性状和使用方法、防毒与急救常识等，这是当时口岸采用的熏蒸工作指南。1971年，农林部修订了《口岸动物检疫暂行条例》；1980年3月22日，农业部发布《关于对外植物检疫工作的几项补充规定》，作为当时的植物检疫及检疫处理工作的执法依据。

1982年6月4日，国务院发布了《中华人民共和国进出口动植物检疫条例》。1983年10月15日，农牧渔业部根据该条例会同林业部制定了实施细则。

动植物检疫总所于1991年4月2日制定了《口岸植物检疫熏蒸处理工作管理试行办法》，于当年4月23日制定了《进出境植物产品带一般生活害虫的处理要求（试行）》。

1991年，《中华人民共和国进出境动植物检疫法》颁布，进一步明确了口岸动植物检疫机关的行政执法职能。《中华人民共和国进出境动植物检疫法》是我国第一部进出境动植物检疫工作的法律，也是进出境动植物检疫的基本法，体现了我国实施动植物检疫制度的意志，对于推动我国动植物检疫事业发展有着极其重要的意义。1996年12月，国务院颁布了《中华人民共和国进出境动植物检疫法实施条例》。

1993年2月9日，动植物检疫总所印发了《中华人民共和国动植物检疫总所关于出境植物检疫管理办法》，并于1993年2月18日制定了《中华人民共和国进境植物检疫危险性病、虫、杂草的检疫处理原则和要求（试行）》。随着我国对外贸易形势的发展，动植物检疫局于1997年制定《中华人民共和国进境植物检疫潜在危险性病、虫、杂草名录（试行）》。1997年10月10日，农业部颁布《中华人民共和国进出境动植物检疫行政处罚实施办法》。为了加强对检疫熏蒸消毒工作的管理，1998年12月24日，国家质检总局发布《熏蒸消毒监督管理办法（试行）》及《帐幕、集装箱、简易熏蒸库熏蒸操作规程》，同时将动植物检疫总所印发的《口岸植物检疫熏蒸处理工作管理试行办法》废止。不仅如此，我国还相继出台了40多个规范性管理文件、200余个地方规范性文件，极大地丰富了检疫处理相关法律法规体系。加入WTO以来，为了尽快与国际接轨，根据国内监管工作实际需求，我国逐步完善有关检疫处理技术标准的制定工作。近年来，相继出台了60多个相关技术标准、操作规程，以后还会根据业务需求不断制定有关动植物检疫处理的技术标准。

此外，原农业部和原国家质检总局先后以公告或令的形式，发布了动植物检疫名录，关于进境水生动物、水果、栽培介质、植物繁殖材料、进境货物木质包装、粮食等动植物及其产品的管理办法等一系列配套检疫规章，如《中华人民共和国进境动物一、二类传染病、寄生虫病名录》《中华人民共和国禁止携带、邮寄进境的动物、动物产品和其他检疫物名录》《进境动植物检疫审批管理办法》《出入境人员携带物检疫管理办法》《进出境粮食检验检疫监督管理办法》等，使动植物检疫法律体系更加完善。

第二节　我国动植物检疫处理发展史

我国动植物检疫事业是在西方科学传入我国后逐步发展起来的。20世纪20年代，我国建立了农产物检查所，开始实施进出口农产品病虫害检验；20世纪30年代，进出口商品检验机构为了维护出口商品信誉，防止有毒害危险的农畜产品进口，逐步完善植物病虫害检验制度；20世纪50年代初，农业部为了发展农业生产，加强植物保护，开展国内植物检疫，建立了口岸动植物检疫所，进一步推动了动植物检疫事业的发展。随着我国对外贸易的不断发展，检疫工作得到不断加强，我国适时制定了与之相适应的法律法规，并在熏蒸处理、热处理等检疫处理技术研究方面取得了进步，使其在防范外来有害生物和促进贸易发展方面发挥了应有的作用。

一、中华人民共和国成立前的动植物检疫处理工作

1929年，上海商检局成立，接管了上海农产物检查所，成立农产品检验处，设置植物病虫害检验组，负责农产品的病虫害检验和蜜蜂、蚕种的病虫检验。1935年，在江苏省昆虫局的协助下，上海商检局借用上海福新面粉厂仓库，应用二硫化碳熏蒸进口美国棉花种子100吨，这是我国植物检疫史上的第一次熏蒸处理作业，开创了我国植物检疫除害处理工作的先河。1936年，江湾建成熏蒸室，我国有了自己的熏蒸设施。1937年5月，上海商检局开始对进口的美国棉花、棉籽进行检疫熏蒸处理工作。

二、中华人民共和国成立后的动植物检疫处理工作

（一）动植物检疫处理药剂和仪器设备研究发展

1952年，华东农业科学研究所开始进行溴甲烷的制备与应用研究，1954年建成年产150吨的中试装置，1955年将溴甲烷生产装置移交南京气体厂正式生产。1977年，南京气体厂又将溴甲烷生产转交连云港市海水化工一厂。1973年～1981年，植物检疫实验所等单位完成了真空熏蒸技术的研究及ZX-350型真空熏蒸机的研制。1975年～1987年，植物检疫实验所徐国淦等成功研制出了熏蒸药剂熏灭净（硫酰氟），并将其在农、林、外贸、文史档案、轻纺、城建等方面进行大规模应用。

目前在动植物检疫中应用最为广泛的是熏蒸、冷处理、热处理、消毒等技术。在进境木材处理方面，莆田港、太仓港、曹妃甸港、长兴岛港等先后建成我国进境原木检疫处理区；在木质包装处理方面，标识加施企业均建立了热处理库和（或）熏蒸库，部分安装了数据远程监控系统；在集装箱处理方面，部分检疫处理单位建立了专用处理区域并设立明显的警戒标识；在防疫消毒方面，大部分检疫处理单位均配备了大型喷雾器，有的还配备了专用防疫消毒车和门式自动消毒设施。

（二）动植物检疫处理技术的发展

从中华人民共和国成立至今，我国检疫处理技术可以分成两大类：一类是化学处理技术，以化学药剂为基础，通过将性能优良的药剂与使用方法结合来达到杀虫灭菌的目的，包括熏蒸处理、非熏蒸化学药剂处理技术；另一类是物理处理技术，以物理

学为基础，通过各种极端温度条件对有害生物的胁迫或利用高能射线对有害生物机体产生不可逆转的损伤，最终达到杀灭有害生物的目的，包括热处理、冷处理、辐照处理和气调处理等。现阶段，具有经济、实用、效果显著等特点的熏蒸处理技术在检疫处理中应用最为广泛。不同的检疫处理方法各有优缺点，适用范围也各有侧重。因此，在具体实施检疫处理时，需要根据目标有害生物和寄主的不同，科学地选用不同的处理方法，可采用上述一种处理方法或综合应用多种处理方法。

（三）动植物检疫处理技术研究回顾

1. 进口粮谷、豆类检疫处理

（1）假高粱（*Sorghum halepense*）是我国进口植物检疫性有害生物，是对农牧业生产有严重危害的恶性杂草，因此，必须防止其随进口粮传播、扩散，以保护我国农牧业的生产安全。假高粱除害处理技术研究成果主要有以下4项：

①假高粱生物学、毒性、防除技术及检疫监管调查研究。由西安动植物检疫所在1991年完成。药剂防除盆栽假高粱植株试验得出10%草甘膦亩用有效成分70 g～100 g可防治一年生，用有效成分150 g可防治二年生，用有效成分200 g可防治三年生的假高粱植株及根状茎，效果均达100%。同时，开展田间调查，进行疫粮的除害处理监管。

②进口小麦磨粉过程中杂草的汰除和粉碎处理，由上海动植物检疫所在1992年完成。针对进口小麦携带大量杂草粒且主要随下脚料扩展蔓延的情况开展调查研究，寻找把磨粉工艺与汰除杂草相结合的方法，既防治危险性杂草传播，从而保障我国农牧业生产，又提高经济效益。

③化学药剂熏蒸杀灭假高粱活性的研究及应用，由天津动植物检疫局于1994年完成。室内检测结果为在环境温度20 ℃以上时，4个浓度（50 g/m^3、100 g/m^3、150 g/m^3、200 g/m^3）的环氧乙烷均能达到100%的灭活效果。在生产性试验中，分为筒仓散存和包装垛存两种情况，使用3个浓度的环氧乙烷（100 g/m^3、150 g/m^3、200 g/m^3），在投药前先投入占仓体积30%的二氧化碳，密闭72 h，使环氧乙烷浓度达到200 g/m^3，密闭72 h处理小麦中的假高粱，能达到100%灭活效果。

④氨化处理含假高粱进口粮下脚料的技术研究，由植物检疫实验所于1993年完成。该项研究采用氨化法对粮食加工后的下脚料中假高粱种子进行灭活处理。经过多种组合处理试验，摸索出下列方法：每千克下脚料，用尿素或碳铵20 g，兑水300 mL配成溶液，于5 ℃以上温度，处理7 d，假高粱种子的灭活率达100%。经氨化处理的下脚料，营养价值也有一定提高。

（2）进口粮检疫性害虫谷斑皮蠹（*Trogoderma granarium everts*）是一种危害性很大，极难防治的害虫，也是世界上重要的植物检疫性有害生物之一。它常随动植物产品及其包装物长距离传播，而且适应性很强，对干燥、高温、寒冷以及杀虫剂、熏蒸剂都有较强的抵抗力。利用溴甲烷熏蒸技术等可以有效达到灭虫效果。

（3）危害粮谷、豆类的其他害虫的检疫除害处理技术研究成果如下：

①溴甲烷和二氧化碳气体熏蒸杀虫效果研究，由连云港动植物检疫所于1988年完成。研究重点为溴甲烷、二氧化碳两者混合的比例，以及混合后的增效比值，还进行了大型粮垛的应用试验，为检疫处理提供了一些可供参考的理论资料。试验证实了可以提高杀虫效力接近1倍的方法，在18 ℃～20 ℃条件下，每组以120头花斑皮蠹（*Trogoderma variabile*）幼虫作为生物测试虫样，结果表明，添加二氧化碳后，使用浓度为20 g/m^3的溴甲烷，虫样的死亡率有明显增加，达100%，而单用35 g/m^3的溴甲烷，虫样的死亡率只有67.5%。

②稻水象甲（*Lissorhoptrus oryzophilus*）的扑灭和处理技术研究。植物检疫实验所于1989年～1991年开展了“稻水象甲检疫检验和处理、监测方法的研究”，明确提出了稻水象甲的传播途径，并首次公布了在我国唐海县发现的稻水象甲系孤雌生殖型。研究提出了稻水象甲检验、鉴定、监测及处理方法，根据研究结果制订了《检疫操作规程》，其适用于我国口岸检疫和内陆检疫。丹东动植物检疫局于1990年～1994年开展了“稻水象甲检疫检测及处理研究”。试验证明，用磷化铝处理稻谷或稻草中的稻水象甲成虫具有良好的杀虫效果。用溴甲烷处理稻谷、稻草，投药后随着时间的延长，其浓度急剧降低。在处理不同材料时，药剂浓度下降的幅度也不同，稻谷中各药剂的浓度下降较平稳，稻草中各药剂浓度的下降较急剧。农业部植物检疫实验所从试验中摸索出一套检疫处理措施和技术，明确了在相同温度下，不同时期处理不同寄主材料用的药剂品种、剂量和时间，得到了杀死各个时期稻水象甲成虫所用药剂的CT值（浓度和时间的乘积）。

③圆筒仓溴甲烷循环熏蒸技术研究。该研究由植物检疫实验所徐国淦等于1994年完成。该项研究利用国内现有筒仓配备循环熏蒸设备，既可安全有效地熏蒸灭虫，又可以用于给粮食通风降温或气调保粮杀虫等。以管道内风速18 m/s左右，粮垛内风速0.02 m/s～0.04 m/s等参数设计风机、药剂汽化装置、除尘装置、阀门，循环换气2次/h～3次/h。水泥圆筒仓经气密性改造，配备溴甲烷循环熏蒸设备。试验得出空仓气密性压力衰减结论，提供了仓储小麦循环熏蒸时各层次压力变化资料。试验得到溴甲烷防治仓储害虫的CT值：当粮温为10 ℃～15 ℃时，CT值为670 $g/m^3 \cdot h$～700 $g/m^3 \cdot h$；当粮温为16 ℃～20 ℃时，CT值为500 $g/m^3 \cdot h$～525 $g/m^3 \cdot h$；当粮温为21 ℃～25 ℃时，CT值为435 $g/m^3 \cdot h$～460 $g/m^3 \cdot h$。对于谷斑皮蠹来说，应适当延长处理时间或增加药量。

2. 水果蔬菜的检疫处理

为了有效地处理水果蔬菜携带的检疫性有害生物，保护生产安全，我国开展了熏蒸、辐照、冷处理、热处理等除害处理技术研究，取得了如下成果。

（1）溴甲烷、二硫化碳熏蒸处理水果对实蝇的效果及水果安全范围的研究和新疆苹果蠹蛾（*Cydia pomonella*）检疫熏蒸处理技术研究。这两项研究分别由植物检疫实验所徐国淦、新疆哈密植物检查站方德立等于1987年完成，明确了在不同温度下，使用溴甲烷和二硫化碳处理柑桔小实蝇（*Bactrocera dorsalis*）和苹果蠹蛾，当杀虫率达到100%时的CT值。溴甲烷在28 ℃～30 ℃时处理实蝇的CT值为90 g/m^3·h～120 g/m^3·h；在22 ℃～24 ℃时，处理苹果蠹蛾的CT值为60 g/m^3·h～70 g/m^3·h。使用二硫化碳在28 ℃～30 ℃时处理实蝇的CT值为340 g/m^3·h～400 g/m^3·h；在22 ℃～23 ℃时处理苹果蠹蛾的CT值为600 g/m^3·h。以上研究还明确了这两种熏蒸剂处理芒果、甜橙、梨等14种水果蔬菜的安全范围。熏蒸剂残留测定结果显示，水果仅表皮有微量的熏蒸剂残留。经品质测定，熏蒸对水果维生素C、总糖、总酸含量及风味均无影响。

（2）溴甲烷熏蒸进口水果试验及应用研究，由深圳动植物检疫所林朝森等于1987年间完成。溴甲烷虽属高效熏蒸杀虫剂，但对某些水果易产生药害，国外也缺少有关使用溴甲烷处理芒果和柑橘类水果的详细资料。为使溴甲烷安全有效地用于菲律宾芒果、新奇士橙、新奇士柠檬和苹果的检疫处理，消灭可能携带的危险性实蝇，研究人员进行了杀虫试验、药害试验、溴甲烷残留测定、水果处理后主要营养成分分析，在此基础上进行了中间试验和生产性试验，最后将熏蒸方法投入应用，并取得了良好效果。溴甲烷熏蒸菲律宾芒果中间试验的CT值以杀虫试验为依据，果温在35 ℃以上时，CT值为46 g/m^3·h；果温在28 ℃～35 ℃时，CT值为46 g/m^3·h～62 g/m^3·h。在20 ℃以上时，投药后的半小时和处理结束时，溴甲烷的浓度分别为25 g/m^3和18 g/m^3，处理后在5 ℃～8 ℃冷藏11 d或在2.8 ℃冷藏5 d。试验中熏蒸室的面积为70 m^3，进行9次重复试验，均取得良好效果。该熏蒸室于1986年投入使用，共处理水果70多批次，合计500 t以上，害虫死亡率均达100%，没有发现药害现象。

（3）溴甲烷熏蒸处理柚和红橘上的橘大实蝇［*Bactrocera*（*Tetradacus*）*minax*］研究，由植物检疫实验所何光超等于1994年完成。该项研究用溴甲烷常压熏蒸柚和红橘上的橘大实蝇幼虫，重复试验结果表明：温度为14 ℃～16 ℃时，溴甲烷浓度为56 g/m^3，熏蒸2 h，橘大实蝇幼虫死亡率达100%（装载量为50%）；温度为22 ℃～24 ℃时，溴甲烷浓度为40 g/m^3，熏蒸2 h，橘大实蝇幼虫死亡率为100%（装载量为50%）。

（4）溴甲烷对野苹果的灭虫处理研究，由舟山动植物检疫局杨赛军等于1998年完成。溴甲烷常压熏蒸野苹果上的蛀果蛾科（*Carposinidae*）和柑橘红叶螨（*Panonychus citri*）。重复试验及大容量熏蒸应用表明，温度为14 ℃～16 ℃时，溴甲烷浓度为48 g/m^3，熏蒸2 h，有害生物死亡率为100%；温度为22 ℃～24 ℃时，溴甲烷浓度为40 g/m^3，熏蒸2 h，有害生物死亡率为100%。该处理技术对植物无伤害，可以作为商业化熏蒸方法。

（5）引进国外冷冻设备，设计水果低温灭虫试验方法，由广州动植物检疫所梁广勤等于1990年完成。试验使用低温方法，杀死感染在橙果实中桔小实蝇的卵和幼虫。经测定，3龄幼虫对2 ℃的忍耐力最强。研究人员还在广州黄埔冷冻厂2 ℃冷冻车间进行测试，最后室内终试获得完全杀死52 584头试虫的结果，达到了统计的要求。测试的处理条件是库温为2 ℃，相对湿度约为70%，预冷至果心温度为2.0 ℃ ± 0.1 ℃后，处理时间为14 d。

（6）荔枝蒸热和低温综合杀虫研究及其应用，由广州动植物检疫局梁广勤等于1995年完成。主要目的是解决我国鲜荔枝在出口日本过程中的植物检疫问题，方法是应用蒸热处理技术和低温杀灭可能感染荔枝果实的桔小实蝇。同时进行对果质影响的测定以及低温储藏方法的研究。经过杀虫和果质影响测定试验，获得在果心温度达到45.6 ℃时，处理10 min，然后置于2 ℃低温下处理40 h的处理条件。试验结果证明，所获的处理条件既能杀虫，完全符合植物检疫规定要求，又不影响果质，保持鲜荔枝应有的商品价值。该研究获得的处理结果，被日本政府植物检疫部门认可和通过，并于1994年4月由日本农林水产省发布了允许中国鲜荔枝输入日本的植物检疫解禁令。该研究利用高低温综合作用的物理检疫杀虫处理方法，不污染环境，无化学物质残留，对人体健康不会造成危害，技术指标满足国际植物检疫处理要求。

（7）利用低温和气调对鲜荔枝进行检疫杀虫处理试验，由广州动植物检疫局梁广勤等于1995年完成。由于荔枝果实受桔小实蝇的为害，因此解决荔枝检疫问题的关键之一是解决实蝇问题。试验分杀虫试验和果实品质影响测定两部分。杀虫试验是以测定忍耐力最强的2龄幼虫为处理虫样，使荔枝果心温度为2 ℃，将氧气含量控制在1% ~ 5%，二氧化碳含量控制在5% ~ 6%，处理13 d，51 230头2龄幼虫被完全杀死。品质测定结果是保鲜期比对照组延长近20 d。该试验从检疫杀虫处理的角度和环保要求出发，应用气调和低温综合处理技术，达到既能杀虫又不影响果质的目标。

（8）昆士兰实蝇（*Batrocera tryoni*）低剂量^{60}Co γ 射线辐照检疫处理研究，由深圳动植物检疫所林朝森等于1990年完成。昆士兰实蝇是威胁热带、亚热带地区水果生产的危险性害虫，也是我国检疫对象。低剂量 γ 射线辐照杀虫是国际上很受重视的杀虫技术。该研究依国际上检疫处理的研究方法规范，比较系统详细地研究低剂量 γ 射线对昆士兰实蝇卵、蛹幼虫和成虫的延缓致死作用和不育作用。该研究的供试昆士兰实蝇达80万头以上，实验结果表明75 Gy剂量 γ 射线能导致昆士兰实蝇卵和幼虫死亡几率值（Probit）达到9或导致蛹和成虫完全不育，达到国际上检疫处理的杀虫标准。这一剂量能直接用于口岸对进出口水果进行检疫处理。

（9）进口水果低剂量^{60}Co γ 射线检疫处理的研究和应用，由深圳动植物检疫所林朝森、张荣华等于1992年完成。该研究以国际上检疫处理研究方法规范为基础，采用低剂量^{60}Co γ 射线对东方果实蝇（*Dacus dorsalis*）和芒果实蝇（*Bactrocera occipitaiis*）

产生延缓作用和不育作用，并把研究结果投入实际应用。用150 Gy ~ 300 Gy剂量的 ^{60}Co γ 射线处理进口水果中上述两种害虫，使其死亡率（含不育）达到9（95%可信度），达到国际植物检疫处理的标准，水果品质没有受到影响。采用低剂量 γ 射线杀虫技术进行水果检疫的害虫死亡率需要的 γ 射线剂量低，处理时间短，处理方法简单，处理效果安全可靠，不影响水果品质，不产生食品和环境污染，是处理水果中有害生物的一种很有前景的方法。

（10）辐照柑橘和板栗害虫的研究，由中国农业科学院原子能利用研究所高美须等于1998年完成。对检疫害虫柑橘大实蝇和栗象进行辐照处理研究，结果发现，50 Gy ~ 200 Gy的辐照可以略微降低柑橘大实蝇的化蛹率，0 Gy、50 Gy和75 Gy的辐照处理使过冬蛹的羽化数随着剂量的升高而降低，当辐照剂量高于90 Gy时，没有观察到羽化发生。辐照剂量对羽化成虫的寿命也有影响。根据我国辐照蜜橘的有关法规，90 Gy应该可以作为辐照柑橘、解决柑橘大实蝇检疫问题的应用剂量。50 Gy的辐照处理可以在辐照10 d后有效地控制栗象。

（11）γ 射线对荔枝蒂蛀虫（*Conopomorpha sinensis*）幼虫检疫处理的研究，由华南农业大学胡美英等于1998年完成。应用0.1 kGy ~ 0.4 kGy的 ^{60}Co γ 射线对新鲜荔枝果实中的蒂蛀虫幼虫进行辐射检疫处理研究。判断辐照检疫处理的有效性是以处理幼虫不能羽化为成虫为标准的。概率分析结果表明，致使荔枝蒂蛀虫幼虫99.5%死亡的辐照剂量是0.254 kGy，95%置信区间是0.220 kGy ~ 0.289 kGy，辐照处理与低温（7 ℃）冷藏相结合，可提高荔枝蒂蛀虫的死亡率。对荔枝果实的营养成分的分析结果表明，经0.20 kGy、0.25 kGy、0.3 kGy辐照处理的荔枝与对照组相比，其还原糖和维生素C含量无明显差异，而总酸度含量、储藏期间坏果率比对照组低。

（12）热水处理芒果果实中的桔小实蝇试验，由广州动植物检疫所梁广勤等于1992年完成。该试验用热水杀灭感染在果实中的实蝇，方法是将可能受了感染的果实，投入40 ℃的热水中20 min，然后将水温升到46 ℃，待果实中心温度达到46 ℃时，继续浸泡10 min，这一处理条件可完全杀死果实中的桔小实蝇，杀虫率达到100%。从所浸泡时间的资料进行概率分析，杀虫率达到99.996 8%，即几率值9（Probit 9）的要求。这一处理方法，可作为检疫处理的有效措施。

（13）几种常见熏蒸剂处理嘉定白蒜的试验，由上海动植物检疫所曹勇等于1988年完成。研究人员选用磷化铝、溴甲烷、二硫化碳3种熏蒸剂做试验。从试验结果可以看出，使用磷化铝熏蒸大蒜咖啡豆象（*Araecerus fasciculatus*）是一个行之有效的办法，其有着比溴甲烷操作方便、药价便宜的优点，易于推广。试验证明，大蒜受药害的临界浓度和处理时间为：磷化铝30 g/m^3，48 h；溴甲烷60 g/m^3，3 h；二硫化碳100 g/m^3，9 h。磷化铝达到100%杀虫率的最低剂量和时间分别为6 g/m^3、24 h，溴甲烷为65 g/m^3、4 h。二硫化碳如果浓度低则不能达到100%杀虫效果，浓度高或处理时间长则会引起大蒜变质。

3. 木材木质包装检疫处理

1983年5月～1989年4月，南京动植物检疫所针对进口木材检疫处理工作存在的困难，进行了“进口木材的检疫和处理技术研究”。此研究适用于进口木材、垫仓木、木包装箱的检疫和处理。该项目对进口木材检疫处理分别采用熏蒸或喷药、水浸处理相结合的方法。1982年～1990年，海口动植物检疫所开展了“进口原木天牛科害虫的检疫及其检疫处理的措施研究”，提出了4种危险星天牛（*Cerambycidae*）处理的主要技术指标，并根据木材携带的天牛危险性种类的不同，分别采取锯板、剪除边材、剥皮处理、药物喷洒的检疫处理措施。

1988年～1991年，文锦渡动植物检疫所陈志麟等开展了“双钩异翅长蠹（*Heterobostrychus aequalis*）检疫处理研究”，开展溴甲烷熏蒸、溴甲烷和磷化铝混合熏蒸、硫磺熏蒸杀虫以及集装箱熏蒸杀灭双钩异翅长蠹研究。其中，集装箱溴甲烷熏蒸的条件为：温度在20 ℃以上，溴甲烷浓度为42.56 g/m^3；温度为4 ℃~20 ℃，溴甲烷浓度为56.57 g/m^3。该方法熏蒸效果好，研究人员在一个月后追踪调查，未发现双钩异翅长蠹。

为了解决木质包装携带星天牛（*Anoplophora chinensis*）的检疫除害处理技术问题，防止星天牛随木质包装传播扩散，促进中美贸易的顺利开展，美国农业部动植物检疫局与我国国家监管机构协商并决定开展木质包装检疫除害处理技术合作研究。此项研究共分为6个子项目：（1）木质包装熏蒸处理技术研究；（2）木质包装星天牛热处理技术研究；（3）中国输美木质包装材种情况调研；（4）星天牛种间及光肩星天牛（*Anoplophora glabripennis*）种群间分子生物学研究；（5）木质包装非离子化微波辐照处理技术研究；（6）集装箱熏蒸溴甲烷残留测定。根据相关协定，美国提供研究人员和经费，中国提供研究人员、试验场地、材料、详细工作计划和设备。

4. 运输工具的检疫处理

（1）1984年8月，江苏省某公司进口了一条新加坡籍的废船“新天鹅”号，船上生活区有6处放有印度大米。南京动植物检疫所在检疫过程中发现大米中有大量谷斑皮蠹。大米上的谷斑皮蠹扩散到附近的餐厅、杯碟间等。上海粮油进出口公司熏蒸队熏蒸船舱，熏蒸时间为90 h，溴甲烷浓度为80 g/m^3，经检查，放置的谷斑皮蠹虫样全部死亡。

（2）1993年6月26日，南京动植物检疫局在对中国香港的集装箱班轮“皖祥”轮检疫时，在干货仓的两袋黑芝麻上截获国家禁止传入的危险性害虫谷斑皮蠹，即对该轮进行了熏蒸灭虫处理。

（3）1989年～1992年，张家港、南通动植物检疫所陈建东等开展了“国际航行船舶修理期间动植物检疫与处理技术研究”。经过3年多的努力，研究人员摸索了一套检疫程序和处理方法，完成了《国际航行船舶修理期间动植物检疫操作规程》；检疫处理了来自一类动物传染病疫区的船舶61艘；熏蒸处理了带有巴西豆象等危险性害虫的船舶4艘次；喷药处理了带有四纹豆象等害虫危害较重的船舶13艘次。

（4）1993年～1995年，黄埔动植物检疫局陈仁兴等开展了“集装箱熏蒸插针定量施药方法的研究”。采用闭门插针方法，利用流量计定量施药。研究人员采用的LZB-10型液体流量计，主要测量元件为一根小端向下、大端向上，垂直安装的锥形玻璃管，壁上有刻度，内有可上下浮动的浮子。浮子读数越高，流量越大。溴甲烷在钢瓶内产生的压力，使药液流经锥形管，以螺丝阀调节浮子读数。当浮子达到某刻度，浮子上升与浮子所受的重力相等时，处于平衡位置。单位时间的流量与放药时间的乘积，即为施药量。由于锥形管上的刻度是以水标定的，因此使用溴甲烷必须对数值进行修正，当溴甲烷药液的比重为1.730时，修正系数为0.718。按公式可算出溴甲烷每分钟的流量，再计算施药时间，就能算出施药量。

（5）1997年，舟山动植物检疫局殷汉华等完成了“集装箱溴甲烷熏蒸气体分布测定研究”。由于使用溴甲烷对集装箱实箱和空箱进行熏蒸已相当普遍，但是溴甲烷气体在箱内的浓度分布在短期内是不均匀的，因此，该项研究对集装箱溴甲烷熏蒸的不同温度、不同时间、不同投药方法、空箱和实箱的气体在向内的分布进行了研究，提出了熏蒸时必须采取的技术措施。

（6）1994年，深圳动植物检疫局郑文华等完成了硫酰氟对集装箱害虫熏杀效果研究。该项研究用硫酰氟对传带害虫的集装箱进行熏蒸试验。结果表明，气温在22 ℃以上时，对静止的集装箱投18 g/m^{3}硫酰氟，对运行途中的集装箱投20 g/m^{3}硫酰氟，各熏蒸4 h，谷斑皮蠹、赤拟谷盗（*Tribolium castaneum*）、玉米象（*Sitophilus zeamais*）、脊胸露尾甲（*Carpophilus dimidiatus*）及锈赤扁谷盗（*Cryptolestes ferrugineus*）的成虫、幼虫、蛹的熏杀率均达100%。

第三节　国际动植物检疫处理

世界动物卫生组织（Office international des épizooties，OIE）是一个旨在促进和保障全球动物卫生和健康的政府间国际组织，其向各国（地区）政府通告全世界范围内的动物疫情以及疫情的起因，并通告控制这些疫情的方法；在全球范围内，就动物疾病的监测和控制进行国际研究，并协调各成员方在动物和动物产品贸易方面的法规和标准。《国际植物保护公约》（International plant protection convention，IPPC）的主要目标是通过防止植物有害生物的传入和扩散，保护野生植物。IPPC秘书处制定了协调一致的国际植物检疫处理标准（International standards for phytosanitary measures，ISPM）——ISPM 18《植物检疫措施的准则　辐照处理》和ISPM 28《限定性有害生物的植物检疫处理》，推荐了多种贸易植物及其产品的有害生物的不同检疫处理技术指标。依据世界贸易组织《实施卫生与植物卫生措施协议》（Agreement of sanitary and phytosanitary measures，简称SPS协议），检疫处理的应用应当建立在科学、适度的基础上。因此，加强植物检疫处理的规范化、标准化，是实施SPS协议的基础。世界各国（地区）和相关国际组织对此都非常重视，如《国际植物保护公约》秘书处专门制定了相关的国际标准ISPM 15《国际贸易中木质包装材料管理准则》。随着越来越多国际标准的制定，检疫处理在促进国际贸易发展中会发挥越来越重要的作用。

目前，国际组织和各个国家（地区）的相关组织对检疫处理的标准都进行了修订，并加强了检疫处理的实施。

一、国际组织的动植物检疫处理

IPPC是1951年联合国粮食及农业组织（Food and agriculture organization of the united nations，FAO）通过的一个有关植物保护的多边国际协议，于1952年生效。IPPC的目的是确保全球农业安全，并采取有效措施防止有害生物随植物和植物产品传播和扩散，促进采取有害生物控制措施，为区域和国家植物保护组织提供国际合作、协调一致、技术交流的框架和论坛。

亚太区域植物保护委员会（Asia and pacific plant protection commission，APPPC）是亚洲和太平洋地区重要的植物保护区域合作组织，主要致力于开展成员方植物保护合作，提升区域重大植物有害生物监测与防控水平，减轻有害生物对农业、林业和生态环境的影响，保护生产安全。

北美植物保护组织（North and mediterranean american plant protection organization，NAPPO）为加拿大、美国和墨西哥的公共和私营部门提供论坛，以便在促进贸易的同时，制定以科学为基础的标准，以保护农业、森林和其他植物资源免受植物害虫的侵害。

欧洲和地中海国家植物保护组织（European and mediterranean plant protection organization，EPPO）是一个区域性的保护组织，覆盖整个欧洲、北部非洲和东部地中海国家（地区），共有34个成员。目前有两个工作组，一个是植物检疫工作组，另一个是农药管理工作组。

植物检疫处理技术小组（Technical panel on phytosanitary treatments，TPPT）包括辐照、熏蒸、温度、气调和化学处理相关专业的专家。其评估国家植物保护组织（National plant protection organization，NPPO）和区域植物保护组织（The regional plant protection organizations，RPPO）提交的数据，并审查、修订和发展植物检疫处理技术，就具体的植物检疫处理问题向标准委员会提供指导。

目前，IPPC秘书处修订的涉及植物检疫处理的国际标准主要有4个：ISPM 15《国际贸易中木质包装材料管理准则》、ISPM 18《植物检疫措施的准则　辐照处理》、

ISPM 28《限定性有害生物的植物检疫处理》和ISPM 42《使用温度作为植物检疫措施的要求》。其中ISPM 15在2009年修订的标准附件1中提到，木质包装材料处理措施包括传统的蒸汽或干热处理、介电处理、溴甲烷熏蒸、硫酰氟熏蒸等。ISPM 28作为限定性有害生物的检疫处理措施标准，现共有39个标准附件，涉及不同的处理技术标准，包括熏蒸2个、冷处理13个、热处理5个、辐照19个。目前IPPC秘书处还在制定《熏蒸处理作为植物检疫措施的要求》《气调处理作为植物检疫措施的要求》《化学处理作为植物检疫措施的要求》等4个国际植物检疫措施标准，并在全球范围征集检疫处理方面的标准议题。

亚太区域植物保护委员会目前涉及检疫处理的标准仅有3个，分别是：RSPM 1《用于果实蝇寄主货物的热消毒处理准则》、RSPM 9《辐照设施的批准》和RSPM 10《熏蒸设施的批准》。

欧洲和地中海国家植物保护组织制定的植物检疫处理相关标准共有24项，在2015年废止了4个有关溴甲烷的标准。其大部分检疫处理技术指标参考《美国植物保护与植物检疫处理手册》，检疫处理技术包括熏蒸处理、辐照处理、冷热处理等。

欧盟对木质包装材料的检疫要求采用ISPM 15。欧盟第2005/15/EC号指令设定了非欧盟国家的木质包装材料进入欧盟境内的检疫要求，所有来自非欧盟国家的木质包装材料必须去皮，并按照ISPM 15规定的程序进行热处理或熏蒸处理并加施带有IPPC标志的官方标识。但对以下3种情况不适用：（1）厚度等于或小于6 mm的木质材料；（2）经黏合或者加热、加压等深度加工的木质包装材料，如胶合板等；（3）在欧盟境内贸易用的木质包装材料。对针叶树或阔叶树的圆木和锯材，无论有无树皮，其携带的害虫和线虫均可采用热处理和辐照处理。欧盟于2015年废除了溴甲烷熏蒸这一检疫处理技术。对于干果和坚果中的储藏物害虫可采用硫酰氟或磷化氢熏蒸处理技术，同时不再使用溴甲烷熏蒸处理，对谷物种子中携带的真菌类有害生物采用低能电子加速器处理技术；对储藏物（如谷物、种子、草本植物等）携带的害虫可以采用电离辐照或磷化氢熏蒸处理。此外，EPPO还针对特定的有害生物制定了相应的处理标准，如对葡萄根瘤蚜（*Viteus vitifoliae*）推荐热水处理和磷化氢熏蒸处理；对储藏物中的谷斑皮蠹推荐磷化氢熏蒸处理；对蔗扁蛾（*Opogona sacchari*）推荐热水处理等。

北美植物保护组织等同采纳了ISPM 18和ISPM 15，同时还制定了RSPM 34《新鲜水果和蔬菜中节肢动物虫害的检疫处理办法》。

二、美国的动植物检疫

美国《联邦法规》“农业部法规”第3章第305部分批准的所有处理，均须接受美国农业部动植物检疫局（Animal and plant health inspection service，APHIS）的监督和认可，美国境外实施的任何检疫处理必须由APHIS的检疫官员或授权的官员进行监督和认可。美国植物检疫局（APHIS-PPQ）负责植物检疫处理技术监督和认可，检疫处理方法、技术指标和操作以《处理手册》的形式公开发布，该手册内容包括熏蒸、冷处理、热处理、辐照处理等。

为了确保检疫处理的有效性，检疫处理设施需通过APHIS官方认可，所有处理程序必须由APHIS授权的官员进行监督。所有熏蒸化学试剂必须有美国环境保护署（U.S Environmental protection agency，EPA）批准的注册商标和《处理手册》中规定的APHIS批准的处理技术指标，根据《联邦法规》的处理方案进行。

三、澳大利亚的动植物检疫

澳大利亚的动植物检疫要求十分严格，动植物被列为高风险货物，需要经过检疫处理后才能进口。对于高风险的动植物（如马、鸟类、马铃薯等），检疫部门要重点进行检疫处理。检疫处理工作一般由检疫部门认可的检疫处理企业完成，除害处理、消毒、清洗的工作则由检疫部门认可的专业人员进行。

谷物、木材、木制品、动物产品和新鲜水果蔬菜等高风险的货物需要满足澳大利亚官方检疫要求，应经过热处理、窑干处理、辐照处理和溴甲烷熏蒸处理才能被准入，部分商品可以通过多种方式处理，而有的商品只能通过一种被认可的方式处理。澳大利亚官方认可对木质包装使用熏蒸处理和热处理两种非永久性处理方式，使用非永久性处理方式处理的木质包装必须在21 d内装船运输。厚度超过200 mm的大木块，则须有澳大利亚官方特殊的许可证明才可入境。

澳大利亚对于货物的检疫分为离岸检疫和在岸检疫，部分特定商品只能进行离岸检疫。离岸检疫是控制检疫风险的重要手段，进口商需提供完整的检疫处理证书，如果监管机构在货物中发现有害物，可将其认定为处理无效。进口的货物需要经过合理的矫正措施处理，根据污染物的侵袭和商品种类可将措施分为全部查验、重新处理和销毁。到达澳大利亚的货物如果没有有效的检疫处理证书，进口商可以在货物抵达后通过检疫机构认可的方法对货物进行处理，也可以选择让检疫机构进行查验，如果货物不能满足要求，则必须按照规定进行检疫处理。为了保证货物到达目的地时满足澳大利亚的检疫要求，企业需要出具熏蒸证书等相关证明资料。

四、日本的动植物检疫

日本的农林水产省统管进出境动植物检疫工作，负责日本全国进出口农林水产品和食品的检验和检疫管理，其中大米、小麦和大豆由农林水产省下属的农业和工业局负责进口。日本农林水产省下设消费及安全局，其负责拟订和监督制定植物检疫法规和政策，负责管理日本检疫和进出境植物防疫工作。日本政府对粮食安全卫生要求十分严格，粮食进口一般要经过3道检验检疫关：一是出口国检验检疫，二是进口商社或委托其他检验机构检验，三是厚生省下设的检疫所安全卫生检疫。

日本从国外进口的小麦、大麦、玉米、大豆类的商品大多在货船上检疫。现场检验检疫手续主要有：外观检查，确认是否带有土壤、病虫害等；显微镜检查，检查是否带有微小病虫害。日本对进境农产品进行检疫，检疫时只要发现活体害虫就要进行检疫处理（以农药熏蒸为主），如发现菌核或麦角菌，则需要在仓库或加工厂隔离或进行加热处理。因为进境粮食大部分用作食品，所以还要经过厚生省的食品监控检查。日本《植物防疫法》规定，当在进口小麦、黄豆、大麦、玉米中发现检疫性病虫害时，相关部门必须向植物保护站提交进口报告，并且粮食必须在指定地点接受检验，在提交进口申请时必须附带由出口国政府机构发给的植物检疫证明。如果在检查时发现任何由枯萎病和害虫引起的损害，要进行熏蒸和消毒等处理。

日本实验室检验主要包括转基因食品检查和安全卫生监测。另外，日本在实验室也同时开展病虫害的检测鉴定工作，如在进境粮食中发现菌核或麦角菌，则需将粮食在仓库或加工厂进行隔离或进行加热处理。

五、新西兰的动植物检疫

新西兰政府对于进境的植物是否需要进境许可，根据不同国家（地区）、不同植物而有不同要求。原则上，鲜果及用于栽培的植物等需要进境许可，新西兰与进口国有双边协定的按协定中的规定办理。针对不同国家（地区）、不同植物，新西兰将进境许可的必要性及进境条件方面的有关材料整理后形成标准，发放到各口岸检疫所。进境许可原则上要在植物进境前办理，遇特殊情况时也可在进境时办理，但需隔离检疫的植物必须在进境前办理，进境许可有效期为一年，栽培用植物每次进境都要办理进境许可。新西兰植物检疫范围包括所有植物，“植物”包括所有乔木、灌木、花卉、蔬菜、草本植物及其种子、孢子、花粉等。

为满足贸易伙伴对进口种子的要求，新西兰初级产业部（Ministry for primary industrics，MPI）建立了二级监管体系，即初级产业部、独立第三方认证机构、初级产业部授权和认可的植物检疫机构，三者密切联系，相互配合，共同加强对种子生产、加工各环节的检疫监管。在种子生产管理过程中，检疫监管主要有4项内容：

1.生产基地的选择。MPI要求所有从事种子生产的种植者要依托“新西兰种子作物隔离地理信息系统”，根据不同作物种类、贸易伙伴关注的有害生物种类等因素，选择适宜的种子生产田块。

2.原种检疫管理。为保障生产安全，同时防范危险性有害生物传入，新西兰对原种管理非常严格，所有来源于境外并用于生产的原种，均由MPI指定的实验室进行严格的检疫检查，并要求企业在种植前进行包衣处理。

3.产地检疫监管。对有害生物，特别是针对贸易伙伴关注的有害生物种类，由独立第三方认证机构指定的田间调查员定期进行田间调查，并指导种植者适时喷施预防性药剂，采集疑似的有害生物样品送MPI认可的实验室进行鉴定，确认的则及时启动疫情处理装置。

4.种子抽样检测。MPI要求针对出口的商品种子均进行相应的有害生物检测。

六、欧盟的动植物检疫

欧盟理事会负责植物检疫基本法规的制定及重大检疫问题的最终决策；欧盟委员会负责组织实施，包括制定实施细则、提出经费预算、协助成员开展检疫检验、核查疫情发生及处理情况、与非欧盟国家（地区）签订检疫协定并组织农产品进口预检等。在农产品检疫方面，欧盟的做法具有很强的针对性和灵活性。一方面，根据疫情的分布，将一些检疫性有害生物列入名录进行检疫，确保符合既定的检疫要求；另一方面，根据欧盟委员会的建议，欧盟理事会经常对名录进行修订补充。欧盟各成员围绕《进境前必须进行检疫的植物（植物产品）及其相关物名录》开展农产品检疫工作。一是各成员植物检疫机构委派植物检疫人员进行产地检疫，每年不少于一次，必要时进行室内检验，对农产品加工和储存场所、包装材料、运输工具也要进行认真检验，确保输往其他成员的农产品具有良好的植物卫生条件；二是对名录中来自非欧盟的对象物实施检验，进口农产品不管最终销往哪个成员，原则上要在进入欧盟的第一个成员口岸进行检疫，核发植物检疫证书后，才能在欧盟境内流通。

欧盟要求，成员发现新的有害生物，无论是否已列入《进境前必须进行检疫的植物（植物产品）及其相关物名录》，只要是首次发现，都要立刻报告欧盟委员会，并通知有关成员采取紧急调查和处理措施。必要时欧盟委员会植物检疫专门委员会组织专家进行实地调查，论证成员采取紧急措施的科学性与可行性，予以认可或提出处理要求，采取包括对染疫植物（植物产品）销毁，栽培介质及包装材料处理，生产工具、包装储存场所及运输工具消毒等处理措施。为严防外来检疫性有害生物传入，欧盟各成员投入大量资金建设检疫隔离场。

七、IPPC秘书处已发布的ISPM（更新日期：2021年10月4日）

ISPM 1：关于植物保护在国际贸易中应用植物检疫措施的植物检疫原则

ISPM 2：有害生物危险性分析框架

ISPM 3：生物防治物和其他有益生物的输出、运输、输入和释放准则

ISPM 4：有害生物监督——建立非疫区的要求

ISPM 5：植物检疫术语表

ISPM 6：监测准则

ISPM 7：出口验证体系

ISPM 8：某一地区有害生物状况的确定

ISPM 9：有害生物根除计划准则

ISPM 10：建立非疫区产地和非疫区生产点的要求

ISPM 11：检疫性有害生物风险分析（包括环境风险和活体转基因生物分析）

ISPM 12：植物检疫证书准则

ISPM 13：违规和紧急行动通报准则

ISPM 14：系统方法在有害生物风险管理中的综合应用

ISPM 15：国际贸易中木质包装材料管理准则

ISPM 16：限定的非检疫性有害生物：概念及应用

ISPM 17：有害生物报告

ISPM 18：植物检疫措施的准则　辐照处理

ISPM 19：限定性有害生物名录准则

ISPM 20：植物检疫进口管理系统准则

ISPM 21：限定的非检疫性有害生物风险分析

ISPM 22：建立有害生物低度流行区的要求

ISPM 23：查验准则

ISPM 24：植物检疫措施等效性的确定和认可准则

ISPM 25：过境货物

ISPM 26：实蝇（实蝇科 Tephritidae）非疫区的建立

ISPM 27：限定性有害生物诊断规程

DP 1：棕榈蓟马（*Thrips palmi karmy*）

DP 2：李痘病毒（Plum pox virus）

DP 3：谷斑皮蠹（*Trogoderma granarium everts*）

DP 4：小麦印度腥黑穗病菌（*Tilletia indica mitra*）

DP 5：水果上的柑橘叶点霉菌［*Phyllosticta citricarpa*（*McAlpine*）Aa *on fruit*）］

DP 6：柑橘溃疡病菌（*Xanthomonas citri* subsp. *citri*）

DP 7：马铃薯纺锤形块茎类病毒（Potato spindle tuber viroid）

DP 8：鳞球茎茎线虫与腐烂茎线虫（*Ditylenchus dipsaci and Ditylenchus destructor*）

DP 9：按实蝇属（Genus anastrepha schiner）

DP 10：松材线虫（*Bursaphelenchus xylophilus*）

DP 11：广义美洲剑线虫（*Xiphinema americanum sensu lato*）

DP 12：植原体（Phytoplasmas）

DP 13：梨火疫病菌（*Erwinia amylovora*）

DP 14：草莓角斑病菌（*Xanthomonas fragariae*）

DP 15：柑橘衰退病毒（Citrus tristeza virus）

DP 16：斑潜蝇属（Genus liriomyza）

DP 17：水稻干尖线虫、草莓滑刃线虫、菊花滑刃线虫（*Aphelenchoides besseyi,A. fragariae and A. ritzemabosi*）

DP 18：粒线虫属（*Anguina* spp.）

DP 19：假高粱（*Sorghum halepense*）

DP 20：中欧山松大小蠹（*Dendroctonus ponderosae*）

DP 21：马铃薯斑纹片病菌（*Candidatus* Liberibacter solanacearum）

DP 22：松树脂溃疡病菌（*Fusarium circinatum*）

DP 23：栎树猝死病菌（*Phytophthora ramorum*）

DP 24：番茄斑萎病毒、凤仙花坏死斑病毒和西瓜银斑病毒（Tomato spotted wilt virus，Impatiens necrotic spot virus，Watermelon silver mottle virus）

DP 25：叶缘焦枯病菌（*Xylella fastidiosa*）

DP 26：桃金娘科锈病（*Austropuccinia psidii*）

DP 27：齿小蠹属（*Ips* spp.）

DP 28：李象（*Conotrachelus nenuphar*）

DP 29：桔小实蝇（*Bactrocera dorsalis*）

DP 30：独脚金属（*Striga* spp.）

ISPM 28：限定性有害生物的植物检疫处理

PT 1：墨西哥按实蝇（*Anastrepha ludens*）的辐照处理

PT 2：西印度按实蝇（*Anastrepha obliqua*）的辐照处理

PT 3：暗色实蝇（*Anastrepha serpentina*）的辐照处理

PT 4：扎氏果实蝇（*Bactrocera jarvisi*）的辐照处理

PT 5：昆士兰实蝇（*Bactrocera tryoni*）的辐照处理

PT 6：苹果蠹蛾（*Cydia pomonella*）的辐照处理

PT 7：实蝇科（Tephritidae）昆虫的辐照处理（通用）

PT 8：苹果实蝇（*Rhagoletis pomonella*）的辐照处理

PT 9：梅锥象甲（*Conotrachelus nenuphar*）的辐照处理

PT 10：梨小食心虫（*Grapholita molesta*）的辐照处理

PT 11：梨小食心虫（*Grapholita molesta*）缺氧条件下的辐照处理

PT 12：甘薯小象甲（*Cylas formicarius elegantulus*）的辐照处理

PT 13：西印度甘薯象甲（*Euscepes postfasciatus*）的辐射处理

PT 14：地中海实蝇（*Ceratitis capitata*）的辐照处理

PT 15：针对瓜实蝇（*Bactocera cucurbitae*）的网纹甜瓜（*Cucumis melo* var.

reticulatus）蒸汽热处理

PT 16：针对昆士兰实蝇（*Bactrocera tryoni*）的橙（*Citrus sinensis*）低温处理

PT 17：针对昆士兰实蝇（*Bactrocera tryoni*）的柑橘与橙杂交种（*Citrus reticulata* × *Citrus sinensis*）低温处理

PT 18：针对昆士兰实蝇（*Bactrocera tryoni*）的柠檬（*Citrus limon*）低温处理

PT 19：新菠萝灰粉蚧（*Dysmicoccus neobrevipes*）、南洋臀纹粉蚧（*Planococcus lilacinus*）和大洋臀纹粉蚧（*Planococcus minor*）的辐照处理

PT 20：玉米螟（*Ostrinia nubilalis*）的辐照处理

PT 21：针对库克果实蝇（*Bactrocera melanotus*）和黄侧条果实蝇（*Bactrocera xanthodes*）的番木瓜（*Carica papaya*）蒸热处理

PT 22：针对昆虫的去皮木材硫酰氟熏蒸

PT 23：针对线虫和昆虫的去皮木材硫酰氟熏蒸

PT 24：针对地中海实蝇（*Ceratitis capitata*）的橙（*Citrus sinensis*）低温处理

PT 25：针对地中海实蝇（*Ceratitis capitata*）的柑橘与橙杂交种（*Citrus reticulata* × *Citrus sinensis*）低温处理

PT 26：针对地中海实蝇（*Ceratitis capitata*）的柠檬（*Citrus limon*）低温处理

PT 27：针对地中海实蝇（*Ceratitis capitata*）的葡萄柚（*Citrus paradisi*）低温处理

PT 28：针对地中海实蝇（*Ceratitis capitata*）的柑橘（*Citrus reticulata*）低温处理

PT 29：针对地中海实蝇（*Ceratitis capitata*）的克莱门柚（*Citrus clementina*）低温处理

PT 30：针对地中海实蝇（*Ceratitis capitata*）的芒果（*Mangifera indica*）蒸热处理

PT 31：针对昆士兰实蝇（*Bactrocera tryoni*）的芒果（*Mangifera indica*）蒸热处理

PT 32：针对桔小实蝇（*Bactrocera dorsalis*）的番木瓜（*Carica papaya*）蒸热处理

PT 33：桔小实蝇（*Bactrocera dorsalis*）辐照处理

PT 34：针对地中海实蝇（*Ceratitis capitata*）的樱桃（*Prunus avium*）、李（*Prunus salicina*）及桃（*Prunus persica*）低温处理

PT 35：针对昆士兰实蝇（*Bactrocera tryoni*）的甜樱桃（*Prunus avium*）、李（*Prunus salicina*）和桃（*Prunus persica*）低温处理

PT 36：针对地中海实蝇（*Ceratitis capitata*）的欧亚种葡萄（*Vitis vinifera*）低

温处理

PT 37：针对昆士兰实蝇（*Bactrocera tryoni*）的欧亚种葡萄（*Vitis vinifera*）低温处理

PT 38：桃小食心虫（*Carposina sasakii*）辐照处理

PT 39：按实蝇属（*Anastrepha*）的辐照处理

ISPM 29：非疫区和有害生物低度流行区的认可

ISPM 30：实蝇（实蝇科 Tephritidae）低度流行区的建立

ISPM 31：货物抽样方法

ISPM 32：基于有害生物风险的商品分类

ISPM 33：国际贸易中的脱毒马铃薯（茄属）微繁材料和微型马铃薯

ISPM 34：入境后植物检疫站的设计和操作

ISPM 35：实蝇科有害生物风险管理系统方法

ISPM 36：种植用植物综合措施

ISPM 37：判定水果的实蝇寄主地位

ISPM 38：种子的国际运输

ISPM 39：木材国际运输

ISPM 40：种植用植物相关生长介质的国际运输

ISPM 41：使用过的车辆、机械及设备国际运输

ISPM 42：使用温度作为植物检疫措施的要求

ISPM 43：使用熏蒸作为植物检疫措施的要求

ISPM 44：使用气调处理作为植物检疫措施的要求

ISPM 45：国家植物保护机构如授权实体执行植物检疫行动时的要求

检疫处理原则与监管

全球经济一体化、国际贸易形式多样化和世界政治经济格局新变化，导致我国外来有害生物入侵风险加大；全球气候变暖也使外来有害生物入侵对我国生态环境、农业生产和粮食安全的潜在威胁加剧；近年来技术性贸易壁垒的总量不断上升，对我国农产品的出口造成严重的阻碍。在我国进出境口岸实施有效的检疫处理，是阻断外来疫情疫病入侵和保障我国对外开放的十分重要的技术措施。2016 年国务院印发了《“健康中国 2030”规划纲要》，针对加强动植物疫情防控能力提出了明确要求，其中提出“强化外来动植物疫情疫病和有害生物查验截获、检测鉴定、除害处理、监测防控规范化建设，健全对购买和携带人员、单位的问责追究体系，防控国际动植物疫情及有害生物跨境传播”。本章主要介绍了检疫处理技术体系、检疫处理风险分析、检疫处理效果评价以及检疫处理监管体系。

第一节　动植物检疫处理概述

一、动植物检疫处理的相关概念

植物检疫（Plant quarantine）是指为防止检疫性有害生物随植物及植物产品传入和/或扩散或者确保其处于官方控制之下的一切活动。它是国家或地区政府依据法律法规或者标准，对植物、植物产品及其相关的土壤、生物活体、包装材料、容器、填充物、运输工具等进行检疫和处理，以防止检疫性有害生物跨境传播并扩散蔓延的一种植物保护综合措施。由此可见，植物检疫具有官方控制、技术性、预防性等特点。其定义中提到的植物（Plants）是指活的植物及其组织，包括种子和种质；植物产品（Plant products）指未经加工的植物性材料（包括谷物）和那些虽经加工但由于其性质或加工后的性质仍有可能造成有害生物传入和扩散的产品，如货物木质包装材料。

根据ISPM的定义，处理（Treatment）是指旨在灭杀、灭活或消除有害生物，或者使有害生物不育或丧失活力的官方程序；植物检疫处理（Plant quarantine treatment or phytosanitary treatment）是指为防止检疫性有害生物随植物、植物产品的传入和/或扩散或者确保其处于官方控制之下而实施的处理。

具体地讲，植物检疫处理是应用化学的、物理的技术或方法，遵循相关技术标准，使用专用的设施设备，由官方检疫机构依法实施或者授权实施的强制性措施或行为，是在结果上达到杀灭寄主植物目标检疫性有害生物的一种系统性技术路径，最终实现防止检疫性有害生物传入、传出和扩散的目的，满足进出口贸易的检疫要求。因此，植物检疫处理的针对性非常强，即明确指向检疫性有害生物。在进境检疫中，只有发现了检疫性有害生物，或通过风险分析确认了某类货物的高风险性，才能实施检疫处理。这种做法，优点是防范目标明确，针对性强，易于实施；缺点是保护面窄，总体有效性差。为了适应不断变化的国际贸易形势，提高检疫处理有效性，有效防范外来有害生物入侵，要应用生物安全的新理念，加强研究，不断提出新措施，以便从容应对。例如，在国际贸易中，木质包装会传带大量的有害生物，包括检疫性有害生物，IPPC秘书处为此制定了ISPM 15，要求对所有货物的木质包装实施检疫处理；国际贸易中大量使用的集装箱会传带高风险有害生物，如红火蚁（*Solenopsis invicta*）等，为了最大限度降低集装箱传带有害生物的风险，IPPC秘书处也正在制定集装箱植物卫生标准，其核心内容是对集装箱实施有效的检疫处理。同样，运输工具、各种专业作业设备和军事运载器具等，也是外来有害生物的重要传播载体。美国为此专门制定了运输工具等作业设备的检疫处理手册，规定对所有入境运输工具和专业作业设备进行有效检疫处理。

检疫处理有效性评价是指在检疫处理过程中，将检疫处理技术、标准和设施设备有机结合，通过完善监管、加强风险控制与管理，确保处理指标的科学性、设施设备符合处理要求、操作规范、处理记录可追溯、监管成体系，从而保证检疫处理安全有效。

检疫处理风险分析是指针对检疫处理工作中可能出现的风险因子，以及处理后对生物安全、环境安全和生命财产安全等可能造成的后果进行科学评估的过程。

检疫处理（Quarantine treatment）是动植物检疫的重要组成部分，与风险分析、检疫、实验室鉴定、检疫管理措施等构成贯穿于动植物检疫工作全链条的重要环节。SPS协议承认在农产品贸易过程中实施检疫的必要性，同时强调检疫对贸易的影响要降到最低程度。

二、动植物检疫处理的目的和意义

各国（地区）对贸易产品中动植物检疫处理的通行做法之一是实行严格的检疫证书管理要求，如欧盟成员加强核查进境植物检疫证书附加声明，如附加声明不符合要求，相应的货物将被拒绝入境。欧盟对进境植物检疫证书核查涉及的产品类别较多，具体包括：水果、蔬菜、谷物、马铃薯制品、种子、苗木、切花、切枝、土壤及栽培介质。上述产品输欧不仅其质量本身须符合欧盟要求，而且植物检疫证书也须符合欧盟规定。欧盟规定，自2012年1月1日起，证书不符合要求的贸易产品将被拒绝入境，这是一种极为严厉的不符合项处置措施。

三、动植物检疫处理的基本原则

（一）科学性原则

为确保动植物检疫处理的质量和相关人员的安全，要在检疫处理风险分析的基础上，根据不同检疫处理方法的技术原理和适用范围，科学地选择合理的方法、技术标准并使用专用的检疫处理设施设备来实施检疫处理。

（二）有效性原则

动植物检疫处理的目的是防止检疫性有害生物的传播、扩散和定殖。因此，严格按照规定的操作程序和技术标准的要求来实施检疫处理，是有效开展检疫处理的关键。

（三）安全性原则

实施检疫处理时，应严格控制与检疫处理相关的各种环境条件并遵循相关指南，适时检查各种专用仪器设备的有效性，以保证检疫处理作业人员和被处理货物的安全。

（四）环保性原则

在实施检疫处理过程中，不得随意排放、遗弃可能对环境造成负面影响的废弃物，注意节约能源，以利环保。

四、我国动植物检疫处理的法律法规

我国进出境动植物检疫处理以《中华人民共和国进出境动植物检疫法》及其实施条例为依据。该法对检疫处理有原则性的规定，如第十六条规定，“输入动物产品和其他检疫物经检疫不合格的，由口岸动物植物检疫机关签发‘检疫处理通知单’，通知货主或者其代理人作除害、退回或者销毁处理”；第十七条规定，“输入植物、植物产品和其他检疫物，经检疫发现有植物危险性病、虫、杂草的，由口岸动物植物检疫机关签发‘检疫处理通知单’，通知货主或者其代理人作除害、退回或者销毁处理”；第十九条规定，“输入动植物、动植物产品和其他检疫物，经检疫发现有本法第十八条规定的名录（编者注：一类、二类动物传染病、寄生虫病和植物危险性病、虫、杂草的名录）之外，对农、林、牧、渔业有严重危险的其他病虫害的，由口岸动植物检疫机关依照国务院农业行政主管部门的规定，通知货主或者其代理人作除害、退回或者销毁处理”。同时，该法对我国输出动植物、动植物产品和其他检疫物，过境受病虫害污染的动物饲料，植物、动植物产品和其他检疫物，邮寄进境的动植物、动植物产品和其他检疫物以及进境供拆船用的废旧船舶等除害处理有明确的规定。

五、动植物检疫处理方法、标准和设施建设

检疫处理是在动植物检疫工作中应用最为广泛的处理措施。动物检疫处理包括预防性消毒、紧急消毒（又称临时消毒）和终末消毒。动物防疫消毒（以下简称防疫消毒）是指通过物理、化学、生物等技术方法，清除并杀灭外界环境中所有病原体（包括动物疫病重要传播媒介——节肢动物和鼠），消灭动物疫病传染源，切断传播途径，防止动物疫病发生蔓延的手段，包括熏蒸、消毒、扑杀、销毁、无害化处理、杀虫、灭鼠等处理方法。

植物检疫处理方法很多，基本方法包括化学、物理和其他处理方法。其中，化学处理方法有熏蒸、药剂处理等；物理处理方法有热处理、冷处理、辐照和微波处理等；其他处理方法包括气调处理、植物茎尖脱毒处理等。目前，在植物检疫处理中应用最为广泛的熏蒸剂是溴甲烷，其因广谱、高效、作用快速、效果好而得到国际公认。即使没有针对特定有害生物的检疫处理技术标准，人们也可以根据类似有害生物的检疫处理技术标准而实施有效的检疫处理。溴甲烷是大气臭氧层耗减物质，虽然检疫

装运前（Quarantine and Pre-Shipment，QPS）用途的溴甲烷属于《蒙特利尔议定书》的豁免范畴，但是，淘汰和限制使用溴甲烷是国际社会的共识。近年来，世界各国投入了大量的人力、物力开展溴甲烷替代检疫处理新技术、标准和相关设施设备的研究，检疫处理技术已逐渐进入“新溴甲烷时代”。

我国检疫处理设施有较大的改善。截至2021年，我国先后在福建莆田、江苏太仓、辽宁大连、河北曹妃甸、山东日照、江苏盐城等港口建设了进口木材检疫处理区，建成现代化的专用熏蒸库，可以实现施药、压力、温度、气体回收等一体化控制智能熏蒸。

六、检疫处理监管方式

检疫处理监督管理通过风险分类管理和电子监管的方式，实现对检疫处理从业单位、从业人员和处理场所的监管。

（一）风险分类管理

依据检疫处理风险分析的结果，针对检疫处理设施设备条件、从业人员业务素质、检疫处理技术能力、业务组织和管理制度等，对获得出入境检疫处理从业资质的企业实施分类管理。

（二）电子监管

电子监管采用的手段是应用远程电子监管系统进行检疫处理的申报、批准，处理过程的监督，处理效果的判定，同时建立检疫处理信息化系统，查询汇总处理技术标准，处理从业企业、人员的相关信息，记录处理的过程。电子信息系统及远程监管系统的应用为保障检疫处理的有效性提供了技术手段。2005年，我国研发了“木质包装检疫处理远程电子监管系统”和“木质包装防伪溯源系统”，可以实现木质包装检疫处理温度、浓度的实时监测与局端电子监测两大功能。2017年，我国开发了“中国检疫处理监管信息平台”，用于检疫处理数据收集、数据分析和监管。

木质包装检疫处理温度、浓度实时检测系统实现了从“中国检验检疫电子监管系统”中下载预处理信息及评定规则的功能，可实时监测热处理方法中干湿球温度、有效处理时间，集成熏蒸处理方法中温度、浓度和有效处理时间等检测数据的信息采集功能及对企业检疫处理过程数据的实时检测与合格评定功能，并提供图形、图标等多种直观实时检测显示方式以及不合格预警等功能。木质包装处理企业端可实现实时检测数据与监管部门端监测信息的同步上传，将合格的检疫处理结果数据向“中国检验检疫电子监管系统”上传，用户管理及相关参数的设定和维护管理等功能。

七、我国动植物检疫处理的现状和发展趋势

动植物检疫措施包括对携带有害生物的货物或其他应检物依法采取的各种技术手段，如检疫处理、退回、销毁、转港、改变用途、限制使用等。对于能进行有效检疫处理的，应尽量采用检疫处理的方法；无有效检疫处理方法的，可以转港、改变用途或限制使用，直至作退回或销毁处理。因此，检疫处理技术水平直接影响我国经济和贸易的发展。

在制度建设方面，近年来，我国出入境动植物检疫处理行业主管部门制定并出台了多项规定，规范检疫处理业务依法依规实施。2016年，国家质检总局印发《出入境检疫处理单位和人员管理办法 》，用于对出入境检疫处理单位和人员的核准以及监督管理。2017年，国家质检总局以公告形式发布《出入境检疫处理管理工作规定》，用于所辖区域检疫处理业务的管理工作。2020年，根据《国务院关于取消和下放一批行政许可事项的决定》，取消了“从事进出境动植物检疫处理业务的人员资格许可”。

在队伍与基础研究建设方面，2000 年，我国出入境动植物检疫处理主管部门从技术和管理层面组建了两个全国动植物检疫处理协作组，为我国出入境动植物检疫处理政策和管理、双边或多边技术会谈提供技术支撑。2016 年，国家质检总局组建了以口岸监管系统管理与技术骨干为主的检疫处理专家组。2021年，海关在原有研究基础上正在建设检疫处理技术和装备研发中心，开展检疫处理效果评价和检疫处理新技术等研究。

在技术研究方面，出入境检验检疫系统承担了科技部“十一五”“十二五”“十三五”国家科技支撑项目，质检公益行业专项、国家部委（省、市）等有关动植物检疫处理技术研究和应用的科研攻关项目。研发溴甲烷替代技术和替代药剂，如磷化氢低温熏蒸技术、混用熏蒸技术等；大力开展新型物理处理技术，如辐照处理、冷处理、热处理、微波处理和高频介电加热等新技术在水果、木材、种苗、花卉、竹木制品等贸易产品中的研究与应用。同时，还承担了国家环境保护部门组织的联合国工业发展组织（United nations industrial development organization ，UNIDO）的“溴甲烷生产行业淘汰计划——QPS用途技术援助”项目。

我国的动植物检疫处理工作，经历了从无到有，逐步完善的发展历程，在新时代将成为动植物检疫有力的技术支撑。

第二节 检疫处理的生物学效应

一、剂量

处理手段在英文中用“Dose”表示，目前在中文中没有专业术语。为了与英文对应，用“剂量”进行表述。处理手段包含处理的措施、条件、水平等，如溴甲烷熏蒸是在一定温度条件下，在密闭的空间中投入一定量（投药剂量）的溴甲烷（气体），此时“剂量”包含溴甲烷的投药剂量/浓度和密闭时间（又称熏蒸时间，一般情况下二者用CT值表述）。控温处理是在害虫/病原菌的致死高温区或致死低温区保持一定的时间，此时“剂量”包含温度和持续时间。辐照处理是高能射线的照射剂量或处理对象的吸收剂量，此处的“剂量”与熏蒸处理的投药剂量（Dose rate）、辐照处理的吸收剂量（Absorbed dose）比较相近，容易混淆。

处理的一般释义为“处置、安排”。对于有害生物的处理来说，处理的对象为有害生物；处置有害生物所用的药物、方法、措施等为处理手段，如熏蒸剂、农药（杀菌剂）、低温、高温、高能射线辐照等，这些手段可以高效阻止有害生物生长发育和繁殖甚至导致其死亡，阻止有害生物进一步传播和扩散，达到检疫安全的目的。在生物学，尤其是生态学研究中，常用“胁迫”这一术语，其具有“威胁强迫”之意，上述处理手段都是有害生物的胁迫条件。处理进出口的植物，从而保证生物安全的过程，就是检疫处理。

处理手段可以分为化学因素和物理因素。目前化学因素最常用，包括农药（熏蒸剂、杀虫剂、杀菌剂）、防腐剂，它们是以实物形态存在的；物理因素包括低温（致死）、高温（致死）、高能辐照射线（γ射线、电子束、X射线）、厌氧（气调）等，它们主要以能量形式存在。人为控制上述胁迫条件作用于有害生物及其载体的过程就是处理。由此，发展出了化学处理技术和物理处理技术，可细分为熏蒸处理、化学药剂（非熏蒸）处理、低温处理、热处理、辐照处理、气调处理等。目前，低温处理和热处理由植物检疫处理技术小组（TPPT）统一称为控温处理（Temperature treatment），并被写入了国际标准ISPM 42《使用温度作为植物检疫措施的要求》。

纵观检疫处理学科，检疫处理就是研究有害生物接受一定剂量处置后产生生物学（包括生理学）变化的学科，即研究和应用“剂量—响应”的学科，所做的试验为“剂量—响应试验”（Dose-response tests）。为保证有害生物经过处置后不会再传播和蔓延，要求的生物学效应为“死亡”，因而，有时又将该试验称为“剂量—死亡率试验”（Dose-mortality tests）。

二、有害生物的响应

响应（Response）是有害生物接受处理因素的处置后产生的生物学（生理学）效应，包括死亡、发育终止和无力繁殖三种类型。最初将阻止有害生物繁殖称为不育（Sterilization，sterile），如在实蝇防治中的昆虫不育技术（Sterile insects），由于阻止有害生物发育，能阻止昆虫发育为老熟幼虫、蛹或成虫，自然也可以成功阻止有害生物繁殖，因此，也将阻止发育称为不育。为此，检疫处理可以采用死亡和不育两种控制水平来实现有害生物的检疫安全目标。

（一）有害生物的生物学效应

有害生物接收一定剂量的处理后，体内会产生一系列复杂的生物学、生理学变化。从表现上观察，有害生物出现活力下降、取食减少、飞行能力下降、发育减缓或停止、无力繁殖甚至死亡等状况。在这些生物学上的表现中，仅死亡、发育停止、无力繁殖方便定量统计，而且可以阻止有害生物进一步传入和传播。为此，分别介绍如下3种生物学效应。

1. 死亡

死亡（Mortality）是相对于生命体存在（存活）的生命现象，意指维持一个生物存活的所有生物学功能的永久终止。使用较高的剂量对有害生物进行检疫处理，一定时间后导致有害生物的生物学功能永久终止，即导致死亡。对于昆虫的卵来说，死亡意味着不能孵化；幼虫死亡，意味着不能发育到蛹的阶段；蛹死亡，意味着不能发育到成虫。对于病原微生物来说，则是导致病原体的死亡。在处理致死病原菌时，通常采用较高剂量辐照食品，用高浓度的杀菌剂进行灭菌处理，或者用辐照技术进行医疗用品的冷消毒。为防止其对病人的感染，通常采用浓度高达25 kGy的剂量来彻底杀灭病原菌。

目前，熏蒸、热处理、冷处理3类处理技术效果的判定准则是有害生物死亡。辐照引起的死亡是最容易检测、最好判定的，辐照在实际应用中也非常便于操作。如对媒介昆虫的检疫辐照处理，就需要达到死亡的效果。松材线虫（*Bursaphelenchus xylophilus*）可以通过传播媒介昆虫——松墨天牛（*Monachamus alternatus*）进行传播，在针对疫区的松木进行检疫辐照处理时，如果不能杀死松墨天牛，就有可能引起松材线虫的传播和扩散，无法保证检疫处理的生物安全。但是，对于鲜活货物，高剂量会严重伤害货物，使其失去利用价值；而且高剂量处理也会增加处理成本，丧失应用的可能性。所以，在使用辐照技术对害虫进行检疫处理时，通常不将死亡作为判定处理是否有效的标准。

2. 发育终止

对于辐照处理而言，生物学效应包括导致有害生物的死亡、阻止有害生物的发育或繁殖。对于阻止发育和繁殖来说，其最终结果是导致有害生物的死亡，判定死亡的虫态或时间不同。如阻止光肩星天牛（*Anoplophora glabripennis*）低龄（1至3龄）幼虫发育为蛹，判定其死亡的标准是幼虫（老熟幼虫）死亡，即需要统计蛹的数量和初始幼虫的数量，其比值以百分率表示，即百分率指标；若阻止其发育为成虫，即需要统计死亡的幼虫和蛹的数量，二者之和除以初始幼虫的数量即为阻止成虫出现的百分率。

发育（Development）指生命现象的发展，是一个有机体从其生命开始到成熟的变化，是生物有机体的自我构建和自我组织的过程。在较低的辐照剂量条件下，害虫需要经过一定时间才可能最终死亡。如辐照幼虫，可以阻止其发育为蛹或成虫；在实蝇的检疫处理中，辐照幼虫后，一般以阻止成虫出现为标准；在蚧虫的处理中，通常以阻止子一代（F1代）幼虫的发育为标准。

3. 无力繁殖

繁殖（Reproduction）或生殖，是通过生物的方法制造生物个体的过程。繁殖是所有生命都有的基本现象之一。每个现存的个体都是上一代繁殖所得的结果。已知的繁殖方法可分为两大类：有性繁殖和无性繁殖。无性繁殖是指不需要两性生殖细胞的结合，由母体直接产生新个体，如细菌、大部分真菌和部分蚧虫。有性繁殖必须经过两性生殖细胞的结合而产生新个体。大部分昆虫为有性繁殖，在繁殖季节，昆虫通过分泌挥发性物质吸引异性前来交尾。交尾后，精子与卵细胞在雌虫体内结合成受精卵。然后，雌虫在适宜处产卵。有的昆虫如部分蚧虫、蚜虫、螨类进行孤雌生殖。

对于两性生殖的有害生物来说，控制其中一种性别就能实现检疫处理目标。由于一般的雌虫耐受性低，常常采用雌虫的不育剂量作为检疫处理的最低吸收剂量。另外，在考虑检疫安全时，如采用最大允许量作为检疫安全的标准时，可以允许一头害虫存活。但对于无性繁殖的害虫如粉蚧、病原菌来说，不能允许任何一个个体存活。

无性繁殖通常是害虫的蛹和成虫（成螨）不能产生F1代，包括不产卵、F1代卵不孵化或F1代幼虫（若虫）终止发育。对于F1代终止发育，通常为不能发育至2龄幼虫、老熟幼虫，也有少数情况是不能发育至蛹、成虫，此类情况少见的主要原因是处理后需要观察的时间很长。

（二）处理效果的指标

上述3种处理效果的共同特征是导致特定虫态或病原菌的死亡，有可能不是所处理虫态的立即死亡。为了便于后文叙述方便，用死亡来作为其处理效果的指标。

1. 百分率指标——死亡率

死亡百分率（Mortality percent）是死亡的数量占总数的比率，用百分率表示，一般简称死亡率（Mortality）。在检疫处理中，有杀虫率、灭菌率、抑菌率等表述。以有害生物死亡率（抑制率）等表示检疫处理效果，以达到100%死亡率或抑制率作为检疫辐照处理的最低要求。这一要求很容易理解，但是，从表面上看有时容易达到，有时很难达到。例如，测试100头或1 000头害虫，当它们全部死亡时，死亡率为100%，比较容易实现；针对天牛等林木害虫，若需测试10万头害虫，要求它们全部死亡，此时试验的工作量大、操作难度高，基本上不能实现。所以，行业内逐渐通过统计学指标来表示检疫处理的有效性。

2. 统计学指标——在一定置信水平下死亡的可能性

百分率指标是最为直观的表示检疫处理效果的方法，容易为大多数人理解和应用。但是，需要测试多少头害虫/病原菌，才能保证检疫处理的生物安全?

由于试验中所使用的样品（样本）与全部有害生物（总体）之间有差异，样本能否代表总体，需要使用统计学方法检验。以西部樱桃绕实蝇（*Rhagoletis indifferens*）检疫辐照处理研究为例，在剂量—响应试验中，17.6 Gy以上剂量可以100%阻止幼虫发育为成虫，死亡率为100%，但在其后的验证试验中，以97 Gy辐照处理84 368头实蝇，仍然有1头成虫存活（畸形成虫），死亡率为99.998 8%。

使用概率理论，以不会发生大概率事件为标准，即在一定的置信水平（通常采用95%置信水平）下，规定最低的有害生物死亡概率（Mortality probability），这就是判定处理效能的统计学指标。如针对实蝇类害虫的检疫处理，以达到几率值9为最低要求，即在95%置信水平下，实蝇死亡/不育概率不小于0.999 968（通常表示为99.996 8%）。澳大利亚、新西兰、日本等国家通常以死亡/不育概率不小于0.999 9（99.99%，95%置信水平下几率值为8.7）作为判定标准。

当有害生物的死亡概率表示为百分率时，容易与死亡百分率指标混淆。最为明显的一个例子就是对几率值9的误解。如在强制热处理试验中，预计水果中有100 000头桔小实蝇幼虫，存活3头，死亡百分率为99.997 0%，大于几率值9准则要求的99.996 8%死亡概率，因此，误认为试验达到几率值9准则的要求。

总之，死亡率与死亡概率均可以数值或百分率表示，但是，二者在内涵上是不同的，死亡率可以通过试验得出，无须经过复杂的计算；但死亡概率不需通过试验，必须应用统计学原理，经过计算才能得出。所以，死亡率是试验后得出的，死亡概率是在开展试验前设定的一个有关检疫处理效能（Efficacy）的标准。

三、寄主植物反应

检疫处理使用的处理手段最直接的目标是创造对有害生物不利的条件（剂量），但是有害生物与寄主是分不开的，同属于生物体，都会产生生理变化，进而出现生物学效应；检疫最理想的目标是不对寄主植物造成伤害（忽略不计），但是，这样的条件似乎很难找到。目前在检疫处理中采用的有效剂量（Effective dose），可保证对寄主植物的伤害在可接受的范围内，如果是食品，则使其可食用。

寄主植物的变化指标可分为两类，一类是理化指标，如水果、蔬菜中糖类（可溶性固形物）、蛋白质（氨基酸）、酸度、维生素、脂类、微量元素等，可以使用仪器设备或化学分析方法定量检测出来；另一类指标为感官指标，是可以通过看、闻、触、吃等手段判断的指标，如颜色、香味、硬度、口感（适口性）等。目前除口感以外，其他感官指标也可以使用仪器设备进行定量检测。

四、剂量—响应的数学关系

（一）几率值分析

剂量与死亡率之间常常呈现一条S形曲线，如图2-1。当害虫吸收剂量小于等于18 Gy时，害虫的死亡率与对照的自然死亡率相近；当剂量大于42 Gy时，害虫死亡率为100%。开展试验的目的是根据剂量与死亡率之间的关系推算出达到100%死亡率或99.996 8%死亡概率所需要的剂量。对于标准的S形曲线关系，可以采用如下方式进行数据分析。

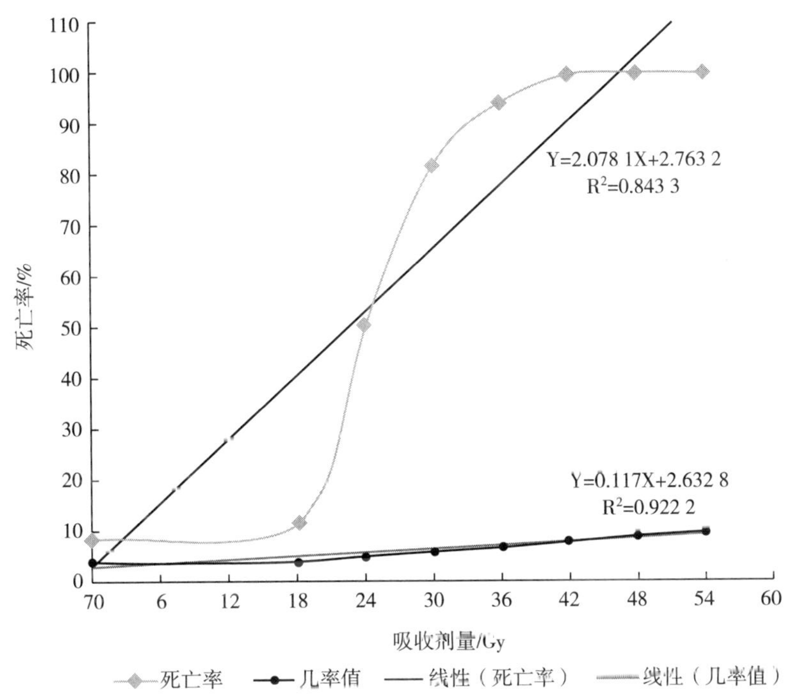

图 2-1　南亚果实蝇 3 龄幼虫辐照的吸收剂量与（发育为成虫）死亡率的关系

1. 简单的直线回归方法

回归方程为 Y=2.078 1X+2.763 2，回归的可决系数（R^2）为0.843 3，可以根据方程式推算出100%死亡率所需剂量为46.8 Gy。此种数据表面上只要回归系数大于0.8，就基本满足分析要求，但与下面介绍的几率值分析方法相比，其准确性相对较差，而且，从图2–1上能很直观地发现直线与曲线拟合度的差异大。

2. 几率值回归方法

有害生物因剂量而引起的死亡呈正态分布，在正态分布中，几率值（Y）与死亡率（P）的关系如公式2–1：

$$P=\frac{1}{\sqrt{2\pi}}\int_{-\infty}^{Y-5} e\frac{1}{2}\mu^{2}\mathrm{du} \tag{2–1}$$

当剂量为X_0时，死亡率按照公式2–2和2–3计算。几率值为–4~4，为了消除几率值的负数，加上5，那么，几率值为0~9。

$$P=\frac{1}{\sigma\sqrt{2\pi}}\int_{-\infty}^{X_0} e\frac{1}{2\sigma^{2}}(x-\mu)^{2}\mathrm{d}x \tag{2–2}$$

$$Y=5+\frac{1}{\sigma}(x-\mu) \tag{2–3}$$

式中，μ为死亡率分布的中间点（相当于50%死亡率），即致死中剂量；σ为μ的方差。

几率值的置信区间上限（Y_{max}）、下限（Y_{min}）按照公式2–4、2–5和2–6计算。

$$Y_{max}=Y+\frac{\sigma}{2} \tag{2–4}$$

$$Y_{min}=Y-\frac{P}{2^{2}} \tag{2–5}$$

$$z=\frac{1}{\sqrt{(2\pi)^{e-1-(Y-S)^{2}}}} \tag{2–6}$$

（1）几率值回归

将死亡率转换为在95%置信水平下的概率即几率值，在计算机普及之前，一般通过查表（见表2–1）的方法得出几率值；在计算机普及后，几率值可以用Excel中的函数功能直接计算出来（如图2–1）。当死亡率为100%时，几率值不能计算出来，一般采用死亡数值加0.5、总数加1的方法，如总数为99头，变化后死亡率为99.5%。因此，可以用两种方法进行回归：其一是将剂量进行对数转换后与几率值进行直线回归，这是几率值分析默认的分析方法；其二是直接用吸收剂量与几率值回归方法。

表2-1　害虫死亡率与几率值转换的表　%

死亡率＼几率值	0	1	2	3	4	5	6	7	8	9
0	–	2.67	2.95	3.12	3.25	3.36	3.45	3.52	3.59	3.66
10	3.72	3.77	3.82	3.87	3.92	3.96	4.01	4.05	4.08	4.12
20	4.16	4.19	4.23	4.26	4.29	4.33	4.36	4.39	4.42	4.45
30	4.48	4.50	4.53	4.56	4.59	4.61	4.64	4.67	4.69	4.72
40	4.75	4.77	4.80	4.82	4.85	4.87	4.90	4.92	4.95	4.97
50	5.00	5.03	5.05	5.08	5.10	5.13	5.15	5.18	5.20	5.23
60	5.25	5.28	5.31	5.33	5.36	5.39	5.41	5.44	5.47	5.50
70	5.52	5.55	5.58	5.61	5.64	5.67	5.71	5.74	5.77	5.81
80	5.84	5.88	5.92	5.95	5.99	6.04	6.08	6.13	6.18	6.23
90	6.28	6.34	6.41	6.48	6.55	6.64	6.75	6.88	7.05	7.33
–	0.0	0.1	0.2	0.3	0.4	0.5	0.6	0.7	0.8	0.9
99	7.33	7.37	7.41	7.46	7.51	7.58	7.65	7.75	7.88	8.09

几率值分析是一种用于分析二项式分布的响应变量的回归，它将S形的剂量—响应曲线转换成一条直线，通过最小二乘法或最大似然法进行回归分析。几率值分析可以通过以下3种方法之一进行：① 用表格估计问题并用眼睛拟合关系；② 手工计算几率值（表2-1）、回归系数和置信区间；③ 用软件直接计算，如SAS、SPSS、Polo Plus[1]等软件。

目前，几率值分析仍然是剂量—响应关系的首选统计方法。几率值分析用于分析各种领域的多种剂量—响应或二项式反应实验。在检疫处理应用中，农药引起害虫死亡的情况较多，因此，几率值分析主要用于毒力学研究。在杀虫剂的毒力测定和昆虫的抗药性测定中，致死中量（LD_{50}）是比较药剂对昆虫毒力大小的指标，对其实验数据的统计分析是一个极为烦琐的过程。研究人员通常使用函数计算器根据几率值分析法和最小二乘法原理，利用简单的直线回归方程来计算，其中需要一系列数据，如LD_{50}、相关系数r、LD_{50}的95%置信限和标准误以及卡平方适合性测验（Chi-square test）。这种方法用计算器计算，步骤复杂，操作费时，输入易出错且不易校对，特别是由于人为因素的影响，结果误差较大，准确性不能得到保证。

除了几率值模型（Probit model）以外，还有Logit模型（Logit model）、互补重对数

1　SAS为统计分析系统，英文全称是Statistical analysis system；SPSS为统计产品与服务解决方案软件，英文全称是Statistial product and service solutions；Polo Plus是一个计算模拟器。

模型（Complementary log-log model，CLL model）、热动力学模型（Kinetic model）、双对数模型（Logarithmic model）和热动力一阶反应修正模型（Modified first-order model）等。利用这些模型对剂量—响应（死亡率）数据进行拟合，可以预测在一定置信度下有害生物达到指定死亡概率，诸如50%、90%、99.99%和99.996 8%等所需的处理剂量。由于有害生物死亡概率为99.996 8%的预测剂量是通过外推法得来的，准确性较差，而且不同模型的准确性也存在差异，因此必须通过验证试验（Confirmation test）来评价检疫处理剂量的有效性。

（2）Logit分析

Logit模型（Logit model，也译作“评定模型”“分类评定模型”，又作Logistic regression，译作“逻辑回归”）是离散选择法模型之一，属于多重变量分析范畴，是社会学、生物统计学、临床、数量心理学、计量经济学、市场营销等统计实证分析的常用方法。公式2-7为逻辑分布（Logistic distribution）计算公式。

$$P(Y=1 \mid X=x)=\exp(x'\beta)/(1+\exp(x'\beta)) \tag{2-7}$$

式中：参数β常用极大似然估计。

Logit模型是最早的离散选择模型，也是目前应用最广的模型。Logit模型是Luce根据无关方案的独立性（IIA特性）首次导出的，Marschark证明了Logit模型与最大效用理论的一致性，Marley研究了模型的形式与效用非确定项的分布之间的关系，证明了极值分布可以推导出Logit模型，McFadden反过来证明了具有Logit形式的模型效用非确定项一定服从极值分布。

此后，Logit模型衍生出了其他离散选择模型，形成了完整的离散选择模型体系，如几率值模型、NL模型（Nest logit model）、混合Logit模型（Mixed logit model）等。

Logit模型应用广泛的原因是其概率表达式求解速度快、应用方便。当模型选择集没有发生变化，而仅仅是各变量的水平发生变化时（如出行时间发生变化），可以方便地求解各选择枝在新环境下的被选概率。根据Logit模型的IIA特性，选择枝的减少或者增加不影响其他各选择枝之间被选概率比值的大小，因此，可以直接将需要去掉的选择枝从模型中去掉，也可将新加入的选择枝添加到模型中直接用于预测。Logit模型的方便性是其他模型所不具有的，也是其被广泛应用的主要原因之一。

3. 直线回归

死亡率经过一定的转换后，剂量—死亡率曲线就变成直线了，可用最小二乘法、最大似然法进行回归，常见的转换方法见表2-2。

表2-2 转换为线性的常用方法

变化方法		回归式
log$y$	log$x$	$y = ax$
log$y$	x	$y = ae^{\beta x}$
y	log$x$	$y = a + \beta \log x$
$1/y$	$1/x$	$y = x/(ax+\beta)$
$1/y$	x	$y = x/(ax+\beta)$
y	$1/x$	$y = a + \beta(1/x)$

非线性数据转变为线性数据的主要方法有：取对数、倒数、平方根。注意，并非所有的函数都可以线性化。

（1）当回归方程是多项式方程时，如 $y=x^2+3x+1$，可以取平方根或倒数。

（2）当要建立的回归方程未知时，可以利用散点图发现规律，进行转换。

反正弦转换也是一种常用的方法，如将死亡率或校正死亡率转换为反正弦函数，即100%死亡率为90，单位为度。

随着科学技术的进步，计算机已可以完全替代人来处理繁杂的统计数据。现在国际上主要的统计分析软件有：SAS、SPSS、BMDP、GLIM和GenStat[1]等。其中应用最广的是SAS，这种软件几乎可以分析所有数据，并向人们提供需要的答案，而且使用很方便。

第三节 检疫处理有效性准则

如前所述，植物检疫处理的对象是检疫性或者高风险性的有害生物，其目的是阻断有害生物传播，最大限度地降低其传入风险。因此，植物检疫处理的有效性是实施植物检疫处理的基础。有效性越高越好，也就是通常讲的100%杀灭效果最好。然而，从统计学角度看，100%杀灭效果是不可能做到的，对于防止有害生物传入和传播而言，也没有必要。因此有必要科学地界定植物检疫处理的有效性，制定合适的准则，从而为植物检疫处理技术标准的制定奠定科学基础。

1 BMDP为生物医学计算机程序，英文全称是Biomedical computer programs；GLIM是广义线性交互建模软件，英文全称是Generalized Linear Interactive Modeling；GenStat为一般统计计划软件，英文全称是General Statistical。

一、几率值9准则

几率值9准则可概括为：在95%置信水平下，有害生物死亡率不低于99.996 8%。为达到此要求，需要对100 000个有害生物个体进行处理且使其全部死亡。

（一）来源

针对水果蔬菜携带实蝇的检疫处理，美国农业部于1939年12月发布第551号公告，在全球首次提出使用几率值9作为判定检疫处理有效性的准则。该公告主要针对地中海实蝇、瓜实蝇的冷处理，在0 ℃～1.67 ℃条件下冷藏处理一定时间，实蝇的死亡率达到99.996 83%以上，该条件被当作两种实蝇处理的技术指标（标准）。这个公告提出了制定标准的两项原则，一是死亡率达到几率值9，也就是有害生物的死亡率为99.996 8%，即处理1 000 000头实蝇卵或幼虫，可以允许有32头存活；二是处理的条件以验证试验中最苛刻的条件为基本要求，该公告中在36.5 ℉对地中海实蝇进行冷处理，温度范围是36 ℉～37 ℉，在标准中要求处理温度低于36℉。这种评价标准得到了美国农业部的认可，而且一直沿用至今。目前很多发达国家（地区）均接受这一检疫处理有效性评价标准。其特点是明确、易于操作。

但是，该公告并未对几率值9的来历、效果和应用等进行解释和说明。在后来的研究中，许多研究工作者对实蝇进行了处理，实际上，99.996 83%的死亡率不能满足实蝇防控要求，如当货物受到实蝇感染比较严重时，其数量可能达到1 000 000以上，存活30头幼虫就可能出现几对成虫，进而成功繁殖。为此，Landolt等指出，Baker等提出的几率值9不能满足实蝇防控的要求，而且其不是指在95%置信水平下，实蝇死亡的概率不低于99.996 8%。也就是说，最初的概念就是指死亡百分率为99.996 83%。

（二）几率值9准则的内涵

经过昆虫学家的验证以及统计学者的解释，几率值9准则应该包含如下理念：

1. 几率值9准则科学界定了有害生物经过检疫处理后，最大存活概率（*Pu*）小于0.000 032，或者说，验证试验中有害生物的死亡概率大于99.996 8%，即至少需要使用936 16头害虫处理并使其全部死亡。

2. 几率值9是一种理论上的概率，与置信水平相关。利用几率值9来评价检疫处理的有效性，意味着每研发一个新的检疫处理技术标准，必须要杀灭近100 000个有害生物而无一存活来验证该检疫处理技术标准的有效性。在验证试验中，如果处理后的种群个体无一存活，那么有害生物种群个体数量（*n*）、置信水平（*C*）和有害生物最大存活率（*Pu*）之间的关系可以用式2–8、式2–9和式2–10来描述，*C*的数值为0～1，通常采用0.95。

$$n = \log(1+C) \div \log(1-Pu) \quad (2\text{–}8)$$

$$C = 1-(1-Pu)^{n} \quad (2\text{–}9)$$

$$Pu = 1-(1-C)^{1/n} \quad (2\text{–}10)$$

对于有害生物检疫处理有效性评价，人们希望有害生物最大存活概率越小越好，置信度越大越好。一般情况下，界定置信水平为0.95，依据公式2–8，验证试验所需要处理的害虫最低数量为93 616头；当界定置信水平为0.99时，所需处理的害虫最低数量为14 3910头。

（三）几率值9的试验证明

几率值9准则是一种理论上的概率，通过剂量—响应试验，用几率值分析方法推算出最低死亡概率，是一种外推的概率，需要开展大规模验证试验（Large-scale confirmatory tests）来加以证明。在验证试验中，有可能试虫全部死亡，有可能有少量试虫存活，下面分两种情况进行阐述。

1. 无害虫存活

Couvey 和 Chow 提出了验证试验中计算需要的最低试虫数量的方法，当所有试虫完全死亡（达到要求的反应，如阻止发育为成虫或阻止繁殖）时，所需的最低试虫数可采用公式2–8计算。

如针对实蝇的辐照处理，美国等要求辐照处理效能（ED）为在95%置信水平下死亡（阻止成虫羽化）率达到99.996 8%，则C = 0.95，（1– Pu）= 0.999 968，用公式2–8计算n= 93 615.1，即至少需要93 616（约10万头）头害虫。在99%置信水平下（即出现错误的概率仅为1%），所需的试虫数量为143 910头。

澳大利亚、新西兰、日本等国接受处理效能为死亡率99.99%，计算得出，至少需要29 956头（约3万头）害虫。如果要求死亡率不低于99.99%，则在99%置信水平下，所需的试虫数量为46 050头。由此看来，检疫处理技术标准制定需要的试虫数量非常巨大，标准的出台非常不易。

2. 有害虫存活

Couvey和Chow对验证试验中存在活虫时，验证试验中需要继续补充试验，补充后对试虫的总数与存活虫量的关系等进行了推导，结果见表2–3。在表2–3中，死亡百分率是根据Couvey和Chow的计算得出的，随着试虫存活数量的增加，测试数量也逐渐增加，死亡率从100%逐渐下降到99.997 6%（31头存活），但均远远高于99.996 8%。该结果说明，几率值9准则不等同于验证试验中试虫的死亡率99.996 8%。

表2-3　几率值9与测试试虫数量、死亡百分率之间的对应关系

存活数量（个）	最大存活数量（个）	测试有害生物的最低数量（个）	死亡百分率/%
0	3.00	93 750.0	100.000 0
1	4.74	148 125.0	99.999 3
2	6.30	196 875.0	99.999 0
3	7.75	242 187.5	99.998 8
4	9.15	285 937.5	99.998 6
5	10.51	328 437.5	99.998 5
6	11.84	370 000.0	99.998 4
7	13.15	410 937.5	99.998 3
8	14.43	450 937.5	99.998 2
9	15.71	490 937.5	99.998 2
10	16.96	530 000.0	99.998 1
…	…	…	…
31	41.84	1 307 500.0	99.997 6
32	42.98	1 343 125.0	99.997 6
33	44.13	1 379 062.5	99.997 6

（四）几率值9应用的局限性

如果仍然用几率值9的标准来评价检疫处理的有效性，则意味着很多感染率低、难于人工饲养或生命周期特别长的有害生物（如光肩星天牛等）难以达到10万头，研究人员很难研发出新的检疫处理技术标准。2007年首次在美国宾夕法尼亚州发现的白蜡窄吉丁（*Agrilus planipennis*），共造成了美国超过40 000 000株白蜡树（灰树）死亡，而且利用ISPM 15标准中的热处理标准来处理携带白蜡窄吉丁预蛹的木材，在56 ℃下处理30 min，本应达到几率值9的检疫处理有效性标准，满足检疫安全要求，但事实上吉丁虫预蛹死亡率只有90%。如果要利用几率值9的检疫处理有效性评价标准来建立新的检疫处理技术标准，对于像白蜡窄吉丁这种感染率很低的昆虫来说，就显得特别困难。因此，面对今天如此巨大的外来有害生物入侵压力，如何科学高效地开展检疫处理技术与方法的研究，制定切实有效的检疫处理技术标准，并快速地应用于外来有害生物的防控，是世界各国必须面对的挑战。为了有效应对这些挑战，近年来国际社会又提出了检疫处理“有效性等同评价标准”等概念，并逐步将其应用于检疫处理有效性评价。

等同性是《国际植物保护公约》的一般原则之一。等同性普遍适用于与一种或一类与商品贸易有关的、具体指明的、有害生物方面已经制定的植物检疫措施情况。等同性的确定是根据特定有害生物风险进行的，等同性可能适用于各项措施、措施组合或系统办法中的综合措施。

等同性的确定需要评估植物检疫措施，以确定其在减少特定有害生物风险方面的效益。措施等同性的确定还包括对有助于实施这些措施的输出缔约方的植物检疫系统或计划进行评价。这种确定工作一般涉及一系列信息交流和评价，总的来说是输入缔约方与输出缔约方之间的一项商定程序。所提供的信息一般有助于评价现行措施和拟议措施达到输入缔约方适当保护水平的能力。

输出缔约方可以要求输入缔约方提供关于其现行措施有助于达到适当保护水平的依据。输出缔约方可以提出替代措施，说明该项措施如何实现要求的保护水平，由输入缔约方对此进行评价。在某些情况下，例如在提供技术援助的情况下，输入缔约方可以提出其他植物检疫措施建议。缔约双方应当努力作出等同性决定以消除分歧，不得无故拖延。

二、最大容许量准则

系统控制措施（Systems approaches）指系统方法的复杂性和严密性各不相同。最简单的类型可以是至少两个独立度量的组合。更复杂的系统方法将包括仔细分析减少害虫风险的最有效机会，然后选择关键控制点（Hazard analysis and critical control point，HACCP），对其进行监测，以确保害虫种群保持在耐受范围内。

为了保证果蝇的持续自由，新西兰制定了最大虫害限制，作为非常严格的进口政策的替代方案。最大虫害限制是指在指定时间内进口到指定地点的货物中可能存在的未成熟果蝇的最大数量。为了防止果蝇滋生，每天的最大虫害限制为3头活幼虫。应用已知疗效的治疗确保不超过这个限度，感染水平低于预定值。最大虫害限制描述了一个抽样模型，以准确评估虫害水平，并检查设置最大虫害限制的实际意义。

针对新西兰进口水果有害生物防控问题，Backer 等提出了有害生物最大允许量（Maximum pest limit，MPL）作为检疫安全的准则。MPL被定义为在某一特定时间进口到特定地点，货物中有害生物的最大允许数量，该数量不超过有害生物建立种群要求的最小数量。对实蝇而言，1对雌雄成虫被认为是建立种群要求的最小数量。该准则是Backer等依据Landolt等的研究衍生而来的。其后，Hughes 对该准则进行了详细的说明。然而，该准则还未进入实质性应用的阶段。

货物经处理后，有害生物感染水平小于有害生物最大允许量的概率[Pr（B）]，与有害生物最大允许量、货物数量、有害生物感染率、每一批水果中有害生物数量以及处理后存活率有关。检疫抽样发现有害生物的概率[1–Pr（A）]取决于有害生物的感染率和样品数量。

图2-2中的数据是利用Mangan等研究检疫处理控制墨西哥实蝇传入风险所使用的资料，Baker等、Harte等的公式分别计算了不同感染水平下小于有害生物最大允许量的概率［Pr（B）］及检疫抽样发现有害生物的概率［1-Pr（A）］。

图2-2表明，处理后感染水平小于有害生物最大允许量的概率［Pr（B）］是货物有害生物感染率（p）的函数，随p的增加而减少；而检疫抽样样品中发现有害生物的概率[1-Pr（A）]取决于有害生物感染率（p）和抽样数量（n），对于样品数量相同的货物，发现有害生物的概率随p的增加而增加。

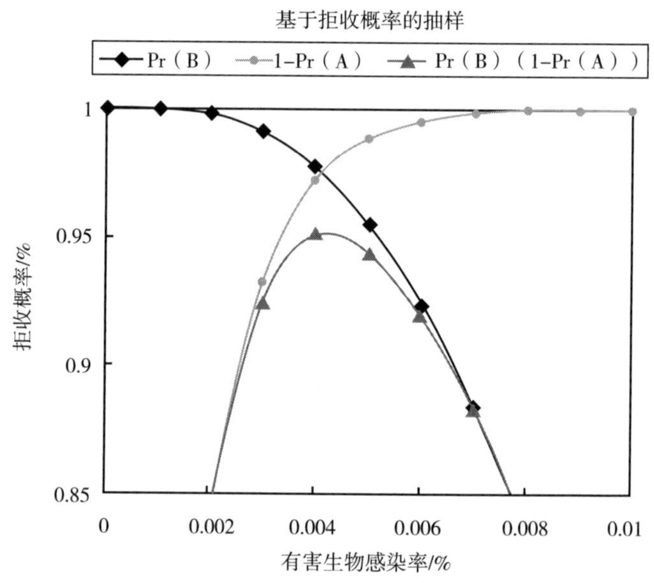

图2-2 有害生物感染率与感染水平小于MPL的概率Pr（B）、货物抽样发现有害生物的概率［1-Pr（A）］的关系

有害生物最大允许量是一个简单的阈值上限，超过该值，有害生物被认为能够建立种群。对一种有害生物来说，MPL由有害生物的生物学和生态学特性决定。对于进口货物，应该将处理与取样结合，以减少货物携带有害生物的数量超过MPL的概率。在已知货物数量和有害生物感染率时，选择合适的检疫处理方法对保证检疫安全来说显得非常重要。

一种检疫性有害生物传入定殖的风险与该有害生物的种群数量、生活周期、虫态、生殖方式、货物中的感染率、扩散能力、传播媒介、寄主范围、种群建立能力、真菌的孢子形成特点、休眠状态和亚致死效应等因素有关。通过对有害生物的这些特征进行分析评价，能够使人们深入了解某种有害生物经过检疫处理后可以接受的存活数量，从而进一步明确可以接受的处理效果水平，建立某种有害生物的“最大允许量”等。因此，基于有害生物的生物学特征，可以通过多种植物检疫措施的应用，如收获前、收获中和收获后的处理措施，或入境口岸的查验与处理措施等分阶段减少货物中有害生物种群数量，最终实现有害生物的“最大允许量”，同时可以起到防止外来有害生物传入定殖的作用，而不仅仅是依赖单一的检疫处理措施。有害生物的定殖概率（*Pc*），主要与有害生物经各种前述检疫措施应用后的存活概率（*Pm*）、入境后被转运至合适寄主的概率（*Ph*）和定殖时的环境条件适合概率（*Pe*）等有关。定殖概率（*Pc*）等于各种检疫措施处理后的存活概率（*Pm*）乘以遇到合适寄主的概率（*Ph*），再乘以遇到合适定殖环境条件的概率（*Pe*），见公式2–11、2–12：

$$Pc = Pm \times Ph \times Pe \tag{2–11}$$

$$Pm = Pr \times Po \times Pt \tag{2–12}$$

式中：

Pr——有害生物经收获前处理措施处理后的存活概率；

Po——有害生物收获后处理措施，如分级挑选处理后的存活概率；

Pt——有害生物检疫处理后的存活概率。

当以最大害虫允许量来定义检疫处理的有效性时，如果希望某种检疫性害虫传到适宜定殖地的数量（*Ne*）不能多于1头或1对，*Np*为货物感染的害虫数量，则如公式（2–13）：

$$Ne = Np \times Pc \leqslant 1 \tag{2–13}$$

如果已知某种检疫性有害生物的*Ph*、*Pe*、*Pr*和*Po*，阻止该害虫定殖的检疫处理有效性$Te \geqslant 1-Pt$，其中经检疫处理后的有害生物存活概率$Pt = Ne/(Np \times Pr \times Po \times Ph \times Pe)$，如果将*Ne*定义为1，则$Pt = (1/Np \times Pr \times Po \times Ph \times Pe)$，*Te*就可以表示为$Te = 1-1/(Np \times Pr \times Po \times Ph \times Pe)$。如果没有其他检疫措施的综合应用，那么检疫处理的有效性*Te*则应为$Te \geqslant 1-1/(Np \times Ph \times Pe)$。

由此可以看出，减少货物源头感染有害生物的数量，或通过各种检疫措施减少有害生物的种群数量，均可以降低入侵生物的定殖风险，从而最终达到检疫安全的要求；如果没有多种检疫措施的综合应用，而只有检疫处理措施的单一实施，那么所要求的检疫处理有效性则必须高很多，这也说明几率值9不是评价检疫处理有效性的唯一标准。在实际应用中，如果不知道某种检疫性有害生物的详细生物学特性，特别是定殖特性，利用几率值9的有效性标准，还是可以更直观地得出结论。

三、等效性原则

ISPM 15的附录对检疫处理的有效性测试标准有严格要求。依照该标准，要想达到几率值9的要求，需要饲养大量的林木有害生物和满足严格的实验条件。根据几率值9标准要求，至少需要100 000头昆虫，在几率值p值小于0.05的条件下，检疫处理的有效性需要达到99.996 8%的死亡概率才达到要求。对于目前关注的林木检疫性有害生物来说，大多数不可能得到如此数量的种群进行测试。这些害虫的幼虫比果蝇大100倍，而且只在受侵染的原木中稀疏地出现，因此想要测试几率值9的有效性需要在大片森林中进行砍伐和采样。有学者认为，对于某些商品或有害生物来说，该有效性标准过于严格。

95%置信水平下99.996 83%的有效性水平要求可能不是所有检疫处理指标的建立所必需的。例如，在木质包装中可能发现的大多数木材害虫的侵染水平通常很低，而几率值9所要求的有害生物数量也很难实现。尽管可以通过数据统计的方式降低检疫处理实验有害生物的数量，但由此得到的检疫处理技术指标可能更高，导致该指标既不经济也不环保。

使用几率值9作为检疫处理有效性标准的做法受到很多学者的批评。有学者认为，一些特定害虫的检疫处理有效性水平应通过对其生物学特性评估来确定，原因是不同有害生物的生物学特性对其存活、扩散、定殖等影响较大。有害生物的生物学特性包括：繁殖力、世代、种群、扩散、定殖、天敌（如果相关）、寄主等。通过对这些有害生物生物学特性的评估，确定开展检疫处理所需有害生物的数量。国际林业检疫技术小组（TPFQ）正在基于有害生物的生物学特性对木材害虫进行分类，制定针对相似生物学特性的害虫组开展检疫处理实验的建议。上述评估经过验证后，采用生物学特性评估确定有害生物数量的检疫处理研究可视同符合几率值9要求。此外，还有学者提出根据单体昆虫的存活概率确定检疫处理适当有效性水平的方法。无论采用何种有效性评估方法必须符合检疫标准要求。

基于外来有害生物在国际贸易中的实际风险，近年来国际上建立了检疫处理“有效性等同评价标准”，也称卡迪夫标准（Cardiff Prolocol），作为几率值9准则的替代标准之一。检疫处理，无论是化学处理还是非化学处理，均是以有效剂量（Effective dosage，ED）来表示检疫处理效果（效应）的。例如溴甲烷熏蒸货物木质包装，温度在21 ℃以上，浓度为48 g/m^{3}熏蒸24 h，木质包装携带的有害生物死亡率应该达到几率值9要求；同样，热处理或冷处理，也是以货物中心温度达到规定温度以及持续的时间来表示的，如木质包装热处理，要求中心温度必须达到56 ℃后持续至少30 min。如前所述，要评价某种检疫处理的有效性，如果采用几率值9标准，必须杀灭近100 000头害虫而无活虫，而如果采用检疫处理有效性等同评价标准，则确认某一检疫处理技术有效剂量所需要的害虫数（ED^{ns}）即可。Cardiff标准可以分为两个公式进行表述。

（1）针对害虫

处理后无害虫存活的有效剂量（ED^{ns}），见公式2-14、2-15：

$$ED^{ns} = I \times V/MPL \qquad (2\text{-}14)$$

式中：

I——害虫的感染率；

V——该有害昆虫寄主货物数量；

MPL——有害昆虫最大允许限值，即经过检疫处理后最大允许存活害虫数量。

$$MPL = FP/Ps \tag{2-15}$$

式中：

FP——种群建立所需要的数量；

Ps——害虫存活且发育到成虫的概率。

当需要保证检疫处理后无活虫时，试验害虫的最低数量（TS^{ns}）可用公式2–16表示［置信度（*C*）为95%］：

$$TS^{ns}=I\times V\times 3\ /\ MPL \tag{2-16}$$

（2）当入侵生物为高感染率外来有害生物，如真菌时，使用公式2–17：

$$ED^{ns} = I\times V/MICL \tag{2-17}$$

式中：

MICL——货物最大感染限值。

检疫处理有效性等同标准的提出，为研究检疫处理新技术并建立其标准提供了新途径。然而，利用检疫处理有效性等同标准，必须经过科学的有害生物风险分析，建立科学有效的抽样技术与方法，确立外来有害生物的感染率、感染水平、建立种群大小、外来有害生物最大允许限值或货物最大感染限值等，以便科学地建立检疫处理有效性评价标准或方法。

四、零度容许准则

对于病原菌、孤雌生殖的昆虫来说，存活1头或1个个体就可能继续繁殖，因此，MPL准则对它们不适用。在这种情况下可采用零度容许准则，即通过检疫处理使有害生物的死亡率为100%，如我国要求对小麦携带的矮腥黑穗病菌（*Tilletia controversa*）进行环氧乙烷熏蒸处理，灭菌率为100%；零度容许准则也可采用系统措施（System approaches）使商品/货物中不存在有害生物活体，如我国的河北鸭梨出口，就采用了田间防控、加工厂挑选、药剂浸泡处理、出口前的检疫查验等系统措施，使出口产品中不携带梨黑斑病菌活体。

零度容许准则采用百分率指标，比较容易理解和解释，但是，要使用多少有害生物开展验证试验（如何用试验数据）以证明处理效果达到了100%死亡率，至今还没有明确的结论。如针对食品中不同微生物的灭菌处理，通常是基于风险分析的结果，有待研究和发展。

近年来，松材线虫成为全球关注的有害生物，IPPC秘书处也制定了硫酰氟熏蒸处理的国际标准—— ISPM 28 – PT23，处理的效能大于99.996 83%（95%置信水平），根据Couvey 和 Chow提出的验证试验中松材线虫数量大于94 502条（即处理10万条线虫即可达到要求），在线虫感染率高的木材中，1 kg木段中线虫的数量就可以达到这个水平。作为生物安全需要的检疫措施，零度容许准则最先被使用，但其发展是一个漫长的过程。

第四节　检疫处理风险评估

一、风险概述

19世纪末，风险的概念首先在西方经济管理科学中被提出，现在已广泛应用于众多领域。美国经济学家J. Haynes定义风险为损失的概率；日本学者Saburo Ikeda把风险定义为由于自然或人类行为所导致的不利事件发生的可能性；Lind 介绍了关于风险的其他主要定义方法；国内学者进一步研究认为风险度与可靠度之和等于1，而且串联系统的可靠度等于各独立风险链可靠度的乘积。国际大地测量学与地球物理学联合会风险评价委员会则把风险定义为对健康、财产、环境不利事件发生的概率及可能后果的严重程度，并将其表示为“风险 = 发生概率 × 频次”（Risk = Probability × Consequences）。从对其认识和把握的角度来看，风险具有随机性、不确定性和连带性。根据国家标准GB/T 23694—2013《风险管理　术语》，风险是“不确定性对目标的影响”。风险通常应用于至少有可能会产生负面结果的情况，在有些情况下，风险起因于与预期的后果或事件偏离的可能性。在国际上，风险分析（Risk analysis）发展迅猛，涉及社会、经济、自然等内容，风险分析网站、风险分析服务正在不断增多，正向多学科、多领域渗透，风险分析已成为风险科学的核心内容。

风险评估（Risk assessment）作为风险管理（Risk management）的一个重要环节，在风险控制中发挥着重要作用。如图2-3所示，风险评估包括风险识别（Risk identification）、风险分析（Risk analysis）和风险评价（Risk evaluation）三个环节或步

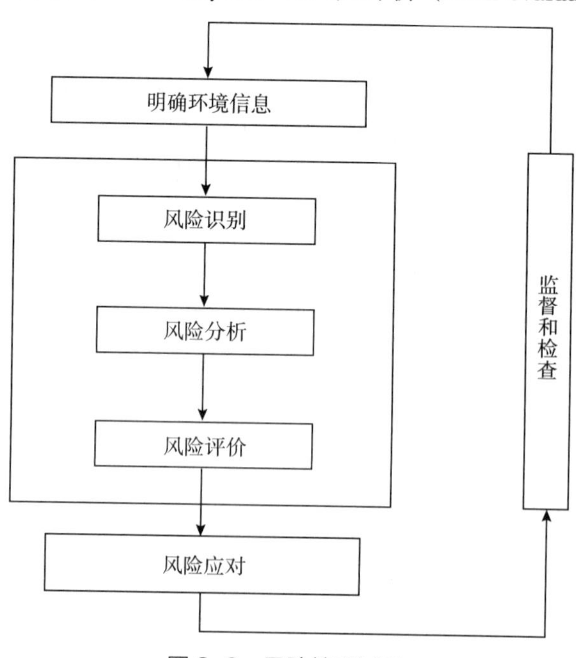

图 2-3　风险管理过程

骤。因此，检疫处理的风险评估，可以分析各种不确定因素及其负面影响，减缓风险因子（Risk factor）的影响和后果，规避和有效应对风险，充分发挥检疫处理的作用，既保证生物安全，又保障货物、环境和生态安全。为此，本节就检疫处理风险评估这一新兴课题，应用GB/T 24353—2009《风险管理　原则与实施指南》及有害生物风险分析的相关理论和方法，简要介绍检疫处理风险评估的原则和方法，进行广义的风险分析，比较辐照处理与其他检疫处理方法的风险，明确检疫监管的关键要素，为检疫辐照处理的监管和效果评价提供有效的技术支撑。一般来说，一个完整的环境风险评价工作包括：历史数据分析、风险识别和危害分析、事故频率和后果估算、风险计算和评价、风险减缓和应急措施等。

二、风险来源

检疫处理的目标是控制有害生物的传入和传播，处理对象是携带限定性有害生物的货物。从结果进行分析，需要有害生物完全死亡（包括不育、发育到某一阶段后死亡），并且不会对货物产生不可接受的影响，是风险评估的准则。检疫处理过程所涉及的处理技术标准、设施设备、操作等，对目标的实现产生不确定性并可能造成不同程度的各种负面影响，是检疫处理的风险来源。检疫处理的风险来源及风险类型见图2-4。

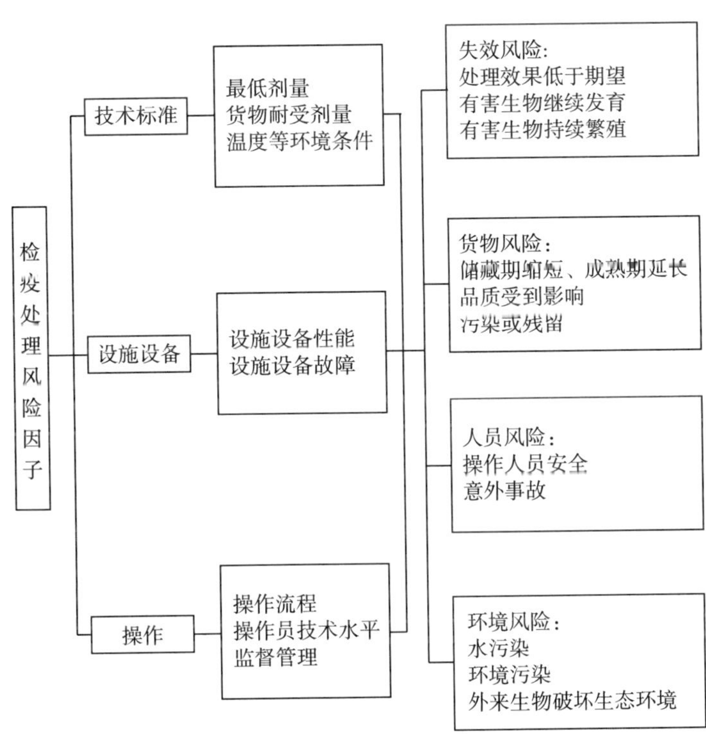

图2-4　检疫处理的风险因子与风险类别

（一）技术标准

1.最低剂量

检疫处理最为核心的技术指标是货物及其携带的有害生物的处理剂量，只要满足有害生物的最低剂量，就能保证有害生物的检疫处理效果；若剂量低于最低要求，则达不到预期的处理效果，导致处理失效。因此，处理剂量低于规定要求是一个重要的风险因子。

2.温度等环境条件

当处理温度在要求的温度以下时，检疫处理效果会降低，如对冷冻货物的处理。

3.货物耐受剂量

虽然在检疫处理过程中工作人员通常选择对货物品质影响最小的方式，但是鲜活植物及其产品耐受性低，可能受到严重伤害，影响使用（食用）价值。如鳄梨是目前发现的耐受程度很低的水果之一，辐照处理主要影响水果的表皮颜色，根据品种的差异，其最大耐受剂量为100 Gy~200 Gy。所以，超过货物的最大耐受剂量也是一个风险因子。

因此，检疫处理技术标准涉及的上述任何一个环节出现失误，都可能导致有害生物处理失败，产生失效的风险；或者导致货物受到严重伤害，出现货物安全风险。

（二）设施设备

设施设备的性能、故障以及操作等存在风险。以辐照处理为例，在目前最常用的钴60辐照加工装置使用过程中，有可能发生以下事故：人员误入辐照室造成的辐射事故；贮源水井的水位过低，导致工作人员接受的辐照剂量过高；贮源的包壳破损后对贮源井水的污染；卡源造成钴源无法落井等事故；倒、装源过程中的一些失误；氢气爆炸的事故。

1.设施设备性能

根据ISPM 18对检疫辐照处理设施的要求，辐照设施性能包括设计建造、剂量的准确性、故障率、有害生物防疫措施等方面。经过性能确认的辐照设施可以达到处理效果，保证货物、人员、环境等的安全；但未经确认的辐照设施，可能出现失效风险和安全风险。此外，从3种类型的辐照设施本身固有的特性分析，γ 射线和X射线的穿透能力强，货物中的剂量分布均匀；电子束穿透能力弱，吸收剂量不均匀度高，外部剂量高，内部剂量低，当最低吸收剂量达到要求时，表面的吸收剂量远远超过货物的最大耐受剂量，会伤害货物；若满足货物的品质要求，有可能达不到要求的处理效果。所以，未经性能确认的辐照设施也是一个风险因子。

2.设施设备故障

设施设备故障包括机械传输装置故障、监测记录系统故障、控制系统故障、辐照过程意外中断、辐照源升降系统失灵等，可能导致吸收剂量低于最低要求，货物无法完整辐照，处理失效的同时对环境造成不利影响，或对辐照操作人员和其他人员的生命安全造成威胁和影响等。所以，设施故障是一个重要的风险因子，尤其是γ射线辐照设施故障中放射源的升降系统故障，可能造成较大的影响甚至出现重大的辐射事故。2010年在我国广东省汕头市出现的“辐照门”事件，就是辐照设施的升降控制失灵，导致辐照源（钴源）不能落入贮源井中而发生的。长时间的辐照使货物（辣椒粉）温度升高而失火，不仅造成货物、设施、房屋的损失，而且由于大众普遍缺乏对辐照的了解和正确认识，因此将失火的烟雾误传为“核烟雾”，造成社会的恐慌。

（三）检疫处理操作

1.操作流程

在检疫处理过程中，除满足最低剂量、控制货物最大耐受剂量外，还需要杜绝有害生物交叉感染。因此，在实施检疫处理操作中，需要考虑控制和降低操作流程中出现的失效风险和安全风险。

2.操作员技术水平

进行检疫处理的操作人员需要熟练掌握操作要求和防疫（防止有害生物交叉感染和污染）知识、技能，但是，企业的操作员一般不具备有害生物防疫方面的知识和技能，可能导致有害生物的交叉感染和再污染。操作不熟练、操作失误、有害生物防疫知识缺乏等是检疫处理的风险因子。

3.监督管理

检疫处理的监督管理是对产品从接收到放行过程的全流程管理，特别是对上述风险因子的控制和管理，一旦管理不到位、管理失控（其中一个或几个环节未监管），或者疏于管理，出现弄虚作假的情况，就可能出现安全风险。因此，监管缺失、不到位也是风险因子。

三、风险类型

检疫处理可能存在的风险，可以分为导致有害生物处理效果不能满足要求的失效风险，以及对人员、环境、货物的安全构成威胁的安全风险两大类。安全风险可进一步细分为货物风险、人员风险和环境风险。就失效风险而言，检疫处理一旦失效就可能导致有害生物的传播和扩散，出现生物安全问题，因此，失效风险也属于一种安全风险。

（一）失效风险

检疫处理技术标准的建立，是以具体的有害生物种类、状态、寄主植物及其产品，以及处理的环境条件为依据的。因此，设施设备、操作规范、操作人员技术水平等可能影响有害生物的处理效果。技术标准选择错误、环境条件控制失当、设施设备失效和操作不规范等，均会导致检疫处理失效，此时的风险处于很高的水平，最容易造成风险失控。检疫处理的根本目的是防止限定性有害生物的传入和传播，因此，需要特别关注处理效果，严格控制失效风险。

（二）安全风险

1.货物风险

检疫处理通常对货物安全和品质影响较小，但也会产生一定程度的影响，包括降低维生素的含量、使鲜活产品的感官品质下降、储存器寿命缩短等。

2.人员风险

处理药剂泄露、设施故障或操作不当，可能导致检疫处理事故，对操作人员、处理区域内的其他人员的人身安全构成威胁，出现安全事故。因此，必须严格遵循相关标准与规程，对可能存在的风险隐患进行科学分析和有效控制。

3.环境风险

检疫处理因选用的处理方式不同，对环境产生的影响不同。采用熏蒸处理，会因为熏蒸剂渗漏、排放等污染大气环境；采用其他化学药剂处理，会产生废液等环境污染物。因此，检疫处理作为控制有害生物的一种技术手段，对环境或多或少存在影响。

四、风险分析

风险分析是系统应用相关信息来确认风险的来源，并对风险进行估计，为风险评价（Risk evaluation）、风险处理（Risk treatment）和风险承受（Risk acceptance）提供基础的方法。信息包括历史数据、理论分析、基于可靠信息的见解以及利益相关者的关注情况。

（一）风险评价指标

1.评价指标

检疫处理中的不同风险因子可能对检疫处理效果评价和安全产生不同的影响。下面以检疫辐照处理为例，介绍不同风险因子的评价指标（见表2-4）。

表2-4 检疫辐照处理中各风险因子的评价指标

风险因子		评价指标			
		失效风险	货物风险	人员风险	环境风险
技术标准	最低吸收剂量	是/否	高至低	是/否	是/否
	剂量不均匀度	是/否	高至低	是/否	是/否

续表

风险因子			评价指标			
			失效风险	货物风险	人员风险	环境风险
技术标准	厌氧环境		是/否	高至低	是/否	是/否
	产品耐受剂量		是/否	高至低	是/否	是/否
辐照设施	设施性能	放射源	是/否	高至低	高至低	高至低
		电子加速器	是/否	高至低	高至低	高至低
		X射线	是/否	高至低	高至低	高至低
	设施故障	放射源	是/否	高至低	高至低	高至低
		电子加速器	是/否	高至低	高至低	高至低
		X射线	是/否	高至低	高至低	高至低
	废源处置	放射源	是/否	高至低	高至低	高至低
辐照操作	操作流程		是/否	高至低	高至低	高至低
	操作员技术水平		是/否	高至低	高至低	高至低
	检疫监管		是/否	高至低	高至低	高至低

2. 风险评价矩阵

根据AS/NZS ISO 31000：2009《风险管理　原则与实施指南》中的风险评价指数矩阵法，对识别到的可能存在的风险因子进行分析，分离可接受的小风险和不能接受的大风险。风险分析包括安全事件的后果、后果发生的可能性以及它们的影响因子，还包括对现有的管理、技术措施进行的安全分析。以检疫辐照处理为例，参考风险评价指数矩阵表（见表2-5），对检疫辐照处理风险发生的可能性和严重程度进行分级后确定其风险水平。可能性表示安全事件发生的概率，可分为几乎不发生（Rare）、不太可能发生（Unlikely）、可能发生（Possible）、很可能发生（Likely）、几乎肯定发生（Almost）。严重程度可分为可忽略（Insignificant）、较小（Minor）、中等（Moderate）、较大（Major）、灾难（Catastrophic）5级。

表2-5　风险评价指数矩阵表

可能性	几乎肯定发生	很低风险	低风险	中风险	高风险	很高风险
	很可能发生	很低风险	低风险	中风险	高风险	很高风险
	可能发生	很低风险	很低风险	低风险	中风险	高风险
	不太可能发生	很低风险	很低风险	很低风险	低风险	中风险
	几乎不发生	很低风险	很低风险	很低风险	很低风险	低风险
严重程度		可忽略	较小	中等	较大	灾难

（二）风险等级

参照检疫辐照处理国际标准、指南、国家法规、技术规范，结合辐照加工企业出现各类事故的基本资料等，根据各类风险发生的可能性及其严重程度（均按照5级进行分类），检疫辐照处理的风险见表2-6。

表2-6 检疫辐照处理的风险

风险类别	风险来源	事件发生可能性	事件后果严重程度	风险水平
吸收剂量低于目标有害生物要求的最低剂量	技术标准失误	几乎不发生	较大	很低风险
	辐照设施性能、故障	不太可能发生	较大	很低风险
	操作时漏照	可能发生	灾难	高风险
	防疫措施失效、操作失误	可能发生	灾难	高风险
吸收剂量超过货物的最大耐受剂量	技术标准失误	几乎不发生	中等	很低风险
	剂量不均匀度过大	可能发生	中等	低风险
	重复辐照	可能发生	中等	低风险
人员安全事故	误入辐照室	几乎不发生	灾难	很低风险
	人员意外照射	几乎不发生	灾难	很低风险
	废源处置	几乎不发生	灾难	很低风险
破坏生态环境	辐照设施故障	几乎不发生	较大	很低风险
	操作失误	几乎不发生	较大	很低风险
	监管缺失	几乎不发生	较大	很低风险
	有害生物处理失效	不太可能发生	灾难	中风险

（三）风险评价

风险评价是将估计后的风险与监管部门确定的风险准则对比，来决定风险严重性的过程。风险评价有助于工作人员做出接受还是处理某一个风险的决策。综合考虑检疫辐照处理风险管理的目标、代价或不对风险进行处置带来的后果等问题，依据风险评价指数矩阵表判定特定的风险是否可接受或需要采取其他措施处置。对于低风险或可接受的风险，可进行最低程度的处理，但应该对低风险或可接受的风险进行监控及定期检查，以保证这些风险仍然是可接受的；对于高风险和不可接受的风险，则要采取降低风险或转嫁风险等风险处置措施。

1. 风险管理措施

在上述风险识别和风险评价的基础上，为降低各种风险发生的概率及其危害程度，综合考虑各种技术的现状、可操作性、经济效益及对贸易的影响等，采用有效的技术手段和管理措施，对各种可能产生的风险进行控制和管理，确定最优的检疫处理方案及备选方案，包括检疫处理效果评价方法和关键控制要素等，为检疫处理风险管理和制定科学合理的检疫处理方案提供依据。

总体来说，从失效风险、货物安全考虑，在检疫辐照处理中，应首选γ射线和X射线辐照设施；但从人员、环境安全角度考虑，辐照处理应首选电子加速器（电子束、X射线）。由于电子束的穿透能力低、X射线处理的成本高，应针对具体的货物考虑经济影响、货物安全、环境影响等因素，做出合理的选择。如我国针对进境小麦的处理，可以在入库前的传输带上安装辐照设施，控制麦层厚度，以使电子束能有效穿透，我国在广东新沙港粮库建立了进境小麦电子束辐照处理示范工程。

2. 检疫处理措施的风险等级比较

以进境东盟水果（热带水果）携带的实蝇和粉蚧为例，评价各种处理措施产生的风险，见表2–7。

表2–7　进境东盟水果检疫处理风险的等级评估

检疫处理方法	风险等级				综合风险等级
	失效风险	货物风险	人员风险	环境风险	
γ射线辐照	很低	很低	很低	低	很低
X射线辐照	很低	很低	很低	很低	很低
电子束辐照	低	低	很低	很低	低
强制热空气	低	中至高	很低	很低	低
蒸热处理	低	高至很高	很低	很低	中
热水浸泡处理	低	高至很高	很低	很低	中
冷处理	低	高至很高	很低	很低	中
溴甲烷熏蒸	低	中至高	中	很高	高
非熏蒸药剂	高	中至高	中	高	很高

3. 风险管理案例分析

以进境东盟水果的检疫处理方案选择为例，由于东盟输华水果一般在产地不经任何检疫处理，集中在入境口岸实施检疫查验和检疫处理，包括除害处理和无害化处理。通过有害生物风险分析的风险识别、风险评价，确定了番石榴实蝇等实蝇类、杰克贝尔氏粉蚧等蚧虫为需要管控的有害生物。在风险管理阶段，相关措施包括口岸查验和检疫处理。可供选择的处理方法包括辐照处理（电子束、γ射线、X射线）、热处理（蒸热处理、强制热空气处理、热水浸泡处理）、冷处理、溴甲烷熏蒸和非熏蒸药剂处理等。假定具备各种处理设施，从检疫处理措施的风险等级（见表2–7）、可操作性、经济效益、贸易影响程度4个方面综合考虑，分析结果见表2-8，并以此制定风险管理方案。

表2-8 进境东盟水果检疫处理管理方案的等级评估

检疫处理方法	检疫处理管理方案				综合等级
	处理风险	可操作性	经济效益	贸易影响	
γ射线辐照	很低	好	差	低	优
X射线辐照	很低	很差	很差	低	良
电子束辐照	低	中	中	低	优
强制热空气	低	很差	很差	低	中
蒸热处理	中	很差	中	低	中
热水浸泡处理	中	很差	好	低	中
冷处理	中	很差	中	低	中
溴甲烷熏蒸	高	很好	很好	低	良
非熏蒸药剂	很高	中	好	低	差

通过比较，γ射线和电子束辐照处理为最优方案；其次为X射线辐照处理和溴甲烷熏蒸处理；热处理和冷处理为折中方案。

第五节 检疫处理监管

一、检疫处理的监管方式和措施

（一）监管方式

海关对不同风险等级和不同类别企业的检疫处理，采用全过程监管、重点监管和抽查监管3种不同的监管方式。

1. 全过程监管：对企业检疫处理设施设备、作业方案、现场操作等全过程实施严格的检查、审定和监督，对企业处理业务采取逐批监测和效果评价。

2. 重点监管：对企业检疫处理过程的重点环节、重点关注的风险实施检查和现场监督，对企业处理业务采取抽批监测和效果评价。

3. 抽查监管：结合日常监管情况和企业信用情况，对企业检疫处理过程实施电子监管，必要时对企业处理业务采取抽批监测和效果评价。

（二）监管措施

1. Ⅰ级风险检疫处理的监管措施

A类企业从事Ⅰ级风险的检疫处理业务，采取全过程监管或重点监管，实施100%监测和逐批效果评价。

2. Ⅱ级风险检疫处理的监管措施

（1）对A类企业，采取重点监管和不少于10%的抽批监测；

（2）对B类企业，采取重点监管和不少于30%的抽批监测；

（3）对C类企业，采取全过程监管。

3. Ⅲ级风险检疫处理的监管措施

（1）对A类企业，采取抽查监管；

（2）对B类企业，采取重点监管或抽查监管和不少于10%的抽批监测；对木质包装热处理业务实施抽查监管和不少于3%的抽批监测；

（3）对C类企业，采取重点监管或抽查监管；对木质包装热处理业务实施抽查监管和不少于20%的抽批监测。

二、检疫处理分类管理

依据检疫处理设施设备条件、从业人员业务素质、检疫处理技术能力、业务组织和管理制度等，对获得出入境检疫处理从业资质的企业实施分类管理。

检疫处理监管的内容包括质量管理体系与运行情况、检疫处理设施设备条件、自检自控能力、从业人员情况和从业企业信用等方面。

（一）质量管理体系与运行情况

1. 质量管理体系文件的完善程度；
2. 质量管理体系运转的有效性；
3. 检疫处理业务管理制度；
4. 检疫处理效果评价制度；
5. 检疫处理安全生产和责任追究制度；
6. 检疫处理溯源管理制度；
7. 应急处置机制；
8. 检疫处理技术标准；
9. 检疫处理作业规程。

（二）检疫处理设施设备条件

1. 检疫处理设施设备的稳定性、有效性和安全性，检疫处理设施设备是否经过定期验证评价；

2. 检疫处理设施设备是否具备符合要求的生产安全防护设施和消防设施；

3. 检疫处理场所、设施设备是否满足检疫处理安全操作、安全距离、安全警戒等条件和要求；

4. 检疫处理设施设备是否配有视频监控系统和检测数据自动传输电子系统；

5. 检疫处理设施设备是否配备药品库、货物堆场和装卸设备；

6. 检疫处理设施是否符合当地环保部门要求。

（三）自检自控能力

1. 自有或合作的检疫处理实验室；

2. 检疫处理检测设备可靠性、有效性和适用范围，检疫处理检测设备是否经过定期验证评价；

3. 检测人员使用设备的熟练程度；

4. 是否对检疫处理实施批批检测和安全监控并记录；

5. 是否有检测不合格的补救和纠偏措施。

6. 安全监督管理员落实本单位安全管理措施，定期开展应急演练，排查安全隐患情况。

（四）从业人员情况

1. 业务管理人员和技术骨干的稳定性；

2. 对从业人员技术水平和持续业务培训情况；

3. 从业人员作业熟练程度和现场操作的规范性；

4. 从业人员对检疫处理的工作态度是否正确。

（五）从业企业信用

1. 从业企业遵守法律法规、服从监管的情况；

2. 从业企业履行质量安全承诺、落实质量安全第一责任人的情况；

3. 从业企业在检疫处理中是否出现过重大安全隐患和质量事故；

4. 从业企业是否存在因工作质量，造成货物被国外退运或被国外检疫机构通报的情况；

5. 从业企业是否存在违规操作，被海关处罚的情况；

6. 从业企业负责人和员工的动植物疫情防控意识和法律意识。

三、检疫处理主体责任

检疫处理单位作为出入境检疫处理工作质量的第一责任人，承担落实检疫处理质量安全的主体责任，应当严格执行出入境检疫处理技术规范和操作流程，使用符合国家有关规定的出入境检疫处理器械、药剂及计量器具，从药物选择、药物浓度配比、处理作业全面彻底、作业过程封闭性、药物作用时间、作业人员防护等环节建立全过程效果评价制度，按有关要求对出入境检疫处理结果开展评估，确保检疫处理过程和效果符合国家有关规定要求。

动植物检疫处理实验室建设与试验设计

实验室是动植物检疫的主要基础设施之一，对于开展检疫处理工作，尤其是检疫处理技术研究具有重要作用。检疫处理试验设计需要综合考量试验材料、试验方案、试验操作与数据分析、试验控制、记录保存等方面，试验设计对于检疫处理技术研究、形成检疫处理技术标准具有积极作用。本章重点介绍了试验设计的基本要求、原理与方法、室内试验效果评价技术、试验设计应用案例。

第一节　动植物检疫处理实验室建设

作为从事科学研究的实验室，其建设是依据管理规章和标准，包括国际标准、国家标准、行业标准等，由具有相应资质的施工单位负责建造的。实验室建设标准和依据主要分为设计、通风、洁净、装修、供气5个方面（见表3-1）。

表3-1　我国现行有效的实验室建设的规范标准

类别	编号	名称
设计	GB 50243—2016	通风与空调工程施工质量验收规范
	GB 50346—2011	生物安全实验室建筑技术规范
	GB 19489—2008	实验室　生物安全通用要求
	JGJ 91—2019	科研建筑设计标准
	WS 233—2002	微生物和生物医学实验室生物安全通用准则
通风	GB 50736—2012	民用建筑供暖通风与空气调节设计规范
	GB 50019—2003	采暖通风与空气调节设计规范
	JG/T 222—2007	实验室变风量排风柜
洁净	ISO 14644-1	空气洁净度等级划分
	GB 50073—2013	洁净厂房设计规范
	GB 50457—2008	医药工业洁净厂房设计规范
	GB 50472—2008	电子工业洁净厂房设计规范
装修	GB 50210—2018	建筑装饰装修工程质量验收标准
	GB 50333—2013	医院洁净手术部建筑技术规范
	GB 50346—2011	生物安全实验室建筑技术规范
	GB 50016—2014	建筑设计防火规范
	GB 50034—2013	建筑照明设计标准
	JGJ 16—2008	民用建筑电气设计规范
供气	GB 50316—2000	工业金属管道设计规范
	GB 50235—2010	工业金属管道工程施工规范
	GB 50236—2011	现场设备、工业管道焊接工程施工规范

我国于2004年11月12日发布了《病原微生物实验室生物安全管理条例》，明确规定实验室的生物安全防护级别要与其拟从事的实验活动相适应。

一、实验室选址和平面设计

（一）实验室选址

实验室选址应满足如下基本要求：

1.必须符合当地城市规划和环境保护的要求，应节约用地，不占或少占良田。

2.应满足科学实验工作的要求，并应具有水源、能源、信息交换和协作条件，交通方便。

3.应满足建筑用地、实验用地、绿化用地和环境净化的需要，并应留有发展用地。

4.实验室与易燃、易爆品生产及储存区之间的安全距离应符合我国现行有关规范的规定。

5.实验室应避开噪声、振动、电磁干扰和其他污染源，或采取相应的保护措施；对科学实验工作自身产生的上述危害，亦应采取相应的环境保护措施，防止对周围环境产生不利影响。

6.实验室应有相应的安全消防保障条件及措施。

（二）总体平面设计

实验室的总体平面设计应遵循如下原则和规定：

1.应符合科学实验工作的要求，规划面积指标应按《科研建筑工程规划面积指标》的规定执行。

2.应包括各类用房、室外实验场地和道路的平面布置及竖向设计、公用设施管网的综合设计及环境设计等。

3.应合理利用基地的原有地形、地貌、地物、水面和空间以及现有的公用设施等。

4.各类用房宜集中布置，做到功能分区明确、布局合理、联系方便、互不干扰，且留有发展余地。

5.住宅不宜建在科学实验区内，当建在同一区域内时，应相互分隔，另设出入口，并应符合防止污染及干扰的有关规定。

6.使用有放射性、爆炸性、毒害性和污染性物质的独立建筑物或构筑物，在总体平面中的位置应符合有关安全、防护、疏散、环境保护等规定。

7.公用设施用房在总体平面中的位置应符合节能和环境保护等要求。变配电室、冷冻站等宜设置在对周围环境干扰最少且靠近使用负荷中心处。当科学试验工作有隔振要求时，应根据其防振距离的要求对实验室进行布置，在无法保证防振距离时，应采取必要的隔振措施。

8.各类公用设施管网应综合布置，并与室外环境设计相结合，做到安全可靠、经济合理、方便使用和维护，并留有发展余地。

9. 环境设计应符合当地主管部门的绿化要求，且宜适当提高绿化率。绿化植物品种的选用应有利于净化空气、防止污染。

二、实验室建筑设计

（一）基本要求

1. 科学实验建筑应由实验用房、辅助用房、公用设施用房等组成。其设计应合理安排各类用房，做到功能分区明确、联系方便、互不干扰。

2. 通用实验室、专用实验室及研究工作室宜采用标准单元组合设计，其结构选型及荷载确定应使建筑物具有适应性。

3. 条窗：设置采暖及空气调节的科学实验建筑，在满足采光要求的前提下，应减少外窗面积。设置了空气调节的实验室的外窗应具有良好的密闭性及隔热性，且宜设不少于1/3窗面积的可开启窗扇。底层、半地下室及地下室的外窗应采取防虫及防啮齿动物的措施。

4. 条门：

（1）由1/2个标准单元组成的实验室的门洞宽度不应小于1 m，高度不应小于2.1 m。由一个及以上标准单元组成的实验室的门洞宽度不应小于1.2 m，高度不应小于2.1 m。

（2）有特殊要求的房间的门洞尺寸应按具体情况确定。

（3）实验室的门扇应设观察窗。

（4）外门应采取防虫及防啮齿动物的措施。

5. 走道：当走道地面有高差，高差不足二级踏步时，不得设置台阶，应设坡道，其坡度不宜大于1∶8。

6. 楼梯：

（1）楼梯设计必须符合我国现行的《建筑设计防火规范》的规定。

（2）科研实验人员经常通行的楼梯，其踏步宽度不应小于0.28 m，高度不应大于0.17 m。

（3）4层及以上的科学实验建筑宜设电梯。

7. 厕所：

（1）厕所距最远工作点不应大于50 m。

（2）厕所应设前室，并配备洗手盆及镜箱。

（3）男厕所每30人设大便器一具，每25人设小便器一具（小便槽每0.6 m长度相当一具小便器），且大便器和小便器各不宜少于两具。女厕所每15人设大便器一具，且不宜少于两具。

（4）科学实验建筑内应设卫生用具间，可独立设置或与厕所结合设置，其内应设拖布池、拖布吊挂设施和地漏。

8.更衣间：

（1）科学实验建筑宜设更衣间，每人使用面积不宜小于0.6 m^2，且应设置更衣柜及换鞋柜。

（2）更衣间可采用集中式、分散式或两者结合的布置方式。

9.采光：

（1）通用实验室、研究工作室宜利用天然采光，房间窗地面积比不应小于1∶6。

（2）利用天然采光的阅览室窗地面积比不应小于1∶5。

10.隔声：

（1）通用实验室、学术活动室允许噪声级不宜大于55 dB（A声级）；研究工作室、阅览室允许噪声级不应大于50 dB（A声级）。

（2）产生噪声的公用设施等用房不宜与实验室、研究工作室、学术活动室及阅览室贴邻，否则应采取隔声及消声措施。

11.隔振：

（1）产生振动的公用设施等用房不宜与实验室、研究工作室、学术活动室及阅览室贴邻，且宜设在底层或地下室内，其设备基础等应采取隔振措施。

（2）设在楼层或顶层的空调机房、排风机房等，其设备基础等应采取隔振措施。

12.室内净高：

（1）通用实验室和研究工作室的室内净高，当不设置空气调节时，不宜低于2.8 m；当设置空气调节时，不应低于2.4 m。

（2）专用实验室的室内净高应按实验仪器设备尺寸、安装及检修的要求确定。

（3）走道净高不应低于2.2 m。

13.室内装修：

（1）实验用房、走道的地面及楼梯面层，应坚实耐磨、防水防滑、不起尘、不积尘；墙面应光洁、无眩光、防潮、不起尘、不积尘；顶棚应光洁、无眩光、不起尘、不积尘。

（2）使用强酸、强碱的实验室地面应具有耐酸、碱腐蚀的性能；用水量较多的实验室地面应设地漏。

（3）需要定期清洗、消毒或防尘要求高的实验室，其地面、墙面和顶棚应做整体式防水饰面。墙面与墙面之间、墙面与地面之间、墙面与顶棚之间的阴角宜建成半径不小于0.05 m的半圆角。室内应减少突出的建筑构配件及明露管道。

（4）通用实验室不宜设吊顶。

（5）需设吊顶且无严格密封要求的空间，宜采用活动板块式吊顶。

（二）通用实验室

1.通用实验室标准单元组合设计应满足使用要求，并与通风柜、实验台及实验仪器设备的布置、结构选型以及管道空间布置紧密结合。

2. 通用实验室标准单元开间应由实验台宽度、布置方式及间距决定。实验台平行布置的标准单元，其开间不宜小于6.6 m。

3. 通用实验室标准单元进深应由实验台长度、通风柜及实验仪器设备布置决定，且不宜小于6.6 m；无通风柜时，不宜小于5.7 m。

4. 由1/2个标准单元组成的通用实验室，靠两侧墙布置的边实验台之间的净距不应小于1.6 m。当靠一侧墙布置通风柜或实验仪器设备时，其与另一侧实验台之间的净距不应小于1.5 m。

5. 由一个标准单元组成的通用实验室，靠两侧墙布置的边实验台与在房间中间布置的岛式或半岛式中央实验台之间的净距不应小于1.6 m。当靠着侧墙或在房间中间布置通风柜或实验仪器设备时，其与实验台之间的净距不应小于1.5 m。岛式实验台端部与外墙之间的净距不应小于6.6 m。

6. 按第4条和第5条规定布置的通用实验室，如一侧墙或两侧墙靠近外墙部位开设通向其他空间的门时，其相应的净距应增加0.1 m。

7. 由一个以上标准单元组成的通用实验室、实验台之间或实验台与实验仪器设备之间的净距应符合第4条、第5条和第6条的规定。当连续布置两台及以上岛式实验台时，其端部与外墙之间的净距不应小于1 m。

8. 岛式或半岛式中央实验台不宜与外窗平行布置，当必须与外窗平行布置时，其与外墙之间的净距不应小于1.3 m。

9. 不宜贴靠有窗户的外墙布置边实验台，不应贴靠有窗户的外墙布置需要公用设施供应的边实验台。

10. 靠侧墙布置的边实验台的端部与走道墙之间的净距不宜小于1.2 m。中央实验台的端部与走道墙之间的净距不应小于1.2 m。当实验室设置向室内退进的门斗时，实验台端部与退进门斗的墙之间的净距不应小于1.2 m。

11. 当通风柜的操作面与实验台端部相对布置时，其间的净距不应小于1.2 m。

12. 通用实验室宜由一个或一个以上标准单元组成。

13. 通用实验室宜集中布置在靠建筑物外墙的一侧。设置空气调节的通用实验室宜布置在北向。

（三）专用实验室

1. 生物培养室

（1）生物培养室由前室、准备间、生物培养间、器械消毒及清洗间组成。前室使用面积不应小于8 m^2，前室内应设置生活服和工作服分开的更衣柜和换鞋柜。

（2）由几个生物培养室组成的生物培养区，亦可在入口处设置集中式更衣换鞋柜。

（3）生物培养室应防止人流交叉感染，宜布置在建筑物的尽端，不宜开设外窗。有外窗时，应设双层密闭窗及遮光百叶。

（4）生物培养室或生物培养区与非生物培养区之间，应设置实体砖墙。生物培养室各功能房间之间，宜采用密封的玻璃隔断墙分隔。玻璃隔断墙的骨架宜采用不易变形且耐清洗的材料制作。

（5）生物培养室与各功能房间玻璃隔断墙上的门，宜采用推拉门。

（6）生物培养室宜留有设置灭菌器的位置。

2.熏蒸处理与检测实验室

（1）熏蒸实验室由准备区、熏蒸区、数据监测区组成。

（2）准备区应配置熏蒸防毒面具等防护用具。

（3）熏蒸区需配置熏蒸装置（如图3-1），熏蒸装置应配置加热或制冷装置，以满足温度要求；熏蒸装置应配置气体循环装置，以确保熏蒸剂在熏蒸室中均匀分布，并保持循环特性；熏蒸装置还需配备合适的导管等配件，以便进行气密性测试和气体采样。

图3-1 低温熏蒸装置

（4）熏蒸区需安装汽化、配药和气体排放装置，以便开展投药和排气。

（5）熏蒸区需配置温度记录系统，可持续处理时长6 h及以上的温度记录。温度记录系统需连接到数据监测区，温度传感器精度为 ±0.5 ℃。

（6）数据监测区应配置熏蒸浓度检测装置，通过导管与熏蒸设备的熏蒸腔相连。

3.控温处理实验室

（1）控温处理实验室由准备区、处理区、数据监测区组成。

（2）准备区内应设样品处理台、水槽等。

（3）处理区需配置干热、蒸汽热、热水浸泡、冷处理等控温处理设备（如图3-2）。

（4）数据监测区需配置温度记录系统，可持续监控温度记录。温度记录系统的温度传感器置于控温处理设备内并连接到数据监测区，传感器精度为 ±0.3 ℃。

图 3-2　控温处理设备

4.放射性同位素实验室

（1）本部分的规定适用于科研用第三类开放型放射工作单位，以及属于第二类放射医疗单位的乙、丙级开放型放射性同位素实验室、密封型放射源辐照实验室的建筑设计。

（2）开放型放射性同位素实验室。

①开放型放射工作单位按其所使用放射性核素的等效年用量分为三类，即第一类、第二类和第三类。各类工作单位的等效年用量应符合现行的《放射卫生防护基本标准》的规定。

②开放型放射性同位素实验室（或工作场所）按其所使用放射性核素的最大等效操作量分为三级，即甲级、乙级和丙级。各级实验室（或工作场所）的最大等效操作量应符合现行的《辐射防护规定》的规定。

③开放型放射工作单位按其所属类别，应在其周围划出防护监测区。防护监测区的范围应符合现行的《放射卫生防护基本标准》的规定。

④第三类开放型放射工作单位及属于第二类的放射医疗单位，可设在市区内。

⑤第三类开放型放射工作单位及属于第二类的放射医疗单位的乙、丙级放射性同位素实验室（或工作场所）可设在一般建筑物内，但应集中在同一层或同一端，与非放射工作场所隔开。

⑥布置放射性同位素实验室（或工作场所）时，应根据污染情况，将其分成若干区域：乙级放射性同位素实验室（或工作场所）可分为3个区，即白区、绿区和红区；丙级放射性同位素实验室（或工作场所）可分为2个区，即白区和绿区；最大等效操作量小于丙级实验室（或工作场所）规定的下限值时，可不分区；白区、绿区和红区的标准应符合现行的《开放型放射性物质实验室辐射防护设计规范》的规定。

⑦乙级放射性同位素实验室（或工作场所）各区，应按白区、绿区、红区布置。丙级

放射性同位素实验室（或工作场所）应按白区、绿区布置。乙级实验室（或工作场所）的白区与绿区之间应设卫生出入口。卫生出入口内应设置家庭服衣柜、专用工作服衣柜和淋浴设备，并配以表面污染监测仪器。丙级实验室（或工作场所）的白区与绿区之间，应设换鞋、更衣、洗手和表面污染监测用的过渡间，过渡间面积不应小于6 m^2。卫生出入口的规模，应根据进入绿区的总人数确定。淋浴器按每5人～8人设一具。

⑧放射性同位素实验室的布置，白区与白区、绿区与绿区应相对集中，避免相互穿插。放射性同位素实验室的排列，原则上以放射性活度的低、中、高依次排列。

⑨放射性同位素实验室的绿区应设放射性固体废物暂存间。暂存间的室内装修标准不应低于放射性同位素实验室。

⑩放射性同位素实验室（或工作场所）的室内装修力求简洁，应防止积尘和积聚放射性物质；各种管线宜暗敷，灯具宜采用嵌入式；地面、墙面、顶棚的阴角应建成半径不小于0.05 m的半圆角。

⑪放射性同位素实验室（或工作场所）的门、窗应便于清洗和去污，绿区应设密闭窗，少设开启窗扇。

⑫乙级放射性同位素实验室（或工作场所）的室内装修材料应表面光滑，对放射性物质吸附性差，易于去污，并具有良好的耐酸、碱腐蚀和耐辐照性能。宜采用聚氯乙烯塑料卷材整体式地面及踢脚板，其接缝应采用热焊，踢脚板的高度不应低于0.25 m。墙面和顶棚应涂以油漆。

⑬丙级放射性同位素实验室（或工作场所）的室内装修标准可适当降低。可采用现制水磨石地面，但必须打蜡，局部加塑料覆面，并可采用油漆墙面及不起尘的涂料顶棚。

⑭开放型放射性同位素实验室的工艺设计、通风设计、给排水设计、辐射屏蔽设计、辐射监测设计及放射性三废处理等应符合现行的《开放型放射性物质实验室辐射防护设计规范》的规定。

（四）研究工作室、学术活动室、图书资料室

1.研究工作室

（1）研究工作室设置数量应按使用要求确定，每人使用面积不应小于6 m^2。

（2）研究工作室应靠近实验室或与实验室结合布置。

2.学术活动室

（1）学术活动室的使用面积应按使用要求确定。该场所宜与公共交通空间连通，并应留有布置座椅或沙发的空间。

（2）小型学术活动室的使用面积不宜小于40 m^2；中型学术活动室的使用面积不宜小于60 m^2。中、小型学术活动室每人使用面积：有会议桌的不应小于1.8 m^2；无会议

桌的不应小于0.8 m^2。

（3）学术报告厅的规模应按使用要求确定，宜设讲台、书写板、幕布，并留有放置放映设备的空间。容纳人数超过180人时，宜采用台阶式地面，台阶高度应按不遮挡视线的要求确定，宜设固定座椅及记录台板。当座椅自带记录台板时，排距不应小于0.95 m；当设独立式记录台板时，排距不应小于1 m。

3.图书资料室

（1）图书资料室应由藏书部分、采编部分、阅览部分、出纳及目录部分等组成。

（2）图书资料室应布置在环境安静且与实验用房联系方便的位置。

（3）图书资料室宜采用开架阅览室。

（五）公用设施用房及管道空间

1.公用设施用房

（1）公用设施用房包括制冷机房、空调机房、排风机房、给排水及水处理用房、变配电室、电信室、气体供应室等。

（2）公用设施用房宜靠近相应的使用负荷中心。

（3）公用设施用房布置于地下室时，应采取防潮、防水及通风等措施。

2.管道空间

（1）管道空间分为管道井、管道走廊和管道技术层3种，其尺寸及位置应按建筑标准单元组合设计、公用设施系统设计、安装及维护检修的要求确定。

（2）建筑物内管道不多时，宜采用管道井。集中式管道井应设检修门；分散式管道井在设检修门有困难时，应在管道阀门部位设检修口。

（3）建筑物内管道多且设管道井也无法满足要求时，应设管道走廊或管道技术层，并均应设检修门。

（六）实验室建筑设备

1.通风柜

（1）宜采用标准设计产品。

（2）设置空气调节的实验室宜采用节能型通风柜。

（3）通风柜内衬板及工作台面，按使用性质不同应具有相应的耐腐、耐火、耐高温及防水等性能。应采用盘式工作台面并应设杯式排水斗。通风柜外壳应具有耐腐、耐火及防水等性能。

（4）通风柜内公用设施的管线应该暗敷，向柜内伸出的龙头配件应具有耐腐蚀及耐火性能。各种公用设施的开闭阀、电源插座及开关等应设于通风柜外壳上或柜体以外易操作处。

（5）通风柜柜口窗扇以及其他玻璃配件，应采用透明安全玻璃。

（6）通风柜的选择及布置应与建筑标准单元组合设计紧密结合。

（7）通风柜应贴邻或靠近管道井或管道走廊布置，并应避开主要人流及主要出入口。不设置空气调节的实验室，通风柜应远离外窗布置；设置空气调节的实验室，通风柜应远离室内送风口布置；当两者矛盾时，应调整室内送风口的位置。

2.实验台

（1）宜采用标准设计产品。

（2）实验台台面按使用性质不同应具有相应的耐磨、耐腐、耐火、耐高温、防水及易清洗等性能。

（3）各种公用设施管线及龙头、电源插座及开关等配件，宜与实验台台体的公用设施支架或靠近实验台台体的独立公用设施支架或管槽结合在一起。实验用水盆宜与实验台台体结合在一起。

（4）实验台的选择及布置应与建筑标准单元组合设计紧密结合。

3.物品柜（架）

（1）通用实验室的内墙上宜设置嵌墙式或挂墙式物品柜（架）。物品柜（架）底距离地面不应小于1.2 m。

（2）物品柜（架）自身应具有足够的承载能力，并应与墙体牢固连接，物品柜（架）横隔板应上下位置可移动。

三、实验室的生物安全

生物安全是指与生物有关的各种因素对国家、社会、经济、人民健康及生态环境所产生的危害或潜在风险。全球环境的变化和人员的流动，使新生和再传染性疾病给人类健康和社会经济发展带来了严峻的挑战。生物技术在对人类社会产生巨大经济效益和社会效益的同时，也给生态环境和人类健康带来了潜在危害，生物安全已成为人们广泛关注的问题。生物学是以实验为基础的学科，而生物实验又具有以下特点：污染物的种类复杂、毒性大；富集性污染物降解慢、累积性强；病原微生物可引起流行病爆发等。因此，实验室的生物安全问题无疑是生命科学发展的关键问题，越来越受到人们的重视。世界卫生组织（WHO）一直认为生物安全是一个重要的国际性问题。为了指导实验室生物安全，减少实验室事故的发生，1983年，WHO出版了《实验室生物安全手册》，鼓励各国（地区）针对本国（地区）实验室安全实际情况处理病原微生物实验室管理工作、制定具体的操作规程。1993年和2004年，WHO先后发布了该手册的第2版和第3版。WHO深刻地认识到生物安全问题的重要性，《实验室生物安全手册》吸取了各国（地区）的经验和教训。我国实验室生物安全工作起步较晚，但在公共卫生事件频发的情况下，如炭疽邮件事件、SARS事件、禽流感事件等，实验室生物安全迅速得到重视。

生物安全实验室（Biosafety laboratory）是指通过防护屏障和管理措施，达到生物安全要求的微生物实验室和动物实验室，包括主实验室及其辅助用房。为使生物安全实验室在设计、施工和验收方面满足实验室生物安全防护要求，我国在国家标准GB 50346—2004《生物安全实验室建筑技术规范》的基础上，经广泛调查研究，制定了强制性国家标准GB 50346—2011《生物安全实验室建筑技术规范》。其适用于新建、改建和扩建的生物安全实验室的设计、施工和验收。生物安全实验室的建设应切实遵循物理隔离的建筑技术原则，以生物安全为核心，确保实验人员的安全和实验室周围环境的安全，并应满足实验对象对环境的要求，做到实用、经济。生物安全实验室所用设备和材料应有符合要求的合格证、检验报告，并在有效期之内，属于新开发的产品、工艺，应有鉴定证书或试验证明材料。

（一）基本概念

一级屏障（Primary barrier）：操作者和被操作对象之间的隔离，也称一级隔离。

二级屏障（Secondary barrier）：生物安全实验室和外部环境的隔离，也称二级隔离。

实验室防护区（Laboratory containment area）：生物风险相对较大的区域，对围护结构的严密性、气流流向等有要求的区域。

实验室辅助工作区（Non-contamination zone）：生物风险相对较小的区域，生物安全实验室中防护区以外的区域。

主实验室（Main room）：生物安全实验室中污染风险最高的房间，包括实验操作间、动物饲养间、动物解剖间等，也称核心工作间。

缓冲间（Buffer room）：设置在被污染概率不同的实验室区域间的密闭室。需要时，可设置机械通风系统，其门具有互锁功能，不能同时处于开启状态。

气密门（Airtight door）：气密门为密闭门的一种，气密门通常具有一体化的门扇和门框，采用机械压紧装置或充气密封圈等方法密闭缝隙。

活毒废水（Waste water of biohazard）：被有害生物因子污染了的有害废水。

（二）生物安全实验室的分级与分类

根据实验室所处理对象的生物危害程度和采取的防护措施，生物安全实验室分为四级，即一级、二级、三级和四级实验室。微生物生物安全实验室可采用BSL-1、BSL-2、BSL-3、BSL-4表示相应级别的实验室；动物生物安全实验室可采用ABSL-1、ABSL-2、ABSL-3、ABSL-4表示相应级别的实验室。生物安全实验室应按表3-2进行分级。

表3-2 生物安全实验室的分级

分级	生物危害程度	操作对象
一级	低个体危害，低群体危害	对人体、动植物或环境危害较低，不具有对健康成人、动植物致病的致病因子
二级	中等个体危害，有限群体危害	对人体、动植物或环境具有中等危害或者具有潜在危险的致病因子，对健康成人、动物和环境不会造成严重危害，有有效的预防和治疗措施
三级	高个体危害，低群体危害	对人体、动植物或环境具有高度危害性，通过直接接触或气溶胶使人传染上严重的甚至是致命疾病，或者对动植物和环境具有高度危害的致病因子，通常有预防和治疗措施
四级	高个体危害．高群体危害	对人体、动植物或环境具有高度危害性，通过气溶胶途径传播或传播途径不明，具有未知的、高度危险的致病因子，没有预防和治疗措施

生物安全实验室根据所操作致病性生物因子的传播途径可分为a类和b类。a1类指操作非经空气传播生物因子的实验室；b1类指操作经空气传播生物因子的实验室。a2生物安全实验室指可有效利用安全隔离装置进行操作的实验室；b2类生物安全实验室指不能有效利用安全隔离装置进行操作的实验室。

（三）生物安全实验室的技术指标

1.二级生物安全实验室应实施一级屏障和二级屏障，三级、四级生物安全实验室应实施一级屏障和二级屏障。

2.生物安全的主实验室二级屏障的主要技术指标应符合表3-3的规定。

表3-3 生物安全的主实验室二级屏障的主要指标

级别	相对于大气的最小负压（Pa）	与室外方向上相邻相通房间的最小负压差（Pa）	洁净度级别	最小换气次数（次/h）	温度（℃）	相对湿度（%）	噪声[dB（A）]	平均照度（lx）	围护结构严密性（包括主实验室及相邻缓冲间）
BSL-1/ABSL-1	—	—	—	可开窗	18～28	≤70	≤60	200	—
BSL-2/ABSL-2中的a类和b1类	—	—	—	可开窗	18～27	30～70	≤60	300	—
ABSL-2中的b2类	-30	-10	8	12	18～27	30～70	≤60	300	—

续表

级别	相对于大气的最小负压（Pa）	与室外方向上相邻相通房间的最小负压差（Pa）	洁净度级别	最小换气次数（次/h）	温度（℃）	相对湿度（%）	噪声[dB（A）]	平均照度（lx）	围护结构严密性（包括主实验室及相邻缓冲间）
BSL-3中的a类	-30	-10	7或8	15或12	15～25	30～70	≤60	300	所有缝隙应无可见泄漏
BSL-3中的b1类	-40	-15	—	—	—	—	—	—	
ABSL-3中的a类和b1类	-60	-15	—	—	—	—	—	—	
ABSL-3中的b2类	-80	-25	—	—	—	—	—	—	房间相对负压值维持在-250 Pa时，房间内每小时泄漏的空气量不应超过受测房间净容积的10%
BSL-4	-60	-25	—	—	—	—	—	—	房间相对负压值达到-500 Pa，经20 min自然衰减后，其相对负压值不应高于-250 Pa
ABSL-4	-100	-25	—	—	—	—	—	—	

注： 1 三级和四级动物生物安全实验室的解剖间最小负压差应比主实验室低10 Pa。

2 本表中的噪声不包括生物安全柜、动物隔离设备等的噪声，当包括生物安全柜、动物隔离设备等的噪声时，最大不应超过68 dB（A）。

3 动物生物安全实验室内的参数应符合国家标准GB 50447《实验动物设施建筑技术规范》的有关规定。

3. 三级和四级生物安全实验室其他房间的主要技术指标应符合表3-4的规定。

4. 当房间处于值班运行状态时，在各房间压差保持不变的前提下，值班换气次数可低于表3-3和表3-4中规定的数值。

5. 对有特殊要求的生物安全实验室，空气洁净度级别可高于表3-3和表3-4的规定，换气次数也应随之提高。

表3-4　三级和四级生物安全实验室其他房间的主要技术指标

房间名称	洁净度级别	最小换气次数（次/h）	与室外方向上相邻相通房间的最小负压差（Pa）	温度（℃）	相对湿度（%）	噪声[dB（A）]	平均照度（lx）
主实验室的缓冲间	7或8	15或12	-10	18～27	30～70	≤60	200
隔离走廊	7或8	15或12	-10	18～27	30～70	≤60	200
准备间	7或8	15或12	-10	18～27	30～70	≤60	200
防护服更换间	8	10	-10	18～26	—	≤60	200
防护区内淋浴间	—	10	-10	18～26	—	≤60	150
非防护区内淋浴间	—	—	—	18～26	—	≤60	75
化学淋浴间	—	4	-10	18～28	—	≤60	150
ABSL-4的动物尸体处理设备间和防护区污水处理设备间	—	4	-10	18～28	—	—	200
清洁衣物更换间	—	—	—	18～26	—	≤60	150

注：当在准备间安装生物安全柜时，最大噪声不应超过68 dB（A）。

洁净度7级（Eleanliness class 7）：空气中大于等于0.5 μm的尘粒数大于35 200粒/m^3，小于等于352 000粒/m^3；大于等于1 μm的尘粒数大于8 320粒/m^3，小于等于83 200粒/m^3；大于等于5 μm的尘粒数大于293粒/m^3，小于等于2 930粒/m^3。

洁净度8级（Eleanliness Class 8）：空气中大于等于0.5 μm的尘粒数大于352 000粒/m^3，小于等于3 520 000粒/m^3；大于等于1 μm的尘粒数大于83 200粒/m^3，小于等于832 000粒/m^3；大于等于5 μm的尘粒数大于2 930粒/m^3，小于等于29 300粒/m^3。

第二节　试验设计的原理和方法

试验设计与数据处理是以概率论、数理统计及线性代数为理论基础，结合专业知识和实践经验，研究经济、合理地安排试验方案以及系统、科学地分析处理试验结果的一项科学技术。试验设计是统计学的重要分支，它属于一般研究方法中的科学试验方法的范畴，是由试验方法与数学方法，特别是统计方法相互交叉而形成的一门科学，是与样本理论、估计理论和检验理论同时发展起来的。试验设计是为了得到试验目的和搜集到可靠的资料，制定出试验次数少、误差小、实行科学控制的试验方案。解决问题的方式方法（即策略），直接影响对问题的解决过程。试验设计已广泛应用于各行各业，如化工、医药、微生物、军事工程、食品等诸多领域。

一、试验设计的方法分类与原则

（一）试验设计的方法分类

试验设计的基本工具是正交表，正交表是根据均匀分布的思想，运用组合数学理论构造的一种数学表格。试验设计的方法很多，不同的方法用于解决在实际工作中遇到的不同问题，应用最广泛和最具典型性的方法有区组设计、正交设计、参数设计、回归设计、均匀设计、混料设计、饱和设计与超饱和设计。根据不同的目的可以把试验设计中的问题大致分为五类：处理比较、变量筛选、响应面探查、系统优化、系统稳健性。试验设计的主要作用是降低试验次数，提高试验精度，使研究人员从试验结果中获得无偏的处理效应及试验误差的估计，进行正确而有效的比较。

（二）试验设计的原则

为了控制干扰因子引起的差异，降低试验误差，在试验设计中要遵循三条基本原则：重复、随机化、区域控制（局部控制），统称“费歇三原则”。

1. 重复原则

每种试验条件下只进行一次试验，称为一次重复试验；在每种试验条件下进行多次的试验，称为多次重复试验。在实际工作中，有些研究人员往往只做一次重复试验就下结论，这个结论是片面的，采用多次重复的目的在于减少误差，但强调试验的重复次数，并非盲目地追求反复试验。没有正确的试验设计方法作指导，再多的重复也无助于减少试验误差，反而会造成极大的浪费。相反，在正确的试验设计方案指导下的重复，是做好试验工作所必需的手段。

2. 随机化原则

在科学实验中，往往因人为地、有次序地安排试验而引起系统性误差，从而混淆对效应作用有无的判断。所谓随机化，就是在试验中对试验的顺序、步骤按照随机性原则来安排。在对试验对象和观测工具的系统性误差不了解或了解不多时，随机化是消除其影响的有力手段之一。

3. 局部控制原则

局部控制原则又称分层原则，它将试验对象按照某种分类标准或某种水平加以分组。在同一组内的试验尽量保持受同样的影响，以期尽量减少组内的变化，并使组与组间的变化大些。这种把比较的水平设置在差异较小的区组内，以减少试验误差的原则叫局部控制。费歇将试验设计的这三个基本原则的作用和相互关系归纳为图3–3。

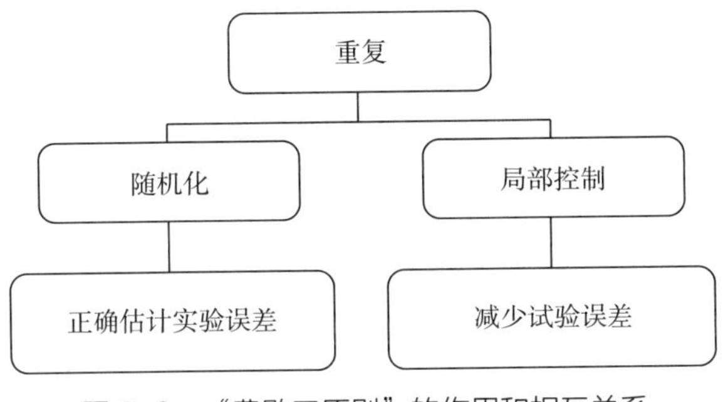

图3-3 “费歇三原则”的作用和相互关系

（三）试验设计的系统方法

科学试验设计可分为3个阶段：试验设计阶段、试验实施阶段、试验分析阶段。通常可以遵循以下7个步骤进行：目标阐述、选择响应、选择因子与水平、制定试验计划、实施试验、分析数据、作出结论。

二、检疫处理试验类型

检疫处理的室内试验主要包括两种类型，即剂量—响应试验（Dose-response test）和验证试验（Large-scale confirmatory tests）。

（一）剂量—响应试验

在剂量—响应试验中，若采用单一或2～3个剂量对有害生物进行处理，观察其生物学反应（响应），比较不同发育阶段的耐受能力，一般需要设置3个以上的重复，采用方差分析方法对响应平均值进行比较，差异显著说明其发育阶段存在显著的耐受性（敏感性）差异。也可以设计等比例的系列剂量，采用回归分析方法比较达到一定响应效果所需要的预测值，如100%死亡或在95%置信水平下死亡率（或阻止发育的几率）达到99%或者99.996 8%（几率值9要求）的预测剂量，比较预测剂量的差异，确定不同发育阶段的耐受能力。

在剂量—响应试验中：

1.必须确定销售商品中可能存在的有害生物不同发育阶段的辐照敏感性，以确定抗性最强的发育阶段。即使抗性最强的发育阶段偶尔存在于商品中，也必须用来确定检疫处理剂量。

2.应通过试验确定最低吸收剂量。如果没有相关研究的资料，建议对每一发育阶段至少使用5个剂量和1个对照，每一剂量处理有害生物为50个，至少重复3次。根据每一个发育阶段产生的反应与剂量之间的关系，确定抗性最强的阶段。需要确定阻止抗性最强的发育阶段的最适剂量，和/或阻止有害生物繁殖的最适剂量。对最耐辐照的发育阶段进行余下的研究。

3.为了检查有害生物的存活、发育和繁殖等有关参数，在观察处理后有害生物期间，处理和对照的产品中的有害生物必须放在相同的，最适宜于存活、发育和繁殖的条件下。未经处理的对照产品中的有害生物必须正常发育和/或繁殖并能够重复，以使试验有效。对照或处理产品中的有害生物死亡率较高则说明有害生物的培养条件不佳，使用这种处理死亡率来预测最合适处理剂量则可能得出错误结果。一般来说，对照产品中的有害生物的死亡率不应超过10%。

（二）大规模验证试验

根据生物统计学原理，小样本的结果不能完全准确地反映总体的情况，会出现部分差异。基于此，在有关检疫处理的两个国际标准，即ISPM 18及ISPM 28中，均要求开展大规模验证试验（Large scale test）以证明处理的有效性。由此，在辐照处理研究中，也需要合适的数据分析方法对基础试验（不同剂量的毒力试验）的结果进行分析，推算达到检疫处理要求，如死亡率99.996 8%的最低吸收剂量。

1.如果要阻止有害生物发育或使有害生物不育，需要确认提供检疫安全的估计最低剂量是否适当，必须处理大量抗性最强阶段的生物个体，同时获得满意的结果。处理的数量取决于所需的置信水平。技术上合理的处理效能的置信水平应由输出国和输入国商定。

2. 因为在验证试验研究中确认的最高剂量将是批准处理所需要的最低吸收剂量，所以建议最大限度降低最高剂量与最低剂量的比值（剂量不均匀度）。

三、试验设计数据处理方法

在试验设计分析方法中，极差分析、方差分析、回归分析是3种最主要的分析方法。极差的定义为最大值与最小值的差，极差分析法以极差来判断一组数的离散程度。极差分析法直观形象，通过非常简单的计算和判断就能求得试验的结果：主次因素、优水平、优搭配及最优组合。它在试验误差不大、精度要求不高的场合、筛选因素的初步试验中以及寻求最优生产条件、最佳工艺的科研生产实际中得到广泛应用。方差分析又称变异数分析或F检验，其目的是推断两组或多组资料的总体均数是否相同，检验两个或多个样本均数的差异是否有统计学意义。回归分析是研究变量之间相关关系的一种统计推断法，在试验设计回归分析中，通常研究的是因子与响应之间的相互关系。

（一）方差分析

方差分析（Analysis of variance，ANOVA）又称“变异数分析”或“F检验”，用于两个及两个以上样本均数差别的显著性检验，为数据分析中常见的统计模型，主要为探讨连续型（Continuous）资料型态的因变量（Dependent variable）与类别型资料型态的自变量

（Independent variable）的关系，当自变量的因子中包含等于或超过3个类别的情况时，判定其各类别间平均数是否相等的统计模式。依照因子数量可分为单因素方差分析、双因素方差分析、多因素方差分析3类。广义上可将T检验（Pooled T–test）中变异数相等（Equality of variance）的合并T检验视为方差分析的一种，基于T检验为分析两组平均数是否相等，并且采用相同的计算概念，而实际上当方差分析套用在合并T检验的分析中时，产生的F值会等于T检验的平方项。

方差分析中不同处理组的均数间的差别基本来源有两个：其一是随机误差，如测量误差造成的差异或个体间的差异，称为组内差异，用变量在各组的均值与该组内变量值的偏差平方和的总和表示，记作SSw，组内自由度为dfw。其二是实验条件，即不同的处理方法造成的差异，称为组间差异，用变量在各组的均值与总均值的偏差平方和表示，记作SSb，组间自由度为dfb。

总偏差平方和 SSt = SSb + SSw。

组内SSw、组间SSb分别除以各自的自由度（组内自由度dfw =n–m，组间自由度dfb=m–1，其中n为样本总数，m为组数），得到其均方MSw和MSb。一种情况是处理没有作用，即各组样本均来自同一总体，MSb/MSw ≈ 1；另一种情况是处理确实有作用，组间均方是由于误差和不同处理共同导致的结果，即各样本来自不同总体，那么，MSb远远大于MSw，MSb/MSw比值构成F分布。用F值与其临界值比较，推断各样本是否来自相同的总体。

方差分析的基本思路是通过分析研究不同来源的变异对总变异的贡献大小，从而确定可控因素对研究结果影响力的大小。

方差分析主要用途：1.均数差别的显著性检验；2.分离各有关因素并估计其对总变异的作用；3.分析因素间的交互作用；4.方差齐性检验。

在实验中常常要探讨不同实验条件或处理方法对实验结果的影响，通常是比较不同实验条件下样本均值（Mean）间的差异。例如医学界研究几种药物对某种疾病的疗效；农业研究土壤、肥料、日照时间等因素对某种农作物产量的影响；不同化学药剂对作物害虫的杀虫效果；不同辐照剂量对害虫发育（孵化率、化蛹率、羽化率、死亡率）和繁殖（产卵量、孵化率）的影响；相同剂量下，不同虫态的辐照敏感性的差异等。

（二）协方差分析

1. 协方差分析的定义

当要对某研究中的主要变量（Dependent variable）y（可看作因变量）进行比较时，常常需要均衡哪些可能是影响y的变量x（x为协变量或控制变量），从而使得主要变量y具有可比性，结果更符合实际。从上述的分析可以看到，不论是单因素方差分析还是多因素方差分析，控制因素都是可控的，其各个水平可以通过人为的努力得到控制和确定。但在许多实际问题中，有些控制因素（协变量）很难人为控制甚至无法控制，但它们确实对观测变量产生了较为显著的影响。此时可以在统计分析阶段应用统计学方法来消除协变量x的影响，从而对主要变量y进行正确的统计推断。这种消除了协变量x的影响或使协变量x相等后，再对主要变量y的修正均数进行方差分析的方法称为协方差分析（Analysis of covariance，ANCOVA），又称为带有协变量的方差分析（Analysis of covariate with covariance）。协方差分析是将回归分析与方差分析相结合的一种统计学分析方法，通过回归分析法达到消除协变量x对主要变量y的影响的目的。

2. 协方差分析的作用

（1）降低试验误差，实现统计控制

为了提高试验的精确性和准确性，对处理条件以外的一切条件都需要采取有效措施严加控制，使它们在各处理组间尽量一致，这称为试验控制。但在有些情况下，即使做出很大努力也难以使试验控制达到预期。例如：研究几种配合饲料对猪的增重效果，希望试验仔猪的初始体重相同，原因是仔猪的初始体重不同，将影响到猪的增重。研究发现：增重与初始体重之间存在线性回归关系。但是，在实际试验中很难满足试验仔猪初始体重相同这一要求。这时可利用仔猪的初始体重（记为x）与其增重（记为y）的回归关系，将仔猪增重都矫正为初始体重相同时的增重，于是初始体重不同对仔猪增重的影响就消除了。由于矫正后的增重是应用统计方法将初始体重控制一致而得到的，故叫作统计控制。统计控制是试验控制的一种辅助手段。经过这种矫正，试验误差将减小，对试验处理效应估计更为准确。若y的变异主要由x的不同造成（处理没有显著效应），则各矫正后的组间将没有显著差异（但原y间的差异可能是显著的）。若y的变异消除掉x不同的影响外，尚存在不同处理的显著效应，则可期望各组间将有显著差异（但原y间差异可能是不显著的）。此外，矫正后的和原y的大小次序也常不一致。所以，处理平均数的回归矫正和矫正平均数的显著性检验，能够提高试验的准确性，从而更真实地反映试验结果。

如果那些不能很好地进行试验控制的因素是可测量的，且又和试验结果之间存在直线回归关系，就可利用这种直线回归关系将各处理组的观测值都矫正到初始条件相同时的结果，使得处理组间的比较能在相同基础上进行，而得出正确结论。这时所进行的协方差分析是将回归分析和方差分析结合起来的一种统计分析方法，这种协方差分析称为回归模型的协方差分析。

（2）分析不同变异来源的相关关系

在随机模型的方差分析中，根据方差和期望方差的关系，可以达到不同变异来源的方差组分的估计值。同样，在随机模型的协方差分析中，根据协方差和期望协方差的关系，可以得到不同变异来源的协方差组分的估计值。这种协方差分析称为相关模型的协方差分析。有了这些估计值，就可以进行相应的总体相关分析，在遗传、育种、生态、环保中有重要作用。

（3）估计缺失数据

方差分析在估计缺失数据的过程中的原理是使剩余平方和（误差平方和）最小化。但这样并不能保证处理平方和（组间平方和）的变化达到最小。使用协方差分析估计缺失数据，则可保证在剩余平方和最小化的基础上得到无偏处理平方和。

3. 协方差分析在检疫处理研究中的应用

检疫辐照处理研究的一项重要任务是确定不同虫态对辐照的耐受性。在实验中，需要设计3个因子：虫态、辐照剂量、效能（死亡率），死亡率是因变量，虫态是自变量，辐照剂量是协变量。为了消除协变量的影响，许多研究人员在试验中设计相同的辐照剂量对各个虫态进行辐照处理，用方差分析方法比较不同虫态的死亡率，从而确定其耐受性。剂量的选择非常重要，在使用协方差分析的试验中，对每一虫龄（虫态）都可以设计一系列不同的辐照剂量，观察其死亡率，死亡率与吸收剂量之间呈直线关系：$Y = aX + b$。

观察回归直线的斜率a是否存在显著性差异，若无显著性差异，则比较b值就可确定耐受性差异；若斜率a存在显著性差异，则可通过回归公式计算达到指定死亡率（如90%、99%、100%）所需的剂量值，通过剂量值的大小确定各虫龄的耐受性顺序。如詹国平等在研究南亚果实蝇（*Bactrocera tau*）卵，1龄、2龄、3龄和3龄老熟幼虫的辐照敏感性试验中，设计不同的辐照剂量（见表3–5）。

表3–5　南亚果实蝇辐照设计的剂量

龄期	卵数量（粒/处理）	重复	设计剂量（Gy）
Egg（20 h）	100	3	0、6、12、18、24、30、36、42
L_1（3–d–L）	100	3	0、12、18、24、30、36、42、48
L_2（5–d–L）	100	3	0、12、18、24、30、36、42、48
L_3（7–d–L）	100	3	0、18、24、30、36、42、48、54
L_m（8–d–L）	100	3	0、12、18、24、30、36、42、48、54

将阻止羽化作为（死亡）判定标准，死亡率经过反正弦转换后进行协方差分析。由于剂量与虫龄之间存在显著的互作效应，因此，计算达到100%死亡率所需的剂量值，确定南亚果实蝇的辐照耐受性顺序为：卵 < 1龄 < 2龄 <3龄 <3龄老熟幼虫（见表3–6）。

表3–6　南亚果实蝇直线回归分析结果

虫态	观察数	y–截距（平均数 ± 误差）	坡度（平均数 ± 误差）	决定系数	100%死亡的预测剂量（Gy）
Egg	15	–25.78 ± 6.00	3.50 ± 0.26	0.934 0	33.1
L_1	12	–62.43 ± 11.81	4.43 ± 0.46	0.902 8	34.4
L_2	15	–56.08 ± 9.39	3.30 ± 0.32	0.893 1	44.3

续表

虫态	观察数	y-截距（平均数 ± 误差）	坡度（平均数 ± 误差）	决定系数	100%死亡的预测剂量（Gy）
L_3	18	−43.13 ± 11.64	2.66 ± 0.29	0.841 4	50.1
Late L_3	18	−44.21 ± 7.78	2.58 ± 0.19	0.917 9	52.0

（三）回归分析

回归分析是在自然科学、社会科学等领域中具有广泛应用的统计方法。变量与变量之间的关系分为确定性关系和非确定性关系。研究变量之间的非确定性关系，构建变量之间经验公式的数理统计方法被称为回归分析（Regression analysis）。回归分析是一种统计学上分析数据的方法，目的在于了解两个或多个变量间是否相关、相关方向与强度，并建立数学模型以便观察特定变量来预测研究者感兴趣的变量。其可用于预报、控制等问题。

1. 定义及内容

（1）回归分析的分类

回归分析按照涉及的自变量的多少，可分为一元回归分析和多元回归分析；按照自变量和因变量之间的关系类型，可分为线性回归分析（Linear regression）和非线性回归分析（Non-linear regression）。如果在回归分析中，只包括一个自变量和一个因变量，且二者的关系可用一条直线近似表示，则这种回归分析被称为一元线性回归分析；如果回归分析中包括两个或两个以上的自变量，且因变量和自变量之间是线性关系，则这种回归分析被称为多元线性回归分析。研究一个或多个随机变量 Y_1、Y_2、…、Y_i 与另一些变量 X_1、X_2、…、X_k 之间的关系的统计方法，又称多重回归分析，通常称 Y_1、Y_2、…、Y_i 为因变量，X_1、X_2、…、X_k 为自变量。

回归分析是一类数学模型，特别是当因变量和自变量为线性关系时，它是一种特殊的线性模型。最简单的情形是存在一个自变量和一个因变量，且它们大体上有线性关系，即一元线性回归，模型为 $Y=a+bX+\varepsilon$，这里的X是自变量，Y是因变量，ε 是随机误差，通常假定随机误差的均值为0，方差为 σ^2（σ^2 大于0），σ^2 与X的值无关。若进一步假定随机误差遵从正态分布，则该模型为正态线性模型。一般情况下，正态线性模型有k个自变量和一个因变量，因变量的值可以分解为两部分，一部分受自变量的影响，表示为自变量的函数，其函数形式已知，但含一些未知参数；另一部分受其他未被考虑的因素和随机性，即随机误差的影响，当函数形式为未知参数的线性函数时，称线性回归分析模型，当函数形式为未知参数的非线性函数时，称非线性回归分析模型，当自变量的个数大于1时称为多元回归，当因变量个数大于1时称为多重回归。

（2）数据条件

回归分析基于观测数据建立变量间适当的依赖关系，以分析数据内在规律，并可用于预报、控制等。其数据必须满足如下假定条件：方差齐性、线性关系、效应累加、变量无测量误差、变量服从多元正态分布、观察独立、模型完整（没有包含不该进入的变量，也没有漏掉应该进入的变量）、误差项相互独立且服从（0，1）正态分布。由于现实数据常常不能完全符合上述假定，因此统计学家研究出许多的回归模型来解决线性回归模型假定过程的约束问题。

（3）回归分析的主要内容

①从一组数据出发，确定某些变量之间的定量关系式，即建立数学模型并估计其中的未知参数。估计参数的常用方法是最小二乘法。

②对这些关系式的可信程度进行检验。

③在许多自变量共同影响着一个因变量的关系中，判断哪个（或哪些）自变量的影响是显著的，哪些自变量的影响是不显著的，将影响显著的自变量选入模型中，剔除影响不显著的变量。这个过程通常用逐步回归、向前回归和向后回归等方法完成。

④利用所求的关系式对某一生产过程进行预测或控制。

（4）回归分析解决的主要问题

在回归分析中，把变量分为两类：一类是因变量，它们通常是实际问题中所关心的一类指标，用Y表示；而影响因变量取值的的另一类变量称为自变量，用X表示。

回归分析研究的主要问题是：

①确定Y与X间的定量关系表达式，这种表达式称为回归方程。

②对求得的回归方程的可信度进行检验。

③判断自变量X对因变量Y有无影响。

④利用所求得的回归方程进行预测和控制。

2. 回归分析的应用

相关分析研究的内容是现象之间是否相关、相关的方向和密切程度，一般不区分自变量或因变量，而回归分析则要分析现象之间相关的具体形式，确定其因果关系，并用数学模型来表现其具体关系。比如，从相关分析中可以得知"质量"和"用户满意度"密切相关，但是这两个变量之间到底是哪个变量受哪个变量的影响、影响程度如何，则需要通过回归分析来确定。

一般来说，回归分析通过规定因变量和自变量来确定变量之间的因果关系，建立回归模型，并根据实测数据来求解模型的各个参数，然后评价回归模型是否能够很好地拟合实测数据。如果其能够很好地拟合实测数据，则可以根据自变量作进一步预测。

在回归分析的结果中，一般包括R^2、F检验值和T检验值。R^2又称方程的确定性系数（Coefficient of determination），表示变量X对Y的解释程度。R^2的取值在0到1之间，其越接近1，表明方程中X对Y的解释能力越强。通常将R^2乘以100%来表示回归方程Y变化的百分比。F检验值是通过方差分析表输出的，它通过显著性水平（Significant level）检验回归方程的线性关系是否显著。一般来说，显著性水平在0.05以上，均有意义。当F检验值通过时，意味着方程中至少有一个回归系数是显著的，但是并不一定所有的回归系数都是显著的，这时就需要通过T检验值来验证回归系数的显著性。同样地，T检验值可以通过显著性水平或查表来确定。

3. 回归分析的步骤

（1）确定变量

明确预测的具体目标，也就确定了因变量。如预测具体目标是下一年度的销售量，那么销售量就是因变量Y。通过市场调查和查阅资料，寻找与预测目标的相关影响因素，即自变量，并从中选出主要的影响因素。

（2）建立预测模型

依据自变量和因变量的历史统计资料进行计算，在此基础上建立回归分析方程，即回归分析预测模型。

（3）进行回归分析

回归分析是对具有因果关系的影响因素（自变量）和预测对象（因变量）所进行的数理统计分析处理。只有当自变量与因变量确实存在某种关系时，建立的回归方程才有意义。因此，自变量与因变量是否有关、相关程度如何以及判断这种相关程度的把握性有多大，就成为进行回归分析必须要解决的问题。进行回归分析，一般需要求出相关关系，以相关系数的大小来判断自变量和因变量的相关程度。

（4）计算预测误差

回归预测模型是否可用于实际预测，取决于对回归预测模型的检验和对预测误差的计算。回归方程只有通过各种检验，且预测误差较小，才能作为预测模型进行预测。

（5）确定预测值

利用回归预测模型计算预测值，并对预测值进行综合分析，确定最后的预测值。

4. 注意事项

应用回归分析方法时应首先确定变量之间是否存在相关关系。如果变量之间不存在相关关系，则对这些变量应用回归分析方法就会得出错误的结果。正确应用回归分析预测时应注意：

（1）用定性分析判断现象之间的依存关系；

（2）避免回归预测的任意外推；

（3）应用合适的数据资料。

5. 回归分析与方差分析的比较

在假定总量服从正态分布的情况下，回归分析和方差分析在概念、目的实现方式、总变异分解的形式、确定因素的基本思路上具有相似性，但在分析结果、因素水平取值、数据类型、对重量的影响等方面存在差异（见表3–7）。总之，方差分析在给出自变量（因素）与因变量（总量）是否相互独立的初步判断时，不需要自变量（因素）的具体数据，只需要因变量（总量）的观察数据。在不独立即相关的条件下，自变量与因变量到底是什么样的关系类型，需应用回归分析作出进一步的判断，此时需要自变量（因素）及因变量（总量）的具体观察数据，以得到它们之间的回归函数关系式。

表3–7　方差分析与回归分析的区别

方差分析	回归分析
方差分析得到的是自变量（因素）对因变量（总量）是否具有显著影响的整体判断。	回归分析得到的是在不独立的情况下自变量与因变量之间的更加精确的回归函数式，也即判断相关关系的类型。
方差分析中因素水平的取值在回归分析中代表了自变量的取值。方差分析中用到了总量的很多组观测值。	回归分析中只要求一组。
方差分析不管自变量与因变量之间的关系有多么复杂，总能得到因素对总量的影响是否显著的整体判断。	回归分析只能分析出关系比较简单的变量的回归函数式，对关系比较复杂的变量无能为力。
方差分析中的因素与总量的数据可以是定性的、计数的，也可以是计量的，或者说是离散的或连续的。方差分析对于因素是定性数据的情况也非常有效。	回归分析中的数据需要是连续的，总量也需要是连续的，所以回归分析对连续性变量非常有效。

（四）数据转换

回归分析一般需要使因变量与自变量呈线性关系，对于非线性关系的数据，需要对自变量或因变量或者两者同时进行转换。将非线性数据转换为线性数据的方法主要有：取对数、倒数、平方根等（见表3–8）。然而，并非所有的函数都可以线性化。

表3–8　数据转换的常用方法

方法		回归式
$\log y$	$\log x$	$y = ax$
$\log y$	x	$y = ae^{\beta x}$
y	$\log x$	$y = a + \beta\log x$
$1/y$	$1/x$	$y = x/(ax+\beta)$
$1/y$	x	$y = x/(ax+\beta)$
y	$1/x$	$y = a + \beta(1/x)$

1. 当回归方程有可能是多项式方程，如$y= x^2 + 3x + 1$时，可以取平方根或倒数。

2. 当要建立的回归方程未知时，可以利用在散点图中发现的规律，进行转换。

此外，死亡率与几率值的转换、反正弦转换也是常用的数据转换方法，如将死亡率或校正死亡率转换为反正弦函数，即100%死亡率为90，单位为度。

（五）分析预测模型

对检疫处理开展有效性评价（在技术标准的形成过程中，通过验证试验加以验证）是十分必要的。随着生物统计学的发展，目前应用于剂量死亡率响应分析的模型，除了几率值模型外，还有Logit模型、互补重对数模型、热动力学模型、双对数模型和热动力一阶反应修正模型等。

1. 几率值模型

Baker于1939年提出几率值9原理。这个原理指的是，在对植物产品进行除害处理时，在分析所得数据过程中，应使线性回归概率单位大于9，这个概率单位换算成的害虫（昆虫、其他节肢动物）的理论死亡率是99.996 8%（95%置信水平）。同时他还得出，在这个理论死亡率下，实际上害虫的生存率为零。所以，1939年以后，Baker的理论一直被美国等大部分国家（地区）所采用，并被作为检疫处理的合格标准。

在生物测定中，随着作用于有害生物（生物体）的刺激因子（Stimulus，冷热、熏蒸或高能射线处理等）的强度（剂量，Dosage）增加，其响应概率呈正态分布（刺激因子的强度通过对数转换）。将有害生物（生物体）响应概率正态分布的一个标准差作为一个几率值（概率单位，由正态分布中的-4 ~ +4中的数字分别加5后得到概率单位1 ~ 9，对有害生物的响应程度（耐受性，Tolerance）进行几率值转换，就能使累积响应概率分布由S形曲线变成直线（见公式3-1），通过直线回归建立剂量—响应模型（Dose-response model）。这就是生物统计学上著名的几率值分析方法（Probit analysis）。按照几率值的定义，有害生物死亡几率值为5相当于50%死亡率，几率值为8相当于99.865 0%死亡率，几率值为9则相当于99.996 832 9%的死亡率。

$$P = a + bt \tag{3-1}$$

其中P为死亡率或校正死亡率，t为剂量或者热处理时间，a和b为直线回归的常数项，其中a为截距，b为斜率。

值得注意的是，几率值分析的标准程序是将剂量或时间进行对数转换后进行回归分析，如在SPSS、Polo Plus等分析软件中，默认的几率值分析方法都是将X进行对数转换。经过不断实践，人们发现在剂量—响应数据中，剂量不经转换也能得到较好的预测结果，如王跃进等在对光肩星天牛（*Anoplophora glabripennis*）进行溴甲烷和硫酰氟熏蒸处理的数据分析中，熏蒸剂浓度或CT值未经对数转换，得到了很好的拟合结果；詹国平等在辐照处理苹果中的桃小食心虫1～5龄幼虫时，得到的异质因子（Heterogeneity）为0.47～3.6，这表明数据拟合好，而且验证试验证明了预测结果较为准确。

2. 对数模型

对剂量—响应试验中的数据进行对数转换，可以得到直线关系。这种转换有3种形式：

双对数模型：ln（y）= a + b·ln（x）+u，x每增加1%，y平均增加b%；

半对数模型：y =a+b·ln（x）+u，x每增加1%，y平均增加b个单位；

半对数模型：ln（y）=a+b（x）+u，x每增加1个单位，y平均增加b%。

Preisler和Robertson于1989年提出利用对数模型对数据进行直线的拟合（见公式3–2），Chew于1990年利用重对数模型（见公式3–3）对检疫处理的结果进行统计学分析。

$$\ln\left(\frac{P}{1-P}\right)=a+bt \qquad (3\text{–}2)$$

$$\mathrm{In}[-\mathrm{In}(1-P)]=a+bt \qquad (3\text{–}3)$$

其中P为死亡率或校正死亡率，t为剂量或者热处理时间，a和b为直线回归的常数项，a为截距，b为斜率。

对数线性模型更强调变量之间的交互效应。它不能直接将变量用自变量的函数表示出来，模型抽象复杂，特别是高维模型，不如线性模型易理解。

3.热动力学模型

Alderton和Snell于1970年根据微生物处理过程中，其数量呈对数级下降的原理建立了热动力学模型。Jang于1991年将其引入实蝇耐热能力研究中，处理后害虫的存活率的对数与处理时间呈直线相关，其公式为3–4：

$$\left(\log\frac{N_0}{N}\right)-a+bt \qquad (3\text{–}4)$$

其中N_0为试虫总数；N为根据艾伯特校正公式（Abbott公式）公式校正的存活试虫数；t为处理时间，单位为min；k为热动力学指数（Kinetic order of the reaction）；a和b为直线回归的常数项，a为截距，b为斜率。

热动力学指数k为未知数，需要人为赋值，赋值范围一般为0～3，其最合适的取值由可决系数和截距a决定。在理想条件下，当处理时间t=0 min时，试虫的存活率为100%，即N_0/N=1，k无论取何值，a等于0，热动力学模型的回归直线应过原点（0，0）。因此，当a值越接近0，可决系数（R^2）越接近1时，直线拟合越好。

热动力学模型在食品辐照处理中，使用D_{10}值，即处理后微生物数量存活10%

（死亡率为90%）所需要的辐照剂量，如果要求的灭菌率为99%、99.9%、99.99%、99.999 9%，则辐照处理的最低剂量分别为2倍、3倍、4倍、6倍的D_{10}值。Thayer等测定的混合牛肉、羊肉、猪肉、火鸡胸肉和火鸡腿肉以及机械脱骨鸡肉中李斯特菌（*Listeria monocytogenes*）的D_{10}值平均为0.47 kGy，若需要达到99.999 9%的灭菌率，则最低吸收剂量为2.82 kGy。

4. 反正弦转换

反正弦转换适用于发芽率、感病率、死亡率等服从二项分布的百分率。二项分布的方差是由百分率（P）决定的，所以一般来说，若百分率介于30%～70%之间，因接近于正态分布，数据转换与否对分析的影响不大，可以不进行转换；如果百分率有小于30%或大于70%的，则应对全部百分率进行反正弦转换。转换的方法是求出每个百分率的反正弦sin（$\sqrt{P}$），即对死亡率平方根取正弦值，如100%死亡率的反正弦为90。注意，在对转换后的数据进行方差分析时，若经F检验显著，则仍对转换后的数据进行平均数的多重比较，但在解释分析最终结果时，应将平均数还原为原来的数值。

在剂量—响应数据分析中，Follett对地中海实蝇（*Ceratitis capitata*）、桔小实蝇（*Bactrocera dorsalis*）、瓜实蝇（*Bactrocera cucurbitae*）、墨西哥棉铃象（*Anthonomus grandis* Boheman），Hollingsworth和Follett对蔗扁蛾（*Opogona sacchari*）的死亡率经过反正弦转换后，剂量—死亡率曲线的线性关系明显好转，用直线回归方法可以预测达到100%死亡率的剂量。在反正弦转换后进行直线回归的方法主要用于比较不同虫态之间的辐照耐受性差异。这种转换是纯粹的数值转换，只能预测100%死亡率的剂量值，一般不作为开展验证试验的参考值或目标剂量（Target dose）。詹国平等在对桃小食心虫卵和幼虫辐照耐受性比较时，分别采用几率值模型和反正弦转换方法，得到相同的结果，即辐照耐受性随着害虫发育完善程度而增加。

第三节　室内试验效果评价

（一）生物培养技术

在室内试验中，需要设置不接受任何刺激（处理）的对照组，将其放在最适合有害生物生长发育的条件下观察其反应，需要保证对照组中有害生物正常的生长发育，一般来说其死亡率应低于10%。因此，在检疫处理研究中需要重视生物培养技术，包括微生物培养技术和害虫饲养技术，尤其是害虫的饲养技术，保证为其提供适合的生存环境。

（二）效果判定方法

在化学处理（熏蒸、非化学药剂处理）、控温处理以及气调处理中，判定有害生物处理效果的标准一般是其死亡与否，即处理后一定时间内被处理生物是否存活，对于昆虫和螨类来说，一般用针刺法进行判定。辐照对有害生物的生物学效应，包括死亡、阻止发育和阻止繁殖。最初人们将阻止有害生物繁殖称为不育（Sterile），如不育昆虫（Sterile insects），但由于阻止有害生物发育，能阻止昆虫发育为老熟幼虫、蛹或成虫，也可以成功阻止其繁殖，因此，也将阻止发育称为不育。所以，检疫处理可以通过导致死亡和不育来实现有害生物的检疫安全目标。

同其他检疫处理技术如熏蒸、热处理、冷处理的效果判定一样，辐照引起的死亡是最容易被检测、最好判定的。然而，在鲜活货物处理中，高剂量会严重损害货物，使其失去利用价值。而且，高剂量处理也会增加处理成本，使其丧失应用的可行性。所以，在针对害虫的检疫处理时，通常不将死亡作为判定是否有效的标准。

（三）效果判定指标

1. 百分率指标

辐照处理的效果包括导致有害生物死亡、阻止有害生物发育或繁殖，对于阻止发育和繁殖来说，其最终结果是导致有害生物死亡，只是判定死亡的虫态或时间不同。如阻止光肩星天牛低龄（1至3龄）幼虫发育为蛹，判定其死亡的标准是幼虫（老熟幼虫）死亡，需要统计蛹的数量和初始幼虫的数量，其比值以百分率表示即为百分率指标；若阻止其发育为成虫，需要统计死亡的幼虫和蛹的数量，二者之和除以初始幼虫的数量即为阻止成虫出现的百分率。松墨天牛5龄幼虫在不同剂量下辐照的死亡率见表3-9。

表3-9　松墨天牛5龄幼虫辐照处理的化蛹、羽化结果

剂量（Gy）	幼虫数量（头）	蛹数量（头）	化蛹率（%）	羽化率（%）	阻止化蛹百分率（%）	阻止羽化百分率（%）
0	50	42	84	100%	-	-
20	50	40	80.0	75	20.0	40
25	50	37	74.0	47.4	26.0	64
30	50	35	70.0	51.4	30.0	64
35	50	19	38.0	52.6	62.0	80
40	50	7	14.0	0	76.0	100
45	50	4	8.0	0	92.0	100
60	50	0	0	0	100	100

以有害生物死亡率、抑制率等表示辐照处理效果，100%死亡率或抑制率作为检疫辐照处理的最低要求。这一要求有时容易达到，有时很难达到。若测试100头或1 000头害虫，其全部死亡时，死亡率为100%，比较容易实现；针对天牛等林木害虫，若需测试3万头或10万头害虫，要求其全部死亡，试验的工作量大、操作难度高。所以，需要借助统计学指标来表示检疫处理的有效性。

2. 统计学指标

百分率指标是最为直观的表示检疫处理效果的方法，容易为大多数人理解和应用。由于试验中所使用的样品（样本）与全部有害生物（总体）之间有差异，样本能否代表总体，需要使用统计学方法检验。以樱桃绕实蝇（*Rhagoletis indifferens*）检疫辐照处理研究为例，在剂量—响应试验中，17.6 Gy以上剂量可以100%阻止幼虫发育为成虫，死亡率为100%，但在其后的验证试验中，以97 Gy剂量辐照处理84 368头实蝇，仍然出现1头成虫存活（畸形成虫），其死亡率为99.996 4%。

Couvey和Chow等于1986年提出了验证试验中计算需要的最低试虫数量的方法，当所有试虫完全死亡（达到要求的反应，如阻止发育为成虫或阻止繁殖）时，所需的最低试虫数可采用公式3–5计算：

$$n = \log(1-C) \div \log(1-Pu) \tag{3–5}$$

式中，n为试虫数量；C为置信水平，取值范围为0~1，通常采用0.95；为害虫最大存活率。

检疫处理的目标是阻止进出口货物中限定性有害生物的传播和扩散，因此，有效阻止有害生物的发育、繁殖或者导致死亡均可达到保证生物安全的目的。为此，在检疫处理的研究和应用中，可以通过对有害生物设定不同的控制要求来实现检疫处理的目标，包括死亡、阻止发育和阻止繁殖。研究发现，辐照处理的生物学效应与吸收剂量呈正相关，而有害生物的发育或繁殖能力随着吸收剂量的增加而降低，一定的吸收剂量可以达到检疫处理要求的处理效能。

（四）有效性的评判标准

检疫处理的有效性是实施处理的基础，有效性越高越好，即通常认为100%杀灭效果最好。然而，从生物统计学上来讲，100%杀灭是不可能做到的，或者是没必要做到的。因此，必须科学定义植物检疫处理的有效性，为检疫处理技术标准的制定奠定具有科学依据的基础。

1. 几率值9标准

美国学者Baker在1939年首次提出了死亡几率值9的检疫处理有效性概念，即在95%置信水平下，有害生物死亡率为99.996 8%，并以此作为检疫处理有效性的评价标准。Couey 和 Chew 在1986年给出了计算需要处理的有害生物最低数量的公式，经计算，如果要求害虫死亡率为99.996 8%，则需要处理93 616只害虫而且使其全部死亡；如果需要几率值9的死亡率为99.996 832 9%，则需要处理94 588只害虫而且使其全部死亡。这一检疫处理有效性评价标准能够满足检疫安全的要求。此概念一经提出立即得到了美国农业部的认可，而且一直沿用至今。目前，很多发达国家（地区）均接受这一检疫处理有效性评价标准。其特点是标准明确、易于操作。

然而，感染率低且难以人工饲养或生活周期特别长的有害生物（如光肩星天牛、白蜡窄吉丁等）试虫数量难以达到10万头（95 000头）。因此，面对外来生物入侵的巨大压力，如何科学高效地开展检疫处理技术与方法的研究，制定切实有效的检疫处理技术标准，并快速地将其应用于外来有害生物的防控，是世界各国必须解决的难题。为了有效应对这些挑战，近年来国际社会又提出了"有效性等同评价标准"，并逐步将其应用于检疫处理有效性评价。

2.有效性等同评价标准

针对林木害虫这类以个体优势取胜的低感染率害虫的评价标准问题，国际森林检疫委员会于2011年在英国威尔士的卡迪夫（Cardiff）开会讨论，提出了"有效性等同评价标准"，也称卡迪夫标准，以替代几率值9标准，为研究检疫处理新技术并建立其标准提供了新的途径。采用Cardiff标准，必须经过科学的有害生物风险分析（Pest risk analysis），建立科学有效的抽样技术与方法，确定外来有害生物的感染率、感染水平、种群大小、外来有害生物最大允许限值或货物最大感染限值等。

检疫性有害生物传入定殖的风险，与有害生物的种群数量、生活周期、虫态、生殖方式、货物中的感染率、扩散能力、传播媒介、寄主范围、种群建立能力，以及真菌的孢子形成特点、休眠状态和亚致死效应等因素有关。通过对有害生物的这些特征进行分析评价，能够使我们深入了解某种有害生物经过检疫处理后的存活数量，从而进一步明确可以接受的处理效果水平，建立有害生物的最大容许量（Maximum pest limit，MPL）等。因此，基于有害生物的生物学特征，我们可以应用多种植物检疫措施，如收获前、收获中和收获后的处理措施或入境口岸的查验与处理措施等，分阶段减少货物中有害生物种群数量，最终使有害生物的数量不超过最大容许量，这同样可以起到防止外来有害生物传入定殖的作用。

鉴于目前情况，尤其是针对限定性有害生物，进口国对其生物学特性了解甚少，很难建立有效性等同评价标准所需的定量值，难以利用等同评价标准来评价处理的有效性，目前在国际贸易中还没有利用有效性等同评价标准进行限定性有害生物处理的例子。所以，在当前的检疫实际操作中，死亡几率值标准更为可行。

第四节 检疫处理研究的规范化

虽然不同检疫处理方法各有优缺点，适用范围也有差异，但是，它们的结果是提供满足检疫处理要求的技术指标，而建立技术指标的基础是开展规范化研究。多位专家通过对规范化研究工作的思路、方法、结果进行分析总结，逐步构建了检疫处理技术的研究规范，并在应用中不断完善和发展。本节阐述其发展历程、要素、应用等，以促进我国检疫处理研究的规范化，使研究结果获得国际认同，增强其效益发挥效果。

一、检疫处理研究规范的发展历程与基本要素

在国际上，检疫处理研究规范的建立始于辐照处理研究，后来陆续扩展到包括熏蒸、热处理、冷处理等研究领域，并形成了研究规范的核心要素。

（一）检疫辐照处理研究规范的构建

美国作为检疫辐照处理应用最早和研究最为广泛的国家之一，为保证基于研究结果而制定的技术指标得到广泛认同，于1996年首次在“检疫辐照处理应用”中提出了检疫辐照处理研究规范的总体框架。重点强调了四项要求：（1）通过有害生物风险分析确定检疫性有害生物；（2）通过研究确定商品中可能存在的有害生物最为耐受的虫态；（3）在研究中需要对数据进行科学的统计分析；（4）通过商业化验证试验（Commercial-scale treatment），确定保证检疫安全（95%置信水平下害虫死亡率或不育率达到99.996 8%）的最低吸收剂量（Minimum absorbed dose）。这可以被看作是检疫辐照处理研究规范的雏形。

随着国际社会对检疫辐照技术的重视，《国际植物保护公约》秘书处从2001年开始制定标准，于2003年颁布ISPM 18《植物检疫措施的准则 辐照处理》，其附录为主要针对昆虫检疫辐照处理的研究规范，明确规定了研究材料（有害生物和寄主植物材料）、剂量测定、剂量-响应试验、验证试验和记录保存（Record keeping）五个部分内容。该研究规范也被作为国际植物检疫处理技术专家组（TPPT）审定检疫辐照处理技术指标（Technical Schedule）的依据之一，如南美按实蝇、梨小食心虫、苹果蠹蛾等八种害虫的检疫辐照处理研究就基本符合上述要求，其结果为国际标准所采纳。

（二）检疫处理研究规范的形成

在辐照处理研究规范形成期间，国际原子能机构（IAEA）在1998年～2002年开展了题为“食品和农产品检疫辐照处理”的国际协调研究项目。该项目需要制定非实蝇科害虫检疫辐照处理清晰而准确的效果判定标准，满足日本、美国、澳大利亚、新西兰的检疫处理要求，并期望被东盟国家、中国、韩国、印度、南非、南美洲和中美洲

国家（地区）原则上接受。为此，项目组专家Heather编写了《检疫处理的通用研究规范》（Generalised quarantine disinfestation research protocol），并在2002年召开的项目验收总结会议上获得通过，于2004年11月由IAEA发表。该研究规范规定了标准的试验条件和方法，包括检疫性害虫和商品的确定及鉴别、处理有效水平的确定、害虫耐受性、试验规模等。该研究规范的建立，集中了国际检疫处理研究专家的集体智慧，IAEA在推动其建立过程中发挥了重要的作用。

ISPM 18发布后，澳大利亚和新西兰从2004年开始实践，美国自2007年起从多个国家（地区）进口辐照处理的水果，丰富了检疫处理研究规范的内容。IPPC秘书处于2007年发布了ISPM 28《限定有害生物的植物检疫处理》，对检疫处理研究进行了进一步规范。2011年，北美植物保护组织发布了RSPM 34《建立水果蔬菜节肢动物检疫处理技术指标的准则》，对试验设计、剂量—响应试验和验证试验的操作与数据分析、处理后货物的储藏与处置、试验结果的分析与解释、记录保存五个方面进行了详细规范，其中对试验数据的分析提出了更为明确和具体的要求，并将数据分析方法作为该标准的附录。这些规范性文件和标准的发布，标志着检疫处理研究规范的形成。

由此可见，从检疫辐照处理研究规范，到目前的检疫处理研究规范，处理对象没有变化，即主要适用于节肢动物（包括昆虫、螨类、软体动物等），但规范化研究的内涵、要求等发生了较大的变化，检疫处理研究逐步发展为一个标准化的操作程序。主要变化体现在：（1）拓展内容和领域。从最初的辐照处理拓展为包括熏蒸、热处理、冷处理等的检疫处理研究领域。（2）重视试验操作。详细阐述剂量—响应试验和验证试验的操作要点、数据分析方法、试验记录保存、处理前后商品的保存和处置等。（3）科学适用。对研究过程中最为重要的剂量—响应试验进行了科学的界定和规范，包括试验设计（剂量设计）、数据分析（几率值分析）、可接受的检疫处理安全水平等。重视商品的耐受能力的测试、验证试验的处理效能和效果评价等。

（三）检疫处理研究规范的基本要素

在检疫处理研究规范的形成过程中，Hallman、Mangan、Heather 等专家发表了综合性评述，Sgrillo提出了制定检疫处理措施所涉及的数量参数的背景材料和指导原则。作为IPPC秘书处设立的检疫处理标准的评估、推荐和制修订的专门机构，TPPT在分析总结上述专家论述的基础上，综合ISPM 28的要求，于2012年提出了害虫检疫处理研究规范的基本要求：

1.清晰而准确地描述目标有害生物及寄主货物、二者在贸易中的自然联系以及与处理方式的关系。

2.处理时，目标有害生物、寄主植物及其环境的状态应与贸易中的状况相似或者偏差在允许的范围之内。

3.在有效性验证试验中，处理对象应为被处理货物中可能存在的耐受能力最强的虫态或条件。

4.若需制定通用标准，处理对象应是该目标有害生物组（目、科、属）最为耐受的种类。

5.处理结果能够满足贸易需要。

6.依据研究结果发表的论文或报告应适度透明清晰，以供检疫处理管理部门评估。

虽然TPPT还在继续讨论和完善检疫处理研究规范的核心要素，但上述要求已充分体现在IPPC秘书处制定国际植物检疫处理技术标准的要求中，如水果携带实蝇科（Tephritidae）害虫辐照处理通用标准的建立。辐照处理研究发现，水果中实蝇耐受能力最强的虫态为3龄幼虫，实蝇科中耐受能力最强的种类是瓜实蝇，阻止瓜实蝇3龄老熟幼虫羽化为成虫的最低吸收剂量为144 Gy，因此，采用150 Gy作为实蝇科害虫检疫辐照处理的最低吸收剂量。

二、检疫处理研究规范的基本要素解读

在综合上述规范性文件和标准的基础上，将害虫检疫处理研究规范的基本要素分为试验材料、试验设计与剂量监测、试验操作与数据分析、验证试验与控制、记录保存五个方面进行解读。

（一）试验材料

试验材料包括害虫和寄主。总体要求是：目标害虫饲养良好，寄主产品处置妥当。

1.准确鉴定害虫种类，保存试验害虫的标本。

2.经过有害生物风险分析，确定目标害虫及其寄主。

3.使用最合适的寄主材料饲养目标害虫，控制一致的、良好的饲养条件，记录害虫的生长发育指标。

4.若为人工饲料饲养的目标害虫，需要比较与寄主饲养种群对检疫处理的耐受性差异。

5.寄主材料最好选用商业贸易中使用的产品。

（二）试验设计与剂量监测

总体要求是重视试验设计，准确监测剂量/浓度。

1.在剂量—响应试验中，设计等间距的目标剂量（Target dosage，包括辐照吸收剂量、药剂浓度、冷热处理温度和时间等），数量在5个以上，每个处理的试虫的数量不低于50头，试验重复（Replication）3次以上。

2.试验设计与数据分析方法综合考虑、协调一致。

3.剂量均匀，尽可能缩小最低和最高剂量的差异。

4.按照公认的国际（国家）标准校准、验证和使用剂量/浓度测定系统，准确检测实际处理过程中的剂量/浓度。

5.在辐照处理研究中，应定期进行常规剂量测定（Routine dosimetry）。

（三）试验操作与数据分析

其要求是规范化操作剂量–响应试验，科学分析试验数据，合理解释试验结果。

1.开展预备试验，确定剂量范围。

2.重新设计目标剂量，开展剂量—响应试验。

3.准确监测剂量/浓度，控制对照的死亡率（一般不应超过10%）。

4.通过统计分析（方差分析、协方差分析、几率值分析、回归分析等），比较各虫态的耐受性。

5.应用几率值分析、回归分析等，预测最耐受的虫态达到预期处理效能（如ED99、ED99.996 8等）的最低剂量/浓度。

（四）验证试验与控制

要求精确控制验证试验，以建立有效的检疫处理技术指标。

1.根据预测剂量/浓度和处理效能的要求，确定目标剂量。

2.根据处理效能（最低死亡率、置信水平）要求，确定害虫的最低数量。

3.控制并监测剂量/浓度，尽量缩小最大值与最小值的偏差。

4.根据处理害虫的数量和死亡率，确定害虫的最低死亡率及其置信水平。

5.测试分析寄主产品的耐受能力，建立科学合理的检疫处理技术指标。

（五）记录保存

总体要求是核实所有试验记录的有效性并完整保存文档。试验记录及文档至少应包括：1.有害生物学名、来源地；2.寄主植物的学名，包括品种名称；3.试验条件，包括控制条件、试验设计、数据、试验地点、日期等；4.试验数据统计分析结果及其解释、结论；5.参考文献。

三、我国检疫处理研究规范的应用与展望

（一）应用

与美国、澳大利亚等发达国家（地区）相比，我国的检疫处理研究起步较晚。20世纪，我国的检疫处理主要以熏蒸处理为主，着重研究导致害虫100%死亡的技术参

数，而且由于缺乏研究和检测手段，采用了放置虫样（仓储害虫）的办法评判熏蒸处理的效果。存在的主要问题是虫样与货物携带害虫种类不同，不一定为耐受能力最强的虫态，虫样数量少。假设虫样数量为100头并完全死亡，按照Couey & Chew计算处理效能的公式3–6：

$$(1-Pu)=(1-C)^{\frac{1}{n}} \tag{3–6}$$

*Pu*为害虫的最大存活率；*C*为置信水平，一般采用95%；*n*为害虫数量。

计算样本害虫的死亡率（1–*Pu*）为97.05%（95%置信水平），远远低于国际通用的死亡率99.99%或99.996 8%（几率值9）的标准要求，不能保证熏蒸一定有效。随着技术的进步以及国际贸易的发展，特别是因木质包装携带光肩星天牛而引发“天牛事件”后，我国检疫处理工作包括技术研究受到高度的重视并得到发展，逐步规范，主要体现在重视浓度监测、害虫耐受性比较、数据分析、效果评判等方面。

1.重视浓度监测

基于规范研究结果制定的技术指标，应用时需要检测浓度/CT值才能判定熏蒸处理的效果，因此，在实际操作中我国摒弃了放置虫样的做法，注重熏蒸期间的浓度监测和检测。1998年，国家监管机构发布了《关于印发〈熏蒸消毒监督管理办法〉（试行）及〈帐幕、集装箱、检疫熏蒸库熏蒸操作规程〉的通知》，熏蒸消毒监督管理办法于2016年7月1日废止，但熏蒸操作规程仍然有效。其中明确提出了浓度监测的仪器设备、技术要点、最低值等要求，并随着木质包装“天牛事件”的化解进程，助推了熏蒸气体浓度检测仪在口岸的广泛应用，并带动了熏蒸气体浓度检测仪的研发，使我国彻底告别了放置虫样的时代。

2.研究规范化

我国检疫处理技术的进步和国际合作的加强也促进了研究的规范化。在熏蒸处理研究中主要体现为加强熏蒸期间浓度的监测和几率值分析，如针对光肩星天牛的溴甲烷、硫酰氟和磷化氢熏蒸技术研究。在辐照处理研究中规范化和国际化趋势尤为明显。詹国平和高美须在分析我国检疫辐照处理研究时，发现其呈现出以下特征和趋势：从设计少量剂量（少于5个）发展到设计多个剂量，预测达到检疫处理要求的最低吸收剂量；在分析吸收剂量与辐照生物学效应的关系时，预测方法由简单的直线回归发展为采用国际通行的几率值分析；在判定辐照处理效果时，由仅采用死亡率100%作为标准逐渐发展为开展大规模验证试验，验证试验的样本也由混合虫态发展为单一虫态（商品中最耐辐照的虫态）。如桔小实蝇、杰克贝尔氏粉蚧、桃小食心虫、南亚果实蝇等水果害虫检疫辐照处理研究，都充分遵循了研究规范的原则，开展耐受性比较、剂量—响应试验和验证试验，最终确定了检疫处理的最低剂量及其处理效能。

3. 重视验证试验

在研究和标准制定过程中，我国重视验证试验，积极采纳国际通行的几率值9标准，促进检疫处理研究的标准化发展，推进检疫处理的标准化建设。通过发表学术论文、技术报告、开展讲座等宣贯活动，几率值9准则目前已在检疫处理工作（研究、标准制定）中得到了广泛认同和采纳，如在桔小实蝇检疫辐照处理标准制定中，根据赵菊鹏等验证试验中的试虫数量，计算处理效能（ED）为99.995 3%（95%置信水平），没有达到几率值9标准，此后重新对番石榴携带的100 684头3龄老熟幼虫进行辐照验证试验，发现无成虫羽化，处理效能在95%置信水平下达到99.997 2%，进而形成了行业标准并于2014年发布。

（二）展望

目前，检疫处理研究规范已逐步融入我国检疫处理研究、标准制定和实际处理工作中，随着研究规范的发展和我国应用的深化，必将有利于研究结果的国际认同，促进我国在检疫处理国际标准制定方面的突破和发展，增强技术谈判中的说服力，进一步推进研究结果的快速应用，实现检疫处理的良性发展。同时，检疫处理研究规范中也还存在一些技术问题，有待进一步探索、讨论和明确：1. 在剂量—响应试验中，是否必须设计等间距的剂量/浓度；如何科学地比较害虫（各虫态）的耐受性；如何有效地预测最低剂量。2. 在辐照处理研究中，由于大量研究证明害虫对辐照的耐受性随着其发育历期的增长而增加，发育最为完善的虫态就应该是最耐受虫态，因此，不一定要比较同种害虫各虫态的耐受性。3. 验证几率值9标准需要采用的试虫的数量最少为93636头，实蝇和蚧虫等能够实现，但对于以个体优势取胜的林木害虫如天牛、吉丁虫等，几乎不可能采用如此大量的试虫，需要采用其他替代标准。为此，建议并期盼更多人参与讨论和研究，促进我国检疫处理研究向高效率、高层次发展。

04

CHAPTER

第四章

动植物检疫处理与信息化

为有效提高动植物检疫处理工作的信息化和规范化水平，我国很早就开展了动植物检疫处理信息化建设工作、随着时代的发展、动植物检疫处理工作中信息化建设成为了不可或缺的技术手段和组成部分，加强检疫处理信息化建设，提高检疫处理信息化水平，促进信息化资源的整合、融合、共享，实现现代监管工作信息化、智慧化、智能化等方面具有非常重要的作用，本章介绍了信息化新技术及检疫处理信息化的建设。

第一节　信息化技术介绍

近年来，以机器深度学习为基础的人工智能、泛在物联网、混合云计算、大数据为特征的新一代信息化技术架构蓬勃发展。所谓新一代信息技术，“新”在万物互联的移动化、数字化、实时化，信息处理的集中化和大数据化，信息服务的智能化和个性化。新一代信息技术在大规模并行计算、大数据、人工智能深度学习算法、专用类人脑芯片Soc（Systemon chip）的催化下发展，以信息化和工业化深度融合为主要目标。

万物互联的移动化和泛在化。互联网应用从计算机网页浏览发展为基于包括穿戴、检测和感知设备终端设备的互联，同时在第五代通信技术和人工智能技术的高速发展的同时，通过人、机、物的全面互联，全要素、全产业链、全价值地全面衔接、对各类数据进行传输、存储分析并形成智能反馈、形成了新一代信息技术与工业系统全方位深度融合的工业互联网。移动通信经过了几十年的发展以及持续不断地消费升级，通信制式从1G的模拟通信时代进入了当前的5G全数字、全连接的通信时代，带动了各行各业对网络连接的重新定义与产业升级。“互联网+”国家战略需求中明确指出：“未来电信基础设施和信息服务要在国民经济中下沉，满足工业、医疗、农业、交通、流通、制造、教育、生活服务、公共服务等垂直行业的信息化需求，互联网与传统行业各应用的‘化学反应’，促进跨界创新。”第五代网络不仅带来体验速率的提升、时延的减少、移动性的增强等，同时还满足各类垂直行业多样化的业务需求。

信息处理的集中化和大数据化。过去的信息处理为单机或单机房服务器独立处理，但这些分散的、功能单一的服务器提供各种服务的效率不高，难以应对动态变化的信息服务需求。现阶段的云计算服务器集中于各地互联网数据中心（Internet data center，IDC）核心机房，通过“云”的方式提供计算能力和服务，由云平台统一调配计算和存储资源，通过虚拟化技术将单一节点服务器转变成贴近用户的云服务器群，能高效地满足众多用户个性化的并发请求。过去，计算机企业追求的主要目标是“算得快”，每隔11年左右超级计算机的计算速度提高1 000倍。为了满足日益增长的云计算和网络服务的需求，未来计算机研制的主要目标是“算得多”，即在用户可容忍的时间内尽量满足更多的用户请求。这与传统的计算机在体系结构、编程模式等方面有很大区别，需要突破计算机系统输入输出和存储能力不足的瓶颈，具有变革性的新型存储芯片、片上光通信专用现场可编程门阵列（Field-programmable gate array，FPGA）及Soc芯片将成为构成分布式云储存的本地化储存技术。

万物互联网络的普及应用使广大消费者也成为数据的生产者，传感器和存储技术的发展大大降低了数据采集和存储的成本，使得可供分析的数据爆发式增长，数据已成为像土地和矿产一样重要的战略资源。大数据的特征可以概括为四个V，数据量大（Volume）、速度快（Velocity）、类型多（Variety）、价值密度低（Value）。大数据处理涉及结构化数据（文字）与非结构化数据（图像视觉）的实时处理、分析、可视化数据场景化等。针对具体的应用场景，关联业务（以下简称关务），在应对自然灾害、事故灾难、公共卫生事件、社会安全事件等突发事件时，可通过应急可视指挥调度技术，远程调度所有相关图像资源，为统一部署各项应急对策提供依据，然后配合总体应急预案进行远程指挥，以最快的速度完成最合理的决策。通过高效、直观的图像信息管理平台，不论在平时还是战时，均可通过系统结合大数据可视交互系统全面管理各项资源。同时，在我国“互联网+”的大背景下，未来大数据将会以清晰直观的数据呈现和交互方式，使执行资源的呈现和使用更为合理。

信息服务的智能化和个性化。目前，人工智能深度学习的应用已经非常广泛，在我们使用的现代技术中，很多都应用了人工智能深度学习算法。例如智能语音助手、微信智能翻译、淘宝的拍照搜物、工业应用缺陷检测、医疗智能识别等，大多基于卷积神经网络进行人工标识的监督学习或人工前处理的弱监督学习。未来基于图神经网络和大数据云智能计算平台的应用、人工智能及其个性化使用，将使端到端的无人参与学习识别更新更加迅速、算法模型的个性化泛化。

一、物联网

（一）概念

国际电信联盟（ITU）在《ITU互联网报告2005：物联网》中，对物联网做了如下定义：通过二维码识读设备、射频识别（Radio frequency identification，RFID）装置、红外感应器、全球定位系统和激光扫描器等信息传感设备，按约定的协议，把任何物品与互联网相连接，进行信息交换和通信，以实现智能化识别、定位、跟踪、监控和管理的一种网络。

根据国际电信联盟的定义，物联网主要解决物品与物品（Thing to thing，T2T）、人与物品（Human to thing，H2T）、人与人（Human to human，H2H）之间的互联问题。与传统互联网不同的是，H2T是指人利用通用装置与物品之间的连接，从而使得物品连接更加简化，而H2H是指人与人之间不依赖于PC而进行的互连。

物联网技术架构分为四层，分别为感知层、传输层、平台层和应用层。感知层主要涉及芯片、模组及传感器等感知设备，其中无线通信模组是连接物联网感知层和网络层的关键环节；传输层分为短距离局域网传输（ WiFi、蓝牙和Zigbee 等）和长距离广域网传输（ NB-IoT、LoRa、2G/4G/5G 等）；平台层分为连接管理、设备管理、应用时能和业务分析平台；应用层包括金融、交通、安防、执法、物流、能源等各行各业的终端。

（二）技术特点

在物联网应用中有如下三项关键技术：

1. 传感器技术：传感器是连接物体与数据的基础设备，用途广泛、品类繁多。传感器可将自然信号转换为电信号，然后对信息进行处理和存储。传感器一般由敏感元件、转换元件和变换电路三部分组成。按其工作方式，可分为物理传感器、化学传感器和生物传感器；根据其基本感知功能可分为热敏元件、光敏元件、气敏元件、力敏元件、磁敏元件、湿敏元件、声敏元件、放射线敏感元件、色敏元件和味敏元件等十大类。

2. RFID标签：射频识别（RFID）是一种无线通信技术，无须识别系统与特定目标之间建立机械或者光学接触，就可通过无线电信号识别特定目标并读写相关数据。信号通过调成无线电频率的电磁场，把数据从附着在物品上的标签上传送出去，以实现自动辨识与追踪该物品。一条完整的RFID产业链包括标准、芯片、天线、标签封装、读写设备、中间件、应用软件、系统集成等，RFID在金融支付、物流、零售、医疗、防伪等领域都发挥着相当重要的作用。射频识别标签是目前射频识别技术的关键。一定容量的信息被存储在射频识别标签中，且标签具备一定的信息处理功能，读写设备可通过无线电信号与标签交换信息，作用距离可根据采用的技术从若干厘米到一千米不等。依据标签内部供电有无，RFID 标签分为被动式、半被动式（也称作半主动式）、主动式三类。由于RFID 标签比普通形码可存储信息更多、使用更方便、可塑性更高，因此在相关行业中被广泛推广，并成为普通条形码的重要替代品。

3. 嵌入式系统技术：嵌入式系统技术是综合了计算机软硬件、传感器技术、集成电路技术、电子应用技术为一体的复杂技术。经过多年的演变，以嵌入式系统为特征的智能终端产品随处可见，小到人们身边的智能手表，大到航天航空的火箭系统。嵌入式系统正在改变着人们的生活，推动着工业生产以及国防工业的发展。

（三）技术应用

根据实质用途可以将物联网归结为两种基本应用模式：

1.对象的智能标签。通过NFC、二维码、RFID等技术标识特定的对象，用于区分对象个体，例如各种交通卡、支付标签是以获得对象的信息进行识别区分同时智能标签还可以获得物品所包含其他扩展信息。

2.对象的智能控制。例如身份识别和门禁应用。物联网基于云计算平台和智能网络，可以依据传感器网络用获取的数据进行决策，改变对象的行为，进行控制和反馈。

物联网在实际应用中需要各行各业的参与，并且需要行业主管部门的主导以及相关法规政策的支持。物联网具有技术性、规模性、广泛参与性、管理性、技术性、物的属性等特征，其中，技术性是物联网最为关键的问题。物联网技术是一项综合性的技术，是一个系统工程，目前国内还没有相关的行业统一标准和实施案例。但其理论上的研究已经在各行各业展开，而实际应用还仅局限于行业内部。

一般来讲，物联网的应用步骤主要如下：

1. 对物体属性进行标识，属性包括静态和动态的属性，静态属性可以直接存储在标签中，动态属性需要传感器实时探测更新。

2. 识别设备完成对物体属性的读取，并将信息转换为物联网标准数据结构。

3. 将物体的信息通过网络传输到前端处理网关，由处理网关与后端应用服务完成物体通信的相关处理。

二、5G与移动互联网

（一）概念

5G为移动终端带来超越光纤的传输速度，实现万物互联。例如，在生活场景中，全息影像实现3D视频通话，云VR提升游戏体验，高清视频、远程医疗等改变生活；在城市场景中，车联网、智能安防、智能电网、智能交通等打造智慧城市；在生产场景中，实现工业自动控制、机器人操作、无人机配送、智能化种植等技术应用，颠覆工业生产。5G时代的到来带动网络关键能力的大幅提升。其中增强移动宽带（Enhanced mobile broadband，eMBB）将用户体验速率提升至0.1 Gbps ~ 1 Gbps，移动性提升至500 Km/h，峰值速度大幅提升。海量大连接（Massive machine type communication，mMTC）极大提升了网络连接密度和流量密度。5G网络能力推动数据多元化、处理高速化、价值深层化，更有利于物联网发展。5G与物联网的融合将加速人物互联和万物互联的发展。5G与物联网融合的优势在于5G网络有多大，物联网覆盖就有多大。5G与物联网不需要客户单独建网，大幅度地降低了建网的成本。5G的出现和全面覆盖帮助物联网解决应用难题，满足物联网高可靠、高速率、低功耗等需求，可实现从基础层到应用层的跨越，使得物联网能够在各个场景大规模应用。

移动互联网的定义有广义和狭义之分。广义的移动互联网指用户可以使用手机、笔记本等移动终端通过协议接入互联网，狭义的移动互联网则指用户使用手机终端通过无线通信的方式访问采用无线应用协议（Wireless application protocol，WAP）的网站。

从层次上看，移动互联网可分为终端/设备层、接入/网络层和应用/业务层，其最显著的特征是多样性。应用或业务的种类是多种多样的，对应的通信模式和服务质量要求也各不相同。

世界无线研究论坛（WWRF）认为移动互联网是自适应的、个性化的、能够感知周围环境的服务。各种应用通过开放的应用程序接口（API）获得用户交互支持或移动中间件支持，移动中间件层由多个通用服务元素构成，包括建模服务、存在服务、移动数据管理、配置管理、服务发现、事件通知和环境监测等。互联网协议簇主要有IP服务协议、传输协议、机制协议、联网协议、控制与管理协议等，同时还负责网络层到链路层的适配功能。操作系统完成上层协议与下层硬件资源之间的交互。硬件/固件则指组成终端和设备的器件单元。

移动互联网支持多种无线接入方式，根据覆盖范围的不同，可分无线个域网（Wireless personal area network，WPAN）接入、无线局域网（Wireless local area networks，WLAN）接入、无线城域网（Wireless metropolitan area network，WMAN）接入、无线广域网（Wireless wide area network，WWAN）接入。各种技术客观上存在部分功能重叠的现象，但更多的是相互补充、相互促进的关系，具有不同的市场定位。

（二）技术特点

手机是移动互联网时代的主要终端载体，根据手机及手机应用的特点，移动互联网主要有以下特征：

1. 随时随地的特征。手机是随身携带的物品，可随时随地使用。

2. 私人化、私密性特征。每个手机都归属于个人，包括手机号码、手机终端的应用，相对于电脑而言，更具有个人化、私密性的特点。

3. 地理位置特征。不管是通过基站定位、GPS定位还是混合定位，手机终端都可以获取使用者的位置，可以根据不同的位置提供个性化的服务。

4. 真实关系特征。手机上的通讯录用户关系是最真实的社会关系，随着手机应用从娱乐化转向实用化，基于通讯录的各种应用也将成为移动互联网新的增长点，在确保各种隐私保护之后的联网，将会产生更多的创新型应用。

5. 终端多样化。众多的手机操作系统、分辨率、处理器，造就了形形色色的终端，一个优秀的产品要想覆盖更多的用户，就需要考虑终端兼容问题。

6. 各个运营商的数据流量资费偏贵。

移动互联网的这些特性是其区别于传统互联网的关键所在，也是移动互联网产生新产品、新应用、新商业模式的源泉。每个特征都可以延伸出新的应用，也可能有新的机会。总之，移动互联网继承了桌面互联网的开放协作的特征，又具有实时性、隐私性、便携性、准确性、可定位的特点。

（三）技术应用

移动社交成为了客户数字化生存的平台：在移动网络的虚拟世界里，服务社区化将成为焦点。社区可以延伸出不同的用户体验，提高用户对企业的黏性。

移动广告是移动互联网的主要盈利来源：手机广告是一项具有前瞻性的业务形态，是移动互联网繁荣发展的动力因素。

手机游戏成为娱乐化先锋：随着产业技术的进步，移动设备终端上会发生一些革命性的质变，比如游戏触觉反馈技术。手机游戏是移动互联网的重要利润来源。

手机电视成为时尚人士新宠：手机电视用户主要集中在积极尝试新事物、个性化需求较高的年轻群体，这样的群体将逐渐扩大。

移动电子阅读填补狭缝时间：因为手机功能扩展、屏幕更大更清晰、容量提升、用户身份易于确认、付款方便等诸多优势，移动电子阅读迅速流行。

移动定位服务提供个性化信息：随着随身电子产品日益普及，人们的移动性在日益增强，对位置信息的需求也日益高涨，市场对移动定位服务需求快速增加。

手机搜索成为移动互联网发展的助推器：手机搜索引擎整合搜索概念、智能搜索、语义互联网等概念，综合了多种搜索方法，可以提供范围更宽广的垂直和水平搜索体验，更加注重提升用户的使用体验。

手机内容共享服务成为客户的黏合剂：手机图片、音频、视频共享是5G手机业务的重要应用。

移动支付蕴藏巨大商机：支付手段的电子化和移动化是必然趋势，移动支付业务发展预示着移动行业与金融行业的深入融合。

移动电子商务的春天即将到来：移动电子商务可以为用户随时随地提供所需的服务、应用、信息和娱乐，利用手机终端便捷地选择及购买商品和服务。

三、云计算

（一）概念

云计算（Cloud Computing）是基于互联网的相关服务的增加、使用和交付模式，通常涉及通过互联网来提供动态易扩展且经常是虚拟化的资源。

美国国家标准与技术研究院（NIST）将云计算定义为：一种按使用量付费的模式，这种模式提供可用的、便捷的、按需的网络访问，进入可配置的计算资源共享池（资源包括网络、服务器、存储、应用软件和服务），这些资源能够被快速提供，只需投入很少的管理工作，或与服务供应商进行很少的交互。

（二）技术特点

云计算使计算分布在大量的分布式服务器上，而非本地计算机或远程服务器中，信息中心各业务的运行与互联网访问更相似。这使算力资源能更有效地切换到需要的应用上，根据需求访问、计算和存储资源。

就像发电模式的转变一样，原来通过自建发电机发电供自家使用，后来由电力公司集中各种途径发电、传输、调整后向用户提供标准电力。这意味着计算能力也可以作为一种标准产品进行流通，就像煤气、水电的计量一样，按需计费。

1.超大规模

“云”具有相当的规模，Google的“云”已经拥有100多万台服务器，Amazon、IBM、微软、Yahoo等的“云”均拥有几十万台服务器。企业私有的“云”一般拥有成百上千台服务器。“云”能赋予用户前所未有的计算能力。

2.虚拟化

云计算支持用户在任意位置使用各种终端获取应用服务。所请求的资源来自“云”，而不是固定的、有形的实体。

应用在“云”中某处运行，但实际上用户无须了解、也不用担心应用运行的具体位置。只需要一台终端，用户就可以通过网络服务来实现需要的一切，甚至包括人工智能应用的超级计算等任务。

3.高可靠性

“云”使用了多数据中心容错、数据多副本复制、计算节点同构、可相互切换等措施来保障云服务的高可靠性，使用云计算比使用本地数据中心更可靠。

4.通用性

云计算对应用提供标准支持，使应用在“云”的标准架构支撑下可以部署各类应用，同一个“云”可以部署不同开发语言的应用服务。

5.高可扩展性

“云”的规模可以动态伸缩，满足应用和用户规模增长的个性化需要。

6.按需服务

“云”是一个庞大的资源池，用户按需购买，“云”可以像自来水、电、煤气那样按标准计费。

7.极其廉价

基于“云”的特殊容错措施，其可以采用极其廉价的节点来构成“云”，与自建数据中心相比，“云”的自动化集中式管理不用考虑日益高昂的数据中心管理成本，且“云”的通用性使资源的利用率大幅提升，因此用户可以充分享受“云”的低成本优势。

云计算可以通过更节约的方式改变数据中心提供服务的能耗，减少电力消耗，解决碳排放环境问题，真正为可持续发展做贡献。

8.潜在的危险性

云计算服务除了提供计算服务外，还提供存储服务。然而，当前云计算服务垄断在私人机构（企业）手中，而他们仅仅能够提供商业信用。政府机构在选择云计算服务时，应采取部门非核心数据上公有云，核心数据部署在私有云的混合云模式。

（三）技术应用

1. 云存储技术

云存储是在云计算概念上延伸和发展出来的一个新的概念，是指通过集群应用、网格技术或分布式文件系统等功能，将网络中大量不同类型的存储设备通过应用软件集合/整合起来，共同对外提供数据存储和业务访问功能的服务。当云计算系统运算和处理的核心是存储和管理大量数据时，云计算系统中就需要配置大量的存储设备，这时云计算系统就转变成一个云存储系统，所以云存储是一个以数据存储和管理为核心的云计算服务。

2. 云计算技术

从技术上看，大数据与云计算的关系就像飞机的两个引擎。大数据需要强大的算力进行数据处理，这必须采用分时分布式计算架构对海量数据进行基于不同算法的分类、分析和统计计算。

云计算包括以下几个层次的服务：基础设施即服务（IaaS）、平台即服务（PaaS）和软件即服务（SaaS）。

基础设施即服务（Infrastructure-as-a-Service，IaaS）：用户通过互联网从云上获得基础计算服务。例如：虚拟主机租用。

平台即服务（Platform-as-a-Service，PaaS）：将软件系统部署的基础环境平台作为一种服务提供给所需用户。这是SaaS模式的一种特殊模式。例如：物流监控平台的定制开发。

软件即服务（Software-as-a-Service，SaaS）：用户无须购买软件，而是向提供服务的供应商租用软件，来管理企业经营活动。例如：阿里钉钉办公OA标准服务。

3. 云物联技术

“物联网就是物物相连的互联网”。这句话有两层意思：第一，物联网的核心和基础仍然是互联网，它是在互联网基础上的延伸和扩展；第二，其用户端可以延伸和扩展到任何物品与物品之间，进行信息交换和通信。

随着物联网业务量的增加，对数据存储和计算量的需求将带来对“云计算”能力的要求：

（1）在物联网的初级阶段，从计算中心到数据中心的入网点（Pop Point of Presence，PoP）即可满足需求。

在物联网高级阶段，可能出现MVNO（虚拟运营商）/MMO营运商（国外已存在多年），需要虚拟化云计算技术、SOA等技术的结合实现互联网的泛在服务（Everything as a-Service，TaaS）。

4. 云安全技术

云安全模式基于P-POT-PDRR［Policy（策略）、People（人）、Operation（操作）、

Technology（技术）、Protection（防护）、Detection（检测）、Response（响应）、Recovery（恢复）］模型，以安全策略为核心，借助各种技术手段通过组合操作过程完成对云安全目标规则和约定的实施。安全策略本身的制定是需要具备层次性的，从顶层的整体方针，到特定场景问题的应对策略，再到特定场景的多维度策略。组织机构通过标准、指南、程序和演练等方式来部署策略使其有效实施。安全策略的制定和实施，必须符合相关法律法规的要求，同时也要符合行业规范、合同条约和协议的要求。

在构成云信息安全的三个核心要素中，人是起着决定性作用的，人泛指组织架构、角色和责任、意识和培训、人员管理等方面的内容。技术要素，除了包括ISO 7498-2体系中定义的各种静态防护技术外，还包括检测、响应和恢复环节所必须依托的各种技术手段，对这些技术内容的实施、演练和管理也是十分重要的。操作要素主要是指那些人和技术手段相结合的流程和过程，包括评估过程、监视和检测过程、审计过程、应急响应过程，所有这些过程都需要通过完善的管理来协调。按照P-POT-PDRR 模型的定义，人、操作和技术三个要素所包含的内容完整地构成了实现信息安全目标所需的四项功能（或者服务），具体的实现方式可以是技术产品，也可以是管理过程和操作流程。需要注意的是，无论是人员管理，还是技术管理和操作管理，都应该建立完备的文档化体系，让安全活动有所依据，也便于追溯和审查，这和BS 7799标准所要求的建立文档化ISMS 的思想是一致的。

P-POT-PDRR 模型的外围就是经典的PDRR，防护、检测、响应和恢复这四个环

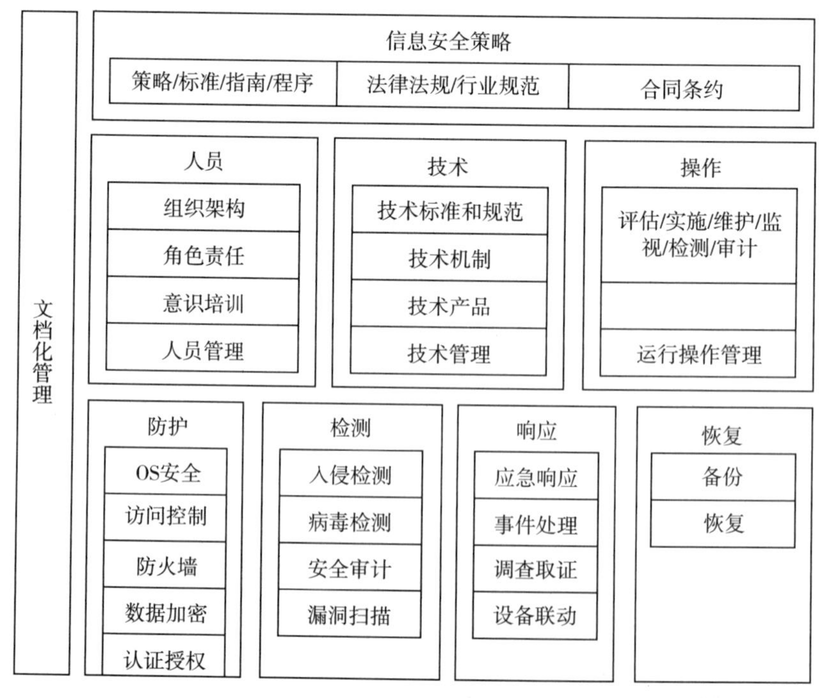

图 4-1　云安全模型

节共同构成了完整的云信息安全体系所能提供的功能和服务。就防护来说，ISO 7498-2所定义的传统的安全技术可以建立起信息安全的第一道防线，包括物理安全措施、操作系统安全技术、身份认证技术、访问控制技术、数据加密技术、完整性保护技术等；在检测环节，病毒检测、漏洞扫描、入侵检测、安全审计都是典型的技术和操作手段；在响应环节，包括突发事件处理、应急响应、犯罪辨析等技术和操作；在恢复环节，备份和恢复则是最重要的内容。当然，在这四个环节中，无论是采用怎样的措施，都能够通过人、操作和技术三者的结合来共同体现安全策略的思想，最终实现信息安全的目标和要求。

四、大数据

（一）概念

对于“大数据”，研究机构Gartner给出了这样的定义：“大数据”是需要新处理模式才能具有更强的决策力、洞察发现力和流程优化能力来适应海量、高增长率和多样化的信息资产。麦肯锡全球研究所给出的定义是：一种规模大到在获取、存储、管理、分析方面大大超出了传统数据库软件工具能力范围的数据集合，具有海量的数据规模、快速的数据流转、多样的数据类型和价值密度低四大特征。

大数据技术不在于掌握庞大的数据信息，而在于根据各类算法对这些含有离散意义的数据进行分类、统计处理。

随着云计算平台的发展，大数据也成为一个行业热点。大数据通常用来形容一个行业或公司创造的海量时序数据和非结构化数据，这些数据很难通过简单对应关系进行计算、提供有价值信息。通过使用云计算对大数据进行分类、统计分析、建模处理，特别是对实时海量数据集的分析，需要使用MapReduce（一种编程模型）框架。

现阶段大数据的处理技术主要包括大规模并行处理数据库、数据挖掘、分布式文件系统、分布式数据库、云计算平台、互联网和可扩展的存储系统。

（二）技术特点

第一是大数据的概念，概念是认知的基础，也是理解的基线。大数据的定义是行业对大数据的整体描绘和定性。从大数据的价值实现来探讨深入理解数据的珍贵，明白数据是行业发展的支撑。

第二是大数据的技术，技术是大数据价值实现的手段和发展的基础。大数据技术主要有云计算、分布式处理、存储和感知技术，这其实是数据从采集、处理、存储到形成结果的整个过程。

第三是大数据应用实践，实践是大数据的最终价值体现。大数据已广泛应用于物流、电商、交通、政府执法、通关等各行各业，以通关为例，使用数据不仅能提高通关效率，还能提高执法效率。

（三）技术应用

大数据技术是指从各种各样的数据中，快速获得有价值信息的技术。解决大数据问题的核心是大数据技术。

大数据技术主要分为数据采集、数据存取、基础架构、数据处理、统计分析、数据挖掘、模型预测、结果呈现八种技术。

大数据技术主要形成了批处理、流处理和交互分析三种计算模式。

离线批处理（Batch processing）技术以MapReduce和Hadoop系统为代表。

实时流处理（Stream processing）技术以Yahoo的S4系统和Twitter的Storm系统为代表。

实时流与离线批处理技术以Apache的Flink系统为代表。

Flink是一个分布式大数据处理引擎，可以对有限数据流和无限数据流进行有状态计算。其可部署在各种集群环境中，对各种规模的数据进行快速计算。

大数据的处理方法有很多，普遍适用的大数据处理流程，可以概括为四步：采集、导入和预处理、统计分析、挖掘。

1. 采集。大数据的采集是指利用多个数据源，接收发自客户端（Web、App、传感器形式等）的数据。

在大数据的采集过程中，其主要特点和挑战是并发数高，可能会有成千上万的用户同时进行访问和操作，例如新春红包、电商秒杀等，它们并发的访问量在峰值时达到上百万，所以需要在采集端部署大量异步处理服务器来处理大量连接。

2. 导入和预处理。虽然采集端有边缘计算算力，但通常无法对海量数据进行实时的计算分析，而是将这些数据根据数据类型导入大型分布式数据库或者分布式时序文件存储数据库，导入过程会通过正则方式对数据进行简单清洗和预处理工作。也有案例在数据导入时使用Storm来对数据进行流式计算，满足部分业务的实时计算需求。

导入与预处理过程的特点和挑战主要是导入的数据量大，每秒钟的导入量经常会达到千兆，甚至万兆级别，需要根据数据接入规模整体考虑接入带宽、服务器计算力、并行计算单元（GPU）、预处理算法等基础构架。

3. 统计分析。统计与分析主要是在分布式数据库上，根据数据类型对海量数据进行建模，通过不同算法实现离散数据的分类、统计等，其主要特点和挑战是涉及的数据量大，需要根据数据接入规模进行整体考虑。

4. 挖掘。与统计和分析过程不同的是，数据挖掘一般没有预先设定好的主题，主要是在现有数据上进行基于各种主干神经网络和算法模型的计算，并对结果进行回归测试，从而起到提高数据分析准确性的效果。该过程的特点和挑战主要是用于挖掘的主干神经网络和算法模型没有数据通用性，通常需要人工智能团队定制开发，而且计算涉及的数据量和计算量都很大，这需要根据数据特点开发专属处理主干网络和算法模型的同时考虑并行计算单元（GPU）的应用。

第二节 检疫处理的信息化建设

当前，科技发展和全球化的深入，使我国生物安全形势日趋复杂。防止外来有害生物、动植物疫情疫病传入，阻止进出境货物携带的检疫性有害生物，口岸检疫处理工作尤为重要。也因此，检疫处理关乎国门安全，关乎企业利益，一直以来都是国门履职的重点，社会关注的热点，监督检查的重点。检疫处理信息化管理系统的设计，能通过信息化手段实现对检疫处理过程监管、评价效果、检疫处理设施设备和药剂使用管理等业务工作的整合集成。

一、检疫处理信息化管理系统需求分析

检疫处理信息化管理系统建设总体目标：以信息化为技术手段，建设检疫处理系统，实现检疫处理法律法规和技术标准、药剂、设施设备、监管人员及从业单位和人员、风险预警、木质包装标识核查等信息发布与共享，从而实现检疫处理管理工作的信息化和规范化，有效提高检疫处理技术水平。

具体将实现以下目标：

（1）检疫处理日常业务管理；

（2）药剂使用量、采购量和销售量统计；

（3）地理信息系统（Geographic information system，GIS）查看大型设施地理分布情况，统计设施设备数量及变更情况；

（4）监督核查检疫处理单位，统计检疫处理单位数量及变更情况；

（5）木质包装日常业务管理，IPPC标识加施企业管理，以及销售核查；

（6）公众信息服务，包括公告、技术法规和检疫处理单位以及木质包装IPPC标识加施企业、防伪码和合格凭证等信息。

二、检疫处理信息化管理系统设计原则

检疫处理信息化管理系统建设按照“统一标准、规范流程、分步实施、分层管理、信息共享”的建设基本思路，依据国家有关标准规定，合理规范现有业务流程，方便工作需要，利于宏观监督管理。系统设计遵循以下原则：

（1）标准性。在建设过程中，结合各口岸业务特点，统一规划，提交相应的规划和设计报告，做到数据标准统一，结构稳定，处理多变，充分共享，消除“信息孤岛”

的产生；

（2）一体性。将整体业务需求纳入整个管理系统一并考虑，建设有统一数据标准、安全标准和网络接口，并形成统一的核心应用系统；

（3）扩展性。立足现行的业务需要，并同时为将来业务工作的发展和先进技术的应用留有充分地扩展余地；

（4）易用性。功能完善，但操作维护便利，界面友好，尤其对系统管理员而言，无须复杂的技术培训和繁琐的编程，即可对应用流程进行调整和维护；

（5）关联性。支持与其它业务系统实现无缝联接，同时也可以与其它信息系统、关系型数据库平滑联接；

（6）可靠性。采用可靠成熟的技术，数据有适量冗余及其他保护措施，系统和应用软件具有容错性、健壮性等；

（7）开放性。在总体构架、采用技术、选用系统方面都有较好的开放性。选择产品都是开放系统，既有自己独特优势，又能与多家优秀的产品组合，共同构成一个开放的、易扩充的、稳定的、统一的信息化管理系统。

检疫处理信息化管理系统（框架图见图4-2）在实现检疫处理各类业务监管的过程中采集了大量数据，包括各类检疫处理指令、过程数据、结果数据，相关药剂和设施设备的使用信息，相关操作人员、负责人员和监管人员信息。这些数据经过处理后，根据实际需求对其进行专业的分析、统计和挖掘，帮助检疫处理的相关企业降低成本、提高效率、做出更明智的业务决策等。

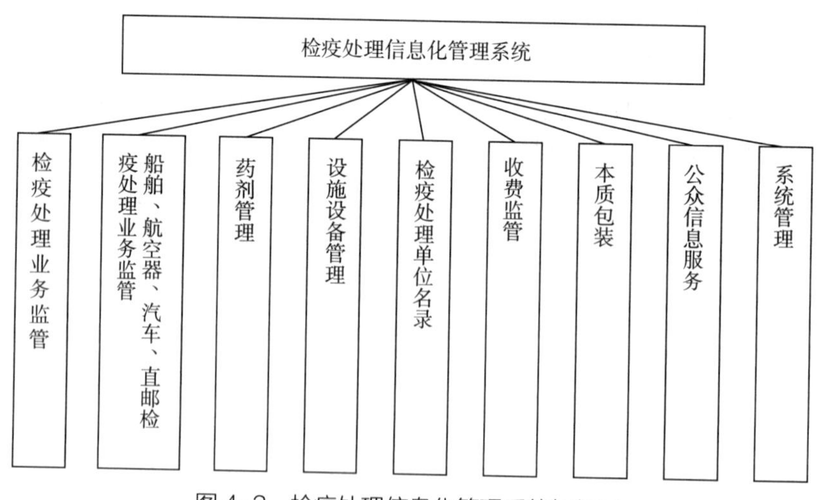

图4-2 检疫处理信息化管理系统框架图

三、检疫处理信息化管理系统建设重点

1.企业端监控

检疫处理信息化管理系统企业端的主要应用是检疫处理公司对相关业务进行处理，核心功能为业务受理、检疫处理、结果评定、处理方案备案、证书上载。企业端可对具有准入资格的所有企业开放。

表4-1 检疫处理信息化系统企业端监控结构

模块名称	简介
业务受理	检疫处理单位受理业务数据
方案制定	检疫处理方案制定
业务实施/回填记录	提供检疫处理过程流转功能
结果评定	提供效果评价及结果评定功能
数据反馈	将结果数据反馈给监管系统
处理方案备案	对检疫处理公司处理方案进行备案
公司信息备案	对公司信息进行维护
统计分析	对有关数据进行统计并分析

2.木质包装检疫处理实时检测和监测系统

木质包装检疫处理实时检测和监测系统，主要包括木质包装检疫处理温度浓度实时检测与监管机构端电子监测两部分。

木质包装检疫处理温度浓度实时检测系统具有从出口电子监管系统中下载预处理信息及评定规则的功能，可实时检测热处理方法中干湿球温度；有效处理直接、基础熏蒸处理方法中温度、浓度和有效处理时间等检测数据的信息采集功能；对企业检疫处理过程数据的实时检测与合格评定功能；提供图形、图表等多种直观实时监测显示方式以及不合格预警等功能；木质包装处理企业端实施检测数据与监管机构端监测信息的同步上传功能；合格的检疫处理结果数据向出口电子监管系统上传的功能；用户管理及相关参数的设定和维护管理等功能。

木质包装检疫处理实时监测系统是一个监管机构对企业进行木质包装热处理和熏蒸处理的实时数据实施在线监管的系统。具有对企业相关信息进行实时监管的功能；对监管机构端用户信息管理的功能，包括注册和操作权限等的管理；对木质包装检疫处理（热处理、熏蒸处理）的实施监测功能，并提供波形图、柱形图、表格等多种实时和历史信息的展现手段；对实时和历史检测信息的查询、转储、报表打印等功能；电子地图功能，监管机构端可实时显示正在进行检疫处理企业的状态、企业位置以及企业信息，更直观地达到实时监管的目的。

3. 木质包装防伪溯源系统

本质包装防伪溯源系统以烙烫的方式将防伪码附着于木制品的表面，监管机构通过在木质包装检疫监管系统（以下简称监管机构端）或在任何地方，使用手持设备（如智能手机）访问互联网上的服务器判别真伪，追溯木制品的生产者。木质包装检疫监管系统（监管机构端）主要功能：

1. 为木质包装生成防伪码（每个木质包装具有唯一防伪码）。

2. 支持包括木质包装、现场熏蒸等业务的木质包装的防伪认证工作。企业防伪系统（企业端）主要功能：

3. 企业内部安装、使用的质量管理系统，可用于各类除害处理企业的产品。

4. 向监管机构端进行数据上报，实现木质包装防伪码与监管机构之间的数据互动和质量数据追溯。

5. 设备支持脱机缓存功能，企业可以预先从木制品防伪认证系统批量下载防伪码，待烙烫工作完成后再将使用过的防伪码上报到监管机构端。

6. 系统硬件为烙烫设备，具有防伪码自动转换功能，将防伪码转换为烙烫图形并烙烫在木质包装表面，能够很好应对现场作业。

移动办公系统（PDA、智能手机）主要功能：

监管机构关员通过手持设备（PDA 或智能手机），通过无线网络连接“互联网+监管机构”，接入监管机构端，可以在实施检疫的过程中的任何地方验证烙烫在木制品上的防伪码，并通过监管机构端返回的数据判断该产品的真伪。

第三节　检疫处理信息化展望

随着经济的发展和信息化技术的不断进步，在动植物检疫处理工作中进一步使用信息化技术将是未来的发展趋势，同时也是实现电子闭环管理的重要环节。检疫处理亟须信息化在如下方面优化和完善。

一、完善信息共享交换平台

完善全国通用的检疫处理信息共享交换平台，完成检疫处理监管方、生产方、使用方等关联共享交换服务、基础构件库、共享数据库、平台管理等各项功能。

完善检疫处理信息共享平台建设需要，满足各相关应用系统的接入；满足检疫处理信息共享交换平台、检疫处理信息目录系统、检疫处理信息服务平台等相关系统之间的软件整合、系统联调和部署需要。

完善检疫处理信息共享平台建设需要，满足平台内部各模块的边界、接口规范和平台对外提供服务的接口规范，以便为各类应用提供相关服务。

二、构建评价效果数据库和算法模式

构建检疫处理过程处理的数据集，包括温度、压力、流量、流速、时间与检疫处理的效果的原始数据库。建立评价样本数据库的目标是通过对检疫处理样本信息的收集、组织、存储与动态追踪，建立具备完整现场资料、实验研究资料和检疫处理有害生物样本的规模化评价标本库。

构建基于评价结果预测与检疫处理过程控制的多通道主干神经网络控制算法，将检疫处理过程的参数调整与效果预测有机结合。利用控制算法解决原有的根据专家过往经验处理的控制参数调整问题，实现检疫处理自学习，适应各种环境不确定的特点，实现过程数据输入，检疫处理效果数据输出。

三、研发智能控制设备

研发智能检疫过程控制器，集检疫过程管理智能控制、检疫过程通信智能系统、检疫效果评价智能系统于一体，利用移动通信5G来实现云计算、边缘计算、终端计算的远程控制。

采用CAN总线与原有检疫处理设备对接，通过安全加密的通信方式实现检疫过程控制系统的信号传输。

智能控制系统是一个可以独立运行的智能检疫系统，通过NFC标签（类似交通卡）与其他溯源平台相对接，实现对需检疫处理的商品全过程跟踪。

第五章

熏蒸处理

熏蒸处理是使用最为普遍的检疫处理方法，具有常规化学处理的很多优点，如杀虫灭菌迅速、操作简单、处理费用较低等。同时，由于熏蒸剂为小分子气态化学药剂，可自由扩散至货物内部或建筑物缝隙中将有害生物杀灭，与浸泡、喷洒等化学处理技术相比，熏蒸处理具有独特的优势。熏蒸处理不需要打散或移动货物，因而可相对经济、便捷地实现对大批货物的集中处理。目前，熏蒸处理被广泛应用于木材、粮食、水果、种子、苗木、花卉、树叶、药材、土壤、文物、资料、标本上的各类害虫、真菌、线虫、螨类及动物的处理上。

第一节 概述

熏蒸（Fumigation）是指借助熏蒸剂（Fumigant），在工作条件下以一定浓度维持一定时间，将有害生物杀灭的技术或方法。其中，熏蒸剂是指一类在其工作温度和压力下，能够保持气态，将有害生物杀灭的化学物质。

熏蒸处理是以熏蒸剂气体来杀灭有害生物的，与气雾剂和烟雾剂处理有较大区别。在作用方式上，分子状态的熏蒸剂气体能穿透被处理的货物，熏蒸后通过通风散气的方式扩散出去。烟雾剂和气雾剂是散布在空气中的液体或固体的悬浮微粒，易为包装材料和货物表面拦截，只能沉积在外层表皮上。在杀虫机制上，熏蒸剂气体分子可通过昆虫体表细胞或呼吸作用直接渗透至有害生物体内产生熏蒸毒性，而烟雾剂和气雾剂则附着于有害生物体表或呼吸系统黏膜，主要通过触杀毒性杀虫。所以利用烟雾剂和气雾剂来进行处理的方法不是熏蒸。

熏蒸杀虫方法具有悠久的历史，早在公元前11世纪的西周时期，我国已用牡鞠、嘉草、莽草等植物杀虫剂熏杀粮食害虫，这是我国有文字记载以来，对使用熏蒸杀虫最早的记录。国际上，1854年，法国最早使用二硫化碳熏蒸防治谷象（*Sitophilus granarius*），并发现其对米扁虫（*Ahasverus advena*）具有杀灭活性。在随后的时间里，人类研究并发现了更多种熏蒸剂，目前种类达到三四十种。

理想的熏蒸剂应具备以下特性：对目标有害生物具有高毒性，对非目标动物和植物具有低毒性；价格相对低廉，使用便捷；对食品和货物品质无不利影响；易扩散，穿透性好，低残留；不易燃、易爆；水溶性差；在常温、常压下能以稳定气态形式存在；其在环境中的存在易于被人体感知；对大气和环境不构成实质性危害。迄今为止，人们还没有找到一种完全满足上述要求的熏蒸剂，现有的熏蒸剂都因存在这样或那样的不足，只能在有限范围内使用。

第二节 熏蒸的基本原理

一、剂量与浓度

（一）熏蒸剂的剂量和浓度

在熏蒸处理过程中，通常用剂量和浓度来表示熏蒸剂的初始用量和熏蒸过程的质量状态。

剂量（Dosage）是指熏蒸时单位熏蒸体积内所投入的药量。

浓度（Concentration）是指在熏蒸设施中，某一时间单位体积自由空间内熏蒸剂气体分子的量。

剂量和浓度在实际应用中一般以克每立方米（g/m^3）来表示。在一般情况下，剂量越高，熏蒸设施中熏蒸剂气体的浓度也越高。但在熏蒸过程中，熏蒸剂气体浓度还受环境条件、货物装载系数、货物种类、密闭情况等多种因素的影响，因此很多情况下即使对于同类型的产品，剂量越高也并不意味着浓度越高。

浓度和剂量之间虽然有联系，但也有本质的区别。熏蒸剂的投药剂量易于实时测量，熏蒸设施的容积也可以准确测定。由于杀灭有害生物的效果依赖于有害生物所处环境中熏蒸剂气体浓度的高低，因此熏蒸期间熏蒸剂气体浓度的高低是判断熏蒸效果的唯一依据。熏蒸期间不测定浓度，而只凭投药剂量的高低来推断熏蒸效果是不科学的。为此，在许多检疫处理技术指标中，不仅要规定投药剂量，也要规定不同熏蒸时间的熏蒸剂气体浓度，以保证处理效果。以富士苹果磷化氢低温检疫熏蒸处理为例，其技术指标见表5-1。

表5-1　富士苹果磷化氢低温检疫熏蒸处理技术指标

<table>
<tr><td>目标有害生物</td><td colspan="6">桃小食心虫（Carposina sasakii）
苹果蠹蛾（Laspeyresia pomonella）</td></tr>
<tr><td>处理货物</td><td colspan="6">富士苹果（Malus domestica Borkh.cv.Fuji）</td></tr>
<tr><td rowspan="3">处理技术指标</td><td colspan="2">温度/℃</td><td colspan="2">剂量/（g/m³）</td><td colspan="2">熏蒸时间/d</td></tr>
<tr><td colspan="2">0～4.9</td><td colspan="2">2.50</td><td colspan="2">15</td></tr>
<tr><td colspan="2">5～9.9</td><td colspan="2">2.00</td><td colspan="2">15</td></tr>
<tr><td rowspan="3">熏蒸过程中的最低浓度要求/（mL/m³）</td><td>熏蒸条件</td><td>1 h</td><td>1 d</td><td>5 d</td><td>10 d</td><td>15 d</td></tr>
<tr><td>0～4.9 ℃</td><td>3 400</td><td>2 600</td><td>2 000</td><td>1 700</td><td>1 500</td></tr>
<tr><td>5 ℃～9.9 ℃</td><td>2 600</td><td>2 000</td><td>1 600</td><td>1 300</td><td>1 100</td></tr>
</table>

（二）浓度单位之间的换算

气体浓度的表示方法和换算：

1. 重量浓度：以g/m^3或mg/L表示重量浓度，则1 g/m^3=1 000 mg/1 000 L=1 mg/L。

2. 体积浓度：以百分率（%）表示体积浓度。

3. 气体浓度的换算：将g/m^3换算为体积浓度。将数值代入公式5-1即得每升空气中气体的体积数，以立方厘米（cm^3）表示。将代入此公式所得数值除以10，得到体积的百分含量。

$$\frac{A}{M} \times 22.4 \times \frac{T+t}{T} = X\ cm^3 \cdot L \qquad (5\text{-}1)$$

式中：

A ——被测物质的浓度（g/m^3）；

M——被测物质分子量；

T ——热力温度273 ℃；

t ——采样时熏蒸剂气体温度（℃）。

例：在标准大气压下，25 ℃测定溴甲烷浓度为1 g/m^3，将其换算成体积浓度，溴甲烷分子量为94.95。代入公式5-1：

$$\frac{1}{94.95}\times 22.4\times\frac{273+25}{273}\approx 0.258(cm^3\cdot L\ )$$

二、浓度与时间的乘积（CT值）

（一）CT值的含义

浓度时间乘积（CT值）是指熏蒸处理过程中的熏蒸剂气体浓度和熏蒸时间的乘积，单位为g·h/m^3。一般来说，在一定的温度和湿度条件下和一定的熏蒸剂气体浓度及熏蒸处理时间变化范围内，使得某种有害生物达到一定死亡率所需的浓度和时间的乘积（CT值）是一个常数，即公式5-2。

$$C\times T=\mathrm{K} \qquad (5\text{-}2)$$

式中：

C——熏蒸剂气体浓度（g/m^3）；

T——熏蒸时间（h）；

K——常数。

从公式5-2中可以看出，只要能满足使某一有害生物达到一定死亡率所需的CT值，那么熏蒸杀虫效果就是一定的，而且熏蒸剂气体浓度和处理时间是可以根据实际情况在一定范围内进行变化的。由此可以看出，CT值实际上代表了某种熏蒸剂杀灭某种有害生物的有效作用剂量，也直接代表了某种有害生物对某种熏蒸剂的耐受性，因此可以用CT值来直接评价熏蒸处理效果。

然而，CT值的上述关系表达式只是一种理想值，而真正具有普遍意义的关系式应是：$C^n\times T=\mathrm{K}$或（$C-C_0$）$^n\times$（$T-T_0$）$=\mathrm{K}$。式中C_0和T_0是熏蒸剂发挥杀虫灭菌作用的最低阈限浓度和时间；C^n的指数n体现了熏蒸浓度和熏蒸时间对熏蒸效果的贡献，可称为熏蒸剂毒力指数，n值对于实际熏蒸工作有很强的指导意义。如果n值等于1，则说明熏蒸浓度和时间同等重要，减少一定比例的熏蒸浓度可以通过增加相应比例的熏蒸时间来弥补；如果n值大于1，则说明熏蒸浓度更为重要，减少一定比例的熏蒸浓度必须通过增加更多比例的熏蒸时间来弥补，同时可以用较高的熏蒸浓度和较短的熏蒸时间来达到所需的熏蒸效果；如果*n*值小于1，则说明熏蒸时间更为重要，通过增加或降低熏蒸浓度来缩短或增加熏蒸时间效果不明显。一般来说，溴甲烷、硫酰氟熏蒸有害生物的*n*值接近于1，而磷化氢的*n*值一般为0.5～0.7。这说明对于溴甲烷熏蒸而言，增加熏蒸浓度和延长熏蒸时间同等有效，而对于磷化氢而言，要想达到相同的处理效果，延长熏蒸时间比提高熏蒸浓度更加有效。表5–2列出了溴甲烷熏蒸下害虫各虫态达到99.9%杀灭效果估计所需的最小CT值。

表5-2　溴甲烷熏蒸下列害虫各虫态达到99.9%杀灭效果估计所需的最小CT值

虫种	虫态	温度（℃）			
		10	15	25	30
绿豆象（*Callosobruchus chinensis*）	幼虫和蛹	175	85	40	—
长角扁谷盗（*Cryptolestes pusillus* Oliver）	茧	170	145	125	—
粉斑螟蛾（*Ephestia cautella*）	蛹	—	70	55	—
烟草粉斑螟（*Ephestia elutella*）	休眠幼虫	360	360	205	180
地中海粉斑螟（*Ephestia kuehniella* Zeller）	蛹	—	75	60	—
烟草甲（*Lasioderma serricorne*）	茧	—	180	100	—
锯谷盗（*Oryzaephilus surinamensis*）	成虫	85	85	50	40
印度谷螟（*Plodia interpunctella*）	休眠幼虫	300	250	105	—
澳洲蛛甲（*Ptinus tectus* Boieldieu）	茧	170	155	100	—
	成虫	155	125	85	—
谷蠹（*Rhyopertha dominica*）	卵和低龄幼虫	—	40	40	—
	老熟幼虫和蛹	—	75	45	—
	成虫	80	65	40	—
谷象（*Sitophilus granarius*）	卵和低龄幼虫	115	75	50	50
	老熟幼虫和蛹	200	115	65	65
	成虫	55	55	55	—
米象（*Sitophilus oryzae*）	成虫前的虫态	—	105	85	—
	成虫	50	30	30	15
赤拟谷盗（*Tribolium castaneum*）	蛹	—	—	125	100
	成虫	125	80	60	50
杂拟谷盗（*Tribolium confusum*）	蛹	230	180	90	—
	成虫	115	85	60	45
谷斑皮蠹（*Trogoderma granarium*）	幼虫	290	190	110	70

（二）CT值的计算方法

在整个熏蒸期间，人们总是期望熏蒸剂气体浓度能够维持在某一水平上，以满足杀灭某种有害生物所需的CT值，这样CT值只要用熏蒸时间乘以浓度就可以估算出来。如图5-1（a）所示，由于理想的熏蒸过程中的熏蒸气体浓度变化较小，整个熏蒸过程的CT值可以直接用熏蒸时间乘以终点浓度来估算（阴影部分）。

然而，在实际的熏蒸中，气体浓度总是随时间变化的是，如图5-1（b）。此时CT值可以采用下列计算方法计算。

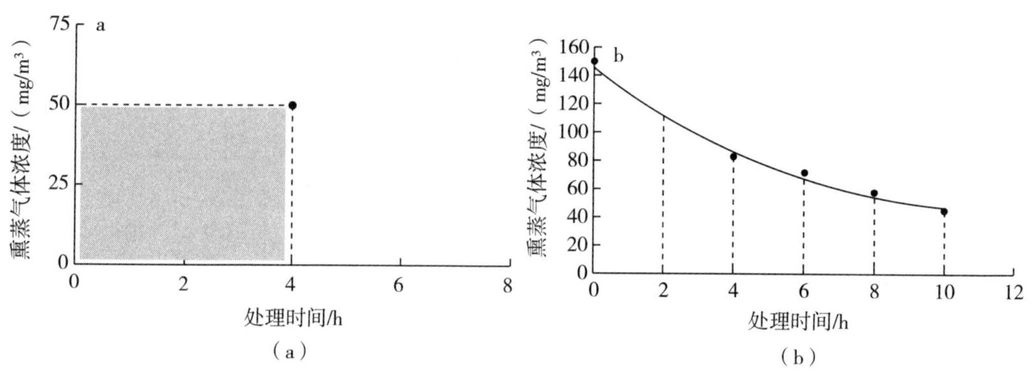

图5-1 不同熏蒸过程中的熏蒸气体浓度的变化

1.常规计算方法

常规CT值可以用算术平均式法计算，其方法是将两次先后观察到的气体浓度相加除以2后乘以两次测定的间隔时间。这个关系可由公式5-3表达：

$$CT_{n,\ n+1} = (C_n + C_{n+1}) \times (T_{n+1} - T_n)/2 \qquad (5\text{-}3)$$

式中：

T_n ——第一次测定浓度的时间，单位是h；

T_{n+1} ——第二次测定浓度的时间，单位是h；

C_n ——在T_n时的气体浓度，单位是g/m^3；

C_{n+1} ——在T_{n+1}时的气体浓度，单位是g/m^3；

$CT_{n,n+1}$——T_n和T_{n+1}之间的CT值，单位是$g \cdot h/m^3$。

2.精确计算方法

由于熏蒸期间，熏蒸剂气体浓度是连续变化的（图5-4b），因此熏蒸期间熏蒸剂气体浓度随熏蒸时间变化的趋势可以使用一元二次方程进行拟合，则熏蒸期间某时间点（T_n）和熏蒸气体浓度（C_n）的关系可以由公式5-4表达：

$$C_n = A \times T_n^2 + B \times T_n + C \qquad (5\text{-}4)$$

式中：

T_n ——熏蒸期间的某一熏蒸时间，单位是h；

C_n ——在T_n时的气体浓度，单位是g/m^3；A、B、C均为常数。

进一步借助计算机软件，通过定积分法可以精确地求出任意时间段内的CT值。其关系可以由公式5–5表示：

$$CT_{n,n+1} = \int_n^{n+1} (AT_n^2 + BT_n + C) dT_n \tag{5–5}$$

表5–3展示了对于同样的熏蒸过程，使用不同方法计算CT值的结果。从该表我们可以直观地看出，算数平均法得到的CT值明显较曲线拟合定积分法大，仅使用初始浓度和终止浓度计算得出的CT值比曲线拟合定积分法计算的CT值约大15%。通过增加浓度检测次数可以使计算出的CT值更接近实际情况。基于每2 h测定1次的浓度数据，两种方法计算出的CT值仅相差不足1%。因此，无论采用哪种计算方法，准确的总CT值的最精确的近似值是在一次熏蒸中进行大量的浓度检测中取得的，浓度检测越密集，估算就越准确。一般来说，对于24 h的熏蒸，气体浓度应在施药后约0.5 h、2 h、4 h、12 h和24 h后进行测量。如果采用48 h的熏蒸时间，一般还应测定36 h、48 h后的结果。

表5–3 使用不同方法计算熏蒸过程中的CT值

方法	CT值（$g·h/m^3$）	备注
算数平均法	1 050	仅测定初始浓度和终止浓度
	872	每2 h测定1次浓度
曲线拟合定积分法	无法进行曲线拟合	仅测定初始浓度和终止浓度
	865	每2 h测定1次浓度，拟合曲线为$y = 1.093x^2 - 19.63x + 148.2$（$R^2 = 0.996$）

三、影响熏蒸剂气体浓度衰减的因素

所有熏蒸过程都可以用这样三个阶段来表征：熏蒸初始阶段，即密闭空间中熏蒸剂气体浓度建立阶段；熏蒸剂气体浓度衰减阶段，在此阶段中熏蒸剂气体浓度慢慢降低；熏蒸结束后的散气阶段，即达到了所需CT值后将熏蒸设施中残存熏蒸气体排出的阶段。在给定数量的熏蒸剂和特定的熏蒸环境条件下，整个熏蒸期间所能达到的CT值，主要取决于衰减阶段熏蒸剂气体的损失率。

（一）环境因素

从理论上讲，对于高水平的熏蒸，环境影响造成的熏蒸剂气体浓度衰减常数K每天应小于0.1。下面就环境因素对熏蒸剂气体浓度衰减的影响作相关介绍。

用公式5-6来表示导致熏蒸剂气体浓度衰减的环境因素：

$$K=Q/V \quad (5\text{-}6)$$

式中：

K ——熏蒸气体浓度衰减常数；

Q ——密闭空间中外漏气体的流量；

V ——熏蒸空间的容积。

最大限度地减小Q值，才能减小K值。Q值与压力差p有关，气体在建筑设施横向外漏以及外漏气体的流动特性可由经验公式5-7来描述：

$$Q=bpm \quad (5\text{-}7)$$

式中：b和m是经验参数；b表示在给定m值时所测得的漏气程度。m值在一般情况下应为：$0.5<m<1.0$。

影响衰减常数K值的环境因素按其影响程度大致分为：风的影响和温度变化等。

1. 风的影响

事实上，任何用于熏蒸的密闭空间都是漏气的，因此风的影响是造成熏蒸剂气体损失和导致熏蒸失败的主要原因。风使密闭仓迎风面的压力增加，使外界空气进入密闭熏蒸空间；同样，风使背风面的压力降低，使熏蒸剂气体外泄出密闭空间。因此风使密闭空间内熏蒸气体外泄而导致其浓度降低，熏蒸剂气体外泄的速度与风速成正比。风对熏蒸剂气体泄漏的影响程度还取决于密闭空间的气密性。如在同样风力条件下熏蒸，气密性特别高的熏蒸仓的熏蒸剂气体泄漏速度比气密性差的要慢200倍以上。由此说明，密封好坏是决定熏蒸成功的重要因素之一，但是在风力比较大的条件下不宜进行熏蒸。

2. 温度的影响

密闭空间内外的温度不同，气体的比重也不相同，由此会导致密闭空间内外气体压力的差异。如有孔洞存在，熏蒸剂气体就会通过孔洞迅速泄漏。夏天在太阳光直射下进行帐幕熏蒸，由于帐幕内的气体受太阳光的照射而温度升高，密度变小，压力升高，此时帐幕内的熏蒸剂气体就会通过孔洞迅速外泄。夏天阳光直射下的集装箱熏蒸也是如此。因此夏天在此类场所进行熏蒸，要特别注意密封。

（二）熏蒸设施的气密性

在密闭环境中进行检疫熏蒸处理，对密闭环境的气密性要求高，因此在熏蒸处理前，对密闭环境进行气密性测定是非常必要的。有三种方法用于确定熏蒸环境的气密性水平：压力衰减试验（Pt试验）、平衡压力—鼓风试验（PQ试验）和示踪试验。

一般来说，由于使用设备简单，且对一独立体积的仓进行测试一般在1 h之内就可完成，所以Pt试验更为大家所接受。

PQ试验对要求评估设施实际漏气程度检测是非常有用的，还可用于准确地比较同一类熏蒸环境（如集装箱）的气密性程度。但此方法速度慢（大约需要花费2 h~3 h），且操作较为复杂。

进行示踪试验需花几天时间，但对不能采用其他方法确定气密性的特殊环境，它是比较有用的方法。这种方法也适用于容积大或漏气快以及易变形和材料脆的设施。在研究时，示踪法试验可以确定用Pt或PQ试验所建立的标准，事实上相当于气体损失率。

下面介绍2 000 t以内容量仓的气密性测定试验方法。

1. Pt试验

（1）设备

① 一台风机，每分钟可提供1 000 Pa的空气3 m^3（如重型立式真空吸尘器）。

② 停止开关。

③ 测压装置（如倾斜式压力计或压力表读数在1 000 Pa以上的压力计）。

④ 一个5 cm的球阀。

⑤ 一定数量的直径5 cm的塑料软管（能承受3 000 Pa的压力而不变形）。

（2）步骤

进行试验前应先确定是采用加压法还是抽真空法（减压法）同时考虑压力的上限值。对于易变形的（负压要求高）设施，应采用抽真空法测定。加压或抽真空的加压上限应尽可能地高，以减少热效应的影响，当然这还要取决于被测定设施的结构。一般来说加500 Pa是较为合适的上限，但有时对于某些设施和密封方法，再增加100 Pa也不会有危险。对焊接的金属仓和水泥筒仓加1 500 Pa或更高一些的压力也没有关系。

如果对加压测定的安全性有怀疑，应找相关建筑工程师进行咨询，从而确定使用低于压力上限一半的压力进行测定。

将风机与被测环境以及塑料软管和管线中的球阀相连接。风机应可从环境中吸风也可向环境中送风。在试验中应确保球阀与进入环境的塑料管不漏气。在风机与环境之间不能存在任何堵塞。压力传感器与被测环境其他部分相连的塑料管的内径应为6 mm。启动风机并打开阀门，当压差超过所定压力上限10%时迅速关闭球阀，记录从压力上限降到压力下限所需要的时间。

（3）结果的表示

结果用两个压力限间压力衰减的时间以及所选用的压力限来表示。每次对熏蒸环境测压时都应选用相同的压力限。对用于研究目的的气密性测定，在测定时应记录完全衰减曲线是很有必要的。

2. PQ试验

（1）设备

进行Pt试验已经知道需要风机、软管和测压装置。对PQ试验来说，除上述设备外还需要一个气体流量计（如转子流量计）。流量计的量程需由被测仓的规模来确定。一般选择流量计选择时最好应留有一定的余地，流量量程为每分钟0.005 m^3 ~ 3.0 m^3，这里给出的范围是为满足较宽的变化而设定的。用变阻器来调节带电刷的马达的速度，从而调节风机的速度。

（2）步骤

像进行Pt试验一样连接管路，但应将流量计接在风机与阀门之间。启动风机并调节气体流量，具体方法是调节变阻器或阀门，直到获得最大压力限（见Pt试验）为止。当压力平衡时观察流速。对于规模较大，密闭程度又好的仓，这种平衡状态可能会维持几分钟。用不同的压力值重复以前的试验，所用的压力应为上次压力的0.6倍。一般要求重复4次试验即获得4组压力。

（3）结果的表示

流量用自然对数表示（lnQ），而相应的平衡压力也用自然对数表示（ln△p），这样就得到了一个线性的关系式。计算其斜率（n）和截距（lnb）并由此可轻易地用计算机进行常规分析。

根据标准平衡压力，如100 Pa或250 Pa可得b·n以及流速的计算值。标准压力可由lnQ–ln△p通过内插法而得。

3. 示踪试验

（1）设备

① 气源和测气设备，测气设备的能力在测定气体浓度方面至少要达到50倍的量程（如测定管）。

② 尼龙气体采样管（直径2 mm）。

③ 可称量数千克的秤或每分钟流量为数升的流量计。

（2）步骤

选用的示踪气体的条件：应易用仪器测定，且不与仓中的农产品反应。较为理想的示踪气体是一氧化碳，有时也可用磷化氢或二氧化碳。二氧化碳会发生滞留效应，用二氧化碳做示踪气体测定的值比真实值要高。磷化氢在粮食上的吸附，使所测损失率比真实值要高。其他熏蒸剂由于在粮食上吸附较强也不适宜作为示踪气体，因此示踪试验多选用一氧化碳气体。在熏蒸环境中至少要安装两条气体取样管并将其引到仓外安全处的采气装置。一个取气点应布在仓顶上层空间，另一个应布在粮堆中，最好在粮堆中央。

用一氧化碳做示踪气体，可将钢瓶装的气体以100 $\mu L \cdot L^{-1}$（V/V）的浓度充到被测环境中。对规模大的仓也可用溴甲烷以计算重量的方法测定；对规模小的可用流量计测定。

大约24 h后，气体就会达到所要求的浓度，每个点每天至少要取两次气以确定气体浓度，坚持7 d。一氧化碳对人是高毒性的（TLV=50 $\mu L \cdot L^{-1}$）；无味，与空气混合达一定浓度会爆炸。因此在进行试验前，使用者应熟悉一氧化碳的特性。

用二氧化碳测定需充入大量的气体，可比较容易地测定浓度（如20%可用Drager tubes）。观察方法与用一氧化碳相似。

用磷化氢测定需在粮堆表面投入足量的磷化物片剂以发生磷化氢，其剂量至少要达到1 g/m^3（磷化氢气体）。5天后气体达到要求的程度，用与一氧化碳相似的办法观察气体的浓度。

（3）结果表示

用浓度的自然对数与时间（以“天”表示）作图。所得曲线基本上是一条直线，但由于天气变化会有部分数据分散。用二氧化碳作为示踪气体得到的示踪曲线可能朝初始点轻微凸曲。结果用半对数坐标计算或测定斜率（K）并用体积交换率的百分比表示，例如斜率（K）×100。所使用的气体，用磷化氢在测定空仓结果与一氧化碳相似，但由于吸附作用在实仓内与一氧化碳相比每天体积交换率为＋5%～＋15%。

（三）吸附的影响

货物吸附熏蒸剂气体分子的能力，不但与熏蒸剂的种类有关，也与货物的性质和环境条件有关。货物吸附熏蒸剂气体，主要发生在熏蒸刚开始的数个小时。

一般说来，熏蒸剂分子量越大，沸点越高，越容易被吸附，也越不容易解吸；货物颗粒比表面积越大，含水含油量越高，吸附能力越强；温度越高，货物的吸附能力越低；货物的装载量越大，被吸附的熏蒸剂气体总量也越大。吸附造成熏蒸气体浓度的降低与气密性无关。因此为了弥补因吸附而造成的浓度衰减，必须增加投药量。

四、影响熏蒸效果的因素

（一）温度的影响

温度是影响熏蒸效果最重要的一个因素。在通常的熏蒸温度范围内（10 ℃～35 ℃），杀灭某一虫种所需的熏蒸剂气体浓度，随着温度的升高而降低。其主要原因：温度升高，昆虫的呼吸速率加快，从环境中吸入的熏蒸剂有毒气体随之增多；温度升高，昆虫体内的生理生化反应速度加快，进入昆虫体内的熏蒸剂气体更易于发挥毒杀作用；温度升高，被熏物品对熏蒸剂气体的吸附率降低，熏蒸设施自由空间中就有更多的熏蒸剂气体参与对有害生物的灭杀。

当温度低于10 ℃以下时，温度对熏蒸效果的影响就变得比较复杂了。一方面，温度的降低，昆虫的呼吸速率也随之降低，昆虫从环境中吸入的熏蒸剂气体的量也相应地下降，但昆虫虫体对熏蒸剂气体的吸附性增强了，从熏蒸剂气体进入虫体的量来看，后者补充了前者的不足。另一方面，在低温下，有些昆虫对熏蒸剂的抗药性减弱了，因此对一些熏蒸剂来说，低于或高于某一温度都可以用较低的浓度来杀灭这些昆虫。

总的来说，对于溴甲烷，温度在其沸点以上时，随着温度的降低，杀虫效果以比较缓慢的速度随之降低，当温度低于其沸点时，杀虫效果降低的速度加剧；对于硫酰氟，当温度低于10 ℃时，杀虫效果急剧下降。因此，在检疫熏蒸中，熏蒸前测定大气温度和货物内部温度，并据此确定正确的投药剂量，这是保证熏蒸成功的基本条件。

熏蒸前和熏蒸时昆虫所处的环境温度不一样，熏蒸处理效果也不一样。如果某种昆虫在熏蒸前处于较低的环境温度，然后立即移至一个较高的环境温度下进行熏蒸处理（如水果熏蒸可能会遇到如此情形），并按熏蒸时的环境温度确定用药剂量，那么熏蒸效果就不会太理想。此时昆虫体内的状态仍和温度低时的一样，其生理生化反应速度处于较低的水平，而且呼吸速率也没有明显的提高，从而表现为较高的耐药性。特别要注意那些幼虫能进入休眠的虫种。

（二）湿度的影响

湿度对熏蒸效果的影响不如温度对熏蒸效果的影响明显，但对于落叶植物或其他生长中的植物及其器官，熏蒸时必须保持较高的湿度；对种子等的熏蒸，湿度越低越安全。用磷化铝和磷化钙进行熏蒸，湿度太低会影响磷化氢的产生速度，因此必须延长熏蒸时间。

（三）货物装载量及堆放形式对熏蒸效果的影响

在一定温湿度条件下，每种货物（货物相同，容量也相同的条件下）对每种熏蒸剂都有固定的吸附率。因此熏蒸设施中货物填装量的不同，影响整个货物对熏蒸剂的吸附量也就不相同，用相同的投药剂量就会导致不同的熏蒸结果。对于熏蒸库内的熏蒸，水果、蔬菜等的填装量不能超过总容积的三分之二；其他农产品的填装量限于其堆垛顶部与天花板之间的距离不少于30 cm。

货物的堆放形式直接影响熏蒸剂气体的穿透扩散。因此，货物应堆放整齐，货物与地面之间、货物堆垛每隔一定高度，都要用木托盘垫空，以保证熏蒸剂气体能顺畅地循环扩散。

（四）密闭程度的影响

投药期间，熏蒸设施中的压力随着投药的持续而不断升高，熏蒸剂气体浓度不断增大，如果密封不好，即使是比较小的孔洞，也会造成熏蒸剂气体的大量损失和有效浓度的降低，严重影响熏蒸效果。对于磷化铝的熏蒸，若密封不好，不能在较长时间内（数天内）保持熏蒸杀虫所需的有效浓度而导致熏蒸失败，因此在实际熏蒸中往往加大用药剂量。但这样一来，高浓度的磷化氢会使昆虫迅速麻醉而昏迷，从而降低了磷化氢的杀虫效果。由此可以看出，磷化铝熏蒸要求更高的气密性，如用帐幕熏蒸，最好用高密度聚乙烯作熏蒸帐幕，而且厚度在0.3 mm以上。目前大多数人认为，昆虫对磷化氢产生抗药性，直接源于不正确的熏蒸措施，即不良的密闭方式。

（五）熏蒸剂的物理性能

熏蒸剂的挥发性和渗透性强，能迅速、均匀地扩散，使被熏蒸物品各部位都接受足够的药量。溴甲烷和环氧乙烷等低沸点的熏蒸剂扩散较快；而高沸点的熏蒸剂，在常温下为液态，加热蒸散后，借助风扇或鼓风机的作用，方能迅速扩散。

影响熏蒸剂扩散和穿透能力有关的因子包括分子量、气体浓度和熏蒸物体的吸收力。一般地说，较重的气体在空间的扩散慢，气体浓度越大扩散作用越强，渗透性也增大。熏蒸物品对熏蒸剂的吸附量，同该物体占容积的比例与吸附气体的浓度成正相关。吸附性高可能影响被熏蒸物品的质量，如降低发芽率、使植物产生药害、使面粉或其他食物中营养成分变质，甚至有时由于熏蒸剂的被吸收而引起食用者的间接中毒。

（六）昆虫的虫态和营养生理状况

一般来讲，不同虫态的昆虫对熏蒸剂的抵抗力是：卵强于蛹，蛹强于幼虫，幼虫强于成虫，雄虫强于雌虫。饲养条件差，活动性较低的个体呼吸速率低，较耐熏蒸。

近年来，研究发现昆虫对某些熏蒸剂产生了抗药性。例如，谷斑皮蠹在斐济只有5年历史。每年用磷化铝熏蒸，第一龄幼虫出现了抗磷化氢的能力增加40倍的品系，其他龄期也出现较高的抗性。在我国近几年的PH_3抗药性调查中，米象对PH_3产生严重的抗药性，较高的抗性系数达1 034倍和305倍。对溴甲烷产生抗药性限于少数虫种，多数处于边缘抗性的程度，应高度重视这类问题。

第三节　熏蒸剂的理化性质

一、熏蒸剂的汽化

由于大多数常用熏蒸剂都是以液态形式储存于钢瓶中，因此在进行熏蒸时，首先要将其进行汽化。汽化（Vaporization）是指物质由液态转变为气态的相变过程。在物理学中，汽化有蒸发和沸腾两种形式。蒸发（Evaporation）是只发生在物体表面的汽化现象，它可以在任何温度下进行，是由动能较大的液体分子摆脱其他液体分子的吸引，溢出液面的一个过程。蒸发汽化的速度受到多种因素的影响，包括热量供给、液体温度、液体表面积、液体表面空气流速、液体饱和蒸汽压等。沸腾（Boiling）是液体表面和内部同时进行的剧烈汽化现象，它只在沸点温度下进行，沸腾汽化的速度只与热量供给有关。

常用熏蒸剂的沸点大多低于熏蒸温度，因此这些熏蒸剂的汽化以沸腾汽化的方式为主。供热效率是影响汽化速率的主要因素，而对于甲酸乙酯、二硫化碳等高沸点熏蒸剂，其汽化方式以蒸发汽化为主。若要提高汽化速率，则不仅要保证供热效率，而且要尽可能增加液体的表面积和表面空气流速。除了供热效率、药剂分散形式等外在条件，熏蒸剂自身的性质（如沸点、汽化潜热和极限浓度等）也是影响熏蒸剂汽化效率的关键因素。

（一）熏蒸剂的沸点（Boiling point）

熏蒸剂的沸点是指液态熏蒸剂转变成气态时的临界温度。熏蒸剂沸点低于熏蒸温度，汽化主要以沸腾形式存在，沸点越低汽化速度越快，熏蒸剂液体与熏蒸环境的温度差异越大，热量传导效率越高，更易汽化。熏蒸剂的沸点和它的分子量有密切关系，分子量越大，沸点越高。然而，溴甲烷和硫酰氟除外（见图5-2），溴甲烷分子量为94.95，沸点为3.6 ℃；硫酰氟分子量为102.06，沸点为-59.2 ℃。

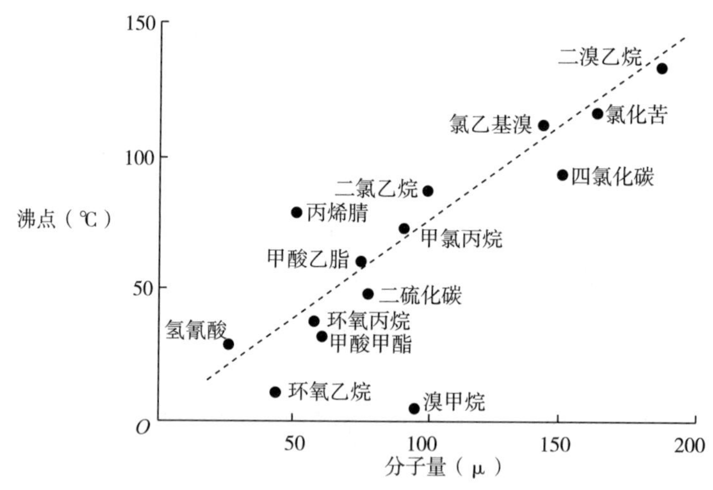

图5-2 常用熏蒸剂分子量与沸点的关系

注：摘于H.A.U.门罗《防治害虫的熏蒸法》

（二）熏蒸剂的极限浓度（Limit concentration）

熏蒸过程中熏蒸剂尤其是高沸点熏蒸剂的浓度不可以无限制增加，受熏蒸剂的饱和蒸汽压（Saturated vapor pressure）限制，熏蒸剂有使用的极限浓度。熏蒸剂的极限浓度是指熏蒸剂在一定的空间中能够呈气体状态存在的极限重量，其大小取决于该熏蒸剂的相对分子质量。同一物质在不同温度下有不同的极限浓度，并随着温度的升高而增大。由表5-1可以看出，一般低沸点的熏蒸剂比高沸点熏蒸剂释放分子的量大，但气体的体积决定于阿伏伽德罗定律，在空仓，不同温度、不同熏蒸剂每立方米体积内可蒸发的极限量（g），可作为熏蒸应用时的参考，也可作为不同温度气体体积计量浓度的参考（见表5-4）。在实际熏蒸中，受处理物品对熏蒸剂的吸收作用将使得熏蒸剂的实际挥发数量增加。需要指出的是，对于常见熏蒸剂，其极限浓度一般远高于实际熏蒸浓度，这也是这些熏蒸剂能够快速汽化的重要原因。

表5-4　不同熏蒸剂在不同温度下的熏蒸空间中的极限浓度

熏蒸剂	所示温度下的极限浓度（g/m^3）							
	0 ℃	5 ℃	10 ℃	15 ℃	20 ℃	25 ℃	30 ℃	35 ℃
二硫化碳	568.1	701.1	843.7	1 010.9	1 297.2	1 430.8	1 740.9	2 096.3
环氧乙烷	1 331.5	1 606.6	1 854.5	1 862.4	1 830.4	1 800.0	1 771.2	1 740.8
溴甲烷	3 839.3	4 152.8	4 079.4	4 008.6	3 940.2	3 874.1	3 810.1	3 748.3
磷化氢	1 514.4	1 487.2	1 460.9	1 435.5	1 411.0	1 387.4	1 364.5	1 342.3
硫酰氟	4 546.0	4 464.4	4 385.3	4 309.2	4 235.7	4 164.6	4 095.9	4 029.4
二氧化碳	1 959.8	1 924.6	1 890.6	1 857.8	1 826.1	1 795.4	1 765.8	1 737.1
氧硫化碳	2 681.7	2 634.7	2 587.2	2 542.2	2 498.9	2 456.9	2 416.7	2 377.0

注：其数据值是由Roark和Nelson根据化学式推算而得；摘于H.A.U.门罗《防治害虫的熏蒸法》，其中硫酰氟的数值是由徐国淦推算而得。

（三）熏蒸剂的汽化潜热（Latent heat of vaporization）

液态方式储存的熏蒸剂在汽化时需要吸收热量，其中从液态到气态的相变过程对热量消耗最大。熏蒸剂的汽化潜热是指单位质量的液体转变为相同温度的气体时吸收的热量。汽化潜热是以每汽化1 g液体所损耗的热量（单位：J/g）来表示的。汽化潜热越高，表明熏蒸剂汽化所需的能量越多，越难于汽化。对汽化潜热的了解在实际熏蒸应用中具有一定的意义，因为大部分熏蒸剂都是以液体的形式贮存于钢瓶中的，释放时随着液体的迅速汽化，吸收大量热量，使得熏蒸剂的温度下降，减缓了汽化速率。如果释放速度过快，液体熏蒸剂还有可能冻结在导管中而不能再释放，这时可以通过调节钢瓶上的阀门来调节释放速度，达到防止液体冻结的目的。另外，由于熏蒸剂液体的迅速汽化，使得挥发出来的气体的温度较低，气体的比重较大，这样气体的下沉速度就快，水平扩散速度相对较慢，有可能在货物中形成不均匀的浓度分布，因此在投药点的布置上应加以充分考虑。表5-5为常用熏蒸剂的汽化潜热。

表5-5　常用熏蒸剂的汽化潜热

熏蒸剂	溴甲烷	硫酰氟	环氧乙烷	二硫化碳
汽化潜热/（J/g）	257.57	184.95	581.97	339.13

二、熏蒸剂的扩散与穿透

任何物质都在不停地做不规则运动，扩散是指某种物质的分子通过不规则运动、扩散运动而进入其他物质里的过程。扩散可由一种或多种物质在气相、液相或固相的同一相内或不同相间进行，从浓度较大的区域向浓度较小的区域迁移，直到同一相内各部分的浓度达到一致或两相间的浓度达到平衡为止。

熏蒸剂的扩散和穿透都是熏蒸剂气体分子的扩散过程。熏蒸剂的扩散一般描述的是气相的扩散过程，它指熏蒸剂气体由浓度大的地方向浓度小的地方迁移，直至气体浓度达到均匀的过程。熏蒸剂的穿透一般描述的是由气相到固相的扩散过程，它指熏蒸剂气体分子由外部空间向被熏蒸货物内部扩散的过程。

熏蒸剂的扩散速度与熏蒸温度、气体密度梯度及扩散系数成正比，与气体密度即分子质量的平方根成反比。也就是说，分子质量越大的气体，其扩散速度通常也越缓慢。例如，溴甲烷气体，当被引入一个密闭空间后，其下沉速度要比水平扩散速度大得多；当其下沉后，气体向上迁移的速度就变得非常缓慢。因此在一定时间内，如果没有外力的推动，溴甲烷气体在密闭空间内是很难达到均匀分布的。这就是溴甲烷气体在密闭空间内的分层现象。

熏蒸剂气体的穿透能力也受到很多因素的影响。熏蒸剂气体浓度梯度越高，穿透能力越强，穿透速度也越快；熏蒸剂的密度越大，自上而下的沉降速度也越快，但在货物内部的水平扩散性较差；熏蒸剂的沸点越高，穿透性越差，吸附性越强。货物本身的性质也与穿透性有密切的关系。货物的比表面积、含水量、含油量及紧密结合程度等，都可以通过影响熏蒸剂气体分子的运动速度和对熏蒸剂的吸附，导致熏蒸剂气体浓度不同程度的下降，从而影响熏蒸剂气体的穿透性及穿透速度。货物内部温度的均匀程度也能影响熏蒸剂气体的穿透性。货物内部温度在一般情况下是不均匀的，会受到环境条件影响。一天中货物内部温度随时间的变化而不断地发生变化，而且是有规律的变化；因温度分布不均匀而形成的微气流在货物内部的循环流动方向在一天中也是有规律的。根据微气流流动的方向确定投药点和投药方式，将有利于熏蒸气体的穿透和均匀分布。

图5-3展示了使用48 g/m^{3}溴甲烷和硫酰氟分别熏蒸24 h后，在不同深度木质包装中的熏蒸气体浓度情况。结果表明，木块对熏蒸剂有明显的阻隔作用，使用溴甲烷熏蒸24 h后，在木块5 cm、10 cm和15 cm深度的浓度值仅分别为木块表面的57%、36%和14%。硫酰氟的穿透能力较强，熏蒸24 h后，其在木块5 cm、10 cm和15 cm深度的浓度值分别为木块表面的82%、73%和64%。同时可以观察到，在相同条件下使用两种熏蒸剂熏蒸，在熏蒸箱内硫酰氟的浓度值是溴甲烷浓度值的2倍，表明木块对溴甲烷的吸附能力更强。

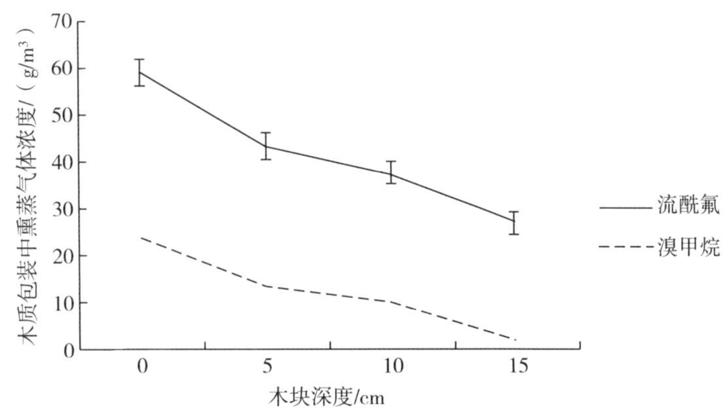

图5-3 熏蒸24 h后，溴甲烷和硫酰氟在木块中的穿透

三、熏蒸剂的吸附与解吸

（一）熏蒸剂的吸附（Adsorption）

吸附是指在整个熏蒸体系中，固体物质对熏蒸剂气体分子保留和吸收的总量。吸附使熏蒸体系中部分熏蒸剂气体分子不能自由扩散或穿透进入货物内部，表现为熏蒸空间熏蒸剂气体分子的减少。因此在熏蒸中，熏蒸剂气体浓度的下降，除了泄漏，最主要的原因就是被处理货物吸附。熏蒸过程中的吸附包括如下几种：

1. 表面吸附

表面吸附是指熏蒸剂气体分子和固体物质表面接触时，固体物质表面分子和熏蒸剂气体分子之间的相互吸引而引起的熏蒸剂气体分子在固体物质内的滞留现象。被固体表面滞留的气体分子是可以重新回到自由空间的，也就是说，固体物质对气体分子的滞留是暂时的、可逆的。在一定的温度和浓度条件下，被固体表面滞留的熏蒸剂气体分子数量和从固体表面返回自由空间的气体分子数量，在一定的时间内是可以达到平衡的。达到平衡后，被滞留在固体表面的气体分子数量的多少，就是该种固体物质表面对某一熏蒸剂的饱和吸附量。

2. 物理吸收

物理吸收是熏蒸剂气体分子进入物体内部后，被存在物体内部毛细管中的水或脂肪所溶的过程。物理吸收的量直接与被熏蒸物品的种类和熏蒸剂在水及脂肪中的溶解度相关。

3. 化学吸收

化学吸收是熏蒸剂气体分子与被熏蒸物品的构成物质之间，通过化学反应而产生新的化学物质的过程。这种化学反应是不可逆转的，因而新产生的化合物就成了永久性的残留物。如用溴甲烷熏蒸粮食后，粮食中就会形成无机溴元素；用环氧乙烷熏蒸小麦后，小麦中就会形成氯乙醇、溴乙醇和乙二醇。化学吸收的量的多少，与熏蒸期间及熏蒸后存储期间的温度成正相关，温度越高，化学反应的速度越快，生成的残留物也越多。

熏蒸后，溴甲烷因与被熏蒸物品中的某些物质起化学反应而生成新的残留物。如果被熏蒸物品中含有硫元素组成的化合物，那么这些物质同溴甲烷反应后的新生成物，就会产生一种特殊的味道，这种味道很难通过通风等措施去除。

在熏蒸过程中，吸附是一个渐进的过程。在熏蒸初期，货物对熏蒸剂气体的吸附速率快，随后逐渐降低，其表现为在整个熏蒸过程中，熏蒸剂气体浓度的逐渐降低。用溴甲烷熏蒸吸附性强的货物时，一定要在整个熏蒸过程中多次测定密闭空间内溴甲烷气体的浓度，以确定是否达到了规定的最低浓度要求和CT值。对于这类货物（吸附性强的货物），不要在不能测定熏蒸剂气体浓度的熏蒸库内熏蒸。

吸附引起的熏蒸剂气体浓度的降低与熏蒸体系的气密性无关，只与货物的种类、熏蒸体系中熏蒸剂的浓度、装载系数及温度、湿度有关。在气密性很好的熏蒸系统中，吸附是引起熏蒸剂气体浓度降低的主要原因。

如在密闭性非常好的熏蒸库内用浓度为32 g/m^3溴甲烷熏蒸水果，由于装载量的不同，即放入熏蒸库内的水果箱数的不同，因此熏蒸空间溴甲烷气体浓度也随之发生变化，结果见表5-6。

表5-6　装载系数对吸附量的影响

时间（h）	1	2	3	4	5	6
空室（g/m^3）	27.5	27	26.5	26	25.5	25
9箱水果（g/m^3）	25	24	23	22	21.5	21
19箱水果（g/m^3）	25	23	21.5	20	18.5	18

另一个例子是在不同温度下用溴甲烷熏蒸蚕豆，熏蒸空间的气体浓度随温度的不同而不同，结果见表5-7。

表5-7　不同温度下用溴甲烷熏蒸蚕豆的溴甲烷气体浓度

时间（min）	5	20	40	60	80	120
4.5 ℃（g/m^3）	36	32	29	25	24	22
10 ℃（g/m^3）	48	37	35	32	29	24

吸附量还与熏蒸剂初始浓度有关，熏蒸剂初始浓度越高，货物对熏蒸剂的吸附量越多；随着时间的延长，不同浓度下吸附量会逐渐达到平衡。黄庆林等研究了不同浓度下，小麦对环氧乙烷的吸附量，结果见图5-4。

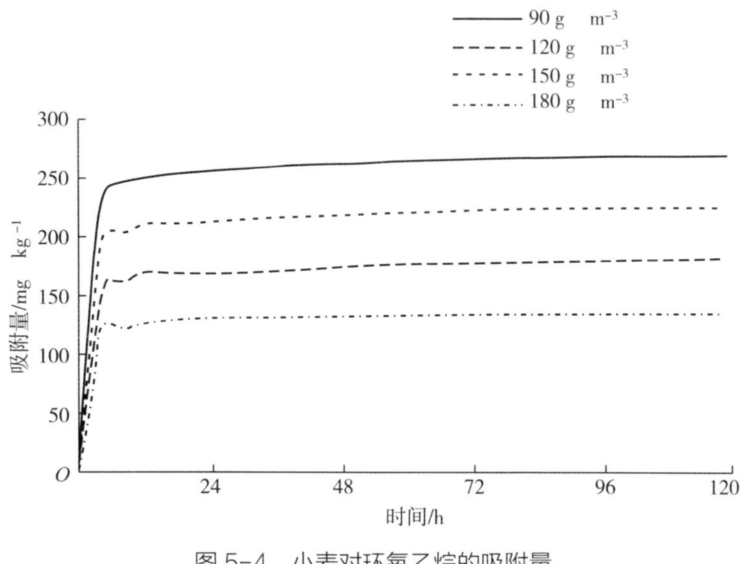

图 5-4 小麦对环氧乙烷的吸附量

（二）熏蒸剂的解吸（Desorption）

解吸是被货物吸附的熏蒸剂气体分子摆脱货物表面分子的束缚或从毛细管中扩散出来，重新回到自由空间中的过程，是一个与吸附相反的过程。熏蒸是指熏蒸剂分子在熏蒸空间和货物之间持续吸附—解吸的动态平衡过程。一般而言，解吸的速率与环境温度直接相关，温度越高，解吸越快。但存在于毛细管内水或脂肪中的熏蒸剂气体分子，温度越高，越不容易解吸出来，原因是温度越高，熏蒸剂在水或脂肪中的溶解度越大，在这种条件下，熏蒸剂分子越容易与货物的组成物质发生化学反应，生成永久性的残留物。由此说明，被物理吸收（毛细管吸收）的熏蒸剂分子，随熏蒸剂和货物种类的不同，其解吸速度和解吸比例都是不相同的。例如，Dumas的试验证明，用不同浓度的磷化氢熏蒸处理小麦，在散气后的2～3天，大多数被吸附的磷化氢气体分子都能从小麦表面和内部解吸出来，但是在以后的数星期乃至220天以后，仍有极微量的磷化氢气体从小麦中解吸出来。这一试验说明，被小麦内部毛细管吸收的磷化氢，要完全解吸出来是比较困难的，同时也说明磷化氢气体很难和小麦组成物质发生化学反应，生成永久性的残留物。鉴于熏蒸剂分子的吸附主要是表面吸附，因此为了提高熏蒸结束后的散气效率，应该在保证货物商业品质的前提下，尽量提高散气温度和货物表面的气体流速。

第四节　主要熏蒸剂及应用

一、溴甲烷（Methyl bromide）

溴甲烷，别名甲基溴、溴代甲烷或溴化甲烷，结构式为CH_3Br，CAS号为74–83–9

（一）理化特性

常温下溴甲烷是一种无味的气体，沸点3.6 ℃，冰点–93 ℃，分子量94.95。对空气的比重为3.27（0 ℃），液体的比重为1.732（溴甲烷液体为0 ℃，水为4 ℃时），蒸发潜热257.15 J/g，在空气中不燃不爆（在530 g/m^3 ~ 570 g/m^{3}即体积百分比为13.5% ~ 14.5%时遇火花可能引起燃烧），在水中的溶解度较低（1.34 g/100 mL，25 ℃）。商品纯度一般在98.0 ~ 99.4%之间。

溴甲烷的化学性质稳定，不易被酸碱物质所分解，但它能大量溶解于酒精、丙酮、乙醚、二硫化碳等有机溶剂中；在油类、脂肪、染料和醋等物质中的溶解度也较高。液体溴甲烷还是一种很强的有机溶剂，能溶解很多有机化合物，特别是对天然橡胶的溶解能力更强，因此在熏蒸时要注意防止将溴甲烷液体直接喷到熏蒸帐幕上。

纯的溴甲烷对金属无腐蚀作用，但在无氧的条件下，溴甲烷能与铝发生反应，生成铝溴甲烷。这种物质遇到氧后能自燃，引起爆炸。因此不能用铝罐或含有铝的容器贮存溴甲烷，在实际熏蒸中，也不能用铝管作连接管。

检疫用溴甲烷熏蒸剂一般储存于钢瓶内，为无色或带微黄色的透明液体，纯度在98%以上，不添加氯化苦等指示剂，游离酸含量（以溴化氢计）≤0.1%，不挥发物含量（35 ℃）≤0.3%，符合GB 434—1995《溴甲烷原药》的要求；药剂储存、运输、管理应符合《危险化学品安全管理条例》《中华人民共和国农药管理条例》等相关规定要求。

溴甲烷在空气中的浓度mL/m^{3}换算为浓度g/m^3，见表5–8。

表5–8　溴甲烷在空气中气体浓度的换算（25 ℃，760 mmHg）

容积比		单位体积重量 [g/m^3（或mg/L）]
（mL/m^3）	（%）	
0.3	0.000 3	0.001
20	0.002	0.08
50	0.005	0.19
100	0.01	0.39
200	0.02	0.78

续表

容积比		单位体积重量 [g/m^3（或mg/L）]
（mL/m^3）	（%）	
257	0.026	1.00
500	0.05	1.94
1 000	0.10	3.88
4 121	0.412	16.00
20 000	2.0	77.65

溴甲烷的制备方法主要有两种：

（1）溴化钠法：以甲醇、溴化钠和硫酸为原料生产溴甲烷，化学反应式如下：

$$CH_3OH+NaBr+H_2SO_4 \rightarrow CH_3Br+NaHSO_4+H_2O$$

（2）溴素法：以硫磺、甲醇与溴素为原料进行反应，其化学反应式如下：

$$S+3Br_2+6CH_3OH \rightarrow 6CH_3Br+2H_2O+H_2SO_4$$

（二）杀虫机制

到目前为止，溴甲烷的杀虫机理尚未完全明确。很多试验证明，溴甲烷是一种烷化剂，能使巯基类（–SH）化合物烷基化，从而导致含巯基（–SH）的各种蛋白质、酶，包括琥珀酸脱氢酶等失去活性。溴甲烷还能和组氨酸、甲硫氨酸及各种含甲硫基的化合物以及游离的巯基起反应，生成硫甲氨基类化合物。溴甲烷的这种烷基化作用是不可逆转的。

溴甲烷在使昆虫中毒的初期，可能通过对琥珀酸脱氢酶的逐渐甲基化而使三羧酸循环中的氧化反应速度变缓，由此导致糖酵解反应的加速，昆虫中毒的最初阶段表现为特别兴奋，十分活跃；但随着中毒程度的加深，溴甲烷逐渐使磷酸丙糖脱氢酶、辅酶A等甲基化，导致糖酵解反应和三羧酸循环反应逐渐停止，最终使昆虫体内各种生化反应因得不到必需的能量（ATP）而终止，昆虫因能量代谢系统崩溃而死亡。

溴甲烷能在一定程度上同DNA进行化学反应，如溴甲烷使小麦和玉米细胞中的DNA甲基化，由此可能改变或损害在植物组织中起控制和合成作用的非常重要的酶或核酸，并诱发产生一些特殊的酶。溴甲烷甲基化的程度与熏蒸时间成正比。溴甲烷熏蒸后的残留物还能继续同细胞组织起反应。用溴甲烷熏蒸苹果，在熏蒸结束后的7 d内，60%的溴甲烷残留物继续同苹果组织发生化学反应。

溴甲烷能损害细胞膜。例如，用溴甲烷熏蒸葡萄后，发现细胞组织的钾离子渗透速度加快，说明正常的细胞质膜系统受到了损害。致使细胞膜受到损害的原因，一方面可能是由于溴甲烷直接同细胞膜发生反应造成的；另一方面可能是由于细胞中非正常的生化反应造成的。

基于这种毒理机制，溴甲烷并不是对昆虫某一器官或某一部位造成强烈的损害而使昆虫死亡的，因此溴甲烷对昆虫的毒性应属于一种较为缓慢的中等强度的熏蒸杀虫剂，熏蒸后的昆虫不能立即死亡。研究表明，使用溴甲烷熏蒸脐橙中的实蝇，在熏蒸结束1 d后还能发现活的实蝇幼虫，因此对于溴甲烷熏蒸效果的检查应在熏蒸结束至少2 d后进行。

（三）动物毒性

由于溴甲烷能对含巯基的各种酶甲基化，使这些酶失去活性，从而广泛地破坏生物体内各种生化反应，因此使用溴甲烷熏蒸，不仅能杀灭各种各样的害虫，螨类、软体动物和线虫，甚至对某些真菌、细菌和病毒也有一定的杀灭作用。当然，溴甲烷对人也是有毒的。人中毒后，主要表现为迟缓的神经性麻醉。中毒症状在数小时到2 d～3 d内表现，有时长达数周甚至数月才表现出来。中毒症状表现得越迟缓，中毒者的健康恶化也越缓慢。高浓度的溴甲烷气体会损伤人的肺部并引起有关的循环衰竭，所以，在溴甲烷的实际熏蒸操作中，应特别注意不要吸入任何浓度的溴甲烷气体。溴甲烷长期接触的阈限浓度值（Time weighted average，TWA）为5 mg/kg；短时间接触的阈限浓度值（Short trem exposure limit，STEL）为15 mg/kg。

（四）对植物的影响

在有效的杀虫范围内，溴甲烷可广泛应用于活体植物的检疫熏蒸处理而不产生明显的副作用。少数植物属、种或品种对溴甲烷敏感，在熏蒸时应特别注意。由于氯化苦对植物有强烈的杀伤作用，因此溴甲烷中不能混有氯化苦，否则就不能用于活体植物的检疫熏蒸处理。近年来的研究表明，在保证同等CT值的条件下，相对于高浓度、短时间熏蒸，使用较低浓度溴甲烷熏蒸较长时间可以在保证杀虫效果的同时，减少对鲜活植物产品品质的影响，从而在减少溴甲烷药量的同时，扩大溴甲烷的使用范围。

1. 对种子发芽率的影响

溴甲烷用于种子的检疫熏蒸处理，在正常情况下不会使大多数种子的发芽率降低。但在有些条件下，如温度过高、剂量过大或熏蒸时间过长、种子含水量或含油量过高等情况下，轻则可能导致发芽迟缓或发芽率降低，重则使种子丧失发芽率。因此用溴甲烷熏蒸处理种子，其含水量越低越好。在一般情况下，只要能满足种子安全贮存所要求的含水量即可。熏蒸时温度不宜太高，最好不要超过25 ℃。熏蒸结束后要及时通风散气。

尽可能不要对种子进行多次重复熏蒸，重复熏蒸不仅可能影响种子的发芽率，而且可能导致种子发芽后长出的植株生长缓慢或者产量降低。用溴甲烷熏蒸大量的种子时（如堆垛等），应尽量在短时间内通过循环等方法让溴甲烷气体分布均匀。

2. 对生长植物的影响

溴甲烷可用于很多活体植物的熏蒸而不会对其造成明显的损伤。Richardson等估计，在贸易流通中的苗木和其他植物，大约有95%可以用溴甲烷进行熏蒸处理。有些属的植物或这些属的部分种或品种，不能用溴甲烷进行熏蒸处理。Lata等用溴甲烷熏蒸了441种温室植物，结果发现414种（占93.9%）植物没有受到损伤，27种（6.1%）受到不同程度的损伤，其中5种受到了严重的烧伤。李建光等（2003）研究了溴甲烷剂量在40 g/m^{3}和32 g/m^3，真空度为5 kPa、10 kPa、20 kPa、40 kPa下，熏蒸处理19种常见花卉，处理时间为2 h的情况。结果表明，美女樱（*Verbena hybrida*）、天门冬（*Asparagus cochinchinensis*）、孔雀草（*Tagetes patula*）、彩叶草（*Plectranthus scutellarioides*）、鸡冠花（*Celosia cristata*）、含羞草（*Mimosa pudica*）、茉莉（*Jasminum sambac*）、栀子（*Gardenia jasminoides*）等均表现出对溴甲烷具有良好的耐药性，而月季（*Rosa chinensis*）、万寿菊（*Tagetes erecta*）、矮牵牛（*Petunia hybrida*）、洋甘菊（*Matricaria recutita*）、榕树（*Ficus microcarpa*）、玉树（*Crassula arborescens*）、杜鹃（*Rhododendron simsii*）等则表现出轻度的药害症状，对千日红（*Gomphrena globosa*）、地肤（*Kochia scoparia*）、小丽花（*Dahlia pinnate*）、一串红（*Salvia splendens*）等的品质和生长有很大的影响，表现为强烈的药害，甚至造成死亡。在熏蒸剂量和熏蒸时间一致时，随着真空度的提高，对试验花卉的药害逐步加重。蒋小龙等（2003）的研究表明，溴甲烷以20 g/m^{3}剂量处理2.5 h和30 g/m^{3}剂量处理1.5 h能100%杀死花卉上的银纹夜蛾（*Argryrogramma agnata*）幼虫、蓟马（Thripidae）、红蜘蛛（*Tetrancychus cinnbarinus*）和蚜虫（Aphidoidea）。溴甲烷不宜用于菊花和孔雀草的熏蒸，对其他花卉熏蒸剂量不宜高于40 g/m^3，时间不宜长于3 h。溴甲烷剂量为45 g/m^3，在20 ℃条件下熏蒸1.5 h将对玫瑰产生轻度的质量影响。

用溴甲烷熏蒸处理活体植物时，应注意以下几点：

（1）熏蒸期间应保持较高的湿度，相对湿度应不低于75%。熏蒸前可以通过给熏蒸库的地面和墙壁浇水等办法来实现熏蒸期间所要求的高湿度。

（2）由于苗木等植物根部最易受到溴甲烷的损伤，所以在苗木等的熏蒸中，应尽量使其根部土壤保持湿润。如果不需要处理土壤害虫或线虫，则可以用水浸灌苗木根部的土壤，原因是水可以阻止溴甲烷的穿透。

（3）熏蒸期间或熏蒸结束后，强制循环通风时间不能太长，否则容易造成植物的损伤。对于生长的植物或幼嫩植株，要避免循环气流直接吹于其上。

（4）有些植物只能在完全休眠后才能用溴甲烷熏蒸处理。

（5）溴甲烷可以用于水仙属和其他种类鳞茎类花卉的熏蒸。

（6）不适宜用溴甲烷熏蒸的苗木见表5-9。

表5-9 不适宜用溴甲烷熏蒸的苗木

完全被杀死或严重伤害的 非休眠苗木及带叶的苗木休眠体	有临时性伤害，能完全恢复的 非休眠苗木及带叶的苗木休眠体
金叶大花六道木（*Abelia grandiflora*）	贝利氏相思树（*Acacia baileyana*）
巢蕨（*Asplenium nidus*）	下延金合欢（*Acacia decurrens*）
灌木紫菀木（*Asterothamnus fruticosus*）	黑木金合欢（*Acacia melanoxylon*）
常花秋海棠（*Begonia semperflorens*）	塔式南洋杉（*Araucaria excelsa*）
球根秋海棠（*Begonia tuberhybrida*）	倒挂金钟秋海棠（*Begonia fuchsioides*）
水塔花（*Billbergia pyramidalis*）	湖北小檗（*Berberis gagnepainii*）
垂花水塔花（*Billbergia nutans*）	山黄连（*Berberis julianae*）
鸡冠花（*Celosia cristata*）	棒叶落地生根（*Bryophyllum tubiflorum*）
散尾葵（*Chrysaliclocarpus lutescens*）	花纹竹芋（*Calathea picturata var.vandenheckei*）
彩叶草（*Coleus blumei*）	小米辣（*Capsicum frutescens*）
细叶萼距花（*Cuphea hyssopifolia*）	金鸡纳树（*Cinchona pubescens*）
美洲柏木（*Cupressus arizonica*）	正鸡纳树（*Cinchona officinalis*）
黄金柏（*Cupressus macrocarpa*）	红龙吐珠（*Clerodendrum speciosissimum*）
地中海柏木（*Cupressus sempervirens*）	西南栒子（*Cotoneaster franchetii*）
滨海山茱萸（*Griselinia littoralis*）	玉树（*Crassula arborescens*）
趣蝶莲（*Kalanchoe synsepala*）	小金雀花（*Cytisusracemosus*）
薰衣草（*Lavandula pedunculata*）	鸡冠桐刺（*Erythrina crista-gallii*）
龟背竹（*Monstera deliciosa*）	墨西哥兰香草（*Eupatorium ligustrinum*）
天竺葵（*Pelargonium hortorum*）	八角金盘（*Fatsia japonica*）
台湾火棘（*Pyracantha koidzumii*）	琴叶榕（*Ficus pandurata*）
非洲紫罗兰（*Saintpaulia ionanthus*）	胡颓子（*Elaeagnus pungens*）
黄丽（*Sedum adolphii*）	平叶棕（*Howea forsteriana*）
紫兰大岩桐（*Sinningia speciosa*）	球兰（*Hoya carnosa*）
多花黑鳗藤（*Stephanotis floribunda*）	狮耳花（*Leonotis leonurus*）
铁线蕨属（*Adiantum* spp.）	香桃木（*Myrtus communis*）
扁柏属（*Chamaecyparis* spp.）	欧州夹竹桃（*Nerium oleander*）
茼蒿属（*Chrysanthemum* spp.）	冬青叶桂花（*Osmanthus ilicifolius*）
大戟属（*Euphorbia* spp.）	威氏露兜树（*Pandanus veitchii*）
风轮花属（*Leucospermum* spp.）	心叶喜林芋（*Philodendron gloriosum*）
芭蕉属（*Musa* spp.）	番石榴（*Psidium guajava*）
	珊瑚豆（*Solanum pseudocapsicum*）
	鹰嘴豆（*Spartium junceum*）
	荚蒾（*Viburnum dilotatum*）
	云南珊瑚树（*Viburnum odoratissimum*）
	紫叶鸡爪槭（*Acer palmatum*）
	卵叶女贞（*Ligustrum ovalifolium*）

续表

完全被杀死或严重伤害的非休眠苗木及带叶的苗木休眠体	有临时性伤害，然后能完全恢复的非休眠苗木及带叶的苗木休眠体
	小叶女贞（*Ligustrum quihoui*）
	芦荟属（*Aloe* spp.）
	佛塔树属（*Banksia* spp.）
	长筒连属（*Cotyledon* spp.）
	欧石楠属（*Erica* spp.）
	倒挂金钟属（*Fuchsia* spp.）
	老鹳草属（*Geranium* spp.）
	木槿属（*Hibiscus* spp.）
	绶带木属（*Hoheria* spp.）
	角蒿属（*Incarvillea* spp.）
	兰花楹属（*Jacaranda* spp.）
	马缨丹属（*Lantana* spp.）
	薄子木属（*Lcptospermum* spp.）
	滇丁香属（*Luculia* spp.）
	竹芋属（*Maranta* spp.）
	假山毛榉属（*Nothofagus* spp.）
	海桐花属（*Pittosporum* spp.）
	瑞香属（*Daphne* spp.）
	萱草属（*Hemerocallis* spp.）
	绣球属（*Hydrangea* spp.）

3. 对水果、蔬菜等的影响

溴甲烷可以广泛地应用于水果、蔬菜等的检疫熏蒸处理。由于不同种或品种甚至不同成熟度的水果和蔬菜等活体植物对溴甲烷的耐药能力各不相同，因此在进行检疫熏蒸处理时，应特别小心。有条件时，最好在大规模熏蒸前，做一个小型预备试验，以确定所要熏蒸的货物在实际熏蒸条件下的耐药水平。

（1）溴甲烷对水果、蔬菜等活体植物组织的损害

溴甲烷同细胞中的酶（含 $-OH$、$-SH$ 或 $-NH_2$）或其他蛋白质起化学反应，可使其甲基化，从而影响这些酶的正常功能，以阻止或改变正常的生化反应。溴甲烷在比较小的程度上还能同DNA起化学反应，如溴甲烷可使小麦和玉米细胞中的DNA甲基化，由此可能改变或损害在植物组织中起控制和合作作用的非常重要的酶或核酸，并诱发产生一些特殊的酶。溴甲烷甲基化的程度同熏蒸时间成正比。溴甲烷熏蒸后的残留物还能继续同细胞组织起反应。用溴甲烷熏蒸苹果后，在熏蒸结束后的7天内，60%的溴甲烷残留物继续同苹果组织发生化学反应。

溴甲烷还能损害细胞膜。如用溴甲烷熏蒸葡萄后，发现细胞组织的钾离子渗透速

度加大，说明正常的细胞质膜系统受到了损害。致使细胞膜受到损害的原因，可能是溴甲烷直接同细胞膜发生反应，也可能是细胞中非正常的生化反应。

（2）溴甲烷熏蒸活体植物后，可能引起的药害症状

溴甲烷熏蒸后，可能诱发植物或植物器官正常的生化反应发生改变，从而发展成各种各样的药害症状。大多数药害症状在熏蒸结束后并不立即表现出来，而是1～3周后才得以显现。其症状表现的速度取决于熏蒸结束后的温度和其他存储条件。药害症状主要表现为：①改变颜色或产生坏死斑；②改变味道或失去应有的香味；③更易于腐烂；④改变成熟度等。

（3）影响植物或植物器官产生药害的因素

活体植物或植物器官对熏蒸的不同反应说明了不同的植物或植物器官有不同的耐药水平。活体植物或植物器官对熏蒸的反应程度的影响因素主要包括两个方面，即熏蒸本身和被处理的活体植物或植物器官的生理状态。

①熏蒸处理方面的影响因素。熏蒸处理方面的影响因素主要包括熏蒸剂的种类、浓度、熏蒸时间、货物的装载量、通风散气情况、熏蒸期间的环境条件和熏蒸结束后的存储条件等。这些因素能够极大地影响被处理货物的药害反应。如增加浓度则增加了发生药害的可能性；温度的改变则使产生药害的阈限浓度发生了变化；熏蒸时间的不同，药害反应的程度也可能不同（即使在相同的CT值条件下）；货物装载量的多少，直接影响熏蒸浓度，也会影响药害反应的程度；温度的改变会影响发生药害反应的阈限浓度，一般来说，温度越高，越容易发生药害。

②植物或植物器官的生理状态。不同的植物和植物器官对熏蒸处理的反应差别很大。影响其反应程度大小的因素主要有：品种、成熟度、熏蒸前的环境条件和植物及植物器官的生理状态等。

（五）检疫应用

国产溴甲烷均贮存于有中心管（吸管）的耐压钢瓶内，钢瓶有Ⅰ型和Ⅱ型的钢瓶，分别为25 kg和70 kg装，使用时打开钢瓶阀门，溴甲烷就能自动喷出并气化。国外有将溴甲烷分装在白铁皮罐内，重为0.45 kg，应用时在罐上打孔，药液喷出。日本产配备有可溶性塑料类垫，使用时将这种特制的垫片装在钢瓶嘴上，打开施药阀，药液在3 min内将垫片溶化，药液喷出，以便施药人员退出熏蒸场所，将门封严。

溴甲烷应储存于阴凉、通风的库房。远离火种、热源，库温不超过30 ℃，相对湿度不超过80%，保持容器密封。溴甲烷应与氧化剂、活性金属粉末、食用化学品分开存放，切忌混储，用防爆型照明、通风设施。禁止使用易产生火花的机械设备和工具。储区应备有泄漏应急处理设备。

溴甲烷可熏蒸各种原粮、成品粮、油料和薯干等。在植物检疫处理中用于水果

和蔬菜等的熏蒸，例如在美国华盛顿州输华苹果中用溴甲烷处理预防地中海实蝇（*Ceratitis capitata*）的传入。表5–10为溴甲烷熏蒸处理苹果建议使用剂量。

表5–10 溴甲烷熏蒸处理苹果建议使用剂量

温度（℃）	浓度（g/m^3）	时间（h）
26.5 ~ 31.5	25	2.0
20.0 ~ 26.0	32	2.5
15.5 ~ 20.0	35	2.5
10.0 ~ 15.0	40	2.5
4.5 ~ 9.5	45	2.5

注：摘自1994年农业部文件《关于进口美国华盛顿州苹果检疫问题的通知》。

熏蒸种子粮时，用药量按整个仓房计算，用15 g/m^3 ~ 20 g/m^3，密闭36 h。熏蒸种子粮的水分要求：玉米、大麦12%，小麦、荞麦、绿豆12.5%，籼稻13.5%，粳稻14.5%，芝麻7%，棉籽14%。用药量按粮堆体积20 g/m^3 ~ 38 g/m^3，密封24 h；空间体积15 g ~ 20 g，密闭2 d ~ 7 d。黄庆林等研究表明，在25 ℃下，当溴甲烷实测浓度达到117.5 g/m^3时处理120 h能完全杀灭小麦矮腥黑穗病菌（*Tilletia controversa* Kühn，TCK），溴甲烷对TCK的杀灭效果随温度的升高、处理时间的延长而提高。间隔48 h的2次120 h的熏蒸处理，能显著降低溴甲烷杀灭TCK的临界浓度值，在15 ℃和25 ℃下，临界浓度值分别为80.4 g/m^3和48.95 g/m^3。

依照《国际植物保护公约》秘书处2002年3月公布的国际植物检疫措施标准第15号《国际贸易中的木质包装材料管理准则》规定，溴甲烷处理木质包装材料用MB标记表示。用该处理方法可以杀死的有害生物类别包括：窃蠹科（Anobiidae）、长蠹科（Bostrychidae）、吉丁科（Buprestidae）、天牛科（Cerambycidae）、象虫科（Curculionidae）、白蚁科（Termitidae）、粉蠹科（Lyctidae）、拟天牛科（Oedemeridae）、棘胫小蠹科（Scolytidae）、树蜂科（Siricidae）和松材线虫（*Bursaphelenchus xylophilus*）。木质包装材料的最低溴甲烷熏蒸处理标准见表5–11。

表5–11 溴甲烷常压熏蒸处理指标

温度（℃）	剂量（g/m^3）	密闭时间（h）	最低浓度要求（g/m^3）			
			2 h	4 h	12 h	24 h
≥21	48	24	36	31	28	24
≥16	56		42	36	32	28
≥11	64		48	42	36	32

澳大利亚检疫检验局（Australian quarantine and inspection service，AQIS）对溴甲烷熏蒸提出的标准要求指出，溴甲烷剂量率因商品、有害生物、温度等的不同而变化。温度在11 ℃～25 ℃时温度每降低5 ℃，剂量率增加8 g/m^3，25 ℃以上的温度下不考虑剂量的加大。

溴甲烷在液体状态下，易将脂肪、树脂、橡胶等溶解。熏蒸时，要防止把药液直接喷在带橡胶的熏蒸帐幕上。溴甲烷气体对金属、棉、丝、毛织品等都无不良影响。其渗透性较强，吸附性较小，沸点低，因此，可在温度10 ℃以上使用。特殊情况下，在温度5 ℃以上亦可应用。其杀虫力强，还能杀死线虫，并有一定的杀菌能力（一般只有环氧乙烷的1/10）。溴甲烷在常压或真空减压下广泛应用于各种植物、植物材料和植物产品、仓库、面粉厂、船只、车辆、集装箱等运输工具以及包装材料、木材、建筑物、衣服等的熏蒸处理；溴甲烷还可用于安全、经济、有效的圆筒仓循环熏蒸。溴甲烷用于土壤熏蒸，可防治一年生杂草、线虫、地下害虫、真菌、黄瓜病毒病等。溴甲烷还可以和其他熏蒸剂混用。

1. 溴甲烷与磷化氢混合使用

溴甲烷和磷化氢混合使用有增效作用。磷化氢比溴甲烷渗透力更强，溴甲烷能更有效地杀灭表面害虫。使用时，首先将产生磷化氢的物质均匀分布于货物表面，密封后，溴甲烷通过施药管施入货物上方空间。溴甲烷56 g/m^3，磷化氢4.4 g/m^3，29.5 ℃处理72 h，处理谷斑皮蠹的效果显著。

蒋小龙等研究表明，当用磷化氢配合溴甲烷对朱砂叶螨（*Tetranychus cinnabarinus*）的熏蒸处理时，其增效作用相当明显。0.1 mL/L的磷化氢配合25 g/m^{3}的溴甲烷熏蒸处理1.5 h，12 h后检查死亡率可以达到100 %的死亡率；0.15 mL/L的磷化氢配合25 g/m^{3}的溴甲烷熏蒸处理1.5 h，8 h后检查死亡率可以达到100%的死亡率；0.1 mL/L磷化氢配合10 g/m^3、15 g/m^3、20 g/m^{3}和25 g/m^{3}溴甲烷熏蒸处理1.5 h以上，0.15 mL/L磷化氢配合20 g/m^{3}和25 g/m^{3}溴甲烷熏蒸处理1.5 h以上和配合15 g/m^{3}溴甲烷熏蒸处理2 h，对朱砂叶螨的熏蒸作用均达100%的死亡率，表现出低剂量溴甲烷与低剂量磷化氢配合使用具有明显的增效作用。低剂量磷化氢熏蒸处理对鲜花的影响较小，熏蒸处理后的玫瑰花、康乃馨的瓶插寿命与对照无明显差异，但也表现出部分花瓣边缘有稍微的糊焦状。

2. 溴甲烷与二氧化碳混合使用

研究表明，用溴甲烷熏蒸仓储散装玉米，表面施药渗透深度只有5 m。另一个实验结果表明，溴甲烷和二氧化碳混用在小麦内至少渗透17 m。黄庆林等研究表明，在25 ℃下，溴甲烷和二氧化碳混合剂熏蒸处理120 h，未能100%杀灭TCK病菌，但杀菌效果随二氧化碳浓度的增加而提高。

蒋小龙等研究表明，在15 ℃条件下，25%的二氧化碳配合40 g/m^{3}的溴甲烷对叶螨

（Tetranychidae）处理1 h的LD_{50}值为30.2 g/m^{-3}。在25 ℃条件下，25 %的二氧化碳配合30 g/m^3的溴甲烷处理叶螨1.5 h的LD_{50}值为22.3 g/m^3，其在所有处理中的致死效果是最好的。在同样的处理条件下对叶螨处理的LD_{50}值普遍要比对蚜虫的要高。在相同的条件下杀死蚜虫要比杀死叶螨相对容易。30 g/m^3的溴甲烷处理1 h，蚜虫的死亡率最大是88.87%，处理1.5 h，蚜虫的最大死亡率是96.32%，而对叶螨处理1 h的最大死亡率是72.42%，处理1.5 h的最大死亡率是89.11%，分别要比对蚜虫的低。

3. 溴甲烷与环氧乙烷混用

徐朝哲等在11 ℃～25 ℃条件下，分别用22个不同剂量组合的溴甲烷、环氧乙烷混合熏蒸试验。结果表明，大部分组合能100%杀灭蜡样芽孢杆菌（*Bacillus cereus*）、纽因吞沙门氏菌（*Salmonella newington*）、金黄色葡萄球菌金黄色亚种（*Staphylococcus aureus* subsp. *anreus*）和新城疫病毒（Newcastle disease virus）F48E9毒株。溴甲烷、环氧乙烷混用灭菌杀虫能够大大地降低环氧乙烷的用量；资料表明溴甲烷可减少环氧乙烷发生火灾的危险。因此，将溴甲烷、环氧乙烷混用可以有效解决在应用环氧乙烷过程中可能引起的爆炸、燃烧的问题。研究表明，溴甲烷和环氧乙烷混用能完全杀灭TCK病菌，且溴甲烷与环氧乙烷混合使用能显著降低溴甲烷和环氧乙烷的杀菌临界浓度值。

下列货物不宜用溴甲烷熏蒸：扁柏属（Chamaecyparis）、豆瓣绿属（Peperomia tetraphylla）、桧柏属（Juniperus）、云杉（Picea）数等植物，对含硫量高的农产品一般不推荐使用溴甲烷熏蒸处理，原因是溴甲烷可能使这些产品产生不正常的气味。机动车辆、精密电子仪器设备、动植物油脂（奶油、猪油、脂肪等）、发酵粉、骨粉、吸附性材料（木炭、硅藻土、炉渣等）、动植物羽毛及其制品、毛皮、毡、马鬃品、毛毯、牦牛小地毯、含硫量高或含破布成分高的纸张、用纸浆造纸制成的专业用纸和新闻用纸、碘盐、含硫或硫化物的盐、皮革制品（特别是小山羊皮制品）、照相药品（不包括照相胶片或X光胶片）、橡胶制品（尤其是海绵橡皮、泡沫橡皮及再生橡胶）、黄豆粉、麦面及其他高蛋白面粉、发酵粉、毛织品（尤其是安哥拉毛、软纱毛和毛绒衫）、粘胶纤维和人造纤维。

（六）溴甲烷减排技术

溴甲烷气体进入大气平流层后，与平流层中的臭氧发生化学反应，从而减少平流层中的臭氧浓度。据世界气象组织发布的《1991年臭氧层耗减科学评估》报告，全球对流层中溴甲烷浓度为9 mg/L～13 mg/L，相当于在对流层中存在15万～21万吨溴甲烷。在平流层中，虽然溴原子的浓度比氯原子少得多，但其损耗臭氧的能力却比氯原子强得多，约为氯原子的40倍。

大气中的溴甲烷，主要来自自然界中海洋浮游生物与各种海藻释放。北半球的海洋面积小于南半球，但实际测得北半球大气中溴甲烷的浓度比南半球高1.3倍，也就是说，北半球溴甲烷的主要来源是人为排放。近年来，溴甲烷人为排放量的年递增率为5%～6%。估计从1990年～2000年，大气中溴甲烷的浓度增加了10 mg/L，由此造成臭氧层的耗减增加5%。熏蒸过程中排放的溴甲烷含量占到排放总量的25%。据联合国环境规划署（UNEP）调查后估计，每年全世界因为溴甲烷熏蒸而排放到大气中的溴甲烷气体总量约为56 000 t。

鉴于溴甲烷对臭氧层的损耗特别大，人为排放溴甲烷的量也比较大，因此《蒙特利尔议定书》哥本哈根修正案中已将溴甲烷列为受控物质。虽然国际上对如何消减溴甲烷还存在分歧，但在1995年12月的第5次《蒙特利尔议定书》缔约国会议上最后确定，发达国家（地区）应将溴甲烷使用量冻结在1991年的消费水平，而且除了装运前和检疫处理等必要用途之外，发达国家（地区）应在2001年1月1日起停止溴甲烷的使用；发展中国家（地区）应在2002年将溴甲烷使用量冻结在1995年～1998年的平均消费水平上，应在2015年停止使用。我国已于2007年1月1日起禁止在粮食储藏的养护熏蒸中使用溴甲烷。

关于溴甲烷的替代，国际溴甲烷技术方案委员会（Methyl bromide technical options committee，MBTOC）的主要调查结果认为，目前尚没有单一的替代品或替代技术可以完全取代溴甲烷。在土壤熏蒸应用方面，可以通过改进使用方法、采用替代化学品、溴甲烷与其他农药协同使用以及采用非化学害虫处理方法等减少溴甲烷的使用量。检疫处理方面，溴甲烷满足了检疫处理快速、有效的需求，是一种较好的检疫熏蒸剂，但随着近年来替代技术研究在干果以及非食品货物的应用方面的深入，替代品及替代技术的应用前景是令人鼓舞的，如硫酰氟逐步用于食品熏蒸，辐照、生物控制、气调技术及冷热处理方法等的应用。

溴甲烷减排技术分为回收、降解和再利用技术。回收技术主要包括加压冷凝回收法和吸附剂（活性炭、沸石/分子筛）回收法。冷凝法回收的溴甲烷可以直接用于熏蒸处理或其他用途；吸附剂回收溴甲烷后需进行后续处置，包括溴甲烷解吸、降解、销毁以及吸附剂的再生。与沸石吸附法相比较，活性炭吸附法成本低、受湿度影响小、操作容易，便于推广应用。因此，活性炭吸附法是目前普遍采用的溴甲烷回收技术。传统热解吸（热空气、热蒸汽）在回收再利用设施中广泛应用，新型热解吸技术（介电加热）成为研究热点，已开始应用。

（七）熏蒸尾气交换技术

1. 基本要求

熏蒸气体交换技术是在两个熏蒸库内实现溴甲烷气体的混合，通过循环风机的强制循环，溴甲烷在处理结束后由浓度高的熏蒸库转移到未熏蒸处理的熏蒸库，在没有熏蒸气体泄漏（熏蒸库的气密性很好）的情况下，两个容积及装载比例相同的熏蒸库之间，可以实现尾气中50%溴甲烷的转移，并且由于新熏蒸库内货物（如我国的进境原木）对溴甲烷的吸附作用，溴甲烷尾气的利用率可以达到60%以上。因此，熏蒸气体交换技术使用的基本条件及要求如下：

（1）处理场所具有多个独立的熏蒸库；

（2）熏蒸库具有良好的气密性；

（3）安装强制循环的机械装置——循环风机。

此外，为了计算新的熏蒸库中溴甲烷的补充投药量，还需要配备可准确并快速测定熏蒸库内溴甲烷气体浓度的检测设备。

2. 技术特点

操作简单。开启熏蒸库的循环系统、溴甲烷浓度检测系统，即可实现熏蒸库中溴甲烷尾气的循环利用。

效率高。熏蒸库设计中一般要求在30 min内达到熏蒸剂气体的均匀分布，因此，熏蒸系统具有较大的循环能力，当启用两个熏蒸库之间的气体循环系统，在短时间内能使溴甲烷浓度达到平衡状态。由于新熏蒸库中货物的吸附，循环时间有一定程度的延长，最高可以利用63%的溴甲烷尾气。如朱光耀等对我国太仓进口原木处理区测试，30 min ~ 40 min可以使两个熏蒸库的气体浓度达到平衡。

使用成本低、经济效益高。由于熏蒸库已配备气体循环系统，因此实施尾气循环，仅需要在程序上进行控制，增加一定的用电成本。以太仓原木除害处理区为例，气体环流动力装置功率5.4 kW，循环时间按照最长40 min计算，用电3.6 kWh，约需3.6元 ~ 4元电费；可回收利用约10 kg溴甲烷，按照目前40~50元/kg溴甲烷计算，约400元 ~ 500元，具有很高（100倍）的投资回报率，再加上设备使用折旧费用，投资回报率相当高。

3. 应用前景

随着检疫熏蒸处理应用技术的发展，以帐幕熏蒸为主已经逐步转变为在固定场所实施的熏蒸库（熏蒸仓、熏蒸池）熏蒸，为气体交换技术的使用提供了基础条件。可以预计，气体交换技术将会作为固定式熏蒸系统普遍采用的一项实用技术。然而，溴甲烷能否直接再利用仍然受各个国家（地区）政策的影响和限制。例如美国、澳大利亚，回收的溴甲烷需要重新登记，影响了回收溴甲烷的直接循环利用；而我国目前对回收的溴甲烷的使用没有明确的限制条款，已经在六大进口原木除害处理区内应用。

（八）冷凝压缩技术

冷凝压缩技术是对整个熏蒸空间的气体进行冷凝和压缩，可使高浓度的溴甲烷尾气得到较高的回收率，运行成本也较低。因此，MBTOC在2006年~2010年的评估报告中均认为，尾气中溴甲烷浓度较低（≤25 g/m^3）时，不适合采用冷凝法回收，只有在特殊的熏蒸处理中，如熏蒸处理带有非洲大蜗牛的货物，投药剂量高（>120 g/m^3），才适合采用冷凝法进行溴甲烷回收。然而，在常规熏蒸中，由于熏蒸尾气中的溴甲烷浓度低，且溴甲烷沸点低，采用冷凝的方法回收溴甲烷对温度控制要求很高，对冷却容器的制冷效果要求较严，制造工艺复杂，成本也很高，与其他回收技术相比较不具优势，因此，目前采用此方法进行溴甲烷回收应用较少。

对于低浓度熏蒸尾气（<25 g/m^3），采用冷凝压缩技术与活性炭回收解吸技术结合使用，既能实现溴甲烷的回收再利用，也能解决回收时间长、回收率低、运行成本高等问题。先采用活性炭回收，可以将尾气中95%以上的溴甲烷吸附回收到活性炭罐中，再进行通风散气，熏蒸库可开始下一次熏蒸处理；在散气的过程中，可以同时对达到饱和吸附的活性炭进行（热）解吸，这样，解吸出的气体中溴甲烷浓度高，再进行冷凝压缩，回收溴甲烷并实现活性炭的再生，达到减少排放的最终目的。例如，在我国福建漳州的鲜活货物熏蒸系统中，安装了冷凝回收系统。

当然，回收到的溴甲烷是否可以直接利用，仍然受制于各国对溴甲烷使用的管理规定的影响。

（九）吸附回收与解吸技术

溴甲烷回收技术逐步向活性炭回收、解吸和再生技术发展。在溴甲烷回收技术发展的初期，沸石/分子筛、活性炭吸附技术并驾齐驱，但由于分子筛的使用成本高、受湿度影响大等原因，渐渐转向集中发展活性炭回收、解吸和再生技术。

1. 吸附回收技术

（1）活性炭吸附回收技术

正如潘碧云等对活性炭吸附特征的总结和分析，对包括溴甲烷在内的VOC吸附回收具有以下主要特点：① 活性炭是非极性的吸附剂，能选择吸附非极性物质；② 活性炭是疏水性的吸附剂，在有水或水蒸气存在的情况下仍能发挥作用；③ 活性炭孔径分布广，能够吸附分子大小不同的物质；④ 活性炭具有一定的催化能力；⑤ 活性炭的化学稳定性和热稳定性优于硅胶等其他吸附剂。因此，活性炭是目前溴甲烷回收技术中普遍采用的吸附剂。

①活性炭颗粒

椰壳颗粒是吸附溴甲烷的首选材料。对溴甲烷吸附研究的结果表明，在目前常用的椰壳颗粒、泥炭、烟煤颗粒为基质的三种活性炭吸附剂中，以椰壳颗粒的吸附能力最强。进一步研究认为，椰壳颗粒适于对较高浓度尾气（＞14 g/m^3）的吸附，低于3.5 g/m^{3}的则以泥炭为基质的吸附剂较为理想。此外，杏核、桃核、李核等农产品可制成活性炭作为替代吸附剂，Wiley等经过比较实验，以西梅核制成的吸附剂具有最高的回收效能。

活性炭回收系统需要控制熏蒸尾气的相对湿度。活性炭的吸附率（回收率）与溴甲烷浓度呈正相关，与环境温度、吸附剂的相对湿度呈负相关。Peterson等研究比较干、湿空气对活性炭吸附性能的影响，湿空气仅仅影响活性炭的吸附时间，导致吸附时间延长，但不会降低活性炭对溴甲烷的吸附量。

活性炭回收系统中需要采用降温设施。由于活性炭对溴甲烷的吸附是一个放热过程，在潮湿的活性炭中，溴甲烷不稳定可发生水解，而且温度上升可加速水解过程。在低温（10 ℃）时，活性炭可吸附自重30%的溴甲烷量；而在实际熏蒸处理的尾气回收中，承载量在5%～10%之间，因此，为了提高回收率并延长活性炭的使用寿命，需要保持活性炭在干燥、低温条件下使用，并降低活性炭的pH值。为此，在荷兰研发的集装箱Desclean溴甲烷减排系统中，安装降温装置以增加活性炭对溴甲烷的吸附能力，并防止溴甲烷水解。

②活性炭纤维

活性炭纤维与活性炭颗粒相比具有更大的比表面积，根据李晓波等开展的活性炭纤维吸附溴甲烷气体研究，活性炭纤维对溴甲烷的吸附特性与颗粒相似，主要表现在以下几方面：

A. 活性炭纤维的比表面积越大，越有利于其对溴甲烷的吸附；在溴甲烷的分子尺寸小于0.4 nm情况下，活性炭纤维所含有的0.8 nm左右的微孔数量越丰富，活性炭纤维对溴甲烷的吸附力越强；

B. 气体中溴甲烷浓度越高，活性炭纤维对溴甲烷的穿透及饱和吸附容量越大，但穿透及饱和时间相应缩短；气体流量增大，活性炭纤维对溴甲烷的穿透和饱和时间明显缩短，吸附量明显降低，吸附性能降低；

C. 活性炭纤维在循环使用过程中吸附量明显减小，循环使用12次后活性炭纤维对溴甲烷的穿透吸附量达到稳定值133.5 mg/g，为初始穿透吸附量的36.9%。

目前在检疫处理中运行的溴甲烷回收装置，如澳大利亚的Nordiko公司、美国的TIGG和Value Recovery公司等企业开发的回收系统，均使用活性炭回收法对尾气中溴甲烷进行回收处理，这些回收系统对溴甲烷的吸附率一般均在95%以上。

（2）沸石吸附回收技术

沸石可以加工为不同孔径的固体吸附剂，能很好地吸附熏蒸尾气中的溴甲烷气体，且其吸附具有良好的选择性，避免在溴甲烷吸附过程中被其他挥发性化合物污染，尤其适合对低浓度溴甲烷尾气的吸附。然而，对吸附于沸石中溴甲烷的解吸以及再利用却存在较多问题和局限，沸石能够加工成非常狭窄的孔径尺寸，因而可进行选择性吸附。

①由于沸石吸附受湿度的影响大，适用于耐储藏物如粮谷、木质包装等熏蒸的尾

气吸收，不宜用于对鲜活货物、原木等熏蒸尾气的吸收；

②解吸技术、沸石再生技术复杂、装置建设费用高，能源消耗大，由此造成运行费用高、实施困难等问题；

③沸石吸附后适宜进行集中解吸。因此，加拿大在进行吸附的室内和现场验证试验后，开展了集中解吸技术研究，将饱和吸附的沸石运到处理工厂进行溴甲烷的解吸处理，使沸石再生。使用这项技术，可以吸收熏蒸尾气中75%的溴甲烷。

此外，沸石与活性炭相比价格更贵，但它的吸附能力更强，特别是在低浓度下的吸附效果更好。因此，沸石吸附技术可以作为一项备选的溴甲烷回收技术。进入21世纪以来，采用沸石吸收溴甲烷的回收设施没有继续运行，沸石吸附回收逐步被放弃，集中研究和使用活性炭回收技术。

2. 再生技术与溴甲烷回收再利用

（1）再生技术评估

对于吸附于活性炭上的溴甲烷，可以采用物理（热解吸）、化学、生物三种解吸再生技术实现解吸和活性炭再生，其技术特征、应用范围、效率、优势等各有区别（见表5–12）。

表5-12 活性炭吸附溴甲烷的物理、化学、生物解吸技术比较

	热解吸技术	化学解吸技术	生物解吸技术
技术特征	技术要求简单，解吸的溴甲烷可重复利用	技术较复杂，需要对活性炭冲洗、烘干	复杂
解吸率	95% ~ 100%	100%	<100%
解吸速率	最快	较快	缓慢
优势	溴甲烷再利用	直接降解溴甲烷	直接降解溴甲烷
适用范围	熏蒸现场，安装于溴甲烷回收系统中	回收处理厂、大型熏蒸场所	土壤降解

一般来说，温度高于100 ℃即可实现溴甲烷的热解吸，可以采用传统加热技术，以热空气、热蒸汽、电热管线等对活性炭加热，温度容易控制，活性炭温度分布较为均匀；也可以采用介电加热（微波、射频）方式，或者使用焦耳热。三种新型活性炭热再生法的能耗相差不大，约为1.50 kW·h/kg活性炭，具有广阔的产业化前景及明显的经济效益。新型加热的技术复杂、温度不易控制，且温度分布不均匀，容易导致活性炭燃烧。因此，在溴甲烷检疫熏蒸处理设施中，适宜采用传统加热方式。由于热蒸汽加热后需要对活性炭进行烘干处理，耗时较长，且技术更为复杂，因此，适宜采用热空气加热解吸技术。

综合考虑，在溴甲烷检疫熏蒸处理系统中，仍然首选热解吸技术，其次为微波解吸再生技术。

（2）溴甲烷回收再利用

热解吸技术在目前运行的溴甲烷回收设施中被普遍采用，同时，热解吸的溴甲烷经过冷凝装置，以液态溴甲烷形式进行长期贮存或再利用。这种直接再利用方式可以减少成本，降低因运输过程泄露而产生的安全风险，但回收的溴甲烷不是真正意义上生产厂商出品的产品，需要考虑溴甲烷的纯度、商标、注册等问题。

回收溴甲烷的纯度。在熏蒸尾气中回收的溴甲烷收集物中，不可避免地包含其他易挥发有机物质（Volatile organic compounds，VOC物质），经过多次重复利用后，其他VOC可能会升高，也可能伤害被处理物品的品质。因此，回收溴甲烷的使用纯度及对货物品质的影响是管理部门担心和关注的问题，有待继续研究，以获得更多的数据，支持回收溴甲烷的直接再利用。

商标和重新登记。从经过登记注册厂商购置的溴甲烷药剂是允许用于检疫处理的，但回收的溴甲烷，有的国家规定，在使用前须重新注册获得商标后再使用，得到熏蒸处理管理部门、环保部门或其他相关管理机构的批准，或者征得溴甲烷生产厂家的同意。例如美国、加拿大、澳大利亚等国家不直接使用回收的溴甲烷。由于澳大利亚对氰、碘甲烷的登记在2010年和2011年被拒绝，Nordiko公司决定放弃回收溴甲烷的登记注册。有报道的其他国家如波兰、智利则允许溴甲烷进行直接再利用；我国现阶段对回收的溴甲烷使用还没有明确的规定，允许对原木熏蒸尾气中的溴甲烷直接通过气体交换技术而使用。

此外，溴甲烷重复利用的技术难度还包括设计和建造大型的回收设施，保证在有限的时间内实现回收和重复利用。因此，在不允许直接使用的国家（地区），目前活性炭主要用于溴甲烷的吸附，然后进行后续的降解、裂解后利用以及销毁处理。

（十）降解技术

1. 活性炭处置技术

对于吸附溴甲烷的活性炭的处置，有深埋、焚烧、催化裂解和改变用途四种方法，其各有优势和缺陷：

（1）深埋虽然简单、经济有效，但是对掩埋地的选择要求较高；

（2）焚烧法销毁需要高温，焚化可产生2 000 ℃左右的高温，溴甲烷在焚化过程中与空气接触产生易爆混合物，且其燃烧产物HBr与Br_2的处置十分困难，处置成本也十分昂贵。如澳大利亚Nordiko公司开发的检疫处理系统已成功实现了商业化QPS用途溴甲烷的活性炭回收，但处理废旧活性炭的费用非常昂贵，以至于设施的推广应用困难；

（3）催化裂解法可以降低溴甲烷分解的温度，因此，近年来对催化裂解技术的研究较多，而且催化裂解后可以获得溴素，用于溴甲烷的合成或做其他工业原料，是一项很有前途的技术；

（4）改变吸附溴甲烷活性炭用途，用于土壤熏蒸处理。这需要首先获得登记，同时，这些溴甲烷数量需要计入农业关键用途。随着农业关键用途中溴甲烷的数量、作物种类逐渐减少甚至被取消，该技术也很难有较大的推广应用前景。

因此，综合技术、经济、政策、适用范围等因素考虑，需要继续发展催化裂解技术，实现商业化应用。对于数量较少而又适宜深埋或焚烧的地区，可以采用深埋法或焚烧法；对于量大而又没有掩埋条件的地区，可以集中收集活性炭送往废气处理工厂，采用催化裂解技术，实现溴甲烷的再利用。

2. 化学降解技术

碱液、硫代硫酸盐、胺类、臭氧四类物质能与溴甲烷发生化学反应，而被用于溴甲烷的降解处理。由于受到专利对其核心技术的保护，因此难以对这四类反应剂的效率、优势等做出全面的、科学的评估。从总体上分析，化学降解技术受温度的影响较大，温度越高，反应速率越快，所以，提高反应容器中反应剂的温度，有利于提高降解速率和尾气中溴甲烷的降解率。另外，反应后的废液处理也需要重视，防止反应产物和未完全利用的反应剂对环境造成二次污染。

从溴甲烷回收减排技术的发展趋势分析，溴甲烷降解技术向化学降解、物理解吸再利用方向发展。在溴甲烷降解技术发展初期，主要采用活性炭吸附后高温裂解、焚烧、掩埋等技术，逐步发展了亲核试剂直接降解技术和溴甲烷裂解后的溴素再利用技术（包括生产溴甲烷和其他溴素产品）。目前化学降解与物理降解后再利用协同发展，分别满足不同熏蒸场所、不同管理规定的需要。

3. 生物降解技术

在20世纪70年代，采用原子标记法等技术在一些嗜甲烷细菌的悬浮液中检测到溴甲烷成分，如Colby等研究发现溴甲烷甲基单胞菌（*Methylomonas methanica*）的提取物中存在溴甲烷，其溴甲烷单加氧酶（Bromomethane Mono-oxygenase）为甲烷氧化的分解酶。继续对溴甲烷单加氧酶进行研究，发现其为非特异性酶，可以催化多种有机物以及一氧化碳，并对溴甲烷作为甲基氧化研究中的适合性进行了评价。由此开启了溴甲烷生物降解菌及降解技术的研究工作。

利用细菌消耗溴甲烷的生物降解技术虽然是非常环保的技术方法，但由于生物消耗的特征是降解速度慢，降解量非常有限，因此，在尾气中溴甲烷含量较低、总量少的情况下，生物降解技术很适用，如降解集装箱的剩余气体；但对于超过几千克的溴甲烷，操作上近乎不可行，至今并没有溴甲烷生物降解商业化装置。因此，最为适用之处是经过回收后的剩余气体或者土壤中溴甲烷污染的材料。进入21世纪以来，对土壤分离菌株IMB-1的研究较多，随着技术的发展，其有可能用于大型熏蒸设施中，实现对溴甲烷的降解，减少排放。

（十一）安全性和残留

溴甲烷熏蒸食物后，绝大多数溴甲烷气体能迅速解吸出来并扩散掉，因此在通常情况下用溴甲烷熏蒸，不会产生残留问题。如Fairall和Scudamore（1980）用溴甲烷熏蒸小麦、面粉、油菜籽和花生等，发现溴甲烷在小麦散气两天后的残留为0.04×10^{-6}，面粉散气一天后的残留量为0.02×10^{-6}，但在油菜籽和花生中的残留量分别是0.10×10^{-6}和0.38×10^{-6}，11天后检测残留还分别为0.08×10^{-6}和0.03×10^{-6}。

溴甲烷气体能和食品中的组成物质发生化学反应，形成少量的永久性残留物。在这类残留物中比较容易被检测到的是无机溴离子，但很多食物中本身就有无机溴离子，因此测定时只能看新增加的无机溴离子的量。从影响人们健康的角度来看，如果人们以正常量消费含无机溴的食品，食品中无机溴的残留显得并不太重要。因为联合国粮农组织和世界卫生组织联席会议根据毒理学的原理估计，一个人每千克体重每天最多可以从一切食物中摄取1 mg的无机溴，但是像坚果类的食物经溴甲烷熏蒸后，无机溴的残留量要比水果、蔬菜等的高得多，而且还可能影响这些食物的香味，甚至产生异味，因此在实际熏蒸中应引起注意。

从同位素标记试验来看，大多数残留的溴甲烷分子主要是使食物中蛋白质片段和游离氨基酸甲基化。Lynn通过豚鼠和兔的饲养研究后认为，溴甲烷残留所导致的甲基化，不会对食物的营养价值造成明显的影响，对B族维生素也无影响。

由于溴甲烷能使蛋白质、氨基酸甲基化，还可能使基因畸变，因此有必要将溴甲烷在食品中的残留量极限降到现有的最低检测限或以下。联合国粮农组织和世界卫生组织推荐了供零售或直接消费用食品中溴甲烷的允许残留量为0.01 mg/kg；无机溴残留允许量为谷物50×10^{-6}，油料食物200×10^{-6}。

美国1954年发布了关于溴甲烷熏蒸食品、粮食及瓜果后无机溴残留允许量标准，现将主要的大类展示于表5-13，供参考。

表5-13　溴甲烷熏蒸食品、粮食及瓜果后无机溴残留允许量标准

货物种类	无机溴残留允许量（10^{-6}）
甜玉米	240
扁桃、巴西核桃、甜杏仁、栗子、花生、胡桃等含油脂高的食品	200
椰子核干、地瓜、鳄梨等	75
大麦、绿豆、蒜头、玉米、大米、小麦等	50（FAO目前仍采用此标准）
甜菜、胡萝卜、柑橘、黄瓜、草莓等	30
杏、葡萄、芒果、桃等	20
苹果和梨等	5

二、硫酰氟（Sulphuryl fluoride）

硫酰氟英文简写为SF，分子式为SO_2F_2，商品名为Profume。

（一）理化特性

硫酰氟是一种无色无味的压缩气体，不纯和高浓度下略带硫磺气味。沸点为-59.2 ℃。分子量为102.06，气体比重为2.88，液体比重为1.342（对水的比重，温度4 ℃），蒸汽压为13 442 mmHg（25 ℃），气化潜热为169.94 kJ/kg。其在水中的溶解度很低，为0.75 g/100 mL，但在油脂中的溶解度较高，如在25 ℃下，硫酰氟在花生油中的溶解度为0.62%。硫酰氟不燃不爆，化学性质稳定，具有很高的蒸汽压力，穿透力较强。其商品纯度为98～99%，CAS号为2699-79-8 。

硫酰氟的制备方法：

1. 以二氧化硫和氟气为原料，在氟化氢和碱金属氟化物（如氟化钾等）存在的条件下合成，反应温度为-60 ℃～50 ℃。反应式如下：

$$SO_2+F_2=SO_2F_2$$

2. 以二氧化硫、氯气、无水氢氟酸为原料，在催化剂作用下合成，反应温度为150 ℃～200 ℃。反应式如下：

$$\text{主反应}\ SO_2+Cl_2+2HF=SO_2F_2+2HCl$$

$$\text{副反应}\ SO_2+Cl_2+2HF=SO_2ClF_2+HCl$$

副反应主要在较低的温度下才会显著发生。

（二）杀虫机制

Outram发现硫酰氟能抑制氧气的吸收，能破坏生物体内磷酸的平衡，能够抑制大分子脂肪酸的水解，还有人认为硫酰氟能影响一些新陈代谢过程。Meikle等的研究结果表明，硫酰氟主要是以氟离子起毒杀作用的，氟离子能破坏糖和脂肪酸的代谢循环，使昆虫失去维持生存必需的细胞能源。在硫酰氟熏蒸白蚁过程中发现，糖醇解过程被硫酰氟阻断了，然而没有发现烯醇酶的产物和磷酸烯醇丙酮酸的积累。因而有人主张硫酰氟能够抑制那些镁离子存在条件下才具有活性的酶，包括烯醇酶和能量代谢中的一些酶如腺苷三磷酸酶等，是通过这些酶的抑制才使昆虫死亡的。硫酰氟是通过干扰能量代谢而致昆虫死亡，由于能量消耗过程较慢，因此昆虫死亡时间可能需要几天。硫氟酰减少卵对氧的吸收量，但由于卵壳的阻碍作用卵较成虫对硫氟酰更为不敏感，因此杀卵需要增加熏蒸时间或提高浓度。对于营社会性的昆虫，其幼虫生存依赖于成虫，有效杀死成虫就等于杀了幼虫。

（三）动物毒性

硫酰氟对人的毒性比较高，毒性大致相当于溴甲烷。硫酰氟对所有处在胎后发育阶段的害虫毒性都很大。很多害虫的卵对它具有较强的耐药性，这种耐药性主要是硫酰氟药剂不能穿透卵壳所致，硫酰氟对虫卵的毒力弱，要取得彻底杀灭虫卵的熏蒸效果，需要较高的浓度和较长的熏蒸时间。

硫酰氟是一种惊厥剂，中国医学科学院卫生研究所急性和亚急性吸入毒性的研究结果表明，硫酰氟对小白鼠LC_{50}值为800 mL/m^3，相当于3.36 g/m^3。硫酰氟对家兔致死浓度为3 250 mL/m^3。亚急性试验对大白鼠在55.6 mL/m^{3}下染毒2 h，对大白鼠实质性脏器没有明显损害。急性口投对鸽子为中等毒性，对鼠、狗、兔的亚急性毒性（暴露13周试验）包括氟牙、体重下降、影响肺、神经系统和大脑。不影响受试大鼠或兔的繁殖，但影响后代的体重。动物试验长期暴露于硫酰氟中会引起氟牙。

在硫酰氟产品中混入少量氯化苦，用于警戒性气体，安全浓度5 mL/m^3，检测报警浓度建议为1 mL/m^3。

（四）对货物的影响

Gray对硫酰氟熏蒸库内物品及植物和植物产品可能造成的影响作了如下概述。实验室和室外现场试验的结果表明，硫酰氟不会对摄影器材、金属、纸、皮鞋、橡胶、塑料或其他大量的被熏蒸物品产生不良的颜色、气味或腐蚀反应。硫酰氟对杂草和作物种子的发芽没有或很少有影响，但对绿色植物、蔬菜、果实和块茎作物则有害；小麦、锯木屑和其他许多物品对硫酰氟的吸收程度比溴甲烷的低。Meikle和Stewart 发现，用硫酰氟熏蒸时，除某些含蛋白质的食物外，食品中的氟化物残留量很低；蛋白质含量高的食物如乳酪和肉等中含有像脂肪一类有溶解能力的物质，因此氟的残留量较高。

1963年陶氏益农公司（一家硫酰氟熏蒸剂生产专营企业）指出，无论如何都不要用硫酰氟熏蒸未经加工的农业产品或者食物饲料，或预定供人或动物用的药品。不要用它熏蒸活体植物。随着硫酰氟研究的逐步深入，硫酰氟可用于食品熏蒸处理。自瑞士成功完成硫酰氟对食品加工厂的熏蒸后，瑞士政府于2003年9月9日正式许可硫酰氟用于食品的商业性熏蒸，成为全球第一个使用硫酰氟替代溴甲烷在食品熏蒸中应用的国家。2004年1月26日，美国环保局（U.S. Environmental protection agency，EPA）也正式通过了硫酰氟在食品熏蒸中使用的登记。陶氏公司还向美国环保局提出了硫酰氟熏蒸食品的最高残留限量：动物饲料为0.2 mg/kg，牛肉为0.01 mg/kg，收货后的奶酪为0.5 mg/kg，收货后的可可豆为0.8 mg/kg，收货后的椰子为1.0 mg/kg，收货后的咖啡为0.8 mg/kg，收货后的棉籽为0.2 mg/kg，蛋类为0.7 mg/kg，收货后的姜为0.2 mg/kg，收货后的谷类粮草、饲料及草秆为2.0 mg/kg，火腿为0.01 mg/kg，收货后的草籽及香料为0.3 mg/kg，奶类为1.5 mg/kg，收货后的松果为3.0 mg/kg，其他加工食品为1.2 mg/kg，收货后的花生为0.2 mg/kg，收货后的米粉为0.08 mg/kg，收货后的豆类蔬菜为0.02 mg/kg。陶氏益农公司于2005年7月15日得到美国环保局关于硫酰氟的新的使用标签的标准。此产品新标签中所覆盖的使用作物有加工食品、烘烤货物、意大利面食品、玉米粉、调味品、中草药、糖、盐、可可粉、豆类和动物饲料。目前硫酰氟已可用于非居住建筑物、食品加工处理设施（例如，宠物食品厂、面包房、食品加工厂、面粉加工厂和仓库货栈等）、停站的运输工具（火车、船舱、卡车，还包括飞机等）、临时和永久熏蒸库和仓房结构的熏蒸，防治鼠害、虫害和无脊椎有害生物，其中：虫害种类有印度谷螟（*Plodia interpunctella*）、地中海粉螟（*Ephestia kuehniella*）、衣蛾（*Tinea pellionella*）、赤拟谷盗（*Tribolium castaneum*）、锯谷盗（*Oryzaephilus surinamensis*）、花斑皮蠹（*Trogoderma variabile*）、谷象和米象等。意大利政府有关部门已同意硫酰氟在食品加工厂中应用。因此，硫酰氟替代溴甲烷在食品熏蒸中的应用成为一种发展趋势。表5-14列出了可使用于硫酰氟熏蒸处理的主要食品。

表5-14　可使用硫酰氟熏蒸的主要物品

干果	坚果	谷物	谷物加工品
海枣	杏仁	大麦粒	玉米细粉
无花果	薄壳核桃	玉米粒	玉米碎粒
李梅干	胡桃	爆玉米粒	玉米渣
葡萄干	山毛榉果	燕麦粒	糙米
杏子干	灰胡桃	米粒	精白米
苹果干	腰果仁	小麦粒	米糠
香蕉干	栗子	小米粒	谷壳
其他干果	榛子	稻谷	麦麸
	巴西坚果	高粱粒	小麦粉
	山核桃	黑小麦粒	小麦胚
	澳洲坚果		面粉的副产品
	阿月浑子果仁		小麦粒外皮

（五）检疫应用

硫酰氟一般贮存于耐压钢瓶中，包装规格现有5 kg、15 kg、20 kg及35 kg。硫酰氟杀虫广谱，低温下仍有良好的杀虫作用，对线虫也有一定的杀灭效果。硫酰氟广泛应用于检疫处理、外贸、商业、农林、轻纺、城建以及文史档案的熏蒸灭虫。实践证明，高纯度的硫酰氟对文物类、计算机类精密仪器和设备，以及玻璃类仪器、塑料类、金、银、铜、铁、锡和橡胶制品均安全。美国陶氏益农公司报道，在26.7 ℃、48 $g \cdot m^{-3}$剂量的硫酰氟，对不锈钢、黄铜、铝、锌、银、各类橡胶、涤纶、醋酸人造丝、羊毛、棉毛、毛细装料、多种彩色纸、牛皮（6种）、小羊皮手套料（蓝色）、小羊皮革（黑色、白色）、马皮、塑料照相用品和多种工艺品无腐蚀性，无残留气体并无色泽影响。

由于硫酰氟具有扩散渗透性强、广谱杀虫、用药量省、残留量低、杀虫速度快、散气时间短、低温使用方便和毒性较低等特点，越来越广泛地被应用于仓库、货船、集装箱和建筑物、水库堤坝、白蚁防治以及园林越冬害虫、活树蛀干性害虫的防治。对木材、棉花、烟草、中药材、竹木器、工艺品、杂货、衣料、图书资料、文物档案等类害虫均有良好的防治效果，硫酰氟是植物检疫、卫生检疫、农林仓储、建筑等行业使用溴甲烷的重要替代品之一。郑剑宁等研究了硫酰氟熏蒸除鼠的最佳剂量与时间关系，结果见表5-15。根据预测，对25个空集装箱进行了除鼠实验，考虑气体在集装箱内浓度达到平衡需要一定的时间，故部分实验组的试验时间延长了1 h～2 h，每处理重复4次，熏蒸除鼠率均达到100%。

表5-15　硫酰氟熏蒸除鼠的剂量—时间关系预测

编号	时间（h）	预测剂量（g/m^3）
1	3.00	8.75
2	4.00	6.20
3	5.00	5.25
4	6.00	4.70
5	7.00	4.30
6	8.00	4.00

刘小真等（2005）研究了硫酰氟和溴甲烷混用熏蒸集装箱的消毒效果。结果表明，硫酰氟10.50 g/m^3与溴甲烷20.25 g/m^3混合于密闭空间11 h，能100%杀灭小白鼠及美洲大蠊（*Periplaneta americana*）；美洲大蠊卵3个月孵化率为0。在37.5 ℃，相对湿度54%时，最短封闭时间为16.67 h，硫酰氟18.75 g/m^3、溴甲烷36.00 g/m^3熏蒸集装箱，对小白鼠、美洲大蠊、美洲大蠊虫卵及大肠埃希菌（*Escherichia coli*）、金黄色葡萄球菌（*Staphylococcus aureus*）、铜绿假单胞菌（*Pseudomonas aeruginosa*）有100%消毒杀虫灭鼠效果。詹国平等用硫酰氟熏蒸处理木质包装材料中光肩星天

牛（*Anoplophora glabripennis*）幼虫，毒力分析结果显示：在4.4 ℃、10.0 ℃、15.5 ℃和21.1 ℃条件下熏蒸24 h，达到$LD_{99.9968}$要求的预期CT值分别为6 183.5、3 242.7、1 019.1和692.6 mg·h/L，在木材装载量为25%左右的情况下，致死剂量分别为309.5 mg/L、217.0 mg/L、87.8 mg/L和75.7 mg/L。2017 年 IPPC秘书处在第 28 号国际植检措施标准《限定有害生物植物检疫处理》下发布2项新的检疫处理指标《PT 22 针对昆虫的去皮木材硫酰氟熏蒸》和《PT 23 针对线虫和昆虫的去皮木材硫酰氟熏蒸》，进一步推动硫酰氟熏蒸在原木检疫处理上的应用。硫酰氟熏蒸用于木质包装的国际植物检疫措施标准正在评议中，预计近一两年将出台发布。硫酰氟熏蒸处理农林、仓储货物及原木的参考资料见表5-16。

表5-16　硫酰氟熏蒸处理农林、仓储货物及原木的参考资料

货物名称	防治对象	温度（℃）	剂量（g/m³）	处理时间（h）
玉米、小麦、高粱、水稻、谷子、白菜、甘蓝、胡萝卜、黄瓜、菠萝、番茄、芝麻、大豆、花生、豌豆、红豆、绿豆、向日葵、苜蓿等种子	皮蠹类、玉米象（*Sitophilus zeamais*）、谷象、米象、谷蠹、豆象类、谷盗类、谷蛾类等	25～30	30	24
		20～24	35	24
		15～19	40	24
		11～14	50	24
林木种实：拧条、紫穗槐	豆象幼虫	0～10	35	72
刺槐、柳杉	小蜂幼虫	—	35	72
落叶松	种子广肩小蜂	—	40	72
黄连木	种子小蜂	—	45	72
棉籽	棉红铃虫	5以上	20～30	48
紫穗槐、洋槐等	豆象类、象虫类	18～20	30～35	24～64
		10～15	40	24～64
		5～9	40	48～64
		0～4	50	48
原木	蠹虫类、天牛类及其他蛀干害虫；蚁类	25～30	30	24～36
		20～24	35	36
		15～19	35	48～64
			40	24～36
原木	蠹虫类、天牛类及其他蛀干害虫；蚁类	10～14	40	48～64
			30	72
		5～9	45	72
			50	48～64
		0～5	65	48～64
			55	72

续表

货物名称	防治对象	温度（℃）	剂量（g/m³）	处理时间（h）
木材、木材制品、树皮、软木	蛀虫、树蜂、天牛幼虫及长蠹	21	64	16
		15.5 ~ 20.5	64	24
		10 ~ 15	80	24
		4.5 ~ 9.5	104	24
		4.5 ~ 9.5	80	32
	白蚁	21	16	16
毛呢料、天然或人工合成纤维制品	皮蠹类及其他蛀虫	15.5 ~ 20.5	24	24
木制品、竹制品、草制品	蠹虫类	10 ~ 15	40	24
动物、植物标本	皮蠹类及其他蛀虫	25 ~ 30	35	24
		20 ~ 24	40	24
		15 ~ 19	45	24
		11 ~ 14	50	24
烟草（打包）	烟草甲等	20 ~ 25	35	48
用于集装箱内木板箱，木条箱、柳条、金属包装、带有垫木的机械设备、仪器、电子设备或有橡胶成分的精密仪器	仓储害虫、白蚁、木材蛀干害虫等	21	64	16
		15.5 ~ 20.5	64	24
		10 ~ 15	80	24
		4.5 ~ 9.5	104	24
		4.5 ~ 9.5	80	32

2008 年以前，由于硫酰氟较短的寿命和与大气较低的反应性，硫酰氟全球变暖潜能值被认为接近于零，是二氧化碳的万分之一，对全球变暖的影响非常微小。但2008 年后，对硫酰氟红外吸收光谱数据的研究却认为硫酰氟属于温室气体。2009 年，美国麻省理工全球变化科学学院研究发现，硫酰氟在空气中存在的时间是36 年，比科学家原先断定的长 8 倍，其危害大于先前的判断。1 kg 硫酰氟排放到大气中对全球变暖的影响是 1 kg 二氧化碳的 4 800 倍。现在虽然空气中只存在极少量的硫酰氟，约 1.5 兆分之一，但却以每年 5% 的速度增加，其将日渐成为一种强效温室气体，对环境的影响不容忽视。研制和寻找硫酰氟熏蒸的替代产品和技术对于减少温室气体排放具有重大意义。

三、磷化氢（Phosphine）

磷化氢的英文简写为PH，分子式为PH_3。

（一）理化特性

纯净的磷化氢是一种无色无味的气体，分子量为34.04，沸点为–87.4 ℃，熔点为−133.78 ℃，气体比重为1.214（空气比重为1），蒸发潜热为412.08 kJ/kg，在水中的溶解度很低（26 mL/100 mL水，17 ℃），易溶于酒精和乙醚。所以，在使用磷化氢前后操作人员应忌酒和忌食油腻食物。磷化氢在空气中的最低爆炸浓度为1.7%，CAS号为7803−51−2。

磷化氢可在空气中自燃，火焰明亮。磷化氢分子质量为33.997 58 g/mol，标准状态下密度为1.530 7 g/L，是空气密度的1.18倍，与空气密度非常接近，因此可以在熏蒸过程中快速均匀地扩散。

磷化氢分子由1个磷原子和3个氢原子构成，具有较强的还原性。氧化性较弱的水溶液就能将磷化氢氧化，生成磷酸和次磷酸，这些氧化产物会在相对湿度较高的情况下腐蚀铜、黄铜、金、银、钢、锌、铅等一系列金属，其中铜最容易被腐蚀。磷化氢还可与硝酸银反应生成黑色的磷化银沉淀，这一反应原理可用来检测熏蒸后粮堆中磷化氢的残留，反应式如下：

$$PH_3 + AgNO_3 \rightarrow Ag_3P \downarrow + 3HNO_3$$

室温下磷化氢具有热稳定性，550 ℃以上才会分解。

磷化氢一般是经磷化物与水或硫酸等反应产生的。常见的磷化物有磷化铝、磷化锌和磷化钙等。GB 5452—2001对56%的磷化铝片剂有详细要求。其质量指标为：磷化铝的质量分数≥（56.0 ± 2.5）%，平均每片质量有4种规格（3.2 ± 0.1）g、（3.0 ± 0.1）g、（2.5 ± 0.1）g、（0.6 ± 0.1）g，立面强度前3种规格≥ 70N，第4种规格≥ 50N，碎片和粉末≤ 1.5%。磷化氢也可以通过高压钢瓶储存。为保证安全，通常采用二氧化碳进行混装。早在20世纪80年代，澳大利亚联邦气体公司就注册了商品名为Phosfume™的钢瓶混装气体，储存了2%的磷化氢和98%的二氧化碳（质量比m/m）。

实际应用中的工业级磷化氢常混有磷化氢中间物和二磷烷（P_2H_4），因此有类似大蒜、腐鱼的难闻气味，嗅觉阈值为0.21 mg/m³，即使磷化氢浓度很低，靠嗅觉也能嗅出。这些杂质在熏蒸处理中可能更容易被吸收。在某些熏蒸条件下，当熏蒸空间中仍然存在对害虫有效的浓度时，这种气味有可能已经消失，因此决不能靠气味来指示磷化氢的存在。

（二）杀虫机制

1. 磷化氢的作用靶点

磷化氢对害虫的毒理机制可概述为：（1）作用于乙酰胆碱酯酶，干扰交感神经系统；（2）作用于细胞色素氧化酶，破坏电子传递链，干扰能量代谢；（3）作用于抗氧化酶系，破坏细胞氧化还原状态。

（1）干扰神经系统

磷化氢最初引起关注是在人类惊厥和动物多动伴随抽搐的症状中，其次人的嗜睡和动物昏迷或麻醉，也可能由其介导。有研究表明，磷化氢可通过抑制乙酰胆碱酯酶，增加乙酰胆碱的神经传导。乙酰胆碱是一种兴奋性神经递质，乙酰胆碱酯酶是衰减乙酰胆碱信号作用的酯酶，磷化氢可能抑制信号的衰减，最终的结果是导致信号的过度活跃，这极有可能表现为多动，产生兴奋性毒性。林忠莲在对谷蠹和玉米象的研究中发现，PH_3可以显著地抑制这两种害虫体内的乙酰胆碱酯酶。谷蠹和玉米象成虫体内的乙酰胆碱酯酶是以游离态和与膜结合两种形式存在的。当试虫处于麻醉状态时，PH_3对谷蠹和玉米象成虫体内乙酰胆碱酯酶活力具有抑制作用，然后随散气时间的延长，乙酰胆碱酯酶活力恢复到原水平。Al-hakkak发现在体内和体外试验PH_3都对粉斑螟乙酰胆碱酯酶活性有抑制作用。谷物熏蒸通常依赖于中等剂量的磷化氢长时间熏蒸，这表明磷化氢对乙酰胆碱介导的毒性不是由于急性神经兴奋性中毒，其失活机制是未知的。

（2）与细胞色素氧化酶有关的机制

磷化氢在水溶液中作为配位体易与重金属化合物形成重金属盐配位磷化物。其中与铜的反应活性最强。因此，磷化氢的毒性机理与细胞色素氧化酶等含铜有机物有密切的关系。Cheforka通过对老鼠、家蝇以及谷象的研究，发现PH_3是一种很强的线粒体呼吸抑制剂，尤其是对线粒体呼吸链氧化磷酸化偶联部位III的抑制。Nakakita也证实PH_3主要抑制细胞色素氧化酶和 α－细胞色素a。细胞色素氧化酶是以铁卟啉为辅基的结合蛋白，PH_3通过呼吸或表皮进入虫体后，在氧气的存在下，首先被活化为有毒中间体，然后与细胞质中线粒体内膜上的细胞色素C氧化酶中的金属离子Fe^{3+}结合形成了一种无催化能力的稳定化合物，使酶失去活性，结果导致呼吸链中细胞色素C（还原型）无法在细胞色素氧化酶的作用下，把氢原子交给分子氧形成水，致使生物氧化过程中断，能量代谢无法正常进行，细胞丧失了传递能力，从而导致昆虫最后窒息死亡。磷化氢与氢氰酸等呼吸抑制剂相类似，因此，科学家认为PH_3的作用机理与氢氰酸等呼吸抑制剂相似，也是通过破坏呼吸链的完整，抑制虫体内细胞色素C氧化酶的活力，从而使生物的呼吸过程不能正常进行，最终导致试虫死亡。Price发现，PH_3体外实验能抑制谷蠹品系的细胞色素氧化酶的活力，而在PH_3在谷蠹、锯谷盗和锈赤扁谷盗（*Cryptolestes ferrugineus*）体内实验中，未能检测出细胞色素c氧化酶的活性有明显抑制。这说明，PH_3或其中间物对细胞色素C氧化酶的作用，在体内和体外试验中存在差异。Price（1982）继续对细胞色素氧化酶进行了研究，发现用PH_3处理后的敏感品系的谷蠹，其体内的血红素中的细胞色素氧化酶受到了抑制，而作为对照的谷蠹抗性品系体内的活性水平稍高。Price认为，抗性品系害虫吸收较少量的PH_3是可能导致体内细胞色素氧化酶活性较高的原因。因此他认为PH_3并不与氢氰酸等线粒体呼吸链抑制剂类似，昆虫体内的细胞色素氧化酶也非PH_3的作用靶标部位。

（3）与过氧化氢酶有关的机制

磷化氢对过氧化氢酶具有抑制作用。Price发现在体内实验中PH_3抑制谷蠹体内的过氧化氢酶的活力，抗性高的品系体内过氧化氢酶的活性也高；提高试虫过氧化氢酶的含量，同时会提高试虫对PH_3的耐受力。Chaudhry研究了过氧化氢酶，发现对于敏感品系的谷蠹，PH_3使过氧化氢酶的活力降低，但对于抗性品系的谷蠹，PH_3对其影响则较小。基于此，他认为过氧化氢酶可能在PH_3对试虫的影响中起着重要的作用。林忠莲在对谷蠹和玉米象体内的过氧化氢酶研究时也发现，PH_3能显著地抑制这两种虫体内的过氧化氢酶的活力。而且，PH_3对这两种试虫体内过氧化氢酶活力作用相关性与PH_3散气时间、浓度有关。试虫体内过氧化氢酶活力抑制率与其死亡率之间有显著的线性相关关系。Price进一步研究发现，体内实验所有测试的敏感品系的昆虫过氧化氢酶的活性都比抗性品系的过氧化氢酶的活性受抑制程度大，体外实验除了体内过氧化氢酶含量低的谷蠹外，其他害虫并没有出现过氧化氢酶活性被磷化氢抑制的情况。这些结果表明，过氧化氢酶可以作为体内磷化氢对昆虫的直接作用靶点。

（4）氧自由基机制

Nakakita发现在昆虫体内存在一特殊因子（XE），主要分布在细胞组织的匀浆中，表现出类似酶的特性，在有氧的条件下可吸收PH_3，但在无氧的环境条件下，则不吸收PH_3，这种现象与在实际熏蒸过程中表现出来的磷化氢对害虫的毒性效应相似，反应式如下：

$$O_2^- \xrightarrow{SOD} H_2O_2 \xrightarrow{CAT} H_2O+1/2O_2$$

XE为特殊因子，从上述方程可知当过氧化氢酶活性受抑制后，昆虫体内将会积累过多的细胞毒性物质O_2^-和H_2O_2，导致试虫中毒。此机制首先肯定了氧气在PH_3毒理机制中的重要作用，当氧气浓度很高时，使PH_3与氧的反应向右进行，产生大量的O_2^-，增加了虫体内O_2^-的含量，与此同时过氧化氢酶受到抑制，不能维持过氧化氢的低水平，增强了磷化氢毒性。

（5）其他相关靶标部位的作用

Chaudhry和Price还系统研究了过氧化物酶、超氧化物歧化酶。研究发现：PH_3诱导超氧化物歧化酶的活力升高，使过氧化物酶的活力降低。与敏感品系相比，同样剂量处理抗性品系的谷蠹时，超氧化物歧化酶、过氧化物酶的活力都没有异常变化。Bolter在对谷象的研究中发现，经磷化氢处理，谷象的过氧化物酶、过氧化氢酶和超氧化物歧化酶的活性都发生了异常变化，进一步的研究表明磷化氢破坏了昆虫的整个抗氧化酶系，使昆虫体内产生过多的可攻击细胞膜的羟自由基，破坏了细胞的完整性，从而对昆虫起到毒杀作用。Gary等的研究进一步证实了Bolter的磷化氢破坏昆虫整个抗氧化酶系的毒理假说。

在PH_3对储粮害虫的毒理研究中，除上述之外，谢尊逸对谷蠹品系的多功能氧化酶系MFO、酯酶、羧酸酯酶和谷胱甘肽S转移酶进行了研究，Rajak等和Chaudhray也研究了多功能氧化酶系MFO及细胞色素P450酶系，Trimborn对血红蛋白进行了相关研究。

由于磷化氢主要通过影响昆虫代谢发挥毒性，因此不同虫态昆虫对磷化氢的敏感性差异较大。从图5-5中可以看出，仓储害虫不同虫态对磷化氢的敏感性依次为幼虫<成虫<卵<蛹。

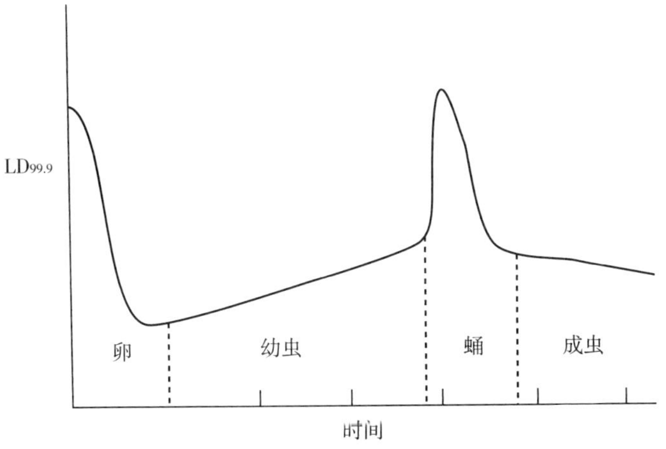

图5-5 仓储害虫不同虫态对磷化氢的敏感性

2. 磷化氢的抗性机制

（1）昆虫产生磷化氢抗性的种类

磷化氢虽然具有良好的熏蒸剂特性，但也面临着挑战。其中最严重的问题是具有磷化氢抗性的害虫品系的产生。Monro等第一次发现了谷象对磷化氢的抗性。联合国粮食及农业组织（FAO）也从那时开始关注储粮害虫的抗药性，并于1974年在全世界范围内进行了储粮害虫对化学杀虫剂抗药性的调查。结果发现，40%的被调查国家（地区）存在磷化氢抗性样品，该数量约占总样品数的10%。

近年来，害虫磷化氢抗性急剧增强，形势不容乐观。以谷蠹为例，李雁生测定了47个谷蠹品系，其中抗性品系有20个，占被测样品数的43%；1992年又测定了40个谷蠹品系，其中抗性品系有24个，占被测样品数的60%。林国番等测定了57个浙江谷蠹品系，其中抗性品系占75%。梁权和曾玲测定的13个广东谷蠹品系中抗性品系占77%，其中2个抗性品系的抗性系数值高达606倍和1 194倍。蒋庆慈等测定了25个湖北谷蠹品系，其中抗性品系高达92%。以上研究表明，我国谷蠹的磷化氢抗性呈现急剧增长的趋势。国外情况与国内类似，Taylor报道孟加拉谷蠹品系的抗性系数值为100倍；Friendship和Sartori也报道非洲、巴基斯坦和巴西存在高抗性谷蠹品系；Rajendran还报道印度谷蠹品系的抗性系数值高达380倍；Collins在澳大利亚也发现1个高抗性谷蠹品系，抗性系数值为603倍。这些结果表明，谷蠹磷化氢抗性不仅分布广泛，而且十分严重。类似的情况在米象、玉米象、赤拟谷盗等其他害虫中也存在。显然，害虫磷化氢抗性的广泛性和严重性已严重制约了熏蒸剂磷化氢的继续应用，是研究人员必须面对和解决的首要难题。

（2）昆虫产生磷化氢抗性的生物学表现

产生磷化氢抗性的昆虫品系有如下生物学变化：体重减轻、呼吸速率下降、运动能力下降、繁殖能力下降等。

（3）昆虫产生磷化氢抗性的机制

① 主动排斥

主动排斥机制是指试虫具有将进入体内的磷化氢主动排出体外，从而降低磷化氢吸收量的能力，且此能力与代谢强度相关。Price等发现抗性谷蠹的磷化氢吸收量低于敏感谷蠹，在对锈赤扁谷盗和锯谷盗的研究中也有类似的发现。Monro等对谷象的研究显示，谷象敏感品系在吸收磷化氢时伴随呼吸和代谢减缓的现象，而其抗性品系则没有这些表现。由此，Price提出抗性谷蠹可主动排斥进入体内的磷化氢，减少磷化氢吸收量，且这一主动排斥解毒机制与代谢有关。1987年，Price等进一步研究发现，抗性谷蠹对磷化氢的主动吸收量甚至低于死亡虫体对磷化氢的被动吸收量，使上述主动排斥理论得到了有力的验证。用脉冲试验验证发现磷化氢抗性品系昆虫呼吸系统的气态$^{32}PH_3$交换率明显高于敏感昆虫，但$^{32}PH_3$积累量却少于敏感昆虫，这也有力地支持了主动排斥抗性理论。目前，主动排斥机制的根本性质尚不清楚，只有以下三种推测：A昆虫磷化氢抗性、敏感品系的气管壁膜脂双分子层极性的不同，造成磷化氢的细胞膜透性不同，进入抗性虫体内的磷化氢量较少；B昆虫气管壁上存在磷化氢进入调节系统现象，此系统在磷化氢饱和后不再对外部磷化氢浓度的增加作出任何响应；C昆虫细胞膜和细胞器膜上存在磷化氢载体蛋白，且抗性品系和敏感品系的这一载体蛋白数量不同。

② 保护性昏迷

保护性昏迷是指暴露在高浓度磷化氢中的试虫在短时间内出现麻痹现象，表现出腹面向上，足部抽搐或呆立不动，呈假死状态，呼吸减缓，代谢减弱，磷化氢吸收量降低，若此时散去磷化氢，大多数试虫都能恢复正常状态。保护性昏迷被认为是试虫的一种自我保护机制，且保护性昏迷阈值降低也可能是产生磷化氢抗性的原因之一。还有研究认为，保护性昏迷也是造成高浓度磷化氢对试虫的作用不符合CT规律的原因之一。在实际熏蒸中，可通过延长熏蒸时间将害虫彻底杀死。因此，在对可产生保护性昏迷的害虫进行磷化氢熏蒸时，要特别注意熏蒸时间的调节。

③靶标抗性

靶标抗性是指磷化氢靶标酶的空间构象、活性中心等发生变化，进而导致靶标酶的活性及敏感度降低，尤其是细胞色素氧化酶系、过氧化氢酶、过氧化物酶、超氧化物歧化酶等毒理机制中所涉及的酶系。

④代谢抗性

代谢抗性是指由于可能存在磷化氢解毒酶或磷化氢解毒代谢增强而产生的抗性。

尽管目前还未发现磷化氢解毒酶，但由于一些杀虫剂确有其他的解毒酶存在，因此研究人员推测可能也存在磷化氢解毒酶。

（三）动物毒性

磷化氢会造成脊椎动物急性中毒。脊椎动物暴露在高浓度磷化氢下，会立即眩晕，然后发生运动失调、深度不安，并伴随躲避、颤抖惊厥、肺水肿、低血压、代谢性酸中毒、脑周围小血管出血、心脏衰竭及肾脏损伤等病理反应，并会在半个小时或更短的时间内死亡。不同物种中毒的反应差异非常小。中等浓度中毒症状同高浓度相似，只是发病比较缓慢，在较低浓度下反复吸入或接触不会产生可觉察的伤害，但是磷化氢具有很强的积累毒性，如果停止接触后再接触，会有轻度中毒症状直至死亡。磷化氢浓度等于或高于7.5 mg/m^{3}就具有一定的累积毒性，而小于或等于75 mg/m^{3}则没有明显的积累中毒所表现的症状，只出现轻微的肾损伤。

对人而言，磷化氢的毒性是非常大的，人在磷化氢浓度等于或低于0.4 mg/m^{3}情况下间歇性暴露数日就会受到威胁，可产生头痛症状；在1.0 mg/m^3 ~ 10 mg/m^{3}的磷化氢浓度范围内会产生眩晕、恶心、呕吐并产生神经刺激性症状；磷化氢浓度高于47 mg/m^{3}时，人将产生中等程度中毒甚至严重中毒，症状表现通常为眩晕、头痛、步态蹒跚、恶心、呕吐、腹泻、上腹部疼痛、胸部疼痛、呼吸困难、心悸、失去知觉、迅速死亡。在救治PH_3中毒的人时，应马上将其转移至新鲜空气环境中，并尽量让中毒者呼吸氧气。

（四）对植物的影响

1. 对种子活力的影响

在正常情况下，用磷化氢熏蒸处理害虫，不会影响种子的发芽率。即使用较高的浓度，2~3次反复熏蒸，很多种子的发芽率也不会受到影响，如小麦、玉米、花生、高粱等；有人甚至3次重复熏蒸某些品种的番茄、甜瓜、豆和菜豆，均未发现对种子发育有不良影响，但有一个蚕豆品种的种子发芽率受到轻度影响。经磷化氢反复熏蒸的种子长成植株后，其生长速度可能明显变慢，产量也可能降低。

2. 对生长中的植物活力的影响

Monro等发现，能使粉蚧（*Pseudococcus*）发育后期的胚胎中毒但不能杀死卵的磷化氢浓度，用来熏蒸15种温室植物，没有发现不良影响。把磷化氢施于土壤中可以防治盆栽玫瑰的线虫而不会明显伤害这些植物。总的来说，磷化氢对生长中的植物如苗木、花卉等的损伤还是比较大的，一般不宜用于这方面的熏蒸处理。

3. 对新鲜植物产品的影响

可用磷化镁制剂释放的磷化氢处理实蝇类害虫，这不会损伤新鲜水果和蔬菜。Seo等用杀灭桔小实蝇（*Bactrocera dorsalis*）、地中海实蝇（*Ceratitis capitata*）的卵和幼虫剂量来熏蒸番木瓜、番茄、青椒、茄子和香蕉，没有发现任何损伤。有10种鳄梨虽然经熏蒸处理也未受损伤，但比起未经熏蒸的，成熟得更快。用以能杀死实蝇浓度熏蒸的葡萄和番茄也未受到损伤。

（五）检疫应用

1. 磷化氢的储存

磷化氢一般是经磷化物与水或硫酸等反应产生的。常见的磷化物有磷化铝、磷化锌和磷化钙等。GB 5452—2001对56%的磷化铝片剂有详细要求。56%的磷化铝片剂装入完全密封的具丝扣盖的马口铁瓶、铝瓶，每瓶净含量符合GB 3796规定。100 g以下的磷化铝也可采用完全密封的具丝扣的硬质塑料瓶封装。外包装采用防潮阻燃纸箱、钙塑箱等，中间采用减震材料做衬垫，每箱净含量不超过20 kg。每个包装单位与平均每片质量用清晰醒目字体标示。包装件应贮存在通风、干燥的库房中，远离火种和热源。贮运时，严防潮湿和日晒，保证通风良好，远离火源，不得与食物、种子和饲料混放，避免与皮肤接触，防止由口鼻吸入。在规定的贮存条件下，56%磷化铝片剂的保质期自生产日期算起为2年。

磷化氢贮存于阴凉、通风的库房，库温不宜超过30 ℃，应与氧化剂、食用化学品分开存放，切忌混储。库房内采用防爆型照明、通风设施，禁止使用易产生火花的机械设备和工具。储区应备有泄漏应急处理设备。

2. 磷化氢的应用

磷化氢常用于处理植物产品和其他贮藏品中的害虫，很少用于处理有生命植物、水果及蔬菜上的害虫。对大多数害虫，长时间密闭于低浓度磷化氢环境中，比短时间于高浓度磷化氢中密闭熏蒸更为有效，这不会影响大多数种子的萌发。磷化氢帐幕熏蒸类似于溴甲烷熏蒸，但无须进行强制性循环，使用熏蒸剂时应带上保护性手套，如手术用手套等；规定数量的片剂、丸剂、药袋等，应放在浅盘或纸片上并放入帐幕内，并与地面有一定的距离，防止雨水直接进入药盘，或者在粘盖帐幕时均匀地分布于货物中；为方便起见，可延长熏蒸期；磷化氢对聚乙烯有渗透作用，一般使用厚度为0.15 mm ~ 0.2 mm的高密度聚乙烯薄膜做熏蒸帐幕；通风散毒和检测磷化氢浓度时应佩戴防毒面具。

在下列情况下可以选用磷化氢作熏蒸剂：（1）被处理的熏蒸物至少要在密闭状态下保持7 d以上的时间；（2）需要保持种子发芽力；（3）当使用溴甲烷等处理会出现残留的问题时；（4）需要处理菜籽饼、油菜籽等对溴甲烷吸附量较高的货物。

在下列情况下不宜选用磷化氢进行熏蒸处理：（1）已知被熏蒸的害虫对磷化氢产生了严重抗药性，且不具备长时间在密闭环境中维持磷化氢有效杀虫浓度的条件；（2）缺乏良好的密闭环境；（3）缺乏受过训练和获得熏蒸资格的人员和队伍；（4）要求在7 d内迅速处理完被熏蒸的粮食；（5）粮食温度低于15 ℃；（6）熏蒸作业区与办公区和居民区直接毗邻；（7）含铜、铜合金、黄铜、金和银的一切仪器设备、装饰品、衣物及某些复写纸和未经冲洗的照相胶片等。

磷化氢杀灭害虫的关键不在浓度高低，而在于害虫对药剂的实际吸收量。磷化氢熏蒸一般为低剂量、长时间的密闭处理，对于要求快速通关放行的货物的处理一般不选用磷化氢。王跃进等在室内研究了磷化氢对木材害虫的熏蒸处理，结果表明，在投药剂量为2.26 mg/L，熏蒸4 d能够全部杀灭杨树携带的黄斑星天牛（*Anoplophora nobilis*）幼虫和蛹，以及芳香木蠹蛾（*Cossus cossus*）、东方亚种和杨干透翅蛾（*Shecia siningensis*）幼虫。出入境检验检疫行业标准SN/T 1456—2004《磷化铝随航熏蒸操作规程》详细规定了磷化铝随航熏蒸的操作方法和注意事项，具体参见本书船舶熏蒸部分。

3. 低温磷化氢熏蒸

磷化氢通常是由金属磷化物制剂水解产生的，这时的磷化氢同时含有氨基甲酸酯和氨。氨对新鲜的农产品是一种植物毒素，对鲜活产品一般具有较强的植物毒性，因此，以前很少用于水果、蔬菜等鲜活产品的熏蒸处理。近期有报道表明，在低温条件下，纯的磷化氢可成功处理草莓、樱桃、莴苣、西兰花、切花、脐橙、苹果等携带的蚜虫、西花蓟马（*Frankliniella occidentalis*）和桔小实蝇、桃小食心虫等。在低温条件下，磷化氢熏蒸处理鲜活农产品，不仅能够完全消灭果蔬上的有害昆虫，而且对水果的损害程度极小，甚至没有，其残留较低，对环境危害小，为冷藏果蔬检疫处理提供了新的选择。

（六）安全性和残留

磷化氢在物品中的残留量一般是很低的。在正常用药量下，小麦熏蒸后其内磷化氢的残留量，经转垛后最高为0.046×10^{-6}。用熏蒸过的面粉制成的面包，磷的残留量为$0.004 \sim 0.021 \times 10^{-6}$，面粉、干果等，通风48 h，最高残留量在苹果干中为$0.017\ 10^{-6}$，其他均在0.01×10^{-6}以下。因此，很多机构将磷化氢的残留允许量规定为：原粮$0.1\ 10^{-6}$；加工过的或直接食用的食品为0.01×10^{-6}。我国规定（GB 2715—2005）磷化物（以磷化氢计）在原粮中的残留应≤50 mg/kg，只要原粮中的磷化物残留量符合标准，用其加工过的食品就被认为符合标准。事实上，很多研究证明，经过通风散气后磷化氢的残留量能迅速降到前述的残留允许量以下。Dumas证明，用磷化氢熏蒸过的小麦，220天后仍能检测出极微量的磷化氢气体。这一研究还说明，经物理吸收的磷化氢的解吸速度非常缓慢，磷化氢的化学性质比较稳定，不容易和小麦的组成物质发生化学反应。进一步研究证明，磷化氢虽然很难同食品组成物质发生化学反应，但仍能生成极少量的无毒磷酸化合物，其反应速度和反应生成物的多少，与温度、食品的含水量、食品的性质和体积有关。反应生成物主要分布在麸皮和食物中蛋白质含量高的部位。因为磷化氢的解吸（主要指表面吸附部分。由于磷化氢在水中的溶解度很低，因此物理吸收部分极少）速度很快，而且假如原粮中有0.2×10^{-6}的磷化氢残留，当制成面包或其他供直接消费的食品时，其内磷化氢的最终残留量肯定会更低，所以联合国粮农组织和世界卫生组织联席会议认为没有必要制定磷化氢日允许摄入量的指标。国际贸易中禾谷类粮食的磷化氢允许残留量为0.1×10^{-6}。

四、环氧乙烷（Ethylene oxide）

环氧乙烷也称氧化乙烯和恶烷，结构式为C_2H_4O，简写为EO。CAS号为75-21-8。

（一）理化特性

环氧乙烷在4 ℃下为无色液体，常温下为无色气体，低浓度时具刺激性乙醚味，高浓度时有刺激性芥末味。沸点为10.7 ℃，熔点为-111 ℃，蒸汽压为145.91 kPa，20 ℃，气体比重为1.521（空气比重为1时），液体比重为d_4^{20}为0.882 4，气化潜热为583.39 kJ/kg。环氧乙烷易溶于大多数有机溶剂和水，高度溶解于油脂、奶油、蜡，尤其是橡胶，较无腐蚀性。其气体在空气中的着火浓度范围为75 mg·L^{-1} ~ 1 440 mg·L^{-1}，易燃、易爆，爆炸极限为3 ~ 100%。环氧乙烷可燃的浓度范围很大，所以，在许多商品熏蒸中它必须同不燃载体混合使用。它可以同二氧化碳以1∶9的比例（按重量计算）混合使用，或以11%的环氧乙烷同89%的不燃的卤代烃冷冻剂气体混合使用。

环氧乙烷和二氧化碳混合气体作为熏蒸剂，主要应用于散装粮的圆筒仓循环熏蒸，袋装物品及烟叶的真空熏蒸以及某些情况下的消毒灭菌处理。环氧乙烷的分布扩散性较强，但其穿透性较弱，特别是对散装粮、捆装烟叶及袋装粉状食品的穿透。由于粮谷等物品对环氧乙烷的吸附性强，而且还易于形成永久性残留物，因此在较长时间的熏蒸期间内，环氧乙烷可被逐渐吸附掉。

（二）杀虫机制

环氧乙烷能参与羟基化反应，特别是和蛋白质发生这种反应。Philips和Wikinson提出环氧乙烷能与蛋白质分子链上的羧基、羟基、氨基、酚基和硫氢基发生烷化反应，代替上述各基团上不稳定的氢原子，形成一个带有羟乙基根的化合物。Bruch认为环氧乙烷的另一个主要作用是使核酸中的嘌呤、嘧啶基团烷基化。环氧乙烷通过前述物质的羟烷基化和烷基化，阻碍了它们参与正常的生物化学反应和新陈代谢，故而能够杀灭昆虫和各种微生物。环氧乙烷在有水的情况下，能降解为乙二醇，而乙二醇本身也是有毒的。

（三）动物毒性

人吸入环氧乙烷的最低中毒浓度（TCL_0）：12 500 mL/m^3/10 s；500 mL/m^3/2 min

（女性）。大鼠经口 LD_{50} 值为 72 mg/kg；吸入 LC_{50} 值为 800 mL/m³/4 h。小鼠吸入 LC_{50} 值为 836 mL/m³/4 h。

环氧乙烷可经皮肤吸收。虽然环氧乙烷在较低浓度时的致命性不如某些熏蒸剂，但必须把它看作是有吸入毒性的。它的连续每日呼吸阈限浓度为 50 mL/m³，比其他熏蒸剂都高。Torkeson 等指出，尽管环氧乙烷的刺激性足以警诫一次过量接触，但其气体仍缺乏足够的对于重复过量接触的防护警戒性。有过量接触环氧乙烷可引起头痛、呕吐、呼吸短促、腹泻和血液变化，环氧乙烷溅在皮肤上可能引起皮肤冻伤。

和其他熏蒸剂比起来，环氧乙烷对人的急性毒性要小得多，但环氧乙烷对人是有毒的，在任何场合下，应避免吸入任何浓度的环氧乙烷气体。人和动物的急性中毒主要表现为呼吸系统和眼的严重刺激性反应、呕吐和腹泻等。其慢性中毒主要表现为刺激呼吸道，产生贫血病症和发生行为变化。虽然有限实验表明环氧乙烷没有致癌性，但是环氧乙烷的烷基化和诱发基因突变的特性足以引起人们关注。因此 1981 年世界卫生专家会议规定，每日连续吸入环氧乙烷的浓度极限从 10 mL/m³ 降到 5 mL/m³。

环氧乙烷对昆虫的毒性，同其他常用熏蒸剂相比较，属于中等毒性，特别是大谷盗（*Tenebroides mauritanicus*）幼虫、赤拟谷盗、杂拟谷盗和谷斑皮蠹的幼虫对环氧乙烷的耐药性更强。环氧乙烷对很多真菌、细菌和病毒的毒杀作用都很强。

（四）对植物的影响

环氧乙烷同活体植物的反应很强烈，不是造成死亡就是造成极大的损伤。在通常情况下，不宜用它熏蒸种子、苗木或任何生长中的植物。一些植物的种子风干后，当含水量在 5% ~ 10% 时，可以经受住环氧乙烷对细菌和霉菌等的熏蒸。

有些具有耐药力的种子，在 27 ℃下用纯环氧乙烷气体熏蒸 1 h，对其发芽率的影响也不明显。这些具有耐药力的种子包括：洋葱、紫菀、绿豆、菠菜、苜蓿、豌豆、小白粒菜豆、红菜豆、香石竹、大麦、燕麦、甜玉米、玉米、木犀草、牛舌草和旱金莲。环氧乙烷一般不能应用于水果、蔬菜等鲜活物品的熏蒸杀虫，但完全可用于干果的熏蒸，如防止病菌损坏梅干。

在常压下，环氧乙烷对袋装或有包装的谷物及其碾磨产品的渗透力不强。用环氧乙烷熏蒸这类物品，主要在真空下进行。

（五）检疫应用

将环氧乙烷压缩成液体，贮存于耐压钢瓶内。和二氧化碳混配在同一钢瓶内时，此钢瓶必须符合贮存耐压力二氧化碳的安全规定。此外，环氧乙烷容易自聚发热，也会引起爆炸，故需控制其贮存温度。

环氧乙烷作为熏蒸剂主要用于散装粮循环熏蒸、包装食物以及烟草减压熏蒸，也可用于熏蒸空仓、工具等，对衣物、纸张等无不良影响，可用于熏蒸文史档案、羊毛、皮张、医疗器械、避孕用品等。近年来环氧乙烷已广泛用于消毒医疗设备，也被用于食物和香料防腐。郝广福等采用环氧乙烷大型篷幕熏蒸法处理疫区旱獭皮张。熏蒸温度控制在20 ℃～40 ℃，相对湿度在50～80%之间，使用投药浓度为1.5 $kg \cdot m^{-3}$的环氧乙烷作用72 h，枯草杆菌芽孢杀灭率4次熏蒸均达到了99.99%。刘祖春等用10%环氧乙烷加90%二氧化碳混合熏蒸剂和20%环氧乙烷加80%二氧化碳混合熏蒸剂处理德国小蠊（*Blattella germanica*）和黑皮蠹（*Attagenus minutus*）后24 h，害虫死亡率均为100%。黄庆林等在实验室条件下，在相对湿度50～60%的恒温条件下，研究了不同剂量、温度、处理时间，无载物和有载物情况下的环氧乙烷对小麦矮腥黑穗病菌的杀灭效果。试验结果表明环氧乙烷对TCK冬孢子有极强的杀灭作用。环氧乙烷对TCK病菌的杀灭效果随处理温度的升高、剂量的增加和处理时间的延长而增强。在无载物情况下，15 ℃、20 ℃、25 ℃处理120 h的条件下达到100%杀菌效果的临界浓度值分别为10.5 g/m^3、7.3 g/m^3和6.8 g/m^3。张晓燕等研究了不同剂量环氧乙烷对松木片中松材线虫（*Bursaphelenchus xylophilus*）的熏蒸效果，结果表明，在温度18 ℃、相对湿度60%~70%条件下，松材线虫的死亡率与环氧乙烷的剂量呈线性相关；环氧乙烷对松材线虫杀灭的LD_{50}值为51.686 g/m^3，$LD_{99.9}$值为78.835 g/m^3。松木片对环氧乙烷的吸附作用很大，当环氧乙烷投药剂量为56 g/m^3时，熏蒸24 h浓度值仅为1.157 g/m^3，吸附量达到89.974 mg/L，且吸附量随剂量的增大而增加，吸附主要发生在熏蒸开始后4 h内，4 h吸附率可达94%以上。因此，不推荐将环氧乙烷用于集装箱内松木片松材线虫的处理。

五、二硫化碳（Carbon disulfide）

二硫化碳结构式为CS_2，CAS号为75-15-0。

（一）理化特性

纯的二硫化碳是无色无味的液体，不纯的二硫化碳，液体呈黄色，并伴有难闻的类似硫化氢的气味。其分子量为76.14，密度为1.2632 g/cm^3（20 ℃），冰点为-111.6 ℃，沸点为46.3 ℃，液体比重为1.262 8（二硫化碳液体温度为20 ℃，水温为4 ℃，水=1），气化潜热为354.99 kJ/kg。本品在室温下易于挥发，其蒸气比空气重2.62倍，能与空气形成易爆混合物，爆炸上限及下限分别为50%和1%。二硫化碳液体属于易燃、易爆化学品，于130 ℃～140 ℃时可以自燃，接触热、火星、火焰或氧化剂易燃烧爆炸，受热分解产生有毒的硫化物烟气，与铝、锌、钾、氟、氯、叠氮化合物等反应剧烈，有燃烧爆炸危险，高速冲击、流动、激荡后可因产生静电火花放电引起燃烧爆炸，能在较低处扩散到相当远的地方。其易溶于酒精、苯和醚，微溶于水，22 ℃时水中溶解度为0.22 g/100mL。空气中嗅觉阈浓度为0.017 ~ 0.88 mL/m^3。

二硫化碳生产采用甲烷和硫进行吸热反应，化学反应式为：

$$CH_4 + 4S = CS_2 + 2H_2S$$

（二）杀虫机制

二硫化碳在常用的熏蒸剂中对昆虫的毒性属于中等。同一种昆虫各虫态对二硫化碳的敏感程度是不相同的。以杂拟谷盗为例，其各虫态对二硫化碳的敏感程度顺序为幼虫＞成虫＞蛹＞卵；地中海粉螟为成虫＞幼虫＞蛹。

二硫化碳能全面抑制糖酵解，但其具体的作用尚不清楚。昆虫体内的ATP酶和ADP代谢水平有所降低，二硫化碳可能对细胞色素C氧化酶有抑制作用。

二硫化碳和蛋白质起反应，生成硫醇类化合物、二硫氨甲酰基及四氢噻唑衍生物，这些生成物能螯合细胞中的重金属，能够使含有铜和锌的对生命致关重要的酶失去活性。在植物体内，这些反应生成物的代谢产物中有硫化氢，而硫化氢本身是一种潜在的对含铜的酶特别是细胞色素C氧化酶起抑制作用的物质。因此，可以说二硫化碳和蛋白质起反应的生成物才是二硫化碳起毒杀作用的关键物质。

二硫化碳能溶解昆虫体内脂肪，沉淀蛋白质，与神经细胞中的原生质起作用，使虫体肿胀或腐烂而死。

（三）动物毒性

二硫化碳对人的毒性较低，但在高浓度时，能对人产生麻醉作用。如果连续接触它，则可能会因呼吸中枢麻痹而失去知觉以致死亡。人可以通过皮肤和呼吸吸入高浓度的二硫化碳气体。人的皮肤长时间接触高浓度的二硫化碳气体或液体，可能导致严重的烧伤、起泡或神经炎。接触低浓度二硫化碳的人，可能会因为失去鉴别这种化合物气味的能力而无任何感觉地连续工作在有毒气体存在的环境中。几个星期或者更长一段时间反复接触较低浓度的二硫化碳气体，可能会引起各种神经症状，从而难以作出正确的诊断。用二硫化碳重复处理高等动物时，高等动物表现出肝脏和肾脏受到影响和损害。鼠和猴长期生活在0.312 mg/L浓度中，出现肝脏和肾脏损伤。

（四）对植物的影响

二硫化碳对干燥种子的发芽率影响不大，但能大大降低潮湿种子的发芽率，用250 g/m^{3}二硫化碳熏蒸处理小麦、大麦、小米和稻谷24 h，对发芽率没有影响；处理蔬菜种子，除茄子外，其他蔬菜种子的发芽率也没有受到影响。二硫化碳熏蒸处理牧草种子也是安全的，如二硫化碳处理白三叶草、一年生黑麦草、芦笋种子、多年生黑麦草、鸡脚草和淡羊茅等的安全CT值均为2 400 g·h/m^3。King等将二硫化碳、四氯化碳和二氧化硫混用，熏蒸大麦、燕麦、小麦、稻谷、棉籽、玉米及高粱的两个品种，由于二硫化碳作用，贮存期延长，因此发芽率趋于降低。

用二硫化碳熏蒸处理正在生长中的植物或苗木时，会使这些活的植物体或植物器官受到严重损伤，甚至死亡。用水和二硫化碳配制成乳剂，并经稀释后，灌施于落叶或常青的苗木树根周围的泥土中，能有效地防治一些土壤害虫，如日本金龟子（*Popillia japonica*）幼虫等，而不使这些苗木受到任何伤害。

很多水果和蔬菜能够忍受二硫化碳的熏蒸，而不使其品质和味道发生任何明显的改变。如在27 ℃下，用100 g/m^3熏蒸处理24 h，对草莓、悬钩子、黑莓、桃、李、红醋栗和醋栗等水果的香味和外观无不良影响。不仅如此，徐国淦等发现，芒果、甜橙、荔枝、梨、葡萄、苹果、桃、柿、西瓜、辣椒、番茄和茄子等在一定程度上都能忍受二硫化碳的熏蒸，但是种与种之间或者品种之间，有时甚至在成熟度上，对二硫化碳的忍耐力都是有差异的。试验还发现，菠萝在用二硫化碳熏蒸处理后易黑心。

二硫化碳对葡萄苗的影响：用药量为150 g/m^3时无药害，为200 g/m^3时个别叶边干枯，为250 g/m^3时部分叶片干，为300 g/m^3、350g/m^3时全部叶片干枯。

（五）检疫应用

二硫化碳可采用不同容积的金属桶或金属罐贮存，作为试剂的二硫化碳可贮存在玻璃瓶内。装有液态二硫化碳的罐或桶应放在低温、背阴、通风良好的室内，避免阳光照射。天气非常热时，可采用必要的降温措施。静电、电火花、重击均有可能使二硫化碳燃烧爆炸，因此处置二硫化碳时必须特别谨慎。在熏蒸期间，必须采取严格的预防措施，如被熏蒸的谷物正在发热或可能发热，则不能使用纯二硫化碳。

二硫化碳的沸点大大超过常温，在熏蒸时，为了能够尽快达到所需要的浓度，需要采用一些快速挥发方法。当用于小规模熏蒸时，可把二硫化碳液体倒入某些有吸收能力的材料（如黄麻）上，然后把布悬在空间中。

二硫化碳的渗透性较强，有效浓度可深入1.5 m ~ 2 m粮堆。熏蒸时，二硫化碳易被粮食和各种物体所吸附，但比较容易散放出去。其对棉麻、毛、丝纺织物及纸张颜色没有影响，不腐蚀金属，不影响干燥种子发芽，对多种水果、瓜菜安全，对休眠的块茎、鳞茎、块根也比较安全。二硫化碳熏蒸原粮、成品粮时，用药量为100 g/m^3，密闭72 h。二硫化碳杀虫效果中等，可杀卵，是良好的杀螨剂，对土壤熏蒸可以杀死线虫和地下害虫。薛光华等用二硫化碳熏蒸处理出口加拿大的新疆香梨，以60 g/m^3、80 g/m^3和120 g/m^3剂量处理 4 h、6 h和10 h，结果表明，熏蒸处理后完全符合进口国检疫要求。叶炳元等以150 g/m^3、200 g/m^3、300 g/m^3、350 g/m^3剂量的二硫化碳熏蒸3 h处理苗木害虫吹绵蚧（*Icerya purchasi*）。只有当用药量为300 g/m^3和350 g/m^3时，才能全部杀死吹绵蚧，用药量在250 g/m^3以下时均有少数虫不能被杀死。二硫化碳有麻醉作用，在较低剂量、较短时间处理时，害虫有假死现象，如在熏蒸处理后经24 h检查时，剂量为150 g/m^3、200 g/m^3、250 g/m^3的样品中害虫似乎全部死亡，但再过2 d，在经以上3种剂量处理的吹绵蚧均发现活虫。

六、氰（Cyanogen）

氰的分子式为C_2N_2、$(CN)_2$，别名氰气，CAS号为460-19-5。

（一）理化性质

氰无色，有苦杏仁的气味，有剧毒，可液化，燃烧时火焰呈桃红色，边缘侧带为蓝色。氰的化学性质与卤素很相似，是拟卤素（或类卤素）的一种，分子量为52，与空气的比重为1.82，液体0.866 g/cm^3；熔点为-27.9 ℃，沸点为-21.17 ℃；气化潜热为449.88 kJ/kg；空气中燃烧极限为6～32%（V/V）。氰高度溶解于水、乙醇和乙醚。其在空气中最大允许浓度为1 mg/L。氰最常用的制备方法是碳氮共热法（加热到2 700 ℃高温），反应式如下：

$$2C + N_2 = (CN)_2$$

（二）毒理机制

氰的毒性与大多数氰化物类似，主要经口或吸入中毒。其以氰离子与氧化型细胞色素氧化酶中的三价铁结合，阻断氧化过程中三价铁的电子传递，使组织细胞不能利用氧，形成内窒息。

（三）检疫应用

早在19世纪20年代，氰的杀虫功效就得到了证实，但人们认为它过于稳定，而且毒性太大，不适于作熏蒸剂。20世纪90年代末，人们开始关注该化合物。通过分析发现，氰并不是人们想象的那么稳定，其很容易降解，而且熏蒸后残留量特别低；氰的毒性虽然比较大，但它不会在体内累积，造成慢性中毒。因此，只要使用方法得当，氰完全可以作为熏蒸剂使用。

氰具有广谱的杀虫灭菌能力，能杀灭各种昆虫、螨类、线虫、真菌、细菌和鼠类。用氰熏蒸粮食后，不管储藏期间粮食的含水量如何，粮食均不会霉烂变质。氰能在低温条件下使用，估计使用温度可以低于零度。黄庆林等的研究表明，在20 ℃条件下，单独使用氰及溴甲烷和氰混合剂熏蒸处理小麦矮腥黑穗病（TCK）120 h，均未能100%杀灭TCK病菌。

氰的穿透扩散能力无与伦比。氰能快速地穿透木材、粮层等，而且散气速度也非常快，是其他已知熏蒸剂所不能比拟的。木材对氰的吸附性与对溴甲烷的相当。氰能杀灭种子，使其丧失发芽能力，因此氰不能用于种子的熏蒸。

氰普遍存在于大气中，主要有植物，大气中氮与二氧化碳在闪电作用下也可以产生氰，甚至在银河系里也能发现氰的光谱线，因此用氰作为熏蒸剂不会产生环境问题。

与溴甲烷、磷化氢、氧硫化碳等熏蒸剂不同，氰（乙二腈）具有较好的水溶性，且其水溶液也具备良好的杀线虫能力，中国检验检疫科学研究院和澳大利亚联邦科学及工业组织的合作研究显示，乙二腈具有良好的杀灭线虫的能力，在22 ℃条件下，用3.84 mg/L 的氰熏蒸 24 h 即可完全杀灭水溶液中的斯氏线虫（*Steinernema carpocapsae*）。因而氰是种球携带线虫检疫处理的良好候选。

在 15 ℃条件下，不同浓度乙二腈（EDN）对木材中的部分检疫性有害成虫具有高度毒性，结合锯木和原木的 EDN 吸附数据，EDN 有可能在原木检疫处理中使用，被认为是可以替代溴甲烷的潜在熏蒸剂。EDN 已在澳大利亚、捷克被注册用于原木和木材熏蒸灭虫，马来西亚已接受 EDN 用于检疫处理，新西兰、东南亚、南非和以色列等国正在进行相关的注册。如果将 EDN 用作原木出口的检疫处理，则对于其毒理学，熏蒸剂穿透原木和吸附特性等，还需要进行进一步研究。

七、氧硫化碳（Carbonyl Sulfide）

氧硫化碳也称：硫化羰、碳基硫、碳酰硫，分子式为COS，CAS号为463-58-1。

（一）理化性质

氧硫化碳是无色无味气体，不纯品带有典型的硫化物臭鸡蛋气味。分子量为60，与空气的比重为2∶1；熔点为−138.20 ℃（100 kPa），沸点为−50.20 ℃（101.325 kPa），蒸气压为−81 ℃时18.572 kPa，0 ℃时618.08 kPa，40 ℃时1 824 kPa；易溶于水，水中溶解度（101.325 kpa，0 ℃）为1.333 cm^3/ 1 cm^3 H_2O，易溶于乙醇；甲苯气化潜热为380.07 $kJ\cdot kg^{-1}$；在空气中的燃烧界限（20 ℃，100 kpa）为12%～29%。其与氧混合可形成爆炸性气体，遇溴水或高锰酸钾氧化生成CO_2和硫酸，被氢气还原放出CO和H_2S，遇水反应缓慢放出CO_2和H_2S。空气中氧硫化碳的安全极限浓度为1 mg/L。

氧硫化碳主要由一氧化碳和硫反应生成，反应式如下：

$$2CO + S_2 = 2COS$$

（二）毒理机制

氧硫化碳是大气中自然存在的化学物质，是地球自然硫循环的重要部分，一般浓度为0.5（±0.05）$\times 10^{-9}$ mg/kg，也就是说，人类始终暴露在低浓度的氧硫化碳气体中。

氧硫化碳对人的毒性主要是它被人体吸入后与水分作用生成硫化氢引起的。它对肺部有轻微的刺激作用，主要损伤中枢神经系统，可引起呼吸麻痹而致死。氧硫化碳在空气中最高允许浓度为10 mg/m^3，LD_{50}值（大白鼠）为225 mg/kg，人类中毒最小致死浓度为240 mg/m^3 ~ 400 mg/m^3，当氧硫化碳浓度为12 g/m^3时，可使人在30 min内死亡；当其浓度为89 g/m^3时，可使人立即死亡。在鼠肝的代谢过程中，氧硫化碳首先在脱氢酶的作用下形成硫代碳酸盐，最终形成酸式碳酸盐和硫化氢。苏联规定生产车间内氧硫化碳的允许浓度为10 mg/m^3，最大浓度为26 mg/m^3。

氧硫化碳的中毒机理是抑制肠道功能，内吸中毒呈中等毒性，较高浓度下有麻醉作用，具有刺激性，动物只有在高浓度的密闭环境中停留一定时间后才会发生死亡事故。动物实验结果表明，以空气中氧硫化碳的含量为0.03的浓度，处理猫、兔、小白鼠及豚鼠6 h，或以空气中氧硫化碳的含量为0.09的浓度，不定期限地处理大白鼠，均未见其有异常表现，说明这种熏蒸剂对高等动物是安全的。

（三）对被处理物品的影响

任永林等的试验结果表明，水稻种子对氧硫化碳的耐药力大于玉米和小麦，用剂量为50 g/m^3的氧硫化碳处理小麦种子，种子发芽率降低了一半；当剂量为250 g/m^3时，玉米种子的发芽率降低一半。对于水稻种子而言，当剂量为500 g/m^3时，其发芽率降低不足10%。Chen和Paull用4%的氧硫化碳处理香蕉1.5 h，2%的氧硫化碳处理香蕉2.5 h和1%的氧硫化碳处理香蕉4 h，7天后观察，香蕉皮和香蕉新鲜度无明显影响。随处理剂量的增加和处理时间的延长，香蕉和芒果果实软化加快，但假如果皮受损，软化速度反而减慢。氧硫化碳处理能延迟木瓜果皮变色和果实软化，但却加快鳄梨果实的软化。红姜花序对氧硫化碳的耐药力比上述的几种果实低。

（四）检疫应用

氧硫化碳属易燃有毒的压缩气体，可采用2 L ~ 40 L的气瓶允装。氧硫化碳应储存于阴凉、通风药品库内。远离火种、热源。应与氧化剂分开存放。验收时要注意品名，注意验瓶日期。平时要注意检查容器是否有泄漏现象。搬运时要轻装轻卸，防止包装及容器损坏。储气钢瓶要远离热源和火种，应与氧和其他高氧化性物质及易燃物质隔离。在液体容器和钢瓶之间应设置逆止阀和缓冲罐以防液体倒流入钢瓶。干燥无水的氧硫化碳无腐蚀性，可以用常用金属材料贮存，有湿气时有腐蚀性，要用铝和不锈钢材料贮存。用于贮存氧硫化碳的装置在使用前应在120 ℃下烘烤不少于30 min，同时抽真空至P＜10 mmHg ~ 2 mmHg。当钢瓶泄漏而堵不住时，应戴上防毒面具站在通风良好处，用含醇氢氧化钾或碱性次溴酸作吸收剂处理，或者导入燃烧器，用燃烧法处理。

1993年，澳大利亚联邦科学院H·J班克斯在我国申请了“硫化羰熏蒸剂”专利（专利号为CN1075057A）；陕西粮油科学研究所、青海电化厂等单位进行了大量实验；美国和其他国家（地区）也有一些科学家进行了相应的实验，通过实验证明，氧硫化碳不仅能用于仓储物的熏蒸处理，而且可以用于鲜活货物的熏蒸。氧硫化碳能杀虫，高剂量时还具有灭菌功效。用60 g/m^3的氧硫化碳熏蒸24 h，能够杀灭所有的储粮害虫；用80 g/m^3的氧硫化碳熏蒸能够控制或者抑制大多数储藏粮谷的真菌。

氧硫化碳的杀虫速度快于磷化氢，但慢于溴甲烷。溴甲烷在投药并密闭24 h后可发挥杀虫作用，PH_3处理则需7天以上，而氧硫化碳则需要2天～5天。氧硫化碳在许多商品中有较好的穿透性，对许多害虫有较好的毒杀作用。氧硫化碳能够比溴甲烷更快速地穿透木材，而且木材对其吸收性也比溴甲烷低，因此其在木材中更容易建立起杀虫所需的有效浓度。研究证明，氧硫化碳的扩散速度也比较快，熏蒸后经过24 h散气，空间残存的氧硫化碳浓度低于1 mg/L。

用氧硫化碳处理大麦用量为17 g/m^3、油籽为15 g/m^3。用后气体分布均匀，6 h后浓度变化为8%。处理7 d后，大麦仓中氧硫化碳平均浓度为13 g/m^3，油籽仓中氧硫化碳12 g/m^3。熏蒸7 d，试验中的6种甲虫、3种书虱、1种蛾类幼虫和1种皮蠹幼虫全部被杀死。氧硫化碳对蔬菜、植物用9.9 g/m^3进行熏蒸，对苷、萝卜的沉着值平均为（4.60～5.77）$\times 10^{-4}$ m/s，麦草为7.75 $\times 10^{-4}$ m/s。氧硫化碳在粮食中的存在浓度为0.05 mg/kg～0.1 mg/kg。用50g/m^3以内的氧硫化碳密闭1 d～5 d可以有效杀死多种害虫。曹志丹用氧硫化碳处理菜籽、大米、玉米、小麦和面粉，证实氧硫化碳可以杀死玉米象、黑皮蠹、谷蠹、锯谷盗、赤拟谷盗和书虱（*Troctes divinatorius*），试验结果表明氧硫化碳低剂量、长时间密闭可获得较好的杀虫效果。Obenland等的研究表明氧硫化碳可以作为一种检疫处理药剂来熏蒸柠檬中的地中海实蝇。Plarre和Reichmuth认为氧硫化碳对燕麦镰孢菌（*Fusarium avenaceum*）和黄色镰刀菌（*Fusarium culmorum*）有较好的处理效果。黄庆林等（2007）用氧硫化碳对出境的花卉进行了熏蒸处理实验，结果表明，在一定的试验条件下，用30 g/m^3氧硫化碳熏蒸2 h或用40 g/m^3氧硫化碳熏蒸1.5 h能用于鲜切花和百合种球、部分盆栽观赏植物的熏蒸杀虫，但该剂量和处理时间不能有效杀灭土壤中的线虫，也不能用于白掌、文心兰、大花蕙兰、红掌、凤梨、蝴蝶兰等盆栽观赏植物的熏蒸杀虫。试验还表明，氧硫化碳几乎对植物花朵无药害，但对植物叶片，特别是兰科、凤梨科等多肉质植物有较大药害，处理后的植物叶片脱水，失去观赏价值。

氧硫化碳熏蒸后，粮谷中该熏蒸剂的残留量非常低。用60 g/m^3，^{14}C标记的氧硫化碳熏蒸谷物7 d，然后通风散气5 d，再检测谷物内糖、蛋白质、淀粉、氨基酸和纤维素等中氧硫化碳及其衍生物的残留，发现含量非常低，难于检测，其总残留量约为36 ng/g～53 ng/g（ppb，w/w）。氧硫化碳熏蒸工作场所要通风，保持环境空气新鲜干燥。

八、甲酸乙酯（Ethyl Formate）

甲酸乙酯也称蚁酸乙酯，分子式为（CH_2）$_2$O，CAS号为109-94-4。

（一）理化特性

常温下，甲酸乙酯是一种无色液体，具水果芳香气味。甲酸乙酯的沸点为54.3 ℃，熔点为-80.5 ℃，分子量为74.1，气体比重为2.55（空气比重为1），液体比重为0.92（水为1），蒸汽压为194 mmHg（20 ℃）。甲酸乙酯具有强烈的可燃性和爆炸性，闪点为-20 ℃，空气中的燃烧极限为2.8%～16%（按体积计算）。其蒸气比空气重，能在较低处扩散到相当远的地方，遇明火会引着回燃，在温度达455 ℃时可自燃。甲酸乙酯易溶于水，在水中溶解度为11.8 g/100 mL；可与乙醇、乙醚、苯混溶，易溶于丙酮。

（二）杀虫机制

甲酸乙酯具有较好的杀死储藏物中害虫的效果。澳大利亚联邦科学院（CSIRO）储藏物研究所（SGRL）在未密闭的粮仓内进行了小麦和高粱的实仓实验，结果显示甲酸乙酯能在数小时内杀灭害虫。Damcevski和Annis在实验室条件下比较研究了甲酸乙酯对米象、谷蠹和赤拟谷盗的熏蒸活性，结果同样表明甲酸乙酯具有快速杀虫的特性，且对不同种类害虫的熏蒸效果存在差异。唐培安等和李俊等测定了不同温度和不同处理时间条件下，甲酸乙酯对米象、赤拟谷盗和嗜卷书虱（*Liposcelis bostrychophilus*）的毒力，结果如表5-17所示。

表5-17　甲酸乙酸对米象、赤拟谷盗等害虫的毒力

害虫名称	24 h LD_{50}	48h LD_{50}
赤拟谷盗	24.239 μL/L（20 ℃） 27.516 μL/L（25 ℃） 29.953 μL/L（30 ℃）	22.182 μL/L（20 ℃） 25.736 μL/L（25 ℃） 27.295 μL/L（30 ℃）
米象	28.65 μL/L（25 ℃）	25.81 μL/L（25 ℃）
嗜卷书虱	11.372 μL/L（20 ℃） 13.283 μL/L（25 ℃） 15.676 μL/L（30 ℃）	10.857 μL/L（20 ℃） 12.891 μL/L（25 ℃） 13.154 μL/L（30 ℃）

甲酸乙酯在进入动物组织匀浆时，通过酯酶的作用能迅速代谢为甲酸，甲酸能与细胞线粒体中有氧呼吸的电子传递终端的细胞色素C氧化酶结合，使细胞线粒体细胞色素C氧化酶的作用受到抑制，从而破坏细胞的有氧呼吸，使得生物不能获得必要的能量而死亡。因此，甲酸乙酯是一种呼吸抑制剂。

Dojchinov等（2003年）比较测定了多种烷基酯类、乙醇和甲酸对米象和谷盗（*Trogossitidae*）的毒力。由于甲酸乙酯分解的甲酸对线粒体细胞色素C氧化酶活性的抑制，甲酸乙酯对这两种昆虫的毒力比其他相关的烷基酯类高出许多，用致死剂量的甲酸乙酯处理这两种昆虫，昆虫体内甲酸的浓度比未处理的分别高出8倍和17倍。试验结果表明，线粒体细胞色素C氧化酶活性不受醋酸和丙酸酯类或盐、乙醇或甲醇的影响。

（三）动物毒性

甲酸乙酯主要通过呼吸进入人体肺部，同时也可少量经过皮肤进入人体。甲酸乙酯进入人体后通过新陈代谢分解为甲醇和甲酸。当人暴露在1 000 mg/m^{-3}甲酸乙酯空间4 h，可引起眼睛和鼻子轻度的刺痛，暴露在32 500 mg/m^3时引起中度持续的刺痛。4%甲酸乙酯皮肤给药未使人体产生不适的反应。

甲酸乙酯的急性毒性已被测出，通过口服方式测定时，其对家鼠的LD_{50}值为1 850mg/kg，对豚鼠的为1 110 mg/kg，对兔子的为2 072 mg/kg；通过注射方式测定时，其对兔子的LD_{50}值为5 000 mg/kg；通过呼吸吸入的方式测定时，以24 g/m^3的浓度处理家鼠5 min无死亡，处理4 h家鼠死亡率为83%，以32 g/m^3的浓度处理1.5 h，猫的死亡率为100%，以30 g/m^3处理4 h，狗的死亡率为100%。

甲酸乙酯的急性毒性明显低于敌敌畏和磷化氢。“4 h，LD_{50}值”（用药剂熏蒸处理4 h的条件下，家鼠死亡率为50%的浓度）是比较挥发性化学物质急性毒性的条件。在这一条件下比较，敌敌畏的急性毒性大约是甲酸乙酯的100倍，磷化氢是甲酸乙酯的1 000多倍。另外，澳大利亚规定在施药现场的空气中甲酸乙酯最大含量为100 mL/m^3，显著大于敌敌畏的0.1 mL/m^3和磷化氢的0.3 mL/m^3。

甲酸乙酯对人类同样是低毒的，世界卫生组织（WHO）制定的甲酸乙酯每日每千克体重最大摄入量（ADI）为3 mg/kg/d，这说明一个60 kg的人每天摄入180 mg甲酸乙酯不会有任何不良反应。敌敌畏的每日最大摄入量为0.001 mg/kg/d，磷化氢极限浓度值TWA（即每周工40 h）为0.3 mg/L。因此，甲酸乙酯总的来说是安全的。

（四）对植物的影响

1. 鲜切花

甲酸乙酯剂量大时会对鲜切花和绿叶观赏植物产生较大药害。除对玫瑰和蛇头形植物影响较小外，对许多鲜切花的药害较大（见表5-18）。因此，甲酸乙酯不宜作为鲜切花的熏蒸剂。

表5-18 甲酸乙酯对各种鲜切花的药害指数

品种	甲酸乙酯（20 mg·L^{-1}, 3 h）
帝王花属（*Protea* sp.）	8.7
风蜡花（*Chamelaucium*）	2.2
玫瑰（*Rosa caryophyuus*）	1.0
康乃馨（*Dianthus* caryophyllus）	2.3
妖娘花属（*Serruria* sp.）	1.0
米瑞香属（*Pimelea* sp.）.	5.7
佛塔树属（*Banksia sp.*）	11.3
法兰绒花（*Actinotus helianthi*）	1.7
石南香属（*Boronia* sp.）	1.4
六出花（*Alstromeria* sp.）	3.3
石莲花（*Craspedia paraguayense*）	3.3
袋鼠爪花（*Anigozanthos flavidus*）	9.0

2. 鲜果蔬

用0.5%～1.5%甲酸乙酯在15 ℃、真空条件下处理结球莴苣上桃蚜2 h，虽然对蚜虫的控制效果可达98%，但在高浓度和延长处理时间情况下，对结球莴苣的损伤很大。在21 ℃、真空条件下用0.5%甲酸乙酯处理草莓上西花蓟马1 h，能完全杀灭害虫，同时对草莓品质无影响。在21 ℃条件下用1.5%和3.0%的甲酸乙酯处理葡萄上加州红圆蚧（*Aonidiella aurantii*）3 h，在完全杀灭害虫的同时，对水果的外观和品质无影响。

Simpson等研究表明，用低浓度（0.8%）的甲酸乙酯处理2次，对草莓的品质和外观均无影响；用1.6%和2.4%的甲酸乙酯处理，会对草莓产生轻度的药害。甲酸乙酯与CO_2混用，对草莓不产生药害。

3. 对种子萌发的影响

Waterford等将40 kg的VAPORMATE™（其中甲酸乙酯含量为6.85 kg）施用于容量为260 m^{3}的半密闭的粮仓中对刚收获的大麦、小麦和高粱种子进行熏蒸，袋装种子在粮仓中的装载量为30%。处理结果表明，甲酸乙酯能有效控制灰豆象（*Callosobruchus phaseoli*）、赤拟谷盗、谷蠹和豌豆象（*Bruchus pisorum*），并且不影响种子萌发率。

（五）贮存

甲酸乙酯一般为瓶装（少量）和桶装或罐装（大量）。其应贮藏在低温、干燥、通风处，应避免与硝酸盐、强氧化剂、强碱、强酸接触。

VAPORMATE™气瓶应直立放置，存放在温度低于45 ℃、干燥、通风良好、无可燃物的地方，远离紧急出口和交通繁忙地区。其应避免与铝、铬、锰、丙烯酰胺、氮丙啶钠及过氧化物等接触。储存区应配备监测系统，监测空气中甲酸乙酯、甲酸和二氧化碳的浓度。运输过程应注意避免与可燃物放置在一起，应配备灭火设备并确保救灾设备安全方便地投入使用。

（六）检疫应用

甲酸乙酯在我国主要用作醋酸或硝酸纤维的溶剂，以及用于香精合成和医药生产，还没有注册成为一种化学农药使用，但在美国、澳大利亚、新西兰已经成为一种杀虫、杀螨的化学农药。在澳大利亚，甲酸乙酯已在2002年被注册为一种熏蒸剂，用于干果害虫的熏蒸处理。

由于甲酸乙酯在常温下为液体，因此应注意其投药方法。目前主要的用药方法有：（1）直接与储藏谷物相混合后，药剂与储藏物一同进入储存库内进行储藏期间的熏蒸处理；（2）通过空气的不断循环使其在密闭空间挥发；（3）借助其他器具使药剂注入熏蒸库内。

为解决甲酸乙酯易燃性和常温液态、投药不方便等问题，CSIRO与BOC公司联合开发了一种熏蒸制剂VAPORMATE™。该产品是甲酸乙酯与CO_2的混合物，其中甲酸乙酯与CO_2比例为1：6（v/v），该产品可熏蒸有效货物及害虫（见表5-19）。VAPORMATE™目前已经在澳大利亚、新西兰、韩国、印度尼西亚、以色列和菲律宾获得产品的商标，并且受到用溴甲烷进行采后处理用户的欢迎。该产品功效已在包括谷物、油料、干式鲜水果、新鲜蔬菜、植物块茎、豆类、坚果以及鲜花在内的很多作物上得到证实，对部分害虫死亡几率值9的处理指标也已有研究，处理指标包括理论剂量率、处理时间和熏蒸成功的必要条件。

表5-19　VAPORMATE™熏蒸有效货物及害虫清单

货物	害虫
粮食和油料	谷蠹（*Rhizopertha dominica*）、赤拟谷盗（*Tribolium castaneum*）、书虱（*Troctes divinatorius*）、锯谷盗（*Oryzaephilus surinamensis*）、扁谷盗（Laemophloeidae）、米象（*Sitophilus oryzae*）
叶菜类	蚜虫（Aphidoidea）
洋葱	洋葱蓟马（Onion thrips）
甜椒/灯笼椒	西花蓟马（*Frankliniella occidentalis*）
块茎	拟蔗扁蛾（*Opogona omoscopa*）
香蕉	螨（Arachnoidea）、粉蚧（Pseudococcus）、蚧壳虫（Coccoidea）

续表

货物	害虫
菠萝	螨（Arachnoidea）、粉蚧（Pseudococcus）、蚧壳虫（Coccoidea）蚜虫（Aphidoidea）
葡萄	苹果浅褐卷叶蛾（*Epiphyas postvittana*）、红背蜘蛛（*Latrodectus hasselti*）、长尾粉蚧（*Pseudococcus longispinosus*）、二斑叶螨（*Tetranychus urticae*）、西花蓟马（*Frankliniella occidentalis*）、葡萄粉蚧（*Pseudococcus maritimus*）、蚜虫（*Aphidoidea*）
草莓	西花蓟马（*Frankliniella occidentalis*）、二斑叶螨（*Tetranychus urticae*）
奇异果	长尾粉蚧（*Pseudococcus longispinosus*）
蓝莓	苹果浅褐卷叶蛾（*Epiphyas postvittana*）、长尾粉蚧（*Pseudococcus longispinosus*）
柿子	苹果浅褐卷叶蛾（*Epiphyas postvittana*）、长尾粉蚧（*Pseudococcus longispinosus*）
面粉，干果，坚果，海枣	谷蠹（*Rhizopertha dominica*）、赤拟谷盗（*Tribolium castaneum*）、书虱（*Troctes divinatorius*）、锯谷盗（*Oryzaephilus surinamensis*）、扁谷盗（Laemophloeidae）、米象（*Sitophilus oryzae*）
鲜切花	蓟马（Thripidae）、槐粉虱（*Aleyrodidae*）
柑橘	蓟马（Thripidae）、苹果浅褐卷叶蛾（*Epiphyas postvittana*）、玫瑰短喙象（*Pantomorus cervinus*）、长尾粉蚧（*Pseudococcus longispinosus*）、柑橘粉蚧（*Planococcus Citri*）、亚洲柑橘木虱（*Diaphorina citri*）、褐圆蚧（*Chrysomphalus aonidum*）、螨虫（*Arachnoidea*）
可可	侧多食跗线螨（*Polyphagotarsonemus latus*）、盲蝽蟓（Miridae）、可可细蛾（*Acroerops cramerllen*）

九、福尔马林（Formalin；福美林）

（一）理化特性

福尔马林是甲醛（CH_2O）的37%～40%水溶液，外观无色透明，呈弱酸性，具有腐蚀性，因内含甲醛，故挥发性很强，有强烈的刺激性气味，沸点为96 ℃，比重为1.081～1.096。福尔马林中含有8%～15%的甲醇作为稳定剂以防止甲醛聚合，利于福尔马林溶液的长期保存。放置太久或在温度降至5 ℃以下时，福尔马林会因部分聚合和多聚甲醛而产生白色沉淀，甲醛浓度越高，越容易凝聚，但加热产生白色沉淀的福尔马林溶液到60 ℃～70 ℃，其会再变澄清。福尔马林一般在常温下保存即可，不必进行低温保存。福尔马林可以与任意比例的水和醇混合使用。在消毒时常用的福尔马林浓度为10%～20%（甲醛含量在4%～8%），也可以用70%乙醇与其配制成8%的甲醛乙醇溶液后使用。

（二）作用机制

福尔马林属醛类消毒剂，醛类消毒剂对微生物作用主要靠醛基。其作用于菌体蛋白（包括酶）的巯基、羟基、羧基、氨基，使之烷基化，引起蛋白质变性、凝固，造成微生物死亡。事实上，福尔马林是一种灭菌剂，它可以杀灭各种微生物，包括细菌繁殖体、芽孢、分枝杆菌、真菌、细菌和病毒。

（三）检疫应用

1. 浸泡消毒

福尔马林经稀释后可用于物品的浸泡消毒。对于一般的物品，用4%～10%的福尔马林浸泡1 h，即可杀灭包括结核杆菌和真菌在内的各种微生物；对于污染严重的物品，使用8%福尔马林在常温下浸泡6 h～8 h，可以杀灭包括细菌芽孢在内的各种微生物。福尔马林除可用于浸泡消毒外，还可以用擦拭等方法直接消毒被污染物的表面，对一般微生物（除细菌芽孢外），均可达到快速灭菌的目的。

2. 气体熏蒸消毒

这也是在动植物检疫处理中应用最多的方法。这种方法主要利用福尔马林挥发的甲醛气体来消毒。甲醛气体具有广谱、高效杀菌作用，且使用方法简单、方便，不会损害被消毒的物品，对人安全，所以尽管使用甲醛气体消毒的方法很古老，但是一直到现在，它还是最为常用的消毒方法。在一般性密闭的条件下，可以对实验室及其他房间的污染空气及物品表面进行消毒，在密闭良好的空间里，可以对污染的怕热、怕湿和易腐蚀的物品进行熏蒸消毒。

产生甲醛气体的方法主要有自然挥发法、加热法和化学反应法等。自然挥发法简单、实用，可将福尔马林放于消毒容器内，或通过喷雾的方式将福尔马林喷洒在密闭的空间内，使其蒸发汽化。将福尔马林加热后再喷雾，消毒效果更好，喷洒冷的福尔马林时，应当加入等量的工业乙醇以防止甲醛聚合。自然挥发法虽操作简单，但消毒效果较其他方法差，原因是该方法挥发缓慢，很难达到消毒所要求的甲醛浓度，且雾化气溶胶甲醛很快会随雾滴落到物体表面，空气中甲醛浓度只能维持极短时间，从而降低了消毒的效果，所以一般仅用于小型容器内的物品消毒。更为科学有效的方法是加热法和化学反应法。

加热法简便易行，对福尔马林进行煮沸，用量一般为18 mL/m^3，视湿度情况必要时可加入2～6倍的水，以便使相对湿度保持在70%～90%。化学反应法是利用氧化剂如高锰酸钾、重铬酸钾或氯制剂等与福尔马林发生化学反应，在反应过程中会产生大量的热，促使甲醛气化，从而以最快的速度将甲醛释放到空气中去。最为常用的氧化剂是高锰酸钾，其反应式为：

$$2HCHO+O_2=2HCOOH+\triangle H$$

高锰酸钾的用量相当于福尔马林的40%～50%，漂白粉的用量相当于福尔马林的60%～80%。氧化剂加入过多会导致失火，所以每次用量不宜过多。使用时应加入相当于福尔马林50%的水。操作时先将氧化剂放入容器内，再加入福尔马林，药液应缓慢加入，以防止反应过猛和药液外溢。反应开始后，药液很快会沸腾，短时间内就可以使甲醛挥发完毕。在反应过程中会产生大量的热量，注意不要被烫伤。表5-20为甲醛用作室内熏蒸消毒的用量，在室温为18 ℃～20 ℃、相对湿度为70%～90%时，福尔马林的用量和对不同类型微生物的作用时间。

表5-20　甲醛用作室内熏蒸消毒的用量

甲醛气体产生方法	微生物类型	药物及用量		作用时间（h）
福尔马林加热法	细菌繁殖体	福尔马林	12.5 mL/m^3～25 mL/m^3	12～24
	细菌芽孢	福尔马林	25 mL/m^3～50 mL/m^3	12～24
福尔马林　高锰酸钾法	细菌繁殖体	福尔马林	40 mL/m^3	12～24
		高锰酸钾	30 g/m^3	
福尔马林—漂白粉法	细菌繁殖体	福尔马林	20 mL/m^3	12
		漂白粉	20 g/m^3	

（四）影响福尔马林消毒作用的因素

影响福尔马林消毒作用的因素主要包括温度、相对湿度（RH）、消毒物品的性质和数量、浓度和作用时间。

1. 温度

温度的高低直接影响着甲醛的消毒作用效果，一般随温度升高，其杀菌作用会增强。使用甲醛气体进行消毒时要求温度在18 ℃以上，最好是在50 ℃～60 ℃。温度低时，甲醛容易发生聚合而失去作用，而升高温度则可以增加空气中的甲醛含量，减少甲醛因发生聚合和物品的吸收造成的损失，进而提高其杀菌效果。

2. 相对湿度（RH）

研究表明，当RH<50%时，甲醛气体的杀菌速度随着RH的增加而增加；当50%<RH<90%时，效果虽然也有所增加，但不够明显。所以使用福尔马林消毒，RH≥70%为好，RH最好在80～90%。

3. 消毒物品的性质和数量

被消毒物品的性质和数量之所以影响着消毒作用效果，主要是因为甲醛气体的穿透力比较差。消毒时如果把物品摊开，则消毒效果会更佳。

4. 浓度和作用时间

当RH和温度保持不变时，甲醛气体浓度越高，杀菌速度越快，效果越好；同样，在温度、RH和浓度固定时，作用时间越长，消毒效果越好。

（五）福尔马林的使用范围、毒性及使用中的注意事项

福尔马林因存在着微量的甲酸，可使金属生锈，对香蕉和塑料也有轻微损害。福尔马林对人的皮肤有损害作用，可致皮肤湿疹、过敏反应；误食可引起全身中毒，如恶心、呕吐、严重者可导致神经系统反应和中毒性肺水肿等；其挥发出的甲醛气体对人的呼吸道具有强烈刺激性，高浓度甲醛气体对中枢神经系统有毒害作用，并可导致中毒性肺水肿。对于吸入甲醛气体导致中毒者，应及时转移到空气新鲜处，有条件的可给予吸氧，也可以使其吸入适量的淡氨气；黏膜损伤可以使用2%碳酸氢钠冲洗；皮肤损伤可直接用肥皂水冲洗；消化道中毒，可以用0.1%的氨水洗胃，喝豆浆、牛奶和蛋清对胃黏膜也有一定的保护作用。

使用福尔马林进行熏蒸处理时，因甲醛气体具有可燃性，所以熏蒸时须注意明火；进行熏蒸消毒时环境的相对湿度最好不低于70%；被熏蒸消毒的物品如果是多孔的，注意适当增加福尔马林的用量。甲醛气体的穿透力比较差，所以在熏蒸消毒时，被消毒的物品必须充分暴露，否则难以达到消毒要求；使用福尔马林浸泡消毒的物品，要用（无菌）水冲洗干净后方可使用。

最需要注意的是，研究表明甲醛有致癌的作用，所以在应用福尔马林时，一定要注意并严格控制其用量。

第五节　熏蒸处理方式和程序

一、帐幕熏蒸

在一定温度条件下，将一定量的熏蒸剂施入密闭的帐幕中，并保持一定的密闭时间和一定的熏蒸气体浓度，以杀死或控制有害生物的过程叫作帐幕熏蒸（Sealing sheet fumigation）。帐幕指用气密性材料制成的幕罩来围罩被熏蒸的物品，以达到密闭的效果。帐幕熏蒸有很多突出的优点：不受场地等环境条件的限制；容易密封和实施；在很多情况下不用搬动货物；能适用于各种形式的堆垛、火车车皮、货运汽车甚至很大的建筑物等的熏蒸；在有些情况下，熏蒸散气后不揭掉帐幕，这样就可以防止害虫等的重复感染。因此帐幕熏蒸灵活、省时、省工和省钱，在动植物检疫处理中应用非常广泛。从事帐幕熏蒸的单位必须由经过相关管理部门考核，具备从事相关熏蒸业务资质和相应能力的熏蒸人员组成。

（一）溴甲烷帐幕熏蒸

1. 溴甲烷帐幕熏蒸所需器材

（1）帐幕

熏蒸时覆盖用的帐幕，必须具有良好的气密性，是用聚乙烯、聚氯乙烯或其他高分子材料制成的气密性薄膜，厚度为0.18 mm ~ 0.22 mm。

（2）蛇形密封沙袋、水袋或其他密封物

用尼龙编织布、防水涂层织物布、聚乙烯塑料布等缝制成宽15 cm、长70 cm ~ 80 cm左右的蛇形袋，袋内装体积不超过三分之二的细砂，用于压封。

（3）测毒管

外径约为7 mm的低吸附性聚乙烯塑料管可以用作气体浓度检测管。橡胶或塑料软管不能用作测毒管。一般的堆垛需要3 ~ 5根毒气管。

（4）其他用具与仪器

热导检测仪、红外检测仪、光声光谱检测仪或便携式气相色谱仪、温度计或测温仪、风扇、气化器、投药管及用于钢瓶与气化器连接的直径为7 mm ~ 10 mm的软铜管、卷尺、防毒面具、磅秤或溴甲烷计量仪、胶带、必要的金属或木制支架及衬托、电源线、抽气泵及较粗的排气管、警告标志、低浓度检测管及足够的溴甲烷熏蒸剂。

2. 选择合适的熏蒸场所

溴甲烷帐幕熏蒸应该在通风良好的库房或具有大量顶棚的货场进行。在露天货场熏蒸应选择无雨、风力小于等于5级的天气进行。在温度较低的条件下熏蒸，不能把加热器放到帐幕里对货物加热。

熏蒸场所应远离生活区，两者之间的距离应大于50 m。熏蒸期间除熏蒸人员和监管人员外，其他人不得进入熏蒸场所，场地内应有明显的标志和隔离物，如用绳子拉线隔离。

熏蒸场所应为无缝的水泥地面或沥青地面，其他多孔地面应先铺垫塑料布或两面挂胶尼龙纤维布，再堆货熏蒸。熏蒸场所应有方便合适的电源。熏蒸地面应保持干燥，帐幕内应无小水道或其他泄露通道。

在通风条件不好的库房熏蒸，通风散气时应用风机将帐幕内的毒气排出库房外。

3. 熏蒸前准备

（1）货物的堆放形式

货物应堆放在货垫架上。货垫架应排放整齐，单个货垫架之间的距离应不少于2.5 cm。堆垛也应码放整齐、不宜压得过密过实，最好是平顶的。货物堆垛间隔、周围通道宽应大于等于1 m。当所熏蒸的货物是面粉等物品时，货堆中间应增加通风道。

货堆的大小应视情况而定，应考虑有足够的帐幕、循环风扇、测毒管等，还应考虑操作是否方便。一般来讲，其体积不应超过700 m^3。

（2）循环风扇的安置及操作

熏蒸空间的长度在10.5 m以内，选用两个风量各为70 m^3/min的轴流风扇即可。一个风扇安放在堆垛的后部朝前部吹风，另一个安放在堆垛的顶部前面的位置上，朝堆垛顶部后面吹风。长度超过10.5 m，但体积超过212 m^3的密闭空间，在货堆顶部中间的位置应多放一个电风扇（风扇的风向与原来的一个相同）。如果密闭空间的体积更大，则应安放更多的电扇。

在投药期间及投药后的30 min内，电风扇应打开。通过气体浓度的检测，发现毒气分布还不均匀时，应继续将风扇打开，直到气体分布均匀为止。

在户外无电源的情况下熏蒸，不能借助电风扇来帮助溴甲烷气体分布均匀时，必须考虑适当加大货物顶部的空间，并且要多点投药，投药管的末端应悬空，以保证溴甲烷能及时分布均匀。熏蒸时间也应根据气体浓度检测情况和具体条件作相应延长。

（3）投药管和测毒管的安放

将投药管的末端牢固地固定在货堆顶部电扇的近前部，以便能使溴甲烷气体直接进入电风扇吹出来的气流。投药点间距不应超过10 m，每点投药一般不应超过10 kg。为了防止液体溴甲烷污染被熏蒸的物品，应在投药管末端下面铺垫一块塑料布或放上几个空麻袋。如果货堆顶部有不止一个电风扇，那么每个电风扇前面都应牢固地安置一根投药管。

对于面积小于285 m^3的密闭空间，最少应安放3根测毒管，测毒管的安放位置是：货堆前面离地面10 cm左右、货堆正中心、货堆后面的最上部。对于面积大于285 m^3小于708 m^3的密闭空间，应放置6根测毒管。测毒管在帐幕外的一端，应固定标签，以显示每根测毒管的位置。

（4）温度的记录

应记录环境温度和货物内部的温度。在气温较低季节熏蒸时，为确保药剂气化安全和熏蒸效果，可在货堆中心安置温度探头。

（5）帐幕的覆盖

帐幕在覆盖前，应仔细检查堆垛上是否有尖锐的物品。如果有，应清除掉或用合适的衬垫物将其盖上。还应注意的是，应安放足够多的支架，以保证堆垛顶部和帐幕间有大约0.5 m的空间，以便气体能顺利循环。这些工作做完后，就可以进行帐幕覆盖了，在覆盖时，一定要仔细，不要把帐幕撕裂或划破。覆盖好的帐幕应平整，无多余的皱褶等。如果一块帐幕不能覆盖整个货堆，就要采用帐幕拼接。帐幕拼接采用卷接法，重叠双层后卷接，中间加固定绳。卷接长度要在50 cm以上，用熏蒸夹夹紧，固定绳固定在两边堆垛的桩上。在室外熏蒸时，帐幕覆盖完毕后，必须在帐幕上加盖防风罩或防风固定绳。

（6）帐幕的密封

将地面上的帐幕整理平整。在保证堆垛四周和帐幕间有0.3 m的条件下，沿着堆垛底部用蛇形沙袋或蛇形水袋将帐幕边缘部分平整地压于地面上。必须用两排平行的沙袋或水袋来压实帐幕边缘部分，而且两个平行沙袋或水袋的重叠部分不少于0.3 m。在堆垛四个角的地方，应尽量将帐幕边缘部分铺平，不能让其堆在一起，而且应用三排沙袋压实。总之，堆垛底部一般是漏气最严重的地方，特别是四个角和测毒管、投药管和电源线的地方，必须特别注意。

帐幕密封完后，还应仔细检查一下整个帐幕，看是否有破损的地方，如果有，则应用胶带将其粘补好。

（7）密闭空间体积的测量和药量的计算

一定要仔细丈量密闭空间的体积，不要用估计数，如果密闭空间的长、宽、高的估计数和实测量结果相差0.3 m，就可能导致投药量相差15%。

确定投药量时应以货物中的温度为准。在环境温度与货物温度相差5 ℃以上时，应以两者的平均温度为准。决定了投药量后，将其与密闭空间的体积相乘就得出了所需的总药量。

4. 投药熏蒸

（1）投药

投药前，应再一次检查帐幕的密封情况，各种仪器设备是否能正常运行，投药管是否连接好，周围是否有明显的警告标志，不必要的人员是否已离开熏蒸现场，防毒面具是否已准备好等。之后，应打开电风扇，让气体开始流动混合，同时用检测仪测一下密闭空间的气体，观察是否有干扰物质存在。完成上述步骤后，即可开始投药，打开钢瓶阀门，再关闭，检查各连接处，检查是否有漏毒的地方，若没有，即可开始正式投药。投药时，速度不要太快，以1.3 kg/min ~ 1.8 kg/min的速度为宜。如果用简易盘管式气化器，则水温应保持在65 ℃以上。

采用二步投药法，先投药1/4 ~ 1/3，再查漏，如无泄露则将剩余药剂投完，开始投药后半小时左右，用检测仪检测密闭空间内各点的毒气浓度，如果毒气浓度一致，则应及时关掉风扇。电风扇开启的时间越长，渗漏的毒气可能越多，因此，一旦发现毒气已分布均匀，就应尽快关掉风扇，即使此时投药还没有结束。关掉风扇后，投药的速度也应放慢，其间可以断续地开一下风扇，每次补药后，也应短暂地开一下风扇。

（2）测漏

投药结束后，开始测漏。测漏时，应佩戴防毒面具，沿着帐幕地面密封边缘测漏，应特别注意四个角、测毒管、投药管和电源线的地方。发现渗漏的地方应及时堵住。对于熏蒸剂过多的渗漏（浓度低于所规定浓度的50%时），当用补药的办法无法解决问题（可能存在不易发现的大漏洞）时，应及时散气再熏蒸。

（3）测毒

投药后半个小时，就应用熏蒸浓度检测仪检测气体浓度，然后按规定的时间间隔及熏蒸结束前进行气体浓度的检测。可以参考下列的时间间隔进行毒气浓度的检测：30 min、2 h、4 h（选择）、6 h（选择）、12 h（选择）、24 h、48 h和72 h。

30 min的测毒结果：显示毒气起始浓度和分布情况。说明漏毒、吸附及密闭空间和体积测量正确与否，投药方法正确与否等情况。密闭空间各点的气体浓度差异不能超过4 $g·m^{-3}$。

2 h的测毒结果：和30 min的测毒结果相比，其可看出是否有渗漏和吸附问题存在。如果检测结果比30 min时检测的低15%以上，则之后必须定时测毒。

（4）补充投药

若散气前规定的最低浓度值减去实际浓度值小于等于5 $g·m^{-3}$，则延长熏蒸时间8 h ~ 12 h；若大于5 $g·m^{-3}$的，则按公式5–8计算补充投药药量，并延长熏蒸时间12 ~ 24 h。

$$A = \frac{B \times K \times C}{1000} \tag{5–8}$$

式中：

A ——补充投药量，单位为kg；

B ——低于所要求的最低浓度数，单位为$g·m^{-3}$；

K ——货物系数，木包装为2.0，其他为1.6；

C ——熏蒸空间的体积，单位为m^3。

5. 散气

当到达规定的密闭时间时，应该准时散气，这在蔬菜、水果和种苗等的熏蒸中十分重要，以尽量保证熏蒸处理水果、蔬菜和苗木时一次成功，避免或不使用补充投药的方法。一定注意，散气前应做最后一次浓度测定。

对于室外的熏蒸散气，操作比较简单。戴上防毒面具，将堆垛前后的熏蒸帐幕各卷起一部分，让高浓度的毒气充分散失。过一段时间后，用毒气管检测，当帐幕内空间的溴甲烷气体浓度低于100 mL/m^3时，可以戴上防毒面具揭掉整个帐幕。

对于库房内熏蒸的散气，包括帐幕下集装箱等的熏蒸，应先用抽气泵将帐幕内或集装箱等内的溴甲烷高浓度气体抽排到库房外空旷无人处（注意应有警告标志和隔离措施，防止无关人员误入有毒区），再根据所熏蒸货物种类的不同，决定抽气时间和揭垛时间。对于谷物类，抽气两小时后，就可以检测帐幕内的气体浓度，如果浓度已低于5 mL/m^3，即可揭垛，被熏蒸的货物也可以运走。如果是水果、蔬菜等熏蒸散气，则抽排气的时间不一定需要2 h（根据测毒结果来定），但是揭垛后必须再散气2 h才能将货物运走。对于那些吸附性强的货物，散气时间一般不少于24 h。

6. 结果评定

根据有效浓度和熏蒸时间综合判断熏蒸效果。投药后24 h熏蒸气体的浓度值应不低于投药剂量的50%。

（二）磷化氢帐幕熏蒸

磷化氢的帐幕熏蒸同溴甲烷的差不多，可以参考溴甲烷帐幕熏蒸的操作程序，但不同的是在磷化氢的帐幕熏蒸中，不需要电风扇来帮助熏蒸剂气体扩散和穿透，也不需要包括投药管、气化器在内的投药系统，更不需要抽气泵等排气系统。热导仪不能用于磷化氢的检漏和气体浓度检测。

磷化氢气体是由磷化铝制剂与空气中的水分发生反应产生的，因此当空气中的相对湿度低于40%、温度低于5 ℃时，不能再用磷化铝制剂熏蒸。

磷化铝制剂暴露于空气中，大约需要4 h才能产生足够高的磷化氢气体浓度，因此在磷化铝投药的操作中，熏蒸人员需戴手套。在检漏、测毒及散气过程中，应该佩戴防毒面具，所以在熏蒸前应准备好合适的防毒面具。

磷化氢熏蒸至少两人一起工作，施完药后应洗手。设置有关熏蒸安全方面的警告标志也是必需的。

1. 袋装货物熏蒸

（1）密封

同溴甲烷的密封形式一样进行密封，但是应尽一切可能达到最好的气密性。磷化氢能以较慢的速度穿透聚乙烯等帐幕，因此在有条件的情况下，应尽可能地用较厚的熏蒸帐幕，在一般情况下，使用0.15 mm厚的聚乙烯或聚氯乙烯帐幕就能满足需求。

（2）磷化铝制剂的施放

用盛药盘或盛药袋按一定的比例装上一定数量的磷化铝片剂或丸剂（药剂应平放一层，不能有重叠，单个盛药盘中片剂不得超过26片，粉剂应摊均匀，厚度不超过0.5 cm），然后沿着货堆四周和顶部按一定距离放置一盘磷化铝。如果货堆较长，则应边盖帐幕边在货堆顶部一定位置安置磷化铝制剂盛药盘，最后在封垛前再放垛底部四周的药剂。

2. 散货谷物等的熏蒸

当熏蒸大量散货谷物或其他货物时，必须借用于“探管”将磷化铝的丸剂或片剂送入货物的内部，这样磷化氢气体的浓度才能分布均匀。

探管是用直径为3.18 cm的钢管加工成的。在货物或疏松货物等的表面向下打探管，可以打到9.15 m深。在每平方米范围内有规律地打入两次探管（投入两次药）可以取得满意的效果。磷化氢能从药片投放的位置向下穿透3 m。进行大批量散装谷物熏蒸时，可以先打很多探管，再手动（戴手套）将药片放入这些探管中。

进行筒仓等的散装谷物熏蒸时，可以手动或自动分药器按一定的速率（如每分钟多少片药），将磷化铝片剂随粮食传输带均匀地投入到散装谷物中。使用自动分药器更为经济。

若货仓的顶较高，即散装粮并没有装满，剩余空间较大，则用帐幕直接在粮食顶部密封比密封舱顶的效果更佳。如果仓贮设施的墙壁漏气，则可以沿墙壁外围用0.2 mm厚的帐幕进行密封，其密封高度为仓内散装粮的高度。

3. 集装箱的熏蒸

在大多数情况下，集装箱熏蒸都应该用帐幕将集装箱覆盖起来并妥善密封后（密封办法同溴甲烷帐幕熏蒸一节所述的方法相同），才能进行熏蒸，否则效果不理想。

如果用适当的方法能保证集装箱不漏气，则可以不用帐幕密封。可以采用下面的步骤来对集装箱进行密封和熏蒸。

（1）检查地板、箱顶、墙壁等处，看是否有孔洞或裂纹存在。用胶带或其他密封材料将所有的孔洞或裂缝堵起来。需要仔细检查和大量的密封才能保证集装箱不漏气。

（2）将所有要投放的磷化铝药片分别放在两片厚纸板上，药片不能重叠，片与片之间最好能保持一定的距离（如0.3 cm）。每片硬纸板上所放的药片数不能超过最大允许数。

（3）将放好药片的硬纸板放入集装箱中，里外各一纸板，平稳地放在两个货包中间，如果货物外有纸包装，则将硬纸板放在纸包装上。

（4）熏蒸期间箱门上都应有熏蒸标志。

4. 熏蒸剂毒气浓度检测

熏蒸期间必须进行毒气浓度检测。应定时用磷化氢检测管检测密闭空间的浓度。

5. 补救措施

如果熏蒸结束时磷化氢的浓度检测值与规定的最低浓度值接近，则可延长熏蒸时间12 h ~ 24 h；如果明显低于规定的最低浓度值，则应重新熏蒸。

6. 磷化铝残渣处理

处理磷化铝残渣时，应佩戴防毒面具。通风散毒完毕后，收集磷化铝残渣，就地埋入深0.5 m的洞内；或者集中收集残渣放入一个桶内，由操作人员站在上风位置，向桶内加入水和洗衣粉混合液（洗衣粉含量3%）至残渣被覆盖，并彻底搅动，然后在不加盖情况下放置过夜，第二天安全地把水倒掉，并将剩余残渣深埋。

（三）环氧乙烷和二氧化碳混合制剂的帐幕熏蒸

1. 环氧乙烷帐幕熏蒸注意事项

环氧乙烷气体在很大的浓度范围内能燃烧爆炸，因此在实际使用中是将其与二氧化碳混用。环氧乙烷帐幕熏蒸的原理和操作程序同溴甲烷帐幕熏蒸相似，但在以下几方面有所区别：

（1）应使用防爆型电风扇（无火花、感应式的）；

（2）帐幕密封时，不能将其拉得太紧，应留有空余，原因是用环氧乙烷混合剂熏蒸时，用药量很大，也就是说混合气体占有的体积很大，在空间中必须留有足够大的膨胀体积，否则损失的熏蒸剂会很多（10 kg左右的投药量应允许有15%的体积增加，12.5 kg左右的投药量应允许有20%的体积增加）；

（3）当环氧乙烷混合气体按一定剂量投入到一密闭空间后，熏蒸帐幕显得稍有点鼓胀是可以的，但应避免过分的膨胀。开始投药时，应将堆垛远端的帐幕卷起一点儿或插一段管子在帐幕下面，这样投入的环氧乙烷混合气就能将帐幕内的多余空气赶出去。几分钟后，当环氧乙烷混合气处于开口处时，应将卷起的帐幕放下来或抽出排气管并将该处密封好；

（4）施药点应距被熏蒸的货物2 m左右，以保证环氧乙烷混合气能完全气化，防止环氧乙烷对帐幕造成损坏及纯环氧乙烷的冷凝和积累（这样会增加燃烧爆炸的危险）；

（5）应采用六面封垛的方法。

2. 投药

投药管最好用软金属管，原因是环氧乙烷混合气的蒸汽压比溴甲烷高很多，不宜用塑料管和塑料接头，可以用金属接头和耐压橡胶管。投药时钢瓶应良好接地，避免静电的积累。投药时钢瓶的阀门应打开些（开到一半即可），阀门开得太小，释放出的混合气是不成比例的。如果要投完整瓶药，则可以将钢瓶放到帐幕内，但要注意放稳，以避免钢瓶倒下，另外要注意接地良好。

3. 检漏

经过校准的检测仪，可用来检测环氧乙烷和二氧化碳混合气的渗漏。

4. 浓度测定

可以用环氧乙烷检测管来检测环氧乙烷的浓度。热导检测仪不能检测纯环氧乙烷的浓度。在熏蒸中货物对环氧乙烷和二氧化碳的吸附力不同，因此，虽然是按一定的混合比例投药，但在熏蒸期间这两种气体的比例会发生变化。

5. 散气

散气时应佩戴合适的防毒面具。在库房内熏蒸，应先将帐幕卷起一小部分，等毒气散完后（用检测仪测不出读数）才能揭掉帐幕。

（四）硫酰氟帐幕熏蒸

硫酰氟帐幕熏蒸可参见溴甲烷帐幕熏蒸内容。硫酰氟对塑料帐幕穿透能力很弱，和其他熏蒸剂比较，其对人的毒性较低。

虽然硫酰氟在较低剂量时对大多数害虫的卵的毒性较低，但它对白蚁的处理特别有效，即使是在相对较低的剂量时，也同样有效。

1. 密封

硫酰氟比空气重2.88倍，因此气体有下沉的趋势。应特别注意帐幕的密封。如果地面空隙较多渗漏严重，应采用六面密封帐幕熏蒸。

2. 循环

必须用风扇来帮助硫酰氟分布均匀。风量为70 m^3/min的风扇（400 mm的家用风扇）即可满足需要。风扇的多少由密闭空间的体积和货物的堆放形式来决定。一般用两个风扇，一个在地面朝货堆中部吹风，另一个在货堆的顶部朝货堆中部的下方吹风。货堆的长超过10 m的应多增加一个风扇。

3. 毒气管的安放及浓度检测

至少安放三根毒气管，分别在堆垛前方底部、中部和后方顶部。超过300 m^3的熏蒸空间，最好多安放两根毒气管。热导检测仪经校准后可以用来检测硫酰氟的浓度。

4. 投药

投药管的末端安放在地面风扇的近前方，管头离开货物并朝向上方，这样硫酰氟气体就能直接进入风扇吹出的气流。硫酰氟的释放速度控制在1.5 kg/min ~ 2 kg/min即可，释放速度的快慢取决于钢瓶中的压力，特别是当钢瓶中只剩下4 kg ~ 5 kg药时，释放速度就更慢了。

5. 药量

投药量的多少取决于密闭空间体积和物品的温度，因此应准确测量密闭空间的体积和物品的温度。温度低于10 ℃不能用硫酰氟熏蒸。

二、集装箱熏蒸

集装箱是当今广泛应用于国际国内贸易的交通运输设备。集装箱既是特殊的装载容器，也有运输工具的功能特性。它来往于国际，可能携带和传播各种动植物的疫情。集装箱箱体可以黏附软体动物、种子、土壤等，箱体内部也常被病虫害等污染，较传统运输工具和包装更具有传播动植物病虫害的危险性。因此，集装箱的熏蒸处理在世界各国的检疫处理中都非常重要。

（一）集装箱箱体结构

1. 集装箱规格、种类介绍

国际标准化组织（ISO）ISO 830：1981《集装箱名词术语》中将集装箱定义为：集装箱是一种运输设备，具有足够的强度，可长期反复使用；适于一种或多种运输方式运送，在途中转运时，箱内货物不需要换装；具有快速装卸和搬运的装置，特别便于从一种运输方式转移到另一种运输方式；便于货物装满和卸空；具有1 m^3及1 m^3以上的容积。

集装箱按尺寸分为国际标准集装箱、地区标准集装箱、国家标准集装箱和公司标准集装箱等，其中常用的为国际标准集装箱。国际标准集装箱尺寸规格见表5-21：

表5-21　国际标准集装箱规格

箱型	外部尺寸（mm）			内部尺寸（mm）			重量（kg）			箱内体积（m^3）
	长	宽	高	长	宽	高	最大载重	皮重	货物重量	
20’通用	6 058	2 438	2 591	5 898	2 350	2 390	30 480	2 300	28 180	33
40’通用	12 192	2 438	2 591	12 010	2 350	2 390	30 480	3 900	26 580	67
40’超高	12 192	2 438	2 896	12 010	2 345	2 685	30 480	4 160	26 320	75.9
20’开顶	6 058	2 438	2 591	5 889	2 335	2 312	24 000	2 400	21 600	31.8
40’开顶	12 192	2 438	2 591	12 020	2 350	2 350	30 480	4 200	26 280	65.9
20’框架	6 058	2 438	2 591	5 638	2 197	2 205	34 000	2 900	31 100	25
40’框架	12 192	2 438	2 591	11 551	2 094	1 947	45 000	6 100	38 900	52
20’冷冻	6 058	2 438	2 591	5 443	2 290	2 271	30 480	3 040	27 440	28
40’冷冻	12 192	2 438	2 591	11 574	2 276	2 218	30 480	4 700	25 780	58
40’高冷	12 192	2 438	2 896	11 577	2 290	2 496	32 500	4 750	27 750	66.9
45’高箱	13 716	2 438	2 896	13 556	2 352	2 698	32 500	4 700	27 800	86

在国际集装箱运输业务中，人们普遍习惯按照用途区分集装箱类别，以下是常见的几类集装箱。

（1）杂货集装箱（Dry cargo container）又称干货集装箱，是一种通用集装箱，用以装载除液体货物和需要调节温度的货物外的一般杂货。图5-6为20 ft型杂货集装箱。

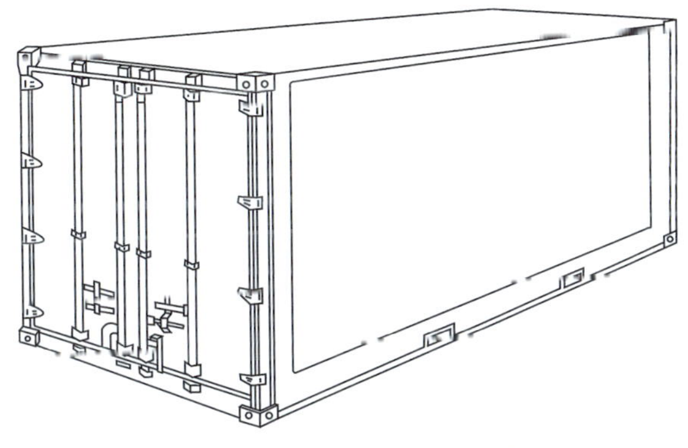

图5-6　20ft型杂货集装箱

（2）敞顶集装箱（Open top container）是一种箱顶可以拆下来的集装箱，箱顶又分为硬顶和软顶两种。图5-7为敞顶集装箱。

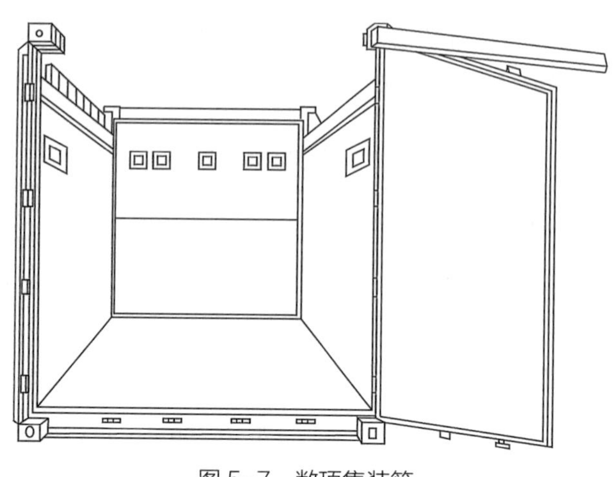

图 5-7　敞顶集装箱

（3）台架式集装箱（Platform based container）包括板架集装箱（Flat rack container）。它是一种除有箱底外，端与端之间无永久固定的纵向结构，但有完整的固定端壁或固定角柱的集装箱。

（4）冷藏集装箱（Reefer container）是专为运输要求保持一定温度的冷冻货或低温货特殊设计的集装箱。目前，国际上普遍使用的冷藏集装箱有两种：一种在集装箱内带有冷冻机，被称为机械式冷藏集装箱（见图5-8）；另一种箱内没有冷冻机而只有隔热结构，集装箱端壁上设有进气孔和出气孔，箱子装在舱内，由船舶的冷冻装置供应冷气，被称为离合式冷藏集装箱。

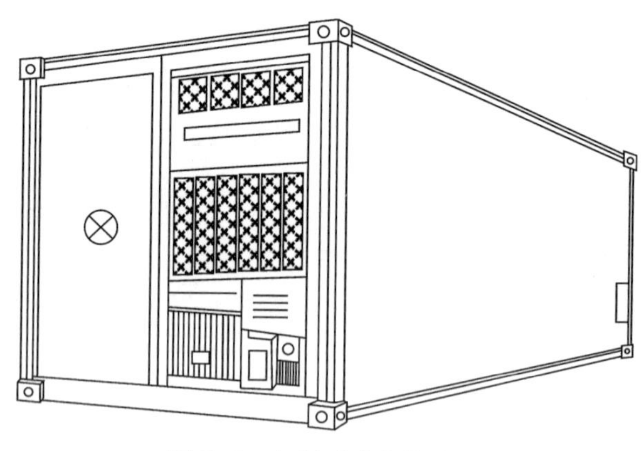

图 5-8　机械式冷藏集装箱

（5）散货集装箱（Bulk container）是一种密闭式集装箱，有玻璃钢制和钢制两种，前者用于装载麦芽和化学品，后者原则上用于装载相对密度小的谷物。图5-9为20 ft型散货集装箱。

（6）罐式集装箱（Tank container）主要由罐体和箱体框架两部分构件组成，是专为装运液体货物而设计的集装箱。图5-10为罐式集装箱。

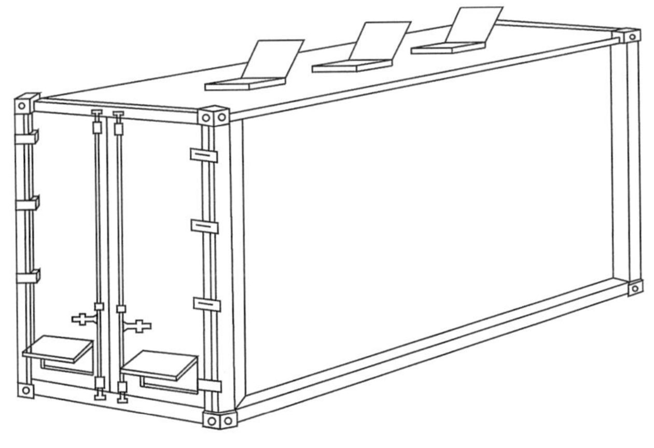

图 5-9　20ft 型散货集装箱

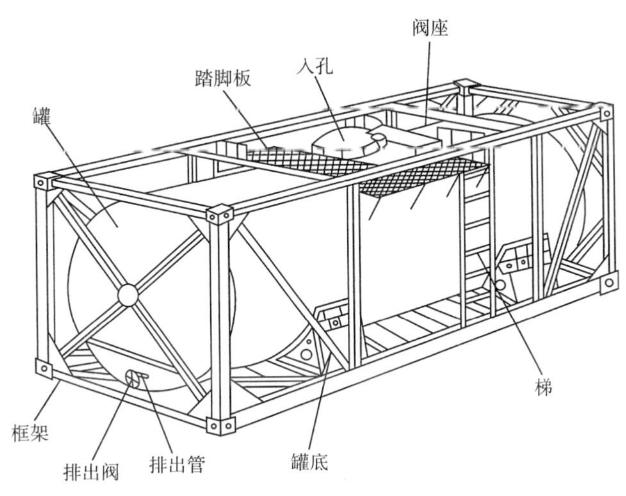

图 5-10　罐式集装箱

2. 与熏蒸处理有关的集装箱结构介绍

集装箱构件总体结构见图5-11。从图中可以看出，与熏蒸有关的集装箱构件主要有以下几个：通风器、箱门和底板。在集装箱熏蒸处理中，为保证熏蒸效果，应严防漏气。因此，要特别关注以上三个部件的密封性，这在集装箱熏蒸中非常重要。

（1）通风器（Ventilator）：又称通风孔，是适宜装运新鲜蔬菜和水果等怕热怕闷货物的集装箱的通风装置。不同的通风集装箱有通风器两个（位于集装箱侧面的左上角和右上角，呈对角线）或四个（位于集装箱侧面的左上角和右上角）。在进行熏蒸前，集装箱通风器的糊封办法是在集装箱里面用封箱带粘住内侧通风孔。应仔细糊封，防止漏气。

（2）箱门（Door）：通常为两扇后端开启的门。用铰链安装在角柱上，并用门锁装置进行关闭。为保证箱门的密封性，需要用箱门密封垫（Door seal gasket，又称门封条）来密封。在熏蒸前，要仔细检查集装箱门的密封性，如果气密性不好，要采取相应措施保证门的气密性，这样才能保证熏蒸效果。集装箱门后端构造见图5-12。

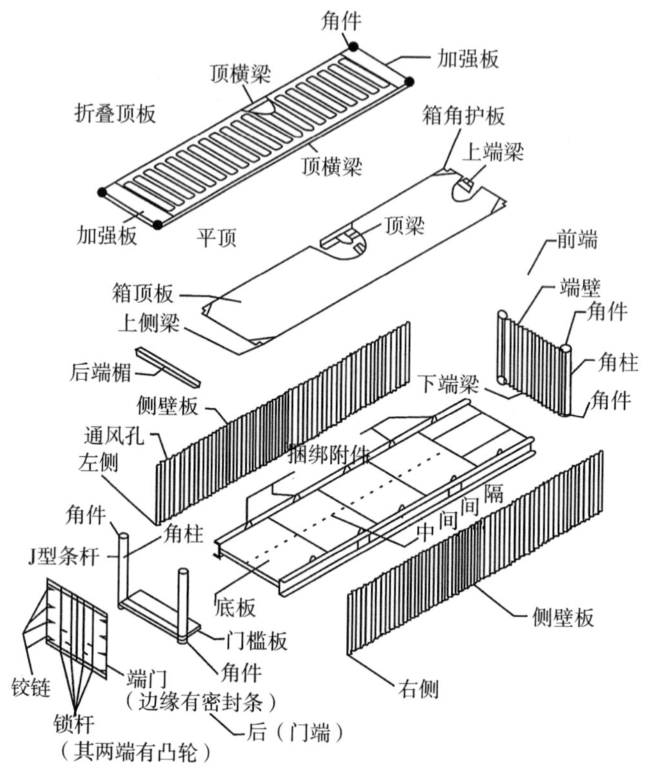

图 5-11　40 ft 集装箱构件总体结构

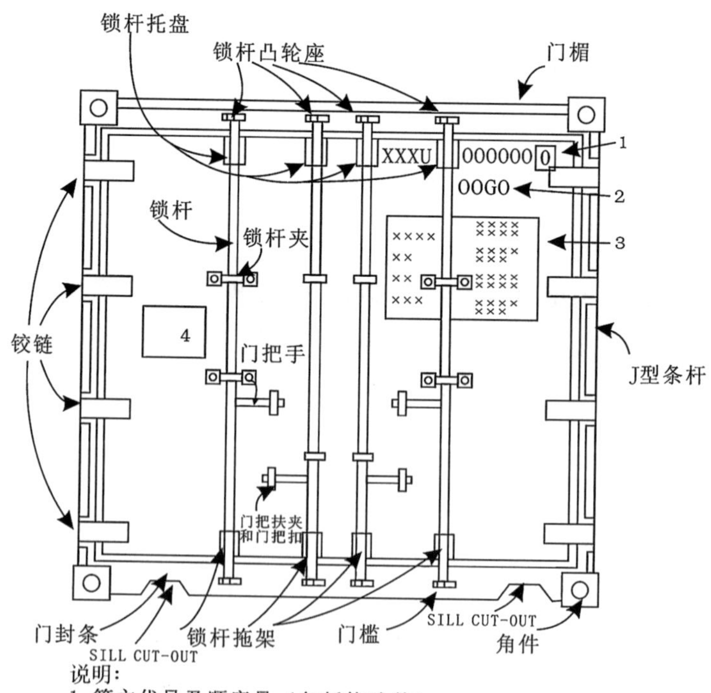

说明：
1. 箱主代号及顺序号（包括校验数）；
2. 国家代号及类型代号；
3. 重量标牌；
4. 综合资料牌（CSC牌照、海关牌照等）的选用位置。

图 5-12　集装箱门后端构造图

（3）底板（Floor）：是铺在底梁上承托载荷的板，是集装箱的主要承载构件。集装箱底板是一种比较典型的结构用胶合板，具有较高的初始强度、刚度、抗冲击性能和较好的耐环境老化性能。由于底板是黏合而成，且长期承载货物，因此底板接缝处的密封好坏，影响熏蒸效果。熏蒸前应仔细检查底板接缝处的密封情况，做好相应的密封处理，保证熏蒸效果。20 ft 集装箱底框架与底板分解图见图5-13。

另外，若情况允许，可将集装箱用熏蒸账幕做成熏蒸罩罩住，而后密封四周，并由熏蒸罩上装配1条抽气管，抽气减压后即施入适用的熏蒸剂熏蒸。熏蒸结束后，抽出熏蒸剂蒸气，进空气散气。图5-14是美国检疫机构对气密性的集装箱进行熏蒸处理。

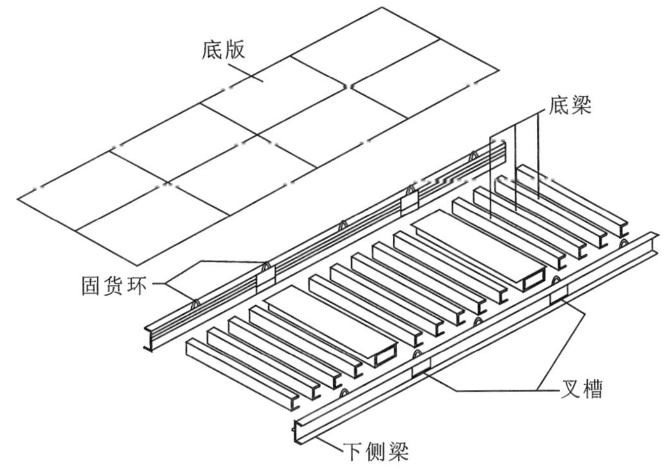

图 5-13　20 ft 集装箱底框架与底板分解图

图 5-14　美国集装箱熏蒸处理

（二）集装箱熏蒸的基本要求

要熏蒸的集装箱应单层平放在平整场地，熏蒸密闭期间不能挪动。熏蒸的集装箱与生活区和工作区的距离不少于50 m，集装箱间距50 cm以上。

集装箱熏蒸应在熏蒸密闭空间内的温度高于5 ℃的情况下实施。当熏蒸密闭空间内的温度低于15 ℃或投药量大于3 kg时，溴甲烷熏蒸应采用药剂气化装置投药，气化装置水温不低于65 ℃。输往澳大利亚的集装箱，溴甲烷熏蒸的最低环境温度为10 ℃，当环境温度低于10 ℃时，必须人工增温。

熏蒸剂。溴甲烷有效含量不低于98%；硫酰氟有效含量不低于95%；磷化铝有效含量不低于56%。

熏蒸剂气体浓度检测仪器。溴甲烷气体浓度检测管，检测范围5 mL/m^3 ~ 50 mL/m^{3}和10 mL/m^3 ~ 100 mL/m^3。磷化氢气体浓度检测管，检测范围1 mL/m^3 ~ 50 mL/m^{3}和100 mL/m^3 ~ 2 000 mL/m^3。气体浓度检测仪，灵敏度不低于1 mL/m^3。气相色谱仪检测精度为0.1 mL/m^3，微量气体浓度检测仪检测精度为1 mL/m^3。

其他熏蒸器材：磅秤、温度计、盛药盘（或袋）、投药管、测毒采样管、气袋、采样泵、熏蒸警戒标志、防毒面具、手套、胶粘带、剪刀和计算器等。

（三）集装箱熏蒸的操作规程

1. 准备工作

熏蒸前要检测集装箱的气密性，确定箱体有无明显的破损或漏洞，是否适合熏蒸。澳大利亚检疫部门规定若以集装箱作为密闭容器进行熏蒸，该集装箱必须在每次熏蒸前进行气密测定，否则该集装箱须用帐幕加盖熏蒸。气密测定标准要求集装箱在密闭状态下，气压由200 Pa降至100 Pa的时间必须在10 s以上。气密测定结果需在熏蒸证书上注明。箱内货物有无不透气的包装材料，集装箱的装载量不超过其总体积的80%。利用测温仪器测定熏蒸密闭空间内的温度，确定熏蒸剂量和熏蒸密闭时间。密封集装箱时，首先用胶粘带密封集装箱的前后通气孔，再检查集装箱门的密封条是否完好，门的四角及中缝是否压封严实；如不严实，应用胶粘带密封。在集装箱上张贴警戒标志。

图5-15　集装箱熏蒸设备

国内外许多科研机构开发研究集装箱熏蒸仪器设备（如图5-15所示），

这些设备集集装箱气密性检测、熏蒸剂气化、熏蒸剂循环、熏蒸剂浓度检测及回收功能等于一身。

2. 投药

采用溴甲烷或硫酰氟熏蒸时，要在集装箱密封完成后，依据熏蒸方案确定投药量，在箱门缝顶部中央通过导气管和专用“气针”准确投药。投药人员佩带好防毒面具和手套等防护用具，将钢瓶阀门慢慢打开，投药速度控制在每分钟1 kg ~ 2 kg。投药结束时间为熏蒸正式开始时间。用磷化氢熏蒸，在投药时，按照熏蒸目标对象、设定浓度、计划的熏蒸处理时间等先计算好用药量，并将所需的磷化铝制剂平均分装于数个盛药盘或盛药袋中，再将这些盛药盘或盛药袋均匀布放于货物表面或集装箱内前后壁上，放好药盘（袋）后关闭箱门并密封集装箱。也可采用磷化氢发生器进行投药或采用钢瓶装的磷化氢气体施药。密封完成时间为熏蒸开始时间。

3. 浓度检测

熏蒸过程中要检测熏蒸剂的浓度，根据不同目的选用不同检测仪器。用溴甲烷或磷化氢气体浓度检测管检测时，将检测管的两端打开，一端接采气管，另一端接采样泵或取样器，确认连接无误后按照使用说明规定的抽取次数抽取气体，放置一定时间后读取浓度值。用气体浓度检测仪或电子气体检测仪检测时，按照规定检测时间在现场将进气口接采气管，出气口接回要检测的集装箱中，待读数稳定后记录检测值。用色谱仪检测时，按照规定检测时间用采样泵抽取气体样品装入气袋，带回实验室内进行检测，并分别记录检测值。

集装箱熏蒸时对其中熏蒸剂浓度的检测可按不同的时段进行。投药后30 min的浓度检测应检测集装箱内已提前布好采气管的三个点（箱门内上部、箱中部和箱内底部）的浓度值，这三点的浓度值误差不大于 ± 5%，如果误差大于 ± 5%，就需要排空熏蒸剂重新熏蒸；此时箱内的药剂浓度应在投药剂量的78%以上；磷化铝制剂施药熏蒸时不进行投药后30 min的浓度检测。投药后24 h的浓度检测应检测箱门内上部一个点，此时的浓度值应不低于投药剂量的50%；超过24 h熏蒸散气前的浓度检测应检测箱门内上部一个点，此时的浓度值应不低于投药剂量的30%。

采用不同熏蒸剂的效果评价方法有所不同。对于溴甲烷和硫酰氟，符合散气前规定的最低浓度值的，进入散气程序。散气前规定的最低浓度值减去实际浓度值小于等于5 g/m^3，延长熏蒸时间8 h ~ 12 h；散气前规定的最低浓度值减去实际浓度值在5 g/m^3以上的，应按公式A= BKC/1 000 补充投药，并延长熏蒸时间12 h ~ 24 h。施用磷化铝熏蒸时，若散气前磷化氢的浓度检测值低于规定的最低浓度值，则应重新熏蒸。

4. 通风散气

熏蒸后通风散气时，熏蒸操作人员戴好防毒面具，将集装箱门打开，并将通风孔的胶条去掉，持续自然通风12 h ~ 24 h，或采用机械通风4 h以上。集装箱门打开后应设立警戒标志并由专人值守，严防无关人员进入。若采用磷化铝熏蒸，通风结束后，应将磷化铝的盛药盘或（袋）及时取出，并将残渣深埋。

通风结束后，按照有关进口国家或地区的要求进行熏蒸密闭空间内的残留药剂浓度检测，达到要求后方可放行，否则要延长通风时间至符合要求为止。检测人员戴好防毒面具，使用微量气体浓度检测仪或检测管直接进行检测，并记录读数。或检测人员戴好防毒面具，利用气袋在现场取样，带回室内用气相色谱仪进行检测。要详细填写详细记录，出具熏蒸结果单。

三、熏蒸库熏蒸

在某些情况下，对于一些货物，可用专门的熏蒸库进行熏蒸处理。熏蒸库为有门的气密的房间。关上门后整个房间则处于适于熏蒸的密封状态。熏蒸库有足够大的空间以使货物方便堆放和进出。熏蒸库应配备相应的通风排气循环装置、施药口和导气管等。

熏蒸库适宜的通风量应当在1 min ~ 3 min将熏蒸库内的空气全部交换一次。熏蒸气体应高空排放。

（一）固定熏蒸库建造的基本要求

1. 建造原则

建造固定熏蒸库应主要考虑将其建得尽可能密闭，建造合格的熏蒸库不仅要能够装载货物，而且需使得整个室内的熏蒸剂在要求的处理期间保持在规定的浓度。

在建造熏蒸设施的计划中还要考虑某一地方所需熏蒸库的大小、数量和种类（常压或真空）。各熏蒸库的容积应根据现在和长期的预测需求而定。

2. 建造地点

永久性熏蒸库应坐落在能使被侵染物品移动、运输或管理最少的地方。选择永久性设施的地点还应考虑如下几个方面：

（1）处理活动不会受到妨碍的地方或处理不会干扰、危害毗邻区或建筑物中的人员的地方；

（2）将来有可能扩展的地方；

（3）沿熏蒸库四周能全部空出间隔，以备需要时进行维修；

（4）有供装货操作、卸货和贮存的适当空间的地方；

（5）能防强气流、降雨和极端温度的区域；

（6）最有利于贸易的地方，如机场、海港或主要贸易通道；

（7）如开箱检查，则需一间防虫室；

（8）处理设施与动植物检疫办公室相邻，则工作起来更方便。

3. 设计和建造

熏蒸库建造的基本要求：

（1）必须坚固结实，经久耐用；

（2）必须气密性好，而且每次使用都要如此（真空熏蒸库必须能在处理期间维持真空度）；

（3）必须具备有效的施药系统；

（4）应装备自动温度计，在物品温度处于临界值或处理处在温度变化影响熏蒸效果的期间时使用，此外，还要有水银温度计，以记录室内的气温；

（5）应设有加热或制冷装置，在需要提高熏蒸效果和防止物品受到损害的情况下使用；

（6）需安装可拆除的板条式假地板。

（二）常压熏蒸库

建造常压熏蒸库可就地取材。大部分熏蒸库用木材、混凝土切块、水泥、砖、金属或这些材料一起使用。木框架熏蒸库必须衬以不透气材料，如胶合板、玻璃纤维、金属板（铝除外）或其他密封材料；墙壁必须有所需的垂直壁骨和交叉壁骨，以使墙壁、天花板和地板坚固硬直。圆柱式或管式熏蒸库必须用大厚度板材建造。

全木质结构的熏蒸库可以密封性好，但却难以耐住厚重型货物。砖和混凝土结构的熏蒸库比较理想，焊接牢固的厚金属板也很实用。无论使用何种材料，熏蒸库都必须有建造良好的坚固地板。

1. 地板

对于用手工装货不承载重型货物的小型熏蒸库，其地板可用木材建造。地板面必须水平，所用木材应在使用前彻底干燥。

重型货物所需的大型熏蒸库要有坚固而水平的地板，混凝土最适合此要求。用混凝土建造的地板必须用钢筋加固，以承载最大的负载；必须将混凝土浇筑在稳固的地基上，以防止裂缝。混凝土表面不仅要坚固结实，足以经得住重型货物，而且要非常平滑，以降低吸附。

2. 门

熏蒸库门的装配非常关键，是熏蒸库建造中的困难部分，必须保证不漏气。由于门是运动部件，经常使用和磨损，因此必须既轻便又结实。

门框要有一定高度的凸起门槛，大约30 cm，以使熏蒸库外侧能留出供密封的空间，以及在室内门槛下能有安装假地板或放置货盘的空间。如果使用手推车或其他工具通过门槛，则需加活动斜板。

3. 密封

所有建筑材料都吸附熏蒸剂，只是程度不同而已。在建筑物表面涂一层平滑而牢固的水泥后可降低吸附作用。熏蒸库的吸附作用还可通过使用非吸附性涂料来降低。所有的表面，无论是金属、砖石或木材，都必须至少涂两层环氧树脂、乙烯基塑料或沥青基涂料，但不可用铝基涂料。

4. 熏蒸库的大小

常压熏蒸库的大小无特别限制，即使形状很大也未尝不可，只要其长为宽的一倍半即可。这样的大小最有利于空气循环和空间的有效利用。人力装货的熏蒸库，其高度与最小的宽度或长度相同。能进人的熏蒸库要有2.4 m ~ 3 m的高度。进货运汽车的熏蒸库的面积要根据汽车的大小而定。

5. 熏蒸库的循环系统

在常压熏蒸库内，按空室计算，循环设备每分钟应使占熏蒸库体积三分之一的空气循环。一般的常压熏蒸库配置的用于混合熏蒸剂和空气的风机要能满足使熏蒸库内空气每分钟交换一次的要求。对于类似氢氰酸的具有较低燃烧界限的熏蒸剂，采用的风机的电机要防爆密封，最好将电动机安装在熏蒸库外，风扇轴通过墙上的密封装置将风扇插入室内。

6. 加热和制冷系统

为了在低温时也能进行熏蒸，一般在熏蒸库内加装加温系统。采用暖气或热水加热时，可将其通过熏蒸库内墙两面的管道加温。也可采用有鼓风机的加热设备，这样可以在熏蒸过程中起到循环气体的作用。采用电热器或辐射加热器时，要防止灼热的电热丝与熏蒸剂接触。

位于热带区域的熏蒸库可能需要安装制冷装置，特别是熏蒸空间内有易在过热情况下受伤害的鲜活植物及材料时更为必要。制冷装置的功率应与熏蒸库的容积和所装载物品的种类及数量相适应。制冷压缩机和冷却盘管安装在熏蒸库内，而电动机和散热器安装在室外。

7. 投药

熏蒸库在熏蒸施药时，气体熏蒸可在室外通过导气管施入，对于氢氰酸和溴甲烷这类熏蒸剂，将其加压压入熏蒸库中特制的金属蒸发浅盘内更为合适。金属蒸发浅盘悬挂在熏蒸库内货物上部的天花板上，以便在风机的循环下加快药剂的蒸发和均匀分布。

直接施用液体熏蒸时，可用量杯或其他计量手段定量后将药液倒入近门处的小蒸发浅盘内。对于不燃烧的药剂，在熏蒸密封后可以利用小的全封闭式电热器或电灯泡加热金属蒸发浅盘，加速药剂蒸发。

熏蒸过程同其他场所的一样，要设置应有的安全警戒标识，同时配合必要的温度监测、浓度检测和试样检查等手段。

（三）大型观赏植物检疫熏蒸库

为加快花卉及其他农产品的检疫处理，提高通关速度，在广东国通物流城建设的全自动熏蒸库，实现了投药、循环、检测、熏蒸剂回收、实时数据采集与传输等工作的自动控制，同时该熏蒸库首次实现了对集装箱装载的整箱鲜活花卉和其他农产品的熏蒸处理，减少了货物装卸等工作环节，从而大大减低了成本，也为集装箱检疫处理提供了一套全新的处理方法。图5-16为大型观赏植物熏蒸库。

图5-16 大型观赏植物熏蒸库

1. 系统特点

（1）全自动控制。该系统在国内熏蒸领域是第一个全自动处理的系统，处于领先地位。

（2）实时监控、传输。一方面企业可以直观地查看各个处理库的工作状态，另一方面监管人员可以通过互联网实时对监管企业的除害处理工作状态进行监管，并备份存档，评定合格的数据可以实时上报除害处理实时监测系统服务平台。数据可存储，方便查阅审核。

（3）集装箱整箱免装卸熏蒸处理。减少了货物装卸等工作环节，为集装箱检疫处理提出了一套全新的工作思路。

（4）熏蒸剂气体自动回收符合环保要求。

（5）系统规模大。系统有六台分散在不同位置的温度、浓度检测子系统，各子系统相互独立，又通过数据传输网络构成一个有机的整体。系统控制涉及领域广，深度大，安全性、稳定性要求高。

（6）管路及网络系统复杂。该熏蒸库既有熏蒸气体管路、药剂投放管路等，又有企业内部以太网、万维网，还有连接控制系统和管理系统的标准以太网。

（7）实现了熏蒸库控制网络的统一、控制网络和管理网络的有机结合。

（8）完全遵照国家颁布的标准、各类规范实施相关工作。其产品的技术标准化、结构标准化、接口标准化、数据标准化、模块标准化是项目成功的关键。

（9）布线系统具备优势和灵活性。只要跳一下线就可完成任何一个结构化布线系统的信息插座对任何一个智能系统的连接，极大地方便了线路重新布局和网络终端的重新调整。

（10）可操作性强，易用灵活。测量及控制结果可以直接进入数据库系统或通过网络发送。测量完成后还可打印、显示所需的报表或曲线。

2. 系统组成

这是一套多处理库熏蒸自动控制系统。该系统由熏蒸处理数据自动采集子系统及自动控制系统构成，在满足用户需求的基础上提供硬件设备和软件设计与实施方案。

熏蒸处理数据自动采集子系统适合熏蒸处理中的过程监测。设备通过气泵将待测气体采集到仪器端进行监测，并通过采样管路切换监测多个熏蒸库。各个处理库安装了多路高精度温度传感器及药剂浓度传感器，它们可以将采集到的信号，远距离传输到主机，并由采集系统中央控制机进行数据整理。熏蒸处理数据自动采集子系统共有采集信号点24个，可同时采集12个点的监控数据。其中温度传感器数据采集周期为1 s，溴甲烷采集传感器采集周期为5 min，操作人员可以通过计算机直观地查看各个处理库的熏蒸处理数据。

熏蒸过程的各步骤操作由自动控制系统进行自动控制，除开启仪器指令由人工控制外，其余生产过程可由计算机完成。操作人员在中心控制室可通过计算机对熏蒸库中所有电气、机泵设备、加药设备、排放设备等进行指定的干预操作和控制。熏蒸过程也可脱离计算机系统，进行人工手动操作。

自动控制系统主要具备以下功能：

（1）对整个集装箱熏蒸过程进行运行、监测；

（2）根据用户设置自动投药；

（3）定时开启循环装置对处理库进行外循环；

（4）检测完成自动回收库内熏蒸药剂；

（5）自动排放熏蒸药剂；

（6）再利用熏蒸药剂。

四、减压熏蒸

传统的熏蒸方法实施熏蒸处理所需时间较长，延误交货期或延误船期的现象时有发生，影响外向型经济和对外贸易的发展。探索新型的检疫处理技术，解决货物快速熏蒸、快速通关，木质包装和木制品等植物产品在低温季节熏蒸以及减少溴甲烷的排放问题，确保检疫处理的效果和安全，将其对贸易和环境的影响降到最低，是监管机构面临的重要挑战。

集升温、减压、循环和熏蒸剂浓度检测为一体的智能真空熏蒸库，达到了顺应现代检疫处理需要的快速熏蒸、快速散气等要求，而且可以大大减少熏蒸剂的使用量。

（一）国内外减压熏蒸现状

熏蒸是利用熏蒸剂在密闭的空间内杀灭有害生物的过程，熏蒸的方式分为常压熏蒸和减压熏蒸（也称“真空熏蒸”）。常压熏蒸一般在熏蒸库、帐幕或其他临时可密闭的容器内进行，相对于其他的密闭空间，熏蒸库具有密闭性好、杀虫效果好的特点。国内少数常压熏蒸库已配备了升温和熏蒸剂循环等设备，使常压熏蒸库的作用得到了较大的提升。其最大的缺点是熏蒸处理时间长，而且对熏蒸剂难以渗透的货物处理效果欠佳。

1. 减压熏蒸库

减压熏蒸是一种在投入熏蒸剂之前，移去熏蒸空间部分空气的一种熏蒸方法。最早的减压熏蒸库发明于20世纪50年代，当时氢氰酸是主要的熏蒸剂，而氢氰酸的渗透能力较差，减压熏蒸能大大提高其渗透能力。

我国在真空熏蒸领域的研究起步较晚。20世纪70年代，我国出现了首台减压熏蒸库，体积仅为350 L，20世纪80年代开始大量生产用于医疗器械灭菌用的小型真空熏蒸库，这些熏蒸库在技术上有了很大的改进，具备了加热、熏蒸剂循环和环氧乙烷燃烧等功能，但其容积过小，不适用于检疫处理，由于技术和资金，因此用于检疫处理的减压熏蒸设施，仍然处于实验阶段。2003年，我国出现了首台体积为65 m^3的大型减压熏蒸设备，虽然该设备具有气体循环和熏蒸剂重复使用功能，但因其未能解决负压状态下检测熏蒸剂浓度的关键问题，仍难以实现残余熏蒸剂的重复利用，而且该设备也未能解决低温季节加温熏蒸的问题。

2. 减压熏蒸

减压熏蒸主要用于检疫处理、食品消毒和医疗器材的灭菌。相对于常压熏蒸来说，减压熏蒸大大缩短了熏蒸时间，整个过程一般在1.5 h ~ 4 h完成。

在检疫处理方面，早期的减压熏蒸处理仅应用于一些捆压紧实（如烟草、棉花等）、熏蒸剂难以渗透的货物，现在已广泛使用于可能携带钻蛀性害虫的部分水果、蔬菜、根茎、块茎、苗木、花卉和坚果等产品。因为减压可以使植物组织细胞内溶解在水中的气体析出，所以并不是所有的鲜活产品都适用于减压熏蒸，大部分植物可以忍受50 000 Pa的持续低压，处于休眠状态的无叶植物、块根和块茎可以忍受13 000 Pa的持续低压2 h ~ 3.5 h。

国内利用减压设施开展检疫处理研究较少，对谷斑皮蠹的减压熏蒸研究仍然停留在小型熏蒸库的实验阶段。近年来，利用大型熏蒸库陆续开展了对臭蜣沟眶象（*Eucryptorrhynchus brandti*）和蔗扁蛾（*Opogona sacchari*）等有害生物杀灭效果的研究，但对松材线虫和天牛（Cerambycidae）的杀灭效果研究还未见报道。

3. 减压熏蒸使用的熏蒸剂

从减压熏蒸的有效性和安全性考虑，能够应用的熏蒸剂主要有：（1）环氧乙烷与二氧化碳的混合剂，广泛应用于食品工业生产过程中对成品或半成品的灭菌；（2）溴甲烷，减压熏蒸中应用得最多的熏蒸剂；（3）氢氰酸，最早用于减压熏蒸的熏蒸剂，但现在已被环氧乙烷、溴甲烷所替代。

4. 研究的方法

（1）持续减压熏蒸处理

将熏蒸库内的压力降至10 000 Pa ~ 80 000 Pa之间，投入熏蒸剂后压力略有回升，然后压力不再改变直到处理结束，熏蒸结束后打开阀门，使空气进入熏蒸库内，将空气与熏蒸剂的混合气体抽出至室外。经过几次空气清洗后，待熏蒸剂的浓度足够低的时候打开库门。这种方法广泛运用于对烟草、面粉和谷物的减压熏蒸处理。

（2）回压熏蒸处理

①逐渐回压，投入熏蒸剂后慢慢回压，经过2 h的回压使熏蒸库内压力略低于大气压力。

②中间回压，投入熏蒸剂后，经过低压处理45 min后，迅速放入空气。

③立即回压，投入熏蒸剂后，立即打开阀门，使空气进入熏蒸库内，这种方法曾在美国大量用于棉花的减压熏蒸处理。

④熏蒸剂和空气同时进入，在施放熏蒸剂时，空气同时进入熏蒸库内。

（3）减压熏蒸库的标准

减压熏蒸库的压力标准见表5-22。

表5-22　减压熏蒸库标准

级别	起始压力（kPa）	允许压力的损失值（kPa）			
		4 h	6 h	16 h	24h
超级	50	—	1.8	—	3.6
A	50	1.8	—	3.6	7.2
B	50	3.6	—	9	10.8

5. 真空熏蒸库结构

（1）结构

减压库通常为横截面为矩形或椭圆形的钢结构，并用钢筋或其他支撑方法加固库房，要求能够使库房承受抽真空时的不同压力。库门可以安置在库房的一端或两端。库门可以用铰链安装在侧面或顶端，并保持平衡。许多库门安装了快速关闭的特殊机械。库门垫圈必须耐用并密封不漏气，因库房的效率在很大程度上取决于库门密闭性。所有其他库房开口的密闭度必须使维持规定的真空度的时间超过指定长度。

为允许装载过程中的周转，库房必须设计成可以满足托盘、垫木或小车上货物装载的需求。手工装载的小型库房必须配备可移动的地面。

（2）真空泵

真空泵必须能使库房的压力在15 min内降到25 mmHg～51 mmHg或以下。

（3）熏蒸剂导入系统

所需导入系统将根据熏蒸剂的类型和库房的尺寸而有所变化。对于小型库房和导入少量熏蒸剂的情况，熏蒸剂可以用一个有刻度的量筒来测量体积；对于较大的库房，可以将供气钢瓶放置在台秤上，熏蒸剂的投药量以重量为单位。

对于大多数熏蒸剂，都要求配备一个气化装置，确保熏蒸剂以气态形式进入真空库。气化器放置在库房外，介于钢瓶与库房导入部分之间。气化器应有一个浸没在水中的保持足够热度的金属圈，以使熏蒸剂挥发。如果库房内要使用一种以上的熏蒸剂，那么每一种熏蒸剂都必须使用一个独立的气化器和气体导入管，以减少腐蚀和沉淀物形成的可能性。在库房内部，气体导入系统应包含具有多个开口的管道系统，使熏蒸剂均衡分布于整个库房内。管道系统应沿天花板安装。

（4）循环和散气系统

减压熏蒸库应配置循环系统，以使气体充足循环。可以配备相适应的循环泵或使用风扇。如果使用风扇，则规定的风扇数量取决于库房设计、体积和装载安排，容量超过28.31 m^3的库房一般要求最少使用两台风扇，风扇应面对面放置在库房的两端——一个高，一个低。较大的库房可能要求额外添加风扇，其综合能力应达到每分钟移动相当于三分之一库房体积的空气量。某些熏蒸剂要求配备无放电、防爆型的循环系统。

在大多数减压库中，配有散气系统。可用真空泵将熏蒸剂和空气混合气体通过排气管抽出库房。排气管的实际高度根据库房的位置定，同时也可能受到当地安全法令的管制。

（5）附件

库房必须配置一个真空量表和一个在熏蒸期间测量和记录真空度保持情况的仪器。温度计必须安装在库房内，并能记录整个熏蒸过程中温度的变化。

（6）性能标准

为符合批准的程序，真空库房必须达到或超过规定的真空泄漏测试。该测试标准见表5-23，包括库房的级别。

表5-23　真空泄露测试标准

级别	内部真空相当于英寸汞柱（inHg）	真空损失允许值			
		4 h	6 h	16 h	24 h
特级	28 1/2	—	1/2″	—	1″
A	28 1/2	1/2″	—	1″	2″
B	28 1/2	1″	—	2 1/2″	3″
C	26	1″	—	2 1/2″	3″

（二）智能真空熏蒸库

图5-17　人工智能熏蒸库

1. 智能熏蒸库简介

XMG-35型智能真空熏蒸库由主体结构、真空系统、温控系统、熏蒸剂检测系统、熏蒸剂计量系统、气化器和中央控制系统组成，具有减压熏蒸、熏蒸气体重复利用、热处理和湿热消毒等功能，是集减压、升温、循环、投药、熏蒸剂浓度检测、熏蒸气体转移及排放等自动控制多功能于一体的智能化熏蒸库（见图5-17）。该熏蒸库采用方形双门平开设计，气密性超过国际标准，空间利用率高，货物装卸方便，大大缩短了处理时间，达到了国际领先水平。熏蒸库采用双库并联以及高效干泵系统，实现了熏蒸剂残余气体从一个熏蒸库到另一个熏蒸库的转移，20 min转移率可达70%～75%，使得熏蒸剂残余气体可以得到再次利用，显著地减少了熏蒸剂的排放和使用量；另外熏蒸库通过夹层热水升温系统，30 min内可将负压库内的温度从0 ℃上升到25 ℃，在减压熏蒸过程中，自动控制库内温度，循环系统可保持熏蒸库内熏蒸剂均匀分布，并具有独特的装置，能用普通的热导式卤素分析仪准确地检测熏蒸库内熏蒸剂的浓度。

2. 泵系统

真空系统是整个减压熏蒸库的核心系统，而真空泵的类型和功率直接影响真空系统的工作效率，真空泵共有三种类型：油泵、水泵和干泵。油泵与水泵虽价格便宜，但应用于熏蒸库却有自身难以克服的缺陷，特别是油泵，因为溴甲烷易溶于油，长期使用会大大影响泵的寿命，所以选择干泵比较合理。真空泵的功率越大，达到相同真空度的时间越短，同时相配套的各种电器设备的价格也大幅提高，应根据实际熏蒸工作的需要合理选用运行平稳、噪音低和可靠性高的真空泵。图5-18为真空熏蒸库的泵系统。

图5-18　泵系统

3. 其他机械部件

其他机械部件包括真空发生器、压力表、阀门（先导阀、过滤减压阀和真空阀等）。

4. 主控制系统

中央控制系统为PLC+T表，采用 CPU226和EM223控制，控制屏为触摸式，准确控制真空泵、阀门、熏蒸剂使用量和熏蒸库内温度等重要操作步骤，并能使每次熏蒸的处理数据自动下载，整个熏蒸程序完全可以由一人单独完成。控制室为半封闭结构，并采用密封材料制成，独立于熏蒸场所，确保操作人员安全。图5-19为减压熏蒸库的主控制系统。

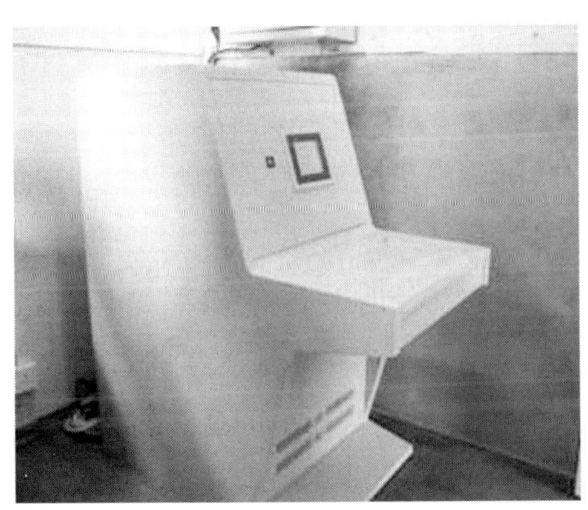

图5-19　主控制系统

5. 气体循环系统

采用动力体外循环法，使熏蒸库内熏蒸剂迅速达到均匀状态，可以避免产生电火花，确保熏蒸的安全。

6. 温度控制系统

采用锅炉加热，向熏蒸库夹套内注入循环水，控制系统通过控制循环水的流速来控制熏蒸库内温度。温度控制系统由排气量为 0.7 m^3/h 的锅炉、水泵和温度探头组成，当锅炉的水温升至设定值时，水泵启动，将热水送至熏蒸库夹层，并且夹层内与锅炉内的水始终处于流动状态，使熏蒸库内温度保持所需要的值。图5-20为减压熏蒸库的温度控制系统。

图5-20 温度控制系统

7. 温度检测系统

熏蒸库内安装的温度传感器和显示器，可同时显示温度和时间，温度记录仪和温度显示器同时安装在主控制系统上。

8. 熏蒸剂检测系统

由于减压熏蒸库内外存在压差，使用熏蒸剂浓度检测仪难以直接检测熏蒸库内的熏蒸剂浓度，因此使用特制的取样装置，可使用常规的卤素检测仪检测熏蒸库内的熏蒸剂浓度。

熏蒸剂检测系统由取样器、微型真空泵和熏蒸剂浓度检测仪组成。先开启取样器上的小型真空泵，3 min ~ 4 min后真空罐内接近完全真空，用软管连接熏蒸库的阀门和真空罐的阀门，分别开启两阀门，待两端压力达到平衡时关闭两阀门，再开启真空罐的进气阀门，使空气进入真空罐内。待真空罐的压力达到一个大气压时，用卤素检测仪检测真空罐内熏蒸剂的浓度，所得的浓度值基本接近熏蒸库内的熏蒸剂浓度。

9. 熏蒸剂计量系统

进行精确定量投药，不仅能保证减压熏蒸的成功，而且可以避免不必要的熏蒸剂浪费和过高的药剂残留对被熏蒸货物的污染。熏蒸剂计量是使用高精度电子秤，并和中央控制系统相连接，将熏蒸所需剂量的熏蒸剂从控制屏输入，指令发出后电磁阀自动开启，熏蒸剂流入熏蒸库，当达到预定设置值后，电磁阀自动关闭，完成投药的全过程。整个设施实现了投药自动化，并且计量准确、精度高。

10. 气化器

气化器采用水浴气化法，充分利用锅炉的热水，将螺旋状的熏蒸剂铜质导管浸没在热水中，当熏蒸剂液体通过水浴时，吸收热量而气化。

五、船舶熏蒸

船舶熏蒸非常复杂。原因是大船不仅结构复杂、密封困难，而且不同类型的船舶的结构不同，没有经验和经过培训人员，难以了解船体结构及其装置，不能从事船舶熏蒸。船舶货舱的熏蒸工作，必须在监管机构的监督下，按照规定的程序正确地操作和实施，否则很危险。

（一）船舶的结构、种类介绍

1. 船舶的基本结构

船舶是海上运输的工具。船舶虽有大小之分，但其主体结构大同小异。船舶主要由以下部分构成：

（1）船壳（Shell）：船的外壳，是由多块钢板铆钉或电焊结合而成的，包括龙骨翼板、弯曲外板及上舷外板三部分。

（2）船架（Frame）：为支撑船壳所用各种材料的总称，分为纵材和横材两部分。纵材包括龙骨、底骨和边骨；横材包括肋骨、船梁和舱壁。

（3）甲板（Deck）：铺在船梁上的钢板，将船体分隔成上、中、下层。大型船甲板数可多至六、七层，其作用是加固船体结构和便于分层配载及装货。

（4）船舱（Holds and tanks）：指甲板以下的各种用途空间，包括船首舱、船尾舱、货舱、机器舱和锅炉舱等。

（5）船面建筑（Super structure）：指主甲板上面的建筑，供船员工作起居及存放船具，包括船首房、船尾房及船桥。

在主船体内，根据需要用横向舱壁分隔出大小不同的舱室，这些舱室都按照各自的用途或所在部位命名，如图5-21、5-22所示，从首到尾分别为首尖舱、锚链舱、货舱、压载舱、机舱、尾尖舱等。在货舱中两层甲板之间所形成的舱间称甲板间舱（Tween deck），也叫二层舱或二层柜。

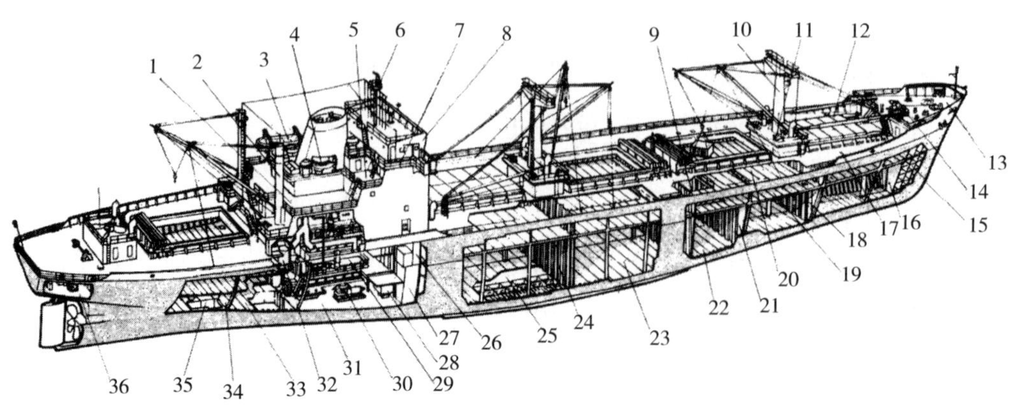

说明：1—艇甲板；2—吊杆柱；3—救生艇；4—废弃锅炉；5—上桥楼甲板；6—雷达天线仓；7—桥楼；8—驾驶室；9—谷物舱口；10—桅柱；11—起货机；12—舱口盖；13—首楼甲板；14—起锚机；15—首尖舱；16—第一货舱；17—上甲板；18—第二货舱（A）；19—下甲板；20—下甲板舱口盖；21—第二货舱（B）；22—内底板；23—第三货舱；24—第四货舱；25—双底层燃油舱；26—燃油柜；27—燃油舱；28—滑油贮存柜；29—主机；30—柴油发动机；31—机舱舱底板；32—贮存柜；33—轴隧平台；34—第五货舱；35—轴隧；36—舵机舱。

图 5-21　船体主要部件和主要舱室

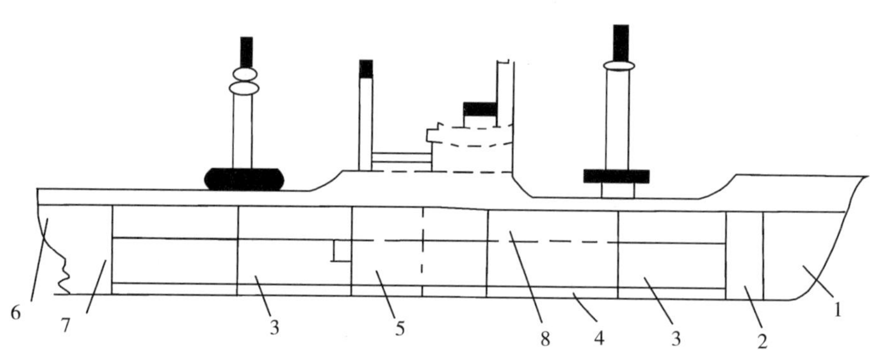

1-首尖舱；2-锚链舱；3-货舱；4-压载舱；5-机舱；6-舵机舱；7-尾尖舱；8-甲板间隙

图 5-22　船舶舱室名称

2. 船舶种类

海上货物运输船舶的种类繁多。货物运输船舶按照其用途不同，可分为干货船和油槽船两大类。

（1）干货船（Dry cargo ship）根据所装货物及船舶结构、设备不同，可分为：

①杂货船（General cargo ship）。杂货船一般指定期航行于货运繁忙的航线，以装运零星杂货为主的船舶。这种船航行速度较快，船上配有足够的起吊设备，船舶由多层甲板把船舱分隔成多层货柜，以适应装载不同货物的需要。

②干散货船（Bulk cargo ship）。干散货船是用以装载无包装的大宗货物的船舶。依所装货物的种类不同，又可分为粮谷船（Grain ship）、煤船（Collier）和矿砂船（Ore ship）。这种船大多为单甲板，舱内不设支柱，但设有隔板，用以防止在风浪中运行的舱内货物错位。

③冷藏船（Refrigerated ship）。冷藏船是专门用于装载冷冻易腐货物的船舶。船上设有冷藏系统，能调节多种温度以适应各舱货物对不同温度的需要。

④木材船（Timber ship）。木材船是专门用以装载木材或原木的船舶。这种船舱口大，舱内无梁柱及其他妨碍装卸的设备，船舱及甲板上均可装载木材。为防甲板上的木材被海浪冲出舷外，船舷两侧一般设有不低于1 m的舷墙。

⑤集装箱船（Container ship）。集装箱船可分为部分集装箱船、全集装箱船和可变换集装箱船三种。

A.部分集装箱船（Partial container ship）。仅以船的中央部位作为集装箱的专用舱位，其他舱位仍装普通杂货。

B.全集装箱船（Full container ship）。全集装箱船指专门用以装运集装箱的船舶。它与一般杂货船不同，其货舱内有格栅式货架，装有垂直导轨，便于集装箱沿导轨放下，四角有格栅制约，可防倾倒。全集装箱船的舱内可堆放三至九层集装箱，甲板上还可堆放三至四层集装箱。

C.可变换集装箱船（Convertible container ship）。其货舱内装载集装箱的结构为可拆装式的。因此，它既可装运集装箱，必要时也可装运普通杂货。

集装箱船航速较快，大多数船舶本身没有起吊设备，需要依靠码头上的起吊设备进行装卸。这种集装箱船也被称为吊上吊下船。

⑥滚装船，又称滚上滚下船（Roll on/roll off ship）。滚装船主要用来运送汽车和集装箱。这种船本身无须装卸设备，一般在船侧或船的首、尾有开口斜坡连接码头，装卸货物时，汽车或者装有集装箱的拖车直接开进或开出船舱。这种船的优点是不依赖码头上的装卸设备，装卸速度快，可加速船舶周转。

⑦载驳船（Barge carrier）又称子母船。载驳船指在大船上搭载驳船，驳船内装载货物的船舶。载驳船的主要优点是不受港口水深限制，不需要占用码头泊位，装卸货物均在锚地进行，装卸效率高。目前较常用的载驳船主要有“拉希”型（Lighter aboard ship，LASH）和“西比”型（Seabee）两种。

（2）油槽船

油槽船是主要用来装运液体货物的船舶。根据所装货物种类不同，油槽船又可分为油轮和液化天然气船。

①油轮主要装运液态石油类货物。它的特点是机舱设在船尾，船壳衣身被分隔成数个贮油舱，通过油管贯通各油舱。油舱大多采用纵向式结构，并设有纵向舱壁，在未装满货时也能保持船舶的平稳性。为取得较大的经济效益，二战以后，油轮的载重吨位不断增加，目前世界上最大的油轮载重吨位已达到60多万吨。

②液化天然气船专门用来装运经过液化的天然气。

（二）船舶熏蒸前准备

船长作为船主的代理人，对熏蒸前停止船上的必要活动做出安排，协助熏蒸工作。由监管机构和船长等召开计划会议，会议应有船长及主要官员、货主、专业性熏蒸人员、检疫官员及港务局代表等参加。会议需要计算出处理费用、货物情况、害虫种类及船体结构等，检疫人员应向船长说明哪些货物不宜熏蒸，如果可能应建议船长搬走这些可能受影响的货物。船长应帮助安排船上的设备和机器、供应电源、布置照明和辅助空气循环装置等。船舶熏蒸前要填船舶熏蒸作业申请表，表中涉及内容包括载货品名、数量、离港时间、船舶所有人、熏蒸原因、熏蒸方式、投药时间、投药地点、通风散毒时间、散毒地点、天气情况和安全措施等。

（三）密封

船舶空舱熏蒸时采用密封材料和技术对人孔、风筒、舱盖、舱门以及与熏蒸舱相通的管道、阀门、通道等部位进行密封，但应注意不应将可能感染的凹槽、沟或类似的洞等堵封上，在这种情况下应从外面进行糊封。密封下列区域要特别注意:（1）公用的取暖、空调和通风系统，或者通入货舱、机房、船员住处、贮藏室或其他空间的与货舱公用的通风系统。（2）机房，与机房共用或在机房控制的空气循环系统，特别是新船，检查机房前后舱壁、机房所有的通风系统、房间等通向熏蒸空间的孔洞或其他开口。（3）与货舱相通的所有管道、机房及其他船员活动区内的电线管道及其他类似管道。（4）与熏蒸区域相通的通话管、消防和烟火探测报警系统。（5）安全出舱口。（6）CO_2管道和排气系统，这些管道往往和各舱相通，并且密封起来比较困难。（7）和货舱相通的轴套和齿轮套、水密封门上的缝隙等。（8）排水沟及通风口。密封完毕后采用风机向舱内加压到2 500 Pa以上，用压力计、胶管等检测舱内压力从2 500 Pa降到1 250 Pa所需时间即气密性半衰期应不少于15 min。图5-23为人孔的密封图。

图5-23　人孔的密封

（四）风扇的布置及其运转

投药期间及以后的30 min内，必须有风扇来帮助熏蒸剂气体扩散和分布。只有当仪器检测结果证明气体未分布均匀时，才能延长开启风扇的时间。补充投药后也应短时间开启电风扇。风量为

70 m^3/min或更大的风扇即可，风扇的安置完全取决于仓内是否有货物及货物的性质和多少。一般情况下至少有两个风扇放在较低的货舱，向角落里吹；每个甲板也应有两个风扇，面对面地吹风。如果风扇的风量比70 m^3/min大，则可以减少风扇数。风扇的风量太大，容易形成较强的气流。反而使熏蒸气体渗漏加剧。

（五）测气管的安放

测气管应安放在被熏蒸空间或货物中有代表性的地方。测气管安放的具体位置主要取决于货物的数量和堆放形式。每个舱的测气管最后应集中于一点，以便于检测。每个甲板层的空间最少需要两根测气管。三个甲板层货舱的平均容积为3 500 m^3，每增加1 400 m^3的舱应多安放一根测气管。如果舱内装有货物，则每一甲板层内的货物中应安放1～2根测气管（取决于货物的多少）；如果舱内是混装货物，则有时还必须多加测气管。测气管应安放在货物中熏蒸剂气体最难穿透的地方。对于贮藏室的熏蒸处理，空间中最少安放两根测气管，在熏蒸剂气体最难穿透的货物中也应安放1根测气管。

（六）投药量的计算

计算投药量前应查出或测量货舱或贮藏室的体积。货舱的体积通常可以从轮船设计图上获知。设计图上船舱的立方体积通常是用两个数字表示的，一个是谷物体积，它是指满舱时散装谷物所占的体积，因此这个数字可以代表货舱的实际体积，可以用来计算投药量；另一个数字是用袋装货物实际所占空间的体积来表示的，不能用来计算投药量。货舱中所有的空间，如深舱、安全柜橱及冷藏空间等都应该考虑在所要熏蒸的范围内。熏蒸其他地方如贮藏室、通道和船员住处时，其空间的实际体积要通过测量来确定。确定的体积乘以剂量即位总的投药量。

采用溴甲烷时要预留补充施药的导管或延长熏蒸时间（如磷化铝）。补充施药计算公式为A=BCK/1 000。根据公式计算并补完药剂后，常常需要延长4 h～8 h的熏蒸时间。

（七）投药及浓度检测

通常船舶熏蒸使用的药剂有溴甲烷和磷化铝（磷化氢），船舶空舱熏蒸时也有用硫酰氟的，船舶空舱时可用敌敌畏。在实际熏蒸过程中，有些进口国或签订的贸易合同可能会指定使用某种熏蒸剂的用量和密闭时间，操作中应严格遵照其执行。

船舶货舱熏蒸处理的标准是发现有危险性害虫，或一般性害虫（成虫或幼虫）数量超标或船方有要求，贸易合同中有检疫条款规定或双边协定有规定。熏蒸时须区别所处理货物是袋装还是散装。袋装堆码时要预留适当的通风天数，每个舱的不同层面设置采气管以便检测浓度，密封完毕后施药。投药在货物表层进行，熏蒸气体通过通风井下沉扩散到货物的各个层面。在散装货物如粮食和饲料熏蒸中，使用溴甲烷熏蒸时则在装完货后要打入适当深度的施药管（中间垂直打，靠舱壁的位置应适当向内倾斜）或在装载时埋设侧壁开孔的投药管。使用磷化铝时则须使用深层分解式投药装置，气体取样导管与打入货物内不同深度的施药管相连，以便检测货物不同深度内气体浓度。

（八）船舶熏蒸的其他注意事项

船舶储藏室熏蒸，因管道复杂、有中央空调或位于船底层不便于熏蒸处理且又无其他有效处理措施的，可对重点感染害虫货物采取焚烧或冷冻（–18 ℃，24 h以上）处理或塑料袋熏蒸，并对环境进行防疫除虫处理。

船舶空舱熏蒸是对船舶的生活区或空货舱进行的熏蒸。熏蒸前对生活区内的门窗、管道和通风口等进行密封，根据船体生活区结构及病、虫、鼠的分布施药。可采用溴甲烷或磷化铝（投药后密闭舱盖）等熏蒸。对感染一般性害虫数量较少的生活区、货舱结构简单的船舶，也可采用菊酯类杀虫剂喷洒汽雾除虫处理，喷药后要关闭舱盖，或辅助以烟雾剂除虫、生物或化学缓释剂除虫。

按船舶的停留和运行状态，船舶熏蒸分为在港内固定地点的在港熏蒸和大部分时间在航行中的随航熏蒸。在港熏蒸时，密封、施药、密闭熏蒸、散气等都在港内完成，熏蒸中放置试虫样，在散气前检查杀虫效果，试虫样全部死亡后才可散气，熏蒸中要全过程实施监管。船舶装载货物后需在港口进行熏舱作业的，船方应当在作业的48 h前向监管部门提出书面申请，经审核批准后，方可在指定的地点进行作业。在港熏蒸应采取严密的安全措施，并应悬挂港口规定的信号标志。不按规定悬挂信号标志，或不在港口监管机构指定的地点进行熏蒸，相关部门可对违法船舶和违法人员视情节给予处罚。

在随航熏蒸时，密封、施药、适时监测（检测）后应保持密闭熏蒸状态，在离港后的运输途中散气。检疫监管人员对密封、施药、检测过程进行监管，在施药后监测无异常情况方可允许船舶离港。使用磷化铝熏蒸时，一般驻船熏蒸人员和监管人员在投药4 h后开始检测，以后须每2 h对船舶可能泄漏的部位进行检测（如船员房间的线道及开口管道、机舱管线、驾驶台和舱盖等部位），监管24 h后如无泄漏，船舶可离港。配套给船方2套以上的防毒面具及足量检测用具，培训船员学会使用防毒面罩、进行浓度检测、散毒、处置磷化铝残渣以及中毒、起火等应急措施与随航熏蒸过程中的注意事项。检疫人员有时随船继续监管熏蒸过程，直至散气完毕，抵达目的港后另行返回。随航熏蒸时，掌握熏蒸密闭的持续时间也很重要。投药、密封等操作结束后，随航熏蒸的其他工作需在航行中完成。检疫人员要告知船方药物名称、施药量、密闭时间、散气时间和方法、生活区和机舱的安全浓度检测方法等。特别是对韩国、日本出口粮谷的随航熏蒸，因路途近，航行时间达不到熏蒸要求的时间，更应注意与船方交代清楚，否则船方急于靠泊卸载，提前开舱散毒，很难保证熏蒸效果。

六、火车车厢熏蒸

火车车厢完全可以作为熏蒸库使用。对于冷藏车厢，需要把全部孔洞缝隙密封，确保不漏气，有些车厢应将冰架下排水管封闭。所有火车车厢的地板均为木制地板，是熏蒸过程中主要的漏气部位。如果车厢四周的地平面能够做到良好的密闭，则漏气的车厢也可以用帐幕盖起来进行熏蒸。在整个熏蒸过程中，火车车厢要一直单独停放在分支线路上，要在醒目的位置挂上警戒牌，在进入车厢检查或卸载货物前，要对车厢进行充分的散气。

在法国和美国，有专门建造的可以使火车开进去的熏蒸库，可以对单个或成列的车厢进行熏蒸。从检疫处理的观点来看，这种熏蒸库能够防治车厢外的害虫，这在边境地区尤为必要。

七、飞机熏蒸

飞机因常常携带老鼠等啮齿类动物，蛇、蜥蜴等爬行动物和蟑螂、虱子、苍蝇、蚊子等卫生害虫而需要进行检疫处理。飞机因其材料特殊、结构复杂及有很多精密仪器设备等，所以对其处理技术的研究较少，监管机构更是缺乏飞机检疫处理的实际经验。飞机检疫处理在各个航空公司或飞机制造商的飞机养护手册中一般均有介绍。以下内容综合了目前常用的飞机检疫处理一般方法，供相关工作人员参考，更为具体的飞机检疫处理方法可向各飞机制造商或航空公司索取资料。

（一）飞机的种类和结构介绍

1. 飞机的种类

飞机依其分类标准的不同，有以下几种划分方法。

（1）按用途，有民用航空飞机和国家航空飞机之分。民用航空飞机主要指民用飞机和直升机，民用飞机指民用的客机、货机和客货两用机；国家航空飞机指军队、警察和海关等使用的飞机。

（2）按发动机的类型，有螺旋桨飞机和喷气式飞机之分。

（3）按发动机的数量，有单机（动机）飞机、双发（动机）飞机、三发（动机）飞机和四发（动机）飞机之分。

（4）按飞行速度，有亚音速飞机和超音速飞机之分。

（5）按航程远近，有近程、中程和远程飞机之别。

在飞机检疫处理中比较受关注的主要是民用飞机，即客机、货机和客货两用机。其中检疫常见飞机类型有波音公司生产的737系列、747系列、757系列、767系列和777系列，空中客车公司生产的A300/310系列、A320系列、A330/340系列和A360系列。

2. 飞机的结构

图 5-24　飞机的主要结构

飞机主要由驾驶操作系统、机身、发动机、起落架、机翼、水平尾翼、垂直尾翼等部分组成（见图5-24）。

（1）驾驶操作系统包括机械操作、雷达导航、无线通信等系统。

（2）机身就是机舱，用于装载人员、货物、燃油、武器、各种装备和其他物资，连接机翼、尾翼、起落架和其他有关的构件。

（3）发动机是飞机的动力装置，提供飞机运动所需的动力——推力或拉力，用以克服飞机的惯性和空气阻力。现代航空发动机主要有两种类型：活塞式发动机和喷气式发动机。

（4）起落架是飞机在地面停放、滑行、起飞、着陆和滑跑时用于支撑飞机重力、承受相应载荷的装置。起落架在某种程度上像汽车的车轮，但比汽车的车轮复杂得多，而且强度也大得多，它能够消耗和吸收飞机在着陆时的撞击能量。其主要有四个作用：① 承受飞机在地面停放、滑行、起飞、着陆和滑跑时的重力；② 承受、消耗和吸收飞机在着陆与地面运动时的撞击和颠簸能量；③ 滑跑与滑行时的制动；④ 在滑跑与滑行时操纵飞机。

（5）机翼是飞机的重要部件，安装在机身上，产生升力，同时也可以在机翼内布置弹药仓和油箱，在飞行中可以收起落架。

（6）水平尾翼，简称平尾，安装在机身后部，主要用于保持飞机在飞行中的稳定性和控制飞机的飞行姿态。尾翼的内部结构与机翼十分相似，通常由骨架和蒙皮构成，但它们的表面尺寸一般较小，厚度较薄。一般来说，水平尾翼由固定的水平安定面和可偏转的升降舵组成。

（7）垂直尾翼，简称垂尾，也叫立尾，安装在机身后部，其功能与水平尾翼类似，也是用来保持飞机在飞行中的稳定性和控制飞机的飞行姿态的。不同的是，垂直尾翼是使飞机在左右（偏航）方向具有一定的静稳定性，并控制飞机在左右（偏航）方向的运动。同水平尾翼一样，垂直尾翼也由固定的垂直安定面和可偏转的方向舵组成。

与飞机检疫处理有关的结构主要是机舱。在处理前，检疫人员应向机长详细了解机舱的结构、容积和排水管等管路的连接情况。

（二）飞机检疫处理前准备

处理前，监管人员和从事检疫处理的工作人员应做好充分准备，做好详细的计划，积极联系机长，请机长对处理工作给予积极配合，协助检疫处理工作顺利进行。由检疫部门和机长等召开计划会议，会议应有机长及主要官员、技术人员、专业操作人员、检疫官员及机场代表等参加。会议中检疫官员应详细介绍本次检疫处理的内容，包括处理方法、处理使用药剂、处理对哪些物品有影响等，请机长注意保护这些可能受影响的物品。机长应协助处理工作，如提供飞机的结构草图、容积大小、供应电流、提供照明和辅助空气环流装置等。检疫处理要有详细的作业表。此外，检疫官员应向机长或飞机维护人员索要飞机保养手册，一般飞机制造商或航空公司的飞机维护手册中均有较详细的飞机媒介有害生物的处理工作程序，这对检疫部门进行检疫处理有良好的借鉴作用。

（三）飞机检疫处理

1. 熏蒸处理

（1）有害生物侵入飞机

在飞机中发现有害生物最多的是老鼠类啮齿动物，蛇、蜥蜴等爬行动物和蚊子、苍蝇、蟑螂、虱子等卫生害虫。根据飞机维护人员多年的经验，啮齿类动物和爬行动物通过打开着的舱门或飞机的翼段进入飞机。特别是飞机在修理库或停机坪长时间停留，尤其是在夜晚工作人员休息时，这些有害生物会进入飞机。它们也可通过运送食物的补给车等进入飞机。

飞机中电线的绝缘材料气味很容易吸引老鼠等啮齿类动物，而电线被老鼠咬食后会产生严重的后果。此外，蛇和蜥蜴等爬行动物出现在飞机中会造成乘客和机组人员的恐慌，而蚊子、苍蝇、蟑螂和虱子等卫生害虫会传播疾病。因此，采用合适的处理方法处理这些有害生物是非常必要的。

（2）处理药剂的选择

传统的检疫处理方法为使用溴甲烷和硫酰氟等熏蒸剂熏蒸处理。由于这些熏蒸剂具有以下缺点，因此不利于飞机除鼠和爬行动物等。①溴甲烷等熏蒸剂在熏蒸处理通风散毒后一段时间在货舱、客舱和其他舱室仍有残留，如溴甲烷在通风散毒后36 h仍可检测到残留。②溴甲烷等熏蒸剂在通风散毒后很长时间各个舱室的隔热层中仍有残留。③溴甲烷等熏蒸剂对飞机的精密仪器和飞机制造材料等有影响。④溴甲烷对臭氧层有破坏作用，已逐渐被禁用。

为满足飞机除害处理的需要，理想的飞机检疫处理熏蒸剂应具有以下特点：①无毒、无残留；②成本低；③易贮藏和运输；④环境友好；⑤来源广泛。二氧化碳的特点满足以上要求。

1999年8月，空中客车公司在A319型飞机中进行了二氧化碳熏蒸处理试验。投药前在飞机客舱、驾驶舱、电子仪器舱和货舱中放置二氧化碳浓度检测探针，用于检测投药后不同时间飞机不同舱室中二氧化碳的浓度。结果表明，不同舱室中二氧化碳的浓度在很短的时间内均可以达到90%以上。二氧化碳的窒息作用可以很好地杀死老鼠等啮齿动物和蛇、蜥蜴等爬行动物。有资料表明，啮齿类动物在二氧化碳浓度为60%时暴露6 min就可以完全死亡。因此，用二氧化碳作为飞机检疫处理熏蒸剂是比较理想的。

（3）二氧化碳熏蒸处理飞机的一般方法

以空中客车公司生产的飞机为例，其他飞机的熏蒸处理与此基本相似。空中客车公司生产的所有型号飞机均可用以下方式进行二氧化碳熏蒸处理。

在进行处理前，密封飞机所有与外界连接的管路，如排水管等。保证飞机检疫处理成功完成。在飞机的客舱、货舱、驾驶舱和仪器设备舱等部位放置二氧化碳浓度探针，用于检测二氧化碳浓度。用泡沫材料制成的装置安装在飞机空气调节系统的流出阀上，空气套应安装在驾驶舱侧窗上（见图5-25、图5-26、图5-27）。

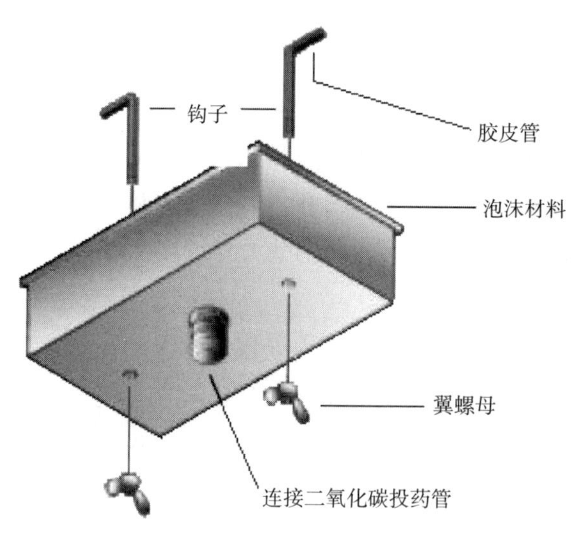

图5-25 流出阀改装装置

为保证二氧化碳可均匀地在机舱内分布，使得二氧化碳投药管的长度达到机舱的舱顶（见图5-27），通常将二氧化碳气体在150 Pa 的压力下压缩成液体贮存于钢瓶中。在飞机检疫处理投药时，要用气化装置将液体二氧化碳气化投入飞机中。气化装置包括加热器和气化器，先用加热器将贮存二氧化碳的钢瓶加热到15 ℃，通过气化器连接通入飞机中。气化器装置见图5-28。

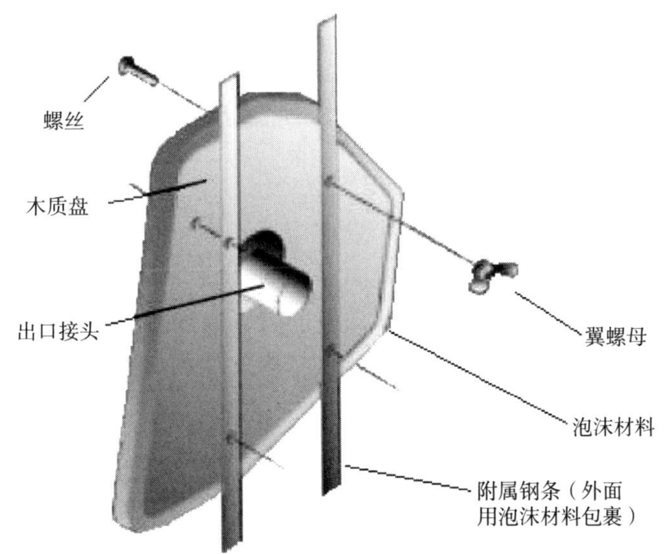

图 5-26 驾驶舱侧窗改装装置

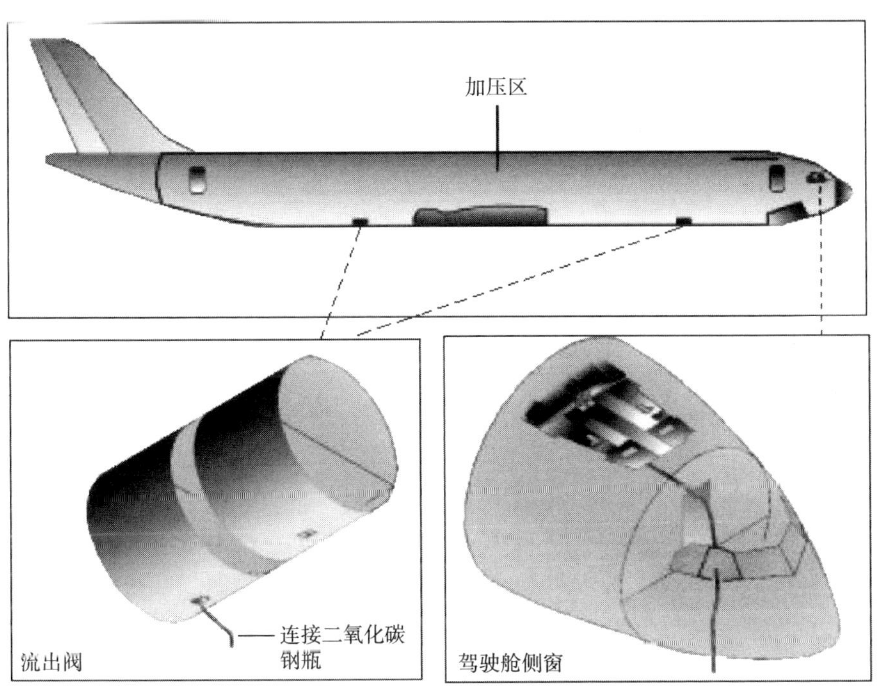

图 5-27 改装装置的安装

图 5-28 气化器装置（加热器和气化器）

调整二氧化碳压力到8 Pa，使得二氧化碳的投药速率为平均质量流量3.6 kg/min，即2 000 L/min。在这个压力和流量下，二氧化碳气体充满空客A319飞机的时间为3 h左右。如果设备允许，则可以以更大的质量流量投药，使得二氧化碳气体充满其他更大飞机的时间也是3 h左右。空中客车公司制造的不同型号飞机熏蒸除啮齿类动物和爬行动物所需二氧化碳剂量见图5-29。

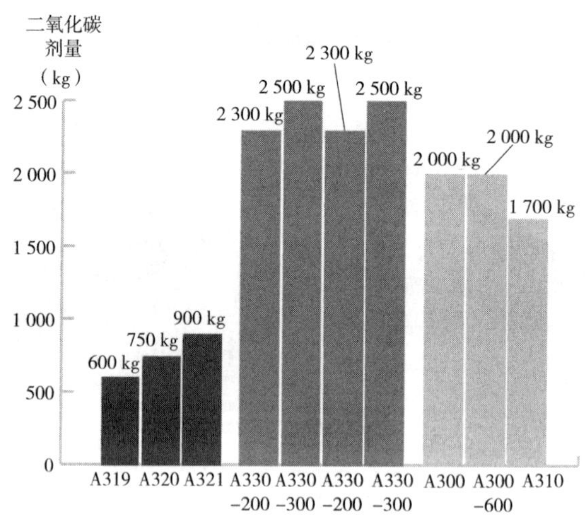

图 5-29 不同型号飞机所需二氧化碳剂量

虽然飞机的货舱和客舱、驾驶舱、仪器设备舱等是完全密封分开的，但试验结果表明，二氧化碳可以完全充满机舱各个舱室。二氧化碳可以穿透飞机的隔热层。二氧化碳可以通过连接各个舱室的管路，如排水管等进入各个舱室，从而均匀分布，达到检疫处理的目的。

当机舱中二氧化碳浓度达到60%时开始计时，对啮齿类动物要密闭熏蒸处理

30 min，对蛇和蜥蜴等爬行动物要密闭熏蒸处理12 h。蛇等爬行动物在遭遇危险或缺乏营养条件下通过冬眠来降低心跳和呼吸速率，因此熏蒸处理的时间较长。

熏蒸处理结束后，打开飞机的空气调节系统通风散气，当检测二氧化碳浓度降低到2%以下时，可以进入人员。

2. 杀虫剂处理

二氧化碳熏蒸处理对鼠类等啮齿类动物和蛇等爬行动物非常有效，但对蚊子、苍蝇、蟑螂和虱子等其他媒介害虫的处理效果较差，尤其是蟑螂的卵。因此在飞机检疫处理中需将二氧化碳熏蒸剂和杀虫剂结合使用。

在飞机加压区喷施杀虫剂气雾剂，气雾剂中的有效成分一般为拟除虫菊酯类杀虫剂。几乎所有的机舱，包括厕所、洗漱间、壁橱、驾驶舱、行李舱和货舱都要进行处理，但注意不要将食物暴露出来，厨房要关闭。不论出于何种原因，绝不可将气雾剂对准任何人喷射。杀虫剂气雾剂可以很好地杀灭上述媒介害虫及其卵。

在飞机检疫处理时，要先用杀虫剂气雾剂喷施处理蚊子、苍蝇、蟑螂和虱子等媒介害虫，然后按照二氧化碳熏蒸处理方法进行熏蒸处理。这两种方法的有效结合可以很好地杀灭飞机中的重要有害生物，且对飞机的影响最小，对乘客和机组人员最安全。

第六节 QPS用途溴甲烷使用现状

一、QPS用途溴甲烷的使用量和主要使用对象

（一）QPS用途溴甲烷的概述

Q（Qurantine）是指用于防止检疫性有害生物传入传出、定殖和/或传播，或确保其得到官方控制的处理方法。PS（Pre-shipment）是为满足进出口国的植物及卫生检疫要求，而在出口之前和出口过程中直接应用的处理方法，目前使用最广泛的为熏蒸处理。

进出口商品的检疫处理为官方授权行为，根据国际贸易中进口国或出口国有关规定执行。《蒙特利尔议定书》中第2H条（哥本哈根，1992年）规定，在各种QPS处理中，因为没有溴甲烷的替代品而明确将QPS用途溴甲烷的使用排除在控制措施之外，换言之，QPS用途溴甲烷为豁免使用药剂。目前，QPS用途溴甲烷仅占溴甲烷总消费量的10%左右，在没有特定的替代方案的情况下，允许使用溴甲烷熏蒸处理在进出口贸易中仍具有重要意义。

（二）QPS用途溴甲烷的使用现状

1. QPS用途溴甲烷的生产情况

全球QPS用途和非QPS用途溴甲烷的生产情况见图5-30。由图5-30可以看出，全球非QPS用途溴甲烷的生产量从2002年开始呈现大幅度递减的趋势，在1999年至2017年间，QPS用途溴甲烷的生产量基本保持稳定。

图5-31为1999～2017年中国、法国、印度、以色列、日本、乌克兰和美国QPS用途溴甲烷的生产趋势。由图5-31可以看出，美国始终保持较高水平的QPS用途溴甲烷生产量，中国的QPS用途溴甲烷保持在2 000吨以下。

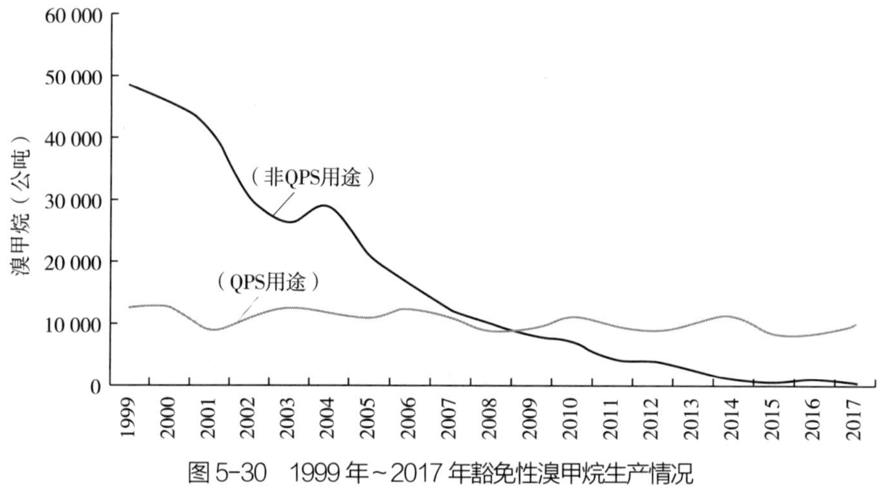

图5-30　1999年～2017年豁免性溴甲烷生产情况

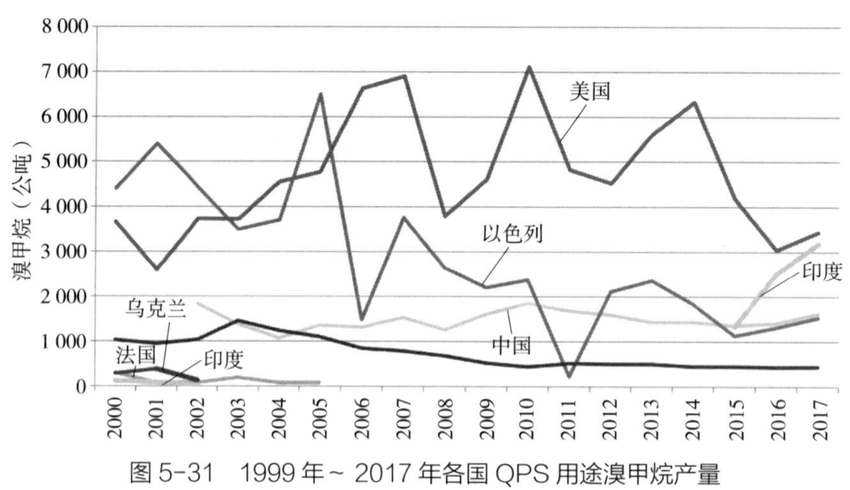

图5-31　1999年～2017年各国QPS用途溴甲烷产量

2.QPS用途溴甲烷的消费情况

根据联合国环境规划署溴甲烷技术选择委员会MBTOC报告统计，2017年A5缔约国的QPS用途溴甲烷消费量为6 617吨，占全球消费总量的69%，亚洲国家（地区）占全球消费总量的55%。尽管QPS用途溴甲烷可豁免使用，但据MBTOC估计，目前30%～45%的QPS用途溴甲烷的使用可以被替代品或替代技术替代。在50个经常使用溴甲烷的国家中，有14个国家的使用量显著减少，13个国家的使用量急剧增加，如澳大利亚、印度、新西兰，原因可能是虫害风险增加和需要处理的商品贸易增加。部分国家（地区）QPS用途溴甲烷使用量的增加抵消了其他国家或地区（如欧盟、日本、泰国、美国）QPS用途溴甲烷使用量的减少，从而使得过去20年里QPS用途溴甲烷的使用并没有减少。

16个国家（澳大利亚、巴基斯坦、新西兰、越南等）QPS用途溴甲烷的消费量超过了控制使用的基线水平。同时，按照《蒙特利尔议定书》规定，1995年后，禁止在QPS以外的其他用途使用溴甲烷，但是一些国家，如萨尔瓦多、斐济、印度、韩国和尼加拉瓜，仍然在QPS用途以外使用溴甲烷。整体来看，2000年～2017年，A5国家QPS用途溴甲烷的使用量呈上升趋势，非A5国家的使用量呈下降趋势。

图5-32为1999年～2017年全球QPS用途溴甲烷消费趋势图。由图5-32可以看出，全球和非A5国家消费量逐年减少。

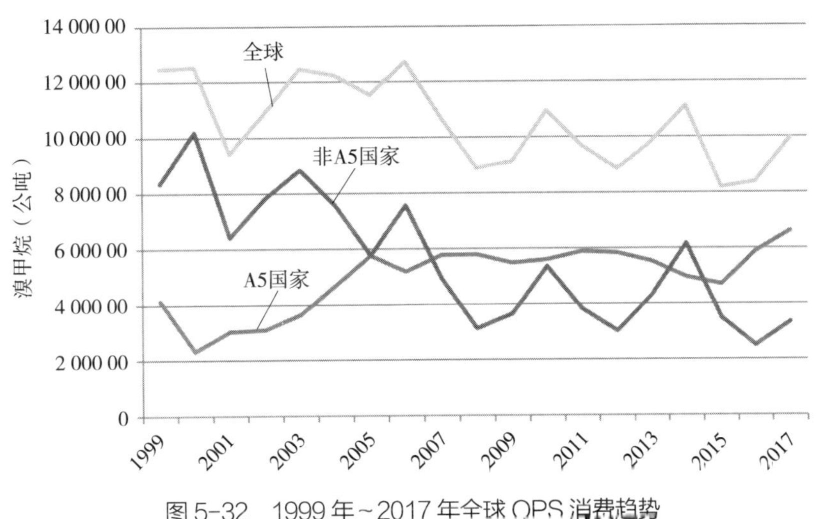

图5-32 1999年～2017年全球QPS消费趋势

图5-33和图5-34分别为2000年～2017年区域性QPS用途溴甲烷消费趋势图和2017年区域性QPS用途溴甲烷消费分布图。由图5-33可以看出，QPS用途溴甲烷消费量，最高的是亚洲国家，消费量最低的是东欧国家。

由图5-34可以看出，2017年亚洲国家（地区）QPS用途溴甲烷使用量占总量的55%，北美洲和大洋洲占比均为15%，其他地区占比15%。

图5-35为2000年～2017年A5国家（《蒙特利尔议定书》第五条所指发展中国家缔约国）QPS用途溴甲烷消费趋势图，图5-36为2000年～2017年非A5国家QPS用途溴甲烷消费趋势图。由图5-35和图5-36可以看出，A5国家中亚洲国家QPS用途溴甲烷的消费量最高，非A5国家中美国的QPS用途溴甲烷消费量最高。

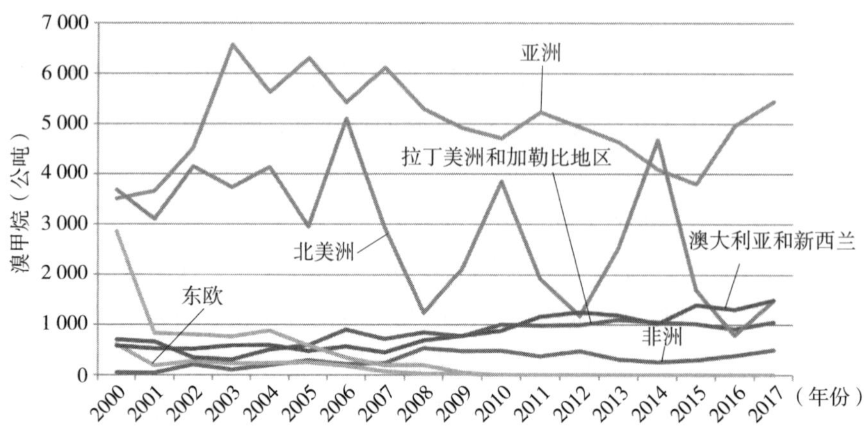

图 5-33　2000 年～2017 年区域性 QPS 用途溴甲烷消费趋势图

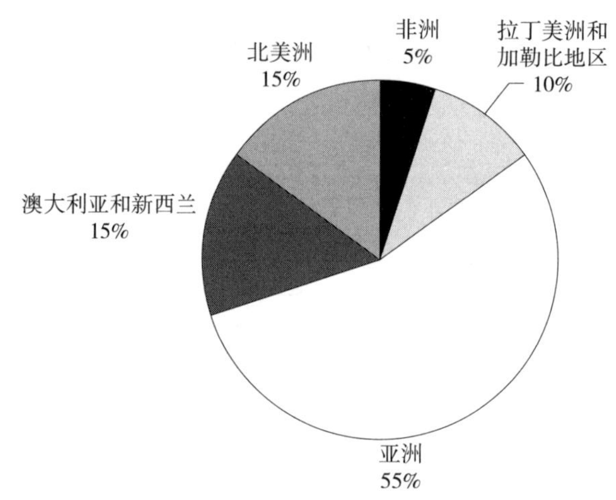

图 5-34　2017 年区域性 QPS 溴甲烷消费分布图

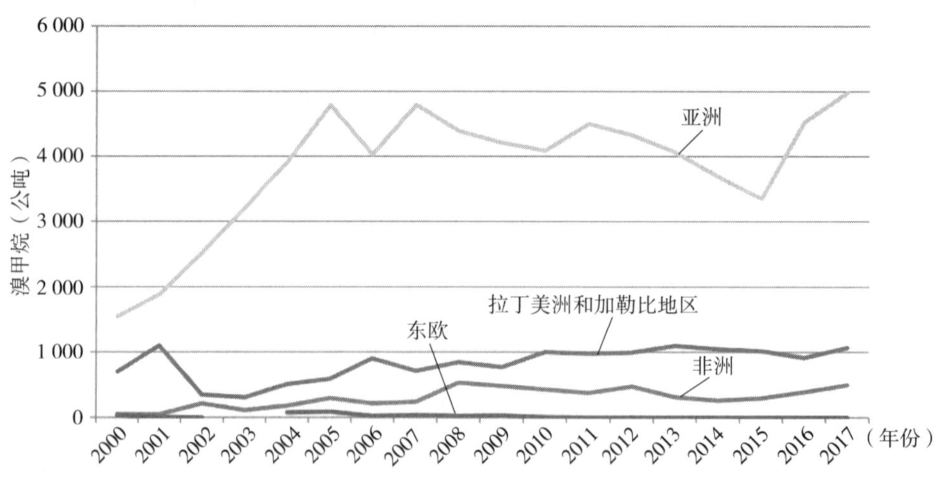

图 5-35　A5 国家 QPS 用途溴甲烷消费趋势图

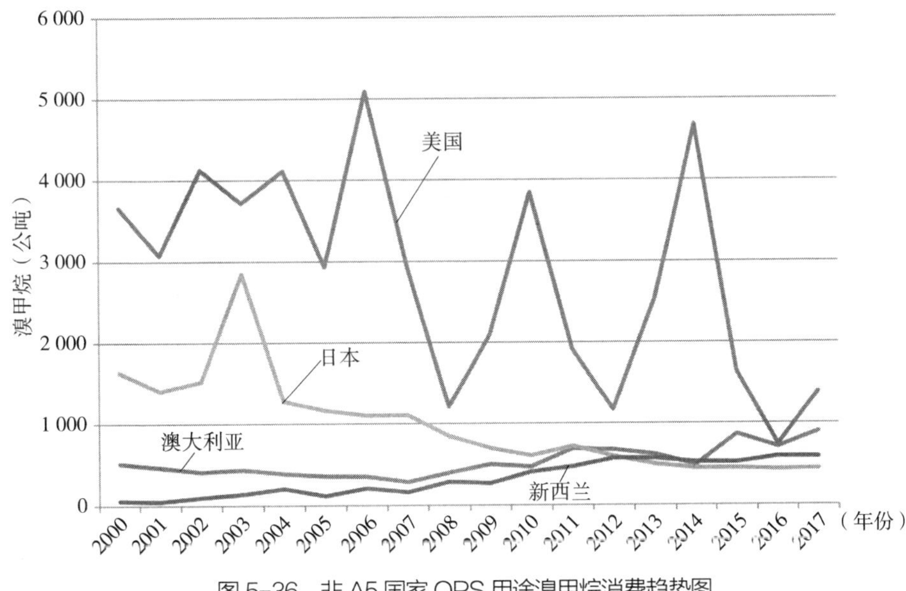

图 5-36　非 A5 国家 QPS 用途溴甲烷消费趋势图

3.QPS用途溴甲烷的用途种类

尽管数据差距和不确定性仍然存在，但根据各方提供的数据，MBTOC认为，2017年80%以上QPS用途溴甲烷用于以下五种货物：

（1）成型木材和木质包装材料；

（2）谷物和相似的食品原材料；

（3）土壤繁殖材料；

（4）原木；

（5）新鲜水果和蔬菜。

据MBTOC估计，上述五种用于QPS用途的溴甲烷中的30%～45%，可以立即被可用的替代品替代。

图5-37为2017年QPS用途溴甲烷用途种类分布图。由图5-37可以看出，QPS用途溴甲烷使用最多的是原木、木制品熏蒸，其次是土壤、谷物。

近年来，我国也逐步加强对QPS用途溴甲烷的替代和减排技术的研究，并制定了相应的技术标准，如GB/T 36854—2018《集装箱熏蒸操作规程》、GB/T 36828—2018《熏蒸剂溴甲烷循环再利用技术要求》、GB/T 36827—2018《进境木材检疫处理区技术规范》、GB/T 36773—2018《竹制品检疫处理技术规程》等，进一步规范了溴甲烷替代及溴甲烷回收再利用技术。

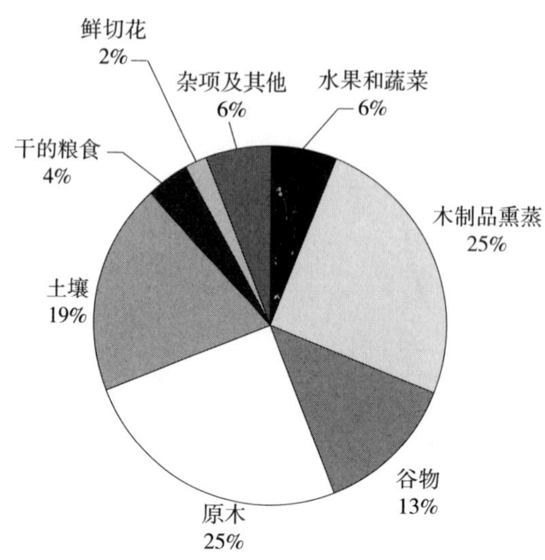

图 5-37　QPS 用途溴甲烷主要用途种类分布图

第七节　QPS用途溴甲烷替代及减排技术

一、QPS用途溴甲烷的替代技术

（一）热处理技术

热处理是一种使用物理手段处理货物中的有害生物及病菌的检疫处理方法。随着人们对环境及安全认知度的提高，使用无化学残留的物理方法进行检疫处理越来越受到重视，这使得热处理方法得到了广泛关注及快速发展。目前常用的热处理方法主要有蒸热处理、干热处理、热水浸泡处理等，关于热处理与其他方法的联合使用的研究也越来越多。在实际操作中，热处理方法依据货物种类的不同，处理方式也不同。热处理具有经济、高效、便捷、无药剂残留、对操作人员无害等优点，尤其适用于木质包装材料的处理和农产品的采后处理。

（二）冷处理技术

冷处理是指在持续低温条件下，对可能携带检疫性有害生物的货物进行速冻或冷藏处理，以灭杀有害生物的一种检疫处理技术。冷处理主要包括速冻处理和冷藏处理，两种处理方法的实施均需要先进的制冷设备。此方法适用于对低温适应性良好的、不易引起冷害的水果等鲜活农产品。冷处理被许多国家（地区）用于进出境果蔬产品的检疫处理，如美国农业部已对48个国家的14种果蔬上携带的地中海实蝇和墨西哥实蝇（*Anastrepha ludens*）的冷处理方法进行了限定。近年来该技术也逐渐被应用于处理仓储害虫，如赤拟谷盗、谷斑皮蠹、锯谷盗、杂拟谷盗、四纹豆象（*Callosobruchus maculatus*）、印度谷螟、麦蛾（*Sitotroga cerealella*）、烟草甲等。

（三）辐照处理技术

辐照处理技术是继溴甲烷熏蒸处理被限制后兴起的一种检疫处理技术，因其杀虫效果好、无残留，不提高处理对象温度、不必拆除外包装、操作易于控制和加工效率高等特点而成为 21 世纪最有前途的检疫处理技术之一。辐照处理技术在检疫处理中的应用被称为检疫辐照处理，简称辐照。辐照处理利用粒子化辐照射线（γ 射线、电子束、X 射线等）对货物进行处理，使其携带的有害生物死亡、失去繁殖能力或不能成功发育，从而达到防止有害生物传播、蔓延和扩散的目的。

（四）气调处理技术

气调处理是指将处理与低氧环境结合，一般采用浓度低于5%的 O_2 和浓度高于15%的 CO_2 或 N_2 替代处理环境中的 O_2，迫使有害生物尤其是昆虫体内能量代谢受到抑制，影响其膜透性，从而使有毒物质积累，最终使害虫死亡。气调处理与控温、熏蒸、负压相结合，不仅可以缩短处理时间，降低控温处理对鲜活农产品的伤害，而且也对杀虫有良好的增效作用。气调处理按照气调方式可分为通过人工手段快速改变气体组分的控制气体气调（简称控气气调或限气气调，Controlled atmosphere，CA）和通过果蔬自身呼吸作用改变气体组分的自发气调或改良气调（Modified atmosphere，MA），这两种气体浓度调节的方式、气体浓度和处理对象各有不同。前者常采用充入浓度低于5%的 O_2 和浓度高于20%的 CO_2 或 N_2 进行调节，后者通过密封的商品依靠其自身呼吸和包装的透气功能调节气体浓度，常采用浓度为3%～6%的 O_2 和浓度为2%～10%的 CO_2。检疫气调处理主要采用控气气调，用于杀灭检疫性有害生物，实现检疫安全。

二、QPS用途溴甲烷的替代药剂

目前，寻找替代溴甲烷的熏蒸剂已成为检疫处理技术研究的热点，针对原木及木质包装的检疫处理，主要涉及的熏蒸剂包括硫酰氟、磷化氢、乙二腈（Ethanedinitrile，EDN）、碘甲烷（Methyl iodide，MI）、环氧乙烷、氢氰酸（Hydrogen cyanide，HCN）、氧硫化碳和异硫氰酸甲酯（Methyl isothiocyanate，MITC）等。

三、QPS用途溴甲烷的减排技术

（一）QPS用途溴甲烷的化学吸收技术

化学吸收方法可对熏蒸后残余的溴甲烷尾气进行回收处理。以20%氢氧化钾－乙醇溶液为吸收液，添加0.5%碘离子作催化剂，设定适宜的气体流速和吸收时间，最多可回收98%左右的溴甲烷尾气。增大吸收液体积有利于缩短吸收时间，在使用中定时补充氢氧化钾和乙醇，以确保吸收效率。吸收反应后得到具有广泛用途的反应副产物KBr，可在一定程度上节约生产成本。

（二）QPS用途溴甲烷的活性炭纤维回收利用技术

活性炭纤维（Activated carbon fiber，ACF）是20世纪70年代初继粉末和颗粒状活性炭（GAC）之后出现的新型炭质吸附剂。与传统的活性炭相比，ACF巨大的表面积和丰富的微孔结构，使其具有吸附容量大、吸脱附速度快、再生能力强等一系列优点，且其结构上的独特性，使其克服了活性炭应用过程中的缺陷。目前以ACF为吸附剂应用于空气净化、含有机挥发性气体的处理和有机溶剂回收的研究较多，但用其处理含溴甲烷气体的研究还未见报道。李小波等以氮气为载气，配制溴甲烷-氮气混合气体，采用动态吸附法，考察ACF对气体中溴甲烷的吸附效果，证明了ACF具有优异的循环再生性能，用其处理含溴甲烷废气是可行的。

（三）溴甲烷循环利用技术

在传统的熏蒸处理中，当达到规定的密闭时间时，即撤除罩膜或打开箱（库）门、舱盖，将其中剩余的熏蒸气体全部释放于大气中。在除害处理区内，当一个仓（源仓）已达到密闭熏蒸时间，又存在另一已装满原木等待处理的熏蒸仓（目标仓）时，即可启动电脑控制系统，同时打开“源仓”与“目标仓”的进、排气管道的电动碟阀，从而使两仓互通，在气体环流动力装置的作用下，“源仓”中剩余的熏蒸气体与“目标仓”的空气交流，经一定时间，两个仓内熏蒸气体浓度达到相对平衡，从而实现熏蒸气体重复利用之目的。通过建立熏蒸倒药仓库，对溴甲烷循环利用，减少溴甲烷的消耗总量，不同熏蒸库间采用循环倒药方式使30%~40%溴甲烷得到重复利用。图5-38和图5-39分别为循环倒药设备示意图和流程图。

（四）QPS用途溴甲烷的产业现状

国际社会对于溴甲烷的使用，特别是受豁免的QPS用途溴甲烷的使用越来越关注，通过信息收集和统计分析，逐步替代和减少QPS用途溴甲烷的使用日益成为国际社会关注的焦点。目前，我国溴甲烷的生产企业共有三家，已完全纳入生态环境部的监管中，采用配额生产的方式进行管理。随着我国工作的持续推进，在多边基金的资助下，QPS用途溴甲烷的生产、销售、流通和使用数据的采集流程更加完善，管理更加科学。

虽然各国广泛开展了QPS用溴甲烷的替代物质或者替代技术的研究，但是由于植

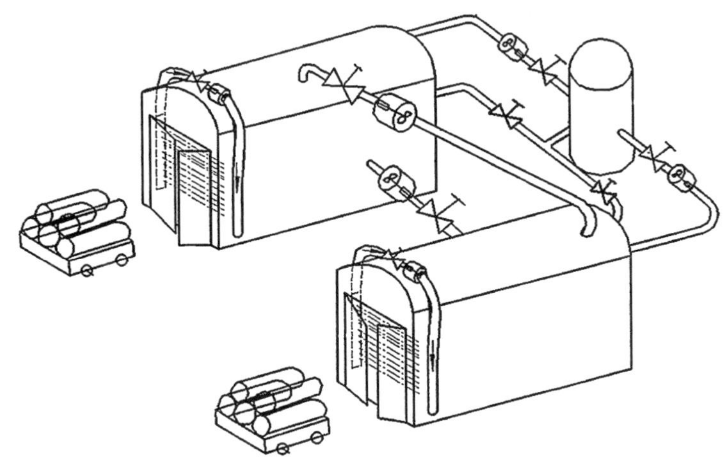

图 5-38 溴甲烷循环倒药设备示意图

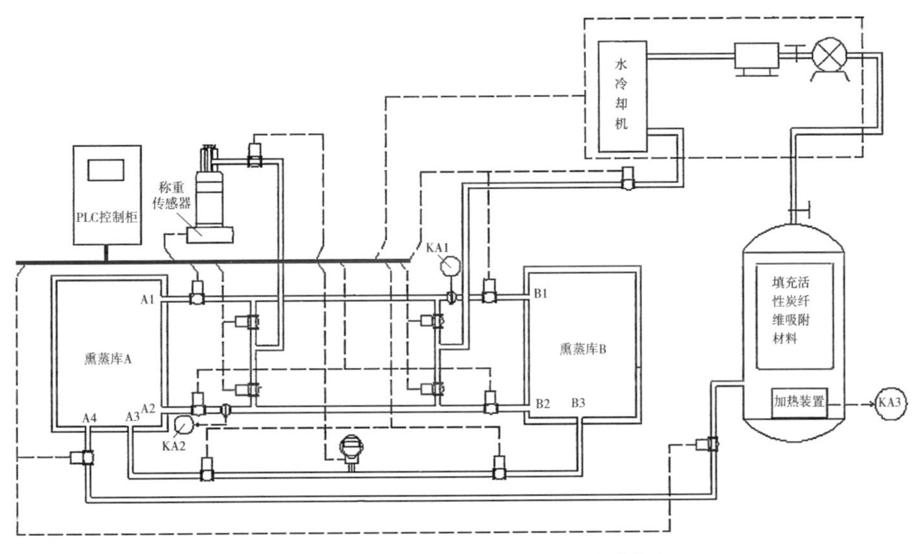

图 5-39 循环倒药熏蒸库设备流程图

物检疫标准及进口国对进口货物携带有害生物风险的要求、货物的复杂性、携带检疫性生物的种类繁杂，因此溴甲烷在一定时期内的应用仍会比较广泛。寻求广谱适用的替代溴甲烷的装运前检疫处理技术难度较大，需要投入大量人力、物力和财力。从运行成本看，新熏蒸剂和物理处理技术的成本远远高于溴甲烷熏蒸；从技术成熟度看，溴甲烷熏蒸技术的发展和广泛应用，有强大的技术研究作为支撑，熏蒸的残留物种类、含量等符合安全要求，而其他替代技术，只对特定货物和特定有害生物种类进行了实验验证，没有大范围的使用，还有一定的局限性。研究高效、广谱的溴甲烷检疫处理替代产品和技术仍然任重道远。

随着世界各国对生态环境保护越来越重视，在涉及气候变化、臭氧层保护等方面出台了越来越多的法律法规，执行的环境标准越来越严格。《蒙特利尔议定书》是全球环保公约中执行最好、效果最佳的公约之一。在保护大气臭氧层方面，世界各国正在出台新的法律法规和标准，旨在减少消耗臭氧层物质的生产和排放。

溴甲烷作为消耗臭氧层物质，是《蒙特利尔议定书》的受控物质，目前在检疫和装运前处理（QPS）用途为豁免使用。虽然溴甲烷在QPS用途为豁免使用，但欧盟、新西兰等国家和地区已立法限制其使用和排放。

06

CHAPTER

第六章

熏蒸气体检测技术

气体检测技术是通过化学、物理等方法对气体浓度有效定量的方法。在投药后一定时间内，通过检测熏蒸剂的有效浓度，能够判断熏蒸作业效果以及是否对人体造成伤害。精确检测熏蒸气体浓度成为防治病虫害及保障人体健康的必要环节。随着科学技术的飞速发展，基于新技术的熏蒸气体分析仪器越来越多地被应用到熏蒸作业过程的监控与记录中。本章着重介绍了各类熏蒸气体检测技术及其使用和校准测量环节中的优缺点。

第一节 概述

熏蒸气体检测技术是保证熏蒸作业效果和防止意外中毒事件发生的重要手段。它主要包括两个方面的内容：熏蒸作业期间熏蒸剂气体浓度的检测和熏蒸气体散气后环境浓度的检测。前者是为了了解投药后一定时间内熏蒸剂是否达到有效杀毒效果，以及熏蒸剂气体泄漏情况而进行的熏蒸剂气体浓度检测，属于高浓度检测。后者是为了考虑残留熏蒸气体对人体健康及人身安全的威胁而进行的熏蒸剂残留浓度检测，属于低浓度检测。能够完成高浓度检测的技术有多种，例如，热导检测技术、检测管技术、光声光谱检测技术、红外检测技术、气相色谱技术、电化学检测技术等。能够完成低浓度检测的技术相较于高浓度对检测下限、检测精度、检测稳定性的要求更高，例如，电化学检测技术、红外检测技术、气相色谱技术、测卤素灯方法及光声光谱法。其中光声光谱法为一种新型的光谱检测技术，有别于传统红外检测方法，其对微弱信号可高效采集，具有高抗干扰性，且使用方便、寿命长、稳定性高，尤为适用于痕量熏蒸气体浓度的精确检测。

第二节 热导与光电离检测

一、热导检测方法

热导检测方法是气体分析中较早使用的检测方法，它是基于各种气体的热导率不同，通过测定混合气体的热导率间接确定被测组分含量的一种浓度型分析方法，属于物理常数检测方法。

（一）热导检测原理

热导检测器通常由热导检测池和测量电桥组成，其中热导检测池由测量室和敏感元件组成。热导检测池的敏感元件材料多为铂丝，铂丝的抗腐蚀能力较强，电阻温度系数较大，稳定性好。热丝通常安装在金属桥体的圆筒中心，即测量室中心。被测气体通过热导检测池壳体的进出口充满圆筒，通过测量电桥给敏感元件的热丝提供恒定电流来加热。被测气体以一定的流速通过热导池的测量室，敏感元件热丝的热量以热传导的方式传给池壁，当气体的传热速率与电流在热丝上的发热率相等时（称为热平衡），热丝的温度就会稳定在某一数值上，敏感元件的阻值也由此确定。如图6-1所示，当被测气体的浓度值发生变化，混合气体的热导率随之变化，气体的导热速率和热敏元件热丝的平衡也随之变化，导致热丝的阻值发生相应的变化，从而形成气体热导率和敏感元件热丝的阻值之间的单值函数变化关系，可由此计算出被测气体的浓度值。

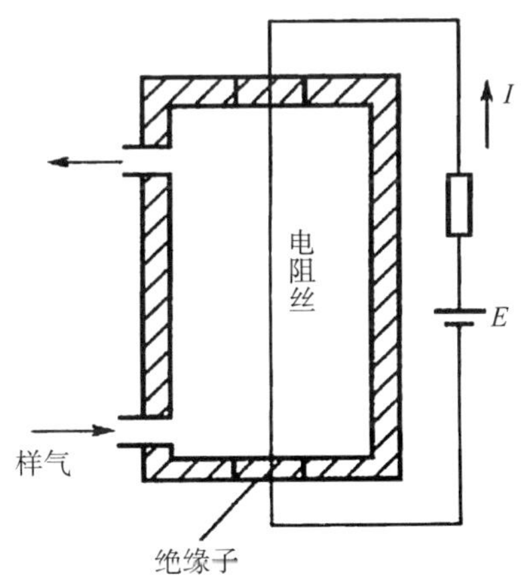

图 6-1 热导检测池的工作原理

（二）热导气体分析仪的组成

热导气体分析仪由热导检测传感器、测量控制器及气路调节系统等部件组成。热导传感器包括热导敏感元件（测量电桥臂及参比电桥臂）、不锈钢材质的热导检测池壳体、加热恒温控制系统等。仪器的测量控制器包括惠斯登测量电桥、稳压电源、测量放大器及数据处理电路。新一代热导气体分析仪采用单片机的智能化控制平台及软件技术，能够实现线性化处理及液晶显示屏显示；仪器的输出信号采用4 mA ~ 20 mA 的标准信号输出，并带有通信接口 RS 485。为保证仪器的正常运行，仪器附有简单的气路调节系统，包括减压阀、稳压器、三通阀、干燥器、针形调节阀及流量计等，以保证被测样品达到干燥、流量稳定的要求，从而保证热导气体分析仪的高精度检测。

热导检测传感器是热导气体分析仪的关键零部件，而热导传感器的关键元件是热导敏感元件，主要有热丝型敏感元件、半导体热敏电阻元件和薄膜电阻敏感元件等。

热丝型敏感元件主要采用电阻率高、电阻温度系数大的材料。材料首先要加工性能好，能拉成直径为0.01 mm ~ 0.05 mm的金属细丝，且电气性能稳定，能防止被待测气体腐蚀。常用的热丝材料有铂丝、钨丝和铼钨丝。铂丝电阻率高、化学稳定性好、耐腐蚀和加工性能好，因此热导气体分析仪大多选择铂丝作为敏感元件。

半导体热敏电阻元件由于材料的电阻温度系数很大，有很高的测量灵敏度，但制作困难，因此在国产热导气体分析仪中较少应用。国外的气相色谱仪的热导检测器中，有半导体热敏电阻的TCD检测器。

薄膜电阻敏感元件也是热导气体分析仪常用的测量单元。它使用由微机械制造的硅片，该硅片的测量膜包含一个薄膜电阻，该薄膜电阻被调节在一个恒定的温度。薄膜电阻传感器采用扩散型结构，位于一个测量气路中。采用薄膜电阻元件的热导气体分析仪，测量灵敏度高，但不能用于有腐蚀性气体的组分测量。

（三）热导检测方法的优缺点

当被测气体与它的背景气或参比气的热导率有差异时，热导的检测方法适用于任何气体的浓度检测，所以热导检测方法可测量的对象范围相对广泛。热导气体分析仪的检测误差大是它最大的缺点之一。当背景气体中存在对分析组分有影响的干扰组分时，热导气体分析仪会产生较大的误差。

从热传导理论分析，常压气体的热导率与温度无关，因此热导检测方法在理论上不受压力影响，这是热导气体分析仪的一个显著特点。气体热导率与温度的关系复杂，在分析时不但要考虑气体的热导率，而且应考虑气体热导率的温度系数。例如，在分析氮气中的CO_2时，若氮气的热导率为1，则CO_2的热导率在0 ℃时为0.59。氮的热导率的温度系数为0.28%/℃，CO_2的热导率的温度系数为0.48%/℃。在检测时加大敏感元件的工作电流可以提高检测灵敏度，但在上述例子中，当分析室温度达到450 ℃时，氮气与CO_2的热导率相等，灵敏度反而下降到不能检测氮中CO_2变化的程度，因此必须选择适宜的工作温度。

样气的温度、压力、流量对仪器的影响是显而易见的。样品气的流量和压力变化可能会带来样品气的对流，因传热不稳定而引起分析误差。样品气温度及环境温度会直接影响热导传感器的热传导特性，所以热导传感器采用恒温控制措施来减小温度影响。热导传感器的恒温一般为60 ℃。

对敏感元件供电的稳压电源应有高温稳定性，因为测量电桥供电电流的变化会引起元件温度的变化而带来分析误差。通常采用高稳定度的稳压电源供电，以保证仪器分析的精度。

样气中的灰尘及液滴会给热导池及测量组件带来污染，可能会改变热导池的传热条件，所以样品气在进入传感器前应进行过滤除尘、除液滴处理。

标准气的组成会对测量精度带来影响。原则上要求标准气的背景气组成、含量应与被测气体的组分尽量一致，应尽量做到标准气的背景气的热导率和被测气体的热导率一致，否则要对校准结果进行修正。

二、光电离检测方法

光电离检测方法（PID）即光离子化检测器。它是通过离子化的方法将待测化合物转变为容易被电子仪器检测到的离子流，它的离子源是具有特别能量的紫外灯（UV）。

光电离检测方法的原理是使用紫外灯（UV）将被测有机物“击碎”成可被检测器检测到的正负离子（离子化），所形成的分子碎片和电子由于分别带有正负电荷，因此在两个电极之间产生电流。检测器将电流放大并显示出浓度值。其原理如图6-2所示。

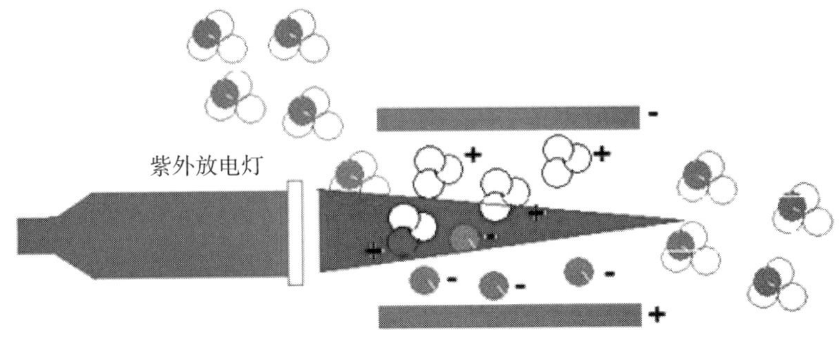

图6-2 光电离检测原理

在被检测后，离子重新复合成为原来的气体和蒸气，光电离检测方法是一种非破坏性检测方法，它不会“燃烧”或永久性改变待测气体，经过光电离检测的气体仍可被收集做进一步测定。

光电离传感器的优势是灵敏度好和反应快速，它的测量头可以对许多低浓度的气体快速反应。其缺点是没有选择性，只要气体分子的电离电位低于紫外灯的辐射能量，该气体在分析仪上就有读数。如果测量环境复杂，就无法得到想要的读数。另外，由于测量范围有限，光离子分析仪不能满足高浓度监测的需求，因此通常用来检测残留浓度。

第三节 红外与光声光谱检测

一、红外气体检测方法

（一）红外气体检测技术原理

在气体的红外吸收光谱中，非单元素的极性气体分子在中红外波段（2.5 μm ~ 25 μm）存在分子振动能级的基频吸收谱线，即特征吸收谱线。红外检测技术的基本原理是基于这种被测气体对中红外光的特征光谱吸收，而这些气体分子的吸收符合朗伯—比尔定律，特征吸收强度与气体浓度成正比例关系。

当分子从外界吸收电磁辐射能时，电子、原子、分子受到激发，会从较低能级跃迁到较高能级，跃迁前后的能量之差见公式6-1：

$$E_2 - E_1 = h\upsilon \tag{6-1}$$

式中：

E_2、E_1——分别表示较高能级和较低能级（跃迁前后的能级）的能量；

υ ——辐射光的频率；

h ——普朗克常数，即 4.136×10^{-15} eV·s。

当某一波长电磁辐射的能量E恰好等于某两个能级的能量之差时，便会被某种粒子吸收并产生相应的能级跃迁，该电磁辐射的波长和频率称为某种粒子的特征吸收波长和特征吸收频率。

振动能级的基频位于中红外波段，中红外吸收能力强、灵敏度高。近红外吸收能力弱、灵敏度低。气体的吸收光谱是由许多带宽很窄的吸收线组成的吸收带，用高精度的分光仪检测可以将其展开成独立的吸收峰。

每种气体都有对应的吸收波长，图6-3、图6-4、图6-5为常见的熏蒸剂气体的特征吸收波长。

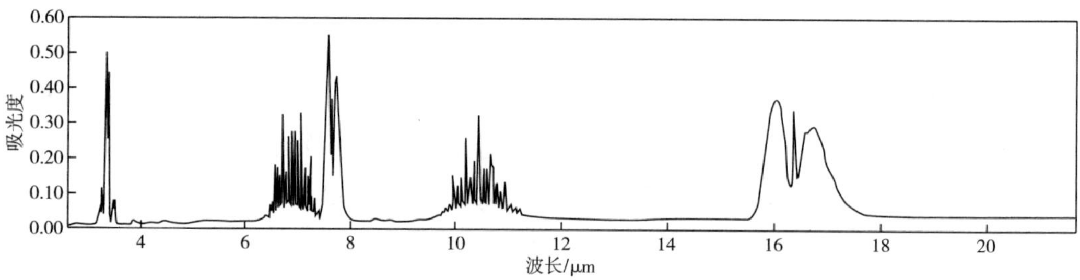

图6-3 溴甲烷的吸收谱图

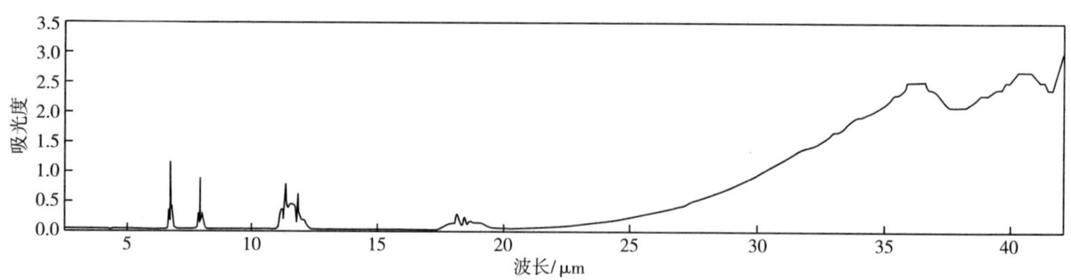

图6-4 硫酰氟的吸收谱图

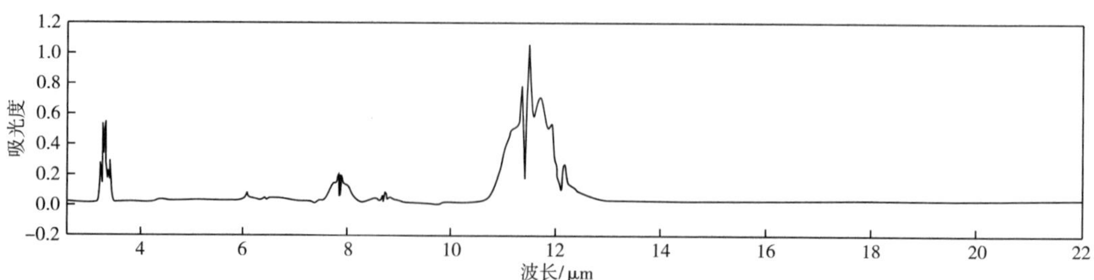

图6-5 环氧乙烷的吸收谱图

（二）红外气体分析仪的基本结构

红外气体分析仪由光学部件和测量电路构成，测量电路的结构由光学部件及系统功能决定。光学部件通常由红外辐射光源、通过样气的气室、红外检测器等构成，它们通常被称为红外三大部件。

1. 红外辐射光源

在线红外气体分析器主要使用广谱（宽谱）光源。广谱光源的光谱覆盖波长从1 μm到15 μm ~ 20 μm，宽谱光源的谱带宽度通常在几微米之间，如2 μm ~ 5 μm。

连续光源发出的光能量是连续不断的，它是由电机带动的切光片对光线调制，产生的特定频率的红外辐射光。其优点在于连续光源光强足、衰减少，能够为后续浓度计算采集的光信号强。其缺点在于以同步电机为切光电机的分析器要求电源频率在一定范围之内，如50 Hz ± 0.5 Hz，超出规定的范围，会产生电源频率影响误差。红外气体分析仪内部存在切光片这样的机械部件，在实际使用时，机械部件会因为运输或震动发生零部件松脱现象，导致光源信号偏离。

断续光源发出的光能量是随时间变化的，例如脉冲光源。通过控制输入光源的电信号（电压或电流）的频率，可以产生特定频率的红外辐射光。断续光源的优点在于红外气体分析仪内省去了机械部件，结构更为可靠耐用、不受外界震动干扰。其缺点在于断续光源信号强度弱于连续光源，且脉冲光源的衰减部分会造成后续信号采集不准确。由于此方法中设备的结构更加可靠耐用，且可通过电信号调节脉冲光源配合合适的光学滤光片来避免光源衰减，因此目前在工业和质监现场执法中更倾向于选择将断续光源用于红外气体分析仪。

2. 气室

采用抽取式测量方法的红外仪器需要气室，而原位式和开放式红外气体分析器不需要气室。双光路分析器的气室分为测量气室和参比气室，测量气室中连续通过待测样气，参比气室完全密封并充有中性气体（多为氮气）。单光路分析器的气室只有测量气室，没有参比气室。目前市场上比较常用的是双光路气室，对比单光路气室，其抗干扰性和稳定性更好。

3. 红外检测器

红外气体分析器的检测器用于检测通过气室的红外光能，检测器分为两种类型：气动检测器和固体检测器。气动检测器主要有薄膜微音检测器和微流量检测器；固体检测器主要有光电导检测器、热释电检测器和热电堆检测器。各类检测器都有自己的优缺点，适用于不同应用环境，对于熏蒸现场作业来说，热释电检测器具有波长响应范围广、检测精度高、反应快的特点，更适用于检验检疫熏蒸现场对高浓度和低浓度熏蒸剂气体浓度的检测。

（三）红外气体分析仪应用于熏蒸气体检测的优化措施

红外气体分析仪已经替代多数传统检测方法，被普遍应用于熏蒸气体检测的作业现场。根据多年的现场测试作业经验以及红外检测技术的更新迭代，以及熏蒸气体浓度和残留检测的先进性要求，在此总结出熏蒸现场作业使用的在线或便携式熏蒸气体分析仪需满足的要求：

1. 被测气体覆盖溴甲烷、硫酰氟、磷化氢、环氧乙烷、甲醛、二氧化碳等常用熏蒸气体；

2. 被测浓度需分为高浓度和残留低浓度（痕量浓度）两种，其中残留浓度最低检测下限需达到0.1×10^{-6}；

3. 在线式分析仪需满足24 h开机作业要求，无故障运行时间MTBF需大于9 000 h；

4. 便携式分析仪需可方便携带和提运，内部无可移动机械部件；

5. 检测结果线性度好，检测值真实反映现场浓度；

6. 检测结果不受环境温度变化而变化；

7. 检测结果不受环境内其他背景气体干扰；

8. 检测结果不受湿度干扰，分析仪器内不应频繁使用吹扫功能，导致测试数据不连贯；

9. 分析仪本身要有较好电磁干扰屏蔽功能，防止现场存在例如鼓风机、变压器等中大型电流驱动设备时，对分析仪的结果产生噪声干扰；

10. 分析仪交互式界面简单易操作。

基于以上要求，结合现有应用于熏蒸作业现场的红外气体分析仪的性能建议应用于熏蒸作业现场的在线式和便携式红外气体分析仪需做如下优化：

1. 由于红外检测技术使用宽光谱光源，在选择合适的滤光片配置下，可实现多组分气体检测，其功能已经广泛应用于工业领域。熏蒸作业现场的红外气体分析仪多为单一组分和单一检测范围，建议现有的红外气体分析仪实现多组分气体浓度和残留同时检测的要求。

2. 温度对红外气体分析器的影响体现在两个方面，一是被分析气体温度对测量的影响，二是环境温度对测量的影响。被分析气体温度越高，则气样密度越低，且气体对红外的吸收率越低，所测气体浓度就越低。因此建议应用于熏蒸气体检测的红外分析仪需配置内部恒温控制装置，以有效控制此项误差。环境温度对光学部件（红外光源、红外检测器）和电气模拟通道都有影响。因此建议红外气体分析仪内部需通过高温恒温控制、选用低温漂元件和软件补偿，以此消除环境温度对测量的影响。

3. 大气压力对红外气体分析器的影响主要表现为大气压力对被分析气体的影响。

大气压力的变化改变样气密度，且压力改变气体对红外的吸收率，从而对测量造成影响。每1 %大气压力的变化会引起大于1 %的影响误差，因此建议在红外气体分析仪内加装压力测量元件或装置，通过测量大气压力补偿压力影响。

4. 在现场熏蒸作业中，除分析仪器本身外，系统内和系统外包含大量的其他电气设备，电磁环境非常复杂，这就要求分析仪器的运行不但不对其他设备造成干扰，还能抵抗住其他骚扰源的骚扰，具有较强的鲁棒性。电磁骚扰形成电磁干扰必须具备三个基本要素：（1）电磁骚扰源；（2）耦合途径；（3）敏感设备。采用有效的技术手段，抑制骚扰源、消除或减弱骚扰的耦合，降低敏感设备对骚扰的响应或增加电磁敏感性电平。这就要求红外气体分析仪在进行电磁兼容设计时，采用分层与综合设计的方法。例如首先分层设计，第一层为有源器件的选择和印刷板设计，第二层为接地设计，第三层为屏蔽设计，第四层为滤波设计；其次综合设计。电路板布局、布线以及元件的选择都要考虑电磁兼容性。电气走线的回路面积遵循最小化原则。正确和良好的接地可以减小相互间骚扰，屏蔽和滤波可以阻断骚扰途径。抗扰度试验要求满足GB/ T 18268—2000 附录 A[12]，性能判据参照GB/T 18268—2000中6.5。

与美国的传统红外气体分析仪相比，我国最新研制而成的新型熏蒸气体红外分析仪SPGAS-PORT 100和S-ANALYZER 200，均配置有内部温度、压力、湿度补偿部件，且采用高温内部加热的方式以有效剔除干扰。两款产品的设计均严格按照电磁兼容的要求，无须频繁进行气体吹扫和重新校准，且检测下限为1×10^{-6}。高浓度可达到200 mg/m^3，在宽动态范围下具有优异的线性度。

二、光声光谱检测方法

光声光谱是基于光声效应的新型光谱技术。有别于传统的红外光谱技术，它将光信号有效转换成声信号，并通过精密微音器对声音信号的检测计算得到最终的气体浓度。光声光谱技术所要求的特殊光学结构以及在信号采集、信号处理过程中的特殊计算过程，使此方法能高效采集微弱光声信号，并有效剔除背景信号的干扰，其非常适用于痕量气体浓度检测领域，以及在复杂环境中的无干扰检测。

（一）光声光谱技术原理

光声光谱技术是基于光声信号的物理检测方法，光源可使用红外宽光谱光源或者激光光源。当光源照射到被测气体后，气体分子吸收电磁辐射后受激，跃迁到更高一层的激发态。通常气体分子会通过发射荧光或者震动来回到基态，而气体分子的电子状态、震动和转动状态是量子化的。震动能引起气体温度的升高，并传递能量，这被称为无辐射弛豫现象。微音探测器在此时捕捉分子回到基态时发出的声音信号。这种通过振动产生的无辐射弛豫过程发生的前提是，弛豫时间短于激发态时间。可见光的辐射衰减时间通常为10^{-7} s，在10 μm处为10^{-2} s。为产生无辐射衰减，弛豫时间与压力的关系非常密切（衰减时间与压力成反比）并且能在大气压下产生很大变化（10^{-3} s～10^{-8} s）。通过调节声频辐射源温度的周期性变化，从而引起压力的周期性变化，这个变化能产生声音信号。在气体检测中，这个声音信号可由高灵敏度的微音器检测到。光声探测器能在大气压下检测痕量气体的浓度，其灵敏度高于传统科学分析仪器。除此之外，它还能实现在动态环境中的无干扰检测以及在线检测。

（二）光声光谱气体分析仪的组成

光声光谱检测技术填补了国内熏蒸气体检测技术的空白，此处以光声光谱气体分析仪SPTr-GAS® Analyzer、SPTr-GAS® 300 Tracer、SPTr-GAS® PORT为例，分析光声光谱检测技术的组成。

光声光谱法检测装置包括光源、斩波器、滤光片、光声池、硅微微音器。在光声池前方平行设置斩波器，滤光片位于光声池的左端，光声池被分为上、下两个气室，上部的气室右端内嵌有红外探测器，下部的气室右端内嵌硅微微音器，红外探测器和硅微微音器位于同一垂直平面上，所述的光源通过斩波器斩波后通过滤光片进入光声池，其结构如图6-6所示。

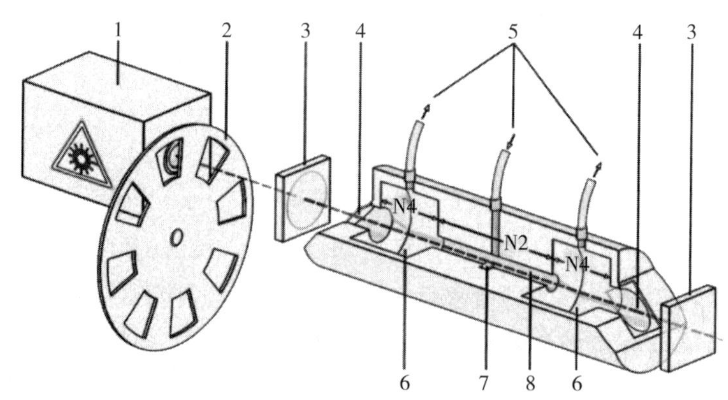

说明：1.非干涉黑体辐射光源；2.斩波器；3.滤光片；4.光窗；5.气体入口和出口；6.缓冲气室；7.微音器；8.反应气室。

图6-6 光声光谱痕量气体检测原理图

光源采用非干涉热辐射源，通过斩波器切光和滤光片滤光，得到强度可调制的单色光。可调制光谱照射在密封的光声池内被测气体上，气体分子吸收电磁辐射后受激，跃迁到更高一层的激发态，并通过伸缩振动和变形振动回到基态。震动引起气体温度升高，并释放热能，释放的热能使气体分子按光的调制频率周期性加热，从而产生周期性压力波动。压力波动采用振动敏感度小于1 dB的硅微微音器探测，并通过转换电路放大信号得到光声信号，光声信号由外围电路转换成电信号，再由外围电路内的锁相放大器放大电信号后送入数据采集电路。

对硅微微音器以及红外探测器探测的信号进行实时计算，剔除水汽以及二氧化碳产生的交叉干扰，计算所测气体残留浓度。

光声光谱气体分析系统采用非干涉黑体辐射源作为光源，转换效率达到90%（如图6-7），配合滤光片及斩波器，发出可调制光谱至光声池。光声池底部配有高精密微音器，检测由光信号转变而成的声信号，继而计算出与声信号成比例的气体浓度，灵敏度可达0.01×10^{-6}甚至更高。

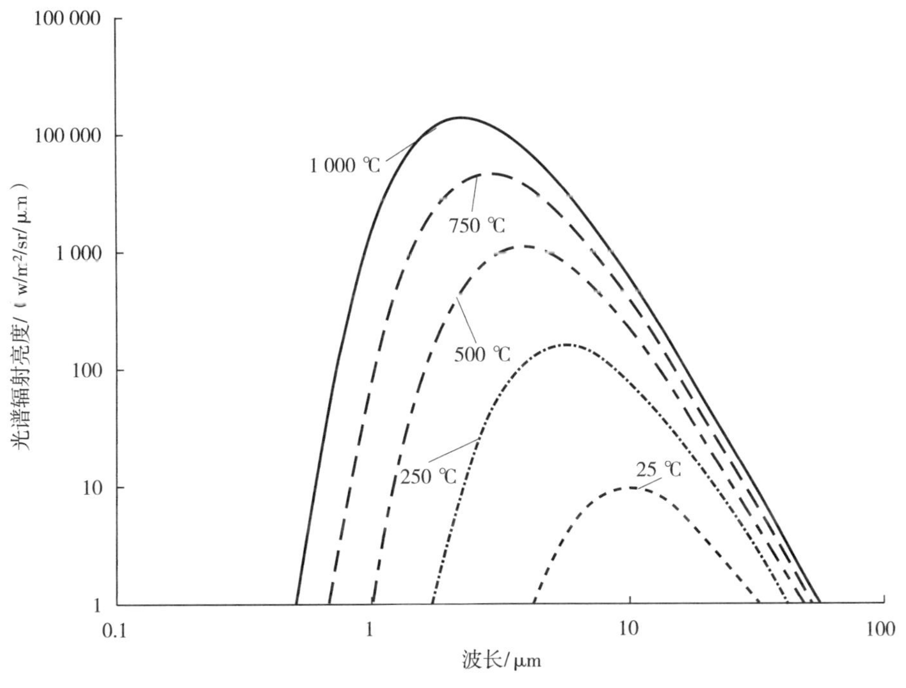

图6-7　黑体辐射源在不同温度下的辐射谱

对于声音信号的采集，使用硅微微音器。传统的电容式微音器没有任何电源抑制能力，很小的电源电压波动就将导致间歇性噪音。在机械设计方面，传统电容式微音器不仅能够检测声音信号，还能检测出机械振动，并最终把振动转换为低频声音信号，所以，当此类微音器被置于振动环境时，振动将成为音频系统的主要噪音源。

硅微微音器利用硅薄膜来检测声压，它能够在芯片上集成一个模数转换器，形成具有数字输出的微音器。与传统的电容式微音器相比，硅微微音器声压电平高，且芯片内部一般有预放大电路，因此灵敏度很高。它的频响范围宽，一般在100 KH ~ 10 KH；且失真小，总谐波失真率小于1%（在1 KHZ，500 mV p-p）；振动敏感度小于1 dB。除此之外，硅微微音器还有优异的抗电磁干扰特性，且耐潮湿环境和温度变化。

（三）光声光谱检测技术应用于熏蒸剂气体检测

光声光谱检测技术是最新应用于熏蒸气体检测的技术，填补了国内检测技术的空白。在熏蒸气体检测领域，光声光谱检测技术达到了0.1×10^{-6}的检测下限，且不受任何外界温度、湿度、背景气体等因素的影响。光声光谱法的特殊信号采集及信号处理技术适用于痕量气体检测，为熏蒸残留气体检测提供了稳定可靠的检测方法。同时，光声光谱分析仪的寿命大于10年，可为持续熏蒸作业提供可靠的检测保障。

光声光谱熏蒸气体分析仪SPTr-GAS® Analyzer、SPTr-GAS® 300 Tracer和SPTr-GAS® PORT，见图6-8、6-9、6-10：

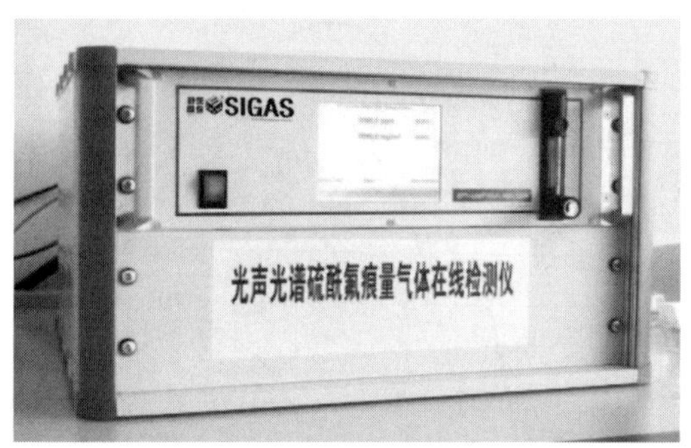

图6-8 SPTr-GAS® Analyzer在线式光声光谱熏蒸气体分析仪

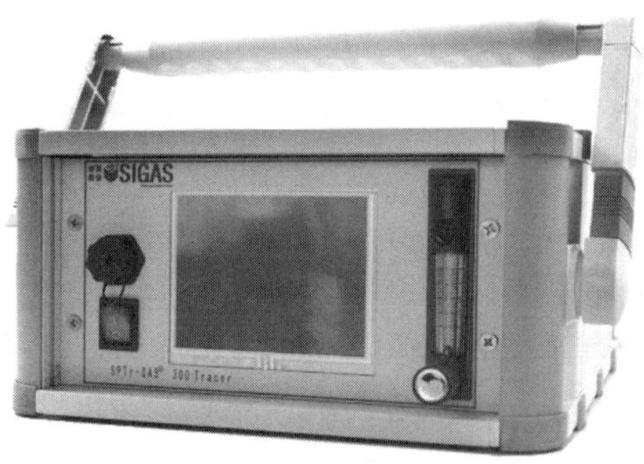

图6-9 SPTr-GAS® 300 Tracer多通道式光声光谱熏蒸气体分析仪

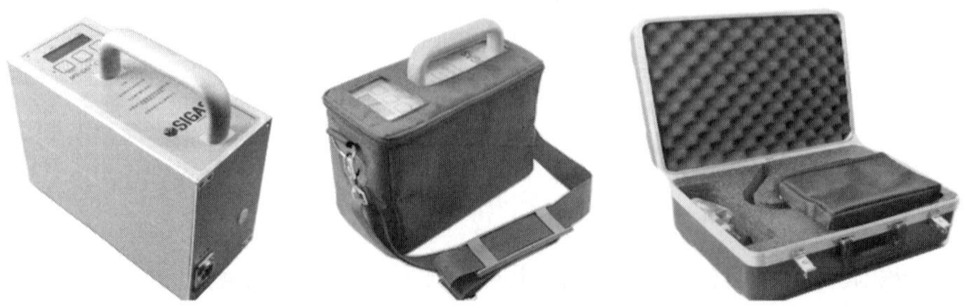

图6-10 SPTr-GAS® PORT 200便携式光声光谱熏蒸气体分析仪

光声光谱熏蒸气体检测仪主要技术参数如下：

1. 检测气体：溴甲烷（CH_3Br）、硫酰氟（SO_2F_2）、磷化氢（PH_3）。

2. 检测范围：溴甲烷浓度0 ~ 200 g/m^3，溴甲烷残留0 ~ 200 × 10^{-6}。

硫酰氟浓度0 ~ 150 g/m^3，硫酰氟残留0 ~ 150 × 10^{-6}；

磷化氢0 ~ 100 × 10^{-6}；0 ~ 1 000 × 10^{-6}。

3. 检测精度：满量程0.1%。

4. 检测下限：0.1 × 10^{-6}。

同时，上述光声光谱熏蒸气体检测仪包含以下配置：

1. 全自动校准功能，有效屏蔽外部干扰和零点漂移现象；

2. 分析单元内部恒温，检测指标不受温度影响；

3. 内置过滤器和气泵，有效应用于负压且多尘环境；

4. 多探头、多通道同时检测，能适用于熏蒸库多点检测需求。

光声光谱检测方法不破坏介质本身结构，能做到无接触式测量，并且采用连续进样式检测，检测速度快、精度高、稳定性好，将成为熏蒸作业现场主流的熏蒸气体浓度检测方法。光声光谱检测方法的优点在于：

1. 连续检测，检测速度快，灵敏度高；

2. 不受其他气体干扰，通过气体分子跃阶产生的震动声音信号来检测，精度高、稳定性好；

3. 一键操作，方便易用；

4. 无载气和标定气要求，可随时使用空气校准；

5. 检测下限达到0.01 × 10^{-6}，适用于痕量气体的检测；

6. 非消耗型产品，没有可移动部件，不需要更换零部件；

7. 光学结构稳定可靠，已有欧洲市场长期运行20年无故障的经验。

光声光谱检测方法的缺点在于，它基于微声信号达到检测气体浓度的目的，在痕量气体检测领域优于各类检测方法，但在高浓度检测领域有对应的检测上限。也就是说，在溴甲烷气体和硫酰氟气体浓度大于220 g/m^3，磷化氢气体浓度大于1 000 × 10^{-6}的情况下，光声光谱法的检测上限将趋于饱和而产生检测数值非线性现象。当熏蒸作业现场需要用到大于上述浓度的熏蒸剂时，需配合红外气体检测方法进行气体浓度的检测。

第四节 气相色谱及离子迁移谱检测

一、气相色谱法

（一）气相色谱仪的原理及组成

典型的气相色谱仪具有稳定流量的载气，由载气将汽化的样品带入色谱柱，在色谱柱中不同组分分离，并先后从色谱柱中流出，经过检测器和记录器，这些被分开的组分形成一个个色谱峰。

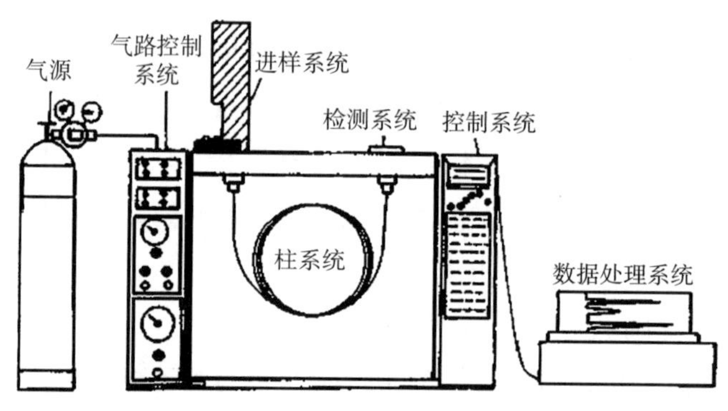

图6-11 气相色谱仪的组成

色谱仪通常由下列五个部分组成，见图6-11。

1. 气路系统（包括气源和流量的调节与测量元件等）。
2. 进样系统（包括进样装置和汽化室两部分）。
3. 分离系统（主要是色谱柱系统）。
4. 检测、记录系统（包括检测器和记录器）。
5. 辅助系统（包括温控系统、数据处理系统等）。

1. 气路系统

载气气路有单柱单气路和双柱双气路两种。前者比较简单，后者可以补偿因固定液流失、温度被动所造成的影响，因而基线比较稳定。单柱单气路指一个柱子、一条气路，最简单、常用，也可以将两根装有不同固定相柱子串联起来，解决单柱不易解决的问题。双柱双气路是先将载气分成两路，分别装填两个完全相同的柱子，再让其分别进入检测器的两臂或两个检测器，其中一路供分析用，一路供补偿用，消除操作条件误差。

载气通常为氮、氢和氦气，由高压气瓶供给。由于载气流速的变化会引起保留值和检测灵敏度的变化，因此高压气瓶的载气要通过稳压阀、稳流阀或自动流量控制装置，确保流量恒定。载气还要经过装有活性炭或分子筛的净化器，除去载气中的水、氧等有害杂质。

2.进样系统

进样系统包括进样装置和汽化室。气体样品可以注射进样，也可以用定量阀进样。样品进入汽化室后在一瞬间被汽化，然后随载气进入色谱柱。根据样品的不同，汽化室温度可以在50 ℃ ~ 400 ℃范围内任意设定。为保证样品全部汽化，汽化室的温度要比柱温高10 ℃ ~ 50 ℃。进样量和进样速度会影响色谱柱形成的效率，进样量过大会造成色谱柱超负荷，进样速度慢会使色谱峰加宽，影响分离效果。因此要将样品快速、定量地加到柱头，样品在气化瞬间进入色谱柱分离。进样系统包括气化室、进样器两部分。气化室如图6-12所示，包括散热片、玻璃插管、加热器、载气入口。

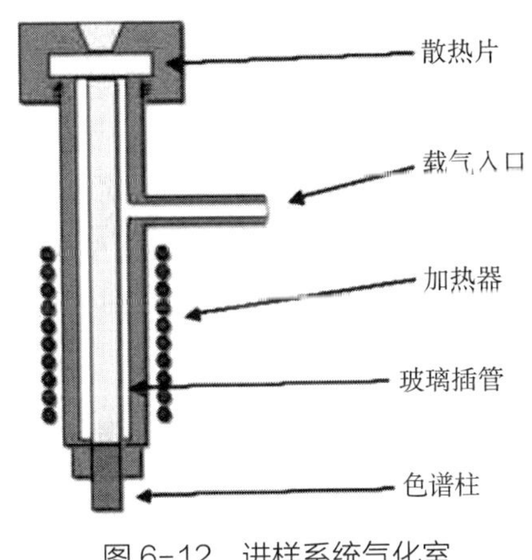

图6-12 进样系统气化室

3. 分离系统

色谱柱是色谱仪的分离系统的核心部分。试样中各组分在色谱柱中进行分离，色谱柱主要有填充柱和毛细管柱两类。

（1）填充柱

填充柱由柱管和固定相组成，柱管材料为不锈钢或玻璃，内径为2 mm ~ 4 mm，长为1 m ~ 3 m。柱管内装有固定相，固定相又分为固体固定相和液体固定相两种。

（2）毛细管柱

毛细管柱又叫空心柱，空心柱分为涂壁空心柱、多孔层空心柱和涂载体空心柱。涂壁空心柱是将固定液均匀地涂在内径为0.1 mm ~ 0.5 mm的毛细管内壁后而制成的。毛细管的材料可以是不锈钢、玻璃或石英。这种色谱柱具有渗透性好、传质阻力小等特点，因此柱子可以做得很长（一般为几十米，最长可到三百米）。和填充柱相比，其优点是分离效率高、分析速度快、样品用量小，其缺点是样品负荷量小，因此经常需要采用分流技术。柱的制备方法比较复杂，多孔层空心柱是在毛细管内壁适当沉积一层多孔性物质，再涂上固定液。这种柱容量比较大，渗透性好，故有稳定、高效、快速等优点。毛细管柱与填充柱的主要差别是柱前多一个分流/不分流进样器，柱后多一个尾吹气路。

4. 检测系统

完整的气相色谱分析法通常包括以下四个部分：样品的处理及进样方法、分离方法、检测方法、数据处理。被测组分经色谱柱分离后，是以气态分子或载气分子相混状态从柱后流出的，肉眼是无法观察。因此必须将混合气体中组分的真实浓度变成可测量的电信号，而且信号大小与组分的量要成正比。气相色谱检测器的作用是将色谱柱分离后的各组分的浓度信号转变成电信号。检测器是用来连续监测经色谱柱分离后的流出物的组成和含量变化的装置。它利用溶质（被测物）的某一物理或化学性质与流动相有差异的原理，当溶质从色谱柱流出时，会导致流动相背景值发生变化，并将这种变化转变成可检测的信号，从而在色谱图上以色谱峰的形式记录下来。

气相色谱的检测系统主要由检测器、放大器和记录器等部件组成。气相色谱检测器的性能要求是通用性强或专用性好；响应范围宽，可用于常量和痕量分析；稳定性好，噪音低；死体积小，响应快；线性范围宽，便于定量；操作简便耐用。

气相色谱检测器按其原理与检测特性可分为浓度型检测器、质量型检测器、通用型检测器、选择性检测器、破坏性检测器、非破坏性检测器等。具体来说，一般有以下七种检测器：

（1）氢火焰离子化检测器（FID），用于微量有机物分析；

（2）热导检测器（TCD），用于常量、半微量分析，对有机、无机物均有响应；

（3）电子捕获检测器（ECD），用于有机氯农药残留分析；

（4）火焰光度检测器（FPD），用于有机磷、硫化物的微量分析；

（5）氮磷检测器（NPD），用于有机磷、含氮化合物的微量分析；

（6）催化燃烧检测器（CCD），用于对可燃性气体及化合物的微量分析；

（7）光离子化检测器（PID），用于对有毒有害物质的痕量分析。

5. 记录系统

记录系统的基本功能是将检测系统输出的模拟信号随时间的变化曲线（即色谱图）画下来。目前使用较为普遍的数据记录装置是电子积分仪，电子积分仪目前普遍已经集成在计算机的数据记录功能模块中。电子积分仪只处理数字信号，而不能识别模拟信号。这样在检测器的输出端和积分仪之间就需要一个接口，即所谓模数（A/D）转换器。A/D转换器以一定的速率提取模拟信号的数据点，将连续的信号转换为不连续的数值。现在的电子技术可设计出每秒上万个数据点的A/D转换器，而一般GC所需的取点（采样）速率只要每秒20个数据点就足够了（快速GC分析需要更高的采样速率，如每秒100个点）。电子积分仪获取这些数值信号，并经计算机系统用光滑的曲线连接这些点，就得到了色谱图。

6. 辅助系统

辅助系统包括温控系统和数据处理系统等。

温控系统用于控制进样室、色谱柱、检测器等的温度。控制方式有恒温和程序升温两种，一般附带过温保护装置。如果色谱柱放置在有鼓风的色谱炉内，则要求色谱炉能在恒定温度或程序升温下操作。重要的辅助部件有顶空取样器、流程切换装置等。

数据处理系统用于仪器控制、信号控制、数据采集和处理、峰的解析、数值计算、信息管理和储存以及报告的编辑打印等，一般称为色谱工作站。

（二）气相色谱仪在熏蒸气体检测中的应用

气相色谱仪是目前熏蒸剂气体浓度分析仪器中，检测灵敏度最高、检测结果最准确的仪器。它不仅可用于高低浓度的检测，而且还可以用于混用熏蒸剂各组成成分气体浓度的检测。气相色谱仪也是用来校准和比对其他检测方法正确性的公认方法之一。气相色谱仪由于需要采集气体，其反应时间相对较长，需要操作人员有较高的操作仪器的能力，因此适用于实验室气体检测。便携式气相色谱仪可用于现场作业，检测精度高，使用需经过一定培训。其主要包括光电游离子检测器、色谱柱（填充柱或毛细管柱）、铅酸密封蓄电池、控制自动进样的电磁阀门系统、自动控制和进行色谱数据处理的微电脑系统等。该仪器自动化程度高，能够进行自动采样、自动进样等，经程序设定后还能定时自动采样、自动完成进样分析，同时还能对仪器进行自动校正。

此处以气相色谱仪用于检测溴甲烷气体浓度为例，分析应用气相色谱法研究熏蒸过程中溴甲烷的色谱分离条件，考察是否采用自动采样通道以及采样时间对测定结果的影响。

使用的气相色谱仪：GC-5000 A（含双TCD检测器、GC工作站、双六路自动采样器）、SGH-500高纯氢发生器、SGK-5 LB低噪声空气泵。溴甲烷，99.5%，密度为1.73 s/m^3。进样口温度为15 ℃，柱温为1 20 ℃，检测器温度为1 50 ℃，检测器为TCD，A、B通道载气流速82：40 mL/min，进样量温度为0.5 mL。

使用溴甲烷标准气，先将其配制成浓度为500 g/m^{3}的气体，再依次配制1 s/m^3、10 s/m^3、25 s/m^3、50 s/m^3、100 s/m^3，分别以采用自动采样装置前后的测定结果，绘制标准曲线。随机配制浓度为25 s/m^3、50 s/m^{3}左右的气体，比较采用自动采样装置前后的差异。分别设置自动采样的时间为15 s、20 s、25 s、30 s、35s，确定合适的采样时长。

柱长对测定的影响：在自动采样进行溴甲烷跟踪检测过程中，对分析时长有一定的要求，时间越短，越能加快分析速度，从而更有效地监控。色谱柱的长短对分析时长、分离度都有一定的影响。在色谱柱长为1 m时，溴甲烷保留时间为1.71 min，分离度为2.2，分离效果较好。分析时长为3 min，因此选用1 m较为合适。

柱温对测定的影响：柱温的选择在测定中也很重要，温度越高，分离度越小，溴甲烷保留时间越短，总的分析时长也越短。由表6-1可以看出，柱温为120 ℃，分离度为2.2，能满足测试要求，故柱温选择120 ℃较为合适。

表6-1 色谱柱温对测定的影响

柱温（℃）	分离度（R）	保留时间（min）
100	3.56	5.20
120	2.20	1.71
140	1.64	1.26
160	1.26	0.92

溴甲烷标准曲线的测定：根据标准曲线各浓度的峰面积，绘制采用自动采样装置前A、B通道的标准曲线，如图6-13。

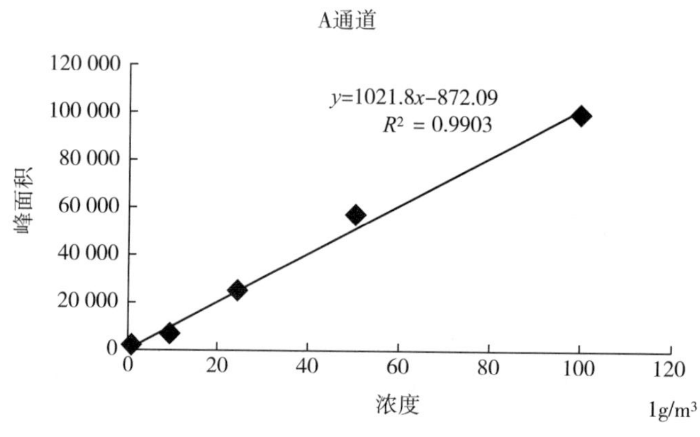

图6-13 溴甲烷A、B通道标准曲线

经测试证明，溴甲烷浓度在1 g/m^3 ~ 100 g/m^{3}范围内，其浓度与色谱峰面积有较好的线性关系。以3倍信噪比确定溴甲烷的最低检测限为0.1 g/m^3。

采样时间对测定结果的影响：配制浓度为50 g/m^{3}的标准气，分析不同采样时间对测定的影响。以A通道为对象，1 ~ 6路中，采样过程中6路路线最长，最佳采样时间见表6-2。

表6-2 采样时间对测定结果的影响

采样时间（s）	实测结果（g/m^3）	
	1路	6路
15	52.49	51.71
20	53.14	52.89
25	53.36	53.10
30	53.67	53.62

由上表可以看出，采样时间为30 s时，1、6路测定结果一致，说明在此时间采样的测试结果完全相同。随着采样时间的减少，两路的差异变大，所以确定最佳采样时间为30 s。

根据以上测试实验，建立快速、准确和灵敏的熏蒸过程中熏蒸气体浓度和残留的检测方法，对于有效监控熏蒸过程，保证人体安全具有重要意义。结果表明，气相色谱仪的检测方法在溴甲烷熏蒸气体检测中，其线性范围为1 g/m^3 ~ 100 g/m^3，分析时长为3 min，采样抽气时长为30 s，能在较短时间内得到检测结果，以满足随时进行熏蒸调整所需。大量室内试验及主要口岸熏蒸现场实践应用表明，气相色谱法熏蒸气体浓度检测仪灵敏度高、精度良好、检测范围合适、稳定可靠。然而，由于其最佳采样时间和响应时间较长，在现场作业量大的情况下，无法满足连续、快速检测的需求。

二、离子迁移谱检测方法

离子迁移谱（Ion mobility spectrometry，IMS）是一种气相分析技术，用于分析化学已有30多年的历史，但直到最近几年才取得真正的进展，并进入实用的阶段，成为对痕量有机化合物进行有效而灵敏分析的重要方法之一。离子的迁移率与其质量、尺寸和所带电荷有关，不同物质形成的产物离子的迁移率不同，通过漂移电场的漂移时间也不同，根据不同的漂移时间，区分物质种类，从而完成有机化合物的测量。离子迁移谱技术对可检测的有机化合物的分析灵敏度高达10^{-10}量级。在化学战剂、毒品和爆炸物探测以及环境监测等领域都有广泛的应用。另外，离子迁移谱仪作为气相色谱仪或液相色谱仪的检测部件也很有价值，已成为分析化学中常用的分析仪器之一。

（一）离子迁移谱的原理

离子迁移谱的基本原理是先使被检测的样品蒸气或微粒离化形成离子，再让离子在弱电场中产生漂移，并测量出离子通过电场所用的时间，进而根据离子所用的漂移时间计算出离子的迁移率（迁移率的定义是指在单位电场强度作用下离子的漂移速度）。由于在一定的条件下，各种物质离子的迁移率不相同，因此也就导致不同的离子通过电场的漂移时间不相同，研究人员就可以通过测量漂移时间来间接达到对样品的分离和检测。IMS技术和已经发展成熟的飞行时间质谱分析技术有些类似，不过IMS不像质谱分析那样在高真空条件下进行检测，而是在大气环境气压条件下进行检测，这是IMS检测技术的一个特点。IMS的探测灵敏度可以达到10^{-8} g ~ 10^{-14} g。和质谱分析技术以及其他一些检测技术相比，IMS有着诸如仪器简单、体积小、重量轻、功耗低和分析快等许多优点，对一些化合物的分析起着重要的作用。

一个基本的IMS系统如图6-14所示。它主要由迁移管和外围的控制电路及设备组成。迁移管是离子形成和漂移的场所，也是IMS中最重要的部分，它的好坏直接决定了整个 IMS仪器的性能。外围的控制电路和设备提供了 IMS工作的环境和条件，对整个工作过程进行控制以及信号探测和数据处理。

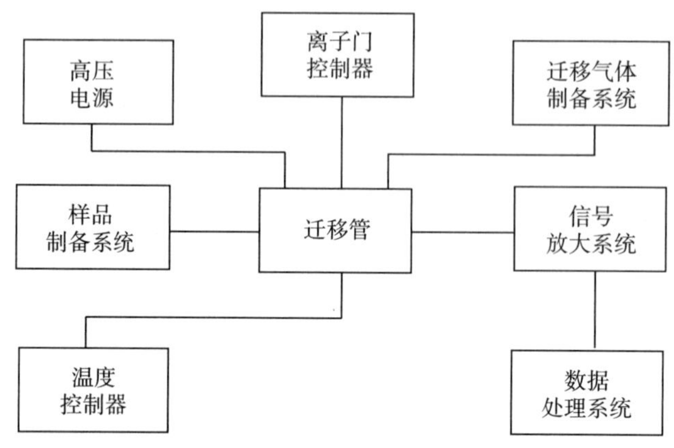

图 6-14　离子迁移谱仪的组成

迁移管的基本结构如图6-15所示。它包括样品入口、离化区、离子门、迁移区和探测器等几个部分。

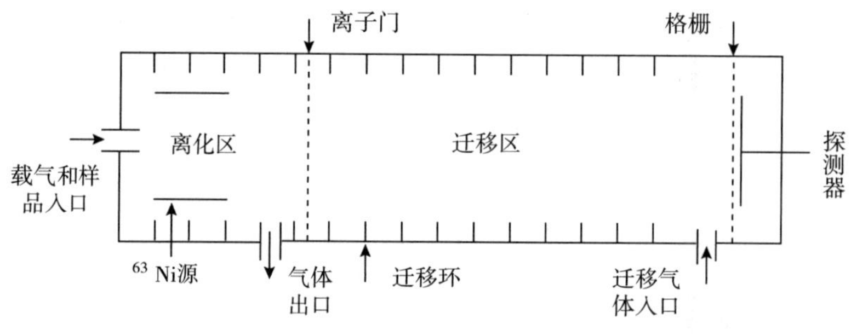

图 6-15　迁移管的基本结构

迁移管的最前部是样品入口，被测样品在载气的带动下由此进入离化区，载气一般是纯净的氮气或净化过的空气。IMS样品的离化有放射性离化、光致离化、激光离化、电晕放电离化和火焰离化等很多种方式。目前，在IMS中最常用的离化源是采用 ^{63}Ni-β 放射性材料制成的金属箔。它释放出来的电子最大动能可达67 keV，平均能量有19 keV，半衰期长达79年。这使得仪器可以长时间地使用且能保持较高的离化效率。此外，与其他各种离化源相比，它无须外接电源，这既减小了仪器的体积，也可以消除放电引起的干扰，提高测量的信噪比。

样品分子在离化区形成离子后，并不直接进入迁移区，而是先集结在离子门的前部，只有在离子门开启时，才能进入迁移区中进行漂移。离子门由两个靠得很近的门栅组成，通常在两个门栅上加上和离子漂移方向相反的电压信号，在该电场的作用下，离子会被束缚在门栅之间，此时离子门关闭；当电压信号撤去时，离子门开启，离子进入迁移区内在电场力的作用下产生漂移运动。构造上，迁移管是由若干个不锈钢金属环和绝缘环交替排列组成的空腔管子，直径可以为1 cm ~ 10 cm，长度为5 cm ~ 40 cm不等（视不同的装置而不同）。不锈钢金属环上由高到低均匀加上一系列电压，由此产生了150 V/cm ~ 250 V/cm的均匀电场，用以供离子漂移。迁移管的外面是加热层，加热后的迁移管内通常保持在150 ℃ ~ 350 ℃的温度。这一方面可以方便地对一些难于挥发的固态物质，如毒品等进行采样；另一方面升高温度可以减少管内的记忆效应，提高仪器的灵敏度。在迁移管的后部还需充入迁移气体（Drift gas），当离子在迁移区内漂移时，会碰上从迁移管尾部吹来的迁移气体。加入迁移气体一方面可以把一些杂质气体从迁移管中去掉，另一方面可以阻止多余的中性样品分子进入迁移区后继续产生离化反应，避免继续反应导致的谱线变宽，从而提高了仪器的灵敏度和分辨率。

便携式的 IMS 大多将空气同时作为迁移气体和载气，这样就必须有一套气体的制备系统来对空气进行采集和净化，以去除空气中的杂质和多余的水分。迁移管的末端是电荷采集器，用以获得离子信号，通常情况下是一个法拉第盘。由法拉第盘采集到的离子变成电流，经放大后进入信号处理系统对信号进行处理。在法拉第盘的前面通常需要加一个栅栏（Aperture grid），它的目的主要是防止电荷的堆积，提高探测效率，并屏蔽离子门开启和关闭时电压脉冲所造成的噪声。另外，栅栏和法拉第盘之间的距离对信号的测量是非常重要的，具体视实际情况而定。

（二）离子迁移谱在熏蒸气体检测上的应用

离子迁移谱仪应用于熏蒸气体检测，可以做到定性和定量的精确检测。所测气体可以涵盖几乎所有熏蒸常用的气体成分。其检测精度高、速度快，不受外部干扰，是未来熏蒸气体现场检测的最佳检测手段。

以下以某德国品牌便携式离子迁移谱仪为例，介绍熏蒸现场作业的气体检测应用，如下图6-16。

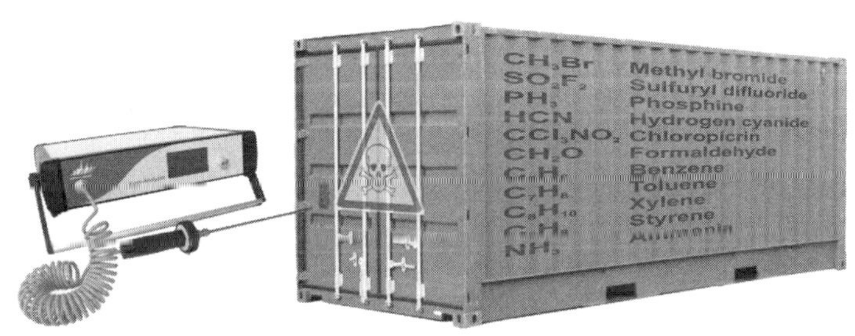

图6-16 便携式离子迁移谱仪用于熏蒸气体检测

如上图所示，此款产品方便携带，能对集装箱内各类熏蒸气体定性和定量检测。此款离子迁移谱熏蒸分析仪是一款快速检验集装箱多组分气体分析设备。该款设备使用离子迁移谱（IMS）高端检测技术，实现现场快速有毒有害气体的定性与定量分析，并可根据客户需要配装色谱仪GC的光离子化检测器（PID）色谱柱、以及红外（IR）检测器和电化学传感器（EC），以实现对进口集装箱内熏蒸等有毒气体进行快速检测识别和有效分析。其操作简单，界面友好，操作不需要任何专业培训。此款离子迁移谱熏蒸分析仪已经长期应用于欧洲四大港口，即汉堡港、不来梅港、安特卫普港、鹿特丹港，为检疫处理工作做出了大量贡献。其现场应用如图6–17所示。

离子迁移谱熏蒸分析仪产品特点：

1. ppb痕量级别的灵敏度；

2. 操作友好方便（无须相关气体分析知识）；

3. 检测时无载气需求（运行成本低）；

4. 直接插入集装箱内进行分析（无须采样袋/无须实验室分析）；

5. 高重复性；

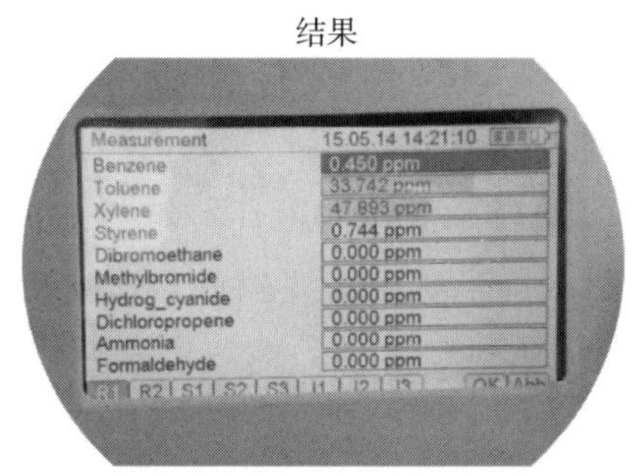

图6–17　离子迁移谱熏蒸分析仪的现场结果

6. 仪器通过充电电池或100 V ~ 240 V主电源运行；

7. 仪器通过存储卡进行数据记录；

8. 登录保护功能；

9. IP 55保护等级。

其参数见表6–3。

表6–3　某德国品牌便携式离子迁移谱仪的参数

部分可检测物质	硫酰氟、溴甲烷、磷化氢、氢氰酸、三氯硝基甲、苯系物、甲苯、二甲苯、苯乙烯、氨气、一氧化碳、二氧化碳、二溴乙烷、二氯乙醚、1，3–二氯丙烯
精度	10^{-9} 到 10^{-6}
重量	大约12 kg（包括电池）
运行温度	–10 ℃ ~ 50 ℃

部分可检测物质	硫酰氟、溴甲烷、磷化氢、氢氰酸、三氯硝基甲、苯系物、甲苯、二甲苯、苯乙烯、氨气、一氧化碳、二氧化碳、二溴乙烷、二氯乙醚、1，3-二氯丙烯
环境湿度	0 ~ 90% 非冷凝
输出数据	图形显示；存储卡；USB 接口连接电脑传输
预热时间	15 min
检测时间	大约 4 min
电源	锂电池（8 h）以及 100 V ~ 240 V

便携式离子迁移谱仪应用于现场熏蒸作业中，可实现对各类熏蒸气体的快速识别，从而起到保护相关人员的作用。与其他便携式气体检测设备相比，此类设备不会出现错报、漏报以及误报的情况。分析仪设备完全根据相关法律法规要求而研发，专门识别有毒有害熏蒸气体，在检测处理过程中不需要额外的通风或者外部分析模块支持，因而可极大地降低运营成本。

第五节　其他检测方法

一、卤素检漏灯（又称测溴灯）方法

卤素检漏灯（测溴灯）是利用半导体传感器对溴甲烷及二溴乙烯等卤素化合物的反应进行检测的一种方法，是最早应用于辨别卤素化合物浓度的有效手段，常用于检查非易燃含卤素气体浓度的检测。其原理是利用卤素化合物在火焰中分解并与铜反应生成铜的卤化物，从而改变火焰特有的颜色，从火焰颜色的不同来辨别空气中某种卤化物熏蒸剂气体的浓度。此类检测技术常用于卤化物浓度较低的情况，用以判断熏蒸漏气情况及熏蒸货物中是否有残余气体。

此类技术的优点在于灵敏度高，在检测过程中，随着气体浓度的升高，利用此技术研发而成的卤素报警仪发出的报警声音变大。卤素报警仪体积小，携带方便，无明火。然而，由于卤素报警仪无法显示具体浓度值，因此无法为熏蒸剂浓度达标及人身健康的限值提供有效依据，且随着使用次数的增加，容易造成二次污染。此仪器在有风的情况下操作困难，在强光下无法辨别火焰颜色等缺点，已无法满足现今对熏蒸气体浓度检测的高精度、高稳定性要求。

同时，为防止爆炸危险的发生，此类分析仪不允许在磷化氢、环氧乙烷、二硫化碳气体存在时使用。此类卤化物检漏仪也不能用来测定硫酰氟，这种卤化物气体与铜丝的火焰颜色反应不易被眼睛鉴别。

二、气体检测管方法

气体检测管是一种传统的消耗型化学检测方法，其内部充有特定的化合物试剂，能与不同的熏蒸剂气体混合后通过化学反应产生不同的颜色。气体检测管根据管径的大小配有不同量的化合物试剂，管内的试剂是定量的，而且每条管的口径都一致。使用者可以通过检测管带有的刻度，通过化学药剂的颜色变化读出熏蒸剂气体的浓度。

在使用气体检测管时，需要将其两端的密封头击碎并配合手泵或电动采样泵使用，泵的使用会影响检测管的检测精度。从采样泵上取下检测管，待检测管中指示化学药剂变色停止后，可读出检测结果。检测管的检测精度，直接与手动气泵的使用技术有关，也就是说直接与气样的采集精度有关。

虽然气体检测管使用方法简单、选择种类多且价格低廉，但也存在以下缺点：

1. 气体检测管对多种熏蒸剂气体或对背景中其他有机气体有交互敏感性，会对读数产生交叉干扰，导致读数不准确。

2. 气体检测管对温度的变化敏感，在常温下保存气体检测管，其寿命大约为两年。如果温度高于30 ℃，则气体检测管会迅速失效；如阳光直接照射，其也会加速失效；在较低温度条件下，特别是在冰点或以下的温度使用气体检测管，其读数会失准。

3. 气体检测管是消耗型产品，每支管只能使用一次。如果需要多个读数的话，则其使用起来将非常烦琐且费用会增加，而且不是高低浓度都能检测，必须和其他检测方法配合使用。

4. 气体检测管在使用时需处于垂直状态，否则读数会失准，不便于现场作业检测。

5. 抽气泵的使用会影响气体检测管的效果，所以在使用气体检测管时需配合合适的抽气泵，保证抽气的稳定性和样本采集的浓度。如果蒸熏规模较大，样本就要多取一些，这时需要使用辅助抽吸泵，这增加了检测的难度和不确定性。

基于以上缺点，气体检测管已无法适用于现在的高效熏蒸作业现场，逐渐被更为先进、便利、精确的检测方法替代。

三、比色法或化学滴定法

比色法或化学滴定法是通过比较或测量有色物质溶液的颜色深度来确定待测组分含量的方法。比色法作为一种定量分析的方法，约始于19世纪30～40年代。这是利用有色物质对特定波长的光的吸收特性来进行定性分析的一种方法。被测物质溶液的颜色或加入显色剂后生成的有色溶液的颜色，其深度与物质含量成正比，根据光被有色溶液吸收的强度，即可测定溶液中物质的含量。

溴甲烷–溴化钾比色法原理是溴甲烷在室温下能被氢氧化钾–乙醇溶液水解生成溴

化钾，溴化钾与硝酸银作用生成溴化银混浊，可比色测定，灵敏度为10 ug / ml。

磷化氢－铝酸铵比色法原理是磷化氢在高锰酸钾硫酸溶液中会被高锰酸钾氧化生成磷酸。磷酸与铝酸铵生成磷铝酸铵，再被还原剂还原成铝蓝，可比色测定，灵敏度为21 ug/ml 。

与气体检测管类似，比色法或化学滴定法虽能有效检测部分熏蒸气体的浓度，且此方法不适用于现场作业，更适用于实验室内的气体浓度检测。

四、电化学检测方法

（一）基本原理

电化学传感器是基于电化学半电池工作的，它由一对贵金属电极组成的电极系统，充以特定的电解质溶液（此溶液与被测气体有关），并经过全密封封装组成。电化学传感器中另一个重要部件是半通透膜，它有选择地让被测气体分子通过扩散方式进入传感器电解质溶液，将大部分不需要的干扰介质过滤掉，因而可有效减少干扰。过滤之后的气体在工作电极上与水分子发生氧化还原反应，引起电子转移，形成与被测气体浓度有关的电极电流或电势，如图6–18所示。

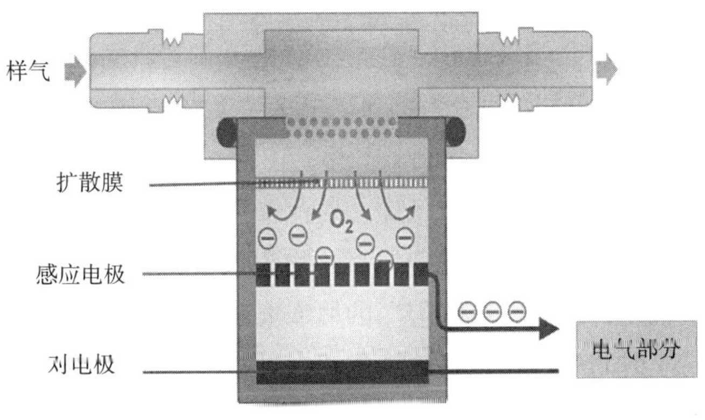

图6–18 电化学原理图

将待测物质以适当形式置于电化学反应池中，测其电化学性质（如电流、电位、电量等）变化则可实现物质组成及含量的测定。

（二）电化学传感器分类

电化学传感器分为电位型传感器、电流型传感器和电导型传感器三类。电位型传感器是将溶解于电解质溶液中的离子作用于离子电极产生的电动势作为传感器的输出取出，从而实现离子的检测；电流型传感器是在保持电极和电解质溶液的界面为一恒定的电位时将被测物直接氧化或还原，并将流过外电路的电流作为传感器的输出取出，从而实现物质的检测；电导型传感器是以被测物氧化或还原后电解质溶液电导的变化作为传感器的输出取出，从而实现物质的检测。常见的用于熏蒸剂气体浓度检测的电化学传感器有溴甲烷传感器、硫酰氟传感器、磷化氢传感器、环氧乙烷传感器、甲醛传感器等。

（三）电化学检测方法的优缺点

电化学传感器具有体积小、精度高、易于操作且价格低廉等优点，使其成为各行各业气体检测常用的检测手段，可用作在线及便携式气体检测设备。由于电化学的检测方法是消耗型检测方法，因此寿命较短，一般国产和进口的电化学传感器寿命从6个月到2年不等，需经常更换；电化学传感器存在与背景气体同时反应而产生误报警的情况，导致实际熏蒸作业时检测数据不准确电化学传感器其内部存在电解质溶液，容易造成泄漏和中毒，对环境造成二次污染；其检测数值也常常出现零点漂移的情况，增加了产品维护的工作量。在实际熏蒸作业过程中，电化学检测方法往往由于无法满足便利性及精准检测的要求而逐步被其他新型检测方法替代。

（四）固态金属氧化物方法

在电化学检测技术中还有一类使用固态金属氧化物代替电解质溶液作为导体的方法，电解质溶液利用阴阳离子作为导电机制，而固态金属氧化物以自由电子为导电机制。固态金属氧化物是由金属氧化物（通常为氧化锡）制成的，同样是通过改变电阻来反映气体的存在，测量电阻的变化并将其转换为浓度。

固态金属氧化物方法的优点是寿命长，多达10年；能探测的气体范围广，包括电化学检测方法不能探测的气体；价格低廉，对泄漏反应迅速并可连续探测；没有可导致机械故障的可移动部件。虽然固态金属氧化物传感器能够探测很多种气体且灵敏度高，但是其选择性很差，因此“误报警”的概率要明显高于其他技术。同时，在不暴露于被探测气体一段时间后，传感器将被氧化并进入“睡眠”状态，无法对真正的气体泄漏进行报警。其重新标定的时间长、操作繁复，这些显著的缺点导致此类方法也同样被其他新型的检测技术所替代。

第七章

熏蒸安全防护

熏蒸处理过程中使用的熏蒸剂不仅对目标有害生物具有毒性，对人身体健康也具有严重危害。在施药、熏蒸剂浓度检测、以及漏气检查和散气过程中，最有可能接触熏蒸剂，吸入熏蒸剂有毒气体，可能发生中毒事故。严格按照熏蒸操作规程进行熏蒸处理，配备完备的安全防护设备，制定完善的应急处置措施，对于保护熏蒸从业人员的安全至关重要。

第一节 概述

一、阈限浓度

阈限浓度是由各个国家或地区有关的权威机构或专业组织制定和发布的。阈限浓度是指人们长期反复接触而不会对人体健康构成任何危害的空气中有毒气体的最高允许浓度。阈限浓度的大小叫阈限浓度值（Threshold limit value，TLV），其单位通常用mg/kg来表示。

在阈限浓度值以下，基本上所有工作人员通过重复接触是不会发生任何不良反应的。然而，由于每个人的敏感性差异很大，因此有少部分人在接触未达到阈限浓度值的有毒气体时，可能会有不良反应；有些人还可能因这种不良反应的加剧或职业病的进一步恶化而使身体受到严重的损害。阈限浓度只能在影响人体健康的环境控制方面作为参考，而不应该把它看作安全浓度和危险浓度的精确界限。

二、长期接触的阈限浓度

长期接触的阈限浓度值（Threshold limit value-time weighted average，TLV-TWA）：指具有平均体重的人长期反复接触有毒气体所允许的浓度值。也就是说，一个具有平均体重的人每天工作8 h，每周工作40 h，在正常工作中通常重复接触而无不良反应的有毒气体的浓度值。

时间加权平均容许浓度（Permissible concentration-time weighted average，PC-TWA）是以时间为权数，规定的8 h的工作日、40 h工作周的有毒气体平均容许接触水平。对该浓度，一般要求采集有代表性的样品，将8 h工作日内各个样品接触持续时间与其相应浓度的乘积之和除以8，得出8 h的时间加权平均浓度（TWA）。用个体采样器采样所得的浓度值，主要适用于评价个人接触状况；工作场所的定点采样（区域采样），主要适用于对工作环境卫生状况的评价。

最高容许浓度（Maximum allowable concentration，MAC）指工作地点在一个工作日内任何时间有毒化学物质均不应超过的浓度。该职业接触限值是对急性作用大、刺激作用强和（或）危害性较大的有毒物质制定的最高接触限值。该职业接触限值要求，工作场所中有毒物质的浓度必须控制在最高容许浓度以下，而不容许超过此限值。《工业企业设计卫生标准》（GB 21—2010）中规定了工作场所空气中51种化学物质的最高容许浓度。

三、短时间接触的阈限浓度值

短时间接触容许浓度（Permissible concentration-short term exposure limit，PC-STEL）

指在遵守PC-TWA的前提下容许短时间（15 min）接触的有害气体浓度。该职业接触限值旨在防止劳动者接触过高的波动浓度，避免引起刺激、急性作用或有害健康的影响，该职业接触限值是与8 h时间加权平均容权浓度配套的一种短时间接触限值，必须符合制定的接触限值或推算出的接触限值。当评价该限值时，即使当日的8 h时间加权平均容许浓度符合要求，仍不应超过短时间接触容许浓度。

超限倍数（Excursion limits）指对未制定PC-STEL的化学有害因素，在符合8 h时间加权平均容许浓度的情况下，任何一次短时间（15 min）接触的有害气体浓度均不应超过的PC-TWA的倍数值。在检疫熏蒸处理及非熏蒸化学处理中，常见化学药剂容许浓度见表7-1。

表7-1 常见化学物质容许浓度

中文名	英文名	化学号（CAS No.）	职业接触限值（mg/m^3）		
			MAC	PC-TWA	PC-STEL
环氧乙烷	Ethylene oxide	75-21-8	—	2	—
溴甲烷	Methyl bromide	74-83-9	—	2	—
磷化氢	Phosphine	7803-51-2	0.3	—	—
硫酰氟	Sulphuryl fluoride	2699-79-8	—	20	40
碘甲烷	Methyl iodide	74-88-4	—	10	—
环氧丙烷	Propylene Oxide	75-56-9	—	5	—
氯化苦	Chloropicrin	76-06-2	1	—	—
二硫化碳	Carbon disulfide	75-15-0	—	5	10
二氧化碳	Carbon dioxide	124-38-9	—	9 000	18 000
臭氧	Ozone	10028-15-6	0.3	—	—
百草枯	Paraquat	4685-14-7	—	0.5	—
滴滴涕	DDT	50-29-3	—	0.2	—
对硫磷	Parathion	56-38-2	—	0.05	0.1
毒死蜱	Chlorpyrifos	2921-88-2	—	0.2	—
敌百虫	Trichlorfon	52-68-6	—	0.5	1
苯硫磷	EPN	2104-64-5	—	0.5	—
倍硫磷	Fenthion	55-38-9	—	0.2	0.3
百菌清	Chlorothalonile	1897-45-6	1	—	—

续表

中文名	英文名	化学号（CAS No.）	职业接触限值（mg/m³）		
			MAC	PC-TWA	PC-STEL
甲拌磷	Thimet	298-02-2	0.01	—	—
乐果	Rogor	60-51-5	—	1	—
内吸磷	Demeton	8065-48-3	—	0.05	—
氰戊菊酯	Fenvalerate	51630-58-1	—	0.05	—
杀螟松	Sumithion	122-14-5	—	1	2
氧乐果	Omethoate	1113-02-6	—	0.15	—

注：引自 GBZ 2.1—2007《工作场所有害因素职业接触限值 化学有害因素》

第二节 熏蒸安全防护措施

在实施熏蒸处理时，熏蒸剂可通过口鼻吸入或皮肤接触进入人体内。中毒源主要为接触熏蒸剂液体或钢瓶、投药、浓度检测、气体泄漏和散气等。

一、熏蒸过程中的安全措施

为防止熏蒸中毒事件的发生，在熏蒸前、熏蒸中、浓度检测和散气时应采用如下安全防护措施：

1. 熏蒸前，熏蒸单位要制定科学的熏蒸方案，明确分工，由责任人或责任人指定的熟练技术人员担任现场指挥。在任何情况下，严禁一个人单独进行熏蒸操作。同时，杜绝疲劳作业。

2. 熏蒸人员要熟识熏蒸剂的性能、操作方法及防毒面具的使用方法和急救措施，并具备有关急救方面的知识。发现轻度中毒时，应立刻离开熏蒸现场，在新鲜空气环境中休息或去医院接受治疗。

3. 怀孕期、哺乳期、月经期妇女，耳鼓受伤未愈，不满十八岁的少年均不能参加熏蒸工作。熏蒸人员应定期参加血液检测和身体检查。

4. 熏蒸前，熏蒸人员应备好急救药箱和有关的急救药品，能够准确判断中毒的症状并及时进行处理，熟练掌握人工呼吸技术。

5. 熏蒸人员在投药前要多摄入富有营养的食品或饮品，以增强抗药力。

6. 熏蒸期间应在合适的地方挂有明显的熏蒸标志，说明用什么药剂进行熏蒸及熏蒸开始的时间等，以免有人误入熏蒸场所及其附近，造成不必要的中毒事件。如需留在现场工作，应注意监测空气中的毒气浓度。

7. 定点熏蒸室在熏蒸期间，打开红色闪烁灯，并设置紧急脱险路线。

8. 在投药、测浓度、检漏及散毒过程中，要穿戴好防毒工作服、胶鞋、手套（应不可渗透），并佩戴好合适有效的防毒面具或氧气袋、自动呼吸装置等。同时必须尤其小心液态熏蒸剂沾到皮肤上等事故的发生。如果液态熏蒸剂溅到皮肤上，要及时用肥皂水冲洗干净。

9. 在上风口处投药，操作现场禁止饮食和吸烟。在投药过程中药液沾染皮肤时，应立即用肥皂水或清水洗清。投药完毕后及时洗手洗脸，并换上干净的衣服。

10.测毒装置放在熏蒸处理区的上风口，并及时检测和记录。

11.熏蒸结束并经过适当的通风散气后，应用测毒设备检测熏蒸场所是否还有熏蒸剂有毒气体。由于熏蒸剂和货物种类及环境条件的不同，熏蒸剂气体解吸的速率变化很大，因此在进入熏蒸场所前，必须确定熏蒸场所不存在对人体健康构成危害的有毒气体。

二、不同装运方式中的熏蒸安全防护措施

同时，根据货物不同装运方式，熏蒸处理的安全防护要点亦有所不同。

（一）集装箱熏蒸的安全防护要点

集装箱的箱体一定要密实，四周不得有洞及开口；集装箱地板、顶篷上不能有裂缝；门关上时胶片必须紧密；有气孔的集装箱，气孔处必须采取密封措施；货物占箱体的体积不能超过80%；严格掌握处理时间，禁止熏蒸期间移动箱体及提前开箱放毒。

（二）帐幕熏蒸的安全防护要点

选择合适安全的场所，将帐幕用绳子或网袋拴紧，防止大风刮开；严禁超标大剂量投药熏蒸；至少两人值班，及时查漏；深埋熏蒸结束后的磷化铝残余物，清洁被药剂污染的衣物和器具。

（三）船舶熏蒸的安全防护要点

召集有关单位研究熏蒸安排及主要技术措施和安全防护措施；全面了解船体结构和货物情况、害虫种类，准备熏蒸和安全防护车辆、器具等；熏蒸单位及有关人员登轮和船长参与具体研究有关事宜，做好船员和工作人员的安置，宣布熏蒸期间的规定和注意事项。了解舱盖和舱盖橡皮密封垫、人孔、溢水孔，以及风筒的结构、位置、数量和密封程度及与熏蒸舱相通的部位；了解机舱、生活区、房间、前尖舱、备品库、压水柜、油柜、锚链舱、工具间、二氧化碳管道、地轴道、污水阀门、电缆线孔、电控室等的状况和位置。用纸条仔细糊封一切可能漏气的场所部位，要特别注意货仓与机房相通的电路、管道及驾驶台通往各仓的二氧化碳管路的糊封，如轴道门及货仓的

通风口、无气密的仓盖，均应仔细糊封，无气密的仓盖糊封后，应做好防雨工作；对高低风筒的封糊一定要严实，先用双层牛皮纸封糊，再外扎塑料带或塑料布；实施磷化铝随航熏蒸的，开箱拆药时人应站在上风口，防止吸入毒气，对于一些磷化铝袋要小心轻放，一旦起火，尽快将药剂与包装袋分离；同时在拆药和投药时应戴好防毒面具并根据风向选择上风口的船舷部位，投药顺序也要根据风向来选择，逆风向各待处理舱依次投药。锚地熏蒸施药前将拖轮停泊在轮船的上风口，处于应急状态，以便急救中毒人员，船上除留熏蒸人员、医生及值班人员外，其他人员集中在拖轮上，施药在白天进行，溴甲烷熏蒸放药速度应掌握在每分钟1 kg～2 kg为宜；施药后2 h开始全面检查机房、住处、伙房、储藏室等场所，如发现漏毒应立即堵漏，情况良好时，由熏蒸队轮流昼夜值班，定时查漏、测毒；安全处理残留药剂及器具。

三、熏蒸剂储运安全防护

（一）采购、运输

购买熏蒸剂须到国家有关部门批准认可的生产厂家或单位，并由符合安全要求的车辆运输，专人押运。

（二）储存

熏蒸剂应储存于通风良好、阴凉、干燥的仓库内（符合安全管理部门的要求并得到批准）。钢瓶要立放，锌铁筒要上架（柜），切忌滚动、撞击。

（三）管理

做好出入库记录，掌握先入先出的原则。包装有破损的药剂（如磷化铝）应尽快按要求用掉，一时用不完的要选择安全的地方并十分慎重地将其深埋（注意防止磷化氢自燃），严禁污染河渠和农田，同时，周围要设警戒线。

第三节　熏蒸安全防护设备

防毒面具是熏蒸工作人员最重要的防止熏蒸剂气体进入呼吸系统的防护设备。从事熏蒸工作的人员，应有各自专用的防毒面具，各自保管、各自维护。

一、防护设备的类型及作用原理

防毒面具主要有过滤式和隔离式两种。过滤式防毒面具将有毒气体吸附在过滤罐内，把净化了的空气提供给人呼吸。隔离式防毒面具使用面罩和环形管将熏蒸场所外的清新空气提供给佩戴者呼吸。除此之外，还有一类是封闭式的呼吸面具。这类面具也包括两种，一种是使用高压钢瓶提供压缩空气，另一种是利用随身携带的氧气发生装置提供氧气。

二、滤毒罐使用的注意事项

对于从事熏蒸工作的人来说，最方便的防毒面具应是过滤式的。这种面具由面罩、环形软管和过滤罐三个部分组成。面罩的主要功能是保护呼吸器官和视觉器官，隔离毒气，其分为头盔式和绷带式两种。图 7–1 展示了头盔式和绷带式防毒面具。

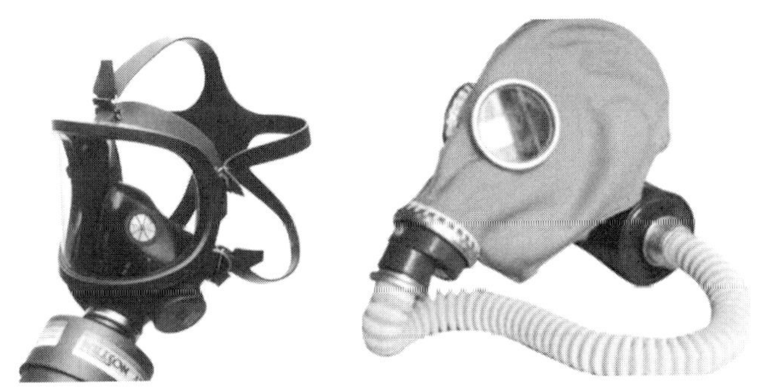

图 7–1 防毒面具

防毒面具的整个面罩用软质橡胶制成，装有护目镜及排气活门。面罩脏了，需将滤毒罐取下，用肥皂水或0.5%的高锰酸钾溶液消毒，不可使用溶剂洗涤，以免损坏橡胶部件。环形软管由软质橡胶制成，使用时，将管两头的螺旋接口连接面罩和滤毒罐，输送空气。接口内装有橡皮垫圈以防漏气。滤毒罐用薄金属压制成扁筒形或圆筒形，罐上端有螺旋口出气孔，下端有一进气孔，平常紧塞橡胶盖，用时打开。滤毒罐能够在一定时间内、空气中毒气浓度不超过2%（磷化氢气体浓度不超过0.5%）的情况下过滤熏蒸剂气体。滤毒罐的种类不同，能够滤除的熏蒸剂气体种类也不相同，所以在使用前，一定要检查所用滤毒罐是不是适合当前正在使用的熏蒸剂或熏蒸剂混合气体的防护。

在使用新购买的防毒面具前，应仔细研究使用说明书，详细了解和掌握其佩戴、调整和检查方法等。对于从未使用过防毒面具的人，在参加具体熏蒸工作之前，应该接受这方面的培训，直到能快速、准确地佩戴防毒面具为止。

滤毒罐是过滤式防毒面具最重要的组成部分，空气中的有毒气体就是通过它滤除掉的。在滤毒罐中起过滤作用的物质主要有三种：一是活性炭，主要用于吸附有机化合物，如溴甲烷、四氯化碳等；二是和某些气体起化学反应的化学物质，如用碳酸氢钠中和酸性气体（如氢氰酸、二氧化碳等）；三是棉花纤维或其他过滤材料，用于过滤空气中的尘埃。各种型号的滤毒罐，有效防护时间与空气温度、湿度、有害气体浓度和使用者的劳动强度、肺活量大小等情况有关，是否失效应经严格鉴定。当佩戴者佩戴时闻到毒气的微弱气味，表明滤毒罐已失效，应立即离开有毒区域。防毒面具的有效期因毒气种类和浓度的不同而难以测定。活性炭滤毒罐使用氨气检查法可检查滤毒罐的有效性。

滤毒罐在使用过程中还应注意以下几点：

（一）滤毒罐在使用前，应再次检查其型号，看是否适合所要防护的熏蒸剂气体。检查外观，以鉴定其密闭性。

（二）滤毒罐不能在毒气浓度超过2%（磷化氢气体浓度不超过0.5%）的环境中使用。当浓度达到或接近2%时，滤毒罐只能在10 min内起到防护作用。

（三）每个滤毒罐上都应有一个记录卡片，以记录每次使用的时间。滤毒罐进出气口上的盖帽一旦打开，就应该把这个时间记录在卡片上。打开过盖帽的滤毒罐，即使没有接触过熏蒸剂气体，6个月后也必须废弃。

（四）在熏蒸过程中，如果滤毒罐接触过高浓度的熏蒸剂有毒气体，则应立即将其丢弃，并重新换上新的滤毒罐用于检漏、测毒和散气等低浓度环境中的操作。即便是用于低浓度环境中的滤毒罐，经过两个小时的使用，也要及时更换掉，但如果每次使用的时间很短，则可以在每次使用后，将每次使用的时间记录在卡片上，并将滤毒罐的进气口用橡皮塞塞上，出气口用螺帽盖拧上，以保持罐子的密封，防止其受潮或失效。

（五）外观有破损、使用中呼吸阻力较大或呼吸时在面罩的护镜上产生水汽等，到期或者被水浸过的滤毒罐都不能再投入使用。

（六）滤毒罐应保存在阴凉、干燥、通风良好而无有机气体污染的环境中。

三、背负式空气呼吸器使用的注意事项

背负式空气呼吸器是一种用于熏蒸处理工作中的隔离式防毒面具，主要由气瓶、背带、高压管、荧光压力表、瓶阀、气瓶压力表、背板、供气阀、面罩、中压管等组成。呼吸器工作时，与外界空气无关，它能根据使用者的呼吸量自动调整供气量。呼吸空气从气瓶经减压阀减压再经供气阀减压后自动调整供气量，后送到面罩内供使用者呼吸，呼出的空气经面罩上的排气阀直接排至外部环境中。图7–2为背负式空气呼吸器。

图7–2　背负式空气呼吸器

在使用新购买的呼吸器前，应仔细研究使用说明书，详细了解和掌握其佩戴、调整和检查方法等。对于从未使用过呼吸器的人，在参加具体熏蒸工作之前，应该接受这方面的培训，直到能快速、准确地佩戴和使用呼吸器为止。

呼吸器使用前的检查应包括：

（一）检查气瓶、压力表、背板、背带是否完好。

（二）检查输气管、面罩是否完好，是否有损坏破裂现象。

（三）打开供气阀，检查气瓶压力不得低于27 MPa，检查气瓶阀的泄漏情况（将气瓶充气后使气瓶阀浸入水中，观察有无气泡）。

（四）检查气密性（打开并立即关闭气瓶开关，2 min内压力下降不大于1 Mpa，压力低于5 MPa时自动报警）。

（五）检查呼吸器的报警性能，确保供气阀是关闭的，右手轻压供气阀开关慢慢排气，观察压力表的变化，当压力下降到5 MPa时，报警哨发出声响。

使用背负式呼吸器还需注意，如果操作人员感到呼吸困难、头晕不适、闻或尝到污染物等症状，则须立即离开操作现场；有络腮胡子、蓄须者，可能会引起面罩泄漏而导致身体受到伤害；每次充气前必须检查气瓶的有效性；不能任意更换或修改呼吸器。

第四节　常用熏蒸剂的中毒急救与防护

在实施熏蒸时，一定要严格按照操作规程进行，一旦发生意外，操作人员出现中毒现象，应积极采取有效的急救措施，防止其发生生命危险。

一、中毒与急救方法

（一）自身中毒

1.如果已经接触到熏蒸剂，则应立即撤离现场，并提醒身居危险之中的其他人员。如果自己感觉有轻微中毒症状，则应尽快撤离到空气清新的地方休息；如果中毒症状明显，则应立即就医。要注意观察，有的熏蒸剂中毒症状可能延迟表现出来。为防止事态进一步扩大，要告知其他人自己已经中毒，同时要迅速向主管人报告所有的详细情况。

2.如果液体熏蒸剂溅到皮肤或衣服上，要马上脱下沾有熏蒸剂的衣服，用大量的水和肥皂冲洗皮肤，直到手指甲和脚指甲都洗净为止，但不要使用粗糙的布或刷子。沾有熏蒸剂的皮肤也可用酒精棉球轻轻地擦洗。

3.熏蒸剂污染过的工作服未经彻底通风、洗刷和干燥后不得重新穿用。

（二）他人中毒

1.采取紧急措施，禁止无关人员进入污染区。

2.应佩戴好防毒面具，立即将中毒者转移到空气新鲜的地方。

3.如果中毒者的呼吸已经明显减弱，则应采取人工呼吸，给中毒者适时地输氧（输氧是有好处的）。在所有急救措施当中，人工呼吸是主要措施之一。

4.根据中毒者症状的变化决定是否将其送医院或请医生直接护理或照料。若其中毒症状明显，则应立即送医院救治。

5.应尽可能地使病人保持温暖、舒适和安静。

6.如果中毒者出现痉挛症状，则应服用少量的镇静剂。

（三）呼吸急救

1.如果中毒者已停止呼吸，应立即对其进行人工呼吸，并请医生治疗。

判断中毒者是否有呼吸：把中毒者放平，使其仰卧，把耳朵贴近他的嘴。如果他在呼吸就会感觉到，并可看见他的胸脯上下起伏。

疏通呼吸道：如果中毒者似乎停止了呼吸，则一只手抬起他的颈部，另一只手推他的额部，帮助其疏通呼吸道，中毒者可开始呼吸。如果其仍不呼吸，则立即进行嘴对嘴的呼吸急救。

呼吸急救的程序：急救者的一只手放在中毒者颈下，使中毒者的头向后翘起，下巴向上，另一只手捏住中毒者的鼻子。急救员深吸一口气，将嘴对准中毒者的嘴，并把空气吹入中毒者的嘴里，当他的胸脯向上起动，急救员移开自己的嘴，让中毒者的胸部自己下落。每5 s重复一次这一程序，在中毒者开始呼吸或医生赶来之前，不要停止呼吸急救。

2.心脏外的按压。在进行6次嘴对嘴呼吸以后，检查中毒者颈部主动脉的脉搏，如果有脉搏，则继续进行嘴对嘴呼吸；如果没有脉搏，则可同时进行手压心脏和嘴对嘴呼吸，直到中毒者恢复呼吸。

心力衰竭的标志和症状：不省人事，没有呼吸，颈主动脉没有脉搏，停止循环，瞳孔放大，脸、耳朵和嘴唇苍白。仔细检查脉搏很重要，一旦心脏停止了跳动，必须按压心脏。

让中毒者头部向后仰，处于嘴对嘴呼吸的位置，用食指和中指摸喉结，然后手指沿气管的任何一侧轻轻地滑动。这时中毒者必须平躺在坚固的平面上，这样心脏才能受到胸骨和脊骨的挤压，使携带氧气的血液进入循环系统。

为了按压心脏，要使中毒者的身体处在嘴对嘴呼吸的位置。急救者的一只手托放在中毒者的胸骨上（正确的位置在两乳头之间的直线）大约距胸骨下端22 mm，并抬起手指，手背上方放着另一只手的手托，两臂伸直，在胸骨上按压，逐渐向前移动，成年男子胸骨要被压下40 mm～50 mm，大约每隔2 min检查一次中毒者颈主动脉的脉搏和放大的瞳孔，如若急救有效地进行了，则其瞳孔应该变得比较小。

3.单人急救法。对没有脉搏的中毒者，要给予两次人工呼吸，每隔一秒钟按压胸腔一次，共需要按压10次，再做两次人工呼吸，如此反复循环，直至中毒者恢复脉搏为止。

二、常用熏蒸剂的中毒急救

（一）溴甲烷的中毒急救

1.中毒症状

人在溴甲烷气体中暴露的影响程度主要取决于溴甲烷的浓度及暴露时间和次数。人长时间暴露于溴甲烷中的推荐阈限浓度为0.02 g/m^3，短时间暴露的阈限浓度为0.06 g/m^3。溴甲烷的中毒症状与晕车相似，常常被忽视，更为严重的影响涉及神经系统，有时在熏蒸结束后数小时或数天后才被发现。液体或高浓度的气体溴甲烷还会引起皮肤损害，会引起水泡，这类水泡一般较大且周围皮肤发红、发肿，要较长时间才会愈合。

总之，溴甲烷可危害脑和神经系统及肾脏，在肺部形成水肿，使皮肤灼伤和起水泡。

具体的中毒情况如下：

（1）接触反应。有眼部及上呼吸道刺激症状，或头痛、头昏、乏力等神经系统症状，脱离接触后多在24 h内消失。

（2）轻度中毒。经数小时至数日潜伏期后出现较明显的头晕、头痛、乏力、步态蹒跚及食欲不振、恶心、呕吐、咳嗽、胸闷等症状，并有下列情况之一：轻度意识障碍；轻度呼吸困难，肺部听到少量干啰音和湿啰音。

（3）重度中毒。以上轻度中毒情况明显加重并出现下列情况之一：重度意识障碍；肺水肿。

2.急救措施

中毒者应马上被抬出并使其平卧于新鲜空气处。发生意外时，一人应采取紧急救援，另一人打电话给急救部门，并提供详细的暴露环境和气体情况。目前还没有特效的溴甲烷解毒药，大剂量口服半胱氨酸有一定的效果。应采取的急救措施有：

（1）有必要外部刺激心脏起搏；

（2）松开所有紧身衣服；

（3）脱掉所有受污染的衣服等；

（4）用清水冲洗受污染的皮肤；

（5）清除眼中沾染物（用中性水冲洗直到医生到来）。

如果皮肤接触了药剂，则可用清水冲洗15 min；如果是衣服上沾染了药剂，则必须经过充分的通风，把有毒的气体全部散发出来；如果中毒者已停止呼吸，则采用人工呼吸，也可输氧，不可用机械的方法使病人复苏。中毒者应立即离开现场，到新鲜空气处平卧休息，并更换污染衣物，有皮肤污染者可用清水、2%碳酸氢钠溶液或肥皂水清洗；对接触反应者应至少观察48 h，根据情况作处理。中毒者应卧床休息，保持安静，严密观察病情变化。

轻度和重度中毒者立即送医院救治。恶心伴随呕吐者，应静脉点滴葡萄糖水。对中毒者呼出气体和血液进行分析，有助于诊断和采取预后措施。

（二）磷化氢的中毒急救

1.中毒症状

由于磷化氢是剧毒气体，因此人应避免在磷化氢中暴露，哪怕浓度很小。吸入磷化氢气体或咽下产生磷化氢气体的片剂都会导致中毒，但磷化氢气体不能通过皮肤被吸收。吸入磷化氢后可产生头疼、胸痛、恶心、呕吐、腹泻等症状，引起肺中积水从而导致死亡。人暴露在磷化氢浓度为2.8 g/m^3的空气中非常短的时间内就会死亡。磷化氢的阈限浓度为0.3×10^{-6}（$1 \times 10^{-6} = 1 \times 10^{-6}$ L/L）。

具体的中毒情况如下：

（1）观察对象有头疼、乏力、恶心、咳嗽等神经系统及呼吸系统症状，但症状较少，程度较轻，脱离接触后症状多在24 h内消失。

（2）轻度中毒。具有下列情况之一：轻度意识障碍；轻度呼吸困难，肺部听到少量干、湿啰音，符合化学性支气管炎或支气管周围炎的情况。

（3）重度中毒。除轻度中毒表现外，还有下列情况之一或中毒开始即表现为下列情况之一：昏迷、抽搐；肺水肿；休克；明显心肌损害；明显肝、肾损害。

2.急救措施

除非在紧急情况下，且在配有适宜的呼吸防护装置的条件下，否则不允许人员进入熏蒸区。出现中毒症状的人必须立即到新鲜空气处，保持安静和适宜温度。如果中毒者停止了呼吸或休克应立即开始抢救，对磷化氢没有特效药，中毒后不能食用牛奶、黄油或酒类。

（三）硫酰氟的中毒急救

1.中毒症状

咽痛、头晕及胸闷憋气、咳嗽。

2.急救措施

出现头昏、恶心等中毒现象的中毒者应立即离开熏蒸场所，呼吸新鲜空气。如果呼吸停止，则要施行人工呼吸并请医生治疗。

（四）环氧乙烷的中毒急救

1. 中毒症状

环氧乙烷急性中毒主要损害人体呼吸系统和中枢神经系统。人接触大量环氧乙烷气体后呼出气有特殊的甜味，迅速出现眼、鼻、咽喉、支气管刺激症状，并有剧烈头痛，嗅觉和味觉消失、恶心、频繁呕吐、四肢无力、共济失调症状。重者呼吸困难、发绀、肺水肿、肌肉颤动、意识蒙眬以至昏迷或死亡。尚可见心肌损害、肝功能异常。蒸气对皮肤一般不产生刺激，但若接触部位沾水或出汗，因环氧乙烷极易溶于水，便可发生严重皮炎。环氧乙烷液体沾染皮肤时，液体蒸发可引起冻伤或灼伤，浓度为40%～60%的溶液损害最大，皮肤接触先有刺痛和冷感，随后红肿、起疱，愈后会留有黑棕色色素。皮肤反复接触时可产生致敏反应。

2. 急救措施

中毒者立即离开现场，脱去污染衣物，注意休息、保暖，送医院救治，加强监护。环氧乙烷液体沾染皮肤，应立即用大量清水或3%硼酸溶液反复冲洗。皮肤症状较重或不缓解时，应去专科医院就诊。眼睛污染者，于清水冲洗15 min后点四环素可的松眼膏。

（五）二硫化碳的中毒急救

1. 中毒症状

二硫化碳是损害神经和血管的毒物。急性中毒表现为：轻度中毒者有头晕、头痛、眼及鼻黏膜刺激症状；中度中毒者有酒醉表现；重度中毒者可呈现短时间的兴奋状态，继之出现谵妄、昏迷、意识丧失症状，伴有强直性及阵挛性抽搐，可因呼吸中枢麻痹而死亡。严重中毒后可遗留神经衰弱综合征，中枢和周围神经永久性损害。慢性中毒表现为神经衰弱综合征、植物神经功能紊乱、多发性周围神经病、中毒性脑病；眼底检查有视网膜微动脉瘤、动脉硬化、视神经萎缩症状。

2. 急救措施

（1）皮肤接触。立即脱去污染的衣着，用大量流动清水冲洗至少15 min并就医。

（2）眼睛接触。提起眼睑，用流动清水或生理盐水冲洗并就医。

（3）吸入。迅速脱离现场至空气新鲜处，保持呼吸道通畅。如呼吸困难，则输氧；如呼吸停止，立即进行人工呼吸并就医。

（4）食入。饮足量温水催吐并就医。

热处理

随着科学技术的不断进步和人们对环境保护的逐渐重视，热处理作为一种环境友好型的检疫物理处理措施和溴甲烷 QPS 用途（检疫与装运前用途）替代技术之一，近 20 来年得到了普遍关注和快速发展。与熏蒸处理相比，热处理具有不受环境温度限制、安全快捷、不污染环境、对水果品质影响小等优点，尤其适用于高附加值农产品的采后检疫处理，是一种安全、高效、环保的极具应用潜力的检疫处理方法。

第一节 概述

一、热处理的概念

热处理是指采取一定的技术手段，提高被处理货物的温度以达到规定温度值并维持一定时间，以杀灭被处理货物可能携带的有害生物，同时保持被处理货物品质的一种处理方法。一般而言，热处理可以应用于木质包装材料、水果、花卉和种苗等货物的检疫处理。

温度和湿度是热处理中两个重要的处理指标，通常使用干湿球温度来指示空气的温度和湿度状况。

干球温度是普通温度计在空气中所测得的环境温度，简称温度。

湿球温度是指在同等焓值的空气状态下，空气中水蒸气达到饱和时的空气温度。可用湿纱布包裹普通温度计的感温部分，纱布下端浸在水中，以维持感温部位空气湿度饱和状态，在纱布周围保持一定的空气流通，使周围空气接近达到等焓。示数稳定后，温度计显示的读数反映了湿球纱布上水的温度，近似为湿球温度。如果空气中水蒸气的含量达到饱和状态，纱布上的水不蒸发，也不吸收汽化热，纱布上水的温度与空气的温度相同，则此时的湿球温度与干球温度相同；如果空气中水蒸气的含量没有达到饱和状态，纱布上的水分就会蒸发，并吸收汽化热，水温会下降，则此时的湿球温度低于干球温度。空气中水蒸气的含量越少，湿球温度越低，干球温度与湿球温度的差值越大，就表明空气越干燥；反之，干湿球温度的差值越小，表明空气越潮湿。

等效温度是湿空气的焓与比热的比值。它是一个以能量为基础来评价热处理条件的指标。

焓是物体的热力学能状态函数。一个系统中的热力作用值，等于该系统的内能加上其体积与外界作用于该系统的压强的乘积的总和。焓变即物体焓的变化量。

物体中所有分子做热运动的动能和分子势能的总和叫作物体的内能，也叫物体的热力学能。

热动力学又称热力学（Thermodynamics），是研究热现象中物态转变和能量转换规律的学科。它着重研究物质的平衡状态和准平衡态的物理、化学过程。

二、热处理的分类

热处理是一种物理处理方法，其利用物理学加热的技术和方法，通过极端环境条件对有害生物的胁迫对有害生物机体产生不可逆的损害，最终达到杀灭有害生物的目的。依据不同的加热方式，热处理可以分为热水浸泡处理、蒸热处理、干热处理、强制热空气处理、介质加热处理等。各种热处理技术，因其作用方式不同，有各自不同的优缺点（见表8–1）。

表8-1 热处理技术的优缺点

处理方法	首次应用年份	货物处理范围	优点	缺点
热水浸泡	1925	水果、种球、种子等	操作简单有效	设备较昂贵、能源损耗较多
蒸热	1913	水果、蔬菜等	操作相对简单	设备昂贵、表面加热、处理时间长
强制热空气	1989	水果、蔬菜等	保证品质	设备昂贵、表面加热、处理时间长
干热	1792	谷物、纤维制品、木质包装、建筑物、书籍等	操作简单、应用范围广泛	需表面加热，处理时间长
热处理结合气调	1996	种苗、水果等	处理更快捷	需表面加热，较为复杂，设备昂贵
太阳能	1983	无成熟商业化推广	操作简单、价格低廉	影响因素多
电磁能量	1927	谷物、种子、坚果类等	快速、内部加热	设备昂贵、影响因素较多

在实际应用时，需要根据检疫处理对象的特点，依据相关法律法规、协议或标准选择合适的热处理方法。

三、热处理技术的发展历史、应用现状及发展趋势

热处理技术最早于1792年在法国被用于处理粮谷类害虫。1835年，美国也开始用热处理的方法防治小麦中的象甲类害虫（*Sitophilus* spp）。自1927年始，以电磁能量为基础的热处理技术蓬勃发展，高频和微波技术逐渐被应用于杀灭储粮害虫的工作中。19世纪末期，热水浸泡、蒸热、强制热空气技术开始应用于鲜活农产品的处理中。热水处理技术的应用最早开始于1909年，通过热处理的方式杀灭园艺商品上携带的螨。

热处理技术对检疫性有害生物的处理开始于1913年，墨西哥首次通过蒸热处理控制墨西哥实蝇（*Anastrepha ludens*）。随后自20世纪30年代起，热处理技术逐渐被应用于果实和蔬菜等携带的地中海实蝇等有害生物处理技术中。热处理技术发展的第一个阶段终止于20世纪50年代。自20世纪50年代起，廉价、高效的熏蒸处理逐步取代了

热处理技术，热处理技术的发展进入了瓶颈期。随着溴甲烷等化学熏蒸剂的应用带来的弊端的显现，自20世纪80年代起，热处理技术又因其环保、无残留、安全性高，逐渐重新引起人们的关注。热处理技术也随之开始了新一轮的蓬勃发展。

早期的热处理技术应用范围较窄，随着近年来技术的发展，热处理技术已经被广泛应用于木质包装及鲜活货物，如水果、蔬菜、种子和苗木等。杀灭有害生物的范围也由最初的实蝇和粮谷类害虫，扩展到蚜虫、粉蚧等昆虫和线虫、真菌。

热处理技术在检疫处理上的应用已有近百年的历史，从20世纪30年代开始，热处理方法就被应用于杀灭各种水果果实害虫，如地中海实蝇、桔小实蝇、墨西哥实蝇等。检疫热处理技术发展一共经历了三个阶段，20世纪30年代到50年代是热处理技术的起始阶段；20世纪50年代，高效、廉价、使用方便的化学药剂熏蒸处理技术渐占上风，这一阶段成为热处理技术的停滞期；20世纪80年代，随着大众健康、环保意识的增强，热处理技术因具有杀虫、杀菌效果好、无化学残留、安全性高以及更加环保等优势重新引起人们的关注，热处理技术进入了复兴期。由于强制热空气处理相对于热水浸泡处理和蒸热处理来说，对水果等鲜活货物的伤害更小，因此美国等发达国家（地区）开始大量研究强制热空气处理技术和设施，在技术上的研究主要集中于实蝇类害虫杀灭的条件、水果升温阶段的温湿度选择和控制、保持水果品质的条件优化以及杀虫机理等方面。国际上根据研究结果制定了大量的水果及其携带实蝇强制热空气处理的技术标准，并将其应用于检疫处理工作中。目前《国际植物保护公约》秘书处已颁布了四项热处理技术指标类型的国际标准。近年来，热空气处理技术与气调技术结合应用成为一种趋势，在保证杀虫效果的条件下，可降低热空气的温度、缩短处理时间，从而更好地保护水果品质。在欧洲的部分国家（地区），热处理结合气调替代了溴甲烷熏蒸处理，被应用于存储性食物，如筒仓中的粮谷、船只、家具和木质包装制品等。另外，新型的热处理方式（主要包括太阳能、红外线、微波、高频介质等）开始应用于检疫处理中，其中最常见的是微波处理和高频介质处理。

第二节　热处理原理

一、热动力学原理

在热处理过程中，影响货物内热量传导的主要因素包括货物大小、加热介质温湿度和加热方法等。受这些因素的影响，加热同一货物到指定的最高温度需要的时间范围从十几分钟到几个小时不等。

加热可以分为常规加热和电介质加热两种方式。对于常规加热方式来说，热传导的规律符合封闭系统内的能量守恒定律，这一法则被归纳为热动力学，又称常规热传导理论。以水果为例，加热水果内部的能量变化（Q）源于加热过程中传递到水果中的能量（Q_t）和水果内部产生的热量（Q_g），见公式8–1。

$$Q=\rho VC_p\frac{\partial T}{\partial t}=Q_t+Q_g \tag{8-1}$$

式中，ρ是水果的密度，单位为kg/m^3；v是水果的体积，单位为m^3；C_p是水果的比热，单位为J/（Kg·K）；T是水果的温度，单位为℃；t是加热时间，单位为h。

热量传递有三种基本方式，即热传导、热对流和热辐射。

热传导是指介质内的传热现象，即热量从系统的一部分传到另一部分，或由一个系统传到另一个系统的现象。热传导遵循傅立叶定律，如果热量只沿温度降低的一个方向传递，称为一维定态热传导。此时的热传导与材料的热传导率、热传递方向的坐标以及材料温度和时间有关。

热对流是指热量通过流动介质，由空间的一处传播到另一处的现象。在热处理过程中，常通过风扇或者水泵诱导空气或者水流动，达到热交换或热对流的目的。对流热交换是个复杂的过程，许多物体的热交换受物体表面几何形状、温度、交换速度和热性能的综合作用影响。

热辐射是指被加热的物体因有温度而辐射电磁波的现象。一切温度高于绝对零度的物体都能产生热辐射，温度越高，辐射出的总能量就越大，短波成分也越多。热辐射的光谱是连续谱，波长覆盖范围理论上为0～∞，一般的热辐射主要靠波长较长的可见光和红外线传播。

二、热处理的生物学效应

（一）昆虫对热的耐受性

1. 昆虫生理反应的不同温区

昆虫是变温动物，体温受环境温度变化的影响很大。根据不同温度对昆虫的行为和生理影响的不同，温区可以分为致死高温区、亚致死高温区、适宜温区、亚致死低温区和致死低温区五个温区。不同温区内昆虫的生理反应存在很大的差别，如表8–2所示。

表8–2　不同温区内昆虫的生理反应

温度（℃）	温区	昆虫的反应
60	致死高温区	酶系破坏，部分蛋白质变质，短时间内死亡
50	亚致死高温区	代谢失调而昏迷，死亡取决于高温强度和持续时间
40	适宜温区（高适宜温区、最适宜温区）	由最适宜温区到高适宜温区，随温度升高发育减慢，死亡率增加

续表

温度（℃）	温区	昆虫的反应
15	适宜温区（低适温区）	发育速度缓慢，繁殖力降低，或不能繁殖
−20 ~ −10	亚致死低温区	代谢率降至极低，生理功能失调，死亡决定于低温强度和持续时间
−40 ~ −30	致死低温区	体液结冰，原生质受损，脱水而死

热处理的温度范围一般在亚致死高温区和致死高温区。在这两个温区，昆虫羽化、繁殖会受到抑制或直接导致死亡。

2. 昆虫的应激反应

昆虫应对高温伤害的行为机制，是避免环境伤害的第一道防线。昆虫也可以借助自身生理变化来降低高温胁迫对它的伤害。首先，昆虫通过增加自身体表的湿度以加快水分蒸发，从而降低自身体温，在高温条件下保持体内水分平衡是其死亡的最关键因素之一；其次，胁迫蛋白或者多元醇等代谢产物，也可以使昆虫增强耐热能力，提高存活率。

图 8–1 为麻蝇对不同强度热胁迫的热应激症状。从图中可以看出，随着胁迫强度的增加且胁迫时间超过一定的限度，昆虫将无法通过生理变化来降低高温胁迫对自身的伤害。例如，在 45 ℃条件下处理 1.3 h，昆虫将不能羽化；在 50 ℃条件下处理 2 h，昆虫立即死亡。

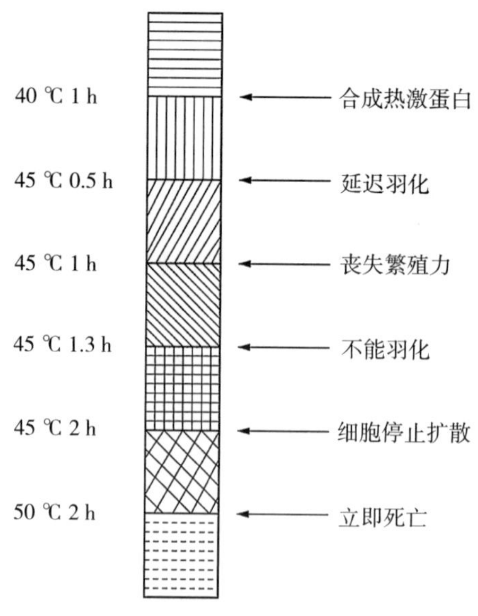

图 8–1　麻蝇对不同强度热胁迫的热应激症状

（二）热处理杀虫机理

昆虫正常的生命活动一般在相对狭窄的温度范围内进行，当温度超过40 ℃，昆虫就可能大量死亡。热处理对生物体的作用是一个复杂的过程，经历一系列性质不同而又互相关联的物理和生物学变化过程，主要包括催化酶的活性破坏、蛋白质凝固或变性、体壁蜡层和护蜡层被破坏和虫体严重脱水等。

1. 催化酶的活性破坏。酶是活细胞产生的有机催化剂，昆虫的生命活动离不开酶。温度过高使酶蛋白变性，酶的活性遭到破坏，生物体正常的酶促反应无法继续，细胞代谢速度降低或停止。这是导致虫体死亡的最主要的原因。

2. 蛋白质凝固或变性。蛋白质是由氨基酸组成的大分子化合物，生物活性丧失是蛋白质变性的重要特征。随着温度升高，昆虫的蛋白质发生变性，有规则的肽链结构被打开呈松散状不规则的结构，分子的不对称性增加，疏水基团暴露，进而凝聚成凝胶状。

3. 体壁蜡层和护蜡层被破坏。昆虫体壁的上表皮层中由真皮细胞分泌而成的蜡质层和护蜡层是昆虫表皮的防水层，对虫体具有保护作用，能有效阻止体内水分向外渗透。高温使蜡质层和护蜡层破坏，导致昆虫体内的水分不断向外扩散。

4. 虫体严重脱水。水分对昆虫生理活动的影响极为重要，消化代谢、营养物质的循环、废弃物质的排除、体温的调节等都和水分有关。高温加速了昆虫的呼吸作用，昆虫气门长时间开放，不断增加虫体水分的蒸发量。昆虫因严重脱水，细胞内蛋白质变性和盐类浓度升高而死。

另外，高温处理还可使昆虫因缺氧、排泄功能失调和神经系统麻痹而死。

（三）热处理对农产品的影响

热处理技术无化学残留、安全性高、简便有效，在检疫处理实践中越来越受到关注和重视，然而任何一种检疫处理技术均会对农产品造成一定的生理影响，不适当的热处理还会对农产品本身造成一定程度的损伤。保证有效杀灭有害生物的同时，确保被处理货物的品质不受到显著影响是检疫处理的基本要求，因此，热处理对农产品货物的影响成为制定热处理技术指标的关键影响因素之一。

1. 生理影响

一般来说，高温对植物产品的生理影响包括以下几个方面。

（1）抑制或增强呼吸。呼吸作用的强度表明了果实组织中内含物消耗的快慢，呼吸作用越强，消耗越快。热处理初期，果实释放的二氧化碳量受热刺激而增大，且温度越高对呼吸的刺激越大。当温度高于临界温度时，植物呼吸强度则因线粒体功能受到抑制而大幅下降，当处理温度恢复到常温后，植物呼吸速率大幅降低。

（2）影响乙烯的释放量。植物激素的分泌，通常通过乙烯进行调控。大多数果实在35 ℃以上时，乙烯几乎停止释放，因此热处理可以延缓果实成熟速度，从而延长果实储藏期。

（3）酶活性的改变。热处理可以改变多聚半乳糖醛酸（PGase）、ACC合成酶（ACS）、氧化酶（ACO）、多酚氧化酶（PPO）和过氧化物（POD）等的活性。PGase通过水解果胶而引起分子降解，从而对果实硬度产生影响；ACS和ACO是控制乙烯生产的两种关键酶。

（4）电解质渗出率和丙二醛（MDA）含量的变化。电解质渗出率和丙二醛含量是果实衰老的指标。电解质渗出率越大，或者MDA含量越高，果实衰老程度越高。用50 ℃～53 ℃热水处理黄桃，经4周后果实电解质渗出率仅为对照组的50%，MDA含量为对照组的70.97%，延缓了果实的衰老。

在一定范围内，随着温度的升高，酶活性会增强，植物呼吸强度会增大。当环境温度超过35 ℃时，由于呼吸作用环节的各种酶活性受到抑制或者破坏，因此植物呼吸强度开始下降。在升温过程中，由于植物产品的呼吸增强，使得外部氧向细胞组织内扩散的速率低于呼吸作用消耗的速率，CO_2来不及排出而在细胞内累积，因此影响代谢。对于呼吸跃变的果实，高温将加速其呼吸高峰的到来。多数果实在35 ℃以上时，乙烯的合成会受到抑制，乙烯的合成抑制是可逆的，当果实的热处理完成时，对乙烯的合成抑制也可被解除。在加热期间，不仅内源乙烯的产生受到抑制，而且果实也不会对外源乙烯产生反应。高温热处理还会改变果实的某些与成熟有关的基因的表达，导致蛋白质的合成受到影响，进而抑制或加速某些依赖蛋白质的合成才能进行的过程。

2. 热损伤类型

外部损伤。水果经过高温加热产生伤害时，常表现出表面变褐色、产生斑点或绿色植物变黄等现象。例如，47 ℃加热30 min就会使苹果造成热伤害。

水分损失。热处理会使水果表皮蜡层溶解，加速水果水分损失。芒果经过热处理在12 ℃存储3周后，失水率会比对照组高出1%。

内部损伤。表现为内部颜色发生变化、果实质地变软。由于失水，在果实内部形成气穴或空洞。

衰变。热处理可以杀灭部分微生物，使得病原微生物难以在处理后的货物上滋生。许多处理后的水果和蔬菜，在经受高温后，更易受到病原菌侵染，而迅速腐败。

此外，高温可以造成膜破裂、电解质泄露、维生素C含量下降，并且还会影响果蔬感观品质。

3. 减轻货物热损伤的方法

热处理同其他技术手段共同作用可有效减轻热损伤。热处理同浸钙结合可改善苹果的品质；农产品货物采用塑料薄膜包装或者涂膜，有助于减轻热处理造成的果实失重和腐烂。进一步改进与完善热处理方法和设施，使处理过程更加科学化、合理化，可减轻人为因素对货物品质造成的负面影响。减轻货物的热损失最重要的是制定合理的热处理技术指标，这需要检疫处理技术人员在实践中不断地进行试验和研究。

三、生物学效应的影响因素

（一）有害生物对温度的敏感性

不同种类昆虫对温度的敏感性不同，例如鞘翅目昆虫比鳞翅目和双翅目昆虫耐热，一般的致死温度在50 ℃以上。鳞翅目与双翅目昆虫均有热敏感性和耐热性两类，一般处理温度在46 ℃ ~ 50 ℃。实蝇类昆虫最常见的处理温度为46 ℃、47.2 ℃等，不同的昆虫在不同温度下的热耐受性存在很大的差异（见表8-3）。

表8-3 昆虫在不同温度下热耐受性比较

昆虫	温度（℃）	600头昆虫100%死亡所需的最短时间（min）	推导结果		
			LT_{95}	LT_{99}	$LT_{99.9968}$
印度谷螟老熟幼虫	46	30	23.6	27.5	—
	48	10	7.6	8.8	—
	50	3	2.2	2.5	—
	52	1	0.9	1.0	—
赤拟谷盗老熟幼虫	48	85	66.6	76.8	—
	50	12	7.9	9.1	—
	52	2	1.3	1.6	—
苹果小卷蛾5龄幼虫	46	50	44	53.7	55.6
	48	15	10.6	13.3	13.8
	50	5	3.6	4.5	4.6
	52	2	1.4	1.8	1.9
脐橙螟5龄幼虫	46	140	120.0	137.6	151.1
	48	50	40.9	46.8	51.3
	50	15	13.5	15.3	16.8
	52	6	4.3	5.0	5.6
	54	1	0.8	0.6	1.0

注：LT_{95}、LT_{99}和$LT_{99.9968}$分别是根据（热）动力学模型推导出的昆虫死亡率分别达到95%、99%、99.996 8%时需要的处理时间（min）。

不同昆虫热致死最低能量值也不同（见表8–4）。杀灭鳞翅目昆虫的最低能量值一般在400 kJ/mol ~ 550 kJ/mol，杀灭双翅目昆虫的最低能量值在500 kJ/mol ~ 800 kJ/mol，杀灭鞘翅目昆虫的最低能量值在800 kJ/mol以上。

表8–4 昆虫和微生物热致死最低热能量值比较

有害生物种类	虫态	温度（℃）	最低能量值（kJ/mol）
地中海实蝇（*Ceratitis capitata*）	卵	45 ~ 47	784
	1龄幼虫	45 ~ 48	656
	3龄幼虫	46 ~ 52	552
瓜实蝇（*Bactrocera cucurbitae*）	卵	43 ~ 46	518
	1龄幼虫	45 ~ 48	650
桔小实蝇（*Bactrocera dorsalis*）	卵	43 ~ 46	958
	1龄、3龄幼虫	43 ~ 48	209 ~ 401
加勒比果蝇（*Anastrepha suspense*）	卵	43 ~ 50	445
昆士兰实蝇（*Dacus tryoni*）	卵	42 ~ 48	538
苹果蠹蛾（*Cydia pomonella*）	5龄幼虫	46 ~ 52	473
印度谷螟（*Plodia interpunctella*）	5龄幼虫	44 ~ 52	514
脐橙螟（*Amyelois transitella*）	5龄幼虫	46 ~ 54	510 ~ 520
赤拟谷盗（*Tribolium castaneum*）	3龄幼虫	48 ~ 52	814
微生物	孢子	100 ~ 130	222 ~ 502

一般来说，粮谷类携带的昆虫比水果等携带的昆虫耐热。昆虫是否分布于温带地区并不取决于昆虫的耐热能力。例如，桔小实蝇广泛分布于热带和部分亚热带地区，只有在春夏秋季分布于温带地区，冬季因无法越冬而死亡；桃小食心虫大部分分布于温带地区的苹果、梨等寄主植物上，通过蒸热处理和热水处理两种方法比较两者耐热性得出，桃小食心虫比桔小实蝇耐热。几种常见昆虫在不同货物中经热处理，预测死亡温度见表8–5。

表8-5 不同昆虫热处理模型预测的杀虫温度范围

昆虫种类	寄主	温度（℃）	预测模型	预测值
谷蠹	稻谷、小麦、大米、玉米、高粱、豆饼、粉类、块根、块茎类蔬菜、中药材及干果	45～55	Logit，Probit，CLL	LT_{99}，$LT_{99.9}$
桔小实蝇	番石榴、芒果、桃、阳桃、香蕉、西瓜、辣椒、茄子等水果和蔬菜	43～48	Empirical	LT_{90}，$LT_{99.997}$
苹果蠹蛾	苹果、梨、李、樱桃、杏和海棠等	45～51	Probit	LT_{50}
小麦瘿蚊	大麦、小麦、黑麦、冰草属植物、葡萄龙牙草等	47.5～80	Log Likehood Regression	LT_{50}，LT_{95}，LT_{99}，$LT_{99.99}$
苹果巢蛾	苹果、梨、海棠、山定子、沙果、山楂等木本蔷薇科植物	39～47	CLL	LT_{99}
墨西哥实蝇	番荔枝、人心果、柑橘类、芒果、桃、葡萄、可可等	43～45	Empirical，CLL，Logit	LT_{90}
库克群岛实蝇	—	43～48	CLL	LT_{99}
昆士兰实蝇	苹果、杏、樱桃李、洋李、欧洲甜樱桃、西班牙樱桃、鳄梨、西洋梨、桃、阳桃、番石榴、草莓、番荔枝、牛心番荔枝、芒果等50余种25科共约606种植物	42～48	CLL	LT_{99}
脐橙螟	核桃、巴旦杏、阿月浑子、板栗、榛子等。其他寄主有仁果类，如苹果、梨等；核果类，如桃、李、杏、石榴、无花果、葡萄、豆科作物的豆荚	46～54	Empirical，Half-order Kinetic	LT_{95}，LT_{99}，$LT_{99.83}$，$LT_{99.9968}$
印度谷螟	各种粮食和加工品、豆类、油料、花生、各种干果、干菜、奶粉、蜜饯果品、中药材、烟叶等。其中以禾谷类、大豆、花生、红枣及谷粉等受害最重	44～52	Empirical，Half-order Kinetic	LT_{95}，LT_{99}
地中海实蝇	—	46～52	Half-order Kinetic	LT_{95}，LT_{99}，$LT_{99.67}$
赤拟谷盗	食用菌、玉米、小麦、稻、高粱、油料、干果、豆类、中药材、生药材、生姜、干鱼、干肉、皮革、蚕茧、烟叶、昆虫标本等	48～52	half-order kinetic	LT_{95}，LT_{99}

（二）货物的耐受性

温带水果（如梨、苹果、桃等）热处理的温度范围为35 ℃~42 ℃，一般采用长时间较低温度的处理。处理后可以延长果实的货架期，提高果实的品质，不会发生热伤害。热带水果（如芒果、柚、木瓜等）热处理温度较高，一般为40 ℃~48 ℃，采用短时间较高温度的处理方法。经过热处理，可以有效杀灭实蝇等有害生物，抑制真菌等病害等发生，提高果品品质。不同水果热处理耐受性见表8-6。

表8-6　水果热处理耐受性比较

果实种类	处理方式	温度（℃）	时间	处理效果
白凤桃	热空气	35/20	48 h/24 h	有效减缓果实腐败
桃（大久保）	热空气	35	2 d	储藏15 d后，果实仍然保持良好风味
桃（“湖景密”露桃）	热空气	35/20	24 h	减缓桃果实冷藏中冷害发生
苹果（澳洲青苹和Anna）	热空气	46	12 h	提高果实储藏品质
苹果（Granny smith）	热空气	30	4 d	一定程度地抑制虎皮病发生
苹果（Anna）	热空气+3% $CaCl_2$溶液	38	4 d	两者结合处理，果实品质、果肉硬度提高
康德梨	热空气	40	2 d	抑制果实呼吸，乙烯释放
李（黑琥珀）	热空气	18~20	1 d	延缓李冷害发生，储藏90 d后果实品质良好
银杏	热水	50	2.5 h	抑制银杏采后脱水
香蕉	热空气	45	12 min	抑制果实呼吸乙烯释放，果皮细胞膜完整性能好
草莓	热水	38.42	24 h	降低储藏果实腐烂率，并且提高果实品质
芒果（Tommy atkins）	热空气	51.5	125 min	提高果实储后品质，抑制果实软化
芒果	热空气	25~30	24 h	提高果实抗冷害能力
芒果	热水/热空气	46/39	30 min/8 h	导致果实变黄，减轻果实表面褐变和表皮烫伤等热伤害特征
宽皮橘（Fortune）	热水	52	3 min	减缓冷害发生，提高果实品质
柠檬、柚、葡萄柚、橙	热空气	36	3 d	减少褐斑病和青霉病、绿霉病的发生
锦橙、哈姆林、甜橙	热空气	40	4 h~6 h	明显抑制果实储藏期间褐斑病的发生
葡萄柚（马叙）	强制热通风	48	3 h	有效控制加勒比海果蝇的危害

（三）升温速率

植物的耐热性是可以诱导的，较低温度热处理一段时间后，植物的耐热性会显著提升。因此，在热处理过程中，升温速度越慢对果实的损伤就越小，但是处理时间相应较长，处理过程应充分考虑升温速率和果实损伤的相互作用。另外，热空气处理过程中，程序升温可以抑制呼吸，保障游离脯氨酸的积累，减轻或避免桃、梨等水果热伤害的发生，但热处理24 h和36 h的果实硬度显著低于对照果实。

第三节　主要热处理技术

一、热水浸泡处理

（一）概述

热水浸泡处理（Hot-water immersion treatment）又称热水处理（Hot water treatment）。该方法是指通过将预处理的农产品货物浸泡在热水中，使其温度上升至规定的温度并维持一定时间，来杀灭货物中可能携带的有害生物的一种处理方法。

用热水浸泡的方法杀灭植物害虫已有一百多年的历史，随着技术和方法地不断发展和完善，热水处理已被应用于多种果蔬的检疫处理中，尤其适用于杀灭水果中的实蝇。Raymond等对芒果中的加勒比实蝇（*Anastrepha suspensa*），Armstrong对香蕉中的地中海实蝇、瓜实蝇和桔小实蝇，Sharp等对芒果中的加勒比实蝇、西印度实蝇（*Anastrepha obliqua*）、墨西哥实蝇和地中海实蝇，梁帆等对木瓜中的木瓜实蝇（*Bactrocera papayae*）曾进行热水处理的研究。此外，对于其他害虫，如樱桃中的苹果蠹蛾（*Cydia pomonella*）等也有研究报道。

引起病害的病原菌大多位于果蔬和种球等植物产品的表层，相比位于果蔬内部的害虫，处理病菌的过程较容易。实践中一般利用热水对水果和种球进行采后处理，对桃、草莓和香蕉等水果和甘蔗等茎秆上的病菌有一定的抑制和灭杀作用。此外，也可把杀菌剂加入热水中，以提高热水处理法的杀菌效果。用一定量的烯菌灵和咪唑类杀菌剂配合热水对柑橘上的病原菌很有效；利用热水配合二氧化硫、酒精或碳酸钠可杀灭柑橘绿霉病菌（*Penicillium digitatum*）。

（二）应用范围

热水浸泡处理是一种简便、经济、快速有效的除害处理方式，可以防治病害、线虫、某些昆虫和螨类，热水浸泡在检疫处理中主要用于处理可能携带地中海实蝇、瓜实蝇和桔小实蝇等实蝇的水果；处理和防治菊科、报春花科、蔷薇科、凤仙花科、秋海棠科等花卉的线虫病害；处理植物繁殖材料上的线虫和其他有害生物及带病种子。例如，澳大利亚和美国分别采用48 ℃，20 min；46.1 ℃～46.7 ℃，60 min的条件处理芒果中的实蝇。

热水浸泡处理与药剂或湿润剂共同作用，可以更有效地杀死有害生物。例如，45 ℃的热水配合二氧化硫、酒精或碳酸钠可以杀灭柑橘绿霉；在对鳞茎的热水处理中，将40%甲醛与水1∶200混合作为杀菌剂使用；福尔马林常常作为杀菌剂与热水混合处理鳞球茎，在热水中可以有效杀死线虫。

温带水果在热水处理过程中易出现损伤，可通过25 ℃～46 ℃热空气预处理一段时间后再进行处理，这种方法可以增加果实对热水浸泡的耐受性。

二、干热处理

（一）概述

干热处理（Dry heat）是指在不调节处理空间内空气湿度的情况下的热处理方法，多用于处理粮食、饲料、稻草、木质包装等产品。干热处理一般在烤炉、烤箱、热处理窑内进行。这种处理方法的关键在于使受处理的材料内部达到高于有害生物的致死温度，并维持一定的处理时间，从而杀灭有害生物。干热处理要求在被处理货物内部温度达到需要的处理温度时，开始计算处理时间。

李明等利用一次性干热处理来杀灭培养基上的萝卜和黄瓜种子中携带的真菌和细菌，并且对其发芽势和发芽率进行测定。萝卜种子在76 ℃条件下处理48 h对真菌的杀灭率达到100%，细菌杀灭率达到98%；黄瓜种子在76 ℃处理72 h对真菌的杀灭率为92%，细菌杀灭率达到100%，该方法杀菌效果明显，且与对照组相比，经处理后的萝卜和黄瓜种子的发芽势和发芽率并无显著差异。郑保有、郑毓等于2000年对感染有松墨天牛的木段进行40 ℃～60 ℃不同时间的加热，发现60 ℃持续处理12 h能杀死木段中100%的松墨天牛幼虫。干热处理的局限性在于不能杀死一些较耐高温的病原菌。用36 ℃、38 ℃和40 ℃对甘薯黑斑病菌进行1 d～4 d的干热处理，结果表明，干热处理4 d只能杀死表面孢子，但不能杀灭内层孢子。

（二）应用范围

与热水和蒸热处理相比，干热处理加热速率最慢。采用50 ℃～70 ℃，2 d～6 d的干热处理能杀灭黄瓜种子、莴苣种子、辣椒种子、番茄种子中的绿斑花叶病毒、莴苣花叶病毒、烟草花叶病毒、溃疡病菌等微生物。另外，对小麦原料、麸皮、饲料、面粉和土壤中的矮腥黑穗病菌、谷斑皮蠹、根瘤线虫等多种有害生物进行82.2 ℃～130 ℃，0.5 h～2 h的干热处理，既能有效杀灭病原菌和病毒，又不影响种子的发芽和生活力。

三、蒸热处理

（一）概述

蒸热处理（Vapour treatment，steam-heat treatment）是利用饱和湿度的热空气使农产品的温度提高到规定的要求，并在规定的时间内使温度维持在稳定状态，通过水蒸气冷凝作用释放出来的潜热，均匀而迅速地使被处理的水果升温，使可能存在于果实内部的有害生物死亡的检疫热处理方法。

蒸热处理主要根据货物和害虫的种类来确定温度和处理时间，用于处理对高温有良好耐性的水果实蝇，还可应用于消除某些蔬菜和果实表面的病虫害。

1929年，蒸热处理在美国被用来处理柑橘中的地中海实蝇。从1929年到20世纪50年代中期，其快速发展，研究对象扩展到了苹果、番石榴、李子和芒果等水果。近些年来，蒸热处理依然是国内外主要研究的除害处理手段之一。芒果中的昆士兰实蝇（*Dacus tryoni*）、瓜实蝇、地中海实蝇、西印度实蝇（*Anastrepha obliqua*）和桔小实蝇，番茄中的昆士兰实蝇，美洲南瓜中的南亚果实蝇（*Bactrocera tau*）、葡萄柚、橙和柑橘中的墨西哥实蝇，脐橙中的加勒比实蝇等都可以采用蒸热处理。

（二）应用范围

蒸热处理的对象已由最初的柑橘扩展到核果、梨果、浆果等水果及蔬菜。该方法尤其适用于杀灭对高温有良好耐性的亚热带水果中的实蝇和某些蔬菜、果实表面的病虫害和粮食害虫。

初期的蒸热处理常会损害水果品质，后期经过预热、恒温和降温三个阶段的改进，货物对热的敏感程度大大降低，加热速率提高，对货物造成的伤害降低。目前，常用45 ℃～50 ℃的蒸热处理或强制热空气处理方法来处理水果和蔬菜等鲜活农产品。蒸热处理商业设施在许多国家（地区）被批准使用，包括澳大利亚、美国、泰国、菲律宾。美国农业部批准对甜椒、柑橘（非所有种类柑橘）、茄子、芒果、木瓜、菠萝、南瓜、番茄和西葫芦进行蒸气热处理。

四、强制热空气处理

（一）概念

强制热空气处理（Forced got-air treatment，FHAT）是将空气湿度控制在饱和湿度以下（一般小于98% RH）对处理对象加热，杀灭害虫及病原虫，保证果蔬品质，延长贮藏时间的一种处理方法。在升温过程中，通过控制热空气温度和相对湿度，使水果表面温度与热空气的露点温度之差小于2 ℃，阻止水蒸气在水果表面凝结，从而大大减少对水果等的热伤害。

强制热空气处理与干热处理和蒸热处理最大的区别在于，处理过程中处理空间内的空气湿度是可调节的。强制热空气处理主要用于鲜活农产品，尤其是处理携带实蝇类害虫的水果。强制热空气处理的原理和设施与蒸热处理基本相同。

（二）应用范围

强制热空气处理常用于处理热带水果、蔬菜中携带的实蝇等有害生物。该方法一般要求加热使果心温度达到47.2 ℃并持续处理30 min。

五、微波处理

（一）概述

微波处理（Microwave treatment）是利用电磁波频谱为300 MHz ~ 300 000 MHz的非辐射波对货物进行的处理。微波位于短波和红外线之间，其波长范围为0.001 m ~ 1 m，具有频率高、波长短等特性。微波以类似于光的速度直线传播，其基本性质通常呈现为穿透、反射和吸收三个特性，能量传递速度与效率远高于热空气和热水处理。微波几乎能穿透玻璃、塑料和瓷器，多数含有水分的材料吸收微波后，自身发热，适用于有害生物含水率较货品含水率高的情况，以达到快速灭杀有害生物的目的。在实践中，主要利用微波的热效应，开展杀灭昆虫、病菌和线虫等多种有害生物的研究。微波处理作为一种有效的检疫处理方法，在木质包装的热处理和木材干燥中具有广泛的应用。

（二）微波处理原理

微波是频率在300 MHz ~ 300 000 MHz的电波，被加热介质物料中的水分子是极性分子，在快速变化的高频电磁场作用下，其极性取向将随着外电场的变化而变化，造成分子的相互摩擦运动，此时微波场的场能转化为介质内的热能，使物料温度升高，产生热化等一系列物化过程从而达到微波加热的目的。

微波对生物体的热效应是指由微波引起的生物组织或系统受热而对生物体产生的生理影响。热效应主要是生物体内极性分子在微波高频电场的作用下，反复快速曲向转动而摩擦生热，体内离子在微波作用下振动会将振动能量转化为热量，一般分子也会吸收微波能量后使热运动能量增加。

微波的非热效应是利用电磁场的热效应和生物效应共同作用的结果。例如，微生物的热效应是使蛋白质变性，使细菌失去营养、繁殖和生存的条件而死亡。微波对微生物的非热效应是微波电场改变细胞膜断面的电位分布，影响细胞膜周围电子和离子浓度，从而改变细胞膜的通透性能，使其不能正常新陈代谢，细胞结构功能紊乱，生长发育受到抑制而死亡。此外，微波能使细菌正常生长和稳定遗传繁殖的核酸和脱氧核糖核酸中的若干氢键松弛、断裂和重组，从而诱发遗传基因突变或染色体畸变甚至断裂。

（三）应用范围

微波加热具有速度快、效果好、无残留等优点，目前已广泛应用于牛奶、酱油、肉制品、方便面、米粉制品及茶叶等食品的消毒灭菌防腐处理。另外，微波处理还可以应用于粮谷、木材等其他产品的处理。

微波对红小豆、豌豆、绿豆携带的米象（*Sitophilus oryzae*）在56 ℃～58 ℃加热6 min，米象的死亡率均能达到100%，且不影响种子的发芽率。美国用39 MHz微波处理小麦30 s可以全部杀死米象。日本利用微波处理竹藤柳草类制品，可以达到工业化的杀虫效果。

（四）微波加热特点

从电子学和物理学观点来看，微波具有不同于其他波段的重要特点。

1.穿透性。微波比其他用于辐射加热的电磁波，如红外线、远红外线等波长更长，因此具有更好的穿透性。微波透入介质时，微波能与介质发生一定的相互作用（如2 450 MHz微波频率可使介质分子产生24.5亿次/s的震动），而介质分子间的互相摩擦，可引起介质温度的升高，使介质材料内部、外部几乎同时加热升温，形成体热源状态，大大缩短热传导时间，且在条件为介质损耗因数与介质温度呈负相关关系时，物料内外加热均匀一致。

2. 选择性加热。物质吸收微波的能力主要由其介质损耗因数来决定。介质损耗因数大的物质对微波的吸收能力强，相反，介质损耗因数小的物质吸收微波的能力弱。由于各物质的损耗因数存在差异，因此微波加热表现出选择性加热的特点。物质不同，产生的热效果也不同。水分子属极性分子，介电常数较大，其介质损耗因数也很大，对微波具有强吸收能力；蛋白质、碳水化合物等的介电常数相对较小，其对微波的吸收能力比水小得多。因此，对于食品来说，含水量的多少对微波加热效果影响很大。

3. 热惯性小。微波可使介质材料瞬时加热升温，升温速度快。另外，微波的输出功率随时可调，介质温度可随之改变，不存在“余热”现象，极有利于自动控制和连续化生产。

（五）微波加热的影响因素

1. 微波的频率。频率高的微波，分子在单位时间内改变方向或转动的次数多，升温快，处理时间短，但其穿透力不强，故适合处理小件物体；而频率低的微波，升温慢，处理时间长，穿透力强，适合处理大件物体。

2. 输出功率。微波设备的输出功率越大，作用于物体的电场强度就越大，物体的升温速度就越快，灭虫杀菌能力越强。

3. 作用时间。微波照射时间越长，物体吸收能量越多，温度上升越快，灭虫杀菌效果越好。

（六）微波加热技术存在的问题

为了实现微波加热技术在除害处理中的应用，还需要对微波处理设备、处理条件和杀灭有害生物的技术指标等进行改进。

制约微波加热技术发展的瓶颈问题是加热不均匀，包括微波分布不均匀和被加热物体升温不均匀。所以，升温除了和设备有关，还和物体的含水量、成分、颗粒形状和大小等有关。要使微波加热均匀，一是要对微波设备进行改良，最大限度地使微波分布均匀；二是要使放入微波中的物体尽量摆放均匀，如果是成型的物体（木材等），可尽量减小其体积。

受设备、技术、条件等因素的限制，目前对有害生物杀灭的技术指标存在差别大、参数不统一和需要大规模验证等问题。为了研究结果能被应用，热处理技术指标一般要求按照统一的参数格式提出温度和持续时间等要素，并加以大规模验证。栗克森和叶炳元提出了微波灭虫安全有效值，即WT值，它是输出功率与处理时间的乘积。WT值和被处理仓储害虫的死亡率有着密切的关系。当WT值达到某定值以上时，就可保证害虫死亡率为100%。在用微波处理小麦时，木盒中心和四周5个点温度有波动，只有使最高温度和最低温度之差小于10 ℃，才能保证WT值有意义。

用微波处理木材具有局限性。首先，微波在木材中的穿透力是一个很重要的问题。微波能量从外到内逐渐衰减，所以微波只能对一定厚度的木材起作用。因此，在实际应用中，如用木材制作集装箱，就要对木材厚度进行严格的要求，以保证微波处理的效果。其次，木材的含水率对微波处理也有一定影响。木材含水率越低，微波的穿透力越强。反之，木材的含水率越高，由于水的介电常数很大，吸收了大部分微波的能量，因此导致微波穿透力减弱，位于中部的线虫就越不容易被杀死。

六、高频介质加热

（一）概述

高频介质加热是利用绝缘物质的分子在高频电场内被反复极化的过程中克服分子之间的作用而做功，把高频电能转化成热能来加热该种物质的方法。高频介质加热属于直接加热。

（二）高频介质加热原理

高频是指频带在3 MHz到30 MHz之间的无线电波。高频介质加热是把介质放入高频电场内，在电场作用下，介质分子按电场方向排列，因高频电场以极快的速度不断改变方向，故介质材料的分子在原来的位置上高速转动或振动，分子间发生摩擦碰撞产生热量，从而达到加热的目的（见图8-2）。

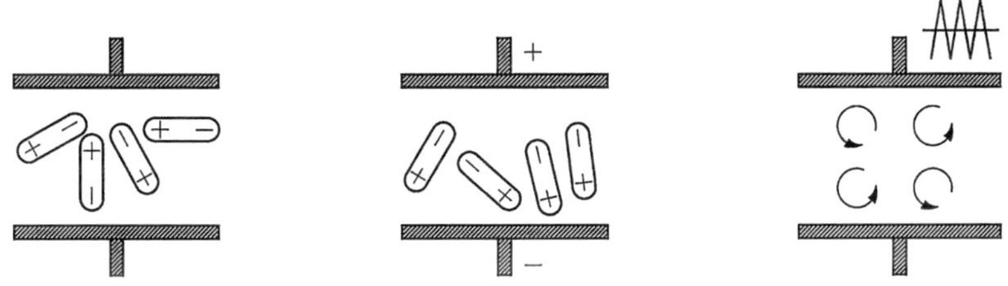

a）常规介质分子排列杂乱无章　b）单向电场介质分子发生取向　c）高频电场介质分子高速旋转

图 8-2　高频介质加热原理示意图

（三）应用范围

高频介质加热属于新型加热方式，现多试验于木包装加热和鲜活农产品加热过程中。

（四）加热特点

1.加热速度快、效率高。如果加热货物厚度小于20 mm，传导加热时间为1 min/mm。货物的厚度对高频加热的影响相对较小，木包装用高频介质加热方法加热至120 ℃～140 ℃只需要2 h左右，而热传导加热则需要5 d～6 d。

2.加热均匀。热量从货物内部产生，可以使处于电磁场中的物体均匀升温。

3.加热过程容易控制。可以通过调整加热时间控制加热效果。

4.生物刺激作用。在对粮食等货物处理中，存在非热效应的杀菌效果。

5.安全性高。环保、无辐射。

七、气调热处理

（一）概述

气调热处理是指将热处理的条件与厌氧环境结合，将高浓度的氮气或二氧化碳替代处理环境中的氧气，通过限制有害生物的呼吸，从而提高热处理效率的处理技术。

（二）气调热处理原理

在检疫热处理过程中适当降低氧气浓度和提高二氧化碳或氮气浓度，可以抑制有害生物的呼吸作用，从而起到杀灭有害生物的作用，同时可以延缓果实的成熟、衰老，达到延长果实储藏期的目的。

（三）应用范围

气调与热处理结合既可以降低热处理对货物的损伤，又对杀虫灭菌有增效作用，可以用于水果、种苗、蔬菜等热处理技术中。

高温气调处理是近年发展起来的新技术。Lay-Yee等采用1.2% O_2（V/V）、15% CO_2（V/V）的气调条件于40 ℃条件下处理携带害虫的“皇家嘎拉”和“司米斯（Granny smith）”苹果，结果显示，苹浅褐卷蛾（*Epiphyas postvittana*）5龄虫与谷蝽（*Nysius huttoni*）成虫的LT_{99}平均值分别为（14.2 ± 0.1）h和（16.6 ± 0.1）h，可以达到短时高温杀虫的目的。然而，气调与热处理组合对果实及害虫的影响还有待进一步研究，包括害虫对处理温度和致死温度的反应，对热处理的影响，以及对害虫适应热胁迫能力的影响等。

第四节　热处理的应用

随着进出口水果贸易的发展，外来有害生物入侵问题也日益严重，进境水果截获疫情显著增加。2003年～2013年全国口岸进境水果截获的各类疫情的统计结果显示，全国进境水果中截获有害生物总计2 000余种，近40万种次，其中检疫性有害生物130种，25 000余种次，在我国外来有害生物截获量上位居第三。主要的危险性病虫害有实蝇类、食心虫类等，其中地中海实蝇、苹果蠹蛾、梨火疫病等是水果容易传带的极重要的检疫性有害生物。苹果蠹蛾原产于欧洲，能对苹果、桃、石榴、山楂、李、枣、梨等水果造成极大危害，其幼虫寄生于水果内，啃食果核和果肉，可造成水果大面积减产甚至绝收。在水果中截获最多的二类有害生物是桔小实蝇，在所有截获的二类有害生物中所占比例达到32%。因此，各国或地区检疫机构都非常重视水果的检疫，常常把水果列入禁止进境物名单或限制进境物名单中。开展水果检疫除害处理技术研究和开发应用工作是目前的重点和热点。

热处理技术是进出口水果检疫除害处理中较为常用的技术措施，既能有效杀灭进出口水果携带的实蝇等检疫性有害生物，又不会造成残留。目前，热处理技术已广泛应用在水果的检疫处理中（见表8–7）。热水浸泡处理、强制热空气处理及蒸热处理等均已在实践中得到应用，其中木瓜热处理是较为成功的应用之一（见表8–8）。近几年，我国在进出口水果的检疫热处理方面也开展了大量研究和推广应用，如输日荔枝蒸热处理、马来西亚进境木瓜热水处理等都取得了非常好的效果。

表8–7　国际贸易中常见的水果热处理技术指标

出口国（地区）	进口国	水果	热处理方式	热处理指标
美国（夏威夷）	日本	木瓜	蒸热处理	果心温度达到47.2 ℃，相对湿度超过90%，持续1 h处理
美国（夏威夷）	新西兰	所有水果	强制热空气	果心温度超过47.2 ℃，持续超过4 h
伯利兹	美国	木瓜	强制热空气	果心温度达到47.2 ℃，持续20 min
斐济	新西兰、澳大利亚	木瓜、面包果、芒果	强制热空气	果心温度达到47.2 ℃，持续20 min
萨摩亚	新西兰	面包果、木瓜	强制热空气	果心温度达到47.2 ℃，持续20 min
菲律宾	澳大利亚、美国、日本、新西兰、韩国	芒果	热水浸泡处理	果肉温度达到46 ℃，持续10 min
库克群岛	新西兰	木瓜、芒果	强制热空气	果心或果肉温度到达47.2 ℃，持续20 min
汤加	新西兰	面包果、芒果、木瓜、鳄梨	强制热空气	果心或果肉温度到达47.2 ℃，持续20 min
墨西哥	美国	柑橘	强制热空气	果心温度到达44 ℃，超过90 min，持续134 min
智利	美国	山木瓜	强制热空气	果心温度到达47.2 ℃，超过4 h
中国（台湾）	美国	芒果	蒸热处理	果肉温度到达46.5 ℃，持续30 min
哥伦比亚	美国	黄火龙果	蒸热处理	果肉温度到达46 ℃，持续20 min
泰国	日本	芒果	蒸热处理	果肉温度到达46 ℃，持续20 min

表8-8 木瓜热处理技术指标

出口国（地区）	进口国	热处理方式	热处理指标
美国（夏威夷）	日本	蒸热处理	果心温度超过47.2 ℃，最后处理的1 h相对湿度超过90%
伯利兹	美国	强制热空气	果心温度超过47.2 ℃，持续20 min
斐济	美国（新泽西州）、澳大利亚	强制热空气	果心温度超过47.2 ℃，持续20 min
库克群岛	美国（新泽西州）	强制热空气	果心或果肉温度超过47.2 ℃，持续20 min
萨摩亚	美国（新泽西州）	强制热空气	果心或果肉温度超过47.2 ℃，持续20 min

病原菌通常附在水果表面，用微波对水果进行采后处理，使表面达到某一温度并持续较短时间，可有效地杀灭病菌（见表8-9），延长储藏期。

表8-9 微波处理对病原菌的灭杀效果

病菌名	介质	100%死亡率的处理条件
玉米细菌性枯萎病菌（*Pantoea stewartii* subsp. *stewartii*）	玉米	65 ℃持续10 min，70 ℃持续5 min
扩展霉素（*Penicillium expansum*）	桃	表面温度从室温升到52 ℃～58 ℃用时120 s，24 ℃条件下储藏45 d无烂果
灰霉病菌（*Botrytis cinerea*）	桃	表面温度从室温升到52 ℃～58 ℃用时120 s，24 ℃条件下储藏45 d无烂果
苹果腐烂病菌（*Cytospora* sp.）	树枝、培养基	频率为2 450 MHz，功率为500 W的微波处理3 min
镰刀菌（*Fusarium*）	冷杉种子	66.5 ℃持续2 min
核盘菌（*Sclerotinia sclerotiorum*）	油菜籽	100 ℃持续63 s

一、木质包装热处理

（一）木质包装热处理的技术要求

为防止林木有害生物随木质包装在国际间传播蔓延，2002年3月，《国际植物保护公约》秘书处颁布了第15号国际植物检疫措施标准《国际贸易中的木质包装材料管理准则》，要求货物木质包装在出境前进行除害处理。其中热处理标准为木材中心温度不低于56 ℃，持续时间不少于30 min。该植物检疫措施标准颁布在木质包装的定义、处理的要求与标准、处理标记的采用、处置措施等方面做出了明确的规范，对各国在国际贸易中降低因木质包装材料的使用而产生的传播有害生物的风险具有指导性的意义。

2006年4月，IPPC秘书处对《国际植物检疫措施标准（第15号出版物）》的附件进行了修订，修订版中规定了溴甲烷熏蒸处理技术要求，规定了修缮、再利用、再制造后的木质包装必须重新处理和再加施处理标记等内容。2009年4月在《国际植物检疫措施标准（第15号出版物）》基础上，IPPC秘书处颁布了《国际植物检疫措施标准（第15号出版物）修改版》（简称2009年修改版）。该修改版新增了“环境声明”和“豁免条款”，在内容安排上把原标准中的管理要求和业务要求合二为一，强调了“国家植物保护机构的职责”，明确并细化了对法规、标记、修缮和再制造木质包装材料等方面的规定，并将微波处理正式列入合格热处理措施。2009年修改版对打破贸易保护环节、营造更为顺畅的贸易环境起到了推动作用。2013年，IPPC秘书处对第15号国际植物检疫措施标准再次进行了修订，对附件1中已批准的木质包装材料处理措施，包括热处理、使用传统蒸汽或热处理室烘干进行热处理（处理标记代码：HT）、溴甲烷处理（处理标记代码：MB）等的相关规定进行了修改，并增加了使用介电加热进行热处理（处理标记代码：DH）。其中，对于使用介电加热进行热处理的规定为：在使用介电加热（如微波）时，由围绕尺寸最小处测量不超过20 cm的木料组成的木质包装材料或木料堆必须被加热至最低60 ℃的温度，并在整个木料中（包括其表面）连续保持1 min。必须在处理开始后30 min内达到要求的温度。

（二）我国木质包装热处理技术应用

自20世纪末木质包装检疫安全问题受到国际关注后，针对木质包装热处理，我国开展了大量研究工作，为技术标准的不断完善提供了理论依据。在此研究基础上，我国木质包装热处理已在实际生产中广泛应用，逐步取代了木质包装溴甲烷熏蒸处理。2009年我国发布了检验检疫行业标准SN/T 2371—2009《木质包装热处理操作规程》，规定了出境货物木质包装热处理的技术指标和操作要求。

（三）木质包装热处理木材中心温度预测

虽然一直以来各国对木质包装材料都实行检疫处理，但我国口岸仍然多次从经过热处理的进境木质包装中截获松材线虫（*Bursaphelenchus xylophilus*）和双钩异翅长蠹（*Heterobostrychus aequalis*）等有害生物，即使外方出具了热处理证明，木质包装仍有可能携带活体有害生物，这一状况在我国的出口货物木质包装材料上也有发生。造成热处理失效的主要原因是热处理库的设计建造不规范，无法确保所有木质包装材料的木材中心温度达到规定要求，从而不能完全杀灭有害生物。

为了保证热处理对有害生物的杀灭效果，安全有效地进行热处理操作，需要对木质包装热处理及中心温度预测技术等方面进行系统研究，从而制定安全有效、操作规范的技术要求和规范。

木质包装热处理木材中心温度预测的模型是用数学的表达方式整理出一种关于木质包装与环境参数的数学关系，即数学环境参数模型（Mathematical model）。该模型针对木质包装处理过程中的某些特定参数，利用模型软件，为木质包装热处理的最优决断提供理论依据和指导。

目前较为常见的数学模型以俄国Kpeqe TOB理论公式和美国森林产品实验室Simpson等研究的理论为基础。Kpeqe TOB理论公式主要通过"毕渥准数"来计算热传递过程中热阻和木材中心温度到达指定温度的时间。Simpson理论是基于饱和水蒸气的环境和恒温条件下得出的，涉及加热时间、加热温度、初始温度、厚度、密度和含水率等参数。

国内现在通用的做法是在热处理过程中，通过钻孔将温度计插入木材中心，同时用锯屑粉与黏合剂混合后填充温度探头和钻孔的缝隙，对木材的中心温度进行监控。然而测定的数据依然存在较大的误差，因此采用理论推导的方式确定木材中心温度是解决这一技术缺陷的必要方法。这方面的研究报道较少，有必要开展深入研究，通过木质包装热处理温度、湿度、厚度、升温速率、木材种类等影响因素互作分析研究、各因素控制热处理试验、不同数学模型拟合等，建立计算机模型并进行实测，以更好地保证木材热处理的效果。

（四）木质包装介电加热技术研究

木质包装介电加热是利用微波的能量特征，对木质包装进行加热的过程。20世纪60年代开始，人们逐渐将微波加热技术应用于纸类、木材等物理加工处理过程。1974年，Hightower等推荐利用微波加热将非洲和南美洲进口硬木升温至50 ℃处理其携带的甲壳虫幼虫。

Watanabe等人研究了介电加热北美黑松和北美香柏过程的加热速率，频率为40.7 MHz的微波在不同功率密度下对两种不同含水率材质的木块加热到56 ℃，加热速率与功率密度呈正相关，和木材含水率呈负相关，并开发了一维数学模型来描述木材在射频加热期间的加热速度，预测不同含水率木材的加热速率。

国内对不同规格和含水量的杨树木块进行微波处理试验，结果表明：频率为2 450 MHz的微波能够穿透厚度为10 cm的杨树木材。当微波功率为900 W时，规格为

10 cm × 10 cm × 10 cm和10 cm × 10 cm × 2.5 cm的新木块中黄斑星天牛（*Anoplophora nobolis*）幼虫完全死亡所需时间分别为5 min和2 min；而干木块处理则仅需3 min和30 s。

安徽省森林病虫防治总站采用功率为24 kW/h、微波频率为2 450 MHz 的WJM－2型微波除害设备处理松材线虫病疫木板材，根据板材的含水率、厚度和温度确定处理时间，实现处理后板材中心温度达55 ℃以上，可以完全杀死较厚板材内的松褐天牛（*Monochamus alternatus*）幼虫和松材线虫，符合我国对松材线虫病疫木安全利用的要求。

原江苏出入境检验检疫局应用微波对感染松材线虫、松褐天牛等的木材进行了除害处理结果表明：用发射功率为15 kW/h、频率为900 MHZ 的微波处理供试木样，保持处理对象表面温度为50 ℃～60 ℃、处理4 min～6 min就可以完全杀死厚度为2 cm～15 cm木材中的松褐天牛幼虫和松材线虫。其对可能影响处理效果的木材厚度、含水率等4种因子进行了相关性探索，初步建立了影响因了和除害效果相关性的数据模型。

（五）三种热处理技术比较

木质包装热处理主要包括蒸热处理、窑干处理和介电加热处理三种方式。这三种方式在除害效果、处理时间和适用木材规格上有一定差异，可以根据需求采取不同的方法。

1. 除害效果

介电加热处理的方法是官方认可的木质包装除害处理方法，且都具有较好的广谱性。相比而言，介电加热处理不仅可以提升木材温度，而且可以破坏生物体内部的蛋白质，具有更强的杀虫效果。蒸热处理与之相似，可以使生物体内的蛋白质，特别是酶，发生变性，但是蒸热处理后的木材仍然有被真菌感染的可能。在介电加热处理中，木材内部水分分布不均而影响除害效果，而窑干处理则可以避免或控制上述问题。因而这三种处理方法的综合除害处理效果相当。

2. 时效性

蒸热处理的时间与溴甲烷熏蒸处理相当。对于直径为406 mm，初含水率100%，比重为0.45的木材，在起始温度为21 ℃的热处理窑中，采用98.9 ℃的饱和蒸汽中加热，理论上原木中心温度达到71.1 ℃的时间为16.6 h，而进行溴甲烷熏蒸处理所需的密闭时间是16 h。考虑到辅助操作和保持时间，两者的实际操作周期都在24 h左右。介电加热处理的速度最快，时间可以按分钟计，蒸热处理时间按小时计，而窑干处理的周期则以天计，远长于蒸热处理。

3. 适用规格

木材在饱和蒸汽环境中的干燥过程十分缓慢，含水率会略有增加。原因是在蒸热处理开始时，由于木材表面温度较低，部分蒸汽冷凝而被木材吸收，因此，蒸热处理可解决处理过程中的开裂问题，用来处理大径级的原木。介电加热处理时，木材的规格影响微波的穿透性，此外，在微波加热的过程中，同样需要关注材料内部应力应变的水平，处理材料的适用厚度受到限制。在以上三种技术中，窑干处理是木材加工过程中必不可少的一个环节，在处理工艺和装置方面都已较为成熟，可以直接应用；蒸热处理技术的工艺和装置与常规蒸汽干燥很相似，两者都需控制处理窑内的温度、湿度和气体流动，只是汽蒸窑仅通过喷蒸管对木材进行加热并创造饱和蒸汽环境，无须另加散热器；大尺寸木材的介电加热除害处理技术，目前还停留在实验室阶段，其处理工艺和装置还有待进一步研究。

二、种子苗木的热处理

林木种苗中截获的有害生物中昆虫所占比例较大，其他还包括病害、线虫和螨类。检疫性有害生物疫情截获率较高的是中国港台地区、欧美地区和亚洲其他地区，分别为7.25%、3.64%和2.82%。其中非洲大蜗牛（*Achatina fulica*）、短体线虫属（非中国种）（*Pratylenchus* Spp.）害虫、栎树猝死病菌（*Phytophthora ramorum*）、南芥菜花叶病毒（Arabis mosaic virus，ArMV）及红火蚁（*Solenopsis invicta*）截获率较高，检疫风险较大。

热水浸泡可以处理植物繁殖材料上的线虫和其他有害生物及带病种子。热水浸泡处理也可以与药剂或湿润剂共同作用，可以更有效地杀死有害生物。例如，45 ℃的热水配合二氧化硫、酒精或碳酸钠可以杀灭柑橘绿霉病菌；40%甲醛与水1∶200混合作为杀菌剂使用，可对鳞茎进行热水处理；福尔马林常常作为杀菌剂与热水混合处理鳞球茎，在热水中可以有效杀死线虫。

干热处理、蒸热处理和强制热空气处理可以用于种子苗木的检疫处理。例如，采用50 ℃～70 ℃干热处理2 d～6 d能够杀灭黄瓜种子、莴苣种子、辣椒种子、番茄种子中的绿斑花叶病毒（Green mottle mosaic virus）、莴苣花叶病毒（Lettuce mosaic virus）、烟草花叶病毒（Tobacco mosaic virus）等，其既能有效杀灭病原菌和病毒，又不影响种子的发芽和生活力。

用微波对种子进行采后处理，可有效地杀灭病菌（见表8-10），延长储藏期。病原菌通常附在水果和种子表面，利用微波照射，使表面达到某一温度并持续较短时间，就可达到理想效果。

表8-10　微波处理对病原菌的灭杀效果

病菌名	介质	100%死亡率的处理条件
玉米细菌性枯萎病菌（*Pantoea Stewartii* Subsp. *Stewartii*）	玉米	65 ℃持续10 min，70 ℃持续5 min

续表

病菌名	介质	100%死亡率的处理条件
扩展霉素（*Penicillium expansum*）	桃	表面温度从室温升到52 ℃～58 ℃用时120 s，24 ℃条件下储藏45 d无烂果
灰霉病菌（*Botrytis cinerea*）	桃	表面温度从室温升到52 ℃～58 ℃用时120 s，24 ℃条件下储藏45 d无烂果
苹果腐烂病菌（*Cytospora* sp.）	树枝、培养基	频率为2 450 MHz，用功率为500 W的微波处理3 min
镰刀菌（*Fusarium*）	冷杉种子	66.5 ℃持续2 min
核盘菌（*Sclerotinia sclerotiorum*）	油菜籽	100 ℃持续63 s

三、鲜切花热处理

我国花卉业的生产规模、产值及贸易额近年来都有了较大幅度的增长，鲜切花产业已成为推动我国国民经济发展、农民增收的一个新的增长点。2009年，全国花卉种植面积为83.41万hm^2，比上年增长7.56%；销售总额719.76亿元，比上年增长7.92%；鲜切花出口额达2.3亿美元，占花卉出口总额的25%，鲜切花进口额占花卉进口总额的17%。尤其是近年来，我国鲜切花出口量不断扩大，出口额总体平稳上升，出口创作能力不断提高然而，鲜切花易携带多种有害生物，国外针对我国鲜切花采取的检疫技术性贸易措施较多，严重影响着我国花卉的出口。溴甲烷是目前鲜切花检疫处理中最常用的熏蒸剂，随着出口花卉品种的不断增多，许多对溴甲烷极为敏感的花卉，例如玫瑰的部分品种如黑魔术、香槟、雪山，菊花中的大白菊等，经过溴甲烷熏蒸处理后出现变色现象，影响鲜切花品质。

采用热处理技术，可避免影响花卉品质。热水浸泡处理可以处理和防治菊科、报春花科、蔷薇科、凤仙花科、秋海棠科等花卉的线虫病害。玫瑰、雏菊、白菊、黄菊、非洲菊、康乃馨、百合能耐受的强制热空气处理条件分别为46 ℃、60 min、相对湿度70%～90%，49 ℃、30 min、相对湿度90%，46 ℃、60 min、相对湿度90%，49 ℃、30 min、相对湿度90%，52 ℃、30 min、相对湿度90%，46 ℃、60 min、相对湿度90%，46 ℃、60 min/49 ℃、20 min。相对湿度90%的强制热空气处理可以用于切花上西花蓟马（*Frankliniella occidentalis*）的检疫处理。

四、强制热空气处理通用操作程序

（一）处理前程序

1.监控温度。根据热处理包装库内循环气流方向，合理装载货物。库内地面需铺有隔条或者木托盘，摆放的货物间应留有适当间距。

2. 确定热处理技术方案。例如，处理货物为木质包装时应该测定货物的长、宽和最大厚度，以及加热前的环境温度。根据处理货物的种类、规格、数量、材质、含水量等情况选用技术指标进行热处理。

3. 热处理前进行货物中心温度测定。将温度测定仪的感温探头埋入货物中心，测定中心温度。样本货物应无虫孔、霉变等，木包装等货物在无裂缝等条件下选取货物最大厚度处测定。中心感温探头放入货物的孔径与探头直径一致。

4. 根据货物量等情况确定热处理时间。例如，木包装处理应通过数据模型计算所需处理时间。

（二）热处理

1. 升温处理过程

热处理库在密封性检查后，开启加热源，开始升温，同时启动循环风机，并开启温度检测装置。在加热过程中，应使干湿球温差低于5 ℃，当干湿球温差大于5 ℃时，自动开启加湿装置。

当被处理对象的中心温度达到杀灭有害生物所需的温度标准时开始计时，同时开启处理时间记录装置，每5 min记录一次，并在处理方案中应该达到的时间内维持温度。当计时后某段时间的温度低于处理所需要的有效温度时，应重新开始计时。

当处理时间达到规定时间，完成杀虫灭菌程序后，关闭热源，开启排气装置。当室内外温差小于30 ℃时，关闭排气装置，整个处理过程结束。打开热空气发生设备。温度记录仪至少每5 min记录一次每个传感器的温度读数，给每个传感器编码，每0.1 ℃就绘出易读的图纸。升温后，温度记录仪的记录频率应增加至每2 min一次。

货物中心温度应升高至规定的温度，如果货物的最初温度比较低，就需要花更长的时间才能达到要求的中心温度。箱体中空气温度应比要求的温度稍高，当带传感器的所有货物都达到要求的温度，升温过程完成。在处理要求中规定的处理时间内货物中心温度（所有传感器上）应保持在要求的处理温度或以上方可确认有效。查验员应在全部处理（升温时间加处理时间）完成时，回查和核准温度记录。

2. 控制传输空气温度和风机速率

传输空气温度应比水果果肉温度略高。在处理过程中，操作人员可以在不同时间段对传输空气温度作适当的调整。根据强制热空气室里的水果重量（长度）的不同，操作人员根据实际经验，可适当调整传输空气的温度或风机的速率。

处理结束后，检查所有温度和时间记录。在处理期间若所有检测点的温度均高于或等于所要求的温度时，则判定为合格，出具“货物热处理结果报告单”，填写“货物包装除害处理合格凭证”。

（三）处理后的程序

热处理结束后，必须将装载货物的箱体搬运到安全的房间或区域（检疫隔离区）。冷却货物，将其放置到商业纸板箱中。其他程序，如使用杀真菌剂等，由操作人员操作设备完成。每个纸板箱上都应贴上“已强制热空气处理”的标志并编号，需要注意的是，此字样不可在纸板箱上事先印刷好。

（四）处理后的安全保护措施

采取适当的安全保护措施以避免处理过的水果等货物暴露在空气中遭到再次危害。保持强制热空气室和包装室的安全和卫生条件，并随时准备处理突发事件，如火灾。在整个处理过程中（升温时间加处理时间），操作员必须一直在场，操作员要参加培训并且熟悉处理程序和强制热空气室的操作。

所有热处理相关的记录与报告单等经工作人员签字复核后，交由所在地海关审核后存档。

五、热水处理通用操作程序

（一）前处理程序

处理水池需按照要求放置并被认可批准，使用带孔的筐子进行处理，同时需要装备水循环和热交换装置。每次处理前都要检测加热系统、循环系统和记录仪，确保其正常运行，水下传送带需要在每天运行前进行检查。

每个处理容器或批次在放入浸果池前需先标记识别号码，自动温度记录系统记录整个处理过程中的温度。包装公司的人员在温度记录表上标出处理开始的温度、批次号码和浸没起始时间。

商品在处理前不需要降温，而且必须等于或大于处理手册上标明的最低处理温度。在处理实施前，需要进行货物大小分类。

在池中温度最低点永久性安装3个Pt100温度探头。其具有能较长时间保持稳定和高灵敏度、高精确度的优点，在45 ℃ ~ 48 ℃的温度范围内精确度为 ± 0.15 ℃。

在水下传送带式处理池中，每个处理池至少要有10个温度探头。在筐式处理池中，每个处理池至少有2个温度探头，在处理多个筐时，每筐至少有1个探头。

热水处理池的设计应考虑便携式温度探头的临时放置。需使用便携温度计测量处理池中其他部位的温度。必要时可以增加探头以保持处理时间和温度的准确。

（二）热处理

1. 处理前预热

测量1 cm深处果肉的温度，果肉的温度达到20 ℃以上才能开始处理。可以通过以下几种方式进行处理前预热：（1）水箱预热；（2）用单独的预热箱；（3）将热空气导入水果中；（4）水果存放房间加热；（5）直接日晒。

2. 温度记录

自动运行。每个处理池有一个电磁开关、一个感应器和自动记录程序。当一筐水果放入处理池中时，处理池能够自动运行，记录时间和温度，筐取出后自动停止，并能在处理过程被打断时自动标记。

长时间运行。整个处理过程中连续运行，传送带处理用记录仪至少需连续运行12 h。

记录间隔不大于2 min。每个温度传感器必须连接一个记录用打印机，并且至少每2 min记录一次。

精确度要求。整个系统温度记录的精确度和标准温度计的偏差在 ±0.15 ℃之内。

3. 校准

在45 ℃～47.8 ℃内进行校准，而不是在0 ℃校准。测量范围为45 ℃～47.8 ℃，准确度为0.1 ℃。

4. 温度记录纸要求

制图偏移标度不能低于5 mm/℃，打印速度不能少于2.5 cm/10 min。

5. 警报系统

筐式处理必须有蜂鸣或强光等警报系统提醒处理时间结束。

（三）处理后程序

处理后冷却。不强制要求处理后冷却，但考虑到水果的品质，许多设计单位建造处理后冷却系统使水果在热水浸果处理后迅速降温。

冷库。处理后30 min才可将水果放入冷库。芒果冷库保存的推荐温度为10 ℃～12.8 ℃，相对湿度为85%～90%。

电扇。必须在空气温度低于30 ℃时才可使用。

水冷。水中需加15 mg/L～150 mg/L的氯。

热水处理水果的所有包装需标注热水处理和核准设备号码。

（四）处理后的安全保护措施

货物产地处理后，立即移至无有害生物的密闭空间保存，并在整个运输过程中确保不被有害生物再次感染。整个处理过程在海关监管下进行。

09

CHAPTER

第九章

冷处理

随着《蒙特利尔议定书》的签署和持续推进，以及人们对环境保护问题越来越重视，冷处理技术被越来越多地应用于进出口水果检疫处理中。

冷处理是用持续的不低于果实冰点的低温来控制寄主携带的检疫性害虫及抑制病原菌侵染速度的一种处理技术，适用于对低温适应性良好的温带水果。因其本身具有无毒、无污染等优点，故越来越受到人们的关注。

第一节 概述

一、冷处理的概念

利用持续的低温处理货物及其携带的有害生物，达到杀灭有害生物目的的一种方法。根据低温处理所使用的温度，可分为速冻处理和冷藏处理。

二、速冻处理

速冻是在-17 ℃或更低的温度下急速冰冻被处理的农产品，是控制害虫的一种处理方法。这种方法对防治许多害虫有效，常常用于处理那些由于害虫而不能进口的产品，特别是用于处理某些水果和蔬菜。

这种处理方法包括在-17 ℃或更低的温度下预冻，接着按规定在-17 ℃或更低温度下保持一定时间，但是在不能高于-6 ℃温度下保藏。速冻处理需具备满足上述温度处理的冷冻仓和贮藏仓，在冷冻仓内必须设置自动温度记录仪，记录速冻过程中温度变化动态和持续处理时间。

三、冷藏处理

冷藏处理是指应用持续的不低于冰点的低温冷藏处理货物及其可能携带的有害生物，超过有害生物所能忍耐的临界温度，从而导致有害生物死亡，作为控制害虫的一种安全有效的检疫处理方法。

人们发现当把温带或热带的节肢类昆虫带到0 ℃～10 ℃的低温地区时，这些昆虫的活动能力下降，症状严重的昆虫呈冷昏迷状态。如持续时间较短，当温度恢复正常时，昆虫可恢复正常状态；如持续时间过长，也可造成死亡。昆虫的死亡取决于低温的强度和持续的时间。在植物检疫中，冷藏处理主要应用于检疫水果和蔬菜中的有害昆虫，对有害微生物只能达到抑制的水平，并不能达到检疫的目的。目前，该方法已被应用于口岸的检疫处理中。冷藏处理适用于对低温适应性良好的温带水果，而对热带水果、亚热带水果容易引起冻害。因此，美国、澳大利亚等国家（地区）都制定了冷藏处理的应用范围，该范围包括苹果、柑橘类、杏、猕猴桃、樱桃、葡萄、柠檬等水果。低温处理的最大缺点是耗时长，并需要先进的制冷设备。

四、冷处理的发展及现状

1907年，Hooper和Lounsbury分别发现冷处理可以抑制果蝇的繁殖和生长，这是冷处理技术被首次报道用来防治害虫。Back和Pemberton（1916）进一步改进了冷处理方法，他们用它来杀灭苹果上的地中海实蝇（*Ceratitis Capitata*）。该方法也可用来杀灭榄仁树和桃子上的地中海实蝇。从1928年～1929年，美国佛罗里达州将冷处理用来处理多种水果上的地中海实蝇。1934年，Mason和McBride利用冷处理方法处理柑橘、番石榴、鳄梨和芒果上的地中海实蝇。同时，他们也首次得出了低温对地中海实蝇各个生命阶段影响的数据。1976年，Sproul利用先进的实验方法和实验设备印证了Mason和McBride数据的准确性，两个试验中实蝇致死的温度和处理时间一致。1936年，Nel分析了冷处理油桃、桃子、李子和葡萄上的地中海实蝇的数据后总结出了一条重要的结论：实蝇的致死条件与寄主植物无关，只与温度和处理时间有关。这一结论使制定检疫处理的方案更为精确。

冷处理应用于苹果蠹蛾（*Cydia pomonella*）始于1930年，Necomer用该方法处理苹果蠹蛾的卵和幼虫。1963年，该方法被用来处理桔小实蝇（*Bactrocera dorsalis*）。近年来，一些学者研究发现，冷处理是一种很有潜力的处理仓储害虫的方法，这些仓储害虫包括：粉斑螟（*Ephcstia cautella*）、麦蛾（*Sitotroga cerealella*）、烟草甲（*Lasioderma serricorne*）、杂拟谷盗（*Tribolium confusum*）、四纹豆象（*Callosobruchus maculatus*）、印度谷螟（*Plodia interpunctella*）、赤拟谷盗（*Tribolium castaneum*）和锯谷盗（*Oryzaephilus surinamensis*）。低温冷藏方法已被美国农业部检疫部门认可，他们使用该方法对来自48个国家的14种受到地中海实蝇和墨西哥实蝇危害的果蔬进行检疫。

实蝇寄主的水果都能够用低温冷藏处理。国外的科学家正在根据低温对害虫的影响和低温对果蔬伤害的数据建立一个模型，希望利用该模型来快速、准确地制定不同货物的低温检疫处理方案。在我国，冷处理的起步较晚，研究对象多集中于处理荔枝、龙岩沙田柚、芦柑和橙中的桔小实蝇。

第二节　冷处理原理

冷处理的原理是通过降低温度来杀灭寄主携带的检疫性害虫及抑制病原菌的侵染速度，同时保证果实品质不受影响。

一、对害虫的杀灭机理

（一）对结冰敏感型虫体造成冷伤害

昆虫体液在低于冰点温度时，仍能保持液体状态的现象叫作昆虫的过冷却现象。使昆虫体液保持液态的最低温度，叫作过冷却点（Supercooling points，SCP）。

一般来说，液体结冰后，体积比原来增大，会造成生物体细胞膜受损，同时，使原生质失水，不断扩大的冰晶在原生质内形成分割的空隙，引起原生质和原生质膜的质壁分离，破坏组织和细胞膜的生理结构，特别是细胞膜的渗透性会受到严重的损害。Lee 发现，虽然有些昆虫会因为低温而致死，但是此时它们体内的水分可能并未被冻住。

根据昆虫对低温的耐受机制可将其分为结冰耐受型和结冰敏感型两类。结冰耐受型昆虫，能够在胞外结冰的条件下存活，原因是结冰耐受型昆虫冷却点较高，过冷却能力较差。大多能在低温下主动形成冰核，使细胞外液在较低的亚致死温度下结冰，阻止了细胞内液结冰，避免了细胞内损伤。体液结冰会导致结冰敏感型的昆虫大量死亡。这类昆虫对体内形成的冰晶敏感，冰晶会对他们造成致命伤害。结冰敏感型昆虫只有通过增强过冷却能力，降低过冷却点才能避免体内结冰。温带地区的昆虫大多为结冰敏感型，过冷却点是他们能耐受的最低温度。因此可利用昆虫的过冷却点进行低温处理。

虽然过冷却点是昆虫能生存的最低温度，但大多数昆虫会死于长时间的亚致死低温中。

亚致死低温区（停育低温区）温度多为 -9 ℃ ~ 8 ℃。在该温区内，昆虫体内各种代谢速度减慢，生理功能失调，出现冷却昏迷状态，如果这种温度持续较长时间，则会引起昆虫死亡。

致死低温区温度多为 -40 ℃ ~ -10 ℃。昆虫体液析出在低温下结冰，使原生质受到机械损伤、脱水、生理结构被破坏，且此破坏不可逆，组织和细胞发生不可复原的变化引起死亡。昆虫对低温的回应过程如图 9-1。

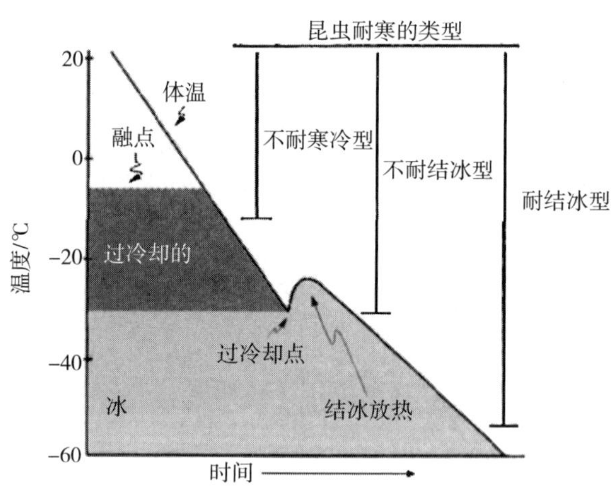

图 9-1　昆虫低温条件下的体温变化过程

（二）昆虫产生生理代谢紊乱

酶是生物体内各种生理活动的催化剂，缺少了酶的活性，生物的正常生理生化活动将不能进行。一般来说，每种酶都有它的最适温度，最适温度下酶的活性最高，催化效果也最好。随着温度的降低，酶的活性也会降低，昆虫的生理生化活动受到抑制。当温度降到一定程度时，酶的活性也进一步降低，昆虫的生理生化活动彻底停止。

昆虫遭遇低温伤害后，体内会大量积累乳酸、含氮废物、自由基等有毒物质，当这些物质达到一定量时，昆虫因代谢紊乱死亡。昆虫体内的氧化物歧化酶（SOD）、过氧化氢酶（CAT）、过氧化物酶（POD），虽然能够清除产生的过氧化物，保护细胞，但随温度的降低，或低温时间过长，保护酶的活性也会下降，有毒物质无法排出。

（三）诱发膜脂相变

生物膜相变是生物体实现生理功能的基础。生物膜是液态镶嵌的结构，具有多相性特征。当温度变化时，生物膜会发生明显的变化，膜脂从液相变成液晶再变为凝胶相或者反向变化。在生长发育条件下构成生物体的生物膜通常被称为液晶状态。膜脂具有流动性，包括侧向扩散旋转异构运动，振荡伸缩运动旋转以及在脂膜双层中的翻转运动等。低温条件下，生物膜的类脂相变形成凝胶状态，分子的运动受到显著抑制。在液晶状态的凝胶状态之间的温度范围内，液晶状态与凝胶状态在同一膜上同时存在，此状态为相分离。生物膜处于液晶状态时，生物体生理代谢正常；生物膜处于相分离状态时，生物体常产生生理机能障碍。因此，在低温条件诱导昆虫，会因为膜脂相变，导致膜功能丧失，电解液泄漏，致使虫体死亡。

二、对病原菌的抑制机理

冷处理对病原菌的抑制机理主要是低温条件抑制了真菌孢子的分生功能、减慢了病原菌对果实的侵害速度。有研究认为，苹果轮纹病菌在5 ℃左右，其孢子分生功能被抑制，腐烂率大大降低。轮纹病菌也会侵害梨、玉米、棉花等果实或植物产品，因此可以利用冷处理抑制其产孢速度，降低运输过程中的果品及植物产品的损失。

第三节　冷处理的应用

一、对果蔬品质的影响

（一）果蔬冰点

生物组织的冰点均低于0 ℃，当温度高于冰点时，细胞始终处于活体状态。这是因为生物细胞中溶解了糖、酸、盐类、多糖、氨基酸、肽类、可溶性蛋白质等许多成分，而各种天然高分子物质及其复合物以空间网状结构存在，使水分子的移动和接近受到一定阻碍而产生冻结回避，但细胞液不同于纯水，冰点一般在 -0.5 ℃ ~ -3.5 ℃之间。冰点是低温冷藏果蔬的重要物理性状之一，也是所有低温贮藏物的贮存临界点。钟志友等发现果蔬含水量和可溶性固形物含量与冰点温度的相关性分别达到极显著水平；

果蔬密度与冰点温度的相关性没有达到显著水平。果蔬冰点温度随着果蔬含水量增加呈递增趋势，而随着可溶性固形物含量的增加呈递减趋势。

表9-1　部分水果的最高冰点

品种	最高冰点（℃）	品种	最高冰点（℃）	品种	最高冰点（℃）
香蕉	-0.7	甜瓜	-1.1	柿子	-2.1
草莓	-0.7	菠萝	-1.1	鲜无花果	-2.4
桃、李	-0.8	美洲葡萄	-1.2	石榴	-3.0
芒果	-0.9	柠檬	-1.3	鲜枣	-4.8
椰子	-0.9	苹果	-1.5	荔枝	—
番木瓜	-0.9	梨	-1.5	龙眼	—
柑橘	-1.0	猕猴桃	-1.6	番石榴	—
柚子	-1.0	樱桃	-1.7	枇杷	—
杏	-1.0	欧洲葡萄	-2.1		

（二）果蔬冻伤的症状

冷冻虽能延长果蔬的保存期，但由于果蔬的一部分细胞死亡，且在解冻时出现汁液流失，不能保持食品的原有风味。冻伤（Chilling injury）对农作物品质的损害是制约低温检疫处理的主要因素之一。不适宜的贮藏温度会破坏果蔬正常的生理代谢，造成内部细胞膜结构性损伤。光照和水是影响植物冻害产生快慢的重要因素。对热带和亚热带农作物而言，最佳储藏温度分别为10 ℃～12 ℃和4 ℃～7 ℃。高于此温度会使农作物提前衰老或成熟。当低于此温度时，农作物的储存时间会因为冻伤而极大减少，但是，农作物的衰老和成熟会受到很好地抑制。冻伤的症状通常出现在将作物从低温处移到非低温处后，并且冻伤症状出现得非常缓慢。

当把农作物从低温处移到高温处后，其果实表皮慢慢出现损伤、陷斑、变色和大面积内陷；果肉、维管束和种子的内部出现褐变，叶子枯萎缺乏水分。很多农作物，例如菜豆（*Phaseolus vulgaris*），经过几小时的低温处理，其叶子就会出现枯萎的现象。如果及时将它们放到高温处，则枯萎现象会消失。翠南报春（*Primula patens*）对低温极其敏感，在5 ℃下处理4 h后，叶片全部死亡。除了这些肉眼可见的损伤外，在农作物的生长过程中，冻伤还会造成农作物生长机理不良。最常见的症状是果实早熟和提前衰老。其中，提前衰老常常会导致农作物的腐败和储藏时间的减少。番茄对低温非常敏感，4 ℃下处理5 h就可出现冻害。15 ℃储藏13 d后，番茄的成熟过程被打破，口味变坏，外表呈现深褐色。储藏温度超过15 ℃后，不会对番茄的成熟产生影响。

果实的生长阶段影响果实对低温的敏感性。成熟的香蕉果实比未成熟的香蕉果实对低温敏感，更容易遭到冻害。处于呼吸高峰期的番木瓜（*Carica papaya*）和马铃薯（*Solanum tuberosum*）对低温更敏感。另外，果实的成熟度和叶龄是影响植物产生可见冻害的两个最重要的因素。部分果蔬冻害的温度及症状见表9-2。

表9-2 部分果蔬冻害的温度及症状

果蔬品种	冻害临界温度（℃）	冻害症状
香蕉	11.7~13.3	果皮出现水渍状暗绿色斑块，表皮内出现褐色条纹，中心胎座变硬，成熟延迟
芒果	10.0~12.8	果皮颜色暗淡，出现褐斑，烫伤状失色，不能正常成熟
荔枝	0~1.0	果皮颜色暗淡，色泽变褐，果肉出现水渍状
龙眼	2.0	外果皮颜色变暗，内果皮出现水渍状或烫伤状斑点
菠萝	6.0~10.0	果皮变色，冠芽萎蔫，果肉出现水渍状
红毛丹	7.2	外果皮和软刺褐变
番木瓜	7.0	果皮凹陷，果肉呈水渍状，不能正常成熟，无香味
柠檬	10.0~11.7	表皮下陷，细胞层干疤，心皮壁褐变
橙（品种各异）	2.8~5.0	果皮凹陷，褐变
柑橘（品种各异）	3.0~9.0	果皮凹陷，腐烂及水肿
苹果（品质各异）	2.2~3.3	内部褐变，褐心，表面烫伤状失色
油梨	5.0~13.0	果肉呈灰褐色
硬皮甜瓜	2.0~5.0	表皮凹陷，腐烂
蜜露甜瓜	7.0~10.0	表皮呈红褐色，失色，腐烂，不能正常成熟
西瓜	4.5	表皮凹陷，有臭味
西葫芦、南瓜	10.0	腐烂，出现轮纹病斑
黄瓜、冬瓜	10.0	表皮凹陷水渍状，腐败
甘薯	13.0	腐烂，表面凹陷，内部变化，煮熟后硬心
番茄（绿熟瓜）	10.0~12.0	成熟时果色不佳，现轮纹病斑，水渍状斑点
甜椒	7.0	果皮凹陷，萼上现轮纹病斑，种子变黑
青椒	7.2	表皮凹陷，种子褐变
石刁柏	0~2.0	颜色暗淡，成灰绿色，顶端柔软
豇豆	1.0~4.5	黑荚现点状或片状锈褐色斑
食荚菜豆	7.0	菜豆表面凹陷，呈赤褐色斑点，或呈水渍状斑块
茄子	7.0	表面呈烫伤状，出现交链孢菌病斑，种子变黑

二、冷处理的种类和程序

出口水果冷处理采用的冷处理方式通常有两种，分别是冷藏库冷处理和运输途中集装箱冷处理。基于何种方式处理取决于进口国的具体检疫法规的规定，从商业角度出发，常用的处理方式是运输途中集装箱冷处理。

（一）、冷藏库冷处理

1. 冷处理设施

（1）要求

冷处理必须在海关批准注册登记的冷处理设施内进行。

（2）制冷设备

使用的冷处理设施符合适当的标准且具有能使果实达到和维持所需温度的制冷设备。

（3）温度记录仪

具有满足最低数量要求的多通道温度记录仪。记录仪能够自动记录并贮存处理过程的温度数据，并且能达到探针所要求的精度。

（4）温度探针

有足够数量的温度探针，温度探针和温度记录仪应相匹配，能够准确测量库温和果温，探针的精度至少达到 ±0.15 ℃。

2. 温度探针的校正

（1）处理前温度探针由检疫官员负责校正，校正方法如下：

将碎冰块放入保温壶内，加入蒸馏水，水与冰混合的重量比例约为1∶1；将标准温度计和温度探针同时插入冰水中，并不断搅拌冰水，同时用手持扩大镜观测标准温度计的刻度值，使冰水温度维持在0 ℃，然后记录3支温度探针显示的温度读数，重复3次，要求3次的温度读数保持一致（见表9-3）。

表9-3　冷藏库温度探针读数校正

温度探针	第1次读数	第2次读数	第3次读数	校正值
1号	0.1	0.1	0.1	−0.1
2号	−0.1	−0.1	−0.1	+0.1
3号	0.0	0.0	0.0	0.0

（2）任何误差超出 ±0.4 ℃的探针均不符合要求，必须更换。

（3）处理完成时，检疫官员将再次通过校正方法验证果温探针的误差。

3. 冷处理室

冷处理室应具备密封装置，符合《出口食品生产企业卫生要求》所规定的车间及设施卫生的要求，并且不得同时存放其他水果。

4. 预冷

水果处理前须预冷。

5. 安插温度探针

（1）库温的测量

至少用2个探针（分别在出风口和回风口）测量库温。

（2）果温探针的安插位置

果温探针的数量应该依据待处理水果的数量而定，但至少要安插以下4个探针测量果实（果心）的温度：

①一个位于冷处理室中部所装货物的中心；

②一个位于冷处理室中部所装货物顶层的边角；

③一个位于所装货物中部近回风口处；

④一个位于所装货物顶层的边角近回风口处。

（3）连接果温探针和记录仪

（4）探针的安插和与记录仪的连接须在海关授权的官员监管和指导下完成

6. 处理计时

可以在任何时间启动记录，但是只有当所有的果温探针都达到指定的温度时，才开始计算处理时间。

7. 处理结果的检查和确认

（1）处理持续时间达到规定要求后，打印温度记录数据交由授权的海关官员检查。

（2）按照温度记录判断，如果各探针温度记录均符合处理指标要求，则可以结束处理，由授权的检疫官员按规定的程序进行探针校正。当只用最少数量的探针时，如果有任何探针温度记录连续超出4 h失效，则该处理无效。

（3）在温度记录符合要求的情况下，再按照校正结果判断，如处理结束时的探针校正结果与处理开始时的校正结果一致，则可认定为该处理已成功完成。如果其探针的校正值（正数）比开始时的校正值高，则该探针（或多个探针）的记录读数应相应调整；调整后如温度记录仍符合处理指标要求，则处理成功，否则该处理将被判定为无效处理。

（4）由出口商与授权的检疫官员确定是否对该批果实重新处理。

8. 装柜（装入集装箱）

（1）装柜前，集装箱必须清扫干净并经检疫官员查验，以确保不带有害生物，并在入口处加以遮挡以防害虫再次进入。

（2）果实需要在防虫的建筑物内装柜，或冷藏室出口和箱体间用防虫材料围住。

9. 集装箱的封识

由经授权的检疫官员用编码的封条将装上货物的集装箱封识，并在植物检疫证书上注明封条号码。

10. 未立即装柜的水果的存贮

处理过的果实未立即装柜也可以存贮，但应处于海关监管下。

（1）如果果实存贮在处理室内，则处理室的门必须封闭；

（2）如果果实转移到另一贮存室内存贮，则必须用经海关批准的可靠的方式转移，且另一贮存室内不得有其他水果；

（3）随后的装柜必须按照第8条的规定在海关的监管下进行。

11. 植物检疫证书

冷处理的温度、持续时间及包装厂或处理设施名称或编号，必须写进植物检疫证书处理栏内。

（二）运输途中冷处理

1. 集装箱要求

集装箱必须是自身（整体）制冷的运输集装箱，且具有能达到和保持所需温度的制冷设备；或符合进口国要求的冷藏集装箱。

2. 记录仪

（1）温度探针应至少精确到 ±0.15 ℃。

（2）有足够数量的探针。

（3）能够记录并贮存处理过程的数据。

（4）至少每小时记录一次所有探针的温度，记录显示应满足探针要求的精度。

（5）温度记录应对应每个探针记录的时间、温度，并注明记录仪和集装箱号。

3. 温度的校正

（1）处理前温度探针由检疫官员负责校正，校正方法如下：

将碎冰块放入保温壶内，加入蒸馏水，水与冰混合的重量比例约为1：1；将标准温度计和温度探针同时插入冰水中，并不断搅拌冰水，同时用手持扩大镜观测标准温度计的刻度值，使冰水温度维持在0 ℃，然后记录3支温度探针显示的温度读数，重复3次，要求3次的温度读数保持一致（见表9-4）。

表9-4　运输途中温度探针读数标正

温度探针	第1次读数	第2次读数	第3次读数	校正值
1号	0.1	0.1	0.1	–0.1
2号	–0.1	–0.1	–0.1	+0.1
3号	0.0	0.0	0.0	0.0

（2）任何误差超出 ±0.4 ℃的探针则不符合要求，必须更换，或遵照进口国的相应规定。

（3）必须对每个集装箱出具一份由经授权的检疫官员签字盖章的“果温探针校正记录”。

（4）水果运抵入境口岸时，进口国检验检疫机构将对果温探针进行校正检查。

4. 预冷

水果需在冷藏库中预冷至果肉温度达4 ℃或以下才允许装柜，进行运输途中冷处理。

5. 装柜并安插温度探针

（1）装柜时应采取必要的防虫措施，防止昆虫或其他有害生物进入集装箱。

（2）包装好的果实应在检疫官员监管下装入运输集装箱，包装箱堆放应合理，确保有足够的气流空隙。

（3）每个集装箱至少应有3个果温探针。针对冷藏集装箱果温探针安插位置不同国家（地区）的要求有所不同，现阶段有二种。

一是输美荔枝、龙眼探针安插位置：

① USDA 1探针安插在集装箱内货物首排顶层中央位置；

② USDA 2探针安插在距集装箱门1.5 m（40英尺集装箱）或1 m（20英尺集装箱）的中央，并在货物高度一半的位置；

③ USDA 3探针安插在距集装箱门1.5 m（40英尺集装箱）或1 m（20英尺集装箱）的左侧，并在货物高度一半的位置。

二是输澳荔枝、龙眼探针安插位置：

① 1号果温探针位于距集装箱前端1.5 m，堆高的中部，靠集装箱左壁；

② 2号果温探针位于集装箱中部，堆高的中部位置；

③ 3号果温探针位于接近距集装箱尾端1.5 m，堆高的中部，靠集装箱右壁。

④ 所有探针必须在经授权的检疫官员的监督和指导下安插。

6. 处理计时及记录下载

（1）可以在任何时间启动记录，但是只有当所有的果温探针都达到指定的温度时，才开始计算处理时间。

（2）由船运公司负责下载冷处理温度记录，并将其提交至入境港口的检验检疫机构。

7. 集装箱封识

由经授权的检疫官员，用编码封条对装入货物的集装箱进行封识。

8. 冷处理报告和温度探针校正记录

冷处理报告和温度探针校正记录由授权的检疫官员填写，并按规定寄/送至进口国检验检疫机构。

9. 植物检疫证书

（1）冷处理的温度、处理时间和集装箱号码及封识号必须在植物检疫证书中注明。

（2）水果入境时，需向检验检疫机构提供植物检疫证书、冷处理报告、果温探针校正记录。

三、冷处理在植物检疫中的应用

（一）冷处理在植物检疫中的发展概述

冷处理最早应用于1907年，Hooper和Lounsbury将冷处理技术应用于抑制实蝇繁殖和生长。20世纪20~40年代，冷处理范围逐渐扩大至苹果、橄仁树、桃、柑橘、番石榴、鳄梨和芒果等水果上的地中海实蝇杀灭技术。Paul和MuDonald发现实蝇的处理条件与寄主植物无关，仅与处理温度和时间的组合有关。这一结论提高了冷处理技术指标的精确度，同时大大降低了冷处理工作的难度。

除实蝇外，冷处理分别于1930年用于处理苹果蠹蛾、1963年用于处理桔小实蝇。自此，冷处理被应用于许多国家（地区）对进出境果蔬产品的检疫处理中。如美国农业部已对48个国家的14种果蔬上携带的地中海实蝇和墨西哥实蝇的冷处理进行了限定。

另外，该技术也逐渐被应用于处理仓储害虫，如赤拟谷盗、谷斑皮蠹、锯谷盗、杂拟谷盗、四纹豆象、印度谷螟、麦蛾、烟草甲等。

目前，冷处理多应用于水果中携带的实蝇类害虫。例如，地中海实蝇的2、3龄幼虫对低温抗性最强，在1 ℃条件下，处理16 d可以杀灭甜橙、橘子和橘子杂交品种上的地中海实蝇；处理14 d可以杀灭柠檬上的地中海实蝇。采用适当条件的冷处理，既能灭杀检疫性有害生物，又可以保证货物的品质不受影响。例如，梁广勤等发现当橙子果心温度达到（2 ℃ ± 0.1 ℃）时，贮藏14 d后，桔小实蝇的卵和幼虫全部死亡，且果实外表不受损害，果肉色泽、风味和可溶性固形物与对照相比没有显著差异。

（二）冷处理在国外的应用

目前，国外的研究主要集中在根据低温对害虫的影响和低温对果蔬的伤害的数据建立数学模型，并试图利用该模型来迅速、准确地制定不同货物的低温检疫处理方案。以美国和澳大利亚为代表的一些国家（地区）制定了冷处理的应用范围及指标。美国针对从澳大利亚进口的柠檬上携带的昆士兰实蝇的检疫处理条件为不高于3 ℃的条件下处理14 d；对于从澳大利亚进口的柠檬中携带的地中海实蝇，检疫处理条件为不高于2 ℃处理16 d，或不高于3 ℃处理18 d。另外，多数国家（地区）的冷处理方法必须用于指定国家（地区）的指定商品上。

如前文所述，各国冷处理温度都在 –0.6 ℃ ~ 3.1 ℃范围内，低温持续时间为 10 d ~ 24 d（见表9–5）。各国根据不同的情况灵活制定检疫冷处理条件，对于不同的植物产品（水果、种子等）的冷处理温度与时间的设置，需要检疫工作者在实践中不断重复试验和研究。

表9–5 部分国家针对进口水果的冷处理要求

国家	水果种类	冷处理要求	校正值（℃）
南非	柑橘	–0.6 ℃或以下，持续 24 d或以上	± 0.3
	葡萄	–0.5 ℃或以下，持续 22 d以上	± 0.3
阿根廷	葡萄柚	2.3 ℃连续处理 19 d；2.2 ℃连续处理 21 d；1.67 ℃连续处理 17 d；1.1 ℃连续处理 15 d	± 0.3
	橙		
	橘		
秘鲁	柑橘	1.11 ℃或以下连续处理不少于 15 d；1.67 ℃或以下连续处理不少于 17 d	± 0.3
	葡萄	1.5 ℃或以下连续处理 19 d	± 0.3
巴基斯坦	柑橘	1.67 ℃或以下连续处理不少于 17 d；2.2 ℃或以下连续处理不少于 21 d	± 0.3
澳大利亚	柑橘	1 ℃或以下持续 16 d以上；2.1 ℃或以下持续 21 d	± 0.6
西班牙	柑橘	1.1 ℃持续 15 d；1.7 ℃持续 17 d；2.1 ℃持续 21 d	± 0.3
埃及	柑橘	0 ℃或以下持续 10 d；0.55 ℃或以下持续 11 d；1.11 ℃或以下持续 12 d；1.66 ℃或以下持续 14 d；2.22 ℃或以下持续 16 d	± 0.6
以色列	柑橘	1.1 ℃持续 15 d以上；1.7 ℃持续 17 d以上；2.1 ℃持续 21 d以上	± 0.3
印度	葡萄	1.1 ℃或以下持续 15 d以上	± 0.3
智利	李子	0.5 ℃或以下连续处理 15 d	± 0.3
	葡萄	0.5 ℃或以下连续处理 15 d	± 0.3
	蓝莓	0.5 ℃或以下连续处理 15 d	± 0.3
	樱桃	0.5 ℃或以下连续处理 15 d	± 0.3
意大利	猕猴桃	1.1 ℃或以下持续 14 d；1.7 ℃或以下持续 16 d；2.1 ℃或以下持续 18 d	± 0.3
希腊	猕猴桃	1.1 ℃或以下持续 14 d；1.7 ℃或以下持续 16 d；2.1 ℃或以下持续 18 d	± 0.3
法国	猕猴桃	1.1 ℃或以下持续 14 d；1.7 ℃或以下持续 16 d；2.1 ℃或以下持续 18 d	± 0.3
摩洛哥	柑橘	1 ℃或以下持续 16 d以上	± 0.3
塞浦路斯	柑橘	1.1 ℃持续 15 d以上；1.7 ℃持续 17 d以上；2.1 ℃持续 21 d以上	± 0.3

10

CHAPTER

第十章

气调处理

气调（Modified atmosphere， MA）处理是通过改变粮谷、果蔬等仓储物环境中气体成分来杀死各种害虫或保持货物品质的处理方式。通常将气体环境中 O_2 浓度降低到 5% 以下或将 CO_2 浓度提升到 20% 以上，从而抑制有害生物生长发育或繁殖。气调处理技术自 19 世纪开始在储粮领域得到广泛研究和应用，它作为仓储除害和检疫处理方法的应用效果均得到了肯定和认可。

气调处理的原理是通过影响昆虫体内的能量代谢，改变细胞膜的通透性，进而使昆虫体内有害物质积累，从而导致害虫死亡。气调处理是一种环境友好型绿色处理技术，不产生药剂残留，可作为溴甲烷熏蒸的替代技术，受到国际社会的广泛重视，IPPC 秘书处于 2021 年 3 月发布了国际标准《使用气调处理作为检疫处理措施的的要求》。气调处理效果往往受到气体种类和浓度、环境温度、湿度、货物种类、目标有害生物种类等条件影响。

第一节 概述

一、概念

气调处理是指在一定的温度和压力下，保持处理体系中足够长时间的气体组分改变，使有害生物处于一种不适宜其生存的气体环境而达到检疫处理的目的。主要包括降低气体中O_2的浓度（通常降低至1%以下），或增加CO_2的浓度（50%～85%），或者二者同时改变。如气调储粮技术是在一个密闭环境（如粮仓内）中，通过充入N_2或CO_2等方法来降低粮仓内的O_2比例，营造一个缺氧环境，粮食和害虫的呼吸作用也会降低O_2含量，从而导致害虫无法呼吸而死亡。O_2含量的降低不仅可以控制害虫，还可以降低致病菌的呼吸作用，从而抑制细菌或真菌的生长，保证粮食的品质。利用气调处理方法可防止限定性有害生物的传入和扩散，而且使用气调处理方法来代替溴甲烷熏蒸，可以减少溴甲烷的排放，从而减少臭氧层的消耗。（李丹丹等，2015）

检疫气调处理（Phytosanitary modified atmosphere treatment）是指将厌氧环境与其他环境条件（如温度、湿度、CO_2等惰性气体）结合，应用高浓度的N_2或CO_2替代处理环境中的O_2，通过限制有害生物的呼吸，达到杀灭检疫性有害生物，防止其扩散、蔓延或定殖，实现检疫安全的目的。然而，到目前为止，还没有具体的检疫处理技术指标。

气调处理与其他处理方式相结合，可提升杀灭有害生物的效率。例如，气调加控温、气调加辐照，这一方面可以降低处理时间，另一方面可以避免控温处理对新鲜水果的损害。

气调处理分为两种方式，一种为控气气调或限气气调（CA），另一种为自发气调或称改良气调（MA）。自发气调主要用于新鲜水果采后微生物控制目的和延长货架期，很少用于检疫处理。2021年3月《国际植物保护公约》秘书处（ISPM）发布的第44号文《作用气调处理作为植物检疫措施的要求》发布后，不再区分CA和MA，而将其统称为MA。

二、影响气调处理的因素

气调处理对有害生物的杀虫效果取决于气体成分、有害生物种类、货物种类、温度、相对湿度以及处理的持续时间。一般来说，O_2浓度越低，CO_2浓度越高，温度越高，相对湿度越低，处理所需的时间越短。王进军等通过对嗜虫书虱的研究发现，在气调处理中，引起书虱死亡的主要原因是CO_2，其次是温度，最后是O_2浓度。

（一）气体成分

空气由78%的N_2、21%O_2、0.033%CO_2以及少量惰性气体组成。气调处理中所涉及的气体主要是CO_2、O_2及N_2，其中N_2的作用是调节O_2的含量。气调处理主要是通过调节气调空间内的空气成分，建立一个高CO_2（浓度＞20%）、低O_2（浓度＜5%）的环境，达到杀灭有害生物的目的。

气调处理的杀虫效果随CO_2的含量及处理时间变化而变化。在对加勒比实蝇（*Anastrepha suspensa*）的处理中发现，处理7 d～10 d内，每增加20%CO_2能缩短1 d的处理时间。低含量的O_2与高含量的CO_2一样对目标害虫有致死作用。然而，不能单独用低含量的O_2来除灭水果中的实蝇类等害虫，原因在于对于多数果蔬害虫，O_2含量必须低于2%才可达致死水平。例如，O_2含量若低于10%，处理的柑橘类水果会变味，从而影响其品质，这是在低氧环境下果实厌氧呼吸的结果。此外，在低氧的条件下，果汁中乙醚的含量明显增加，这也会对水果的品质产生影响。所以，合理利用不同组合的气调处理就显得尤为重要。

对于储粮害虫的气调处理，只有当O_2浓度足够低或者N_2浓度足够高时，才会对环境中的害虫起到消杀效果。常温下，N_2浓度至少在95%左右的时候才可以对粮仓中的仓储害虫有较好的控制效果，且处理的时长不少于28 d。由于高浓度的CO_2有毒害作用，因此相比于N_2气调，CO_2气调的作用效果更加明显，可完全消灭各个虫态的害虫，且保证了货物的品质。

（二）温度

气调处理效果与温度有密切的关系，温度升高，杀虫效果增加，例如在35 ℃、25 ℃、0 ℃条件下谷斑皮蠹老龄幼虫的致死时间$LT_{99.9968}$（95%置信水置信水平下死亡率达到99.996 8%的最短时间）分别为9.5（9.1～10.1）d、25.7（24.0～27.9）d和63.9（56.7～73.9）d，呈极显著的下降趋势（孙滔等，2011）。因此，气调通常与热空气（46 ℃～52 ℃）结合应用，称为气调热处理（Controlled atmosphere hot-air treatment，CATT）。然而，低温可以降低新鲜果蔬的呼吸速率，气调处理有时也与冷处理（-0.6 ℃～3 ℃）结合使用。Mitcham等研究发现，在0 ℃～10 ℃之间，随温度的降低，气调杀虫效果下降，当温度接近0 ℃时，气调杀虫效果再次增加。在4种温度（0 ℃、5 ℃、15 ℃和25 ℃）条件下，对苹果小卷蛾（*Laspeyresia pomonella*）卵进行气调处理，其LT_{95}值从低到高的分别是：25 ℃（1 d～2 d）、0 ℃（3 d～4 d）、15 ℃（5 d～7 d）及5 ℃（9 d～14 d），在0 ℃下气调处理比在15 ℃、5 ℃下的处理效果快得多。Mitcham等在两组低温下（0 ℃和5 ℃）对3种检疫害虫进行气调处理，在0 ℃下，气调杀虫效果比在5 ℃下的杀虫效果好。主要原因为昆虫在温度接近0 ℃的环境下，会出现抗冰冻现象而加速新陈代谢。然而，并非所有昆虫都符合该结论。据报道，太平洋叶螨（*Tetranychus pacificus*）的卵在5 ℃下比在0 ℃下对气调反应敏感。

对果蔬产品而言，低温是延长其贮存寿命的最主要因素。在气调处理中，应在保证果蔬的正常代谢不受干扰的前提下，尽量降低温度，特别是在接近0 ℃时，温度稍微变动即会对果蔬的呼吸产生刺激作用。处理温度每降低10 ℃，水果的呼吸强度可减弱至原来的1/3～1/2，而处理温度由0 ℃升高到3 ℃～4 ℃时，水果的呼吸强度可升高0.5～1倍。通常，果蔬气调处理库的温度一般比冷藏库的温度高1 ℃左右。

（三）相对湿度

昆虫的生存与所处环境的相对湿度密切相关，湿度主要影响昆虫的呼吸作用从而影响其死亡率。如果昆虫所处环境的相对湿度过低，昆虫体内的水分将会散失，当昆虫体内水分低于临界限度时，昆虫就会死亡。相对湿度低也会使昆虫对气调的敏感性增加，可提高气调处理的效果。在相同温度和CO_2浓度条件下，害虫的致死时间随相对湿度的降低而减少。例如，在32 ℃、45% CO_2条件下，米象的LT_{50}和$LT_{99..5}$在相对湿度71%时为54.4 h和89.6 h，当相对湿度降到51%时则为24.7 h和42.4 h。当相对湿度由71%下降至51%时，赤拟谷盗的LT_{50}和$LT_{99.5}$由89.7 h和156.0 h下降到32.3 h和108.4 h。新鲜果蔬等不适合在低湿度环境下进行气调处理。荔枝、葡萄这些对湿度要求严格的农作物必须在90%～95%的相对湿度条件下进行气调处理。

（四）有害生物

当一种货物中携带多种有害生物时，处理指标的选用不能只以某一害虫或某一虫态的处理标准为指标，而要以耐受性最强的害虫和虫态的处理标准为指标。

实蝇是鲜食水果贸易中最重要的检疫性害虫，但其气调处理的研究尚未得到重视。由于实蝇幼虫孵化并生活在果实中，一般都会经历缺氧的微环境，有时果实腐烂会使幼虫经历与微生物竞争有限O_2的过程，因此实蝇幼虫与其他昆虫相比，厌氧耐受性相对较高。

采用加勒比实蝇5龄幼虫在22 ℃～23 ℃条件下，在100% N_2中处理60 h后死亡；卵和幼虫在高浓度CO_2条件下，死亡率与CO_2浓度正相关，与O_2浓度相关性较差；在最低的CO_2浓度下，死亡率与O_2浓度成正相关。

以苹果蠹蛾（*Cydia pomonella*）为代表的鳞翅目有害生物的寄主植物通常为蔷薇

科植物（如苹果），对低氧和高CO_2的耐受性相对较强。该类植物产品在42 ℃以上热处理会产生伤害，采用冷处理时间通常需34 d ~ 76 d。气调与冷、热处理结合可以有效杀灭鳞翅目的有害生物，同时缩短处理时间。在0.8% ~ 1.6% CO_2、2.2% ~ 3% O_2和0 ℃条件下处理13周，不仅可以保证苹果的质量，同时可以有效杀灭苹果蠹蛾。采用0.5% O_2加N_2，0.5% O_2加10% CO_2或98%CO_2，结合39 ℃ ~ 45 ℃热处理核桃中的苹果蠹蛾可以达到检疫处理安全性要求。猕猴桃携带的3种鳞翅目卷叶蛾可采用2% O_2结合5% CO_2在40 ℃条件下处理。苹果蠹蛾和梨小食心虫（*Grapholitha molesta*）可以采用43.5 ℃ ~ 45.5 ℃，1% O_2和15%CO_2处理。新西兰卷叶蛾（*Grapholitha molesta*）4龄幼虫和苹淡褐卷蛾（*Epiphyas postvittana* ）的死亡率可以达到99%，斜纹卷蛾（*Ctenopseustis obliquana*）的5龄幼虫是该虫的最耐受虫态；苹淡褐卷蛾比其他两种有害生物耐受性更强。

（五）货物种类

货物由于种类不同，因此对温度和气体的耐受性不同。粮谷类货物对温度的耐受性要远远高于新鲜货物。在耐受性不强的货物上的害虫对气调也更敏感。对于鲜活水果来说，芒果对于高温、低氧、高CO_2都较为耐受，木瓜对高温较为耐受，然而木瓜、鳄梨、番石榴和梨等对于这两种胁迫都较为敏感。高温与气调结合可以采用1% O_2、15% CO_2，以N_2作为平衡气体用于处理苹果、梨、桃子、油桃和甜樱桃等水果。

不同品种的新鲜水果对气调处理的耐受能力不尽相同（见表10-1）。一般来说，仁果类水果比浆果类水果更耐受，但浆果类的草莓的耐受性相对较长。例如，同样在0 ℃、1%O_2和1% ~ 3% CO_2的气调环境条件下，苹果的耐受能力为220 d，而洋梨的耐受能力仅为90 d。

表10-1 水果对气调处理的耐受性

水果	温度（℃）	浓度（%）		耐受性
		O_2	CO_2	
鳄梨	5 ~ 13	2 ~ 5	3 ~ 10	对低氧（<1% O_2）和高CO_2（>15%）敏感
海枣	0	空气	10 ~ 20	对短期高CO_2耐受（60% ~ 80%）
无花果	0	5 ~ 10	15 ~ 20	对<2%O_2和>25%CO_2敏感；干无花果可耐受96% CO_2
葡萄柚	10 ~ 15	3 ~ 10	5 ~ 10	耐受短期1% O_2和20–40% CO_2
番石榴	8 ~ 10	5 ~ 8	5	对<5%低氧敏感

续表

水果	温度（℃）	浓度（%）		耐受性
		O_2	CO_2	
枣	0 ~ 5	10	0	超氧有益（100%）
猕猴桃	0 ~ 5	1 ~ 2	3 ~ 5	对>5%CO_2敏感
柠檬	10 ~ 15	5 ~ 10	5 ~ 10	低氧下对乙烯敏感
酸橙	10 ~ 15	5 ~ 10	5 ~ 10	耐受低氧
荔枝	5 ~ 12	3 ~ 5	3 ~ 5	耐受超高O_2（100%）
龙眼	1 ~ 5	4 ~ 6	5 ~ 15	耐受超高O_2（100%）
枇杷	1 ~ 5	4 ~ 10	1 ~ 5	耐受超高O_2（100%）
橄榄	5 ~ 10	2 ~ 3	0	—
橙子	5 ~ 10	5 ~ 10	0 ~ 5	对低氧和高二氧化碳敏感
石榴	5 ~ 10	3 ~ 5	5 ~ 10	对低氧敏感（5%）
刺梨	5	2	2 ~ 5	最高耐受20% O_2
红毛丹	8 ~ 15	3 ~ 5	7 ~ 12	对低氧（<1%）和高二氧化碳（>20%）敏感

从上表可以看出，某些水果，如梨、桃和等在O_2含量为0 ~ 0.25%的条件下，低氧造成的损害在12 d后就显现出来，而其他果蔬在单纯的低氧环境下，品质在短期内没有因低氧出现降低。一般而言，当CO_2含量为10% ~ 30%时，大多数水果的忍耐力只有几天。当CO_2的浓度提高到50% ~ 100%时，所有水果的品质在2 d ~ 8 d内都不同程度地出现了损伤。

三、气调处理中昆虫的致死机理

（一）低氧

低浓度O_2使昆虫产生厌氧效应，影响包括以下几个方面：1、低氧胁迫昆虫在体内进行无氧的糖酵解反应，降低机体对O_2的依赖，导致三磷酸腺苷（ATP）产量下降，使害虫机体供能不足；2、低氧影响了细胞膜离子通道功能，钾离子外流，钠离子内流，细胞膜去极化。细胞膜上钙离子通道打开，钙离子内流影响细胞内膜的渗透性，打破细胞离子间平衡，引起虫体的死亡；3、低氧导致细胞能量供应不足，烟酰胺腺嘌呤二核苷酸合成受阻，神经递质乙酰胆碱不能被合成，导致害虫神经中毒死亡。

O_2消耗减少导致ATP下降，能量不足，膜离子泵失效，导致膜去极化，K^+外流，Na^+流入。同时电压依赖性Ca^{2+}门打开，引起Ca^{2+}流入，细胞质中高浓度Ca^{2+}激活磷脂酶并导致膜磷脂水解增加。细胞和线粒体膜进一步渗透，导致细胞损伤或死亡。

（二）高CO_2

随着CO_2浓度增加，使昆虫气门打开（在10%以上的CO_2浓度下一直保持打开状态），导致昆虫因失水而死亡，并通过CO_2的毒性作用直接影响其神经系统。在某些情况下，CO_2还可使血淋巴酸化，影响细胞膜的通透性。高浓度CO_2能抑制能量相关酶（琥珀酸脱氢酶、苹果酸酶等）的活性，减少细胞氧化磷酸化，改变氧化还原电位，导致电子传递链损伤，进而导致膜离子泵失效、细胞膜去极化，引起有害生物死亡。同时，高浓度CO_2可以溶于生物体内的水形成碳酸，降低细胞液pH值，细胞液中酸性条件促使钙离子通道打开，细胞内膜变得更易渗透。通过改变线粒体膜的渗透性，高钙离子水平可将丙酮酸与乳酸的比例变为正常值的25%，改变氧化还原电位并在电子传递链中造成损伤。

此外，相对于溴甲烷等化学熏蒸处理方法，CO_2气调技术作为物理方法应用于粮食、水果和蔬菜仓储具有极大的市场前景。它能有效降低仓储商品新陈代谢，减小营养和能量消耗，增强对微生物病原免疫力，对延长商品货架期具有重要意义。由于CO_2本身具有毒性，因此主要使用N_2制造厌氧条件进行气调处理。

四、气调处理对鲜活产品的影响

在低氧和高CO_2气调处理中，新鲜农作物品质的损害主要表现为品质损害和出现异味（Off-flavor）。果实发生褐变、果皮上出现陷斑，果实内部积累可溶性固形物和发酵产物，例如乙醇、乙醛、乙酸乙酯和挥发物等，产生异味。在异味产生后期，出现难闻的气味。这种难闻的气味主要是由于乙醇和乙醛的混合气体急剧增加造成的。对于苹果、巴梨、李子、樱桃、橙子和草莓等水果，在O_2小于1%、短时间处理条件下，会产生异味而影响水果品质。

呼吸速率高的果实和抗气体扩散能力强的果实在低氧气环境下更容易产生异味。越成熟的果实呼吸速率越高、抗气体挥发能力也越强，更容易产生异味。另外，可溶性固形物含量高的果实能够生成更多的乙醇，乙醇和可溶性固形物相互作用也更容易产生异味。例如，沙梨、苹果和李子的可溶性固形物的含量分别为10.7%、13.4%和15.3%，它们产生的异味中对应的乙醇浓度分别为300 $\mu L \cdot L^{-1}$、1 000 $\mu L \cdot L^{-1}$和3 000 $\mu L \cdot L^{-1}$。可溶性固形物的含量和乙醇浓度的对应关系可以用公式10-1表示：

$$E_0 = 10^{0.228S} \tag{10-1}$$

E_0表示异味中乙醇的含量（$\mu L \cdot L^{-1}$），S表示可溶性固形物的含量（%）。

果蔬对气调的耐受能力不是由一个因素决定的，而是由多个因素共同决定的。Ke 和 Kader（1992）利用可溶性固形物含量、温度、O_2 含量、呼吸速率和抵抗 CO_2 扩散能力间的相互关系建立了数学模型以推算果实的耐受能力。其对应关系见公式10–2：

$$T_{le}=-0.484T+64.6C-0.722R-4.20r+3.00SSC-5.90T\times C-18.2 \quad (10\text{–}2)$$

T_{le} 表示推测的耐受能力（d），T 表示温度（℃），C 表示 O_2 浓度（%），R 表示呼吸速率（$ml\cdot kg^{-1}\cdot h^{-1}$），r 表示抵抗 CO_2 扩散的能力 $[\%\cdot(ml\cdot kg^{-1}\cdot h^{-1})^{-1}]$ 由公式可以看出，提高温度、呼吸速率、抵抗 CO_2 扩散的能力可以降低果实的耐受能力，提高 O_2 含量则会提高果实的耐受能力。R 和 r 在处理3d 后测量，T 和 C 在处理前测量，可溶性固形物含量在果实成熟后测量。该公式可用来推测大部分新鲜果蔬的耐受能力，并且推测出来的耐受能力与试验中观察到的耐受能力（T_1）平均相差4 d。该公式在 $P<0.0001$ 时的相关系数为0.902。

由于温度影响果实的呼吸速率和对气体扩散的抵抗能力，R 和 r 的值不能独立存在，而是与温度密切相关。温度和 O_2 浓度的相互作用也会降低推测结果的精度。同时必须指出，该公式不能在温度为0 ℃、5 ℃和10 ℃时和氧气含量为0.25%、0.02%时使用。为了提高推测结果的精度并扩展其使用范围，Ke 和 Kader 对公式进行了一些修改，使其适用于在温度为0 ℃、5 ℃和10 ℃时使用。

0 ℃时，公式见10–3：

$$T_{le}=54.2C-12.2R-7.23r+6.56S-39.8398 \quad (10\text{–}3)$$

在 $P=0.013$ 时的相关系数为0.984，T_{le} 和 T_1 平均相差1.6 d。

5 ℃时，公式见10–4：

$$T_{le}=14.5C-9.90R-1.07r+7.68S-56.0 \quad (10\text{–}4)$$

在 $P=0.011$ 时的相关系数为0.986，T_{le} 和 T_1 平均相差1.6 d。

10 ℃时，公式见10–5：

$$T_{le}=11.4C-0.352R-1.88r+1.30S-10.4 \quad (10\text{–}5)$$

公式10–4在 $P=0.046$ 时的相关系数为0.963，T_{le} 和 T_1 平均相差0.7 d。

五、气调处理中呼吸作用模型

在气调过程中，通常会降低 O_2 浓度而增加 CO_2 浓度，目的是降低呼吸速率，并减缓对储存产品质量产生不利影响的相关代谢途径。因此，呼吸速率是水果生理阶段及其储存潜力的良好指标，目前已经制定了许多种水果和蔬菜在不同的温度和气体组成下的储存指标。由于呼吸速率取决于物种，尤其是品种、季节、发育阶段和气候等诸多因素，因此每种新品种在进入市场前都需要确定储存指标。

研究人员已经通过经验模型或使用简化的基本动力学模型——阿列纽斯方程来模

拟气体交换模型。Chevillotte介绍了一种更基本的方法，用Michaelis–Menten动力学来描述细胞水平的呼吸作用。Lee等在收获后田间引入并扩展了这种方法来描述整果的呼吸作用。

尽管已知植物的呼吸随着时间的推移随成熟、衰老和创伤等过程而改变，但迄今为止还没有开发出系统、模型、方法来应对这些变化。Genard和Gouble为苹果开发了一种乙烯生产模型，但这与相应的呼吸反应无关。Brash等应用简单的指数衰减来描述收获后芦笋呼吸速率的变化。公式10–6、10–7、10–8、10–9对其进行了表示。

$$ro_2 = \frac{r_{\max,O_2} \cdot P_{O_2}}{K_{m,O2} + P_{O_2}} \tag{10-6}$$

$$ro_2 = \frac{r_{\max,O_2} \cdot P_{O_2}}{K_{m,O_2} \cdot (1 + \frac{P_{CO_2}}{K_{mc,CO_2}}) + P_{O_2} \cdot (1 + \frac{P_{CO_2}}{K_{mu,CO_2}})} \tag{10-7}$$

$$r_{CO_2} = RQ \cdot r_{O_2} \tag{10-8}$$

$$r_{CO_2} = RQ_{ox} \cdot r_{o_2} + \frac{r_{\max,CO_2(f)}}{1 + \frac{P_{O_2}}{K_{mc,O_2(f)}}} \tag{10-9}$$

r_{O_2}为O_2消耗率（$molkg^{-1}S^{-1}$）；$r_{max,\ O2}$为O_2最大消耗率（$molkg^{-1}S^{-1}$）；PO_2为氧分压（KPa）；$K_{m,\ O2}$为氧分压所占O_2消耗率的米氏常数；$K_{mc,\ CO_2}$和$K_{mu,\ CO_2}$为CO_2对呼吸作用的竞争性和非竞争性抑制米氏常数。

第二节　气调处理方法和设施

一、气调处理方法

气调处理通常包括常温气调、低温气调、高温气调、负压气调以及自发式气调等处理方法。

（一）常温气调

常温气调即在常温（5 ℃～28 ℃）下通入N_2、CO_2等气调基质气体。常温气调处理对多种检疫性果蔬害虫处理效果显著，在气调处理中被广泛应用。

实蝇类昆虫是水果和蔬菜的重要检疫性害虫类群之一。Benschoter（1981年）报道了用气调处理果实携带加勒比实蝇的方法，在22 ℃～23 ℃条件下，当环境气体中CO_2的含量超过40%时，不同CO_2和N_2成分的组合对加勒比实蝇卵及幼虫均有毒杀作用。例如，在半人工饲料中的3龄幼虫，用100%N_2处理60 h后全部死亡；分别用40%、60%、80%和100%CO_2处理48 h后，也可杀死加勒比实蝇的幼虫。

梨圆蚧（*Quadraspidiotus perniciosus*）在含量为2%～3%的CO_2和3%O_2下，处理20 d后全部死亡。感染在苹果上的此虫在22 ℃，95% CO_2下，处理1 d～2 d后死亡；而12 ℃下达到相同效果需要处理3 d；22 ℃条件下，96% CO_2和小于1% O_2下，达到相同效果仅需1 d。

（二）低温气调处理

低温气调通常在0 ℃～5 ℃，11.5%O_2和18%～90% CO_2条件下。苜蓿蓟马（*Frankliniella occidentails*）和蚜虫在8%CO_2和7%O_2以及0 ℃条件下，经12 d～21 d可完全死亡。草莓上的蓟马在2.5 ℃条件下，88.7%～90.6%CO_2和1.9%～2.3%O_2环境处理48 h后全部死亡。80%的品尝者发现用该方法处理过的草莓与未处理的草莓在味道上有所不同。在从新西兰到日本的海运途中，在0 ℃～1 ℃，60%CO_2下处理芦笋4.5 d，可以杀死新西兰花蓟马和桃蚜，而且芦笋的品质没有受到影响。

Toba和 Moffitt（1991年）对非滞育苹果蠹蛾幼虫的研究发现，在（0±0.28 ℃），相对湿度大于等于95%，1.5%～2% O_2和大于1% CO_2下，处理91 d后幼虫全部死亡。

（三）高温气调处理

在高温气调（28 ℃～55 ℃）法中，采用0～4% O_2、0～60% CO_2，相对于低温气调的几天甚至数月的处理时间，高温气调处理通常只用1.2 h～15 h。在40 ℃，2%O_2、5%CO_2中处理6 h，再进行7周的冷藏可使苹浅褐卷蛾3龄和5龄幼虫全部死亡，该方法对苹果品质没有影响。

（四）负压气调处理

由于采用气调法防治粮仓害虫所需时间较长，Nakatita等开发了高压CO_2处理（30 bar，15 min）与负压处理相结合的办法，使昆虫内部组织遭到破坏而死亡。试验证明，高压CO_2（30 bar，15 min）处理与负压相结合的办法对常见害虫的各个发育阶段都有效，包括玉米象和谷蠹的卵。Prozell研究在2.0 MPa～4.0 MPa压力下可快速防治可可豆、坚果和烟草中的贮藏物害虫。负压气调处理由于初始投资高昂，因此这项技术一般用于高价值产品，如香料、坚果、药材等，目前德国和土耳其等一些国家（地区）已经在使用这项技术。

（五）自发气调处理

自发气调处理是依靠水果自身的呼吸代谢或使用其他O_2吸收剂来降低环境中的O_2含量，提高CO_2含量，主要包括气调包装（Modified atmosphere packaging，MAP）和塑料薄膜帐硅窗气调。其特点为成本低、操作简便，但达到气调工作状况所需时间长，气体浓度指标不易控制，影响果蔬贮藏效果。

1. 薄膜法

在水果贮藏中，人们常常在果实的表面包裹上一层塑料薄膜，利用果实自身的呼吸，降低O_2含量，提高CO_2的含量来减少体内物质消耗，从而延缓果实衰老。在植物检疫处理方面，薄膜法可用来杀灭果实内部的害虫。Shetty等首次在芒果和木瓜表面覆盖薄膜利用果实的呼吸产生的低O_2、高CO_2环境来杀死果实内部的黑腹果蝇（*Drosophila melanogaster*）和桔小实蝇。Gould和Sharp）发现，用双膜包裹芒果3 d可使实蝇卵和幼虫死亡率达到98.67%，但要达到几率值9（99.996 8%）则需要16.3 d。

研究表明，单独使用薄膜法并不是有效的植物检疫处理手段，需要将薄膜法与其他技术相结合。

2. 涂层法

与薄膜法一样，涂层法也是先应用于果蔬贮藏再应用于植物检疫处理领域的方法。涂层法的涂层既限制了昆虫的某些生理机制，也封闭了呼吸和营养系统。因此，其致死机理是由气调和其他因素共同造成的。Thompson首次将该方法应用于植物检疫处理中，杀灭番茄枝表面的智利短须螨（*Brevipalpus chilensis*）。Hallman等发现，用特制的蜡衣包裹番石榴可降低其上的加勒比实蝇的生存率。

Saul等发现把用烯虫酯浸泡过的蜡涂在木瓜和桃子的表面可以有效杀死它们内部的地中海实蝇和桔小实蝇的幼虫，而将没有用烯虫酯浸泡过的蜡涂在果实上，害虫致死率只有20%～89%。该研究说明用涂层法可以杀死果实内部的害虫。Hallman等发现，涂层法可以和干热处理联合使用以提高检疫处理效果，但不能与冷处理、辐照处理和溴甲烷熏蒸联合使用。

3. 其他方法

Dentener等在聚乙烯袋中装入一种氧气吸收装置，以杀灭柿子上发现的害虫。实验结果表明，先在0 ℃下处理14 d，再在20 ℃下处理4 d，可100%杀灭苹浅褐卷蛾和拟长尾粉蚧（*Pseudococcus longispinus*）。虽然该方法并不能精确地控制气体成分，但是仍有广阔的应用前景。

二、气调设施设备要求

（一）一般要求

气调处理设施设备应具有良好的气密和保温性能，配备温度、湿度实时检测和网络传输系统。气调冷处理库、气调热处理库应各自具备冷处理、热处理库建设的基本要求。

（二）水果检疫气调处理库选址

气调处理库建在出口前的包装车间，与包装流水线配合，或建造在入境口岸指定位置。

（三）检疫气调库的容积

根据处理量的需要确定检疫气调库的容积。固定式的检疫气调库应不小于50 m^3，一般不超过300 m^3。

（四）气体调节设备

按照气体发生技术的不同，配备于气调处理库的气调设备也不尽相同。可以根据专业设计和经济成本，采用不同的气调设备，但均需保证气调处理期间气体组分浓度符合相关标准的要求。

除自发气调的气体调节，设备包括O_2、CO_2和/或N_2自动分析仪、O_2、CO_2和/或N_2气体输送装置及管道、采样泵、控制阀、流量计的等部件组成。自发气调的气体调节设备需包括O_2、CO_2自动分析仪、采样泵等部件。气调库内气体先由输气管道进入测定仪，再由分配器通过控制阀和流量计进入监测室，然后由O_2、CO_2液晶显示器显示数值，最终完成对气调库气体成分的测定。

（五）温湿度调节控制设备

气调处理库必须配备升温、降温、湿度发生及其控制设备。升温设备还应该包括程序控制设备，温度控制设备的控制精度应该在0.5 ℃~1 ℃以内，湿度控制设备的控制精度应该在1%以内，气调热处理设施的温度控制精度应该在0.5 ℃以内，以确保被处理水果的品质。

（六）检测监测设备

检疫气调处理库，必须配备合适的气体组分检测监测设备和温湿度检测设备。气体组分检测监测设备包括O_2和CO_2浓度检测监测设备。如果是用燃烧器通过燃烧来改变气体组分，还必须配备CO监测设备。O_2浓度检测监测设备的检测范围为0～21%，灵敏度高于0.1%；CO_2检测监测设备的检测范围为0～30%，灵敏度不低于0.1%。

温湿度的精确控制离不开温湿度的准确检测。应用于气调处理的温湿度检测设备，其温度检测范围应在-20 ℃～100 ℃，检测灵敏度高于0.1 ℃，误差不超过0.3 ℃；湿度传感器的检测范围为0～100%，在一定检测范围内，其检测精度必须高于3%。

用于水果内部温度监测的传感器数量，应该根据气调处理库的大小来确定。小于70 m^3的气调处理箱，水果内部温度监测传感器的数量不少于5个；大于70 m^3小于150 m^3的气调处理库，水果内部温度监测传感器不少于8个；大于150 m^3的气调处理库，每增加50 m^3，则增加温度监测传感器2个。

（七）气密性检测设备

气密性检测设备的压力传感器，检测范围可以在0 Pa～1 000 Pa范围内，检测灵敏度高于1 Pa。在计算机控制下，气密性检测设备能够自动对气调处理库进行气密性检测。在处理过程中，气密性检测设备能够实时监测气调处理库的压力状态，并具有报警功能。

（八）数据记录系统

水果检疫气调处理库，应配备气调处理参数自动记录系统。该系统信息数据库所记录数据，必须设计为不被操作人员随意修改。其信息管理功能，包括信息录入与输出，查询与报表生成等，必须满足检疫官方的要求。如果官方要求实时联网传输数据，必须满足官方的要求。根据气调处理技术标准要求，其信息数据记录频率可以从每1 min一次到每30 min一次不等。图10-1为气调处理设备。

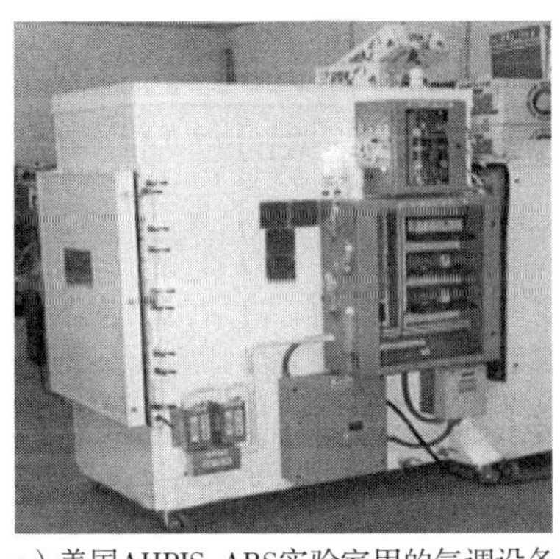
a）美国AHPIS-ARS实验室用的气调设备

b）美国商业用途的设备

c）我国研发气调设备

图10-1 气调处理设备

第三节　气调处理研究进展

单独采用气调处理的处理时间较长，目前为止还没有形成可用的检疫处理技术指标（Zhao et al. 2021）。因此，气调处理通常与其他处理结合使用。

一、气调处理的研究进展

气调处理在多年前就广泛应用于粮食、水果蔬菜的仓储和采后保鲜。19 世纪英国最先将气调处理应用在储粮除害和粮食检疫处理领域。该技术应用于检疫处理的商业化进程，因各国技术、装备水平和对该处理方法的接收程度不同而受到影响。最早有文献报道的气调处理商业化应用尝试为新西兰出口日本的225 kg 芦笋针对可能携带的检疫性西花蓟马和桃蚜，在0 ℃～1 ℃下采用控气气调60% CO_2加8% O_2，持续处理4.5 d（Lay-Yee & Whiting，1996）。虽然没有发现活的检疫性有害生物，且芦笋质量没有受到显著影响，但是日本依然不允许将其用于出口处理。目前，美国开发了商业化的处理设施，用于气调热处理2 000 kg 苹果中的苹果蠹蛾、梨小食心虫和西部樱桃果实蝇（*Rhagoletis indifferens*）。2008 年，美国农业部《处理手册》中采用在45 ℃～47 ℃下，1% O_2加15% CO_2处理苹果、樱桃、油桃和桃携带的苹果蠹蛾、梨小食心虫等3 种检疫性有害生物，但2010年后删除了检疫气调的处理指标。

我国气调处理技术最早起源于粮食储藏，已应用了近60 年。到20 世纪末，在浙江、广西、湖北和河南等地采用塑料薄膜密封粮仓方法，可以显著起到杀虫、抑菌的作用，但在检疫处理领域还未有大范围的使用。随后，我国粮食储藏单位开始采用N_2气调处理技术，大大推动了气调储粮技术的推广。我国对于鲜活农产品气调检疫处理还处于试验研究阶段，虽然已经在柑橘、苹果及景观植物等产品上开展了检疫气调热处理的技术研究，但是并未有商业化的应用。方剑锋等研究表明，应用50% CO_2处理标准集装箱中的一品红、发财树苗木上的蚜虫和烟粉虱，处理24 h 即可100%死亡。我国鲜活产品的气调热处理还处于试验阶段。采用1% O_2加15% CO_2以及RH90%条件下，果心温度达到42 ℃后保持60 min，脐橙中的桔小实蝇、苹果中桃小食心虫全部被杀灭。当处理过程为 1% O_2加15% CO_2以及 RH90%果心温度达到 44 ℃维持30 min，脐橙中的桔小实蝇1 龄幼虫全部被杀灭，苹果中桃小食心虫的1～3龄幼虫全部被杀灭。研究结果表明气调技术有望拓展应用到检疫处理领域。

部分有害生物不同寄主的气调处理条件见表10-2。

表 10-2 气调处理方法与技术指标

有害生物	龄期	货物	气体浓度（%）		温度（℃）	处理时间
			O_2	CO_2		
墨西哥按实蝇（*Anastrepha suspensa*）	3龄幼虫	柑橘	0	0	22 ~ 23	60 h
	卵和幼虫	人工饲养	10 ~ 50	20 ~ 80	10和15.6	7 d
蓝橘绕实蝇（*Rhagoletis mendax*）	幼虫	蓝莓	不固定	50 ~ 100	21	48 h
苹果实蝇（*Rhagoletis pomonella*）	幼虫	苹果	不固定	15 ~ 19	10	14 d
欧洲甜樱桃绕实蝇（*Rhagoletis indifferens*）	卵和幼虫	樱桃	1	15	45	45 min
	卵和幼虫	樱桃	1	15	47	25 min
苹果蠹蛾（*Cydia pomonella*）	幼虫	苹果	2.2 ~ 3	1.6	0	< 13 w
	幼虫	核桃	不固定	98	39 ~ 45	33 h–48 h
	卵和幼虫	苹果	1	15	46	3 h
	卵和幼虫	油桃	1	15	46	2.5 h–3 h
	卵和幼虫	樱桃	1	15	45和47	45 min和25 min
梨小食心虫（*Grapholita molesta*）	卵和幼虫	苹果	1	15	46	3 h
	卵和幼虫	油桃	1	15	46	2.5 h–3 h
苹果浅褐卷叶蛾（*Epiphyas postvittana*）	卵和幼虫	苹果	1	1	40	> 16 h
荷兰石竹小卷蛾（*Platynota stultana*）	所有	葡萄	不固定	45	0	4.1 d
甘薯小象甲（*Cylas formicarius elegantulus*）	卵和幼虫	甘薯	8	40 ~ 60	30	4 d–8 d
			2 ~ 4	40 ~ 60	25	2 d–8 d
梨笠盾蚧（*Quadraspidiotus perniciosus*）	所有	苹果	< 1	> 90	12	2 d
			2.6 ~ 3	1.0 ~ 1.1	1和3	31 w ~ 34 w
长尾粉蚧（*Pseudococcus longispinosus*）	所有		不固定	18	0	2 w
拟粉蚧（*Pseudococcus affinis*）	所有	苹果	1	NA	45	14 h
麦小长蝽（*Nysius huttoni*）	所有		不固定	9和18	0和20	2 w
西花蓟马（*Frankliniella occidentalis*）	所有	草莓	2	90	2.5	2 d
	所有	葡萄	不固定	45	0	5.8 d

续表

有害生物	龄期	货物	气体浓度（%）		温度（℃）	处理时间
			O_2	CO_2		
新西兰花蓟马（*Thrips obscuratus*）	成虫	鲜切花	2	18	15	4 d
	成虫	鲜切花	2	18	10 ~ 20	6 d
	成虫	鲜切花	2	9	0或20	8 d
蚜科桃蚜（*Myzus persicae*）	所有	芦笋	不固定		0 ~ 2	4 d
	3和4龄	绣球属	不固定	40 ~ 95	12	≤12 d
榆树全爪螨（*Panonychus ulmi*）	越冬成虫	苹果	0	0，60，100	21 ~ 24	2 d
迈叶螨（*Tetranychus mcdanieli*）	越冬成虫	苹果	0	100	20 ~ 40	＞7 d
绵红蜘蛛（*Tetranychus urticae*）	滞育成虫	苹果	1.3 ~ 0.4	5 ~ 20	20 ~ 40	112 h–15 h
太平洋细须螨（*Tetranychus pacificus*）	所有	葡萄	不固定	45	0	8.1 d

二、气调处理技术的应用与展望

到目前为止，高成本的气调技术主要用于耐储藏的产品，如苹果和梨，以及部分坚果、干果、粮谷、咖啡豆，以及较不耐储藏的鲜活果蔬如芦笋、西兰花、鳄梨、哈密瓜、猕猴桃、李、柿、石榴，还可用来处理仓储性有害生物，如谷斑皮蠹等。鲜活农产品的检疫性有害生物，如鳞翅目卷蛾科苹果蠹蛾、双翅目实蝇科桔小实蝇、苹果绕实蝇、同翅目粉蚧科、缨尾目、啮虫目、蚜虫总科和蜱螨亚纲的有害生物，如西花蓟马、嗜卷书虱（*Liposcelididae bostrychophila*）、桃蚜（*Myzusperiscae*）、苹果全爪螨（*Panonychus ulmi*）等。鳞翅目幼虫，尤其是卷蛾科昆虫是鲜活产品中气调处理应用最为广泛的检疫性有害生物，其中，鳞翅目有害生物的寄主植物如苹果，对低O_2和高CO_2的耐受性相对较强。采用N_2调整O_2浓度至0.5%、0.5% O_2加10% CO_2或98%CO_2，结合39 ℃ ~ 45 ℃热处理核桃中的苹果蠹蛾可以达到检疫处理安全要求。气调处理没有实现大范围商业应用的原因在于，一方面要同时控制温度和气体浓度在商业应用领域和研究比较困难，另一方面不合适的气体浓度和温度会对鲜活货物造成损伤。

20世纪70年代以来，气调技术在欧美等发达国家（地区）得到迅速发展和广泛应用。据统计，在气调与冷藏的总量中，苹果的气调贮藏在意大利超过了50%，在该国的某些苹果产区气调贮藏比例甚至高达95%，在法国及德国占40%，在美国占50%，英国的苹果气调贮藏达到80%。目前在中国进口的水果如蛇果（苹果）、猕猴桃等，几乎无一不是CA技术贮藏的产品。

我国气调技术起步较晚，且前期的所谓气调贮藏多是以硅窗塑料袋为主的限气贮藏，很少有真正意义上的气调贮藏。虽然MA贮藏在我国得到了长足的发展，在苹果、蒜薹等不少果蔬上取得很好的成效，但与目前国际上通用的CA技术相比，仍有一定差距。为了加快农业产业化的进程，我国提出了“中国果蔬绿色行动”计划。近年来，一批规模较大的现代化的气调库在我国各地相继出现，并取得了良好的社会和经济效益，如山东、陕西的万吨气调库，新疆库尔勒香梨气调库，河南郑州猕猴桃气调库，河北保定鸭梨气调库等都已建成投产，为我国气调技术的发展打下了基础。

同气调处理一样，辐照、冷处理等都是环境友好型的检疫处理技术，都具有替代溴甲烷熏蒸的潜力，属于迟效（Slow-Acting Effect）的杀虫灭菌处理措施，且易与运输过程结合使用。因此，利用不同技术的优势、协同作用、互补作用，开展复合处理，也许是未来气调处理技术发展的方向。例如，谷斑皮蠹是世界上100种最危险的害虫之一，对冷处理、热处理、气调处理、熏蒸处理等均具有较强的抗性，尤其是滞育幼虫，Zhao等对其老熟幼虫进行200Gy辐照后，在24 ℃～26 ℃条件下1% O_2环境中处理15 d（单独气调处理 >32 d），11万余头幼虫全部死亡，处理效能达到99.9973%（95%置信水平），建立了首个气调处理的技术指标。Buscarlet等也已证明，气调与辐照的复合处理对杀灭杂拟谷盗（*Tribolium Confusum*）具有协同增效作用。此外，辐照与冷处理相结合的处理方法对瓜实蝇和地中海实蝇的致死作用也具有增效作用。随着气调用于检疫处理措施的国际标准的正式颁布，相信会有更多的研究，呈现更多有效的处理方法和技术指标，促进气调技术在检疫处理中的应用。

11

CHAPTER

第十一章

辐照处理

检疫辐照处理是利用射线或电子加速器产生的高能电子或 X 射线直接照射被处理货物，使其携带的害虫不能完成发育周期或病原菌而完全死亡，达到防止这些危险性有害生物在一个新的地方定殖、传播或蔓延的目的。检疫辐照处理具有处理快速、安全有效、绿色环保、不受温度限制等技术优势，其研究与应用受到了国际社会的广泛关注。本章重点介绍了辐照处理的概念与发展历程、处理技术、鲜活产品的辐照耐受性、工艺流程与安全防护、处理程序以及应用与展望。

第一节　概述

一、辐照处理的概念

辐照即辐照处理，又称辐照加工，是指将电子加速器（0.2 MeV ~ 10 MeV）产生的射线（电子束或X射线）或放射性同位素（^{137}Cs或^{60}Co）产生的 γ 射线的电离辐射能量传递给被照射物质，与物质作用发生一系列物理、化学或生物学效应，通过控制辐照条件，而使被照射物质的性能发生变化并能使其成为人们所需要的一种新的物质，或使生物体（微生物等）受到不可逆的损伤和破坏，达到人们所需要的目标的加工方式。这种新的处理技术即辐照处理技术。辐照是由初级辐射或次级辐射与物质发生作用产生粒子或电磁波，常用的辐照源有 γ 射线、电子束和X射线。其中 γ 射线和X射线属于电磁辐射，是波动形式的能量，以光子传递能量；电子束辐射是粒子辐射，是由高速度的物质粒子（如电子）组成，在运动中传递能量。

二、辐照处理的分类

在动植物检疫处理中，根据辐照处理的对象、目标、要求等不同，将辐照处理分为检疫辐照处理和食品辐照处理。利用辐照技术保证生物安全，即阻止限定性有害生物的传入和传播，属于检疫辐照处理；利用辐照技术保障食品卫生安全及保证质量，属于食品辐照处理，以下简称为食品辐照。

检疫辐照处理（Phytosanitary irradiation treatment）是利用辐照射线（ γ 射线、电子束、X射线等）对货物进行处理，使其携带的有害生物死亡、失去繁殖能力或不能成功发育，达到防止有害生物传播、扩散和蔓延的目的。处理的效果主要取决于有害生物的吸收剂量。因而，吸收剂量是判定处理效果的技术指标，是辐照处理应用技术研究的重点和核心。IPPC制定首个检疫辐照处理剂量标准时，结合了2001年Hallman发表的阻止墨西哥按实蝇三龄幼虫羽化剂量小于70 Gy的研究，以及其他相关研究结果，确定了70 Gy为其检疫辐照处理的最低吸收剂量。

食品辐照（Food irradiation）是指利用射线对食品的化学效应和生物学效应，杀灭食品中的寄生害虫、导致腐败的病原微生物，抑制新鲜水果蔬菜的生理代谢活动，实现杀虫灭菌、抑制发芽、延缓生理过程，达到保证食品的品质（保藏）安全和卫生安全的目的。食品辐照中允许使用的电离辐照源包括^{60}Co（钴60）或^{137}Cs（铯137）产生的 γ 射线、电子加速器产生的能量低于10 MeV的电子束、机器源（电子加速器）产生的能量低于5 MeV的X射线。

由此可见，检疫辐照处理与食品辐照有许多共同的特征，如使用现有的辐照设施杀灭或抑制有害生物的生长发育，以吸收剂量处理作为判定处理效果的技术指标和标准，需要对货物及其传带的生物体进行处理等。两者之间既有着非常明显的区别，也有密切的联系，如检疫处理的货物为食品时，处理设施、辐照剂量、包装、处理程序、技术要求等都应符合食品辐照的相关规定。

三、辐照处理发展历程

人类对于辐照技术的研究，已经有了很长的历史。1905年，美国和英国第一次批准了利用辐照技术杀灭食品中细菌的专利申请。随后，很多相关研究结果不断发表，如1921年报道了利用X射线杀灭猪肉中螺旋体寄生虫，1948年报道了利用高能电子束和X射线杀灭12种细菌的研究结果，引起了辐照业界的极大兴趣，建成了世界上第一套辐照处理设施。

在20世纪50至80年代，辐照处理主要集中于食品的杀虫、灭菌和保鲜，以及利用昆虫不育技术防治农业和林业害虫。美国在1950年就开始了辐照处理技术的应用研究，后来世界上很多国家（地区）也相继开展了这项研究。美国食品药品管理局于1963年第一次批准了小麦及面粉的辐照处理，1986年批准了香料、水果及蔬菜的辐照处理，1990年批准了禽肉的辐照处理，2000年批准了红肉类（牛、羊肉等）和鸡蛋的辐照处理。20世纪60年代，人们开始食用被辐照处理过的食品，而最早食用辐照食品的是美国宇航局的宇航员。

1970年，联合国粮食和农业组织（Food and aqriculture organization of the United Nations，FAO）和国际原子能机构（International atomic energy agency，IAEA）组织专家第一次评估了新鲜水果和蔬菜的检疫辐照处理技术，认为辐照处理是一种有效的检疫处理方法。

1984年，由FAO、IAEA和世界卫生组织（World health organization，WHO）共同发起，成立了国际食品辐照咨询组（International consultative group on food irradiation，ICGFI），该专家组于2004年解散。ICGFI的主要职能是评估全球食品辐照领域的发展状况，出版有关辐照食品安全性、辐照设施控制、辐照食品商业化、食品辐照法规、辐照食品接受性的相关材料，举办各类食品辐照培训班。ICGFI直接和间接的努力，推动了食品辐照的应用以及检疫辐照处理法规的制定。

二溴乙烷曾经是一种性能优良的熏蒸杀虫剂，但由于对动物有致癌作用，美国在1984年禁止了二溴乙烷的生产和应用，其他国家（地区）也相继停用，由此促进了溴甲烷的广泛应用，并引起了国际上对检疫辐照处理的重视。1986年，ICGFI组织了一个工作小组来论证辐照作为一种检疫处理方法的问题，根据当时收集到的数据，评估了各种实蝇和其他害虫对辐照的敏感性，得出结论：当最低吸收剂量达到150 Gy时，可满足新鲜水果蔬菜中实蝇的检疫处理安全，300 Gy可阻止其他害虫的发育和繁殖。1986年至1990年，FAO和IAEA联合组织开展了题为“辐照作为食品和农产品的检疫处理方法”的协调研究项目。项目结束后，ICGFI小组出版了第13号文件《新鲜水果和蔬菜的辐照检疫处理》（ICGFI No.13：Irradiation as a quarantine treatment of fresh fruits and vegetables）。1991年，ICGFI又组织成立了第二个工作小组，继续论证辐照作为新鲜水果和蔬菜的检疫处理方法。该工作小组评估了FAO和IAEA研究项目的结果和常规检疫方法，认定已有的研究结果证明辐照可以保证各种商品中大多数害虫的检疫安全性，重申了ICGFI检疫辐照工作小组在1986年的推荐剂量，并声明无论是对于任何商品上的实蝇或其他害虫，辐照都是一种有效的、广谱性的检疫处理方法。为此，ICGFI于1994年出版了第17号文件《新鲜水果和蔬菜的检疫辐照处理》，推荐了新鲜水果和蔬菜检疫辐照处理的最低吸收剂量、辐照处理方法以及水果蔬菜的耐受能力等。

1992年，《蒙特利尔议定书》哥本哈根修正案中明确要求淘汰溴甲烷，检疫处理研究步入“后溴甲烷”时代。由此快速推进了水果辐照处理、强制热空气处理、新型熏蒸剂等溴甲烷替代技术的深入发展。

1989年，北美植物保护组织接受将辐照处理作为新鲜水果和蔬菜的检疫处理方法。1992年，检疫辐照处理得到了欧洲和地中海国家植物保护组织、亚太区域植物保护委员会等在《国际植物保护公约》框架下运行的区域植物保护组织的认可。

东南亚国家联盟（Association of southeast asian nations，ASEAN）为满足新鲜水果和蔬菜出口到美国和其他国家（地区）市场的需要，于1997年在印度尼西亚雅加达召开的会议上通过了《新鲜水果和蔬菜检疫辐照处理》的草案；1999年，IAEA在菲律宾马尼拉召开会议，在该草案条例的基础上制定了《亚太地区检疫辐照处理的协调议定书》（Harmonized regulation on food irradiation for Asia and the Pacific），以推动亚太地区水果和蔬菜检疫辐照处理应用。

2002年，美国农业部正式颁布了《进口水果蔬菜检疫辐照处理》（Irradiation Phytosanitary treatment of imported fruits and vegetables）的法规，包括辐照处理设施认证、实蝇和芒果果核象甲（*Sternochetes mangiferae*）的最低吸收剂量、操作流程、检疫监管等内容。

2003年4月，《国际植物保护公约》秘书处发布了首个检疫辐照处理的国际标准ISPM 18。2004年，IAEA组织开展了国际贸易中热带水果检疫辐照处理的商业化试验项目，澳大利亚的芒果（1.5 t）经辐照处理（最低吸收剂量250 Gy）后输往新西兰，首次成功实现了检疫辐照处理技术在国际贸易中的应用。从2006年开始，美国农业部先后与印度、泰国、越南、墨西哥等国签订了进口水果检疫辐照处理的协议，2007年正式实施。上述国家的芒果、荔枝、山竹、凤梨、火龙果等水果经过400 Gy（最低吸收剂量）处理后输往美国，进一步扩大了辐照产品的国际贸易。

第二节 有害生物辐照处理技术

一、辐照机理

辐射生物学研究始于20世纪20年代，遗传学家Hermann Miller发现射线可引起实蝇畸变，但直到20世纪30年代才开始研究辐射诱导的DNA损伤和修复。目前，人们对辐射诱导的生物学效应发生的基础、过程、结果，以及各种影响因素都有了较深入和广泛的认识。

生物体接受电离辐射照射后，发生一系列性质不同而又相互关联的物理、化学和生物学变化。首先，电离辐射通过电离、激发和碰撞的方式与生物物质（生物介质、生物大分子和组织细胞）发生的直接作用被称为辐射的原发物理作用；其次，原发物理作用诱导生物介质和生物分子产生自由基和其他辐射活性分解产物，通过传播和扩散与生物分子和组织细胞成分发生的反应和作用被称为间接继发化学作用；最后，在辐射的原发和继发作用下，发生在分子和细胞水平的生理生化改变导致组织器官、系统和整体水平的功能和代谢等自体和异体的急、慢性改变被称为生物学效应。

辐照的作用过程分为物理阶段、物理—化学阶段、化学阶段和生物学阶段，各个作用阶段的主要变化以及持续时间见表11-1。

表11-1 辐照作用的四个阶段

作用阶段	主要变化	持续时间
物理阶段	原子或分子接受辐照能量，导致这些原子或分子的电离和激发，产生极活泼的初级活化粒子（离子、激发分子等）	10^{-16} ~ 10^{-15}秒
物理化学阶段	离子、激发分子等通过预解离、离子—分子反应、内转换等损耗能量，部分能量递降为振动能和转动能，这一阶段导致体系热平衡的建立，并形成自由基	10^{-14} ~ 10^{-11}秒
化学阶段	自由基与自由基之间、自由基与所接触的分子之间发生化学反应，导致分子结构和功能的变化，产生辐照产物，出现化学效应	10^{-6} ~ 10^{-3}秒
生物学阶段	导致从分子结构—生物体—种群等不同水平的损伤，从而形成生物学损伤和修复过程，产生可见的生物学效应	几秒 ~ 几年

辐照损伤开始于细胞水平，电离辐射通过与生物分子、生物结构和生物介质的直接作用和间接作用导致生物“靶”（Target）分子（DNA）和“非靶”分子及物质结构损伤。生物体分子受到损伤后，由于生物体始终存在损伤的修复过程，因此当损伤大于修复能力时，生物分子表现为受到损伤，损伤通过分子—细胞—组织—系统不同层次的传递，导致细胞功能紊乱或死亡，进而发生组织、器官的损伤和功能紊乱。这种

效应通过系统放大，直到出现可见的或可检测的生物学损伤或生物学效应。

靶理论（Target theory）假定，要在细胞中产生一定的生物学变化，射线在那些特定的部位引起电离或激发是必要的，这个部位称为“靶”。电离粒子通过靶的内部或近旁时给了它能量，这个过程称为击中。一次击中所给予的能量与靶的大小、电离粒子的种类以及速度有关。Deseanes于1922年提出了击中理论，对辐照生物学作用的一些基本问题，用物理学和数学概念从理论上作了解释，对剂量效应的曲线作了定量的描述。根据这个理论，Blay和Altenbarger于1923年，Crowthes于1926年分别提出了靶学说，他们认为在细胞中存在一个对辐照敏感的区域（“靶”），射线只有击中这个区域才能产生生物学效应。射线与靶区的作用是一种随机过程，是彼此无关的独立事件，“击中”概率服从泊松分布。射线在靶区内的能量沉积超过一定值即发生效应，不同的靶分子或靶细胞具有不同的“击中”数。

DNA被认为是最重要的辐射敏感靶。由于DNA生物功能的重要性以及对辐射的敏感性，长期以来，一直被认为是辐射生物效应最重要的靶分子，在辐射生物效应研究领域中长期占据主导地位。利用辐射化学的研究方法陆续发现电离辐射通过直接作用和自由基的间接作用如何诱导DNA损伤，DNA损伤的一些基本形式如DNA单、双链（SSB，DSB）断裂、DNA交联（链间、链内、链与蛋白质之间交联等）、碱基损伤和脱落、嘧啶二聚体形成等，和一些容易发生损伤的DNA位点。20世纪80年代末、90年代初，研究人员运用辐射生物物理和辐射化学知识进一步发现和证实辐射不仅诱导单一DNA损伤，还可以在射线的轨迹方向上形成涉及数十对DNA碱基包含多种损伤方式的DNA簇性损伤（DNA cluster damage），这种DNA 簇性损伤十分复杂且不易修复，不同DNA位点的簇性损伤往往是电离辐射致生物损伤效应和遗传效应的主要原因，高LET射线的照射尤为如此。DNA损伤导致基因突变、染色体畸变、细胞死亡等，是导致一些早期（如细胞死亡）和远期（如致癌和致畸）效应的根本原因。

某些生物学效应的发生经历了漫长的过程，在这一过程中，DNA损伤修复系统，以及与DNA、蛋白质合成、功能和代谢调节和其他维系细胞内稳态起重要作用的“非靶”成分在辐射诱导生物学效应发展中起着重要作用。“非靶效应”是指电离辐射引起的细胞DNA损伤效应也能在未直接受照射的细胞中产生，包括在直接受辐射细胞后代中发生的染色体组不稳定、与直接受辐射细胞存在通信连接或有培养基交流的细胞中产生的旁效应、适应性反应、低剂量超敏感性和逆向剂量率效应等类型。非靶效应的主要影响有：与诱导损伤及胁迫相关的蛋白质含量升高或降低、发生细胞死亡或增殖、细胞分化、产生辐射适应性、导致突变、染色体畸变及染色体不稳定等。目前非靶效应的具体作用机制还不明确，但被接受的一种观点是直接受辐射的细胞产生信号分子，这些信号分子通过细胞间隙连接的细胞通信和/或直接释放到培养基中从而使未直接受辐射的旁观者细胞受到损伤或获得辐射抗性。

二、有害生物辐照技术

辐照对有害生物的生物学效应与吸收剂量成正相关，但会受到处理环境条件。（如大气成分、温度等）影响。对于有害生物辐照处理技术而言，检疫处理的首要目标是使用最低的辐照剂量，成功阻止出入境货物（可能）携带的限定性有害生物的发育和繁殖，防止其定殖和扩散，保证生物安全。虽然辐照处理可以导致有害生物死亡，但由于需要较高的剂量，可能对寄主货物尤其是现货产品产生较大的伤害。因此，如何确定最为经济有效的辐照剂量是检疫辐照处理技术关注的重点问题。

辐照对有害生物的生物学效应，包括导致死亡、阻止发育和阻止繁殖。最初将阻止有害生物繁殖称为阻止发育，但由于阻止有害生物发育，能阻止昆虫发育为老龄幼虫、蛹或成虫，自然也可以成功阻止有害生物繁殖，所以也将阻止发育称为不育。检疫辐照处理可以采用死亡和不育两种控制水平来实现有害生物的达到检疫安全的目标。

使用较高的剂量对有害生物辐照处理一定时间后，导致有害生物的生物学功能永久终止，即死亡。辐照引起的死亡是最容易检测到、最好判定的指标，在实际应用中也非常方便。然而，对于鲜活货物处理，高剂量会严重伤害货物，使其失去利用价值；而且，高剂量处理也会增加处理成本，丧失应用可行性。所以，在针对害虫的检疫处理时，通常不采用死亡作为判定是否有效的标准。

在较低的辐照剂量条件下，害虫不会快速死亡，需要经过一定时间才可能最终死亡。如幼虫经过辐照后，可以有效阻止其发育为蛹或成虫，在实蝇的检疫处理中，幼虫经过辐照后，一般以阻止成虫出现作为标准；在蚧虫的处理中，通常以阻止F_1代幼虫的发育为标准。

此外，对于两性生殖的有害生物来说，控制其中一种性别就能实现检疫处理的目标。由于一般雌虫辐射耐受性较低，因此常常采用雌虫的不育剂量作为检疫处理的最低吸收剂量。

辐照效果主要取决于有害生物所接受的吸收剂量，但也会受到处理环境中氧气浓度、温度等因素的影响，此外辐照剂量率的高低也会对辐照效果有一定的影响。寄主产品种类、有害生物不同地理种群对辐照效应没有明显影响。

氧气可以加速生物自由基的形成，进而增加对生物分了中DNA中破坏作用，所以在厌氧环境下，辐照的生物学效应减弱。低温特别是在冰点温度条件下，水分子的移动受到影响，从而减少自由基的形成，降低辐照处理的效果。在对冷冻食品进行辐照处理时，可能会出现冰点温度。在对水果、蔬菜、花卉等鲜活货物进行检疫处理时，一般不会在冰点条件下进行，因此一般不需要对上述货物检疫辐照处理的环境温度进行限制。

特别高或特别低的剂量率会对辐照效果造成影响。在非常低的剂量率辐照情况下，辐照损伤能够被快速地修复，辐照效果会显著降低；在低剂量要求条件下，辐照生物学效应随着剂量率的增加而增加。此外，在分次辐照时，由于两次辐照的间隔时间有利于有害生物对辐照损伤的修复，因此也会减弱辐照效果。相对来说，根据辐照损伤机理，辐照源的差异对辐照效果的影响不是非常明显。

三、有害生物的辐照剂量

对于有害生物检疫辐照处理最低吸收剂量的研究经过几十年的发展，已逐渐建立了规范化的研究程序。应开展剂量响应试验和大规模验证试验，进行科学的数据分析，确定保证检疫处理安全的最低吸收剂量技术指标。

为了促进研究成果的全球共享，推进辐照技术在有害生物控制和检疫处理中的应用，2002年，IAEA专门建立了“国际昆虫杀灭和不育数据库”（International database on insect disinfestation and sterilization，IDIDAS），收集害虫（包括昆虫和螨类）杀灭和不育的最低吸收剂量、摘要和参考文献等，其网址为http：//www-ididas.iaea.org/ididas。截至2021年6月，该数据库已收录385种节肢动物门害虫（包括昆虫、螨类、蜱、蜘蛛）的研究结果。涉及水果携带主要检疫性有害生物辐照处理的最低剂量见表11-2。

表11-2　水果携带有害生物检疫辐照处理最低吸收剂量

学名	虫态	辐照处理		
		目标	剂量（Gy）	效能
埃及伊蚊（*Aedes aegypti*）	雄蛹、雄虫	阻止F_1卵孵化	70（空气） 100（氮气）	100%
南美按实蝇（*Anastrepha fraterculus*）	蛹	阻止F_1卵孵化	70～80	100%
墨西哥按实蝇（*Anastrepha ludens*）	3龄幼虫	阻止成虫出现	69	$ED_{99.9969}$
	蛹	阻止F_1卵孵化	80	100%
西印度按实蝇（*Anastrepha obliqua*）	3龄幼虫	阻止成虫出现	70	$>ED_{99.9968}$
暗色实蝇（*Anastrepha serpentina*）	3龄幼虫	阻止成虫出现	100	$>ED_{99.9968}$
按蚊（*Anopheles haroensis*）	1 d蛹	阻止F_1卵孵化	77.6	100%
黄瓜实蝇（*Bactrocera cucumis*）	蛹	阻止F_1卵孵化	100	—
瓜实蝇（*Bactrocera cucurbitae*）	3龄幼虫	阻止成虫出现	150 （O_2含量1～4%）	$ED_{99.97}$
	蛹	阻止F_1卵孵化	70	100

续表

学名	虫态	辐照处理		
		目标	剂量（Gy）	效能
桔小实蝇（*Bactrocera dorsalis*）	3龄幼虫	阻止成虫出现	125	$ED_{99.997}$
	蛹	阻止F_1卵孵化	100	—
入侵果实蝇（*Bactrocera invadens*）	3龄幼虫	阻止成虫出现	150	—
扎氏果实蝇（*Bactrocera jarvisi*）	3龄幼虫	阻止成虫出现	74～101	$ED_{99.997}$
柑橘大实蝇（*Bactrocera minax*）	蛹	阻止F_1卵孵化	90	100%
菲律宾果实蝇（*Bactrocera philippinensis*）	3龄幼虫	阻止成虫出现	100	$ED_{99.997}$
	蛹	阻止F_1卵孵化	68～104	—
南亚果实蝇（*Bactrocer tau*）	3龄幼虫	阻止成虫出现	70.9～71.8	预测$ED_{99.9968}$
		阻止成虫出现	62～71.7	$ED_{99.9938}$
		阻止成虫出现	62～85	$ED_{99.9972}$
昆士兰实蝇（*Bactrocera tryoni*）	幼虫	阻止成虫出现	74～101	$ED_{99.997}$
	蛹	阻止F_1卵孵化	70～75	—
蜜柑大实蝇（*Bactrocera tsuneonis*）	蛹	阻止F_1卵孵化	90	100%
地中海实蝇（*Ceratitis capitata*）	3龄幼虫	阻止成虫出现	100	$ED_{99.9968}$
	蛹	阻止F_1卵孵化	76～100	—
实蝇科（Tephritidae）	3龄幼虫	阻止成虫出现	150	—
倍氏金蝇（*Chrysomya bezziana*）	雄蛹	阻止F_1卵孵化	40	100%
大头金蝇（*Chrysomya megacephala*）	雄蛹	阻止F_1卵孵化	40	—
尖音库蚊（*Culex pipiens pipiens*）	雄蛹	阻止F_1卵孵化	60	100%
甘蓝地种蝇（*Delia radicum*）	雄蛹	阻止F_1卵孵化	40	100%
	成虫	阻止F_1卵孵化	45	—
黑尾腹蝇（*Drosophila melanogaster*）	蛹、成虫	阻止F_1卵孵化	160	100%
斑翅果蝇（*Drosophila suzukii*）	1.2龄幼虫	阻止成虫出现	40	100%
	蛹	阻止F_1卵孵化	80	$ED_{99.9909}$

续表

学名	虫态	辐照处理		
		目标	剂量（Gy）	效能
芒果果核象甲（*Sternochetus mangiferae*）	幼虫/蛹	阻止 F_1 卵孵化	100	100%
芒果果肉象甲（*Sternochetus frigidus*）	成虫	阻止 F_1 卵孵化	100	100%
	成虫	阻止雌虫产卵	165	$ED_{99.9343}$
椰圆盾蚧（*Aspidiotus destructor*）	成虫	阻止 F1 卵孵化	150	ED99.99
天门冬小管蚜（*Brachycorynella asparagi*）	若虫	阻止成虫出现	100	100%
	成虫	阻止 F1 卵孵化	10	100%
新菠萝灰粉蚧（*Dysmicoccus neobrevipes*）	雌成虫	阻止 F1 成虫	150	100%
	成熟成虫	阻止 F1 卵孵化	200	100%
	成熟成虫	阻止 F1 卵孵化	231	ED99.990 2
桑粉介壳虫（*Maconellicoccus hirsutus*）	若虫、成虫	阻止 F1 卵孵化	100 ~ 250	ED98.8
桃蚜（*Myzus persicae*）	雌成虫	阻止 F1 卵孵化	100	—
甘蔗扁甲飞虱（*Perkinsiella saccharicida*）	雄 5 龄若虫	阻止 F1 卵孵化	100	100%
	雌 5 龄若虫	阻止 F1 卵孵化	35	100%
扶桑绵粉蚧（*Phenacoccus solenopsis*）	成虫	阻止 F1 成虫	150	100%
柑橘螨（*Phyllocoptruta oleivora*）	卵	阻止卵孵化	100	100%
	若虫	阻止成虫出现	300	100%
	成虫	阻止 F1 卵孵化	350	100%
大洋臀纹粉蚧（*Planococcus minor*）	卵、若虫	阻止 F1 卵孵化	150	100%
	成虫	阻止 F1 卵孵化	150	100%
桑盾蚧（*Pseudaulacaspis pentagona*）	雌成虫	阻止 F1 卵孵化	150	100%
康氏粉蚧（*Pseudococcus comstocki*）	卵、若虫	阻止 F1 卵孵化	200	100%
杰克贝尔氏粉蚧（*P. jackbeardsleyi*）	雌成虫	阻止 F12 龄若虫	133.7（117，168）	预测 ED99.996 8
	雌成虫	阻止 F12 龄若虫	133.5 ~ 164.1（南瓜）	ED99.997 5
	雌成虫	阻止 F12 龄若虫	131.3 ~ 166.0（马铃薯）	ED99.993 9

续表

学名	虫态	辐照处理		
		目标	剂量（Gy）	效能
梨圆蚧（*Quadraspidiotus perniciosus*）	成虫	阻止F1卵孵化	300	100%
温室白粉虱（*Trialeurodes vaporariorum*）	雄成虫	阻止F1卵孵化	60～70	100%
	雌成虫	阻止F1卵孵化	50～60	100%
灰白花蓟马（*Frankliniella pallida*）	各虫态	阻止繁殖	100	100%
菊简管蓟马属（*Haplothrips gowdeyi*）	成虫	阻止F1卵孵化	200	100%
腹小头蓟马（*Microcephalothrips abdominalis*）	成虫	阻止F1卵孵化	200	100%
棕榈蓟马（*Thrips palmi*）	成虫	阻止F1卵孵化	350	100%
棉蓟马（*Thrips tabaci*）	成虫	阻止F1卵孵化	400	100%

由于水果携带的限定性有害生物种类繁多，因此需要对同一类有害生物确定一个可以被广泛接受的吸收剂量指标，即通用剂量。1986年，ICGFI在工作会议上首先提出通用剂量的概念及其指标，推荐150 Gy和300 Gy分别作为实蝇类、非实蝇类害虫检疫辐照处理的通用剂量，并在1991年和1994年的两次会议中重申该通用剂量。由于水果中很多非实蝇类害虫缺乏研究或者研究不深入，无法满足检疫处理的要求，其通用剂量难以被全球广泛认同和接受，未能在检疫处理中实际应用。经ICGFI的努力，使用通用剂量进行检疫处理的观点得到认同，1996年美国农业部颁布法规，直接采用推荐的150 Gy作为实蝇检疫处理的通用剂量。

Hallman分析有害生物辐照研究结果后得出结论，处理的目标不是导致有害生物的快速死亡，而是导致害虫不育或不能完成发育周期；最耐辐照的虫态为发育最为完善的虫态，雌虫的耐受性小于雄虫（螨类除外）；同一类（目、科）有害生物的耐受能力相似，蚜虫（*Aphicloiclea*）、粉虱（*Aleyrodidae*）、鞘翅目甲虫、实蝇等最低剂量小于100 Gy，某些鳞翅目和大部分螨类的最低剂量小于300 Gy。Hallman & Loaharanu全面分析了实蝇辐照处理的研究结果，重申了处理实蝇的通用剂量为150 Gy，这些结果也被国际标准ISPM 18和ISPM 28所采纳。Follett也认为辐照处理对有害生物具有广谱性，对多数鲜活产品的伤害小，最适合研究和应用通用剂量，对促进水果等鲜活产品的国际贸易具有重要意义。IAEA于2009年组织开展题为“建立检疫辐照处理通用剂量”

（D6.20.08：Development of generic irradiation doses for quarantine treatments）的CRP项目，Hallman及其他相关专家回顾了通用剂量的发展历程，总结了国际上开始使用通用剂量的相关信息及不同类别害虫的通用剂量，同时指出，随着研究的深入和广泛开展，有害生物的通用剂量呈现逐步降低的趋势，并相继提出了鳞翅目幼虫、蛹检疫辐照处理的通用剂量。根据目前对11种粉蚧的研究结果，项目组提出了检疫辐照处理的通用剂量为250 Gy。各类检疫性害虫辐照处理的通用剂量见表11–3。

表11–3 各类检疫性害虫辐照处理的通用剂量

害虫类群	辐照处理目标	通用剂量/Gy
蚜虫	阻止成虫繁殖	100
粉虱	阻止成虫繁殖	100
象甲	阻止成虫繁殖	100
实蝇幼虫	阻止发育为成虫	150
水果象甲	阻止成虫繁殖	150
蓟马	阻止成虫繁殖	250
鳞翅目卵	阻止产生成虫	250
鳞翅目幼虫	阻止产生成虫	250
鳞翅目蛹	阻止羽化后成虫繁殖	350
软蚧	阻止成虫繁殖	250
介壳虫	阻止成虫繁殖	250
鳞翅目蛹和成虫以外的所有害虫	阻止产生成虫 阻止卵、幼虫（若虫）发育为成虫	250
螨类	阻止成虫繁殖	350

IPPC秘书处于2003年发布的国际植物检疫措施标准第18号出版物《植物检疫措施的准则　辐照处理》（ISPM 18）以及2007年发布第28号出版物《限定有害生物的植物检疫处理》（ISPM 28）都给出了某些有害生物类别的检疫辐照处理最低估计吸收剂量，见表11–4和表11–5。

表11–4 ISPM 18提供的某些有害生物类别对某些反应的最低估计吸收剂量

有害生物类别	需要的反应	最低剂量范围（Gy）
蚜虫和粉虱	使能够繁殖的成虫不育	50 ~ 100
不育实象	使能够繁殖的成虫不育	70 ~ 100
圣甲虫	使能够繁殖的成虫不育	50 ~ 150
实蝇	防止第三龄产生成虫	50 ~ 150
象鼻虫	使能够繁殖的成虫不育	80 ~ 165

续表

有害生物类别	需要的反应	最低剂量范围（Gy）
蛀虫	防止晚期幼虫发育成成虫	100～280
蓟马	使能够繁殖的成虫不育	150～250
蛀虫	使晚期的蛹不育	200～350
叶螨	使能够繁殖的成虫不育	200～350
储藏产品甲虫	使能够繁殖的成虫不育	50～400
储藏产品蛀虫	使能够繁殖的成虫不育	100～1000

表11-5 ISPM 28提供的某些有害生物检疫处理的目的以及最低吸收剂量

处理对象	处理目的	处理剂量（Gy）
墨西哥按实蝇	阻止成虫羽化	70
西印度按实蝇	阻止成虫羽化	70
暗色实蝇	阻止成虫羽化	100
扎氏果实蝇	阻止成虫羽化	100
昆士兰果实蝇	阻止成虫羽化	100
李象鼻虫	阻止成虫繁殖	92
苹果蠹蛾	阻止成虫羽化	200
甘薯蚁象	阻止F1代成虫发育	140
甘薯象鼻虫	阻止F1代成虫发育	145
实蝇科（通用）	阻止成虫羽化	150
梨小食心虫	阻止成虫羽化	200
梨小食心虫（缺氧条件）	阻止产卵	200
甘薯茎螟	阻止F1代成虫发育	150
苹果实蝇	阻止显态蛹发育	60

2008年发布实施的中国国家标准GB/T 21659—2008《植物检疫措施准则 辐照处理》等同采用了ISPM 18中推荐的剂量标准。

第二节 鲜活产品的辐照耐受性

一、辐照食品的安全性

辐照食品（包括新鲜水果）的安全性一直是人们所关注的问题。消费者担心使用电离辐射，会导致食品不安全，为此对辐照食品存在一定的恐惧和抵触心理，一定程度上影响了辐照技术在食品安全以及检疫处理方面的推广应用。

1976年，FAO、WHO和IAEA三个权威机构在日内瓦召开国际辐照食品会议，对辐照食品的安全性进行了讨论与评价。1980年，FAO、WHO和IAEA组成的联合专家委员会，根据长期以来研究得到的毒理学、营养学、辐射化学以及微生物资料，认为辐射总平均剂量（Overall average dose）不超过10 kGy的食品是安全的，不存在毒理学危害。因此，不需要对经过该剂量辐照处理的食品再进行毒理学试验。

1997年9月，FAO、WHO和IAEA高剂量食品辐照联合研究小组认为限定食品辐照最大剂量为10 kGy并无科学依据，根据其建议，经过修订的《辐照食品法典通用标准》仍然采用10 kGy作为最大吸收剂量，但在对消费者安全或食品卫生不会产生不利影响的情况下，如果为实现某一合理工艺有必要突破剂量限值，允许有例外情况发生。在当前技术条件可以达到的任何剂量范围内的辐照食品都是安全的且具有营养适宜性，即使高达75 kGy的剂量处理的食物也可以食用。

1983年，国际食品法典委员会发布了106号标准《辐照食品法典通用标准》（Codex general standard for irradiated foods），标准规定了辐照食品允许使用的辐照源类型以及建议的吸收剂量等。该标准指出：“辐照过程中食品吸收的总平均剂量不应超过10 kGy。”该标准同时也对这个剂量要求作出了解释：“总平均剂量不超过10 kGy是为了保证食品的卫生条件不被削弱，这里的‘卫生条件’指的是从毒理学角度考虑，高达10 kGy的照射剂量并不会引起特殊的营养学或微生物学问题。”

二、鲜活产品对辐照的耐受性

鲜活产品对辐照处理的耐受性也是实际应用中特别值得关注的内容。ICGFI在其17号文件中引用了Kader于1986年总结的相对耐受性（见表11-6和表11-7）。由于水果和蔬菜对辐照处理的反应与产品的其他影响因素有关，包括产品类型和品种、产地和采收季节、成熟度、品质、采后处理程序；也与辐照处理有关，包括剂量、剂量率、辐照时的环境条件如温度和气体组分，因此在针对具体的水果辐照处理中，应开展小规模的品质耐受性试验，确认辐照伤害程度、可接受性、经济影响与可行性等。

表11-6　水果和蔬菜对不同剂量辐照的反应

剂量（Gy）	水果和蔬菜的反应
50 ~ 150	抑制鳞球茎、块茎和根茎类蔬菜发芽；阻止蘑菇、芦笋生长
150 ~ 750	杀虫
250 ~ 500	延迟香蕉、芒果、木瓜等热带水果后熟
>750	控制采后病害
1 000 ~ 3 000	加速软化；某些产品丧失风味
>3 000	严重软化；非正常成熟；产生一些生理病害；破坏风味

表11-7 新鲜水果和蔬菜对辐照处理（≤1 000 Gy）的相对耐受性

相对耐受性	产品名称
高	苹果、樱桃、枣、番石榴、龙眼、芒果、香瓜、油桃、番木瓜、桃、红毛丹、木莓、草莓、番茄
中	杏、香蕉、番荔枝、无花果、葡萄柚、金橘、枇杷、荔枝、橙、西番莲果、梨、凤梨、李、橘柚、红橘
低	鳄梨、葡萄、柠檬、来檬、花茎甘蓝、花椰菜、黄瓜、青豆、利马豆、叶类蔬菜、橄榄、甜椒、刺果番荔枝、南瓜

经过对辐照食品中蛋白质、氨基酸和酶解产物的分析研究，发现经适宜剂量（50 kGy以下）照射的食品，蛋白质营养成分无明显变化，氨基酸组分恒定；一般情况下，糖（碳水化合物）对辐照是很稳定的，只要采用杀菌剂量照射，对糖的消化率和营养价值几乎没有影响，使用20 kGy ~ 50 kGy内的剂量不会使糖类的食品质量发生变化，其营养价值并不因射线照射而改变；用约10 kGy剂量辐照鱼油时，没有发现鱼油中维生素D被破坏。

合适剂量的辐照不会对水果的品质造成损伤，甚至可以提高水果的品质。经600 Gy以上的γ射线照射后的荔枝中还原糖的含量有所增高，从而使其口味比未受照射的荔枝更甜；莱阳梨经0.3 kGy ~ 1.0 kGy剂量辐照处理后，没有影响果实中维生素C、还原糖总糖和酸含量的正常变化规律；柑橘经辐照处理后，含糖量增加；哈密瓜经辐照处理后，可溶性固形物含量略有提高；草莓经^{60}Co射线2.0 kGy、3.0 kGy剂量辐照后，维生素C和氨基酸的含量无明显变化，用电子加速器进行1.0 kGy、2.0 kGy和3.0 kGy剂量辐照后的草莓与未经辐照的对照相比，发现适宜剂量辐照能降低草莓的失重率、腐烂指数和微生物的初始量，延缓维生素C、总酸、可溶性固形物含量的下降；“东壁”龙眼果实经800 Gy剂量的^{60}Co射线辐照后，在（8±1）℃下贮藏20天后好果率仍达77.66%。

切花对辐照处理的耐受能力较低。研究表明，250 Gy电子束对切花和切叶进行辐照，种与种之间的辐照敏感性差异大，品种之间的差异较小。姜红花、鹤望兰和文心兰属的敏感度低；石斛属的Royal Purples、Pink Ice以及海里康属的Red Stricta中度敏感；蝎尾蕉属的Keanae高度敏感。Kikuchi分别采用γ射线和电子束对产自巴西的切花进行辐照，其最大耐受剂量分别为750 Gy和300 Gy。热水处理可增加切花的辐照耐受能力。

第四节 辐照工艺流程与安全防护

一、辐照工艺流程

检疫辐照处理运行工艺是利用电离辐射按照规定的工艺规范对进出境货物进行处理，使货物获得适宜的辐照剂量，从而对货物携带的有害生物产生所期望的生物学效应，保证生物安全，并尽可能地减少对货物品质（尤其是鲜活产品）影响的一种方式。某一类货物的检疫辐照处理技术的行业推广和商业化应用中，合理、高效的辐照工艺是很重要的环节。辐照处理运行工艺包括物品辐照工艺剂量、辐照运行参数和辐照工艺流程等。

典型的检疫辐照处理工作流程如图11-1所示。

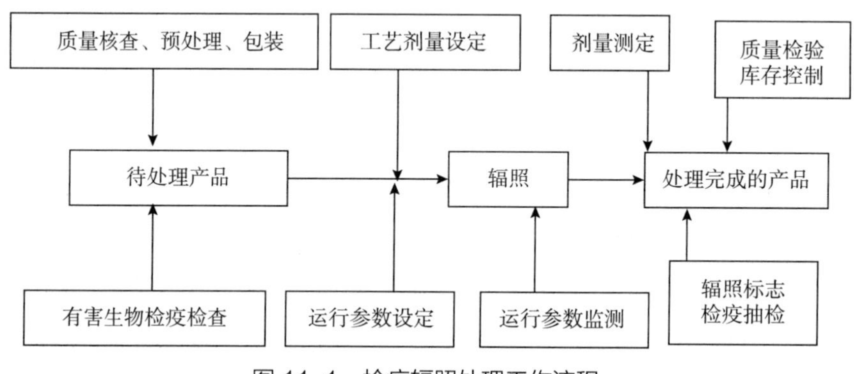

图11-1 检疫辐照处理工作流程

在货物辐照前，需要对货物进行必要的检查，如检查有害生物情况的检疫检查、质量核查、预处理、包装检查等。

在正式进行辐照处理前，必须进行剂量分布绘图，确定产品中剂量分布情况，并确定监测剂量计的安放位置。

在产品检疫辐照处理中，为了达到预期的辐照效应，需要达到辐照质量要求所规定的剂量范围或剂量限值称为工艺剂量。工艺剂量介于最低有效剂量和最高耐受剂量之间。通常，在开发与实施某项产品的检疫辐照处理工艺前，需要经过一系列实验确定该产品检疫辐照处理所需的剂量水平和剂量限值。在检疫处理过程中产品所吸收的剂量应处于工艺剂量限值范围内，同时要保证剂量不均匀度尽可能小。

在确定了工艺剂量后，通过剂量绘图等方法，确定某类货物检疫辐照处理时的辐照运行参数，如产品装载方式、传输速度、辐照源的工作参数等。

在每批产品的辐照过程中，必须在适当位置进行剂量监测，观察辐照剂量是否在设定的剂量范围内。同时要注意辐照条件，如环境大气成分、温度等，并验证辐照工艺的正确性，作为用户或主管部门检查和监督的依据。

在辐照处理结束后，需要对监测剂量进行检查，确认辐照工艺的正常实施，必要时对产品进行虫检或微生物含量检验等，并根据相关法律法规对处理过的货物进行必要的标记或标识。

国家强制性标准GB 7718《预包装食品标签通则》明确规定，经电离辐射线或电离能量处理过的食品，应在食品名称附近标明“辐照食品”。辐照包装上应注明“已经辐照处理”等字样，最小包装上要统一粘贴辐照食品标识。

国际通用的辐照食品标识如图11-2所示。该标识为圆形、白底绿色，图案上方标注中文“辐照食品”，下方标注英文“IRRA-DIATED FOOD”。

图 11-2 国际通用的辐照食品标识

二、安全防护

在1985年伦琴发现X射线后不久，人们就发现X射线对人体有一定的危害作用。此后，随着加速器、反应堆的应用，对于电离辐射对人体影响的研究也越来越深入。

随着辐照加工技术的迅速发展及辐照技术在多项研究领域中的广泛应用，一方面，它对促进国民经济的发展发挥了极其重要的作用，极大地保障了国家生态安全和食品安全；另一方面，辐照技术的广泛应用，使人类接受各种电离辐射照射的机会明显增加，存在一定潜在的危险性。各种辐射照射对人类的健康危害是在人类不断利用各种电离辐射源的过程中被认识到的。辐照技术在给人类带来巨大利益的同时，也会因某些人为和技术上的因素，而引发危及生命与财产的各类辐射意外事件。因此，辐射防护是为保护工作人员和公众的健康和安全而必须解决的问题之一。

检疫辐照处理设施的电离辐射防护与安全管理既要保障人们的健康与安全，确保环境的安全，又使检疫处理工作能够得以顺利开展；要使人们对辐射的危害有一个正确的认识，既要清除不必要的恐惧，又要引起充分重视。为此我们必须掌握辐射防护的基本知识，了解检疫辐照设施中有关辐射防护的标准，采取有效的屏蔽和联锁措施，制定合理的安全操作和管理规程，积极做好辐射监测工作，减少和避免不必要的照射。

检疫辐照处理设施的屏蔽设计应保证辐照室辐射屏蔽的完整性和安全性。对于辐射屏蔽薄弱的部位（如排风和穿墙孔道等），应有防止漏束的补偿措施；辐照室屋顶厚度设计应同时考虑贯穿辐射和天空散射；迷道设计应使迷道口外辐射工作人员受照剂量满足相关剂量约束要求；在最大设计装源量或最大装机功率时，屏蔽体外表面剂量水平也应满足国家标准GB 10252《γ辐照装置的辐射防护与安全规范》中有关剂量约束要求。由于检疫辐照处理设施通常是固定场地使用，因此综合考虑辐射防护成本和占地面积，采用混凝土作为屏蔽材料是较优的选择。混凝土具有屏蔽能力适中、可塑性强、造价较低且对光子和中子均有较好的屏蔽效果等特点。对于一些场地面积受限的场合，也可以在辐射源周围对其先采用一些重金属物质，如钨、金、铅等进行初级屏蔽，可大大减少屏蔽占地面积。可以采用上下分层的方式进行屏蔽，即上下料区域和设备控制室与辐照室分别位于不同的平面，但这种方式给传输系统的设计增加了难度。对于一些小型的实验设施，在场地条件较宽松的情况下，也可以采用屏蔽防护结合距离防护的方式，即将上下料区域和设备控制室远离辐照室；或者采用非连续式工作模式，将被辐照物送入辐照室后，封闭辐照室出入口，通过远程操作控制辐射源对被辐照物进行检疫处理。

对于使用加速器作为辐射源的检疫辐照处理设施，加速器的结构材料、冷却水以及加速器厅和辐照厅内的空气受到辐射的照射会引起感生放射性，其辐射水平取决于加速粒子的能量、种类、流强、被辐照的材料的性质以及加速器的运行时间等多种因素。检疫辐照处理设施一般不用考虑感生放射性问题，但是也有一些需要注意的特殊情况，对于采用钨、金、铅等作为靶材料或屏蔽材料的加速器，应该注意加速器室内的感生放射性问题。通常情况下，感生放射性的衰变是较快的，对感生放射性的有效防护措施之一是等其衰变。检修感生放射性较强的部件之前，应该等这些部件的放射性衰变到适当的水平或采取必要的防护措施。

系统工作时，高能电子或光子会与空气作用产生臭氧、氮氧化物等有害气体。系统长时间工作后，辐照通道内产生的有害气体累积至一定浓度将可能对进入通道的维修人员产生危害，并可能通过排放对周围环境造成污染，因此必须考虑对有害气体进行防护。通常情况下，对于检疫辐照处理设施，在没有通风的情况下，辐照室内的臭氧浓度可能会超出国家标准允许范围的数千倍，并可能通过排放对周围环境造成污染，因此为保证工作人员和周围公众的安全，必须为检疫辐照处理设施设计通风系统。通风系统的排风速率根据可能产生的有害气体的量和工作需要而定。

为了避免工作人员受到意外照射，检疫辐照处理设施还应设置完善的辐射安全联锁与警示设施。安全联锁设施应可控制辐射源的供束（使用）或停束（停用），只有在所有安全联锁设施都处于正常工作状态时辐射源才可以被使用，任意一个安全联锁设施不正常，射线源不能供束（或使用）或立即停止出束（或被阻断）。安全联锁与警示设施的设计应遵循故障安全原则，设置冗余、多重的安全装置，并采用多样性的部件，以保证当某一部件或系统发生故障时，检查系统均能建立起一种安全状态。系统的安全联锁与警示设施通常包括系统安全联锁钥匙开关、门联锁、急停装置或紧急降源装置、警灯警铃、监视装置及其他安全辅助设备。

电离辐射防护与辐射源安全的保障，除了具备必要的防护措施以外，辐射安全的管理是另一个关键因素。人类一百多年来的辐射实践证明，大多数辐射事故发生的起因是人员的思想麻痹，管理制度不严格。再完备的硬件设施也不能完全确保人员的安全，而思想重视、科学管理是防止辐射事故发生，控制人员受照剂量尽可能低的必不可缺的手段之一。

第五节　辐照处理的应用

一、辐照设施批准

辐照处理必须在官方批准注册登记的辐照处理设施内进行。

二、剂量测定

（一）剂量测定系统的校准

应按照程序文件的标准操作程序校准剂量测定系统的所有要素。剂量测定系统应经官方承认的独立机构评估。

（二）剂量分布绘图

应进行剂量分布绘图研究，明确显示辐照室和商品中剂量分布的特点，证明在规定的控制条件下辐照处理完全能够达到要求。剂量分布绘图应遵照标准操作程序进行。剂量分布绘图研究得出的信息用于选择常规处理中剂量仪的放置地点。

需要对不完全装载（部分填充）、首次和末次装载进行剂量分布绘图，确定吸收剂量的分布与常规装载情况下是否存在明显差异，以便做出相应的调整。

（三）常规剂量测定

准确测量货物中吸收剂量对于确定和监测处理效果至关重要，也是效果验证的程序之一。应根据具体的辐照设施、处理程序、货物、有关标准和植物检疫要求来规定剂量测量的位置、次数和频率。

三、检疫系统的完整性

在实际处理时，辐照处理是否合格的评判依据包括：是否对关注的有害生物有效、是否按照规定程序实施、是否对处理后的货物进行了恰当的保护。设施所在国的国家植物保护机构负责确保植物检疫系统的完整性，以保证辐照处理能够满足进口方的要求。

处理效果评价和剂量测定可以确保处理的有效性。设计良好、监测严密的处理和保障系统可以确保处理合格，保护货物不受感染、再次感染或丧失完整性。

（一）辐照处理过程的检疫安全措施

因为通常无法用肉眼区分货物是否经过辐照处理，所以处理过的货物应进行有效隔离、明确标记，搬运过程中保障不会受到污染和/或感染或不会弄错标记。

（二）标签

货物包装上应记录处理的批号和其他识别特征，以便识别处理批次和追踪溯源（如鉴别包装和处理设施，包装和辐照处理的日期及地点）。

（三）核查

应通过监测和审查辐照处理记录，必要时包括对处理过程进行直接监管，以核实辐照设施和处理过程是否符合要求。

辐照处理单位应该与所在国家或地区的植物检疫部门签订协议，遵守辐照处理的相关规定。协议可包括以下内容：

1. 辐照设施由所在国家或地区官方批准；
2. 由官方管理和实施监督管理计划；
3. 核查条款包括不预先通知的视察（核查）；
4. 查阅辐照处理文档和处理记录的便捷方式；
5. 违规时应采取的纠偏行动。

四、辐照设施文档

辐照设施所在国家或地区的官方负责监测辐照处理记录和文档，确保向所有各方提供记录。检疫辐照处理如同其他植物检疫处理一样，必须具有可追溯性。

（一）处理程序

辐照处理单位建立程序文件有助于确保货物处理始终按照要求进行。通常应确定处理程序和操作参数，为具体的机构和/或辐照处理单位提供必要的操作细节。辐照设施操作人员应建立校准和质量控制程序文档，至少应重点记录下列信息：

1. 处理前、处理中和处理后货物的搬运程序；
2. 处理中货物的朝向和结构；
3. 处理过程的关键参数及其监测手段；
4. 剂量测定；
5. 在处理失败或关键处理过程出现问题时，应采取的应急措施和纠偏行动；
6. 不合格货物批次的处置程序；
7. 标签、记录保存和文档的要求。

（二）辐照设施的记录与追溯

货物的包装人员和辐照设施的操作人员应保留原始记录。在需要进行追溯时，交由官方审查。辐照处理单位应将合格的检疫处理记录保留一年以上，以确保各批次货物的可追溯性。此外，可能需要记录其他信息：

1. 辐照设施和负责方（辐照处理单位）的名称；
2. 货物名称；
3. 处理目的；
4. 目标有害生物；
5. 产品的包装人员、种植人员和产地；
6. 每批次的规格、体积和标识，包括产品数量或包装；
7. 识别标签或识别特征；
8. 处理批次的数量；
9. 吸收剂量（目标剂量和测定剂量）；
10. 处理日期；
11. 已发现的与处理要求不符的任何偏差。

五、检验检疫检查和植物检疫证书

（一）输出检查

为确保货物符合进口国的植物检疫要求，应核查文档和非目标有害生物。

作为验证处理效果的依据，应核查文档的完整性和准确性。可在处理前或处理后进行现场检查，以便发现非目标有害生物。若发现非目标有害生物，海关应确定其是否属于进口国限制的有害生物。

（二）植物检疫证书

植物检疫证书应注明处理批次、处理日期、最低目标剂量和经核实的最低吸收剂量。

（三）输入检查

当所要求的处理效果不是有害生物死亡时，不应认为输入检查中发现活的目标有害生物就是处理不当而造成违规，除非有证据表明处理系统的完整性不足。可对仍然存活的目标有害生物进行实验室分析或其他分析，以核实处理的效果。

六、检疫辐照处理技术标准

检疫辐照处理最早的技术标准由ICGFI在1986年提出，给出了水果和蔬菜检疫辐照处理的通用剂量。其后，多个国家和地区组织纷纷给出了针对检疫辐照处理的指南性文件。

目前，国际上关于检疫辐照处理最全面的技术标准是2003年4月由《国际植物保护公约》秘书处发布的ISPM 18《植物检疫措施的准则　辐照处理》。该标准对检疫辐照处理的目标、效能、处理方法、剂量测定及绘图、辐照设施的批准、标签、记录核查、文档等都给出了比较翔实的规定。该标准已经在2008年被吸收转化为中国国家标准GB/T 21659《植物检疫措施准则　辐照处理》。截至2021年9月，已颁布19种害虫（10种实蝇和9种其他害虫）辐照处理的最低吸收剂量标准及实蝇科害虫的通用剂量标准，列入ISPM 28《限定有害生物的植物检疫处理》的附录中。2014年9月，亚太区域植物保护委员会颁布第9号标准RSPM No.9《辐照设施的批准》，对检疫辐照处理设施的批准给出了指南性意见，要求与ISPM 18和ISPM 28一致。

截至2020年年底，我国颁布了检疫辐照处理标准8个，包括1个国家标准GB/T 21659《植物检疫措施准则　辐照处理》和7个检验检疫行业标准（SN）。

七、检疫辐照处理的风险分析

风险是未来事件的不确定性对后果的影响。检疫处理作为控制限定性有害生物传入和传播风险的一项控制措施，可能存在有害生物杀灭不彻底的情况，对货物、人员、环境等安全造成不良影响等。辐照处理作为检疫处理的一种有效的技术手段，也存在各种风险。

风险评估作为风险管理的一个重要环节，在风险控制中发挥着重要作用。检疫辐照处理的风险评估，可以确定各种不确定因素及其负面影响，降低、减缓风险因子的影响和后果，规避和有效应对风险，充分发挥检疫处理的功能，既保证生物安全，又保障货物安全、环境和生态安全。

一般来说，一个完整的环境风险评价工作包括：历史数据分析、风险识别和危害分析、事故频率和后果估算、风险计算和评价、风险减缓和应急措施等。针对检疫辐照处理中各种风险因子产生的风险，对处理效果、安全的评判指标性质见表11–8。

表11–8　检疫辐照处理中各危害因子的评判指标

风险因子			评判指标			
			失效风险	货物风险	人员风险	环境风险
技术标准	最低吸收剂量		是/否	高—低	是/否	是/否
	剂量不均匀度		是/否	高—低	是/否	是/否
	厌氧环境		是/否	高—低	是/否	是/否
	产品耐受剂量		是/否	高—低	是/否	是/否
辐照设施	设施性能	放射源	是/否	高—低	高—低	高—低
		电子加速器	是/否	高—低	高—低	高—低
		X—射线	是/否	高—低	高—低	高—低
	设施故障	放射源	是/否	高—低	高—低	高—低
		电子加速器	是/否	高—低	高—低	高—低
		X—射线	是/否	高—低	高—低	高—低
	废源处置	放射源	是/否	高—低	高—低	高—低
辐照操作	操作流程		是/否	高—低	高—低	高—低
	操作员技术水平		是/否	高—低	高—低	高—低
	检疫监管		是/否	高—低	高—低	高—低

可以根据AS/NZS ISO 31000：2009风险评价指数矩阵法，对识别到可能存在的危害因素进行分析，分离可接受的小风险和不能接受的大风险。风险分析包括安全事件的后果、后果发生的可能性以及它们的影响因子，还包括对现有的管理、技术措施进行安全分析。参考指数矩阵表（见表11–9），对照射风险发生的可能性和严重程度进行分级后确定其风险水平。

表11-9 风险分析矩阵——风险水平分级

可能性	后果的严重程度				
几乎肯定发生	很低风险	低风险	中风险	高风险	很高风险
很可能发生	很低风险	低风险	中风险	高风险	很高风险
可能发生	很低风险	很低风险	低风险	中风险	高风险
不太可能发生	很低风险	很低风险	很低风险	低风险	中风险
几乎不发生	很低风险	很低风险	很低风险	很低风险	低风险
	可忽略	较小	中等	较大	灾难

参照检疫辐照处理国际标准、指南，国家法规、标准及技术规范，结合辐照加工企业出现各类事故的基本资料等，检疫辐照处理的风险水平见表11–10。

表11-10 检疫辐照处理风险分析矩阵——风险水平分级

风险类别	风险来源	事件发生可能性	事件后果严重程度	风险水平
吸收剂量低于目标有害生物要求的最低剂量	技术标准失误	几乎不发生	较大	很低风险
	辐照设施性能、故障	不太可能发生	较大	很低风险
	操作时漏照	可能发生	灾难	高风险
	防疫措施失效、操作失误	可能发生	灾难	高风险
吸收剂量超过货物的最大耐受剂量	技术标准失误	几乎不发生	中等	很低风险
	剂量不均匀度过大	可能发生	中等	低风险
	重复辐照	可能发生	中等	低风险
人员安全事故	误入辐照室	几乎不发生	灾难	很低风险
	人员意外照射	几乎不发生	灾难	很低风险
	废源处置	几乎不发生	灾难	很低风险
破坏生态环境	辐照设施	几乎不发生	较大	很低风险
	操作过程	几乎不发生	较大	很低风险
	监督管理	几乎不发生	较大	很低风险
	有害生物处理失效	不太可能发生	灾难	中风险

八、检疫辐照处理的效果评价

检疫辐照处理的效果评价分为两个层面：一是最低吸收剂量标准的评价，即有害生物接受指定最低吸收剂量的辐照处理后，其效果能否达到检疫处理的目标；二是辐照处理实施过程的评价，主要是评估在辐照处理实施的过程中相关处理方法、参数是否满足相关标准和技术规范的要求。

有害生物的检疫辐照处理效果通常用百分率指标和统计学指标来衡量。辐照处理的效果包括导致有害生物的死亡、阻止有害生物的发育或繁殖。对于阻止发育或繁殖来说，其最终结果仍然是导致有害生物死亡，只是判定死亡的虫态或时间不同。如果以阻止幼虫发育为蛹为控制水平，则判定死亡的标准是幼虫死亡，即需要统计蛹的数量和初始幼虫的数量；如果以阻止有害生物发育为成虫为控制水平，则需要统计死亡的幼虫以及蛹的总和和初始幼虫的数量。将死亡有害生物的数量与初始有害生物的数量的比值以百分率表示即为百分率指标。检疫辐照处理的最低要求是100%死亡率或抑制率。

然而，从生物统计学来讲，100%杀灭是不可能做到的，也是没必要做到的，百分率指标在有害生物数量较大时操作难度很高，因此发展了用统计学指标作为衡量检疫处理有效性的指标。美国学者Baker在1939首次提出了死亡几率值9的检疫处理有效性概念，即在95%置信水平下，有害生物死亡率为99.996 8%，并以此作为检疫处理有效性的评价标准。在此基础上，也有国家提出了在95%置信水平下，有害生物死亡率为99.99%的有效性评价标准。为此，要求处理至少29 956头（99.99%死亡率）或93 616头（99.996 8%死亡率）有害生物，不能有任何有害生物存活或发育到下一阶段。

在通过检疫辐照处理实验确定了有害生物的最低吸收剂量后，由于影响检疫辐照处理效能的主要因素是吸收剂量、厌氧环境和再感染，因此，辐照处理过程满足以下条件，可判定为处理合格有效：

1. 按照经批准的处理方案操作，未出现偏离；

2. 剂量分布绘图、辐照运行工艺、辐照处理记录等文件证明，货物中的最低吸收剂量大于辐照处理技术指标要求的最低吸收剂量，最大吸收剂量小于食品的最大耐受剂量；

3. 常规剂量测定中监测的剂量符合剂量分布绘图的结果；

4. 未在厌氧条件下辐照处理货物；

5. 处理后的货物在搬运、储藏过程中未受到再次感染；

6. 所有记录文档清晰、完整，保存良好；

7. 检疫监管中未发现违规现象或偏离辐照处理方案的情况。

若处理过程与上述要求不符，特别是最低吸收剂量小于规定的最低吸收剂量，可以立即判定为不合格；其他不符合处理要求的偏离情况，理论上讲应按照不合规来对待，可以判定为处理不合格，但实际上可以根据实际偏离的程度，采取整改措施、纠正、其他检疫处理措施等。

九、检疫辐照处理的应用

美国农业部及其动植物检疫局（Animal and plant health inspection service，U.S. department of agriculture，USDA APHIS）先后于1986年及1989年批准辐照技术用于鲜活产品的检疫处理。1995年4月，在还没有商业辐照设施的情况下，夏威夷动植物检疫局特批当地的新鲜水果空运到位于芝加哥的钴源辐照厂进行辐照处理，最低吸收剂量为250 Gy，处理后投放到伊利诺伊州和俄亥俄州的超市销售，首次实现了检疫辐照处理技术的商业化应用。2000年，夏威夷建造了一套X射线辐照设施，主要用于甘薯的辐照处理，每年辐照数量达到4 000吨。

从2006年开始，美国先后与印度、泰国、越南、墨西哥等国签订了进口水果检疫辐照处理的《等效工作协议》，认可了输出国的检疫辐照处理设施，并确定了进口水果种类及其辐照剂量。2007年开始，上述国家的芒果、荔枝、山竹、凤梨、火龙果等水果经过400 Gy（最低吸收剂量）处理后输往美国，进一步扩大了辐照产品的国际贸易。另外，巴基斯坦的芒果也试验性出口到美国，由于巴基斯坦缺乏经过认可的商业化辐照处理设施，因此在美国艾奥瓦州进行辐照处理。

2004年，IAEA组织开展了国际贸易中热带水果检疫辐照处理的商业化试验项目，澳大利亚的芒果（1.5 t）辐照处理（最低吸收剂量250 Gy）后输往新西兰，首次成功实现了检疫辐照处理技术在国际贸易中的应用。2005年开始用检疫辐照处理方法处理荔枝，2006年开始处理木瓜，但由于木瓜辐照费用为106美元/吨，与热处理相比没有优势，因此2008年停止。

2021年6月，澳大利亚与新西兰就辐照可以作为澳大利亚出口草莓等产品的一种检疫处理措施达成一致意见。新西兰初级产业部更新了新鲜水果和蔬菜的进口检疫要求；随后，澳大利亚农业部于7月2日发布了2021-38号行业公告，内容包括针对水果和蔬菜上的有害生物——实蝇，新西兰初级产业部已批准澳大利在出口草莓、蜜瓜、硬皮甜瓜和西葫芦等新鲜水果和蔬菜时采用辐照检疫处理，其辐照处理的最小吸收剂量为 150 Gy，且必须在澳大利亚境内、出口前完成。

目前，新西兰成为第二大辐照水果进口国。

十、展望

随着溴甲烷逐步被限制使用，辐照处理作为替代溴甲烷熏蒸的检疫处理技术方法之一，在水果国际贸易中的应用有了初步发展，检疫辐照处理应用的国家（地区）、水果种类、数量、有害生物等逐年增加。虽然目前检疫辐照处理还面临着价格高、缺乏设备和有害生物最低吸收剂量指标、人们对辐照食品接受度低等多项挑战，但其仍然呈现出规范化、国际化与实用化等发展趋势。为促进辐照技术在进出口贸易中的应用，各国也十分重视辐照后的检测技术和消费者的认知。

辐照处理区别于其他检疫处理技术的最大特点是应用较低剂量辐照阻止有害生物发育或繁殖，而不是导致有害生物的立即死亡，所以，在口岸查验中可能发现活的有害生物。为了保证检疫的安全，后续需要开展有害生物辐照检测和甄别技术，以确定该有害生物是否经过辐照处理，以及吸收剂量是否达到了规定的最低要求。

为积极应对国际贸易发展和溴甲烷替代的挑战，我国在技术研究、法规标准制定、设施建设、技术培训等方面开展了卓有成效的工作，推动和促进辐照技术在检疫处理中的应用。进入21世纪以来，我国加大了投入，开展辐照设施、水果品质检测、有害生物的最低吸收剂量指标等研究工作。通过加强法规和标准、技术研究、设施、技术储备等方面的建设，紧跟国际检疫辐照处理的发展和前沿，探讨辐照技术在检疫处理中的应用。

12 CHAPTER 第十二章 消毒处理

物理消毒法和化学消毒法是两种常见的消毒处理方法。物理消毒法主要通过物理方法对病原微生物进行杀灭或清除。常用的物理消毒方法有自然净化、机械除菌、热力灭菌、辐射灭菌、超声波灭菌和微波灭菌等。化学消毒法是使用化学药剂来进行消毒。在动植物检疫处理中所说的消毒一般是化学消毒。

第一节　概述

一、消毒和消毒剂

（一）消毒（Disinfection）

消毒是指清除或杀死周围外环境中的病原体而使其无害化的过程。消毒是切断传播途径的重要措施之一，能防止传染病在外环境中扩散或蔓延。所谓“外环境”，对于植物而言，一般情况下指的是无生命的表面和物体；对动物而言，一般还包括体表皮肤粘膜及浅表体腔。

消毒同灭菌及杀菌的概念不同，灭菌是将所有的微生物和病毒全部杀灭，以达到无菌的目的。换句话说，灭菌就是经过处理后，物品上不存在任何微生物。杀菌则是对细菌（微生物）的杀灭过程，一般不包含杀灭的程度。灭菌具有绝对的含义，通过“灭菌”一定能达到消毒的效果，但消毒却不一定可以达到灭菌的目的。所以，在对“消毒”一词含义的理解上，主要包括两点内容：一、消毒是针对病原微生物和其他有害微生物，而非要求清除或杀灭所有微生物；二、消毒是相对的而不是绝对的，它只是要求将有害微生物的数量减少到无害的程度，而并不是要求把所有有害微生物全部杀灭。

（二）消毒剂（Disinfectant）

消毒剂是指能杀灭病原微生物的化学性制剂。从广义上讲，一些用于杀灭皮肤黏膜上微生物的药品有时也被称为消毒剂，也有人将这一类消毒剂称为抗菌剂。事实上，消毒剂和抗菌剂并没有严格的区分，比如乙醇既可以作为消毒剂，也可用作皮肤或黏膜上的抗菌剂。一般消毒剂常常在高浓度下作为消毒剂使用，而在低浓度下可作为皮肤抗菌剂使用，比如过氧乙酸。对消毒剂的一般要求是能杀灭微生物繁殖体，而并不要求其能杀灭芽孢。

消毒剂和灭菌剂亦有所区分。一般来说，只有甲醛、戊二醛、过氧化氢和环氧乙烷等几种药物可以作为灭菌剂。理想可用的消毒剂应具备以下特点：1.杀菌谱广；2.低浓度即可起效；3.作用时间短；4.性质稳定；5.水溶性强；6.可在低温下使用；7.不易受有机物、酸溶液、碱溶液及理化因素的影响；8.对物品温和，无腐蚀性；9.无色无味，使用后易于清除残留药物；10.低毒，不易燃易爆，使用安全。

二、消毒剂的种类

（一）按效能分类

常见的化学消毒剂可根据杀死微生物的效能分为高效、中效、低效三种类型。

1. 高效消毒剂

指可杀灭一切细菌繁殖体（包括分枝杆菌）、病毒、真菌及其孢子等，对细菌芽孢（致病性芽孢菌）也有一定灭杀作用，达到高水平消毒要求的制剂。可作为灭菌剂使用的一定是高效的化学消毒剂，如戊二醛、过氧乙酸、过氧化氢、含氯化合物、臭氧、甲醛、有机汞化合物和环氧已烷等。

2. 中效消毒剂

指可杀灭分枝杆菌、真菌、病毒及细菌繁殖体等微生物，达到消毒要求的制剂。如乙醇（酒精）、酚、碘类消毒剂等。

3. 低效消毒剂

指可杀灭细菌繁殖体和亲脂病毒，达到消毒要求的制剂。如胍类消毒剂、季铵盐消毒、剂洗必泰和新洁尔灭等。

（二）按成分和性质分类

按照成分和性质，消毒剂可分为八大类。

1. 醛类消毒剂：属高效消毒剂，如甲醛和戊二醛等。

2. 过氧化物类消毒剂：属高效消毒剂，常用的有三种，分别是过氧乙酸、过氧化氢（双氧水）和臭氧。

3. 杂环类气体消毒剂：属高效消毒剂，更多地用作熏蒸剂，常用的有溴甲烷和环氧乙烷等。

4. 含氯消毒剂：属中效消毒剂，常用于水的消毒，如漂白粉和次氯酸钙等。

5. 酚类消毒剂：属中效消毒剂，常用于浸泡消毒和皮肤黏膜的消毒，包括酚（石碳酸）和甲酚皂溶液（来苏儿）等。

6. 醇类消毒剂：属中效消毒剂，常用于皮肤消毒和物品的表面消毒，作用比较快，在实验室的常规消毒中应用得比较广泛，主要包括乙醇、异丙醇等。

7. 季铵盐类消毒剂：属于低效消毒剂，为阳离子表面活性剂，常用于皮肤黏膜和外环境表面的消毒，具有广谱、作用快且强、毒性较弱的特点。比较有代表性的有新洁尔灭和杜米芬等。

8. 其他消毒剂：包括含碘化合物、二胍类化合物和金属制剂等。大多用于皮肤消毒，如碘、有机汞、洗必太和高锰酸钾等。

三、消毒剂的作用机理

消毒剂对微生物的作用是一个非常复杂的过程，了解消毒剂的作用机理，对未来进一步开发高效低毒的化学消毒剂和改造原有的消毒剂有着积极的促进作用。国内外研究人员从自不同层次和角度对消毒机理进行了大量研究，例如细胞壁、细胞膜、细胞质、核酸和细胞能量代谢等方面，并取得了相当大的进展。

（一）消毒剂对细胞壁的作用

细胞壁在消毒剂对微生物的作用过程中能起到屏障作用，从而降低微生物对药物的敏感性。这在某些芽孢、分枝杆菌和革兰氏阴性细菌中非常明显。具体来说，位于细菌细胞壁上的肽聚糖，真菌中的葡萄糖、甘露聚糖，细菌芽孢外壁中的吡啶二羧酸，分枝杆菌中的分支酸的含量等都对消毒剂的吸收和进入有着重要的影响，甚至培养基的组分都可以改变微生物对消毒剂的敏感性。研究表明，分枝杆菌的原生质体对非原生质体的敏感性均显著低于双氯双胍乙酸、戊二醛、邻苯二甲醛，可能是细胞壁内层细胞膜表面的疏水性降低引起的。酿酒酵母（*Saccharomyces cerevisiae*）细胞壁的孔密度、葡聚糖含量以及厚度对双氯双胍乙烷（Chlorhexidine，CHX）的敏感性也有所影响，随着细胞壁的孔厚度增加或密度减小，细胞对CHX的吸收量下降。一般情况下，消毒剂通过细胞壁的方式为被动扩散。对于革兰氏阴性菌来说，其细胞壁多由脂蛋白、磷脂和脂多糖组成，亲水和亲脂类消毒剂分别通过细胞壁外膜上的亲水性孔道和亲脂性孔道进入。阳离子消毒剂因具有表面活性剂作用对革兰氏阴性菌细胞壁有解聚作用，从而破坏外膜，使自身的被动吸收量提高。戊二醛可以同胞壁脂蛋白发生交联反应、和胞壁磷壁酸中的酯联D-丙氨酸残基反应、形成侧链，从而封堵微生物的细胞壁，影响微生物吸收营养和排出废物，最终使微生物降解死亡。

（二）消毒剂对细胞膜的作用

细胞膜对细菌而言具有非常重要的作用，它不仅可以维系微生物的正常生命活动，分隔胞内物质与外界环境，还是物质交换与能量代谢的场所。消毒剂对细胞膜的作用主要表现为增加膜的通透性，使胞内物质泄漏出来，阻断呼吸链，减少或停止ATP的合成，终止糖酵解等。这些作用均可致使细菌死亡。

1. 对膜的作用

消毒剂分子作用的靶点主要在微生物细胞膜的磷脂双分子层和蛋白质。双胍类和季铵盐类消毒剂的作用靶点一般为膜上的磷脂分子，进而损伤各种微生物细胞膜。多聚双胍类消毒剂使大肠杆菌内膜的酸性磷脂和脂相产生分离。过氧化氢产生的羟自由基可以使蛋白和酶的巯基氧化，通常也与细胞膜上的不饱和脂肪酸反应。一般而言，大多数消毒剂均可与酶和蛋白质上的巯基作用，破坏膜蛋白。

2. 对代谢的作用

呼吸链、三羧酸循环、糖酵解、核酸和蛋白质的合成、氧化磷酸化（ATP的合成）等都对维持生命活动具有重要的代谢意义，其中任意一个活动被终止都会致使生命活动停止。当破坏膜的完整性时，会增加其通透性，导致胞内物质包括催化有关反应的酶和代谢的中间产物外泄从而影响代谢活动；膜与消毒剂接触破坏了细胞膜上的呼吸链，降低或者阻碍了ATP合成，从而造成细胞死亡。

3. 消毒剂对核酸的作用

消毒剂最后到达的位点之一是位于细胞内部的核酸（真核生物的核酸有核膜包被）。有些消毒剂能影响核酸的生物合成和功能，一些含氯消毒剂比如次氯酸能彻底抑制大肠杆菌的生长、抑制DNA的合成等。

四、影响消毒效果的因素

有多种因素可影响消毒的效果，概括起来主要包括三个方面：消毒剂本身的因素（杀菌因子）、环境因素（消毒对象的理化特性）和微生物方面的因素（污染微生物的种类和数量及敏感性）。

（一）消毒剂本身的因素

不同消毒剂的杀菌能力不同，这主要取决于其穿透力。除此之外，不同消毒剂的杀菌范围亦有不同，所以在应用的时候，要针对所要杀灭的微生物的特点，选择合适的消毒剂。只有这样才能保证消毒的效果。例如：季铵盐类消毒剂是阳离子表面活性剂，有杀菌作用的阳离子具有亲脂性，革兰氏阳性菌（Gram-positive bacteria，后文以G^+表示）的细胞壁含类脂多于革兰氏阴性（Gram-negative bacteria，后文以G^-表示）菌，故G^-菌更易被季铵盐类消毒剂灭活；热对结核杆菌有很强的杀灭作用，但一般消毒剂对结核杆菌的作用要比对常见细菌繁殖体的作用差，所以为了取得理想的消毒效果，必须根据消毒对象合理地选择消毒剂。

1. 消毒剂的浓度

一般说来，消毒剂浓度与消毒作用有关，浓度越高，作用就会越强。各种消毒剂受浓度影响的程度不同。为了定量地表示浓度和消毒效果的关系，在消毒动力学研究中使用稀释系数（η值）。消毒剂的η值越大，表示浓度的变化对消毒效果的影响越大。一些常用消毒剂的η值见表12-1。

表12-1 消毒剂的η值

消毒剂	菌株类型	η值	消毒剂	菌株类型	η值
过氧化氢	伤寒杆菌	0.5	环氧丙烷（气体）	枯草杆菌芽孢	0.7～0.9
升汞（氯化汞）	金黄色葡萄球菌	1.0		枯草杆菌黑色变种芽孢	1.0
甲醛	金黄色葡萄球菌	0.93～1.20		绿脓杆菌、大肠杆菌、灵杆菌	2.0～2.7
	伤寒杆菌	1.0～1.15		枯草杆菌黑色变种芽孢	1.0
	大肠杆菌	1.05～1.50		枯草杆菌芽孢	0.7
季铵盐类	大肠杆菌	2～3	环氧乙烷（气体）	枯草杆菌芽孢	1.0～1.1
苯酚	伤寒杆菌、金黄色葡萄球菌	4.0～6.4		绿脓杆菌	2.5～3.1
	链球菌、炭疽杆菌芽孢	4.0～6.4		枯草杆菌黑色变种芽孢	1.0
甲酚	伤寒杆菌、金黄色葡萄球菌	5.5～9.5		枯草杆菌芽孢	1.27～1.35
氢氧化钠	黑曲霉孢子	1.66～3.95	乙型丙内酯（气体）	枯草杆菌芽孢	0.8～1.0
乙醇	金黄色葡萄球菌	11.3		大肠杆菌	1.2～1.6
次氯酸钠	枯草杆菌黑色变种、炭疽杆菌	1.0		绿脓杆菌、啤酒酵母	2.0～2.3
	枯草杆菌芽孢	1.6～1.7		枯草杆菌黑色变种芽孢	1.0
	黑曲霉孢子	0.95		枯草杆菌芽孢	0.75
碘	黑曲霉孢子	1.15			

2. 消毒剂的配方

正确的配方是有效地使用消毒剂的关键。洗必太和季铵盐类消毒剂用70%乙醇配制比用水配制穿透力强，杀菌效果也更好。酚在水中的溶解度低，制成甲酚的肥皂溶液，可杀灭大多数繁殖体微生物，能在15 min内杀灭结核杆菌，所用肥皂为亚麻子油和氢氧化钾制成的，稀释后为透明溶液。后来用二甲苯酚和乙基酚代替甲酚，这样降低了腐蚀性，可用于皮肤消毒。环氧乙烷和超声波、戊二醛等联合应用可提高消毒效果。将2%戊二醛与0.25%聚氧乙烯脂肪醇醚混合，会大大加强消毒作用。环氧乙烷和溴甲烷合用不仅可以防燃、防爆，而且两者协同作用，可提高消毒效力。环氧乙烷与氟利昂、二氧化碳等混合，可以防止爆炸和燃烧。使用一些具有杀菌作用的溶剂配制消毒液时，例如甲醇、丙二醇等，往往可以提高消毒效果，但使用无杀菌作用的山梨醇、甘油等配制消毒溶液时，通常无增效作用。

（二）环境因素

影响消毒剂消毒效果的环境因素主要是环境的温度、环境酸碱度（pH值）、湿度、有机物及表面活性剂和金属离子。

一般而言，环境温度越高，消毒速度越快，但环境温度的变化对各种消毒剂影响程度不同。通常来说，按等差级数量增加的，杀菌速度会按几何级数增加。测定温度对消毒效果的影响，常用温度系数Q或Q_{10}值，几种常用消毒剂的温度系数（Q_{10}）为：酚或甲酚3～5，甲醛1.5；环氧乙烷2.7；乙型丙内酯2～3；脂肪醇30～50。戊二醛气体在10 ℃～40 ℃的温度范围内时，其$Q_{10}=2$。

pH值的变化从两方面对杀菌作用产生影响。一是对消毒剂的作用，pH值能改变其离解程度、分子结构和溶解度。二是对微生物的影响，微生物生长的pH值范围为6～8，pH值过高或过低均会影响微生物的生长。苯甲酸、酚、山梨醇、次氯酸和脱水乙酸以非离解形式起杀菌作用，因此在酸性环境中增强了其杀菌作用。戊二醛在pH值为3～4时稳定，而杀菌作用在碱性条件下更强。这与戊二醛的杀菌作用与氨基反应有关，此反应在pH值大于7时最迅速。在碱性条件下，细菌带的负电荷增多，阳离子型消毒剂更容易发挥作用。对于阴离子型消毒剂而言，因为细菌表面的负电荷减少，所以在酸性条件下效果更好。

有机物的存在会使消毒剂对微生物的杀灭作用受影响。其原因是：1.微生物表面的有机物可以形成一层保护层，阻断消毒剂同微生物的接触，或者延缓消毒剂的作用，致使微生物慢慢对药物产生适应性。2.消毒剂和有机物接触会发生相当于稀释的作用，杀菌作用减弱，溶解度降低。当不溶性化合物形成后，又会与细菌自身产生的其他物质一起对微生物起到物理保护作用。3.有机物与一部分消毒剂发生作用，则消毒剂与微生物的作用浓度降低。4.有机物可中和一些消毒剂。比如，蛋白质具有缓冲作用，可部分地中和酸性或碱性消毒剂；脂肪或磷脂可优先溶解或吸收部分消毒剂，特别是阳离子表面活性剂。有机物对各类消毒剂的影响程度不尽相同。当有机物存在时，含氯消毒剂的杀菌作用显著降低，季铵盐类、二胍基类、汞类和过氧化物类消毒剂的消毒作用也明显地受有机物的制约。烷基化消毒剂，如环氧乙烷、戊二醛及碘等则受有机物的影响比较小。对于大多数消毒剂，当其用于被有机物保护的微生物时，需要适当加长作用时间或加人剂量。

部分研究表明：大分子聚合物和非离了表面活性剂能降低对羟基甲酸酯和季铵盐类消毒剂的作用，当存在吐温（一种非离子表面活性剂）时，消毒剂的浓度就需要增加。阴离子表面活性剂能使季铵盐类消毒剂和氯己定的消毒作用降低，因此，不能将肥皂及阴离子洗涤剂与新洁尔灭等消毒剂合用。硫代硫酸钠可以中和过氧乙酸和次氯酸盐而导致消毒作用降低。

消毒效果在一定程度上也受金属离子的影响。Mn^{2+}和Zn^{2+}分别可增加和降低水杨酸对假单胞菌的作用，而Ca^{2+}和Mg^{2+}则无此影响。存在低浓度的二价阳离子时，可以增强阴离子表面活性剂对葡萄球菌的抗菌作用。然而，有Mg^{2+}、Ca^{2+}或Ba^{2+}存在时，会大大降低长链脂肪酸的杀菌作用。当存在EDTA时，许多抗菌性化合物对G^-菌的作用是加强的。以合适的配方混合氯二甲苯酚和EDTA，形成一种新的消毒—防腐剂，当存在Ca^{2+}和Mg^{2+}时，这种消毒剂对绿脓杆菌的作用降低。由于Ca^{2+}和Mg^{2+}可以影响一些消毒剂的消毒效果，因此目前在消毒学试验中硬水被广泛使用，以便在硬水地区也能使用研究的消毒剂。

湿度对诸多气体消毒剂的作用有显著影响。这种影响来自两个方面：一是消毒物品的湿度，它直接影响微生物的含水量。用环氧乙烷毒时，若细菌含水量太多，则需要延长消毒时间；若细菌含水量太少，则消毒效果亦明显降低；完全脱水的细菌用环氧乙烷无法将其杀灭。二是消毒环境的相对湿度。每种气体消毒剂都有其适宜的相对湿度（Relative humidity，RH）范围。用环氧乙烷杀灭污染在布片上的细菌芽孢时，在RH为33%时效果最好；乙型丙内酯要求RH在70%以上；甲醛以RH大于60%为宜；环氧丙烷的RH为30%～60%；用过氧乙酸气体消毒时，要求RH不低于40%，以60%～80%效果最好。

（三）微生物方面的因素

不同类型的微生物抵抗消毒剂的能力不同，因此要针对不同微生物来选择合适的消毒剂进行消毒。一般而言，G^+菌对消毒剂比G^-菌更敏感，主要原因是细胞膜的构成不同。大多数消毒剂可以杀灭真菌和病毒，但一般不能杀灭细菌芽孢，浓度较高的酚类可以抑制芽孢发芽，季铵盐类可以抑制芽孢的生长。消毒的效果也受微生物的数量影响，一般而言，被污染的微生物数量越多，消毒就会越困难，且污染的菌越多，消毒所用的时间也越长。

五、选择消毒方法的注意事项

选择消毒方法时应考虑以下因素对消毒效果的影响：

（一）病原微生物的种类

不同类型的病原微生物对消毒作用因子的耐受性不尽相同。细菌繁殖体的耐受力弱于芽孢，用一般的消毒剂处理达不到理想的消毒效果；结核杆菌对热力敏感，可以抵抗普通的消毒剂；真菌容易因电离辐射而失活，抗紫外线能力强；细菌繁殖体及肠道细菌容易被过氧乙酸灭活，有很强的耐季铵盐类性质；肉毒杆菌毒素，对酸性耐受力强，但是对碱性消毒剂敏感。因此要根据不同的消毒对象选择合适的消毒剂和消毒方法。

（二）被消毒对象的性质

被消毒对象所处的时空状态、功用、媒介的性状等均会影响消毒效果，在进行消毒前必须考虑周全，有的放矢。

（三）需消毒现场的特点

一是当时当地的具体环境对消毒效果造成的影响；二是在此地进行消毒具备的条件；三是实施消毒的目的和要求。

第二节　常用化学消毒剂

一、戊二醛（Glutaraldehyde）

戊二醛具有高效、广谱和快速杀灭微生物的作用，可有效杀灭各种细菌繁殖体、结核杆菌、真菌、细菌芽孢和病毒等。戊二醛在使用浓度下，具有腐蚀性低、使用方便的优点，已被许多国家（地区）列入法定消毒剂，在我国其应用也广泛，主要在医院和实验室对仪器设备和试验器材进行消毒。

（一）理化特性

戊二醛为1，5戊二醛（简称戊二醛），是一种5碳双缩醛化合物。分子式为$C_5H_8O_2$，分子量为100.12，结构式为$CHO-CH_2-CH_2-CH_2-CHO$，戊二醛具有典型的醛类化合物的化学性质，可进行加成或缩合反应，在交联反应中，戊二醛的两个活泼的醛基均可与蛋白质发生反应。

戊二醛原料成品的含量为25%～50%，呈无色或淡黄色油状液体，酸性，pH值为3.1～4.5，沸点为187 ℃～189 ℃，挥发性低，有轻度醛刺激性的气味。戊二醛易溶于有机溶剂，可以任何比例与水或醇混合，水溶液呈酸性，pH值在3.5～5.5之间。在酸性条件下，其单体可形成可逆性较稳定的类乙醛结构；在pH值大于7时，会逐渐地聚合成水化物，碱性条件下戊二醛的聚合作用是不可逆的。随pH值的增加，戊二醛聚合物的形成速度加快，同时其杀菌作用下降直至消失。因此，提高温度、增加pH值和延长存放时间都可以导致碱性戊二醛聚合作用的增强而使其效能降低或减弱。综上所述，戊二醛在pH值小于5时最为稳定，在pH值为7～8.5时杀菌作用最强。有研究表明，在酸性条件下，戊二醛一般没有杀死芽孢的作用，而只有加入适量的化学药剂作为激活剂，比如加入0.3%的碳酸氢钠，戊二醛水溶液pH值达到7.5～8.5，才会表现出强大的杀芽孢作用。戊二醛经碱化后，它的化学稳定性会急剧下降，大约在几周后就会丧失杀菌作用。针对此问题，国内外研究者通过添加其他成分作为稳定剂（如非离子表面活性剂聚氧乙烯脂肪醇醚或十七醇聚氧乙烯醚、阳离子表面活性剂苯扎溴铵等），开发了多种复方戊二醛制剂。

（二）作用机制

戊二醛的杀菌作用机制与甲醛相同，主要靠两个活泼醛基之间的烷基化作用，直接或者间接地作用于生物蛋白分子的不同基团，使其丧失生物学活性从而致使微生物死亡。

1. 直接作用于菌体蛋白和菌体内部的酶分子，使肽聚糖解构，改变蛋白质分子构造，使其丧失原来的生物学活性，给细胞呼吸代谢造成障碍致细菌死亡。另外，蛋白质和醛基之间可发生交联反应，从而引起细胞壁固缩、闭锁，也可以使细菌呼吸作用和营养代谢发生障碍，使细菌失活。

2. 戊二醛可使细菌芽孢外层中吡啶二羧酸难以释放，阻滞细菌芽孢出芽；同时交联作用又可使芽孢胞壁封闭，致使真菌孢子和芽孢死亡。

3. 戊二醛作用于微生物核酸物质DNA或RNA，可迅速抑制生物分子的合成，并可改变生物分子亚单位的排列状态，破坏生物分子结构的完整性，致微生物死亡。

（三）应用方法

戊二醛应用十分广泛，与甲醛和环氧乙烷等相比较，在刺激性、使用的安全性等方面具有其特殊优势。因此戊二醛越来越多地被应用在器械灭菌之中。

1. 浸泡、擦拭消毒

2%的戊二醛溶液可用于实验室各种不怕湿的试验器材的消毒灭菌上。常温条件下，将清洁干燥的器材浸入戊二醛水溶液中15 min ~ 30 min即可消毒，浸泡4 h ~ 10 h才会完全杀灭细菌芽孢。在对金属器械浸泡消毒时应加0.5%的亚硝酸钠以防止生锈。正确的使用方法是将试验器材洗净、晾干，在戊二醛溶液中浸泡达到规定时间后取出，用无菌水冲洗3遍以上。对于一般污染的物品，也可以通过擦拭的方法达到消毒的目的。使用擦拭的方法，对一般细菌繁殖体需作用30 min，针对肝炎病毒消毒时需要作用1 h ~ 2 h，如果要杀死细菌的芽孢，则需作用2 h ~ 3 h。

2. 喷雾或熏蒸消毒

这是检疫处理中用作对传染病疫源地消毒、随时消毒和终末消毒常用的方法。对于不宜浸泡的物品可放于密闭空间内，用2%的戊二醛喷雾或加热蒸发，在温度为30 ℃、相对湿度80%以下时，用量为3 mL/m^3 ~ 6 mL/m^3，作用1 h即可达到消毒目的，效果优于甲醛。

（四）戊二醛杀菌效果的影响因素

对于戊二醛溶液，杀菌效果的影响因素主要有使用浓度、微生物的种类、温度和

pH值等，有机物对戊二醛杀菌作用的影响比较小。

1. 微生物的种类

戊二醛对不同微生物的作用强度不一样，在使用时应该根据杀灭微生物的种类来确定消毒作用的时间。一般来说，对细菌繁殖体，使用2%的戊二醛1 min～2 min即可达到杀灭效果；对病毒使用相同浓度需作用10 min；对细菌芽孢和真菌，一般作用30 min可达到杀灭效果。

2. 使用浓度

常用的戊二醛浓度一般为2%，但1%和2%的碱性戊二醛溶液在室温下都可以在1 h内杀灭99.99%的炭疽杆菌芽孢，即使是0.02%浓度的戊二醛也可以在20 min内杀灭一般的细菌繁殖体。因此正常情况下使用0.5%浓度的戊二醛对细菌消毒即可，但在实际使用中应该因作用不同的微生物种类而异。

3. pH值

pH值的变化可直接使戊二醛的杀菌效果受到影响。呈弱酸性的戊二醛水溶液不具有杀灭芽孢的作用。只有加入碱性剂之后才能激活杀灭微生物的作用。

对于戊二醛气体的消毒作用，其影响因素主要有温度、相对湿度及pH值。在浓度和其他条件相同时，戊二醛气体的消毒效果随温度升高而加强；戊二醛气体杀菌效果的最佳相对湿度为80%～90%，当相对湿度接近100%时，其效果反而会下降，原因在于易溶于水的戊二醛在湿度接近100%时会发生水凝聚作用，导致空气中的戊二醛气体浓度变低，从而降低杀毒效果；至于pH值的影响，和液态戊二醛溶液比较，其影响并不显著。

（五）应用范围和注意事项

戊二醛对人和动物的皮肤黏膜有刺激性。比较而言，对人皮肤的刺激轻微，对眼睛的刺激则较重。与甲醛相比对皮肤黏膜的刺激较轻。另外，部分人对戊二醛可能会有过敏反应，但戊二醛溶液的致敏作用远比甲醛低。戊二醛气体是有毒性的，因此不宜使用喷雾和气溶胶的方法对空气进行消毒。

戊二醛在消毒物品上的残留量很低，对金属物品的腐蚀性很小，除对少数橡胶制品能引起轻度褪色之外，几乎不引起其他任何反应。

二、过氧乙酸和双氧水（过氧化氢）

过氧乙酸和双氧水均属于过氧化物类消毒剂。过氧化物类消毒剂即氧化能力强的消毒剂。此类消毒剂的优点是：可分解成无毒成分，无残留毒性；为透明无色液体，不会使消毒物品染上药剂颜色；杀菌能力较强，多数的过氧化物类消毒剂都可作为灭菌剂来使用；易溶于水，使用方便。此类消毒剂的缺点是：易分解、不稳定；消毒剂在未分解前对人有一定的毒性和刺激性；对物品有一定的腐蚀和漂白作用。

过氧乙酸和双氧水是国内最常用的过氧化物类消毒剂，其中过氧乙酸的杀菌能力最强，因而在动物及动物产品检疫消毒处理中使用得最为广泛。

（一）过氧乙酸（Peracetic acid）

1. 理化特性

过氧乙酸又称醋酸，分子式是$C_2H_4O_3$，分子量为76.05，属于氧化剂，无色透明液体，具有弱酸性，有酸性刺激味。其易挥发，可溶于硫酸，也能溶于乙醇和水等有机溶剂；熔点为0.1 ℃，沸点为110 ℃，比重为1.226；腐蚀性强，有漂白作用；性质不稳定，遇热或有机物、金属离子特别是重金属离子、强碱等易分解；含量大于45%（或g/mL）的高浓度溶液，经剧烈碰撞或加热可爆炸（闪点为40 ℃左右），市售消毒用过氧乙酸浓度多在20%左右，一般不会发生爆炸。

2. 作用机制

过氧乙酸可以依靠其强大的氧化能力直接氧化细菌的细胞壁蛋白质，改变细胞壁和细胞膜的通透性，破坏细胞内物质交换的平衡，导致微生物死亡。当过氧乙酸分子进入细菌时，可以直接作用于酶系统，干扰细菌的代谢，抑制细菌的生长和繁殖。另外，过氧乙酸还具有通过改变细胞内的pH值来影响微生物正常代谢的酸的特性，而且还可以直接损伤细胞。因此，过氧乙酸的杀菌效果远比普通酸和过氧化物的杀菌效果强。

3. 应用方法

过氧乙酸作为检疫消毒处理中使用最为广泛的消毒剂，更多的是配制成浓度很低的水溶液使用，常用的浓度为0.02%～0.2%，即使是高浓度使用浓度也不会超过1%，应用消毒的方法一般有以下几种。

（1）浸泡消毒

浸泡消毒由于被消毒物体表面可以充分地和药液接触，从而使消毒更彻底全面，特别适用于不怕腐蚀的物品。消毒时过氧乙酸可视污染程度使用不同浓度进行处理，一般用2 000 mg/L浓度的过氧乙酸浸泡10 min～30 min或者擦拭即可达到消毒目的；对于污染严重的，则必须用 5 000 mg/L浓度的过氧乙酸浸泡30 min～60 min以上；对于被传染性病原体污染的物品，可浸泡于2.5 g/L浓度的过氧乙酸中30 min或者用5 g/L浓度的过氧乙酸擦拭。如果在冬季寒冷条件下使用，则可以在过氧乙酸溶液中加乙醇来防冻，在0 ℃、−10 ℃、−20 ℃、−30 ℃和−40 ℃时，可以使过氧乙酸溶液中乙醇含量分别为10%、20%、30%、40%和60%来达到防冻的目的。

（2）喷雾消毒

过氧乙酸雾化气溶胶消毒具有迅速、高效、无残留毒性等消毒气溶胶所必备的优点，是所有化学消毒剂气溶胶消毒中效果最好的。不能浸泡处理的货物均可以采用喷雾消毒的方法。使用方法主要有两种：

①微粒子喷雾方法

喷雾消毒式喷雾器所喷出的90%雾化粒子直径应该小于50 μm，雾滴越小，其消毒效果越好。物体表面消毒可以用0.8%过氧乙酸水溶液每立方米喷20 mL～40 mL密闭作用1 h。室内空气消毒用0.5%浓度水溶液每立方米喷20 mL作用30 min。

②气体熏蒸消毒

熏蒸消毒法适合在密闭的环境中使用。由于过氧乙酸蒸气同甲醛一样穿透力较差，因此应该使被消毒物品尽可能摊开以充分暴露，从而提高消毒效果。消毒时，过氧乙酸可直接用于加热、气化、熏蒸。方法是将过氧乙酸原液与水按相同比例混合，放入搪瓷盆等耐腐蚀容器中，直接放在电炉上加热蒸发。加水的目的是增加环境的湿度，从而提高过氧乙酸的消毒效果。每次蒸发还剩数十毫升时即关闭电源。实验证明：在1 m^3的密闭空间内，加热蒸发过氧乙酸溶液，浓度达到1 mg/L，在温度为15 ℃、相对湿度80%时作用30 min，可杀灭布片上污染的大肠杆菌、绿脓杆菌、灵杆菌及枯草杆菌芽孢。另一试验证明，在1 m^3的密闭空间内，使用10%过氧乙酸4 mL熏蒸1 h 即能杀灭物体表面所有的肠道致病菌。在达到消毒时间后，通风30 min左右，待气味消失即可。

4. 过氧乙酸消毒作用的影响因素

影响过氧乙酸消毒作用的因素有浓度、作用时间、温度、相对湿度、有机物和化学物质等。

过氧乙酸对微生物的杀灭作用一般随浓度和时间的增加而增强。

温度直接影响着过氧乙酸的杀菌效果，温度越高，过氧乙酸杀菌力就越强，反之则越弱。过氧乙酸与其他的消毒剂不同，即使是在较低温度下其仍具有良好的杀菌能力，研究表明，即使温度为–20 ℃～–40 ℃，过氧乙酸还有显著的杀菌作用，但杀灭微生物的时间会延长十倍到数百倍，在此温度下大部分消毒剂已很难发挥消毒作用。浓度高的过氧乙酸在–32 ℃不会结冰，0.2%的过氧乙酸在–8 ℃时亦不会结冰，过氧乙酸的这个特性有利于在低温环境条件下进行检疫消毒处理。温度对过氧乙酸作用的影响程度与温度的高低和过氧乙酸浓度有关。根据试验可以计算出过氧乙酸杀菌作用的温度系数（Q_{10}），表12–2是不同温度时过氧乙酸溶液的杀菌温度系数。

表12–2　不同温度时过氧乙酸溶液的杀菌温度系数

温度（℃）	温度系数Q_{10}	
	0.3%过氧乙酸	3%过氧乙酸
–40～–30	6.6	10.0
–30～–20	1.2	5.2
–20～–10	1.5	2.0

续表

温度（℃）	温度系数Q_{10}	
	0.3%过氧乙酸	3%过氧乙酸
-10 ~ -0	3.5	3.3
0 ~ 10	5.0	—
10 ~ 20	2.4	—

温度对过氧乙酸蒸汽的杀菌作用也有影响，温度越高，蒸汽的杀毒效果越好，一般使用时温度最好不低于11 ℃。

湿度对过氧乙酸气溶胶及蒸汽的杀菌作用有一定的影响，当环境的相对湿度为20% ~80%时，湿度越大，过氧乙酸的气溶胶杀菌效果越好，低于20%时，杀菌效果会很差甚至失去作用。因此使用过氧乙酸气溶胶进行消毒时，环境的相对湿度最好为60% ~ 80%。

有机物的存在能够消耗过氧乙酸而使其浓度降低，同时有机物对细菌有一定的保护作用，可减轻或延缓过氧乙酸对微生物的作用，最终降低过氧乙酸的消毒效果。有机物对过氧乙酸的影响与其作用的细菌种类、有机物类型及有机物浓度有关。所以当有机物存在时，应提高过氧乙酸的使用浓度或延长作用时间以保证消毒效果。

化学物质中的醇可以增强过氧乙酸的杀菌效果，在过氧乙酸溶液中加入20% ~ 70%醇类试剂可以提高其杀菌效果达1 ~ 4倍。在这些醇类试剂中，以甲醇和异丙醇的加入提高过氧乙酸的杀菌效果最明显。有人做过这样的试验：使用0.2%的过氧乙酸水溶液进行I型灰髓炎病毒杀灭试验需要4 min；如果使用33%的正丙醇溶液配制得到相同浓度的过氧乙酸，只需要1 min就可以杀灭该病毒；用甲醇替代正丙醇的话，杀灭该病毒的时间仅仅需要0.5 min。值得一提的是，使用乙醇来配置过氧乙酸，既可以达到增加杀毒效果的目的，还可以获得防冻的效果，适合在冬季使用，这无疑更方便在检疫处理中尤其是北方寒冷条件下进行消毒处理。

5. 使用范围、毒性及使用中的注意事项

使用喷雾消毒时，为避免被腐蚀，喷雾器特别是喷嘴尽量避免采用金属材料，可以采用塑料或尼龙材料。

除无保护层易腐蚀的金属制品和易褪色的纺织品外，无论耐热与否、是否怕湿，均可用过氧乙酸消毒。低浓度溶液和气雾剂可用于橡胶制品、棉织物、水果、蔬菜、鸡蛋和皮肤黏膜的消毒。

浓度较高的过氧乙酸溶液具有强的腐蚀性和刺激性，对皮肤、黏膜有强烈的刺激，甚至会引起烧伤。过氧乙酸溶液浓度在0.2% ~0.4%时，对健康皮肤无刺激性。浓度在

0.02%时，口腔黏膜与眼结合膜可以耐受；用0.5%过氧乙酸溶液洗手，个别人会出现暂时性的脱皮，所以手的消毒浓度应该以低于0.5%为宜。

使用过氧乙酸消毒应注意：（1）防止腐蚀和损伤。使用过氧乙酸应注意防止损坏物品。精密仪器和尖锐仪器不应使用过氧乙酸消毒。擦拭消毒后，应立即用水清洗。由于过氧乙酸的漂白作用，因此鲜艳的花色纺织品不能浸泡在其中。用于皮肤消毒时，过氧乙酸浓度不宜超过2 g/L，否则对皮肤有刺激性，严重者造成损伤。（2）不可用于地面消毒。过氧乙酸对大理石、水磨石等材料有明显的破坏作用。勿用水溶液擦拭地面。（3）使用者的防护。喷洒或熏蒸过氧乙酸时，操作人员应做好防护，如戴手套和防护眼镜，配药时不要将浓溶液染到皮肤上。（4）确保使用浓度。过氧乙酸不稳定，稀溶液易分解。配制时要保证浓度，随用随配，防止过期。若不确定浓度，则使用前应测试浓度。配制好的稀溶液应放在塑料容器中，避免与金属离子接触。

（二）双氧水（过氧化氢，Hydrogen peroxid）

1. 理化特性

过氧化氢，别名双氧水，分子式为H_2O_2，分子量为34.02，结构式为H–O–O–H。过氧化氢属强氧化剂，纯过氧化氢为无色无味的透明液体，弱酸性，能漂白和轻微腐蚀金属；遇光、有机物、金属离子和碱易分解，在水中可分解为水及氧；遇还原剂，其具氧化作用；遇到比其更强的氧化剂，则起还原作用。纯的过氧化氢极为稳定，但加热到153 ℃或更高时会发生爆炸性分解。过氧化氢可以和水以任意比例混合，在水中分解成水和氧。用去离子水加稳定剂，可配制成稳定的不同浓度的溶液。

2. 作用机制

过氧化氢可形成强氧化性的自由基，能够使蛋白质的分子结构被破坏，从而发挥抑菌或杀菌作用。作为一种氧化剂，过氧化氢可以使细菌细胞的化学基团或原子发生电离，使细胞壁上的酯链断裂，进而破坏细胞壁，细菌细胞因屏障结构遭到破坏造成细胞膜内外的渗透压和膜通的透性改变，使得细胞的内容物漏出，有毒物质也随之进入菌体内部最终导致细菌死亡。另外，过氧化氢进入细胞后可作用于脱氧核糖核酸链中3，5–磷酸二酯键并使其断裂，这些作用均可使微生物死亡。3%的过氧化氢溶液能灭活细菌繁殖体，但高于10%的过氧化氢溶液才能杀灭细菌孢子。

3. 应用方法

（1）过氧化氢水溶液可用于浸泡、喷洒、擦抹和气溶胶喷雾等。

对物品消毒，可用3%～6%过氧化氢溶液（约等于原液的5～10倍稀释液）浸泡20 min以上；对物品灭菌则需用10%～25%过氧化氢溶液作用1 h以上。

过氧化氢经过超声波、微粒子（气溶胶）喷雾器雾化成气溶胶对室内空气或对物体表面都可以达到良好的消毒效果。用1.5%过氧化氢水溶液经过气溶胶喷雾器喷雾，密闭作用30 min，可杀灭室内空气中细菌繁殖体99.9%以上；作用1 h可以杀灭室内表面上细菌繁殖体99.99%。用6%过氧化氢水溶液喷雾，按20 mL/m^{3}用量，密闭作用1 h，可杀灭室内空气和表面上细菌芽孢99.9%以上。

（2）过氧化氢气体熏蒸消毒或灭菌的应用。

将过氧化氢进行气化，引入密闭空间内，可用于对怕热物品进行灭菌。气体过氧化氢在真空下穿透性很强，使用浓度低，杀菌力强且损坏性小，是环氧乙烷和甲醛等有毒气体消毒剂的良好替代品。

4. 影响过氧化氢消毒效果的因素

同其他的化学消毒剂一样，影响过氧化氢消毒效果的因素包括浓度、作用时间、温度、相对湿度、有机物和pH值的影响。

无论是过氧化氢气体还是液体，随着使用浓度的增加，消毒效果都会提高；当浓度一定时，作用时间越长，消毒效果越好。试验证明，在使用浓度减少一半儿的情况下，要达到相同的消毒效果，作用时间要延长2倍。

过氧化氢在气体和液体两种不同状态下，温度对其消毒杀菌能力的影响有所不同。在其他条件不变的情况下，对于过氧化氢液体来讲，其杀菌能力随温度升高而加强；对于过氧化氢气溶胶来讲，常温下（22 ℃）其杀菌能力比高温（32 ℃）时要强。

空气中的相对湿度（RH）太高或太低都会对过氧化氢的杀菌效果有不利的影响。一般情况下，在RH为70%～80%时，其杀菌的效果最好。

在使用过氧化氢消毒过程中，有机物同样因对微生物有保护作用而降低了过氧化氢的杀菌作用，因此当存在有机物时，应该适当提高药剂的使用浓度或延长作用时间。

过氧化氢在酸性环境中的杀菌效果比在碱性环境中强。另外，加热灭菌物品、紫外线照射和加入碘化钾对过氧化氢杀菌都有协同增效作用。

5. 使用范围、毒性及使用中的注意事项

过氧化氢属于无毒类型消毒剂，但是有轻度的致癌作用，会腐蚀人类的皮肤和黏膜。3%以下的浓度不会对皮肤产生刺激，1.5%以下浓度对黏膜无刺激性。高浓度由于其强氧化性对皮肤有损伤，气体或气溶胶对呼吸道及眼睛有刺激性。

过氧化氢长时间接触物品，对金属和织物有腐蚀作用，也会造成织物被漂白或褪色。

三、漂白粉（Bleaching powder）和次氯酸钠（Sodium hypochlorite，NaOCl）

漂白粉和次氯酸钠均属于含氯消毒剂。溶解于水中生成次氯酸盐的消毒剂统称为含氯消毒剂。含氯消毒剂一般具有以下特点：1.易溶于水，产生有杀菌作用的次氯酸；2.杀菌谱广，可杀死包括细菌芽孢、病毒在内的一切类型微生物；3.杀菌作用受温度、药物浓度、作用时间、有机物和酸碱度的影响；4. 具有漂白和腐蚀作用，有的不稳定。含氯消毒剂使用范围广，操作简便，价格低廉。

（一）理化特性

1. 漂白粉

漂白粉别名含氯石灰、氯化石灰，是在石灰中加入氯的混合物形成的。它是氢氧化钙、氯化钙、次氯酸钙的混合物。其主要成分是次氯酸钙（32% ~36%），分子式为 $Ca(ClO)_2$，性状为白色粉末，具有氯气味道。漂白粉可溶于水，溶液浑浊，具有大量的沉淀物；水溶液为碱性，pH值随着浓度的增加而增加；含有效氯25~32%（g/g，质量百分含量）；稳定性差，遇日光、热和潮湿等分解加快；对物品有漂白与腐蚀作用。

2. 次氯酸钠

次氯酸钠别名高效漂白粉、次亚氯酸钠。其纯品为白色粉末，通常为灰绿色结晶，在空气中不稳定。工业上将氯气通入氢氧化钠溶液中，制成白色次氯酸钠乳状液，含有效氯8%~12%（g/mL）。小型发生器采用电解食盐水法制取次氯酸钠溶液，含有效氯约1%（g/mL）。次氯酸钠有氯的气味，能与水混溶；溶液呈碱性；乳状原液的pH值为12，随水溶液稀释度增加，pH值可降至7~9；性质不稳定，遇热分解加速；对物品有漂白与腐蚀作用。

（二）作用机制

1. 氧化作用

氧化作用是含氯消毒剂的主要消毒机理。含氯消毒剂在水中产生的次氯酸与微生物细胞发生反应，先氧化细胞壁成分，再破坏细胞壁进入细胞，氧化细胞内的各种成分，使其失去生物活性。产生的次氯酸盐越多，消毒效果越强。

2. 氯化作用

活性氯对蛋白质的氯化作用特征在于氯和蛋白质之间的氯-氮复合体的形成。这改变了蛋白质的特性，阻碍细胞代谢，杀灭微生物。氯还能使细胞壁和细胞膜的通透性发生改变，甚至使细胞膜发生机械性的破裂而引起细胞内容物外流而导致细胞死亡。另外，氯对细菌的一些重要酶具有氧化作用干扰细菌新陈代谢。

3. 新生态氧的杀菌作用

次氯酸钠在水溶液中产生的次氯酸盐可以分解成具有强氧化性的新生态氧。可与细菌成分包括病毒的核酸物质发生氧化，达到杀死微生物的效果。

（三）应用方法

可使用漂白粉水溶液进行喷洒、浸泡和擦拭。气候潮湿时，漂白粉干粉也可直接用于消毒。

可将漂白粉加入福尔马林中，用产生的蒸汽进行熏蒸消毒。用药比例为漂白粉8 g溶于8 mL福尔马林。

（四）影响消毒作用的因素

影响此类含氯消毒剂消毒作用的因素有使用浓度、pH值、温度和有机物等。

一般而言，使用的浓度越高，其杀菌效果就会越好。然而，浓度提高也会使消毒液的pH值随之上升，pH值升高反而会影响其杀菌效果，需要延长作用时间才能达到杀菌目的。

对于次氯酸钠，pH值越低，分解次氯酸钠越多，杀菌作用越强。随着pH值升高，越来越多的次氯酸离解成氢和氯酸根离子，失去杀菌作用。一般认为次氯酸钠应用液pH值在7 ~ 9为宜。

温度升高可增强杀菌作用。其他因素虽会对效果产生一些影响，但影响不大。

（五）使用范围、毒性及使用中的注意事项

1. 配制溶液应先测定有效氯含量，再按校正浓度调整用药量。

2. 消毒纺织品、金属制品等，不要使用过高的浓度，作用时间不宜过长。消毒后，应尽快使用清水将残留的药物冲洗干净，以防被腐蚀、漂白。

3. 次氯酸盐释放出的氯具有毒性，可引起流泪、咳嗽，并刺激皮肤和黏膜，严重者可使人产生氯气中毒，使用时应注意个人防护。室外少量使用时，施用者应站在上风头。大量使用时，应戴防护口罩和面具、橡胶手套、穿长靴与围裙或防护服。室内喷洒消毒，工作人员如需停留较久，应戴防护面具或口罩，消毒后应经过充分通风后才能进入。

4. 药物应贮于密闭容器内，放置于阴凉、干燥、通风处，以减少有效氯丧失与氯气积累。

5. 稀释次氯酸钠应使用冷水，以免其受热分解。

四、复合酚

复合酚（菌毒敌、农乐）为深红褐色黏稠液体，含酚41% ~ 49%，醋酸22% ~ 26%。有特殊臭味，易溶于水。

酚类消毒剂的作用机制如下：1. 高浓度下裂解并渗透细胞壁，与菌体蛋白结合引起蛋白变性；2. 低浓度或较高分子量的酚类衍生物使主要的酶系统（氧化酶、脱氢酶、催化酶等）失活，干扰了物质代谢；3. 减低溶液的表面张力，使酚类杀菌剂在细胞上蓄积，增加了细胞壁的渗透性，使菌体内容物溢出，改变了细胞蛋白的胶质状态致细菌死亡；4. 酚类易溶于细胞类质体中，因而能积存在细胞中。其羟基与蛋白的氨基发生反应，破坏细胞的功能。表面活性大的酚类消毒剂减低溶液的表面张力作用较

大，杀菌能力亦较强。衍生物中的一些烷基和卤素有助于减低表面张力，卤素还可以促进衍生物的电离以提高溶液的酸度。因此，通过取代卤素和烷基，复合酚杀菌能力得到提高。烃基与卤素在对位上的化合物的杀菌能力强于邻位上的化合物。

可用于杀灭病毒、细菌、霉菌、寄生虫虫卵和球虫卵囊，还可杀灭羊螨、蚊蝇和鱼类寄生虫卵。按1：100倍稀释可用于口蹄疫、水泡病、猪瘟病等病毒的污染场地及环境消毒。按1：300倍稀释用于细菌、虫卵污染的场地及环境消毒；按1：600倍稀释喷洒或药浴，治疗羊螨病。单独使用效果好，药效可维持7天。

预防性喷雾消毒用水稀释300倍，疫病发生时稀释100～200倍的喷雾消毒，稀释用水的温度不宜低于8 ℃，禁止与其他消毒药或碱性药物混用。

五、生石灰

生石灰成分主要是氧化钙，分子量为56.08，分子式为CaO，比重为3.32～3.35 kg/m^3，熔点为2 572 ℃，沸点为2 850 ℃。

在水产养殖中，常用生石灰作为消毒剂，其具有很多优点，如能有效杀死病原体（寄生虫、细菌等）；改善底质透气性；调节pH值，提高水体缓冲能力；为浮游生物生长提供Ca^{2+}等。然而，如果使用不恰当，也会引起不必要的经济损失。

使用注意事项：

1.生石灰只在清塘时起到消毒作用。在养殖过程中，30 mg/kg～50 mg/kg剂量全池泼洒，只能起到调节水质的作用，使用后一般水质pH值不超过8.5。所以在鱼类暴发传染病时，要慎用生石灰，以免延误治疗时间。

2.生石灰在池水氨氮含量高时要慎用。水体中氨氮有两种存在形式，离子态氨毒性很小，非离子态氨毒性很高。随着pH值的增大，大量离子态氨转化为非离子态氨，短时间就能引起鱼类大量中毒，所以在氨氮含量高的水体中应先更换部分水，再泼洒生石灰，将生石灰少量、多次泼洒。

3.生石灰不宜和某些药物一起泼洒，如含氯消毒剂、敌百虫和含碘消毒剂等。

六、碳酸钠

碳酸钠（苏打粉）用作消毒剂时稀释比例为4%。具体使用方法：每升热水中加入384 g碳酸钠。主要用来在口蹄疫疾病暴发的情况下使用。碳酸钠消毒液腐蚀性不大，但会使墙色变暗、起皮。

七、百毒杀

百毒杀是一种季铵盐类的消毒剂。有较好的杀灭细菌和病毒的作用。按3 000倍将其稀释可对兔舍、兔笼、饮饲用具和工具进行消毒。

八、氢氧化钠

氢氧化钠俗称火碱，其2%溶液可用作口蹄疫病菌的消毒使用，配置时一定要将碱倒入水中，每升冷水加20 g火碱，充分混合。这种溶液腐蚀性很强，操作时需穿戴橡皮防护服、橡皮手套和护目镜。

九、新洁尔灭

新洁尔灭又名新洁尔美、溴化苄烷铵、苯扎溴铵、溴苄烷铵，化学名为十二烷基二甲基苄基溴化铵，分子式是$C_{21}H_{38}BrN$，分子量为384.44，属季铵盐类消毒剂，是阳离子性表面活性剂，在消毒学分类中属于低效消毒剂。其在室温下呈白色或淡黄色的胶体或粉末状，可以逐渐在低温下形成蜡状固体；尝味非常苦但有芳香性气味；水溶液摇晃的时候会产生大量的泡沫；具有耐热性，可以长期保存而不降低效果，对乙醚和苯呈不溶性，在丙酮中微溶，在水和乙醇中易溶，水溶液中呈碱性。

（一）杀菌原理

该消毒剂杀菌作用机制主要有：1.改变细胞渗透性，使细菌破碎；2.抑制细菌体内某些酶，使之失活；3.使蛋白质变性；4.因其良好的表面活性，高浓度地聚集在菌体表面，影响细胞新陈代谢。

（二）主要优缺点

1. 优点：无刺激性气味；易溶于水；具有表面活性；耐热、耐光；性质较稳定，可以长时间存放。

2. 缺点：易受有机物影响；吸附作用强。一块10 cm × 10 cm的纱布浸入到1 000 mL/L的新洁尔灭溶液中，溶液浓度可变为1/2 000。

（三）杀菌作用

新洁尔灭对化脓性菌、肠道细菌和某些病毒有一定的杀灭作用；对结核分枝杆菌和真菌的杀灭效果不好；只能抑制细菌孢子；对革兰氏阳性菌的杀灭能力一般强于革兰氏阴性菌，抑菌浓度远低于杀菌浓度。

（四）适用范围

适用于皮肤、黏膜和细菌繁殖体污染的消毒。

（五）使用方法

对污染物品的消毒：可用新洁尔灭溶液（浓度0.1%～0.5%）喷洒、浸泡或抹擦，一般要作用10 min～60 min。如果水质过硬，则新洁尔灭溶液的浓度可以适当提高1～2倍。

消毒皮肤：可用0.1%～0.5%浓度的新洁尔灭溶液涂抹、浸泡。

消毒黏膜：可用0.02%的新洁尔灭溶液浸洗或冲洗。

（六）使用注意事项

1. 新洁尔灭作为低效消毒剂，很容易被环境中的微生物污染，因此外科洗手液最好随用随配。每次更换时，盛器必须要进行灭菌处理，放置时间一般不宜超过3 d。使用次数过多，或发现溶液变黄、发浑及产生沉淀时，应随即更换。

2. 消毒物品或皮肤表面粘有拮抗药物时，应洗净后再消毒。新洁尔灭不可与碘或过氧化物等消毒剂合用，也不要与肥皂或其他阴离子洗涤剂同用。

3. 配制水溶液时，使用时避免产生泡沫，因为泡沫中药物浓度比溶液中高，会影响药物均匀分布。

4. 新洁尔灭不能杀灭结核杆菌和细菌芽孢，因此不能作为灭菌剂使用。亦不能作为无菌器械保存液。

5. 当消毒含有机物的物品时，应该加大消毒剂的浓度或延长作用的时间，以达到彻底消毒的目的。

第三节　进出境动物防疫消毒技术

本节对进出境动物防疫消毒处理的术语释义和防疫设施建设的相关要求进行了简要介绍。

一、术语及定义

动物防疫消毒：通过物理、化学、生物等各种方法，清除并杀灭外界环境中的病原体（包括动物疫病重要传播媒介节肢动物和鼠），消灭动物疫病传染源、切断传播途径，防止动物疫病发生蔓延的手段。包括熏蒸、消毒、扑杀、销毁、无害化处理、杀虫、灭鼠等处理方法。

预防性消毒：在未发现传染源的情况下，对可能受到病原体污染的场所、环境、物品以及动物进行的消毒。

紧急消毒：在发生动物传染病时，为了及时清除、消灭从患病动物体内排出的病原体而采取的应急性消毒措施，又称临时消毒。

终末消毒：在畜禽解除隔离、痊愈或死亡后，或者在疫区解除封锁之前，对可能残留的病原体进行的全面彻底的消毒。

熏蒸：在密闭环境下，采用熏蒸剂汽化，以杀灭环境中的病原体。

无害化处理：将带有或疑似带有病原体的动物尸体、动物产品、进境动物隔离期间产生的粪便、垫料及污物、污水，进境检出的有害生物进行焚毁、化制、掩埋或其他物理、化学、生物学等方法以彻底消灭其所携带的病原体。

扑杀：将确诊患某疫病的动物（有时包括可疑感染动物）全部杀死，然后进行无害化处理，以达到彻底消灭传染源和切断传播途径的目的。

销毁：将动物尸体及动物源性产品进行焚烧、化制等无害化处理，以彻底消灭病原体。

杀虫：采用一系列物理、化学、生物学等方法消灭或减少疫病媒介昆虫或者动物体外的寄生虫。

灭鼠：采取一系列措施使鼠类数量减少以至消灭，以防止其危害。

效果评价：用一定的方法（微生物监测法、化学指示器材监测法、生物指示器材监测法、模拟包装监测法、程序监测法等）衡量分析防疫消毒所达到的预定目标和指标的实现程度，然后做出科学的判断，对消毒效果进行评价。

监管验证：实施符合性或技术性验证活动以检验防疫消毒工作是否符合有关标准或操作规范。

防疫消毒从业单位：经官方考核认证并取得从业资格的，在一定适用范围内从事防疫消毒工作的单位。

消毒剂：防疫消毒过程中使用的用于杀灭微生物以达到消毒或灭菌要求的制剂。

非食用动物产品：未经加工或虽经加工仍存在动物卫生、公共卫生风险，但经过深加工或检疫处理能使风险降低到可接受水平的非供人类或动物食用的动物产品（不包含精液、胚胎、种蛋）。

二、防疫消毒设施基本要求

（一）口岸防疫消毒场地及设施

防疫消毒处理区域必须全面封闭，并且应当位于办公、生活区的下风位置，与办公、生活区相隔距离应大于50 m，而且面积大于1 000 ㎡；另外防疫消毒场地的地面应平坦、坚硬，场地及周围环境应安装标志牌、告示牌、防鼠灭鼠以及车辆清洗、机动消毒和污水污物无害化处理设备，上述设施应符合国家相关标准。对于动物卸载区域应有固定的车辆消毒场地，动物出入口应当分别设置；从事熏蒸消毒处理的，处理场地、设施、消毒剂库建设等应符合国家相关规定。

（二）进出境动物隔离场

隔离场应依照相关法律法规和标准要求进行布局，设置不同功能分区。场内外各区之间应建有围墙及消毒专用通道，场区出入口须有消毒设施和必要的消毒、杀虫、防鼠药械设备。入场消毒池的宽度与门同宽，长度至少为4 m，深度至少为0.2 m；人员的出、入通道要设有更衣、洗手消毒设施。场内应建有配套的疫畜、病死畜、污水、污物等无害化处理设施。隔离饲养区地面和墙壁应设计合理，具有容易清洗和消毒的特点。进境动物隔离场应设置对饲料及垫料进行熏蒸消毒的区域，设计应符合国家相关规定。进境水生动物隔离场应具有专门的供水系统及消毒/无害化处理设备。

（三）进境非食用动物产品生产加工存放场所

生产加工区进出通道须设置与门同宽，长度大于4 m、深度至少0.2 m的消毒水池。生产、加工车间和存放产品的场所的进出口通道同样应设有与门等宽的消毒池，内设更衣室、盥洗室和浴室，更衣室内应装有紫外消毒杀菌装置和数量充足的更衣箱。盥洗室内应有洗手消毒设施和足够数量的杀虫、灭鼠设施和消毒剂、器械；应设置有对车辆、工具、仓库、车间，包装材料、生产下脚料、污水污物进行防疫消毒处理的场所和设施。

（四）动物和动物产品无害化处理场所

场区周围应建有围墙，工作区与生活办公区应分开，并设有隔离设施；场地要符合国家有关防疫规定，地面平坦坚硬，排水、通风良好，干净卫生，不滋生病媒昆虫。场区出入口处设置有与门同宽，长度至少4 m、深度至少0.2 m以上的消毒水池和单独的人员进场消毒通道。工作区内设置疫畜扑杀间、无害化处理间、冷库等。扑杀间、无害化处理间入口处设置更衣室，出口处设置消毒室。场区应配置机动消毒设备和运输工具清洗、防虫防鼠药械。无害化处理间、扑杀间等配备相应规模的无害化处理、污水污物处理设施。场内应配备专门用于运输动物及其产品的货车。

三、防疫消毒技术要求

对拟实施防疫消毒处理的货物，国内或其他输入国家（地区）有明确规定方法和技术指标要求的，按照相应方法和技术指标要求进行处理。

对拟实施防疫消毒处理的货物，有方法但没有明确技术指标的，拟参照采用相关技术指标的，必须组织专家对拟采用的技术指标进行考评，经专家认为能有效杀灭病原微生物和有害生物的，方可根据相关技术指标进行处理。

使用的消毒剂要具有针对性，即对拟控制的病原微生物和有害生物能起到预防、消毒作用，要按照使用说明的规定进行合理使用。

防疫消毒的详细规程必须符合相关操作规范。

四、防疫消毒方法、消毒剂的选择原则

（一）防疫消毒方法选择原则

1. 按照病原体的生物学特性和被消毒物体的具体特点选择相应的消毒方法。

2. 在确保消毒效果的前提下，优先考虑对人畜安全、对设备消毒对象无伤害的消毒方法。

3. 选择消毒方法时，要充分考虑并尽量排除影响消毒效果的各种因素。

4. 防疫消毒操作时，采取先清洁后消毒的原则。

5. 进境隔离动物发生或检出传染病时，应进行紧急消毒和终末消毒。

6. 室内密闭空间、不宜浸湿的物品以及需杀灭内部病原体的对象的防疫消毒，宜采用熏蒸法。

7. 对面积大且密闭性不良的场所的地面、货物的表面、可浸泡的物品宜采用浸渍、喷洒、涂抹法。

8. 对于场地消毒，在未发生疫情的场地的操作顺序为，清扫→冲洗→消毒；已发生疫情的场地的操作顺序为，消毒→清扫→消毒。

（二）防疫消毒消毒剂选择原则

1. 在确保消毒效果的前提下，优先选择对人畜安全，对设备、设施及防疫消毒对象无损伤、环境污染较小的消毒剂。

2. 在选择消毒剂时，要充分考虑并尽量排除影响消毒效果的各种因素（如温湿度、有机物、环境pH值等）。

3. 选择广谱、高效、作用持久的消毒剂。

4. 对于相同或同类的消毒对象，应定期轮换消毒剂。

5. 要考虑消毒剂之间的拮抗作用，尽量避免混合使用。

6. 消毒剂应严格依照说明书或有关规范进行配制和施用。

7. 遵循现配现用原则。

（三）防疫消毒一般程序

1. 监管部门按照检疫情况确定需进行消毒的对象，向行政管理人员出具《检疫处理通知书》，到官方认可的防疫消毒专业从业单位落实防疫消毒工作。

2. 防疫消毒从业单位接受防疫消毒委托，制定消毒具体事项。

3. 防疫消毒从业单位在实施消毒之前综合评估消毒对象的性质，制定消毒方案，包括消毒方法、消毒剂及剂量、作用时间和温度、防护用品、消毒器械、安全应急措施、注意事项等，并报经监管部门核准。

（1）对消毒对象、操作方法、消毒剂等参数相对固定的常规防疫消毒，如肉制品外包装、运输工具轮胎的消毒等，建议每年制订一份防疫消毒总体方案并报监管部门核准后实施。

（2）对重大的防疫消毒任务，如进境动物隔离场的防疫消毒、发生重大动物疫情的防疫消毒等，在每次实施消毒工作前须制订一份消毒方案并上报监管部门核准后再实施。

（3）防疫消毒从业人根据实施方案和相应的《防疫消毒技术规范》要求，选择与本次防疫消毒工作任务相一致的消毒剂、器械、防护用品、应急设备和其他必备的工具等，采用相应方法对防疫消毒对象实施防疫消毒；

（4）防疫消毒从业人员依据实施方案，按照《防疫消毒技术规范》的具体要求，对防疫消毒处理过程进行定期或不定期的效果评价。

（5）防疫消毒从业人员应该每次对防疫消毒工作的整个过程进行如实、详尽地记录，记录内容应包括防疫消毒地点、方法、消毒剂、剂量、作用时间、操作方式、现场温湿度等内容。

（6）防疫消毒工作结束后，防疫消毒从业单位必须按实际情况填写“动物防疫消毒结果报告单”交给相关监管部门进行审核。

（7）监管部门监管人员对防疫消毒从业单位提交的“动物防疫消毒结果报告单”进行审核评估并反馈意见，并在报关资料中留档。

（8）监管部门应按照年审和日常监管相结合的方法对防疫消毒从业单位及其人员，从工作资质、药品、器械、设施、安全性等项目实施监督，另外对应的药品配制使用情况、操作程序、防疫消毒处理记录填写情况等应仔细检查，并如实填写“动物防疫消毒监督检查记录表”，对检查发现的问题，提出整改要求，符合要求的，继续保留资质。

（四）防疫消毒剂和器械管理

1. 消毒剂的一般管理原则。

（1）消毒剂的贮存应当参照GB 15603常用化学危险品贮存通则进行管理。

（2）消毒剂容器外表应注明消毒剂的品名、浓度，开封后应标注启用时间。

（3）暂时存放使用中的一般消毒剂应妥善保管，需与其他物品药剂分开放置，不得混合放置，也不得用其他不干净容器盛装。

（4）危险消毒剂若使用后还有剩余，应立即送还指定消毒剂库房，妥善保管。

（5）对已开封并存放过一段时间的消毒剂，在使用前应做好有效成分的浓度监测以保证消毒效果。

（6）消毒剂库房禁止存放过期或禁止使用的消毒剂。

2. 防疫消毒所使用的器械的产品质量及安全性应符合国家相关法规规定，并经过有资质的机构进行检验和校正。

3. 检测设备应当进行登记管理并定期校准，应当具有使用维护记录、校准检定记录等文件。

4. 未经验证的检测设备和未经效果评价的消毒剂，不得在防疫消毒中使用。

5. 相关人员应严格执行消毒剂、器械仓库管理规定，并做好出入库记录。

（五）安全和环保管理

1. 防疫消毒从业单位应在消毒剂的贮存、出入库、危险药品运输、消毒操作、危险消毒剂残留检测、消毒剂的废弃处理等环节建立安全管理制度和应急处理机制。

2. 对防疫消毒从业人员进行安全知识、安全意识培训，对危险消毒剂使用、保管、运输的人员也要有定期的专业培训，并取得监管机构的认可。

3. 使用危险消毒剂进行消毒时，至少两人作业并需保持目视距离，严禁单人操作。

4. 使用危险消毒剂进行消毒时，防疫消毒从业人员应按相关规定做好个人防护，设置明显的警示标志和警戒线，同时还要注意风向和脱险路线。

5. 夜间消毒时，操作区域应放置照明装置，防疫消毒从业人员应穿戴反光警示标志。

6. 消毒过程中从业人员应当遵守不伤害自己、不伤害他人、不伤害处理对象的原则。

7. 过期或作废的消毒剂应按照有关规定妥善处置，有毒消毒剂废弃物处理，参照GB 12475农药贮运、销售和使用的防毒规程执行。危险化学品的废弃物处理，按照GB 15603常用危险化学品储存通则执行。过期的一般消毒剂可参照药物性医疗废物进行处置。

8. 作业过程中有泄漏、爆炸、火灾、中毒等异常情形发生时，应立即暂停防疫消毒工作，按相关应急预案处置。

第四节　进出境陆生动物消毒技术

本节介绍了进出境陆生动物及其运输工具、笼具、铺垫材料、饲草以及进境动物隔离检疫场的防疫消毒作业。

一、消毒剂的一般分类

（一）高效消毒剂：包括戊二醛、过氧乙酸和含氯消毒剂如漂白粉、次氯酸钠、次氯酸钙（漂粉精）、二氯异氰尿酸钠（优氯净）、三氯异氰尿酸等。

（二）中效消毒剂：包括酚类消毒剂、含碘消毒剂（碘伏、碘酊）、醇类及其复配消毒剂等。

（三）低效消毒剂：包括醋酸氯已定、葡萄糖酸氯己定等双胍类消毒剂，苯扎溴铵、苯扎氯铵等季铵盐类消毒剂等。

二、防护设备

个人防护包括相关操作人员防护以及其他人员防护。根据各种消毒方法的原理和操作规程，需要采取具有针对性的个人防护措施。

（一）喷洒消毒：作业人员需要穿戴长袖工作服、防护帽、橡胶手套、胶鞋、口罩、防护眼镜等，必要时还要戴防毒面罩。

（二）熏蒸消毒：穿戴长袖工作服、手套等，并佩戴带有滤毒罐的防毒面具。滤毒罐使用前，应检查密闭性、有效性，检查其是否适合所要防护熏蒸气体的要求。

（三）在缺氧或者高浓度毒气环境中应使用隔绝式呼吸器，以防操作人员因缺氧造成窒息或者中毒。

三、船舶及装卸动物码头隔离区域的消毒

首先需要划定隔离区域，用警戒线隔离，其次清扫干净隔离区域后用0.5%过氧乙酸或者含氯消毒剂溶液（有效氯为2 000 mg/L ~ 5 000 mg/L）进行喷洒，作用半小时，需在舷梯下口放置消毒脚垫，喷洒足量的0.2% ~ 0.5%过氧乙酸或者含氯消毒剂溶液（有效氯为2 000 mg/L ~ 5 000 mg/L）。卸装动物舷梯通道使用0.5%过氧乙酸或者含氯消毒剂溶液（有效氯为2 000 mg/L ~ 5 000 mg/L）对其进行喷雾消毒，待动物卸装完毕，对运载动物的船舱使用0.5%过氧乙酸或者含氯消毒剂溶液（有效氯为2 000 mg/L ~ 5 000 mg/L）进行喷雾消毒，对隔离区域进行消毒，用0.5%过氧乙酸或者含氯消毒剂（有效氯为2 000 mg/L ~ 5 000 mg/L）溶液进行喷洒，作用半小时，然后才能解除隔离。

四、飞机及装卸动物停机坪隔离区的消毒

参考“三、船舶及装卸动物码头隔离区域的消毒”进行消毒。

五、笼具和铺垫材料的消毒

在动物卸离后需对装载过动物的笼具和铺垫材料进行消毒处理。具体操作为清理笼具中的废弃物以及铺垫材料，进行深埋处理。深埋点应在隔离区域附近，远离居民区、水源、泄洪区和交通要道，坑底要覆盖2 cm厚生石灰或漂白粉，废弃物和铺垫材料混合生石灰或漂白粉埋入坑中，顶层覆土不少于1.5 m，覆土夯实。对清理完废弃物

的笼具用0.5%过氧乙酸或者含氯消毒剂（有效氯为2 000 mg/L～5 000 mg/L）溶液进行喷洒消毒。

六、运输车辆的消毒

运载动物的汽车在装载进出境动物之前应进行预防性消毒。具体程序为：先对车辆进行彻底清洗，再使用0.5%过氧乙酸或含氯消毒剂（有效氯为2 000 mg/L～5000 mg/L）溶液，对车厢、栏杆、车架、车轮等及用具进行彻底喷淋消毒。消毒顺序为由上风向至下风向、从上到下对车辆进行喷洒或淋湿透，应当做到不留死角。

每次进出卸载动物码头（或停机坪）隔离区域时，应对运输车辆进行消毒，包括在车厢、轮胎、底盘等表面均匀喷洒消毒剂至湿润。运输车辆离开隔离检疫场时，需用0.5%过氧乙酸或含氯消毒剂溶液（有效氯为2 000 mg/L～5 000 mg/L）对车辆进行喷雾消毒，同时须缓慢经过隔离消毒池，对轮胎进行消毒。运载动物结束时，应彻底清扫运输车厢内的动物排泄物、垫料、废弃物，装入防漏垃圾袋内密封，按规定运到指定场所作无害化处理。同时使用0.5%过氧乙酸或含氯消毒剂溶液（有效氯为2 000 mg/L～5 000 mg/L）对车厢、栏杆、车架、车轮等及用具进行彻底喷淋或喷雾消毒。消毒顺序为从上到下、从里到外喷洒或淋湿透。

七、动物隔离检疫场的消毒

（一）动物进入指定隔离检疫场前场地消毒要求

对畜舍及周围环境的污物进行彻底清扫，将污物运至指定地点集中堆放或运至贮粪场处理。在动物进入隔离检疫场前10天开始，全场3次消毒，每次间隔3天，在动物进入隔离检疫场前一天，消毒工作应当全部结束。具体消毒程序为使用2%氢氧化钠、0.2%～0.5%过氧乙酸或含氯消毒剂（有效氯为2 000 mg/L～5 000 mg/L）对隔离检疫场进行喷洒消毒，其中至少一次需用2%氢氧化钠，用药量为200 mL/m^2～400 mL/m^2，作用时间为30 min～60 min。

(二) 饲草熏蒸要求

备足供动物隔离期间需要的饲草和饲料。饲草不得来自有严重动物传染病或者寄生虫病的疫区，防止疫病扩散。饲料、饲料添加剂应当符合法律、行政法规和国家强制性标准的规定，并建立进场检查和登记制度。饲草、饲料应当在监管机构的监督下，由官方认可的防疫消毒从业单位进行熏蒸消毒处理后使用。

消毒剂选择：福尔马林、高锰酸钾熏蒸（每立方米空间福尔马林42 ml，高锰酸钾21 g，处理温度不低于15 ℃，相对湿度60%～80%）或者虫菌畏熏蒸（环氧乙烷和二氧化碳2∶8混合物）300 g/m³，持续48 h～72 h。具体操作如下：1.用不漏气的帐幕苫盖饲、草料。帐幕在货堆周边留出至少40 cm的裙边，用长条状沙袋压实在帐幕周边，沙袋与沙袋之间应有1/3重叠。若一块帐幕无法覆盖整个货垛，则采用帐幕拼接。帐幕拼接采用卷卷法，重叠双层后卷接，中间加上固定绳。卷接长度要大于50 cm，夹紧铁夹，用固定绳固定。在室外熏蒸时，完成帐幕覆盖后，须在帐幕上系上固定绳或加盖防风罩。2.帐幕覆盖后精确测量出货堆的体积，再计算投药量。3.安置警示标志。4.施药。施药人员佩戴防毒面具，按已计算的投药量校准好磅秤、电子秤进行施药。5.熏蒸期间派专门值班人员监护熏蒸过程，防止意外情况出现。6.散毒。首先注意做好防护，室外熏蒸时，到达规定的熏蒸结束时间，可先揭起帐幕一边，0.5 h后揭起另一边，1 h后拆下帐幕；室内熏蒸时，则应该先打开所有门窗，然后按室外方法散毒。室外熏蒸散毒的时间至少为24 h，室内熏蒸散毒至少为48 h。

(三) 人员进场消毒要求

隔离场的饲养人员和管理人员，在进入隔离场前，应当在具有相应资质的医疗机构做健康检测并取得健康证明，没有取得健康证明的，严禁进入隔离场。检查项目应当包括布氏杆菌病、病毒性肝炎、肺结核等人畜共患病。人员在进入隔离检疫场前要求15天之内不得从事与隔离动物相关的实验室工作，并且也未参观过其他屠宰厂、农场、养殖场或者动物交易市场等。隔离区工作人员进入隔离区前要穿过消毒通道，先洗澡，再换衣换鞋，然后通过约20 cm～25 cm深的消毒液的消毒池后进入隔离区。生活区管理人员和检验检疫机构人员进入隔离区时，必须严格执行消毒程序。从隔离区回生活区同样需要通过约20 cm～25 cm深的消毒液的消毒池，消毒通道内去洗澡、更换衣服。

(四) 隔离期间生活区、隔离区消毒要求

1.隔离区的带畜消毒要求：选择消毒剂时应选择安全、无毒/无刺激性的消毒剂，常用0.1%次氯酸钠、0.1%～0.3%的过氧乙酸、0.1%新洁尔灭等喷雾消毒，每周至少消毒2次。消毒宜在中午前后进行，尤其是冬春季应该选择天气宜人、气温较高的中午进行。对隔离区的过道和动物舍采用喷雾消毒，重点喷洒，以表面完全湿润为宜。

2.病死畜栏的消毒要求：对病死畜栏消毒，使用0.5%的过氧乙酸消毒2～3次。每次间隔30 min～60 min。对病畜栏每日消毒一次，使用0.1%～0.3%的过氧乙酸、0.1%次氯酸钠、0.1%新洁尔灭等朝上方喷出喷雾，以表面湿润为宜。

3.生活区的消毒要求：对生活区地面、厨房等重点区域消毒，每周至少2次，使用0.1%次氯酸钠、0.1%～0.3%的过氧乙酸、0.1%新洁尔灭等喷雾消毒，以表面湿润为宜。定期更换生活区入口消毒池的消毒液。消毒池内可用碱性消毒剂（如

2%苛性钠溶液）、过氧化物类消毒剂（0.2%～0.5%过氧乙酸）或含氯消毒剂（有效氯为2 000 mg/L～5000 mg/L）。

（五）检疫阳性动物及隔离期间病死畜检疫处理技术要求

1.焚烧

阳性动物尸体以及隔离期间病死的动物应当投入焚化炉或者以其他方式彻底焚烧。

2.深埋

（1）使用浓度为2%的过氧乙酸对动物病尸体表皮毛进行喷洒消毒，运送中注意防漏。装卸前后都要对车辆内外用0.5%过氧乙酸喷淋消毒。

（2）掩埋尸体的坑的底部应铺上至少2 cm厚的生石灰。

（3）在动物病尸体上覆盖2 cm厚生石灰或漂白粉后，用2%的过氧乙酸喷雾，并保证尸表上层与地表距离至少为1.5 m。

（4）掩埋完成后将掩埋土压实，并在掩埋后的地面及其周围喷洒浓度为2%的过氧乙酸进行喷洒消毒。

（5）患有炭疽等由芽孢杆菌引起的疫病，以及疯牛病、羊痒病的染疫动物及其产品、组织的处理禁止掩埋，应当彻底焚毁。

（6）在有条件的地方，可对患有除了对严重危害人畜健康的病害（如高致病性禽流感、布氏杆菌病、口蹄疫、鸡新城疫、猪水泡病、狂犬病、猪瘟、非洲猪瘟、牛瘟、小反刍兽疫、牛传染性胸膜肺炎、痒病、蓝舌病、绵羊痘和山羊痘、山羊关节炎、山羊脑炎、炭疽、鼻疽、疯牛病、羊快疫、羊肠毒血症、肉毒梭菌中毒症、绵羊梅迪/维斯那病、羊猝狙、马传染性贫血病、猪螺旋体痢疾、猪囊尾蚴、急性猪丹毒、钩端螺旋体病、结核病、鸭瘟、兔病毒性出血症、野兔热）外的其他疫病的动物及发生严重病变、肌肉发生退行性病变的动物尸体、胴体和内脏进行化制处理。

（六）粪便、污水的处理要求

1.粪便的处理

（1）在隔离期内，每天将动物产生的粪便转运至隔离场内的贮粪场集中堆放，进行堆粪发酵消毒。定期使用2%氢氧化钠或撒生石灰的方式对贮粪场的周围进行消毒。

（2）对于炭疽、气肿疽病畜产生的粪便，要经过含氯消毒剂（有效氯为2 000 mg/L～5 000 mg/L）溶液或0.5%过氧乙酸消毒或焚烧处理后，使用生石灰或漂白粉与粪便按1：5比例混合，将其深埋于地下2 m左右，设立标志，长期禁止挖掘。

2.污水的处理

（1）使用网格、格栅、除脂槽将污水引流至沉淀池的过程中进行过滤。

（2）对混浊的污水使用含有效氯25%的漂白粉消毒，以抛洒搅拌的方式进行消毒，用药量为8～10 g/m^3；对较清的污水消毒用药量为6 g/m^3。

（3）在动物隔离期内禁止向隔离场外排放污水，只能在动物隔离期满后，污水经消毒处理合格后排放。

（七）动物出场后场地消毒要求

首先需扫除畜舍及其周围环境的污物，将其运送至贮粪场发酵处理或指定地点集中堆放。其次，对空畜舍、周围环境、场地和通道使用0.2%～0.5%过氧乙酸进行喷洒消毒处理。隔离区、生活区等全部地面、空气环境也要进行消毒。用药量为200 mL/m^2～400 mL/m^2，作用时间为30 min～60 min。

第五节　进出境水生动物防疫消毒技术

本节介绍了进出境水生动物及其装载容器、包装物、装载用水（冰）和其他铺垫材料，进出境水生动物现场查验场地、养殖场、进境水生动物临时隔离场及暂养场的防疫消毒作业情况。出境水生动物输入国（地区）或合同有明确要求的，按照相关要求执行。

一、防疫性消毒

（一）运输工具、器具、装载用水（冰）、包装物、其他铺垫材料

消毒程序为清洗→去污→消毒，使用以下方式进行消毒处理：

1. 1：500～1：1 000的毒菌灭（复合双链季铵盐），可用于喷雾、冲洗、浸泡方式消毒，喷洒单位用量为1 000 mL/m^2；

2. 二氧化氯（复合亚氯酸钠），可用于喷雾、冲洗、浸泡消毒，使用浓度为150 mg/L～200 mg/L，需现用现配；

3. 过氧乙酸，可用于喷雾消毒，使用浓度为0.2%～0.5%，需现用现配；

4. 热处理，115 ℃～130 ℃蒸汽消毒处理5 min（器具），60 ℃加热处理10 min，70 ℃加热处理6 min，75 ℃加热处理5 min，80 ℃加热处理4 min（水体）。

（二）现场查验场地、养殖场、临时隔离场及暂养场

消毒程序为清洗→去污→消毒，使用以下所述方式进行消毒处理：

1. 设立消毒池（垫）。将与出入口同宽，长度为一个车轮周长的1.5倍的消毒池设立在场地进入口。在人员通道设立清毒垫。将浓度为20 mg/L～30 mg/L的生石灰（氧化钙）或1.0 mg/L～1.5 mg/L的漂白粉（次氯酸钙）作为消毒池的消毒液，消毒垫也使用

此消毒液浸透。正常情况下每3天更换1次消毒液，而在雨雪天后消毒液应立即更换。

2.场地消毒。消毒遵循“先里后外，先上后下”的原则，即消毒从最里面和最上面（顶棚或天花板）开始，再到墙壁、设备和地面，边喷边退，逐至退到门口，使用以下方法进行消毒：

（1）1∶500～1∶1 000的毒菌灭（复合双链季铵盐），可用于喷雾、冲洗、浸泡消毒，喷洒单位用量1 000 mL/m^2；

（2）二氧化氯（复合亚氯酸钠），可用于喷雾、冲洗、浸泡消毒，使用浓度为150 mg/L～200 mg/L，需现用现配；

（3）过氧乙酸，可用于喷雾方式消毒，使用浓度为0.2%～0.5%，需现用现配；

（4）高锰酸钾，全池泼洒方式消毒，使用浓度为2 mg/L～3 mg/L。

（三）鱼卵消毒

聚乙烯吡咯烷酮碘（Polyvinylpyrrolidone iodine，PVP）又称碘伏，是一种以聚乙烯吡咯烷酮为载体的碘制剂，具有高效、低毒、环保等优点。在鲑鱼繁殖场为防止鱼类病毒垂直传播，常使用碘伏对鱼卵及其密切接触工具进行消毒。根据鲑鱼品种对有机碘的敏感性不同，常使用的碘浓度为50 mg/L、75 mg/L或100 mg/L，药液pH值为7.0～7.5［可用100×10^{-6}碳酸氢钠（$NaHCO_3$）进行调节］对鲑鱼卵进行消毒，而对碘伏敏感性未知的鱼卵受精卵，应当降低消毒液的浓度，如50×10^{-6}碘伏消毒液（10 L水中加入50 ml的碘伏混合而成）消毒处理15 min。

消毒步骤：

1.使净水清洗鱼卵，去除黏附在其表面的有机质；

2.将受精卵浸泡于干净的水中30 min～60 min，使鱼卵充分吸水；

3.加入计算用量的PVP，使其浓度达到100 mg/L，并轻微搅动水面，浸泡10 min（此浓度不适合对碘比较敏感的孵化鱼苗，必须降低浓度）；

4.向水体中缓慢加入预先配好的浓度为1.5 g/L 硫代硫酸钠溶液，直至水体变澄清，即表明已中和PVP；

5.器具消毒可使用浓度为100 mg/L 的PVP浸泡30 min～60 min。

（四）紧急消毒

在发生水生动物感染或疑似感染动物传染病时，应立即采用快速有效的应急消毒措施杀灭病原体。运输工具、器具、包装物、装载用水（冰）、其他铺垫材料的消毒程序为消毒→清洗→去污→消毒处理30 min后，再清洗→去污→消毒；现场查验场地、养殖场、临时隔离场及暂养场的消毒程序为消毒→清洗→去污→消毒处理30 min后，再清洗→去污→消毒。

（五）动物尸体

1. 焚毁

把病害动物尸体和病害动物产品用焚化炉或其他方式焚烧，使其完全碳化。

2. 掩埋

（1）掩埋地选址应与居民住宅区、村庄、学校、动物饲养场、动物屠宰场所、河流、饮用水源地以及其他一些公共场所距离较远。

（2）掩埋前需将被掩埋的病害动物尸体或病害动物产品进行焚毁。

（3）掩埋时，应在坑底铺上一层生石灰（厚度约为 2 cm）。

（4）掩埋后夯实掩埋土，病害动物尸体和病害动物产品上方距离地表应大于 1.5 m。

（5）焚烧后应使用有效的消毒剂对病害动物尸体和产品表面、以及掩埋后的地表环境进行喷洒消毒。

3. 化制

将原料分类后，利用干化和湿化机分别投入化制。

二、常用消毒剂的使用方法

（一）含氯类

漂白粉：主要成分：

次氯酸钙（32% ~ 36%）、氧化钙（10% ~ 18%）、氢氧化钙（15%）、氯化钙（29%）、水（10%）。

适用范围：器械、运输工具、污水、地面、铺垫材料等。喷洒、浸泡，使用浓度为 5% ~ 20%。

注意：其对物品具有腐蚀和漂白作用。

（二）过氧化物类

1. 二氧化氯

分子式为 ClO_2。

适用范围：装载容器、运输工具、铺垫材料、场地、废弃物等。

擦洗或浸泡：有效氯含量为 200 mg/L，处理时间为 30 min ~ 60 min。

喷雾或喷洒：有效氯含量为 500 mg/L ~ 1 500 mg/L，用量为 20 mL/m^2 ~ 30 mL/m^2，处理时间为 30 min ~ 60 min。

注意：其对航空器消毒不适用、消毒剂应在通风良好的环境中现配现用；配药时应先加水，再加入药剂；禁止在药剂中加水；当消毒物品中有机物过多时，应将有机物冲洗除去再消毒。

2. 过氧乙酸

分子式为$C_2H_4O_3$。

适用范围：运输工具、装载容器、场地、铺垫材料、废弃物等。

擦拭、喷洒使用浓度为0.2%～1%，处理时间为30 min～60 min，熏蒸使用浓度为5 mL/m^3～15 mL/m^3，处理时间为1 h～2 h。

注意：密封熏蒸（现场相对湿度要达到60%～80%，温度在20 ℃以上）。

3. 臭氧

分子式为O_3。

适用范围：物体表面、水体消毒、空气消毒。

物体表面消毒：臭氧浓度>12 mg/L，处理时间为15 min～20 min。

水体消毒：加臭氧量 0.5 mg/L～1.5 mg/L，使水中臭氧浓度达到0.1 mg/L～0.5 mg/L，处理时间为5 min～10 min。对于质量较差的水，加臭氧量可提高到3 mg/L～6 mg/L。

空气消毒：浓度为30 mg/m^3 的臭氧，处理时间为15 min～30 min。

注意：高浓度臭氧对人体具有毒性，大气中的允许浓度为0.2 mg/m^3，工作场所允许的浓度为1.0 mg/m^3。臭氧是强氧化剂，能损坏多种物品；臭氧对物品表面上病原微生物具有杀灭作用，但作用效率缓慢。

（三）杂环类

环氧乙烷：分子式为C_2H_4O。

适用范围：运输工具、包装物、装载容器、铺垫材料、场地等。熏蒸，使用浓度为50 g/m^3～100 g/m^3，密闭24 h～72 h。

注意：其易燃易爆；禁止用于饲料和可食用动物产品等物品的熏蒸。

（四）季铵盐类

泰胜消毒液：单、双链季铵盐类复合剂。

适用范围：运输工具、装载容器、场地、铺垫材料、废弃物等。擦拭、喷洒或浸泡，用水稀释（1∶100～1∶500），处理时间为30 min。

注意：不宜与阴离子类洗涤剂、其他消毒剂混用。

（五）含碘类

碘伏：聚乙烯吡咯烷酮碘。

适用范围：鱼卵、皮肤。用含有效碘浓度500 mg/L 的消毒液浸渍处理一般物品，持续30 min；可使用100 mg/L碘伏对鱼卵消毒10 min，或用50 mg/L碘伏消毒液对鱼卵处理15 min。

注意：碘伏应密封保存于阴凉、干燥处，避光保存。由于碘伏对二价金属离子有氧化性，因此禁止用其对相应金属制品消毒。在消毒时，若环境存在有机物，应提高药物浓度或延长消毒时间；避免与对碘制剂有拮抗作用的药物共同使用。

（六）醛类

1.甲醛：含37%～40%甲醛的水溶液，内含8%～15%甲醛。

适用范围：受污染的仓库及船舱的表面、房间。熏蒸，常用量浓度为40 mL/m^3，加入30 g/m^{3}的高锰酸钾，熏蒸消毒时间大于12 h。

注意：熏蒸结束后，通风1 h～2 h，再进行作业。

2.戊二醛

2%碱性戊二醛、强化酸性戊二醛。

适用范围：金属、木质、陶瓷、搪瓷和橡皮制品、纺织品、玻璃器械。喷雾或浸泡，处理时间为10 min～3 h。

注意：熏蒸结束后，通风1 h～2 h，再进行作业。

（七）碱类

火碱液：氢氧化钠。

适用范围：垫料、装载容器、运输工具、场地等。使用浓度为2%～5%。

注意：其对金属有腐蚀性，可灼伤皮肤和黏膜，使用时应当注意自身防护。

生石灰：主要成分是氧化钙

适用范围：装载容器、铺垫材料、运输工具、场地、动物尸体等。使用浓度为10%～20%。

注意：要现配现用，不宜长时间保存。

（八）酚类消毒剂

来苏儿，又称甲酚皂溶液，是甲酚的肥皂溶液。

适用范围：污染物表面消毒，如墙壁、地面、衣服和实验室污染物品等。浸泡或喷洒，使用浓度为1%～5%，处理时间为0.5～2 h。

注意：其对皮肤有一定腐蚀作用和刺激作用，且对人体具有很大的毒性。

三、相关公式

（一）消毒剂的浓度配制公式

$$C_1 \times V_1 = C_2 \times V_2$$

式中：

C_1——原液浓度，%；

C_2——拟稀释溶液浓度，%；

V_1——原液体积，单位为毫升（mL）；

V_2——稀释液容量，单位为毫升（mL）。

（二）投药量计算公式

$$m=\frac{dV}{1\,000}$$

式中：

m——投药量，单位为千克（kg）；

d——投药剂量，单位为克每立方米（g/m^3）；

V——熏蒸体积，单位为立方米（m^3）。

四、常见水生动物疾病及消毒处理方式

（一）虾类

1.对虾白斑综合症

对虾白斑综合症是由白斑综合症杆状病毒复合体引起的病症。该病毒粒子形态为杆状，包含双链DNA，日本对虾、中国对虾、斑节对虾、南美白对虾等都能被其感染，一旦患病流行，在2 d～7 d内对虾的死亡率就可达到100%。在1995年，联合国粮食和农业组织、世界动物卫生组织以及亚太地区水产养殖中心网络（Network of aquaculture centres in Asia-Pacific，NACA）就将其列为需要报告的重要水生动物病毒性疫病之一。

消毒方法：1 mg/L NaClO消毒处理30 min；用10×10^{-6}有机碘（Povidone iodine）消毒处理30 min；UV（剂量：9×10 uW·s/cm^2）照射处理60 min；55 ℃处理90 min和70 ℃ 处理5 min；5 mg/L NaClO消毒处理10 min；pH为1和pH为12环境中10 min失活；经臭氧（有效浓度：0.5 μ g/mL）消毒处理10 min；经100 mg/mL NaClO和有机碘以及75 mg/mL四级胺消毒处理10 min。

2.对虾传染性皮下及造血组织坏死病

对是传染性皮下造血组织坏死病又称慢性矮小残缺综合征（Runt -deformity syndrome，RDS）。在水生动物疾病诊断手册中将该病定为须报告的甲壳类其他重要疾病之一。该病的病原是对虾传染性皮下及造血组织坏死病毒（Infectious hypodermal and hematopoietic necrosis virus，IHHNV），该病毒一般不会造成大量的南美白对虾死亡，只

能导致对虾生长速率减慢，可造成巨大的经济损失。IHHNV 粒子直径为22 nm，无囊膜，20 面体，线性单链 DNA，长度为4.1 kb，根据形态学及生物化学等特性将其分类为细小病毒科病毒。

消毒方法：浓度为0.5%（5 000 mg/L）过氧乙酸溶液浸泡处理30 min ~ 60 min。

3. 对虾桃拉综合症

对虾桃拉综合症的主要病原是对虾桃拉综合症病毒（Taura syndrome virus，TSV），对虾感染TSV后体色变深，发红，一般呈深红色或褐色，尤其是尾扇和游泳足极为明显，另外对虾甲壳触之较软，眼观可见体表有大量不均一、呈散状分布的不规则黑色斑点，有些斑点部位甚至溃烂，该病的死亡率可达60% ~ 90%。该病于1992年首次爆发于南美洲的厄瓜多尔地区，随后开始向世界各地的对虾养殖区域扩散。

消毒方法：浓度为0.5%（5 000 mg/L）过氧乙酸溶液浸泡处理30 min ~ 60 min。

4. 黄头病

黄头病毒（Yellow head virus，YHV）引起的对虾传染性疾病，患病对虾开始吃食量高，之后突然终止吃食，且在2 d ~ 4 d内就会显示出临床症状并死亡，濒死虾头胸部因肝胰腺发黄而呈现为黄色，因此称为黄头病。我国将其列为二类疫病。此外，OIE将其列为必须申报的疫病。

消毒方法：浓度0.5%（5 000 mg/L）过氧乙酸溶液浸泡处理30 min ~ 60 min。

（二）蛙类

1. 壶菌病

蛙壶菌（学名：*Batrachochytrium dendrobatidis*）是一种壶菌门真菌，可以引起两栖类的壶菌病。它们最初于1998年被发现，在其后的10年内，造成了大量两栖类动物的死亡，引发多个物种灭绝，是为全新世灭绝事件之一。

消毒方法：浓度为10 mg/L ~ 20 mg/L的漂白粉（含有效氯30%）水溶液药浴10 min ~ 30 min。

2. 蛙病毒感染症

蛙病毒感染症是由蛙病毒（Rana grylio virus，RGV）引发的疾病症，患病蛙行动缓慢，精神萎靡不振，食欲消减，随后蛙体表开始出现出血点，幼蛙背部皮肤初始仅局部坏死脱落，随后逐渐扩大。另外，患病蛙头背部皮肤无光泽，可看到白色花纹，表皮脱落、溃烂，背肌裸露；腹部可看到出血点，四肢发红、溃烂；有的患病蛙的指及趾部充血、出血、溃烂。病重的蛙极其消瘦，解剖后可发现肠壁充血严重，肠内无填充物，并且肝或胆囊发生肿大。

消毒方法：浓度0.5%（5 000 mg/L）过氧乙酸溶液浸泡处理30 min ~ 60 min。

（三）贝类

1.鲍鱼凋萎病

由立克次体感染引起的疾病，因临床症状为从贝足组织肌肉萎缩坏死，又称肌肉萎缩症。每年的4～8月水温上升期是其患病高峰期，当水温超过23 ℃后，发病率显著提高，病鲍病情加重；而水温在13 ℃和25 ℃范围外，则发病率较低。体长在1.5 cm左右的鲍稚贝常受该病的危害，死亡率为50%左右，危害性较大。

消毒方法：热处理，100 ℃处理10 min处理。该病原对热、干燥、光照、及化学药剂抵抗力较差，60 ℃持续30 min即可将其杀死，100 ℃则会马上死亡，对一般消毒剂、磺胺及红霉素、四环素、青霉素、氯霉素等抗生素敏感。

2.折光马尔太虫病

牡蛎、贻贝等双壳类动物消化系统被折光马尔太虫寄生引发的寄生虫病，是OIE法定报告疫病，也是我国水生动物三类疫病。折光马尔太虫的靶标细胞是消化腺上皮细胞，早期感染主要发生在触手的上皮细胞、消化管、胃和鳃。幼虫期则寄生于胃、肠和消化道的上皮细胞，并持续发育形成孢子囊。折光马尔太虫在宿主体外可存活数天至2周～3周。

消毒方法：浓度为8 mg/L的硫酸铜或硫酸铜及硫酸亚铁合剂（5：2）水溶液处理30 min。

（四）鱼类

1.病毒性出血性败血病

病毒性出血性败血病（又称鳟鱼腹水病）是由弹状病毒引发的一种虹鳟鱼传染病，出血性败血症是其特征。该病流行于欧洲及北美洲，日本也有检出的报道，具有高致死率，在鱼类口岸作为第一类检疫对象。该病被OIE列为需要申报的疫病。

消毒方法：水产养殖水体消毒，使用浓度为0.01 mg/L～0.1 mg/L二氧化氯，3 d～5 d一次，鱼病暴发时适当加量。

2.传染性造血器官坏死

鱼传染性造血器官坏死病是一种由毒力很强的弹状病毒所引发的急性、全身性的严重传染病，主要侵害虹鳟，包括硬头鳟、大西洋大马哈鱼、红大马哈鱼和大磷大马哈鱼。在20世纪40至50年代在美国西北部太平洋地区的部分养鱼场首次发现该病，现已在整个北美和日本广泛流行。

消毒方法：浓度为5%～10%对环境、排泄物消毒，3%～5%对器械物品消毒，1%～2%来苏尔溶液对手消毒。

3.病毒性神经坏死病（Viral nervous necrosis，VNN）

病毒性神经坏死病又称病毒性脑病和视网膜病（Viral encephalopathy and retinopathy），

在除非洲和美洲外几乎世界所有地区的海水鱼类流行，一般对仔鱼和幼鱼危害大，严重者的死亡率为100%，并且近几年可危害和感染的鱼类种类也迅速增加。患病鱼表现为厌食，腹部朝上漂浮于水面，或者在水面上呈旋转或螺旋状游动，腹部肿大，有的鳔肿大充血。

消毒方法：碘伏消毒液，按上述要求配制和消毒。

4.鲤春病毒血症

鲤春病毒血症又称鲤鱼传染性腹水症，是由鲤弹状病毒引起鲤鱼科的一种急性、出血性传染性病。该病以全身出血、发病急、死亡率高为特征。该病是OIE法定报告疫病。

消毒方法：常用浓度为10%～20%的石灰乳。

第六节　进出境动物产品防疫消毒技术

本节介绍了进出境动物产品（食用动物产品、非食用动物产品、动物源性饲料）、进境动物产品运输工具、包装物、装载容器、铺垫材料、仓储场所、指定加工企业、下脚料、废弃物等的防疫消毒作业及其效果评价。出境动物产品输入国（地区）或合同有明确要求的，按照相关要求执行。

一、运载工具的防疫消毒

（一）运载工具外表面

使用喷洒方式对运载工具的外表面消毒，用配制好的消毒药品对运载工具表面进行喷洒，顺序由上到下、由上风向到下风向、从左到右，不留空白地均匀喷洒，喷至表面湿润。

（二）运载工具内部

1.喷洒消毒

将运载工具内的垫料、废弃物彻底清理干净，放入防漏垃圾袋中密封，采用运载工具外表面消毒方法进行消毒。

2.熏蒸消毒方法

将运载工具密封，使用温度高于15 ℃的环氧乙烷，剂量为0.7 kg/m^3，处理时间约60 min；使用浓度为80 mL/m^3～300 mL/m^{3}的福尔马林，处理20 min～30 min；使用浓度为10 g/m^3～18 g/m^{3}的硫酰氟，处理0.5 h以上等熏蒸方法进行消毒。具体操作按相应规程进行。

3.其他方法

根据实际情况，可采用紫外线、臭氧等方法进行消毒。

二、非食用动物产品外包装（表面）的防疫消毒

外包装是指产品的外部包装，在流通过程中起到方便运输、保护产品的作用。散装是指货物没有用包装材料包装，也没有用托盘、铁丝、绳索包装。

（一）带有外包装的动物产品

1.喷洒消毒

使用预先配制好的消毒剂对每个产品的表面均匀喷洒，不留空白，将表面喷至湿润，用药量在500 mL/m^2。

2.熏蒸消毒：使用温度高于15 ℃的环氧乙烷，用药量为0.7 kg/m^3，处理大约2 h；使用浓度为80 mL/m^3 ~ 300 mL/m^{3}的福尔马林，处理20 min ~ 30 min；使用浓度为10 g/m^3 ~ 18 g/m^{3}的硫酰氟，作用0.5 h以上等熏蒸方式进行消毒处理，详细操作遵循GB/T 16569《畜禽产品消毒规范》和其他熏蒸消毒操作规程。

（二）散装动物皮张表面

1.喷洒消毒

使用预先配制好的消毒剂对每个原皮、正反表面自左向右、自上而下进行均匀喷洒，不留空白。用药量大于500 mL/m^2。大动物皮张，如马、骡、驴、牛、驼皮等，每张皮正反面积按5 m^{2}计算，中等动物皮，如羊、狗、犊、鹿皮、猪皮、鸵鸟皮等，每张按2.5 m^{2}计算。小动物皮，如兔、猫、羔皮等，每张按0. 5 m^{2}计算。

2.浸泡消毒

将皮张全部浸入配制好的消毒剂中，液面高于物品面10 cm，浸泡处理30 min，浸泡后取出，水冲洗后晾干，具体操作参照GB/T 16569《畜禽产品消毒规范》进行。

3.熏蒸消毒法：使用温度高于15 ℃的环氧乙烷，用药量为0.7 kg/m^3，处理大约2 h；使用浓度为80 mL/m^3 ~ 300 mL/m^{3}的福尔马林，处理20 min ~ 30 min；使用浓度为10 g/m^3 ~ 18 g/m^{3}的硫酰氟，处理时间大于0.5 h等熏蒸方式进行消毒处理，详细操作遵循GB/T 16569《畜禽产品消毒规范》和其他熏蒸消毒操作规程。

（三）散装动物骨、蹄、角及其他动物产品

1.熏蒸消毒

将运载工具进行密封，使用温度高于15 ℃的环氧乙烷，用药量为0.7 kg/m^3，处理60 min左右；使用浓度为80 mL/m^3 ~ 300 mL/m^{3}的福尔马林，处理20 min ~ 30 min；使用浓度为10 g/m^3 ~ 18 g/m^{3}的硫酰氟，处理时间大于0.5 h等熏蒸方式进行消毒处理，详细操作遵循相应的规程。

2. 浸泡消毒

将产品全部浸入预先配制好的消毒剂中，液面高于物品面10 cm，浸泡处理30 min，浸泡后取出，水冲洗后晾干，具体操作参照GB/T 16569《畜禽产品消毒规范》进行。

3. 喷洒消毒

将骨、蹄、角堆积约为20 cm ~ 30 cm 厚，面积可根据骨、蹄、角的数量而定，将预先配制的消毒剂喷洒，详细操作遵循GB/T 16569《畜禽产品消毒规范》进行。

（四）带有外包装的动物源性饲料的防疫消毒

1. 喷洒消毒

用预先配制好的消毒剂对每件物品、逐面均匀喷洒，不留空白，将表面喷至湿润，用药量大约为300 mL/m^2。

2. 熏蒸消毒

在密封的环境内，使用温度高于15 ℃环氧乙烷，用药量为0.7 kg/m^3，处埋大约24 h；使用浓度为80 mL/m^3 ~ 300 mL/m^3的福尔马林，处理大约24 h ~ 37 h；使用浓度为10 g/m^3 ~ 18 g/m^3的硫酰氟，处理大约24 h ~ 48 h等熏蒸方式进行消毒处理，详细操作遵循GB/T 16569畜禽产品消毒规范和相应的操作规程进行。

（五）散装的动物源性饲料的防疫消毒

可参照散装动物皮张表面相关方法进行。

三、动物产品装卸场地的防疫消毒

装卸场地指进出境动物产品装卸的机场、码头、车站、中转仓库等。在消毒前，要划定隔离区域，禁止无关人员和车辆进出。对墙壁、地面及其他装置进行喷洒消毒，直至表面湿润，药量为200 mL/m^2 ~ 300 mL/m^2。当场地有较多的土杂、废弃物时，消毒前应将其扫除。

四、铺垫材料、废弃物的防疫消毒

使用喷洒方式对一次性铺垫材料和废弃物进行消毒，将其放入防漏垃圾袋内密封，运送至指定的地区进行生物发酵、消毒深埋或焚烧后掩埋。

五、不合格动物产品的防疫消毒

检出禽流感、口蹄疫、炭疽等重要动物疫病病原污染时，遵循进出境重要动物疫病防疫消毒技术规范处理。检出粪便发生污染时，应及时清除并收集粪便，按废弃物集中消毒处理方式处理粪便。检出蝇蛆时，应及时对蝇蛆进行杀灭处理，之后对货物使用相关防疫消毒措施进行处理。检出种子、杂草及其他检疫性有害生物时，遵循植物检疫处理有关规定处理。

六、指定加工、仓储企业的防疫消毒

（一）人员防护用具的消毒

浸泡消毒：参照散装动物皮张表面的浸泡消毒方法，先消毒再清洗。

熏蒸消毒法：参照运载工具内部熏蒸消毒法，使用福尔马林熏蒸，先熏蒸再清洗。

其他方式：根据实际情况，可选用臭氧、紫外线照射等方式进行消毒。

（二）人员及车辆通道、车间、库房的消毒

生产区门口通道采用消毒池消毒，定期更换消毒剂，可采用2%火碱液等，北方冬季可采用生石灰。加工车间门口使用2%火碱液浸泡后的消毒垫进行消毒。库房、车间的消毒，参照运载工具内部消毒进行。

（三）下脚料的消毒

皮张下脚料的消毒处理：将待消毒的皮张浸入预先配制的消毒剂中浸泡24 h，液面高于物品面10 cm。浸泡后取出，水冲洗后晾干，具体药物选择和浓度配置，详细操作遵循GB/T 16569。有条件的可以将下脚料送至指定明胶场进行加工处理。

毛绒下脚料的消毒处理：水剪毛或灰褪毛经晒毛场晾干后，用药量为0.7 kg/m^3，处理大约24 h；用浓度为80 mL/m^3 ~ 300 mL/m^3的福尔马林，处理24 h ~ 37 h进行熏蒸消毒，或浸泡消毒处理。详细操作遵循GB/T 16569和相应的熏蒸消毒操作规程进行。有条件的可以直接在检验检疫机构指定的洗毛厂洗涤加工至洗净毛。

（四）废弃物的消毒

专门指定专用的处理场地，场地应与公共场所、居民住宅区、村庄、学校、动物饲养和屠宰场所、饮用水源地、河流等地区距离较远。废弃物处理可参照不合格动物产品的废弃消毒进行。

污水的消毒：定期使用漂白粉对厂内污水池、下水道出口进行消毒；可使用含有效氯25%的漂白粉对较清的污水以抛洒搅拌方式进行消毒，用药量为6 g/m^3；对混浊的污水消毒用药量为8 g/m^3 ~ 10 g/m^3，也可按污水量加1% ~ 2%的火碱或10% ~ 20%的生石灰搅拌消毒。

七、常用消毒剂的使用方法

（一）含氯类

1.漂白粉

主要成分：氢氧化钙（15%）、氧化钙（10%～18%）、氯化钙（29%）、次氯酸钙（32%～36%）、水（10%）。

适用范围：非食用动物产品、外包装、运输工具、装载容器、铺垫材料、下脚料、场地、废弃物等。

消毒方式为喷洒、浸泡，常用浓度5%～20%。

注意：其对物品具有腐蚀和漂白作用。

2.二氯异氰尿酸钠（片剂），分子式为$C_3O_3N_3Cl_2Na$

适用范围：食用动物产品、非食用动物产品、动物源性饲料、外包装、运输工具、装载容器、场地、铺垫材料、下脚料、废弃物等。

消毒方式为擦拭、喷洒、浸泡，1 kg水加1～4片（有效氯含量500 mg/L～2 000 mg/L），处理5 min～30 min。

注意：现配现用、其对织物和金属具有腐蚀性。

（二）过氧化物类

1.二氧化氯：分子式为ClO_2

适用范围：食用动物产品、非食用动物产品、动物源性饲料、外包装、运输工具、装载容器、场地、铺垫材料、下脚料、废弃物等。

浸泡或擦洗消毒：有效氯含量200 mg/L，处理30 min～60 min，喷洒或喷雾消毒；有效氯含量500 mg/L～1 500 mg/L，用量20 mL/m^2～30 mL/m^2，处理30 min～60 min。

注意：对航空器消毒不适用、药剂应在通风良好的地方现配现用；配药时应先加水，之后再向水中加消毒剂；禁止在消毒剂中加水；消毒物品中有机物过多时，冲洗干净后在消毒。

2.过氧乙酸：分子式为$C_2H_4O_3$

适用范围：食用动物产品、非食用动物产品、动物源性饲料、外包装、运输工具、装载容器、场地、铺垫材料、下脚料、废弃物等。喷洒、擦拭使用浓度0.2%～1%，处理30 min～60 min，熏蒸使用浓度5 ml/m^3～15 ml/m^3，处理时间1 h～2 h。

注意：密封熏蒸（相对湿度达到60%～80%，温度达到20 ℃以上）。

3.臭氧：分子式为O_3

适用范围：物体表面、空气消毒、水体消毒。

水体消毒：水中臭氧浓度一般在0.1 mg/L～0.5 mg/L，处理5 min～10 min。对于水质较差的水域，加臭氧量可增加至3 mg/L～6 mg/L。

空气消毒：臭氧浓度一般为30 mg/m^3，作用15 min～30 min。

物体表面消毒：臭氧浓度大于12 mg/L，处理15 min～20 min。

注意：高浓度臭氧对人体有危害，大气中允许臭氧浓度为0.2 mg/m^3，工作场所允许臭氧浓度为1.0 mg/m^3；臭氧具有强氧化性，可损坏多种物品；臭氧也可杀灭物品表面上污染的微生物，但是作用缓慢。

（三）环氧乙烷，分子式为C_2H_4O

适用范围：非食用动物产品、装载容器、运输工具、包装物、铺垫材料、指定加工企业、场地、下脚料、废弃物等。

熏蒸，用量50 g/m^3～100 g/m^3，密闭24 h～72 h。

注意：其易燃易爆；禁止用于饲料和可食用动物产品等物品的熏蒸。

（四）季铵盐类

泰胜消毒液：单、双链季铵盐类复合剂。

适用范围：非食用动物产品、装载容器、运输工具、外包装、铺垫材料、场地、下脚料、废弃物等。

喷洒、擦拭或浸泡，用水稀释（1∶100～1∶500），处理30 min。

注意：禁止与其他消毒剂、阴离子类洗涤剂混用。

（五）醛类

甲醛：含37%～40%甲醛的水溶液，内含8%～15%甲醛。

适用范围：动物源性饲料、非食用动物产品、装载容器、运输工具、外包装、铺垫材料、场地、下脚料、废弃物等。

熏蒸，常用浓度为40 mL/m^3，加浓度为高锰酸钾30 g/m^3，熏蒸消毒12 h以上。

注意：熏蒸完毕后需通风1 h～2 h后，才能进行作业。

（六）碱类

1.火碱液：氢氧化钠

适用范围：运输工具、装载容器、外包装、铺垫材料、场地、下脚料、废弃物等。

浓度为2%～5%。

注意：对金属有腐蚀性，能灼伤黏膜和皮肤，注意自身防护。

2.生石灰:主要成分是氧化钙

适用范围：非食用动物产品、装载容器、运输工具、外包装、铺垫材料、场地、下脚料、废弃物等。常用浓度10%～20%。

注意：现配现用，不宜久贮。

八、计算公式

消毒剂的浓度配制公式：

$$C_1 \times V_1 = C_2 \times V_2$$

式中：

C_1 ——原液浓度，%；

V_1 ——原液体积，单位为毫升（mL）；

C_2 ——拟稀释溶液浓度，%；

V_2 ——稀释液容量，单位为毫升（mL）。

投药量计算公式：

$$m = \frac{dV}{1\,000}$$

式中：

m ——投药量，单位为千克（kg）；

d ——投药剂量，单位为克每立方米（g/m^3）；

V ——熏蒸体积，单位为立方米（m^3）。

第七节　进出境运输工具防疫消毒技术

本节介绍了所有进境、过境车辆（包括机动车及非机动车）的防疫消毒技术。运输工具包括来自动物疫区经检疫需实施防疫消毒的进境和过境火车、飞机、船舶和集装箱；其他需实施防疫消毒的进出境、过境车辆、火车、飞机、船舶和集装箱（运输动物和动物产品的运输工具除外）。

一、车辆防疫消毒

（一）车辆轮胎防疫消毒

轮胎如带有大块泥土，应在指定地点先剔除清洗后，再实施防疫消毒。

1. 消毒池消毒法

可采用醛类消毒剂、含氯消毒剂和酚类消毒剂等。车辆缓慢驶过消毒池实施防疫消毒。

2. 人工喷雾消毒法

可选用季铵盐类消毒剂、含氯消毒剂、醛类消毒剂、酸碱类消毒剂、酚类消毒剂和过氧乙酸等消毒剂。（1）检查器械是否处于安全适用状态；（2）将配制好的消毒溶液倒入消毒器械，调整喷雾器械的喷头，将喷出的雾滴颗粒调至最细；（3）按照自上而下、自左向右的顺序平行均匀地对轮胎进行喷洒，不应造成遗漏，喷头与消毒对象应保持在50 cm左右的距离，以使轮胎表面湿润，药液不滴下为度；（4）对车辆停放的地面四周作喷雾防疫消毒，喷至地表面湿润为度。

3. 自动喷雾消毒法

有条件的口岸可以建设车辆自动化消毒通道，按设备的使用说明对车辆轮胎实施防疫消毒。

（二）车体表面防疫消毒

车体表面是指车辆驾驶室和车厢的外表面。

1. 喷雾消毒法：参考人工喷雾消毒法进行消毒，关闭车辆的车厢、驾驶室等的门窗使室内与外界有效隔绝后在进行消毒。

2. 自动喷雾消毒法：有条件的口岸可以建设车辆自动化消毒通道，按设备的使用说明对车辆轮胎实施防疫消毒。

（三）车厢厢体防疫消毒

车厢厢体是指厢体内部。

1. 喷雾消毒法

可采用季铵盐类消毒剂、含氯消毒剂、酚类消毒剂、醛类消毒剂和过氧乙酸等消毒剂。（1）检查器械是否处于安全适用状态；（2）将配制好的消毒溶液倒入消毒器械，调整喷雾器械的喷头，使喷出的雾滴调节至最细；（3）消毒液浸泡踏脚垫，脚踩消毒的踏脚垫进入车厢后，遵循先消毒轻污染区域、后消毒重污染区域的顺序对车厢内各部位进行喷雾处理。按车厢把手、门、后底面、厢壁的顺序进行由外向内的消毒，消毒液应喷至表面湿润，喷头与消毒对象的距离应保持在大约50 cm，使车体表面呈现湿润状态，药液不滴下为宜，喷完厢壁后应该向上空中喷雾一遍，使雾点均匀在空中悬浮；（4）退出时由内向外再次喷雾，脚踏踏脚垫退出。

2. 熏蒸消毒法

可采用醛类和过氧乙酸等熏蒸剂。（1）脚踏消毒液浸泡的踏脚垫进入熏蒸区域；（2）使车辆的车厢与外界隔绝，要封闭所有与外界相连的门、窗、通风孔、洞及电线通过处的缝隙等；仔细检查不熏蒸部分的密封情况，封厢结束后应对车厢封闭性进行检查；（3）防疫消毒人员应做好个人防护设施，戴防毒面具；（4）投放熏蒸消毒药剂，在现场指挥人员的指挥下按顺序投药，投药路线应由下风到上风、由里往外，若蒸熏剂气体比重小于空气，蒸熏剂则投放在低处，反之则投放在高处；（5）投药结束后，全部工作人员一起退出熏蒸区，密封车门；（6）消毒完全后，戴防毒面具，打开门窗通风排气散毒，开启顺序为先上后下，先里后外，先下风向后上风向；（7）将熏蒸器具撤出，脚踏踏脚垫迅速离开。

3. 装运供应中国香港、中国澳门地区动物的回空车辆的防疫消毒

应该先在指定地点进行清洗，清洗后按上述方法实施整车防疫消毒。

（四）火车防疫消毒

火车防疫消毒主要指餐车、配餐间、厨房、储藏室、食品舱、动植物产品存放和使用场所以及动植物性废弃物的存放场所等防疫消毒。

餐车、配餐间、厨房、食品舱以及动植物产品存放和使用场所的防疫消毒应选用过氧乙酸、含氯消毒剂；储藏室以及动植物性废弃物的存放场所可选用含氯消毒剂、季铵盐类消毒剂、醛类消毒剂、酚类消毒剂和过氧乙酸等消毒剂。

1. 喷雾消毒法

（1）检查器械是否处于安全适用状态。

（2）将配制好的消毒溶液倒入消毒器械，调整喷雾器械的喷头，将喷出的雾滴颗粒调至最细。

（3）关闭车辆上述车厢的门窗，使车厢内与外界产生有效隔断。

（4）按先消毒污染轻的场所，后消毒污染重的场所的顺序脚踏消毒液浸泡的踏脚垫进入上述车厢及场所进行喷雾消毒。从外往内喷洒，保证表面湿润，喷厢壁时应从左至右，从上至下，喷洒时不应造成遗漏，喷头应与消毒对象留有50 cm左右的间距，从而保证表面湿润，并以药液不下流为度，厢壁喷完后向空中喷洒一遍，要求雾点均匀在空中悬浮。

（5）在退出前，应从内向外再喷雾一次，踩踏脚垫离开车厢。

2. 熏蒸消毒法

（1）进入熏蒸场所前，需脚踏含有消毒液的踏脚垫消毒。

（2）封闭好餐车、配餐间、厨房、储藏室、食品舱、动植物产品存放、使用场所以及动植物性废弃物的存放场所，同时需要检查上述场所的门、窗、通风孔、洞及电线通过处的缝隙等是否完全封闭。对于不需蒸熏部分的密封情况应仔细检查，密封结束时要对其密封性进行全面检查。

（3）防疫处理人员做好个人防护设施，戴防毒面具。

（4）投放熏蒸消毒药剂。在指挥人员的要求下按顺序投放，投放路线应从下风至上风，从内部到外部，若熏蒸剂比重低于空气，蒸熏消毒药剂则投放在低处，反之需

投放在高处。

（5）投药结束后，清点人数，一起退出熏蒸区并关门。

（6）密封时间足够时，需戴防毒面具，开启车厢内门窗，进行通风散毒，开启顺序为从内至外，从上至下，先下风向后上风向。

（7）撤出熏蒸器具，脚踏踏脚垫迅速离开。

二、动植物性废弃物防疫消毒

（一）喷洒消毒法

可选用含氯消毒剂、季铵盐类消毒剂、酸碱类消毒剂、醛类消毒剂和过氧乙酸等消毒剂。消毒方法如下：

1. 检查器械是否处于安全适用状态；
2. 收集废弃物，盛放进收集的容器；
3. 用消毒剂喷洒至湿透；
4. 对收集的容器的外表面和放置容器的场所喷洒至表面湿润；
5. 喷完后将喷雾向空中喷洒一遍，使雾点在空中均匀悬浮；
6. 达到有效作用时间后，将动植物性废弃物排放至指定处置场所；
7. 动植物性废弃物盛装容器经消毒后用清水清洗。

（二）浸泡消毒法

可选用含氯消毒剂、酸碱类消毒剂、醛类消毒剂和过氧乙酸等消毒剂。消毒方法如下：

1. 检查器械是否处于安全适用状态；
2. 收集废弃物，盛放进收集的容器；
3. 将配制好的消毒液倒进容器，液面要没过废弃物，搅拌至均匀；
4. 对收集的容器的外表面和放置容器的场所喷洒至表面湿润；
5. 完成后将喷雾向空中喷洒一遍，使雾点在空中均匀悬浮；
6. 达到有效作用时间后，将动植物性废弃物排放至指定处置场所；
7. 动植物性废弃物盛装容器经消毒后用清水清洗。

三、泔水防疫消毒

采用浸泡消毒法，可选用含氯消毒剂、酸碱类消毒剂、醛类消毒剂和过氧乙酸等消毒剂。消毒方法如下：

1. 检查器械是否处于安全适用状态；

2. 收集泔水，盛放进收集的容器；

3. 直接将消毒剂按使用量投入泔水中，搅拌均匀；

4. 对收集的容器的外表面和放置容器的场所喷洒至表面湿润；

5. 完后将喷雾向空中喷洒一遍，使雾点在空中均匀悬浮；

6. 达到有效作用时间后，将泔水排放至指定处置场所；

7. 泔水盛装容器经消毒后用清水清洗。

四、一般船舶防疫消毒

（一）喷洒消毒法

具体操作如下：

1. 检查器械是否处于安全适用状态；

2. 将配制好的消毒溶液倒入消毒器械，调整喷雾器械的喷头，将喷出的雾滴颗粒调至适当大小；

3. 对货舱周围实施包围式喷洒消毒，先对货舱四周喷洒，并盖上舱盖；

4. 消毒人员进入舱底，用喷洒方式向前开辟出行走通道，沿通道喷洒地面，直至覆盖全部舱底，然后左右移动消毒货舱顶部，再沿通道用先上后下的方式喷洒舱壁，顶部和舱壁喷洒的消毒剂溶液不宜超过其吸液量；

5. 结束后用边退边喷洒的方式再次消毒地面。沿梯子返回甲板后，再喷洒梯子，脚踏消毒垫退出。

（二）熏蒸消毒法

熏蒸剂可选用醛类和过氧乙酸。

具体操作如下.

1. 进入场所前，脚踏消毒液浸泡的踏脚垫进行消毒；

2. 根据船舶结构及其污染情况，确定投放药物的位置，规划相应的投药路径，分配熏蒸剂；

3. 在船方配合下密封货舱，关闭通风设施，将熏蒸区域与外界相通的所有通风口、舱口、洞及管线缝隙等关闭；

4. 密封后再检查一次密封情况，有漏气的位置应重新进行密封；

5. 熏蒸前应对现场人员清点，确保熏蒸区域内无人员存在，同时请船方负责人作出在熏蒸期间无其他船员在船的书面安全保证书并签字，非投放工作人员应离开现场；

6. 按规定的熏蒸剂量，投药点，投药路线有序投放熏蒸剂；

7. 投药结束后退出熏蒸区，关闭舱盖；

8. 达到密封作用时间后，戴防毒面具开舱盖及开封起胶通风排气散毒，用由上至下，由内至外的顺序开启，先下风向后上风向；

9. 撤出熏蒸器具，脚踏踏脚垫迅速离开。

五、飞机防疫消毒

飞机防疫消毒主要指配餐间、储藏室、食品舱、动植物产品存放和使用场所以及动植物性废弃物的存放场所等防疫消毒。

采用喷雾消毒法，可选择季铵盐类消毒剂，如百毒杀、泰胜等消毒剂。具体操作如下：

1. 检查器械是否处于安全适用状态；

2. 将配制好的消毒溶液倒入消毒器械，调整喷雾器械的喷头，将喷出的雾滴颗粒调至最细；

3. 关闭飞机舱内空调；

4. 按先消毒污染轻、后消毒污染重的顺序脚踏消毒液浸泡的踏脚垫进入车厢对车厢内各部位进行喷雾消毒。由外向内喷至表面湿润，喷厢壁时应先上后下、由左至右，不应造成遗漏的喷洒，喷头与消毒对象应保持在50 cm左右的距离，使厢面表面湿润，药液不滴下为度，喷完厢壁后向上向空中喷雾一遍，要求雾点均匀在空中悬浮；

5. 结束时再从里向外重复喷雾一次，脚踏浸泡消毒液的踏脚垫退出；

6. 在进行喷雾消毒时，不应喷洒到食品和食用动植物产品。

六、集装箱防疫消毒

(一) 喷雾消毒法

参照一（二）的消毒方法进行消毒。

（二）熏蒸消毒法

可选用醛类和过氧乙酸等熏蒸剂。具体操作如下：

1. 脚踏消毒液浸泡的踏脚垫进入熏蒸场所；

2. 应用粘胶带密封集装箱的前后通气孔及所有漏气缝隙，仔细检查密封情况；

3. 防疫消毒人员做好个人防护设施，戴防毒面具；

4. 投放熏蒸消毒药剂。在指挥人员的要求下按顺序投放药物，投放药物路线应由内向外，由下风向到上风向，若药剂气体比重小于空气，熏蒸剂则投放在低处，反之则投放在高处；

5.投药结束后，清点人数，一起撤离退出熏蒸区，关闭集装箱门；

6.达到密封作用时间后，戴防毒面具，开启集装箱门通风排气散毒；

7.将熏蒸器具撤出，脚踏踏脚垫迅速离开。

七、低温环境下常用消毒剂的配制

（一）醛类消毒剂

甲醛溶液，即含37%～40%左右甲醛的水溶液，内含8%～15%甲醛，可用于污染物体、房间、厢体表面消毒。使用甲醛溶液（浓度为40 mL/m^3）、高锰酸钾（浓度为30 g/m^3）熏蒸12 h～24 h，熏蒸时要保证房门紧闭，熏蒸后应立即通风换气。注意在熏蒸完毕后需通风1 h～2 h后，方可继续作业。

含2%碱性戊二醛，强化酸性戊二醛，可用于木质、搪瓷、陶瓷、金属和玻璃器械、纺织品、橡皮制品。

喷雾或浸泡，10 min～3 h。

注意：2%碱性戊二醛对金属有腐蚀性；2%碱性戊二醛室温只可保存2周，其余剂型可保存4周。

（二）含氯消毒剂

主要有漂白粉、三合二和次氯酸钙。

漂白粉成分为次氯酸钙（32%～36%）、氯化钙（29%）、氧化钙（10%～18%）、氢氧化钙（15%）、水（10%），主要用于畜舍、用具、污水、车辆、船舶、土壤、墙壁、地面、路面等的消毒。

浓度、使用方法及作用时间为2%～20%，喷洒或浸泡，15 min～2 h。处理污水时有效氯含量应为50 mg/L～2 000 mg/L。

三合二成分为次氯酸钙（56%～60%）、氢氧化钙（20%～24%）、氯化钙（6%～8%），主要用于畜舍、用具、车辆、船舶、土壤、污水、墙壁、地面、路面等的消毒。

浓度、使用方法及作用时间为0.5%～10%，喷洒或浸泡，15 min～2 h。处理污水时有效氯含量应为50 mg/L～2 000 mg/L。

次氯酸钙主要用于畜舍、用具、车辆、船舶、土壤、污水、墙壁、地面、路面等。浓度、使用方法及作用时间为0.3%～6%，喷洒或浸泡，15 min～2 h。处理污水时有效氯含量应为50～2 000 mg/L。

此类消毒剂应注意无机氯的性质，其不稳定，易受光、热、潮湿的影响，从而丧失其有效成分。有机氯则相对稳定，但是溶于水之后均不稳定。这类消毒剂溶液pH值越高，其在使用时的杀菌作用就越弱，当pH值大于8.0时，会失去杀菌活性。有机物明显影响其杀菌作用。温度每升高10 ℃，杀菌时间可缩短50%～60%。

（三）过氧化物消毒剂

主要有过氧乙酸和惠福星。

过氧乙酸用于畜舍、车辆、船舶、用具、服装、畜禽体表和室内空气等消毒。

使用方法为喷洒或浸泡，浓度为0.04%～1%，作用时间0.5 h～2 h；熏蒸（用于室内空气），浓度为1 g/m^3～3 g/m^3，相对湿度60%～80%，作用时间为1 h～2 h。

惠福星用于室内空气、厩舍、地面、墙壁、饲槽、用具、车辆、船舶、实验室、仓库等消毒，也可用于皮肤、黏膜消毒。使用方法为喷洒或浸泡，1∶500比例用于以上场地、环境、用具严重污染时的喷洒浸泡消毒。应保证密封熏蒸（要求现场的相对湿度保持在60%～80%，温度在20 ℃以上）。

（四）酚类消毒剂

主要为来苏儿，其成分是甲酚皂溶液，能够对污染物表面进行消毒，如地面、墙壁、衣服和污染物品、畜舍等。使用方法为浸泡或喷洒，浓度为1%～5%，作用时间为0.5 h～2 h。在使用时，应注意其对皮肤有一定刺激作用和腐蚀作用，注意对人体的防护。

（五）季铵盐类消毒剂

主要有新洁尔灭、度来芬（消毒宁）、百毒杀和泰胜消毒剂。

新洁尔灭成分为十二烷基二甲基苯基溴化铵，度来芬（消毒宁）的成分为十二烷基二甲基乙苯氧乙基溴化铵，它们均可用于医疗器械和其他用具的消毒。使用方法分别为0.1%浓度浸泡30 min和0.02%～0.05%浓度浸泡10 min。

百毒杀成分为癸甲溴铵，用于车辆、船舶、飞机、用具、土壤、污水、墙壁、地面、路面等。使用方法为疫病感染消毒时1∶200倍水稀释使用；定期消毒时1∶600倍水稀释使用；农舍消毒，改善水质时，1∶600倍水稀释使用；喷雾消毒时，1∶600倍水稀释使用；口蹄疫，皮肤病消毒时，1∶100倍水稀释。消毒时可根据需要使用喷雾、冲洒、洗涤浸泡等方式，并增减用量。作用时间为5 min～36 min；

泰胜消毒剂成分为单、双链季铵盐的复配剂，可用于皮肤消毒、手消毒、物体表面消毒、环境消毒、飞机消毒、空气消毒、清洗餐具等。

使用方法：物体表面、环境、洁具及公共场所消毒：原液按1∶50至1∶100稀释，喷洒或擦拭消毒，作用时间20 min。手部消毒：原液按1∶50至1∶100稀释，浸泡或擦拭消毒，作用时间1min.

按1∶100稀释后使用于客舱、货舱、驾驶舱喷洒。

（六）酸碱类消毒剂

主要有氢氧化钠（NaOH）和碳酸钠（Na_2CO_3），分别用于畜禽舍、车辆、船舶、非金属用具、地面、道路和畜禽舍、车辆、船舶、用具、地面、道路及衣服等的消毒。使用方法是用1%～3%热溶液喷洒和用4%热溶液喷洒、洗刷。需注意NaOH对金属有腐蚀性，能灼伤皮肤和黏膜，应注意防护；Na_2CO_3具有弱刺激性和弱腐蚀性，直接接触可引起皮肤和眼灼伤。

八、消毒剂的浓度配制及投药量计算

（一）消毒剂的浓度配制公式

$$C_1 \times V_1 = C_2 \times V_2$$

式中：

C_1——原液浓度，%；

V_1——原液体积，单位为毫升（mL）；

C_2——拟稀释溶液浓度，%；

V_2——稀释液容量，单位为毫升（mL）。

（二）投药量计算公式

$$m = \frac{dV}{1\,000}$$

式中：

m——投药量，单位为千克（kg）；

d——投药剂量，单位为克每立方米（g/m^3）；

V——熏蒸体积，单位为立方米（m^3）。

九、消毒池建设标准

采用轮胎消毒池消毒的，轮胎消毒池设计技术要求按照《国家对外开放口岸出入境检验检疫设施建设管理规定》执行。

（一）货车轮胎消毒池

1.轮胎消毒池的宽度等同于道路的宽度，在道路两侧建设挡水墙。

2. 轮胎消毒池浸水槽水面的长度为5.74 m～6.3 m。

3. 消毒池浸水槽底部为水平平面，底部长度为货车轮胎的周长。

4. 轮胎消毒池浸水槽水深为0.3 m。

5. 轮胎消毒池浸水槽的坡度为12度～15度（当坡度为12度，轮胎消毒池浸水槽水面的长度为6.3 m，截面积为1.47 m^2；当坡度为15度，轮胎消毒池浸水槽的长度为5.74 m，截面积为1.38 m^2）。轮胎消毒池浸水槽上的坡长为10 m，坡度为5度～6度。

（二）客车、小汽车轮胎消毒池

1. 轮胎消毒池的宽度应与道路的宽度相同，在道路两侧建设挡水墙。

2. 轮胎消毒池浸水槽水面的长度为3.87 m～4.35 m。

3. 消毒池浸水槽底部为水平平面，底部长度为小车轮胎的周长。

4. 轮胎消毒池浸水槽水深为0.25 m。

5. 轮胎消毒池浸水槽的坡度为12度～15度（当坡度为12度，轮胎消毒池浸水槽的长度为4.35 m，截面积为0.79 m^2；当坡度为15度，轮胎消毒池浸水槽的长度为3.87 m，截面积为0.73 m^2）。轮胎消毒池浸水槽上的坡长为8 m，坡度为5度～6度。

十、常用防冻消毒剂的配制

（一）过氧乙酸防冻消毒液的配制

在配制过程中，可以加入一定比例的醇类，醇类可以增强其消毒效果。醇的比例根据温度确定，见表12-3。

表12-3 醇类抗冻范围

温度	0 ℃	-10 ℃	-20 ℃	-30 ℃
甲醇含量（%）	10	20	30	40
乙醇含量（%）	5	15	20	33

（二）泰胜防冻液的配制

在配制泰胜防冻液的过程中，加入一定比例的乙醇。乙醇的比例根据温度确定，见表12-4。

表12-4 不同温度下防冻剂乙醇浓度的配比

气温（℃）	乙醇浓度（%）	气温（℃）	乙醇浓度（%）
-5	6.5	-17	25.5

续表

气温（℃）	乙醇浓度（%）	气温（℃）	乙醇浓度（%）
-8	8.4	-18	28.4
-10	14.4	-19	29.1
-11	16.2	-20	31.6
-12	19.3	-21	32.4
-13	19.4	-22	32.4
-14	21.4	-25	35.2
-15	23.1	-30	38.5
-16	22.4	-40	42.8

（三）次氯酸钠防冻液的配制

在1% ~ 2 %的次氯酸钠消毒液中加入食盐溶解，-15 ℃以下要达到食盐饱和液。

（四）火碱防冻液配制

在2%氢氧化钠溶液中加入5% ~ 10%食盐、1%福尔马林和5%生石灰。

第八节　重要动物疫病防疫消毒技术

本节介绍了重要的动物疫病消毒处理技术指标和作业方法。

一、口蹄疫

（一）口蹄疫病毒属性

口蹄疫病毒是小RNA病毒科口蹄疫病毒属的病毒。通过交叉保护试验和血清学试验确定口蹄疫病毒有七个血清型，即O、A、C、亚洲1型和南非1、2、3型，以及65个以上的血清亚型。口蹄疫病毒粒子无囊膜，由假二十面体对称的衣壳和病毒核酸（RNA）所构成。

口蹄疫病毒对热敏感，在4 ℃比较稳定，在-20 ℃以下（尤其是-70 ℃至-50 ℃）十分稳定，可以存活几年之久，但是37 ℃持续48 h可使该病毒灭活，58 ℃持续40 min也可使其灭活，80 ℃ ~ 100 ℃可立即杀灭病毒。该病毒对酸碱敏感，其最适pH值范围为7.4 ~ 7.6，pH值9.0以上或pH值3.0以下的环境可使口蹄疫病毒迅速灭活。直射日光可迅速使该病毒灭活，但污染物品（如饲料、毛发）上的病毒可以存活几周之久，在干燥分泌物中的病毒至少可以存活1个 ~ 2个月。除酸碱之外，口蹄疫病毒对其他化学消毒剂的抵抗力较强，如该病毒可以耐受3%来苏水6 h，在1%苯酚中存活5个月，在70%乙醇中存活2 d～3 d。

（二）消毒药剂及其有效灭活浓度

4%碳酸钠、0.2%过氧乙酸溶液、1 000 mg/L～2 000 mg/L有效氯含氯消毒剂溶液、2%氢氧化钠溶液、3%～5%福尔马林溶液。

（三）传带口蹄疫病毒动植物产品的防疫消毒技术

该技术适用于可疑污染口蹄疫病毒的进出境动植物产品及其包装物，或者为保障进出境动植物产品贸易的开展，需要采取的有效杀灭口蹄疫病毒的加工方法。

1. 反刍动物肉和猪肉制品

根据OIE《动物疫病法典》规定，可采用下列程序之一灭活肉制品中口蹄疫病毒：（1）罐装处理。将肉品置于一密闭容器内，内部中心温度至少达到70 ℃，持续30 min以上的热处理。（2）煮制。肉品预先去骨、去脂肪，使其内部温度不低于70 ℃，持续至少30 min。（3）腌制后干化。肉品去骨，用食盐腌制后完全干燥，肉品在外界环境下必须无腐烂。“干化”是指水与蛋白质比不超过2.25∶1。

2. 羊毛

根据OIE《动物疫病法典》规定，可采用下列程序之一灭活羊毛中的口蹄疫病毒：（1）在一密封容器中用甲醛熏蒸消毒至少24 h。具体操作方法是将高锰酸钾放入容器（材料不可为塑料或聚乙烯）中，再添加商品福尔马林，按每立方米福尔马林53 ml、高锰酸钾35 g比例配制。（2）将毛发浸泡在60 ℃～70 ℃水溶性去污剂中，进行工业性去污。

3. 猪鬃

根据OIE《动物疫病法典》规定，可采用下列程序之一灭活鬃毛中的口蹄疫病毒：（1）煮沸至少1 h。（2）在1%甲醛溶液中至少浸泡24 h，1%甲醛液用每升水加30 ml商品福尔马林原液配制。

4. 生皮

采取在含有2%碳酸钠的海盐中盐腌至少28 d的方法灭活生皮上的口蹄疫病毒。

5. 牛奶和奶酪

根据OIE《动物疫病法典》规定，采用下列程序之一灭活食用奶和奶酪中的口蹄疫病毒：（1）超高温（UHT）处理（UHT= 132 ℃至少1 s）。（2）如果奶的pH值小于7.0，应用一次高温短时巴氏消毒（HTST）。（3）如果奶的pH值大于等于7.0，则用两次HTST。

6. 动物用奶

根据OIE《动物疫病法典》规定，采用下列程序之一灭活动物用奶中的口蹄疫病毒：（1）两次HTST（72 ℃至少15 s）。（2）HTST结合另一物理处理法，例如，保持pH值小于6.0至少1 h，或结合干燥过程增加一次72 ℃热处理。（3）UHT结合另一物理处理法，参考（1）和（2）。

7. 口蹄疫易感野生动物皮张

根据OIE《动物疫病法典》规定，采用下列程序之一灭活口蹄疫易感野生动物皮张：（1）室温（20 ℃或更高）条件下用至少20 kGy的 γ 射线处理。（2）浸入pH值保持在不低于11.5的4%（m/V）碳酸钠溶液中至少48 h，并不断搅动。（3）浸入pH值保持在3.0以下的甲醛溶液（1 000L水中加100 kg盐和12 kg 甲醛）中至少48 h，同时不断搅动。（4）对牛皮，在含有2%碳酸钠的海盐中盐腌至少28 d。

8. 血粉和肉粉

产品内部温度不低于70 ℃、至少30 min的热处理过程。

9. 秸秆和草料

经过下列程序处理，如果产品已被打包，则处理作用能达到包的中心：（1）在密闭仓内经最低80 ℃至少10 min蒸汽处理。（2）在密闭室用35%～40%商品福尔马林溶液，经最低19 ℃至少8 h的熏蒸处理。

（四）发生口蹄疫的紧急防疫消毒规程

以下适用于口岸对口蹄疫的一般预防消毒，以及来自境内外疫区的运输工具、集装箱外表和疫点、疫区的消毒。

1. 消毒准备

（1）人员组织

清洗消毒队应至少有一名专业技术人员进行指导。

（2）制定消毒方案：

根据消毒对象的种类、数量、疫情情况制定消毒方案。

（3）药品器械及防护用具

①消毒剂：福尔马林溶液、含氯消毒剂溶液、氢氧化钠溶液、过氧乙酸溶液。②消毒器械：喷洒罐车、机动喷雾机、常量喷雾器、超低容量喷雾机等。③防护用具：口罩、眼罩、防护服、橡胶手套、胶靴。④配药工具：塑料桶、搅棒、药勺、漏斗、量杯、过滤网、天平。⑤其他物品：指刷、毛巾、有柄刷子、隔离带、洗涤剂、消毒垫、铁锹、扫把、大号垃圾袋及记录表和笔等。

2. 操作程序

（1）使用药剂及浓度

过氧乙酸溶液浓度为0.2%，含氯消毒剂溶液有效氯含量为1 000 mg/L ~ 2 000 mg/L，氢氧化钠溶液浓度为2%，福尔马林溶液浓度为3% ~ 5%。

（2）消毒方法

①一般防疫性消毒

来自疫区的运输设备、集装箱外表和被其污染的场地、器具以及在定点生产加工场所存放的动物产品外表包装，在口岸处需进行全面的喷洒消毒或在口岸出口时对目标集装箱、运输车辆和轮胎进行消毒。消毒时要保证药液均匀喷洒，不留残余死角。

②疫点内饲养圈舍消毒

A. 圈舍内外都要消毒，消毒后要进行打扫和清洗。

B. 清理污物，包括粪便、饲料等。

C. 对地面和各种相关用具进行彻底洗刷，并用水冲洗圈舍、相关车辆等，另外注意对污水进行无害化处理。

D. 对金属设施可采取火焰、熏蒸等方式消毒。

E. 采用消毒液对饲养圈舍、场地、车辆等进行喷洒消毒。

F. 深埋、发酵或焚烧处理饲养圈舍的饲料、垫料等。

G. 对粪便等污物要进行深埋、堆积密封或者焚烧处理。

③进出疫区交通工具消毒

A. 在出入疫点、疫区的交通要道上设立临时性消毒点，对出入人员、运输工具及有关物品进行消毒。

B. 对疫区内所有可能被污染的运载工具实施消毒，车辆里外及所有角落和缝隙都要用消毒剂消毒后再用清水冲洗，不留死角。

C. 消毒车辆上存放的物品也做好消毒。

D. 对车辆上清理下来的垃圾和粪便要进行无害化处理。

④疫区内生产、加工、存放场所的消毒

A. 深埋或焚烧所有牲畜及产品。

B. 消毒圈舍、过道和舍外区域时要用消毒剂喷洒，在消毒完成后清洗。

C. 用消毒剂喷洒消毒所有地板、桌椅、设备、墙壁等，完成后冲洗干净。

D. 用消毒剂浸泡所有衣物，完成后清洗干净，其他物品用相应方法消毒。

疫点每天消毒1次，连续1周，1周过后可2天消毒1次。在疫区内疫点以外的区域每2天消毒1次。

7. 填写消毒记录

消毒工作情况应详细记录，包括消毒日期、地点、消毒人员、消毒对象、消毒药剂及其浓度等。

8. 注意事项

以上消毒过程所产生的污水都要经过无害化处理，达到环保排放标准。

二、禽流感

（一）禽流感病毒属性

禽流感是由正黏病毒科流感病毒属A型流感病毒引起的烈性传染病。OIE将其列为必须报告的动物传染病，我国将其规定为一类动物疫病。

禽流感病毒有囊膜，囊膜上有含血凝素和神经氨酸酶活性的糖蛋白纤突。禽流感病毒对热比较敏感，56 ℃加热30 min、60 ℃加热10 min或煮沸100 ℃加热2 min以上即可将其灭活。直射阳光下40 h～48 h即可灭活该病毒，如果用紫外线照射，则其感染性可被迅速破坏。该病毒在粪便中可存活1周，在水中可存活1个月，在pH值小于4.1的条件下也具有一定的存活能力。禽流感病毒对乙醚、三氯甲烷、内酮等有机溶剂均敏感。常用消毒剂容易将其灭活，如氧化剂、稀酸、十二烷基硫酸钠、卤素化合物（如漂白粉和碘剂）、稀酸等都能迅速破坏其传染性。

（二）消毒药剂

氢氧化钠溶液、过氧乙酸溶液、漂白粉澄清液、碘溶液、福尔马林溶液。

（三）含有禽流感病毒动植物产品的防疫消毒方法

以下消毒方法适用于可疑污染禽流感病毒的进出境动植物产品及其包装物，或者为保障进出境动植物产品贸易的开展，需要采取的有效杀灭禽流感病毒的加工方法。

1. 蛋及蛋制品、禽肉及其制品

对于蛋及蛋制品、禽肉及其制品的防疫消毒方法见表12–5和表13–6。

表12–5 蛋及蛋制品

名称	中心温度（℃）	持续时间
整个鸡蛋	60	188 s
蛋白液	56.7	232 s
10%腌制蛋黄	62.2	138 s
蛋白粉	67	20 h

表12-6　禽肉及其制品

名称	中心温度（℃）	持续时间
禽肉及制品	70.0	3.5 s
禽肉及制品	73.9	0.51 s

2. 羽毛粉、肉粉和肉骨粉

（1）热蒸汽加热：最低温度118 ℃持续40 min以上。

（2）水解加工：最低温度122 ℃，至少3.79 × 100 kPa的压强，持续15 min以上。

（四）发生禽流感的紧急防疫消毒规程

以下方法适用于口岸对禽流感的一般预防消毒，以及来自境内外疫区的运输工具、集装箱外表和疫点、疫区的消毒。

1. 消毒准备

（1）人员组织

清洗消毒队应至少配备一名专业人员负责指导。

（2）制定消毒方案

消毒方案需根据消毒对象的具体情况制定。

（3）药品器械及防护用具

① 消毒剂：过氧乙酸、含氯消毒剂。

② 消毒器械：喷洒罐车、机动喷雾机、常量喷雾器、超低容量喷雾机等。

③ 防护用具：口罩、眼罩、防护服、橡胶手套、胶靴。

④ 配药工具：塑料桶、漏斗、搅棒、药勺、过滤网、量杯。

⑤ 其他物品：毛巾、有柄刷子、隔离带、指刷、铁锹、洗涤剂、扫把、消毒垫、大号垃圾袋及记录表和笔等。

2. 操作步骤

（1）使用药剂及浓度

过氧乙酸浓度为0.1% ~ 0.5%，含氯消毒剂溶液的有效氯含量为500 mg/L ~ 10 000 mg/L。

（2）消毒方法

①疫点的紧急防疫消毒

A. 禽舍清理

彻底将禽舍内的污物、鸡粪、垫料、剩料等各种污物清理干净，并作无害化处理。可移动的设备和用具应搬出鸡舍，放置到指定地点进行清洗、消毒。

B. 火焰消毒

禽舍清扫后，应用火焰喷射器对墙裙、地面、笼具等非易燃物品进行消毒。

C. 冲洗

对禽舍的墙壁、地面、笼具，特别是屋顶木梁柁架等，用高压水枪进行冲刷，清洗干净。

D. 喷洒消毒药物

待禽舍地面水干后，用消毒液对地面和墙壁等进行均匀地、足量地喷雾、喷洒消毒。

E. 熏蒸消毒

关闭门窗和风机，用福尔马林密闭熏蒸消毒24 h以上。

F. 禽舍外环境消毒

对疫点养禽场内禽舍外环境清理后进行消毒。

②疫点、疫区交通道路、运输工具的消毒

A. 封锁期间，疫区道口消毒站对出入人员、运输工具及有关物品进行消毒。

B. 运输工具必须进行全面消毒。

③工作人员的消毒

参加疫病防控工作的相关人员应进行消毒，其中包括穿戴的工作服、帽、手套、胶靴及器械等，消毒方法可采用浸泡、喷洒、洗涤等。工作人员的手及皮肤裸露部位应做清洗、消毒处理。

④疫区的终末消毒

在即将结束封锁前对整个疫区彻底消毒。消毒方法参照紧急消毒措施。

⑤污水处理

终末消毒所产生的污水需实施无害化处理。

⑥受威胁区的预防消毒

受高致病性禽流感威胁区的家禽养殖场、家禽产品集贸市场、禽类产品加工厂、交通运输工具等场所应加强预防消毒工作。

3. 填写消毒记录

详尽填写消毒工作内容，包括消毒时间、负责人、地点、消毒对象、消毒剂和浓度等内容。

4. 注意事项

消毒工作不应盲目，如果可以采取其他有效措施使污染物品无害化时，可以不进行消毒处理。

三、炭疽

炭疽芽孢杆菌繁殖体对高温、常用消毒剂、日光照射都很敏感，在日光下12 h死亡，加热到75 ℃时，1 min死亡。在有氧气以及水分较为充足的条件下，能形成芽孢。其芽孢的抵抗力很强，在煮沸10 min后仍有部分存活；在干热150 ℃可存活30 min ~ 60 min，在湿热120 ℃，40 min可被杀死；在5%的石炭酸中可存活20～40天。炭疽杆菌的芽孢可在动物、尸体及其污染的环境和泥土中存活多年。

（一）消毒药剂及其有效灭活浓度

20%漂白粉溶液、0.1%碘溶液、5%甲醛溶液、0.5%过氧乙酸、0.2%升汞、4%高锰酸钾溶液、10%氢氧化钠溶液。

（二）传带炭疽动植物产品的防疫消毒方法

以下消毒处理办法适用于可疑污染炭疽杆菌的进出境动植物产品及其包装物，或者为保障进出境动植物产品贸易的开展，需要采取的有效杀灭炭疽杆菌的加工方法。

1. 进口奶及奶制品

用巴斯德消毒法进行快速加热处理。

2. 猪鬃

在沸水中加热60 min以上。

3. 野生动物皮张中炭疽杆菌芽孢的消毒方法

环氧乙烷（500 mg/L），相对湿度20%～40%，55 ℃，烟熏30 min或者使用剂量为40 kGy的 γ－射线。

4. 反刍动物、马匹和猪的骨头和排骨中炭疽芽孢的消毒方法

将骨头和排骨切成块状，长度50 mm以下为宜，用130 ℃，3×100 kPa压力的饱和蒸汽法加热20 min。

5. 反刍动物的皮张、毛发中芽孢的消毒方法

γ 辐照，剂量为25 kGy，或者按照五个步骤处理：（1）40.5 ℃，0.25%～0.3%苏打液，持续10 min。（2）40.5 ℃，肥皂液，持续10 min。（3）40.5 ℃，2%的甲醛溶液，持续10 min（第一次）。（4）40.5 ℃，2%的甲醛溶液，持续10 min（第二次）。（5）冷水冲洗后用热空气干燥。

6. 骨粉和肉骨粉

（1）干热法：干热150 ℃，持续60 min以上。

（2）湿热法：湿热120 ℃，持续40 min以上。

7. 肥料、粪便、垫料中芽孢的消毒方法

（1）小剂量焚烧。

（2）堆肥热化疗处理法：

① 以1 L /m^3～1.5 L /m^3的密度混合以下物质：10%甲醛，4%戊二醛（pH值8.5）；

②5周后翻转料。

③再过5周后弃去。

（三）炭疽紧急防疫消毒规程

以下方法适用于口岸对炭疽的一般预防消毒，以及来自境内外疫区的运输工具、集装箱外表和疫点、疫区的消毒。

1. 消毒准备

（1）人员组织

每个清洗消毒队应至少配备一名专业技术人员或有经验的人员负责技术指导。

（2）制定消毒方案

依照消毒对象的数量、种类、疫情情况制定具体的消毒方案。

（3）药品器械及防护用具

① 消毒剂：过氧乙酸溶液、碘溶液、甲醛溶液、漂白粉溶液。

② 消毒器械：喷洒罐车、喷雾器、常量喷雾器、超低容量喷雾机等。

③ 防护用具：口罩、眼罩、防护服、橡胶手套、胶靴。

④ 配药工具：塑料桶、过滤网、药勺、漏斗、量杯、搅拌棒。

⑤ 其他物品：毛巾、刷子、洗涤剂、隔离带、消毒垫、垃圾袋、铲子、扫把、记录表和笔等。

2. 操作方法

（1）使用药剂及浓度

20%漂白粉、0.1%碘溶液、0.5%过氧乙酸、5%甲醛溶液。

（2）消毒方法

①一般防疫性消毒

在出入境口岸对来自疫区的运输船舶、集装箱外表和污染的场地、用具进行消毒；在生产、加工、存放企业对动物产品外包装进行全面的喷洒消毒；或在口岸出口通过自动喷雾设施对目标集装箱、运输车辆和轮胎进行消毒。消毒时，保证消毒液均匀喷洒，不留死角。

②疫点

疫点的出入口必须设立消毒设施。避免人、易感动物、车辆、其他动物及其产品等其他可能受污染的物品运出。对疫点内的动物舍、场地、运载工具、饲养用具等必须进行全面深度消毒。

所有患病动物和同群动物进行无血扑杀处理。其他易感动物要进行紧急免疫接种。

对所有病死动物、被扑杀动物，以及排泄物和被污染或可能被污染的垫料、饲料等物品实施无害化处理。

运送动物尸体应使用带有明显标志的防漏容器，并在动物防疫监督机构的监督下实施。

③疫区

疫区的交通主干道应建立动物卫生监督检查站，派工作人员监视动物及其产品的流通，对进出人员、交通工具、运输工具须进行消毒。禁止疫区内动物及其产品的交易、流动。所有易感动物实行圈养，或在指定地点进行放养，对可能污染的场所进行消毒。疫区内的所有易感动物必须全群进行紧急免疫接种。

④受威胁区

受威胁区内的易感动物必须全群进行紧急免疫接种。

⑤各种污染源的常用消毒方法。

A. 炭疽动物尸体

焚烧尸体时应尽可能就地焚烧或选择远离水源和生活区焚烧。如果需要移动尸体，先用5%甲醛溶液消毒尸体表面，再搬运，并将尸体的原位置、出血的天然孔、渗出物用5%福尔马林浸泡消毒数次，在搬运过程中沿路避免污染。焚烧时将尸体垫起，用油或木柴彻底焚烧。因一些实际条件而无法进行焚烧处理时，也可根据规定进行深埋。

B. 垫料、饲料、粪肥

应混以适量干燥的碎草，选取远离易燃易爆品、建筑物的地方堆积彻底焚烧，然后取样检测，确定检不出病原体后，即可将其继续作为有机肥料。

C. 房屋、厩舍

开放式房屋、厩舍可用5%甲醛喷洒消毒至少3遍，每次浸渍2 h。也可用20%漂白粉液喷雾，按照200 mL/m^{2}作用2 h。对土墙、砖墙、污染较为严重的地面，在避开易燃易爆品的前提下，亦可先用酒精或汽油喷灯地毯式喷烧一遍，再用5%福尔马林喷洒消毒3遍。

对可密闭房屋及家具消毒，可用福尔马林熏蒸。在室温18 ℃条件下，对每25 m^3 ~ 30 m^{3}空间，用10%浓甲醛液约4 000 mL，用电煮锅蒸4 h。蒸前将门窗关闭，通风孔隙用高粘胶纸封严，工作人员戴专用防毒面具操作。密封8 h ~ 12 h后，先打开门窗换气，再使用。

熏蒸消毒效果测定，可用浸有炭疽弱毒菌芽孢的纸片，放在含组氨酸的琼脂平皿上，待熏后取出置于37 ℃培养24 h，如无细菌生长即认为消毒有效。

也可选择其他消毒液进行喷洒消毒，如5%甲醛（约15%福尔马林）喷洒2 h、4%戊二醛（pH值 8.0 ~ 8.5）浸洗2 h、3% H_2O_2或过氧乙酸喷洒2 h。环境中有血液存在，H_2O_2和过氧乙酸不宜使用，过氧乙酸不宜用于金属器械消毒。

D. 泥浆、粪水

猪、牛等动物死亡污染的泥浆、粪水，可用甲醛溶液50 mL/m^3 ~ 100 mL/m^{3}比例加入，每天搅拌1 ~ 2次，消毒4天，或者用20%漂白粉液按照1：2的比例作用2 h，即可撒到野外或田里，或进行深埋处理。

E. 污水

按水容量加入甲醛溶液，使其含甲醛液量达到5%，处理10 h；用3%过氧乙酸处理4 h；用氯胺或液态氯加入污水，于pH值4.0时加入有效氯量为4 mg/L，30 min可杀灭芽孢，一般加氯后作用2 h流放一次。

F. 土壤

炭疽动物死亡处的土壤消毒，可用5%甲醛溶液500 mL/m^{2}消毒2～3次，每次2 h，间隔1 h；亦可用氯胺或10%漂白粉乳剂浸渍2 h，处理2次，间隔1 h；先用酒精或柴油喷灯喷烧污染土地表面，再用5%甲醛溶液或漂白粉乳剂浸渍消毒。

G. 衣物、工具及其他器具

若衣物、工具、器具耐高温，则可用高压蒸汽灭菌器于121 ℃高压1 h。不耐高温的器具可用甲醛溶液进行熏蒸消毒，或用5%甲醛溶液浸渍消毒。运输工具、家具可用10%漂白粉液或1%过氧乙酸喷雾或擦拭，作用1 h～2 h。若污染物品已无使用价值，可直接焚烧处理。

H. 皮、毛；皮毛、猪鬃、马尾的消毒

混合97%～98%的环氧乙烷、2%的CO_2、1%的十二氟混合液体，在消毒容器内预热，经48 h渗透消毒后打开容器换气，检测消毒效果。须注意，环氧乙烷的熔点小于0 ℃，且在空气中含量超过3%，遇明火即易燃易爆炸，所以环氧乙烷必须低温保存运输，使用时应严格注意安全。

动物的骨、角、蹄在制作肥料或其他原料前，都要消毒到位。例如采用121 ℃高压蒸汽灭菌；5%甲醛溶液充分浸渍；或直接用火焚烧。

3. 填写消毒记录

认真记录消毒详情，包括消毒的日期、负责人、场所、消毒对象、消毒剂及浓度等内容。

4. 注意事项

炭疽杆菌可形成生命力极强的芽孢，所以在消毒中不得使用中、低效消毒剂，否则效果不佳。在炭疽的疫源地内要同时开展苍蝇、老鼠的防治和消灭工作。消毒人员务必做好个人防护，如有必要，进行为期两周的医学观察。

四、非洲猪瘟

（一）非洲猪瘟病毒属性

非洲猪瘟病毒（African swine fever virus，ASFV）属于非洲猪瘟病毒科非洲猪瘟病毒属，在分类学上，目前ASFV是这个科里的唯一已知的病毒种类。ASFV是直径为200 nm、具有囊膜的双股DNA的正二十面体病毒。

ASFV对物理化学作用有较强的抵抗力，能抗冻融，可高度耐受低温，在自然条件下可以长时间保持感染性，可以在血液、粪便和各种组织中长期保持感染性。病毒对高温抵抗力不强，在56 ℃、70 min或者60 ℃、20 min可以快速灭活。病毒对酸碱的耐受性很高，在较宽的pH值范围内稳定，对乙醚及三氯甲烷等脂溶剂敏感，OIE建议使用8‰氢氧化钠持续30 min，2.3%次氯酸盐持续30 min，3‰福尔马林持续30 min，3%碘和邻苯基苯酚的混合物持续30 min灭活病毒。

（二）消毒药剂及其有效灭活浓度

8‰氢氧化钠溶液、2.3%次氯酸盐、3‰福尔马林、3%苯基苯酚和碘化合物。

（三）携带ASFV的动植物产品的消毒方法

以下消毒处理办法适用于可疑污染非洲猪瘟病毒的进出境动植物产品及其包装物，或者为保障进出境动植物产品贸易的开展，需要采取的有效杀灭非洲猪瘟病毒的加工方法。

1. 肉骨粉（肉粉、肝粉、骨粉、血粉、油渣）

产品经120 ℃以上温度，1以上标准大气压，充分化制至少3 h。

2. 猪鬃及其制品

产品经高温100 ℃蒸汽、2 h ~ 3 h或者95 ℃烘干2 h ~ 3 h。

3. 猪肉制品

产品经中心温度100 ℃处理2 h ~ 3 h。

4. 来自疫区国家或地区飞机、轮船和国际列车上废弃食物及垃圾

废弃食物及垃圾应焚烧销毁处理。

（四）发生非洲猪瘟疫情时的紧急消毒规程

以下方法适用于口岸对非洲猪瘟的一般预防消毒，以及来自境内外疫区的运输工具、集装箱外表和疫点、疫区的消毒。

1. 消毒准备

（1）人员组织

每个清洗消毒队应至少配备一到两名专业技术人员负责技术指导。

（2）制定消毒方案

根据消毒对象的种类、数量、疫情实际情况部署消毒计划。

（3）药品器械及防护用具

① 消毒剂：过氧乙酸溶液、含氯消毒剂溶液、烧碱溶液、福尔马林溶液。

② 消毒器械：喷洒车、自动喷雾机、常量喷雾器等。

③ 防护用具：口罩、眼罩、防护服、橡胶手套、胶靴。

④ 配药工具：药桶、药勺、量杯、量筒、天平、滤网、漏斗、玻璃棒。

⑤ 其他物品：毛巾、刷子、去污剂、隔离带、消毒垫、铁锹、扫把、垃圾袋、笔、记录表。

2.操作程序

（1）使用药剂及浓度

0.2%过氧乙酸溶液、1 000 mg/L～2 000 mg/L有效氯含氯消毒剂溶液、2%火碱溶液、3%～4%福尔马林溶液。

（2）消毒方法

① 一般防疫性消毒

在出入境口岸对来自疫区的运输船舶、集装箱外表和污染的场地、用具进行消毒；在生产、加工、存放企业对动物产品外包装进行全面的喷洒消毒；或在口岸出口通过自动喷雾设施对集装箱、运输车辆和轮胎进行消毒；消毒时，保证消毒液均匀喷洒。

② 疫点内饲养圈舍消毒

A. 在整理和清洗之前对圈舍内外消毒。

B. 清理污物、粪便、饲料等。

C. 彻底冲洗地面和各种用具，并用水冲刷圈舍、车辆等，对所产生的污水实施无害化处理。

D. 对金属物品，可采取直接灼烧、熏蒸等方式消毒。

E. 对饲养圈舍及附近的场地、车辆等采用消毒液喷洒的方式消毒。

F. 饲养区的已被污染的剩余饲料、垫料等需进行深埋、发酵或焚烧处理。

G. 粪便及被粪便污染的物品作深埋、堆积密封或焚烧处理。

③进出疫区交通工具消毒

A. 在疫点、疫区的重要交通要道应当设置临时消毒站点，必须有由专业人员对出入人员、运输工具和有关物品进行消毒。

B. 疫区内所有可能被污染的运输工具应严格进行全面消毒，车辆内、外及车内的物品都必须用消毒剂彻底消毒后再用清水冲净，做到面面俱到、无死角。

C. 车辆上的物品也要做好消毒。

D. 从车辆上清理的垃圾和粪便要作无害化处理。

④ 疫区内生产、加工、存放场所的消毒

A. 所有牲畜及其产品都要焚烧或深埋。

B. 动物圈舍、走廊以及舍外区域用消毒剂喷洒消毒后清洗。

C. 所有设备、电器、地板、墙壁等用消毒剂喷洒消毒后冲净。

D. 所有衣物用消毒剂浸泡后清洗干净，其他物品都要用适当的方式进行消毒。

发生疫情后疫点每日消毒1次，连续1周，1周后每2日消毒1次。疫区内疫点以外的区域每2日消毒1次。

3. 填写消毒记录

在记录本详尽填写消毒工作内容，包括消毒时间、负责人、场所、消毒对象、消毒剂及浓度等内容。

4. 注意事项

消毒过程所产生的污水要经过无害化处理，达到环保排放标准后才可排放。

五、猪瘟

猪瘟也称古典猪瘟，是由猪瘟病毒（Classical swine fever virus，CSFV）引起的一种猪的高度传染性病毒病。猪瘟病毒属黄病毒科瘟病毒属，是具有囊膜的单股正链RNA病毒。病毒在37 ℃条件下可以存活10天，在室温下能存活2～5个月。畜圈及粪便中的病毒似乎能在几天内失活，但在猪肉和猪肉制品（腌制和熏制）中，病毒的感染性可保存数月。脂溶剂，如乙醚、三氯甲烷、脱氧胆酸盐和皂角素等一类的去污剂，均能使猪瘟病毒迅速灭活。其有效消毒剂是2%克辽林、2%氢氧化钠、1%次氯酸钠。

六、猪水泡病

猪水泡病是猪的一种高度接触性传染病，其临床症状主要是口鼻黏膜、蹄部等出现水泡或溃烂，常以流行形式发病，对猪水泡病养猪业的危害较大。猪水泡病病毒属于RNA核酸型，为小RNA病毒科肠道病毒属的成员，该病毒不耐热，在60 ℃、30 min和80 ℃、1 min条件下可灭活，在低温中可长期保存。其有效消毒剂是2%氢氧化钠在25 ℃作用24 h，可使病毒灭活；5%氨水、3%福尔马林杀灭病毒效果较好；1%过氧乙酸和次氯酸钠能在短时间内将病毒杀灭。

七、蓝舌病

蓝舌病是由呼肠孤病毒科环形病毒属中的蓝舌病病毒所致的传染病，是一种主要发生于绵羊的非接触性虫媒病毒传染病，又名绵羊卡他热，以发热、白细胞减少、颊黏膜和胃肠道黏膜严重卡他性炎症为主要特征。蓝舌病病毒在20 ℃、4 ℃和7 ℃时稳定，在-20 ℃时不稳定，对紫外线有一定的抵抗力，适宜于蓝舌病病毒存活的pH值为6.5～8.0。该病毒对乙醚、三氯甲烷有一定抵抗力，但3%福尔马林和70%乙醇可使其灭活，其对酸性环境抵抗力较弱，在pH值为3时可迅速灭活。该病毒不耐热，60 ℃加热30 min以上灭活，75 ℃～95 ℃的温度可使之迅速灭活。其有效消毒剂是3%福尔马林、70%乙醇、2%过氧乙酸。

八、牛传染性胸膜肺炎

牛传染性胸膜肺炎的病原为丝状支原体丝状亚状SC生物型，属于支原体科支原体属成员。其病原体对外界环境（如日光照射、干燥等）和化学消毒药的抵抗力不强，暴露在阳光直射下几小时即失去毒力，在盐溶液中45 ℃、120 min灭活，在水中60 ℃、30 min死亡。对寒冷有抵抗力，在冷冻组织中存活良好，对消毒剂敏感。其有效消毒剂是1%～2%克辽林、2%石碳酸、0.25%来苏尔、10%生石灰、5%漂白粉，这些消毒剂均能在几分钟内杀灭病原体。

九、新城疫

新城疫是由新城疫病毒（Newcastle disease virus，NDV）引起的禽类的一种急性、热性、高度接触性传染病。在分类学上，NDV属于副黏病毒科、副黏病毒亚科、腮腺炎病毒属的成员。该病毒对消毒剂、日光及高温的抵抗力不强；对乙醚、三氯甲烷敏感；对pH值的变化稳定，在pH值为3～10时能不被破坏。该病毒在60 ℃、30 min失去活力，在直射阳光下，病毒经30 min死亡。其有效消毒剂是2%氢氧化钠、5%漂白粉、70%乙醇，这些消毒剂在20 min内即可将病毒杀灭。

十、绵羊痘和山羊痘

绵羊痘和山羊痘是由羊痘病毒属的羊痘病毒引起的绵羊、山羊的一种症状为全身皮肤、消化道、呼吸道黏膜出现痘疹的高度接触性、发热性传染病。羊痘病毒是双股DNA病毒，有囊膜，在透射电镜下为卵圆形或近似形的粒子，大小约为194 nm～300 nm。该病毒对热的抵抗力不强，55 ℃、20 min或者37 ℃、24 h均可使该病毒灭活，其对寒冷和干燥的抵抗力较强。紫外线或直射阳光可以直接将其病毒杀死。其常用消毒剂是2%福尔马林、30%热草木灰水、3%的石炭酸、2%火碱溶液、20%石灰水。

十一、非洲马瘟

非洲马瘟是由呼肠孤病毒科、环状病毒属的非洲马瘟病毒引起，通过节肢动物（如库蠓）传播，感染所有马属动物的一种非接触性传染的病毒性传染病。该病毒对热的抵抗力相对较强，在37 ℃下可存活37天，而50 ℃、3 h，60 ℃、15 min即被灭活。该病毒对酸敏感，在pH值小于6.0时很容易被灭活，尤其在pH值为3.0时迅速被灭活。该病毒对脂溶剂有一定的抵抗力，抗胰蛋白酶。其有效消毒剂：乙醚、苯酚和碘伏，0.1%福尔马林在48 h可灭活病毒。

十二、小反刍兽疫

小反刍兽疫是由小反刍兽疫病毒引起的一种反刍动物的急性病毒性传染病，以发热、皱胃炎，腹泻、肺炎、眼鼻大量分泌物为特征。该病毒属于副粘病毒科麻疹病毒属，经60 ℃，60 min处理，部分病毒仍存活，在pH值为4.0～10.0时稳定，对酒精、醚和大多数消毒药，如石碳酸、2%氢氧化钠等敏感。

其有效消毒剂：乙醚苯酚和甘油及一些去垢剂，常用2%氢氧化钠溶液消毒。

其他处理技术

动植物检疫处理中除采用熏蒸以及冷、热等常用处理技术外，也会采用一些其他处理技术，比如应用化学药剂对植物有害生物和动物病原体进行喷雾、喷粉、浸渍(浸泡)处理，对染毒种苗进行脱毒处理等。本章介绍了非熏蒸化学药剂处理、种苗脱毒处理、船舶压舱水检疫处理等的基本知识、作用原理和主要应用情况。

第一节 其他化学药剂处理

一、其他化学药剂处理概述

动植物检疫处理中使用的其他化学药剂一般都属于农药。因此，理解农药的有关概念、农药的种类等内容对动植物检疫化学药剂处理具有重要的意义。

（一）农药的有关概念

1.农药

农药是指用于预防、消灭或控制危害农业、林业的病、虫、草和其他有害生物以及有目的地调节、控制、影响植物和有害生物代谢、生长、发育、繁殖过程的化学合成或者来源于生物、其他天然产物及应用生物技术生产的一种物质或者几种物质的混合物及其制剂。

农药按原料的来源及成分分类可分为无机农药和有机农药。无机农药主要由天然矿物原料加工、配置而成，又称为矿物性农药，其有效成分都是无机化学物质，常见的有石灰、硫磺、砷酸钙、磷化铝、硫酸铜等。有机农药主要由碳、氢两种元素构成，多数可用有机合成方法制得，目前所用的农药大多数属于这一类。农药按用途分为杀虫剂、杀螨剂、杀菌剂、杀线虫剂、除草剂、杀鼠剂和植物生长调节剂。农药按作用方式分类，杀虫剂可分为胃毒剂、触杀剂、熏蒸剂、内吸剂、拒食剂、趋避剂、引诱剂等；杀菌剂可分为保护性杀菌剂、治疗性杀菌剂、铲除性杀菌剂；除草剂可分为输导型除草剂、触杀型除草剂、选择性除草剂、灭生性除草剂。

2.农药的毒力与药效

农药之所以对有害生物具有杀灭效果，是因为药剂对有害生物的毒杀作用或致毒效应。农药的毒性程度常以毒力或药效作为评价的指标。毒力是指药剂本身对不同生物发生直接作用的性质和程度，一般是在相对严格的控制条件下，用精密测试方法，及采取标准化饲养的试虫或菌种及杂草而给予各种药剂的一个量度，作为评价或比较标准。毒力测定一般多在室内进行，所测定结果一般不能直接应用，只能提供防治上的参考。药效是药剂本身和多种因素综合作用的结果，多是在实际条件下或接近实际条件下，紧密结合生产进行测试的。因此，药效测试对于实际应用具有重要的参考价值。毒力与药效的含义不同，但又相互联系，相辅相成。

3.农药的毒性

农药对高等动物的毒害作用称为毒性。农药可以通过呼吸道、皮肤、消化道进入高等动物体内而引起中毒。农药毒性的测试一般用大白鼠进行。农药对高等动物的毒害基本分为以下三种：

（1）急性中毒。一些毒性较大的农药如果经误食或皮肤接触及呼吸道进入人体内，短时间可出现不同程度的中毒症状，如头昏、恶心、呕吐、抽搐、痉挛、呼吸困难、大小便失禁等。若不及时抢救，即有生命危险。农药急性中毒用大白鼠经口致死中量（LD_{50}）作为指标。LD_{50}值越大，说明农药毒性越低。

（2）亚急性中毒。一般是长时间连续接触一定剂量的农药导致。中毒症状的表现往往需要一定的时间，但最后表现与急性中毒类似。测试亚急性毒性，一般以微量农药长期饲喂动物，观察和鉴定动物各种形态、行为、生理生化指标变化等判定。

（3）慢性中毒。某些农药虽然急性毒性不高，但性质稳定，一定程度上可导致环境污染，少量被人、畜食用后，在体内积累，引发病理变化。慢性毒性一般用微量农药长期饲喂动物，观察2～4个世代存活的个体来评价农药的影响，主要评价致癌、致畸、致突变等。

4.农药的剂型

（1）原药。由化工厂合成未经加工的高含量农药被称为原药，固体的原药称为原粉，液体的原药称为原油。

（2）农药剂型。在原药中加入适当的辅助剂，使农药具有一定的形态、组成和规格，称为农药剂型，如乳油、颗粒剂、悬浮剂等。

（3）农药制剂。一种农药可以制成多种剂型，而同一种剂型可以制成多种不同含量的产品，这些产品称为农药制剂，如5%、10%氯氰菊酯乳油。农药制剂名称应由有效成分在制剂中的百分含量、有效成分的通用名称和剂型名称三部分组成，如3%克百威颗粒剂等。原药不需要加工直接施用的农药品种很少，其名称为该药剂的通用名称，如硫酸铜等。

农药剂型有几十种，常见的剂型主要有粉剂、粒剂、可湿性粉剂、可溶性粉剂、水分散粒剂、水悬浮剂、乳油、水乳剂、微乳剂、种衣剂、缓释剂、烟剂等。

（二）农药的作用机理

使用农药的目的是杀死或控制有害生物，为了达到这一目的，首先必须使农药同有害生物发生有效接触，使药剂进入生物体，才能引起生物体的中毒反应。农药同生物体发生有效接触是比较复杂的过程，这里主要讲述杀虫剂和杀菌剂的宏观毒理学基础知识。

1.杀虫剂的作用方式

昆虫通过咀嚼、吸食、钻蛀等多种方式为害农作物，农药与这些不同危害方式的昆虫发生有效接触的方式也不相同。杀虫剂按照其进入昆虫体的方式分类，可以分为接触杀虫剂、胃毒杀虫剂、内吸杀虫剂、熏蒸杀虫剂等。

（1）接触杀虫作用

通过同昆虫发生接触而引起昆虫中毒的药剂称为接触杀虫剂。这种作用方式称为接触杀虫作用，简称触杀作用。触杀作用是在昆虫体壁（包括体壁上各种附属器官）上开始的。昆虫的上表皮外面覆盖有很薄的一层蜡质层，具有强烈疏水性，因此接触杀虫剂一般都具有亲脂性，使得药剂能很好地在体壁上扩展形成油膜，与昆虫达到有效地接触。

虽然水不能在昆虫表皮的蜡质层上湿润展着，但如果在水中加入具有表面活性作用的物质，如肥皂、洗衣粉和其他表面活性剂，就可以使水在蜡质层上湿润展着。这类物质也称为湿润展着剂，是农药喷雾中很重要的辅助物质。

绝大多数接触杀虫剂的致毒作用最终是在昆虫体内的神经系统中表现出来，但是，杀虫剂必须首先透过上表皮的蜡质层才能进入虫体达到神经系统。所以，药剂的物理化学性质、接触杀虫剂与昆虫体壁的接触状况，以及药剂在体壁上的沉积分布状况都是影响接触杀虫作用效果的重要因素。所以，接触杀虫剂同昆虫体壁发生有效接触应具备的最基本条件就是药剂必须能在昆虫体壁上附着，或者具有较强的亲脂性或良好的湿润展着能力，或具有一定的细度（对固体农药），使之能在生物体表面牢固地持留。

（2）胃毒杀虫作用

杀虫剂被昆虫吞食后在消化道内发生的致毒作用，称为胃毒作用。对昆虫具有胃毒杀虫作用的杀虫剂称为胃毒杀虫剂。胃毒杀虫剂只能对具有咀嚼式口器的害虫发生作用。例如甜菜夜蛾（*Spodoptera exigua*）、小菜蛾（*Plutella xylostella*）、斜纹夜蛾（*Spodoptera litura*）等鳞翅目的幼虫，黄曲条菜跳甲（*Phyllotreta striolata*）等鞘翅目昆虫都是咀嚼式口器的昆虫。胃毒杀虫剂随作物一起被昆虫嚼食而进入消化道。

胃毒杀虫剂在植物表面上的沉积量及沉积率（单位面积上的沉积量）以及沉积的均匀度与胃毒杀虫作用的效果有关。如果杀虫剂毒力水平高、药剂在植物表面上的沉积密度和沉积均匀度高，害虫只要吃一点植物就发生中毒，植物所受损失比较小，这是胃毒杀虫剂的理想状况。否则，害虫就要吃进较多药剂才能中毒，势必吃掉较多的植物叶片。同样毒力水平的药剂或同一种药剂，如果沉积密度大，害虫也只需吃掉很少的叶片就能够摄入较多的药剂引起中毒。药剂的均匀度低时，沉积不均匀，害虫在药剂沉积密度高的地方取食时，中毒较快，但在沉积密度低的地方取食则很可能中毒很慢或不中毒，给害虫制造了避免中毒的场所。所以，胃毒杀虫剂的药效与药剂的使用技术有很大关系。

胃毒杀虫剂毒杀作用的发挥速度对上述各个方面也会产生影响。毒杀作用发挥快时，害虫取食少量植物就能产生中毒，对植物的影响较小；而作用发挥慢时，害虫必然会吃掉较多的植物，对作物生长和发育产生较大的影响。药剂在植物表面的粘着性也影响胃毒杀虫剂的效果，因为药剂在植物表面的牢固粘着保证了药剂随同昆虫取食的植物进入昆虫消化道。

昆虫不同龄期对药剂的敏感性不同，一般害虫幼龄期对药剂较敏感，而高龄期幼虫或成虫对药剂的敏感性则较差。

（3）内吸杀虫作用

药剂能够被植物吸收并可以在植物体内发生传导而将药剂传送到植物体其他部位发挥作用，这种杀虫剂称为内吸杀虫剂，这种作用方式称为内吸杀虫作用。内吸杀虫作用方式主要发生在刺吸式口器的害虫，如蚜虫（Aphidoidea）、蓟马（Thripidae）、螨（Acarina）类等，这些害虫依靠口针吸收植物体内的汁液。

内吸杀虫作用在植物体内主要是随蒸腾液流进行，目前发现的内吸杀虫作用大多数是以向植株上部传导为主，或者称为“向顶性传导作用”。叶部处理的内吸杀虫剂很少向下或横向传导，这一特性对于内吸杀虫剂的合理使用非常重要。喷洒在叶片上的内吸杀虫剂如果分布不均匀，往往不能获得理想的杀虫效果。内吸杀虫剂并不是随意喷药就可取得好的防治效果，采用根区施药法可以使内吸杀虫剂在植物体各部分均匀分布。

（4）熏蒸杀虫作用

农药呈气态与昆虫发生接触引起昆虫中毒，称为熏蒸杀虫作用。典型的熏蒸杀虫剂都具有很强的气化性，或者在常温下本身就是气体。熏蒸剂主要通过昆虫的呼吸系统进入体内，而且一般必须在密闭的空间进行熏蒸处理，是一类特殊的农药。有些杀虫剂如敌敌畏等，在一定条件下也表现有熏蒸杀虫作用，但主要是作为接触杀虫剂使用，并不是熏蒸剂。

2.杀菌剂的作用方式

杀菌剂主要依靠其在植物表面的附着、在雨露中的溶解或产生的有毒气体与病原物接触发生作用，也可通过渗透植物表皮或被植物吸收在植物体内传导而与病原菌的特定结构接触而发生作用。因此，杀菌剂的作用与病菌的侵染时间、侵染特点以及杀菌剂本身的理化性质有很大关系。

（1）保护性杀菌作用

在病菌侵染植物之前施用杀菌剂，能够保护植物，阻止病原物侵入。这种作用方式称为“保护性杀菌作用”，或简称保护作用。具有这种作用方式的杀菌剂叫保护性杀菌剂。保护性杀菌剂要在作物上持留期较长才能达到预期的目的，使用时药剂应对植物表面有较强的黏着能力。如常见的保护性杀菌剂波尔多液的重要特点就是在植物表面具有很强的黏着力。

保护性杀菌作用的实际运用有两种情况，一种是杀菌剂沉积于被保护植物表面上起直接保护作用；另一种是在远离寄主的病原发源地，使用杀菌剂消灭菌源或压低菌源量，间接保护寄主植物免受病菌侵袭。如进行土壤消毒等措施。不过，后者采用的杀菌剂不是保护性杀菌剂，而是对病菌具有较强杀伤作用的铲除剂或消毒剂。

（2）治疗性杀菌作用

治疗性杀菌作用是在病菌已经与寄主植物发生接触和（或）已经侵入寄主组织内，使用杀菌剂毒杀病原体，从而阻止病害进一步发展。

在药剂使用技术上，保护性杀菌剂和治疗性杀菌剂是有差别的。前者要求杀菌剂在植物表面上有较强的持久性，因此要求杀菌剂具有良好的粘附性；而后者要求杀菌剂能够较快速地发生作用，以达到迅速控制病害蔓延的目的。另外，治疗性杀菌剂要求与病菌形成良好的接触和均匀的沉积分布，并且达到较高的沉积密度。检疫处理主要使用治疗性的杀菌剂。

（3）内吸杀菌作用

杀菌剂从植物局部被吸收进入植物体内并能随蒸腾液流传导到植物体其他未受药部位，进而杀灭该处的病原物，或防止外部的病菌侵入。杀菌剂内吸作用与杀虫剂内吸作用相似，主要也是向顶传导。叶面喷撒时，也要求药剂具有一定的沉积密度和覆盖的均匀性。

内吸杀菌作用是典型的化学治疗作用，但又不仅限于化学治疗。对于未被病菌侵染的植物，内吸杀菌剂同样表现预防病害入侵的作用，这点与保护性杀菌作用的原理相同，不过前者在体内，而后者在体外。

（三）常见农药剂型的特点和用法

常见农药的各种剂型都有一定特点和使用技术要求，必须根据其特点和技术要求进行使用，不宜随便改变用法，以下是常用的农药剂型及其使用方法。

1.粉剂

粉剂是农药原药和填料混合后，经过粉碎成为一定细度均匀混合的一种农药剂型。粉剂可以进行喷粉、拌种和土壤处理。由于拌种用的粉剂对细度要求很高，以便于粉粒牢固地黏附在种子表面，这类粉剂也特称为“拌种剂”。粉剂不能被水湿润形成悬浮液，不能加水稀释喷雾使用。

2.可湿性粉剂

可湿性粉剂的加工与粉剂相似，但除了原药和填料外，还加入了湿润展着剂。可湿性粉剂的有效成分含量一般比粉剂高，是专门供加水形成悬浮液使用的一种农药剂型。不可将可湿性粉剂用于直接喷粉和拌种使用。

3.颗粒剂

颗粒剂是以原药和黏性填料、黏着剂等混合，加工成固体颗粒状的一种农药剂型。

按照粒度大小，可分为微粒剂、颗粒剂和大粒剂。颗粒剂一般采用撒粒机或人工撒施，也可以做拌种剂拌种使用。大粒剂还可以采用深层施药的方式使用。

4.水分散性粒剂

这种剂型虽然形态上是固体颗粒，但需要加水配制成药液使用，是可湿性粉剂的一种改良型，因为固体颗粒可以避免和防止粉尘，减少对使用者的污染。水分散性粒剂入水后迅速崩解并在水中形成良好的悬浮液。水分散性粒剂不像颗粒剂是供直接使用的，需要加水稀释后才能使用，一般都有较高的浓度，是不能直接使用的。

5.乳油

乳油是由原药、溶剂及助剂经混合加工形成的均一透明的油状液体，是目前农药中产量最大、制剂品种最多的一种剂型。由于许多原药在有机溶剂中有很好的溶解性和溶解度，是比较方便和容易加工的剂型。乳油主要作喷雾使用，也可用于浸种。由于乳油在水中的分散度好于可湿性粉剂，采用同样的农药通常都能获得优于可湿性粉剂的效果。

6.浓悬浮剂

浓悬浮剂是农药固体原药、载体和分散剂混合在水或油中经多次磨碎而形成的一种剂型，过去称为“胶悬剂”。按照分散介质的不同，有水悬浮剂和油悬浮剂，其中水质浓悬浮剂的使用方法同可湿性粉剂和乳油，需要加水稀释后使用；而油质浓悬浮剂则是专门供超低容量喷雾，不需要稀释可直接使用的。

7.超低容量油剂

超低容量油剂是专门用于超低容量喷雾的一种剂型，它是将原药溶解于有机溶剂中，使用时不需稀释可直接喷雾。有时为了增加原药在溶剂中的溶解度，还要加入少量助溶剂，以及其他提高稳定性和降低药剂药害等的辅助剂。

8.水剂

水剂是可溶于水的原药以水溶液形式存在的一种剂型，使用时加水稀释。一般水剂不含有表面活性剂，在植物表面难以湿润展着形成有效的药剂沉积，使药剂的效果表现较差，如果在使用水剂时加入一定量的洗衣粉，可以改善药液的表面性质，提高药剂的防治效果。

9.可溶性粉剂

可溶性粉剂是水溶性原药和填料经粉碎加工制成的一种剂型，通常还加入表明活性剂。使用时加水溶解稀释供喷雾使用。

10.烟剂

烟剂是将原料、燃料、氧化剂和消燃剂混合制成的剂型。通常采用袋装或罐装，直接点燃使用，点燃后制剂可以燃烧放出烟雾，但没有火焰。

11.其他剂型

除上述的农药剂型外，还有毒饵、漂浮剂、缓释剂、热雾剂、除草地膜等农药剂型，它们都是在特定条件和场合针对专门防治对象而设计的。总之，农药剂型的发展很快，其他种类和用途也越来越多。

二、其他化学药剂处理方法及常用药剂

农药施用方法指把农药施用到目标物上所采用的各种施药技术措施。常见的农药施用方法有喷雾法、喷粉法、施粒法、熏蒸法、烟雾法、毒饵法等。

（一）常见农药的施用方法

1.喷雾法

喷雾是农药使用中最常用的方法。绝大部分农药都可加工成为可喷雾用的剂型，如乳油、水剂、可湿性粉剂、浓悬浮剂和超低容量油剂等。喷雾法就是把液态农药以雾滴状态喷洒到农作物或其他处理对象上。药液通过特定的喷雾器（雾化器）分散成为雾滴，雾滴的粗细根据雾化器的性能可以在很宽的范围内变化。根据雾化原理的不同，设计出了多种雾化喷头（雾化器）。在农业上应用最广泛的是3种雾化原理设计的喷头。

（1）液力式喷头

液力式喷头是通过对液体施加压力使其通过一种经过特别设计的喷头（雾化器）分散成为雾滴喷出，这种雾化方式也称为液力式雾化。这是目前国内外使用最普遍的一种喷头。由于这一类型喷头在进行液体雾化时，首先将受压药液展开成液膜，然后液膜自行破裂而形成雾滴，所以，这种雾化方法也称为液膜破裂雾化法。这种雾化方法的特点是喷雾量大，但雾化不均匀，雾滴的粗细程度差异很大。如工农—16型手动背负式喷雾器，其产生的雾滴最细直径只有数十微米或更细，而最粗的雾滴的直径可达到400微米以上。

现在我国各地使用的压缩式喷雾器、单管喷雾器、背负式喷雾器、喷枪、以及拖拉机牵引的喷雾器设备，都采用液力式喷头。液力式雾化法由于雾滴粗、喷雾量大，也通称为大容量喷雾法或高容量喷雾法。

（2）气力式喷头

这种喷头是经过专门设计，利用文氏管原理，由压缩空气提供的高速气流将药液雾化形成雾滴。这种雾化方式也称为气力式雾化法。这种雾化原理能够产生较细而均匀的雾滴，而且在压力波动较大的情况下雾滴的细度变化不大，这是气力式雾化法的一个重要优点。相对液力式雾化法的高容量喷雾，气力式雾化法可以将药液分散成为较小的雾滴，进行喷雾操作时只需要较少的药液量就可以使药剂在生物靶体上获得较好的沉积分布和均匀的覆盖，形成的雾滴直径一般在100微米以下，称为小容量喷雾法或低容量喷雾法，其喷雾量在0.50升/亩～15升/亩。

现在我国使用的气力式喷雾器除了东方红–18型机动弥雾器外，还有由我国著名农

药使用专家屠予钦教授发明的手动喷雾器。手动喷雾器的发明在国内农业机械化程度较低，大量化学防治还是采用人工施药的现状下，对改善农药使用的落后状况起到了重要作用。实现了使用人工方法实行低容量细雾滴喷雾的效果。

（3）离心式雾化器（喷头）

这种雾化器是利用高速旋转的圆盘（或圆笼）产生的离心力使药液以一定细度的液滴飞离其边缘的细小齿尖（或圆笼的细纱网）而成为雾滴，这种利用离心力将药液雾化的方式也叫作离心式雾化法。采用离心式雾化器可以将药液雾化形成更细的雾滴，通过调节转盘的转速和药液滴加到圆盘上的速度，可以控制形成雾滴的大小。转速越快、药液滴加速度越慢，雾化形成的雾滴越小。当通过调节形成雾滴直径为50微米以下的雾滴时，实际进行农药喷雾只需要很少的药液量就可以使药剂在生物靶体上均匀地沉积分布，获得较好的防治效果。因此，离心式雾化法也称为超低容量喷雾法。

喷雾法的目的是让药液在作物和防治对象（有害生物）的表面上形成农药沉积物，以便充分与防治对象接触而发生作用。所以，喷雾法要求药液在表面上的沉积均匀而且牢固，不易脱落。药液在生物体表面上的沉积和覆盖有以下两种情况：

①液膜覆盖

即药液在生物体表面上形成一层液膜。液膜覆盖需要大量的药液。除此之外，还必须保证药液能很好地湿润生物体表面。但是，绝大部分生物体表面都覆盖有一层蜡质，不能或不易被水湿润。所以，如果药液缺乏湿润能力，即便喷到作物表面上也很容易滚落，不能形成液膜。药液在作物表面的沉积量与药液的湿润能力密切相关。

目前所采用的高容量喷雾法都属于液膜覆盖喷雾法。因此，进行高容量喷雾时，要求药液具有一定的湿润性。但是，药液的湿润性也不宜过强，否则药液在作物表面上的沉积量会降低。这是因为太强的湿润性往往使药液的表面张力过低，在作物表面上容易展开形成很薄的液膜，多余的药液很快流失。作物表面上液膜的厚度意味着农药有效成分的沉积量大小。在一定药液浓度下，液膜越厚表示农药沉积量越大，反之则沉积量越小。因此，药液湿润性对农药有效沉积量有很大影响。

不同作物的叶片表面湿润能力是不一样的。有些很难湿润，如甘蓝类蔬菜的叶片；而有些则较易湿润，如白菜、油菜的叶片。不同农药配制成喷雾液后湿润能力也有很大差异：乳油的湿润能力较强，而很多可湿性粉剂配制的喷雾液往往湿润性很差，这是由于加工时湿润剂的剂量不足和（或）湿润剂性能不好造成的。因此，在进行高容量喷雾前，应对药剂配成的喷雾液湿润性能进行检查，只有湿润性能达到要求的喷雾液可以在作物表面进行湿润展着形成良好的液膜覆盖。另外，即使喷洒大量药液后实现了液膜覆盖，如果湿润性能差而不能使药液很好地在叶片表面上展着，形成的液膜也是短暂的，随水分蒸发而很快消失，遗留的仍然是分散的药剂颗粒或油珠。

②雾滴覆盖

即无须药液全面湿润覆盖作物表面，只要有足够数量的雾滴沉积在叶片表面上就可以达到防治效果。实际上，在进行任何方式的喷雾操作时都不可能，也没有必要对作物表面全面严密地覆盖，即使是高容量喷雾法的液膜覆盖，在喷雾液水分蒸发后，残留的农药有效成分颗粒或油珠也是分散持留在叶面上的，并不能连片形成所谓的药膜。要保证化学防治的效果，关键是药剂在叶面上的分布密度应达到足以控制病虫的程度。防治各种病虫对各种药剂在叶面上的分布密度要求不同。雾滴沉积密度与药剂的扩散能力和有害生物的活动能力有关。容易扩散的药剂其分布密度可以相对较稀。药剂雾滴的扩散能力称为雾滴的有效半径；对于迁移和活动能力较强的害虫，雾滴密度也可以相对较稀。同时，喷洒药剂浓度也决定了防治不同病虫所需的雾滴密度，当喷洒药液浓度高时，要求雾滴密度也可以小些。

低容量喷雾法和超低容量喷雾法的药剂沉积都是雾滴覆盖，不要求将作物整株喷湿，也不允许将整株植物全部喷湿，否则就会发生严重药害，因为这两种喷雾法所使用的药液浓度均很高，使用时必须十分注意。

从以上论述中，可以知道雾滴覆盖的喷雾方法较之液膜覆盖的喷雾方法具有较为明显的优越性。国际上自20世纪70年代以来，已逐步采用以细雾滴喷雾法取代传统的粗雾滴高容量喷雾法。因为采用细雾滴喷雾法通过提高农药的使用效率，在有害生物防治时，只需要比较少的农药有效成分就能够达到控制有害生物的目的。这样，相对减少了投放到环境中农药的绝对数量，而且采用细雾滴喷雾有针对性地对靶喷雾技术，减少了作物被农药污染的范围，更加保证了生产的农产品的安全性。因此，除了选择适当的药剂品种外，合理的农药使用技术也是提高产品安全性，减少化学防治中农药不利影响的重要手段。

2.喷粉法

喷粉法是利用风力把粉状药剂吹散，使药剂以粉粒形态分散沉积于生物靶体的农药使用方法。喷粉法的技术关键是风力须达到一定强度，足以克服粉粒的絮结并使粉粒在空中形成良好的粉浪。粉剂是唯一可用于喷粉的农药剂型。由于粉粒在空气中的漂移现象很严重，在对于环境问题日益重视的今天，已经很少在大田使用。粉粒在空中运动时有布朗运动现象，以及“飘翔现象”，即粉粒在空中能够长时间悬浮、飘动，并且能穿透作物茂密的株丛，沉积在一般喷雾法不能喷到的地方。使用喷雾法进行果园施药的另一个好处还在于，喷粉法可以利用粉粒在空中的自行扩散能力，不必逐株进行喷撒就可以使药剂在靶标上均匀沉积的目的，因此，施用药剂的效率非常高。在隔离检疫中，可以使用喷粉法在用于隔离检疫的大棚中进行除害处理。

3.撒粒法

撒粒法是利用撒粒机或人工手撒的方法，将颗粒状农药制剂散布到田间进行病虫害的防治。我国现阶段还很少采用撒粒机，主要还是利用人工以手撒施的方法，施用时不需要任何器械，相对来讲是最为简单、方便的农药使用方法。对于某些药剂和（或）特殊的病虫害，采用撒粒法可以起到很好的防治效果。在出口盆景的植物检疫处理中，就常在盆景植物的根际介质中使用颗粒剂，进行线虫和地下害虫的防治。

4.烟雾法

烟雾法是指把农药分散成烟雾状态的各种使用技术的总称。而烟和雾是不同的两种物质形态，烟是分散的极细的固态颗粒，而雾是分散的极细的液态雾滴，但使用肉眼无法辨认出是颗粒还是雾滴。它们在外观上很相似，在空气中都能够长时间漂浮而不会很快沉降。比如，早晨的大雾就是以雾滴状态存在难以很快散去的；而傍晚的炊烟则是烟的很好例子。

（1）烟剂

烟剂是利用热力来分散农药有效成分的一种特殊制剂。它是利用具有耐热性的农药有效成分，在化学发热剂的作用下发生气化，当气化的药剂遇冷空气急骤冷凝形成烟态。烟剂的农药有效成分要求具有一定的耐热性，如药剂遇高温就易于产生分解，如氰戊菊酯在150 ℃就开始分解，而溴氰菊酯在190 ℃分解，如果把它们加工成烟剂，分解损失很大，所以不可以加工为烟剂使用。同时，有些药剂难以或根本不能气化，当然也不可以加工成烟剂使用。另外，毒性大的药剂也不能加工成烟剂使用。

在隔离检疫温室中，可以采用烟剂进行有害生物防治。

（2）热雾法

热雾法利用内燃机产生的高速热气流将油状农药制剂（热雾剂）分散成为极细的雾滴（或气溶胶），具有良好扩散性的雾滴与生物靶体接触或沉积于靶体表面上，对病虫具有非常好的速杀作用。由于热雾法产生的雾滴直径通常在1 μm ~ 15 μm之间，在空中的飘浮能力极强，雾滴在生物靶体上具有多向沉积能力，在相对密闭条件下这种方法的效率非常高。在口岸对集装箱进行检疫消毒处理，或在一些交通工具上进行植物检疫消毒处理时，都可以采用热雾法。

5.浸渍（浸泡）法

浸渍法是在检疫处理中，使用药液对种子、苗木和水果等植物和植物产品浸泡而达到杀灭有害生物的目的的方法。

温度对货物的生命活动和药剂毒力都有显著影响，所以，对处理时药液温度应予以重视。一般干种子能够耐受较高的温度，而萌动的种子和幼苗难以耐受高于35 ℃的温度，尤其不能耐受长时间高温处理。药剂对货物的渗透在较高温度下会增加。为了提高浸渍处理效果，经常采用浸渍处理与热水处理方法共同对货物进行检疫处理。

除了以上所述方法外，在植物检疫除害处理上还有树干注射、包扎和涂抹等方法，对于原木、大型苗木上的钻蛀性害虫的杀灭能够起到非常独特的效果。

（二）杀虫剂

1.杀虫剂概述

杀虫剂是指用来防治农林、卫生、储粮和检疫害虫的药剂。一般可通过胃毒、触杀、熏蒸、拒食、驱避、残留接触及内吸等作用方式杀死或控制害虫危害。

公元前1000年，古希腊人Homer曾提到燃烧硫磺可作为熏蒸剂杀虫。古罗马学者曾提倡用砷作为杀虫剂。公元900年，我国已开始使用砷制剂防治园林害虫。

对于杀虫剂的系统科学研究始于19世纪中叶对砷化合物的研究，该研究导致了1867年巴黎绿（一种不纯的亚砷酸铜）的应用，并在1900年成为世界上第一个立法的杀虫剂。20世纪30年代后期至第二次世界大战末期，世界各国在新农药的研制方面相继取得突破性进展，开创了现代有机合成农药的新纪元。在这个时期，有机氯类杀虫剂DDT诞生于瑞士，有机磷酸酯类杀虫剂在德国得到开发。此后，氨基甲酸酯类及一些含杂原子的化合物开始作为杀虫剂使用，使杀虫剂的发展进入“高效杀虫剂时代”。20世纪70年代后，拟除虫菊酯光稳定性研究取得了重大突破。

20世纪末，杀虫剂研发取得重大进展。如对传统的有机磷酸酯类杀虫剂，在低毒化及害虫抗药性治理方面做了许多非常有效的工作，不对称型磷酸酯及杂环有机磷杀虫剂研发成功。对氨基甲酸酯类杀虫剂的低毒化研究也取得了可喜的成果，如在高毒品种克百威和灭多威的基础上，开发出了丁硫克百威、硫双灭多威、丙硫克百威和棉铃威等。拟除虫菊酯类杀虫剂发展极快，除了在其化学结构中引入氟原子增加了杀螨活性外，还在积极开发诸如对蜜蜂安全和用于防治土壤地下害虫的品种，如1983年开发的氟胺氰菊酯对蜜蜂安全，1987年开发的七氟菊酯则是第一个适用于地下害虫防治的品种。

除了对传统杀虫剂品种进行改造以外，一些结构新颖的杀虫剂在理论上逐渐趋于成熟并陆续用于生产实践，如氯化烟酰类杀虫剂、吡啶类杀虫剂、苯甲酰苯脲类化合物等。

2.杀虫剂分类

目前，杀虫剂主要包括有机磷类、氨基甲酸酯类、拟除虫菊酯类及其他类杀虫剂：如有机氟类杀虫剂、新烟碱类和吡唑类杀虫剂等。

（1）有机磷杀虫剂

有机磷化合物作为农药使用迄今已有60多年的历史。虽然早在19世纪末和20世纪初就开展了对有机磷化学的研究，但是直到1932年才发现它们的生物活性。

在第二次世界大战期间，英国人Saunders 和德国人Schrader领导的研究组在合成有机磷神经毒剂时，发现若干化合物对昆虫具有优良的毒效。1941年Schrader合成第一个内吸性有机磷杀虫剂——八甲基焦磷酸酰胺和四乙基焦磷酸酯，后者于1944年在德国商品化。

1944年Schrader合成了对硫磷，即对硝基酚的二乙基硫代磷酸酯。对硫磷由于杀虫活性高，杀虫谱极广，引起世界各国的重视，促进了有机磷杀虫剂的迅速发展，是农用药剂发展史上的一大成就，也是有机磷杀虫剂构效关系研究的起始点。1948年，Schrader合成了高效内吸磷，以后又发现了一系列的新品种，如氯硫磷、敌百虫、倍硫磷等；在美国有苯硫磷、马拉硫磷、毒死蜱等；英国有杀蚜磷；瑞士有二嗪磷、敌敌畏及磷胺；意大利有乐果；日本有杀螟硫磷等。这些都是农业上常用的杀虫剂。

至今，有机磷杀虫剂已发展成有机农药中品种最多、产量最大的一类，在目前使用的杀虫剂中占有极其重要的地位。

①有机磷杀虫剂特点：原药多为油状液体，少数为固体，密度一般比水小，有较高的折光率，沸点较高，在常温下蒸气压力低，大多数不溶于水或微溶于水，而溶于一般有机溶剂，部分在水中有较大溶解度；药效高、作用方式多种多样；在生物体内易于降解为无毒物；持效期有长有短。

②有机磷杀虫剂作用机制：抑制昆虫体内神经中的“乙酰胆碱酯酶（AChE）”或“胆碱酯酶（ChE）”的活性，破坏正常的神经冲动传导，引起一系列急性中毒症状：异常兴奋、痉挛、麻痹、死亡。

③常用有机磷杀虫剂品种：敌百虫、敌敌畏、乐果、马拉硫磷、毒死蜱、甲基毒死蜱、三唑磷、辛硫磷和甲基嘧啶磷等。

（2）氨基甲酸酯类杀虫杀螨剂

毒扁豆碱是人类发现的第一个天然氨基甲酸酯类化合物，氨基甲酸酯类杀虫剂是以毒扁豆碱为模板的仿生合成农药。二硫氨基甲酸衍生物四乙基硫代氨基甲酰硫化物是最早发现的有杀虫活性的氨基甲酸酯，1940年代中后期，瑞士嘉基公司合成了第一个真正的氨基甲酸酯杀虫剂，1953年美国联合碳化物公司合成了甲萘威，1957年以西维因的商品名投入工业化生产。1965年联合碳化合物公司开发的涕灭威，1966年杜邦公司开发的灭多威和1967年FMC公司开发的克百威等化合物，打破了甲萘威等第一代氨基甲酸酯类杀虫剂杀虫谱相对较窄的不足。随后，世界各国的农药工作者开发出一系列该类杀虫剂。

①氨基甲酸酯类杀虫剂的特点：大多数品种的速效性好，持效期短，选择性强，对飞虱（Delphacidae）、叶蝉（Cicadollidac）、蓟马等防效好，对螨类和介壳虫类无效；多数品种毒性低，少数品种毒性高；增效性能多样；在自然界易被分解，残留量低。在土壤中，由于微生物的影响，氨基甲酸酯类会迅速分解，最终生成NO_2、N_2、H_2O等简单化合物。

②氨基甲酸酯类杀虫剂作用机理：类似有机磷类杀虫剂，抑制昆虫体内神经中的“乙酰胆碱酯酶（AChE）”或“胆碱酯酶（ChE）”的活性。

③常用氨基甲酸酯类杀虫剂品种：茚虫威、异丙威、涕灭威、灭多威、克百威、硫双威、丁硫克百威等。

（3）拟除虫菊酯类杀虫杀螨剂

除虫菊素是白花除虫菊（*Pyrethrum cinerariifolium*）和红花除虫菊（*Pyrethrum coccineum*）等花中的杀虫有效成分。

第一代拟除虫菊酯杀虫剂是在天然除虫菊酯化学结构的基础上发展起来的，大体经历了20多年的时间（1948年~1971年），第一个人工合成的拟除虫菊酯是丙烯菊酯。1972年，英国洛桑试验站成功合成了氯菊酯，并于1977年商品化，这是第一个光稳定性的农用拟除虫菊酯，解决了天然除虫菊素和第一代拟除虫菊酯分子中的两个光不稳定中心。由于氯菊酯及其后来许多第二代光稳定性农用拟除虫菊酯类杀虫剂的研究开发成功，促进了该类化合物研究的进展，从而成为20世纪70年代以来极为重要的一大类杀虫剂品种。

①拟除虫菊酯杀虫杀螨剂特点：高效，速效性好，击倒力强；杀虫谱广，对农林、园艺、仓库、畜牧、卫生等多种害虫，包括咀嚼式口器和刺吸式口器的害虫均有良好的防治效果；常用品种对害虫只有触杀和胃毒作用，且触杀作用强于胃毒作用，因此要求喷药均匀；易诱发害虫产生抗药性；多数品种在碱性条件下易分解，使用时注意不能与碱性物质混用。

②拟除虫菊酯杀虫杀螨剂作用机理：除虫菊酯的作用机制是多方面的，包括对周围神经系统、中枢神经系统和其他组织器官（主要是肌肉）的作用。作用于昆虫的外周和中央神经系统时，通过刺激神经细胞引起重复放电而导致昆虫麻痹。除虫菊酯引起的中毒征象可分为兴奋期与抑制期两个阶段，在兴奋期，昆虫表现活跃，爬动频繁；到抑制期，活动减少，进入麻痹状态，直至死亡。

③常用拟除虫菊酯杀虫杀螨剂品种：氯氰菊酯、高效氯氰菊酯、溴氰菊酯、氟氯氰菊酯、氯氟氰菊酯、氰戊菊酯和醚菊酯等。

（4）沙蚕毒素类杀虫剂

沙蚕毒素类杀虫剂是20世纪60年代开发兴起的一种有机合成的仿生杀虫剂。1934年新田清三郎发现蚊蝇、蝗、蚂蚁等在异足索沙蚕死尸上爬行或取食后会中毒死亡或麻痹瘫痪。1941年，他首次分离了异足索沙蚕中的有效成分，并取名为沙蚕毒素。1965年，Hagiwara等人工合成了沙蚕毒素，日本武田药品工业株式会社成功开发了第一个沙蚕毒素类杀虫剂——巴丹（杀螟丹）。1974年，我国贵州省化工研究所首次发现了杀虫双对水稻螟虫的防治效果，并成功将其开发为商品。1975年，瑞士山德士公司开发出杀虫环。Jacobsen等于1983年报道了源于藻类生物的1，3-二巯基-2-甲硫基丙烷的衍生物二硫戊环和三硫己环的类似物有与沙蚕毒素相似的杀虫作用。1987年，Baillie等根据沙蚕毒素的结构与活性，合成了一系列与沙蚕毒素作用机制相同的有杀虫活性的化合物。随后，杀虫单、杀虫双、多噻烷、杀虫环及苯硫丹等NTX类杀虫剂纷纷出现，这些杀虫剂至今仍在害虫的防治上发挥着重要的作用。

①沙蚕毒素类杀虫剂特性：杀虫谱广，可用于防治水稻、蔬菜、甘蔗、果树、茶树等多种作物上的多种食叶害虫、钻蛀性害虫，有些品种对蚜虫、叶蝉、飞虱、蓟马、螨类等也有良好的防治效果；杀虫作用方式多样，对害虫具有很强的触杀和胃毒作用，还具有一定的内吸和熏蒸作用，有些品种还具有拒食作用；作用机制特殊；低毒低残留，对环境影响小，施用后在自然界容易分解，不存在残留毒性；对家蚕、蜜蜂毒性较高；沙蚕毒素杀虫剂的某些品种对某一些作物有不良影响。

②沙蚕毒素类杀虫剂作用机理：是一种弱的胆碱酯酶受体（AChR）抑制剂，主要通过竞争性对烟碱型（AChR）的占领而使（Ach）不能与（AChR）结合，阻断正常的神经节胆碱能的突触间神经传递。沙蚕毒素类杀虫剂极易渗入昆虫的中枢神经节中，侵入神经细胞间的突触部位。昆虫中毒后虫体很快呆滞不动，随即麻痹，身体软化瘫痪，直到死亡。

③常用沙蚕毒素类杀虫剂品种：杀螟丹、杀虫双、杀虫单、杀虫环和杀虫磺等。

（5）杂环类杀虫剂

杂环类有机农药为近年来发展最为迅速的一类农药。杂环类杀虫剂主要包括吡啶、哌嗪、咪唑、二嗪、三嗪类、吩噻嗪、咔唑类和噻嗪酮等。

3.常用杀虫剂种类

（1）高效氯氰菊酯

中文通用名：高效氯氰菊酯

英文通用名：Beta-cypermethrin

中文别名：高灭灵、三敌粉、无敌粉、卫害净

英文别名：High effect cypermethrin，High active cyanothrin

农药类别：杀虫剂化学类别：拟除虫菊酯

分子式：$C_{22}H_{19}Cl_2NO_3$，CAS号为65731-84-2

①理化性质

白色或略带奶油色的结晶或粉末，熔点53 ℃～55 ℃，难溶于水，易溶于酮类（如丙酮）及芳烃类（如苯、二甲苯）中，醇类、中性或弱酸性下稳定，遇碱易分解，室温下贮存2年不分解。

②毒性

中毒症状：属神经毒剂，接触部位皮肤感到刺痛，尤其在口、鼻周围但无红斑。很少引起全身性中毒。接触量大时会引起头痛、头昏、恶心、呕吐、双手颤抖、全身抽搐或惊厥、昏迷、休克。

急救治疗：无特殊解毒剂，可对症治疗；大量吞服时可洗胃；不能催吐。

注意事项：不要与碱性物质混用；对水生动物、蜜蜂、蚕有毒，使用时注意不可污染水域及饲养蜂蚕场地。

急性经口 LD_{50} 值 649 mg/kg，急性经皮 LD_{50}>1 830 mg/kg。

③作用特点

触杀、胃毒生物活性较高，是氯氰菊酯的高效异构体，杀虫谱广，击倒速度快。

（2）溴氰菊酯

中文通用名：溴氰菊酯

英文通用名：Deltamethrin

中文别名：敌杀死、凯安保、凯素灵、天马、谷虫净、增效百虫灵

农药类别：杀虫剂

化学类别：拟除虫菊酯

分子式：$C_{22}H_{19}Br_2NO_3$，CAS号为52918-63-5

①理化性质

无色结晶，熔点98 ℃，蒸气压 1.24×10^{-2} Pa（25 ℃），密度1.524 g/cm^3（25℃），溶解度水<0.2 μg/L（25 ℃），二噁烷900 g/L、环己酮750 g/L、二氯甲烷700 g/L、丙酮500 g/L、苯450 g/L、二甲亚砜450 g/L、二甲苯250 g/L、乙醇15 g/L、异丙醇16 g/L（20 ℃），暴露于空气中非常稳定，低于190 ℃稳定，在酸性条件下比碱性条件下更稳定，紫外光下脱溴。

②作用特点

以触杀、胃毒为主，对害虫有一定驱避与拒食作用，无内吸熏蒸作用。杀虫谱广，击倒速度快，尤其对鳞翅目幼虫及蚜虫杀伤力大，但对螨类无效，作用部位在神经系统，为神经毒剂，使昆虫过度兴奋、麻痹而死。

③环境

水生生物：实验室条件下对鱼毒，LC_{50} 值（96 h）虹鳟鱼0.91 μg/L，兰鳃太阳鱼1.4 μg/L，自然条件下对鱼无毒。蜜蜂 LD_{50} 值为50 mg/蜂。天敌急性经口 LD_{50} 野鸭>4 640 mg/kg，LC_{50}（8 d膳食mg/kg膳食）野鸭>8 039，鹌鹑>5 620。水土保持土壤具强吸附，无淋渗危险，田间土壤半衰期<23 d，土壤光解半衰期9 g/d。

（3）氟虫腈

中文通用名：氟虫腈

英文通用名：Fipronil

中文别名：锐劲特

英文别名：Regent，MB46030

农药类别：杀虫剂

化学类别：吡唑

分子式：$C_{12}H_4Cl_2F_6N_4OS$，CAS号为120068-37-3

作用方式：触杀、胃毒、内吸

①理化性质

白色固体，熔点200 ℃ ~ 201 ℃，蒸气压3.7×10^{-7} Pa（20 ℃），溶解度水1.9 mg/L ~ 2.4 mg/L，丙酮545.9 g/L%，二氯甲烷22.3 g/L。

②毒性

急救治疗皮肤和眼睛用大量的肥皂水和清水冲洗，如仍有刺激感应去医院对症治疗。误服者应立即送医院对症治疗。

注意事项：A原药对鱼类和蜜蜂毒性较高，使用时慎重。B土壤处理时应注意与土壤充分混匀，才能最大限度发挥低剂量的优点。C施药时注意安全防护。D密封存放在阴凉、干燥、儿童接触不到的地方。

急性经口LD_{50}值>100 mg/kg；急性经皮LD_{50}值>2 000 mg/kg。

③作用特点

触杀、胃毒、内吸。苯基吡唑类杀虫剂。杀虫谱广，主要是阻碍昆虫γ-氨基丁酸控制的氟化物代谢，对鳞翅目、蝇类和鞘翅目等一系列重要害虫有很高的杀虫活性。

④环境

水生生物LC_{50}值（96 h）日本鲤鱼0.34 mg/L，天敌急性经口LD_{50}值（mg/kg）野鸭>2 150，野鸡>31。

（4）阿维菌素

中文通用名：阿维菌素

英文通用名：Abamectin

中文别名：螨虫素，齐螨素，害极灭，杀虫丁

农药类别：杀螨剂/杀虫剂

化学类别：生物源

分子式：$C_{49}H_{74}O_{14}$，CAS号为71751-41-2

①理化性质

原药为白色或黄色结晶，蒸气压<2×10^{-7} Pa，熔点150 ℃ ~ 155 ℃，21 ℃时溶解度在水中7.8 μg/L、丙酮中100 g/L、甲苯中350 g/L、异丙醇70 g/L，三氯甲烷10 g/L。常温下不易分解。在25 ℃，pH值为6 ~ 9的溶液中无分解现象。在通常贮存条件下稳定，对热稳定，对光、强酸、强碱不稳定。

②毒性

中毒后早期症状为瞳孔放大、行动失调、肌肉颤抖，严重时导致呕吐。

急救治疗经口：立即引吐并给患者服用吐根糖浆或麻黄素，但勿给昏迷患者催吐或灌任何东西。抢救时避免给患者使用增强γ-氨基丁酸活性的药物，如巴比妥、丙戊

酸等。

注意事项：A施药时要有防护措施，戴好口罩等。B对鱼高毒，应避免污染水源和池塘等。C对蜜蜂有毒，不要在开花期施用。D最后一次施药距收获期20 d。

每日允许摄入量0～0.000 1 mg/kg.；原药大鼠急性经口LD_{50}值为10 mg/kg；兔急性经皮LD_{50}值>2 000 mg/kg

③作用特点

它是一种大环内酯双糖类化合物，是从土壤微生物中分离的天然产物，对昆虫和螨类具有触杀和胃毒作用并有微弱的熏蒸作用，无内吸作用，但它对叶片有很强的渗透作用，可杀死表皮下的害虫，且残效期长。它不杀卵。其作用机制与一般杀虫剂不同的是它干扰神经生理活动，刺激释放γ－氨基丁酸，而γ－氨基丁酸对节肢动物的神经传导有抑制作用，螨类成、若螨、昆虫及幼虫与药剂接触后即出现麻痹症状，不活动不取食，2 d～4 d后死亡。因不引起昆虫迅速脱水，所以它的致死作用较慢。但对捕食性和寄生性天敌虽有直接杀伤作用，但因植物表面残留少，因此对益虫的损伤小。

④环境

水生生物LC_{50}（96 h，μg/L）：虹鳟鱼3.2，蓝鳃太阳鱼9.6；天敌急性经口LD_{50}（mg/kg）：野鸭84.6，北美鹑>2000；水土保持被土壤微生物迅速降解，无生物富集。

（5）敌百虫

中文通用名：敌百虫

英文通用名：Trichlorfon

农药类别：杀虫剂

化学类别：有机磷

分子式：$C_4H_8Cl_3O_4P$，CAS号为52-68-6

①理化性质

无色晶体，略有特殊气味，熔点83 ℃～84 ℃，蒸气压0.21 MPa（20 ℃），0.5 mPa（25 ℃），密度1.73（20 ℃），溶解度（20 ℃）水中120 g/L，溶于苯、乙醇和大多数氯代烃有机溶剂，但不溶于石油醚，微溶于乙醚和四氯化碳，已烷0.1 g/L～1 g/L，二氯甲烷、异丙醇>200 g/L，甲苯20 g/L～50 g/L（20 ℃），易水解和脱氯化氢反应，加热，pH值>6时分解迅速，光解缓慢。被碱很快地转化成敌敌畏，22 ℃水解时，半衰期随pH值增加而缩短。

②毒性

中毒症状：急性中毒多在12 h内发病，口服立即发病。轻度：头痛、头昏、恶心、呕吐、多汗、无力、胸闷、视力模糊、胃口不佳等，全血胆碱酯酶活力一般降至正常值的70%～50%。中度：除上述症状外还出现轻度呼吸困难、肌肉震颤、瞳孔缩小、精神恍惚、步态不稳、大汗、流涎、腹疼、腹泻。重者还会出现昏迷、抽搐、呼吸困难、口吐白沫、大小便失禁、惊厥、呼吸麻痹。

急救治疗：A. 用阿托品1 mg ~ 5 mg皮下或静脉注射（按中毒轻重而定）。B. 用解磷定0.4 g ~ 1.2 g静脉注射（按中毒轻重而定）。C禁用吗啡、茶碱、吩噻嗪、利血平。D误服立即引吐、洗胃、导泻（清醒时才能引吐）。

注意事项：A. 一般使用浓度0.1%左右对作物无药害，玉米、苹果（曙光、元帅在早期）对敌百虫较敏感，施药时应注意。高粱、豆类特别敏感，容易产生药害，不宜使用。B. 药剂稀释液不宜放置过久，应现配现用。

每日允许摄入量0.01 mg/kg bw。

急性经口 LD_{50} 值为560 mg/kg；急性经皮 LD_{50} 值>5 000 mg/kg（大鼠）。

③ 作用特点

是一种毒性低、杀虫谱广的有机磷杀虫剂。在弱碱液中可变成敌敌畏，但不稳定，很快分解失效。对害虫有很强的胃毒作用，兼有触杀作用，对植物具有渗透性，但无内吸传导作用。适用于水稻、麦类、蔬菜、茶树、果树、桑树、棉花、绿萍等作物的咀嚼式口器害虫，及家畜寄生虫、卫生害虫等的防治。

④ 环境

水生生物 LC_{50}（96 h，mg/L）虹鳟鱼0.7，金雅罗鱼0.52；蜜蜂低毒；天敌对有益生物低毒。

（三）杀菌剂

1.杀菌剂概述

用于防治植物病害的化学农药统称为杀菌剂。根据所影响的病原物种类的不同，杀菌剂分为杀真菌剂、杀细菌剂、杀病毒剂、杀线虫剂、杀原生动物剂和杀藻剂。

杀真菌剂就是杀死或者抑制真菌的化学药剂。由于杀真菌剂是最早和最广泛使用的防治植物病害的化学农药，因此，也常常被简称为杀菌剂。

杀菌剂的防病作用原理分为：保护作用、治疗作用、铲除作用和抗产孢作用。在侵入之前使用杀菌剂达到防病效果的是保护作用，具有保护作用的杀菌剂称保护剂；在侵入后症状出现前使用杀菌剂达到防病效果的是治疗作用，具有治疗作用的杀菌剂也称为治疗剂；在显症后使用杀菌剂达到防病效果的称铲除作用，起铲除作用的杀菌剂称为铲除剂；抑制典型病斑上孢子产生的作用称为抗产孢作用，起抑制孢子产生作用的杀菌剂称为抗产孢剂。

杀菌剂使用需要遵循以下原则：把植物病害控制在经济阈值以下，同时最大限度地降低农药在自然界的释放量。因此，首先应该考虑需要防治的病害循环特征，然后确定策略，以达到有效、经济、安全的目的。决定用药的原则简单地说为：①根据对象病原菌种类，选用最安全、最经济、最有效的药剂。②采用较低的使用量。③最少的施药次数。④使用最简便的施药方法。杀菌剂的使用方法有多种，其中最主要的是：喷雾和喷粉、种子处理、土壤处理。其他使用方法包括树干注射法、烟雾熏蒸法和果品浸蘸法等。

杀菌剂的种类繁多，通常将具有相同作用方式和类似化学结构的杀菌剂按化学结构类型的名称进行分类。如芳烃类、二硫代氨基甲酸酯/盐类、硫赶磷酸酯类、苯并咪唑类、苯基酰胺类、二甲酰亚胺类、三唑类、苯吡咯类、苯胺基嘧啶类、甲氧基丙烯酸酯类杀菌剂等。对那些化学结构不同，但具有相同作用方式的杀菌剂通常以作用方式进行分类。

2.杀菌剂分类

（1）传统保护性杀菌剂

① 铜制剂

目前生产上常见的铜素杀菌剂有波尔多液、王铜（氧氯化铜）、碱式硫酸铜、氢氧化铜、氧化亚铜、硫酸甲氨络合铜、丁戊己二元酸铜、8-羟基喹啉铜等。可以防治多种真菌病害、卵菌病害及细菌病害。

② 无机硫杀菌剂

无机硫杀菌剂是指一类以硫磺为主加工而成的不同制剂，包括硫磺粉、胶体硫和石硫合剂等。以硫磺为主体的无机硫杀菌剂，由于原料易得、加工工艺简单、价格便宜、防病效果稳定，在我国被广泛用于防治橡胶白粉病或与其他现代选择性杀菌剂复配防治多种作物病害。

③ 有机硫杀菌剂

有机硫制剂是一类高效、广谱、低毒、价格比较便宜的保护性杀菌剂，主要品种包括代森锰锌、福美双和克菌丹等。可防治多种卵菌、子囊菌、半知菌和担子菌引起的作物病害。它在农业生产中的广泛使用证明不易引起致病菌产生抗药性。当前有机硫杀菌剂除单剂外，多与内吸性杀菌剂混配，在延缓和治理内吸剂的抗药性上起着重要作用。

④ 有机胂杀菌剂

有机胂杀菌剂是防治丝核菌病害的特效杀菌剂，主要包括福美胂、福美甲胂和退菌特（福美双、福美锌与福美甲胂按2∶1∶1组成的混合制剂）。但由于砷存在对人、畜有累积性毒性和在土壤中积累破坏土壤性质及引起植物药害的问题，这类药剂的使用现已受到限制，正在被取代。

⑤ 芳烃类和其他保护性杀菌剂

芳烃类保护性杀菌剂是一类苯环上的氢原子被氯原子或其他基团所取代的保护性杀菌剂，包括六氯苯、四氯硝基苯、五氯硝基苯、氯硝胺、百菌清、地茂散等，大多用于种子处理和土壤处理。其中的一些品种由于活性较低及残留和慢性毒性等问题而停止使用。其他保护性杀菌剂主要有福尔马林和敌磺钠等。

（2）现代选择性杀菌剂

选择性一般是指杀菌剂在不同生物种类之间具有活性差异的生物学特性。现代选择性杀菌剂大多数具有内吸传导或至少有局部移动的性能，具有治疗作用。但是，也有现代选择性杀菌剂只在施药部位或在病菌侵入以前发挥作用，只有保护作用。

目前使用的杀菌剂输导方式主要有4种。局部内吸：绿色的植物组织吸收杀菌剂，随着蒸腾液流或者在细胞间作短距离的移动。如，霜脲氰。半内吸或跨层转移或类内吸：在叶片内而不是在蒸腾液流的移动。如，嗜球果伞素杀菌剂：嘧菌酯和醚菌酯。向上输导内吸：被植物的根吸收并随着蒸腾液流向上输导。大多数的内吸性杀菌剂都是向上输导的，如苯并咪唑类、甾醇抑制剂和苯基酰胺类等。真内吸：当使用到植物的根部或叶片时，可以被向上和向下进行双向输导。如甲霜灵和乙膦铝等。局部内吸和半内吸又称为部分内吸，向上输导内吸和真内吸称为完全内吸。

杀菌剂在木质部的移动性取决于土壤和空气水分中潜在的化学组分。因此，内吸性杀菌剂一般直接从根传导到蒸腾部位，特别是叶片。决定蒸腾作用的因子如相对湿度、温度、光照、植物激素（尤其ABA）会影响溶解在木质部汁液中杀菌剂的移动速率和分布。木质部输导的杀菌剂分布具有以下特点。①积累在高蒸腾作用的部位，如叶尖和叶缘。②很少传导到没有蒸腾作用的植物器官，如果实和幼嫩叶片。③在完全成熟的叶片内也不向下传导，如果施药于叶基部则向叶尖输导，基本不能向相反方向移动。

近年来相继开发并在农业生产上广泛使用的杀菌剂大多具有选择性，包括羧酰替苯胺类、有机磷类、苯并咪唑类、羟基嘧啶类、二甲酰亚胺类、苯酰胺类、噻唑类、麦角甾醇生物合成抑制剂、氨基甲酸酯类、取代脲类、苯吡咯类、苯胺嘧啶类、甲氧基丙烯酸酯类杀菌剂等。

① 二甲酰亚胺类杀菌剂

主要品种有乙烯菌核利、腐霉利、异菌脲和菌核净。这类杀菌剂的共同特点是对灰葡萄孢属、核盘菌属、长蠕孢属等真菌引起的植物病害具有特效。除腐霉利有一定的渗透性外，都不能被植物吸收，属于非内吸的保护剂。但又不同于传统的保护性杀菌剂，具有很高的选择性和作用专化性，是一类现代选择性保护剂。二甲酰亚胺类杀菌剂与苯并咪唑类、三唑类和甲氧基丙烯酸酯类等现代选择性杀菌剂没有交互抗药性，但与芳烃类和甲基立枯磷存在一定的交互抗性。

② 有机磷杀菌剂

不同结构类型的有机磷杀菌剂具有完全不同的抗菌谱，硫赶磷酸酯类杀菌剂包括异稻瘟净和敌瘟磷，主要用于防治稻瘟病和其他水稻病害，稻瘟灵也被归入这一类杀菌剂中；硫逐磷酸酯类杀菌剂，如甲基立枯磷，主要用于防治白粉病和立枯病；烷基亚磷酸盐类杀菌剂，如三乙磷酸铝主要防治卵菌病害；而磷酰胺类杀菌剂已经被淘汰。这些杀菌剂抗菌谱的差异取决于它们具有不同的作用靶标和药剂本身不同的脂水系数。

③ 苯并咪唑类及其相关化合物

苯并咪唑类杀菌剂因特殊的作用靶标而具有高度的选择性，对几乎所有的植物而言都是安全的，能够被植物吸收防治已经侵染的病原菌。主要品种有多菌灵、噻菌灵、甲基硫菌灵和乙霉威等。这类杀菌剂还具有强烈的广谱抗菌活性，对大部分植物病原子囊菌、半知菌和担子菌有效，但对半知菌中的交链孢属、长蠕孢属、轮枝孢属等真菌和卵菌及细菌无效。然而，苯并咪唑类杀菌剂的大量、广泛使用，使植物病害化学防治出现了抗药性的新问题。

④ 羧酰替苯胺类

主要品种有早期开发的萎锈灵和氧化萎锈灵，及后来开发的拌种灵、戊菌隆。其中戊菌隆不具有内吸性，只有保护作用。这些杀菌剂主要用来防治担子菌病害。新开发的品种则具有较广的防病谱。

⑤ 甾醇生物合成抑制剂

真菌甾醇主要是麦角甾醇（Ergosterol），除了参与细胞膜的结构以外，在细胞生命活动中还具有调节作用和激素作用，抑制麦角甾醇生物合成，即可破坏真菌细胞膜的结构和功能，干扰细胞正常的新陈代谢，导致菌体生长停滞、繁殖率下降，甚至细胞死亡。目前已知的生物合成抑制剂包含了可用于医药、农药的多种化学结构类型的衍生物，如吡啶类、嘧啶类、哌嗪类、咪唑类、三唑类、哌啶类、吗啉类、多烯大环内酯类和烯丙胺类等化合物。主要代表品种包括氯苯嘧啶醇、抑霉唑、咪鲜安、三唑酮、烯唑醇、丙环唑、戊唑醇、己唑醇、腈菌唑、苯醚甲环唑、十三吗啉和苯锈啶等。生物合成抑制剂在甾醇生物合成途径中具有不同的作用靶标。卵菌仅在营养生长阶段可以吸收外源植物甾醇和细菌，可以合成构型类似甾醇的多萜化合物供自身生长发育，因此，麦角甾醇生物合成抑制剂不能防治卵菌和细菌病害。

⑥ 苯基酰胺类

包含三种亚结构的杀菌剂，即酰基丙氨酸类的甲霜灵、呋霜灵、苯霜灵等；酰胺-丁内酯类的呋酰胺和噁唑烷酮类的噁霜灵等杀菌剂。主要用于防治卵菌病害。甲霜灵单剂极易诱致病菌产生抗药性，生产上使用的都是复配剂，不单独使用。高效甲霜灵是甲霜灵的对映异构体，与甲霜灵的作用机理相同。防病谱也与甲霜灵相似，但是防治效果差别很大。高效甲霜灵的活性更强、活性谱更广。达到相同的活性，高效甲霜灵的用量可以减少一半；而且在土壤中高效甲霜灵比甲霜灵更容易降解。

⑦ 噻唑/噻二唑类

含有S和N原子的五环结构称为噻唑。主要有三环唑和烯丙苯噻唑，专化性防治稻瘟病。叶枯唑是我国特有的内吸性杀细菌剂，主要用来防治水稻白叶枯病等细菌病害。

⑧ β–甲氧基丙烯酸酯类

这类杀菌剂来源于具有杀菌活性的天然抗生素Strobilurin A，所以又称为嗜球伞果素类杀菌剂。有8个品种已经商品化，包括嘧菌酯、醚菌酯、肟菌酯、苯氧菌胺、啶氧菌酯、唑菌胺酯、氟嘧菌酯和烯肟菌酯等。还有许多品种正在进入市场之前的研发环节。防病谱极广，对担子菌、子囊菌、半知菌和卵菌都有防治效果。

⑨ 苯吡咯类和苯胺基嘧啶类

苯吡咯类主要品种有咯菌腈和拌种咯，可以用于种子处理来防治镰刀菌、腥黑粉菌和其他的种传病害。苯胺基嘧啶类主要有嘧菌胺、嘧霉胺和嘧菌环胺。其作用机理是抑制氨基酸甲硫氨酸的合成，具有保护和治疗作用。它是防治各种作物灰霉病的特效药剂，且与目前防治灰霉病的其他杀菌剂无交互抗性。对二甲酰亚胺类、苯并咪唑类以及乙霉威已经产生抗性的菌株，也有很好的防治效果。

⑩ 氨基甲酸酯类、异噁唑类、取代脲类和甲氧基吗啉类

主要品种有霜霉威、恶霉灵、霜脲氰、氟吗啉和烯酰吗啉等，均是1970年代中期以后发展起来的，除个别品种（乙霉威）外，都是防治卵菌纲引致的病害的新药剂。

⑪ 抗菌素

是由微生物代谢产生的一类抗生物质。多数是从土壤中分离的放线菌类的代谢物，例如放线菌酮、庆丰霉素、链霉素、春雷霉素、公主岭霉素等。大多数抗菌素很容易导致病原菌产生抗药性，如单独使用多抗霉素防治梨黑斑病和链霉素防治细菌病害，一般在2～3年后便会出现抗药性问题。但也有的抗菌素长期使用以后并没有出现抗药性，如井冈霉素。

⑫ 间接作用杀菌剂

又称为无杀菌毒性化合物。三环唑、烯丙苯噻唑和活化酯都是间接作用的杀菌剂。活化酯是系统性获得抗病性天然信号分子水杨酸的功能同类物，激发植物的天然防卫机理（系统性获得抗病性，SAR）而间接发挥防病作用。在用药一段时间以后，植物的防卫反应才能增强，因此应在发病初期施用。药剂能被植物迅速吸收和输导，诱导的植物防卫反应对病原菌生活史中多个环节都有影响。用于防治小麦的多种真菌病害和蔬菜霜霉病。

3. 常用杀菌剂种类

（1）百菌清

中文通用名：百菌清

英文通用名：Chlorothalonil

英文别名：Daconil，Forturf

农药类别：杀菌剂

化学类别：有机氯

分子式：$C_8Cl_4N_2$，CAS号为1897-45-6

化学名称：四氯间苯二腈（2，4，5，6-四氯-1，3-二氰基苯）

作用方式：保护性杀菌剂

① 理化性质

无色无味晶体，熔点250 ℃~251 ℃，蒸气压0.076 mPa（25℃），沸点350℃（760 mmHg），密度1.8，溶解度（25℃）水6×10^{-4} g/L，二甲苯80 g/L，环己酮、二甲基甲酰胺30 g/L，丙酮2 g/L、二甲基亚砜20，煤油<10 g/kg，热稳定性在于周围温度，对紫外光是稳定的（水介质和晶体状态），在酸性和微碱性溶液中是稳定的，pH值=9时慢慢水解。

②毒性

中毒症状无全身中毒报道。皮肤、眼黏膜和呼吸道受刺激引起结膜炎和角膜炎，炎症消退较慢。

急救治疗：对症治疗。误服立即催吐，洗胃。

注意事项：A.对鱼毒药液不能污染鱼塘和水域。B.不能与石硫合剂、波尔多液等碱性农药混用。C.容易发生药害梨、柿、桃、梅和苹果树等使用浓度偏高会发生药害；与杀螟松混用，桃树易发生药害；与克螨特、三环锡等混用，茶树会产生药害。

每日允许摄入量：0.03 ng/kg bw；急性经口LD_{50}>10 000 mg/kg（大鼠）；急性经皮LD_{50}>10 000 mg/kg（兔）。

③ 作用特点：

能与真菌细胞中的3-磷酸甘油醛脱氢酶中的半胱氨酸的蛋白质结合，破坏细胞的新陈代谢而丧失生命力。其主要作用是预防真菌侵染，没有内吸传导作用，但在植物表面有良好的黏着性，不易受雨水冲刷，有较长的药效期。

④ 环境

水生生物：低毒；蜜蜂：无毒；天敌：急性经口LD_{50}（mg/kg）野鸭>4 640，LC_{50}（饮食8 d）野鸭和北美鹑>10 000 mg/kg

（2）代森锰锌

中文通用名：代森锰锌

英文通用名：Mancozeb

中文别名：大生

英文别名：Manzeb，Dithane

农药类别：杀菌剂

化学类别：硫代氨基甲酸酯

分子式：$C_4H_6N_2S_4Mn$（Zn），CAS号为8018-01-7

化学名称：乙撑双二硫代氨基甲酰锰和锌的络盐

① 理化性质

为代森锰与代森锌的混合物，锰含量20%，锌含量2.55%。灰黄色粉末，熔点192 ℃ ~ 204 ℃（分解），蒸气压不计（20 ℃），溶解度水6 mg/L ~ 20 mg/L，不溶于大多数有机溶剂，溶于强螯合剂溶液中。通常干燥环境中稳定，加热、潮湿环境中分解缓慢。

② 毒性

中毒症状：恶心、呕吐、腹痛、腹泻、头痛、头晕、乏力，严重者可导致呼吸和循环功能衰竭加快，血压下降，呼吸抑制等。

急救治疗：A. 误食者立即催吐、洗胃、导泻。B. 对症治疗。C. 忌油类食物，禁酒。

注意事项：A. 该药不能与铜及强碱性农药混用，在喷过铜、汞、碱性药剂后要间隔一周后才能喷此药；B. 在茶树上的间隔期为半个月。

每日允许摄入量：0.03 mg/kg b.w.；急性经口 LD_{50}：>5 000 mL/kg（大鼠）；急性经皮 LD_{50}：>10 000 mg/kg（大鼠）

③ 作用特点

杀菌谱较广的保护性杀菌剂。主要是抑制菌体内丙酮酸的氧化。对果树、蔬菜上的炭疽病、早疫病等多种病害有效，同时它常与内吸性杀菌剂混配，用于延缓抗药性的产生。

④ 环境

水生生物 LC_{50}（48 h）为金鱼9.0 mg/L、虹鳟鱼2.2 mg/L、鲶鱼5.2 mg/L、鲤鱼4.0 mg/L；蜜蜂 LC_{50} 值为0.193 mg/蜂。

天敌野鸭在6 400 mg/kg膳食10 d无死亡，日本鹑在3 200 mg/kg膳食10 d无死亡。

（3）克露

属于低毒杀菌剂，常用剂型为72%可湿性粉剂，为广谱杀菌剂，具有局部内吸作用，它与预防性杀菌剂如代森锰锌，某些铜制剂，灭菌丹等混用，能提高持留活性，对蔬菜、谷类、果树等作物的多种病害有较好的防治效果，用于防治黄瓜霜霉病、角斑病效果明显。

① 制剂、含量及作用

本制剂是由霜脲氰和代森锰锌混配而成，含量72%可湿性粉剂，含有霜脲氰8%与代森锰锌64%，该药为广谱菌剂，具有局部内吸作用，有抑制产孢和孢子的浸染能力，控制病菌扩散侵染。是许多叶部病害的保护性杀菌剂，对蔬菜、果树、谷类作物的多种病害有较好的防效。

② 使用方法

A. 防治霜霉病、角斑病，在发病初期，用72%可湿性粉剂稀释600倍 ~ 750倍液均匀叶面喷雾，一般喷4次～6次，间隔7 d喷1次药。

B. 防治早晚疫病，用72%可湿性粉剂，稀释400倍～600倍于发病初期开始喷药，以后间隔7 d喷1次，连续喷药3次。

③ 注意事项

A. 不宜与碱性农药、肥料混合使用。

B. 要按农药安全操作规程施药，严防中毒。

（4）普力克72.2%水剂

通用名称：霜霉威、丙酰胺（Propamocarb）；商品名称：普力克（Previcur）

化学名称：盐酸3-（二甲基氨基）丙基氨基甲酸丙酯

分子式：$C_9H_2ON_2O_2$，CAS号为24579-73-5

① 理化性质

纯品为无色、无味并且极易吸湿的结晶固体。熔点45 ℃～55 ℃，蒸气压在25 ℃时0.80 mPa，在水及部分溶剂中溶解度很高，25 ℃时在水中867 g/L，甲醇大于500 g/L，二氯甲烷大于430 g/L，异丙醇大于300 g/L，乙酸乙酯23 g/L，在甲苯和乙烷中小于0.1 g/L。在水溶液中两年以上不分解（55 ℃），但在微生物活跃的水中迅速分解并转化为无机化合物。原药为无色、无味水溶液，含量70%～74%。

制剂为无色、无味水溶液。比重在20 ℃时为1.08～1.09，可与大多数常用农药混配，但不要与液体化肥或植物生长调节剂一起混用。

② 毒性

根据中国农药毒性分级标准，霜霉威属低毒杀菌剂。大鼠急性经口LD_{50}值为2 000 mg/kg～8 550 mg/kg，小鼠急性经口LD_{50}值为1 960 mg/kg～2 800 mg/kg。大、小鼠急性经皮LD_{50}值大于3 000 mg/kg，兔急性经皮LD_{50}值大于3 920 mg/kg。大鼠急性吸入4 h，LC_{50}值大于3 960 mg/L。对兔皮肤及眼睛无刺激。豚鼠致敏试验未见异常。在试验剂量内未见致畸、致突变及致癌作用。动物两年喂养试验无作用剂量，大鼠36.5 mg/kg/d，小鼠54.1 mg/kg/d，狗一年喂养试验无作用剂量70.0 mg/kg/d。该药对蚯蚓低毒，对天敌及有益生物无害。对鱼低毒，96 h，LC_{50}值鲤鱼234.6 mg/L，虹鳟鱼409.9 mg/L～616.3 mg/L，蓝鳃翻车鱼415.0 mg/L。蜜蜂LD_{50}值大于100 μg/头。对鸟低毒，野鸭急性经口LD_{50}值6 289 mg/kg，野鸡急性经口LD_{50}值为3 050 mg/kg。制剂大鼠急性经口LD_{50}值为2 930 mg/kg～11 827 mg/kg，小鼠急性经口LD_{50}值为2 170 mg/kg～4 123 mg/kg。急性经皮大鼠LD_{50}值大于5 425 mg/kg，小鼠LD_{50}值大于4 449 mg/kg。大鼠急性吸入LC_{50}值大于6 185 mg/m^3。

制剂：72.2%普力克水剂（每升含有效成分722 g）。

③ 作用特点。

普力克是一种新型杀菌剂，属氨基甲酸酯类。抑制病菌细胞膜成分的磷脂和脂肪酸的生物合成，抑制菌丝生长、孢子囊的形成和萌发。当用作土壤处理时，能很快被根吸收并向上输送到整个植株。当用作茎叶处理时，能很快被叶片吸收并分布在叶片中；如果剂量合适，在喷药后30 min就能起到保护作用。由于其作用机理与其他杀菌剂不同，与其他药剂无交互抗性。因此，普力克与常用杀菌剂不同，它与其他药剂无交互抗性。因此，普力克对常用杀菌剂已产生抗药性的病菌有效。

适用作物：黄瓜、番茄、甜椒、莴苣、马铃薯等蔬菜以及烟草、草莓、草坪、花卉等。

④ 防治对象。

霜霉病、猝倒病、疫病、晚疫病、黑胫病等。

⑤ 应用技术。

A. 防治苗期猝倒病和疫病，播种前或播种后、移栽前或移栽后，每平方米用72.2%普力克5 mL ~ 7.5 mL加2 L ~ 3 L水稀释灌根。

B. 防治霜霉病、疫病等，在发病前或初期，每亩用72.2%普力克60 mL ~ 100 mL加30 L ~ 50 L水喷雾，每隔7 d ~ 10 d喷药1次。为预防和治理抗药性，推荐每个生长季节使用普力克2次 ~ 3次，与其他不同类型的药剂轮换使用。

普力克在推荐剂量下，不论使用方法如何，在作物的任何生长期都十分安全，并且对作物根、茎、叶的生长有明显促进作用。

⑥ 注意事项。

普力克在黄瓜等蔬菜作物上的安全间隔期为3 d。普力克不推荐用于防治葡萄霜霉病。注意安全贮藏、使用和处置本药剂。如发生意外中毒，请立即携带产品标签送医院治疗。

（四）杀线虫剂

1. 杀线虫剂的品种与类型

（1）按结构可以分为4个类型

① 卤代烃类化合物：氯化苦、溴甲烷、DBCP、D-D等6个。

② 异硫氰酸甲脂类：棉隆、威百亩钠等。

③ 有机磷类：克线磷、益舒宝、克线丹、米乐尔等13个。

④ 氨基甲酸酯类：呋喃丹、涕灭威、万强等6个。

（2）按杀线虫剂的性质

① 熏蒸性杀线虫剂：卤代烃类和异硫氰酸甲酯类。

② 非熏蒸性杀线虫剂：有机磷类和氨基甲酸酯类，具触杀和内吸作用。

2. 杀线虫剂的作用机理

（1）烃类：神经毒性。线虫最初表现为过度活动，继而麻痹和死亡。作用机制一是通过烷基化（亲核性的双分子取代），一是通过氧化作用，使线虫中毒。

（2）异硫氰酸甲酯类：机制是通过酶分子中的亲核部位（如氨基、巯基、羟基等）

发生氨基甲酰化来实现。

（3）有机磷和氨基甲酸酯类：与杀虫剂相似，是抑制乙酰胆碱酯酶，使线虫体内乙酰胆碱大量累积导致线虫呈中毒麻痹症状。作用是可逆的。所以线虫可恢复，其并非直接杀死线虫，而是影响线虫的发育和行为。这与熏蒸性杀线虫剂不同。

3.杀线虫剂的处理及施用方式

（1）施用方式：全面施药、沟施、穴施。

（2）处理方式：种植时，种植后，浸渍根苗、种子处理（这两种方式在检疫处理中常用），叶部喷雾、土壤处理、树干注射。

4.常见杀线虫剂介绍

（1）克线磷（苯线磷/力满库 Fenamephos，Nemacur）

化学名：O-乙基-O'-（4-甲硫基-间甲苯基）-N-异丙基磷酰胺。

生物活性：高效内吸，触杀，高毒（鼠LD_{50}10 mg/kg ~20 mg/kg）。对各种土壤线虫有良好防效，同时对刺吸口器昆虫的蚜虫、蓟马、叶蝉都有明显效果。药剂经根部吸收后有向顶和基部传导的特性。在植物体内可上下传导，同时也能良好分布于土壤中，持效期长，对作物较安全。

剂型：10％颗粒剂。

使用方法：可在播种、种植时及作物生长期施药，应把药剂施在根部附近的土壤中，可以沟施、穴施或撒施，也可直接放入灌溉水中。一般用量为3 kg/mu. ~4 kg/mu.，目前在花卉、果树、花生、烟草中较常使用，防治多种线虫。一般不能在蔬菜中使用。该药在盆景花卉、苗木检疫处理中常用。

（2）灭线磷（丙线磷、益舒宝、灭克磷、Ethoprop、Mocap）

化学名：O-乙基-S，S-二丙基硫代磷酸酯。

生物活性：触杀性杀线、杀虫剂，杀线谱广，高毒（但比克线磷稍低毒，鼠LD_{50}：62 mg/kg）。可在播种前、播种时、移植时，甚至在生长期使用。在作物中无残留。对一些作物较敏感，因此此药一般不要与种子直接接触。

剂型：10％、20％颗粒剂，我国已有加工生产。

使用方法：沟施、穴施或全面撒施。

此药一般药效较差，但对一些害虫如地下害虫防治效果不错。另外它不在作物中残留。施药时比较稳妥的办法是在穴内或沟内施药后，覆盖一薄层有机肥料或土，然后再播种。该药一般较少用于检疫处理。

（3）涕灭克（铁灭克、Aldicarb、Temik）

化学名：O-（甲基氨基甲酰基）-2-甲基-2-甲硫基丙醛肟。

生物活性：内吸性的氨基甲酸酯类杀虫、杀螨和杀线虫剂。具触杀、胃毒和内吸作用。高效，且速效性好。但高毒，鼠LD_{50}为1 mg/kg，易引起环境污染问题。

剂型：10%颗粒剂，我国有加工生产。

使用方法：同克线磷，3 kg/mu。此药有剧毒，只能用于土壤处理。近饮水源地区不要使用，以免污染水质。南方要注意污染问题。花卉线虫病防治中较常使用。该药可用于检疫处理。

（4）福气多（噻唑磷，Fosthiazate）

生物活性：一种内吸传导型杀线虫剂。在植物中有很好的传导作用，能有效防治线虫侵入植物体内，对已侵入植物体内的线虫也能有效杀死。同时对地上部的害虫，如对蚜虫，叶螨，蓟马等也有兼治效果。杀线虫持效期长，一年生作物2～3个月，多年生作物4～6个月。毒性相对较低，已在黄瓜、番茄上登记使用。

剂型：10%颗粒剂。

使用方法：全面土壤混合施药（对防治线虫最有效）。也可畦面施药及开沟施药。在作物定植前（定植当天），按1 kg～2 kg /亩的用量，将药剂均匀撒于土壤表面，再用旋耕机或手工工具将药剂和土壤充分混合。药剂和土壤混合深度需20厘米。该药可用于检疫处理。注意药害问题。

（5）克线丹（硫线磷，Sebufos，Rugby）

化学名：S，S–二仲丁基–O–乙基二硫代磷酸酯。

生物活性：有机磷类触杀性杀线杀虫剂，在作物内残留少。高毒，鼠LD_{50}为24 mg/kg。低温使用容易产生药害。

剂型：10 %颗粒剂；5 %水悬浮剂。使用方法：一般在播种时或作物生长期施用，可以沟施、穴施或撒施。用于多种作物线虫。3 kg/亩。该药可用于检疫处理。

（6）棉隆（必速灭，Basamid）

化学名：四氢–3，5–二甲基–1，3，5–噻二唑–2–硫酮。

生物活性：是一种低毒的熏蒸性杀菌和杀线虫剂，还可兼治地下害虫和杂草。杀线虫作用全面而又持久，并能与肥料混用。该药不会在植物体内残留。

剂型：98%～100%微粒剂。使用方法：可用于温室、苗床、育苗室、混合肥料、盆栽植物基质及大田等土壤处理。花生、蔬菜的用药量：砂质土4 900 g～5880 g有效成分/亩，黏质土5 880 g～6 860 g有效成分/亩，撒施或沟施，深度20 cm，施后立即覆土，有条件时洒水封闭或覆盖薄膜，过几天松土通气，然后播种。注意间隔期。可用于基质处理。

（7）线克（维巴姆，保丰收，硫威钠）

生物活性：毒性属低毒。

具有熏蒸作用的二硫代氨基甲酸酯类杀线虫剂。在土壤中降解成异硫氰酸甲酯发挥熏蒸作用，还有杀菌及除草功能。

剂型：35%水剂，常用于检疫处理。

（8）阿维菌素（爱福丁，Avermectins）

化学成分：十六元大环内酯化合物，由链霉菌中灰色链霉菌（*Streptomyces griseus*）发酵产生。

生物活性：具触杀和胃毒作用，无内吸性，但有较强的渗透作用，持效期较长。

剂型：1.8%乳油，0.5%颗粒剂。

使用方法：浇灌根围土壤，可用于检疫处理。

第二节　脱毒处理

植物在生长繁殖的过程中经常会遭受病毒、类病毒的危害，尤其是在植物的无性繁殖过程中。病毒、类病毒的侵染会严重影响植物的生长发育，脱毒处理是一种较好的祛除植物体内病毒、类病毒的办法，本节简要介绍了脱毒处理的概念和常用的脱毒处理方法。

一、概述

植物病毒主要由RNA或DNA和蛋白质外壳构成，是一种具有侵染性的体积极小的生物类群，也是仅次于真菌的重要病原物。类病毒是比已知病毒都小的能在宿主细胞内自主复制的病原体之一。类病毒与病毒不同的是，类病毒没有蛋白质外壳，为共价闭合的单链RNA分子，呈棒状结构，由一些碱基配对的双链区和不配对的单链环状区相间排列而成。植物病毒病、类病毒病是作物的重要病害种类之一，侵入植物体内的病毒、类病毒，通过改变细胞的代谢途径，使植物正常的生理机能受到干扰和破坏，出现花叶、黄化等症状，甚至导致植株死亡，但也会有很多植物在被侵染后不表现任何可见症状。从第一个植物病毒——烟草花叶病毒（Tobacco mosaic virus，TMV）发现至今，已发现的植物病毒种类达近千种，已经报道的类病毒有30多种，由此给世界各地带来重大经济损失。据统计，全世界仅粮食作物每年因病毒病导致的损失高达200亿美元，经济作物因病毒病造成的损失每年高达600亿美元。常见的病毒有烟草花叶病毒、番茄斑萎病毒（Tomato spotted wilt Birus，TSWV）、番茄黄花曲叶病毒（Tomato yellow leaf curl virus，TYLCV）、黄瓜花叶病毒（Cucumber mosaic virus，CMV）和马铃薯Y病毒（Potato virus Y，PVY）等。植物中病毒、类病毒的存在会减少作物的产量，更会导致品种退化、抗性降低、品质变劣甚至导致植株死亡。植物病毒、类病毒的传播途径相似，主要都是通过带毒材料的无性繁殖、机械摩擦、带毒种子或花粉以及昆虫媒介等方式进行传播。带毒材料的无性繁殖是造成两类病害流行的最主要方式，一旦母体材料被感染，短时间内就能大规模扩散。因此，为了提高产量，促进活体植物材料的国际交换，根除病毒、类病毒和其他病原菌是非常必要的。虽然通过杀细菌和杀真菌的药物处理，可以治愈受细菌和真菌侵染的植物，但现在还没有什么药物处理可以治愈受病毒、类病毒侵染的植物。例如，已知草莓能感染62种病毒和类菌质体，因而每年都必须更新母株。据报道当以特定的无毒植株取代了被病毒侵染的母株之后，产量最多可增加300%（平均为30%）。

由于大部分病毒、类病毒都不是通过种子传播的，因此，若是使用未受侵染个体的种子进行繁殖，就有可能得到无毒植抹。但在园艺和造林业中，品种的无性繁殖十分重要，而这一般都是通过营养繁殖实现的。如果在一个品种中，并非全部母体都受到了侵染，那么只要选出一个或几个无病株进行营养繁殖，也有可能建立起无病的核心原种。但是，若一个无性系的整个群体都已经受到侵染，获得无病植株的唯一办法，就是从该植株的营养体部分把病原菌消除，并由这些组织中再生出完整的植株。一旦获得了一个不带病原菌的植株，就可在不致受到重新侵染的条件下，对它进行营养繁殖。

所谓脱毒，就是通过物理或者化学方法人为地将植物体内的病毒、类病毒进行抑制、限制或去除，最终获得无毒植株的过程。由于植物感染的病毒、类病毒可能不止一种，而人为进行脱毒处理后的植株，并不是完全无毒，而是有针对性地将某些特定的病毒、类病毒除去。植物病毒、类病毒脱毒处理的方法类似，主要有热处理法、茎尖培养法、化学处理法和低温处理法等。

二、常用的脱毒方法

（一）热处理脱毒

热处理又称温治疗法（Chemotherapy），其原理是当植物组织处于高于正常温度的环境中时，组织内部的病毒受热之后部分或全部钝化，但寄主植物的组织很少或不会受到伤害。Kassanis解释感染植物体内病毒的含量，反映了病毒颗粒生成和破坏的程度。在高温下，不能生成或生成病毒很少，而破坏却日趋严重，抑制病毒含量不断降低，这样持续一段时间，病毒自行消灭，从而达到脱毒的目的。

热处理可通过热水或热空气进行。热水浸泡处理对休眠芽效果较好；热空气处理对活跃生长的茎尖效果较好，既能消除病毒，又能使寄主植物有较高的存活机会。

1. 热水浸泡处理

适用于休眠器官、剪下的接穗或种植的材料，在50 ℃左右的温水中浸泡10 min至数小时，方法简便易行，但易使材料受伤。

2. 热空气处理

热空气处理对生长活跃的茎尖效果较好，将生长的盆栽植株移入一个热疗室中，一般在35 ℃～40 ℃下处理一定时间即可；处理时间的长短，可由几分钟到数周不等，因植物而异。Baker和Kinnaman把麝香石竹植株在38 ℃下连续处理两个月，从而消除了茎尖内的所有病毒。但是对于马铃薯而言则需要在35 ℃下处理几个月才能获得无病毒苗。应用热空气处理带毒草莓母株，可获得较好的效果，通常采用37 ℃～38 ℃恒温或35 ℃～38 ℃变温处理，其中，变温处理可有效减少热处理中植株的死亡现象。热处理中相对湿度保持在70%～80%，光照5 000 Lx（勒克斯），一昼夜16 h光照，处理后取其匍匐茎繁殖后代。

热处理时，最初几天空气温度应逐步增高，直到达到要求的温度为止。例如，将感染了退绿叶斑病毒（Chlorotic leaf spot virus；CLSV）的桃树品种"白凤"，放到32 ℃的人工气候箱中预处理一周，再在37℃下处理四周，然后切取梢顶端1 cm，嫁接到健株上，可以脱去CLSV。中国农科院柑橘所和福建省农科院果树所，通过热力处理，采用微芽嫁接法，获得了脱除柑橘黄龙病、裂皮病和衰退病的健康柑橘植株。

热处理脱毒方法具有操作简单、对设备要求不高的特点，但也有明显的缺陷。一方面是周期长，另一方面是并非所有的病毒都对热处理敏感。例如马铃薯中，应用这项技术只能消除卷叶病毒。一般来说，对于球状病毒和类似纹状的病毒以及类菌质体所导致的病害，热处理是有效的，对杆状病毒则无效。延长寄主植物的热处理时间可能会钝化植物组织中的抗性因子，从而增加无效植株的发生率，降低处理效果。此外，单独应用热处理方法还存在脱毒不完全和植株存活率低的问题。因此热处理方法多与其他方法配合应用，才可获得良好的效果。

（二）茎尖培养脱毒

和热处理脱毒相比，茎尖培养具有更广泛的适用性，脱毒率也较热处理高。很多不能由单独的热处理消除的病毒，可以通过茎尖培养和热处理相结合，或单独的茎尖培养消除。因而，茎尖培养已成为消除病毒的一个很常用的手段。

1. 茎尖培养脱毒原理

病毒在植物体内的传播有两种方式，一种是通过胞间连丝传播，速度较慢；另一种是随着营养物质流在维管束系统传播，速度较快。研究表明，感染病毒植株的体内病毒的分布并不均匀，病毒的数量随植株部位及年龄而异，越靠近茎顶端区域的病毒感染深度越低，在代谢活跃的茎尖分生组织和生长点（约0.1 mm～1.0 mm区域）则几乎不含或含病毒很少，原因在于茎尖分生组织中的细胞分裂速度很快，超过病毒粒子的复制速度，使病毒粒子在复制过程中得不到营养而受到抑制。另外由于分生组织中某些高浓度的激素抑制了病毒。此外还因为分生区域内维管束尚未形成，病毒只能通过胞间连丝传递，赶不上细胞不断分裂和活跃的生长速度。通过对茎尖（带有1～2个叶原基，小于0.2 mm）组培苗进行病毒检测未发现带有病毒，而大于0.2 mm的茎尖却常能检测出病毒。这点便成为茎尖脱毒组培繁殖无病毒株的重要依据。从植株上切取茎尖越小越好，但太小不易成活，过大又不能保证完全除去病毒。

茎尖培养脱毒效果好，后代稳定，所以是获得无病毒苗最重要的一个途径。目前已经被广泛应用在草莓、大蒜、人参果、甘薯、马铃薯、枣树以及花卉等无毒苗培育之中。

2. 培养基

正确选择培养基，可以显著提高获得完整植株的成功率。一般以White、Morel和MS培养基作为基本培养基，尤其是提高钾盐和铵盐的含量会有利于茎尖的生长。

3. 茎尖培养方法

需要一台8倍～40倍的解剖镜、解剖刀和进行植物组织无菌培养的一般工具。剥离茎尖时，应尽快接种，茎尖暴露的时间应当越短越好，以防止茎尖变干，可在一个衬有无菌湿滤纸的培养皿内进行操作，有助于防止茎尖变干。

在切取外植体之前，须对茎芽进行表面消毒。消毒时一般先将茎芽用清水冲洗干净，用70%酒精浸泡8 s～12 s，再用2%的次氯酸钠消毒5 min～15 min，用无菌水冲洗4次～5次。剖取茎尖时，解剖针要常蘸入90%酒精，并用火焰消毒，但要注意蘸无菌水冷却，用解剖刀切取0.1 mm～0.8 mm茎尖组织（至少带1个叶原基以提高成活率），将其接到培养基上，接种时确保微茎尖不与其他物体接触，只用解剖针接种即可。

将接种好的茎尖置于22 ℃左右的温度下，每天以16 h、2000 Lx～3000 Lx的光照条件下培养。较高的温度和重组的日照时间有助于茎尖生长，微茎尖需数月培养才能成功。期间应该适时转换培养基以保证茎尖苗能健壮成长及早成苗，转换培养基的时间一般在接种后的15 d～20 d。

4. 热处理和茎尖组培相结合脱除病毒

对于单纯用茎尖培养难以脱除的病毒，可以先进行热处理，先使植株茎尖无毒化，再采用茎尖组织培养方法，可有效地脱除病毒。其中热处理时间的长短以及新芽的伸长量对脱毒的效果有较大的影响，一般情况下，如果切取的茎尖较小，则热处理的时间可以缩短，反之，热处理的时间应适当加长。具体情况应根据植物种类和病毒种类而定，这种方法在生产中已广泛应用，并已经取得了显著的效益。如：生姜预先在36 ℃～38 ℃条件下处理4周～8周后，再剥取带1个～2个叶原基的芽尖进行培养，可有效地脱除烟草花叶病毒（Tobacco mosaic virus，TMV）和黄瓜花叶病毒（Cucumber mosaic virus，CMV）；推荐大蒜在33 ℃～37 ℃下处理4周，脱毒率提高22%～25%；感染了马铃薯X病毒（Potato virus X，PVX）和马铃薯S病毒（Potato virus S，PVS）的马铃薯块茎在32 ℃～35 ℃条件下处理3周～13周，试管苗脱毒率提高33%（PVX）～83%（PVS）；感染了凹茎病毒（Stem grooving virus，SGV）的苹果植株，先放到30 ℃下预处理2周～4周，然后切取0.8 mm～1 mm的茎尖进行组织培养，能有效地脱去SGV。

5. 利用病毒抑制剂和茎尖组培相结合脱除病毒

利用病毒抑制剂和茎尖组培相结合脱除病毒的原理是利用病毒抑制剂对病毒的抑制作用和茎尖培养技术，在培养基中加入一定量的病毒抑制剂，将茎尖中的病毒抑制，使新培养出的新芽无毒，再取新生长的芽尖在同一种培养基中继续培养，从而获得无毒试管苗。常用的病毒抑制剂有建兴孔雀绿、2，4-D和三氮唑核苷等。三氮唑核苷对黄瓜花叶病毒（CMV）、马铃薯X病毒（PVX）和烟草花叶病毒（TMV）等多种病毒的增殖有抑制作用。用添加三氮唑核苷等的培养基培养马铃薯茎尖，可有效地脱去PVX和PVS，用同样的方法，也可脱去苹果上的退绿叶斑病毒（CLSV）和凹茎病毒（SGV）。由于不同植物对病毒抑制剂的反应不同，该法不常用于生产，而主要用于名、优、特种质资源的脱毒。

（三）化学处理脱毒

化学脱毒法是选用一些抗病毒药剂，通过将这些药剂加入培养基中去除病毒，可显著提高无病毒植株的概率。其作用机理主要有竞争寄主细胞表面受体、阻碍病毒穿入脱壳、阻碍病毒生物合成和提高寄主抗病能力4种方式。

许多化学药品（包括嘌呤、嘧啶类似物、氨基酸和抗菌素等）对立体组织和原生质体具有脱毒效果。常用的病毒化学药物有三氮唑核苷（病毒唑）、5-二氢尿嘧啶（DHT）、双乙酰-氢-5-氮尿嘧啶（DA-DHT）、8-氮鸟嘌呤、2-硫脲嘧啶、放线菌素、庆大霉素、碱性孔雀绿及环乙酰胺等，其中病毒唑是广谱性的抗病毒药物。采用化学脱毒方法，较容易脱除多种病毒，并且这种方法对取材要求不严，接种茎尖长度可大于1mm，易于分化出苗，提高存活率。刘卫平等通过加抗病毒药剂成功地脱除PVX。谢嘉华等研究表明，病毒唑对CMV、PVX、TMV等多种病毒的增殖有抑制作用，最终提高脱毒苗的产量。不同的抗病毒药剂所达到的脱毒效果不同。Sharmas等采用化学脱毒与茎尖培养法脱除柑橘环斑病毒（Citrus ringspot virus，ICRSV），结果发现25 mg/L的病毒唑脱毒率为37%，25 mg/L无环鸟苷（ACV）的脱毒率为20.8%，叠氮胸苷和DHT对 ICRSV无脱毒效果。病毒脱除效果与抗病毒药剂处理时间有关，20 mg/L病毒醚处理时间由30 d延长至40 d后进行超低温处理“丰水”和“美人酥”的ASGV脱除率分别由84.6%和60%提高至90%和80%。

化学脱毒法使用方便，操作简单，适用于病毒的大面积防治，对于病毒的复合侵染有明显的抑制作用，可以同时去除多种病毒。但是化学试剂可能会对环境造成危害。

（四）低温疗法脱毒

低温疗法脱毒技术是以超低温保存和植物组织培养为基础的一种新兴的植物病毒脱毒方法，其原理是基于超低温保存对细胞的选择性破坏的原理，结合组织培养和病毒检测技术达到脱毒的目的。超低温保存是指在–80 ℃以下的超低温保存种质资源的一整套生物技术。常用的冷源有干冰（–79 ℃）、深冷冰箱、液氮（–196 ℃）及液氮蒸汽相（–140 ℃），现在常用液氮做冷源。超低温保存的原理是在超低温条件下，细胞的全部代谢活动近乎完全停止，大大减慢甚至终止代谢和衰老过程，保持生物材料的稳定性，减少遗传变异的发生，达到长期保存的目的。超低温保存与茎尖培养相结合是植物脱毒和保存茎尖的一种方法，含有病毒的顶端细胞的液泡较大，胞液中含有的水分也较多，在超低温保存过程中茎尖细胞易被形成的冰晶破坏致死，而增殖速度较快的分生组织含的水分少，胞质浓，抗冻性强，不易被冻死。这样经过超低温处理过的植株再生后可能是无病毒的。

该方法不受茎尖大小的限制，具有操作简单、实验周期短、成本低、脱毒率高等优点。不足之处一是不同品种种间差异大，针对不同品种需要分别建立超低温脱毒体系；二是处理后得到的茎尖成活率低。

（五）其他脱毒方法

1. 微芽嫁接脱毒

对于木本植物，由于茎尖难以生根成植株，可将实生苗砧木在人工培养基上种植培育，再从成年无病树枝上切取0.4 mm ~ 1.0 mm茎尖，在砧木上进行微体嫁接，以获得无病毒幼苗。微芽嫁接解决了某些木本植物茎尖培养发根困难、生长缓慢的问题，并且可使符合侵染的病毒分离，至今李属的桃、杏、樱桃利用该技术都获得了脱毒苗。一般认为大多数植物种子不带病毒，可直接采用试管播种苗作为微芽嫁接的砧木，但有的病毒通过种子和花粉传染，砧木必须进行脱毒处理。茎尖大小、病毒种类和接穗来源影响微芽嫁接成活率和脱毒率，茎尖越大嫁接成活率越高，但脱毒率越低。茎尖大小对微芽嫁接成活率和脱毒率的影响同于茎尖培养。

2. 花约培养法

花约培养法在草莓脱毒中能取得很好的效果，方法是采集草莓现蕾后长到4 mm ~ 6 mm大小的单核靠边期花蕾，在无菌条件下，经过消毒后剥取花药进行培养，诱导产生愈伤组织，再由愈伤组织形成不定芽，最后分化出带有茎叶的独立个体。花药培养的优点是从愈伤组织形成到分化出茎叶过程中，可以脱除病毒，且脱毒率较高。此方法可以在病毒种类不清和缺乏指示植物鉴定条件下培育无毒苗。

需要注意的是，无论采用哪种脱毒方法生产的苗木，在进行组织培养之前都要经过检测，以确定脱毒方法和所取茎尖的大小，确保脱毒效果。

三、脱毒技术的应用

自从1952年法国人莫勒尔（Morel）经过大丽花茎尖组织培养获得第一株脱毒苗

以来，经过几十年的发展，目前发达国家如荷兰、法国、美国、英国和日本都有了成熟的脱毒研究和推广应用体系。脱毒品种的数量和种植面积逐年增大，如日本脱毒种苗已在50多个植物种类上得到应用，脱毒草莓的种植面积达到草莓种植面积的80%以上。在农艺技术较先进的荷兰和美国等国家，脱毒技术已在100多种植物上得到推广应用。荷兰的马铃薯脱毒已进行较大规模的工厂化和产业化应用。我国从20世纪70年代中期首先开展了马铃薯茎尖的脱毒研究和推广工作。现在，脱毒马铃薯、甘薯已经有了一定的应用面积。我国在脱毒种苗的研究与推广上，已经取得了一批比较成熟的科研成果，并在生产上得到了一定的推广应用，如马铃薯、甘薯、林木、花卉、草莓、大蒜、生姜和珍贵中药材等脱毒种苗的推广均取得了巨大的经济效益和社会效益。

覃兰英等1988年将草莓在35 ℃下处理7 d后，逐步升温至38 ℃，在湿度40%～60%、光照4 000 Lx～5 000 Lx条件下热处理35 d后，将长出的新茎茎尖进行组培，可获得100%的脱毒苗。高庆玉1993年研究发现，取3 mm长的茎尖培养成苗，用38 ℃处理2周后再切取1 mm的茎尖培养，成活率和无毒率均较高。于丽杰1995年取0.2 mm～0.3 mm茎尖培养成苗后，将组培苗用38 ℃处理28 d～30 d，脱毒率达到72.7%～95.5%。高山林1999年将茎尖进行短时高温处理，然后切取0.2 mm～0.3 mm长的茎尖培养，脱毒率100%。何欢乐2005年将草莓匍匐茎苗置于35 ℃～50 ℃水浴4h，然后切取0.5 mm茎尖进行培养，脱毒率也达100%，成活率达47.37%。

马铁山等2006年改良了马铃薯脱毒微型种薯的工厂化繁育技术。使用改进后的培养基：KNO_3 1 025 mg/L、KH_2PO_4 350 mg/L、$(NH_4)_2SO_4$ 170 mg/L、$MgSO_4·7H_20$ 470 mg/L、$CaC1_2$ 80 mg/L、吲哚乙酸（IAA）5和萘乙酸（NAA）3。当脱毒苗长到10cm左右，叶片4片～7片时开始繁切。扦插深度1cm左右，腋芽不埋入基质，这样可以加速繁殖脱毒苗。待基础苗繁殖到一定数量时，可繁殖生产苗。生产苗放入培养室内，温度保持在21 ℃～28 ℃，光照12 h～18 h，光强2 000 Lx～3 000 Lx。试管苗每间隔20 d转切一次，扩繁4倍～5倍，每年实际继代8次～10次。这样，一株苗一年扩繁后可达到65 536株。然后将试管苗载于有防虫网室的苗床上作为基础苗，采取剪顶或剪段扦插扩繁，平均7 d～8 d减苗扦插一次，扩繁速度快，成苗率高达95%，而且植株生长良好，降低了成本。

海燕等2006年找到了获得脱毒大蒜的办法，他们取通过春化、无病无霉变的大蒜瓣放入加有洗洁精的自来水中浸泡10 min，然后用自来水冲净，在超净台上将大蒜瓣横切成2段，将茎尖的1段放入5%的次氯酸钠溶液中浸泡20 min，后用无菌水冲洗3次～5次。剥取0.2 mm的茎尖，接入诱导培养基，置于1 500 Lx～2 500 Lx的光照条件下培养，光照时间为10 h/d，温度为25 ℃。该方法可有效脱去大蒜病毒，回复其种性。

陈洪明等2017年比较了热处理、茎尖嫁接、热处理+茎尖嫁接等3种不同的脱毒方法对优力克柠檬枝条上柑橘黄脉病毒（Citrus yellow vein clearing virus，CYVCV）的脱毒效果。结果表明，单纯热处理不能脱除CYVCV；单纯茎尖嫁接脱毒效果较差，脱毒率只有16.7%；热处理+茎尖嫁接方法的脱毒率高达75%。推荐今后可采用热处理+茎尖嫁接的方法来脱除柑橘黄脉病毒。

迄今为止，关于低温疗法的报道相对较少。1997年，Brison M等人用超低温保存结合茎尖离体培养，成功地去除了李树根状茎上的李痘病毒（Plum pox virus，PPV），脱毒率达到50%，比单纯茎尖培养的20%脱毒率高了2倍多，开创了低温疗法。随后，Helliot B等人用低温疗法成功地去除了黄瓜花叶病毒（CMV）和香蕉条斑病毒（Banana streak virus，BSV），去除率分别为30%和90%。近来，Wang Q等人用包埋—玻璃化法成功地去除了葡萄病毒A（Grapevine virus A，GVA），成功率高达97%，而单独的分生组织培养脱毒率仅为12 %。在国内，近几年应用低温疗法进行植物脱毒的研究逐渐增多。戴军等将太子参茎尖超低温处理1h后进行增殖培养，脱毒率可达90%以上。蔡斌华等利用此法成功脱除草莓轻型黄边病毒（Strawberry mild yellow edge virus，SMYEV）。曹庆等剥取较大感染柑橘裂皮病的柑橘茎尖（2.0 mm ~ 2.5 mm）进行玻璃化超低温保存处理，脱毒率也能达到88.2%。在百合脱毒方面，钟海丰等比较了几种脱毒方法，认为应用4 ℃冷藏处理百合种球结合茎尖培养的脱毒方法，脱毒效果最好，出芽率达到62.7%，脱毒率达到88.7%。张惠华对东方百合品种“Sorbonne”在2 ℃ ~ 4 ℃的冷库休眠84 d、15 ℃室内催芽7 d后，再综合热处理、茎尖培养和病毒抑制剂等手段脱毒，发现此法脱毒效果最好。靳慧洁首次研究了东方百合茎尖超低温处理脱毒技术，结果表明培养20 d左右的百合苗，经液氮24h处理和40 ℃水浴化冻后，剥取0.5 mm ~ 0.8 mm茎尖的成活率和脱毒率较高，适合在大规模生产脱毒苗中应用。2016年，盛宏亚等以携带草莓斑驳病毒（Strawberry mottle virus，SMOV）的“红颜”草莓为材料，通过对玻璃化超低温脱毒技术中各程序的优化，建立适合“红颜”草莓的茎尖玻璃化超低温脱毒体系。结果表明：1 mm ~ 2 mm的茎尖在0.5 mol/L蔗糖的预培养基预培养3 d ~ 7 d，室温装载处理60 min，0℃玻璃化处理180 min，液氮冷冻60min，40℃解冻2 min，高糖溶液卸载20 min后接种到MS + 2.0 mg/L 6-BA再生培养基上，成活率可达70%以上。再生培养60 d后，随机选取20株再生植株，利用RT-PCR技术检测草莓斑驳病毒的脱毒效果，脱毒率为100%。利用该体系可以克服传统茎尖脱毒受茎尖大小的限制（0.1 mm ~ 0.3 mm），并有效脱除草莓斑驳病毒。2017年陈英等以红颜草莓品种为材料，采用无菌瓶苗经冰点低温处理结合茎尖剥离脱毒的方式，结果表明采用-1 ℃低温处理结合茎尖剥离长度由0.3 mm增加到0.5 mm，诱导分化苗的成活率由23.0%大幅度提高到39.6% ~ 60.0%，对草莓皱缩病毒（Strawberry crinkle virus，SCV）、草莓斑驳病毒（SMoV）、草莓轻型黄边病毒（SMYEV）和草莓镶脉病毒（Strawberry vein band virus，SVBV）4种病毒的脱除率达到100%。

低温疗法脱除植物病毒不但避免了切取茎尖过程的操作困难，免除了在切取分生组织时由于时间过长和多酚的氧化而导致的茎尖黑化问题，而且脱毒率高，具有传统方法无可比拟的优点。研究表明，对茎尖进行超低温保存是脱除植物病毒的一种简单、快速而有效的方法，是植物脱毒的一种新途径。随着理论和技术的不断发展和完善，低温疗法在植物病毒防治方面将发挥重要作用。但这项技术的发展历史还很短，成功案例还很少，许多问题如具体材料适用的低温处理方法、低温引起的遗传和表观遗传现象等，尚需进一步研究。更多的植物材料在低温疗法下的脱毒效果将是今后研究的重点。

第三节　船舶压舱水检疫处理

压舱水（Ballast water）是船舶在必要时，为保证一定的吃水深度或为调整船体平衡，以便航行时安全平稳而泵入舱内，在装货时再排出的水体。从20世纪六七十年代起，世界各国开始关注船舶压舱水造成外来海洋生物传入引起的问题。这些问题主要包括引起人类传染病和寄生虫病、对本地生物的生态学影响以及造成的环境污染。由船舶排放压舱水所造成的地理性隔离水体间有害生物的传播，已被全球环境基金会认为是海洋面临的四大威胁之一。《中华人民共和国进出境动植物检疫法》《中华人民共和国国境卫生检疫法》及《国际航行船舶出入境检验检疫管理办法》对船舶压舱水的检疫处理做了明确规定，是一项强制性的检疫措施。

一、压舱水处理技术

压舱水的处理是指为杀灭、清除压舱水和沉积物中的有害生物和病原体，或使其失去繁衍能力而采取的机械、物理、化学或生物的方法。目前，世界上已研究出机械法、物理法、化学法等三大类二十多种处理方法，研究较多的是通过化学方法处理压舱水，如臭氧、氯化法、电解法等。以下介绍几种常用的压舱水处理方法及其应用。

（一）机械法

1. 过滤法。过滤可以直接滤去压舱水中的浮游生物。一般来说，采用20 μm的过滤网就能滤去大部分的浮游藻类，但病毒、细菌以及一些原生动物和微型藻个体太小，过滤法无法取得很好的效果。压舱水大部分都是海水，含有很多悬浮物使过滤网堵塞，需要经常对滤网进行反复冲洗，以免影响处理效率。而网目较少的滤网又不能达到处理的效果。因此，过滤法一般作为其他处理方法的预处理。

2. 旋流分离法。利用水流在管路中高速流动产生的分离作用，将液体的水和固体的生物、病原体分离开。这种方法可以除去大多数细胞、动物和植物、卵、幼虫、孢子（包括有害藻类的休眠孢子）和有害病原体。

（二）物理法

1. 加热法。通过加热压舱水达到杀灭有害生物的目的。试验表明，在温度达到35 ℃时大部分藻类在30 min ~ 4.5 h内死亡。常用方法是将压舱水从舱底抽出，通过一个由主机废弃锅炉供热的板式加热器加热到70 ℃再泵回压载舱上部。但加热法不适用于短航线的国际航行船舶，也不适用于过低海水温度海域的船舶，因为要达到所需水温的时间过长。

2. 紫外线法。用紫外线照射压舱水，可以杀灭水中细菌和其他微生物，处理过程不会产生二次污染。但是该方法不能杀灭所有有害生物，如一些抵抗力较强的藻类。当海水浊度较大或紫外灯管被污染时，其效果受到很大影响。

（三）化学法

1. 臭氧法。臭氧（O_3）是一种强氧化剂，在环境中产生氧原子（O），能迅速杀灭压舱水中的微生物和病原体，且不存在二次污染。但由于臭氧处于高度不稳定状态，只能通过臭氧发生设备现场制备，费用较高，投放量不易调节，需要较高的技术能力进行管理和维护。因此，臭氧法并不适用于船舶压舱水处理。

2. 氯化法。利用漂白粉、氯气及其衍生物杀灭压舱水中的微生物。含氯消毒剂能有效杀灭压舱水中各种细菌、病毒、真菌等微生物及藻类、原虫等。实验结果表明，氯浓度在5 mg/L时能杀灭海水中100%的弧菌和85.2%的粪大肠菌群。氯浓度达到20 mg/L时能杀灭海水中几乎所有的细菌。氯化法是比较可行的，也是海关监管部门比较常用的压舱水处理方法。

3. 羟基自由基法。羟基具有较强的氧化能力，能较容易地氧化分解各种有机物和无机物，最终生成物CO_2和H_2O，无任何污染。国内相关专家利用高气压强电场电离气体放电方法制取高比值浓度的羟基溶液，进行了压舱水处理研究试验，取得了良好效果，因此成为治理船舶压舱水有害生物入侵性传播的新方法和新趋势。

二、压舱水消毒处理

（一）处理对象

《国际航行船舶出入境检验检疫管理办法》第二十五条规定，对来自疫区且国家明确规定应当实施相应的卫生除害处理的压舱水需要排放的，应当在排放前实施相应的卫生除害处理。第二十九条明确要求船舶在口岸停留期间，未经检验检疫机构许可，不得擅自排放压舱水。

按照上述法律法规，符合下列条件之一的船舶压舱水应当实施检疫处理：

1.装自霍乱疫区或其他肠道传染病疫区的压舱水，需要在本港或近海排放的；

2.可能传播其他传染病或重大动植物疫病，我国有明文规定的；

3.国家规定的其他需检疫处理的船舶压舱水。

（二）消毒剂

1.消毒剂的选择

目前，我国海关监管机构对船舶压舱水的消毒处理，主要采用含氯消毒剂，压舱水在消毒后即可排放。常用的主要有：

（1）次氯酸钙，又名漂白精，含有效氯80 %～85 %（一般以80%计算用量），具有广谱杀菌作用。

（2）二氯异氰尿酸钠，含有效氯60 %～64.5 %（一般按60%计算用量），性稳定，耐储存。溶解度大，在水中溶解较快，但水溶解稳定性较差。

（3）万福金安消毒片，主要有效成分为：三氯异氰尿酸，有效氯含量为48 %～58 %；每片含有效氯450 mg～500 mg，10片/吨水进行压舱水消毒，作用时间30 min。

2.剂量的计算

试验证明，10 mg/L的加氯量用于海水和受污染不重的江、河、湖水的消毒，可获得0.5 mg/L以上余氯量的消毒效果。根据10 mg/L以上压舱水应需氯量计算消毒药品使用量。压舱水污染严重时，采集压舱水样做需氯量测定，需氯量与余氯量之和为加氯量。

（三）消毒程序

1.消毒准备

压舱水检疫处理部门接到海关监管部门的通知后，初步制定消毒处理工作方案。及时查看船舶入境检疫时签注的消毒事项及船方递交的“压舱水报告单”，了解核实压舱水装载地、载水量及分布情况。消毒处理操作人员二人一组，登轮后在船方人员的协助下，查明压载舱分布、结构、水舱管道系统及各水舱调节情况，循环扩散系统能否使用。

2.选择投药口

根据船舶压载舱结构及压舱水分布，视实际情况选择药品投放口。首选压载舱测量孔，尽可能选择多个测量孔投放药品。压载舱人孔（修理孔）可作为备选投药口。一些船舶货舱兼做压载舱，如一些杂货船底部的深水舱和一些油轮的油舱，其结构较为简单，可自顶部大小舱口直接投放消毒剂。

3.消毒剂配置

根据各压载舱水量和消毒剂需要量及消毒剂有效成分含量计算出各舱投注药品量。固体消毒剂放入水桶中加水溶解配成溶液，经10 min沉淀后取上清液，尚未溶解部分继续加水溶解。液体消毒剂可直接投放使用，较黏稠的可加入适量的水进行稀释。

4. 消毒药投放

将配置好的消毒剂用漏斗缓慢从投药口加入压载舱内。投药后，用清水冲洗投药口1次~2次。

5. 消毒药循环扩散

专用压载舱由于其结构特点（结构式间隔），为加速药物扩散，缩短消毒时间，提高消毒效果，在投药结束后，由船方启动通用泵循环压舱水30 min以上。

6. 效果评价与结果判定

在投药60 min或动力循环30 min后，自压载舱投药口远端采集水样，测定余氯，评价消毒效果。余氯大于0.5 mg/L判定为消毒合格，否则判定为消毒不合格。余氯量不足者，应予延时或再次进行压舱水循环扩散或追加投药，以达到消毒效果。

7. 消毒结束

消毒效果评价合格，整理、清洗消毒器具后离船，并做好消毒工作记录。及时填写压舱水消毒结果单，检疫监管部门签发消毒证书，允许船方排放压舱水。

（四）注意事项

1. 消毒剂应选用官方推荐使用的药品。

2. 固态消毒剂不得直接从测量管投入，必须加水溶解配置成溶液，以防止测量管堵塞和悬液沉淀物硬结舱底。

3. 消毒人员应做好个人防护准备工作，如耐腐蚀工作服、胶鞋、胶手套、防护眼镜、口罩、帽子、肥皂、毛巾及现场急救药品器械。

4. 在进行油轮压舱水消毒处理时，应严格防火。

第四节　生物安全处理

生物安全处理是通过焚毁、化制、掩埋或其他物理、化学、生物学等方法将病害动物尸体和病害动物产品或附属物进行处理，以彻底消灭其所携带的病原体，达到消除病害因素、保障人畜健康安全的目的。生物安全处理主要被用于国家规定的染疫动物及其产品、病死毒死或者死因不明的动物尸体、经检验对人畜健康有危害的动物和病害动物产品、国家规定的其他应该进行生物安全处理的动物和动物产品的处理上。

一、高温生物降解处理技术

高温生物降解处理是指将动物尸体、组织等或其他动植物废弃物放入待定装置内，利用微生物强大分解转化有机物质的能力，通过细菌或其他微生物的酶系活动分解有机物质，高温12 h～48h 内变成生物有机肥料的过程。

（一）高温生物降解处理技术优点

高温生物降解处理是无害化处理最佳的选择，从投入病死动物及其产品到处理结束，不会对环境造成任何污染，是低碳环保的无害化处理方式。与焚烧和深埋处理相比，焚烧需要柴油、废轮胎辅助燃烧，容易对大气造成污染，深埋是将病死动物及产品埋在深达10 m的地下，虽经石灰粉消毒，难免会对土地和地下水源造成污染。高温生物降解处理技术能有效杀灭病原微生物［破碎、降解55 ℃～75 ℃，20 h以内（不同的工艺时间长短不一样），然后升温140 ℃以上，灭菌2 h］，12 h～48 h将动物尸体变为有机肥料，不产生废水和烟气，无异味，降解过程产生的气体经过滤、灭菌排放，处理后产物可用作优质土壤改良剂。

（二）高温生物降解处理设备及工艺流程

1. 高温生物降解处理设备

高温生物降解处理设备包括：降解罐、空气呼吸器、加热设备。

2. 处理形式

高温生物降解处理形式主要包括立式处理系统和连续式（投料）处理系统。图13-1、13-2、13-3为立式降解系统、自动控制可视系统、连续投料式降解系统设备图。

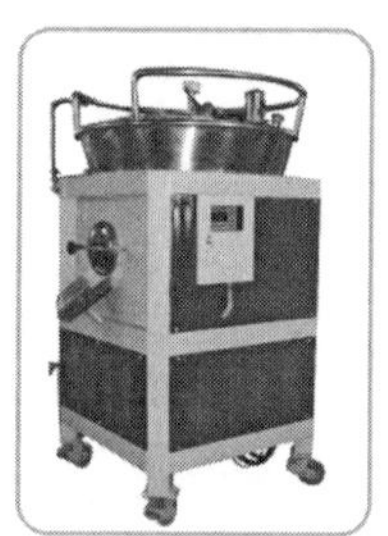
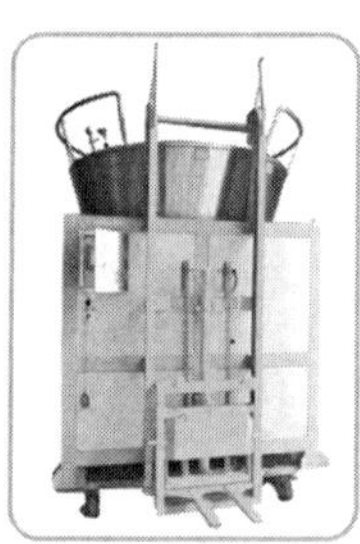
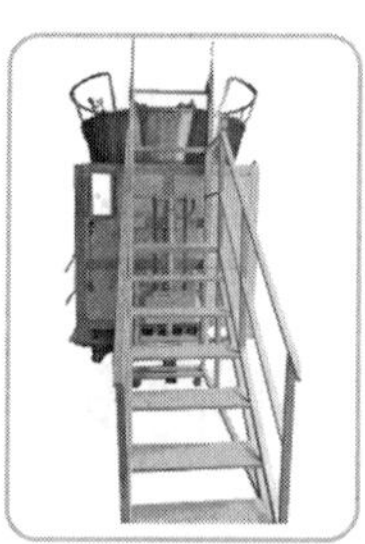
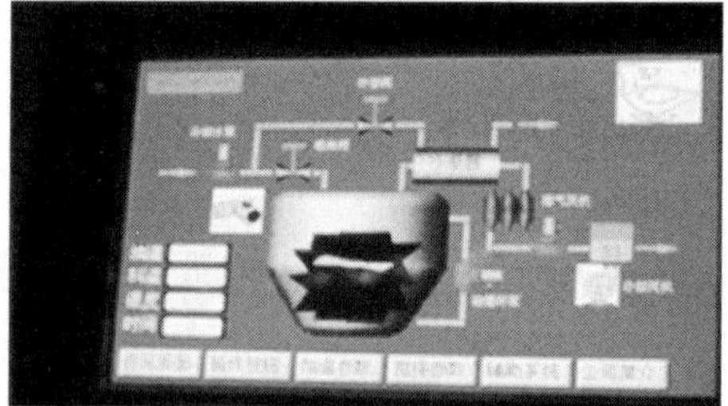

图 13-1　立式降解系统主体设备

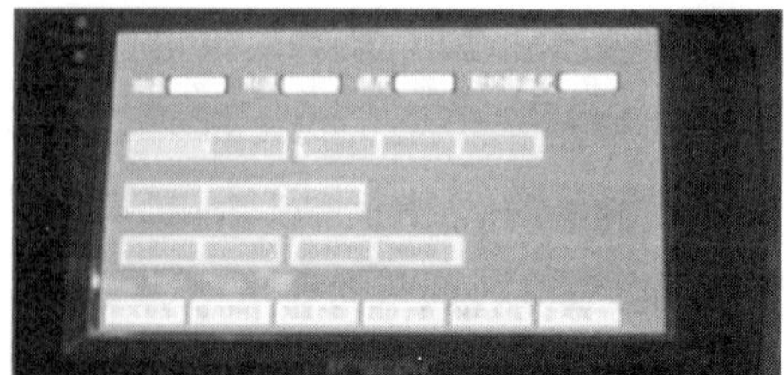

图 13-2　自动控制可视系统主体设备

图 13-3　连续投料式降解系统主体设备

3. 高温生物降解处理工艺流程

图13-4 为工艺流程图。

图 13-4　高温生物降解处理工艺流程图

（1）病死动物尸体及组织（整头动物也不用肢解）通过机器自动上料直接放入处理罐内；

（2）自动上料放入玉米秆、麦秆、麸皮、树叶和树枝等辅助剂；

（3）加入降解剂；

（4）机器自动搅拌、切割，配合发酵处理经过高温（140 ℃ ~ 180 ℃）灭菌和生物酶发酵处理12 h ~ 48 h，最后变成有机肥料。产生气体经过滤、消毒、清洁后排放，符合环保要求；处理完毕后固体肥料可用于土壤改良、施肥。

二、碱水解技术

碱水解技术是在高温和碱性催化剂作用下快速分解的化学反应，将动物尸体、组织水解为骨渣和无菌水溶液的处理过程。

（一）碱水解特点

碱水解处理实际上是化学灭菌和高温灭菌的组合。在高温和碱性催化剂作用下快速分解化学反应的循环来彻底地确保组织无菌液化，仅剩下骨骸。经过一个周期的水解处理：100% 病菌和寄生虫被杀灭；处理后的产品：1. 中性无菌水溶液，可排放或回收利用；2. 固体物骨渣作为可利用能源（肥料、生物燃料或生物燃气）；3. 不向空气中排放任何污染物，不再被污染，可减少至少95% 的体积；4. 减少总共的处理费用，减少运输中的感染风险。

（二）碱水解的应用范围

解剖废弃物：动物研究、畜牧、野生动物；感染性蛋白－包括传染性脑海绵体（Transmissible spongiform encephalopathies，TSE）疾病：疯牛病、慢性消耗性疾病（Chronic wasting disease，CWD）、羊痒病；传染性疾病：炭疽、口蹄疫、禽流感；低辐照生物废弃物；化疗剂：抗肿瘤药物、细胞毒素；含醛固定剂和防腐剂；法医实验室：证据/人类尸体；生化战争因子：细胞、伤寒病原体、真菌、病毒、毒素、有机物重组、分子重组；肉类加工/炼油加工－特定风险材料的处理；用于人类或动物疫苗生产的蛋类废物；非处方药和处方药的处理；肝细胞/DNA/RNA废弃物处理；水生生物。

三、复合处理技术

复合无害化处理技术：为实现无害化处理的“零排放”和处理产物资源化利用，将生物降解和水解处理工艺有机结合的处理技术。

（一）碱水解

1. 水解和灭菌，经100 ℃以上，4 h～6 h变成无菌水溶液和骨渣；

2. 无菌（氨基酸）水溶液，经处理变成生物降解剂（用作生物降解后熟处理的添加剂用）。

（二）生物降解

1. 降解和灭菌，降解6 h～8 h；140 ℃以上，灭菌2 h～3 h（降解和灭菌周期可控制在10 h以内）；

2. 将以上降解灭菌产物，自动转入连续投料式降解熟化处理器（容量为降解器的5倍～7倍），后熟处理5 d～7 d，变为土壤改良剂。

（三）降解和水解过程中副产物处理利用

生物降解和化学水解过程中产生的蒸汽水，回收后用于下一次碱水解处理动物尸体，避免或减少了水的排放；水解最终得到的降解剂菌液，用于降解后熟的添加剂；骨渣，也可放入后熟降解器中，与其他降解物一同变为土壤改良剂。

复合无害化处理技术工艺无二次污染，无须对处理副产物进行再次处理（焚烧产生二噁英等有害气体、化制产生废水，均需再处理），因此、大大降低了投入和处理成本。除具有水解和生物降解的优点外，还实现了零排放和废弃物利用，变废为宝，资源循环利用，缩短了破碎降解灭菌时间，减少了用水和电耗。

四、污水生物降解处理技术

污水生物降解是利用自然界大量微生物氧化有机物的能力，除去污水中的胶体、有机物质。污水中各种有机物被微生物分解后形成低分子的水溶性物质、低分子的气体和无机盐。根据微生物嗜氧性能的不同，将污水处理分为嗜氧处理法和厌氧处理法两类。

（一）嗜氧处理法的基本原理

污水的嗜氧处理法是在有氧的条件下，借助于嗜氧微生物的作用对污水中的有机物进行降解的过程。在此过程中，污水中溶解的有机物质可透过细菌细胞壁，为细菌所吸收。对于一些固体和胶体的有机物，则被一些微生物分泌的黏液所包围，附着于菌体外，再由细菌分泌的胞外酶分解为溶解性物质，渗入细菌细胞内。细菌通过自身的生命活动——氧化、还原、合成等过程，把一部分被吸收的有机物氧化成简单的无机物，释放出细菌生长活动所需要的能量，而把另一部分有机物转化为本身所需的营养质，组成新的原生质，于是细菌逐渐长大、分裂，产生更多的细菌。除了醚类物质外，几乎所有的有机物都能被相应的细菌氧化分解。

污水嗜氧处理法主要有土地灌溉法、生物过滤法、生物转盘法、接触氧化法、活性污泥法及生物氧化塘法等。其中活性污泥系统对有机污水的处理效果较好，应用较广。一般生活污水和工业废水经活性污泥法二级处理均能达到国家规定的排放标准，可减少BOD_5［5日生化需氧量（Biochemical oxygen demand，BOD）］94%～97%，悬浮固体物85%～92%，所得污泥可作农田的肥料。肉类加工企业的污水净化处理，也已广泛采用此法。

活性污泥系统是利用低压浅层曝气池，使空气和含有大量微生物（细菌、原生物、藻类等）的絮状活性污泥与污水密切的接触，加速微生物的吸附、氧化、分解作用，达到去除有机物、净化污水的目的。初次沉淀池排出的污水，与曝气池流向二次沉淀池按比例返回的活性污泥混合，进入曝气池的源头。污水在曝气池内借助机械搅拌器或加压鼓风机，与回流来的活性污泥充分混合，并通过曝气提供微生物进行生物氧化过程所需要的氧，加速对污水中有机物的氧化分解。曝气处理后的混合流出物流入二级沉淀池中沉淀，上层清液经氯化消毒后排出，沉积的剩余污泥则进行浓缩处理。返回到曝气池的活性污泥，由于给污水加入大量的微生物而被活化。

（二）厌氧处理法的基本原则

污水的厌氧处理法是在无氧条件下，借助于厌氧微生物的作用将污水中可溶性或不溶性的有机废物进行生物降解。本法适用于高浓度的有机污水和污泥的处理，一般称为厌氧消化法。污水中的有机物进行厌氧分解，经历酸性发酵和碱性发酵两个阶段。分解初期，微生物活动中的分解产物是有机酸，如脂肪酸、甲酸、乙酸、丙酸、丁酸、戊酸及乳酸等，还有醇、酮、二氧化碳、氨、硫化氢等。此阶段由于有机酸的大量积聚，故称酸性发酵阶段。在分解后期，由于产生的大量氨的中和作用，污水的pH值逐渐上升，加之另一群专性厌氧的甲烷细菌分解有机酸和醇，生成甲烷和二氧化碳，结果使pH值迅速上升，故将这一阶段称为碱性发酵阶段。

用厌氧法处理污水，由于产生硫化氢等有异臭的发挥性物质而发出臭气，加之硫化氢与铁形成硫化铁，使污水呈现黑色。这种方法净化污水需要较长的处理时间（停留约一个月），而且温度低时效果不显著，有机物含量仍较高。所以，目前多数厂家在进行厌氧处理后，再用好氧法进一步处理，才能达到净化污水的目的。

污水厌氧处理法主要有普通厌氧消化法、高速厌氧消化法和厌氧稳定池塘法等。

（三）测定指标

1. 溶解氧（DO）

溶解于水中的氧称为溶解氧（Dissolved oxygen，DO），单位是mg/L。水中溶解氧的含量与空气中氧的分压、大气压以及水的温度都有密切关系。水受污染时，由于有机物被微生物氧化而耗氧，使水中溶解氧逐渐减少；当污染严重时，氧化作用进行得很快，而水体又不能从空气中吸收充足的氧来补充氧的消耗量，水中溶解氧不断减少，甚至会接近于零。这时，厌氧性细菌繁殖起来，有机物发生腐败，使水体发臭。因此，测定水中溶解氧也可作为水被污染程度的标志。我国的河流、湖泊、水库水的溶解氧含量多高于4 mg/L，有的可达6 mg/L ~ 8 mg/L。当水中溶解氧小于3 mg/L ~ 4 mg/L时，鱼类就难以生存。

2. 需氧量（BOD）

生化需氧量（Biochemical oxygen demand，BOD）是指在一定时间和温度下，水体中有机污物受微生物氧化分解时所耗去水体溶解氧的总量，单位是mg/L。国内外现在均以5 d、水温保持20 ℃时的BOD值作为衡量有机物污染的指标，用BOD_5表示。BOD_5数值越高，说明水体有机污物含量越多，污染越严重。污水处理的效果，常用生化需氧量能否有效地降低来判断。清洁水生化需氧量一般小于1 mg/L。

3. 耗氧量（COD）

化学耗氧量（Chemical oxygen demand，COD）是指在一定条件下，用强氧化剂如高锰酸钾或铬酸钾等氧化水中有机污物和一些还原物质（有机物、亚硝酸盐、亚铁盐、硫化物等）所消耗氧的量，单位为毫克每升（mg/L）。COD是测定水体中有机物含量的间接指标，代表水体中可被氧化的有机物和还原性无机物的总量。化学耗氧量的测定方法简便快速，化学耗氧量是水被污染程度的指标之一，但不能完全表示出水被有机物污染的程度，因为有机物的降解主要靠水中微生物的作用。

当用重铬酸钾作氧化剂时，所测得的化学耗氧量用COD_{Cr}表示，而高锰酸钾法则用COD_{Mn}表示。因屠宰污水中污物含量很多，成分复杂，COD_{Cr}比较完全，能够确切地反映污水的污染程度。

4. 悬浮物（SS）

悬浮固体物质（Suspended solid，SS）简称悬浮物，是水中含有的不溶性物质，包括不溶于水的淤泥、黏土、有机物、微生物等细微的悬浮物组成，直径一般大于100 μm。悬浮物能够截断光线，影响水生植物的光合作用，也会阻塞土壤的空隙。我国污水排放标准规定，污水排入地面水体后，下游最近用水点水面，不得出现较明显的油膜和浮沫。悬浮物的最大允许排放浓度为400 mg/L。

五、焚烧

焚烧是通过氧化燃烧，杀灭病原微生物，把动物尸体变为灰渣的过程。处理对象包括一类传染病、二类恶性传染病。焚烧可以分为：

整尸焚烧，不能剖割的病害畜禽尸体整体投入焚烧炉中，启动自燃开关，尸体自燃至完全碳化为止。

肉尸分割焚毁，允许分割的病害肉品分割成15 kg ~ 20 kg的肉块，投入焚烧炉中，启动自燃开关，肉块自燃至完全碳化为止。

脏器焚毁，病害畜禽脏器整体投入焚烧炉中，启动助燃开关，使脏器在助燃状态下燃烧至完全碳化为止。

六、化制

化制是把动物尸体或废弃物在高温高压灭菌处理的基础上，再进一步处理为肥料、肉骨粉、工业用油、胶、皮革等的过程。化制分干化和湿化。

干化：将废弃物放入干化制机内（热蒸汽不直接接触化制的肉尸，而循环于夹层中）化制（干化）主要针对寄生虫病、中毒性疾病、发生肌肉退行性变化的非一类传染病、非恶性传染病、非烈性传染病、自行死亡、死因不明的尸体、内脏。这种方法是利用干化机将原料按产品用途分类，分别投入化制炉中化制。

湿化：高压蒸汽，直接与尸组织接触。高温与高压，可使油脂溶化和蛋白质凝固，杀灭病原体。处理对象包括一类传染病、二类恶性传染病。

七、深埋

本法不适用患有炭疽等芽孢杆菌类疫病，以及牛海绵状脑病、痒病的染疫动物及产品、组织的处理。具体掩埋要求如下：

（一）掩埋地应远离学校、公共场所、居民住宅区、村庄、动物饲养和屠宰场所、饮用水源地、河流等地区。

（二）掩埋前应对需掩埋的病害动物尸体和病害动物产品实施焚烧处理。

（三）掩埋坑底铺2 cm厚生石灰。

（四）掩埋后需将掩埋土夯实。病害动物尸体和病害动物产品上层应距地表1.5 m以上。

（五）焚烧后的病害动物尸体和病害动物产品表面，以及掩埋后的地表环境应使用有效消毒药喷洒消毒。

14

CHAPTER

第十四章

动植物检疫处理设施设备

检疫处理设施设备是实施动植物检疫处理具体操作的基础保障。基础设施配备是否完善和到位，直接影响动植检疫处理工作质量，直接关系到检疫把关的有效性，关系到农业生产安全、生态环境安全和国际贸易健康发展。本章重点介绍了熏蒸处理、消毒处理、冷处理和辐照处理相关设施设备。

第一节 熏蒸处理设施设备

一、常压检疫熏蒸库

（一）选址要求

熏蒸库选址时应避免高压线、水渠和雷击多发地区，尽量选择在避风且与周边环境隔离的地区建设。熏蒸库体积小于300 m^3时，熏蒸库与生活区、办公区的距离不能小于50 m，与生产加工区距离不少于30 m。熏蒸库体积大于300 m^3的，熏蒸库与生活区、办公区和加工区的距离不少于80 m。

（二）库体设计原则

熏蒸库及其附属设施应包括熏蒸库、设备间及操作间。熏蒸库的体积应根据熏蒸处理的货物量确定，多个体积适中的熏蒸库组合使用更为经济。熏蒸库的高度通常不超过3.5 m，长度为宽度的两倍。在满足货物搬运的条件下，熏蒸库门应尽量减小，以保证熏蒸库的气密性。在冬季气温低于10 ℃的地区，熏蒸库四周应增加保温处理设施。如果熏蒸库位于雷击多发地区，熏蒸库建筑区需安装防雷设施。

（三）库体建造原则

熏蒸库墙体可以是砖结构或水泥混凝土结构，但地面必须是增强型混凝土，以承受重压。熏蒸库墙体内壁应设计隔气层，墙面及顶棚可用18 mm厚1∶1.5水泥砂浆抹面，并涂防水性无机高分子平面涂料，或者用聚合物防裂抗渗砂浆抹面。地面用30 mm厚1∶2硬性水泥砂浆（水泥标号用42.5 以上普通硅酸盐水泥）抹面。为保证更好的处理效果，可在硬质水泥表面涂刷环氧树脂类建筑漆，或者用酚醛环氧/乙烯基酯防腐地坪。

（四）熏蒸库气密性要求

检疫熏蒸库要有良好的气密性，使用熏蒸库前应进行气密性测试。采用压力测试法，其库内气体压力从200 kPa衰减到100 kPa的时间应不少于30 s。采用气体保持法测试，投药后24 h检测熏蒸库内熏蒸剂气体的平均浓度，其数值应不小于初始投药剂量的70%。检疫熏蒸库的气密性检测应保证每3个月进行一次。

（五）检疫熏蒸库设备配备

1. 气密性检测设备

在设备间距地面1.5 m左右的位置安装与熏蒸库内相通的内径5 mm的不锈钢管道和与之配套的气密性阀门，在相同高度的合适位置安装玻璃“U”型管压力计。用相同内径的聚乙烯管或其他类似软管与“U”型压力计相连。

2. 循环熏蒸与排放设备

循环熏蒸及排放系统包括循环风机、循环管道、配套阀门和排放管道。在熏蒸库内的出风口，循环管道应设在与熏蒸库门相对应墙体距天花板20 cm左右的位置，回风口则应设在熏蒸库门所在墙体距地50 cm左右的位置。检疫熏蒸库的循环风量大小，应保证熏蒸库内熏蒸剂气体在15 min～30 min内分布均匀，而且在熏蒸结束后保证在15 min～30 min内将熏蒸库内熏蒸气体完全排出熏蒸库。

熏蒸开始时，通过循环风机和循环管道将熏蒸剂送入熏蒸库中，并使其在熏蒸库内分布均匀。熏蒸结束后，同样通过循环风机、循环管道和相应的阀门配合将熏蒸库内残余熏蒸气体进行高空排放。熏蒸剂气体排放管道室外末端高度应高于熏蒸全区距熏蒸库100 m范围内与熏蒸库距离最近的建筑物5 m以上。如果距熏蒸库100 m范围内无其他建筑物，熏蒸库排气管室外高度为5 m。

3. 投药设备

投药系统包括熏蒸剂定量装置和熏蒸剂汽化器。熏蒸剂汽化器应至少能显示熏蒸剂汽化后的气体温度，在投药过程中，熏蒸剂汽化器出口气体温度不得低于20 ℃。

4. 熏蒸剂气体浓度检测设备

熏蒸剂气体浓度检测系统包括管路、阀门和熏蒸剂气体浓度检测仪器。体积在100 m^3以下的熏蒸库，每个库内设两个气体浓度取样点；体积100 m^3～300 m^3的熏蒸库，每个库内设3个气体浓度取样点，第一个取样点在出风口下方距地面1 m左右的位置，第二个取样点在回风口上方1 m左右的位置，第三个取样点设在与熏蒸库门相邻墙体中部距地面1.5 m的位置。熏蒸剂气体浓度检测仪的灵敏度需达到0.1 g/m^3，精确度大于3%。检疫熏蒸处理的熏蒸剂气体浓度检测仪器应每年校准一次。同时，为了保障熏蒸库附近人员的人身安全和熏蒸库区周边生产安全，熏蒸库还需配备熏蒸剂气体低浓度检测仪器或者报警设备，用于熏蒸库设备间、操作间、熏蒸气体泄漏和尾气排放等的低浓度熏蒸剂气体浓度监测。

5. 温控设备

若在低于10 ℃环境中使用溴甲烷熏蒸处理，熏蒸库应安装加温装置，保证熏蒸处理期间熏蒸库内温度保持在10 ℃以上。需要注意的是，熏蒸库内应避免使用明火或表面温度超过400 ℃的加温装置。夏季高温熏蒸处理会影响部分货物的产品质量，必要时应配备制冷控温装置。

熏蒸期间应记录熏蒸库内温度，以作为熏蒸效果评估的依据。当熏蒸库内温度或货物内部温度变化影响熏蒸处理效果时，应设置温度自动记录装置。

6. 安全防护设备

根据需要配备有效的安全防护设备，如滤毒罐式防毒面具或正压式空气呼吸器，用于熏蒸处理安全防护或应急处置。

二、真空熏蒸库

（一）结构

真空熏蒸库通常为焊接的钢结构，用钢筋或其他支撑方法加固库房，要求能够使库房承受抽真空时的不同压力。库门可以安置在真空熏蒸库的一端或两端，可以用铰链安装在侧面或顶端，或快速关闭的特殊机械装置并保持平衡。由于库房熏蒸效果在极大程度上取决于库门的密闭性，所以库门垫圈必须耐用，以确保密封不漏气。所有其他真空熏蒸库开口的密闭度必须满足能够维持规定的真空度超过指定时间。为允许装载过程中的周转，库房设计必须可以满足堆在货盘、垫木或小车上货物的装载，手工装载的小型真空熏蒸库必须配备可移动的地面装置。

（二）真空泵

真空泵必须具有使真空熏蒸库的压力在15 min内降到真空度3.33 kPa ～6.80 kPa（25 mmHg～51 mmHg）或以下的能力。

（三）熏蒸剂导入系统

所需导入系统将根据熏蒸剂的类型和真空熏蒸库的尺寸的不同而有所变化。对于小型熏蒸库或只需导入少量熏蒸剂的熏蒸库，熏蒸剂投药量可以用体积来测量。对于较大的真空熏蒸库或需要导入大量熏蒸剂的熏蒸库，熏蒸剂投药量可以用重量来测定。

对于大多数熏蒸剂，需要汽化单元，确保熏蒸剂以气态形式导入熏蒸库。汽化器放置在库房外面，介于熏蒸剂钢瓶或分配器与真空熏蒸库导入部分之间。如果熏蒸库内要使用一种以上的熏蒸剂，则每一种都必须使用一个独立的汽化器和气体导入管，以降低腐蚀和沉淀物形成的可能性。在真空熏蒸库内部，气体导入系统应包含具有多重有刻度开口的管道系统（管道系统通常沿天花板安装），使熏蒸剂均衡分布于整个熏蒸库。

（四）循环和散气系统

真空熏蒸库内配置循环系统，以保证库内气体能够充分循环。可以配备相适应的循环泵或使用风扇。如果使用风扇，规定的风扇数量取决于真空熏蒸库的设计、体积和装载安排，容量超过28.31 m^3的库房要求最少两台，风扇应面对面（一个高，一个低）放置在库房的两端。较大的真空熏蒸库可能要求额外的风扇，其综合能力应达到每分钟移动相当于三分之一真空熏蒸库体积的空气量。需要注意的是，某些熏蒸剂要求无放电、防爆型的循环系统。

在大多数真空熏蒸库中，真空泵用于移除暴露阶段后的熏蒸剂。空气和熏蒸剂气体混合物通过排气管抽出真空熏蒸库。排气管的实际高度根据真空熏蒸库的位置而变化，应符合环保部门的要求。

（五）附件

真空熏蒸库必须配置一个真空表和一个在使用期间测量和记录真空度保持情况的仪器。温度计必须固定安装在真空熏蒸库中。

（六）性能标准

真空熏蒸库必须满足规定的真空泄漏测试标准。根据表14-1测试列表，可以确定真空库的级别。

表14-1　测试列表

级别	内部真空度（kPa）	真空度损失允许值（kPa）			
		4 h	6 h	16 h	24 h
特级	96.5	—	1.7	—	3.4
A级	96.5	1.7	—	3.4	6.8
B级	96.5	1.7	—	8.5	10.2
C级	88.0	1.7	—	8.5	10.2

此外，所有库房必须符合下列要求：抽真空度至88.0 kPa（659 mmHg），然后把真空度降到17.0 kPa（127 mmHg）并保持4 h，4 h后真空度达到6.8 kPa（55 mmHg）或更高，即被认为合格。

特级或A级库房准予进行所有真空处理。这类库房每年应测试一次。B级库房准予进行所有真空进度表中维持真空度达到并包括94.8 kPa（711 mmHg）的处理。这类库房每半年测试一次。若真空库房用作普通常压库房，亦需通过压力泄漏测试。

第二节　溴甲烷回收设施设备

中国作为《蒙特利尔议定书》的缔约国，一直在积极履行缔约国责任，严格管控QPS用途溴甲烷的生产和使用管理。为减少QPS用途溴甲烷的排放，我国研究并在小范围开展了溴甲烷的减量使用技术应用，主要在进口木材检疫处理区进行溴甲烷循环熏蒸重复利用技术应用。

一、原木处理区循环倒药设备

利用原木处理区熏蒸设施气密性好的特点，对熏蒸结束后熏蒸密闭空间内剩余的溴甲烷实施循环倒药，实现熏蒸库内剩余溴甲烷的重复利用（熏蒸剂气体转移法）。

对于原木等货物，重复利用的溴甲烷在熏蒸处理效果和货物安全方面均不存在任何风险。

表14-2　第一次循环倒药测试结果

检测点	溴甲烷浓度（g/m³）			倒药率（%）
	A库初始	A库倒药后	B库倒药后	
上	45.2	22.2	22.0	48.7
中	44.0	19.0	20.5	46.6
下	44.1	21.7	20.2	45.8
平均	44.4	21.0	20.9	47.0

表14-3　第二次循环倒药测试结果

检测点	溴甲烷浓度（g/m³）			倒药率（%）
	B库初始	B库倒药后	A库倒药后	
上	22	10.1	10.2	46.5
中	20.5	9.3	9.2	44.9
下	20.2	9.6	9.5	47.2
平均	20.9	9.7	9.7	46.2

通过表14–2和表14–3可以看出，溴甲烷在气密性良好的熏蒸库间循环倒药，可实现47%和46.2%的重复利用，有效减少了溴甲烷的使用量。通过在不同气密性的熏蒸设施间开展实验研究，最终得到不同熏蒸库间采用循环倒药方式可以实现30%～40%溴甲烷重复利用。图14–1为大型原木处理区不同熏蒸库间溴甲烷循环倒药工作流程图。

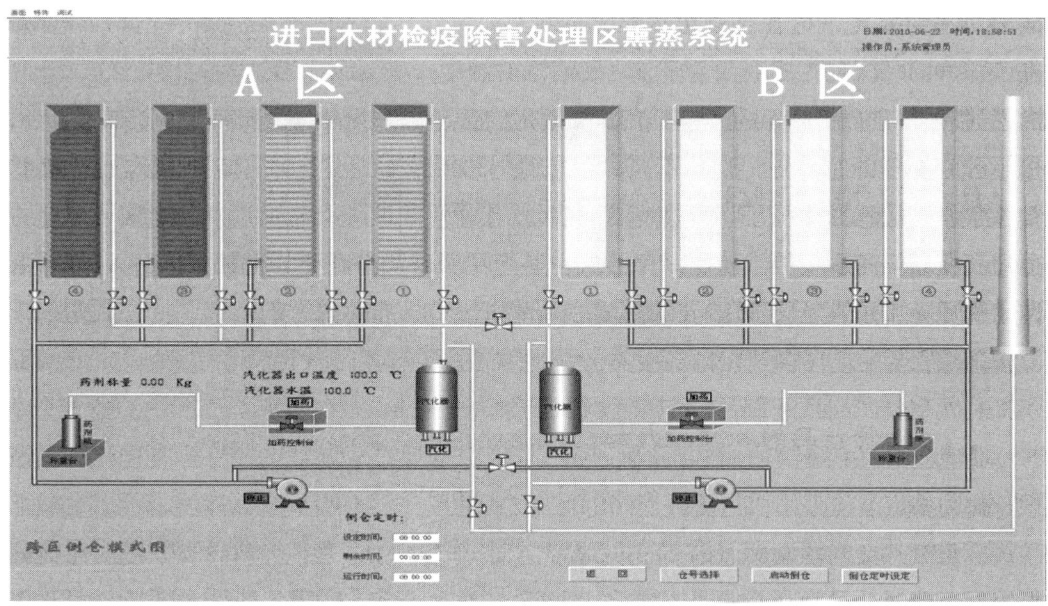

图 14-1 原木处理区循环倒药流程图

二、溴甲烷回收再利用技术研究应用

溴甲烷作为化学性质稳定的有机气体，可以通过多种方式实现回收再利用，有效地减少溴甲烷的排放。目前，溴甲烷回收再利用的主要技术有以中国为代表的碳基质材料的吸附回收技术和以欧美为代表的醇类吸附回收技术。

表 14-4 不同溶液对溴甲烷的吸收率

吸收液浓度	KOH水溶液		KOH乙醇溶液	
	平均吸收率	标准偏差S	平均吸收率	标准偏差S
5%	14.2%	1.4%	40.4%	2.6%
10%	14.6%	2.0%	59.1%	4.1%
15%	16.5%	0.9%	66.4%	2.7%
20%	19.0%	1.7%	68.8%	3.3%

表 14-5 碘离子对吸收效果的影响

碘离子浓度	KOH水溶液		KOH乙醇溶液	
	平均吸收率	标准偏差S	平均吸收率	标准偏差S
0	19.0%	1.7%	68.8%	3.3%
0.2%	26.7%	0.9%	89.9%	3.0%

续表

碘离子浓度	KOH水溶液		KOH乙醇溶液	
	平均吸收率	标准偏差S	平均吸收率	标准偏差S
0.5%	31.1%	1.8%	99.3%	0.5%
1.0%	32.4%	2.7%	99.0%	1.1%
2.0%	31.3%	2.4%	99.5%	0.6%

通过表14-4 和表14-5可以看出，以20%氢氧化钾－乙醇溶液为吸收液，添加0.5%碘离子作催化剂，设定适宜的气体流速和吸收时间，最多可回收98%左右的溴甲烷尾气。

采用醇类等有机溶剂对溴甲烷进行吸收后，难以实现溴甲烷的回收利用，需要统一运送至化工厂进行蒸馏处理，从而实现溴甲烷的回收再利用。此外，还需要专有车辆进行运输，这显著提高了熏蒸公司的成本。

采用碳基质材料回收再利用溴甲烷的方式在我国的大型固定熏蒸处理区得到了较广泛的应用。特别是近年来审批建设的大型固定场所的检疫处理区均配备了颗粒活性炭或活性炭纤维的吸附回收装置，有效减少了熏蒸处理后溴甲烷的排放。

早在1997年美国的TIGG公司就开始了采用活性炭回收再利用溴甲烷的商业开发研究应用，并建造了回收装置。该公司将熏蒸结束后熏蒸库中排放的溴甲烷尾气通过颗粒活性炭的吸附装置循环吸附，直到排放尾气中溴甲烷的浓度低于500×10^{-6}后排放至空气中。吸附饱和的颗粒活性炭采用加热方式热裂解为溴产品的盐类物质，从而实现QPS熏蒸处理溴甲烷的回收。图14-2为美国TIGG公司研发的吸附回收装置工艺流程图。

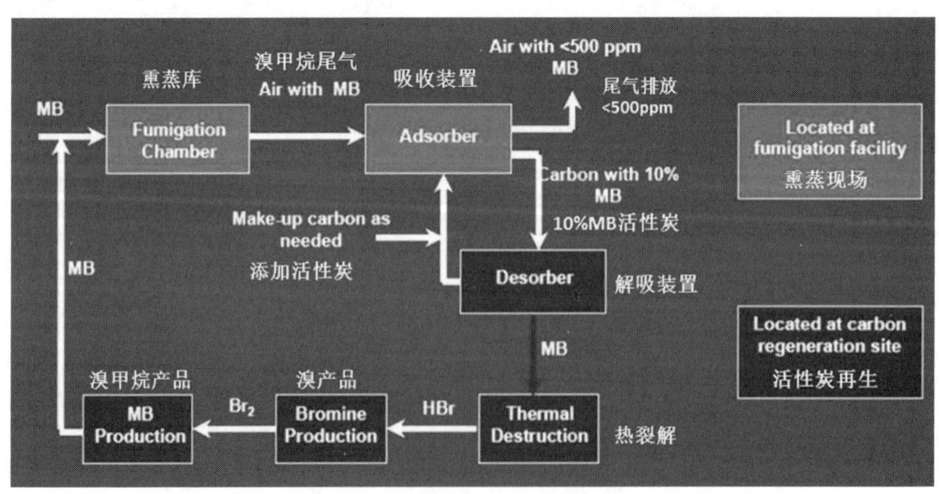

图14-2 美国TIGG公司研发的吸附回收装置工艺流程图

随后，美国Value Recovery公司研发了二程式溴甲烷回收降解系统，采用二程式方式对熏蒸结束后的溴甲烷进行回收再利用，其中第一程为活性炭吸附，第二程为活性炭解吸和溴甲烷降解。采用二程式对熏蒸结束后的溴甲烷进行回收优化了工艺流程，提高了回收效果，但基本工艺与TIGG公司类似。图14-3为美国Value Recovery公司二程式溴甲烷回收降解系统工艺流程图。

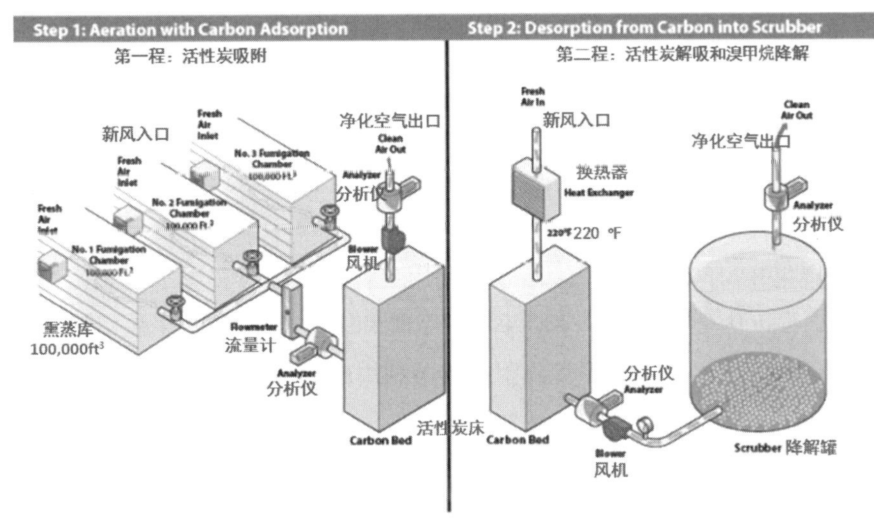

图 14-3 美国 Value Recovery 公司二程式溴甲烷回收降解工艺流程图

随着我国经济的快速发展和对木材等大宗农产品进口需求的逐年递增，我国在解决大宗进口农产品传带有害生物问题的过程中逐渐形成了具有中国特色和自主知识产权的溴甲烷回收再利用技术，并在大型检疫处理区得到了应用。

李小波等进行的室内研究表明，相比颗粒活性炭，采用活性炭纤维回收溴甲烷具有回收率高、解吸效果好、回收再利用成本低等优点。在 25℃下，采用动态吸附法测定了3种活性炭纤维（ACF-1、ACF-2 和 ACF-3）对含溴甲烷气体的吸附性能和回收效果（图14-4），并对活性炭纤维的孔结构进行表征。研究活性炭纤维孔结构、溴甲烷浓度、气体流量、循环使用次数等因素对活性炭纤维吸附溴甲烷性能的影响。结果表明，活性炭纤维表面积大小及 0.4 nm ~ 0.8 nm 左右的微孔数量决定了其溴甲烷吸附性能的优劣；气体中溴甲烷浓度的提高使活性炭纤维对溴甲烷的穿透和饱和吸附量增加，而气体流量的增加则使活性炭纤维对溴甲烷的穿透和饱和吸附量降低，但两者均使穿透和饱和吸附时间缩短；活性炭纤维多次循环使用后，对溴甲烷的吸附容量明显地降低，循环 12 次后达到稳定吸附，其稳定吸附值为133.5 mg/g。

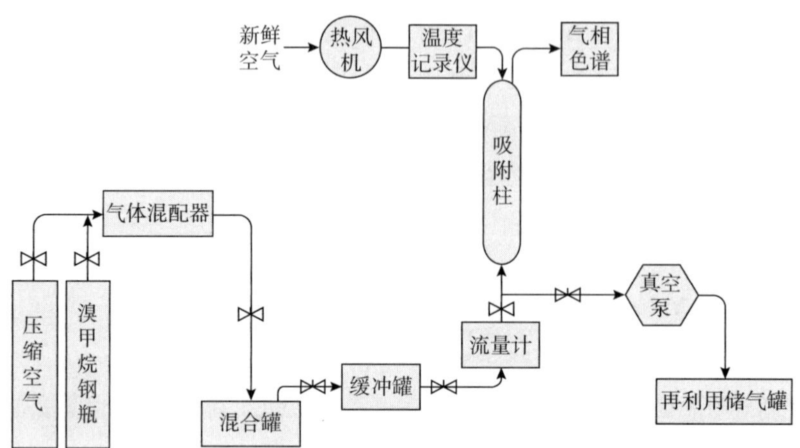

图 14-4　采用活性炭纤维回收溴甲烷的工艺流程图

在室内研究的基础上，通过小试、中试等最终确定采用活性炭纤维作为吸附材料，并在国际上首次提出并实现基于真空加热解吸技术的溴甲烷脱附再利用。该技术已形成系列具有自主知识产权的溴甲烷回收再利用装置和方法，实现了商业化的溴甲烷循环利用，吸附率可达95%以上，解吸率可达90%以上。图14–5为采用活性炭纤维回收溴甲烷的示意图，图14–6为溴甲烷吸附回收再利用成套装置。

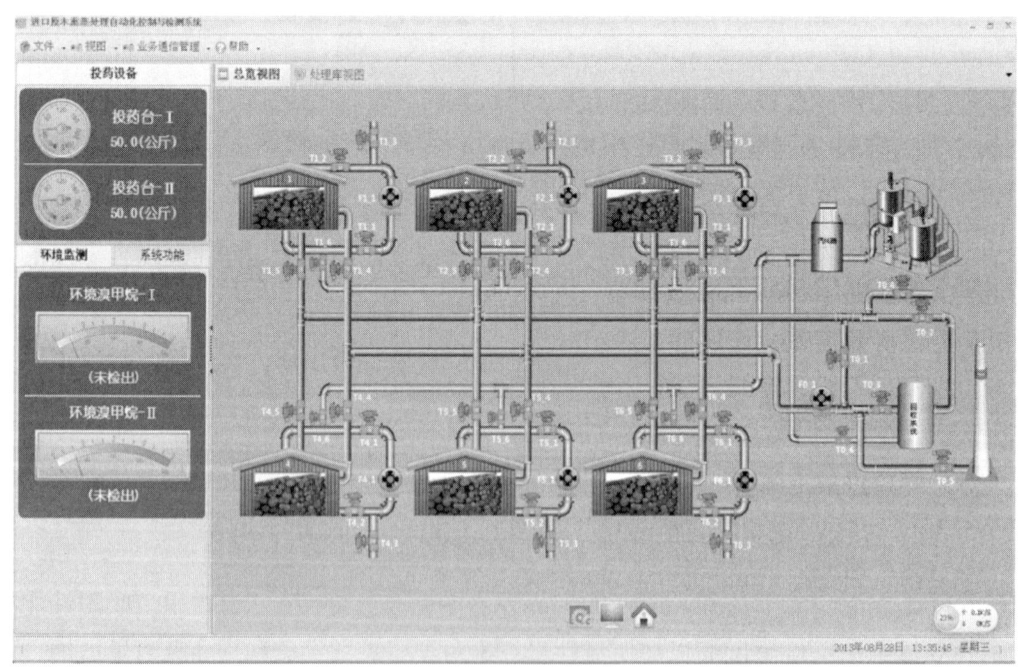

图 14-5　采用活性炭纤维回收溴甲烷的示意图

图 14-6 溴甲烷吸附回收再利用成套装置

第三节 消毒处理设备设施

近年来，由于细菌、病毒感染引发的疫情不断发生，如甲型H1N1流感、H5N1禽流感等都是由高致病性病毒引起，已经给人类公共安全带来了极大的危害。这些病原微生物通过出入境交通工具、集装箱、货物等在全球范围内传播扩散的概率大大增加。根据中国港口数据库2020年数据统计，全国集装箱吞吐量超过26 403万标箱。全国口岸对疫情防控的要求越来越高，对入境的集装箱及货物等的动物检疫处理和消毒处理是防控疫情工作必不可少的环节，这对集装箱的消毒技术提出了更高的要求，要有高效、方便快捷的消毒设施设备。

目前国内大部分地区对入境消毒设备都采取含氯消毒剂等消毒，但这种消毒方式通常会对消毒车辆和消毒设备造成极大的腐蚀，同时药剂喷洒时会造成环境的污染。另外，目前的消毒还是采用半机械化方式，没有自动消毒系统和自动加药加水系统，难以保证全方位彻底处理；现场作业人员需求量大，工作效率较低；现场作业人员穿戴防护服会造成视线不好，带来许多安全隐患；人工操作还可能出现加药加水不及时，导致设备空转甚至电机烧坏等。如何控制入境集装箱造成的疫情，已成为海关、口岸卫生除害处理机构共同关注的问题。因此，口岸防疫消毒场地及设施、进出境动物隔离场、进境非食用动物产品生产、加工、存放场所、动物和动物产品无害化处理场所的选址和布局应符合国家防疫要求，规划、设计、建设应符合相应要求。

一、动物隔离场所防疫消毒设施

隔离场、进境动物及车辆进出通道消毒设施应按相关法规和标准要求合理布局，分设不同功能区域。

（一）警示标识

动物检疫隔离场所进出通道处应设有醒目警示标识，规格为长150 cm宽50 cm的标志牌，上下排列凸印中英文字样，如“动物隔离检疫场，请勿靠近”，也可以采用电子式或灯箱式标志牌。

（二）轮胎消毒池和车辆消毒设施

轮胎消毒池的宽度与门同宽，长度不少于4 m，深度不少于0.2 m。车辆消毒设施为门式喷淋设施或可移动喷雾设备，用于对车体、装载动物体表进行喷淋消毒。

（三）人员进出通道消毒设施

人员进出生活区通道消毒设施包括洗手消毒池、脚底消毒池（垫）。人员进出隔离区通道消毒设施包括淋浴室、更衣室、洗手消毒池、脚底消毒池（垫）。

（四）饲草熏蒸处理设施

饲草（料）熏蒸处理设施应远离生活区和隔离饲养区，位于下风口。饲草（料）熏蒸处理设施的占地面积与隔离动物饲草（料）的需求量相适宜。饲草（料）熏蒸处理设施的建设满足帐幕熏蒸的具体要求。

（五）病畜隔离消毒设施

病畜隔离消毒设施应独立设计，需完全封闭，远离隔离饲养区。其容量应能满足检疫场核定的动物总量的5%，并设有动物诊疗保护设施和动物尸体解剖室，配备相应的诊疗和解剖设备。地面防滑防渗漏，易于清洗和消毒。

（六）污水处理设施

污水处理设施建设须符合防疫和环保要求，容量与隔离检疫场核定的动物数量相适应。

（七）粪便处理设施

粪便处理设施建设须符合防疫和环保要求，容量与隔离检疫场核定的动物数量相适应。

（八）病死及阳性动物无害化处理设施

无害化处理池：建于地面浅层的、露出地面部分密闭且设有带门或锁的投放口、可用于将动物及其产品投放进去进行无害化处理的建筑物。

无害化处理池应建造于远离居民区、商业区、公共场所、植物种植场和加工厂、动物饲养和屠宰场、饮用水源地、河流及其他生态环境敏感区等地。处理池所在地应选择地势高的干燥地带，且不得与地下水源接触。此外，还应交通方便，以便于运输和处理动植物产品。处理池场地地面为平整、坚固、硬化的地面，无破损、无积水、无病媒生物孳生地。

无害化处理池采用砖混结构，标准有效容积不少于240 m^3，处理池长、宽、高比例应与处理的规模数量要求相适应，其深度应不少于4 m。无害化处理池的底部、墙体、顶部盖板、盖板的数量、长度、强度与无害化处理池的大小、处理要求相适应。两端及中部盖板上设置通气管，通气管顶部设有防雨装置，底部留有污水排放口，通往污水处理池。使用其他建筑材料的要求同砖混结构的要求。

发酵池：进出境动植物产品加工后仍有可能产生造成病原体或有害生物传播和扩散危险的下脚料。利用微生物，在适宜的条件下，将进出境动植物废弃物（发酵物）经过特定的代谢途径进行无害化处理，清除寄生虫卵、病菌、杂草种子等有害生物的过程就是生物发酵处理。发酵方式有厌氧发酵和有氧发酵两种。有氧发酵指在有氧条件下，有多种好氧（喜氧）微生物对发酵物进行代谢发酵的方式，如有氧堆肥发酵。

发酵池应建于远离居民区、商业区、公共场所、植物种植场和加工厂、动物饲养和屠宰场、饮用水源地、河流及其他生态环境敏感区等地。与动植物废弃物孳生地之间交通方便。距离铁路、公路10 m以上，离开建筑物40 m，距离树木5 m以上，防止树根震动或伸展，造成池体损坏。选择的地基要坚实，尽量避开低洼或地下水位高、长期积水的地方。选择背风向阳、没有遮阳建筑物、冬季容易保温的地方。所在场所应具备独立的封闭区域，布局合理，四周应设置不间断、全封闭式隔离围墙。沼气池应位于尽可能靠厨房的地方，输气距离一般不要超过30 m。

（九）其他配套设施设备

其他配套设施设备包括专用的消毒药品、消毒设备和应急物资存放库，并需配备足够数量的手动或机械消毒设备及建立视频监控系统。

二、非食用动物产品生产加工存放防疫消毒设施

（一）基本要求

选址与环境：进境非食用动物产品生产、加工、存放企业周围应远离动物饲养场、兽医站、屠宰厂等场所，还应远离居民区、农贸市场、医院、饮用水源、主干道等。企业厂区路面和车间、仓库地面应硬化，地面平整，不渗水、不积水，易于清洗消毒。

（二）车辆进出通道消毒设施

1. 生产加工区进出通道须设有人员和车辆进出的消毒池，消毒池的宽度与门同宽，长度不少于4 m，铺设消毒垫的消毒池深度不得少于2 cm，并配有蓄水性强的消毒垫；直接放置消毒液的消毒池深度不少于20 cm。

2. 加工车间和进境动物产品专用仓库各出入口均须设有人员和车辆接触的消毒池，消毒池的宽度与门同宽，长度不少于3 m，铺设消毒垫的消毒池深度不少于2 cm，并配有蓄水性强的消毒垫；直接放置消毒液的消毒池深度不少于20 cm。

3. 原料库和生产加工车间处应设有更衣室，更衣室应有与生产加工人员数量相适应的更衣柜，日常衣物和工作服应分柜放置，更衣室应具备消毒杀菌装置。

4. 人员出入原料和生产加工车间处应设有洗手消毒池和清洗池。

5. 生产加工区内需设有对生产、加工、存放过程产生的下脚料、废弃物和动物产品包装物、铺垫材料进行无害化处理的设施或设备，处理能力与生产规模相适应。

（三）下脚料、废弃物无害化处理设施

1. 掩埋场应远离饲养区和地下水源带，掩埋坑坑壁应垂直，深度符合无害化处理要求，保证尸表上层与地表距离不少于2 m。

2. 焚烧场应远离隔离饲养区，在与风向垂直的地方铺架柴堆，在与风向平行的方位挖30 cm × 30 cm的通风沟。

（四）其他配套设施设备

1. 生产加工区内应设有独立的存放消毒药品和消毒器械的房间，配备能满足防疫消毒要求的消毒器械。

2. 须配备符合环保排放标准的污水处理设施。

3. 要配备防火、防盗、防鸟、防鼠等设施。

4. 加工车间、进境动物产品专用仓库、通道口等关键区域应设有电子监管设施。

三、运输工具检疫处理设施

（一）门式集装箱消毒设备

消毒剂及其发生装置

（1）消毒剂

有的消毒剂由于具有某些严重缺点，使用正逐步减少，甚至不再单独使用。例如甲醛，由于其刺激性气味、致癌、消毒作用慢等缺点，使用逐步减少。近年来，通过提高消毒环境温度和湿度，在密闭的灭菌箱内使用甲醛进行消毒，取得了很好的消毒效果，又避免了上述缺点；次氯酸钠加上一些表面活性剂，其杀菌作用大大提高；单链季铵盐类消毒剂与双长链季铵盐合用，提高了消毒作用等。

近20年来，化学消毒剂的复配已成为一个重要的研究方向，这些复方消毒剂克服了一些消毒剂单用时的缺点，并且提高了杀菌效果，深受欢迎。例如，戊二醛灭菌以往单用时必须用2%的浓度，而在1%戊二醛中加入一种阳离子表面活性剂，则可达到与2%戊二醛一样的杀菌作用；碘和氯己定（洗必泰）络合形成洗必泰碘，其杀菌作用大大提高。复配化学消毒剂的目的主要是增效、缓释、稳定等。

继第三代化学灭菌剂戊二醛之后，二氧化氯近20年来受到广泛关注，其使用范围不断扩大，深受欢迎。二氧化氯被誉为第四代化学灭菌剂，被WHO和FAO列为A1级安全高效消毒剂。为控制饮水中“三致物质”（致癌、致畸、致突变）的产生，欧美发达国家（地区）已广泛应用二氧化氯替代氯气进行饮用水的消毒。1990年前后，过氧戊二酸被批准作为一种高效消毒剂使用。双链季铵盐的问世结束了季铵盐类都是低效消毒剂的历史。

近年来，新型消毒技术不断涌现，其中以电解技术为基础的检疫消毒技术正逐步得到欧盟及我国的认可。以电解技术为基础的消毒技术采用纳米隔膜分离阴、阳极和独有的二次电解技术，将盐电解产生一种高效复合杀菌溶液，现场生产安全、高效复合的杀菌消毒溶液。高效复合型杀菌溶液的有效成分为HClO、ClO^-、O_3、H_2O_2、ClO_2。该种消毒溶液具有以下特点：①电解过程原材料是盐，对操作人员100%安全。②杀菌原液对人、环境、设备没有任何危害。③杀菌溶液的pH值可以在3.0～8.5之间以0.1的精度调节。表14-6为不同消毒剂优劣势比较。

表14-6　不同消毒剂优劣势比较

消毒方式	次氯酸钠	臭氧	消毒氯片	二氧化氯	高效复合型杀菌溶液
杀菌能力	强	强	强	强	强
持续效果	好	差	好	好	好

续表

消毒方式	次氯酸钠	臭氧	消毒氯片	二氧化氯	高效复合型杀菌溶液
清除生物膜	有限	不能	有限	能	能
除藻能力	有限	有限	有限	一般	强
操作安全性	危险	危险	一般	危险	安全
使用环保性	一般	一般	一般	一般	环保

（2）电解消毒原理

国内对于次氯酸钠的电解研究较多，电解盐消毒主要依靠电解槽中有关反应，将盐水或者海水在电场作用下氧化还原为次氯酸钠，利用电解产物次氯酸钠的强氧化性对细菌微生物产生强氧化作用，抑制细菌表面蛋白形成，同时抑制细菌的繁殖并杀死细菌。

电解盐水工艺中，次氯酸钠是在电解槽中通过阳极电子转移发生电解形成。发生的反应如下：

电解阳极的反应：$2Cl^- - 2e^- = Cl_2$

电解阴极的反应：$2H_2O + 2e^- = H_2\uparrow + 2OH^-$

氧气与水反应：$Cl_2 + H_2O \rightleftharpoons HCl + HClO$

总反应：$NaCl + H_2O \xlongequal{电解} H_2\uparrow + NaClO$

然而，在电解过程中很容易产生副产品三卤甲烷，这种副产品有很强的致癌性。膜技术的应用为分离致癌副产品提供了途径。

阳极发生的副反应：

$Cl_2 + 2NaOH = NaCl + NaClO + H_2O$

$NaClO + 2HClO = NaClO_3 + 2HCl$

$4OH^- - 4e^- \rightarrow O^2\uparrow + 2H_2O$

$2H_2O + ClO^- - 4e^- = HClO_3 + 3H^+$

阴极发生的副反应：

$NaClO + 2H^+ + 2e^- = NaCl + H_2O$

$NaClO + 2H_3O^+ + 2e^- = NaCl + 2H_2O$

电解水中主要起杀菌作用的是有效氯，有效氯的存在形式为氯气、次氯酸根离子和次氯酸，其存在形式会随着pH值的变化而发生变化，当pH值接近中性时，其有效氯存在的主要形式为HClO。微酸性电解水pH值接近中性，因此有效氯的主要形式基本为HClO，HClO比其他形式的氯杀菌效果要好，是次氯酸根离子杀菌效果的80倍左右。因此，弱酸性电解水有很强的杀菌能力。图14-7为次氯酸电解原理图。

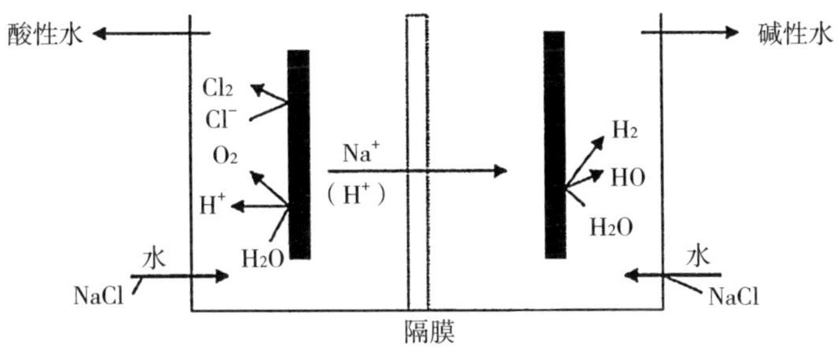

图 14-7 次氯酸电解原理图

次氯酸的电解反应为：

阳极反应：$H_2O \rightarrow 1/2O_2+2H^++2e^-$

$2Cl^- \rightarrow Cl_2+2e^-$

$Cl_2（aq）+H_2O \rightarrow HCl+HClO$

阴极反应：$2H_2O+2e^- \rightarrow H_2+2OH^-$

（3）电解消毒装置研发技术

在日本，按电解水酸性的强弱可将电解水生成器分为强酸性电解水生成器和弱酸性电解水生成器，按照日本厚生省监修的食品添加物公定书（第7版；1999）的规定，pH值范围在5～6.5为微酸性，3～5为弱酸性，3以下为强酸性。电解溶液的酸性越强对于设备抗腐蚀性的要求越高。

按电解槽结构可将其分为有隔膜三槽式和有隔膜两槽式，三槽式电解槽为阴、阳极槽及其之间夹有盛放饱和食盐水的中央室，阴极和阳极的反应基本上与两槽式相同，有隔膜两槽式是通过隔膜将电解槽分为阴极和阳极，目前国内外厂家多数使用两槽式。

按整机结构可分为一体机和分体机，一体机将软水处理器、储水箱和生成器整合成一体，占用空间少、使用方便。由于有储水箱，在电解槽转换正负极清洗电极时，仍可有水使用。分体机本身只有发生器，软水处理器和储水箱可另行配置，可做成集中式酸性氧化电位水供给系统，具有氯味，其氧化还原电位在1 100 mV以上，pH值在2.0～3.0之间，有效氯含量一般为30 mg/L～70 mg/L。主要生成物为次氯酸、氯气、盐酸、活性氧、活性羟基（$\cdot OH^-$）、过氧化氢。在室温、密闭、避光的条件下较稳定；而在室温暴露的条件下不稳定，可自行分解成自来水，故不宜长期保存，最好现用现制备。

国内学者李新武等于1996年研究次氯酸水溶液灭菌效果，结果显示溶液氧化还原电位在1 130 mV以上时，作用15 s可以杀灭细菌繁殖体，作用30 s可以破坏乙型肝炎表面抗原的抗原性，作用10 min可杀灭枯草杆菌黑色变种芽孢。

（4）药液发生系统

药液发生系统，主要包括自来水过滤软化设备、药液输送高压泵、药液在线配比设备、

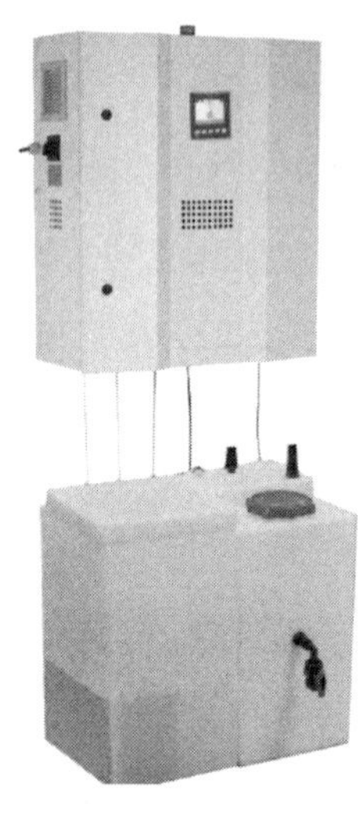

图 14-8 电解装置

流量检测设备、药液杀菌效力在线监测设备（氧化还原电位监测设备）、风速监测设备、药液在线加热防冻设备和药液喷雾消毒系统等。该系统能够在线按比例稀释药液、实时监测药液杀菌效力、自动监控药液和喷雾系统温度，并根据车辆行进速度自动调节喷雾速度和喷雾量。与此同时，系统还可根据风速的变化，自动选择喷雾系统，达到最好的消毒效果。

电解装置内置过滤罐、软化罐、电解槽除垢装置，自动完成除垢软化水的作用。电解槽采用380 mV、111.1 A的恒定电流。通过调节质量流量泵混合，调节电解液的pH值和ORP（Qxidation-reduction potential，氧化还原电位）值，残余药液排放。图14-8为电解装置。

设备装有PLC（Programmable logic controller，可编程逻辑控制器）触摸屏，设备可以动态调整pH值，实时监测ORP值、监测药剂配备量、流速、药液温度等。

机组顶端的警报信号，可以显示正常、报警、故障。机组可以通过GSM（Global system for mobile communications，全球移动通信系统）、以太网和Mod bus实现人机通讯功能。

（5）消毒设备。

门式集装箱消毒设施应具有独立的功能区域，布局合理，设后台作业区和检疫处理消毒通道区，各区域之间应设有明显的区分标识。其中后台作业区应包括药品存储区、配药区、实施监控区。消毒通道与办公区距离应不少于50 m，与后台作业区距离应不少于10 m，建设标准应满足《国家对外开放出入境检验检疫设施建设管理规定》的具体要求。门式集装箱消毒设施各区设施建设应满足SN/T 2355《国境口岸卫生处理常用药物贮存通则》、SN/T 1758《出入境卫生检疫卫生处理通用规则》的相关要求。

目前我国口岸常见的自动消毒和处理设备的处理对象是集装箱和车辆，常见的是通道式（门式）和立杆式两种。但是，这些设备仍然有其不足的地方，主要表现在：第一，设备的稳定性有待提高。由于设备需要长期进行消毒工作，容易出现机械零件的损坏，另外由于靠近海岸区域，其特殊周边环境会加快机械零件的损坏，因此设备的稳定性有待进一步提高；第二，未达到完全自动化，仍然沿用人工模式。在消毒处理过程中，一些设备仍然需要人工进行操作与控制。例如对集装箱的消毒，在集装箱拖车到达相应位置后，需要工作人员在外进行指挥才能进行下一步操作，完成整个消毒流程，无法达到完全自动化处理。日照港启用了 AST8650远程网络视频控制喷洒系统，其能够应用网络视频控制喷洒系统在装卸过程中对各类货物进行快速喷洒处理。深圳盐田港启用了港口集装箱智能机械手臂自动消毒系统。通过这些自动消毒处理设备，提高了口岸港口的工作效率和通关速度。图14-9是消毒通道的机械手臂。

门式消毒通道包括药液发生与喷雾系统、门式通道、废水回收净化系统、车辆通行自动感应系统、视频采集系统、控制系统、数据管理与检疫监管系统。其中门式通道包括喷雾立柱（喷雾门架）、废水收集槽和供水管路等。控制系统包括电器控制系统、药剂在线配制和杀菌效力监测控制系统、在线加热控制系统、数据采集与数据管理系统等。数据管理与检疫监管系统能够实时记录每辆被消毒车辆的图片、移动速度、消毒时间、消毒液比例、消毒液用量、消毒液温度、消毒液氧化还原电位值（代表杀菌效力）、消毒液pH值、环境温度和风力等参数，并可以根据需要进行数据检索与管理，实现检疫监管。

图 14-9　消毒通道的机械手臂

消毒主机喷雾系统：消毒主机箱用于配制一定比例消毒液，消毒液的比例手动可调。消毒主机喷雾系统由机箱外壳、配药箱部件、高压泵组、供水泵组、控制阀组、原药箱部件、配药比例泵、连接管路、电气接线板、HMI显示屏等组成。

（6）门式通道

采用防滴型高压雾化不锈钢嘴喷头，扇面喷雾。喷头为防滴型喷头，当喷雾动作停止后，喷嘴压力磨片将喷嘴关闭，阻止药液滴漏。

喷淋立柱见图14-10，可制作成通风道形式，在冬季气候寒冷的地区，可以通过管道加热器对喷淋立柱进行辅助加热，防止喷头和液体上冻结冰，影响消毒效果。

图 14-10　喷淋立柱

（7）控制系统、数据管理与检疫管理系统

集成控制中心由硬件设备和软件系统两大部分组成，硬件主要包括操作台、服务器、台式机、交换机等。软件系统的主要作用是对整个检疫处理区所有设备的信息进行汇总及监控，是整个检疫处理区的控制核心，消毒通道数据信息、视频监控、电子闸口等所有信息在中央控制软件汇总监管。实现整个消毒过程的自动化、可视化。

配电柜是整个消毒系统的配电单元，由PLC控制器、电气控制器件、安全器件等组成。消毒通道控制操作界面见图14-11、14-12。

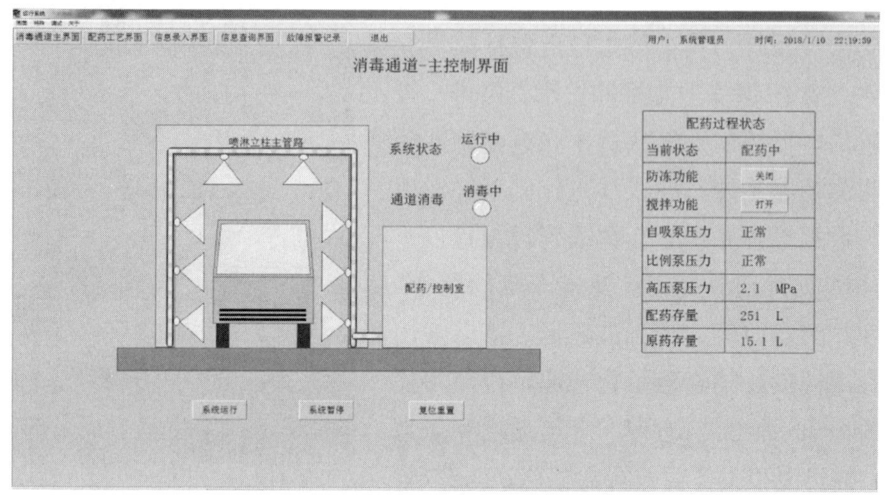

图14-11　消毒通道控制操作界面1

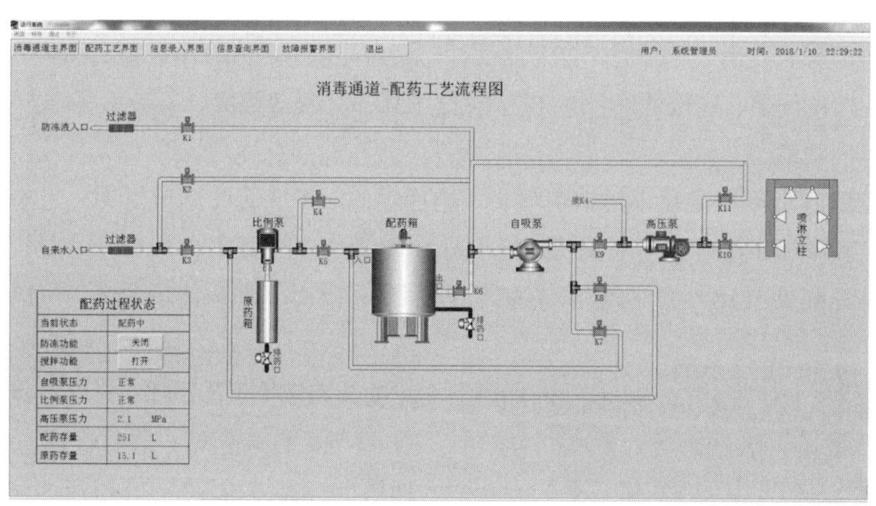

图14-12　消毒通道控制操作界面2

（二）轮胎消毒设施

轮胎消毒设施是口岸监管机构在入境口岸设置的用于对入境车辆轮胎实施消毒处理的口岸基础设施，包括轮胎消毒池、配药间及其他附属设施。轮胎消毒应设置于入境陆路口岸通道最前端，有充足的自来水水源和通畅的给排水系统，给水管道直径不少于10 cm。

1. 客车、小汽车轮胎消毒池

轮胎消毒池的宽度与入境通道等宽，并在道路两侧建设挡水墙，高度为1m。轮胎消毒池浸水槽水面的长度为3.87 m～4.35 m。轮胎消毒池浸水槽底部为水平平面，底部长度为3 m（客车、小汽车轮胎的周长）。轮胎消毒池浸水槽水深为0.25 m。轮胎消毒池浸水槽的入池坡度为12度～15度，（当坡度为12度时，轮胎消毒池浸水槽的长度不少于4.35 m，截面积为0.79 m^2；当坡度为15度时，轮胎消毒池浸水槽的长度不少于3.87 m，截面积为0.73 m^2）。轮胎消毒池浸水槽上的坡长为8 m，坡度为5度～6度。

2. 货车轮胎消毒池

轮胎消毒池的宽度等同于道路的宽度，并在道路两侧建设挡水墙，高度为1.5 m。轮胎消毒池浸水槽水面的长度为5.74 m～6.3 m。轮胎消毒池浸水槽底部为水平平面，底部长度为5 m（货车轮胎的周长）。轮胎消毒池浸水槽水深为0.3 m。轮胎消毒池浸水槽的入池坡度为12度～15度（当坡度为12度时，轮胎消毒池浸水槽的长度不少于6.3 m，截面积为1.47 m^2；当坡度为15度时，轮胎消毒池浸水槽的长度不少于5.7 m，截面积为1.38 m^2）。轮胎消毒池浸水槽上的坡长为10 m，坡度为5度～6度。图14–13为车辆轮胎消毒池示意图，图14–14为车辆轮胎消毒。

图14–13　车辆轮胎消毒池示意图

3. 轮胎消毒设施的配药间

配药间面积应不小于60 m^2，具有较好的防酸防腐蚀能力。配药间应设置配药设施区域、人工作业区域、药品储存区域，各区域应相对独立。配药间应配备三相动力电源和两相低压电源，电源、电线及开关要防水、防酸、防腐蚀，并有漏电保护。图14–15是消毒设施配药间。

4. 配套设施

轮胎消毒设施前应设置限速告示等标识。条件具备的口岸可根据消毒工作需要设置电子识别设备，并与监管系统联网，实时传输处理数据，对过往车辆进行识别、存储及查询。

图 14-14　车辆轮胎消毒

图 14-15　消毒设施配药间

（三）进口冷链食品及邮件、行李、包裹消毒设备

1. 隧道式全方位自动消毒设施

（1）双旋风喷淋消毒机

隧道式全方位自动消毒设施是口岸监管机构在入境口岸设置的用于对入境冷链商

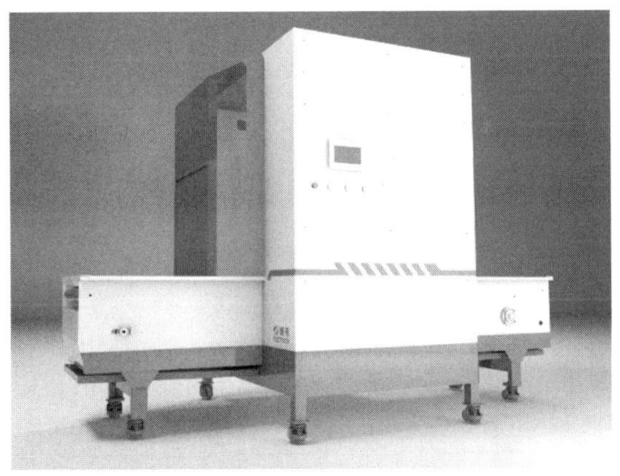
图 14-16 双旋风喷淋消毒机造型图

图 14-17 查验平台部署冷链商品消毒机

品外包装逐件消毒的自动化喷淋消毒装置，如双旋风喷淋消毒机，见图14-16，包括输送系统、旋风喷淋系统、药液储存箱、废液回收箱及其自动化吸液、排液部件。消毒装备应设置于进口冷链商品查验平台的开箱处，见图14-17，有充足的自来水水源和通畅的给排水系统，同时配备足够的配电容量及照明。

（2）雾化消毒控制及结构

输送系统需要实现正反转，实现不同重量、不同大小的冷链商品稳定、可靠、静音的传输，其板链结构要能承受短时间内高频强烈的冲击。旋风离心喷嘴的since管长度 80 mm，直径 40 mm，水路孔径 1.8 mm。需要使用高速离心风机，并且要对线路板及接线点做三防。

控制系统采用PLC 作为控制核心，配套安卓操作系统触摸屏实现人机交互。控制柜上有上电和断电一体化物理按钮，其他开始、停止、复位等功能全部放在触摸屏的操作面板上。可以控制传送带电机及喷淋装置的运行和停止；控制传送带的速度；喷淋装置的液量可调；风速可调。通过风机运行转速、喷水流量和传送带速度这三组控制参数组合实现多档作业模式，图14-18是双旋风喷淋消毒机结构示意。

输送系统出、入口处安装有传感器，用于控制传送系统的启停和货物的计数。有货物和短时间间隔无货物时喷淋，传送系统持续运转；长时间无货物不喷淋，传送带怠速（0.05 m/s）。检测储液桶低液位信号和废液桶高液位信号，控制设备停机并发出声光报警，声光报警安装在喷淋箱顶部。

（3）控制软件及数据管理系统

作业记录包括（不确定）货物数量、传送带运行速度、各喷头流量、作业时间、货物报关单信息、箱号信息等。作业数据和定位信息可通过物联网上传至后台。通过

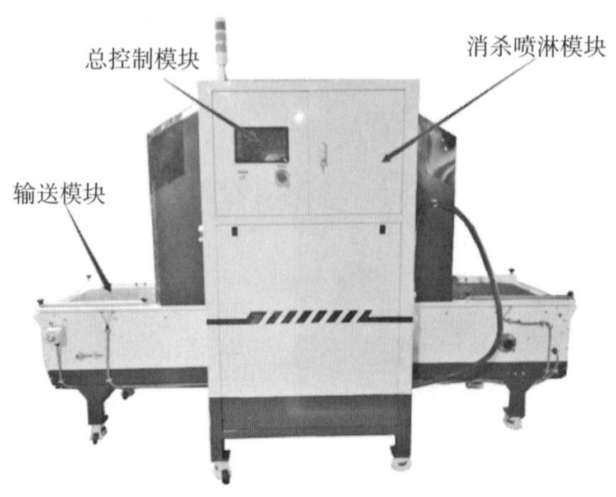

图 14-18　双旋风喷淋消毒机结构示意

网络终端可查看各设备的位置信息和设备状态。配置摄像头，可以实时远程观测现场货物喷淋消毒情况。图14-19是控制软件界面。

图 14-19　控制软件界面

第四节　热处理设施设备

热处理作为一种绿色环保的检疫处理方法，具有安全性高、环保性能好、不受环境温度限制、处理效果稳定等优点。热处理技术在国内外应用在对植物种子、苗木以及鲜活果蔬的处理中，通过热水浸泡、强制热空气处理或热蒸汽可以杀灭所携带的有害生物，如真菌、细菌、昆虫和线虫等。木质包装材料通常由原木制成，这种原木可能因未经充分加工或处理而携带有害生物，是检疫性有害生物随木质包装传入和扩散的一个重要途径。国内在木质包装检疫处理上使用最多的是热处理技术，热处理也是国际植物保护组织向有关国家和地区推荐的木质包装除害处理方法。它是应用木材热加工处理技术，杀灭木质包装中携带的有害生物的一种除害处理方式。

一、木质包装热处理设施

目前国内常用的木质包装热处理设施因热源的不同分为蒸汽热处理设施、干热风热处理设施以及导热油热处理设施等几种形式。微波加热技术已经在木材干燥中应用，也是国际植物检疫措施标准ISPM 15推荐的热处理方法，已开始在部分企业应用，但鉴于其加热温度分布不均匀，木材中心温度的检测需要使用特制的温度传感器，目前还缺乏对木质包装热处理效果判定的依据，在本节中暂不介绍。

（一）蒸汽热处理设施

根据蒸汽的压力，使用蒸汽供热的热处理设施可分两种：高压蒸汽热处理设施和常压蒸汽热处理设施。

高压蒸汽热处理设施：其原理是采用蒸汽供热和调湿。这类热处理设施的优点是：处理期间温湿度指标能实现自动控制；压力蒸汽锅炉可供应大量高压高温蒸汽，蒸汽温度可达120 ℃以上，热处理室体积相对较大，容积可达200 m^3以上，每室每次可处理木托盘上千个；一个压力蒸汽锅炉可同时供热给若干个热处理室，因此，可满足大批量木质包装除害处理的需要。其缺点是：初期设备投入极大，需建造压力蒸气锅炉、热处理室及配套供热设施，建造成本昂贵；能耗大，需消耗大量燃料和水；保养和维护费用高，每一两年必须更换SRZ型螺旋片散热器、喷蒸管和疏水管等部件。

常压蒸汽热处理设施：其优缺点与高压蒸汽热处理设施相似。只是其配套的蒸汽锅炉为常压锅炉，蒸汽温度为100 ℃～105 ℃，因此，供热能力比高压蒸汽锅炉的低，不能同时满足多个热处理室的热能需要。但其建造成本相对低些。以上这两种蒸汽供热热处理设施常用于大型家具厂或木材加工企业的木材干燥。

（二）干热风热处理设施

根据燃烧炉结构，干热风热处理设施可分为立式和卧式两种。

干热风热处理设施，其原理是将架设在炉膛里的钢管与热处理室连通而直接加热热处理室内的空气，即炉膛里的钢管受热后管内产生干热风，通过离心风机输送到热处理室内，同时，在炉膛上方设置常压水锅，产生的蒸汽用来调节湿度。

其优点是：投资少，建造成本相对较低。缺点是：恒温恒湿处理无法实现自动控制；干热风导热能力差，热处理窑体积不大，通常容积低于80 m^3；室内温度均匀性较差；必须配备足够大的炉灶（特别是卧式的），能耗较大；另外，炉膛的火焰温度在1 000℃以上，必须经常检修钢管，以避免炉烟、炉灰、火星及燃烧不完全物质因钢管损裂而进入干热风道。

（三）导热油热处理设施

导热油炉供热木质包装热处理设施，其原理是采用导热油供热。具体是：使用由不锈钢板和若干无缝钢管焊接而成的密闭锅炉，锅炉内盛装导热油，锅炉置于炉膛之上。使用废木料、竹料、煤或柴油作为燃料烧火以产生热源，将锅炉内的导热油加热升温。通过输送油钢管（送油管）和回流油钢管（回油管）将窑外的导热油炉与窑内的散热器相连接，构成循环油路，并在送油管中串联耐高温电机油泵，通过强制循环将导热油炉里经加热升温的导热油送入热处理窑内，经过散热器后回流到导热油锅炉，从而实现对热处理室内空气的加热升温。在散热器后方安装轴流循环风机，以加快散热器与窑内空气介质的热交换，并使热处理室内温、湿度均匀。另外，它还与高压喷水嘴构成加湿装置用以提高窑内湿度。

（四）木质包装热处理窑建造及技术要求

1. 热处理窑的升温性能要求

热处理窑必须具备良好的密闭和隔热条件，同时必须配备匹配的供热设备和调湿设备、有效的室内气体循环系统、有效的气体吸入与排放系统、准确的干湿球温度监测仪表与自动温度记录仪，并要符合消防和环保的要求。国内目前的处理设施中已经配备有恒温恒湿等自动控制系统，使木质包装热处理的质量更有保证；配置木材含水量监测仪表，以方便在热处理之后根据需要对木质包装进行干燥之用。

根据木质包装热处理时对温度和湿度的实际需要，评定木质包装热处理窑升温性能是否符合要求、设备功率是否匹配。可参考如下指标：在冬季气温低于10 ℃时，是否能使热处理窑升温达到干球温度65 ℃以上和湿球温度60 ℃以上，或者干球温度75 ℃以上；在夏季时，热处理窑升温可否达到干球温度70 ℃以上和湿球温度65 ℃以上，或干球温度80 ℃以上。

2. 热处理窑加热装置

热处理窑加热装置（包括蒸汽锅炉、导热油炉和干热风燃烧炉等）的选址与建造应符合环保和消防等部门的要求。配置压力蒸汽锅炉的，必须取得技术监督部门颁发的压力锅炉使用许可证。

3. 热处理窑的构造

热处理窑的大小，可根据需要，结合业务量而定。一般来说，宜长6.0 m× 宽5.0 m×

高3.0 m，最大型的可达长7.5 m× 宽6.5 m× 高5.0 m。在热处理窑的门或一侧墙壁上设置一个观察小门，宽0.60 m× 高1.80 m左右，并设置可内外开的门锁。

4. 热处理窑的建筑

建筑热处理窑，除满足坚固耐用和费用少的一般建筑要求外，更重要的还须满足密闭、保温与防腐蚀的要求。因为，水汽渗入墙壁和保温层，凝结成水，会降低绝热性能，增大传热系数，加大热量损失；水汽内含有木料排出的有机酸，腐蚀性较大；在北方冬季，墙壁外表还会结冰。

为使热处理窑具有较好的密闭和保温性能，热处理窑的基础与地面、墙壁、天棚、门应妥善建筑，才能保证热处理窑的升温效果。

热处理窑的防腐蚀处理，通常是在室内壁涂上一层防腐蚀涂料。最简单的做法是涂上一层沥青涂料，这样既起到抗腐蚀作用，又可防止水汽向墙壁渗透。

5. 室内气体循环设备

为保证热处理窑内的温度、湿度均匀分布，以确保热处理效果和木材干燥质量，必须根据热处理窑容积的大小，安装匹配的强制循环风机，使通过木质包装的循环气流速度达到2 m/s以上。应选用由耐热防潮电机驱动轴流式循环风机，绝缘等级为F级。

6. 气体吸入与排放装置

为防止木质包装热处理时过热，以及满足木包装干燥过程排放湿气的需要，热处理窑应设有进气口与排气口，并配置与容积匹配的进风口风机和排风口风机，全部选用离心风机并选择适宜的功率。

7. 干、湿球温度检测仪表

热处理窑必须配备干、湿球温度检测仪表和自动温度记录仪，两者可合为一体，用于监测和记录热处理过程窑内干、湿球温度变化情况。温度检测记录仪应具有巡回多点检测、定点监测、及时打印和定时打印检测数据的功能。检测精度在 ±0.5 ℃以内。所使用的监测仪表应符合有关行业标准或有国家标准计量检定合格标志。

干、湿球温度检测仪表的传感器必须置于处理室内气流循环良好的地方。安装于窑内一侧墙壁的中部，距地面1.3 m的地方，干、湿球温度感温头相距8 cm～10 cm，湿球感温探头距水面3 cm～5 cm。

安装工程完工后需对窑内空间温度是否分布均匀进行定点检测。若各检测点之间温度相差≥2℃，应增添或调整相关设备，以使窑内各点的温度、气流速度基本一致。

8. 木材含水率检测仪表

为了解热处理过程木质包装材料的含水率变化，以及对木质包装材料进行干燥，热处理窑应配置木材水分检测显示仪和便携式木材测湿仪。

9. 热处理自动控制系统

为保证木质包装热处理的工作质量，防止热处理过程温度下降，低于热处理技术指标，或者防止处理温度过高引起木材扭曲变形或开裂，既实现对木质包装的有效除害处理，又维护木质包装的使用功能，热处理窑最好建立自动控制系统。通过自动控制系统，对热处理过程的加热升温、排气降温和调节湿度等进行自动控制，使整个热处理过程室内干球温度、湿球温度一直维持在所设定的热处理技术指标要求之内，使热处理质量更有保证。目前国内的不少热处理设施都能实现对处理过程的全自动控制，系统功能强大，适用性广，性能稳定可靠。除基本的检测、显示打印等控制措施外，有的还能够自动采集处理室内环境的参数值，与热处理工艺参数值进行比较和运算，自行调节各执行机构（阀门）的开度和循环风机的动作值，以保证和稳定干燥窑内环境的参数值符合热处理的工艺参数。在整个热处理过程中，系统定时自动记录（打印）日期、时间、窑内环境的温度、湿度（或湿球温度）、木材含水率（各测点）、木芯温度（各测点）等。同时，系统的前端中央处理微机在特定软件的支持下，还能通过互联网进行数据、视频信息的传输，可实现异地实时监控。

10.热处理窑环保和消防装置

供应热源的燃烧炉必须配备除尘除火星设备，通常宜使用电动水帘降尘装置；供应热源的锅炉房必须配备防火器材，以保证符合环保和消防的要求。

二、热水浸泡处理设备

热水浸泡处理设备由电加热器、防锈水槽（水箱）、水泵、循环管道、控制器等部件组成，并具备多个温度传感器，加热和循环的报警装置，配备制冷系统和保温设施以达到处理水槽内的水温温差小的要求，并在放入货物后能快速地（5 min内）达到要求的温度。对于水果的处理，水槽能够满足处理一个或者多个装满水果等货物的需要，一般要求将水温控制在46.6 ℃ ~ 47.2 ℃之间，当水果中心温度达到要求后开始计算处理时间。

三、水果蒸热处理设施

水果蒸热处理设施包括三个部分：整理车间，产品处理前的分级、清洁；产品蒸汽热处理室，产品热处理后的降温、去湿；包装车间，这个车间应有防止产品再次遭到感染的设施。蒸热处理的主要设施及其功能如下：

（一）热饱和蒸汽发生装置：这一装置应能按规定要求自动控制输出的蒸汽温度，蒸汽的输出量应能使室内的水果在规定时间内达到规定的温度。

（二）蒸汽分配管和气体循环风扇：蒸汽分配管把蒸汽均匀地分配到室内任何一个果品的货位，循环风扇使室内蒸汽处于均一状态，使蒸汽热量均匀地被每个水果吸收。

（三）温度监测系统：温度监测系统包括多个温度传感器，温度传感器均匀分布在室内空间各个点，传感器的探头插入水果的内部，通过温度显示仪可以了解处理过程室内各点水果果肉的温度动态。

第五节　辐照处理设施设备

一、辐照设施

辐照加工用辐照装置指能够安全的利用辐照源产生的电离辐射，通过规范的辐照工艺对物品和材料进行加工的装置，辐照装置是食品辐照中传输能量的必不可少的装备。与发达国家（地区）相比较，虽然我国的辐照装置发展速度快，但规模较小，自动化程度偏低，辐照产品品种少，加工能力有限。

（一）辐射源

通常把能够产生电离辐射的物质或装置统称为辐射源。大体上可以把辐射源分为两类，一类是通过核转变产生电离辐射的装置或物质，如放射性核素、核反应堆；另一类是用电磁场把带电粒子加速至高能量的电器装置，如电子加速器。

目前，在辐照加工领域有3种类型的辐射源可供选择，即 γ 射线、电子束及X射线（即高能电子束打击重金属产生的韧致辐射）。电子加速器产生的电子束与放射性核素产生的 γ 射线基本上都是单能的，而X射线能量却是有一定的分布（如图14-20）。

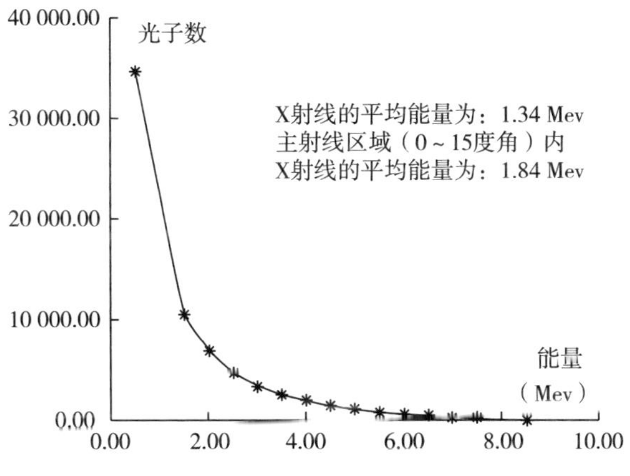

图 14-20　9MeV 电子打靶产生 X 射线能量分布图

^{60}Co辐射源产生的 γ 射线本质上与可见光、红外线、X光等一样均属于不带电的电磁辐射，因其穿透能力强，可以直接加工包装好的食品，不仅辐照均匀，而且辐照后的食品不会被再次污染。γ 辐照装置技术成熟、操作简便、稳定可靠，但钴源较昂贵，需要定期补充，加工成本较高。为了获得好的照射效果，需要专门的产品传输系统。目前，^{60}Co辐射源是食品辐照中应用最广的辐射源。^{137}Cs是一种重要的裂变产物，也可以用作辐照装置的 γ 辐射源，而且其半衰期长达30年，能产生稳定放射 γ 射线，无须经常补充。但由于其 γ 射线能量较低，能量利用率较低，而且裂变产物分离成本高。铯源一般

为易溶于水的有载体铯盐，即使用不锈钢双包壳焊封仍不宜水井贮存，故目前很少使用。功率大、能量较高的电子加速器产生的电子束本质上是电子，质量为氢原子的1/1863，带一个单位的负电荷。电子加速器射束集中、剂量率高、能量利用率高、辐照时间短，便于进行大规模连续生产，电子束能量和束流强度可以调节，质量容易控制，加工成本低，停机后不存在辐射，但需要适用的产品传输系统，运行技术要求高。

近年来，随着辐照加工业的迅速发展，国际上^{60}Co辐射源日渐供不应求，价格有所上升，加上放射性废源的回收困难及费用昂贵，人们把目光转向了电子加速器，促使电子束辐照向医疗用品灭菌和食品辐照快速转移。由于电子束本身的特点，穿透被照射物质的能力较差，特别是对密度较大的食品材料，电子束辐照效果受限，从而影响了电子加速器的广泛应用。具有一定动能的电子束打击在重金属靶上会产生穿透力很强的X射线。X射线不仅具有电子加速器的可控性和无放射源的特点，又具有较强的穿透能力，3 MeV电子产生的X射线与^{60}Co γ 射线具有很相似的穿透特性。75 kW、3 MeV电子在金靶上产生的X射线，其转换系数约为10%，功率相当于7.5 kW，即1.9×10^4 TBq的^{60}Co。X射线的空间分布不像^{60}Co γ 射线那样均匀地呈4 π 立体角发射，而是略倾向前方。因此，产品传输系统的设计较简单，辐照效率也较高。

X射线辐照加工应用是对电子束辐照加工的补充和对^{60}Co产生 γ 射线的一种替代。适合于厚物品及大包装物的辐照处理，特别是当电子加速器上装有X射线转换靶时，可以根据辐照产品的要求，既可以使用电子束，又可以使用X射线处理。目前，由于技术和经济上的原因，X射线辐照加工应用仍处于开发试验阶段，但应该是未来的一个发展方向。表14-7为^{60}Co γ 辐照装置与电子束辐照装置的性能比较。

表14-7 ^{60}Co γ 辐照装置与电子束辐照装置的性能比较

^{60}Co γ 辐照装置	电子束辐照装置
1. γ 射线穿透能力强，适用于大包装、不规则物体的辐照	1. 电子束穿透能力弱，适用于细薄、不太厚的线缆、片材或物品的辐照
2. 设备操作难度小，操作维修方便	2. 设备操作难度较高，操作维修要求较高
3. 连续发射 γ 射线，防护条件要求较高	3. 电子束可开关控制，防护较容易
4. 辐照强度随时间衰减	4. 电子束强度可保持不变
5. 需要不断补充新源	5. 不需要定期更换
6. 低剂量率，辐照时间长	6. 高剂量率，辐照时间短
7. 功率成本与运行成本较高	7. 功率成本与运行成本较低
	8. 可以兼作X射线源

（二）辐照设施

1. 钴-60γ辐照装置

辐照室一般采用钢筋混凝土结构，保护墙厚度要根据源强计算而定。辐照室建在存放γ源上面，它由操纵室、迷道和辐照室等部分组成（见图14-21）。

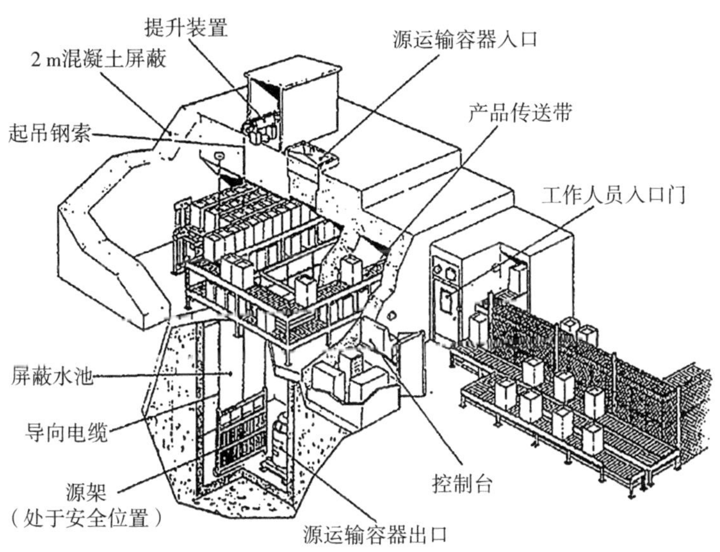

图 14-21 γ辐照装置结构示意图

操纵室一般有控制台和钴源提升机械，机械提升装置可以是电动的，也可以是手动的。此外设有观察系统（工业电视或防护玻璃窗，也可以采用透明化学溶液窗如$ZnCl_2$等）。另外还设有剂量监护仪表和安全报警系统。

迷道的功能是减弱射线，它可以是弧形的，也可以是拐角式的。在一般情况下拐角式迷道可以使射线减弱到原强度的10%到1%。

辐照室内主要有贮源设备和通风系统。贮源设备主要有两种：一种是普通使用的水井式贮源结构，这种结构安全性好，具体水井深度可根据辐照源种类、强度及国家规定的安防标准来确定。采用水井式贮源结构进行安全操作和维修都比较方便。当需要进行辐照时，远距离操作把辐射源提升到所需要的位置上，照射完毕再降到水井中。另一种方式是干贮法贮源结构，即采用铅罐，将铅罐埋入地下，需要时远距离操纵把辐射源提升上来。

照射室内还设有强力通风装置以更新空气。因为辐照源能使空气电离，产生大量臭氧和一氧化氮等有害气体。

2.加速器

加速器可以加速电子、质子、氚核以及其他重离子。作为辐照源，加速器所获得的粒子种类和能量范围都比较宽广，辐射定向好，射线能量利用率可高达70%，射线能量、强度和方向都可精确控制，操作方便，可在任何瞬间启动或停止，安全、便于检修。电子加速器在辐射育种、食品保鲜、灭菌等方面被广泛采用。

比起同位素放射源，加速器作为辐照源更经济、可靠、安全、污染最小。

二、剂量监测设备

辐照射线与物质相互作用产生的各种效应，是辐照剂量测量的基础，原则上受照射物质所引起的效应与吸收的辐照能量具有确定且能重复出现的关系，可用于剂量测定，如电离、发热、发光（激光）等各种物理变化，氧化还原、裂解、聚合、交联、变色、黏度等化学变化以及由此引起的物体的物理性质的变化。基于这些反应制作的电离室、正比计数管和GM计数管已广泛应用于剂量测量中，热释光元件、玻璃荧光体以及量热方法和化学方法也常用于剂量测量中。

剂量计是指测量吸收剂量的器具，剂量测量系统是由剂量计、相关的分析仪器及剂量响应校准曲线（剂量响应函数）组成的测量吸收剂量的系统。在辐照加工中常用的剂量测定方法包括量热计、电子束流密度计、Frick剂量计、硫酸铈－亚铈剂量计、重铬酸盐剂量计、氯苯乙醇剂量计、丙氨酸剂量计、辐射显色薄膜、硫酸亚铁－铜剂量计等。由于Frick剂量计在检疫处理中应用较多，现加以介绍。

Frick剂量计又称为硫酸亚铁剂量计，是Frick等在1927年发现的，该剂量计的量程范围能够满足水果检疫辐照处理的需要。Frick剂量计已有多年的发展历史，人们对它进行了大量的研究和完善工作。由于其具有确定的化学反应机理和线性剂量响应关系，具有良好的组织等效吸收特性等，目前它已成为最成熟和理想的化学测量体系。广泛用于辐射化学、辐照食品质量控制、日常剂量测定、剂量计校准等许多实际应用中。

Frick剂量计标准测量体系由剂量计溶液、辐照容器和紫外分光光度计组成，剂量计溶液的标准组成为：

1×10^{-3} mol/L $FeSO_4$或$Fe(NH_4)_2(SO_4)_2$；

1×10^{-3} mol/L NaCl与0.4 mol/L H_2SO_4。

上述溶液占总剂量计溶液的4%，其余96%为水。体系对水质要求高，通常用4次重蒸水配制。其依据的反应是，硫酸亚铁溶液中的亚铁离子Fe^{2+}在辐照的作用下被定量氧化为Fe^{3+}，其产额与体系中吸收的辐照剂量成正比。通过紫外分光光度计在Fe^{3+}吸收峰处对辐照前后溶液进行定量分析，可以准确测定Fe^{2+}转变为Fe^{3+}的改变量，依据一定的转换关系确定体系的吸收剂量。

15

CHAPTER

第十五章

进境动物检疫疫病检疫处理参考技术指标

本章按照《中华人民共和国进境动物检疫疫病名录》（2020 年 7 月 3 日颁布实施）中的疫病顺序，给出了各种疫病的检疫处理参考技术指标。

第一节　一类传染病、寄生虫病（16种）

一、口蹄疫

英文名：Infection with foot and mouth disease virus

病原：口蹄疫病毒（Foot and mouth disease virus，FMDV）

（一）病原特性

口蹄疫病毒对物理作用、化学作用、温度、湿度有一定抵抗力，但对酸碱敏感。一般而言，阳光直射或者紫外光照射1 h能杀灭口蹄疫病毒，但埋于深层的病毒仍然可以存活；80 ℃～100 ℃处理3 min以上可杀灭病毒；1%～2%氢氧化钠、30%热草木灰水、1%～2%甲醛溶液短时间内能杀死病毒；食盐以及酚、酒精、三氯甲烷对病毒无作用。肉和奶经酸化可杀灭病毒；肉品在10 ℃～12 ℃ 24 h或8 ℃～10 ℃ 24 h～48 h条件下，由于产生乳酸使pH值下降至5.3～5.7，能使其中的病毒死亡，但对骨髓、淋巴结无效。在4 ℃条件下，pH 4.0可于数秒内杀灭病毒，pH 5.0～6.0可在数分钟内杀灭病毒。

（二）动物产品检疫处理指标

1. 肉类口蹄疫病毒灭活程序

可采用下列程序之一灭活肉类中的口蹄疫病毒：

（1）罐装处理

将肉品置于密封容器内，加热使内部中心温度达70 ℃以上，至少持续30 min，或使用其他经证明与此等效的口蹄疫病毒灭活处理方法。

（2）彻底蒸煮

肉品预先去骨去脂肪，加热使其内部中心温度达70 ℃以上，至少持续30 min。蒸煮后，在无病毒源状态下包装和处理。

（3）盐腌干燥

当尸僵完全时，去骨，用食盐腌制后在室温条件下至完全干燥，避免腐烂。

“干燥”指水与蛋白质的比率不超过2.25∶1。

2. 羊毛和毛发中口蹄疫病毒灭活程序

应采用下列程序之一灭活工业用羊毛和毛发中的病毒：

（1）把毛发浸泡在水、肥皂水、苏打水或氢氧化钾溶液中，进行工业洗涤。

（2）用熟石灰或硫酸铀进行化学脱毛。

（3）在密封容器中用甲醛熏蒸消毒至少24 h。最实用的方法是将高锰酸钾放入容器（不能用塑料或聚乙烯材料制成的容器）中，加入商品福尔马林，按每立方米加福尔马林53 mL和高锰酸钾35 g的比例配制。

（4）将毛发浸泡在60 ℃～70 ℃水溶性去污剂中，进行工业去污。

（5）羊毛在18 ℃贮存4周，4 ℃贮存4个月或37 ℃贮存8 d。

3. 鬃毛口蹄疫病毒灭活程序

应采用下列程序之一灭活工业用鬃毛中的病毒：

（1）煮沸至少1 h。

（2）在1%甲醛溶液中至少浸泡24 h，每升水加30 mL商品福尔马林配制1%的甲醛溶液。

4. 原皮和皮张口蹄疫病毒灭活程序

工业用原皮和皮张口蹄疫病毒灭活程序：在含有2%碳酸钠的海盐中腌制至少28 d。

5. 食用奶和奶油口蹄疫病毒灭活程序

应采用下列程序之一灭活供人食用的奶液和奶油中的病毒：

（1）超高温（UHT）处理（UHT=最低温度132 ℃至少1 s）。

（2）如果奶液pH低于7.0，应采用最低72 ℃至少15 s的灭菌工艺（高温短时巴氏消毒法）。

（3）如果奶液pH为7.0或高于7.0，则应进行两次高温短时巴氏消毒（HTST）。

6. 动物用奶的口蹄疫病毒灭活程序

应采用下列程序之一灭活动物用奶中的病毒：

（1）两次巴氏消毒（HTST）。

（2）巴氏消毒（HTST）与其他物理处理方法结合使用，如维持pH 6.0至少1 h，或增加一次72 ℃以上热处理，并同时进行干燥。

（3）超高温（UHT）处理结合上述第2点提到的任一物理方法。

7. 口蹄疫易感野生动物皮张及其制品口蹄疫病毒灭活程序

应采用下列任一程序对口蹄疫易感野生动物完全剥制前的皮张和皮制饰品中的口蹄疫病毒进行灭活：

（1）在沸水中加热，确保清除骨、角、蹄、爪、鹿角或牙齿以外的所有物质。

（2）在室温下（20 ℃或更高），至少20 000戈瑞（Gray）γ射线辐照。

（3）在pH 11.5或更高的苏打溶液（Na_2CO_3）中搅拌浸泡至少48 h。

（4）在低于pH 3.0的甲酸溶液（1 000 L水中加100 kg氯化钾和12 kg甲酸）中，搅拌浸泡至少48h；可加入干燥或修饰剂。

（5）原皮用含2%苏打溶液（Na_2CO_3）的海盐腌制至少28 d。

8. 反刍动物和猪肠衣的口蹄疫病毒灭活程序

应采用以下程序灭活反刍动物和猪肠衣中的口蹄疫病毒：

采用干盐（NaCl）或饱和盐水（Aw<0.8）或磷酸盐补充干盐（重量比为氯化钠86.5%、10.7%磷酸氢二钠和2.8%磷酸钠）腌制至少30 d。腌制期间温度保持在12 ℃以上。

二、猪水泡病

英文名：Swine vesicular disease

病原：猪水泡病病毒（Classical swine fever virus，CSFV）

（一）病原特性

猪水泡病毒不耐热，60 ℃ 30 min或80 ℃ 1 min即可灭活，但对其他物理化学因素的抵抗力较强。耐酸碱，在pH 2～12.5之间都不能使其完全灭活。3%氢氧化钠溶液在33 ℃时作用24 h可杀死水泡皮中的病毒。3%福尔马林在0 ℃或1%氨水在2 ℃～3 ℃经30 min可使病毒灭活。1%过氧乙酸在13 ℃～18 ℃下作用1 h可使病毒灭活。

猪水泡病毒在低温中可长期存活，在污染的猪舍内可存活8周以上。病猪粪便于12 ℃～17 ℃积存138 d，仍可分离出病毒。该病毒对环境有很强的抵抗力，腌、熏加工不能使其灭活，在火腿中可存活180 d，在香肠和加工的肠衣中可分别存活1年和2年以上。

（二）动物产品检验处理指标

猪肉产品经69 ℃ 15 min方可杀灭SVDV。

三、猪瘟（猪霍乱；古典猪瘟）

英文名：Infection with classical swine fever virus

病原：猪瘟病毒（Classical swine fever virus，CSFV）

（一）病原特性

猪瘟病毒对外界环境的抵抗力较强，既能在冷冻条件下存活，也能在烟熏烤晒加工的肉品中存活；在冷藏的猪肉和猪制品中可存活几个月甚至数年；在腌制的咸肉中至少可存活27 d，在浓度高达17.4%的盐腌制的火腿中可存活102 d。该病毒不耐热，仅部分毒株可抵抗56 ℃温度，60 ℃ 10 min可使其完全丧失致病力。在干燥、较高温度的条件下，1～3周病毒即失去传染性。pH <3.0或pH＞11.0可灭活病毒；对乙醚、三氯甲烷、β－丙烯内脂敏感；能被2%氢氧化钠、1%福尔马林、碳酸钠（4%无水或10%结晶碳酸钠+0.1%去污剂）、离子和无离子去污剂、含1%碘伏的磷酸灭活。

（二）动物产品检疫处理指标

1. 泔水中猪瘟病毒灭活方法

（1）将泔水加热至90 ℃以上至少60 min，加热时连续搅拌。

（2）绝对压力3 bar条件下，将泔水加热至121 ℃至少10 min。

2. 肉中猪瘟病毒的灭活方法

可以选择使用下列其中一种方法：

（1）热处理。

在密闭容器中，Fo值为3.00及以上条件下进行热处理。或不低于70 ℃条件下热处理，并保证肉的每个部分都能达到该温度。

（2）自然发酵和成熟过程。

肉经过在以下参数下进行发酵和成熟过程：

Aw值低于0.93或pH值低于6.0。火腿发酵和成熟过程至少经过190 d，腰肉需经过140 d。

（3）干腌猪肉。

带骨头的意大利火腿应加盐腌制，干燥时间至少为313 d。西班牙伊伯利亚火腿加盐腌制，干燥时间至少252 d，腰肉126 d，西班牙塞拉诺火腿140 d。

3. 兽皮和捕猎战利品的猪瘟病毒灭活

可以选择使用下列其中一种方法：

（1）煮沸，时间为刚好能去除骨头、獠牙和牙齿为宜。

（2）室温（20 ℃或更高）条件下，20千戈瑞 γ 射线照射。

（3）pH 11.5的4%（W/V）碳酸钠搅动浸泡48 h。

（4）pH 3.0的甲酸溶液（1 000 L水中加100 kg Nacl和12 kg的甲酸）搅动浸泡至少48 h。

（5）对于未加工过的兽皮，使用含有2%碳酸钠的海盐浸渍至少28 d。

四、非洲猪瘟

英文名：Infection with African swine fever virus

病原：非洲猪瘟病毒（African swine fever virus，ASFV）

（一）病原特性

非洲猪瘟病毒在自然环境中抵抗力很强，加工后贮存5个月的火腿中仍可发现病毒。对酸碱度的抵抗力较强，某些毒株在pH 1.9～13.4范围内可存活2 h或更长时间。该病毒对高热敏感，在60 ℃ 20 min条件下可将其灭活。0.25%福尔马林经48 h、2%氢氧化钠24 h以及多数脂溶剂均可灭活非洲猪瘟病毒。

（二）动物产品检疫处理指标

无。

五、尼帕病

英文名：Nipah virus encephalitis
病原：尼帕病毒（Nipah virus，NiV）

（一）病原特性

尼帕病毒在体外不稳定，对热和消毒药较敏感，加热56 ℃，30 min即可使其破坏，用一般性消毒药和肥皂等清洁剂很容易将其灭活。

（二）动物产品检疫处理指标

无。

六、非洲马瘟

英文名：Infection with African horse sickness virus
病原：非洲马瘟病毒（African horse sickness virus，AHSV）

（一）病原特性

非洲马瘟病毒对乙醚、三氯甲烷和去氧胆酸盐有一定抵抗力，抗胰蛋白酶。在pH 6.0～10之间稳定，在pH 3.0时迅速死亡。血清或血液中的病毒可以长期存活，在4 ℃甚至室温条件下可存活数年。在37 ℃下可存活37 d，而50 ℃ 3 h、60 ℃ 30 min可被灭活。在-20 ℃～-50 ℃条件下容易灭活。乙醚、0.4% β-丙烯内脂可将其灭活，0.1%福尔马林48 h能杀死非洲马瘟病毒。

（二）动物产品检疫处理指标

马乳消毒：

1. 两次高温瞬时巴氏消毒法。
2. 高温瞬时巴氏消毒法与其他物理处理方法结合使用，如在pH 6.0的环境中至少1 h。
3. 超高温巴氏消毒法结合物理方法。

七、牛传染性胸膜肺炎

英文名：Infection with *Mycoplasma mycoides* subsp. *mycoides* SC（contagious bovine pleuropneumonia）

病原：丝状支原体丝状亚种（*Mycoplasma mycodies* subsp. *mycodies*，Mmm）

（一）病原特性

病原对低温有抵抗力。干燥、高温可使牛肺疫病原迅速致死；在干燥和阳光直射下，几个小时即失去活力；经56 ℃ 30 min可杀死病原；对消毒剂的抵抗力不强，0.1%升汞、2%来苏儿、5%漂白粉、1%～2%克辽林、2%石炭酸、10%生石灰等都能在几分钟内杀死病原。

（二）动物产品检疫处理指标

无。

八、牛海绵状脑病

英文名：Bovine spongiform encephalopathy，BSE

病原：朊病毒蛋白（Prion protein）

（一）病原特性

病原对理化因素的抵抗力比一般的细菌和病毒都要强。对热、紫外线、电离辐照等具有很强的抵抗力，肉骨粉经炼制仍具有感染力。耐强酸强碱，pH 2.1～10.5时，用2%次氯酸钠或90%的石炭酸经2 h以上才可灭活病原。135 ℃以上高温才可杀死病原。

（二）动物产品检疫处理指标

降低动物肉骨成分中牛海绵状脑病传染性的处埋方法：

1. 加热前将生料分割成直径小于50 mm的小块。
2. 绝对压力3 bar条件下，不低于133 ℃条件下，饱和蒸汽渗透加热至少20 min。

九、牛结节性皮肤病

英文名：Infection with lumpy skin disease virus

病原：牛结节性皮肤病病毒（Lumpy skin disease virus，LSDV）

（一）病原特性

病毒在55 ℃下2 h或65 ℃下30 min可灭活，在-80 ℃下可在动物皮肤结节中存活10年，在4 ℃下可在感染组织培养液中存活6个月。对强酸和强碱环境均很敏感，pH值6.6～8.6，37 ℃条件下保存5 d后病毒的滴度没有显著下降。对乙醚（20%）、三氯甲烷、甲醛（1%）和一些清洁剂都较为敏感，如十二烷基硫酸钠。对苯酚（2%，15 min）、次氯酸钠（2%～3%）、碘化物（1∶33稀释度）、卫康（2%）、季铵盐化合物（0.5%）等都较为敏感。LSDV稳定性极高，在环境温度下可长时间存活。LSDV耐受力很强，在坏死的皮肤结节内可以存活33 d甚至更长时间，在干燥的痂皮中可存活35 d，在风干皮革中可存活至少18 d。病毒对阳光和含脂溶剂的去污剂敏感，但在阴暗的环境条件下，如动物棚舍，则可存活数月。

（二）动物产品的检疫处理指标

1. 动物产品中牛结节性皮肤病病毒可经65 ℃下30 min灭活。

2. LSD感染的活动物具有很大的风险，对发病畜舍、用具可用碱性溶液、漂白粉等消毒，粪便堆积经生物热发酵处理。对病牛隔离，彻底清创，注入抗菌消炎药物、0.1%高锰酸钾溶液冲洗，溃疡面涂擦碘甘油。为了防止并发症，可使用抗生素和磺胺类药物。

3. 在动物遗传物质中，公牛精液以及牛胚胎和卵母细胞中有携带LSD的风险，在国际贸易中，按照《OIE陆生动物卫生法典》11.12章对输入牛精液、输入牛胚胎和卵母细胞提出了具体要求。

4. 在牛肉及其制品中存在携带风险。在55 ℃ 2 h，65 ℃ 30 min条件下就能灭活，且不耐强酸强碱，经过腌制、干燥、蒸煮烤制后的肉制品比较安全。

5. 在血液等动物副产品中亦有含毒风险，所以对血液制品也需要55 ℃ 2 h或65 ℃ 30 min处理。

6. 牛乳中有该病毒存在风险，但经巴氏消毒可灭活病毒，所以经牛乳传播病毒的风险比较低。

7. 动物皮张也有含病毒风险，但病毒对外界抵抗力低，对各种有机溶剂及紫外线敏感，所以盐湿皮和经过浸酸鞣制的熟皮，在传播和感染LSD方面具有较低风险。

十、痒病

英文名：Scrapie，SC

病原：痒病型朊病毒（Prion protein scrapie，PrPsc）

（一）病原特性

痒病病原对紫外线、电离辐照、理化处理均有极强的抵抗力。用多孔高压灭菌器134 ℃～136 ℃持续作用18 h或间歇高压消毒6次，每次3 h，可使病原失去活性。甲醛对其无效，1 mol/L氢氧化钠或次氯酸钠在无有机物质存在的情况下可全部或部分灭活其感染力。

（二）动物产品检疫处理指标

病羊及疑似感染羊的尸体应尽快焚烧，肉产品绝对不能食用，也不能加工成饲料饲喂水貂、猫和牛，防止其他宿主或传染源的形成。如果羊产品存在污染的风险，应该彻底焚烧，做无害化处理。

十一、蓝舌病

英文名：Infection with bluetongue virus
病原：蓝舌病病毒（Bluetongue virus，BTV）

（一）病原特性

蓝舌病病毒可在干燥的感染血清或血液中长期存活，甚至长达25年。也可以长期存活于腐败血液或含抗凝剂的血液中。对乙醚、三氯甲烷和0.1%去氧胆酸钠有一定抵抗力，但3%福尔马林和70%酒精能使其灭活，脱氧胆酸盐、次氯酸钠、吲哚、含有酸碱等溶液可杀灭病毒。60 ℃加热30 min以上可灭活病毒，75 ℃～95 ℃使之迅速灭活。紫外线和γ射线对病毒灭活作用不大。

（二）动物产品检疫处理指标

无。

十二、小反刍兽疫

英文名：Infection with peste des petits ruminants virus
病原：小反刍兽疫病毒（Peste des petits ruminants virus，PPRV）

（一）病原特性

小反刍兽疫病毒经50 ℃，30 min可丧失感染力。对酸碱抵抗力较强，在pH 4～10范围内稳定，pH＜4、pH＞11病毒很快失活。酒精、乙醚和一些去污剂可有效杀灭病毒，乙醚4 ℃、12 h可将病毒灭活，非离子水去污剂可使病毒所有的纤突脱落而失去感染力。酚、2%氢氧化钠作用24 h可灭活病毒。

（二）动物产品检疫处理指标

1. 山羊和绵羊的血、肉、脱脂骨、蹄、角制成的粉。

最低温度70 ℃热处理至少30 min，处理后避免与污染源接触。

2. 山羊、绵羊的蹄和爪、骨、角、狩猎品以及博物馆用产品。

充分干燥，皮肤、肌肉和腱上没有划痕，充分消毒。

3. 山羊和绵羊包装箱小反刍兽疫病毒的灭活。

高于20 ℃条件下，用干盐（NaCl）或饱和盐水（aw＜0.80），或者使用含86.5% NaCl、10.7%Na_2HPO_4及2.8%Na_3PO_4（W/W/W）的磷酸盐干粉或饱和盐水（aw＜0.80）处理至少30 d。

4. 羊绒及羊毛消毒（以下方法任选一种）。

（1）在18 ℃储存4周，4 ℃储存4个月，或37 ℃储存8 d。

（2）在一密封容器中用甲醛熏蒸消毒至少24 h。具体方法：将高锰酸钾放入容器（不可为塑料或乙烯材料）中，再加入商品福尔马林进行消毒，比例为每立方米加53 mL福尔马林和35 g高锰酸钾。

（3）工业洗涤，包括在浸入水、肥皂水、苏打水或碳酸钾等一系列溶液中水浴。用熟石灰或硫酸钠进行化学脱毛。

（4）浸泡在60 ℃ ~ 70 ℃水溶性去污剂中，进行工业性去污。

5. 羊皮消毒。

（1）在含有2%碳酸钠的海盐中腌制至少28 d。

（2）在一密闭空间内用甲醛熏蒸消毒至少24 h，具体方法参考上述第4小节第2点。

6. 羊乳消毒。

（1）两次高温瞬时巴氏消毒法。

（2）高温瞬时巴氏消毒法与其他物理处理方法结合使用，如在pH 6的环境中维持至少1 h。

（3）超高温巴氏消毒法结合物理方法。

十三、绵羊痘和山羊痘

英文名：Sheep pox and goat pox

病原：绵羊痘病毒和山羊痘病毒Sheep pox virus（SPPV）and goat pox virus（GTPV）

（一）病原特性

病毒对干燥有较强抵抗力，干燥痂皮内病毒可存活3 ~ 6个月。对热抵抗力较低，55 ℃，30 min可将病毒灭活。20%乙醚或三氯甲烷可杀灭病毒。胰蛋白酶、去氧胆酸盐对病毒有灭活作用，3%石炭酸和福尔马林均可使病毒灭活。5%甲醛、2% ~ 3%的硫酸、10%高锰酸钾几分钟内可杀死病毒。10%漂白粉、2%硫酸锌对病毒作用不大。

（二）动物产品检疫处理指标

无。

十四、高致病性禽流感

英文名：Infection with highly pathogenic avian influenza

病原：高致病性禽流感病毒（High pathogenicity avian influenza virus，HPAIV）

（一）病原特性

1994年，美国动物卫生协会家禽和其他禽类可传播疾病委员会将AIV划分为高致病性、温和致病性、无致病性三种，习惯上将后两者统称为低致病性AIV。美国动物卫生协会对HPAIV进行了界定：1.以1∶10稀释的、无菌的、有传染性的尿囊液静脉内接种8只4～6周龄易感鸡，0.2 mL/只，10 d内可导致6～8只鸡死亡的任何流感病毒。2.不符合第一条的任何H5、H7亚型，其HA裂解位点的氨基酸序列与高致病力病毒相一致的流感病毒。3.即使不是H5、H7亚型，如果接种8只易感鸡，能致死1～5只，并能在不含胰蛋白酶的细胞培养物中生长的任何流感病毒。凡符合以上三条中的任何一条，即可认为是HPAIV。

污染水域的水不经浓缩即可分离出禽流感病毒，AIV在22 ℃的湖水中可保持感染性达4 d以上，在0 ℃水中可保持感染性30 d以上，AIV在冰冻的湖水中能安全度过冬天直至候鸟归来；Stallknecht的报告表明，1.0×10^{6} $TCID_{50}$/毫升的AIV在17 ℃可保持感染力207 d，在28 ℃可保持102 d。

（二）动物产品检疫处理指标

1. 用于动物饲料、农业或工业用途的禽源产品（不包括羽毛粉和禽肉）

56 ℃湿热处理30 min。

2. 禽羽毛或绒毛产品

（1）洗净，于100 ℃烘干30 min。

（2）福尔马林（10%甲醛）熏蒸8 h。

（3）20千戈瑞辐照。

3. 羽毛粉和家禽肉

湿热条件最低温度118 ℃处理至少40 min，或压力3.79 bar，蒸汽温度122 ℃持续15 min。

4. 蛋类和蛋类制品禽流感病毒灭活（见表15-1）

表15-1 蛋类和蛋类制品禽流感病毒灭活条件（高致病性）

蛋类及蛋类制品	温度（℃）	时间（s）
全蛋	60	188
全蛋混合物	60	188
全蛋混合物	61.1	94
液态蛋白	55.6	870
液态蛋白	56.7	232
10%咸蛋黄	62.2	138
干蛋白	67	20（h）
干蛋白	54.4	513（h）

5. 禽类肉中禽流感病毒灭活（见表15-2）

表15-2 禽类肉中禽流感病毒灭活条件（高致病性）

温度（℃）	时间（s）
60.0	507
65.0	42
70.0	3.5
73.9	0.51

十五、新城疫

英文名：Infection with Newcastle disease virus

病原：新城疫病毒（Newcastle disease virus，NDV）

（一）病原特性

新城疫病毒对低温抵抗力强，4 ℃可存活1年～2年，–20 ℃可存活10年以上。在鲜蛋中经几个月、在冻鸡中经2年以上仍有病毒存活。将不去毛的鸡尸贮藏于4 ℃，经4个～6个月仍能在皮肤和骨髓中检出活病毒。一般60 ℃、30 min，55 ℃、45 min病毒失去活力。在直射阳光下，30 min病毒即可死亡。2%氢氧化钠、1%来苏儿、1%碘酊及70%酒精在20 min内即可将病毒杀死。病毒对pH的稳定性很强，在pH值为2～12时不被破坏。

（二）动物产品检疫处理指标

1. 蛋和蛋产品中新城疫病毒灭活（见表15-3）

表15-3　蛋和蛋产品中新城疫病毒灭活条件

蛋和蛋产品	温度（℃）	时间（s）
整蛋	55	2521
整蛋	57	4596
整蛋	59	674
液态蛋白	55	2278
液态蛋白	57	986
液态蛋白	59	301
10%咸蛋黄	55	176
干蛋白	57	50.4（h）

2. 禽肉中新城疫病毒灭活（见表15-4）

表15-4　禽肉中新城疫病毒灭活条件

温度（℃）	时间（s）
65	39.8
70	3.6
74	0.5
80	0.03

十六、埃博拉出血热

英文名：Ebola haemorrhagic fever

病原：埃博拉病毒（Ebola virus，EBOV）

（一）病原特性

该病毒在常温下较稳定，对热有中等度抵抗力，56 ℃不能完全灭活，60 ℃ 30 min方能破坏其感染性；紫外线照射2 min可使之完全灭活。对化学药品敏感，乙醚、去氧胆酸钠、β-丙内酯、福尔马林、次氯酸钠等消毒剂可以完全灭活病毒感染性；钴60照射、γ射线也可使之灭活。EBOV在血液样本或病尸中可存活数周；4 ℃条件下存放5周其感染性保持不变，8周滴度降至一半。-70 ℃条件可长期保存。

（二）动物产品检疫处理指标

无。

第二节 二类传染病、寄生虫病（154种）

十七、狂犬病

英文名：Infection with rabies virus
病原：狂犬病病毒（Rabies virus，RABV）

（一）病原特性

狂犬病病毒能抵抗自溶和腐烂，在自溶的脑组织中可以保持活力7 d～10 d。冻干条件下长期存活。病毒对酸、碱、石炭酸、福尔马林、升汞等消毒剂敏感。1%～2%肥皂水、43%～70%酒精、0.01%碘液、丙酮、乙醚都能使之灭活。病毒不耐湿热，50 ℃加热15 min，60 ℃数分钟，100 ℃、2 min以及紫外线、χ 射线均能使其灭活，但该病毒对低温有很强抵抗力。pH＜3.0和pH＞11.0均可使狂犬病病毒灭活。

（二）动物产品检疫处理指标

无。

十八、布鲁氏菌病

英文名：Infection with Brucella abortus，Brucella melitensis and Brucella suis
病原：布鲁氏杆菌（*Brucella*）

（一）病原特性

布鲁氏杆菌对各种物理和化学因子比较敏感。巴氏消毒法可以杀灭该菌，70 ℃ 10 min也可杀死，高压消毒瞬间即可杀灭。它对寒冷的抵抗力较强，低温下可存活1个月左右。该菌对消毒剂较敏感，2%来苏儿3 min即可杀死。pH 7.0及低温下存活时间较长。

（二）动物产品检疫处理指标

无。

十九、炭疽

英文名：Anthrax

病原：炭疽芽孢杆菌（*Bacillus anthracis*）

（一）病原特性

发生该病后，不能进行解剖，要立即采取相应的措施进行消毒。

炭疽杆菌的菌体和芽孢对外界的抵抗力是不同的。菌体的抵抗力不强，与一般细菌相似，而芽孢有很强的抵抗力。炭疽杆菌在腐败的尸体和血液中，在温暖的天气经2 d ~ 3 d即死亡。在干燥的血涂片中可存活1个月以上，直射阳光下能存活6 h ~ 15 h。煮沸2 min ~ 5 min即死亡，60 ℃经30 min ~ 60 min可被全部杀死。在 -15 ℃的鲜肉中存活2周以上。常用的消毒剂一般都能在短时间内杀死炭疽杆菌。炭疽芽孢在干燥的土壤中可存活数十年。在150 ℃干热条件下经60 min方可被杀死，在 -5 ℃或 -10 ℃冷冻可存活4年以上。100 ℃加热2 h可杀死悬浮在生理盐水中的全部芽孢。121 ℃高压灭菌需5 min ~ 10 min才能杀死全部芽孢。在实验室的染色标本上，芽孢仍存活不死，具有感染力。炭疽芽孢在皮张、毛发及毛制品中能存活34年，水中可生存1.5年 ~ 3年。含炭疽芽孢的肉腌制一个半月，芽孢仍不死亡。强氧化剂如高锰酸钾、漂白粉对芽孢杀灭力较强，3%漂白粉20 min即可杀死芽孢。10%甲醛溶液40 ℃时经15 min可杀死芽孢。来苏儿、石炭酸和酒精、升汞对炭疽芽孢的杀灭作用较差。马的鬃毛厚度不超过6.35 cm，用121 ℃高压灭菌15 min可杀死其芽孢。

（二）动物产品检疫处理指标

1. 野生动物毛皮、捕猎品中炭疽芽孢杆菌孢子灭活

相对湿度20% ~ 40%，55 ℃条件下500 mg/L氧化乙烯熏蒸30 min；或者在相对湿度30%、高于15 ℃条件下以400 mg/m^{3}甲醛熏蒸4 h；或者以40千戈瑞剂量的γ射线进行辐照。

2. 骨粉和骨肉粉中炭疽芽孢杆菌孢子灭活

生肉需切成直径小于50 mm的颗粒再进行加热，并且生肉在湿热条件下加热时温度和加热时间需达到以下条件：105 ℃至少8 min、100 ℃至少10 min、95 ℃至少25 min，90 ℃至少45 min。

若采用干热方式，温度和加热时间需满足：130 ℃至少20 min，125 ℃至少25 min，120 ℃至少45 min。

3. 羊毛或毛发中炭疽芽孢杆菌孢子灭活程序

γ射线照射，剂量为25千戈瑞或按照五步清洗法进行清洗：40.5 ℃条件下以

0.25% ~ 0.3% 碳酸钠溶液浸泡 10 min，再于 40.5 ℃下以肥皂水浸泡 10 min。

二十、伪狂犬病

英文名：Aujeszky's disease（Pseudorabies）
病原：伪狂犬病病毒（Pseudorabies virus，PRV）

（一）病原特性

本病病毒的抵抗力较强，在 44 ℃ 下 5 h 内仍有 28% 的存活。55 ℃ ~ 60 ℃ 30 min ~ 50 min 可灭活病毒，70 ℃ 10 min ~ 15 min，80 ℃ 3 min，100 ℃可立刻灭活。一般情况下，在畜舍内干草上的病毒存活时间，夏季约 3 d，冬季可达 46 d。含毒病料在 50% 甘油盐水中于 0 ℃ ~ 6 ℃条件下 154 d 感染力稍有下降，但保持 3 年仍有感染力。腐败可使病毒于 11 d 左右失去感染力。病毒对乙醚、三氯甲烷等脂溶剂敏感，可被 γ 射线、χ 射线、紫外线灭活。纯酒精作用 30 min、5% 石炭酸 2 min 可灭活病毒，但 0.5% 石炭酸作用 32 d 以上病毒仍有感染力。2% 福尔马林作用 20 min、0.5% ~ 1% 苛性钠能迅速灭活病毒。胃蛋白酶、胰蛋白酶于 pH 7.6，90 min 能灭活病毒。

（二）动物产品检疫处理指标

无。

二十一、魏氏梭菌感染

英文名：Clostridium perfringens infections
病原：魏氏梭菌（*Clostridieum welchii*）

（一）病原特性

该菌一般培养条件下很难形成芽孢，其繁殖体的抵抗力不强，60 ℃ 15 min 即可杀死繁殖体。一旦形成芽孢后，对热力、干燥和消毒药的抵抗力就显著增强，芽孢可耐 90 ℃水浴 30 min，或 100 ℃水浴 5 min（食物中毒型菌株的芽孢可耐沸水浴 1 h ~ 3 h；D 型菌为土壤常在菌，污水中也存在，95 ℃条件下 2.5 h 才可杀死其芽孢），10% 的福尔马林 10 min 可将其杀死。

（二）动物产品检疫处理指标

动物产品中魏氏梭菌可经 100 ℃、3 h 灭活。

二十二、副结核病

英文名：Paratuberculosis（Johne's disease）

病原：副结核分枝杆菌（*Mycobacterium avium* subsp. *Paratuberculosis*, M. *paratuberculosis*）

（一）病原特性

副结核分枝杆菌对干燥和湿冷的抵抗力强，对湿热抵抗力不大，60 ℃、30 min或80 ℃ 1 min ~ 5 min可被杀灭。在污染的牧场、厩肥中可存活数月至一年，在牛乳和甘油盐水中可保存10个月。在自来水和泥的悬液内可存活9个月，在粪便中为125 d ~ 246 d。将病菌先置 -14 ℃、5个月，再置4 ℃、5个月，最后置38 ℃、8个月，仍能保持活力。

（二）动物产品检疫处理指标

无。

二十三、弓形虫病

英文名：Toxoplasmosis

病原：刚地弓形虫（*Toxoplasma gondii*）

（一）病原特性

弓形虫在不同发育阶段对外界环境因素的抵抗力不同，游离的弓形虫最为脆弱，包囊抵抗力较强，而卵囊的抵抗力最强。弓形虫滋养体对干燥很敏感，在日光直射、紫外线、超声波或X光线作用下可迅速死亡，而对低渗溶液和各种消毒剂的抵抗力并不强；包囊对热也很敏感，对包囊有效的消毒剂有乙醇、丙醇和过氧乙酸等；弓形虫卵囊与其他球虫卵囊一样，对外界因子具有很强的抵抗能力，并且对一般酸、碱、消毒剂、胰酶、胃蛋白酶等都有相当高的抵抗力。在室温可生存3 ~ 18个月，猫粪内可存活1年。弓形虫对消毒剂抵抗力很强，在4 ℃环境中，滋养体和包囊在0.01%甲醛、50%乙醇、10%碳酸氢钠、5%石炭酸（包囊）、0.1%石炭酸等药品中可存活15 min。

（二）动物产品的检疫处理指标

无。

二十四、棘球蚴病

英文名：Infection with Echinococcus granulosus，Infection with Echinococcus multilocularis

病原：棘球绦虫（*Echinococcus*）

（一）病原特性

虫卵对外界低温、干燥及化学药品有很强抵抗力。在2 ℃水中能活2.5年，在冰中可活4个月，经过严冬（–12 ℃ ~ –14 ℃）仍保持感染力。对高温和日晒抵抗力差。一般化学消毒剂不能杀死虫卵。棘球蚴和原头蚴在外界，特别在低温时能存活较久，如在20 ℃ ~ 22 ℃可存活2 d，10 ℃ ~ 15 ℃、4 d，–2 ℃ ~ 2 ℃、10 d。成虫在犬体内可生存5 ~ 6个月，幼虫在人体内可生存40年或更久。棘球绦虫在PBS液中–80 ℃冷冻3 d或在含1%福尔马林的PBS液中70 ℃ ~ 80 ℃加热8 h可灭活。

（二）动物产品检疫处理指标

动物产品中棘球绦虫可经100 ℃煮沸灭活。

二十五、钩端螺旋体病

英文名：Leptospirosis

病原：致病性钩端螺旋体属（*Leptospira interrogans*）

（一）病原特性

钩端螺旋体在体外通常都很脆弱，易受各种理化及生物因素的影响而迅速死亡。钩端螺旋体置于直射日光下照射2 h便可死亡，紫外线在33 cm处照射1 min，即可使其死亡。钩端螺旋体对热抵抗力也很弱，使其受热致死点为45 ℃时30 min，50 ℃时10 min，60 ℃时10 s，70 ℃时只需几秒钟。钩端螺旋体对低温抵抗力较强，放于4 ℃冰箱中可生存14 d。钩端螺旋体对多种化学药品均无抵抗力。0.1%稀释的各种酸类（盐酸、硫酸、醋酸等）作用10 min ~ 15 min即可杀死，0.05%来苏儿能迅速将其杀死，超过$0.3 \times 10^{-6} \sim 0.5 \times 10^{-6}$的氯1 min ~ 3 min便可使其死亡，甘油、乙醚、三氯甲烷和0.1%甲醛也可迅速使之死亡，10%胆汁可使之完全溶解，但对酒精抵抗力较强。抗生素对钩端螺旋体的作用，因所用浓度而异，低浓度时有抑制作用，高浓度时能使钩端螺旋体运动丧失，形体变长、感染力消失，最终死亡。可用2%苛性钠溶液或20%生石灰乳对环境和用具进行消毒，可用漂白粉对被污染的水源进行消毒。

（二）动物产品检疫处理指标

动物产品中致病性钩端螺旋体可经100 ℃煮沸灭活。

二十六、施马伦贝格病

英文名：Schmallenberg disease
病原：施马伦贝格病毒（Schmallenberg virus，SBV）

（一）病原特性

SBV在50 ℃～60 ℃ 30 min病毒即失活（或毒力明显降低）；对普通消毒剂（1%次氯酸钠、2%戊二醛、70%乙醇、甲醛）敏感；在存活力方面，SBV长时间离开宿主或媒介后不能存活。

（二）动物产品检疫处理指标

鲜奶中SBV经巴氏消毒法可被灭活。

二十七、梨形虫病

英文名：Piroplasmosis
病原：泰勒虫和巴贝斯虫（*Theileria* and *Babesia*）

（一）病原特性

蜱是传播巴贝斯虫病的主要媒介，其对敌敌畏、马拉硫磷、杀螟硫磷、六六六等化学制剂敏感。

（二）动物产品检疫处理指标

1. 梨形虫可能出现在未经加工的鲜肉中。经加工处理过的肉制品中，梨形虫存在的可能性很小。
2. 进境易感活动物及其皮张等产品时需全场灭蜱，用1%敌白虫或0.5%敌敌畏水溶液喷洒圈舍、墙壁、地面、运动场等处，使用0.2%敌百虫喷洒畜禽体，特别是耳背、腹下等蜱寄生部位。每15 d一次，连续3次，以杀灭传播媒介。

二十八、日本脑炎

英文名：Japanese encephalitis
病原：日本脑炎病毒（Japanese encephalitis virus，JEV）

（一）病原特性

JEV对外界的抵抗力不强，该病毒对乙醚、三氯甲烷、蛋白酶、胆汁和去氧胆酸等很敏感，常用消毒剂如酒精、甲醛、3%来苏儿、2%氢氧化钠等能迅速杀灭该病毒。病毒颗粒经蛋白酶处理后，其包膜突起和血凝素完全消失，红细胞的凝集作用亦消失。病毒在10%的脱脂乳、0.5%水解乳蛋白和5%乳糖等稀释剂内较为稳定，但在生理盐水中病毒的滴度则很快下降。病毒对热很敏感，56 ℃、30 min，100 ℃、2 min或37 ℃、48 h均可使病毒失活，在室温中也不能久存，但对低温和干燥的抵抗力很强，冰冻干燥的病毒样品的活性在4 ℃冰箱中可保存数年，溶液中的病毒样品在-20 ℃中可存活数月但毒价下降，如加甘油或血清保存可增加稳定性，在-70 ℃中则可存活数年。但其存活时间又与稀释剂的种类和稀释程度有很大关系。例如在以脱脂乳为稀释剂时，于30 ℃放置120 h后还有存活的病毒，但如以生理盐水稀释，则迅速灭活，10%正常灭活兔血清、10%的脱脂乳和0.5%乳白蛋白水解物等稀释剂中较为稳定。保存该病毒的最佳pH 为7.5～8.5，病毒在pH 7以下或以上活性迅速降低。JEV对胰酶敏感。

（二）动物产品检疫处理指标

动物产品中乙型脑炎病毒可经100 ℃，2 min灭活。

二十九、旋毛虫病

英文名：Infection with Trichinella spp.

病原：旋毛形线虫（*Trichinella spiralis*）

（一）病原特性

旋毛虫幼虫囊包的抵抗力较强，能耐低温，猪肉中囊包里的幼虫在-15 ℃需贮存20 d才死亡，在-12 ℃时可存活57 d，在腐肉中也能存活2～3个月。感染性的北方旋毛虫幼虫可以在腐肉、风干肉、生冻腊肠中存活5个月。海豹肉中旋毛虫幼虫在-18 ℃可存活8周。旋毛虫幼虫在蝇蛆中可以存活5 d。埋在地下的含旋毛虫囊包的猪肉90 d后幼虫仍有感染力，但在70 ℃时多可被杀死。

（二）动物产品检疫处理指标

动物产品中旋毛形线虫可经100 ℃煮沸灭活。加热熟制时，肉中心温度需80 ℃才能杀灭虫体。

三十、土拉杆菌病

英文名：Tularemia

病原：土拉弗朗西斯菌（*Francisella tularensis*）

（一）病原特性

土拉弗朗西斯菌在低温条件下和在水中能长时间保存。如在4 ℃的水域或潮湿土壤中能保存4个月以上，且毒力不降低；在死于该菌的动物尸体中，低温下可存活6～9个月；在肉品和皮毛中可存活数十天，但对理化因素的抵抗力不强。土拉弗朗西斯菌对热敏感，60 ℃ 20 min即可被灭活，直射阳光下存活20 min～30 min，紫外线照射立即死亡。一般消毒药如2%～3%来苏儿、石炭酸和1%升汞5 min杀死，对甲醛、酒精及氯均无耐受性。由于该菌对氯的抵抗力低于肠道细菌，因此通常用漂白粉处理水（1.5 mg/L），可在1 h内杀死。空间可用氯化苦消毒（6 mL/m^3）。

（二）动物产品检疫处理指标

在30 ℃～35 ℃下，1 m^3的空间用50 mL氯化苦，保持24 h可用于动物皮毛消毒。

三十一、水泡性口炎

英文名：Vesicular stomatitis

病原：水泡性口炎病毒（Vesicular stomatitis virus，VSV）

（一）病原特性

病毒在58 ℃经30 min可灭活，在直射阳光或紫外线照射下迅速死亡，对脂溶剂（乙醚、三氯甲烷）、酚类化合物、氯、碘和四铵化合物敏感；0.05%结晶紫可使其失去感染性；不耐酸；2%的氢氧化钠或1%的福尔马林能在几分钟内杀灭病毒，0.1%的升汞或1%的石碳酸则需1小时以上才能将其杀灭。病毒在4 ℃～6 ℃的土壤中能长期存活，对石炭酸能抵抗可达23 d，在甘油磷酸盐缓冲液内可存活4个月。

（二）动物产品检疫处理指标

牛乳消毒（采用下列程序之一灭活病毒）

1. 两次HTST巴氏消毒（72 ℃至少15 s）。
2. 巴氏消毒与其他消毒处理方法结合使用，在pH 6的环境中维持至少1 h。

三十二、西尼罗热

英文名：West nile fever

病原：西尼罗病毒（West nile virus，WNV）

（一）病原特性

WNV对热、紫外线、化学试剂如乙醚等敏感，加热至56 ℃，30 min即可灭活。

（二）动物产品检疫处理指标

1. 畜禽毛

在一密封容器中用甲醛熏蒸消毒至少24 h。具体方法：将高锰酸钾放入容器（不可为塑料或乙烯材料）中，再加入商品福尔马林进行消毒，比例为每立方米加53 mL福尔马林和35 g高锰酸钾。

2. 畜禽皮

在一密闭空间内用甲醛熏蒸消毒至少24 h，具体方法参考1。

三十三、裂谷热

英文名：Infection with rift valley fever virus

病原：裂谷热病毒（Rift valley fever virus，RVFV）

（一）病原特性

该病毒在冻结或冻干状态下能够长期存活，血清中的病毒在−4 ℃时能够存活3年，在室温下可存活3个月。能够抵抗0.5%石炭酸达6个月之久。在pH值为 7～8时稳定，pH值＜6.2时即使是在−60 ℃也会很快失去活性。对甲醛等消毒剂敏感。

（二）动物产品检疫处理指标

1. 畜禽毛

在一密封容器中用甲醛熏蒸消毒至少24 h。具体方法：将高锰酸钾放入容器（不可为塑料或乙烯材料）中，再加入商品福尔马林进行消毒，比例为每立方米加53 mL福尔马林和35 g高锰酸钾。

2. 畜禽皮

在一密闭空间内用甲醛熏蒸消毒至少24 h，具体方法参考1。

三十四、结核病

英文名：Infection with Mycobacterium tuberculosis complex

病原：结核分枝杆菌（*Mycobacterium tuberculosis*）

（一）病原特性

结核分枝杆菌在外界环境中生存力较强。对干燥和湿冷的抵抗力强。对热抵抗力差，60 ℃,持续30 min即死亡。对酸（6%H_2SO_4）、碱（4%NaOH）抵抗力较强，但对酒精、湿热及紫外线抵抗力较弱，在70%酒精或10%漂白粉中很快死亡。结核分枝杆菌具有一定的变异性，可发生菌落、形态、毒力及耐药性等变异，同时对异烟肼、链霉素、利福平等药物极易产生耐药性，而耐药菌株通常只对一种药物耐药，对其他抗结核药物依然敏感，故临床上主张采用联合使用多种药物的方法进行治疗，以防耐药性的产生，加强疗效。

（二）动物产品检疫处理指标

无。

三十五、新大陆螺旋蝇蛆病（嗜人锥蝇）

英文名：New world screwworm（*Cochliomyia hominivorax*）
病原：嗜人锥蝇（*Cochliomyia hominivorax*）

（一）病原特性

从1957年开始，美国实施了扑灭此病的计划，主要是使用长效消毒杀虫剂及不育雄虫技术。有机磷杀虫剂如除线磷、皮蝇磷，尤其是蝇毒磷杀死新大陆螺旋蝇蛆很有效。

（二）动物产品的检疫处理指标

无。

三十六、旧大陆螺旋蝇蛆病（倍赞氏金蝇）

英文名：Old World Screwworm（*Chrysomya bezziana*）
病原：旧大陆螺旋蝇蛆倍赞氏金蝇（*Chrysomya bezziara*）

（一）病原特性

使用长效消毒杀虫剂及不育雄虫技术可以扑灭此病（美国）。有机磷杀虫剂如除线磷、皮蝇磷，尤其是蝇毒磷杀死旧大陆螺旋蝇蛆很有效。

（二）动物产品的检疫处理指标

无。

三十七、Q热

英文名：Q fever
病原：贝纳柯克斯体（*Coxiella burnetii*）

（一）病原特性

贝氏柯克斯体对理化因素有较强的抵抗力，在干燥的蜱组织、蜱粪以及感染动物的排泄物和分泌物中，经数周至半年仍有感染性，在病畜肉中可存活30 d，在水和牛乳中可存活4个月以上。巴斯德消毒法不能把牛乳中污染的病原体全部杀死。牛乳煮沸不少于10 min方可得到可靠的消毒。3%～5%石炭酸、2%漂白粉或3%双氧水处理，经1 min～5 min可将其灭活。70%酒精经1 min即可杀死，紫外线照射可完全灭活。

（二）动物产品检疫处理指标

无。

三十八、克里米亚刚果出血热

英文名：Crimean-Congo hemorrhagic fever
病原：克里米亚–刚果出血热病毒（Crimean-Congo hemorrhagic fever virus，CCHFV）

（一）病原特性

CCHFV对紫外线敏感，紫外照射3 min内病毒活性全部丧失。在4 ℃、10 d；20 ℃ 2 d；37 ℃、12 h；60 ℃、10 min；100 ℃、2 min病毒会完全失活。–20 ℃保存3个月毒力下降。pH值为7.0～9.0环境中感染性和抗原性最好，对脂溶剂和去垢剂如乙醚和三氯甲烷敏感，1∶1 000次氯酸钠显著降低其滴度。冻干保存长期保持感染性（5年至7年），但干燥过程易使之分解。

病原体在含有50%中性甘油盐水的冰盒内，可保存半年以上，利用冷冻真空干燥法能保存病毒长达数年之久。在动物组织、粪便、分泌物、水和奶中也可长期存活。该病毒抵抗力不强，对酸（pH值为3.0）和丙酮、三氯甲烷、乙醚等脂溶剂敏感。一般消毒剂如来苏尔、新洁尔灭等也能灭活病毒。在pH值为3.0以下作用90 min，56 ℃，30 min均可灭活。低浓度甲醛可使其灭活而保持其抗原性。真空干燥后在4 ℃可保存数年。该病毒对温度的变化以及酸和乙醚均甚敏感，56 ℃，30 min可完全灭活，置于普通冰箱中4 ℃，24 h，可使感染滴度显著下降。紫外线照射（50 cm、30 min）也可灭活病毒。

（二）动物产品的检疫处理指标

相关动物产品经过高温处理后（60 ℃、10 min，100 ℃、2 min）风险很低或无风险。

三十九、伊氏锥虫感染（包括苏拉病）

英文名：Trypanosoma Evansi infection（including Surra）
病原：伊氏锥虫（*Trypanosoma Evansi*）

（一）病原特性

伊氏锥虫的抵抗力比较脆弱，在虻体内只能存活24 h～44 h，在厩蝇体内能存活22 h。在室温条件下，离体血液中的锥虫的运动力只能保持数小时，自来水和蒸馏水均能使它立即崩解。伊氏锥虫在外界环境中抵抗力很弱，在干燥、日光直射时很快死亡；消毒药液或常用水能使虫体立即崩解，另外50 ℃、5 min可使其死亡。

（二）动物产品的检疫处理指标

无。

四十、利什曼原虫病

英文名：Leishmaniasis
病原：利什曼属的各种原虫（*Leishmaniasis* spp.）

（一）病原特性

五价锑剂葡萄糖酸锑钠可以杀死利什曼原虫，国产制剂中为斯锑黑克（Stibiihexonas）效果较好。

（二）动物产品的检疫处理指标

无。

四十一、巴氏杆菌病

英文名：Pasteurellosis
病原：多杀性巴氏杆菌（*Pasteurella multocida*）

（一）病原特性

本菌抵抗力不强，在无菌蒸馏水和生理盐水中很快死亡。在阳光下暴晒10 min，或56 ℃加热15 min，或60 ℃加热10 min可被杀死。在干燥空气中2 d～3 d死亡，厩肥中可存活1个月。3%的石碳酸、3%的福尔马林、10%的石灰乳、2%的来苏儿、0.5%～1%氢氧化钠等几分钟即可杀死本菌。对青霉素、链霉素、四环素、土霉素、磺胺类及许多新的抗菌药物敏感。在17.6 ℃的常温下存于封闭试管中的肉汤培养基经两年后仍有致病性，而在2 ℃～4 ℃时1年后失去活力，在4 ℃或更低的温度下，细菌在冻干状态或密封于试管中不发生变异，也不会失去致病力，冻干菌在低温下可保存26年。

（二）动物产品的检疫处理指标

无。

四十二、心水病

英文名：Heartwater
病原：反刍兽考德里氏体（*Cowdria ruminantium*）

（一）病原特性

本病原体立克次氏体对外界的抵抗力不强，室温下极易灭活而很少能存活36 h，脑组织中的病原体在-20 ℃能保存12 d以上，-70 ℃能保存2年以上。

（二）动物产品检疫处理指标

无。

四十三、类鼻疽

英文名：Malioidosis
病原：类鼻疽伯克霍尔德菌（*Burkholderia pseudomallei*）

（一）病原特性

本菌在自然条件下抵抗力较强，能在土壤和水中存活1年以上，但不耐高热和低温，常用消毒剂能将其杀灭。

（二）动物产品检疫处理指标

无。

四十四、流行性出血病感染

英文名：Infection with epizootic haemorrhagic disease
病原：流行性出血热病毒（Epizootic haemorrhagic disease virus，EHDV）

（一）病原特性

病毒不耐热，56 ℃ 4 h ~ 5 h可将其灭活。对乙醚和去氧胆酸盐有抵抗力，对三氯甲烷敏感或稍有抵抗力。于pH 6.8 ~ 9.5稳定，在pH 4.0以下迅速灭活。

（二）动物产品检疫处理指标

无。

四十五、小肠结肠炎耶尔森菌病

英文名：Yersinia enterocolitica
病原：小肠结肠炎耶尔森菌（*Yersinia enterocolitica*）

（一）病原特性

耶尔森菌在外环境（饮水、井水、蒸馏水）中不仅具有长期保持生命力的特性，而且可以生长繁殖，在低温水中可生存长达6个月之久，由于耶尔森菌在低温条件下比大多数其他致病菌更易于繁殖，所以保存在4 ℃ ~ 5 ℃冰箱中的食品更具有传染的危险性。家庭现代化带来的冰箱的广泛应用，使得耶氏菌的传染扩散激增。

朱凤云对临床上分离到的菌株进行敏感性试验发现在治疗该病时应选择使用卡那霉素、庆大霉素、丁胺卡那霉素、利福平、四环素、复方新诺明等药物，而避免使用红霉素、氨卡青霉素和磺胺等药物。

（二）动物产品检疫处理指标

无。

四十六、牛传染性鼻气管炎/传染性脓疱性阴户阴道炎

英文名：Infectious bovine rhinotracheitis/Infectious pustular vulvovaginitis
病原：疱疹病毒I型（Bovine herpesvirus 1，BOHV-1）

（一）病原特性

本病病毒对乙醚、三氯甲烷、丙酮敏感。病毒在pH 6.9 ~ 9.0时稳定，在pH 4.5 ~ 5.0下可被灭活。病毒在4 ℃可保存1个月，–60 ℃可保存9个月，37 ℃可存活10 d左右，对冻干、冻融也很稳定。63 ℃以上数秒内可灭活病毒。0.5%氢氧化钠、0.01%氯化汞、1%漂白粉、1%酚衍生物和1%季铵盐在数秒内灭活病毒，5%甲醛溶液1 min内可灭活。将污染物品暴露在38%甲醛气溶胶（20 mL/m^3）6 h、次氯酸钠溶液（相当于1.5%活性氯，200 mL/m^3）1 h、3%过氧乙酸（200 mL/m^3）1 h，0.25 mg/L ~ 1.6 mg/L臭氧可灭活病毒。

（二）动物产品检疫处理指标

无。

四十七、牛恶性卡他热

英文名：Malignant catarrhal fever

病原：恶性卡他热病毒（Malignant catarrhal fever virus，MCFV）

（一）病原特性

病毒对外界环境的抵抗力不强，不能抵抗冷冻和干燥。含病毒的血液在室温下24 h则失去活力，温度在冰点以下可使病毒失去活性。

（二）动物产品的检疫处理指标

1. 肉及肉制品：消毒剂/化学药品包括次氯酸钠消毒剂（3%浓度的溶液，对于存在于有机物残骸内的病毒）可以灭活病毒。太阳光可迅速灭活病毒。

2. 动物皮毛、蹄等副产品中，基本不含有病毒，且病毒对外界抵抗力低，消毒剂/化学药品包括次氯酸钠消毒剂（3%浓度的溶液，对于存在于有机物残骸内的病毒）可以灭活病毒，太阳光可迅速灭活病毒。

四十八、牛白血病

英文名：Enzootic bovine leukosis

病原：牛白血病病毒（Bovine leukemia virus，BLV）

（一）病原特性

BLV对外界环境的抵抗力不强，与其他有囊膜病毒一样，对去污剂等脂溶剂比较敏感，福尔马林、β－丙内酯、氧化剂、乙醚、脱氧胆酸钠、羟胺、十二烷基硫酸钠和按离子能迅速破坏其传染性。加热、低pH值、非等渗和干燥的条件下可使病毒失活。56 ℃，30 min大多数毒株被灭活，60 ℃以上迅速失去感染力。对乙醚和胆盐敏感，pH值 4.5和一些普通消毒药也能使其失去活性，紫外线照射、反复冻融等对病毒均有较强的灭活作用。一般消毒药能很快杀死病毒。各种消毒药物杀死BLV的最低浓度分别为苯酚2%、消毒灵0.01%、氢氧化钠1%、消毒劲0.05%、漂白粉0.5%、高锰酸钾0.02%、二氯乙氰尿酸钠0.01%、百毒杀0.05%、新洁尔灭0.05%、福尔马林4%、过氧乙酸0.02%。

（二）动物产品检疫处理指标

用巴氏灭菌法可杀灭牛奶中的病毒。

四十九、牛无浆体病

英文名：Bovine anaplasmosis

病原：边缘无浆体（*Anaplasma marginale*）

（一）病原特性

无浆体在用冷冻法贮藏的加甘油的血中可保持活力达数月，若与普通葡萄糖、蔗糖以及枸橼酸盐溶液相混合则可保持350 d之久。无浆体对广谱类抗生素均敏感。

（二）动物产品的检疫处理指标

1. 进口种用牛或用于饲养的牛：（1）装运当天无牛无浆体病的临床迹象；（2）自出生及近两年都在无牛无浆体病的环境下；（3）在装运前30 d，牛无浆体的检测结果为阴性。

2. 连续5 d使用剂量为22 mg/kg的有效药物，如四环素；若有必要，使用杀螨剂；装运前使用防虫叮咬剂，确保无蜱。

五十、牛生殖道弯曲杆菌病

英文名：Bovine genital campylobacteriosis

病原：胎儿弯曲杆菌（*Campylobacter fetus*）

（一）病原特性

该菌对干燥、阳光和一般消毒药敏感。58 ℃加热5 min即死亡。在干草、土壤中于20 ℃～27 ℃可存活10 d，于6 ℃可存活20 d，在冷冻精液（–79 ℃）内仍可存活。

（二）动物产品检疫处理指标

无。

五十一、牛病毒性腹泻/粘膜病

英文名：Bovins viral diarrhoae/Mucosal disease

病原：病毒性腹泻-粘膜病病毒（Bovins viral diarrhoae-mucosal disease virus，BVDV）

（一）病原特性

本病毒对乙醚、三氯甲烷、胰酶等敏感，pH值小于3易被破坏；50 ℃氯化镁中不稳定；56 ℃很快被灭活；血液和组织中的病毒在-70 ℃可存活多年。病毒悬液经胰酶处理后（0.5 mg/ml，37 ℃下60 min）致病力明显减弱，pH值为5.7～9.3时病毒相对稳定，超出这一范围，病毒感染力迅速下降。病毒可被紫外线灭活，但可经受多次冻融。

（二）动物产品检疫处理指标

无。

五十二、赤羽病

英文名：Akabane disease

病原：赤羽病病毒（Akabane disease virus，AKV）

（一）病原特性

pH值为6～10时稳定，对热、紫外线、脂溶剂和洗涤剂敏感。对56 ℃，低pH和0.1 %脱氧胆酸敏感。

（二）动物产品检疫处理指标

无。

五十三、牛皮蝇蛆病

英文名：Cattle Hypodermosis

病原：纹皮蝇、牛皮蝇、中华皮蝇的幼虫（Hypoderm lineatum，Hypoderm bovis，Hypoderm sinense）

（一）病原特性

纹皮蝇和牛皮蝇均对阳光、气温和风非常敏感。成熟的牛皮蝇通常仅能存活1周左右，1%敌百虫溶液可杀死产卵的雌蝇和幼虫。

外用药物：每头牛用1%倍硫磷溶液170 mL喷淋或喷雾，以11～12月份用药为好，对第1、2、3期幼虫均有杀灭作用；或每千克体重用8%皮蝇磷溶液0.33 mL，沿颈部和背部的皮肤涂擦。

注射用药：对于已经感染的牛，用“百虫伊针灭”（伊维菌素注射液）每千克体重0.02 mL，皮下注射，用药1次即可痊愈；也可用倍硫磷原液按5 mg/kg于11月份（皮蝇停止飞翔以后）臀部肌肉注射，具有良好的防治效果。

手工灭虫：经常检查牛背，发现皮下有成熟的结节时，用针刺死其内的幼虫，或用手指挤出幼虫，随即踩死，伤口涂以碘酊。注意不要将虫体挤破，以免引起过敏反应。

（二）动物产品的检疫处理指标

无。

五十四、牛巴贝斯虫病

英文名：Bovine babesiosis

病原：牛巴贝斯虫、牛双芽巴贝斯虫和分岐巴贝斯虫（*Babesia bovis*，*Babesia bigemina* and *Babesia divergens*）

（一）病原特性

将虫体悬液冻存于干冰或液氮罐中，干冰保藏至1 436天，液氮1 285天，仍具有感染性。通常含有病原体的蜱在叮咬易感动物皮肤后经唾液将病原体传输到易感动物血液中会引起发病。本病的治疗通常需要在抗寄生虫治疗的同时进行对症治疗，这样进行综合治疗才能达到良好的治疗效果。对巴贝斯虫进行治疗时可以使用黄色素和贝尼尔。黄色素的使用量为按体重3 mg/kg～4 mg/kg，用生理盐水配成1%溶液静脉注射。病状未减轻时，24 h再注射1次。贝尼尔的使用量为每千克体重使用3.5 mg～3.8 mg。将这些配制成为7%的溶液进行肌肉注射。本药物有中毒危险，在应用时应予以重视，中毒表现为病牛神情不安，肌肉不停颤抖，不停排尿，对妊娠牛要慎用。在治疗的同时需要配合对症治疗。对症治疗可以使用青霉素防治继发感染。使用安乃近来作为退烧药物对病牛退烧。使用安钠钾进行注射可以起到强心作用。使用糖盐水可以起到补液和补充能量的作用。应用一些缓泻的药物促进肠道运动，改善肠道机能，此外还要在牛体表应用敌百虫喷洒，可以消灭体表蜱虫。

（二）动物产品检疫处理指标

无。

五十五、出血性败血症

英文名：Haemorrhagic septicaemia
病原：多杀性巴氏杆菌（*Pasteurella multocida*）

（一）病原特性

本菌抵抗力不强，在无菌蒸馏水和生理盐水中很快死亡。在阳光中暴晒10 min，或56 ℃加热15 min，或60 ℃加热10 min可被杀死。在干燥空气中2 d～3 d死亡，厩肥中可存活1个月。3%的石碳酸、3%的福尔马林、10%的石灰乳、2%的来苏儿、0.5%–1%d氢氧化钠等几分钟即可杀死本菌。对青霉素、链霉素、四环素、土霉素、磺胺类及许多新的抗菌药物敏感。在17.6 ℃的常温下存于封闭试管中的肉汤培养基经两年后仍有致病性，而在2 ℃～4 ℃时1年后失去活力，在4 ℃或更低的温度下，细菌在冻干状态或密封于试管中不发生变异，也不会失去致病力，冻干菌在低温下可保存26年。

（二）动物产品的检疫处理指标

无。

五十六、泰勒虫病

英文名：Theileriosis
病原：泰勒虫（*Theileria*）

（一）病原特性

泰勒虫生活史需两个宿主，一个是璃眼蜱属的蜱，我国主要是残缘璃眼蜱，另一个是牛、羊。其中蜱是终末宿主，预防本病主要在于灭蜱。

（二）动物产品的检疫处理指标

无。

五十七、马传染性贫血

英文名：Equine infectious anaemia
病原：马传染性贫血病毒（Equine infectious anaemia virus，EIAV）

（一）病原特性

马传染性贫血病毒对外界抵抗力较强。病毒在粪、尿中可生存2.5个月，堆肥中30 d，–20 ℃中保持毒力6个月到2年，日光照射经1 h ~ 4 h死亡。2% ~ 4%氢氧化钠、3% ~ 5%克辽林、3%漂白粉和20%草木灰水等均可在20 min内杀死病毒。病毒对温度的抵抗能力较弱，煮沸立即死亡，血清中的病毒，经56 ℃、1 h处理，可完全灭活。病毒对乙醚敏感，5 min即可丧失活性。对胰蛋白酶、核糖分解酶和脱氧核糖核酸酶有抵抗力。

（二）动物产品检疫处理指标

无。

五十八、马流行性淋巴管炎

英文名：Epizootic lymphangitis

病原：伪皮疽组织胞浆菌（*Histoplasma farciminosum*）

（一）病原特性

伪皮疽组织胞浆菌对外界因素抵抗力顽强。病变部位的病原菌在直射阳光作用下能耐受5 d，60 ℃能存活30 min；在80 ℃仅几分钟即可被杀死。0.2%升汞要1 h杀死，5%石炭酸1 h ~ 5 h死亡。在0.25%石炭酸、0.1%盐酸溶液中能存活数周。在1个大气压的热压消毒器中10 min杀死病毒。病畜厩舍污染本菌经6个月仍能存活。

在培养基上生长的本病原菌在日光直接作用下能存活5 d，60 ℃加热能抵抗1 h，在80 ℃几分钟即被杀死。0.2%升汞、5%石炭酸、1%甲醛溶液、5%石灰乳1 h ~ 5 h杀死本菌，在5% ~ 20%漂白粉中要1 h ~ 3 h才能杀死本菌。在干燥的培养基上可生存1年，在密封的培养基中能存活1年以上。

（二）动物产品检疫处理指标

被污染的厩舍、系马场以及饲理用具，应以10%热氢氧化钠或20%漂白粉液消毒，每10 d ~ 15 d一次，刷拭用具及鞍具等应以5%甲醛液消毒。粪便经发酵处理。

五十九、马鼻疽

英文名：Infection with Burkholderia mallei（Glanders）

病原：鼻疽伯克霍尔德氏菌（*Burkholderia mallei*）

（一）病原特性

该菌对干燥、光线或化学物质没有抵抗力，故存活不超过两周。但在适宜条件下，它可能存活数月。在自来水中，它至少可存活1个月。氯苄烷铵（即洁而灭）（1∶2 000）、次氯酸钠（500×10^{-6}有效氯）、碘、氯化汞乙醇溶液和高锰酸钾等是该菌的高效消毒药。酚类消毒剂无效。

（二）动物产品的检疫处理指标

肉及肉制品：该菌存在于病马和隐性感染马的呼吸道和皮肤溃疡性病灶中，而且该菌对外界环境的抵抗力不强，加热56 ℃、10 min可将其杀死。

六十、马病毒性动脉炎

英文名：Infection with equine arteritis virus

病原：马病毒性动脉炎病毒（Equine arteritis virus，EAV）

（一）病原特性

EAV对低pH敏感，肉尸僵过程中的pH变化（通常肉的pH值下降到5.5左右）对病毒有杀灭作用。病毒在−20 ℃以下可保存数年，4 ℃可存活约一个月。冷冻或冷藏肉中病毒存活的时间很难确定，但有的资料认为病毒在冷冻的肌肉中至少能存活11个月。病毒具有耐低温的特性，冷冻和解冻后仍能存活。37 ℃仅能存活1 d～2 d，而56 ℃、30 min即可灭活。病毒对0.5 mg/mL胰蛋白酶有抵抗力，但对乙醚，三氯甲烷等脂溶剂敏感。50 ℃，1 mol/L的$MgCl_2$溶液中加速病毒灭活。病毒在低温条件下极稳定，在−20 ℃保存7年仍有活性。

（二）动物产品检疫处理指标

肉制品中病毒可靠的灭活办法是中心温度72 ℃以上至少处理30 min。鬃毛经过2 h水煮和8 h烘干，能够杀死EAV；原鬃只经过水洗工艺，具有传播EAV的风险。蓝湿皮、皮革及其制品：在40 ℃和pH 值为9～11条件下，经过12 h～13 h处理，又经过酸中和，能够杀死EAV，其携带活病原的可能性可以忽略。

六十一、委内瑞拉马脑脊髓炎

英文名：Venezuelan equine encephalomyelitis

病原：委内瑞拉马脑炎病毒（Venezuelan equine encephalomyelitis virus，VEEV）

（一）病原特性

委内瑞拉马脑炎病毒对紫外线和高温敏感，紫外线、60 ℃加热可在短期内灭活该病毒，VEEV对乙醚、酸敏感，在pH 8.0 ~ 9.0的碱性环境中稳定，胰蛋白酶不能破坏病毒的感染性，50%甘油（加缓冲剂）能长期保存病毒，用甲醛液作处理不能灭活该病毒。碘化钾，安纳咖混合液可抵抗委内瑞拉马脑炎病毒，3%热水碱溶液或10%生石灰水消毒对饲养马厮和饲养工具消毒有很好预防作用。

（二）动物产品的检疫处理指标

1. 伴随优良种马及赛马不断在我国境内出入，对活马的严格检疫是确保委内瑞拉马脑脊髓炎不传入我国的重要手段。

2. 该病毒可在冻肉中长期存活，60 ℃以上时病毒可被灭活。因此熟肉制品不存在感染性。

3. 在动物精液和胚胎中该病毒可存在，因病毒在低温条件下存活良好。

4. 我国在进口动物源性饲料（如肉骨粉、骨粉、油脂等）前，按照规定哺乳动物源性饲料产品的加工工艺必须满足灭活疯牛病病原的条件，要求加工工艺参数为133 ℃，20 min。这样的工艺过程完全可杀灭VEEV。

5. 欧盟对以动物血液、皮、毛等为原料的其他不适合人类食用的动物副产品的加工卫生要求做了具体规定。这些产品的加工工艺中规定了温度处理过程，处理的条件可保证杀灭VEEVV。

六十二、马脑脊髓炎（东部和西部）

英文名：Equine encephalomyelitis（Eastern and western）

病原：东部马脑脊髓炎病毒、西部马脑脊髓炎病毒（Eastern equine encephalomyelitis virus，western equine encephalomyelitis virus）

（一）病原特性

该病毒抵抗力不强，紫外照射、加热和稀释的福尔马林（0.3%左右），都可以迅速灭活病毒。该病毒具有囊膜，因而对脂溶性消毒剂敏感。病毒对胰酶和丙酮不敏感。对于经蔗糖-丙酮法纯化的血凝素抗原可能仍然具有一定感染性。该病毒不耐酸，对于污染的塑料器材和玻璃器皿，可采用1%的盐酸进行处理后再洗涤。该病毒对低温抵抗力强，在0 ℃能存活3 d ~ 10 d。

（二）动物产品检疫处理指标

无。

六十三、马传染性子宫炎

英文名：Contagious equine metritis
病原：马生殖道泰勒氏菌（*Taylorella equigenitalis*）

（一）病原特性

该病原菌是微需氧的革兰氏阴性杆菌。培养时偏爱巧克力血琼脂，在含5%~10%的大气中能发育很好。喜好高湿度（70%），最适培养温度是37 ℃，但在22 ℃生长贫瘠或不生长；其生化特性表现为对各种糖均不发酵，并使培养基变碱（pH 8.0~8.3），对氧化酶、接触酶、细胞色素氧化酶和磷酸酶呈阳性；该菌对热高度敏感，在酸性环境中（pH 4.5以下）迅速死亡。该菌对青霉素、新霉素、氯霉素、硝基呋喃妥因、多粘菌素B等很多抗生素敏感，但对氯林可霉素、林可霉素、磺胺甲基异噁唑（SMZ）、甲氧苄胺嘧啶（TMP）和灭滴灵敏感性差，有抵抗力；不同菌株对链霉素呈现出不同的敏感性。

（二）动物产品的检疫处理指标

1. 感染动物的肉及肉制品或皮、毛等副产品中携带该细菌的风险非常低（因为该菌局限于繁殖母马和种公马的生殖道，对外界环境的抵抗力不强，高温和一般消毒剂均可在短时间内杀灭之）。

2. 动物遗传物质（精液）中可能会传染该病原菌。

3. 我国在对动物源性饲料（如肉骨粉、骨粉、油脂等）进行入境前，按照规定哺乳动物源性饲料产品的加工工艺必须满足灭活疯牛病病原的条件，要求加工工艺参数为133 ℃，20 min。这样的工艺过程完全可杀灭该病原菌。

5. 欧盟对以动物血液、皮、毛等为原料的其他不适合人类食用的动物副产品的加工卫生要求做了具体规定。这些产品的加工工艺中均有温度处理过程，处理的条件可保证杀灭该病原菌。

六十四、亨德拉病

英文名：Hendra virus disease
病原：亨德拉病毒（Hendra virus，HeV）

（一）病原特性

亨德拉病毒是被列为生物安全4级的病毒，相关操作需要在生物安全4级实验室内进行。该病毒能适应多种哺乳动物的原代和传代细胞系，其中以Vero细胞培养应用最多。它也能在禽类、两栖类、爬虫类和鱼类的细胞培养中适应生长。在细胞培养中，它能产生明显的细胞病变，特征为合胞体形成；该病毒也能适应鸡胚，导致鸡胚死亡；亨德拉病毒没有神经氨酸酶活性，不能凝集红细胞。该病毒对理化因素抵抗力不强，一般的消毒药和高温容易将其灭活。

（二）动物产品的检疫处理指标

目前为止，该病没有有效的药物和疫苗来治疗和预防，动物发生亨德拉病毒病时，只能采用全场扑杀、全面消毒的方式进行处理。

六十五、马腺疫

英文名：Equine strangles

病原：马腺疫链球菌（*Streptococcus equinus*）

（一）病原特性

马腺疫链球菌为革兰氏阳性菌；马链球菌在干燥的脓汁、血液内可存活几周，抗低温，保存在冰箱内可长时间保存毒力。对热的抵抗力较弱，煮沸即被杀死。日光照射下6 h ~ 8 h内可杀死。对常规消毒液敏感（5%石碳酸、3% ~ 5%来苏儿，10 min ~ 15 min可使其灭活）。对龙胆紫、磺胺类药、青霉素等药物敏感。

（二）动物产品的检疫处理指标

1. 马腺疫链球菌对普通消毒液比较敏感，可在养马场用5%漂白粉、5%碱水或其他消毒液进行消毒。

2. 在所有相关的动物产品中，该病毒抵抗力弱，煮沸（100 ℃）即可杀死。

六十六、溃疡性淋巴管炎

英文名：Equine ulcerative lymphangitis

病原：伪传核棒状杆菌（*Corynebacterium pseudotuberculosis*，C.P）

（一）病原特性

该病菌属于真菌，存在于患病组织及脓液中。在高倍显微镜下，呈卵圆形，有双层轮廓的菌膜，革兰氏染色呈阳性。该菌对外界抵抗力顽强，病变部位的病原菌在直射阳光作用下能耐受5 d，60 ℃能存活30 min，在80 ℃仅几分钟即被杀死。0.2%升汞要60 min杀死，5%石碳酸1 h～5 h死亡。在0.25%石碳酸、0.1%盐酸溶液中能存活数周。

（二）动物产品的检疫处理指标

1. 对活的马匹应做细致的体表检查，注意有无结节和脓肿，防止传入病畜，如有症状用黄色素按疗程静脉滴注。

2. 对污染的厩舍及饲养用具，用10% 氢氧化钠或20%漂白粉液消毒，每10 d～15 d一次

六十七、马疱疹病毒-1型感染

英文名：Infection with equid herpesvirus–1（EHV–1）

病原：马疱疹病毒–1型［Equid herpesvirus–1（EHV–1）］

（一）病原特性

病毒株对高温敏感，56 ℃加热30 min或100 ℃加热10 min均可完全灭活病毒；在pH值为3.0或pH值为10的条件下3 h均可完全灭活病毒；病毒对紫外线的抵抗力较差，紫外灯光照15 min可完全灭活病毒；病毒对乙醚、三氯甲烷敏感性试验结果一致，均失去感染性。

（二）动物产品检疫处理指标

无。

六十八、猪繁殖与呼吸道综合征（蓝耳病）

英文名：Infection with porcine reproductive and respiratory syndrome virus

病原：猪生殖和呼吸综合症病毒（Porcine reproductive and respiratory syndrome virus，PRRSV）

（一）病原特性

该病毒对乙醚和三氯甲烷敏感。病毒在–70 ℃可保存18个月，4 ℃保存1个月，37 ℃保存48 h，56 ℃下45 min完全失去感染力。pH依赖性强，在pH 6.5～7.5间相对稳定，pH高于7或低于5时，感染力很快消失。

（二）动物产品检疫处理指标

无。

六十九、猪细小病毒感染

英文名：Porcine parvovirus infection
病原：猪细小病毒（Porcine parvovirus，PPV）

（一）病原特性

猪细小病毒对热具有很强的抵抗力，56 ℃加热30 min处理，传染性无明显变化，70 ℃加热处理2 h后，其感染力虽然有所下降但并不丧失，80 ℃ 5 min即可使其灭活，病毒在4 ℃极为稳定。病毒对酸碱有强大的抵抗力，在pH 3.0～9.0之间稳定，能抗乙醚、三氯甲烷等脂溶剂，但0.5%漂白粉、0.06%二氯异氰尿酸钾、氢氧化钠、970 mg/kg的龙安牌畜禽消毒灵、425 mg/kg的栾氏消毒剂、1 562.5 mg/kg的金星消毒液、1000倍稀释的滴适尔（DC&R）消毒剂5 min能杀灭PPV，2%戊二醛需20 min，甲醛蒸气和紫外线需要相当长的时间才能杀死PPV。短时间的胰酶处理对病毒悬浮液感染性不仅没有影响而且能提高其感染效果。病毒对消毒药的抵抗力也很强，当被感染的圈舍按常规消毒法处理后，再放入易感猪，猪仍有被感染的可能。在pH 9.0的甘油缓冲盐水中或在–20 ℃以下能保存一年以上毒力不会下降。

（二）动物产品检疫处理指标

无。

七十、猪丹毒

英文名：Swine erysipelas
病原：红斑丹毒丝菌（*Erysipelothrix rhusiopathiae*）

（一）病原特性

该病菌对外界的抵抗力相当强。虽不能形成芽孢，但菌体有蜡样物质保护，抗腐败、干燥能力强。对盐腌、火熏有较强抵抗力，并能在火腿中存活数月。对0.2%石炭酸溶液、0.5%砷化钾溶液、0.001%结晶紫溶液、0.1%叠氮钠溶液有抵抗力。

在病死猪的肝、脾内4 ℃，159 d毒力仍然强大。露天放置27 d的病死猪肝脏，深埋1.5 m，231 d的病猪尸体，12.5%食盐处理并冷藏于4 ℃ 148 d的猪肉中，都可以分离到猪丹毒杆菌。在一般消毒药，如2%福尔马林、1%漂白粉、1%氢氧化钠或5%

碳酸中很快死亡。对热的抵抗力较弱，肉汤培养物于50 ℃经12 min～20 min，70 ℃，5 min即可杀死。

（二）动物产品检疫处理指标

无。

七十一、猪链球菌病

英文名：Swine streptococosis
病原：猪链球菌（*Streptococcus suis*，*SS*）

（一）病原特性

链球菌在不利的环境中存在的时间极其短暂，但猪链球菌荚膜2型在60 ℃水中可以存活10 min，50 ℃水中存活时间为2 h，0 ℃时灰尘中细菌可存活30 d，在粪便中可以存活90 d，在腐尸中存活42 d（4 ℃）。在污染猪舍的清洗过程中，常用的消毒药和清洁剂在1 min内即可杀死猪链球菌2型。污物和有机质的存在会影响化学消毒药对细菌的杀灭作用，所以采用在猪舍内先清洗后消毒的策略是非常重要的。

（二）动物产品检疫处理指标

无。

七十二、猪萎缩性鼻炎

英文名：Atrophic rhinitis of swine
病原：支气管败血波氏杆菌和产毒素多杀性巴氏杆菌（*Bordetella bronchiseptica*（Bb）or Toxigenic strain *Pasteurella multocida*，*T+Pm*）

（一）病原特性

多种抗生素对治疗猪萎缩性鼻炎（Atrophic Rhinitis of Swine，AR）有效果，如磺胺、土霉素、青霉素及链霉素等，长效土霉素和强力霉素均可降低鼻腔感染的患病率，引起猪的鼻甲骨萎缩。在饲料中添加一种或多种有效抗生素对治疗PAR和促进猪生长均有益，但长时间添加也会产生抗药性。因该病属于条件性传染病，保持良好的猪舍环境和提高猪群的营养状况对抵抗AR能起到关键作用。而预防PAR最有效的方法是接种AR疫苗，中国农业科学院哈尔滨兽医研究所20世纪90年代初研制的支气管败血波氏杆菌和产毒素多杀性巴氏杆菌二联油佐剂灭活疫苗，经多年实验证明安全、有效，在我国预防AR中发挥着巨大作用。

（二）动物产品的检疫处理指标

无。

七十三、猪支原体肺炎

英文名：Mycoplasmal hyopneumonia
病原：猪肺炎支原体（*Mycoplasma hyopneumoniae*，*Mhp*）

（一）病原特性

对于肺炎支原体目前仍主要采用抗生素治疗。Mhp对青霉素类、大环内酯类、链霉素及磺胺类药物均呈耐药表现，而对土霉素、林可霉素、壮观霉素、硫酸卡那霉素、泰乐菌素、螺旋霉素具有敏感性，对放线菌素D和丝裂菌素C最敏感。预防则需要使用疫苗，中国兽医药品监察所于1988年率先成功研制出猪气喘病弱毒活疫苗，免疫保护达70%以上。

（二）动物产品的检疫处理指标

无。

七十四、猪圆环病毒感染

英文名：Porcine circovirus infection
病原：猪圆环病毒（Porcine circovirus，PCV）

（一）病原特性

该病毒对外界环境的抵抗力极强，在pH值为3的酸性环境中很长时间不被灭活。一般消毒剂很难将其杀灭。该病毒对三氯甲烷不敏感，在56 ℃或70 ℃处理一段时间不被灭活。在高温环境也能存活一段时间。不凝集牛、羊、猪、鸡等多种动物和人的红细胞。

（二）动物产品的检疫处理指标

1. 控制病毒性疾病最好的方法是使用安全有效的疫苗做好主动免疫和被动免疫。对于该病毒没有药物敏感有效。

2. 对猪相关动物产品需要高温（100 ℃）处理，即可杀死该病毒。

七十五、革拉泽氏病（猪副嗜血杆菌）

英文名：Glaesser's disease（Haemophilus parasuis）
病原：副猪嗜血杆菌（*Haemophilus parasuis*，*HPs*）

（一）病原特性

该菌很容易培养，只需在培养基中添加V因子（烟酸胺腺嘌呤二核苷酸，辅酶Ⅰ），无须添加X因子，48 h内便可在培养基中长出1 mm大小的透明菌落。它有15个血清型，其中血清型1、4、5、10、12、13、14都可导致革拉泽氏病，血清型15为弱毒力，血清型3、6、7、8、9和11则无毒力。在发病初期，可以注射青霉素、氨苄西林、四环素、头孢噻呋、恩诺沙星和磺胺类药物/三甲氧苄氨嘧啶（磺胺类药物增效剂）皆有一定疗效。

（二）动物产品的检疫处理指标

无。

七十六、猪流行性感冒

英文名：Swine influenza

病原：猪流感病毒（Swine influenza virus，SIV）

（一）病原特性

猪流感病毒对干燥和冰冻的抵抗力强，病料中的病毒在50%甘油中存活40 d，60 ℃加热20 min灭活，一般消毒剂对其均有灭活作用。

（二）动物产品检疫处理指标

无。

七十七、猪传染性胃肠炎

英文名：Transmissible gastroenteritis of swine

病原：猪传染性胃肠炎病毒（Transmissible gastroenteritis virus，TGEV）

（一）病原特性

该病毒对乙醚、三氯甲烷、去氧胆酸钠、次氯酸盐、氢氧化钠、甲醛、碘、碳酸以及季铵化合物等敏感；不耐光照，粪便中的病毒在阳光下6 h失去活性，病毒细胞培养物在紫外线照射下30 min即可灭活。0.05%甲醛溶液37 ℃作用20 min能使病毒灭活。病毒对胆汁有抵抗力，耐酸，弱毒株在pH值为3时活力不减，强毒在pH值为2时仍然相当稳定；在经过乳酸发酵的肉制品里，病毒仍能存活。病毒不能在腐败的组织中存活。病毒对热敏感，56 ℃、30 min能很快灭活；37 ℃下4 d丧失毒力，但在低温下可长期保存，液氮中存放3年毒力无明显下降。

（二）动物产品检疫处理指标

无。

七十八、猪铁士古病毒性脑脊髓炎（原称猪肠病毒脑脊髓炎、捷申或塔尔凡病）

英文名：Teschovirus encephalomyelitis（previously Enterovirus encephalomyelitis or Teschen/Talfan disease）

病原：猪捷申病毒1型（Porcine teschovirus serotype-1，PTV-1）

（一）病原特性

PTV病毒粒子呈球形，直径20 nm ~ 25 nm，无囊膜，核心为单股RNA，核心外层包着核衣壳，衣壳由60个壳粒组成，形态为20面立体对称。PTV能抵抗胰酶，耐酸和碱，病毒对pH值适应范围较广，4 ℃和pH值为2.5 ~ 9.5可以存活24 h以上。病毒对热敏感，60 ℃加热20 min可使之灭活。保存于50%甘油的病毒，4 ℃下存放，可长期保存毒力，-70 ℃存活达数年之久，但冷冻干燥可明显降低其毒力，所以一般不用此法保存毒种。猪粪尿中的病毒在冬、春比较寒冷的季节存活可达25 d以上。病毒对紫外线和大多数消毒剂均敏感，对乙醚和三氯甲烷等脂溶剂有抵抗力，使用20%漂白粉、次氯酸钠、70%乙醇、3%福尔马林等都是良好的消毒剂。

（二）动物产品检疫处理指标

无。

七十九、猪密螺旋体痢疾

英文名：Swine dysentery

病原：猪痢疾密螺旋体（*Treponema hyodysenteriae*，*Th*）

（一）病原特性

痢疾短螺旋体对外界环境抵抗力较强，在粪便中5 ℃存活61 d，25 ℃存活7 d，在土壤中4 ℃能存活102 d，-80 ℃存活10年以上。对消毒剂抵抗力不强，普通浓度的过氧乙酸、来苏儿和氢氧化钠均能迅速将其杀死。

（二）动物产品检疫处理指标

无。

八十、猪传染性胸膜肺炎

英文名：Infectious pleuropneumonia of swine

病原：胸膜肺炎放线杆菌（*Acinobacillus pleuropneumoniae*，*APP*）

（一）病原特性

本菌抵抗力不强，在外界环境中只能存活几天，易被一般的消毒剂杀灭，对结晶紫、短杆菌肽、林肯霉素、壮观霉素有一定的抵抗力。60 ℃，5 min ~ 20 min即可被杀死。4 ℃下通常存活7 d ~ 10 d。不耐干燥，排出到环境中的病原菌生存能力非常弱，而在黏液和有机物中的病原菌可存活数天。对结晶紫、杆菌肽、林肯霉素、壮观霉素有一定的抵抗力。对土霉素等四环素族抗生素、青霉素、泰乐菌素、磺胺嘧啶、头孢类等药物较敏感。本病的发生受外界因素影响很大，一般在气温剧变、潮湿、通风不良、饲养密集、管理不善等条件下多发。

（二）动物产品的检疫处理指标

1. 生猪经过宰前宰后检疫，屠宰加工过程实施HACCP（Hazard Analysis and Critical Control Point，危害分析和关键环节控制点）管理，其猪肉及其制品传播APP的风险较低，所以至今未见猪肉及其制品引起APP爆发的报道，所以通过猪肉及其制品传播风险低。

2. 因为通过生殖道传染不是常见的传播途径，故人工授精或胚胎传播该病的可能性较小。

八十一、猪带绦虫感染/猪囊虫病

英文名：Infection with Taenia solium（Porcine cysticercosis）

病原：猪带绦虫（*Taenia solium*）

（一）病原特性

猪带绦虫，是我国主要的人体寄生绦虫。头节除有四个吸盘外，顶端具顶突，其上有25个 ~ 50个小钩，排成内外两圈。颈部纤细。链体节片数较少，约数百个。成虫较牛带绦虫小，薄而透明，体长3 m ~ 5 m。头节近圆球状，不含色素，0.6 mm ~ 1 mm。驱虫治疗方法与牛带绦虫病基本相同，且效果较好。用5 mg/kg ~ 10 mg/kg吡喹酮单剂量口服治疗绦虫病安全而有效。但当吡喹酮的剂量低于10 mg/kg时其治疗效果降为67%，剂量高于10 mg/kg时其效果达100%，但容易引发脑囊虫患者的神经症状。

（二）动物产品检疫处理指标

无。

八十二、塞内卡病毒病

英文名：Infection with Seneca virus
病原：塞内卡病毒（Seneca virus）

（一）病原特性

塞内卡病毒结构与FMDV类似，为非囊膜正二十面体结构，直径约27 nm，内部为病毒核酸。该病毒的稳定性尚在研究中。对于该病的预防和治疗，尚无疫苗或特定的方法。

（二）动物产品检疫处理指标

无。

八十三、猪δ冠状病毒（德尔塔冠状病毒）

英文名：Porcine deltacorona virus（PDCoV）
病原：猪德尔塔冠状病毒（Porcine deltacorona virus，PDCoV）

（一）病原特性

在25 ℃环境下，饲料原料储存的时间在21天以上才能够减少病毒存活，而且不能够保证病毒的完全灭活。病毒在不同饲料原料中的存活有差异，其中在预混饲料和肉骨粉中病毒的存活率最高。在粪便和粪浆中，越高的温度下病毒灭活越多。因此，将样品暴露于更高的温度中，并延长储存时间能够灭活PDCoV，降低传播的潜力。该病毒目前尚无可使用的疫苗。美国猪兽医协会（AASV）提倡加强对猪群的饲养管理，建立完善的生物安全体系，饲喂营养丰富的全价饲料，保证猪只膘肥体壮，提高机体的免疫力与抗病力，以防本病的发生与流行。

（二）动物产品检疫处理指标

无。

八十四、鸭病毒性肠炎（鸭瘟）

英文名：Duck virus enteritis
病原：鸭瘟病毒（Duck plague virus，DPV）

（一）病原特性

本病毒对外界环境抵抗力较强，50 ℃ 90 min～120 min、56 ℃ 30 min、60 ℃ 15 min、80 ℃ 5 min均可破坏病毒的感染性；在22 ℃条件下其感染力可维持30 d，-7 ℃～-5 ℃可存活3个月。在pH 5.5～9.0环境中较稳定，经6 h其毒力不降低；在pH 3.0或pH 10.0的环境中很快被灭活。

（二）动物产品检疫处理指标

无。

八十五、鸡传染性喉气管炎

英文名：Avian infectious laryngotracheitis
病原：鸡疱疹病毒I型（Gallid herpesvirus I）

（一）病原特性

病毒对外界环境的抵抗力很弱，对脂质溶剂、热以及各种消毒剂均敏感。经乙醚处理24 h后，失去传染性。55 ℃经10 min～15 min即被破坏。生理盐水中的病毒于室温下经90 min灭活。37 ℃存活22 h～24 h，煮沸立即死亡。常用的消毒药，如3%来苏水或1%苛性钠溶液1 min可杀死病毒。直射阳光7 h，可将病毒杀死。病禽尸体内的病毒存活时间较长，在-18 ℃冷库内能存活7个月以上。低温冻干后在冰箱中可保存10年。

（二）动物产品检疫处理指标

无。

八十六、鸡传染性支气管炎

英文名：Avian infectious bronchitis
病原：冠状病毒传染性支气管炎病毒（Gammacoronavirus infectious bronchitis virus）

（一）病原特性

该病毒虽被认为对乙醚敏感，但20%乙醚只能降低病毒的滴度，而不能使其完全灭活。1%煤酚、0.01%高锰酸钾、70%酒精和1%福尔马林均可在室温条件下几分钟内杀死病毒，0.2%去氧胆酸钠溶液在室温作用10 min，即能完全灭活鸡胚尿囊液中的病毒，但1%石炭酸在室温下1 h，不能灭活病毒。

（二）动物产品检疫处理指标

无。

八十七、传染性法氏囊病

英文名：Infectious bursal disease

病原：鸡传染性囊病病毒（Infectious bursal disease virus，IBDV）

（一）病原特性

病毒抵抗力强，能耐受乙醚、三氯甲烷、高温及胰酶的处理，对紫外线有抵抗力，56 ℃下5 h、60 ℃下30 min均不能使其失活，耐酸（pH =2）但不耐碱（pH =12）。1%石炭酸、甲醇、福尔马林或70%酒精处理1 h可杀死病毒，3%石炭酸、甲酚或0.1%汞溶液处理30 min也可灭活病毒，0.5%氯化铵作用10 min能杀死病毒。

一旦发生本病要及时处理病鸡，进行彻底消毒。消毒可选用以下药物和方法，喷洒0.2%过氧乙酸，或2%次氯酸钠、5%漂白粉、5%福尔马林、1∶128杀特灵，也可用福尔马林熏蒸。门前消毒池宜用2%的戊二醛溶液，每2周～3周换一次，也可用1/60的菌毒净，每周换一次。

（二）动物产品检疫处理指标

无。

八十八、马立克氏病

英文名：Marek's disease

病原：马立克氏病病毒（Marek's disease virus，MDV）

（一）病原特性

马立克氏病病毒既可在细胞结合状态下，又可在脱离细胞状态下存活。对外界环境有很强的抵抗力，污染的垫料和羽屑在室温下其传染性可保持4～8 个月，在4 ℃至少为10 个月。但常用化学消毒剂可使病毒失活。

（二）动物产品检疫处理指标

无。

八十九、鸡产蛋下降综合征

英文名：Avian egg drop syndrome
病原：鸡产蛋下降综合征病毒（Egg drop syndrome-76 virus，EDS-76）

（一）病原特性

该病毒对理化因素的抵抗力强大，对乙醚和三氯甲烷不敏感，抵抗较宽的pH范围。室温下至少可以存活6个月，70 ℃、20 min、60 ℃、30 min被灭活，56 ℃可存活3 h，在单价而非双价阳离子中稳定。经0.5%甲醛或0.5%戊二醛处理后检测不出感染性。

（二）动物产品检疫处理指标

无。

九十、禽白血病

英文名：Avian leukosis
病原：禽白血病/肉瘤病毒（Avian leukosis/sarcoma virus，ALV）

（一）病原特性

ALV感染性可被乙醚破坏，去污剂十二烷基硫酸钠可裂解病毒粒子并释放出RNA和核心蛋白。ALV在37 ℃下的半衰期从100 min到540 min不等（平均大约260 min）。pH值在5～9范围内，病毒很稳定，超出这一范围，灭活率显著提高。经高温处理的动物产品风险很低或无风险。

在37 ℃下半衰期为100 min～540 min之间（平均260 min），在高温下迅速失去活力，在-15 ℃下鸡群成髓细胞性白血病病毒的半衰期不超过一周，只是在低于-60 ℃下病毒才能保持数年而不丧失感染力。病毒在pH值5～9稳定，对低pH值敏感。对紫外线有较强抵抗力，比新城疫病毒大10倍。对脂溶剂敏感，乙醚可以破坏其感染力。

（二）动物产品检疫处理指标

无。

九十一、禽痘

英文名：Fowl pox
病原：禽痘病毒（Avip pox virus）

（一）病原特性

病毒对外界环境因素的抵抗力强，对干燥有强大的抵抗力是禽痘病毒的一个特征。上皮细胞屑中的病毒，经干燥和阳光照射数周仍保持活力；加热60 ℃需3 h才能被杀死；-15 ℃可存活3年；而1%氢氧化钠，1%醋酸或0.1%升汞可在5 min内杀灭病毒，在腐败环境中病毒迅速死亡。

（二）动物产品检疫处理指标

无。

九十二、鸭病毒性肝炎

英文名：Duck viral hepatitis
病原：鸭肝炎病毒（Duck hepatitis virus，DHV）

（一）病原特性

病毒对外界的抵抗力很强，对三氯甲烷、乙醚、胰蛋白酶和pH 3.0都有抵抗力，在56 ℃加热60 min仍可存活，但加热至62 ℃，30 min可以灭活。在37 ℃中能抵抗2%来苏儿作用1 h和0.1%福尔马林8 h，病毒在1%福尔马林或2%氢氧化钠中2 h（15 ℃～20 ℃），在2%的漂白粉溶液中3 h，5%酚、碘制剂均可使病毒灭活。

在自然环境中，病毒可在污染的孵化器育雏室中存活10周，在阴湿处粪便中存活37 d以上，在4 ℃存活2年以上，在-20 ℃则可长达9年。

（二）动物产品检疫处理指标

无。

九十三、鹅细小病毒感染（小鹅瘟）

英文名：Goose parvovirus infection
病原：鹅细小病毒（Goose parvovirus，GPV）

（一）病原特性

鹅细小病毒对环境的抵抗力强，65 ℃加热30 min对滴度无影响，能抵抗56 ℃ 3 h。对乙醚等有机溶剂不敏感，在胰酶和pH 3处理下仍然稳定。此外，还发现病毒在pH 3.0溶液中，37 ℃条件下作用1 h仍然稳定。Schettler对一株细小病毒在不同条件下对多种化学物质的稳定性进行了检测，结果发现对病毒活性没有明显的影响。

（二）动物产品的检疫处理指标

病死小鹅不能乱扔，应及时挑拣出来，用火焚烧或者深埋处理。

九十四、鸡白痢

英文名：Pullorum disease
病原：鸡白痢沙门氏杆菌（*Salmonella pullorum*）

（一）病原特性

鸡白痢沙门氏菌对热及直射阳光的抵抗力不强，60 ℃加热10 min内死亡，但在干燥的排泄物中可活5年，土壤中活4个月以上，粪便中存活3个月以上，水中活200 d，尸体中活3个月以上。附着在孵化器中小鸡绒毛上的病菌在室温条件下可活4年。在低温（–10 ℃）时4个月不死。常用的消毒药物都可迅速杀死该菌。

（二）动物产品检疫处理指标

无。

九十五、禽伤寒

英文名：Fowl typhoid
病原：鸡伤寒沙门氏菌（*Salmonella gullinarum*）

（一）病原特性

该病原在加热60 ℃、10 min，日光直射下几分钟即被杀死；0.1%石炭酸和1%高锰酸钾能在3 min内将其杀死；2%的甲醛溶液可在1 min内杀死它。在某些条件下该菌可存活较长时间，如在黑暗处的水中可存活20 d；死于鸡伤寒的鸡，3个月后还能在其骨髓中分离到强毒力的鸡沙门氏菌。

（二）动物产品检疫处理指标

无。

九十六、禽支原体病（鸡败血支原体、滑液囊支原体）

英文名：Avian mycoplasmosis（*Mycoplasma Gallisepticum*, *M. synoviae*）

病原：致病性与原体，主要为鸡败血支原体和滑液囊去原体（*Mycoplasma gallisepticum*（*MG*）and *M. Synoviae*（*MS*）

（一）病原特性

对外界抵抗力不强，离开鸡体后很快失去活力。一般消毒剂能将其杀死，但对新霉素、磺胺类药物有抵抗力。对链霉素、红霉素、泰乐菌素和利高霉素敏感。在18 ℃～20 ℃的室温下可存活6 d。在20 ℃的鸡粪中存活1 d～3 d。在棉布中20 ℃时存活3 d或37 ℃ 1 d，在卵黄中37 ℃时存活18周或20 ℃存活6周。对热敏感，45 ℃时1 h或50 ℃时20 min即被杀死，经冻干后保存4 ℃冰箱可存活7年，在-60 ℃保存的肉汤培养物可存活20年以上。

（二）动物产品检疫处理指标

无。

九十七、低致病性禽流感

英文名：Infection with Low pathogenic avian influenza

病原：低致病性禽流感病毒（Low pathogenic avian influenza virus，LPAIV）

（一）病原特性

禽流感病毒在低温、干燥或甘油中可保持活力达数月或一年以上；在干燥尘土中的病毒能存活14 d；在冷冻的禽肉和骨髓中可存活10个月；直射阳光下，经40 h～48 h即可被灭活，在65 ℃～70 ℃加热数分钟即灭活。常用消毒药品很容易将该病毒灭活。

（二）动物产品检疫处理指标

1. 作动物饲料、农业或工业用途的禽源产品（不包括羽毛粉和禽肉），56 ℃湿热处理30 min。

2. 禽羽毛或绒毛产品。

（1）洗净，于100 ℃烘干30 min。

（2）福尔马林（10%甲醛）熏蒸8 h。

（3）20千戈瑞辐照。

3. 羽毛粉和家禽肉。

湿热条件最低温度118 ℃处理至少40 min，或压力3.79 bar，蒸汽温度122 ℃持续水解15 min。

4. 蛋类和蛋类制品禽流感病毒灭活（见表15-5）。

表15-5 蛋类和蛋类制品禽流感病毒灭活条件（低致病性）

	温度（℃）	时间（s）
全蛋	60	188
全蛋混合物	60	188
全蛋混合物	61.1	94
液态蛋白	55.6	870
液态蛋白	56.7	232
10%咸蛋黄	62.2	138
干蛋白	67	20（h）
干蛋白	54.4	513（h）

5. 禽类肉中禽流感病毒灭活（见表15-6）。

表15-6 禽肉类中禽流感病毒灭活条件（低致病性）

温度（℃）	时间（s）
60.0	507
65.0	42
70.0	3.5
73.9	0.51

九十八、禽网状内皮组织增殖症

英文名：Reticuloendotheliosis

病原：禽网状内皮组织增殖病病毒［Reticuloendotheliosis virus（REV）］

（一）病原特性

禽网状内皮组织增殖病病毒对热不稳定，37 ℃经20 min后感染性丧失50%，1 h后感染性丧失99%。在4 ℃较稳定，–70 ℃可长期保存。病毒易被乙醚、三氯甲烷和酸性条件灭活。

（二）动物产品的检疫处理指标

如果动物已感染病毒，且产品不经适当的温度或有效消毒药处理，带毒的可能性很大。

1. REV可以经卵垂直传播，但经鸡蛋传播的发生率很低，对鸡蛋的处理方式为整蛋60 ℃ 10 min即可；Matha报道，REV可通过蚊子传播；另外禽用疫苗的REV污染是该病传播的重要方式。

2. 肉尸中病毒在冷藏条件下可存活23 d。因此，通过本身带毒或二次污染，来自出现高致病性REV国家（地区）的所有禽鸟类及其产品（含货运进口、邮寄、旅客携带），如活家禽、活野禽（含水禽、观赏鸟）、初孵雏、种蛋、禽鸟动物的精液、禽肉及其制品、禽蛋、禽源性动物饲料或其他禽产品，存在携带REV的风险，均需高压灭菌处理来杀灭风险因素。

3. 禽肉骨粉的加工过程已经能有效杀灭REV，进口的动物源性饲料主要是狗粮、猫粮、水产饲料，狗粮、猫粮基本上是颗粒饲料，国际上常用的加工方法采用膨化生产，膨化制粒过程的温度可达120 ℃～150 ℃以上，并伴有高湿、高压，这一过程足以有效杀灭REV。

九十九、禽衣原体病（鹦鹉热）

英文名：Avian chlamydiosis

病原：鹦鹉热衣原体（*Chlamydia psittaci*）

（一）病原特性

衣原体对季胺化合物和脂溶剂等特别敏感。对蛋白变性剂、酸和碱的敏感性较低。对甲苯基化合物和石灰有抵抗力。碘酊溶液，70%酒精、3%双氧水，几分钟内便能将其杀死，0.1%甲醛溶液，0.5%石炭酸经24 h使其灭活。在干燥情况下，在外界至多存活5周，室温和日光下至多6 d。60 ℃ 10 min失去感染性。20%的组织匀浆悬液中的衣原体56 ℃ 5 min，37 ℃ 48 h，22 ℃ 12 d，4 ℃ 50 d后可被灭活。在50%甘油中于低温下可生活10 d～20 d。−20 ℃以下可长期保存，−70 ℃下可保存数年，−196 ℃保存10年以上，冻干保存30年以上。

（二）动物产品检疫处理指标

无。

一百、鸡病毒性关节炎

英文名：Avian viral arthritis

病原：禽呼肠孤病毒（Avain reovirus，ARV）

（一）病原特性

该病毒对热稳定，在卵黄中的病毒能耐56 ℃，24 h或60 ℃，8 h～10 h；37 ℃，15周～16周；22 ℃，48周～51周；4 ℃，3年以上；-20 ℃，4年以上；-63 ℃，10年以上。半纯化病毒于60 ℃，5 h毒力降低，但并不完全使病毒灭活，在氯化镁存在的条件下，加热处理可使病毒的毒价增加。该病毒对乙醚不敏感、对三氯甲烷轻度敏感，对pH值为3有抵抗力；室温下过氧化氢1 h不能使其灭活；对2%来苏儿、3%甲醛溶液、DNA代谢抑制剂、放线菌素D和阿糖胞苷有抵抗力。70%乙醇和0.5%有机碘可灭活病毒。

（二）动物产品检疫处理指标

无。

一百零一、禽螺旋体病

英文名：Avian spirochaetosis

病原：鹅包柔氏螺旋体（*Borrelia anserine*）

（一）病原特性

鹅包柔氏螺旋体为严格的厌氧菌，在普通培养基上不能生长，可在含有天然蛋白质和组织碎片的培养基中生长，有些菌株在发育的鸡胚中生长良好。鹅包柔氏螺旋体在火鸡胚中也可增殖，其中以肝、血液、粘膜等处含量最高。在蜱内繁殖继代，致病力可迅速增强。最适培养温度为28 ℃～30 ℃。本菌在宿主体外的抵抗力不强，在尸体中0 ℃条件下可存活31 d，血清中4 ℃可保存3周～4周，在感染血液中加10%～15%的甘油或二甲基亚砜，放-70 ℃长期保存。对一般消毒药、砷制剂及青霉素、土霉素、氯霉素、金霉素、链霉素、卡那霉素、泰乐菌素、新凡纳明等敏感。用0.1%甲醛溶液1%石炭酸在50 ℃下处理15 min～30 min，或用20 000伦的 γ－射线照射可以灭活。

（二）动物产品检疫处理指标

无。

一百零二、住白细胞原虫病（急性白冠病）

英文名：Leucocytozoonosis

病原：住白细胞原虫（*Leucocytozoonosis*）

（一）病原特性

本病有明显的季节性。它的传播媒介为蠓类而非蚋类，在中国为库蠓。一般在20 ℃以上时，库蠓繁殖快，活动力强，本病的流行也随之严重；气温和湿度等因素对疾病流行的程度有较大影响，一般气温在20 ℃以上时，主要发生在潮湿、多雨的7、8、9月，小黑蝇（蚋）、库蠓等吸血昆虫是住白细胞原虫的传播者。

（二）动物产品的检疫处理指标

在养鸡场中，常使用的磺胺类药物、呋喃类药物和抗球虫类药物、抗疟原虫类药能够较快地控制病情。如能辅以肾肿解毒药或速补-14饮水效果更好。常用的磺胺类药物有复方泰灭净（磺胺间甲氧嘧啶与TMP），磺胺-2，6二甲嘧啶（SDM），磺胺喹恶啉（SQ），乙胺嘧啶，磺胺甲基异恶唑，磺胺间甲氧嘧啶（Daimeton），磺胺间甲氧嘧啶，磺胺莫托产（SMM）和奥美普林（OMP）等。另外，抗球虫类药物亦可用于预防和治疗该病，疗效显著，可使病情得到控制，产蛋率恢复，死亡率降到正常水平。常用的药物有球虫灵、球必清、氯羟吡啶、呋喃唑酮等。

一百零三、禽副伤寒

英文名：Avian paratyphoid

病原：沙门氏菌（*Salmonella*）

（一）病原特性

该菌对热及多种消毒剂敏感。在自然条件下很易生存和繁殖，是该病易于传播的一个重要因素，在垫料、饲料中副伤寒沙门氏菌可生存数月、数年。除少数独特的耐热株外，副伤寒沙门氏菌一般对热敏感。抗抵力不强，60 ℃、5 min能杀死鼠伤寒沙门氏菌。紫外线可有效减少家禽胴体、孵化的胚、生蛋和蛋拖的沙门氏菌污染。并且对一些消毒剂较敏感，消毒剂能有效减少沙门氏菌的污染。大多数沙门氏菌对辐照的杀灭作用高度敏感。加热和辐射相结合，对沙门氏菌的杀灭效果比单独使用任何一种方法好。各种化学消毒剂处理都可有效降低禽胴体、蛋和饲养设施上沙门氏菌污染的程度。如：过氧化氢、醋酸、乳酸、山梨酸钾、氯气和磷酸钠可降低肉鸡胴体污染沙门氏菌的概率和水平。种蛋孵化时用甲醛、过氧化氢或臭氧进行熏蒸，用盐酸聚六亚甲基双胍进行喷雾，或用过氧化氢、乳酸或过氧化物酶催化复合物进行浸泡都能有效控制沙门氏菌。商业标准化的含氯去污清洁剂与碘消毒剂、电离氧化水和臭氧一样，都可有效清除蛋壳上的沙门氏菌。

（二）动物产品的检疫处理指标

1. 烹饪禽肉内部温度达到74 ℃或更高时，将确保杀死沙门氏菌。

2. 57 ℃加热70 min以上可消灭完整蛋内的沙门氏菌。

3. 根据美国农业部规范，全蛋液消毒灭菌时，需要60 ℃加热处理3.5 min以上。然而，在烹饪过程中，当部分蛋黄为液态时沙门氏菌仍能在其中存活。

4. 在严格条件下，家禽饲料的蒸汽制粒处理可杀死沙门氏菌，但杀灭作用与温度、时间和湿度有关。据报道，加热到60 ℃以上（100%相对湿度）可有效灭活产蛋房内的沙门氏菌。热休克或暴露于碱性条件下时，沙门氏菌的耐热性增强，而冷冻后其耐热性下降。

5. 据报道，紫外线辐射可减少家禽胴体、孵化蛋、蛋壳和蛋输送带上的沙门氏菌污染。

一百零四、火鸡鼻气管炎（禽偏肺病毒感染）

英文名：Turkey rhinotracheitis（Avian metapneumovirus）

病原：火鸡鼻气管炎病毒（Turkey rhinotracheitis virus，TRTV）

（一）病原特性

病毒粒子为多形性，有囊膜，通常呈表面粗糙的球形，直径为80 nm ~ 200 nm，偶有500 nm或更大者，病毒粒子的纤突长约13 nm ~ 14 nm，在蔗糖中的浮密度为1.21 g/mL。目前针对禽偏肺病毒感染尚无有效的治疗方法，但良好的饲养管理条件和生物安全措施有助于防止禽偏肺病毒感染，在感染发病的禽群中使用合适的抗生素进行治疗能减少发病率和死亡率。目前还可以通过疫苗的方法进行预防。

（二）动物产品的检疫处理指标

无。

一百零五、山羊关节炎/脑炎

英文名：Caprine arthritis/encephalitis

病原：山羊关节炎/脑炎病毒（Caprine arthritis/Encephalitis virus，CAEV）

（一）病原特性

山羊关节炎/脑炎病毒在环境中相对较脆弱，在pH值为4.2或以下易于灭活，56 ℃经10 min可被灭活，4 ℃条件下可存活约4个月。该病毒可被0.04%甲醛或4%酚及50%乙醇灭活，对乙醚、胰蛋白酶及过碘酸盐敏感。

（二）动物产品检疫处理指标

56 ℃，1 h可以完全灭活奶和初乳中的病毒。

一百零六、梅迪-维斯纳病

英文名：Maedi–visna
病原：梅迪–维斯纳病毒（Maedi/visna virus，MVV）

（一）病原特性

该病毒在pH值为7.2～9.2环境中最为稳定，在pH值为4.2或以下易于灭活。56 ℃经10 min可被灭活，4 ℃条件下可存活约4个月。该病毒可被0.04%甲醛或4%酚及50%乙醇灭活，对乙醚、胰蛋白酶及过碘酸盐敏感。

（二）动物产品检疫处理指标

无。

一百零七、边界病

英文名：Border disease
病原：边界病病毒（Border disease virus，BDV）

（一）病原特性

本病毒的抵抗力不强，对0.5%三氯甲烷和乙醚敏感，0.05%胰酶37 ℃作用60 min，或加热至56 ℃下30 min可被灭活。pH值为3的酸性环境可使其迅速灭活。37 ℃下24 h病毒感染力有所下降。

（二）动物产品检疫处理指标

无。

一百零八、羊传染性脓疱皮炎

英文名：Contagious pustular dermertitis（Contagious Echyma）
病原：羊口疮病毒（Orf virus，ORFV）

（一）病原特性

羊口疮病毒对外界环境的抵抗力较强。干痂在夏季阳光下暴露30 d ~ 60 d才丧失传染性，散落于地面经秋、冬、春三季仍有传染性；干燥的病料在低温冷冻条件下可存活数年之久，在室温中可存活5年。该病毒对热敏感，但必须达到一定的温度，如60 ℃、30 min和64 ℃、2 min可灭活，而55 ℃下20 min ~ 30 min不能杀死病毒。对乙醚有抵抗力，而对三氯甲烷敏感。常用的消毒药有2%氢氧化钠溶液、10%石灰乳、20%热草木灰。

（二）动物产品的检疫处理指标

1. 在国内养羊场，对于唇型和外阴型病羊，先用0.1% ~ 2%的高锰酸钾溶液对创面进行冲洗，再用2%龙胆紫、5%青霉素软膏或者土霉素软膏和5%碘酊甘油涂抹患处，1次/d ~ 2次/d。

2. 对于蹄形病羊，用5%福尔马林浸泡病蹄1 min，如有必要每星期重复1次，连续3次。

3. 对于严重的病羊采取支持疗法。可注射抗生素或者口服磺胺类药物。

一百零九、鲤春病毒血症

英文名：Infection with spring viraemia of carp virus
病原：鲤春病毒血症病毒，又称鲤弹状病毒（Spring viraemia of carp virus，SVCV）

（一）病原特性

该病毒为鲤弹状病毒，属弹状病毒科水泡病毒属。常发于春季，水温15 ℃ ~ 20 ℃，尤以17 ℃左右达发病高峰，超过20 ℃发病率下降。病鱼检出后隔离，要通过全面扑杀、对养殖场所用二氯异氰脲酸钠或二氧化氯等全面消毒。必要时可采用聚维酮碘、含氯消毒剂进行预防。

（二）动物产品检疫处理指标

可采用下列程序之一灭活鱼类中的鲤春病毒血症病毒：

1. 高温加热消毒且密封保存的鱼产品（即121 ℃热处理至少3.6 min或任何时间/温

度等效处理）。

2. 经巴氏消毒法90 ℃热处理至少10 min（或已证实可灭活鲤春病毒血症病毒的任何时间/温度等效处理）。

3. 经机械处理干燥并去除内脏的鱼（即100 ℃热处理至少30 min或已证实可灭活鲤春病毒血症病毒的任何时间/温度等效处理）。

4. 制备为鱼油。

一百一十、流行性造血器官坏死病

英文名：Epizootic haematopoietic necrosis

病原：流行性造血器官坏死病病毒（Epizootic haematopoietic necrosis virus，EHNV）

（一）病原特性

EHNV极其耐干燥并且在水中可以存活数月。它可以在冷冻的鱼组织中存活2年或在冰冻的死鱼体内存活至少1年。病毒的抵抗力较大，感染培养物于23 ℃可以存活几个月，并能耐受反复的冻融处理。置于–20 ℃以下保存，病毒可存活20个月。据以上原因推测EHNV将在养殖场水域、淤泥、植物和养殖设备上存活几个月至几年。EHNV对酒精、次氯酸钠、乙醚或三氯甲烷敏感，加热至60 ℃持续15 min失活。

（二）动物产品检疫处理指标

可采用下列程序之一灭活鱼类中的流行性造血器官坏死病病毒：

1. 高温加热消毒且密封保存的鱼产品（即121 ℃热处理至少3.6 min或任何时间/温度等效处理）。

2. 经巴氏消毒法90 ℃热处理至少10 min（或已证实可灭活流行性造血器官坏死病病毒的任何时间/温度等效处理）。

3. 经机械处理干燥并去除内脏的鱼（即100 ℃热处理至少30 min或已证实可灭活流行性造血器官坏死病病毒的任何时间/温度等效处理）。

4. 制备为鱼油。

5. 制备为鱼粉。

6. 鱼皮制成皮革。

一百一十一、传染性造血器官坏死病

英文名：Infection with infectious haematopoietic necrosis

病原：传染性造血器官坏死病毒（Infectious haematopoietic necrosis virus，IHNV）

（一）病原特性

病毒对各种理化因子的敏感性：IHNV对热、酸、醚不稳定。在淡水中，该病毒至少会存活1个月，特别是在有机物质存在的情况下。

（二）动物产品检疫处理指标

可采用下列程序之一灭活鱼类中的传染性造血器官坏死病病毒：

1. 高温加热消毒且密封保存的鱼产品（即121 ℃热处理至少3.6 min或任何时间/温度等效处理）。

2. 经巴氏消毒法90 ℃热处理至少10 min（或已证实可灭活传染性造血器官坏死病病毒的任何时间/温度等效处理）。

3. 经机械处理干燥并去除内脏的鱼（即100 ℃热处理至少30 min或已证实可灭活传染性造血器官坏死病病毒的任何时间/温度等效处理）。

4. 制备为鱼油。

5. 制备为鱼粉。

6. 鱼皮制成皮革。

一百一十二、病毒性出血性败血症

英文名：Infection with viral haemorrhagic septicaemia virus

病原：病毒性出血性败血症病毒（Viral haemorrhagic septicaemia virus，VHSV）

（一）病原特性

VHSV在宿主体外的存活能力取决于水体的温度及化学条件，病毒在4 ℃比在20 ℃能生存更长的时间，还发现它在4 ℃已过滤的淡水中1年内还有感染性。如果水中添加卵巢液或血液制品，如牛血清等有机物质，病毒能存活更长的时间。在15 ℃的天然淡水中，13 d后99.99%的病毒失去活力，在海水中，4 d内病毒被灭活。在商用冷冻温度下冰冻的受感染鱼解冻后病毒不会完全被杀灭，但病毒的感染性会降低或病毒滴度效价降低90%以上。Artkush等指出余下的活病毒仍存留在鱼组织，并不会从冰冻鱼解冻的水中流失。

（二）动物产品检疫处理指标

可采用下列程序之一灭活鱼类中的病毒性出血性败血症病毒：

1. 高温加热消毒且密封保存的鱼产品（即121 ℃热处理至少3.6 min或任何时间/温度等效处理）。

2. 经巴氏消毒法90 ℃热处理至少10 min（或已证实可灭活病毒性出血性败血症病毒的任何时间/温度等效处理）。

3. 经机械处理干燥并去除内脏的鱼（即100 ℃热处理至少30 min或已证实可灭活病毒性出血性败血症病毒的任何时间/温度等效处理）。

4. 制备为鱼油。

5. 制备为鱼粉。

6. 鱼皮制成皮革。

一百一十三、流行性溃疡综合征

英文名：Infection with Aphanomyces invadans（Epizootic ulcerative syndrome）

病原：丝囊霉菌（*Aphanomyces invadans, A. invadans*）

（一）病原特性

丝囊霉菌于20 ℃～30 ℃下生长最佳；在体外，37 ℃条件下不能生长。水中含盐量超过千分之二能够抑制病原的传播。对鱼池进行日晒和用石灰处理都是有效的灭活丝囊霉菌的方法。与其他的卵菌或水霉相似，一般的化学消毒剂可以有效地杀灭可能对渔场、鱼池或渔具造成污染的丝囊霉菌。

（二）动物产品检疫处理指标

可采用下列程序之一灭活鱼类中的流行性溃疡综合征病原：

1. 高温加热消毒且密封保存的鱼产品（即121 ℃热处理至少3.6 min或任何时间/温度等效处理）。

2. 经巴氏消毒法90 ℃热处理至少10 min（或已证实可灭活流行性溃疡综合征病原的任何时间/温度等效处理）。

3. 经机械处理干燥并去除内脏的鱼（即100 ℃热处理至少30 min或已证实可灭活流行性溃疡综合征病原的任何时间/温度等效处理）。

4. 制备为鱼油。

5. 制备为鱼粉。

6. 去除内脏的冷冻鱼。

7. 冷冻的鱼片或鱼排。

一百一十四、鲑鱼三代虫感染

英文名：Infection with Gyrodactylus salaris

病原：鲑三代虫（*Gyrodactylus salaris*）

（一）病原特性

大西洋鲑鱼三代虫的存活时间受到温度的影响，0 ℃至25 ℃之间，大西洋鲑鱼三代虫都能存活，但必须有水存在的情况下才能存活。pH 低于5时，几天后，大西洋鲑鱼三代虫会死亡。

虽然感染的宿主主要生活在淡水中，但在5 ppt ~ 6 ppt的盐度中还可以正常繁殖。废水用消毒剂处理，可以有效地杀死大西洋鲑鱼三代虫。因此，对于在海水中养殖2个月以上，可能会带有皮、鳍和鳃的冰鲜，去内脏的鱼，或者可能带有鱼皮冰鲜的鱼片和鱼排，携带有活的大西洋鲑鱼三代虫的风险都很低。

鳃、鳍和表皮上可能感染大西洋鲑鱼三代虫，因此，对于去除了鳃、皮和鳍的冰鲜水产品，以及鱼子中，携带有活的大西洋鲑鱼三代虫的风险都很低。

（二）动物产品检疫处理指标

可采用下列程序之一灭活鱼类中的鲑三代虫：

1. 高温加热消毒且密封保存鱼产品（即121 ℃热处理至少3.6 min或任何时间/温度等效处理）。

2. 经巴氏消毒法63 ℃热处理至少10 min（或已证实可灭活鲑三代虫的任何时间/温度等效处理）。

3. 经机械处理干燥并去除内脏（即100 ℃热处理至少30 min或已证实可灭活鲑三代虫的任何时间/温度等效处理）。

4. 去除内脏并自然干燥（晒干或风干）。

5. 去除内脏并在 –18 ℃或更低温度冷冻。

一百一十五、真鲷虹彩病毒病

英文名：Infection with red sea bream iridovirus

病原：真鲷虹彩病毒（Red sea bream iridovirus disease，RSIVD）

（一）病原特性

真鲷虹彩病毒可在56 ℃、30 min，或福尔马林（0.1%）条件下被灭活；对乙醚和三氯甲烷敏感；可在 –80 ℃稳定保存于组织中。

（二）动物产品检疫处理指标

可采用下列程序之一灭活鱼类中的真鲷虹彩病毒：

1. 高温加热消毒且密封保存鱼产品（即121 ℃热处理至少3.6 min或任何时间/温度

等效处理）。

2. 经巴氏消毒法90 ℃热处理至少10 min（或已证实可灭活真鲷虹彩病毒的任何时间/温度等效处理）。

3. 经机械处理干燥并去除内脏（即100 ℃热处理至少30 min或已证实可灭活真鲷虹彩病毒的任何时间/温度等效处理）。

4. 制备为鱼油。

5. 制备为鱼粉。

6. 鱼皮制成皮革。

一百一十六、锦鲤疱疹病毒病

英文名：Infection with koi herpesvirus

病原：鲤疱疹病毒（Koi herpesviral，KHV）

（一）病原特性

以色列的研究表明，在水温23 ℃～25 ℃条件下，KHV可在水中存活4 h至21 h。日本的研究表明，在环境温度持续15 ℃以下，经历3 d时间水中及底泥中的KHV显著减少。最近的研究报道，在距离锦鲤疱疹病毒病发病4个月之前，水温9 ℃～11 ℃时，即在水中检测到了KHV的DNA。

（二）动物产品检疫处理指标

可采用下列程序之一灭活鱼类中的锦鲤疱疹病毒：

1. 高温加热消毒且密封保存鱼产品（即121 ℃热处理至少3.6 min或任何时间/温度等效处理）。

2. 经巴氏消毒法90 ℃热处理至少10 min（或已证实可灭活鲤疱疹病毒的任何时间/温度等效处理）。

3. 经机械处理干燥并去除内脏（即100 ℃热处理至少30 min或已证实可灭活鲤疱疹病毒的任何时间/温度等效处理）。

4. 制备为鱼油。

5. 制备为鱼粉。

一百一十七、鲑传染性贫血

英文名：Infection with HPR-deleted or HPR0 infectious salmon anaemia virus

病原：传染性鲑贫血病病毒（Infectious salmon anaemia virus，ISAV）

（一）病原特性

灭菌的新鲜水和海水分别经35 Jm–2和50 Jm–2紫外线照射处理，其中的病毒感染性降低3个对数级。而鱼加工厂的废水中的ISAV病毒，要达到前面的效果，须用72 Jm–2紫外线进行处理。臭氧处理的海水（8 mg/mL、氧化还原电势600 mV ~ 750 mV处理4 min）能够完全灭活ISAV。经细胞培养分离的ISAV在低温条件下能够存活数周，但是56 ℃作用30 min，病毒就会失去感染性。ISA病鱼的组织匀浆物在pH 4或pH 12的条件下，24 h就会丧失其感染性。用100 mg/mL的氯气处理15 min同样能够灭活病毒。

（二）动物产品检疫处理指标

可采用下列程序之一灭活鱼类中的传染性鲑贫血病病毒：

1. 高温加热消毒且密封保存鱼产品（即121 ℃热处理至少3.6 min或任何时间/温度等效处理）。

2. 经巴氏消毒法90 ℃热处理至少10 min（或已证实可灭活传染性鲑贫血病病毒的任何时间/温度等效处理）。

3. 经机械处理干燥并去除内脏（即100 ℃热处理至少30 min或已证实可灭活传染性鲑贫血病病毒的任何时间/温度等效处理）。

4. 制备为鱼油。

5. 制备为鱼粉。

6. 鱼皮制成的皮革。

一百一十八、病毒性神经坏死病

英文名：Viral nervous necrosis

病原：病毒性神经坏死病毒（Viral nervous necrosis virus ，VNNV）

（一）病原特性

该病毒对福尔马林不敏感。对碘和氯气比较敏感，25 μg/mL的碘5 min可使病毒灭活，50 μg/mL的氯气5 min可使病毒灭活。次氯酸盐、新洁尔灭和碘化学试剂条件下的灭活条件为：50 μg/mL 10 min。病毒还对臭氧敏感，在0.1 μg/mL臭氧中暴露2.5 min或0.5 μg/mL臭氧中暴露0.5 min可被灭活。

（二）动物产品检疫处理指标

用臭氧处理鱼卵是控制鱼苗感染病毒性神经坏死病毒的有效途径。

一百一十九、斑点叉尾鮰病毒病

英文名：Channel catfish virus disease

病原：斑点叉尾鮰病毒（Channel catfish virus，CCV）

（一）病原特性

病毒对乙醚、三氯甲烷、酸、热敏感，在甘油中失去感染力；–20 ℃冷冻后解冻3次，每次将失去1/4～1/2感染力，因此必须用新鲜组织分离病毒；病毒在含有10%血清，pH为7.6～8.0的培养液中，–75 ℃以下保存时间最长。25 ℃时病毒在池水中能生存2 d，在暴过气的自来水中存活11 d；4 ℃时病毒在池水中能存活近1个月，在暴过气的自来水中近2个月；病毒在池底淤泥中迅速失活。此病毒于25 ℃的水中不易存活，在22 ℃的鱼组织内也很快失活，–20 ℃至–80 ℃间可保有感染力。

（二）动物产品检疫处理指标

无。

一百二十、鲍疱疹样病毒感染

英文名：Infection with abalone herpesvirus

病原：鲍疱疹病毒（Abalone herpesvirus，AbHV）

（一）病原特性

鲍疱疹病毒是引起鲍接触传染性病毒性神经节神经炎的病原，属于贝类疱疹病毒科。鲍鱼类疱疹病毒（Herpes–like virus）具有20面体衣壳结构，衣壳直径100 nm～110 nm，衣壳外层附囊膜突起，囊膜直径约150 nm。具电子密度高的核。病毒颗粒在核内的位置，病毒大小，病毒超微结构等特征与疱疹病毒科（Herpesviridae）病毒相符。病毒颗粒的浮力密度为1.17 g/mL～1.18 g/mL。关于病毒的稳定性目前正在研究中。

（二）动物产品检疫处理指标

可采用下列程序之一灭活鲍类中的鲍疱疹病毒：

1. 鲍鱼产品经高温灭菌（即121 ℃热处理至少3.6 min或任何时间/温度等效处理）。

2. 鲍鱼产品经机械干燥处理（即100 ℃热处理至少30 min或已证实可灭活鲍疱疹病毒的任何时间/温度等效处理）。

一百二十一、牡蛎包拉米虫感染

英文名：Infection with *Bonamia Ostreae*
病原：牡蛎包拉米虫（*Bonamia ostreae*）

（一）病原特性

牡蛎包拉米虫是一种原生动物寄生虫，属于单孢子虫门，株系未鉴定。研究显示，牡蛎包拉米虫于15 ℃海水中一周后仍有58%存活，使用0.001%和0.005%的过氧乙酸药浴可降低牡蛎包拉米虫的感染率。

（二）动物产品检疫处理指标

无。

一百二十二、杀蛎包拉米虫感染

英文名：Infection with Bonamia Exitiosa
病原：杀蛎包拉米虫（*Bonamia exitiosa*）

（一）病原特性

杀蛎包拉米虫是一种单孢子原生动物寄生虫，杀蛎包拉米虫感染是指排除*Bonamia ostreae (Bonamia roughleyi) Bonamia perspora*引发的感染。病原稳定性尚在研究中。

（二）动物产品检疫处理指标

无。

一百二十三、折光马尔太虫感染

英文名：Infection with marteilia Refringens
病原：马尔太虫（*Marteilia refringens*）

（一）病原特性

马尔太虫病是由折光马尔太虫引起的寄生性感染病。马尔太虫属丝足虫门无孔目原虫，呈球形或卵圆形，其直径在孢子形成前期阶段大小为5 μm ~ 8 μm，在孢子形成过程中达到40 μm。尚无病原稳定性的资料。

（二）动物产品检疫处理指标

无。

一百二十四、奥尔森派琴虫感染

英文名：Infection with *Perkinsus Olseni*
病原：奥尔森派琴虫（*Perkinsus olseni*）

（一）病原特性

奥尔森派琴虫又名大西洋派琴虫，虫体在宿主体外最长存活时间未知，其前孢子囊或休眠孢子至少能存活数月。虫体细胞壁坚厚，相对比较稳定，室温下，淡水浸泡10 min，虫体可致死，含氯量6×10^{-6}的消毒液处理30 min，可以杀灭奥尔森派琴虫，但是在寄生宿主体内的虫细胞抵抗力较强，以上处理方式无效。紫外光（＞28 000 mW/cm^2）能使奥尔森派琴虫的滋养体失活，60 000 mW/cm^2的紫外光可杀死休眠孢子体。

（二）动物产品检疫处理指标

无。

一百二十五、海水派琴虫感染

英文名：Infection with Perkinsus Marinus
病原：海水派琴虫（*Perkinsus marinus*）

（一）病原特性

海水派琴虫细胞壁坚厚，相对稳定。干燥、氯化处理（＞0.3 mg/mL=300×10^{-6}）、紫外线照射（＞28 000 mW/cm^2）和淡水处理都能将虫体灭活。强度在4 000mW/cm^2～14 000 mW/cm^2的紫外线辐照可抑制虫体繁殖。

（二）动物产品检疫处理指标

无。

一百二十六、加州立克次体感染

英文名：Infection with *Xenohaliotis Californiensis*
病原：加州立克次体（*Xenohaliotis californiensis*）

（一）病原特性

加州立克次体是一种无浆体科细胞内寄生菌。菌体一般呈杆状或球状，大小332 nm × 1 550 nm或直径1 405 nm。加州立克次体在浓度低于10%的漂白粉中浸泡就可以灭活。在污染的海水中加入浓度大于10×10^{-6}的次氯酸钙或将污染的设备浸入含1%碘伏的清水中均可进行消毒。

（二）动物产品检疫处理指标

无。

一百二十七、白斑综合征

英文名：Infection with white spot syndrome virus

病原：白斑综合症病毒（White spot syndrome virus，WSSV）

（一）病原特性

5×10^{-6}的次氯酸钠作用10 min或1×10^{-6}，30 min可以灭活WSSV；10×10^{-6}的有机碘30 min；25 ℃下12.5%的食盐溶液作用24 h都可使病毒灭活。WSSV在50 ℃下120 min内失活，在60 ℃下1 min失活。

（二）动物产品检疫处理指标

1. 高温加热消毒且密封保存甲壳类产品（即121 ℃热处理至少3.6 min或任何时间/温度等效处理）。

2. 甲壳类动物产品经巴氏消毒法90 ℃热处理至少10 min（或已证实可灭活白斑综合征病毒的任何时间/温度等效处理）。

3. 熟制甲壳类动物产品经60 ℃热处理至少1 min（或已证实可灭活白斑综合征病毒的任何时间/温度等效处理）。

4. 制备为甲壳类动物油。

5. 制备为甲壳类动物粉。

6. 化学提取甲壳素。

一百二十八、传染性皮下和造血器官坏死病

英文名：Infection with infectious hypodermal and haematopoietic necrosis virus

病原：传染性皮下和造血器官坏死病毒（Infectious hypodermal and haematopoietic necrosis virus，IHHNV）

（一）病原特性

IHHNV是已知的最小的对虾病毒，是一个直径为20 nm ~ 22 nm无囊膜包被的二十面体，在氯化铯溶液中的密度为40 g/ml。IHHNV是已知的对虾病毒里最稳定的病毒。病毒反复冻融并在50%的甘油中保存仍有感染力。

（二）动物产品检疫处理指标

1. 高温加热消毒且密封保存甲壳类产品（即121 ℃热处理至少3.6 min或任何时间/温度等效处理）。

2. 甲壳类动物产品经巴氏消毒法90 ℃热处理至少10 min（或已证实可灭活传染性皮下和造血器官坏死病毒的任何时间/温度等效处理）。

3. 制备为甲壳类动物油。

4. 制备为甲壳类动物粉。

一百二十九、传染性肌肉坏死病

英文名：Infection with infectious myonecrosis virus

病原：传染性肌肉坏死病毒（Infectious myonecrosis virus，IMNV）

（一）病原特性

IMNV列在全病毒属（Totivirus），该病毒是无囊膜双链RNA病毒，呈二十面体，直径在40 nm左右，氯化铯密度梯度离心为1.366 g/mL。病毒基因组长度为7560 bp，编码了RNA结合蛋白、核衣壳蛋白和RNA依赖性聚合酶（RNA-dependent RNA polymerase，RdRp）。

该病毒比其他对虾病毒难通过常规消毒方法灭活。

（二）动物产品检疫处理指标

1. 高温加热消毒且密封保存甲壳类产品（即121 ℃热处理至少3.6 min或任何时间/温度等效处理）。

2. 甲壳类动物产品经巴氏消毒法90 ℃热处理至少10 min（或已证实可灭活传染性肌肉坏死病毒的任何时间/温度等效处理）。

3. 制备为甲壳类动物油。

4. 制备为甲壳类动物粉。

5. 化学提取甲壳素。

一百三十、桃拉综合征

英文名：Infection with Taura syndrome virus

病原：桃拉综合征病毒（Taura syndrome virus，TSV）

（一）病原特性

TS由TSV引起，是西半球对虾养殖地区一种严重的对虾传染性疾病。TSV形态为直径32 nm，无囊膜的二十面体结构，根据其细胞质内复制，浮力密度1.338 g/mL、基因组为线性正链的RNA单链，长度约为10.2 kb，由三个主要多肽（55、40、24 kD）和一个次要多肽（58 kD）组成的核衣壳等特性暂时将TSV划分为小RNA病毒。关于病毒的稳定性暂无研究报道。

（二）动物产品检疫处理指标

1. 高温加热消毒且密封保存甲壳类产品（即121 ℃热处理至少3.6 min或任何时间/温度等效处理）。

2. 经巴氏消毒法90 ℃热处理至少10 min的甲壳类动物产品（或已证实可灭活桃拉综合征病毒的任何时间/温度等效处理）。

3. 经70 ℃热处理至少30 min的熟制甲壳类动物产品（或已证实可灭活桃拉综合征病毒的任何时间/温度等效处理）。

4. 制备为甲壳类动物油。

5. 制备为甲壳类动物粉。

6. 化学法提取甲壳素。

一百三十一、罗氏沼虾白尾病

英文名：Infection with Macrobrachium rosenbergii nodavirus（white tail disease）

病原：罗氏沼虾野田村病毒（主要病原）和超小型病毒（相关病毒）（Macrobrachium rosenbergii Nodavirus，MrNV，Extra small virus，XSV）

（一）病原特性

白尾病的病原是两种病毒：罗氏沼虾野田村病毒（MrNV）和超小型病毒（XSV）。虽然XSV的致病性还不是非常清楚，但MrNV在WTD爆发时作用非常重要。病毒的分类还不清楚。MrNV属于Nodaviridae家族。XSV是第一个动物体卫星病毒，也是第一个报道的与卫星Nodaviridae联合病毒。热处理可以灭活攻毒实验中的罗氏沼虾野田村病毒和超小型病毒。

（二）动物产品检疫处理指标

1. 高温加热消毒且密封保存的甲壳类产品（即121 ℃热处理至少3.6 min或任何时间/温度等效处理）。

2. 经巴氏消毒法90 ℃热处理至少10 min的甲壳类动物产品（或已证实可灭活罗氏沼虾野田村病毒的任何时间/温度等效处理）。

3. 经60 ℃热处理至少60 min的熟制甲壳类动物产品（或已证实可灭活罗氏沼虾野田村病毒的任何时间/温度等效处理）。

4. 制备为甲壳类动物油。

5. 制备为甲壳类动物粉。

6. 化学法提取甲壳素。

一百三十二、黄头病

英文名：Infection with yellow head virus genotype 1

病原：黄头病毒（Yellow head virus，YHV）

（一）病原特性

本病毒离开虾体后在25 ℃～28 ℃海水中至少还可以存活72 h，在60 ℃ 15 min条件下，0.03 mg/mL氯即可灭活黄头病毒。

（二）动物产品检疫处理指标

无。

一百三十三、螯虾瘟

英文名：Infection with Aphanomyces astaci（Crayfish plague）

病原：螯虾丝囊霉菌（*Aphanomcyces astaci*）

（一）病原特性

螯虾瘟的病原是一种丝囊霉菌，属于卵型亚纲真菌（*Aphanomcyces astacus*），该菌不是专性寄生菌，在实验条件下，培养基中可培养，但是自然条件下，不能在无宿主的情况下长期生存。丝囊霉菌游动孢子的活力可保持3 d，孢子囊在蒸馏水中可存活2周。灭活培养基或感染螯虾体内的丝囊霉菌时，可将其置于60 ℃下，也可置于-20 ℃（或更低的温度）至少48 h。次氯酸钠与有机碘是有效的消毒剂。该菌抗干燥性较差，彻底的干燥污染设备（＞24 h）也可有效的灭菌。

（二）动物产品检疫处理指标

1. 高温加热消毒且密封保存甲壳类产品（即121 ℃热处理至少3.6 min或任何时间/温度等效处理）。

2. 甲壳类动物产品经巴氏消毒法90 ℃热处理至少10 min（或已证实可灭活螯虾丝囊霉菌的任何时间/温度等效处理）。

3. 经100 ℃热处理至少1 min的熟制甲壳类动物产品（或已证实可灭活螯虾丝囊霉菌的任何时间/温度等效处理）。

4. 冷冻螯虾产品经–20 ℃或更低温度处理至少72 h。

4. 制备为甲壳类动物油。

5. 制备为甲壳类动物粉。

6. 化学法提取甲壳素。

一百三十四、箭毒蛙壶菌感染

英文名：Infection with *Batrachochytrium Dendrobatidis*

病原：箭毒蛙壶菌（*Batrachochytrium dendrobatidis*，*Bd*）

（一）病原特性

箭毒蛙壶菌属于真菌界壶菌门壶菌纲，该菌对化学或物理处理方法敏感，如季铵化合物、二级二癸基二甲基氯化铵（如PathX，1∶500稀释，30 s）、苯扎氯铵（如F10，1∶500稀释，1 min），次氯酸钠有效浓度在1%以上；或者将其浸泡在70%酒精和1 mg/mL卫康消毒剂中20 s。箭毒蛙壶菌无法在完全干燥的环境下生存，37 ℃加热4 h可杀死孢囊。常规杀灭细菌、真菌及病毒的紫外照射方法对箭毒蛙壶菌无效。

（二）动物产品的检疫处理指标

1. 高温加热消毒且密封保存两栖类动物产品（即121 ℃热处理至少3.6 min或任何时间/温度等效处理）。

2. 两栖类动物产品经巴氏消毒法90 ℃热处理至少10 min（或已证实可灭活箭毒蛙壶菌的任何时间/温度等效处理）。

3. 熟制两栖类动物产品经100 ℃热处理至少1 min（或已证实可灭活箭毒蛙壶菌的任何时间/温度等效处理）。

4. 经机械干燥处理的两栖类动物产品（即经100 ℃热处理至少30 min或已证实可灭活箭毒蛙壶菌的任何时间/温度等效处理）。

5. 制备为皮革。

一百三十五、蛙病毒感染

英文名：Infection with Ranavirus species

病原：蛙病毒（Ranaviruses）

（一）病原特性

蛙病毒属于虹彩病毒科蛙病毒属，病毒粒子很大，直径150 nm ~ 170 nm，二十面体对称，双链DNA，基因组大小为150 kb ~ 170 kb。病毒抗干燥能力很强。蛙病毒属对70%酒精、200 mg/L次氯酸钠敏感，60 ℃加热15 min可将其灭活。将来源于两栖类的蛙病毒10^7PFU/mL置于150 mg/L双氯苯双胍己烷溶液（0.75%洗必泰），180 mg/L次氯酸钠（3%漂白剂）、200 mg/L过氯酸钾（1%Virkon）中1 min，均可灭活。

（二）动物产品检疫处理指标

1. 高温加热消毒且密封保存两栖类动物产品（即121 ℃热处理至少3.6 min或任何时间/温度等效处理）。

2. 两栖类动物产品经巴氏消毒法90 ℃热处理至少10 min（或已证实可灭活蛙病毒的任何时间/温度等效处理）。

3. 熟制两栖类动物产品经65 ℃热处理至少30 min（或已证实可灭活蛙病毒的任何时间/温度等效处理）。

4. 两栖类动物产品经机械干燥处理（即经100 ℃热处理至少30 min或已证实可灭活蛙病毒的任何时间/温度等效处理）。

一百三十六、异尖线虫病

英文名：Anisakiasis

病原：异尖线虫（某些种的活的第三期幼虫）（*Anisakiasis*）

（一）病原特性

异尖线虫幼虫在50 ℃ ~ 55 ℃，10 s内可以死亡。在 20 ℃冷冻24 h后可全部死亡。亦有学者建议–20 ℃冷冻52 h ~ 72 h。另外，还可以对海产品进行盐、醋等腌泡或烟熏等加工减少感染的机会。在22%食盐水中浸泡10 d，幼虫便可被杀死；15%食盐水加醋酸浸泡30 d内97%的幼虫亦会死亡。微波炉亦可有效杀死幼虫。

异尖线虫对各种理化因素的抵抗力均很强，胃酸能增强虫体活动性，对酒精、盐、放射线等有一定抵抗力，但对温度的抵抗性极弱。一般在–20 ℃仅存活3 h，–10 ℃下存活4 d，2 ℃下50 d死亡，45 ℃存活69 min，50 ℃下15 min死亡，60 ℃时1 s虫体即刻死亡；30° 白酒中存活2.5 h ~ 48 h，60° 白酒中存活20 min ~ 2 h，30%醋酸中存活1 h ~ 3 h；异尖线虫在蒜汁、生姜汁、紫兰液、花椒液、韭菜汁、茴香液、辣椒液和各种调味料混合液中存活的时间分别为7 h、10 h、15 h、52 h、61 h、69 h、148 h和169 h，其中蒜汁、姜汁和紫兰液中存活时间明显短于其他5种；用槟榔、仙鹤草和蛇床子、黄柏、黄连、麻黄、细辛和茜草以及延胡索等中药进行实验，除延胡索液中存活47 h外，其余药液中均可存活110 h以上；在复方甲苯咪唑及丙硫咪唑中的存活实验显示，6125 g/L复方甲苯咪唑为30 h，杀虫效果优于其他药物。

（二）动物产品检疫处理指标

无。

一百三十七、坏死性肝胰腺炎

英文名：Infection with Hepatobacter penaei（Necrotising hepatopancreatitis）
病原：坏死性肝胰腺炎菌（Necrotizing hepatopancreatitis bacteria，NHPB）

（一）病原特性

该菌感染组织经过50%甘油保存并反复冻融后，仍具有感染性，在经过–20 ℃，–70 ℃和–80 ℃冷冻后，再接触南美白对虾时仍有感染力。

（二）动物产品检疫处理指标

1. 高温加热消毒且密封保存甲壳类产品（即121 ℃热处理至少3.6 min或任何时间/温度等效处理）。

2. 甲壳类动物产品经巴氏消毒法63 ℃热处理至少30 min（或已证实可灭活坏死性肝胰腺炎菌的任何时间/温度等效处理）。

3. 熟制甲壳类动物产品经100 ℃热处理至少3 min（或已证实可灭活坏死性肝胰腺炎菌的任何时间/温度等效处理）。

4. 制备为甲壳类动物油。

5. 制备为甲壳类动物粉。

6. 化学法提取甲壳素。

一百三十八、传染性脾肾坏死病

英文名：Infectious spleen and kidney necrosis
病原：传染性脾肾坏死病毒（Infectious spleen and kidney necrosis virus，ISKNV）

（一）病原特性

ISKNV对热敏感，在50 ℃处理30 min会失去活性；室温下15 d，4 ℃下6个月，−20 ℃和−70 ℃下18个月，对宿主仍然有致病性；ISKNV对酸碱性敏感，在pH小于等于3和大于等于12的条件下都失去致病性；对脂溶剂敏感，经过三氯甲烷4 ℃处理30 min后会失去活性；对紫外线也敏感，病毒液距离紫外光源50 mm照射30 min后，失去致病性；高锰酸钾、甲醛和次氯酸钠对ISKNV有灭活作用，其中次氯酸钠效果最好。

（二）动物产品检疫处理指标

无。

一百三十九、刺激隐核虫病

英文名：Cryptocaryoniasis
病原：刺激隐核虫（*Cryptocaryon irritans*）

（一）病原特性

病原为刺激隐核虫，属于前口目隐核虫科隐核虫属成员。海水小瓜虫是同物异名。浸泡药物对离体刺激隐核虫包囊和幼虫的影响：高锰酸钾浓度为9 mg/L浸泡12 min幼虫开始死亡，24 min可有效杀死全部幼虫，浓度低于9 mg/L对幼虫无杀灭效果。双氧水浓度为120 μL/L有较好的杀灭效果，58 min可全部杀死幼虫。硫酸铜在1 mg/L ~ 25 mg/L的浓度内，对幼虫无杀灭效果，但硫酸铜浓度为20 mg/L以上能完全抑制包囊发育。低盐度水对幼虫的杀灭效果随着盐度不断降低，杀灭效果越好，6.0‰的海水15 min即可完全杀死幼虫，但其对包囊的杀灭效果不如幼虫明显。福尔马林在70 μL/L的浓度下32 min幼虫全部死亡，而其浓度在100 μL/L以上对包囊有50%以上的杀灭效果。

（二）动物产品检疫处理指标

无。

一百四十、淡水鱼细菌性败血症

英文名：Freshwater fish bacteria septicemia
病原：嗜水气单胞菌（*Aeromonas hydrophila*）

（一）病原特性

嗜水气单胞菌属气单胞菌科气单胞菌属，呈杆状，两端钝圆，中轴端直，大小为

（0.5～0.9）μm×（1.0 ～2.0）μm，单个散在或两两相连，能运动，极端单鞭毛，无芽孢，无荚膜，革兰氏染色阴性，少数染色不均，呈两极染色。普通琼脂平板上，菌落圆形，培养24 h后，直径0.9 mm～1.5 mm，48 h后增至2 mm～3 mm，灰白色，半透明，表面光滑湿润，微凸，边缘整齐，不产生色素。R-S选择培养基上呈黄色圆形菌落，在假单胞菌分离培养基上不生长，细胞色素氧化酶试验阳性，2，3-丁二醇脱氢酶测定阳性。此种病原菌能产生外毒素，具有溶血性、毒性及细胞毒性；将该毒素注射到小白鼠和鲫鱼身上均有强烈的致死性。

（二）动物产品检疫处理指标

无。

一百四十一、鮰类肠败血症

英文名：Enteric septicaemia of catfish

病原：鮰爱德华菌（*Edwardsiella ictaluri*，E. ictaluri）

（一）病原特性

肠道败血症的病原为鮰爱德华菌，为爱德华氏菌属、肠杆菌科、革兰氏阴性短杆菌，大小为（0.8±0.2）mm×（2.5±0.5）μm。在25 ℃～30 ℃的温度范围内具有较弱的运动性，而37 ℃时则不具运动能力；该菌在普通培养基上生长缓慢，在25 ℃～30 ℃条件下培养，于BHI琼脂上需25 h～30 h，于TSA琼脂上需要48 h后形成针尖大小的菌落，在37 ℃时则不生长。

（二）动物产品检疫处理指标

无。

一百四十二、迟缓爱德华氏菌病

英文名：Edwardsiellasis

病原：迟缓爱德华氏菌（*Edwardsiella tarda*）

（一）病原特性

迟缓爱德华氏菌对外界理化因素的变化抵抗力不强，常规消毒方法即可灭活该菌。100 ℃加热5 min、巴氏灭菌法、10 mg/L漂白水浸泡15 min、3.5 mg/L二氯异氰尿酸钠浸泡20 min、3.0 mg/L三氯异氰尿酸浸泡20 min均可杀死迟缓爱德华氏菌。

（二）动物产品检疫处理指标

无。

一百四十三、鱼链球菌病

英文名：Fish streptococcosis
病原：链球菌（*Streptococcus*）

（一）病原特性

在普通培养基上发育不良，在脑、心脏浸液琼脂培养基、葡萄糖肉汤琼脂培养基及鱼肉汤琼脂培养基上发育良好；25 ℃培养24 h形成直径0.5 mm以下、圆形、边缘光滑、微隆的白色小菌落。在葡萄糖肉汤中，在氯化钠浓度0%～7.5%，pH 6.0～10.0的条件下均可生长；发育的适宜氯化钠浓度为0～2%，适宜pH为7.6～8.4，生长适温20 ℃～37 ℃。在40%胆汁葡萄糖肉汤及0.1%美蓝牛奶中生长，加热至60 ℃ 30 min不死。

（二）动物产品检疫处理指标

无。

一百四十四、蛙脑膜炎败血金黄杆菌病

英文名：Chryseobacterium meningosepticum of frog（*Rana* spp.）
病原：蛙脑膜炎败血伊丽莎白菌（*Elizabethkingia meningoseptica*）

（一）病原特性

病原为脑膜炎败血伊丽莎白菌，曾称脑膜炎败血黄杆菌或脑膜炎败血金黄杆菌，属于黄杆菌科伊丽莎白菌属。脑膜炎败血伊丽莎白菌为革兰阴性、细长、末端略圆突状的杆菌，大小（0.4～0.5）μm×（0.8～1.0）μm，单个分散排列、无鞭毛，无芽孢，无荚膜，不运动。氧化酶、触酶阳性。能发酵葡萄糖、麦芽糖、甘露醇、果糖产酸，不发酵木糖、蔗糖、乳糖。乙酰胺、DNA酶、七叶苷、靛基质、ONPG、明胶液化试验阳性，尿素酶、鸟氨酸脱羧酶、赖氨酸脱羧酶、精氨酸双水解酶均阴性。在血琼脂上生长良好，典型菌株略带黄色，不溶血，但可见草绿色红细胞脱色区。

（二）动物产品检疫处理指标

无。

一百四十五、鲑鱼甲病毒感染

英文名：Infection with salmonid alphavirus
病原：鲑鱼甲病毒（Salmonid alphavirus，SAV）

（一）病原特性

RNA病毒，球型（直径为55 nm ~ 65 nm），对三氯甲烷敏感，在pH 4.0、pH 12.0和60 ℃时可迅速被灭活，在氯化铯中的浮力密度为1.20 g/mL。

（二）动物产品的检疫处理指标

无。

一百四十六、蝾螈壶菌感染

英文名：Infection with Batrachochytrium salamandrivorans
病原：蝾螈壶菌（*Batrachochytrium salamandrivorans*）

（一）病原特性

蝾螈壶菌是一种高传染性、高致病性的水生性真菌，能够特异地感染蝾螈引发壶菌病。实验室环境下，蝾螈壶菌的最佳生长温度在10 ℃ ~ 15 ℃之间，当环境温度超过25 ℃就会死亡。

（二）动物产品的检疫处理指标

无。

一百四十七、鲤浮肿病毒病

英文名：Carp edema virus disease
病原：鲤浮肿病毒（Carp edema virus，CEV）

（一）病原特性

CEV是一种大小为200 nm、有囊膜的DNA病毒，属于痘病毒科（Poxviridae）。水变、换水、拉网等应激过大，缺氧，水浓、气泡病等是该病的诱发因素。继发细菌感染、乱用药物等可加重死亡。使用抗生素类药物无效，改底、增氧等措施能够降低死亡量。

（二）动物产品的检疫处理指标

无。

一百四十八、罗非鱼湖病毒病

英文名：Tilapia Lake virus disease
病原：罗非鱼湖病毒（Tilapia lake virus，TiLV）

（一）病原特性

RNA病毒，正粘病毒科，病毒粒子为具包膜二十面体结构，大小约为55 nm ~ 75 nm。病毒对乙醚和三氯甲烷敏感。

（二）动物产品的检疫处理指标

无。

一百四十九、细菌性肾病

英文名：Bacterial kidney disease
病原：鲑肾杆菌（*Renibacterium salmoninarum*）

（一）病原特性

革兰氏阳性杆菌，呈丛状。用SMP、SSM等磺胺药物200 g混入1 kg饵料，连续投喂3周 ~ 4周。因病程长，各组织器官功能衰竭，治疗效果不理想，死亡率仍达50%。用25×10^{-6}的碘溶液消毒鱼卵，浸泡5 min，可有效预防该病的发生。

（二）动物产品的检疫处理指标

无。

一百五十、急性肝胰腺坏死

英文名：Acute hepatopancreatic necrosis disease
病原：副溶血弧菌（*Vibrio parahemolyticus*）

（一）病原特性

革兰氏阴性无芽孢多形态杆菌，无芽孢单端鞭毛，两端浓染。该菌存活能力强，在抹布和砧板上能生存一个月以上，海水中可存活47天。无氯化钠或10%氯化钠培养时可抑制其生长。

（二）动物产品的检疫处理指标

无。

一百五十一、十足目虹彩病毒1感染

英文名：Infection with Decapod iridescent virus 1
病原：十足目虹彩病毒1（Decapod iridescent virus 1，DIV-1）

（一）病原特性

虹彩病毒是一类具有线性双链DNA的大颗粒二十面体病毒。其病毒粒子有的有囊膜包裹，有的没有囊膜包裹，通过细胞膜出芽释放的病毒粒子有囊膜，而因为细胞裂解释放的病毒粒子没有囊膜，在 DNA 核心和衣壳之间有一层脂质内膜。有囊膜的病毒和无囊膜的病毒粒子都具有感染性，但有囊膜的病毒粒子感染性更高，这可能是因为病毒囊膜上的蛋白可以帮助病毒进入宿主细胞。虹彩病毒的稳定性目前还在研究中。

（二）动物产品的检疫处理指标

无。

一百五十二、蜜蜂盾螨病

英文名：Acarapisosis of honey bees
病原：跗线螨科，武氏蜂盾螨亚种（*Tarsonemid mite*，*Rennie acarapis woodi*）

（一）病原特性

武氏蜂盾螨是蜜蜂呼吸系统的一种体内寄生虫，离开寄主暴露于气管外时，如果在几个小时内没有找到适宜的寄主便会死亡。死蜂体内螨存活1周。甲酸可以敏感杀死受侵染的蜂群中的蜜蜂盾螨。

（二）动物产品的检疫处理指标

1. 薄荷醇晶体（50 g 可用于一个双层的蜂群），防治螨类只要在蜂群里放置28 d，要求环境温度至少18 ℃。气化的最适温度范围为27 ℃ ~ 29 ℃。

2. 氢化植物油（如人造奶油，不含动物脂肪）和白糖制成的小糖饼将螨发病率控制低至10%。糖饼（约100 g 重）应在秋季和早春放置在巢箱框梁顶部。

一百五十三、美洲幼虫腐臭病

英文名：Infection of honey bees with Paenibacillus larvae（American foulbrood）
病原：幼虫芽孢杆菌（*Paenibacillus larvae*）

（一）病原特性

此菌对外界不良环境的抵抗力很强，在干燥的土壤和幼虫尸体里能保持毒力达数年之久。芽孢在100 ℃的沸水中需1 min～5 min才能杀死；悬浮在蜂蜜中的芽孢，需40 min才能杀死。在阳光直射下，干燥的芽孢可活28 h～45 h；悬浮在蜂蜜中的芽孢则可存活4周～6周。在室温下，芽孢能抵抗5%的石炭酸溶液达数月之久；1∶1 000的升汞溶液数天；10%的甲醛溶液数小时。

（二）动物产品检疫处理指标

无。

一百五十四、欧洲蜂幼虫腐臭病

英文名：Infection of honey bees with Melissococcus plutonius（European foulbrood）
病原：蜂房球菌（*Melissococcus plutonius*）

（一）病原特性

对不良环境的抵抗力较强，在干枯的幼虫尸体里可存活3年之久。细菌在干燥状态和室温条件下，可存活17个月；在巢脾上或蜂蜜里，可存活一年左右。

（二）动物产品检疫处理指标

在40 ℃每立方米空间含50 mL甲醛蒸汽中3 h才能被杀死。

一百五十五、蜜蜂瓦螨病

英文名：Varroosis of honey bees
病原：狄斯瓦螨（*Varroa destructor*）

（一）病原特性

通常在蜂产品中有很强的生存能力，常温环境中可以存活7 d，螨虫在幼蜂或成蜂中的生命期取决于温度和湿度，在实际情况下，其生命期能持续几天到几个月不等。

（二）动物产品检疫处理指标

使用敌螨熏烟剂灭杀螨虫，按照包装规格，每次每标准箱蜜蜂用量2 g，卧式箱、继蜂箱每次用量4 g，傍晚使用该药，蜂进箱后，将药包一角点燃并置入箱内，药包放在瓦片等不易燃的物品上，盖上箱盖，30 min后将巢门打开，次日蜜蜂出巢前，彻底清除落螨。或使用双甲脒进行防治，用喷雾器将双甲脒药液喷在蜜蜂体上，剂量5 mL/巢脾，次日彻底清除落螨。

一百五十六、蜂房小甲虫病（蜂窝甲虫）

英文名：Small hive beetle infestation（*Aethina tumida*）
病原：小甲虫（*Aethina tumida*）

（一）病原特性

蜂房小甲虫生命力强，可在自然条件下存活，主要通过转地养蜂的笼蜂、蜂巢或者寄生在蔬菜、水果和其他果蔬中经流通而传播，能在巢箱外的花粉或腐烂的水果中存活、繁殖，存活时间达1年以上。水是蜂房小甲虫赖以生存的条件，食物供应量和温度条件的不同也直接影响小甲虫的生命周期，在高温和干燥的气候下甲虫会死亡。成年甲虫能存活6个月以上，卵的孵化与相对湿度有相关性，当相对湿度小于50%时，卵较难孵化。高温高湿对甲虫的生长有利。

（二）动物产品的检疫处理指标

无。

一百五十七、蜜蜂亮热厉螨病

英文名：Tropilaelaps infestation of honey bees
病原：亮热厉螨（*Tropilaelaps clareae*）

（一）病原特性

该病原生命周期短，在成蜂上滞留期短。对低温非常敏感，在9.8 ℃～12.7 ℃下，不易长时间存活，一般只能活2 d～4 d。有研究表明，在温度为35 ℃，相对湿度为60%的恒温培养箱内，有成蜂存在但没有食物的培养条件下，最多能存活3 d，如果没有成蜂存在时，只能存活2 d。在寒冷的冬季或蜂群完全没有幼虫的情况下，不能存活，因此繁殖早期和产卵持续时间长的蜂群受亮热厉螨感染的概率更高。外界蜜粉源植物的花粉和花蜜的质量和数量直接影响了幼虫数量的增减，而幼虫数量的变动则引起亮热厉螨种群的波动。

（二）动物产品的检疫处理指标

该病原主要寄生蜂体外，随蜂种引进而携带传入。蜂螨卵及幼虫可污染蜂蜜、花粉等，其存在随蜂产品的引进而传入的可能。

一百五十八、鹿慢性消耗性疾病

英文名：Chronic wasting disease of deer

病原：朊病毒（Prion protein，PrP）

（一）病原特性

能对抗各种理化因素的作用，具有较强的传染性，但不引起机体的免疫反应。对物理因素，如紫外线照射、电离辐射、冷冻干燥、超声波以及80 ℃～100 ℃高温，均有相当的耐受能力，甚至经138 ℃高压灭菌60 min亦不能或不完全使其灭活。对化学试剂与生化试剂，如甲醛、羟胺、核酸酶类等表现出强抗性；它能在很宽的pH范围内稳定存在；在有SDS或β－二巯基乙醇情况下煮沸以及经2 mol/L NaOH 120 min处理后均不能或不完全使其灭活。

（二）动物产品的检疫处理指标

目前建议对相关动物产品消毒方法如下：

高压湿热灭菌132 ℃，保持1 h。

化学灭菌用含20000×10^{-6}活性氯的NaOCl处理1 h。

一百五十九、兔粘液瘤病

英文名：Myxomatosis

病原：粘液瘤病毒（Myxoma virus）

（一）病原特性

粘液瘤病毒的抵抗力低于大多数其他痘病毒。对热敏感，不耐pH值在4.6以下的酸性环境。病毒在26 ℃～30 ℃时能存活10 d，50 ℃、30 min，55 ℃、10 min，60 ℃以上的温度于几分钟内使其灭活，但病变皮肤中的病毒可在常温下存活几个月。如置50%甘油盐水中，更可长期保持活力。病毒对石炭酸、硼酸、升汞和高锰酸钾有较强的抵抗力，但0.5%～2.2%的甲醛1 h内能杀灭病毒。对乙醚敏感，但能抵抗去氧胆酸盐，这是粘液瘤病毒独特的性质。因为其他痘病毒对乙醚和去氧胆酸盐的敏感性是一致的。

（二）动物产品检疫处理指标

无。

一百六十、兔出血症

英文名：Rabbit haemorrhagic disease
病原：兔出血症病毒（Rabbit haemorrhagic disease virus，RHDV）

（一）病原特性

本病毒在感染家兔血液中4 ℃条件下可生存9个月，或感染脏器组织中20 ℃下3个月仍保持活性，肝脏含毒病料-8 ℃～-20 ℃下和室温内污染环境下仍然具有致病性，能耐pH 3.0和50 ℃下40 min处理，对紫外线及干燥等不良环境抵抗力较强。1%氢氧化钠溶液4 h、1%～2%的甲醛溶液或1%的漂白粉悬液3 h、2%农乐溶液1 h才能将其灭活，常用0.5%次氯酸钠溶液消毒。

（二）动物产品检疫处理指标

无。

一百六十一、猴痘

英文名：Monkey pox
病原：猴痘病毒（Monkey pox virus）

（一）病原特性

该病毒耐干燥和低温，在土壤、痂皮和衣被上可生存数月到1年半，在4 ℃下可存活6个月。该病毒不耐热，56 ℃下20 min或60 ℃下10 min即可灭活。一般消毒剂和紫外线均可使之灭活。病毒耐乙醚，但甲醛、乙醇、十二烷基磺酸钠、酚、三氯甲烷均可灭活该病毒。

（二）动物产品检疫处理指标

无。

一百六十二、猴疱疹病毒I型（B病毒）感染症

英文名：Cercopithecine Herpesvirus Type I（B virus）infectious diseases
病原：猴B型疱疹病毒（Monkey B virus，MBV）

（一）病原特性

病毒对热敏感，但用1 mol/L Na_2SO_4较稳定，能耐50 ℃。对紫外线的半衰期为5 s ~ 7 s，12 Gy X线照射2 min可使90%病毒灭活。在液体中的病毒，经4 ℃处理18 h，可使病毒灭活。而处于干燥环境中的病毒对乙醇和乙醚稳定，1%酚在室温处理15 min后，病毒不被灭活；处理3 d后才被灭活。以1：1 000的高锰酸钾在室温处理1 h，病毒即被灭活。在35 ℃以0.01 mol/L的甲醛或0.001 mol/L的碘处理100 PFU/mL ~ 1 000 PFU/mL的病毒1 h即全部灭活。

（二）动物产品检疫处理指标

无。

一百六十三、猴病毒性免疫缺陷综合征

英文名：Simian virus immunodeficiency syndrome
病原：猴免疫缺陷病毒（Simian immunodeficiency virus，SIV）

（一）病原特性

60 ℃加热30 min以杀死SIV，4 ℃可存放2周，22 ℃可存放1周，-20 ℃存放3周，滴度由1：8 192分别下降到1：1 024，1：16和1：2 048。

（二）动物产品检疫处理指标

SIV的预防控制，主要在于消灭传染源，切断传播途径，因此要加强检疫，发现SIV感染猴，迅速隔离，及时扑杀。

一百六十四、马尔堡出血热

英文名：Marburg haemorrhagic fever
病原：马尔堡病毒（Marburg virus）

（一）病原特性

病毒对热有中度抵抗力，56 ℃、30 min不能完全灭活，但60 ℃ 1 h感染性丧失。在室温及4 ℃存放35 d其感染性基本不变，-70 ℃可以长期保存。一定剂量的紫外线、γ射线、脂溶剂、β-丙内酯、次氯酸、酚类等均可灭活。

（二）动物产品检疫处理指标

无。

一百六十五、犬瘟热

英文名：Canine distemper
病原：犬瘟热病毒（Canine distemper virus，CDV）

（一）病原特性

犬瘟热病毒对热和干燥敏感，50 ℃ ~ 60 ℃ 30 min即可灭活。在室温下2 h可使一半以上的病毒失去感染能力。在−80 ℃的低温冰箱中可保存一年，冻干毒在0 ℃以下可保持一年以上。在炎热季节不能长期存活，故该病流行于冬春寒冷季节。犬瘟热病毒对紫外线和碱性溶液敏感，常用的消毒药3%NaOH、1%来苏儿、0.1%甲醛溶液均可在几小时内灭活病毒。可见光容易将病毒灭活。

（二）动物产品检疫处理指标

无。

一百六十六、犬传染性肝炎

英文名：Infectious canine hepatitis
病原：犬腺状病毒（Canine adenovirus，CAV）

（一）病原特性

该病毒对乙醚、三氯甲烷有抵抗力。在pH值为3 ~ 9条件下可存活，最适pH值为6.0 ~ 8.5。在4 ℃可存活270 d，室温下存活70 d ~ 91 d，37 ℃可存活29 d。56 ℃、30 min仍存活。紫外线照射30 min，可灭活腺病毒的感染性。

（二）动物产品检疫处理指标

无。

一百六十七、犬细小病毒感染

英文名：Canine parvovirus infection
病原：犬细小病毒（Canine parvovirus，CPV）

（一）病原特性

CPV对多种理化因素和常用消毒剂具有较强的抵抗力。在4 ℃～10 ℃存活180 d，37 ℃存活14 d，56 ℃存活24 h，80 ℃存活15 min。在室温下保存90 d感染性仅轻度下降，在粪便种可存活数月至数年。细小病毒对极端温度、pH值和一些消毒剂等环境因子抵抗力强。甲醛、次氯酸钠、β－丙内酯、羟胺、氧化剂和紫外线均可将其灭活。

（二）动物产品检疫处理指标

无。

一百六十八、水貂阿留申病

英文名：Mink aleutian disease

病原：阿留申病毒（Alcutian disease virus，ADV）

（一）病原特性

ADV抵抗力极强，耐热、耐酸、耐乙醚，对三氯甲烷、0.4%甲醛和清洁剂有抵抗力，但对1%甲醛和1%～1.5%氢氧化钠敏感。病毒对热的抵抗力也很强，病毒在组织悬液中80 ℃可耐受30 min，99.5 ℃、3 min仍能保持感染性；5 ℃时，可被紫外线或0.8%碘液灭活，可煮沸灭活也可被强酸、强碱和碘灭活。在pH值为2.8～10范围内仍保持活力。化学消毒研究表明1%福尔马林、0.5%～1%NaOH是有效的消毒剂。

典型AD水貂的组织、唾液、粪便、尿、血清及全血中的病毒均有感染性。

（二）动物产品检疫处理指标

无。

一百六十九、水貂病毒性肠炎

英文名：Mink viral enteritis

病原：水貂肠炎病毒（Mink enteritis virus，MEV）

（一）病原特性

该病的病原体为细小病毒属的水貂肠炎病毒。该病毒对外界环境有较强的抵抗力，能耐受66 ℃，30 min。组织和粪便中的病毒，在冷冻状态下，一年毒力不下降。病毒对胆汁、乙醚、三氯甲烷等有机溶液和胰蛋白酶有抵抗力；煮沸能杀死病毒；0.5%甲醛或苛性钠溶液，在室温条件下12 h可使病毒失去活力。

（二）动物产品检疫处理指标

无。

一百七十、猫泛白细胞减少症（猫传染性肠炎）

英文名：Feline panleucopenia（Feline infectious enteritis）
病原：猫细小病毒（Feline parvo virus）

（一）病原特性

本病毒对外界因素具有强大的抵抗力，能耐受66 ℃、30 min加热处理；50%甘油盐水中的含毒组织，在普通冰箱内可保存35 d～138 d；对乙醚、三氯甲烷等脂溶剂和胰蛋白有抵抗力。0.5%福尔马林能有效地杀灭病毒，是良好的消毒剂。

（二）动物产品检疫处理指标

无。

第三节　其他传染病、寄生虫病（41种）

一百七十一、大肠杆菌病

英文名：Colibacillosis
病原：大肠埃希氏菌（*Escherichia coli*）

（一）病原特性

该菌无特殊抵抗力，是典型的营养型细菌，对外界不利因素的抵抗力不强。但在自然界的水中可存活数周至数月，在干燥的垫草和粪便中可存活很长时间。其培养物在室温中可生存数周，在土壤和水中可达数月。37 ℃ 1 d～2 d或4 ℃ 6周～22周可使细菌数减少90%，细菌对高温抵抗力较弱，60 ℃～70 ℃加热15 min～30 min即可使大多数菌株灭活。湿度较高时，灭活较慢，而当有游离氨存在时，灭活较快。本菌耐冷冻，并能在低温条件下长期存活。

该菌对一般的化学消毒剂都较敏感，如5%～10%的漂白粉、3%来苏儿和5%石炭酸等都能迅速将之杀灭；在含0.5 mg/L～1.0 mg/L氯的水中很快死亡。

（二）动物产品检疫处理指标

无。

一百七十二、李斯特菌病

英文名：Listeriosis
病原：李斯特菌（*Listeria monocytogenes*）

（一）病原特性

李斯特菌属广泛存在于土壤、水、废水、食品、人类和动物粪便等各种环境中，如在蔬菜、奶及奶制品、生肉、熟肉制品、海产品中经常带有该菌，其在食品中繁殖温度范围较大（1 ℃~45 ℃），即使在冷藏温度下仍能生长繁殖，因此，含有单增李斯特菌的食品冷藏时间越长，危险性越大。可以耐受高盐（高达10%）、pH值范围广（5.0~9.6）。

（二）动物产品检疫处理指标

由于李斯特菌比某些食品致病菌的抗热性好，在一般热加工处理中能存活，故在食品加工中，其中心温度必须达到70 ℃且持续2 min以上。速冻食品在食用前应彻底加热。

一百七十三、放线菌病

英文名：Actinomycosis
病原：放线菌（*Actinomycetes*）

（一）病原特性

放线菌是一群革兰氏阳性、高（G + C）mol%含量（>55%）的细菌。放线菌与人类的生产和生活关系极为密切，广泛应用的抗生素约70%是各种放线菌所产生。一些种类的放线菌还能产生各种酶制剂（蛋白酶、淀粉酶、和纤维素酶等）、维生素（B12）和有机酸等。放线菌在自然界分布广泛，主要以孢子或菌丝状态存在于土壤、空气和水中，尤其是含水量低、有机物丰富、呈中性或微碱性的土壤中数量最多。动物放线菌为嗜二氧化碳或兼性厌氧菌，都需要营养丰富的培养基，在含血清或全血的培养基上优先生长。在不同种间甚至同一种内，菌落的形态存在差异，很少发生溶血。

（二）动物产品检疫处理指标

加热和消毒剂都能快速灭活放线菌。

一百七十四、肝片吸虫病

英文名：Fasciolasis
病原：肝片吸虫（*Fasciola hepatica*）

（一）病原特性

试验证明，虫卵在12 ℃时停止发育，13 ℃时即可发育，但须经过59 d才能孵出毛蚴。25 ℃ ~ 0 ℃时虫体发育最适宜，经8 d ~ 12 d即可孵出毛蚴。虫卵对高温和干燥较敏感。40 ℃ ~ 50 ℃时几分钟内死亡，在完全干燥的环境中迅速死亡。然而，虫卵在潮湿无光照的粪堆中可存活8个月以上。虫卵对低温的抵抗力较强，在2 ℃ ~ 4 ℃的水里17个月仍有60%以上的孵化率，但结冰后很快死亡。虫卵在结冰的冬季是不能越冬的。

（二）动物产品检疫处理指标

加热、水煮能灭活病原。

一百七十五、丝虫病

英文名：Filariasis
病原：丝虫（*Filariasis*）

（一）病原特性

丝虫属线虫纲，丝虫目，盖头虫科。体细长如丝。传染源为血中含微丝蚴的早期患者及无症状的带虫者（微丝蚴血症者）。传播媒介为4属30余种蚊如中华按蚊、微小按蚊、淡色库蚊和致倦库蚊。人是唯一的终寄主，普遍易感。

（二）动物产品检疫处理指标

加热、水煮能灭活病原。

一百七十六、附红细胞体病

英文名：Eperythrozoonosis
病原：附红细胞体（*Eperythro zoon*）

（一）病原特性

该病病原为立克次氏体，大小为0.8 μm ~ 2.5 μm，呈多形性，多数为环形、球形或卵圆形，少数呈顿号形或杆状。附红细胞体对干燥和化学消毒剂抵抗力弱，但对低温的抵抗力强；5 ℃可保存15 d，冰冻的血液中可存活31 d。

（二）动物产品检疫处理指标

一般的消毒药均能杀死病原，如病原体在0.5%的石炭酸溶液中37 ℃，3 h即可被灭活。

一百七十七、葡萄球菌病

英文名：Staphylococcosis
病原：葡萄球菌（*Staphylococcus*）

（一）病原特性

在无芽孢菌中，葡萄球菌对外界的抵抗力较强，易产生耐药菌，对龙胆紫、青霉素、红霉素和庆大霉素敏感。在尘埃、干燥的脓血中能存活几个月，于80 ℃条件下经30 min才能使其灭活。常用的消毒药以3% ~ 5%石炭酸，0.3%过氧乙酸消毒效果较好。

（二）动物产品检疫处理指标

无。

一百七十八、血吸虫病

英文名：Schistosomiasis
病原：血吸虫（*Schistosoma*）

（一）病原特性

成熟幼虫通过皮肤或口进入终宿主体内。血吸虫寄生于人和哺乳动物的肠系膜静脉血管中，雌雄异体，发育分成虫、虫卵、毛蚴、母胞蚴、子胞蚴、尾蚴及童虫7个阶段。虫卵随血流进入肝脏，或随粪便排出。虫卵在水中数小时孵化成毛蚴。毛蚴在水中钻入钉螺体内，发育成母胞蚴、子胞蚴，直至尾蚴。尾蚴从螺体逸入水中，遇到人和哺乳动物，即钻入皮肤变为童虫，以后进入静脉或淋巴管，移行至肠系膜静脉中，直至发育为成虫，再产卵。血吸虫尾蚴侵入人体至发育为成虫约100 d。

吡喹酮能为血吸虫迅速摄取。在最低有效浓度（0.2 μg/mL ~ 1.0 μg/mL）时，可使虫体兴奋、收缩和痉挛。略高浓度时，则可使血吸虫体被形成空泡和破溃，粒细胞和吞噬细胞浸润，终至虫体死亡。

（二）动物产品检疫处理指标

无。

一百七十九、疥癣

英文名：Mange

病原：螨虫（*Mite*）

（一）病原特性

实践证明，交替使用0.15%的螨虫净和1%敌百虫具有较好的效果。一般使用间隔控制在2 d～3 d，连续使用5次～7次，能够及时杀灭不断孵化出的螨虫。

（二）动物产品检疫处理指标

无。

一百八十、牛流行热

英文名：Bovine ephemeral fever

病原：牛流行热病毒（Bovine ephemeral fever virus，BEFV）

（一）病原特性

病毒在抗凝血中于2 ℃～4 ℃贮存8 d后仍有感染性。感染鼠脑悬液（加有10%犊牛血清）于4 ℃经1个月，毒力无明显下降。反复冻融对病毒无明显影响。于-20 ℃以下低温保存，可长期保持毒力。本病毒对热敏感，56 ℃、10 min，37 ℃、18 h灭活。pH值为2.5以下或pH值为9以上于数十分钟内灭活。对乙醚、三氯甲烷和去氧胆酸盐等溶液及胰蛋白酶均较敏感。

（二）动物产品检疫处理指标

无。

一百八十一、毛滴虫病

英文名：Trichomonosis

病原：毛滴虫（*Trichomonad*）

（一）病原特性

活的滴虫透明无色，呈水滴状，诸鞭毛随波动膜的波动而摆动，滴虫的生活史简单，只有滋养体而无包囊期，滋养体生活力较强，能在3 ℃ ~ 5 ℃生存2 d；在46 ℃时生存20 min ~ 60 min；在半干燥环境中约生存10 h；在普通肥皂水中也能生存45 min ~ 120 min。在pH值在5以下或7.5以上的环境中则不生长，滴虫阴道炎患者的阴道pH值一般为5.1 ~ 5.4。

（二）动物产品检疫处理指标

无。

一百八十二、中山病

英文名：Chuzan disease
病原：中山病病毒（Chuzan virus，CHUV）

（一）病原特性

该病毒对有机溶剂特别是乙醚和三氯甲烷具有较强的抵抗力，对酸的耐受性较差，在pH 值为3.0时，其感染性完全丧失。

（二）动物产品检疫处理指标

无。

一百八十三、茨城病

英文名：Ibaraki disease
病原：茨城病病毒（Ibaraki virus，IBAV）

（一）病原特性

茨城病病毒对乙醚和去氧胆酸盐有抵抗力，对三氯甲烷敏感或稍有抵抗力，于pH值为 6.8 ~ 9.5稳定，在pH 4.0以下迅速失去活性，56 ℃ 1 min ~ 5 min可使其灭活。1 mol/L $MgCl_2$有提高病毒稳定性的作用，在37 ℃条件下病毒滴度下降不明显，三周后仅下降100倍，于−70 ℃条件下可长期保存，4 ℃可保存6个月，但在0 ℃ ~ 40 ℃间冻结保存则很快失去活性。

（二）动物产品检疫处理指标

无。

一百八十四、嗜皮菌病

英文名：Dermatophilosis
病原：刚果嗜皮菌（*Dermatophilus congolensis*）

（一）病原特性

菌落初为白或灰色，后变为橙色至黄色。革兰染色阳性，不抗酸。胞壁Ⅲ型，糖类型 β（含马杜拉糖）。用牛心浸液血琼脂在有氧和含5%～10%二氧化碳的气体中，37 ℃培养生长良好，可见气生菌丝，在27 ℃培养生长较慢。

（二）动物产品检疫处理指标

无。

一百八十五、马流行性感冒

英文名：Equine influenza
病原：马A型流感病毒（Influenza virus A）

（一）病原特性

流感病毒对乙醚、三氯甲烷、丙酮等有机溶剂均敏感。常用消毒药容易将其灭活，如甲醛、氧化剂、稀酸、卤素化合物（如漂白粉和碘剂）等都能迅速破坏其传染性。流感病毒对热比较敏感，56 ℃加热30 min、60 ℃加热10 min、65 ℃～70 ℃数分钟即丧失活性。病毒对低温抵抗力较强，在有甘油保护的情况下可保持活力1年以上。

（二）动物产品检疫处理指标

无。

一百八十六、马媾疫

英文名：Dourine
病原：马媾疫锥虫（*Trypanosoma equiperdum*）

（一）病原特性

马媾疫锥虫被由单一蛋白质组成的致密蛋白质层覆盖，称为可变表面糖蛋白（VSG）。它起着主要的免疫原作用，并形成特异性抗体。寄生虫能够通过切换来逃避这些免疫反应的后果，VSG是一种被称为抗原变异的现象。马媾疫锥虫为一种鞭毛虫，在形态上与伊氏锥虫无明显区别。

（二）动物产品检疫处理指标

无。

一百八十七、马副伤寒（马流产沙门氏菌）

英文名：Equine paratyphoid（*Salmonella abortus equi.*）
病原：马流产沙门氏菌（*Salmonella abortles equi*）

（一）病原特性

该菌对热的抵抗力不强，煮沸立即死亡，加热到55 ℃、1 h，60 ℃、30 min即可将其杀死。直射阳光10 d可杀死土壤表面的活菌。用普通琼脂培养的该菌，在4 ℃～10 ℃可存活1个月以上，冻干菌种在15 ℃至少保存4年不见变异，室温（20 ℃）可保存数年。青霉素、链霉素、氯霉素等在试验室试验中均对该菌有抑制或杀死作用，但作为治疗药物特别是对幼驹副伤寒的治疗效力不理想，常用消毒药一般都能杀死该菌。

（二）动物产品检疫处理指标

食品内部温度达到80 ℃以上至少12 min才能保证杀灭沙门氏菌，因此在烹调时要把食品或原料煮熟煮透才能保证食品的食用安全。

一百八十八、猪副伤寒

英文名：Swine salmonellosis
病原：猪伤寒沙门氏菌、猪霍乱沙门氏菌（*Salmonella typhisuis, Salmonella choleraesuis*）

（一）病原特性

在5%的石炭酸中，5 min死亡。该菌对干燥、腐败、日光等环境因素有较强的抵抗力，在水中能存活2周～3周，在粪便中能存活1个月～2个月，在冰冻的土壤中可存活过冬，在潮湿温暖处虽只能存活4周～6周，但在干燥处则可保持8周～20周的活力。

该菌对热的抵抗力不强，60 ℃、5 min即可被杀灭。对各种化学消毒剂的抵抗力也不强，常规消毒药及其常用浓度均能达到消毒的目的。

（二）动物产品检疫处理指标

食品内部温度达到80 ℃以上至少12 min才能保证杀灭沙门氏菌，因此在烹调时要把食品或原料煮熟煮透才能保证食品的食用安全。

一百八十九、猪流行性腹泻

英文名：Porcine epizootic diarrhea
病原：猪流行性腹泻病毒（Porcine epizootic diarrhea virus，PEDV）

（一）病原特性

对外界抵抗力弱，对乙醚、三氯甲烷敏感，一般消毒药物都可将其杀灭。病毒在60 ℃ 30 min可失去感染力，但在50 ℃条件下相对稳定。病毒在4 ℃，pH值为5.0 ~ 9.0或在37 ℃，pH值为6.5 ~ 7.5时稳定。

（二）动物产品检疫处理指标

无。

一百九十、禽传染性脑脊髓炎

英文名：Avian infectious encephalomyelitis
病原：禽传染性脑脊髓炎病毒（Avian encephalomyelitis virus，AEV）

（一）病原特性

该病毒对pH值为3、三氯甲烷、乙醚、胰蛋白酶、去氧胆酸钠具有抵抗力，在Mg^{2+}保护下可抵抗热效应（50 ℃），对pH值为12无抵抗力，25 ℃和−80 ℃反复冻融3次、7次或13次可引起毒价下降。

（二）动物产品检疫处理指标

无。

一百九十一、传染性鼻炎

英文名：Infectious coryza
病原：副鸡嗜血杆菌（*Haemophilus gallinarum*）

（一）病原特性

副鸡嗜血杆菌对外界环境的抵抗力很弱，对热、阳光、干燥及常用的消毒药均十分敏感。培养基上的细菌在4 ℃时能存活两周，在自然环境中数小时即死。在45 ℃以下存活的时间不超过6 min，但该菌对寒冷抵抗能力强，低温下可存活10年，因此菌种的长期保存最好采取真空干燥的形式。

鼻液中的细菌，悬浮于自来水（pH值为7.6）中4 h即死，在22 ℃ 4 d即死，4 ℃ ~ 5 ℃时可保持感染性达7 d ~ 10 d；来自培养基的细菌，悬浮于生理盐水中37 ℃ 24 h即死，悬浮于蒸馏水中50 ℃ 2 min即死，悬浮于自来水（pH值为7.6）中4 min ~ 12 min即死，悬浮于肉汤培养基中50 ℃ ~ 55 ℃，4 min ~ 20 min即死，在45 ℃ ~ 55 ℃，2 min ~ 10 min即死；有感染性的胚胎液用0.25%福尔马林处理，于6 ℃ 24 h被灭活，但该菌耐硫柳汞，有感染性的胚胎液用1∶1 000硫柳汞处理，可存活数天，该菌处在-40 ℃以下可存活1年 ~ 1.5年。一般消毒药物能将之杀灭。

（二）动物产品检疫处理指标

鸡场万一发生该病，1个月 ~ 2个月内暂停育雏和引入外来鸡，并通过淘汰、消毒、隔离、检疫、治疗等措施将病原菌肃清。

被病鸡污染的鸡舍和用具，必须进行彻底的清洁消毒并至少空舍7 d以上，才能用以饲养新鸡群。

鸡舍可用0.2%过氧乙酸或其他安全有效消毒药进行带鸡消毒。

一百九十二、禽肾炎

英文名：Avian nephritis

病原：禽肾炎病毒（Avian nephritis virus，ANV）

（一）病原特性

禽肾炎病毒在20%的乙醚、三氯甲烷或0.25 %的胰蛋白酶中18 h（4 ℃）仍保持稳定；能抵抗pH 3.0（4 ℃，18 h）；反复冻融（-70 ℃，37 ℃）5次仍保持良好的感染性；经超声波振荡裂解30 s或60 s仍不被破坏；在$MgCl_2$溶液中，经50 ℃、30 min后其感染性稍有降低，但仍保持相对稳定；通50 nm孔径的微波器后仍具有感染性。禽肾炎病毒对外界的抵抗力较强，不易被杀灭，能抵抗可杀死马立克氏病病毒、新城疫病毒和传染性支气管炎病毒的药物，对温度的变化也有相当强的抵抗力，粪便中的病毒能存活很长时间。

（二）动物产品检疫处理指标

无。

一百九十三、鸡球虫病

英文名：Avian coccidiosis

病原：柔嫩艾美耳球虫、毒害艾美耳球虫、巨型艾美耳球虫、堆型艾美耳球虫、缓艾美耳球虫、哈氏艾美耳球虫、早熟艾美耳球虫、布氏艾美耳球虫和变位艾美耳球虫（Eimeria tenella、E.necatrix、E. maxima、E. acervulina、E.mitis、E. hogani、E. praecox、E.praecox、E.brunetii and E. mivati）

（一）病原特性

球虫孢子化卵囊对外界环境及常用消毒剂有极强的抵抗力，一般的消毒剂不易破坏，在土壤中可保持生命力达4个月～9个月，在有树荫的地方可达15个月～18个月。但鸡球虫未孢子化卵囊对高温及干燥环境抵抗力较弱，36 ℃即可影响其孢子化率，40 ℃环境中停止发育，在65 ℃高温作用下，几秒钟卵囊即全部死亡；湿度对球虫卵囊的孢子化也影响极大，干燥室温环境下放置1 d，即可使球虫丧失孢子化的能力，从而失去传染能力。

（二）动物产品检疫处理指标

无。

一百九十四、鸭疫里默氏杆菌感染（鸭浆膜炎）

英文名：Riemerella anatipestifer infection

病原：鸭疫里默氏杆菌（*Riemerella anatipestifer*，RA）

（一）病原特性

其病原为鸭疫里默氏杆菌，37 ℃或室温条件下，大多数菌株在固体培养基中存活不超过3 d～4 d，肉汤培养物在4 ℃可以存活2周～3周。55 ℃作用12 h～16 h，细菌全部失活。曾报道过鸭疫里默氏杆菌在自来水和火鸡垫料中可分别存活13 d和27 d。该菌对青霉素、新生霉素、氯霉素、林可霉素、恩诺沙星、链霉素、红霉素、氨苄青霉素、杆菌肽、新霉素和四环素敏感，但对卡那霉素和多黏菌素B不敏感，对庆大霉素有一定抗性。

（二）动物产品检疫处理指标

无。

一百九十五、羊肺腺瘤病

英文名：Ovine pulmonary adenocarcinoma
病原：绵羊肺腺瘤病病毒（Jaagsiekte sheep retrovirus，JSRV）

（一）病原特性

抵抗力不强，对三氯甲烷和酸性环境很敏感，56 ℃、30 min可使其灭活。

（二）动物产品检疫处理指标

无。

一百九十六、干酪性淋巴结炎

英文名：Caseous lymphadenitis
病原：假结核棒状杆菌（*Corynebacterium psendotuberculosis*）

（一）病原特性

用脓汁接种过的土壤样品置于多种外界温度条件下，细菌可存活2个月。该菌在65 ℃ 10 min死亡，煮沸立即死亡。常用的消毒药剂均有较好的杀菌力。对多种常见抗生素敏感，但是用阿莫西林和克拉维酸并不能够清除感染，在切除感染的组织后，静脉注射利福平、西司他丁、氧氟沙星4个月，口服利福平、氧氟沙星6个月，治疗终止两年后，未见疾病复发。

（二）动物产品检疫处理指标

无。

一百九十七、绵羊地方性流产（绵羊衣原体病）

英文名：Infection with Chlamydophila abortus（Enzootic abortion of ewes，ovine chlamydiosis）
病原：鹦鹉热衣原体（*Chlamydia abortus*）

（一）病原特性

鹦鹉热衣原体抵抗力不强，对热敏感，感染了的鸡胚卵黄囊可在 –20 ℃下保存数年，在 –70 ℃下可以长期保存。

（二）动物产品检疫处理指标

无。

一百九十八、传染性无乳症

英文名：Contagious agalactia
病原：无乳支原体（*Mycoplasma agalactiae*）

（一）病原特性

无乳支原体比较敏感，大多数消毒药物均可快速将其杀死，例如10%石灰乳、3%克辽林等。50 ℃能存活 80 min，对红霉素、青霉素类抗菌素呈高度抵抗力，高度抗红霉素。最低抑制浓度为200 μg/mL ~ 512 μg/mL或更高。无乳支原体会在沙土和草垫上呈休眠状态，从而存活几周。

（二）动物产品检疫处理指标

对被迫宰杀的病羊肉进行仔细检查后方准利用，应用10%的新鲜石灰溶液对病羊的毛皮进行消毒后才可利用。

一百九十九、山羊传染性胸膜肺炎

英文名：Contagious caprine pleuropneumonia
病原：山羊支原体山羊肺炎亚种（*Mycoplasma capricolum* subsp.*capripneumoniae*，Mccp）

（一）病原特性

常用消毒药如臭药水、3%石炭酸、福尔马林等，均可在短时间内将山羊霉形体杀灭，此外氯霉素和四环素对其亦有较强的抑制作用。

（二）动物产品检疫处理指标

无。

二百、羊沙门氏菌病（流产沙门氏菌）

英文名：Salmonellosis（*S. abortusovis*）
病原：羊流产沙门氏菌（*Salmonellois abortusovis*）

（一）病原特性

羊沙门氏菌不耐热，一般在60 ℃左右15 min就能杀死，在粪便中能存活2个月～3个月，冰箱中能存活3个月～4个月，水土中也能存活10 d左右。

（二）动物产品检疫处理指标

食品内部温度达到80 ℃以上至少12 min才能保证杀灭沙门氏菌，因此在烹调时要把食品或原料煮熟煮透才能保证食品的食用安全。

二百零一、内罗毕羊病

英文名：Nairobi sheep disease
病原：内罗毕羊病病毒（Nairobi sheep disease virus，NSDV）

（一）病原特性

内罗毕羊病病毒在冻干条件下可长期保存，血清和血清中的病毒于4 ℃下可长时间存活，在50 ℃可耐受1 h，但60 ℃、5 min可使之灭活，在蜱媒介的成虫、幼虫和若虫体内可存活数月。

（二）动物产品检疫处理指标

无。

二百零二、蜜蜂孢子虫病

英文名：Nosemosis of honey bees
病原：蜜蜂孢子虫（*Nosema apis*）

（一）病原特性

孢子对外界环境有很强的抵抗力。在蜜蜂尸体内可存活5年，在干燥的蜂粪中能存活2年，在蜂蜜中可存活10个月～11个月，在水中可存活100多天，在巢房里可存活2年。孢子对化学药剂的抵抗力也很强，在4%甲醛溶液中能存活约lh，在10%的漂白粉溶液里能存活10 h～12 h，在1%的石炭酸溶液中能存活1 min。高温的水蒸气只要

1 min就能杀死孢子，直射阳光需要15 h ~ 32 h才能杀死孢子。

（二）动物产品检疫处理指标

无。

二百零三、蜜蜂白垩病

英文名：Chalkbrood of honey bees
病原：白垩病蜂球囊菌（*Ascosphaeraapis*）

（一）病原特性

白垩病的发生在很大程度上取决于当时的温湿度，有着较明显的季节性，一般此病多流行于春季和初夏，特别是在阴雨潮湿，温度变化频繁的气候条件下容易产生。在蜂群里，患病幼虫的尸体以及被污染的饲料与巢脾是疾病传播的主要来源。孢子囊增殖和形成的最适温度是30 ℃左右，蜂巢温度从35 ℃下降至30 ℃时，幼虫最易感染。潮湿、过度的分蜂、饲喂陈旧发霉的花粉、应用过多的抗生素以至改变蜜蜂肠道内微生物区系、蜂群较弱等，都可诱发白垩病。一旦蜂群受到感染，蜂球囊菌孢子能在巢脾或其他干燥的环境中活15年以上；当外界条件适宜于孢子萌发时，白垩病就会复发。

（二）动物产品检疫处理指标

蜂场和蜂具、饲料都要进行消毒，蜂场可用100 g/ L ~ 200 g/ L漂白粉溶液或生石灰消毒，蜂具可用4%的福尔马林消毒。

二百零四、兔球虫病

英文名：Rabbit coccidiosis
病原：艾美耳属球虫（*Eimeria*）

（一）病原特性

兔球虫卵囊在温度20 ℃，湿度55% ~ 75%的外界环境中，经2 d ~ 3 d即可发育成为感染性卵囊。卵囊对化学消毒药物及低温的抵抗力很强，大多数卵囊可以越冬。但对日光和干燥很敏感，直射阳光在数小时内能杀死卵囊。

兔球虫病一年四季均可发生和流行，特别是在温暖、雨水较多的春、夏季节，该病常呈地方性流行。当温度保持在20 ℃ ~ 28 ℃，相对湿度为55% ~ 75%，且氧气充足时，球虫卵囊经2 d ~ 3 d即可发育成熟并具有一定感染性。带虫兔、病兔是球虫病的主要传染源，各品种、年龄段兔均可发生该病。目前盐霉素、地克珠利、癸氧喹酯等药物可以有效预防球虫病；磺胺类药物和妥曲珠利常用作治疗药物。磺胺类以磺胺二甲氧嘧啶抗球虫能力最强，磺胺类和甲氧苄氨嘧啶联合使用能更好地杀灭球虫。此外大蒜素、洋葱头、鲜韭菜捣汁或切碎对兔球虫病也有治疗效果。

（二）动物产品检疫处理指标

无。

二百零五、骆驼痘

英文名：Camel pox

病原：骆驼痘病毒（Camel pox virus，CMPV）

（一）病原特性

骆驼痘病毒具有乙醚耐受性和三氯甲烷敏感性。病毒对pH值为3～5和pH值为8.5～10敏感。痘病毒易受各种消毒剂影响，包括1%次氯酸钠、1%氢氧化钠、1%过乙酸、甲醛、0.5%～1%福尔马林和0.5%季铵化合物。病毒可以通过高压灭菌或煮沸10 min来破坏或在几分钟内被紫外线（245 nm波长）杀死。潜伏期通常为9 d～13 d（3 d至15 d之间）。

（二）动物产品检疫处理指标

无。

二百零六、家蚕微粒子病

英文名：Pebrine disease of Chinese silkworm

病原：原生动物孢子虫纲的微孢子虫（*Microsporidia*）

（一）病原特性

家蚕微粒子原虫孢子的发育温度为10 ℃～35 ℃，孢子发育适温是20 ℃～30 ℃之间，10 ℃以下或35 ℃以上孢子都不发育。家蚕微粒子原虫孢子生命力与环境有直接的关系，在室内黑暗处，经6年差别不大，7年显著衰退，8年完全失去传染力，在室内明亮处，经1年后仍有传染力50%，但比黑暗处传染力大大减退。在室外太阳直射的干燥环境中，经30 d后仍有0.4%的孢子生存；在明亮干燥条件下，经3个半月孢子全部死亡；在明亮湿润条件和在黑暗条件下以及在水中，经16个月后孢子才全部死亡。在土壤中经3个月后孢子全部死亡。孢子虫在25 ℃，2%福尔马林中40 min死亡，25 ℃，1%漂白粉下30 min死亡，25 ℃，100×10^{-6}的克孢零中5 min就死亡。

（二）动物产品检疫处理指标

无。

二百零七、蚕白僵病

英文名：Bombyx mori white muscardine
病原：白僵菌（*Beauveria*）

（一）病原特性

白僵菌分生孢子在室外日光照不到的地方或土中，约可生存5个月至1年；10 ℃以下低温中，能生存3年；-20 ℃的低温中可达4年之久。白僵菌分生孢子虽然有一定的自然生存能力，但对理化因素的稳定性较差。直射日光（32 ℃～33 ℃）下，5 h可使其失去致病力，在100 ℃的蒸汽中经5 min即死亡。对消毒药剂的抵抗力，与曲霉菌相比要弱得多，1%～3%甲醛溶液浸渍10 min，0.2%有效氯漂白粉溶液浸渍5 min，0.1%升汞溶液浸渍2 min，70%酒精浸渍1 min均能使其灭活。所以每次养蚕前，蚕室、蚕具及其周围环境在扫、洗、刮、刷之后，必须喷洒消毒液，可用1%有效氯漂白粉液或2%硫磺熏烟，这样就可以达到消灭病原的目的。

（二）动物产品检疫处理指标

蚕室、蚕具以及养蚕周围环境要按标准严格消毒。要用含有效氯1%的漂白粉进行全面消毒。病蚕及死蚕要及时捡出，放入消毒缸集中烧毁，切不可乱丢乱扔，更不能收集晒干出售，蚕沙要集中起来沤制，切不可乱倒乱放。

二百零八、淋巴细胞性脉络丛脑膜炎

英文名：Lymphocytic choriomeningitis
病原：淋巴细胞性脉络丛脑膜炎病毒（Lymphocytic choriomeningitis virus，LCMV）

（一）病原特性

淋巴细胞性脉络丛脑膜炎病毒对乙醚和去污剂敏感，极不耐热，56 ℃，20 min即可灭活，于37 ℃条件下，也可较快失活。在-70 ℃或冻干条件下能长期保存。偏酸或偏碱、0.1%甲醛、紫外线等均可将其灭活，但0.5%石炭酸对其影响较小，在0.01%硫柳汞中，病毒滴度逐渐降低。

（二）动物产品检疫处理指标

无。

二百零九、鼠痘

英文名：Mouse pox
病原：鼠痘病毒（Ectromelia virus，ECTV）

（一）病原特性

该病毒对乙醚和脱氧胆酸盐有抵抗力，可耐受1%石炭酸达50 d，0.01%甲醛48 h，60 ℃、pH值在3以下1 h均可灭活，对次氯酸钠和紫外线敏感，-70 ℃或冻干状态可存活数年。

（二）动物产品检疫处理指标

无。

二百一十、鼠仙台病毒感染症

英文名：Sendai virus infectious disease
病原：仙台病毒（Sendai virus）

（一）病原特性

病毒对乙醚及热敏感，pH值为3.0条件下极易灭活。病毒颗粒为多形性而不是近球形，直径150 nm～250 nm，含有一个螺旋形的核光壳，其中有一个连续的单股RNA基因组。仙台病毒的血凝。神经氨酸酶、洛血、细胞融合等适性作用与病毒囊膜有关。在4 ℃下，用20%二乙基乙醚作用18 h，病毒丧失感染力。血凝素于45 ℃～50 ℃下10 min～20 min和pH低于5.3或高于9.8时被破坏。仙台病毒在室温或5 ℃时，可以凝集许多种动物的红细胞，如人的O型红细胞和豚鼠、公鸡、大鼠、小鼠、仓鼠、兔、牛、绵羊、鸽、猴和狗的红细胞。

（二）动物产品检疫处理指标

无。

二百一十一、小鼠肝炎

英文名：Mouse hepatitis
病原：小鼠肝炎病毒（Mouse hepatitis virus，MHV）

（一）病原特性

小鼠肝炎病毒于56 ℃，30 min即可被灭活，对乙醚、三氯甲烷和其他脂溶剂敏感，对去氧胆酸钠有中等程度抵抗力。所有毒株在pH值为3.0～7.0条件下均较稳定，不同毒株对热的敏感性明显不同，对热具有一定抵抗力的毒株对易感小鼠的毒力较弱；在pH值为3.0和0.01%脱氧胆酸盐条件下稳定的毒株与肠道感染有关，并可在粪便中长期存活。小鼠肝炎病毒对3%过氧乙酸、1%新洁尔灭、250 mg/L的碘伏、含有效氯25 mg/L的复方二氯异氰尿酸钠不敏感，而高于上述浓度则有明显杀毒作用。经生理盐水稀释10倍后的0.1 mol/L硫代硫酸钠对病毒的杀毒效果不佳，高于此浓度则有效。病毒在–76 ℃或低压冻干后能长时间存活。

（二）动物产品检疫处理指标

无。

进境植物检疫性有害生物检疫处理参考技术指标

本章按照《中华人民共和国进境植物检疫性有害生物名录》中检疫性有害生物的顺序编写各种有害生物的检疫处理参考技术指标。截至2021年4月9日，已更新至446种属。

第一节 昆虫（148种）

一、白带长角天牛

学名：*Acanthocinus carinulatus*（Gebler）

英文名：Longicorn beetle

（一）木质包装

热处理：木质包装材料应由去皮木材制成，使用传统热处理室技术时木芯最低温度56 ℃并至少保持30 min。使用介电加热（如微波或无线电波）时木质包装材料必须被加热至最低60 ℃，并连续保持1 min。

溴甲烷熏蒸：最低温度不应低于10 ℃，最低熏蒸时间应为24h。对浓度的监测至少应在2 h、4 h和24 h时进行，熏蒸温度、剂量和最低浓度见表16–1。

表16–1 溴甲烷熏蒸温度、剂量和最低浓度

温度	剂量（g/m^3）	最低浓度（g/m^3）		
		2 h	4 h	24 h
21.0 ℃或以上	48	36	31	24
16.0 ℃ ~ 20.9 ℃	56	42	36	28
10.0 ℃ ~ 15.9 ℃	64	48	42	32

硫酰氟熏蒸：最低温度不应低于20 ℃，对浓度的监测至少应在2 h、4 h和24 h时进行，有时48 h时进行，熏蒸温度、剂量和最低浓度见表16–2。

表16–2 硫酰氟熏温度、剂量和最低浓度

温度	剂量（g/m^3）	最低浓度（g/m^3）						
		0.5 h	2 h	4 h	12 h	24 h	36 h	48 h
30 ℃或以上	82	87	78	73	58	41	n/a	n/a
20.0 ℃或以上	120	124	112	104	82	58	41	29

注：n/a为不适用。

（二）原木及其制品

溴甲烷熏蒸：温度大于等于15 ℃，80g/m^{3}熏蒸16 h；温度5.0 ℃～15.0 ℃，120 g/m^{3}熏蒸16 h。

硫酰氟常压熏蒸：温度大于等于10 ℃，80g/m^{3}熏蒸20h；温度5.0 ℃～10.0 ℃，104 g/m^{3}熏蒸24 h。

热处理：热处理可采用蒸汽、热水、干燥、微波等方式；处理时原木的中心温度至少要达到71.1 ℃并保持75 min以上。

浸泡处理：原木完全浸泡于水中90 d以上杀灭该有害生物。

二、菜豆象

学名：*Acanthoscelides obtectus*（Say）

异名：*Bruchus breweri* Crotch，1867；*B. irresecius* Fabraeus，1839；*B. obtectus* Say，1831；*B. subellipticus* Wollaston，1854

英文名：Bean weevil；Common bean bruchid

（一）原粮处理指标

熏蒸处理：对侵染的豆子可用磷化铝、溴甲烷、二硫化碳等处理。温度20 ℃～23 ℃时，用磷化铝9g/m^{3}熏蒸处理48 h，可使幼虫、蛹、成虫全部死亡；在温度10 ℃～20 ℃时，用溴甲烷30 g/m^3～35 g/m^{3}处理48 h；温度15 ℃～20 ℃时用溴甲烷48 g/m^{3}处理，需3 h；温度21 ℃～35 ℃时用溴甲烷48 g/m^{3}处理需2.5 h。

（二）种子处理指标

高温处理：少量种子可用高温处理，50 ℃时2 h，55 ℃时1 h，60 ℃时20 min，可杀死卵、幼虫和蛹。

辐照最低剂量范围为70 Gy～100Gy。

三、黑头长翅卷蛾

学名：*Acleris variana*（Fernald）

异名：*Acalla variana*

Peronea angusana Fernald

Peronea angusana Fernald，1892

Peronea variana Fernald

Peronea variana Meyrick，1912

Teras variana angusana Fernald，1897

Teras variana Fernald

Teras variana Fernald，1886

black headed budworm

eastern black headed budworm

Hemlock budworm

英文名：Eastern blackheaded budworm

检疫处理措施：

同白带长角天牛。

辐照：高龄幼虫辐照最低吸收剂量为100 Gy ~ 280 Gy，蛹辐照最低吸收剂量为200 Gy ~ 350 Gy，成虫辐照最低吸收剂量为100 Gy ~ 1000 Gy。

四、窄吉丁（非中国种）

学名：*Agrilus* spp.（non–Chinese）

异名：Twig girdlers

学名：Emerald ash borer

检疫处理措施：

同白带长角天牛.

辐照：成虫辐照最低吸收剂量为50 Gy ~ 400 Gy。

五、螺旋粉虱

学名：*Aleurodicus dispersus* Russell

异名：Spiralling whitefly

英文名：Spiralling whitefly

检疫处理措施：

辐照最低吸收剂量为50 Gy ~ 100 Gy。

六、按实蝇属 *Anastrepha* Schiner

（一）西印度按实蝇

学名：*Anastrepha obliqua*（Macquart）

英文名：West Indian fruit fly

检疫处理措施：

冷处理：0.56 ℃，13 d或1.11 ℃，15 d或1.65 ℃，17 d。

热处理：43.3 ℃，4 h ~ 6 h蒸热。

强制热空气处理：44.44 ℃，100 min风冷或水冷降温。

最低空气温度50.0 ℃，果浆温度48.0 ℃，持续时间2 min。溴甲烷熏蒸：21 ℃ ~ 29.5 ℃用药量40g/m³ 熏蒸2 h。

辐照：150 Gy 的最低吸收剂量以阻止实蝇成虫羽化；70 Gy的最低吸收剂量。

（二）墨西哥按实蝇

学名：*Anastrepha ludens*（Loew）

英文名：Mexican fruit fly

检疫处理措施：

冷处理：0.56 ℃，18 d或1.11 ℃，20 d或1.65 ℃，22 d。

热处理：43.3 ℃，4 h ~ 6 h蒸热。

强制热空气处理44.44 ℃，100 min风冷或水冷降温。

最低空气温度50.0 ℃，果浆温度48.0 ℃，持续时间2 min。

溴甲烷熏蒸：21 ℃ ~ 29.5 ℃用药量40 g/m³。

辐照：150 Gy 的最低吸收剂量以阻止实蝇成虫羽化；70 Gy的最低吸收剂量。

（三）南美按实蝇

学名：*Anastrepha fraterculus*（Wiedemarm）

英文名：South American fruit fly

检疫处理措施：

冷处理：0.56 ℃，13 d或1.11 ℃，15 d或1.65 ℃，17 d。

热处理：43.3 ℃，4 h ~ 6 h蒸热。

强制热空气处理44.44 ℃，100 min风冷或水冷降温。

溴甲烷熏蒸：21 ℃ ~ 29.5 ℃用药量40 g/m³，熏蒸2 h。

辐照：不育，羽化前2 d，100 Gy；150 Gy的最低吸收剂量以阻止实蝇成虫羽化。

七、墨西哥棉铃象

学名：*Anthonomus grandis* Boheman

英文名：Cotton boll weevil

检疫处理措施：

用性外激素诱杀成虫及释放不育雄虫对造成该虫自然种群的灭亡效果较好。

木质包装处理同白带长角天牛。

八、苹果花象

学名：*Anthonomus quadrigibbus* Say

英文名：Weevil authority

检疫处理措施：

辐照最低吸收剂量为80 Gy ~ 165 Gy使能够繁殖的成虫不育。

九、香蕉肾盾蚧

学名：*Aonidiella comperei* McKenzie

英文名：False yellow scale

检疫处理措施：

辐照最低吸收剂量为50 Gy ~ 100 Gy。

十、咖啡黑长蠹

学名：*Apate monachus* Fabricius

英文名：Black borer

检疫处理措施：

同白带长角天牛。

十一、梨矮蚜

学名：*Aphanostigma piri*（Cholodkovsky）

英文名：Pear phylloxera

检疫处理措施：

辐照最低吸收剂量为50 Gy ~ 100 Gy。

十二、辐射松幽天牛

学名：*Arhopalus syriacus* Reitter

英文名：Burnt pine longicorn

检疫处理措施：

同白带长角天牛。

十三、果实蝇属*Bactrocera* Macquart（以桔小实蝇*B.dorsalis*为例）

英文名：Oriental fruit fly

检疫处理措施:

150 Gy 的最低吸收剂量以阻止实蝇成虫羽化。

(一)杨桃

γ 射线辐照：最低吸收剂量为250 Gy，最高吸收剂量不超过1 000 Gy，具体剂量根据货物种类及其大小、外形、包装不同而定。

(二)龙眼

γ 射线辐照：最低吸收剂量为250 Gy，最高吸收剂量不超过1 000 Gy，具体剂量根据货物种类及其大小、外形、包装不同而定。

热水浸泡处理：将水果浸泡在49 ℃热水中处理20 min；水果应置于离水面10 cm以下，且以箱内水温全部达到49 ℃时开始计时；箱内的水应保持循环并保持49 ℃或以上处理20 min；将水果冷却至室温（建议以24 ℃水冷却20 min，以避免水果受热水浸泡伤害）。

注：如果处理水温超过49.5 ℃，可能发生植物性毒素危害（水果变黄增加）。

(三)荔枝

γ 射线辐照：最低吸收剂量为250 Gy，最高吸收剂量不超过1 000 Gy，具体剂量根据货物种类及其大小、外形、包装不同而定。

热蒸汽处理：将温度探针置于最大水果种子表面的近中部，在至少60 min内，使果实温度（每个探针）逐渐升至47.2 ℃，保持果实温度43.3 ℃或以上20 min；处理过程中，相对湿度必须保持90%或以上；喷洒冷水使果温降至室温。

(四)番木瓜、山番木瓜

强制热空气处理：将温度探针插到最大水果的中部，事先确定探针数量及放置部位，将水果放入处理箱中，并连接温度探针到监测仪上；每5 min记录一次温度；用热空气加热，使处理箱中水果（所有探针）均达到至少47.2 ℃；该过程至少需4 h；所有温度探针均达到至少47.2 ℃后，立即通过压力通风或水冷降温；不应以低于12.5 ℃的水冷却。

热蒸汽处理：以44.4 ℃饱和水蒸气在规定时间内使果温达到约44.4 ℃。保持果温在44.4 ℃，8.75 h，然后立即冷却。

热蒸汽处理（快速法）：在至少4 h内，以饱和水蒸气使果实温度逐渐升至47.2 ℃。处理的最后1 h相对湿度应保持在90%或以上。

γ 射线辐照：同杨桃。

（五）菠萝

热蒸汽处理：以44.4 ℃饱和水蒸气在规定时间内使果温达到约44.4 ℃。保持果温在44.4 ℃，8.75 h，每5 min记录一次温度，然后立即冷却（风冷或水冷）。

γ 射线辐照：最低吸收剂量为100 Gy。

（六）草莓

冷处理：果心温度≤1.11 ℃，处理15 d；果心温度≤1.67 ℃，处理17 d。

（七）橙

热蒸汽处理（快速法）：在至少4 h内，以饱和水蒸气使果实温度逐渐升至47.2 ℃。处理25 min，然后立即冷却（风冷或水冷）。

冷处理：果心温度≤0 ℃，处理10 d；果心温度≤0.55 ℃，处理11 d；果心温度≤1 ℃，处理13 d；果心温度≤1.66 ℃，处理15 d。

（八）鳄梨

溴甲烷熏蒸：温度≥21.1 ℃用药量32g/m^3，熏蒸4 h。

冷处理：果心温度≤1.11 ℃，处理14 d；果心温度≤1.67 ℃，处理16 d；果心温度≤2.22 ℃，处理18 d。

溴甲烷常压熏蒸加冷处理：温度≥21.1 ℃用药量32g/m^3，熏蒸2 h，随后冷处理0.56 ℃～2.77 ℃，4 d，3.33 ℃～8.33 ℃，11 d。

（九）红毛丹

热蒸汽处理（快速法）：在至少1 h内，以饱和水蒸气使果实温度逐渐升至47.2 ℃。处理20 min，然后立即冷却（风冷或水冷）。

十四、西瓜船象 *Baris granulipennis*（*Tournier*）

英文名：Melon weevil

检疫处理措施：

辐照最低吸收剂量为80 Gy～165 Gy使能够繁殖的成虫不育。

十五、白条天牛（非中国种）*Batocera* spp.（non-Chinese）

检疫处理措施：

同白带长角天牛。

十六、椰心叶甲 *Brontispa longissima*（Gestro）

英文名：Palm leaf beetle

检疫处理措施：

隔离种植观察。对于来自疫区而检疫未发现椰心叶甲各虫态的，可准予试种一段时间，并加强后续监管监测。试种期间尽量与其他棕榈植物隔离。若发现虫害可采取以下措施：

（一）原货退回或烧毁：口岸检疫时即发现严重受害的，可考虑采取此措施。

（二）剪除并烧毁受害严重的心叶：由于椰心叶甲只取食未展开和初展的心叶，且产卵和化蛹也均在其折叠的叶内，因此，剪除并烧毁带症心叶可有效降低虫口密度；剪除受害叶后最好结合施用杀虫剂。

（三）化学防除：可选用西维因、甲胺磷、敌百虫等农药。使用时混合少量农用湿润剂或洗衣粉等以增加叶片的吸附能力，对未展开的心叶可采取灌心的方法，或先使折叠的心叶适当弯曲散开后喷药；对初展开的心叶可直接喷雾，喷灌心叶可选择傍晚进行。现场检疫发现有该虫的，可先不予种植，待经药物处理且检查不再带虫后才准予种植。

（四）其他措施：严格检疫审批制度，不予审批疫区寄主植物，限量审批疫区其他棕榈植物。

（五）成虫辐照最低吸收剂量为50 Gy ~ 400 Gy。

十七、埃及豌豆象 *Bruchidius incarnates*（Boheman）

检疫处理措施：

对非繁殖用风干的豆类采用以下处理措施。

溴甲烷，熏蒸库659 mmHg真空熏蒸：温度≥21.1 ℃，48 g/m^{3}熏蒸3.5 h；温度15.6 ℃ ~ 21.0 ℃，48 g/m^{3}熏蒸4 h；温度10.0 ℃ ~ 15.5 ℃，48 g/m^{3}熏蒸4.5 h；温度4.4 ℃ ~ 9.9 ℃，48 g/m^{3}熏蒸5 h。溴甲烷常压熏蒸，见表16-3。辐照最低吸收剂量为70 Gy ~ 100 Gy。

表16-3　埃及豌豆象的溴甲烷常压熏蒸参数

温度/℃	剂量/（g/m^3）	0.5h浓度（g/m^3）	2h浓度/（g/m^3）	11h浓度/（g/m^3）	12h浓度/（g/m^3）	13h浓度/（g/m^3）	14h浓度/（g/m^3）
≥21.1	56	46	28	27	—	—	—
15.6 ~ 21.0	56	46	28	—	27	—	—
10.0 ~ 15.5	56	46	28	—	—	27	—
4.4 ~ 9.9	56	46	28	—	—	—	27

十八、苜蓿籽蜂*Bruchophagus roddi* Gussak

英文名：Alfalfa seed chalcid

检疫处理措施：

1.用开水烫种子半分钟，或50 ℃热水浸种半小时，可杀死全部幼虫；也可用溴甲烷每平方米有效浓度6 g ~ 7g 熏蒸。

2.溴甲烷659 mmHg真空熏蒸：温度≥21.1 ℃，64g/m^{3}熏蒸4 h。

十九、豆象（属）（非中国种）*Bruchus* spp.（non-Chinese ）

英文名：Weevil

检疫处理措施：

溴甲烷常压熏蒸，见表16-4。

表16-4　豆象（非中国种）溴甲烷常压熏蒸参数

温度/℃	剂量/（g/m^3）	0.5 h浓度/（g/m^3）	2 h浓度/（g/m^3）	2.5 h浓度/（g/m^3）	3 h浓度/（g/m^3）	3.5 h浓度/（g/m^3）	4 h浓度/（g/m^3）
≥21.1	48	38	—	24	—	—	—
15.6 ~ 21.0	48	38	29	—	24	—	—
10.0 ~ 15.5	48	38	29	—	—	24	—
4.4 ~ 9.9	48	38	29	—	—	—	24

辐照最低吸收剂量为70 Gy ~ 100 Gy

二十、荷兰石竹卷蛾*Cacoecimorpha pronubana*（Hübner）

英文名：Carnation tortrix moth

检疫处理措施：

高龄幼虫辐照最低吸收剂量为100 Gy ~ 280Gy，蛹辐照最低吸收剂量为200 Gy ~ 350 Gy，成虫辐照最低吸收剂量为100 Gy ~ 1 000Gy。

二十一、瘤背豆象（四纹豆象和非中国种）*Callosobruchus* spp.（*maculatus*（F.）and non-Chinese）

英文名：Cowpea weevil

检疫处理措施：

溴甲烷常压熏蒸，同豆象（属）（非中国种）。

辐照最低吸收剂量为70 Gy ~ 100Gy。

二十二、欧非枣实蝇 *Carpomya incompleta*（Becker）

检疫处理措施：
150 Gy 的最低吸收剂量以阻止实蝇成虫羽化。

二十三、枣实蝇 *Carpomya vesuviana* Costa

检疫处理措施：
150 Gy 的最低吸收剂量以阻止实蝇成虫羽化。

二十四、松唐盾蚧 *Carulaspis juniperi*（Bouchè）

英文名：Juniper scale
检疫处理措施：
同白带长角天牛。辐照最低吸收剂量为 50 Gy ~ 100 Gy。

二十五、阔鼻谷象 *Caulophilus oryzae*（Gyllenhal）

英文名：Broadnosed grain weevil
检疫处理措施：

溴甲烷常压熏蒸：温度 26.6 ℃ ~ 35.6 ℃，40g/m^3 熏蒸 2.5 h；温度 21.1 ℃ ~ 26.5 ℃，48 g/m^3 熏蒸 2.5 h；温度 15.6 ℃ ~ 21.0 ℃，48g/m^3 熏蒸 3 h；温度 10.0 ℃ ~ 15.5 ℃，48 g/m^3 熏蒸 3.5 h；温度 4.4 ℃ ~ 9.9 ℃，48 g/m^3 熏蒸 4 h。

溴甲烷真空（659 mmHg）熏蒸（注意装载量限制为容积的 50%，此真空处理主要是因为货物包装使得熏蒸剂无法渗透）：温度 32.2 ℃ ~ 35.6 ℃，32g/m^3 熏蒸 2 h；温度 26.7 ℃ ~ 32.1 ℃，48 g/m^3 熏蒸 2 h；温度 21.1 ℃ ~ 26.6 ℃，64 g/m^3 熏蒸 2 h；温度 15.6 ℃ ~ 21.0 ℃，64 g/m^3 熏蒸 3 h；温度 10.0 ℃ ~ 15.5 ℃，64 g/m^3 熏蒸 4 h；温度 4.4 ℃ ~ 9.9 ℃，64 g/m^3 熏蒸 5 h。

二十六、小条实蝇属 *Ceratitis* Macleay

英文名：Mediterranean fruit fly
检疫处理措施：同果实蝇属。

二十七、无花果蜡蚧 *Ceroplastes rusci*（L.）

英文名：Fig wax scale
检疫处理措施：辐照最低吸收剂量为 50 Gy ~ 100 Gy。

二十八、松针盾蚧 *Chionaspis pinifoliae*（Fitch）

英文名：Pine needle scale

检疫处理措施：同白带长角天牛。辐照最低吸收剂量为50 Gy ~ 100 Gy。

二十九、云杉色卷蛾 *Choristoneura fumiferana*（Clemens）

英文名：Spruce budworm

检疫处理措施：高龄幼虫辐照最低吸收剂量为100 Gy ~ 280 Gy，蛹辐照最低吸收剂量为200 Gy ~ 350 Gy，成虫辐照最低吸收剂量为100 Gy ~ 1 000 Gy。

三十、鳄梨象属 *Conotrachelus* Schoenherr

检疫处理措施：溴甲烷659 mmHg真空熏蒸，温度32.2 ℃ ~ 35.6 ℃，药量32g/m^3，熏蒸2 h；温度26.7 ℃ ~ 32.1 ℃，药量48 g/m^3，熏蒸2 h；温度21.1 ℃ ~ 26.6 ℃，药量64 g/m^3，熏蒸2 h；温度15.6 ℃ ~ 21.0 ℃，药量64 g/m^3，熏蒸3 h；温度10.0 ℃ ~ 15.5 ℃，药量64 g/m^3，熏蒸4 h；温度4.4 ℃ ~ 9.9 ℃，药量64g/m^3，熏蒸5 h。

三十一、高粱瘿蚊 *Contarinia sorghicola*（Coquillett）

英文名：Sorghum midge

检疫处理措施：暂无。

三十二、乳白蚁（非中国种）*Coptotermes* spp.（non-Chinese）

检疫处理措施：木质包装处理同白带长角天牛。

三十三、葡萄象 *Craponius inaequalis*（Say）

英文名：Grape Curculio

检疫处理措施：辐照最低吸收剂量为80 Gy ~ 165 Gy使能够繁殖的成虫不育。

三十四、异胫长小蠹（非中国种）*Crossotarsus* spp.（non-Chinese）

检疫处理措施：同白带长角天牛。

三十五、苹果异形小卷蛾 *Cryptophlebia leucotreta*（Meyrick）

英文名：False coldling moth

检疫处理措施：杏、柑橘、葡萄、油桃、桃、李子，–0.55 ℃或以下冷（或低温）处理22 d。

高龄幼虫辐照最低吸收剂量为100 Gy ~ 280 Gy，蛹辐照最低吸收剂量为200 Gy ~ 350 Gy，成虫辐照最低吸收剂量为100 Gy ~ 1 000 Gy。

三十六、杨干象 *Cryptorrhynchus lapathi* L.

英文名：Osier weevil，Poplar and willow weevil

检疫处理措施：同白带长角天牛。

三十七、麻头砂白蚁 *Cryptotermes brevis*（Walker）

英文名：West Indian drywood termite

检疫处理措施：木质包装处理同白带长角天牛。

三十八、斜纹卷蛾 *Ctenopseustis obliquana*（Walker）

英文名：Brownheaded leafroller

检疫处理措施：高龄幼虫辐照最低吸收剂量为100 Gy ~ 280 Gy，蛹辐照最低吸收剂量为200 Gy ~ 350 Gy，成虫辐照最低吸收剂量为100 Gy ~ 1 000 Gy。

三十九、欧洲栗象 *Curculio elephas*（Gyllenhal）

英文名：Chestnut weevil

检疫处理措施：参考 *Curculio* spp 溴甲烷常压熏蒸，见表16-5。

表16-5 欧洲栗象溴甲烷常压熏蒸参数

温度（℃）	剂量（g/m^3）	处理时间（h）	0.5 h浓度（g/m^3）	2 h浓度（g/m^3）	3 h浓度（g/m^3）	4 h浓度（g/m^3）	5 h浓度（g/m^3）	6 h浓度（g/m^3）
≥32.2	64	3	58	34	34			
26.7 ~ 32.1	64	4	58	32		32		
21.1 ~ 26.6	80	4	72	42		42		
15.6 ~ 21.0	80	5	72	40			40	
10.0 ~ 15.5	96	5	85	50			50	
4.4 ~ 9.9	96	6	85	48				48

四十、山楂小卷蛾 *Cydia janthinana*（Duponchel）

检疫处理措施：高龄幼虫辐照最低吸收剂量为100 Gy ~ 280 Gy，蛹辐照最低吸收剂量为200 Gy ~ 350 Gy，成虫辐照最低吸收剂量为100 Gy ~ 1 000 Gy。

四十一、樱小卷蛾 *Cydia packardi*（Zeller）

英文名：Cherry fruit worm

检疫处理措施：高龄幼虫辐照最低吸收剂量为100 Gy ~ 280 Gy，蛹辐照最低吸收剂量为200 Gy ~ 350 Gy，成虫辐照最低吸收剂量为100 Gy ~ 1 000 Gy。

四十二、苹果蠹蛾 *Cydia pomonella*（L.）

英文名：Codling moth

检疫处理措施：发现苹果蠹蛾要检疫处理，用溴甲烷熏蒸或熏蒸结合冷藏以及γ射线辐照可杀死各虫态。常压条件下，21 ℃或较高温度，溴甲烷32 g/m^3，熏蒸2 h；低于21 ℃熏蒸，要适当增加剂量。γ射线177 Gy的剂量无正常成虫出现，230 Gy使幼虫不能发育到成虫。

高龄幼虫辐照最低吸收剂量为100 Gy ~ 280 Gy，蛹辐照最低吸收剂量为200 Gy ~ 350 Gy，成虫辐照最低吸收剂量为100 Gy ~ 1 000 Gy。

四十三、杏小卷蛾 *Cydia prunivora*（Walsh）

英文名：Lesser apple worm

检疫处理措施：高龄幼虫辐照最低吸收剂量为100 Gy ~ 280 Gy，蛹辐照最低吸收剂量为200 Gy ~ 350 Gy，成虫辐照最低吸收剂量为100 Gy ~ 1 000 Gy。

四十四、梨小卷蛾 *Cydia pyrivora*（Danilevskii）

英文名：Pear moth

检疫处理措施：高龄幼虫辐照最低吸收剂量为100 Gy ~ 280 Gy，蛹辐照最低吸收剂量为200 Gy ~ 350 Gy，成虫辐照最低吸收剂量为100 Gy ~ 1 000 Gy。

四十五、寡鬃实蝇（非中国种）*Dacus* spp.（non-Chinese）

英文名：Oriental Fruit Fly

检疫处理措施：

（一）热水杀虫处理：1/4成熟的番木瓜可放于42 ℃的热水中浸泡30 min，然后在3 min的时间内将其移至49 ℃的热水中浸泡20 min便可杀死此虫；用热水处理此虫感染的芒果时，将受害的果实投入40 ℃热水中预热20 min，然后将水温升到46 ℃，待果实中心温度到达46 ℃时，继续浸泡10 min，可完全杀死感染在芒果中的橘小寡鬃实蝇，杀虫效果100%。

（二）热蒸汽杀虫处理：蜜橘用43.0 ℃ ± 0.3 ℃热蒸汽处理4 h，果实中的1日龄卵和1龄幼虫可100%被杀死；当蒸热果实的中心温度升高到47 ℃时，保持10 min，可将2龄幼虫完全杀死。

（三）低温处理：将被感染的橙子置于2 ℃（±0.1 ℃）的低温中处理14 d，感染在果实中的卵和各龄幼虫全部死亡，而对橙果实无损害；将橘小寡鬃实蝇的卵和各龄幼虫置于低温下测定获得对低温忍耐力强的2～3龄幼虫接入龙眼果实中，置于1 ℃（±0.1 ℃）下，贮藏13 d，感染在龙眼果实中的2～3龄幼虫100%被杀死。

（四）熏蒸加低温杀虫处理：用溴甲烷（32 g/m^3）在常压下于21 ℃熏蒸2.5 h，然后置于7.2 ℃下7 d，可杀死橘小寡鬃实蝇；在果实中心温度升到46.5 ℃时，保持10 min，然后再将果实移至2 ℃下贮藏40 h，可将卵和幼虫全部杀灭。

（五）辐照杀虫处理：150 Gy 的最低吸收剂量以阻止实蝇成虫羽化。

四十六、苹果瘿蚊 *Dasineura mali*（Kieffer）

英文名：Apple leaf curling midge

检疫处理措施：暂无。

四十七、大小蠹（红脂大小蠹和非中国种）*Dendroctonus* spp.（valens LeConte and non-Chinese）

检疫处理措施：同白带长角天牛。

四十八、石榴小灰蝶 *Deudorix isocrates* Fabricius

英文名：Fruit Borer

检疫处理措施：高龄幼虫辐照最低吸收剂量为100 Gy～280 Gy，蛹辐照最低吸收剂量为200 Gy～350 Gy，成虫辐照最低吸收剂量为100 Gy～1 000 Gy。

四十九、根萤叶甲属 *Diabrotica Chevrolat*

检疫处理措施：成虫辐照最低吸收剂量为50 Gy～400 Gy。

五十、黄瓜绢野螟 *Diaphania nitidalis*（Stoll）

英文名：Pickleworm

检疫处理措施：高龄幼虫辐照最低吸收剂量为100 Gy～280 Gy，蛹辐照最低吸收剂量为200 Gy～350 Gy，成虫辐照最低吸收剂量为100 Gy～1 000 Gy。

五十一、蔗根象 *Diaprepes abbreviata*（L.）

英文名：West indian weevil

检疫处理措施：同白带长角天牛。

五十二、小蔗螟 *Diatraea saccharalis*（Fabricius）

英文名：Sugarcane borer

检疫处理措施：甘蔗处理：从疫区来的甘蔗需先经过蔗茎10 ℃处理72 h。然后将蔗茎在52 ℃的水中浸泡20 min，当处理温度达到52 ℃时，才能把蔗茎投入水中处理。在处理过程中，水需不断搅动，以保持各处温度均匀，同时蔗杆直径一般不超过46 mm。

高龄幼虫辐照最低吸收剂量为100 Gy ~ 280 Gy，蛹辐照最低吸收剂量为200 Gy ~ 350 Gy，成虫辐照最低吸收剂量为100 Gy ~ 1 000 Gy。

五十三、混点毛小蠹 *Dryocoetes confusus* Swaine

英文名：Western balsam bark beetle

检疫处理措施：同白带长角天牛。

五十四、香蕉灰粉蚧 *Dysmicoccus grassi* Leonari

英文名：Cochinilla algodonosa

检疫处理措施：辐照最低吸收剂量为50 Gy ~ 100 Gy。

溴甲烷，熏蒸库或帐幕常压熏蒸见表16–6。

表16–6 香蕉灰粉蚧溴甲烷熏蒸参数

温度（℃）	剂量（g/m^3）	处理时间（h）	0.5 h浓度（g/m^3）	2 h浓度（g/m^3）
≥26.7	40	2	32	24
21.1 ~ 26.6	48	2	38	29
15.6 ~ 21.0	64	2	48	38

五十五、新菠萝灰粉蚧 *Dysmicoccus neobrevipes* Beardsley

英文名：Gray pineapple mealybugs

检疫处理措施：231 Gy 的最低吸收剂量以阻止新菠萝灰粉蚧雌成虫繁殖。

五十六、石榴螟 *Ectomyelois ceratoniae*（Zeller）

英文名：Carob moth

检疫处理措施：高龄幼虫辐照最低吸收剂量为100 Gy ~ 280 Gy，蛹辐照最低吸收剂量为200 Gy ~ 350 Gy，成虫辐照最低吸收剂量为100 Gy ~ 1 000 Gy。

五十七、桃白圆盾蚧 *Epidiaspis leperii*（Signoret）

英文名：Pear Scale

检疫处理措施：辐照最低吸收剂量为50 Gy ~ 100 Gy。

五十八、苹果棉蚜 *Eriosoma lanigerum*（Hausmann）

英文名：Woolly apple aphid，elm rosette aphid

检疫处理措施：辐照最低吸收剂量为50 Gy ~ 100 Gy。

溴甲烷，熏蒸库或帐幕常压熏蒸，见表16-7。

表16-7 苹果绵蚜溴甲烷熏蒸参数

温度（℃）	剂量（g/m^3）	处理时间（h）	0.5 h浓度（g/m^3）	2 h浓度（g/m^3）
≥26.7	24	2	19	14
21.1 ~ 26.6	32	2	26	19
15.6 ~ 21.0	40	2	32	24
10.0 ~ 15.5	48	2	38	29
4.4 ~ 9.9	64	2	48	38

注：适用于苹果、梨、山楂、花楸、李、桑、榆、山荆子、海棠、花红等。

五十九、枣大球蚧 *Eulecanium gigantea*（Shinji）

英文名：Gigantic globular scale

检疫处理措施：辐照最低吸收剂量为50 Gy ~ 100 Gy。

六十、扁桃仁蜂 *Eurytoma amygdali* Enderlein

英文名：Almond stone wasp

检疫处理措施：

热处理：47.8 ℃热水处理加0.5 h冷水浴。

熏蒸处理：溴甲烷659 mmHg真空熏蒸，温度大于等于21.1 ℃，64 g/m^3，密闭4 h。

六十一、李仁蜂 *Eurytoma schreineri* Schreiner

英文名：Plum eurytoma

检疫处理措施：同扁桃仁蜂。

六十二、桉象 *Gonipterus scutellatus* Gyllenhal

英文名：Eucalyptus weevil

检疫处理措施：同白带长角天牛。

六十三、谷实夜蛾 *Helicoverpa zea*（Boddie）

英文名：Corn earworm

检疫处理措施：进口的繁殖材料应来自无该虫发生的地区或来自在进口前3个月内未检到该虫发生产地，货物在1.7 ℃的条件下冷冻2 d ~ 4 d，再用溴甲烷以13.5 g/m^{3}熏蒸处理4 h，能防止该虫的传入。高龄幼虫辐照最低吸收剂量为100 Gy ~ 280 Gy，蛹辐照最低吸收剂量为200 Gy ~ 350 Gy，成虫辐照最低吸收剂量为100 Gy ~ 1 000 Gy。

六十四、合毒蛾 *Hemerocampa leucostigma*（Smith）

英文名：Whitemarked tussock moth

检疫处理措施：同白带长角天牛。高龄幼虫辐照最低吸收剂量为100 Gy ~ 280 Gy，蛹辐照最低吸收剂量为200 Gy ~ 350 Gy，成虫辐照最低吸收剂量为100 Gy ~ 1 000 Gy。

六十五、松突圆蚧 *Hemiberlesia pitysophila* Takagi

英文名：Pine armored scale

检疫处理措施：同白带长角天牛。

六十六、双钩异翅长蠹 *Heterobostrychus aequalis*（Waterhouse）

英文名：Kapok borer，Oriental wood borer

检疫处理措施：同白带长角天牛。

六十七、李叶蜂 *Hoplocampa flava*（L.）

英文名：Yellow plum sawfly

检疫处理措施：同苹果棉蚜。

六十八、苹叶蜂 *Hoplocampa testudinea*（Klug）

英文名：The apple sawfly

检疫处理措施：同苹果棉蚜。

六十九、刺角沟额天牛 *Hoplocerambyx spinicornis*（Newman）

英文名：Borer beetle

检疫处理措施：在卸货时全天派人监管，负责指挥港口工人将此类型虫害危害的原木与好木分开堆放，并用油漆将受虫害的原木涂上标记、编号，责成货主在规定的日期和指定的锯木厂内，将受害原木锯成2 cm左右厚的木板，以直接锯死天牛幼虫、蛹，或破坏幼虫化蛹的生态环境。据调查，此处理方法对天牛的锯毙率可达100%。

木质包装处理同白带长角天牛。

七十、苍白树皮象 *Hylobius palcs*（Herbst）

英文名：Pales weevil

检疫处理措施：同白带长角天牛。

七十一、家天牛 *Hylotrupes bajulus*（L.）

英文名：Old house borer

检疫处理措施：在55 ℃下处理75 min，可杀死松树边材中的家天牛；在63 ℃ ~ 74 ℃下处理1 h，可完全杀死家天牛的成虫和幼虫。

木质包装处理同白带长角天牛。

七十二、美洲榆小蠹 *Hylurgopinus rufipes*（Eichhoff）

英文名：Native elm bark beetle

检疫处理措施：同白带长角天牛。

七十三、长林小蠹 *Hylurgus ligniperda* Fabricius

英文名：Goldenhaired bark beetle

检疫处理措施：同白带长角天牛。

七十四、美国白蛾 *Hyphantria cunea*（Drury）

英文名：Fall webworm

检疫处理措施：同白带长角天牛。高龄幼虫辐照最低吸收剂量为100 Gy ~ 280 Gy，蛹辐照最低吸收剂量为200 Gy ~ 350 Gy，成虫辐照最低吸收剂量为100 Gy ~ 1 000 Gy。

七十五、咖啡果小蠹 *Hypothenemus hampei*（Ferrari）

英文名：Coffee berry beetle，Coffee berry borer

检疫处理措施：氯化苦熏蒸用量5 g/m^{3}熏蒸8 h，10 g/m^{3}熏蒸4 h，15 g/m^{3}熏蒸2 h，50 g/m^{3}熏蒸1 h，可杀死咖啡果内的成虫。用干燥炉，温度在49 ℃，处理30 min可消灭果豆内害虫；利用微波加热亦具较好的灭虫效果。

七十六、小楹白蚁 *Incisitermes minor*（Hagen）

英文名：Western drywood termite

检疫处理措施：木质包装处理同白带长角天牛。

七十七、齿小蠹（非中国种）*Ips* spp.（non-chinese）

检疫处理措施：同白带长角天牛。

七十八、黑丝盾蚧 *Ischnaspis longirostris*（Signoret）

英文名：Black thread scale

检疫处理措施：同白带长角天牛。辐照最低吸收剂量为50 Gy ~ 100 Gy。

七十九、芒果蛎蚧 *Lepidosaphes tapleyi* Williams

英文名：Guava long scale，Oyster scale

检疫处理措施：辐照最低吸收剂量为50 Gy ~ 100 Gy使能够繁殖的成虫不育。

八十、东京蛎蚧 *Lepidosaphes tokionis*（Kuwana）

英文名：Croton scale

检疫处理措施：同白带长角天牛。

八十一、榆蛎蚧 *Lepidosaphes ulmi*（L.）

英文名：Oystershell scale

检疫处理措施：同白带长角天牛。

八十二、马铃薯甲虫 *Leptinotarsa decemLineata*（Say）

英文名：Colorado potato beetle

检疫处理措施：在25 ℃下，用溴甲烷16 mg/L，密闭4 h；在15 ℃ ~ 25 ℃范围内，每降低5 ℃，用药量应增加4 mg/L，可以彻底杀灭成虫；若要灭蛹，则温度应在25 ℃以上。

成虫辐照最低吸收剂量为50 Gy ~ 400 Gy。

八十三、咖啡潜叶蛾*Leucoptera coffeella*（Guérin ~ Méneville）

英文名：Coffee leafminer

检疫处理措施：高龄幼虫辐照最低吸收剂量为100 Gy ~ 280 Gy，蛹辐照最低吸收剂量为200 Gy ~ 350 Gy，成虫辐照最低吸收剂量为100 Gy ~ 1000 Gy。

八十四、三叶斑潜蝇*Liriomyza trifolii*（Burgess）

英文名：Serpentine leafminer

检疫处理措施：

（一）对进口菊花切条的处理，1 ℃ ~ 2 ℃冷藏2 d，而后在15 ℃下，54 g·h·/m^{3}溴甲烷熏蒸。

（二）辐照处理：2 000 Gy ~ 1 000 Gy的剂量是各个虫态的致死剂量。

八十五、稻水象甲*Lissorhoptrus oryzophilus* Kuschel

英文名：Rice water weevil

检疫处理措施：辐照最低吸收剂量为80 Gy ~ 165 Gy使能够繁殖的成虫不育。

八十六、阿根廷茎象甲*Listronotus bonariensis*（Kuschel）

英文名：Argentine stem weevil

检疫处理措施：溴甲烷659 mmHg真空熏蒸，温度32.2 ℃ ~ 35.6 ℃，药量32 g/m^3，熏蒸2 h；温度26.7 ℃ ~ 32.1 ℃，药量48 g/m^3，熏蒸2 h；温度21.1 ℃ ~ 26.6 ℃，药量64 g/m^3，熏蒸2 h；温度15.6 ℃ ~ 21.0 ℃，药量64 g/m^3，熏蒸3 h；温度10.0 ℃ ~ 15.5 ℃，药量64 g/m^3，熏蒸4 h；温度4.4 ℃ ~ 9.9 ℃，药量64 g/m^3，熏蒸5 h。

木质包装处理同白带长角天牛。

八十七、葡萄花翅小卷蛾*Lobesia botrana*（Denis et Schiffermuller）

英文名：European grapevine moth

检疫处理措施：溴甲烷，熏蒸库或帐幕常压熏蒸，温度21.1 ℃及以上，药量32 g/m^3，熏蒸3.5 h，处理后0.5 h、2 h和3.5 h最低浓度分别为26 g/m^3、22 g/m^{3}和21 g/m^3；温度10.0 ℃及以上，药量56 g/m^3，熏蒸3 h，处理后0.5 h和3 h最低浓度分别为50 g/m^{3}和40 g/m^3；温度4.4 ℃及以上，药量64 g/m^3，熏蒸3 h，处理后0.5 h和3 h最低浓度分别为

55 g/m³和45 g/m³。

高龄幼虫辐照最低吸收剂量为100 Gy ~ 280 Gy，蛹辐照最低吸收剂量为200 Gy ~ 350 Gy，成虫辐照最低吸收剂量为100 Gy ~ 1000 Gy。

八十八、黑森瘿蚊 *Mayetiola destructor*（Say）

英文名：Hessian fly

检疫处理措施：对捆包的干草采用磷化氢熏蒸，温度大于等于10.0 ℃，药量2.12 g/m³，熏蒸168 h，处理后0.5 h、2 h、24 h和168 h最低浓度分别为240×10^{-6}、425×10^{-6}、700×10^{-6}、200×10^{-6}（通风24 h或通风直至浓度小于等于0.3×10^{-6}）。

八十九、霍氏长盾蚧 *Mercetaspis halli*（Green）

英文名：Hall scale

检疫处理措施：同苹果棉蚜。

辐照最低吸收剂量为50 Gy ~ 100 Gy。

九十、橘实锤腹实蝇 *Monacrostichus citricola* Bezzi

检疫处理措施：150 Gy的最低吸收剂量以阻止实蝇成虫羽化。

九十一、墨天牛（非中国种）*Monochamus* spp.（non-Chinese）

英文名：Sawyer beetles

检疫处理措施：采用辐照处理，以500 Gy甚至更高的剂量作为检疫辐照处理剂量，以杀灭木材中的天牛幼虫。

木质包装处理同白带长角天牛。

九十二、甜瓜迷实蝇 *Myiopardalis pardalina*（Bigot）

英文名：Melon fly

检疫处理措施：150 Gy 的最低吸收剂量以阻止实蝇成虫羽化。

九十三、白缘象甲 *Naupactus leucoloma*（Boheman）

英文名：White fringe beetle

检疫处理措施：辐照最低吸收剂量为80 Gy ~ 165 Gy使能够繁殖的成虫不育。

九十四、黑腹尼虎天牛 *Neoclytus acuminatus*（Fabricius）

英文名：Red-headed ash borer

检疫处理措施：木质包装处理同白带长角天牛。

九十五、蔗扁蛾 *Opogona sacchari*（Bojer）

英文名：Banana moth

检疫处理措施：同白带长角天牛。高龄幼虫辐照最低吸收剂量为100 Gy ~ 280 Gy，蛹辐照最低吸收剂量为200 Gy ~ 350 Gy，成虫辐照最低吸收剂量为100 Gy ~ 1000 Gy。

九十六、玫瑰短喙象 *Pantomorus cervinus*（Boheman）

英文名：Fuller rose beetle

检疫处理措施：辐照最低吸收剂量为80 Gy ~ 165 Gy使能够繁殖的成虫不育。

九十七、灰白片盾蚧 *Parlatoria crypta* Mckenzie

英文名：Armored scale

检疫处理措施：辐照最低吸收剂量为50 Gy ~ 100 Gy。

九十八、谷拟叩甲 *Pharaxonotha kirschi* Reither

英文名：Khapra beetle

检疫处理措施：

1. 溴甲烷常压熏蒸：温度26.7 ℃ ~ 35.6 ℃，药量40 g/m^3，熏蒸2.5 h；温度21.1 ℃ ~ 26.6 ℃，药量48 g/m^3，熏蒸2.5 h；温度15. 6 ℃ ~ 21.0 ℃，药量48 g/m^3，熏蒸3 h；温度10.0 ℃ ~ 15.5 ℃，药量48 g/m^3，熏蒸3.5 h；温度4.4 ℃ ~ 9.9 ℃，药量48 g/m^3，熏蒸4 h。

2. 溴甲烷真空（659 mmHg）熏蒸：温度26.7 ℃ ~ 35.6 ℃，药量40 g/m^3，熏蒸2.5 h；温度21.1 ℃ ~ 26.6 ℃，药量48 g/m^3，熏蒸2.5 h；温度15.6 ℃ ~ 21.0 ℃，药量48 g/m^3，熏蒸3 h；温度10.0 ℃ ~ 15.5 ℃，药量48 g/m^3，熏蒸3.5 h；温度4.4 ℃ ~ 9.9 ℃，药量48 g/m^3，熏蒸4 h（装载量限制为容积的50%。此真空处理主要是因为货物包装使得熏蒸剂无法渗透）。

3. 成虫辐照最低吸收剂量为50 Gy ~ 400 Gy。

九十九、美柏肤小蠹 *Phlocosinus cupressi* Hopkins

英文名：Cypress bark beetle

检疫处理措施：同白带长角天牛。

一百、桉天牛 *Phoracantha semipunctata*（Fabricius）

英文名：Eucalyptus woodborer

检疫处理措施：木质包装处理同白带长角天牛。

一百零一、木蠹象属 *Pissodes* Germar

英文名：Deodar Weevil

检疫处理措施：木质包装处理同白带长角天牛。

一百零二、南洋臀纹粉蚧 *Planococcus lilacius* Cockerell

英文名：Coffee mealybug，Oriental cacao mealybug

检疫处理措施：231 Gy的最低吸收剂量以阻止南洋臀纹粉蚧雌成虫繁殖。

一百零三、大洋臀纹粉蚧 *Planococcus minor*（Maskell）

英文名：Passionvine mealybug

检疫处理措施：231 Gy的最低吸收剂量以阻止大洋臀纹粉蚧雌成虫繁殖。

一百零四、长小蠹（属）（非中国种）*Platypus* spp.（non-Chinese）

检疫处理措施：同白带长角天牛。

一百零五、日本金龟子 *Popillia japonica* Newman

英文名：Japanese beetle

检疫处理措施：同白带长角天牛。成虫辐照最低吸收剂量为50 Gy～400 Gy。

一百零六、橘花巢蛾 *Prays citri* Milliere

英文名：Citrus flower moth

检疫处理措施：高龄幼虫辐照最低吸收剂量为100 Gy～280 Gy，蛹辐照最低吸收剂量为200 Gy～350 Gy，成虫辐照最低吸收剂量为100 Gy～1000 Gy。

一百零七、椰子缢胸叶甲 *Promecotheca cumingi* Baly

英文名：Coconut leaf miner beetle

检疫处理措施：成虫辐照最低吸收剂量为50 Gy～400 Gy。

一百零八、大谷蠹 *Prostephanus truncatus*（Horn）

英文名：Larger grain borer，Greater grain borer

检疫处理措施：

（一）辐照处理：用剂量为5 kcd ~ 25 kcd、50 kcd和100 kcd的 γ 射线进行处理时，大谷蠹分别经24 d、16 d和12 d全部死亡。

（二）同谷拟叩甲。

一百零九、澳洲蛛甲 *Ptinus tectus* Boieldieu

英文名：Australian spider beetle

检疫处理措施：同白带长角天牛。成虫辐照最低吸收剂量为50 Gy ~ 400 Gy。

一百一十、刺桐姬小蜂 *Quadrastichus erythrinae* Kim

英文名：Erythrina gall wasp

检疫处理措施：同白带长角天牛。

一百一十一、欧洲散白蚁 *Reticulitermes lucifugus*（Rossi）

英文名：Mediterranean termite

检疫处理措施：木质包装处理同白带长角天牛。

一百一十二、褐纹甘蔗象 *Rhabdoscelus lineaticollis*（Heller）

英文名：Asiatic palm weevil

检疫处理措施：辐照最低吸收剂量为80 Gy ~ 165 Gy使能够繁殖的成虫不育。

一百一十三、几内亚甘蔗象 *Rhabdoscelus obscurus*（Boisduval）

英文名：New Guinea sugarcane weevil

检疫处理措施：辐照最低吸收剂量为80 Gy ~ 165 Gy使能够繁殖的成虫不育。

一百一十四、绕实蝇（非中国种）*Rhagoletis* spp.（non-Chinese）

英文名：Apple maggot

检疫处理措施：番茄绕实蝇，溴甲烷，熏蒸库或帐幕常压熏蒸，温度≥21.1 ℃，药量48 g/m^3，密闭2 h，熏蒸0.5 h和2 h后的最低浓度要求分别为43 g/m^{3}和33 g/m^3。

150 Gy的最低吸收剂量以阻止实蝇成虫羽化。

一百一十五、苹虎象 *Rhynchites aequatus*（L.）

检疫处理措施：辐照最低吸收剂量为50 Gy ~ 400 Gy使能够繁殖的成虫不育。

一百一十六、欧洲苹虎象 *Rhynchites bacchus* L.

英文名：Peach weevil

检疫处理措施：辐照最低吸收剂量为50 Gy ~ 400 Gy使能够繁殖的成虫不育。

一百一十七、李虎象 *Rhynchites cupreus* L.

英文名：Plum borer

检疫处理措施：辐照最低吸收剂量为50 Gy ~ 400 Gy使能够繁殖的成虫不育。

一百一十八、日本苹虎象 *Rhynchites heros* Roelofs

英文名：Japanese apple curculio

检疫处理措施：辐照最低吸收剂量为50 Gy ~ 400 Gy使能够繁殖的成虫不育。

一百一十九、红棕象甲 *Rhynchophorus ferrugineus*（Olivier）

英文名：Red palm weevil，Asian palm weevil，Indian palm weevil

检疫处理措施：木质包装处理同白带长角天牛。

一百二十、棕榈象甲 *Rhynchophorus palmarum*（L.）

英文名：Palm weevil，Palm–marrow weevil，South american palm weevil

检疫处理措施：感染棕榈象甲的病株烧毁是一种可行的处理方法。木质包装处理同白带长角天牛。

一百二十一、紫棕象甲 *Rhynchophorus phoenicis*（Fabricius）

英文名：American palm weevil

检疫处理措施：木质包装处理同白带长角天牛。

一百二十二、亚棕象甲 *Rhynchophorus vulneratus*（Panzer）

英文名：Coconut weevil

检疫处理措施：木质包装处理同白带长角天牛。

一百二十三、可可盲蝽象 *Sahlbergella singularis* Haglund

英文名：Cacao mired，mired bugs，cacao capsid
检疫处理措施：暂无。

一百二十四、楔天牛（非中国种）*Saperda* spp.（non-Chinese）

检疫处理措施：同白带长角天牛。

一百二十五、欧洲榆小蠹 *Scolytus multistriatus*（Marsham）

英文名：Smaller European elm bark beetle
检疫处理措施：同白带长角天牛。

一百二十六、欧洲大榆小蠹 *Scolytus scolytus*（Fabricius）

英文名：Elm bark beetle
检疫处理措施：同白带长角天牛。

一百二十七、剑麻象甲 *Scyphophorus acupunctatus* Gyllenhal

英文名：Agave weevil
检疫处理措施：木质包装处理同白带长角天牛。

一百二十八、刺盾蚧 *Selenaspidus articulatus* Morgan

英文名：Rufous scale
检疫处理措施：辐照最低吸收剂量为 50 Gy ~ 100 Gy。

一百二十九、双棘长蠹（非中国种）*Sinoxylon* spp.（non-Chinese）

检疫处理措施：发现虫害，可采用熏蒸的方法进行杀虫，可用溴甲烷 30 g/m^3 ~ 80 g/m^3，6 h ~ 24 h；磷化铝 20 g/m^3，72 h；采用药剂浸泡处理，如用 0.2% 乐果或 0.2% 久效磷等浸泡 40 min ~ 160 min；对包装材料和铺垫材料，可作销毁处理。

一百三十、云杉树蜂 *Sirex noctilio* Fabricius

英文名：Sirex wasp
检疫处理措施：同白带长角天牛。

一百三十一、红火蚁*Solenopsis invicta* Buren

英文名：Red imported fire ant

检疫处理措施：同白带长角天牛。

一百三十二、海灰翅夜蛾*Spodoptera littoralis*（Boisduval）

英文名：Egyptian cotton leafworm

检疫处理措施：高龄幼虫辐照最低吸收剂量为100 Gy ~ 280 Gy，蛹辐照最低吸收剂量为200 Gy ~ 350 Gy，成虫辐照最低吸收剂量为100 Gy ~ 1 000 Gy。

溴甲烷，熏蒸库或帐幕常压熏蒸，见表16–8。

表16–8　海灰翅夜蛾溴甲烷熏蒸参数

温度（℃）	剂量（g/m³）	处理时间（h）	0.5 h浓度（g/m³）	2 h浓度（g/m³）
≥21.1	32	2	26	14
15.6 ~ 21.0	40	2	32	24
10.0 ~ 15.5	48	2	38	29
7.2 ~ 9.9	56	2	43	34
4.4 ~ 7.1	64	2	48	38

一百三十三、猕猴桃举肢蛾*Stathmopoda skelloni* Butler

检疫处理措施：高龄幼虫辐照最低吸收剂量为100 Gy ~ 280 Gy，蛹辐照最低吸收剂量为200 Gy ~ 350 Gy，成虫辐照最低吸收剂量为100 Gy ~ 1 000 Gy。

一百三十四、芒果象属*Sternochetus Pierce*

英文名：Mango seed weevil

检疫处理措施：辐照处理，最低吸收剂量为300 Gy，最高吸收剂量不超过1 000 Gy，具体剂量根据货物种类及其大小、外形、包装不同而定。

一百三十五、梨蓟马*Taeniothrips inconsequens*（Uzel）

英文名：Pear thrips

检疫处理措施：使能够繁殖的成虫不育辐照最低吸收剂量为150 Gy ~ 250 Gy。

一百三十六、断眼天牛（非中国种）*Tetropium* spp.（non-Chinese）

检疫处理措施：同白带长角天牛。

一百三十七、松异带蛾 *Thaumetopoea pityocampa*（Denis et Schiffermuller）

英文名：Pine processionary caterpillar

检疫处理措施：同白带长角天牛。高龄幼虫辐照最低吸收剂量为100 Gy ~ 280 Gy，蛹辐照最低吸收剂量为200 Gy ~ 350 Gy，成虫辐照最低吸收剂量为100 Gy ~ 1 000 Gy。

一百三十八、番木瓜长尾实蝇 *Toxotrypana curvicauda* Gerstaecker

英文名：Papaya fruit fly

检疫处理措施：150 Gy的最低吸收剂量以阻止实蝇成虫羽化。

一百三十九、褐拟谷盗 *Tribolium destructor* Uyttenboogaart

英文名：Dark flour beetle

检疫处理措施：同谷拟叩甲。

一百四十、斑皮蠹（非中国种）*Trogoderma* spp.（non-Chinese）

英文名：Khapra beetle

检疫处理措施：发现虫情应立即退货或熏蒸处理，可用溴甲烷或磷化铝进行熏蒸，用量为溴甲烷50 g/m^3 ~ 80 g/m^3，闭48 h ~ 72 h或用磷化铝6 g/m^3，密闭32 h。用药量视温度和其他条件而增减。采用溴甲烷与磷化铝混用处理幼虫和卵，比单用一种药剂效果要好。

美国农业部就谷斑皮蠹侵染种子的处理方法：熏蒸处理时间固定为12 h，温度大于或等于32.2 ℃，药量40 g/m^3；温度26.7 ℃ ~ 32.1 ℃，药量56 g/m^3。

成虫辐照最低吸收剂量为50 Gy ~ 400 Gy。

一百四十一、暗天牛属 *Vesperus* Latreile

检疫处理措施：同白带长角天牛。

一百四十二、七角星蜡蚧 *Vinsonia stellifera*（Westwood）

英文名：Wax scale

检疫处理措施：

辐照最低吸收剂量为50 Gy ~ 100 Gy。

溴甲烷380 mmHg真空熏蒸：温度32.2 ℃ ~ 35.6 ℃，剂量48 g/m^3，密闭时间1 h；温度26.7 ℃ ~ 32.1 ℃，剂量48 g/m^3，密闭时间1.5 h；温度21.1 ℃ ~ 26.6 ℃，剂量48 g/m^3，密闭时间2 h；温度15.6 ℃ ~ 21.0 ℃，剂量48 g/m^3，密闭时间2.5 h；温度10.0 ℃ ~ 15.5 ℃，剂量48 g/m^3，密闭时间3 h；温度4.4 ℃ ~ 9.9 ℃，剂量48 g/m^3，密闭时间3.5 h。

一百四十三、葡萄根瘤蚜 *Viteus vitifoliae*（Fitch）

英文名：Grape phylloxera

检疫处理措施：

1. 热水处理：45 ℃热水浸泡20 min。

2. 熏蒸处理：日本用溴甲烷24 g/m^3，处理3 h；苏联用溴甲烷30 g/m^3 ~ 60 g/m^{3}和二氧化碳80 g/m^3 ~ 150 g/m^3，处理3 h，杀虫效果100%。

3. 辐照最低吸收剂量为50 Gy ~ 100 Gy。

一百四十四、材小蠹（非中国种）*Xyleborus* spp.（non-Chinese）

检疫处理措施：同白带长角天牛。

一百四十五、青杨脊虎天牛 *Xylotrechus rusticus* L.

英文名：Grey tiger longicorn

检疫处理措施：同白带长角天牛。

一百四十六、巴西豆象 *Zabrotes subfasciatus*（Boheman）

英文名：Brazilian bean weevil

检疫处理措施：

（一）冷冻处理：经过−22 ℃处理2 h后，可全部杀死各虫态的巴西豆象。

（二）干热处理：经55 ℃处理1 h或60 ℃处理0.5 h后，可全部杀死各虫态的巴西豆象。

（三）热水浸泡处理：经50 ℃处理1 h或52 ℃处理0.5 h，可全部杀死各虫态的巴西豆象。

（四）溴甲烷熏蒸处理：10 ℃ ~ 12 ℃，16 ℃ ~ 18 ℃，21 ℃ ~ 23 ℃，100%杀死各虫态的溴甲烷剂量分别为35 g/m^3，30 g/m^{3}和25 g/m^3。

（五）辐照最低吸收剂量为70 Gy ~ 100 Gy.

一百四十七、扶桑绵粉蚧 *Phenacoccus solenopsis* Tinsley

英文名：Solenopsis mealybug

检疫处理措施：

130 Gy可有效阻止3龄若虫和雌成虫后代的发育繁殖；

21 ℃～25 ℃下以剂量38 g/m^3，在26 ℃～30 ℃下以剂量25 g/m^3熏蒸2 h各供试虫龄死亡率均达到100%；

49 ℃、50 ℃、51 ℃、52 ℃和53 ℃时扶桑绵粉蚧1龄若虫死亡率达到100%的处理时间分别为240 min、150 min、60 min、40 min和6 min。

一百四十八、木薯棉粉蚧 *Phenacoccus manihoti* Matile-Ferrero

英文名：Cassava mealybug

检疫处理措施：暂无。

第二节 软体动物（9种）

一、非洲大蜗牛 *Achatina fulica* Bowdich

英文名：Giant African land snail

检疫处理措施：

冷处理 −17.8 ℃ 8 h，−12.2 ℃ 16 h，−6.7 ℃24 h；谷粒和种子（非种用），机械筛选分离或手工清除；船舱，溴甲烷常压熏蒸，温度≥12.8 ℃，128 g/m^3，24 h。

二、琉球球壳蜗牛 *Acusta despecta* Gray

英文名：Round Snail

检疫处理措施：谷粒和种子（非种用），机械筛选分离或手工清除；

船舱，溴甲烷常压熏蒸，温度≥12.8 ℃，128 g/m^3，24 h。

三、花园葱蜗牛 *Cepaea hortensis* Müller

英文名：White-lipped banded snail

检疫处理措施：冷处理 −17.8 ℃48 h；谷粒和种子（非种用），机械筛选分离或手工清除。

四、散大蜗牛 *Helix aspersa* Müller

英文名：Brown garden snail

检疫处理措施：冷处理 −17.8 ℃ 32 h，−12.2 ℃ 48 h；谷粒和种子（非种用），机械筛选分离或手工清除；船舱，溴甲烷常压熏蒸，温度≥12.8 ℃，128 g/m^3，72 h。

五、盖罩大蜗牛 *Helix pomatia* Linnaeus

英文名：Roman snail，Burgundy snail，or Edible snail

检疫处理措施：冷处理-17.8 ℃、32 h，-12.2 ℃、48 h；谷粒和种子（非种用），机械筛选分离或手工清除；船舱，溴甲烷常压熏蒸，温度≥12.8 ℃，128 g/m^3，72 h。

六、比萨茶蜗牛 *Theba pisana* Müller

英文名：White garden snail

检疫处理措施：冷处理-17.8 ℃、48 h；谷粒和种子（非种用），机械筛选分离或手工清除；船舱，溴甲烷常压熏蒸，温度≥26.6 ℃，96 g/m^3，10 h。

七、地中海白蜗牛 *Cernuella virgata* Da Costa

检疫处理措施：溴甲烷熏蒸，12.8 ℃以上，128 g/m^3，72 h。

八、玫瑰蜗牛 *Euglandina rosea*（Ferussac）

英文名：Rosy wolf snail

检疫处理措施：暂无

九、乳状耳形螺 *Otala lacteal*（Müller）

英文名：Vineyard snail

检疫处理措施：暂无。

第三节　真菌（127种）

一、向日葵白锈病菌 *Albugo tragopogi*（Persoon）Schröter var. *helianthi* Novotelnova

英文名：White blister rust

检疫处理措施：运输过程全封闭运输，防止撒漏；加工中无过筛过程的热处理温度达到100 ℃持续1 h或者37.8 ℃热水处理；加工过程有过筛过程的筛下物、下脚料、副产品及杂质加热100 ℃以上持续1 h或销毁。

二、小麦叶疫病菌 *Alternaria triticina* Prasada et Prabhu

英文名：Leaf blight of wheat

检疫处理措施：同向日葵白锈病菌。

三、榛子东部枯萎病菌 *Anisogramma anomala*（Peck）E. Muller

英文名：Eastern filbert blight of filbert
检疫处理措施：暂无。

四、李黑节病菌 *Apiosporina morbosa*（Schweinitz）von Arx

英文名：Black knot disease of plum
检疫处理措施：暂无。

五、松生枝干溃疡病菌 *Atropellis pinicola* Zaller et Goodding

检疫处理措施：溴甲烷熏蒸：温度≥4.44 ℃，240 g/m^{3}熏蒸，0.5 h后浓度240 g/m^3，2 h后浓度为240 g/m^3；12 h后浓度为200 g/m^3；24 h后浓度为240 g/m^3；36 h后浓度为180 g/m^3；48 h后浓度为120 g/m^3；72 h后浓度为80 g/m^3。注：24 h后，加足量的熏蒸使得浓度达240 g/m^3，处理后通风48 h。

六、嗜松枝干溃疡病菌 *Atropellis piniphila*（Weir）Lohman et Cash

英文名：Atropellis canker
检疫处理措施：同松生枝干溃疡病菌。

七、落叶松枯梢病菌 *Botryosphaeria laricina*（K.Sawada）Y.Zhong

英文名：Shoot blight of larch，Twig dieback of larch
检疫处理措施：同松生枝干溃疡病菌。

八、苹果壳色单隔孢溃疡病菌 *Botryosphaeria stevensii* Shoemaker

英文名：Botryosphaeria canker
检疫处理措施：暂无。

九、麦类条斑病菌 *Cephalosporium gramineum* Nisikado et Ikata

英文名：Barley cephalosporium stripe，Wheat cephalosporium stripe
检疫处理措施：同向日葵白锈病菌。

十、玉米晚枯病菌 *Cephalosporium maydis* Samra，Sabet et Hingorani

检疫处理措施：将代森锰锌和克菌丹混合后干燥施于染病种子。包装消毒：（一）100 ℃

干热处理1 h。（二）温度4.4 ℃，4.536 kg（10磅）压力条件下蒸气处理20 min。

十一、甘蔗凋萎病菌 *Cephalosporium sacchari* E.J. Butler et Hafiz Khan

检疫处理措施：

（一）大捆装：在635 mmHg的低压容器中，导入水蒸气直到压力为6.804 kg ~ 9.072 kg（15磅 ~ 20磅），保持货物中心温度104.4 ℃ ~ 110 ℃、30 min。

（二）散装甘蔗（任选其一）：①干热处理，100 ℃，1 h。②87.8 ℃ ~ 96.1 ℃的热水中打成浆后，在100 ℃干热处理1 h。

十二、栎枯萎病菌 *Ceratocystis fagacearum*（Bretz）Hunt

英文名：Oak wilt

检疫处理措施：暂无。

十三、云杉帚锈病菌 *Chrysomyxa arctostaphyli* Dietel

英文名：Spruce broom rust

检疫处理措施：暂无。

十四、山茶花腐病菌 *Ciborinia camelliae* Kohn

英文名：Camellia flower blight

检疫处理措施：暂无。

十五、黄瓜黑星病菌 *Cladosporium cucumerinum* Ellis et Arthur

英文名：Scab of cucumber

检疫处理措施：暂无。

十六、咖啡浆果炭疽病菌 *Colletotrichum kahawae* J.M. Waller et Bridge

英文名：Coffee berry disease

检疫处理措施：同向日葵白锈病菌。

十七、可可丛枝病菌 *Crinipellis perniciosa*（Stahel）Singer

英文名：Witches' broom disease of cocoa

检疫处理措施：同向日葵白锈病菌。

十八、油松疱锈病菌 *Cronartium coleosporioides* J.C.Arthur

英文名：Stalactiform blister rust

检疫处理措施：暂无。

十九、北美松疱锈病菌 *Cronartium comandrae* Peck

英文名：Comandra blister rust

检疫处理措施：暂无。

二十、松球果锈病菌 *Cronartium conigenum* Hedgcock et Hunt

英文名：Rusted pine cones

检疫处理措施：暂无。

二十一、松纺锤瘤锈病菌 *Cronartium fusiforme* Hedgcock et Hunt ex Cummins

检疫处理措施：暂无。

二十二、松疱锈病菌 *Cronartium ribicola* J.C.Fisch.

英文名：White pine blister rust

检疫处理措施：暂无。

二十三、桉树溃疡病菌 *Cryphonectria cubensis*（Bruner）Hodges

英文名：Eucalyptus canker

检疫处理措施：暂无。

二十四、花生黑腐病菌 *Cylindrocladium parasiticum* Crous，Wingfield et Alfenas

英文名：Cylindrocladium black rot

检疫处理措施：同向日葵白锈病菌。

二十五、向日葵茎溃疡病菌 *Diaporthe helianthi* Muntanola-Cvetkovic Mihaljcevic et Petrov

英文名：Sunflower stem canker

检疫处理措施：同向日葵白锈病菌。

二十六、苹果果腐病菌 *Diaporthe perniciosa* É.J. Marchal

英文名：Fruit rot of apple

检疫处理措施：暂无。

二十七、大豆北方茎溃疡病菌 *Diaporthe phaseolorum*（Cooke et Ell.）Sacc. var. *caulivora* Athow et Caldwell

英文名：Soybean stem canker（northern）

检疫处理措施：同向日葵白锈病菌。

二十八、大豆南方茎溃疡病菌 *Diaporthe phaseolorum*（Cooke et Ell.）Sacc. var. *meridionalis* F.A. Fernandez

英文名：Soybean stem canker（southern）

检疫处理措施：同向日葵白锈病菌。

二十九、蓝莓果腐病菌 *Diaporthe vaccinii* Shear

英文名：Fruit rot of Cranberry and blueberry

检疫处理措施：暂无。

三十、菊花花枯病菌 *Didymella ligulicola*（K.F.Baker，Dimock et L.H.Davis）von Arx

英文名：Ray（flower）blight of chrysanthemum

检疫处理措施：暂无。

三十一、番茄亚隔孢壳茎腐病菌 *Didymella lycopersici* Klebahn

英文名：Didymella stem rot

检疫处理措施：暂无。

三十二、松瘤锈病菌 *Endocronartium harknessii*（J.P.Moore）Y.Hiratsuka

英文名：Western gall rust

检疫处理措施：暂无。

三十三、葡萄藤猝倒病菌 *Eutypa lata*（Pers.）Tul. et C. Tul.

英文名：Grapevine pathogen

检疫处理措施：暂无。

三十四、松树脂溃疡病菌 *Fusarium circinatum* Nirenberg et O’Donnell

英文名：Pitch canker of pines
检疫处理措施：暂无。

三十五、芹菜枯萎病菌 *Fusarium oxysporum* Schlecht. f.sp. *apii* Snyd. et Hans

英文名：Fusarium wilt of celery
检疫处理措施：暂无。

三十六、芦笋枯萎病菌 *Fusarium oxysporum* Schlecht. f.sp. *asparagi* Cohen et Heald

英文名：Fusarium wilt of asparagus
检疫处理措施：暂无。

三十七、香蕉枯萎病菌（4号小种和非中国小种） *Fusarium oxysporum* Schlecht. f.sp. *cubense*（E.F.Sm.）Snyd.et Hans（Race 4 non-Chinese races）

英文名：Fusarium wilt of banana
检疫处理措施：暂无。

三十八、油棕枯萎病菌 *Fusarium oxysporum* Schlecht. f.sp. *elaeidis* Toovey

英文名：Fusarium wilt of oil plam
检疫处理措施：暂无。

三十九、草莓枯萎病菌 *Fusarium oxysporum* Schlecht. f.sp. *fragariae* Winks et Williams

英文名：Fusarium wilt of strawberry
检疫处理措施：暂无。

四十、南美大豆猝死综合症病菌 *Fusarium tucumaniae* T.Aoki，O’Donnell，Yos.Homma et Lattanzi

英文名：Sudden death syndrome of soybean（South america）
检疫处理措施：暂无。

四十一、北美大豆猝死综合症病菌 *Fusarium virguliforme* O'Donnell et T.Aoki

英文名：Sudden death syndrome of soybean（North america）

检疫处理措施：暂无。

四十二、燕麦全蚀病菌 *Gaeumannomyces graminis*（Sacc.）Arx et D. Olivier var. *avenae*（E.M. Turner）Dennis

英文名：Take-all' disease of oat

检疫处理措施：同向日葵白锈病菌。

四十三、葡萄苦腐病菌 *Greeneria uvicola*（Berk. et M.A.Curtis）Punithalingam

英文名：Bitter rot of grape

检疫处理措施：暂无。

四十四、冷杉枯梢病菌 *Gremmeniella abietina*（Lagerberg）Morelet

英文名：Scleroderris canker of conifer

检疫处理措施：暂无。

四十五、榅桲锈病菌 *Gymnosporangium clavipes*（Cooke et Peck）Cooke et Peck

英文名：Cedar-quince rust

检疫处理措施：暂无。

四十六、欧洲梨锈病菌 *Gymnosporangium fuscum* R. Hedw.

英文名：Trellis rust of pears in Europe

检疫处理措施：暂无。

四十七、美洲山楂锈病菌 *Gymnosporangium globosum*（Farlow）Farlow

英文名：Hawthorn rust in america

检疫处理措施：暂无。

四十八、美洲苹果锈病菌 *Gymnosporangium juniperi-virginianae* Schwein

英文名：Apple rust in america

检疫处理措施：暂无。

四十九、马铃薯银屑病菌 *Helminthosporium solani* Durieu et Mont.

英文名：Silver scurf of potato

检疫处理措施：在30 min～60 min内导入200 mg/kg 2-氨基丁烯气体，投药完毕后熏蒸2 h；温度为马铃薯常规贮藏温度，在处理的全过程中，使内部空气循环，空气流动速度要达到1.5 m^3/min/t；除非在熏蒸后想立即接近熏蒸物，否则不必在熏蒸后通风，如果有聚湿现象，最好使用通风的方法使马铃薯干燥。

该方法处理与CT值无关，在处理期间可以一直维持50 mg/kg～1 000 mg/kg的2-氨基丁烯浓度；为了达到最佳的防治效果，需在收获后21 d内进行处理，只处理成熟的尚未发芽的马铃薯，在处理前要经过一段时间的愈伤。在润湿状态下运进仓库的薯块不能进行处理，必须经通风除去薯块表面多余的水分方可进行。熏蒸只能在具有空气循环设备的仓库中进行，把规定剂量的2-氨基丁烯引到循环空气流中，并且在药剂接触薯块前要完全气化；在英国，如果对商业（食用）马铃薯使用2-氨基丁烯进行熏蒸处理，每次不超过250 t；该熏蒸剂对镰刀菌引起的腐烂无效。

五十、杨树炭团溃疡病菌 *Hypoxylon mammatum*（Wahlenberg）J. Miller

英文名：Hypoxylon canker of poplar

检疫处理措施：暂无。

五十一、松干基褐腐病菌 *Inonotus weirii*（Murrill）Kotlaba et Pouzar

英文名：Laminated butt rot，yellow ring rot

检疫处理措施：暂无。

五十二、胡萝卜褐腐病菌 *Leptosphaeria libanotis*（Fuckel）Sacc.

英文名：Brown rot（Phoma disease）

检疫处理措施：

（一）轻度感染：除去受害叶片，用4∶4∶50的波尔多液浸泡或者喷雾消毒植株，放行前应使其快速彻底干燥。

（二）严重感染：禁止入境。

五十三、十字花科蔬菜黑胫病菌 *Leptosphaeria maculans* (Desm.) Ces. et De Not.

英文名：Stem canker black leg of cabbage，Phoma leaf spot crucifers，black leg crucifers，Canker crucifers，Dry rot blackleg of cabbage

检疫处理措施：同胡萝卜褐腐病菌。

五十四、苹果溃疡病菌 *Leucostoma cincta* (Fr.：Fr.) Hohn.

英文名：Apple canker

检疫处理措施：暂无。

五十五、铁杉叶锈病菌 *Melampsora farlowii* (J.C.Arthur) J.J.Davis

英文名：HemLock rust

检疫处理措施：暂无。

五十六、杨树叶锈病菌 *Melampsora medusae* Thumen

英文名：Conifer-aspen rust

检疫处理措施：暂无。

五十七、橡胶南美叶疫病菌 *Microcyclus ulei* (P.Henn.) von Arx

英文名：South american leaf blight of rubber

检疫处理措施：暂无。

五十八、美澳型核果褐腐病菌 *Monilinia fructicola* (Winter) Honey

英文名：Brown rot，twig canker

检疫处理措施：暂无。

五十九、可可链疫孢荚腐病菌 *Moniliophthora roreri* (Ciferri et Parodi) Evans

英文名：Frosty pod rot of Cocoa

检疫处理措施：暂无。

六十、甜瓜黑点根腐病菌 *Monosporascus cannonballus* Pollack et Uecker

英文名：Sudden wilt (vine decline) of melon

检疫处理措施：暂无。

六十一、咖啡美洲叶斑病菌 *Mycena citricolor*（Berk. et Curt.）Sacc.

英文名：American leaf spot of coffee
检疫处理措施：同向日葵白锈病菌。

六十二、香菜腐烂病菌 *Mycocentrospora acerina*（Hartig）Deighton

英文名：Carawayleaf spot，celery crown rotleaf spot
检疫处理措施：暂无。

六十三、松针褐斑病菌 *Mycosphaerella dearnessii* M.E.Barr

英文名：Brown needle blight of pine
检疫处埋措施：暂无。

六十四、香蕉黑条叶斑病菌 *Mycosphaerella fijiensis* Morelet

英文名：Black sigatoka，Black leaf-streak
检疫处理措施：暂无。

六十五、松针褐枯病菌 *Mycosphaerella gibsonii* H.C.Evans

英文名：Brown needle blight of pine，cercospora pine blight
检疫处理措施：暂无。

六十六、亚麻褐斑病菌 *Mycosphaerella linicola* Naumov

英文名：Brown spot of flax
检疫处理措施：暂无。

六十七、香蕉黄条叶斑病菌 *Mycosphaerella musicola* J.L.Mulder

英文名：Banana leaf spot disease（Sigatoka）
检疫处理措施：暂无。

六十八、松针红斑病菌 *Mycosphaerella pini* E.Rostrup

英文名：Dothistroma needle blight of pine
检疫处理措施：暂无。

六十九、可可花瘿病菌 *Nectria rigidiuscula* Berk.et Broome

英文名：Green point gall；cushion gall disease；witches' broom of mango；dieback of cocoa

检疫处理措施：同向日葵白锈病菌。

七十、新榆枯萎病菌 *Ophiostoma novo-ulmi* Brasier

英文名：Dutch elm disease

检疫处理措施：暂无。

七十一、榆枯萎病菌 *Ophiostoma ulmi*（Buisman）Nannf.

英文名：Dutch elm disease

检疫处理措施：暂无。

七十二、针叶松黑根病菌 *Ophiostoma wageneri*（Goheen et Cobb）Harrington

英文名：Black stain root disease

检疫处理措施：暂无。

七十三、杜鹃花枯萎病菌 *Ovulinia azaleae* Weiss

英文名：Azalea wilt

检疫处理措施：暂无。

七十四、高粱根腐病菌 *Periconia circinata*（M.Mangin）Sacc.

英文名：Root rot of broomcorn

检疫处理措施：

（一）热水处理：在略低于100 ℃的热水中浸泡1 h。

（二）热蒸气处理：115.6 ℃下，水蒸气常压处理10 min，大捆材料需在4.536 kg（10磅）压力下处理20 min。

（三）干热处理：100 ℃干热处理1 h（仅用于小捆材料的处理）。

七十五、玉米霜霉病菌（非中国种）*Peronosclerospora* spp.（non Chinese）

英文名：Maize downy mildew of corn（non-Chinese）

检疫处理措施：同高粱根腐病菌。

七十六、甜菜霜霉病菌 *Peronospora farinosa*（Fries：Fries）Fries f.sp. *betae* Byford

英文名：Beet Downy mildew

检疫处理措施：暂无。

七十七、烟草霜霉病菌 *Peronospora hyoscyami* de Bary f.sp. *tabacina*（Adam）Skalicky

英文名：Tobacco blue mould

检疫处理措施：严格检疫，禁止从疫区进口烟草种子或烟叶产品；更换新苗床，选择不适于发病和不易接受传播侵染的地方，并加强苗床的清洁管理；在大田，可打底叶，拔除；烧毁病株病叶，防止病菌传播、侵入；药剂防治可选用二硫代氨基甲酸酯类药剂代森锌、代森锰、瑞毒霉等药剂。

七十八、苹果树炭疽病菌 *Pezicula malicorticis*（Jacks.）Nannfeld

英文名：Apple anthracnose，Anthracnose canker and bull's-eye rot

检疫处理措施：暂无。

七十九、柑橘斑点病菌 *Phaeoramularia angolensis*（T.Carvalho et O. Mendes）P.M. Kirk

英文名：Citrus leaf spot，Leaf spot of citrus spp，Fruit and leaf spot of citrus，Cercosporiose of citrus

检疫处理措施：暂无。

八十、木层孔褐根腐病菌 *Phellinus noxius*（Corner）G.H.Cunn.

英文名：Brown root rot

检疫处理措施：同向日葵白锈病菌。

八十一、大豆茎褐腐病菌 *Phialophora gregata*（Allington et Chamberlain）W.Gams

英文名：Soybean brown stem rot

检疫处理措施：同向日葵白锈病菌。

八十二、苹果边腐病菌 *Phialophora malorum*（Kidd et Beaum.）McColloch

英文名：Apple side rot

检疫处理措施：暂无。

八十三、马铃薯坏疽病菌 *Phoma exigua* Desmazières f.sp. *foveata*（Foister）Boerema

检疫处理措施：暂无。

八十四、葡萄茎枯病菌 *Phoma glomerata*（Corda）Wollenweber et Hochapfel

英文名：Grape stem wilt

检疫处理措施：暂无。

八十五、豌豆脚腐病菌 *Phoma pinodella*（L.K. Jones）Morgan-Jones et K.B. Burch

英文名：Black stem on pea

检疫处理措施：暂无。

八十六、柠檬干枯病菌 *Phoma tracheiphila*（Petri）L.A. Kantsch. et Gikaschvili

英文名：Dieback of twigs and branches

检疫处理措施：暂无。

八十七、黄瓜黑色根腐病菌 *Phomopsis sclerotioides* van Kesteren

英文名：Cucumber black root rot

检疫处理措施：暂无。

八十八、棉根腐病菌 *Phymatotrichopsis omnivora*（Duggar）Hennebert

英文名：Cotton or texas root rot

检疫处理措施：暂无。

八十九、栗疫霉黑水病菌 *Phytophthora cambivora*（Petri）Buisman

英文名：Ink disease：Chestnut，Ink disease，Root rot of forest trees，Root rot of fruit disease

检疫处理措施：暂无。

九十、马铃薯疫霉绯腐病菌 *Phytophthora erythroseptica* Pethybridge

英文名：Pink rot of potato，Rhizome and root rot，Shoot and pseudobulb rot，Spear rot

检疫处理措施：暂无。

九十一、草莓疫霉红心病菌 *Phytophthora fragariae* Hickman

英文名：Strawberry root rot，Red stele root rot

检疫处理措施：暂无。

九十二、树莓疫霉根腐病菌 *Phytophthora fragariae* Hickman var. *rubi* W.F. Wilcox et J.M. Duncan

英文名：Bramble root rot

检疫处理措施：暂无。

九十三、柑橘冬生疫霉褐腐病菌 *Phytophthora hibernalis* Carne

英文名：Citrus brown rot

检疫处理措施：暂无。

九十四、雪松疫霉根腐病菌 *Phytophthora lateralis* Tucker et Milbrath

检疫处理措施：

溴甲烷熏蒸：温度≥4.44 ℃，240 g/m^{3}熏蒸，0.5 h后浓度为240 g/m^3，2 h后浓度为240 g/m^3；12 h后浓度为200 g/m^3；24 h后浓度为160 g/m^3；36 h后浓度为120 g/m^3；48 h后浓度为120 g/m^3；72 h后浓度为80 g/m^3。注：24 h后，加足量的熏蒸剂使得浓度达到240 g/m^3，处理后通风48 h。

九十五、苜蓿疫霉根腐病菌 *Phytophthora medicaginis* E.M. Hans. et D.P. Maxwell

检疫处理措施：同向日葵白锈病菌。

九十六、菜豆疫霉病菌 *Phytophthora phaseoli* Thaxter

英文名：Downy mildew

检疫处理措施：同向日葵白锈病菌。

九十七、栎树猝死病菌 *Phytophthora ramorum* Werres

英文名：Sudden oak death disease
检疫处理措施：同雪松疫霉根腐病菌。

九十八、大豆疫霉病菌 *Phytophthora sojae* Kaufmann et Gerdemann

英文名：Root and stem rot of soybean
检疫处理措施：同向日葵白锈病菌。

九十九、丁香疫霉病菌 *Phytophthora syringae*（Klebahn）Klebahn

英文名：Root and stem rot of clove
检疫处理措施：暂无。

一百、马铃薯皮斑病菌 *Polyscytalum pustulans*（M.N. Owen et Wakef.）M.B.Ellis

英文名：Skin spot of potato
检疫处理措施：同马铃薯银屑病菌。

一百零一、香菜茎瘿病菌 *Protomyces macrosporus* Unger

英文名：Caraway stem gall
检疫处理措施：暂无。

一百零二、小麦基腐病菌 *Pseudocercosporella herpotrichoides*（Fron）Deighton

英文名：Foot Rot of wheat
检疫处理措施：同向日葵白锈病菌。

一百零三、葡萄角斑叶焦病菌 *Pseudopezicula tracheiphila*（Müller-Thurgau）Korf et Zhuang

英文名：Grape angular leaf scorch
检疫处理措施：暂无。

一百零四、天竺葵锈病菌 *Puccinia pelargonii-zonalis* Doidge

英文名：Geranium rust disease

检疫处理措施：暂无。

一百零五、杜鹃芽枯病菌 *Pycnostysanus azaleae*（Peck）Mason

英文名：Rhododendron bud and twig blight
检疫处理措施：暂无。

一百零六、洋葱粉色根腐病菌 *Pyrenochaeta terrestris*（Hansen）Gorenz，Walker et Larson

英文名：Pink root of onion
检疫处理措施：暂无。

一百零七、油棕猝倒病菌 *Pythium splendens* Braun

英文名：Damping-off of oil plam
检疫处理措施：暂无。

一百零八、甜菜叶斑病菌 *Ramularia beticola* Fautr. et Lambotte

英文名：Leaf spot of beet
检疫处理措施：暂无。

一百零九、草莓花枯病菌 *Rhizoctonia fragariae* Husain et W.E.McKeen

英文名：Strawberry anther and pistil blight
检疫处理措施：暂无。

一百一十、橡胶白根病菌 *Rigidoporus lignosus*（Klotzsch）Imaz.

英文名：Rubber white root
检疫处理措施：暂无。

一百一十一、玉米褐条霜霉病菌 *Sclerophthora rayssiae* Kenneth et Wahl var. zeae Payak et Renfro

英文名：Brown stripe downy mildew of maize，Brown stripe maize downy mildew
检疫处理措施：同高粱根腐病菌。

一百一十二、欧芹壳针孢叶斑病菌 *Septoria petroselini*（Lib.）Desm

英文名：Septoria leaf spot of parsley

检疫处理措施：同雪松疫霉根腐病菌。

一百一十三、苹果球壳孢腐烂病菌 *Sphaeropsis pyriputrescens* Xiao et J. D. Rogers

英文名：Sphaeropsis rot

检疫处理措施：暂无。

一百一十四、柑橘枝瘤病菌 *Sphaeropsis tumefaciens* Hedges

英文名：Citrus branch knot

检疫处理措施：暂无。

一百一十五、麦类壳多胞斑点病菌 *Stagonospora avenae* Bissett f. sp. *triticea* T. Johnson

英文名：Septoria speckled leaf blotch

检疫处理措施：同向日葵白锈病菌。

一百一十六、甘蔗壳多胞叶枯病菌 *Stagonospora sacchari* Lo et Ling

英文名：Leaf scorch

检疫处理措施：暂无。

一百一十七、马铃薯癌肿病菌 *Synchytrium endobioticum*（Schilberszky）Percival

英文名：Potato wart disease or black Scab

检疫处理措施：暂无。

一百一十八、马铃薯黑粉病菌 *Thecaphora solani*（Thirumalachar et M.J.O’Brien）Mordue

英文名：Potato smut

检疫处理措施：暂无。

一百一十九、小麦矮腥黑穗病菌 *Tilletia controversa* Kühn

英文名：Dwarf bunt of wheat

检疫处理措施：

熏蒸处理：环氧乙烷和二氧化碳混合熏蒸处理大型立筒仓和袋装TCK疫麦应在平

均粮温20 ℃以上，环氧乙烷的剂量为150 g/m^{3}密闭120 h。

一百二十、小麦印度腥黑穗病菌 *Tilletia indica* Mitra

英文名：Karnal bunt of wheat

检疫处理措施：参考小麦矮腥黑穗病菌处理指标。

一百二十一、葱类黑粉病菌 *Urocystis cepulae* Frost

英文名：Onion smut

检疫处理措施：同向日葵白锈病菌。

一百二十二、唐菖蒲横点锈病菌 *Uromyces transversalis*（Thümen）Winter

英文名：Gladiolus rust

检疫处理措施：暂无。

一百二十三、苹果黑星病菌 *Venturia inaequalis*（Cooke）Winter

英文名：Apple scab

检疫处理措施：暂无。

一百二十四、苜蓿黄萎病菌 *Verticillium albo-atrum* Reinke et Berthold

英文名：Alfalfa verticillium wilt

检疫处理措施：同向日葵白锈病菌。

一百二十五、棉花黄萎病菌 *Verticillium dahliae* Kleb.

英文名：Cotton verticillium wilt

检疫处理措施：暂无。

一百二十六、向日葵黑茎病 Frezzi

无性态：*Phoma macdonaldii* Boerma

英文名：Sunflower Phoma black stem

检疫处理措施：采用32 g/m^{3}溴甲烷熏蒸24 h，50 ℃～55 ℃热水浸泡。

一百二十七、白蜡鞘孢菌 *Chalara fraxinea* T. Kowalski

检疫处理措施：暂无。

第四节 原核生物（59种）

一、兰花褐斑病菌 *Acidovorax avenae* subsp.*cattleyae*（pavarino）Willems et al.

英文名：Bacterial brown spot of orchid

检疫处理措施：暂无。

二、瓜类果斑病菌 *Acidovorax avenae* subsp.*cattleyae*（Schaad et al.）Willems et al.

英文名：Bacterial fruit blotch of melon

化学防治：1%的盐酸浸渍种子5 min，或以1%次氯酸钙（$CaOCl_2$）浸渍15 min。

三、魔芋细菌性叶斑病菌 *Acidovorax konjaci*（Goto）Willems et al.

英文名：Bacterial leaf spot of konjac

检疫处理措施：暂无。

四、桤树黄化植原体

英文名：Alder yellows phytoplasma

检疫处理措施：暂无。

五、苹果丛生植原体

英文名：Apple proliferation phytoplasma

检疫处理措施：暂无。

六、杏褪绿卷叶植原体

英文名：Apricot chlorotic leafroll phytoplasma

检疫处理措施：暂无。

七、白蜡树黄化植原体

英文名：Ash yellows phytoplasma

检疫处理措施：暂无。

八、蓝莓矮化植原体

英文名：Blueberry stunt phytoplasma

检疫处理措施：暂无。

九、香石竹细菌性萎蔫病菌 *Burkholderia caryophylli*（Burkholder）Yabuuchi et al.

英文名：Bacterial wilt of carnation

检疫处理措施：暂无。

十、洋葱腐烂病菌 *Burkholderia gladioli pv. alliicola*（Burkholder）Urakami et al.

检疫处理措施：暂无。

十一、水稻细菌性谷枯病菌 *Burkholderia glumae*（Kurita et Tabei Urakami et al.

英文名：Bacterial grain rot or panicle blight

检疫处理措施：同向日葵白锈病菌。

十二、非洲柑橘黄龙病菌 *Candidatus Liberobacter africanum* Jagoueix et al.

英文名：African citrus greening disease

检疫处理措施：暂无。

十三、亚洲柑橘黄龙病菌 *Candidatus Liberobacter asiaticum* Jagoueix et al.

英文名：Asian citrus greening disease

检疫处理措施：暂无。

十四、澳大利亚植原体候选种 *Candidatus* Phytoplasma australiense

检疫处理措施：暂无。

十五、苜蓿细菌性萎蔫病菌 *Clavibacter michiganensis* subsp. *Insidiosus*（McCulloch）Davis et al.

英文名：Bacterial wilt of alfalfa

检疫处理措施：同向日葵白锈病菌。

十六、番茄溃疡病菌 *Clavibacter michiganensis* subsp. *michiganensis* (Smith) Davis et al.

英文名：Bacterial canker and wilt of tomato

检疫处理措施：暂无。

十七、玉米内州萎蔫病菌 *Clavibacter michiganensis* subsp. *nebraskensis* (Vidaver et al.) Davis et al.

英文名：Goss's bacterial wilt and Blight of maize，Leaf freckles and wilt

检疫处理措施：同玉米脱枯病菌。

十八、马铃薯环腐病菌 *Clavibacter michiganensis* subsp. *sepedonicus* (Spieckermann and kotthoffet al.) Davis et al.

英文名：Bacterial ring rot of potato

检疫处理措施：消毒剂、多西环素、阿莫西林。

十九、椰子致死黄化植原体 Coconut lethal yellowing phytoplasma

检疫处理措施：暂无。

二十、菜豆细菌性萎蔫病菌 *Curtobacterium flaccumfaciens* pv. *flaccumfaciens* (Hedges) Collins et Jones

英文名：Bacterial wilt of common bean

检疫处理措施：豆科植物根瘤菌R12或R21。

二十一、郁金香黄色疱斑病菌 *Curtobacterium flaccumfaciens* pv. *oortii* (Saaltink et al.) Collins et Jones

英文名：Yellow pustule of tulip

检疫处理措施：暂无。

二十二、榆韧皮部坏死植原体 Elm phloem necrosis phytoplasma

检疫处理措施：暂无。

二十三、杨树枯萎病菌 *Enterobacter cancerogenus*（Urošević）Dickey and Zumoff

英文名：Bacterial canker，Dieback of poplars

检疫处理措施：暂无。

二十四、梨火疫病菌 *Erwinia amylovora*（Burrill）Winslow et al.

英文名：Fire blight disease

检疫处理措施：铜化合物+链霉素。防治方法：禁止从疫区引进有关的苗木，进口种苗要隔离试种1年，确证不带病方可分散种植；及时清除病梢病枝，然后用封固剂将伤口封住；合理施肥、灌水、修剪，加强田间管理，保持果树的正常生长，防止徒长；用120单位链霉素喷施，用0.5：0.5：100～1：3：100波尔多液防治花期火疫病。

二十五、菊基腐病菌 *Erwinia chrysanthemi* Burkhodler et al.

英文名：Bacterial wilt，Bacterial stem crack

检疫处理措施：

（一）生物防治。

（二）化学防治：硫酸链霉素+碘。

二十六、亚洲梨火疫病菌 *Erwinia pyrifoliae* Kim，Gardan，Rhim et Geider

英文名：Bacterial shoot blight of pear

检疫处理措施：暂无。

二十七、葡萄金黄化植原体 Grapevine flavescence doréc phytoplasma

检疫处理措施：暂无。

二十八、来檬丛枝植原体 Lime witches' broom phytoplasma

检疫处理措施：暂无。

二十九、玉米细菌性枯萎病菌 *Pantoea stewartii* subsp. *stewartii*（Smith）Mergaert et al.

英文名：Stewart's disease，Bacterial wilt

检疫处理措施：

（一）首先要加强玉米种子的进境检疫，严禁从疫区调运种子等带菌材料。建立无病留种田，留用无病种子。

（二）对疫区种子进行消毒处理。用0.1%氯化汞浸泡20 min，以杀死种子表面携带的细菌，但此法不能杀死种子内部的细菌；也可将种子放在干燥的热空气中（60 ℃～70 ℃）进行干热消毒1 h，可以杀死种子内外的所有病菌，而对种子发芽的影响较小。

三十、桃X病植原体 Peach X-disease phytoplasma

检疫处理措施：暂无。

三十一、梨衰退植原体 Pear decline phytoplasma

检疫处理措施：暂无。

三十二、马铃薯丛枝植原体 Potato witches' broom phytoplasma

检疫处理措施：暂无。

三十三、菜豆晕疫病菌*Pseudomonas savastanoi* pv. *phaseolicola*（Burkholder）Gardan et al.

英文名：Halo blight of beans

检疫处理措施：暂无。

三十四、核果树溃疡病菌*Pseudomonas syringae* pv. *morsprunorum*（Wormald）Young et al.

英文名：Bacterial Canker of stone fruit & pome fruit

检疫处理措施：暂无。

三十五、桃树溃疡病菌*Pseudomonas syringae* pv. *persicae*（Prunier et al.）Young et al.

英文名：Bacterial canker of peach

检疫处理措施：暂无。

三十六、豌豆细菌性疫病菌*Pseudomonas syringae* pv. *pisi*（Sackett）Young et al

英文名：Bacterial blight of peas

检疫处理措施：60 ℃湿热处理15 min。

三十七、十字花科黑斑病菌 *Pseudomonas syringae* pv. *maculicola* (McCulloch) Young et al

英文名：Seed-borne black spot disease
检疫处理措施：种子化学处理及施用高效低毒杀菌剂。

三十八、番茄细菌性叶斑病菌 *Pseudomonas syringae* pv. *tomato* (Okabe) Young et al.

英文名：Bacterial speck of tomato
检疫处理措施：过氧化氢+乙酸+Ag^+混合液可以防治番茄细菌性叶斑病菌。

三十九、香蕉细菌性枯萎病菌（2号小种） *Ralstonia solanacearum* (Smith) Yabuuchi et al. (race 2)

英文名：Fruit rots of banana
检疫处埋措施：β-羟基甲酯水解酶。

四十、鸭茅蜜穗病菌 *Rathayibacter rathayi* (Smith) Zgurskaya et al.

检疫处理措施：暂无。

四十一、柑橘顽固病螺原体 *Spiroplasma citri* Saglio et al.

英文名：Citrus stubborn
检疫处理措施：暂无。

四十二、草莓簇生植原体 Strawberry multiplier phytoplasma

检疫处理措施：暂无。

四十三、甘蔗白色条纹病菌 *Xanthomonas albilineans* (Ashby) Dowson

英文名：Leaf scald and white stripe of sugarcane
检疫处理措施：暂无。

四十四、香蕉坏死条纹病菌 *Xanthomonas arboricola* pv. *celebensis* (Gaumann) Vauterin et al.

英文名：Banana Necrotic stripe disease
检疫处理措施：暂无。

四十五、胡椒叶斑病菌 *Xanthomonas axonopodis* pv. *betlicola*（Patel et al.）Vauterin et al.

英文名：Pepper leaf spot

检疫处理措施：暂无。

四十六、柑橘溃疡病菌 *Xanthomonas axonopodis* pv. *citri*（Hasse）Vauterin et al.

英文名：Citrus canker

检疫处理措施：0.3%氯氧化铜加100 mg/kg链霉素+neek oil，可以有效降低发病53.2%。

四十七、木薯细菌性萎蔫病菌 *Xanthomonas axonopodis* pv. *manihotis*（Bondar）Vauterin et al.

英文名：Cassava bacterial blight

检疫处理措施：姜黄提取物对木薯细菌性萎蔫病菌有较好的抑制活性，但是对于感染了该菌的木薯茎部没有治疗作用。

四十八、甘蔗流胶病菌 *Xanthomonas axonopodis* pv. *vasculorum*（Cobb）Vauterin et al.

英文名：Sugarcane cane gummosis

检疫处理措施：暂无。

四十九、芒果黑斑病菌 *Xanthomonas campestris* pv. *mangiferaeindicae*（Patel et al.）Robbs et al.

英文名：Bacterial canker and black spot of Mango，Mango blight

检疫处理措施：暂无。

五十、香蕉细菌性萎蔫病菌 *Xanthomonas campestris* pv. *musacearum*（Yirgou et Bradbury）Dye

英文名：Bacterial wilt of banana

检疫处理措施：去除香蕉花蕾；成熟香蕉植株内注入二氯苯氧基乙酸。

五十一、木薯细菌性叶斑病菌 *Xanthomonas cassavae*（ex Wiehe et Dowson）Vauterin et al.

英文名：Bacterial leaf spot of cassava

检疫处理措施：暂无。

五十二、草莓角斑病菌 *Xanthomonas fragariae* Kennedy et King

英文名：Angular leaf spot of strawberry

检疫处理措施：氢氧化铜+代森锰。

五十三、风信子黄腐病菌 *Xanthomonas hyacinthi*（Wakker）Vauterin et al.

英文名：Yellow disease of hyacinth

检疫处理措施：暂无。

五十四、水稻白叶枯病菌 *Xanthomonas oryzae* pv. *oryzae*（Ishiyama）Swings et al.

英文名：Bacterial leaf blight of rice

检疫处理措施：暂无。

五十五、水稻细菌性条斑病菌 *Xanthomonas oryzae* pv. *oryzicola*（Fang et al.）Swings et al.

英文名：Bacterial leaf streak of rice

检疫处理措施：暂无。

五十六、杨树细菌性溃疡病菌 *Xanthomonas populi*（ex Ride）Ride et Ride

英文名：Bacterial canker of poplars

检疫处理措施：暂无。

五十七、木质部难养细菌 *Xylella fastidiosa* Wells et al.

英文名：Pierce's disease

检疫处理措施：暂无。

五十八、葡萄细菌性疫病菌 *Xylophilus ampelinus*（Panagopoulos）Willems et al.

英文名：Bacterial blight of grape

检疫处理措施：代森锰+含有铜的波尔多液。

五十九、马铃薯斑纹片病菌 *Candidatus* Liberibacter solanacearum Liefting et al.

英文名：Potato zebra chip

检疫处理措施：暂无。

第五节 线虫（20种）

一、剪股颖粒线虫 *Anguina agrostis*（Steinbuch）Filipjev

英文名：Bentgrass seed gall nematode

检疫处理措施：

货物种类：火车车厢（空）、船舶货舱、空集装箱。（一）高压蒸气清洗或甲醛水溶液喷雾处理（1份40%甲醛加9份水）；（二）56 ℃热水处理15 min。

二、草莓滑刃线虫 *Aphelenchoides fragariae*（Ritzema Bos）Christie

英文名：Spring crimp nematode

检疫处理措施：

（一）货物种类：火车车厢（空）、船舶货舱、空集装箱。1.高压蒸气清洗或甲醛水溶液喷雾处理（1份40%甲醛加9份水）；2.56 ℃热水处理15 min。

（二）秋海棠属 *Begonia*：47.8 ℃热水处理5 min。

（三）狗舌草Senecio：43.3 ℃热水处理1 h。

（四）稻属 *Oryza*（水稻）：56 ℃热水处理15 min。

（五）落新妇属 *Astilbe*、*Cimicifuga*、*Epimendium pinnatum*（仅此一种，其他种不耐受），玉簪属植物 *Paeonia*：20 ℃的水中预浸1 h，然后在43.3 ℃热水中浸泡1 h，最后浸入冷水并干燥。

（六）中国紫兰 *Bletilla hyacinthine*：1. 47.8 ℃热水处理30 min；2. 20 ℃的水中预浸1 h，然后在43.3 ℃热水中浸泡1 h，最后浸入冷水并干燥。

（七）乌头属 *Aconitum*：43.3 ℃热水处理50 min。

三、菊花滑刃线虫 *Aphelenchoides ritzemabosi*（Schwartz）Steiner et Bührer

英文名：Foliar nematode

检疫处理措施：

（一）火车车厢（空）、船舶货舱、空集装箱：高压蒸气清洗或甲醛水溶液喷雾处理（1份40%甲醛加9份）。

（二）黑麦草属：25 ℃预贮藏处理8周，39 ℃热水处理120 min。

（三）秋海棠属Begonia：47.8 ℃热水处理5 min。

（四）狗舌草Senecio：43.3 ℃热水处理1 h。

（五）黑麦草属：25 ℃预贮藏处理8周，39 ℃热水处理120 min。

（六）稻属Oryza（水稻）：56 ℃热水处理15 min。

（七）落新妇属Astilbe、*Cimicifuga*、*Epimendium pinnatum*（仅此一种，其他种不耐受），玉簪属植物*Paeonia*：20 ℃的水中预浸1 h，然后在43.3 ℃热水中浸泡1 h，最后浸入冷水并干燥。

（八）中国紫兰*Bletilla hyacinthine*：1. 47.8 ℃热水处理30 min。2. 20 ℃的水中预浸1 h，然后在43.3 ℃热水中浸泡1 h，最后浸入冷水并干燥。

四、椰子红环腐线虫*Bursaphelenchus cocophilus*（Cobb）Baujard

英文名：Red ring nematode

检疫处理措施：

火车车厢（空）、船舶货舱、空集装箱：高压蒸气清洗或甲醛水溶液喷雾处理（1份40%甲醛加9份水）。

五、松材线虫*Bursaphelenchus xylophilus*（Steiner et Bührer）Nickle

英文名：Pine wood nematode

检疫处理措施：

（一）溴甲烷熏蒸：温度≥15 ℃，80 g/m^{3}熏蒸16 h；温度5.0 ℃～15.0 ℃，120 g/m^{3}熏蒸16 h。

（二）硫酰氟常压熏蒸：温度≥10 ℃，80 g/m^{3}熏蒸20 h；温度5.0 ℃～10.0 ℃，104 g/m^{3}熏蒸24 h。

（三）热处理：热处理可采用蒸汽、热水、干燥、微波等方式。处理原木的中心温度至少要达到71.1 ℃并保持75 min以上。处理木包装的中心温度至少要达到56 ℃并保持30 min以上。

（四）浸泡处理：原木完全浸泡于水中90 d以上杀灭所携带的有害生物。

六、水稻茎线虫*Ditylenchus angustus*（Butler）Filipjev

英文名：Rice stem nematode

检疫处理措施：同椰子红环腐线虫。

七、名称：腐烂茎线虫 *Ditylenchus destructor* Thorne

英文名：Potato rot nematode

检疫处理措施：

（一）火车车厢（空）、船舶货舱、空集装箱：高压蒸气清洗或甲醛水溶液喷雾处理（1份40%甲醛加9份水）。

（二）番红花属 *Crocus*：43.3 ℃热水处理4 h（必须在挖出来后马上处理）。

八、名称：鳞球茎茎线虫 *Ditylenchus dipsaci*（Kühn）Filipjev

英文名：Stem and bulb nematode

检疫处理措施：

（一）火车车厢（空）、船舶货舱、空集装箱：高压蒸气清洗或甲醛水溶液喷雾处理（1份40%甲醛加9份水）。

（二）锦枣儿 Scilla：43.3 ℃热水处理4 h（必须在挖出来后马上处理）。

（三）葱属 *Allium*、石蒜属 *Amaryllis* 和鳞茎 Bulbs：将鳞茎预浸在23.9 ℃水中2 h，然后43.2 ℃ ~ 43.8 ℃水中浸泡4 h。

（四）葡萄风信子 Muscari、虎眼万年青 Ornithogalum、Polyanthes（块茎状）：45 ℃热水处理4 h。

九、马铃薯白线虫 *Globodera pallida*（Stone）Behrens

英文名：Potato cyst nematode

检疫处理措施：

（一）火车车厢（空）、船舶货舱、空集装箱：高压蒸气清洗或甲醛水溶液喷雾处理（1份40%甲醛加9份水）。

（二）马铃薯：43.3 ℃热水处理4 h（必须在挖出来后马上处理）。

（三）铃兰属 Convallaria：保持冷冻直到处理前充分解冻使各部分分离，不需预热，直接浸入47.8 ℃的热水中30 min，然后5 min排尽热水，最后自来水冷却5 min。

（四）茄属 *Solanum*：43.3 ℃热水处理4 h（必须在挖出来后马上处理）。

十、马铃薯金线虫 *Globodera rostochiensis*（Wollenweber）Behrens

英文名：Potato golden nematode

检疫处理措施：

（一）火车车厢（空）、船舶货舱、空集装箱：高压蒸气清洗或甲醛水溶液喷雾处理（1份40%甲醛加9份水）。

（二）寄主：混杂货物（非食品，非饲料用商品）：①溴甲烷熏蒸库660 mmHg减压熏蒸，温度≥4.4 ℃，128 g/m^{3}剂量下熏蒸16 h，或168 g/m^{3}剂量下熏蒸12 h，或256 g/m^{3}剂量下熏蒸8 h。

（三）马铃薯：43.3 ℃热水处理4 h（必须在挖出来后马上处理）。

（四）铃兰属 *Convallaria*：保持冷冻直到处理前充分解冻使各部分分离，不需预热，直接浸入47.8 ℃的热水中30 min，然后5 min排尽热水，最后自来水冷却5 min。

（五）茄属 *Solanum*：43.3 ℃热水处理4 h（必须在挖出来后马上处理）。

十一、甜菜胞囊线虫 *Heterodera schachtii* Schmidt

英文名：Sugar beat cyst nematode

检疫处理措施：

（一）火车车厢（空）、船舶货舱、空集装箱：高压蒸气清洗或甲醛水溶液喷雾处理（1份40%甲醛加9份水）。

（二）甜菜：溴甲烷常压熏蒸，温度10.6 ℃ - 15.6 ℃，剂量256 g/m^3，熏蒸8 h；温度16.1 ℃ ~ 32.3 ℃，剂量128 g/m^3，熏蒸4 h；温度32.8 ℃，剂量64 g/m^3，熏蒸2 h。

（三）啤酒花Humulus、葎草属：47.8 ℃热水处理30 min。

十二、长针线虫属（传毒种类）*Longidorus*（Filipjev）Micoletzky（The species transmit viruses）

检疫处理措施：同椰子红环腐线虫。

十三、根结线虫属（非中国种）*Meloidogyne* Goeldi（non-Chinese species）

英文名：Root-knot nematode（non Chinese species）

检疫处理措施：

（一）火车车厢（空）、船舶货舱、空集装箱：高压蒸气清洗或甲醛水溶液喷雾处理（1份40%甲醛加9份水）。

（二）蔷薇属 *Rosa* spp.（除野蔷薇multiflora）：50.6 ℃热水处理10 min。

（三）龙胆属植物Gentiana：热水处理，47.8 ℃，30 min。

（四）马蹄莲Calla：50 ℃热水处理30 min。

十四、异常珍珠线虫 *Nacobbus abberans*（Thorne）Thorne et Allen

英文名：False root-knot nematode

检疫处理措施：同椰子红环腐线虫。

十五、最大拟长针线虫 *Paralongidorus maximus*（Bütschli）Siddiqi

英文名：Needle nematodes

检疫处理措施：

火车车厢（空）、船舶货舱、空集装箱：高压蒸气清洗或甲醛水溶液喷雾处理（1份40%甲醛加9份水）。

十六、拟毛刺线虫属（传毒种类）*Paratrichodorus* Siddiqi（The species transmit viruses）

英文名：Stubby root nematode

检疫处理措施：同椰子红环腐线虫。

十七、短体线虫（非中国种）*Pratylenchus* Filipjev（non-Chinese species）

英文名：Rootlesion nematode

检疫处理措施：

（一）火车车厢（空）、船舶货舱、空集装箱：高压蒸气清洗或甲醛水溶液喷雾处理（1份40%甲醛加9份水）。

（二）马铃薯：45 ℃～50 ℃热水处理60 min。

（三）牛舌草Anchusa、落新妇属*Astilbe*、铁线莲*Clematis*、荷色牡丹属*Dicentra*、栀子*Gardenia*、铁筷子属*Helleborus*、木槿属*Hibiscus*、火把莲属*Kniphofia*、樱草属*Primula*：热水处理，47.8 ℃，30 min。

（四）草莓Fragaria：52.8 ℃热水中浸泡2 min。

（五）铁苋菜属*Acalypha*：43.3 ℃热水处理50 min。

（六）菊花Chrysanthemum：47.8 ℃热水处理25 min。

十八、香蕉穿孔线虫 *Radopholus similis*（Cobb）Thorne

英文名：Burrowing nematode

检疫处理措施：

（一）火车车厢（空）、船舶货舱、空集装箱：高压蒸气清洗或甲醛水溶液喷雾处理（1份40%甲醛加9份水）。

（二）混杂货物（非食品，非饲料用商品）：5.25%次氯酸钠与水1：5的比例配制表面处理。

（三）柑橘类苗木：50 ℃热水处理10 min。

（四）香蕉苗：55 ℃热水处理20 min。

（五）球茎花：44 ℃热水处理240 min。

十九、毛刺线虫属（传毒种类） *Trichodorus* Cobb（The species transmit viruses）

检疫处理措施：同椰子红环腐线虫。

二十、剑线虫属（传毒种类） *Xiphinema* Cobb（The species transmit viruses）

英文名：Dagger nematode
检疫处理措施：同椰子红环腐线虫。

第六节　病毒及类病毒（41种）

一、非洲木薯花叶病毒（类） African cassava mosaic virus，ACMV

英文名：African cassava mosaic
检疫处理措施：暂无。

二、苹果茎沟病毒 Apple stem grooving virus, ASPV

检疫处理措施：茎尖处理和热处理相结合的脱毒技术，37 ℃下恒温热处理30 d或变温热处理（37 ℃，8 h与32 ℃ 8 h交替）60 d，然后取1 mm茎尖做外植体培养。

三、南芥菜花叶病毒 Arabis mosaic virus, ArMV

英文名：Hop bare-bine
检疫处理措施：暂无。

四、香蕉苞片花叶病毒 Banana bract mosaic virus, BBrMV

英文名：Banana bract mosaic disease
检疫处理措施：暂无。

五、菜豆荚斑驳病毒 Bean pod mottle virus, BPMV

英文名：Pod mottle of bean
检疫处理措施：非种用风干的豆类（除蚕豆），全封闭运输，防止撒漏，加工过程中无过筛过程的热处理温度达到100 ℃持续1 h，加工过程中有过筛过程的筛下物、下脚料、副产品及杂质加热100 ℃以上持续1 h或销毁。

六、蚕豆染色病毒 Broad bean stain virus, BBSV

检疫处理措施：暂无。

七、可可肿枝病毒 Cacao swollen shoot virus, CSSV

英文名：Cacao swollen shoot
检疫处理措施：二氧威（75 WP）、残杀威（20 EC）、毒死蜱（48 EC）。

八、香石竹环斑病毒 Carnation ringspot virus, CRSV

检疫处理措施：商业漂白7%、NaOH0.5%。

九、棉花皱叶病毒 Cotton leaf crumple virus, CLCrV

英文名：Cotton leaf crumple
检疫处理措施：暂无。

十、棉花曲叶病毒 Cotton leaf curl virus, CLCuV

英文名：Leaf curl disease of cotton
检疫处理措施：暂无。

十一、豇豆重花叶病毒 Cowpea severe mosaic virus, CPSMV

检疫处理措施：暂无。

十二、黄瓜绿斑驳花叶病毒 Cucumber green mottle mosaic virus, CGMMV

英文名：White break mosaic
检疫处理措施：暂无。

十三、玉米褪绿矮缩病毒 Maize chlorotic dwarf virus, MCDV

检疫处理措施：暂无。

十四、玉米褪绿斑驳病毒 Maize chlorotic mottle virus, MCMV

检疫处理措施：暂无。

十五、燕麦花叶病毒 Oat mosaic virus, OMV

检疫处理措施：暂无。

十六、桃丛簇花叶病毒 Peach rosette mosaic virus, PRMV

英文名：Rosette mosaic peach
检疫处理措施：暂无。

十七、花生矮化病毒 Peanut stunt virus, PSV

英文名：Peanut stunt
检疫处理措施：暂无。

十八、李痘病毒 Plum pox virus, PPV

英文名：Sharka
检疫处理措施：暂无。

十九、马铃薯帚顶病毒 Potato mop-top virus, PMTV

英文名：Potato mop–top
检疫处理措施：暂无。

二十、马铃薯A病毒 Potato virus A, PVA

英文名：Potato mid mosaic
检疫处理措施：暂无。

二丨一、马铃薯V病毒 Potato virus V, PVV

检疫处理措施：暂无。

二十二、马铃薯黄矮病毒 Potato yellow dwarf virus, PYDV

英文名：Yellow dwarf of potato
检疫处理措施：暂无。

二十三、李属坏死环斑病毒 Prunus necrotic ringspot virus, PNRSV

英文名：Almond bud failure
检疫处理措施：暂无。

二十四、南方菜豆花叶病毒 Southern bean mosaic virus, SBMV

检疫处理措施：暂无。

二十五、藜草花叶病毒 Sowbane mosaic virus, SoMV

检疫处理措施：暂无。

二十六、草莓潜隐环斑病毒 Strawberry latent ringspot virus, SLRSV

英文名：Latent ring spot of strawberry
检疫处理措施：暂无。

二十七、甘蔗线条病毒 Sugarcane streak virus, SSV

英文名：Sugarcane streak disease
检疫处理措施：暂无。

二十八、烟草环斑病毒 Tobacco ringspot virus, TRSV

英文名：Annulus tabaci
检疫处理措施：暂无。

二十九、番茄黑环病毒 Tomato black ring virus, TBRV

英文名：Ring spot of beet
检疫处理措施：暂无。

三十、番茄环斑病毒 Tomato ringspot virus, ToRSV

英文名：Ringspot of tomato
检疫处理措施：暂无。

三十一、番茄斑萎病毒 Tomato spotted wilt virus, TSWV

英文名：Tomato spotted wilt
检疫处理措施：暂无。

三十二、小麦线条花叶病毒 Wheat streak mosaic virus, WSMV

英文名：Wheat viruses 6 and 7
检疫处理措施：暂无。

三十三、苹果皱果类病毒 Apple fruit crinkle viroid，AFCVd

检疫处理措施：暂无。

三十四、鳄梨日斑类病毒 Avocado sunblotch viroid, ASBVd

英文名：Avocado sun blotch
检疫处理措施：暂无。

三十五、椰子死亡类病毒 Coconut cadang-cadang viroid, CCCVd

英文名：Cadang cadang disease
检疫处理措施：暂无。

三十六、椰子败生类病毒 Coconut tinangaja viroid, CtiVd

英文名：Yellow mottle decline
检疫处理措施：暂无。

三十七、啤酒花潜隐类病毒 Hop latent viroid, HLVd

检疫处理措施：4 ℃处理1个月。

三十八、梨疱症溃疡类病毒 Pear blister canker viroid，PBCVd

检疫处理措施：暂无。

三十九、马铃薯纺锤块茎类病毒 Potato spindle tuber viroid, PSTVd

英文名：Spindle tuber of potato
检疫处理措施：在温室内喷施1%的胡椒基丁醚溶液对PSTVd病毒病的发病株有明显的抑制作用并防止病害传播蔓延。

四十、番茄褐色皱果病毒 Tomato brown rugose fruit virus，ToBRFV

检疫处理措施：暂无。

四十一、玉米矮花叶病毒 Maize dwarf mosaic virus，MDMV

检疫处理措施：暂无。

第七节　杂草（42种）

一、具节山羊草*Aegilops cylindrica* Horst

英文名：Jointed goatgrass
检疫处理措施：磨碎处理，胚体大小符合1.25 mm。

二、节节麦*Aegilops squarrosa* L.

英文名：Triticum tauschii
检疫处理措施：磨碎处理，胚体大小符合1.125 mm。

三、豚草（属）*Ambrosia* spp.

英文名：Ragweed
检疫处理措施：磨碎处理。胚体大小符合：（一）豚草，长3 mm，宽1.8 mm；（二）三裂叶豚草，长6 mm，宽4 mm；（三）灰豚草总苞，长6 mm，宽4 mm。

四、大阿米芹*Ammi majus* L.

英文名：Bullwort
检疫处理措施：磨碎处理，胚体大小符合果长2.2 mm，宽0.8 mm。

五、细茎野燕麦*Avena barbata* Brot

英文名：Slender oat
检疫处理措施：磨碎处理，胚体大小符合1.6 mm。

六、法国野燕麦*Avena ludoviciana* Durien

英文名：Winter wild oat，Wilder rothafer，Avena cimarrona，Oat
检疫处理措施：磨碎处理，胚体大小符合1.67 mm。

七、不实野燕麦*Avena sterilis* L.

英文名：Animated oat
检疫处理措施：磨碎处理，胚体大小符合1.6 mm。

八、硬雀麦*Bromus rigidus* Roth

英文名：Ripgut brome

检疫处理措施：磨碎处理，胚体大小符合1.0 mm。

九、疣果匙荠 *Bunias orientalis* L.

英文名：Warty cabbage

检疫处理措施：磨碎处理，胚体大小符合2.5 mm。

十、宽叶高加利 *Caucalis latifolia* L.

英文名：Greater bur-parsley

检疫处理措施：磨碎处理，胚体大小符合1.0 mm。

十一、蒺藜草（属）（非中国种）*Cenchrus* spp.（non-Chinese species）

英文名：Buffel grass，hairy

检疫处理措施：磨碎处理。胚体大小符合：①刺蒺藜草2.0 mm②长刺蒺藜草 2.5 mm ③少花蒺藜草2.4 mm。

十二、铺散矢车菊 *Centaurea diffusa* Lamarck

英文名：Diffuse knapweed，White knapweed，Spreading knapweed

检疫处理措施：磨碎处理，胚体大小符合2.0 mm

十三、匍匐矢车菊 *Centaurea repens* L.

英文名：Hardheads，Russian knapweed

检疫处理措施：磨碎处理，胚体大小符合2.0 mm

十四、美丽猪屎豆 *Crotalaria spectabilis* Roth

英文名：Showy crotalaria

检疫处理措施：暂无。

十五、菟丝子（属）*Cuscuta* spp.

英文名：Dodder

检疫处理措施：磨碎处理。胚体大小符合：（一）亚麻菟丝子1.0 mm；（二）南方菟丝子 1.2 mm；（三）五角菟丝子 1.1 mm；（四）中国菟丝子1.0 mm；（五）田野菟丝子1.1 mm；（六）欧洲菟丝子1.1 mm；（七）苜蓿菟丝子0.7 mm；（八）单柱菟丝子2.5 mm；（九）日本菟丝子2.5 mm；（十）啤酒菟丝子2.8 mm。

十六、南方三棘果 *Emex australis* Steinh.

英文名：Spiny emex，Three corner jack，Doublegee，Goats head，Prickly jack，Southern threecornerjack

检疫处理措施：磨碎处理，胚体大小符合5.0 mm。

十七、刺亦模 *Emex spinosa*（L.）Campd.

英文名：Devil's thorn

检疫处理措施：磨碎处理，胚体大小符合3.5 mm。

十八、紫茎泽兰 *Eupatorium adenophorum* Spreng.

英文名：Crofton weed，Sticky snakeroot，Catweed，Hemp agrimony，Sticky agrimony，Sticky eupatorium

检疫处理措施：磨碎处理，胚体大小符合1.7 mm。

十九、飞机草 *Eupatorium odoratum* L.

英文名：Bitter bush，Siam weed，Saap suea，Jack in the bush，Triffid weed

检疫处理措施：磨碎处理，胚体大小符合4.0 mm。

二十、齿裂大戟 *Euphorbia dentata* Michx.

英文名：Toothed euphorbia，Toothed spurge，Toothedleaf poinsettia

检疫处理措施：磨碎处理，胚体大小符合2.5 mm。

二十一、黄顶菊 *Flaveria bidentis*（L.）Kuntze

英文名：Coastal plain yellowtops，Smelter's bush

检疫处理措施：磨碎处理，胚体大小符合2.5 mm。

二十二、提琴叶牵牛花 *Ipomoea pandurata*（L.）G.F.W.Mey.

英文名：Bigroot morningglory，Bigroot morninglory，Man of the earth，Man-of-the-earth

检疫处理措施：磨碎处理，胚体大小符合5.0 mm。

二十三、小花假苍耳 *Iva axillaris* Pursh

英文名：Deer-root，Iva poverty weed，Lesser marshelder，Mouseear pvertyweed，Poverty sumpweed，Poverty weed，Small flowered marshelder

检疫处理措施：磨碎处理，胚体大小符合1.7 mm。

二十四、假苍耳*Iva xanthifolia* Nutt.

英文名：Burweed marshelder，Carelessweed，False ragweed，Giant marshelder，Giant sumpweed，Horseweed，Marshelder，Rag sumpweed

检疫处理措施：磨碎处理，胚体大小符合1.7 mm。

二十五、欧洲山萝卜*Knautia arvensis*（L.）Coulter

英文名：Field scabious

检疫处理措施：磨碎处理，胚体大小符合5 mm 。

二十六、野莴苣*Lactuca pulchella*（Pursh）DC.

英文名：Showy blue lettuce

检疫处理措施：磨碎处理，胚体大小符合2 mm。

二十七、毒莴苣*Lactuca serriola* L.

英文名：Prickly lettuce

检疫处理措施：磨碎处理，胚体大小符合3 mm。

二十八、毒麦*Lolium temulentum* L.

英文名：Darnell

检疫处理措施：磨碎处理，胚体大小符合1.5 mm。

二十九、薇甘菊*Mikania micrantha* Kunth

英文名：Mile-a-minute weed

检疫处理措施：磨碎处理，胚体大小符合2 mm。

三十、列当（属）*Orobanche* spp.

英文名：Broomrape

检疫处理措施：磨碎处理。胚体大小符合：（一）裂齿列当0.35 mm；（二）向日葵列当0.4 mm；（三）瓜列当0.36 mm；（四）分支列当0.35 mm。

三十一、宽叶酢浆草*Oxalis latifolia* Kubth

英文名：Broadleaf woodsorrel，Mexican oxalis garden pink-sorre

检疫处理措施：磨碎处理，胚体大小符合1.5 mm。

三十二、臭千里光 *Senecio jacobaea* L.

英文名：Common ragwort

检疫处理措施：磨碎处理，胚体大小符合2.0 mm。

三十三、北美刺龙葵 *Solanum carolinense* L.

英文名：Horse-nettle，Carolina horse-nettle，Carolina nettle，Bull-nettle，Bullnettle，Ball- nettle，Balle-nettle，Ball nightshade，Sand-brier，Threadsoft，Threadsaf，Apple-of-Sodom，Wild tomato，Devil's tomato，Devil's potato，Sand briar，Sand brier

检疫处理措施：磨碎处理，胚体大小符合2.0 mm。

三十四、银毛龙葵 *Solanum elaeagnifolium* Cay.

英文名：Horsenettle，white；Purple nightshade；Silverleaf nightshade

检疫处理措施：磨碎处理，胚体大小符合2.0 mm。

三十五、刺萼龙葵 *Solanum rostratum* Dunal.

英文名：Buffalobur，Nightshade，Colorado bur，Horned nightshade，Kansas thistle，Mexican thistle，Texas thistle

检疫处理措施：磨碎处理，胚体大小符合3 mm。

三十六、刺茄 *Solanum torvum* Swartz

英文名：Devil' s fig fausse aubergine prickly solanum turkey berry

检疫处理措施：磨碎处理，胚体大小符合2.8 mm。

三十七、黑高粱 *Sorghum almum* Parodi

英文名：Columbus grass perennial sorghum almum

检疫处理措施：磨碎处理，胚体大小符合1.5 mm。

三十八、假高粱（及其杂交种）*Sorghum halepense*（L.）Pers.（Johnsongrass and its cross breeds）

英文名：Aleppo milletgrass Johnson grass

检疫处理措施：磨碎处理，胚体大小符合：1.0 mm.。

三十九、独脚金（属）（非中国种）*Striga* spp.（non-Chinese species）

英文名：Witchweed

检疫处理措施：磨碎处理，胚体大小符合0.5 mm。

四十、翅蒺藜 *Tribulus alatus* Delile

英文名：Burrnut，Caltrop，Goats Head，Jamaican Feverplant，Nohu，Nohuhohu，Puncture Vine

检疫处理措施：磨碎处理，胚体大小符合3.2 mm。

四十一、苍耳（属）（非中国种）*Xanthium* spp.（non-Chinese species）

英文名：Cocklebu

检疫处理措施：磨碎处理。胚体大小符合：（一）刺苍耳5 mm；（二）加拿大苍耳长13 mm；（三）甜苍耳15 mm。

四十二、异株苋亚属 Subgen. Acnida L.

学名：Amaranthus Subgen. Acnida L.

检疫处理措施：磨碎处理。胚体大小符合：（一）长芒苋0.7 mm；（二）西部苋0.5 mm；（三）糙果苋0.7 mm。

植物及其产品检疫处理参考技术指标

本章将海关 HS 编码同植物及其产品可能携带有害生物的检疫处理方法以及参考技术指标统一对应，便于查询参考。

一、活树及其他活植物；鳞茎、根及类似品；插花及装饰用簇叶

HS编码	货物名称	有害生物名称	处理方法	处理参数
0601109199（种用休眠的其他21.1～26.6、块根）	剑兰类（唐菖蒲）	马铃薯茎线虫	热水浸泡处理	热水浸泡：43.3 ℃，4 h（必须在挖出来后马上处理）。
		根结线虫	热水浸泡处理	热水浸泡：47.8 ℃，30 min。
0601109199（种用休眠的其他21.1～26.6、块根）	花卉种球（云南）	线虫类	药剂浸泡处理	药剂浸泡阿维菌素800～1 000倍浸泡根部10 min。注：鲜切花熏蒸应依据品种、质量调整处理浓度和时间，一些品种对溴甲烷敏感则不适宜用熏蒸方法，茎干、叶片纤弱的品种应视实际情况相应降低处理浓度、缩短处理时间。
0601200099（生长或开花的其他鳞茎及菊苣植物）	风信子属（鳞茎）、鸢尾属（鳞茎和根状茎）、虎皮花属	鳞球茎线虫（鳞球茎线虫和马铃薯茎线虫）	热水浸泡处理	热水浸泡方式：21.1 ℃～26.7 ℃预浸2.5 h，43.3 ℃～43.8 ℃热水浸泡1 h。
				热水浸泡：43.3 ℃～43.8 ℃热水浸泡3 h。
0601200099（生长或开花的其他鳞茎及菊苣植物）	山葵根、鳞茎	金线虫（马铃薯金线虫和马铃薯白线虫）	热水浸泡处理	热水浸泡：47.8 ℃热水浸泡30 min。
0601200099（生长或开花的其他鳞茎及菊苣植物，包括球茎）	朱莲属鳞球茎	桑尼根腐线虫	热水浸泡处理	46 ℃热水浸泡120 min。

续表

<table>
<tr><th>HS编码</th><th>货物名称</th><th>有害生物名称</th><th>处理方法</th><th colspan="4">处理参数</th></tr>
<tr><td rowspan="9">0602100090（其他无根插枝及接穗）</td><td rowspan="9">植物切条（芽条）</td><td rowspan="9">外食性害虫</td><td rowspan="9">熏蒸处理</td><td colspan="4">溴甲烷熏蒸室或帐幕熏蒸</td></tr>
<tr><td rowspan="2">温度（℃）</td><td rowspan="2">剂量（g/m³）</td><td colspan="2">密闭时间（h）</td></tr>
<tr><td>耳喙象属幼虫</td><td>其他害虫</td></tr>
<tr><td>32.2 ~ 35.6</td><td>32</td><td>2.5</td><td>2</td></tr>
<tr><td>26.7 ~ 32.1</td><td>40</td><td>2.5</td><td>2</td></tr>
<tr><td>21.1 ~ 26.6</td><td>48</td><td>2.5</td><td>2</td></tr>
<tr><td>15.6 ~ 21.0</td><td>48</td><td>3</td><td>2.5</td></tr>
<tr><td>10.0 ~ 15.5</td><td>48</td><td>3.5</td><td>3</td></tr>
<tr><td>4.4 ~ 9.9</td><td>48</td><td>4</td><td>3.5</td></tr>
<tr><td rowspan="8">0602100090（其他无根插枝及接穗）</td><td rowspan="8">草本和木本植物切条</td><td rowspan="8">外食性害虫</td><td rowspan="8">熏蒸处理</td><td colspan="4">溴甲烷熏蒸室或帐幕熏蒸</td></tr>
<tr><td rowspan="2">温度（℃）</td><td rowspan="2">剂量（g/m³）</td><td colspan="2">最低浓度（g/m³）</td></tr>
<tr><td>0.5 h</td><td>2 h</td></tr>
<tr><td>26.7 ~ 32.2</td><td>24</td><td>19</td><td>12</td></tr>
<tr><td>21.1 ~ 26.9</td><td>32</td><td>24</td><td>16</td></tr>
<tr><td>15.6 ~ 21.0</td><td>40</td><td>30</td><td>20</td></tr>
<tr><td>10.0 ~ 15.5</td><td>48</td><td>36</td><td>24</td></tr>
<tr><td>4.4 ~ 9.9</td><td>56</td><td>41</td><td>27</td></tr>
</table>

续表

<table>
<tr><th>HS编码</th><th>货物名称</th><th>有害生物名称</th><th>处理方法</th><th>处理参数</th></tr>
<tr><td>0602909200（其他兰花）</td><td>兰花植物和切条</td><td>粉蚧</td><td>熏蒸处理</td><td>溴甲烷熏蒸处理
<table><tr><th rowspan="2">温度（℃）</th><th rowspan="2">剂量（g/m^3）</th><th colspan="2">最低浓度（g/m^3）</th></tr><tr><th>0.5 h</th><th>2 h</th></tr><tr><td>≥26.7</td><td>40</td><td>32</td><td>24</td></tr><tr><td>21.1～26.6</td><td>48</td><td>38</td><td>29</td></tr><tr><td>15.6～21.0</td><td>64</td><td>48</td><td>38</td></tr></table></td></tr>
<tr><td>0602909200（其他兰花）</td><td>兰花植物和切条</td><td>钻蛀性害虫、卡特兰蝇、花蚤属、蚧壳虫科害虫、星蜡蚧属</td><td>熏蒸处理</td><td>溴甲烷（380 mmHg）真空熏蒸
<table><tr><th>温度（℃）</th><th>剂量（g/m^3）</th><th>密闭时间（h）</th></tr><tr><td>32.2～35.6</td><td>48</td><td>1</td></tr><tr><td>26.7～32.1</td><td>48</td><td>1.5</td></tr><tr><td>21.1～26.6</td><td>48</td><td>2</td></tr><tr><td>15.6～21.0</td><td>48</td><td>2.5</td></tr><tr><td>10.0～15.5</td><td>48</td><td>3</td></tr><tr><td>4.4～9.9</td><td>48</td><td>3.5</td></tr></table></td></tr>
<tr><td>0602909199（其他种用木苗）</td><td>马蹄莲（根状茎）</td><td>根结线虫</td><td>热水浸泡处理</td><td>50 ℃热水浸泡 30 min。</td></tr>
<tr><td>0602909490（其他非种用百合）、0603150000（鲜的百合花）</td><td>百合（鳞茎）</td><td>草莓滑刃线虫</td><td>热水浸泡处理</td><td>热水浸泡：37.8 ℃。</td></tr>
</table>

续表

<table>
<tr><th rowspan="2">HS编码</th><th rowspan="2">货物名称</th><th rowspan="2">有害生物名称</th><th rowspan="2">处理方法</th><th colspan="3">处理参数</th></tr>
<tr><th colspan="3"></th></tr>
<tr><td rowspan="8">0602909999
（其他活植物）</td><td rowspan="8">落叶木本植物
（休眠期）</td><td rowspan="8">钻蛀性害虫</td><td rowspan="8">熏蒸处理</td><td colspan="3">溴甲烷真空（380 mmHg）熏蒸</td></tr>
<tr><td>温度（℃）</td><td>剂量（g/m^3）</td><td>密闭时间（h）</td></tr>
<tr><td>≥32.2</td><td>32</td><td>2</td></tr>
<tr><td>26.7 ~ 32.1</td><td>40</td><td>2</td></tr>
<tr><td>21.1 ~ 26.6</td><td>48</td><td>2</td></tr>
<tr><td>15.6 ~ 21.0</td><td>48</td><td>2</td></tr>
<tr><td>10.0 ~ 15.5</td><td>48</td><td>3</td></tr>
<tr><td>4.4 ~ 9.9</td><td>48</td><td>3.5</td></tr>
<tr><td rowspan="8">0602909999
（其他活植物）</td><td rowspan="8">落叶木本植物
（休眠期）</td><td rowspan="8">耳喙象属幼虫</td><td rowspan="8">熏蒸处理</td><td colspan="3">溴甲烷常压熏蒸</td></tr>
<tr><td>温度（℃）</td><td>剂量（g/m^3）</td><td>密闭时间（h）</td></tr>
<tr><td>32.2 ~ 35.5</td><td>32</td><td>2.5</td></tr>
<tr><td>26.6 ~ 32.1</td><td>40</td><td>2.5</td></tr>
<tr><td>21.1 ~ 26.5</td><td>48</td><td>2.5</td></tr>
<tr><td>15.6 ~ 21.0</td><td>48</td><td>3</td></tr>
<tr><td>10.0 ~ 15.5</td><td>48</td><td>3.5</td></tr>
<tr><td>4.4 ~ 9.9</td><td>48</td><td>4</td></tr>
</table>

续表

<table>
<tr><th>HS编码</th><th>货物名称</th><th>有害生物名称</th><th>处理方法</th><th>处理参数</th></tr>
<tr><td>0602909999（其他活植物）</td><td>落叶木本植物（休眠期）</td><td>舞毒蛾（大量虫卵）</td><td>熏蒸处理</td><td>溴甲烷熏蒸室或帐幕常压熏蒸
<table>
<tr><th rowspan="2">温度（℃）</th><th rowspan="2">剂量（g/m³）</th><th colspan="5">最低浓度（g/m³）</th></tr>
<tr><th>0.5 h</th><th>2.5 h</th><th>3 h</th><th>4 h</th><th>4.5 h</th></tr>
<tr><td>≥23.9</td><td>24</td><td>18</td><td>12</td><td>—</td><td>—</td><td>—</td></tr>
<tr><td>21.1～23.8</td><td>32</td><td>24</td><td>16</td><td>—</td><td>—</td><td>—</td></tr>
<tr><td rowspan="2">15.6～21.0</td><td>40</td><td>30</td><td>—</td><td>24</td><td>—</td><td>—</td></tr>
<tr><td>48</td><td>36</td><td>24</td><td>—</td><td>—</td><td>—</td></tr>
<tr><td rowspan="2">10.0～15.5</td><td>48</td><td>36</td><td>—</td><td>—</td><td>24</td><td>—</td></tr>
<tr><td>64</td><td>48</td><td>32</td><td>—</td><td>—</td><td>—</td></tr>
<tr><td rowspan="2">4.4～9.9</td><td>56</td><td>42</td><td>—</td><td>—</td><td>—</td><td>28</td></tr>
<tr><td>56</td><td>60</td><td>40</td><td>—</td><td>—</td><td>—</td></tr>
</table></td></tr>
<tr><td>0602909999（其他活植物）</td><td>落叶木本植物（休眠期）</td><td>粉蚧</td><td>熏蒸处理</td><td>溴甲烷熏蒸室或帐幕常压熏蒸
<table>
<tr><th rowspan="2">温度（℃）</th><th rowspan="2">剂量（g/m³）</th><th colspan="2">最低浓度（g/m³）</th></tr>
<tr><th>0.5 h</th><th>2 h</th></tr>
<tr><td>≥26.7</td><td>40</td><td>32</td><td>24</td></tr>
<tr><td>21.1～26.6</td><td>48</td><td>38</td><td>29</td></tr>
<tr><td>15.6～21.0</td><td>64</td><td>48</td><td>38</td></tr>
</table></td></tr>
</table>

续表

<table>
<tr><th>HS编码</th><th>货物名称</th><th>有害生物名称</th><th>处理方法</th><th>处理参数</th></tr>
<tr><td>0602909999
（其他活植物）</td><td>落叶木本植物
（休眠期）</td><td>其他外食性害虫</td><td>熏蒸处理</td><td>溴甲烷常压熏蒸
<table>
<tr><th>温度（℃）</th><th>剂量（g/m³）</th><th>密闭时间（h）</th></tr>
<tr><td>32.2～35.6</td><td>32</td><td>2</td></tr>
<tr><td>26.7～32.1</td><td>40</td><td>2</td></tr>
<tr><td>21.1～26.6</td><td>48</td><td>2</td></tr>
<tr><td>15.6～21.0</td><td>48</td><td>2.5</td></tr>
<tr><td>10.0～15.5</td><td>48</td><td>3</td></tr>
<tr><td>4.4～9.9</td><td>48</td><td>3.5</td></tr>
</table>
注：此方法对处理苹果巢蛾效果不佳。</td></tr>
<tr><td>0602909999
（其他活植物）</td><td>落叶木本植物
（休眠期）</td><td>钻蛀性害虫</td><td>熏蒸处理</td><td>溴甲烷真空（659 mmHg）熏蒸
<table>
<tr><th rowspan="2">温度（℃）</th><th rowspan="2">剂量（g/m³）</th><th colspan="2">密闭时间（h）</th></tr>
<tr><th>耳喙象属幼虫</th><th>其他害虫</th></tr>
<tr><td>32.2～35.6</td><td>32</td><td>2.5</td><td>2</td></tr>
<tr><td>26.7～32.1</td><td>40</td><td>2.5</td><td>2</td></tr>
<tr><td>21.1～26.6</td><td>48</td><td>2.5</td><td>2</td></tr>
<tr><td>15.6～21.0</td><td>48</td><td>3</td><td>2.5</td></tr>
<tr><td>10.0～15.5</td><td>48</td><td>3.5</td><td>3</td></tr>
<tr><td>4.4～9.9</td><td>48</td><td>4</td><td>3.5</td></tr>
</table>
注：本方法适用于切根、切芽和不带叶的柑橘粉虱寄主如槭树属、小檗属、白蜡树属、山梅花属、蔷薇属、绣线菊属和丁香属。</td></tr>
</table>

续表

HS编码	货物名称	有害生物名称	处理方法	处理参数			
0602909999（其他活植物）	松属植株	欧洲松梢小卷蛾	熏蒸处理	溴甲烷常压熏蒸，剂量为64 g/m^3（最低浓度为51 g/m^3）			
				温度（℃）	密闭时间（h，min）	温度（℃）	密闭时间（h，min）
				23.9	2 h	15	2 h，41 min
				23.3	2 h，1 min	14.4	2 h，43 min
				22.8	2 h，2 min	13.9	2 h，46 min
				22.2	2 h，4 min	13.3	2 h，49 min
				21.7	2 h，7 min	12.8	2 h，52 min
				21.1	2 h，9 min	12.2	2 h，55 min
				20.6	2 h，11 min	11.7	2 h，58 min
				20	2 h，14 min	11.1	3 h，1 min
				19.4	2 h，16 min	10.6	3 h，5 min
				18.9	2 h，19 min	10	3 h，8 min
				18.3	2 h，22 min	9.4	3 h，12 min
				17.8	2 h，25 min	8.9	3 h，15 min
				17.2	2 h，28 min	8.3	3 h，19 min
				16.7	2 h，31 min	7.7	3 h，24 min
				16.1	2 h，35 min	7.2	3 h，28 min
				15.6	2 h，38 min		
				注意：18.33 ℃以上或10 ℃以下熏蒸、对裸根松树熏蒸可能造成损伤。			

续表

<table>
<tr><th>HS编码</th><th>货物名称</th><th>有害生物名称</th><th>处理方法</th><th>处理参数</th></tr>
<tr><td>0602909999
（其他活植物）</td><td>植物根切条</td><td>各种外食性害虫</td><td>熏蒸处理</td><td>溴甲烷熏蒸室或帐幕熏蒸
<table>
<tr><th rowspan="2">温度（℃）</th><th rowspan="2">剂量（g/m^3）</th><th colspan="2">密闭时间（h）</th></tr>
<tr><th>耳喙象属幼虫</th><th>其他</th></tr>
<tr><td>32.2 ~ 35.6</td><td>32</td><td>2.5</td><td>2</td></tr>
<tr><td>26.7 ~ 32.1</td><td>40</td><td>2.5</td><td>2</td></tr>
<tr><td>21.1 ~ 26.6</td><td>48</td><td>2.5</td><td>2</td></tr>
<tr><td>15.6 ~ 21.0</td><td>48</td><td>3</td><td>2.5</td></tr>
<tr><td>10.0 ~ 15.5</td><td>48</td><td>3.5</td><td>3</td></tr>
<tr><td>4.4 ~ 9.9</td><td>48</td><td>4</td><td>3.5</td></tr>
</table>
溴甲烷帐幕熏蒸
<table>
<tr><th rowspan="2">温度（℃）</th><th rowspan="2">剂量（g/m^3）</th><th colspan="5">最低浓度（g/m^3）</th></tr>
<tr><th>0.5 h</th><th>2.5 h</th><th>3 h</th><th>3.5 h</th><th>4 h</th></tr>
<tr><td>32.2 ~ 35.6</td><td>32</td><td>24</td><td>16</td><td>—</td><td>—</td><td>—</td></tr>
<tr><td>26.7 ~ 32.1</td><td>40</td><td>30</td><td>20</td><td>—</td><td>—</td><td>—</td></tr>
<tr><td>21.1 ~ 26.6</td><td>48</td><td>36</td><td>24</td><td>—</td><td>—</td><td>—</td></tr>
<tr><td>15.6 ~ 21.0</td><td>48</td><td>36</td><td>—</td><td>24</td><td>—</td><td>—</td></tr>
<tr><td>10.0 ~ 15.5</td><td>48</td><td>36</td><td>—</td><td>—</td><td>24</td><td>—</td></tr>
<tr><td>4.4 ~ 9.9</td><td>48</td><td>36</td><td>—</td><td>—</td><td>—</td><td>24</td></tr>
</table>
</td></tr>
</table>

续表

<table>
<tr><th>HS编码</th><th>货物名称</th><th>有害生物名称</th><th>处理方法</th><th>处理参数</th></tr>
<tr><td>0602909999
（其他活植物）</td><td>植物根切条</td><td>各种外食性害虫</td><td>熏蒸处理</td><td>特殊植物见下表。
<table>
<tr><th>植物种类</th><th>处理方法</th></tr>
<tr><td>鳄梨、熏衣草属</td><td>手工清除。</td></tr>
<tr><td>菊花</td><td>同0603140000（鲜的菊花）、0602909300（其他菊花）、1211901500（鲜、冷、冻或干的菊花）的“菊花属类（带根或不带根切花）蚜虫处理方法。</td></tr>
<tr><td>万年青属、龙血树属、喜林芋属</td><td>溴甲烷熏蒸或溴甲烷（659 mmHg）真空熏蒸
<table>
<tr><th>温度（℃）</th><th>剂量（g/m³）</th><th>密闭时间（h）</th></tr>
<tr><td>32.2 ~ 35.6</td><td>32</td><td>1.5</td></tr>
<tr><td>26.6 ~ 32.1</td><td>32</td><td>2</td></tr>
<tr><td>21.1 ~ 26.5</td><td>48</td><td>2</td></tr>
<tr><td>15.6 ~ 21.0</td><td>48</td><td>2.5</td></tr>
<tr><td>10.0 ~ 15.5</td><td>48</td><td>3</td></tr>
</table></td></tr>
</table>
<table>
<tr><th>植物种类</th><th>处理方法</th></tr>
<tr><td>兰花</td><td>溴甲烷常压熏蒸
<table>
<tr><th rowspan="2">温度（℃）</th><th rowspan="2">剂量（g/m³）</th><th colspan="2">密闭时间（h）</th></tr>
<tr><th>耳喙象属幼虫</th><th>其他</th></tr>
<tr><td>32.2 ~ 35.6</td><td>32</td><td>2.5</td><td>2</td></tr>
<tr><td>26.6 ~ 32.1</td><td>40</td><td>2.5</td><td>2</td></tr>
<tr><td>21.1 ~ 26.5</td><td>48</td><td>2.5</td><td>2</td></tr>
<tr><td>15.6 ~ 21.0</td><td>48</td><td>3</td><td>2.5</td></tr>
<tr><td>10.0 ~ 15.5</td><td>48</td><td>3.5</td><td>3</td></tr>
<tr><td>4.4 ~ 9.9</td><td>48</td><td>4</td><td>3.5</td></tr>
</table></td></tr>
</table></td></tr>
</table>

续表

<table>
<tr><th>HS编码</th><th>货物名称</th><th>有害生物名称</th><th>处理方法</th><th colspan="4">处理参数</th></tr>
<tr><td rowspan="9">0602909999
（其他活植物）</td><td rowspan="9">温室栽培植物、草本植物和切条及木本植物的切条</td><td rowspan="9">外食性害虫、蓟马和潜叶虫</td><td rowspan="9">熏蒸处理</td><td colspan="4">溴甲烷常压熏蒸室和帐幕熏蒸</td></tr>
<tr><td rowspan="2">温度（℃）</td><td rowspan="2">剂量(g/m³)</td><td colspan="2">最低浓度（g/m³）</td></tr>
<tr><td>0.5 h</td><td>2 h</td></tr>
<tr><td>26.7 ~ 31.7</td><td>24</td><td>19</td><td>12</td></tr>
<tr><td>21.1 ~ 26.6</td><td>32</td><td>24</td><td>16</td></tr>
<tr><td>15.6 ~ 21.0</td><td>40</td><td>30</td><td>20</td></tr>
<tr><td>10.0 ~ 15.5</td><td>48</td><td>36</td><td>24</td></tr>
<tr><td>4.4 ~ 9.9</td><td>56</td><td>41</td><td>27</td></tr>
<tr><td colspan="4">**注：**如处理粉蚧，在15.5 ℃以上熏蒸。</td></tr>
<tr><td rowspan="7">0602909999
（其他活植物）</td><td rowspan="7">温室栽培植物、草本植物和切条及木本植物的切条</td><td rowspan="7">钻蛀性害虫、蚧壳虫科害虫</td><td rowspan="7">熏蒸处理</td><td colspan="4">溴甲烷真空（380 mmHg）熏蒸</td></tr>
<tr><td>温度（℃）</td><td>剂量(g/m³)</td><td colspan="2">密闭时间（h）</td></tr>
<tr><td>26.7 ~ 32.2</td><td>40</td><td colspan="2">2</td></tr>
<tr><td>21.1 ~ 26.6</td><td>48</td><td colspan="2">2</td></tr>
<tr><td>15.6 ~ 21.0</td><td>48</td><td colspan="2">2.5</td></tr>
<tr><td>10.0 ~ 15.5</td><td>48</td><td colspan="2">3</td></tr>
<tr><td>4.4 ~ 9.9</td><td>48</td><td colspan="2">3.5</td></tr>
</table>

续表

<table>
<tr><th>HS编码</th><th>货物名称</th><th>有害生物名称</th><th>处理方法</th><th>处理参数</th></tr>
<tr><td>0602909999
（其他活植物）</td><td>温室栽培植物、草本植物和切条及木本植物的切条</td><td>钻蛀性害虫、蚧壳虫科害虫</td><td>熏蒸处理</td><td>例外植物见下表。
<table>
<tr><th>植物种类</th><th>处理方法</th></tr>
<tr><td>凤梨科植物</td><td>一些凤梨品种可能对溴甲烷敏感。这些品种包括光萼荷属、水塔花属。
<table>
<tr><th>熏蒸剂</th><th>温度（℃）</th><th>剂量（g/m^3）</th><th>密闭时间（h）</th></tr>
<tr><td rowspan="4">溴甲烷</td><td>32.2 ~ 35.6</td><td>24</td><td>2</td></tr>
<tr><td>26.6 ~ 32.1</td><td>32</td><td>2</td></tr>
<tr><td>21.1 ~ 26.5</td><td>40</td><td>2</td></tr>
<tr><td>15.6 ~ 21.0</td><td>48</td><td>2</td></tr>
</table>
果子蔓、鸟巢凤梨属、丽穗凤梨属和其他宽亮叶类型及薄叶类型。这些品种可参照见“不能忍受熏蒸的植物材料”的处理方法。</td></tr>
<tr><td>仙人掌和其他肉质植物</td><td>同1209990090（其他种植用的种子、果实及孢子）、0602909999（其他活植物）“松属”处理方法。</td></tr>
</table>
</td></tr>
</table>

续表

<table>
<tr><th>HS编码</th><th>货物名称</th><th>有害生物名称</th><th>处理方法</th><th>处理参数</th></tr>
<tr><td>0602909999
（其他活植物）</td><td>温室栽培植物、草本植物和切条及木本植物的切条</td><td>钻蛀性害虫、蚧壳虫科害虫</td><td>熏蒸处理</td><td>例外植物见下表。
<table>
<tr><th>植物种类</th><th>处理方法</th></tr>
<tr><td>苏铁类、感染Veronicella or other slugs的植物</td><td>同0602909999（其他活植物）“各类植株”中蛞蝓科处理方法。</td></tr>
<tr><td>樱草属植物</td><td>同0602909999（其他活植物）“落叶木本植物（休眠期）”中钻蛀类害虫处理方法。</td></tr>
<tr><td>万年青属类，龙血属类和喜林芋类</td><td>溴甲烷熏蒸或溴甲烷（659 mmHg）真空熏蒸
<table>
<tr><th>温度（℃）</th><th>剂量（g/m³）</th><th>密闭时间（h）</th></tr>
<tr><td>32.2 ~ 35.6</td><td>32</td><td>1.5</td></tr>
<tr><td>26.6 ~ 32.1</td><td>32</td><td>2</td></tr>
<tr><td>21.1 ~ 26.5</td><td>48</td><td>2</td></tr>
<tr><td>15.6 ~ 21.0</td><td>48</td><td>2.5</td></tr>
<tr><td>10.0 ~ 15.5</td><td>48</td><td>3</td></tr>
</table></td></tr>
<tr><td>高凉菜属</td><td>手工清除，52℃热水浸泡30 min。</td></tr>
<tr><td>木犀属、天竺葵属、景天属、熏衣草属</td><td>手工清除，52℃热水浸泡30 min。</td></tr>
<tr><td>感染Succinea horticola的植物</td><td>见“蜗牛（Omalomyx unguis 和Succinea spp.）的寄主植物”水冲洗法。</td></tr>
</table></td></tr>
</table>

续表

<table>
<tr><th>HS编码</th><th>货物名称</th><th>有害生物名称</th><th>处理方法</th><th>处理参数</th></tr>
<tr><td rowspan="3">0602909999
（其他活植物）</td><td rowspan="3">温室栽培植物、草本植物和切条及木本植物的切条</td><td>粉蚧</td><td>熏蒸处理</td><td>溴甲烷常压熏蒸
<table><tr><th rowspan="2">温度（℃）</th><th rowspan="2">剂量(g/m³)</th><th colspan="2">最低浓度（g/m³）</th></tr><tr><th>0.5h</th><th>2h</th></tr><tr><td>≥26.7</td><td>40</td><td>32</td><td>24</td></tr><tr><td>21.1～26.1</td><td>48</td><td>38</td><td>29</td></tr><tr><td>15.6～20.6</td><td>64</td><td>48</td><td>38</td></tr></table></td></tr>
<tr><td rowspan="2">钻蛀性害虫、卡特兰蝇、花蚤属、蚧壳虫科害虫、星蜡蚧属</td><td rowspan="2">熏蒸处理</td><td>同0602909200（其他兰花）。</td></tr>
<tr><td>溴甲烷常压熏蒸
<table><tr><th rowspan="2">温度（℃）</th><th colspan="2">剂量（g/m³）</th><th colspan="2">密闭时间（h）</th></tr><tr><th>耳喙象属幼虫</th><th>其他</th><th>耳喙象属幼虫</th><th>其他</th></tr><tr><td>32.2～35.6</td><td>32</td><td>24</td><td>2.5</td><td>2</td></tr><tr><td>26.7～32.1</td><td>40</td><td>32</td><td>2.5</td><td>2</td></tr><tr><td>21.1～26.6</td><td>48</td><td>40</td><td>2.5</td><td>2</td></tr><tr><td>15.6～21.0</td><td>48</td><td>40</td><td>3</td><td>2.5</td></tr><tr><td>10.0～15.5</td><td>48</td><td>40</td><td>3.5</td><td>3</td></tr><tr><td>4.4～9.9</td><td>48</td><td>40</td><td>4</td><td>3.5</td></tr></table></td></tr>
</table>

续表

<table>
<tr><th>HS编码</th><th>货物名称</th><th>有害生物名称</th><th>处理方法</th><th>处理参数</th></tr>
<tr><td>0602909999
（其他活植物）</td><td>常绿植物</td><td>外食性害虫</td><td>熏蒸处理</td><td>注：适用于阔叶类如杜鹃属、小檗属、茶属、冬青属和石楠属，松柏类植物如雪松属、柏木属、刺柏属、罗汉松属、金钟柏属和紫杉属。如果处理粉蚧，在15.5 ℃以上熏蒸。常绿植物的一些品种，特别是杜鹃属和刺柏属，耐受性较低，应该参考“温室栽培植物、草本植物和切条及木本植物的切条处理方法进行熏蒸；对已知无耐受性的参照“不能忍受熏蒸的植物材料”手工处理方法。例外树种见下表：
<table>
<tr><th>植物种类</th><th>处理方法</th></tr>
<tr><td>南洋杉属、瑞香属</td><td>同0602909999（其他活植物）“温室栽培植物、草本植物和切条及木本植物的切条”中外食性害虫、蓟马和潜叶虫的处理方法。</td></tr>
<tr><td>杜鹃花属</td><td>同0602909999（其他活植物）“温室栽培植物、草本植物和切条及木本植物的切条”中钻蛀性害虫、蚧壳虫科害虫的处理方法。</td></tr>
<tr><td>苏铁类</td><td>同0602909999（其他活植物）“各类植株”中蛞蝓科处理方法。</td></tr>
<tr><td>柑橘粉虱寄主</td><td>同0602909999（其他活植物）“常绿植物”中柑橘粉虱处理方法。</td></tr>
<tr><td>熏衣草属</td><td>手工清除。</td></tr>
<tr><td>木犀属</td><td>手工清除，药剂浸泡（拉硫磷/西维因，3.78升水中加入3勺25%的马拉硫磷可湿性粉剂和3勺50%的西维因可湿性粉剂）。</td></tr>
</table></td></tr>
</table>

续表

<table>
<tr><th>HS编码</th><th>货物名称</th><th>有害生物名称</th><th>处理方法</th><th>处理参数</th></tr>
<tr><td>0602909999
（其他活植物）</td><td>常绿植物</td><td>柑橘粉虱</td><td>熏蒸处理</td><td>
溴甲烷常压熏蒸
<table>
<tr><th rowspan="2">温度
（℃）</th><th colspan="2">剂量（g/m³）</th><th rowspan="2">密闭时间
（h）</th></tr>
<tr><th>耳喙象属幼虫</th><th>其他</th></tr>
<tr><td>29.4 ~ 35.6</td><td>24</td><td>16</td><td>4</td></tr>
<tr><td>26.7 ~ 29.3</td><td>40</td><td>32</td><td>2.5</td></tr>
<tr><td>21.1 ~ 26.6</td><td>32</td><td>32</td><td>3.5</td></tr>
</table>
注：适用于有叶宿主，木犀属植物手工清除，药剂浸泡（马拉硫磷/西维因，3.78 L水中加入3勺25%的马拉硫磷可湿性粉剂和3勺50%的西维因可湿性粉剂）。
溴甲烷常压熏蒸
<table>
<tr><th rowspan="2">温度
（℃）</th><th rowspan="2">剂量
（g/m³）</th><th colspan="2">密闭时间（h）</th></tr>
<tr><th>耳喙象属幼虫</th><th>其他</th></tr>
<tr><td>32.2 ~ 35.6</td><td>32</td><td>2.5</td><td>2</td></tr>
<tr><td>26.7 ~ 32.0</td><td>40</td><td>2.5</td><td>2</td></tr>
<tr><td>21.1 ~ 26.6</td><td>48</td><td>2.5</td><td>2</td></tr>
<tr><td>15.6 ~ 21.0</td><td>48</td><td>3</td><td>2.5</td></tr>
<tr><td>10.0 ~ 15.5</td><td>48</td><td>3.5</td><td>3</td></tr>
<tr><td>4.4 ~ 9.9</td><td>48</td><td>4</td><td>3.5</td></tr>
</table>
注：适用于无叶宿主，木犀属植物手工清除，药剂浸泡（马拉硫磷/西维因，3.78 L水中加入3勺25%的马拉硫磷可湿性粉剂和3勺50%的西维因可湿性粉剂）。
</td></tr>
</table>

续表

<table>
<tr><th>HS编码</th><th>货物名称</th><th>有害生物名称</th><th>处理方法</th><th colspan="4">处理参数</th></tr>
<tr><td rowspan="7">0602909999
（其他活植物）</td><td rowspan="7">常绿植物</td><td rowspan="7">柑橘黑刺粉虱</td><td rowspan="7">熏蒸处理</td><td colspan="4">溴甲烷常压熏蒸</td></tr>
<tr><td>温度</td><td>剂量</td><td colspan="2">最低浓度（g/m³）</td></tr>
<tr><td>（℃）</td><td>（g/m³）</td><td>0.5 h</td><td>2 h</td></tr>
<tr><td>≥ 29.4</td><td>16</td><td>13</td><td>9</td></tr>
<tr><td>26.7 ~ 29.3</td><td>20</td><td>16</td><td>12</td></tr>
<tr><td>21.1 ~ 26.6</td><td>24</td><td>19</td><td>15</td></tr>
<tr><td>18.3 ~ 21.0</td><td>28</td><td>23</td><td>17</td></tr>
<tr><td rowspan="7">0602909999
（其他活植物）</td><td rowspan="7">各类植物</td><td rowspan="7">蛞蝓科</td><td rowspan="7">熏蒸处理</td><td colspan="4">溴甲烷常压熏蒸</td></tr>
<tr><td>温度</td><td>剂量</td><td colspan="2">最低浓度（g/m³）</td></tr>
<tr><td>（℃）</td><td>（g/m³）</td><td>0.5 h</td><td>2 h</td></tr>
<tr><td>32.2 ~ 35.6</td><td>16</td><td>12</td><td>9</td></tr>
<tr><td>26.7 ~ 32.1</td><td>20</td><td>15</td><td>12</td></tr>
<tr><td>21.1 ~ 26.6</td><td>24</td><td>18</td><td>15</td></tr>
<tr><td>15.6 ~ 21.0</td><td>28</td><td>22</td><td>19</td></tr>
</table>

续表

<table>
<tr><th>HS编码</th><th>货物名称</th><th>有害生物名称</th><th>处理方法</th><th>处理参数</th></tr>
<tr><td>0602909999
（其他活植物）</td><td>落新妇属植物根系</td><td>耳喙象属幼虫</td><td>熏蒸处理</td><td>溴甲烷真空（659 mmHg）熏蒸
<table>
<tr><th>温度（℃）</th><th>剂量（g/m³）</th><th>密闭时间（h）</th></tr>
<tr><td>21.1 ~ 35.6</td><td>64</td><td>4</td></tr>
<tr><td>15.6 ~ 21.0</td><td>64</td><td>2.5</td></tr>
<tr><td>10.0 ~ 15.5</td><td>64</td><td>3</td></tr>
<tr><td>4.4 ~ 9.9</td><td>64</td><td>4</td></tr>
</table>
注：对包装在泥煤苔中的大容器的根系，如果低于根系的温度则使用包装物质的温度。</td></tr>
<tr><td>0602909490（其他非种用百合）、0603150000（鲜的百合花）</td><td>带介质的百合鳞茎</td><td>鳞球茎线虫和马铃薯茎线虫</td><td>热处理</td><td>热水浸泡：23.9 ℃预浸2 h，然后43.2 ℃ ~ 43.8 ℃热水浸泡4 h</td></tr>
<tr><td>0602909999
（其他活植物）</td><td>石蒜属</td><td>细角带蓟马</td><td>熏蒸处理</td><td>溴甲烷真空（659 mmHg）熏蒸
<table>
<tr><th rowspan="2">温度（℃）</th><th rowspan="2">剂量（g/m³）</th><th colspan="2">密闭时间（h）</th></tr>
<tr><th>耳喙象属幼虫</th><th>其他</th></tr>
<tr><td>32.2 ~ 35.6</td><td>32</td><td>2.5</td><td>2</td></tr>
<tr><td>26.7 ~ 32.1</td><td>40</td><td>2.5</td><td>2</td></tr>
<tr><td>21.1 ~ 26.6</td><td>48</td><td>2.5</td><td>2</td></tr>
<tr><td>15.6 ~ 21.0</td><td>48</td><td>3</td><td>2.5</td></tr>
<tr><td>10.0 ~ 15.5</td><td>48</td><td>3.5</td><td>3</td></tr>
<tr><td>4.4 ~ 9.9</td><td>48</td><td>4</td><td>3.5</td></tr>
</table></td></tr>
</table>

续表

<table>
<tr><th>HS编码</th><th>货物名称</th><th>有害生物名称</th><th>处理方法</th><th>处理参数</th></tr>
<tr><td>0602909999
（其他活植物）</td><td>水仙属</td><td>纳氏狭跗线螨</td><td>熏蒸处理</td><td>溴甲烷常压熏蒸
<table>
<tr><th>温度（℃）</th><th>剂量（g/m³）</th><th>密闭时间（h）</th></tr>
<tr><td>32.2 ~ 35.6</td><td>48</td><td>2</td></tr>
<tr><td>26.7 ~ 32.1</td><td>56</td><td>2</td></tr>
<tr><td>21.1 ~ 26.6</td><td>64</td><td>2</td></tr>
<tr><td>15.6 ~ 21.0</td><td>64</td><td>2.5</td></tr>
<tr><td>10.0 ~ 15.5</td><td>64</td><td>3</td></tr>
<tr><td>4.4 ~ 9.9</td><td>64</td><td>3.5</td></tr>
</table>
溴甲烷真空（659 mmHg）熏蒸
<table>
<tr><th>温度（℃）</th><th>剂量（g/m³）</th><th>密闭时间（h）</th></tr>
<tr><td>32.2 ~ 35.6</td><td>32</td><td>2</td></tr>
<tr><td>26.7 ~ 32.1</td><td>40</td><td>2</td></tr>
<tr><td>21.1 ~ 26.6</td><td>48</td><td>2</td></tr>
<tr><td>15.6 ~ 21.0</td><td>48</td><td>2.5</td></tr>
<tr><td>10.0 ~ 15.5</td><td>48</td><td>3</td></tr>
<tr><td>4.4 ~ 9.9</td><td>48</td><td>3.5</td></tr>
</table></td></tr>
</table>

续表

HS编码	货物名称	有害生物名称	处理方法	处理参数
0602909999（其他活植物）	卷柏属（复苏性植物）	外食性害虫	熏蒸处理	溴甲烷熏蒸室熏蒸；溴甲烷帐幕熏蒸（见下表）

溴甲烷熏蒸室熏蒸

温度（℃）	剂量（g/m^3）	密闭时间（h）	
		耳喙象属幼虫	其他
32.2 ~ 35.6	32	2.5	2
26.7 ~ 32.1	40	2.5	2
21.1 ~ 26.6	48	2.5	2
15.6 ~ 21.0	48	3	2.5
10.0 ~ 15.5	48	3.5	3
4.4 ~ 9.9	48	4	3.5

溴甲烷帐幕熏蒸

温度（℃）	剂量（g/m^3）	最低浓度（g/m^3）				
		0.5 h	2.5 h	3 h	3.5 h	4 h
32.2 ~ 35.6	32	24	16	—	—	—
26.7 ~ 32.1	40	30	20	—	—	—
21.1 ~ 26.6	48	36	24	—	—	—
15.6 ~ 21.0	48	36	—	24	—	—
10.0 ~ 15.5	48	36	—	—	24	—
4.4 ~ 9.9	48	36	—	—	—	24

续表

<table>
<tr><th>HS编码</th><th>货物名称</th><th>有害生物名称</th><th>处理方法</th><th colspan="4">处理参数</th></tr>
<tr><td rowspan="9">0602909999
（其他活植物）</td><td rowspan="9">卷柏属
（复苏性植物）</td><td rowspan="9">外食性害虫</td><td rowspan="9">熏蒸处理</td><td colspan="4">溴甲烷真空（659 mmHg）熏蒸</td></tr>
<tr><td rowspan="2">温度（℃）</td><td rowspan="2">剂量（g/m³）</td><td colspan="2">密闭时间（h）</td></tr>
<tr><td>耳喙象属幼虫</td><td>其他</td></tr>
<tr><td>32.2 ~ 35.6</td><td>32</td><td>2.5</td><td>2</td></tr>
<tr><td>26.7 ~ 32.1</td><td>40</td><td>2.5</td><td>2</td></tr>
<tr><td>21.1 ~ 26.6</td><td>48</td><td>2.5</td><td>2</td></tr>
<tr><td>15.6 ~ 21.0</td><td>48</td><td>3</td><td>2.5</td></tr>
<tr><td>10.0 ~ 15.5</td><td>48</td><td>3.5</td><td>3</td></tr>
<tr><td>4.4 ~ 9.9</td><td>48</td><td>4</td><td>3.5</td></tr>
<tr><td rowspan="8">0601109199
（种用休眠的其他鳞茎、块茎、块根）</td><td rowspan="8">剑兰类
（唐菖蒲）</td><td rowspan="8">唐菖蒲蓟马</td><td rowspan="8">熏蒸处理</td><td colspan="4">溴甲烷常压熏蒸</td></tr>
<tr><td>温度（℃）</td><td>剂量（g/m³）</td><td colspan="2">密闭时间（h）</td></tr>
<tr><td>32.2 ~ 35.6</td><td>32</td><td colspan="2">3</td></tr>
<tr><td>26.7 ~ 32.1</td><td>40</td><td colspan="2">3</td></tr>
<tr><td>21.1 ~ 26.6</td><td>48</td><td colspan="2">3</td></tr>
<tr><td>15.6 ~ 21.0</td><td>48</td><td colspan="2">3.5</td></tr>
<tr><td>10.0 ~ 15.5</td><td>48</td><td colspan="2">4</td></tr>
<tr><td>4.4 ~ 9.9</td><td>48</td><td colspan="2">4.5</td></tr>
</table>

续表

<table>
<tr><th>HS编码</th><th>货物名称</th><th>有害生物名称</th><th>处理方法</th><th colspan="3">处理参数</th></tr>
<tr><td rowspan="8">0601109199
（种用休眠的其他鳞茎、块茎、块根）</td><td rowspan="8">剑兰类
（唐菖蒲）</td><td rowspan="8">唐菖蒲蓟马</td><td rowspan="8">熏蒸处理</td><td colspan="3">溴甲烷真空（659 mmHg）熏蒸</td></tr>
<tr><td>温度（℃）</td><td>剂量（g/m³）</td><td>密闭时间（h）</td></tr>
<tr><td>32.2 ~ 35.6</td><td>32</td><td>2</td></tr>
<tr><td>26.7 ~ 32.1</td><td>40</td><td>2</td></tr>
<tr><td>21.1 ~ 26.6</td><td>48</td><td>2</td></tr>
<tr><td>15.6 ~ 21.0</td><td>48</td><td>2.5</td></tr>
<tr><td>10.0 ~ 15.5</td><td>48</td><td>3</td></tr>
<tr><td>4.4 ~ 9.9</td><td>48</td><td>3.5</td></tr>
<tr><td rowspan="9">0603150000（鲜的百合花）、0602909490（其他非种用百合）</td><td rowspan="9">带介质的百合鳞茎</td><td rowspan="9">钻蛀性害虫</td><td rowspan="9">熏蒸处理</td><td colspan="3">溴甲烷常压熏蒸</td></tr>
<tr><td>温度（℃）</td><td>剂量（g/m³）</td><td>密闭时间（h）</td></tr>
<tr><td>32.2 ~ 35.6</td><td>32</td><td>3</td></tr>
<tr><td>26.7 ~ 31.7</td><td>40</td><td>3</td></tr>
<tr><td>21.1 ~ 26.1</td><td>48</td><td>3</td></tr>
<tr><td>15.6 ~ 20.6</td><td>48</td><td>3.5</td></tr>
<tr><td>10.0 ~ 15.0</td><td>48</td><td>4</td></tr>
<tr><td>4.4 ~ 9.4</td><td>48</td><td>4.5</td></tr>
<tr><td colspan="3">**注**：装载量限于容积的50%。应移开所有上部遮盖物并建议整夜或更长时间的通风。</td></tr>
</table>

续表

<table>
<tr><th>HS编码</th><th>货物名称</th><th>有害生物名称</th><th>处理方法</th><th>处理参数</th></tr>
<tr><td rowspan="2">0603190090
（其他鲜的插花及花蕾）</td><td rowspan="2">水仙属</td><td>纳氏狭跗线螨</td><td>热水浸泡处理</td><td>43.3 ℃ ~ 43.9 ℃热水浸泡 1 h。</td></tr>
<tr><td>鳞球茎线虫</td><td>热水浸泡处理</td><td>21.1 ℃ ~ 25.7 ℃预浸 2 h，然后 43.3 ℃ ~ 43.8 ℃热水持续浸泡 4 h。</td></tr>
<tr><td>0603110000（鲜的玫瑰）、0603150000
（鲜的百合花）</td><td>玫瑰、百合、绣球、柳条、熊掌叶片</td><td>剑线虫属</td><td>热水浸泡处理</td><td>48.8 ℃ ~ 50 ℃热水浸泡 3.5 min。</td></tr>
<tr><td rowspan="3">0603140000（鲜的菊花）、0602909300（其他菊花）、1211901500
（鲜、冷、冻或干的菊花）</td><td rowspan="3">菊花属类
（带根或不带根切花</td><td>蚜虫</td><td>熏蒸处理</td><td>溴甲烷常压熏蒸<table><tr><th>温度（℃）</th><th>剂量（g/m^3）</th><th>密闭时间（h）</th></tr><tr><td>≥ 21.1</td><td>12</td><td>2</td></tr></table>**注：**适用于苹果绵蚜。对植物可能有药害。</td></tr>
<tr><td>蓟马、蚜虫等外食性害虫</td><td>熏蒸处理</td><td>溴甲烷常压熏蒸<table><tr><th>温度（℃）</th><th>剂量（g/m^3）</th><th>密闭时间（h）</th></tr><tr><td>19 ~ 24</td><td>30</td><td>1.5</td></tr></table>**注：**鲜切花熏蒸应依据品种、质量调整处理浓度和时间，一些品种对溴甲烷敏感则不适宜用熏蒸方法，茎干、叶片纤弱的品种应视实际情况相应降低处理浓度、缩短处理时间。</td></tr>
<tr><td>叶螨、蚜虫、螨类等</td><td>热水浸泡处理</td><td>43.3 ℃ ~ 43.9 ℃热水浸泡 20 min。</td></tr>
</table>

续表

<table>
<tr><th>HS编码</th><th>货物名称</th><th>有害生物名称</th><th>处理方法</th><th>处理参数</th></tr>
<tr><td rowspan="3">0603140000（鲜的菊花）、0602909300（其他菊花）、1211901500（鲜、冷、冻或干的菊花）</td><td rowspan="3">菊花属类（带根或不带根切花</td><td>外食性害虫</td><td>药剂浸泡处理</td><td>手工去掉感染有害生物部分后，然后以马拉硫磷–胺甲萘溶液进行浸泡（3.79 L水中加3汤匙25%马拉硫磷粉和3汤匙50%胺甲萘）。浸泡用化学溶液要当天配制。包括根部的整株植物，要完全浸泡到化学药剂中30 s。
注：可能有药害。</td></tr>
<tr><td>茼蒿茎点霉</td><td>药剂处理</td><td>除去受害部位并用4∶4∶50的波尔多液浸泡或喷雾消毒处理植株。</td></tr>
<tr><td>根结线虫和根腐线虫</td><td>热水浸泡处理</td><td>47.8 ℃热水中浸泡25 min。</td></tr>
</table>

二、食用蔬菜、根及块茎

<table>
<tr><th>HS编码</th><th>货物名称</th><th>有害生物名称</th><th>处理方法</th><th colspan="4">处理参数</th></tr>
<tr><td rowspan="9">0701900000</td><td rowspan="9">马铃薯</td><td rowspan="5">白缘象属</td><td rowspan="5">熏蒸处理</td><td colspan="4">溴甲烷熏蒸室或帐幕常压熏蒸</td></tr>
<tr><td rowspan="2">温度（℃）</td><td rowspan="2">剂量（g/m^3）</td><td colspan="2">最低浓度（g/m^3）</td></tr>
<tr><td>0.5 h</td><td>2 h</td></tr>
<tr><td>≥26.7</td><td>40</td><td>30</td><td>20</td></tr>
<tr><td>21.1～26.6</td><td>48</td><td>36</td><td>24</td></tr>
<tr><td rowspan="4">玉米螟、马铃薯麦蛾</td><td rowspan="4">熏蒸处理</td><td colspan="4">溴甲烷熏蒸室或帐幕常压熏蒸</td></tr>
<tr><td rowspan="2">温度（℃）</td><td rowspan="2">剂量（g/m^3）</td><td colspan="2">最低浓度（g/m^3）</td></tr>
<tr><td>0.5 h</td><td>2 h</td></tr>
<tr><td>≥21.1</td><td>44</td><td>33</td><td>22</td></tr>
</table>

<table>
<tr><th>HS编码</th><th>货物名称</th><th>有害生物名称</th><th>处理方法</th><th>处理参数</th></tr>
<tr><td>0701900000</td><td>马铃薯</td><td>马铃薯银屑病菌、马铃薯炭疽病、马铃薯疙痂病</td><td>熏蒸处理</td><td>在30 min ~ 60 min内导入200 mg/kg 2-氨基丁烯气体，投药完毕后熏蒸2 h。温度为马铃薯常规储藏温度。在处理的全过程中，使内部空气循环，空气流动速度要达到1.5 m^3/min。除非在熏蒸后想立即接近熏蒸物，否则不必在熏蒸后通风，如果有聚湿现象，最好使用通风的方法使马铃薯干燥。该方法处理与CT值无关，在处理期间可以一直维持$50 \times 10^{-6} \sim 1\,000 \times 10^{-6}$的2-氨基丁烯浓度；为了达到最佳的防治效果，需在收获后21 d内进行处理，只处理成熟的尚未发芽的马铃薯，在处理前要经过一段时间的愈伤。在润湿状态下运进仓库的薯块不能进行处理，必须经通风除去薯块表面多余的水分方可进行。熏蒸只能在具有空气循环设备的仓库中进行，把规定剂量的2-氨基丁烯引到循环空气流中，并且药剂在接触薯块前要完全气化；在英国，如果对商业（食用）马铃薯使用2-氨基丁烯进行熏蒸处理，每次不超过250 t；本熏蒸剂对镰刀菌引起的腐烂无效。</td></tr>
<tr><td rowspan="3">0701900000</td><td rowspan="3">马铃薯</td><td>爪哇根结线虫</td><td>热水浸泡处理</td><td>45.5 ℃ ~ 46 ℃热水浸泡120 min。</td></tr>
<tr><td>短体线虫</td><td>热水浸泡处理</td><td>45 ℃ ~ 50 ℃热水浸泡60 min。</td></tr>
<tr><td>马铃薯金线虫、马铃薯白线虫</td><td>热水浸泡处理</td><td>43.3 ℃热水浸泡4 h。</td></tr>
<tr><td>0701900000（鲜或冷藏的马铃薯）、0710100000（冷冻马铃薯）、0701100000（种用马铃薯）</td><td>洋芋（薯蓣属）</td><td>外食性和钻蛀性害虫</td><td>熏蒸处理</td><td>溴甲烷熏蒸室或帐幕常压熏蒸
<table>
<tr><th rowspan="2">温度（℃）</th><th rowspan="2">剂量（g/m³）</th><th colspan="3">最低浓度（g/m³）</th></tr>
<tr><th>0.5 h</th><th>2 h</th><th>4 h</th></tr>
<tr><td>≥32.2</td><td>32</td><td>32</td><td>20</td><td>20</td></tr>
<tr><td>26.7 ~ 32.1</td><td>43</td><td>38</td><td>24</td><td>24</td></tr>
<tr><td>21.1 ~ 26.6</td><td>56</td><td>44</td><td>28</td><td>28</td></tr>
<tr><td>15.6 ~ 21.0</td><td>64</td><td>50</td><td>32</td><td>32</td></tr>
</table></td></tr>
</table>

续表

<table>
<tr><th>HS编码</th><th>货物名称</th><th>有害生物名称</th><th>处理方法</th><th>处理参数</th></tr>
<tr><td>0703209000</td><td>大蒜</td><td>短脚象属（大蒜甲虫）和洋葱/大蒜毛毛虫</td><td>熏蒸处理</td><td>溴甲烷（380 mmHg）真空熏蒸
<table>
<tr><th>温度（℃）</th><th>剂量（g/m³）</th><th>密闭时间（h）</th></tr>
<tr><td>32.2 ~ 35.6</td><td>32</td><td>1.5</td></tr>
<tr><td>26.7 ~ 32.1</td><td>32</td><td>2</td></tr>
<tr><td>21.1 ~ 26.6</td><td>40</td><td>2</td></tr>
<tr><td>15.6 ~ 21.0</td><td>48</td><td>2</td></tr>
<tr><td>10.0 ~ 15.5</td><td>48</td><td>3</td></tr>
<tr><td>4.4 ~ 9.9</td><td>48</td><td>4</td></tr>
</table>
注：装载量不可超过容器80%。此方法可作为短脚象属（大蒜甲虫）和洋葱/大蒜毛毛虫的预防处理方法。</td></tr>
<tr><td rowspan="2">0702000000（番茄）、0709600000（甜椒）、0709300000（茄子）</td><td rowspan="2">番茄、甜椒、茄子</td><td>地中海实蝇</td><td>熏蒸处理</td><td>溴甲烷熏蒸室或帐幕常压熏蒸
<table>
<tr><th rowspan="2">温度（℃）</th><th rowspan="2">剂量（g/m³）</th><th colspan="4">最低浓度（g/m³）</th></tr>
<tr><th>0.5 h</th><th>2 h</th><th>3.5 h</th><th>4 h</th></tr>
<tr><td>≥21.1</td><td>32</td><td>26</td><td>21</td><td>21</td><td>—</td></tr>
<tr><td>15.6 ~ 21.0</td><td>32</td><td>26</td><td>21</td><td>—</td><td>19</td></tr>
</table></td></tr>
<tr><td>番茄果蛾、番茄绕实蝇</td><td>熏蒸处理</td><td>溴甲烷熏蒸室或帐幕常压熏蒸
<table>
<tr><th rowspan="2">温度（℃）</th><th rowspan="2">剂量（g/m³）</th><th colspan="2">最低浓度（g/m³）</th></tr>
<tr><th>0.5 h</th><th>2 h</th></tr>
<tr><td>≥21.1</td><td>48</td><td>43</td><td>33</td></tr>
</table></td></tr>
</table>

续表

<table>
<tr><th>HS编码</th><th>货物名称</th><th>有害生物名称</th><th>处理方法</th><th>处理参数</th></tr>
<tr><td>0703102000（青葱）、0703902000（大葱）、0703901000（韭葱）、0703101000（洋葱）</td><td>葱、洋葱</td><td>钻蛀性害虫（包括斑潜蝇）</td><td>熏蒸处理</td><td>溴甲烷熏蒸室或帐幕常压熏蒸
<table>
<tr><th rowspan="2">温度（℃）</th><th rowspan="2">剂量（g/m³）</th><th colspan="5">最低浓度（g/m³）</th></tr>
<tr><th>0.5 h</th><th>2 h</th><th>2.5 h</th><th>3 h</th><th>3.5 h</th></tr>
<tr><td>≥32.2</td><td>32</td><td>26</td><td>19</td><td>—</td><td>—</td><td>—</td></tr>
<tr><td>26.7～31.7</td><td>40</td><td>32</td><td>24</td><td>—</td><td>—</td><td>—</td></tr>
<tr><td>21.1～26.1</td><td>48</td><td>38</td><td>29</td><td>—</td><td>—</td><td>—</td></tr>
<tr><td>15.6～20.6</td><td>48</td><td>38</td><td>26</td><td>26</td><td>—</td><td>—</td></tr>
<tr><td>10.0～15.0</td><td>48</td><td>38</td><td>26</td><td>—</td><td>26</td><td>—</td></tr>
<tr><td>4.4～9.4</td><td>48</td><td>38</td><td>26</td><td>—</td><td>—</td><td>26</td></tr>
</table></td></tr>
<tr><td>0703909000（鲜或冷藏的其他葱属蔬菜）</td><td>韭菜</td><td>钻蛀性害虫（包括斑潜蝇）</td><td>熏蒸处理</td><td>
<table>
<tr><th rowspan="2">熏蒸剂</th><th rowspan="2">温度（℃）</th><th rowspan="2">剂量（g/m³）</th><th colspan="5">最低浓度（g/m³）</th></tr>
<tr><th>0.5 h</th><th>2 h</th><th>3 h</th><th>3.5 h</th><th>4 h</th></tr>
<tr><td rowspan="6">溴甲烷</td><td>≥32.2</td><td>32</td><td>26</td><td>19</td><td>—</td><td>—</td><td>—</td></tr>
<tr><td>26.7～32.1</td><td>40</td><td>32</td><td>24</td><td>—</td><td>—</td><td>—</td></tr>
<tr><td>21.1～26.6</td><td>48</td><td>38</td><td>29</td><td>—</td><td>—</td><td>—</td></tr>
<tr><td>15.6～21.0</td><td>48</td><td>38</td><td>26</td><td>26</td><td>—</td><td>—</td></tr>
<tr><td>10.0～15.5</td><td>48</td><td>38</td><td>26</td><td>—</td><td>26</td><td>—</td></tr>
<tr><td>4.4～9.9</td><td>48</td><td>38</td><td>26</td><td>—</td><td>—</td><td>26</td></tr>
</table></td></tr>
</table>

续表

<table>
<tr><th>HS编码</th><th>货物名称</th><th>有害生物名称</th><th>处理方法</th><th colspan="7">处理参数</th></tr>
<tr><td rowspan="8">0706100001</td><td rowspan="8">胡萝卜</td><td rowspan="8">外食性害虫</td><td rowspan="8">熏蒸处理</td><td colspan="7">溴甲烷熏蒸室或帐幕常压熏蒸</td></tr>
<tr><td rowspan="2">温度（℃）</td><td rowspan="2">剂量（g/m^3）</td><td colspan="5">最低浓度（g/m^3）</td></tr>
<tr><td>0.5 h</td><td>2 h</td><td>3 h</td><td>3.5 h</td><td>4 h</td></tr>
<tr><td>≥ 32.2</td><td>32</td><td>26</td><td>19</td><td>19</td><td>—</td><td>—</td></tr>
<tr><td>26.7 ~ 32.1</td><td>40</td><td>32</td><td>24</td><td>24</td><td>—</td><td>—</td></tr>
<tr><td>21.1 ~ 26.6</td><td>48</td><td>38</td><td>29</td><td>24</td><td>—</td><td>—</td></tr>
<tr><td>15.6 ~ 21.0</td><td>48</td><td>38</td><td>29</td><td>—</td><td>24</td><td>—</td></tr>
<tr><td>10.0 ~ 15.5</td><td>48</td><td>38</td><td>29</td><td>—</td><td>—</td><td>24</td></tr>
<tr><td rowspan="8">0706100001</td><td rowspan="8">胡萝卜</td><td rowspan="8">钻蛀性害虫</td><td rowspan="8">熏蒸处理</td><td colspan="7">溴甲烷真空（380 mmHg）熏蒸</td></tr>
<tr><td colspan="2">温度（℃）</td><td colspan="2">剂量（g/m^3）</td><td colspan="3">密闭时间（h）</td></tr>
<tr><td colspan="2">≥ 32.2</td><td colspan="2">32</td><td colspan="3">2</td></tr>
<tr><td colspan="2">26.7 ~ 32.1</td><td colspan="2">40</td><td colspan="3">2</td></tr>
<tr><td colspan="2">21.1 ~ 26.6</td><td colspan="2">48</td><td colspan="3">2</td></tr>
<tr><td colspan="2">15.6 ~ 21.0</td><td colspan="2">48</td><td colspan="3">2.5</td></tr>
<tr><td colspan="2">10.0 ~ 15.5</td><td colspan="2">48</td><td colspan="3">3</td></tr>
<tr><td colspan="2">4.4 ~ 9.9</td><td colspan="2">48</td><td colspan="3">3.5</td></tr>
</table>

续表

<table>
<tr><th>HS编码</th><th>货物名称</th><th>有害生物名称</th><th>处理方法</th><th colspan="4">处理参数</th></tr>
<tr><td rowspan="6">0707000000
（鲜或冷藏的黄瓜及小黄瓜 ）</td><td rowspan="6">小胡瓜</td><td rowspan="6">外食性害虫</td><td rowspan="6">熏蒸处理</td><td colspan="4">溴甲烷熏蒸室或帐幕常压熏蒸</td></tr>
<tr><td rowspan="2">温度（℃）</td><td rowspan="2">剂量（g/m³）</td><td colspan="2">最低浓度（g/m³）</td></tr>
<tr><td>0.5 h</td><td>2 h</td></tr>
<tr><td>≥26.7</td><td>24</td><td>19</td><td>14</td></tr>
<tr><td>21.1～26.6</td><td>32</td><td>26</td><td>19</td></tr>
<tr><td>15.6～21.0</td><td>40</td><td>32</td><td>24</td></tr>
<tr><td rowspan="7">0707000000</td><td rowspan="7">黄瓜</td><td rowspan="7">外食性害虫</td><td rowspan="7">熏蒸处理</td><td colspan="4">溴甲烷熏蒸室或帐幕常压熏蒸</td></tr>
<tr><td rowspan="2">温度（℃）</td><td rowspan="2">剂量（g/m³）</td><td colspan="2">最低浓度（g/m³）</td></tr>
<tr><td>0.5 h</td><td>2 h</td></tr>
<tr><td>≥26.7</td><td>24</td><td>19</td><td>14</td></tr>
<tr><td>21.1～26.6</td><td>32</td><td>26</td><td>19</td></tr>
<tr><td>15.6～21.0</td><td>40</td><td>32</td><td>24</td></tr>
<tr><td>10.0～15.5</td><td>48</td><td>38</td><td>29</td></tr>
</table>

续表

<table>
<tr><th>HS编码</th><th>货物名称</th><th>有害生物名称</th><th>处理方法</th><th>处理参数</th></tr>
<tr>
<td>0708200000（菜豆）、0708100000（豌豆）、0713601000（种用干木豆）、0713609000（其他干木豆）、0713401000（种用干扁豆）、0713409000（其他干扁豆）</td>
<td>绿色豆荚蔬菜（四季豆、菜豆、长豇豆、豌豆、木豆和扁豆）</td>
<td>豆小卷蛾、大豆螟蛾和潜叶虫</td>
<td>熏蒸处理</td>
<td>溴甲浣熏蒸室或帷幕熏蒸
<table>
<tr><th rowspan="2">熏蒸剂</th><th rowspan="2">温度（℃）</th><th rowspan="2">剂量（g/m³）</th><th colspan="2">最低浓度（g/m³）</th></tr>
<tr><th>0.5 h</th><th>2 h</th></tr>
<tr><td rowspan="4">溴甲烷</td><td>≥26.7</td><td>24</td><td>19</td><td>14</td></tr>
<tr><td>21.1～26.6</td><td>32</td><td>26</td><td>19</td></tr>
<tr><td>15.6～21.0</td><td>40</td><td>32</td><td>24</td></tr>
<tr><td>10.0～15.5</td><td>48</td><td>38</td><td>29</td></tr>
</table>
溴甲烷真空（380 mmHg）减压熏蒸
<table>
<tr><th>熏蒸剂</th><th>温度（℃）</th><th>剂量（g/m³）</th><th>密闭时间（h）</th></tr>
<tr><td rowspan="6">溴甲烷</td><td>≥32.2</td><td>8</td><td>1.5</td></tr>
<tr><td>26.7～31.7</td><td>16</td><td>1.5</td></tr>
<tr><td>21.1～26.1</td><td>24</td><td>1.5</td></tr>
<tr><td>15.6～20.6</td><td>32</td><td>1.5</td></tr>
<tr><td>10.0～15.0</td><td>40</td><td>1.5</td></tr>
<tr><td>4.4～9.4</td><td>48</td><td>1.5</td></tr>
</table>
</td>
</tr>
<tr>
<td>0709200000</td>
<td>芦笋</td>
<td>茶黄硬蓟马、红足海镰螯螨</td>
<td>熏蒸处理</td>
<td>溴甲烷熏蒸室或帐幕常压熏蒸
<table>
<tr><th rowspan="2">温度（℃）</th><th rowspan="2">剂量（g/m³）</th><th colspan="2">最低浓度（g/m³）</th></tr>
<tr><th>0.5 h</th><th>2 h</th></tr>
<tr><td>≥26.7</td><td>40</td><td>32</td><td>24</td></tr>
<tr><td>21.1～26.6</td><td>48</td><td>38</td><td>29</td></tr>
<tr><td>15.6～21.0</td><td>64</td><td>48</td><td>38</td></tr>
</table>
</td>
</tr>
</table>

续表

<table>
<tr><th>HS编码</th><th>货物名称</th><th>有害生物名称</th><th>处理方法</th><th>处理参数</th></tr>
<tr><td>0709930000</td><td>南瓜</td><td>外食性害虫</td><td>熏蒸处理</td><td>溴甲烷熏蒸室或帐幕常压熏蒸
<table>
<tr><th rowspan="2">温度（℃）</th><th rowspan="2">剂量（g/m³）</th><th colspan="2">最低浓度（g/m³）</th></tr>
<tr><th>0.5 h</th><th>2 h</th></tr>
<tr><td>≥ 26.7</td><td>24</td><td>19</td><td>14</td></tr>
<tr><td>21.1 ~ 26.6</td><td>32</td><td>26</td><td>19</td></tr>
<tr><td>15.6 ~ 21.0</td><td>40</td><td>32</td><td>24</td></tr>
</table></td></tr>
<tr><td>0709999005</td><td>山葵</td><td>佥莲祀船象</td><td>熏蒸处理</td><td>溴甲烷真空（380 mmHg）熏蒸
<table>
<tr><th>熏蒸剂</th><th>温度（℃）</th><th>剂量（g/m³）</th><th>密闭时间（h）</th></tr>
<tr><td rowspan="3">溴甲烷</td><td>≥ 32.2</td><td>32</td><td>2</td></tr>
<tr><td>26.7 ~ 31.7</td><td>40</td><td>2</td></tr>
<tr><td>21.1 ~ 26.1</td><td>48</td><td>2</td></tr>
</table></td></tr>
<tr><td>0709999090（鲜或冷藏的其他蔬菜）</td><td>佛手瓜</td><td>外食性害虫</td><td>熏蒸处理</td><td>溴甲烷熏蒸室或帐幕常压熏蒸
<table>
<tr><th rowspan="2">温度（℃）</th><th rowspan="2">剂量（g/m³）</th><th colspan="2">最低浓度（g/m³）</th></tr>
<tr><th>0.5 h</th><th>2 h</th></tr>
<tr><td>≥ 26.7</td><td>24</td><td>19</td><td>14</td></tr>
<tr><td>21.1 ~ 26.6</td><td>32</td><td>26</td><td>19</td></tr>
<tr><td>15.6 ~ 21.0</td><td>40</td><td>32</td><td>24</td></tr>
<tr><td>10.0 ~ 15.5</td><td>48</td><td>38</td><td>29</td></tr>
<tr><td>4.4 ~ 9.9</td><td>64</td><td>48</td><td>38</td></tr>
</table></td></tr>
</table>

续表

<table>
<tr><th>HS编码</th><th>货物名称</th><th>有害生物名称</th><th>处理方法</th><th>处理参数</th></tr>
<tr><td>0709999090（鲜或冷藏的其他蔬菜）</td><td>各种蔬菜</td><td>外食性害虫如蓟马、蚜虫、介壳虫、潜叶虫、红蜘蛛、长蝽、蚂蚁、蠼螋及取食表面的毛虫</td><td>熏蒸处理</td><td>溴甲烷熏蒸室或帐幕常压熏蒸
<table>
<tr><th rowspan="2">温度（℃）</th><th rowspan="2">剂量（g/m^3）</th><th colspan="2">最低浓度（g/m^3）</th></tr>
<tr><th>0.5 h</th><th>2 h</th></tr>
<tr><td>≥26.7</td><td>24</td><td>19</td><td>14</td></tr>
<tr><td>21.1～26.6</td><td>32</td><td>26</td><td>19</td></tr>
<tr><td>15.6～21.0</td><td>40</td><td>32</td><td>24</td></tr>
<tr><td>10.0～15.5</td><td>48</td><td>38</td><td>29</td></tr>
<tr><td>4.4～9.9</td><td>64</td><td>48</td><td>38</td></tr>
</table>
注：下列蔬菜只能按下述温度进行熏蒸处理。
4.4 ℃或以上（最大剂量，64 g/m^3）：芦笋、芸苔属、芥蓝、油菜、小白菜、芥菜、欧洲油菜、甘蓝、羽衣甘蓝、花椰菜、芽甘蓝（汤菜）、大头菜、大白菜、菠菜、卷心菜、旱芹、芹菜、佛手瓜、西葫芦、菊苣、黄瓜、辣椒、干蚕豆、雪豆、番薯、芋、鲜草药、车前草、山药。
10.0 ℃及以上（最大剂量，48 g/m^3）：绿色豆荚蔬菜、菜豆、豌豆、甜菜，胡萝卜、萝卜、甜玉米、茄子、番茄、大蒜、姜、山葵、洋姜、黄秋葵、洋葱、欧洲防风、马铃薯、芜箐甘蓝、婆罗门参、芜箐。
15.6 ℃及以上（最大剂量，40 g/m^3）：西班牙甘椒、南瓜、小胡瓜。
21.1 ℃及以上（最大剂量，32 g/m^3）：可可豆。</td></tr>
</table>

续表

<table>
<tr><th>HS编码</th><th>货物名称</th><th>有害生物名称</th><th>处理方法</th><th>处理参数</th></tr>
<tr><td>0709999090（鲜或冷藏的其他蔬菜）</td><td>各种蔬菜</td><td>粉蚧</td><td>熏蒸处理</td><td>溴甲烷熏蒸室或帐幕常压熏蒸
<table>
<tr><th>温度（℃）</th><th>剂量（g/m³）</th><th colspan="2">最低浓度（g/m³）</th></tr>
<tr><th></th><th></th><th>0.5 h</th><th>2 h</th></tr>
<tr><td>≥26.7</td><td>40</td><td>32</td><td>24</td></tr>
<tr><td>21.1~26.6</td><td>48</td><td>38</td><td>29</td></tr>
<tr><td>15.6~21.0</td><td>64</td><td>48</td><td>38</td></tr>
</table>
注：下列蔬菜只能按下述温度进行熏蒸处理。
15.6 ℃及以上（最大剂量，64 g/m³）：芦笋、芸苔属、芥蓝、油菜、小白菜、芥菜、欧洲油菜、甘蓝、羽衣甘蓝、花椰菜、芽甘蓝（汤菜）、大头菜、大白菜、菠菜、卷心菜、旱芹、菊苣、黄瓜、佛手瓜、西葫芦、干蚕豆、雪豆、辣椒、番薯、芋、鲜草药、车前草、山药。
21.1 ℃及以上（最大剂量，48 g/m³）：绿色豆荚蔬菜、菜豆、豌豆、甜菜、甜玉米、茄子、番茄、大蒜、洋葱、姜、洋姜、马铃薯、胡萝卜、萝卜、芜箐甘蓝、婆罗门参、芜箐、黄秋葵、山葵、欧洲防风。
26.7 ℃及以上（最大剂量，40 g/m³）：辣椒、西班牙甘椒、南瓜、小胡瓜。</td></tr>
<tr><td>0709999005（鲜或冷藏的山葵）</td><td>山葵根系</td><td>金线虫（马铃薯金线虫和马铃薯白线虫）</td><td>热水浸泡处理</td><td>47.8 ℃热水浸泡30 min。</td></tr>
<tr><td>0709999005（鲜或冷藏的山葵）</td><td>山葵根系</td><td>外食性害虫</td><td>熏蒸处理</td><td>溴甲烷380 mmHg真空熏蒸
<table>
<tr><th>温度（℃）</th><th>剂量（g/m³）</th><th colspan="2">密闭时间（h）</th></tr>
<tr><th></th><th></th><th>耳喙象属幼虫</th><th>其他</th></tr>
<tr><td>32.2~35.6</td><td>32</td><td>2.5</td><td>2</td></tr>
<tr><td>26.7~32.1</td><td>40</td><td>2.5</td><td>2</td></tr>
<tr><td>21.1~26.6</td><td>48</td><td>2.5</td><td>2</td></tr>
<tr><td>15.6~21.0</td><td>48</td><td>3</td><td>2.5</td></tr>
<tr><td>10.0~15.5</td><td>48</td><td>3.5</td><td>3</td></tr>
<tr><td>4.4~9.9</td><td>48</td><td>4</td><td>3.5</td></tr>
</table></td></tr>
</table>

续表

<table>
<tr><th>HS编码</th><th>货物名称</th><th>有害生物名称</th><th>处理方法</th><th>处理参数</th></tr>
<tr><td>0709999090（鲜或冷藏的其他蔬菜）</td><td>无上述处理方法的各种蔬菜</td><td>关注的检疫对象</td><td>冷冻处理</td><td>1. 首先降低货物温度≤ −17.77 ℃。
2. 维持货物温度在≤ −6.66 ℃至少48 h。货物可以在48 h处理期间运输，但在卸载之前货物温度不得高于−6.66 ℃。</td></tr>
<tr><td>0710400000</td><td>带棒玉米（绿玉米、甜玉米）</td><td>玉米螟</td><td>熏蒸处理</td><td>溴甲烷熏蒸室或帐幕常压熏蒸
<table>
<tr><th rowspan="2">温度（℃）</th><th rowspan="2">剂量（g/m³）</th><th colspan="2">最低浓度（g/m³）</th></tr>
<tr><th>0.5 h</th><th>2 h</th></tr>
<tr><td>≥21.1</td><td>40</td><td>32</td><td>24</td></tr>
</table></td></tr>
<tr><td>0710400000</td><td>带棒玉米（绿玉米、甜玉米）</td><td>玉米晚枯病菌、玉米内州萎蔫病菌、玉米细菌性枯萎病菌等玉米多种病害</td><td>消毒处理</td><td>将代森锰锌和克菌丹混合后干燥施于染病种子。
包装消毒：
1. 100 ℃干热处理1 h。
2. 温度4.4 ℃，10磅压力条件下蒸气处理20 min。</td></tr>
<tr><td>0713401000（种用干扁豆）、0713409000（其他干扁豆）、0708100000（豌豆）</td><td>除干蚕豆外的干豆类（包括小扁豆、豌豆、豆荚等）</td><td>豆象科</td><td>熏蒸处理</td><td>溴甲烷熏蒸室或帐幕常压熏蒸
<table>
<tr><th rowspan="2">温度（℃）</th><th rowspan="2">剂量（g/m³）</th><th colspan="6">最低浓度（g/m³）</th></tr>
<tr><th>0.5 h</th><th>2 h</th><th>2.5 h</th><th>3 h</th><th>3.5 h</th><th>4 h</th></tr>
<tr><td>≥21.1</td><td>48</td><td>38</td><td>—</td><td>24</td><td>—</td><td>—</td><td>—</td></tr>
<tr><td>15.6～20.6</td><td>48</td><td>38</td><td>29</td><td>—</td><td>24</td><td>—</td><td>—</td></tr>
<tr><td>10.0～15.0</td><td>48</td><td>38</td><td>29</td><td>—</td><td>—</td><td>24</td><td>—</td></tr>
<tr><td>4.4～9.4</td><td>48</td><td>38</td><td>29</td><td>—</td><td>—</td><td>—</td><td>24</td></tr>
</table></td></tr>
</table>

续表

<table>
<tr><th>HS编码</th><th>货物名称</th><th>有害生物名称</th><th>处理方法</th><th>处理参数</th></tr>
<tr><td>0713501000（种用干蚕豆）、0713509000（其他干蚕豆）</td><td>干蚕豆</td><td>豆象科</td><td>熏蒸处理</td><td>溴甲烷熏蒸室或帐幕常压熏蒸
<table>
<tr><th rowspan="2">温度
℃</th><th rowspan="2">剂量
（g/m³）</th><th colspan="6">最低浓度（g/m³）</th></tr>
<tr><th>0.5 h</th><th>2 h</th><th>11 h</th><th>12 h</th><th>13 h</th><th>14 h</th></tr>
<tr><td>≥21.1</td><td>56</td><td>46</td><td>28</td><td>27</td><td>—</td><td>—</td><td>—</td></tr>
<tr><td>15.6～21.0</td><td>56</td><td>46</td><td>28</td><td>—</td><td>27</td><td>—</td><td>—</td></tr>
<tr><td>10.0～15.5</td><td>56</td><td>46</td><td>28</td><td>—</td><td>—</td><td>27</td><td>—</td></tr>
<tr><td>4.4～9.9</td><td>56</td><td>46</td><td>28</td><td>—</td><td>—</td><td>—</td><td>27</td></tr>
</table></td></tr>
<tr><td>0713501000（种用干蚕豆）、0713509000（其他干蚕豆）</td><td>非繁殖用风干的蚕豆</td><td>菜豆象、埃及豌豆象、豌豆象</td><td>熏蒸处理</td><td>溴甲烷熏蒸室（659 mmHg）减压熏蒸
<table>
<tr><th>温度
（℃）</th><th>剂量
（g/m³）</th><th>密闭时间
（h）</th></tr>
<tr><td>≥21.1</td><td>48</td><td>3.5</td></tr>
<tr><td>15.6～21.0</td><td>48</td><td>4</td></tr>
<tr><td>10.0～15.5</td><td>48</td><td>4.5</td></tr>
</table>
溴甲烷常压熏蒸
<table>
<tr><th rowspan="2">温度
（℃）</th><th rowspan="2">剂量
（g/m³）</th><th colspan="6">最低浓度（g/m³）</th></tr>
<tr><th>0.5 h</th><th>2 h</th><th>11 h</th><th>12 h</th><th>13 h</th><th>14 h</th></tr>
<tr><td>≥21.1</td><td>56</td><td>46</td><td>28</td><td>27</td><td>—</td><td>—</td><td>—</td></tr>
<tr><td>15.6～21.0</td><td>56</td><td>46</td><td>28</td><td>—</td><td>27</td><td>—</td><td>—</td></tr>
<tr><td>10.0～15.5</td><td>56</td><td>46</td><td>28</td><td>—</td><td>—</td><td>27</td><td>—</td></tr>
<tr><td>4.4～9.9</td><td>56</td><td>46</td><td>28</td><td>—</td><td>—</td><td>—</td><td>27</td></tr>
</table></td></tr>
</table>

续表

<table>
<tr><th>HS编码</th><th>货物名称</th><th>有害生物名称</th><th>处理方法</th><th>处理参数</th></tr>
<tr><td>0713501000（种用干蚕豆）、0713509000（其他干蚕豆）</td><td>非繁殖用风干的蚕豆</td><td>菜豆象、埃及豌豆象、豌豆象、豆象（属）（非中国种）、菜豆象和豌豆象除外瘤背豆象属（四纹豆象和非中国种）、巴西豆象</td><td>熏蒸处理</td><td>溴甲烷常压熏蒸<table>
<tr><th rowspan="2">温度（℃）</th><th rowspan="2">剂量（g/m³）</th><th colspan="6">最低浓度（g/m³）</th></tr>
<tr><th>0.5 h</th><th>2 h</th><th>2.5 h</th><th>3 h</th><th>3.5 h</th><th>4 h</th></tr>
<tr><td>≥21.1</td><td>48</td><td>38</td><td>—</td><td>24</td><td>—</td><td>—</td><td>—</td></tr>
<tr><td>15.6～21.0</td><td>48</td><td>38</td><td>29</td><td>—</td><td>24</td><td>—</td><td>—</td></tr>
<tr><td>10.0～15.5</td><td>48</td><td>38</td><td>29</td><td>—</td><td>—</td><td>24</td><td>—</td></tr>
<tr><td>4.4～9.9</td><td>48</td><td>38</td><td>29</td><td>—</td><td>—</td><td>—</td><td>24</td></tr>
</table>如新鲜货物，见绿色豆荚蔬菜的处理方法。</td></tr>
<tr><td>0713909000（其他干豆）</td><td>非繁殖用风干的豆类（除蚕豆）</td><td>菜豆象、埃及豌豆象、豌豆象、豆象（属）（非中国种）、菜豆象和豌豆象除外瘤背豆象属（四纹豆象和非中国种）、巴西豆象</td><td>熏蒸处理</td><td>磷化氢熏蒸<table>
<tr><th>温度（℃）</th><th>剂量（g/m³）</th><th>密闭时间（d）</th></tr>
<tr><td>12～15</td><td>1.5</td><td>7</td></tr>
<tr><td>16～20</td><td>1.5</td><td>6</td></tr>
<tr><td>21～25</td><td>1.5</td><td>5</td></tr>
<tr><td>≥26</td><td>1.5</td><td>4</td></tr>
</table></td></tr>
</table>

续表

<table>
<tr><th>HS编码</th><th>货物名称</th><th>有害生物名称</th><th>处理方法</th><th>处理参数</th></tr>
<tr><td>0713909000
（其他干豆）</td><td>非繁殖用风干的豆类（除蚕豆）</td><td>斑皮蠹（非中国种）</td><td>熏蒸处理</td><td>溴甲烷常压熏蒸
<table>
<tr><th rowspan="2">温度（℃）</th><th rowspan="2">剂量（g/m³）</th><th colspan="3">最低浓度（g/m³）</th></tr>
<tr><th>0.5 h</th><th>2 h</th><th>12 h</th></tr>
<tr><td>≥32.2</td><td>40</td><td>30</td><td>20</td><td>15</td></tr>
<tr><td>26.7 ~ 32.1</td><td>56</td><td>42</td><td>30</td><td>20</td></tr>
<tr><td>21.1 ~ 26.6</td><td>72</td><td>54</td><td>40</td><td>25</td></tr>
<tr><td>15.6 ~ 21.0</td><td>96</td><td>72</td><td>50</td><td>30</td></tr>
<tr><td>10.0 ~ 15.5</td><td>120</td><td>90</td><td>60</td><td>35</td></tr>
<tr><td>4.4 ~ 9.9</td><td>144</td><td>108</td><td>70</td><td>40</td></tr>
</table></td></tr>
<tr><td>0713909000
（其他干豆）</td><td>非繁殖月风干约豆类（除蚕豆）</td><td>咖啡果小蠹和一般贮藏害虫</td><td>熏蒸处理</td><td>溴甲烷常压熏蒸
<table>
<tr><th rowspan="2">温度（℃）</th><th rowspan="2">剂量（g/m³）</th><th colspan="4">最低浓度（g/m³）</th></tr>
<tr><th>0.5 h</th><th>4 h</th><th>16 h</th><th>24 h</th></tr>
<tr><td>≥21.1</td><td>32</td><td>24</td><td>16</td><td>10</td><td>—</td></tr>
<tr><td>15.6 ~ 21.0</td><td>32</td><td>24</td><td>16</td><td>—</td><td>10</td></tr>
<tr><td>10.0 ~ 15.5</td><td>48</td><td>36</td><td>24</td><td>15</td><td>—</td></tr>
<tr><td>4.4 ~ 9.9</td><td>48</td><td>36</td><td>24</td><td>—</td><td>15</td></tr>
</table></td></tr>
</table>

续表

<table>
<tr><th>HS编码</th><th>货物名称</th><th>有害生物名称</th><th>处理方法</th><th>处理参数</th></tr>
<tr><td>0714201900</td><td>甘薯（番薯属 Ipomoea）</td><td>外食性和钻蛀性害虫</td><td>熏蒸处理</td><td>溴甲烷熏蒸室或帐幕常压熏蒸
<table>
<tr><th rowspan="2">温度（℃）</th><th rowspan="2">剂量（g/m³）</th><th colspan="3">最低浓度（g/m³）</th></tr>
<tr><th>0.5h</th><th>2 h</th><th>4 h</th></tr>
<tr><td>≥32.2</td><td>32</td><td>32</td><td>20</td><td>20</td></tr>
<tr><td>26.7～32.1</td><td>48</td><td>38</td><td>24</td><td>24</td></tr>
<tr><td>21.1～26.6</td><td>56</td><td>44</td><td>28</td><td>28</td></tr>
<tr><td>15.6～21.0</td><td>64</td><td>50</td><td>32</td><td>32</td></tr>
</table></td></tr>
<tr><td>0714101000（鲜木薯）、0717102000（干木薯）、1212940000（菊苣根）</td><td>木薯、块根芹（芹菜根）、菊苣根</td><td>外食性害虫</td><td>熏蒸处理</td><td>溴甲烷熏蒸室或帐幕常压熏蒸
<table>
<tr><th rowspan="2">温度（℃）</th><th rowspan="2">剂量（g/m³）</th><th colspan="4">最低浓度（g/m³）</th></tr>
<tr><th>0.5 h</th><th>2 h</th><th>3 h</th><th>3.5 h</th></tr>
<tr><td>≥32.2</td><td>32</td><td>26</td><td>19</td><td>19</td><td>—</td></tr>
<tr><td>26.7～32.1</td><td>40</td><td>32</td><td>24</td><td>24</td><td>—</td></tr>
<tr><td>21.1～26.6</td><td>48</td><td>38</td><td>29</td><td>24</td><td>—</td></tr>
<tr><td>15.6～21.0</td><td>48</td><td>38</td><td>29</td><td>—</td><td>24</td></tr>
</table></td></tr>
</table>

续表

<table>
<tr><th>HS编码</th><th>货物名称</th><th>有害生物名称</th><th>处理方法</th><th>处理参数</th></tr>
<tr><td>0714400001</td><td>芋</td><td>外食性害虫</td><td>熏蒸处理</td><td>溴甲烷熏蒸室或帐幕常压熏蒸
<table>
<tr><th>温度</th><th>剂量</th><th colspan="5">最低浓度（g/m³）</th></tr>
<tr><td>（℃）</td><td>（g/m³）</td><td>0.5 h</td><td>2 h</td><td>3 h</td><td>3.5 h</td><td>4 h</td></tr>
<tr><td>≥ 32.2</td><td>32</td><td>26</td><td>19</td><td>19</td><td>—</td><td>—</td></tr>
<tr><td>26.7 ~ 32.1</td><td>40</td><td>32</td><td>24</td><td>24</td><td>—</td><td>—</td></tr>
<tr><td>21.1 ~ 26.6</td><td>48</td><td>38</td><td>29</td><td>24</td><td>—</td><td>—</td></tr>
<tr><td>15.6 ~ 21.0</td><td>48</td><td>38</td><td>29</td><td>—</td><td>24</td><td>—</td></tr>
<tr><td>10.0 ~ 15.5</td><td>48</td><td>38</td><td>29</td><td>—</td><td>—</td><td>24</td></tr>
<tr><td>4.4 ~ 9.9</td><td>64</td><td>48</td><td>40</td><td>—</td><td>—</td><td>32</td></tr>
</table></td></tr>
<tr><td>0714400001</td><td>芋</td><td>钻蛀性害虫</td><td>熏蒸处理</td><td>溴甲烷真空（380 mmHg）熏蒸
<table>
<tr><th>温度（℃）</th><th>剂量（g/m³）</th><th>密闭时间（h）</th></tr>
<tr><td>≥ 32.2</td><td>32</td><td>2</td></tr>
<tr><td>26.7 ~ 32.1</td><td>40</td><td>2</td></tr>
<tr><td>21.1 ~ 26.6</td><td>48</td><td>2</td></tr>
<tr><td>15.6 ~ 21.0</td><td>48</td><td>2.5</td></tr>
<tr><td>10.0 ~ 15.5</td><td>48</td><td>3</td></tr>
<tr><td>4.4 ~ 9.9</td><td>48</td><td>3.5</td></tr>
</table></td></tr>
</table>

续表

<table>
<tr><th>HS编码</th><th>货物名称</th><th>有害生物名称</th><th>处理方法</th><th colspan="3">处理参数</th></tr>
<tr><td rowspan="2">0714300000（鲜、冷、冻或干的山药）</td><td rowspan="2">山药块茎</td><td>咖啡短体线虫</td><td>热水浸泡处理</td><td colspan="3">50 ℃热水浸泡 30 min。</td></tr>
<tr><td>Scutellenema bradys</td><td>热水浸泡处理</td><td colspan="3">50 ℃热水浸泡 15 min或 52 ℃热水浸泡 7 min。</td></tr>
<tr><td>0714201100（种用鲜甘薯）、0714201900（其他非种用鲜甘薯）</td><td>薯蓣和甘薯</td><td>南方根结线虫</td><td>热水浸泡处理</td><td colspan="3">46.7 ℃热水浸泡 65 min 。</td></tr>
<tr><td rowspan="7">0714201100（种用鲜甘薯）、0714201900（其他非种用鲜甘薯）、0714202000（干甘薯）、0714203000（冷或冻的甘薯）</td><td rowspan="7">薯蓣和甘薯</td><td rowspan="7">有害昆虫</td><td rowspan="7">熏蒸处理</td><td colspan="3">溴甲烷常压熏蒸</td></tr>
<tr><td>温度（℃）</td><td>剂量（g/m³）</td><td>密闭时间（h）</td></tr>
<tr><td>32.2 ~ 35.6</td><td>40</td><td>4</td></tr>
<tr><td>26.7 ~ 32.1</td><td>48</td><td>4</td></tr>
<tr><td>21.1 ~ 26.6</td><td>56</td><td>4</td></tr>
<tr><td>15.6 ~ 21.0</td><td>64</td><td>4</td></tr>
<tr><td colspan="3">**注：**低于21.1℃可能损伤山药。</td></tr>
</table>

三、食用水果及坚果；柑橘属水果或甜瓜的果皮

<table>
<tr><th>HS编码</th><th>货物名称</th><th>有害生物名称</th><th>处理方法</th><th>处理参数</th></tr>
<tr><td>08
（水果大类别）</td><td>各种水果</td><td>粉蚧</td><td>熏蒸处理</td><td>
溴甲烷熏蒸室或帐幕常压熏蒸
<table>
<tr><th rowspan="2">熏蒸剂</th><th rowspan="2">温度（℃）</th><th rowspan="2">剂量（g/m³）</th><th colspan="2">最低浓度（g/m³）</th></tr>
<tr><th>0.5 h</th><th>2 h</th></tr>
<tr><td rowspan="5">溴甲烷</td><td>≥26.7</td><td>24</td><td>19</td><td>14</td></tr>
<tr><td>21.1～26.6</td><td>32</td><td>26</td><td>19</td></tr>
<tr><td>15.6～21.0</td><td>40</td><td>32</td><td>24</td></tr>
<tr><td>10.0～15.5</td><td>48</td><td>38</td><td>29</td></tr>
<tr><td>4.4～9.9</td><td>64</td><td>48</td><td>38</td></tr>
</table>
注：下列水果按照上表规定温度剂量进行熏蒸处理。
4.4 ℃或以上（最大剂量，64 g/m³）：苹果、杏、樱桃、油桃、桃、梨、李子、悬钩子、核果、香蕉、黑莓、火龙果、哈密瓜、香瓜、蜜瓜、西瓜、葡萄、猕猴桃、菠萝、栗子。
10.0 ℃及以上（最大剂量，48 g/m³）：金橘、柠檬、酸橙、橙、圆佛手柑、柚子、橘柚、橘子、椰子、草莓。
21.1 ℃及以上（最大剂量，32 g/m³）：鳄梨、蓝莓。
溴甲烷熏蒸室或帐幕常压熏蒸
<table>
<tr><th rowspan="2">熏蒸剂</th><th rowspan="2">温度（℃）</th><th rowspan="2">剂量（g/m³）</th><th colspan="2">最低浓度（g/m³）</th></tr>
<tr><th>0.5 h</th><th>2 h</th></tr>
<tr><td rowspan="3">溴甲烷</td><td>≥26.7</td><td>40</td><td>32</td><td>24</td></tr>
<tr><td>21.1～26.6</td><td>48</td><td>38</td><td>29</td></tr>
<tr><td>15.6～21.0</td><td>64</td><td>48</td><td>38</td></tr>
</table>
</td></tr>
</table>

续表

<table>
<tr><th>HS编码</th><th>货物名称</th><th>有害生物名称</th><th>处理方法</th><th>处理参数</th></tr>
<tr><td>08
（水果大类别）</td><td>各种水果</td><td>粉蚧</td><td>熏蒸处理</td><td>下列水果按照上表规定温度剂量进行熏蒸处理。
15.6 ℃及以上(最大剂量，64 g/m³)：苹果、杏、油桃、桃、梨、樱桃、李子、悬钩子、栗子、核果、菠萝、香蕉、葡萄、猕猴桃、黑莓、火龙果、蜜瓜、西瓜、哈密瓜、香瓜。
21.1 ℃及以上(最大剂量，48 g/m³)：圆佛手柑、柚子、金橘、柠檬、酸橙、橙、橘栾果、橘子、椰子、草莓。</td></tr>
<tr><td>08
（水果大类别）</td><td>无上述处理方法的各种水果</td><td>关注的检疫对象</td><td>冷冻
（速冻处理）</td><td>1. 首先降低货物温度到≤−17.77 ℃。
2. 维持货物温度在≤−6.66 ℃至少48 h。
货物可以在48 h处理期间运输，但在卸载之前货物温度不得高于−6.66 ℃。
注意：速冻可能损害水果。
除了果皮厚的物品如坚果类外，速冻处理会降低新鲜水果和蔬菜的品质。一般用于将改变外形用途的水果和蔬菜（如加工成果汁或蔬菜泥等）。另外，速冻处理可作为将货物运返来源国的替代方法，用于销毁大多数货物。</td></tr>
<tr><td>0802310000
（未去核核桃）、
0802320000
（去核核桃）</td><td>美洲山核桃、山胡桃</td><td>美核桃象</td><td>冷处理</td><td>−17.78 ℃或以下处理7 d。</td></tr>
<tr><td>0802419000</td><td>栗子</td><td>栗小卷蛾、象鼻虫属</td><td>熏蒸处理</td><td>溴甲烷熏蒸室或帐幕熏蒸
<table>
<tr><th rowspan="2">熏蒸剂</th><th rowspan="2">温度（℃）</th><th rowspan="2">剂量（g/m³）</th><th colspan="7">最低浓度（g/m³）</th></tr>
<tr><th>0.5 h</th><th>2 h</th><th>3 h</th><th>3.5 h</th><th>4 h</th><th>5 h</th><th>6 h</th></tr>
<tr><td rowspan="6">溴甲烷</td><td>≥32.2</td><td>64</td><td>58</td><td>34</td><td>34</td><td>—</td><td>—</td><td>—</td><td>—</td></tr>
<tr><td>26.7～32.1</td><td>64</td><td>58</td><td>32</td><td>—</td><td>—</td><td>32</td><td>—</td><td>—</td></tr>
<tr><td>21.1～26.5</td><td>90</td><td>72</td><td>42</td><td>—</td><td>—</td><td>42</td><td>—</td><td>—</td></tr>
<tr><td>15.6～21.0</td><td>90</td><td>72</td><td>40</td><td>—</td><td>24</td><td>—</td><td>40</td><td>—</td></tr>
<tr><td>10.0～15.5</td><td>108</td><td>85</td><td>50</td><td>—</td><td>—</td><td>—</td><td>50</td><td>—</td></tr>
<tr><td>4.4～9.9</td><td>108</td><td>85</td><td>48</td><td>—</td><td></td><td></td><td>—</td><td>48</td></tr>
</table></td></tr>
</table>

续表

<table>
<tr><th>HS编码</th><th>货物名称</th><th>有害生物名称</th><th>处理方法</th><th colspan="4">处理参数</th></tr>
<tr><td rowspan="7">0802419000</td><td rowspan="7">栗子</td><td rowspan="7">栗小卷蛾、象鼻虫属</td><td rowspan="7">熏蒸处理</td><td colspan="4">溴甲烷真空（659 mmHg）熏蒸</td></tr>
<tr><td>熏蒸剂</td><td>温度（℃）</td><td>剂量（g/m³）</td><td>密闭时间（h）</td></tr>
<tr><td rowspan="5">溴甲烷</td><td>≥ 26.7</td><td>48</td><td>2</td></tr>
<tr><td>21.1 ~ 26.6</td><td>64</td><td>2</td></tr>
<tr><td>15.6 ~ 21.0</td><td>64</td><td>3</td></tr>
<tr><td>10.0 ~ 15.5</td><td>64</td><td>4</td></tr>
<tr><td>4.4 ~ 9.9</td><td>64</td><td>5</td></tr>
<tr><td rowspan="6">0802909090（鲜或干的其他坚果）、1209990090（其他种植用的种子、果实及孢子）</td><td rowspan="6">澳大利亚坚果（种用）</td><td rowspan="6">洋槐异形小卷蛾</td><td rowspan="6">熏蒸处理</td><td colspan="4">溴甲烷常压熏蒸</td></tr>
<tr><td>温度（℃）</td><td>剂量（g/m³）</td><td colspan="2">密闭时间（h）</td></tr>
<tr><td>≥ 21.1</td><td>32</td><td colspan="2">2</td></tr>
<tr><td>15.6 ~ 21.0</td><td>40</td><td colspan="2">2</td></tr>
<tr><td>10.0 ~ 15.5</td><td>48</td><td colspan="2">2</td></tr>
<tr><td>4.4 ~ 9.9</td><td>56</td><td colspan="2">2</td></tr>
<tr><td>0803900000（鲜或干的香蕉）</td><td>香蕉根系</td><td>外食性害虫</td><td>热水浸泡处理</td><td colspan="4">预浸43.3 ℃热水浸泡30 min，然后48.9 ℃热水浸泡60 min。</td></tr>
</table>

续表

<table>
<tr><th>HS编码</th><th>货物名称</th><th>有害生物名称</th><th>处理方法</th><th>处理参数</th></tr>
<tr><td rowspan="3">0804300001</td><td rowspan="3">菠萝</td><td>外食性害虫</td><td>熏蒸处理</td><td>溴甲烷常压熏蒸<table><tr><th rowspan="2">温度（℃）</th><th rowspan="2">剂量（g/m³）</th><th>重量（g）</th><th>最低浓度要求（g/m³）</th></tr><tr><th>0.5 h</th><th>2 h</th></tr><tr><td>≥26.7</td><td>24</td><td>19</td><td>14</td></tr><tr><td>21.1~26.6</td><td>32</td><td>26</td><td>19</td></tr><tr><td>15.6~21.0</td><td>40</td><td>32</td><td>24</td></tr><tr><td>10.0~15.5</td><td>48</td><td>38</td><td>29</td></tr></table></td></tr>
<tr><td>钻蛀性害虫</td><td>熏蒸处理</td><td>溴甲烷常压熏蒸<table><tr><th rowspan="2">熏蒸剂</th><th rowspan="2">温度（℃）</th><th rowspan="2">剂量（g/m³）</th><th colspan="3">最低浓度（g/m³）</th></tr><tr><th>0.5 h</th><th>2 h</th><th>6 h</th></tr><tr><td>溴甲烷</td><td>≥21.1</td><td>32</td><td>26</td><td>22</td><td>16</td></tr></table></td></tr>
<tr><td>地中海实蝇、桔小实蝇和瓜实蝇</td><td>蒸热处理</td><td><table><tr><td>升温时间</td><td>—</td></tr><tr><td>升温期间记录间隔</td><td>—</td></tr><tr><td>最小空气温度</td><td>44.4 ℃</td></tr><tr><td>升温结束最低果心温度</td><td>44.4 ℃</td></tr><tr><td>处理时间</td><td>8.75 h</td></tr><tr><td>处理期间记录间隔</td><td>5 min</td></tr><tr><td>降温方法</td><td>风冷或水冷</td></tr></table></td></tr>
</table>

<table>
<tr><th>HS编码</th><th>货物名称</th><th>有害生物名称</th><th>处理方法</th><th>处理参数</th></tr>
<tr><td rowspan="2">0804400000</td><td rowspan="2">鳄梨</td><td>地中海实蝇、桔小实蝇、瓜实蝇</td><td>熏蒸处理</td><td>溴甲烷常压熏蒸
<table>
<tr><th rowspan="2">熏蒸剂</th><th rowspan="2">温度（℃）</th><th rowspan="2">剂量（g/m³）</th><th colspan="3">最低浓度（g/m³）</th></tr>
<tr><th>0.5 h</th><th>2 h</th><th>4 h</th></tr>
<tr><td>溴甲烷</td><td>≥21.1</td><td>32</td><td>26</td><td>16</td><td>14</td></tr>
</table></td></tr>
<tr><td>地中海实蝇、纳塔尔实蝇</td><td>冷处理</td><td>
<table>
<tr><th>处理方法</th><th>温度（℃）</th><th>处理时间（d）</th></tr>
<tr><td rowspan="3">冷处理</td><td>≤1.11</td><td>14</td></tr>
<tr><td>≤1.67</td><td>16</td></tr>
<tr><td>≤2.22</td><td>18</td></tr>
</table></td></tr>
<tr><td>0804502001</td><td>芒果</td><td>地中海实蝇按实蝇（墨西哥按实蝇除外）</td><td>热水浸泡处理</td><td>
<table>
<tr><th>处理方法</th><th>形状</th><th>重量（g）</th><th>处理时间（min）</th></tr>
<tr><td rowspan="4">热水浸泡</td><td rowspan="2">扁长形</td><td>≤375</td><td>65</td></tr>
<tr><td>375～570</td><td>75</td></tr>
<tr><td rowspan="2">圆形</td><td>≤500</td><td>75</td></tr>
<tr><td>500～700</td><td>90</td></tr>
</table>
水果按重量分级，并确定相应处理时间（见上表）处理前使果肉温度达到21.1 ℃或以上。将水果浸泡在水面至少10 cm下。整个处理过程中，水必须不断循环，并保持在至少46.1 ℃。
注：处理的最早5 min，如果在该5 min的最后水温能达到46.1 ℃以上，那么允许该5 min内的水温低于45.4 ℃；处理时间为65 min～75 min的，水温若有降低，不能低于45.4 ℃，且不能超过10 min；处理时间为90 min～110 min的，水温若有降低，不能低于45.4 ℃，且不能超过15 min。</td></tr>
</table>

续表

<table>
<tr><th>HS编码</th><th>货物名称</th><th>有害生物名称</th><th>处理方法</th><th colspan="2">处理参数</th></tr>
<tr><td rowspan="18">0804502001</td><td rowspan="18">芒果</td><td>桔小实蝇</td><td>热处理</td><td colspan="2">1.强制热空气处理：将温度探针插入至少3个最大芒果的果肉最厚部位，将水果放入处理箱中，连接温度探针到监测仪上，至少每2 min记录一次温度。用热空气加热，使处理箱中温度达50 ℃。水果果核表面最低温度达48 ℃后，结束处理。
注：处理时间受水果大小和装箱数量影响。
2. 热水浸泡处理：46.5 ℃热水浸泡20 min；用15 ℃冷水降温15 min。</td></tr>
<tr><td>墨西哥按实蝇、西印度按实蝇、暗色实蝇</td><td>热处理</td><td colspan="2">蒸热处理：将温度探针插入最大水果的中心部位。在4 h内，以47.5 ℃饱和水蒸气加热，使果实中心温度逐渐升至46 ℃，保持10 min。
注：升温过程中，温度探针每5 min至少记录一次；10 min的保温过程中，每1 min记录一次。处理的最后1 h（包括保温的10 min），相对湿度必须保持90%以上。</td></tr>
<tr><td rowspan="8">果实蝇属害虫（包括芒果实蝇和菲律宾实蝇）</td><td rowspan="8">蒸热处理</td><td>升温时间</td><td>4 h</td></tr>
<tr><td>升温期间记录间隔</td><td>5 min</td></tr>
<tr><td>最小空气温度</td><td>—</td></tr>
<tr><td>升温结束最低果心温度</td><td>46 ℃</td></tr>
<tr><td>处理时间</td><td>10 min</td></tr>
<tr><td>处理期间记录间隔</td><td>1 min</td></tr>
<tr><td>降温方法</td><td>风冷或水冷</td></tr>
<tr></tr>
<tr><td rowspan="8">按实蝇属（包括墨西哥按实蝇）</td><td rowspan="8">蒸热处理</td><td>升温时间</td><td>8 h</td></tr>
<tr><td>升温期间记录间隔</td><td>5 min</td></tr>
<tr><td>最小空气温度</td><td>—</td></tr>
<tr><td>升温结束最低果心温度</td><td>43.3 ℃</td></tr>
<tr><td>处理时间</td><td>6 h</td></tr>
<tr><td>处理期间记录间隔</td><td>5 min</td></tr>
<tr><td>降温方法</td><td>—</td></tr>
<tr></tr>
</table>

续表

<table>
<tr><th>HS编码</th><th>货物名称</th><th>有害生物名称</th><th>处理方法</th><th colspan="3">处理参数</th></tr>
<tr><td rowspan="8">0804502001</td><td rowspan="8">芒果</td><td rowspan="8">墨西哥按实蝇、西印度实蝇、暗色实蝇</td><td rowspan="8">强制热空气处理</td><td colspan="2">升温时间</td><td>—</td></tr>
<tr><td colspan="2">升温期间记录间隔</td><td>2 min</td></tr>
<tr><td colspan="2">最小空气温度</td><td>50 ℃</td></tr>
<tr><td colspan="2">升温结束最低果心温度</td><td>48 ℃</td></tr>
<tr><td colspan="2">处理时间</td><td>2 min</td></tr>
<tr><td colspan="2">处理期间记录间隔</td><td>2 min</td></tr>
<tr><td colspan="2">降温方法</td><td>强制通风或水冷</td></tr>
<tr><td colspan="2">体积限制</td><td>水果重量不超过700 g</td></tr>
<tr><td rowspan="7">0805400001（鲜葡萄，包括鲜柚）、0805400001（芦柑）</td><td rowspan="7">沙田柚、芦柑</td><td rowspan="7">桔小实蝇</td><td rowspan="7">冷处理、热处理、人工除虫</td><td colspan="3">1.冷处理</td></tr>
<tr><td>处理方法</td><td>温度（℃）</td><td>时间（d）</td></tr>
<tr><td rowspan="3">冷处理</td><td>≤0.56</td><td>≥18</td></tr>
<tr><td>≤1.11</td><td>≥20</td></tr>
<tr><td>≤1.67</td><td>≥22</td></tr>
<tr><td colspan="3">2.热水浸泡处理：将清洁剂按1：3 000的比例稀释在43.3 ℃～48.9 ℃热水中。将水果在热肥皂水中至少浸泡1 min。</td></tr>
<tr><td colspan="3">3.人工除虫：用硬鬃毛刷刷洗每个水果以除掉所携带的害虫。用压力水枪洗净残留肥皂水及死虫。</td></tr>
</table>

续表

<table>
<tr><th>HS编码</th><th>货物名称</th><th>有害生物名称</th><th>处理方法</th><th>处理参数</th></tr>
<tr><td rowspan="2">0805100000</td><td rowspan="2">酸橙</td><td>外食性害虫、智利短须螨</td><td>熏蒸处理</td><td>溴甲烷熏蒸室或账幕熏蒸
<table>
<tr><th rowspan="2">温度（℃）</th><th rowspan="2">剂量（g/m³）</th><th colspan="2">最低浓度要求（g/m³）</th></tr>
<tr><th>0.5 h</th><th>2 h</th></tr>
<tr><td>≥26.7</td><td>24</td><td>19</td><td>14</td></tr>
<tr><td>21.1~26.6</td><td>32</td><td>26</td><td>19</td></tr>
<tr><td>15.6~21.0</td><td>40</td><td>32</td><td>24</td></tr>
<tr><td>10.0~15.5</td><td>48</td><td>38</td><td>29</td></tr>
</table></td></tr>
<tr><td>粉蚧类及其他外食性害虫</td><td>冷处理、热处理</td><td>1. 在经认证的热水浸入处理罐中处理水果，并由人员监督。
A. 将水果浸入水面以下至少4英寸的地方。
B. 不断循环水，保持不低于49 ℃的温度20 min。当罐所有位置的水温至少49 ℃时，处理时间开始。
2. 冷却水果打蜡都是可选的。
注：如果温度达到52 ℃，或如果处理时间显著超过20 min，则可能会发生植物毒性损伤（增加黄变）。</td></tr>
<tr><td rowspan="2">0805100000</td><td rowspan="2">橙</td><td rowspan="2">按实蝇属</td><td>熏蒸处理</td><td>溴甲烷熏蒸室常压熏蒸
<table>
<tr><th>温度（℃）</th><th>剂量（g/m³）</th><th>密闭时间（h）</th></tr>
<tr><td>21.1～29.4</td><td>40</td><td>2</td></tr>
</table></td></tr>
<tr><td>蒸热处理</td><td>
<table>
<tr><td>升温时间</td><td>8 h</td></tr>
<tr><td>升温期间记录间隔</td><td>5 min</td></tr>
<tr><td>最小空气温度</td><td>—</td></tr>
<tr><td>升温结束最低果心温度</td><td>43.3 ℃</td></tr>
<tr><td>处理时间</td><td>6 h</td></tr>
<tr><td>处理期间记录间隔</td><td>5 min</td></tr>
<tr><td>降温方法</td><td>—</td></tr>
</table></td></tr>
</table>

续表

<table>
<tr><th>HS编码</th><th>货物名称</th><th>有害生物名称</th><th>处理方法</th><th>处理参数</th></tr>
<tr><td rowspan="5">0805100000</td><td rowspan="5">橙</td><td>按实蝇属</td><td>冷处理</td><td><table><tr><th>果心温度（℃）</th><th>处理时间（d）</th></tr><tr><td>≤ 1.67</td><td>18</td></tr></table></td></tr>
<tr><td>地中海实蝇、纳塔尔实蝇</td><td>冷处理</td><td><table><tr><th>处理方法</th><th>温度（℃）</th><th>处理时间（d）</th></tr><tr><td rowspan="3">冷处理</td><td>≤ 1.11</td><td>14</td></tr><tr><td>≤ 1.67</td><td>16</td></tr><tr><td>≤ 2.22</td><td>18</td></tr></table></td></tr>
<tr><td>墨西哥实蝇</td><td>冷处理</td><td><table><tr><th>果心温度（ ℃）</th><th>处理时间（d）</th></tr><tr><td>≤ 0.56</td><td>18</td></tr><tr><td>≤ 1.11</td><td>20</td></tr><tr><td>≤ 1.67</td><td>22</td></tr></table></td></tr>
<tr><td>昆士兰实蝇</td><td>冷处理</td><td><table><tr><th>处理方法</th><th>温度（℃）</th><th>处理时间（d）</th></tr><tr><td rowspan="4">冷处理</td><td>≤ 0</td><td>10</td></tr><tr><td>≤ 0.56</td><td>11</td></tr><tr><td>≤ 1.11</td><td>13</td></tr><tr><td>≤ 1.67</td><td>15</td></tr></table></td></tr>
<tr><td>桔小实蝇</td><td>冷处理</td><td><table><tr><th>处理方法</th><th>温度（℃）</th><th>时间（d）</th></tr><tr><td rowspan="4">冷处理</td><td>≤ 0</td><td>≥ 10</td></tr><tr><td>≤ 0.55</td><td>≥ 11</td></tr><tr><td>≤ 1</td><td>≥ 13</td></tr><tr><td>≤ 1.66</td><td>≥ 15</td></tr></table></td></tr>
</table>

续表

HS编码	货物名称	有害生物名称	处理方法	处理参数		
0805100000	橙	桔小实蝇	冷处理		果心温度（℃）	处理时间（d）
					≤0.56	18
					≤1.11	20
					≤1.67	22
0805219000	桔子	地中海实蝇和纳塔尔实蝇	冷处理	处理方法	温度（℃）	处理时间（d）
				冷处理	≤1.11	14
					≤1.67	16
					≤2.22	18
		地中海实蝇及按实蝇（墨西哥按实蝇除外）	冷处理	处理方法	温度（℃）	处理时间（d）
				冷处理	≤0	11
					≤0.56	13
					≤1.11	15
					≤1.67	17
		墨西哥按实蝇	冷处理	处理方法	温度（℃）	处理时间（d）
				冷处理	≤0.56	18
					≤1.11	20
					≤1.67	22

续表

<table>
<tr><th>HS编码</th><th>货物名称</th><th>有害生物名称</th><th>处理方法</th><th>处理参数</th></tr>
<tr><td>0805219000</td><td>橘子</td><td>昆士兰实蝇</td><td>冷处理</td><td>
<table>
<tr><th>处理方法</th><th>温度（℃）</th><th>处理时间（d）</th></tr>
<tr><td rowspan="4">冷处理</td><td>≤0</td><td>10</td></tr>
<tr><td>≤0.56</td><td>11</td></tr>
<tr><td>≤1.11</td><td>13</td></tr>
<tr><td>≤1.67</td><td>20</td></tr>
</table>
</td></tr>
<tr><td>0805219000</td><td>柑橘</td><td>按实蝇</td><td>热处理</td><td>
强制热空气处理
<table>
<tr><th>处理方法</th><th>柑橘种类</th><th>装箱数量(个/箱)</th><th>最大重量/单果（g）</th><th>最大直径(cm)</th></tr>
<tr><td rowspan="4">强制热空气</td><td>脐橙</td><td>100</td><td>450</td><td>7.64</td></tr>
<tr><td>除脐橙外的橙类</td><td>100</td><td>468</td><td>7.64</td></tr>
<tr><td>橘子</td><td>120</td><td>245</td><td>无特殊要求</td></tr>
<tr><td>葡萄柚</td><td>70</td><td>536</td><td>10.6</td></tr>
</table>
将温度探针置于装载货物中最大水果的中心部位；将插有温度探针的水果置于热处理箱中指定位置；加温：在90 min内使水果中心温度（所有探针）上升到44 ℃，保持100 min；在整个处理过程中，温度记录仪应至少每两分钟记录一次；处理后立即用水冷降温。
</td></tr>
</table>

续表

<table>
<tr><th>HS编码</th><th>货物名称</th><th>有害生物名称</th><th>处理方法</th><th>处理参数</th></tr>
<tr><td rowspan="3">0805219000</td><td rowspan="3">柑橘</td><td>按实蝇</td><td>热处理</td><td>干热法：将温度探针置于装载货物中最大水果的中心部位；将插有温度探针的水果置于干热处理箱中指定位置；加温，在90 min内使水果中心温度（所有探针）上升到44 ℃，保持100 min；在整个处理过程中，温度记录仪应至少每2 min记录一次；处理后立即用水冷降温。</td></tr>
<tr><td>地中海实蝇、桔小实蝇、瓜实蝇属</td><td>热处理</td><td>强制热空气处理：将温度探针插入最大水果的中心部位（依据要求确定探针数量及放置部位）；将水果放入处理箱中，并连接温度探针到监测仪上；每5 min记录一次温度；用热空气加热，4 h内使处理箱中水果（所有探针）均达到47.2 ℃后，立即用风冷或水冷降温。
注：柑橘属不同品种对该处理的耐受性不一，葡萄柚耐受性最高。处理后立即冷却可使水果受损最小，但木瓜不应使用低于12.5 ℃的水冷却。</td></tr>
<tr><td>纳塔尔实蝇、苹果异形小卷蛾</td><td>冷处理</td><td>冷处理：≤ −0.55 ℃，22 d。</td></tr>
<tr><td>0805219000</td><td>克莱门氏小柑橘</td><td>按实蝇属</td><td>熏蒸处理</td><td><table><tr><th>熏蒸剂</th><th>温度（℃）</th><th>剂量（g/m³）</th><th>密闭时间（h）</th></tr><tr><td>溴甲烷</td><td>26.7 ~ 29.4</td><td>40</td><td>2</td></tr></table></td></tr>
<tr><td rowspan="2">0805400001</td><td rowspan="2">柚子</td><td>地中海实蝇</td><td>熏蒸处理</td><td><table><tr><th rowspan="2">熏蒸剂</th><th rowspan="2">温度（℃）</th><th rowspan="2">剂量（g/m³）</th><th colspan="2">最低浓度（g/m³）</th></tr><tr><th>0.5 h</th><th>2 h</th></tr><tr><td>溴甲烷</td><td>≥ 21.1</td><td>32</td><td>26</td><td>22</td></tr></table></td></tr>
<tr><td>地中海实蝇、纳塔尔实蝇</td><td>冷处理</td><td><table><tr><th>处理方法</th><th>温度（℃）</th><th>处理时间（d）</th></tr><tr><td rowspan="3">冷处理</td><td>≤ 1.11</td><td>14</td></tr><tr><td>≤ 1.67</td><td>16</td></tr><tr><td>≤ 2.22</td><td>18</td></tr></table></td></tr>
</table>

续表

<table>
<tr><th>HS编码</th><th>货物名称</th><th>有害生物名称</th><th>处理方法</th><th>处理参数</th></tr>
<tr><td rowspan="4">0805400001</td><td rowspan="4">葡萄柚</td><td>按实蝇属</td><td>熏蒸处理、热处理</td><td>1. 溴甲烷熏蒸处理
<table><tr><th>熏蒸剂</th><th>温度（℃）</th><th>剂量（g/m³）</th><th>密闭时间（h）</th></tr><tr><td>溴甲烷</td><td>21.1 ~ 29.4</td><td>40</td><td>2</td></tr></table>2. 热处理
蒸热处理（方式1）：在8 h内使果心温度逐渐升至43.3 ℃，然后保持6 h。
蒸热处理（方式2）：在6 h内使果心温度逐渐升至43.3 ℃，然后保持4 h。在水果升温过程中，最初2 h快速升温，后4 h则缓慢加温。</td></tr>
<tr><td>桔黑刺粉虱（葡萄柚吴翅粉虱）</td><td>熏蒸处理</td><td>溴甲烷熏蒸室或帐幕常压熏蒸
<table><tr><th rowspan="2">熏蒸剂</th><th rowspan="2">温度（℃）</th><th rowspan="2">剂量（g/m³）</th><th colspan="2">最低浓度（g/m³）</th></tr><tr><th>0.5 h</th><th>2 h</th></tr><tr><td rowspan="3">溴甲烷</td><td>≥ 26.7</td><td>24</td><td>16</td><td>12</td></tr><tr><td>21.1 ~ 26.6</td><td>24</td><td>19</td><td>15</td></tr><tr><td>18.3 ~ 21.0</td><td>28</td><td>23</td><td>17</td></tr></table></td></tr>
<tr><td>地中海实蝇
纳塔尔实蝇</td><td>冷处理</td><td><table><tr><th>处理方法</th><th>温度（℃）</th><th>处理时间（d）</th></tr><tr><td rowspan="3">冷处理</td><td>≤ 1.11</td><td>14</td></tr><tr><td>≤ 1.67</td><td>16</td></tr><tr><td>≤ 2.22</td><td>18</td></tr></table></td></tr>
<tr><td>按实蝇（墨西哥按实蝇除外）</td><td>冷处理</td><td><table><tr><th>处理方法</th><th>温度（℃）</th><th>处理时间（d）</th></tr><tr><td rowspan="4">冷处理</td><td>≤ 0</td><td>11</td></tr><tr><td>≤ 0.56</td><td>13</td></tr><tr><td>≤ 1.11</td><td>15</td></tr><tr><td>≤ 1.67</td><td>17</td></tr></table></td></tr>
</table>

续表

<table>
<tr><th>HS编码</th><th>货物名称</th><th>有害生物名称</th><th>处理方法</th><th>处理参数</th></tr>
<tr><td>0805400001</td><td>葡萄柚</td><td>昆士兰实蝇</td><td>冷处理</td><td>
<table>
<tr><th>处理方法</th><th>温度（℃）</th><th>处理时间（d）</th></tr>
<tr><td rowspan="5">冷处理</td><td>≤0</td><td>13</td></tr>
<tr><td>≤0.56</td><td>14</td></tr>
<tr><td>≤1.11</td><td>18</td></tr>
<tr><td>≤1.67</td><td>20</td></tr>
<tr><td>≤2.22</td><td>22</td></tr>
</table>
</td></tr>
<tr><td>0805500000</td><td>柠檬</td><td>外食性害虫及智利短须螨</td><td>熏蒸处理</td><td>
<table>
<tr><th rowspan="2">熏蒸剂</th><th rowspan="2">温度（℃）</th><th rowspan="2">剂量（g/m³）</th><th colspan="2">最低浓度（g/m³）</th></tr>
<tr><th>0.5 h</th><th>2 h</th></tr>
<tr><td rowspan="4">溴甲烷</td><td>≥26.7</td><td>24</td><td>19</td><td>14</td></tr>
<tr><td>21.1～26.6</td><td>32</td><td>26</td><td>19</td></tr>
<tr><td>15.6～21.0</td><td>40</td><td>32</td><td>24</td></tr>
<tr><td>10.0～15.5</td><td>48</td><td>38</td><td>29</td></tr>
</table>
</td></tr>
<tr><td>08059000（圆佛手柑）、08059000（柑橘属水果）</td><td>圆佛手柑、香肉果</td><td>墨西哥按实蝇</td><td>冷处理</td><td>
<table>
<tr><th>处理方法</th><th>温度（℃）</th><th>处理时间（d）</th></tr>
<tr><td rowspan="3">冷处理</td><td>≤0.56</td><td>18</td></tr>
<tr><td>≤1.11</td><td>20</td></tr>
<tr><td>≤1.67</td><td>22</td></tr>
</table>
</td></tr>
</table>

续表

<table>
<tr><th>HS编码</th><th>货物名称</th><th>有害生物名称</th><th>处理方法</th><th>处理参数</th></tr>
<tr><td rowspan="5">0806100000</td><td rowspan="5">葡萄</td><td>地中海实蝇、荷兰石竹小卷蛾</td><td>熏蒸处理</td><td><table>
<tr><th rowspan="2">熏蒸剂</th><th rowspan="2">温度
℃</th><th rowspan="2">剂量
g/m³</th><th colspan="5">最低浓度（g/m³）</th></tr>
<tr><th>0.5 h</th><th>2 h</th><th>2.5 h</th><th>3.5 h</th><th>4 h</th></tr>
<tr><td rowspan="2">溴甲烷</td><td>21.1 ~ 26.1</td><td>32</td><td>26</td><td>22</td><td>22</td><td>21</td><td>—</td></tr>
<tr><td>18.3 ~ 21.0</td><td>32</td><td>26</td><td>22</td><td>22</td><td>—</td><td>19</td></tr>
</table></td></tr>
<tr><td>实蝇</td><td>冷处理</td><td>智利（实蝇疫区）≤ 0.5 ℃，处理 15 d。
秘鲁 ≤ 1.5 ℃，处理 ≥ 19 d。
印度 ≤ 1.1 ℃，处理≥ 15 d。</td></tr>
<tr><td>地中海实蝇、纳塔尔实蝇</td><td>冷处理</td><td><table>
<tr><th>处理方法</th><th>温度（℃）</th><th>处理时间（d）</th></tr>
<tr><td rowspan="3">冷处理</td><td>≤ 1.11</td><td>14</td></tr>
<tr><td>≤ 1.67</td><td>16</td></tr>
<tr><td>≤ 2.22</td><td>18</td></tr>
</table></td></tr>
<tr><td>地中海实蝇及按实蝇（墨西哥按实蝇除外）</td><td>冷处理</td><td><table>
<tr><th>果心温度（℃）</th><th>处理时间（d）</th></tr>
<tr><td>≤ 1.11</td><td>15</td></tr>
<tr><td>≤ 1.67</td><td>17</td></tr>
</table></td></tr>
<tr><td>褐卷蛾属、昆士兰实蝇、地中海实蝇及智利短须螨</td><td>溴甲烷常压熏蒸加冷处理</td><td><table>
<tr><th rowspan="2">温度（℃）</th><th rowspan="2">剂量（g/m³）</th><th colspan="2">最低浓度要求（g/m³）</th></tr>
<tr><th>0.5 h</th><th>2 h</th></tr>
<tr><td>≥ 21.1</td><td>32</td><td>25</td><td>18</td></tr>
<tr><td colspan="4">随后冷处理</td></tr>
<tr><td colspan="2">果心温度（℃）</td><td colspan="2">处理时间（d）</td></tr>
<tr><td colspan="2">0.56 ~ 2.77</td><td colspan="2">4</td></tr>
<tr><td colspan="2">3.33 ~ 8.33</td><td colspan="2">11</td></tr>
</table></td></tr>
</table>

续表

<table>
<tr><th>HS编码</th><th>货物名称</th><th>有害生物名称</th><th>处理方法</th><th>处理参数</th></tr>
<tr><td>0807200000</td><td>番木瓜、山番木瓜</td><td>地中海实蝇、桔小实蝇、瓜实蝇</td><td>热处理</td><td>1. 蒸热处理（快速法）：将温度探针插入最大水果的中心部位（事先确定探针数量及放置部位）；将水果放入处理箱中，并连接温度探针到监测仪上；每5 min记录一次温度；用热空气加热，4 h使处理箱中水果（所有探针）均达到至少47.2 ℃后，立即用风冷或水冷方式降温，水冷水温不低于12.5 ℃。
2. 热蒸气处理1：以44.4 ℃饱和水蒸气，在规定时间内使果温达到约44.4 ℃，保持8.75 h，然后冷却。
3. 热蒸气处理2：以饱和水蒸气在4 h内使果实温度升至47.2 ℃。</td></tr>
<tr><td>0807200000</td><td>番木瓜（马来西亚）</td><td>木瓜实蝇</td><td>热水浸泡处理</td><td>热水浸泡处理：果实中心温度达到46.5 ℃后持续10 min。</td></tr>
<tr><td>0808100000（苹果）、0808301000（鲜鸭梨及雪梨）、0808302000（鲜香梨）</td><td>苹果、梨</td><td>褐卷蛾、昆士兰实蝇、地中海实蝇及其他果实蝇</td><td>熏蒸处理、冷处理</td><td>1. 熏蒸处理随后冷处理
<table>
<tr><th rowspan="2">熏蒸剂</th><th rowspan="2">温度（℃）</th><th rowspan="2">剂量（g/m³）</th><th colspan="2">最低浓度（g/m³）</th></tr>
<tr><th>0.5 h</th><th>2 h</th></tr>
<tr><td rowspan="2">溴甲烷</td><td>≥ 10</td><td>24</td><td>23</td><td>20</td></tr>
<tr><td>4.44 ~ 9.99</td><td>32</td><td>30</td><td>25</td></tr>
<tr><td colspan="5">随后冷处理</td></tr>
<tr><td colspan="2">温度（℃）</td><td colspan="3">时间（d）</td></tr>
<tr><td colspan="2">≤ 0.56</td><td colspan="3">21</td></tr>
</table>
<table>
<tr><td colspan="2">温度（℃）</td><td colspan="3">密闭时间（d）</td></tr>
<tr><td colspan="2">≤ 0.56</td><td colspan="3">21</td></tr>
<tr><td colspan="5">随后溴甲烷熏蒸处理</td></tr>
<tr><th rowspan="2">熏蒸剂</th><th rowspan="2">温度（℃）</th><th rowspan="2">剂量（g/m³）</th><th colspan="2">最低浓度（g/m³）</th></tr>
<tr><th>0.5 h</th><th>2h</th></tr>
<tr><td rowspan="3">溴甲烷</td><td>≥ 21.1</td><td>32</td><td>30</td><td>25</td></tr>
<tr><td>15.5 ~ 21.0</td><td>40</td><td>36</td><td>28</td></tr>
<tr><td>4.4 ~ 15.5</td><td>48</td><td>44</td><td>36</td></tr>
</table>
注：熏蒸和冷处理间隔不得超过24 h。</td></tr>
</table>

续表

<table>
<tr><th>HS编码</th><th>货物名称</th><th>有害生物名称</th><th>处理方法</th><th>处理参数</th></tr>
<tr><td rowspan="2">0808100000（苹果）、0808301000（鲜鸭梨及雪梨）、0808302000（鲜香梨）</td><td rowspan="2">苹果、梨</td><td>褐卷蛾、昆士兰实蝇、地中海实蝇及其他果实蝇</td><td>熏蒸处理、冷处理</td><td>2. 熏蒸处理随后冷处理<table><tr><th rowspan="2">熏蒸剂</th><th rowspan="2">温度（℃）</th><th rowspan="2">剂量（g/m³）</th><th colspan="2">最低浓度（g/m³）</th></tr><tr><th>0.5 h</th><th>2 h</th></tr><tr><td>溴甲烷</td><td>≥21.1</td><td>32</td><td>25</td><td>18</td></tr><tr><td colspan="5">随后冷处理</td></tr></table><table><tr><td>温度（℃）</td><td>时间（天）</td></tr><tr><td>0.56～2.77</td><td>4</td></tr><tr><td>3.33～8.33</td><td>11</td></tr></table>注：熏蒸与冷处理间隔不要超过24 h。</td></tr>
<tr><td>桃小食心虫、桃蛀野螟、山楂叶螨、神泽叶螨</td><td>冷处理、熏蒸处理</td><td>冷处理+溴甲烷熏蒸室或帐幕熏蒸处理<table><tr><td>温度（℃）</td><td>时间（d）</td></tr><tr><td>≤1.11</td><td>40</td></tr><tr><td colspan="2">随后溴甲烷熏蒸室或帐幕熏蒸</td></tr></table><table><tr><th rowspan="2">熏蒸剂</th><th rowspan="2">温度（℃）</th><th rowspan="2">剂量（g/m³）</th><th colspan="2">最低浓度（g/m³）</th></tr><tr><th>0.5 h</th><th>2 h</th></tr><tr><td>溴甲烷</td><td>≥10.0</td><td>48</td><td>44</td><td>36</td></tr></table></td></tr>
</table>

续表

HS编码	货物名称	有害生物名称	处理方法	处理参数		
0808100000（苹果）、0808301000（鲜鸭梨及雪梨）、0808302000（鲜香梨）	苹果、梨	地中海实蝇和纳塔尔实蝇	冷处理	*处理方法*	*温度（℃）*	*处理时间（d）*
				冷处理	≤1.11	14
					≤1.67	16
					≤2.22	18
		地中海实蝇及按实蝇（墨西哥按实蝇除外）	冷处理	*果心温度（℃）*		*处理时间（d）*
				≤1.11		15
				≤1.67		17
		昆士兰实蝇	冷处理	*处理方法*	*温度（℃）*	*处理时间（d）*
				冷处理	≤0	13
					≤0.56	14
					≤1.11	18
					≤1.67	20
					≤2.22	22
0808301000	鸭梨	瓜实蝇，桔小实蝇和东方真叶螨	冷处理	*处理方法*	*温度（℃）*	*处理时间（d）*
				冷处理	≤0.56	11
					≤1.11	12
					≤1.67	14

续表

HS编码	货物名称	有害生物名称	处理方法	处理参数		
				处理方法	温度（℃）	处理时间（d）
0808301000	鸭梨	瓜实蝇、桔小实蝇、东方针叶螨	冷处理	冷处理	≤0	10
					≤0.56	11
					≤1.11	12
					≤1.67	14
0808309000（其他鲜梨）	沙梨	地中海实蝇和纳塔尔实蝇	冷处理	冷处理	≤1.11	14
					≤1.67	16
					≤2.22	18
		瓜实蝇、桔小实蝇和荔枝蒂蛀虫	冷处理	冷处理	≤1	17
					≤1.38	20
0808400000	榅桲果	地中海实蝇和纳塔尔实蝇	冷处理	冷处理	≤1.11	14
					≤1.67	16
					≤2.22	18

续表

<table>
<tr><th>HS编码</th><th>货物名称</th><th>有害生物名称</th><th>处理方法</th><th>处理参数</th></tr>
<tr><td>0808400000</td><td>榅桲果</td><td>地中海实蝇及按实蝇（墨西哥按实蝇除外）</td><td>冷处理</td><td>
<table>
<tr><th>处理方法</th><th>温度（℃）</th><th>处理时间（d）</th></tr>
<tr><td rowspan="4">冷处理</td><td>≤0</td><td>11</td></tr>
<tr><td>≤0.56</td><td>13</td></tr>
<tr><td>≤1.11</td><td>15</td></tr>
<tr><td>≤1.67</td><td>17</td></tr>
</table>
</td></tr>
<tr><td rowspan="2">0809290000</td><td rowspan="2">樱桃</td><td>地中海实蝇</td><td>熏蒸处理</td><td>
溴甲烷熏蒸室熏蒸
<table>
<tr><th>温度（℃）</th><th>剂量（g/m³）</th><th>处理时间（h）</th></tr>
<tr><td>≥17.2</td><td>40</td><td>2</td></tr>
</table>
</td></tr>
<tr><td>西部樱桃实蝇、苹果蠹蛾</td><td>熏蒸处理</td><td>
溴甲烷常压熏蒸
<table>
<tr><th>熏蒸剂</th><th>温度（℃）</th><th>剂量（g/m³）</th><th>密闭时间（h）</th></tr>
<tr><td rowspan="4">溴甲烷</td><td>≥21.1</td><td>32</td><td>2</td></tr>
<tr><td>15.6～21.0</td><td>40</td><td>2</td></tr>
<tr><td>10.0～15.5</td><td>48</td><td>2</td></tr>
<tr><td>4.4～9.9</td><td>64</td><td>2</td></tr>
</table>
</td></tr>
</table>

续表

HS编码	货物名称	有害生物名称	处理方法	处理参数：处理方法	温度（℃）	处理时间（d）
0809290000	樱桃	地中海实蝇、纳塔尔实蝇	冷处理	冷处理	≤1.11	14
					≤1.67	16
					≤2.22	18
		地中海实蝇及按实蝇（墨西哥按实蝇除外）		冷处理	≤0	11
					≤0.56	13
					≤1.11	15
					≤1.67	17
		墨西哥按实蝇		冷处理	≤0.56	18
					≤1.11	20
					≤1.67	22
0809300000（鲜桃、鲜油桃）	油桃、桃	地中海实蝇和纳塔尔实蝇	冷处理	冷处理	≤1.11	14
					≤1.67	16
					≤2.22	18

续表

<table>
<tr><th rowspan="2">HS编码</th><th rowspan="2">货物名称</th><th rowspan="2">有害生物名称</th><th rowspan="2">处理方法</th><th colspan="3">处理参数</th></tr>
<tr><th>处理方法</th><th>温度（℃）</th><th>处理时间（d）</th></tr>
<tr><td rowspan="8">0809300000（鲜桃、鲜油桃）</td><td rowspan="8">油桃、桃</td><td rowspan="4">地中海实蝇及按实蝇（墨西哥按实蝇除外）</td><td rowspan="8">冷处理</td><td rowspan="4">冷处理</td><td>≤0</td><td>11</td></tr>
<tr><td>≤0.56</td><td>13</td></tr>
<tr><td>≤1.11</td><td>15</td></tr>
<tr><td>≤1.67</td><td>17</td></tr>
<tr><td rowspan="3">墨西哥按实蝇</td><td rowspan="3">冷处理</td><td>≤0.56</td><td>18</td></tr>
<tr><td>≤1.11</td><td>20</td></tr>
<tr><td>≤1.67</td><td>22</td></tr>
<tr><td>纳塔尔实蝇、苹果异形小卷蛾</td><td colspan="3">冷处理：≤-0.55 ℃，22 d。</td></tr>
<tr><td rowspan="6">0809400090（鲜李子）</td><td rowspan="6">李子（智利（第5区、第6区和首都区））</td><td rowspan="3">地中海实蝇、纳塔尔实蝇</td><td rowspan="3">冷处理</td><td rowspan="3">冷处理</td><td>≤1.11</td><td>14</td></tr>
<tr><td>≤1.67</td><td>16</td></tr>
<tr><td>≤2.22</td><td>18</td></tr>
<tr><td rowspan="3">墨西哥按实蝇</td><td rowspan="3">冷处理</td><td rowspan="3">冷处理</td><td>≤0.56</td><td>18</td></tr>
<tr><td>≤1.11</td><td>20</td></tr>
<tr><td>≤1.67</td><td>22</td></tr>
</table>

续表

<table>
<tr><th>HS编码</th><th>货物名称</th><th>有害生物名称</th><th>处理方法</th><th>处理参数</th></tr>
<tr><td>0809100000（鲜杏）</td><td>杏</td><td>地中海实蝇和纳塔尔实蝇</td><td>冷处理</td><td><table><tr><th>处理方法</th><th>温度（℃）</th><th>处理时间（d）</th></tr><tr><td rowspan="3">冷处理</td><td>≤1.11</td><td>14</td></tr><tr><td>≤1.67</td><td>16</td></tr><tr><td>≤2.22</td><td>18</td></tr></table></td></tr>
<tr><td rowspan="3">0810100000</td><td rowspan="3">草莓</td><td>外食性害虫</td><td>熏蒸处理</td><td>溴甲烷常压熏蒸<table><tr><th rowspan="2">熏蒸剂</th><th rowspan="2">温度（℃）</th><th rowspan="2">剂量（g/m^3）</th><th colspan="2">最低浓度（g/m^3）</th></tr><tr><th>0.5 h</th><th>2 h</th></tr><tr><td rowspan="4">溴甲烷</td><td>≥26.7</td><td>24</td><td>19</td><td>14</td></tr><tr><td>21.1～26.6</td><td>32</td><td>26</td><td>19</td></tr><tr><td>15.6～21.0</td><td>40</td><td>32</td><td>24</td></tr><tr><td>10.0～15.5</td><td>48</td><td>38</td><td>29</td></tr></table></td></tr>
<tr><td>根结线虫</td><td>热水浸泡处理</td><td>57.3 ℃热水浸泡30 min。</td></tr>
<tr><td>短体线虫属</td><td>热水浸泡处理</td><td>52.8 ℃热水浸泡2 min。</td></tr>
<tr><td rowspan="2">0810500000</td><td rowspan="2">猕猴桃</td><td>地中海实蝇</td><td>熏蒸处理</td><td>溴甲烷常压熏蒸<table><tr><th rowspan="2">熏蒸剂</th><th rowspan="2">温度（℃）</th><th rowspan="2">剂量（g/m^3）</th><th colspan="4">最低浓度（g/m^3）</th></tr><tr><th>0.5 h</th><th>2 h</th><th>3.5 h</th><th>4 h</th></tr><tr><td rowspan="2">溴甲烷</td><td>≥21.1</td><td>32</td><td>26</td><td>22</td><td>21</td><td>—</td></tr><tr><td>18.3～21.0</td><td>32</td><td>26</td><td>22</td><td>—</td><td>19</td></tr></table></td></tr>
<tr><td>地中海实蝇、纳塔尔实蝇</td><td>冷处理</td><td><table><tr><th>处理方法</th><th>温度（℃）</th><th>处理时间（d）</th></tr><tr><td rowspan="3">冷处理</td><td>≤1.11</td><td>14</td></tr><tr><td>≤1.67</td><td>16</td></tr><tr><td>≤2.22</td><td>18</td></tr></table></td></tr>
</table>

续表

<table>
<tr><th>HS编码</th><th>货物名称</th><th>有害生物名称</th><th>处理方法</th><th>处理参数</th></tr>
<tr><td rowspan="2">08105000009</td><td rowspan="2">猕猴桃</td><td>昆士兰实蝇</td><td>冷处理</td><td>
<table>
<tr><th>处理方法</th><th>温度（℃）</th><th>处理时间（d）</th></tr>
<tr><td rowspan="5">冷处理</td><td>≤0</td><td>13</td></tr>
<tr><td>≤0.56</td><td>14</td></tr>
<tr><td>≤1.11</td><td>18</td></tr>
<tr><td>≤1.67</td><td>20</td></tr>
<tr><td>≤2.22</td><td>22</td></tr>
</table>
</td></tr>
<tr><td>瓜实蝇、桔小实蝇、昆士兰实蝇、智利短须螨、地中海实蝇、葡萄小卷夜蛾</td><td>溴甲烷常压熏蒸加冷处理</td><td>
<table>
<tr><th rowspan="2">温度（℃）</th><th rowspan="2">剂量（g/m³）</th><th colspan="2">最低浓度要求（g/m³）</th></tr>
<tr><th>0.5 h</th><th>2 h</th></tr>
<tr><td>≥21.1</td><td>32</td><td>25</td><td>18</td></tr>
<tr><td colspan="4">随后冷处理</td></tr>
<tr><td colspan="2">果心温度（℃）</td><td colspan="2">处理时间（d）</td></tr>
<tr><td colspan="2">0.56～2.77</td><td colspan="2">4</td></tr>
<tr><td colspan="2">3.33～8.33</td><td colspan="2">11</td></tr>
</table>
</td></tr>
<tr><td>0810600000（榴梿）</td><td>榴梿及其他大型水果如面包果</td><td>外食性害虫</td><td>热水浸泡处理、手工除虫</td><td>1.热水浸泡处理：将清洁剂按1：3 000的比例稀释在43.3 ℃～48.9 ℃热水中。将水果在热肥皂水中至少浸泡1 min。
2.手工除虫用硬鬃毛刷刷洗每个水果以除掉所携带的害虫。用压力水枪洗净残留肥皂水及死虫。</td></tr>
<tr><td>0810700000</td><td>柿子</td><td>地中海实蝇、纳塔尔实蝇</td><td>冷处理</td><td>
<table>
<tr><th>处理方法</th><th>温度（℃）</th><th>处理时间（d）</th></tr>
<tr><td rowspan="3">冷处理</td><td>≤1.11</td><td>14</td></tr>
<tr><td>≤1.67</td><td>16</td></tr>
<tr><td>≤2.22</td><td>18</td></tr>
</table>
</td></tr>
</table>

续表

<table>
<tr><th>HS编码</th><th>货物名称</th><th>有害生物名称</th><th>处理方法</th><th>处理参数</th></tr>
<tr><td>0810700000</td><td>柿子</td><td>墨西哥按实蝇</td><td>冷处理</td><td><table><tr><th>处理方法</th><th>温度（℃）</th><th>处理时间（d）</th></tr><tr><td rowspan="3">冷处理</td><td>≤0.56</td><td>18</td></tr><tr><td>≤1.11</td><td>20</td></tr><tr><td>≤1.67</td><td>22</td></tr></table></td></tr>
<tr><td rowspan="2">0810901000</td><td rowspan="2">荔枝</td><td>粉蚧</td><td>熏蒸处理</td><td>溴甲烷熏蒸室或帐幕熏蒸<table><tr><th rowspan="2">熏蒸剂</th><th rowspan="2">温度（℃）</th><th rowspan="2">剂量（g/m³）</th><th colspan="2">最低浓度（g/m³）</th></tr><tr><th>0.5 h</th><th>2 h</th></tr><tr><td rowspan="3">溴甲烷</td><td>≥26.7</td><td>40</td><td>32</td><td>24</td></tr><tr><td>21.1 ~ 26.6</td><td>48</td><td>38</td><td>29</td></tr><tr><td>15.6 ~ 21.0</td><td>64</td><td>48</td><td>38</td></tr></table></td></tr>
<tr><td>地中海实蝇、纳塔尔实蝇</td><td>冷处理</td><td><table><tr><th>处理方法</th><th>温度（℃）</th><th>处理时间（d）</th></tr><tr><td rowspan="3">冷处理</td><td>≤1.11</td><td>14</td></tr><tr><td>≤1.67</td><td>16</td></tr><tr><td>≤2.22</td><td>18</td></tr></table></td></tr>
</table>

续表

<table>
<tr><th>HS编码</th><th>货物名称</th><th>有害生物名称</th><th>处理方法</th><th>处理参数</th></tr>
<tr><td rowspan="4">0810901000</td><td rowspan="4">荔枝</td><td>墨西哥按实蝇</td><td>冷处理</td><td><table><tr><th>处理方法</th><th>温度（℃）</th><th>处理时间（d）</th></tr><tr><td rowspan="3">冷处理</td><td>≤0.56</td><td>18</td></tr><tr><td>≤1.11</td><td>20</td></tr><tr><td>≤1.67</td><td>22</td></tr></table></td></tr>
<tr><td>瓜实蝇、桔小实蝇、东方真叶螨</td><td>冷处理</td><td><table><tr><th>处理方法</th><th>温度（℃）</th><th>处理时间（d）</th></tr><tr><td rowspan="4">冷处理</td><td>≤0</td><td>11</td></tr><tr><td>≤0.56</td><td>13</td></tr><tr><td>≤1.11</td><td>15</td></tr><tr><td>≤1.67</td><td>17</td></tr></table></td></tr>
<tr><td>地中海实蝇、桔小实蝇</td><td>热水浸泡处理</td><td>1.将水果浸入水面以下至少4英寸的地方。
2.不断循环水，保持49 ℃（或以上）的温度20 min。
3.直到水果浸泡后，整个水箱中所有位置的水温恢复到49℃（或以上）才开始处理。因此，在处理开始前，建议果肉温度为21.1 ℃（或以上），以减少水温恢复时间和果实浸泡在热水中的总时间。初始果肉温度低于20 ℃的荔枝的果实质量尚未进行研究。如果温度超过49 ℃，可能会发生植物毒性损伤（变黄增加）。
注：建议在25 ℃下水冷20 min，虽然不需要，但可防止热水浸泡处理对水果的伤害。</td></tr>
<tr><td>桔小实蝇、瓜实蝇、荔枝蒂蛀虫</td><td>冷处理</td><td><table><tr><th>处理方法</th><th>温度（℃）</th><th>处理时间（d）</th></tr><tr><td rowspan="2">冷处理</td><td>≤0.99</td><td>17</td></tr><tr><td>≤1.38</td><td>20</td></tr></table></td></tr>
</table>

续表

<table>
<tr><th>HS编码</th><th>货物名称</th><th>有害生物名称</th><th>处理方法</th><th>处理参数</th></tr>
<tr><td>0810901000</td><td>荔枝</td><td>桔小实蝇、瓜实蝇、荔枝蒂蛀虫</td><td>蒸热处理</td><td><table><tr><th>升温时间</th><th>1 h</th></tr><tr><td>升温期间记录间隔</td><td>5 min</td></tr><tr><td>最小空气温度</td><td>—</td></tr><tr><td>升温结束最低果心温度</td><td>47.2 ℃</td></tr><tr><td>处理时间</td><td>20 min</td></tr><tr><td>处理期间记录间隔</td><td>5 min</td></tr><tr><td>降温方法</td><td>水冷喷雾</td></tr></table></td></tr>
<tr><td rowspan="3">0810903000</td><td rowspan="3">龙眼</td><td>墨西哥按实蝇</td><td>冷处理</td><td><table><tr><th>处理方法</th><th>温度（℃）</th><th>处理时间（d）</th></tr><tr><td rowspan="3">冷处理</td><td>≤ 0.56</td><td>18</td></tr><tr><td>≤ 1.11</td><td>20</td></tr><tr><td>≤ 1.67</td><td>22</td></tr></table></td></tr>
<tr><td>地中海实蝇和桔小实蝇</td><td>热处理</td><td>热水浸泡：49 ℃，20 min。用24 ℃水冷20 min，以避免水果受热水浸泡伤害。
注：如果处理水温超过49.5 ℃，水果可能受伤，如表皮变黄加剧。</td></tr>
<tr><td>桔小实蝇</td><td>冷处理</td><td><table><tr><th>处理方法</th><th>温度（℃）</th><th>处理时间（d）</th></tr><tr><td rowspan="2">冷处理</td><td>≤ 1</td><td>15</td></tr><tr><td>≤ 1.38</td><td>18</td></tr></table></td></tr>
</table>

续表

<table>
<tr><th>HS编码</th><th>货物名称</th><th>有害生物名称</th><th>处理方法</th><th>处理参数</th></tr>
<tr><td>0810903000</td><td>龙眼</td><td>桔小实蝇、瓜实蝇、荔枝蒂蛀虫</td><td>冷处理</td><td><table><tr><th>处理方法</th><th>温度（℃）</th><th>处理时间（d）</th></tr><tr><td rowspan="2">冷处理</td><td>≤1</td><td>17</td></tr><tr><td>≤1.38</td><td>20</td></tr></table></td></tr>
<tr><td>0810904000</td><td>红毛丹</td><td>地中海实蝇、桔小实蝇</td><td>蒸热处理</td><td>1. 干热法：在1 h内使水果中心温度（所有探针）达到至少47.2 ℃。保持水果温度在47.2 ℃或以上20 min；处理时相对湿度维持在90%以上。处理后水果冷却。
2. 热蒸汽法：在1 h内，以饱和水蒸气使果实温度逐渐升至47.2 ℃，然后保持20 min；处理期间，保持相对湿度90%或以上；处理后及时冷却。</td></tr>
<tr><td rowspan="2">0810906000</td><td rowspan="2">杨桃</td><td>按实蝇（墨西哥按实蝇除外）</td><td>冷处理</td><td><table><tr><th>处理方法</th><th>温度（℃）</th><th>处理时间（d）</th></tr><tr><td rowspan="4">冷处理</td><td>≤0</td><td>11</td></tr><tr><td>≤0.56</td><td>13</td></tr><tr><td>≤1.11</td><td>15</td></tr><tr><td>≤1.67</td><td>17</td></tr></table></td></tr>
<tr><td>桔小实蝇，瓜实蝇和东方真叶螨</td><td>冷处理</td><td><table><tr><th>处理方法</th><th>温度（℃）</th><th>处理时间（d）</th></tr><tr><td rowspan="3">冷处理</td><td>≤0.56</td><td>11</td></tr><tr><td>≤1.11</td><td>12</td></tr><tr><td>≤1.67</td><td>14</td></tr></table></td></tr>
<tr><td>0810908000（鲜火龙果）</td><td>各种仙人掌果实（仙人掌、火龙果等）</td><td>地中海实蝇</td><td>熏蒸处理</td><td>溴甲烷常压熏蒸<table><tr><th rowspan="2">熏蒸剂</th><th>温度</th><th>剂量</th><th colspan="3">最低浓度（g/m³）</th></tr><tr><th>（℃）</th><th>（g/m³）</th><th>0.5 h</th><th>2 h</th><th>3.5 h</th></tr><tr><td>溴甲烷</td><td>≥21.1</td><td>32</td><td>26</td><td>21</td><td>21</td></tr></table></td></tr>
</table>

续表

<table>
<tr><th>HS编码</th><th>货物名称</th><th>有害生物名称</th><th>处理方法</th><th>处理参数</th></tr>
<tr><td>0810909002（枇杷）</td><td>灯笼果、枇杷</td><td>地中海实蝇和纳塔尔实蝇</td><td>冷处理</td><td><table><tr><th>处理方法</th><th>温度（℃）</th><th>处理时间（d）</th></tr><tr><td rowspan="3">冷处理</td><td>≤1.11</td><td>14</td></tr><tr><td>≤1.67</td><td>16</td></tr><tr><td>≤2.22</td><td>18</td></tr></table></td></tr>
<tr><td>08109090（水果）、12119039（药用）</td><td>龙珠果</td><td>地中海实蝇、南美按实蝇</td><td>蒸热处理</td><td>热蒸气处理：以47 ℃的饱和水蒸气，在4 h内使果实温度升至46 ℃，保持20 min。
注：如需冷却，须在处理完成30 min后进行。</td></tr>
<tr><td rowspan="2">0810909090</td><td rowspan="2">石榴</td><td>地中海实蝇和纳塔尔实蝇</td><td>冷处理</td><td>溴甲烷熏蒸室或帐幕熏蒸<table><tr><th>处理方法</th><th>温度（℃）</th><th>处理时间（d）</th></tr><tr><td rowspan="3">冷处理</td><td>≤1.11</td><td>14</td></tr><tr><td>≤1.67</td><td>16</td></tr><tr><td>≤2.22</td><td>18</td></tr></table></td></tr>
<tr><td>按实蝇（墨西哥按实蝇除外）</td><td>冷处理</td><td>溴甲烷熏蒸室或帐幕熏蒸<table><tr><th>处理方法</th><th>温度（℃）</th><th>处理时间（d）</th></tr><tr><td rowspan="4">冷处理</td><td>≤0</td><td>11</td></tr><tr><td>≤0.56</td><td>13</td></tr><tr><td>≤1.11</td><td>15</td></tr><tr><td>≤1.67</td><td>17</td></tr></table></td></tr>
</table>

续表

<table>
<tr><th>HS编码</th><th>货物名称</th><th>有害生物名称</th><th>处理方法</th><th>处理参数</th></tr>
<tr><td rowspan="2">0810909090</td><td rowspan="2">蓝莓</td><td>外食性害虫</td><td>熏蒸处理</td><td>溴甲烷账幕熏蒸或熏蒸室熏蒸
<table>
<tr><th rowspan="2">熏蒸剂</th><th>温度</th><th>剂量</th><th colspan="2">最低浓度（g/m^3）</th></tr>
<tr><th>（℃）</th><th>（g/m^3）</th><th>0.5 h</th><th>2 h</th></tr>
<tr><td rowspan="2">溴甲烷</td><td>≥26.7</td><td>24</td><td>19</td><td>14</td></tr>
<tr><td>21.1～26.6</td><td>32</td><td>26</td><td>19</td></tr>
</table></td></tr>
<tr><td>地中海实蝇</td><td>熏蒸处理</td><td>溴甲烷账幕熏蒸或熏蒸室熏蒸
<table>
<tr><th rowspan="2">熏蒸剂</th><th>温度</th><th>剂量</th><th colspan="3">最低浓度（g/m^3）</th></tr>
<tr><th>（℃）</th><th>（g/m^3）</th><th>0.5 h</th><th>2 h</th><th>3.5 h</th></tr>
<tr><td>溴甲烷</td><td>≥21.1</td><td>32</td><td>26</td><td>22</td><td>21</td></tr>
</table></td></tr>
<tr><td>0811909090
（鲜或冷藏的其他蔬菜）</td><td>黄秋葵</td><td>棉花红铃虫</td><td>熏蒸处理</td><td><table>
<tr><th>熏蒸剂</th><th>温度（℃）</th><th>剂量（g/m^3）</th><th>密闭时间（h）</th></tr>
<tr><td rowspan="6">溴甲烷</td><td>≥32.2</td><td>16</td><td>2</td></tr>
<tr><td>26.7～32.1</td><td>24</td><td>2</td></tr>
<tr><td>21.1～26.6</td><td>32</td><td>2</td></tr>
<tr><td>15.6～21.0</td><td>40</td><td>2</td></tr>
<tr><td>10.0～15.5</td><td>48</td><td>2</td></tr>
<tr><td>4.4～9.9</td><td>56</td><td>2</td></tr>
</table></td></tr>
</table>

四、咖啡、茶、马黛茶及调味香料

<table>
<tr><th>HS编码</th><th>货物名称</th><th>有害生物名称</th><th>处理方法</th><th colspan="6">处理参数</th></tr>
<tr><td rowspan="14">0910110000</td><td rowspan="14">姜</td><td rowspan="7">外食性害虫</td><td rowspan="7">熏蒸处理</td><td colspan="6">溴甲烷熏蒸室或帐幕常压熏蒸</td></tr>
<tr><td>温度</td><td>剂量</td><td colspan="4">最低浓度（g/m^3）</td></tr>
<tr><td>（℃）</td><td>（g/m^3）</td><td>0.5 h</td><td>2 h</td><td>3 h</td><td>3.5 h</td></tr>
<tr><td>≥ 32.2</td><td>32</td><td>26</td><td>19</td><td>19</td><td>—</td></tr>
<tr><td>26.7 ~ 32.1</td><td>40</td><td>32</td><td>24</td><td>24</td><td>—</td></tr>
<tr><td>21.1 ~ 26.6</td><td>48</td><td>38</td><td>29</td><td>24</td><td>—</td></tr>
<tr><td>15.6 ~ 21.0</td><td>48</td><td>38</td><td>29</td><td>—</td><td>24</td></tr>
<tr><td rowspan="7">钻蛀性害虫</td><td rowspan="7">熏蒸处理</td><td colspan="6">溴甲烷熏蒸室（380 mmHg）减压熏蒸</td></tr>
<tr><td colspan="2">温度（℃）</td><td colspan="2">剂量（g/m^3）</td><td colspan="2">密闭时间（h）</td></tr>
<tr><td colspan="2">≥ 32.2</td><td colspan="2">32</td><td colspan="2">3</td></tr>
<tr><td colspan="2">26.7 ~ 32.1</td><td colspan="2">40</td><td colspan="2">3</td></tr>
<tr><td colspan="2">21.1 ~ 26.6</td><td colspan="2">48</td><td colspan="2">3</td></tr>
<tr><td colspan="2">15.6 ~ 21.0</td><td colspan="2">48</td><td colspan="2">3.5</td></tr>
</table>

五、谷物

<table>
<tr><th>HS编码</th><th>货物名称</th><th>有害生物名称</th><th>处理方法</th><th>处理参数</th></tr>
<tr><td>1005100090（种用玉米）</td><td>玉米（种子）（小批量作繁殖用但不食用或作饲料、炼油用）</td><td>玉米晚枯病菌、玉米内州萎蔫病菌、玉米细菌性枯萎病菌等玉米多种病害</td><td>消毒处理</td><td>将代森锰锌和克菌丹混合后干燥施于染病种子。</td></tr>
<tr><td rowspan="4">1005100001（配额内种用玉米）、1005100090（配额外种用玉米）、1005900001（配额内其他玉米）、1005900090（配额外其他玉米）、1209910000（蔬菜种子）</td><td rowspan="4">抽穗玉米、玉米种子（非繁殖）</td><td>钻蛀类昆虫</td><td>熏蒸处理</td><td>溴甲烷熏蒸室常压熏蒸<table><tr><th>温度（℃）</th><th>剂量（g/m³）</th><th>密闭时间（h）</th></tr><tr><td>≥21.1</td><td>32</td><td>6</td></tr></table></td></tr>
<tr><td>玉米螟</td><td>熏蒸处理</td><td>溴甲烷熏蒸室或帐幕常压熏蒸<table><tr><th>温度</th><th>剂量</th><th colspan="2">最低浓度（g/m³）</th></tr><tr><th>（℃）</th><th>（g/m³）</th><th>0.5 h</th><th>2 h</th></tr><tr><td>≥21.1</td><td>40</td><td>32</td><td>24</td></tr></table></td></tr>
<tr><td>钻蛀类昆虫</td><td>热处理</td><td>干热处理：≥75.6 ℃，处理≥2 h以上。</td></tr>
<tr><td>玉米霜霉病菌、玉米内州萎蔫病菌、玉米细菌性枯萎病菌、玉米褐条霜霉病菌、玉米褐条麻霜霉病</td><td>热处理</td><td>1. 热水浸泡：略低于100 ℃，1 h。
2. 蒸热处理：115.6 ℃水蒸气，10 min（小包装）；0.13mPa，20 min（大包装）。
3. 干热处理：100 ℃，1 h（小包装）。</td></tr>
</table>

续表

<table>
<tr><th>HS编码</th><th>货物名称</th><th>有害生物名称</th><th>处理方法</th><th>处理参数</th></tr>
<tr><td rowspan="3">1007100000（种用食用高粱）、1007900000（其他食用高粱）</td><td rowspan="3">高粱及其制品</td><td>钻蛀性害虫及扁虱和锯蝇</td><td>熏蒸处理</td><td>溴甲烷真空（659 mmHg）熏蒸
<table>
<tr><th rowspan="2">温度（℃）</th><th rowspan="2">剂量（g/m³）</th><th colspan="2">密闭时间（h）</th></tr>
<tr><th>锯蝇</th><th>其他</th></tr>
<tr><td>≥ 15.6</td><td>40</td><td>5</td><td>2.5</td></tr>
<tr><td>10.0 ~ 15.5</td><td>56</td><td>5</td><td>2.5</td></tr>
<tr><td>4.4 ~ 9.9</td><td>80</td><td>5</td><td>2.5</td></tr>
</table></td></tr>
<tr><td>钻蛀性害虫及扁虱和锯蝇</td><td>熏蒸处理</td><td>溴甲烷熏蒸
<table>
<tr><th>温度（℃）</th><th>剂量（g/m³）</th><th>密闭时间（h）</th></tr>
<tr><td>≥ 15.6</td><td>40</td><td>16</td></tr>
<tr><td>10.0 ~ 15.5</td><td>56</td><td>16</td></tr>
<tr><td>4.4 ~ 9.9</td><td>72</td><td>16</td></tr>
</table></td></tr>
<tr><td>钻蛀性害虫及扁虱和锯蝇</td><td>熏蒸处理</td><td>溴甲烷帐幕、车辆熏蒸
<table>
<tr><th rowspan="2">温度（℃）</th><th rowspan="2">剂量（g/m³）</th><th colspan="4">最低浓度（g/m³）</th></tr>
<tr><th>0.5 h</th><th>2 h</th><th>4 h</th><th>24 h</th></tr>
<tr><td>≥ 15.6</td><td>48</td><td>36</td><td>20</td><td>20</td><td>15</td></tr>
<tr><td>10.0 ~ 15.0</td><td>80</td><td>60</td><td>40</td><td>30</td><td>20</td></tr>
<tr><td>4.4 ~ 9.4</td><td>112</td><td>84</td><td>56</td><td>40</td><td>25</td></tr>
</table></td></tr>
</table>

续表

<table>
<tr><th>HS编码</th><th>货物名称</th><th>有害生物名称</th><th>处理方法</th><th>处理参数</th></tr>
<tr><td rowspan="2">1007100000（种用食用高粱）、1007900000（其他食用高粱）</td><td rowspan="2">高粱及其制品</td><td>钻蛀性害虫及扁虱和锯蝇</td><td>热处理</td><td>抽真空至634 mmHg后导入蒸气直到压力达到0.068 95 mPa 和115.6 ℃，20 min。</td></tr>
<tr><td>高粱根腐病菌 、高粱霜霉病</td><td>热处理</td><td>1. 热水浸泡：略低于100 ℃，1 h。
2. 热蒸汽处理：115.6 ℃水蒸气，10 min（小包装）；0.13 mPa，20 min（大包装）。
3. 干热处理：100 ℃，1 h（小包装）。</td></tr>
</table>

六、制粉工业产品；麦芽；淀粉；菊粉；面筋

<table>
<tr><th rowspan="2">HS编码</th><th rowspan="2">货物名称</th><th rowspan="2">有害生物名称</th><th rowspan="2">处理方法</th><th colspan="7">处理参数</th></tr>
<tr><td colspan="7">溴甲烷熏蒸</td></tr>
<tr><td rowspan="8">1101000090（小麦或混合麦的细粉）</td><td rowspan="8">面粉、含油量高的精粉</td><td rowspan="8">斑皮蠹（非中国种）</td><td rowspan="8">熏蒸处理</td><td rowspan="2">温度（℃）</td><td rowspan="2">剂量（g/m³）</td><td colspan="5">最低浓度（g/m³）</td></tr>
<tr><td>0.5 h</td><td>2 h</td><td>24 h</td><td>28 h</td><td>32 h</td></tr>
<tr><td>≥32.2</td><td>64</td><td>48</td><td>32</td><td>25</td><td>—</td><td>—</td></tr>
<tr><td>26.7～32.2</td><td>96</td><td>72</td><td>48</td><td>30</td><td>—</td><td>—</td></tr>
<tr><td>21.1～26.6</td><td>128</td><td>96</td><td>64</td><td>35</td><td>—</td><td>—</td></tr>
<tr><td>15.6～21.0</td><td>192</td><td>144</td><td>96</td><td>50</td><td>—</td><td>—</td></tr>
<tr><td>10.0～15.5</td><td>192</td><td>144</td><td>96</td><td>50</td><td>50</td><td>—</td></tr>
<tr><td>4.4～9.9</td><td>192</td><td>144</td><td>96</td><td>50</td><td>502</td><td>50</td></tr>
</table>

续表

<table>
<tr><th>HS编码</th><th>货物名称</th><th>有害生物名称</th><th>处理方法</th><th>处理参数</th></tr>
<tr><td rowspan="3">1103199000
（其他谷物粗粒及粗粉）</td><td rowspan="3">不用来繁殖的谷粒和种子</td><td rowspan="2">斑皮蠹（非中国种）及螨类</td><td>熏蒸处理</td><td>溴甲烷常压熏蒸
<table>
<tr><th rowspan="2">温度（℃）</th><th rowspan="2">剂量（g/m³）</th><th colspan="3">最低浓度（g/m³）</th></tr>
<tr><th>0.5 h</th><th>2 h</th><th>12 h</th></tr>
<tr><td>≥32.2</td><td>40</td><td>30</td><td>20</td><td>15</td></tr>
<tr><td>26.7～31.7</td><td>56</td><td>42</td><td>30</td><td>20</td></tr>
<tr><td>21.1～26.1</td><td>72</td><td>54</td><td>40</td><td>25</td></tr>
<tr><td>15.6～20.6</td><td>96</td><td>72</td><td>50</td><td>30</td></tr>
<tr><td>10.0～15.0</td><td>120</td><td>90</td><td>60</td><td>35</td></tr>
<tr><td>4.4～9.4</td><td>144</td><td>108</td><td>70</td><td>40</td></tr>
</table></td></tr>
<tr><td>熏蒸处理</td><td>溴甲烷真空（659 mmHg）熏蒸
<table>
<tr><th>温度（℃）</th><th>剂量（g/m³）</th><th>密闭时间（h）</th></tr>
<tr><td>≥15.6</td><td>128</td><td>3</td></tr>
<tr><td>4.4～15.0</td><td>144</td><td>3</td></tr>
</table>注：装载量限制为容积的75%。</td></tr>
<tr><td>小麦矮腥黑穗病菌（见标准）</td><td>熏蒸处理</td><td>环氧乙烷减压熏蒸
<table>
<tr><th rowspan="2">温度（℃）</th><th rowspan="2">剂量（g/m³）</th><th colspan="3">最低浓度（g/m³）</th></tr>
<tr><th>24 h</th><th>72 h</th><th>120 h</th></tr>
<tr><td>≥20</td><td>150</td><td>15</td><td>7</td><td>3</td></tr>
</table></td></tr>
</table>

七、含油子仁及果实；杂项子仁及果实；工业用或药用植物；稻草、秸秆及饲料

<table>
<tr><th>HS编码</th><th>货物名称</th><th>有害生物名称</th><th>处理方法</th><th>处理参数</th></tr>
<tr><td>1203000000</td><td>干椰子肉</td><td>外食性害虫</td><td>熏蒸处理</td><td>溴甲烷熏蒸
<table>
<tr><th rowspan="2">熏蒸剂</th><th rowspan="2">温度（℃）</th><th rowspan="2">剂量（g/m³）</th><th colspan="2">最低浓度（g/m³）</th></tr>
<tr><th>0.5 h</th><th>2 h</th></tr>
<tr><td rowspan="3">溴甲烷</td><td>≥26.7</td><td>32</td><td>19</td><td>14</td></tr>
<tr><td>21.1～26.6</td><td>48</td><td>26</td><td>19</td></tr>
<tr><td>15.6～21.0</td><td>64</td><td>32</td><td>24</td></tr>
</table></td></tr>
<tr><td>1205109000（其他低芥籽酸油菜籽）</td><td>各类油籽</td><td>坚果卷叶虫和象鼻虫</td><td>熏蒸处理</td><td>溴甲烷真空（659 mmHg）熏蒸
<table>
<tr><th>温度（℃）</th><th>剂量（g/m³）</th><th>密闭时间（h）</th></tr>
<tr><td>26.7～35.6</td><td>48</td><td>2</td></tr>
<tr><td>21.1～26.6</td><td>64</td><td>2</td></tr>
<tr><td>15.6～21.0</td><td>64</td><td>3</td></tr>
<tr><td>10.0～15.5</td><td>64</td><td>4</td></tr>
<tr><td>4.4～9.9</td><td>64</td><td>5</td></tr>
</table></td></tr>
</table>

续表

<table>
<tr><th>HS 编码</th><th>货物名称</th><th>有害生物名称</th><th>处理方法</th><th>处理参数</th></tr>
<tr><td>12089000</td><td>棉籽粉</td><td>斑皮蠹（非中国种）及螨类</td><td>熏蒸处理</td><td>溴甲烷熏蒸
<table>
<tr><th rowspan="2">温度（℃）</th><th rowspan="2">剂量（g/m^3）</th><th colspan="5">最低浓度（g/m^3）</th></tr>
<tr><th>0.5 h</th><th>2 h</th><th>24 h</th><th>28 h</th><th>32 h</th></tr>
<tr><td>≥ 32.2</td><td>64</td><td>48</td><td>32</td><td>25</td><td>—</td><td>—</td></tr>
<tr><td>26.7 ~ 32.1</td><td>96</td><td>72</td><td>48</td><td>30</td><td>—</td><td>—</td></tr>
<tr><td>21.1 ~ 26.6</td><td>128</td><td>96</td><td>64</td><td>35</td><td>—</td><td>—</td></tr>
</table>
注：采用此方法处理后，不可再用于食品或饲料。除了读取空间浓度外，必须获取货物的浓度值。货物浓度最小值为：32.2 ℃ ~ 35.6℃为 $10g/m^3$，26.7 ℃ ~ 32.1 ℃为 $15g/m^3$ 和 21.1 ~ 26.6 ℃为 $20 g/m^3$。</td></tr>
<tr><td>1209299000（其他饲料植物种子）</td><td>苜蓿籽</td><td>苜蓿籽蜂</td><td>熏蒸处理、热处理</td><td>溴甲烷真空（659 mmHg）熏蒸
<table>
<tr><th>温度（℃）</th><th>剂量（g/m^3）</th><th>密闭时间（h）</th></tr>
<tr><td>≥ 21.1</td><td>64</td><td>4</td></tr>
</table></td></tr>
<tr><td>1209300090（其他草本花卉植物种子）</td><td>忍冬种子和其他种子</td><td>寡鬃实蝇（非中国种），如欧洲樱桃绕实蝇的蛹</td><td>熏蒸处理</td><td>溴甲烷常压熏蒸
<table>
<tr><th>温度（℃）</th><th>剂量（g/m^3）</th><th>密闭时间（h）</th></tr>
<tr><td>≥ 21.1</td><td>64*</td><td>8</td></tr>
</table>
注：如果种子用于繁殖，那么此处理剂量可能会损伤其繁殖能力。</td></tr>
</table>

续表

<table>
<tr><th>HS编码</th><th>货物名称</th><th>有害生物名称</th><th>处理方法</th><th>处理参数</th></tr>
<tr><td>1209300090（其他草本花卉植物种子）</td><td>伞形科植物种子</td><td>Systole spp.、广肩小蜂属</td><td>熏蒸处理</td><td>溴甲烷真空（659 mmHg）熏蒸
<table>
<tr><th>温度（℃）</th><th>剂量（g/m³）</th><th>密闭时间（h）</th></tr>
<tr><td>26.6～35.6</td><td>40</td><td>3.5</td></tr>
<tr><td>21.1～26.6</td><td>48</td><td>3.5</td></tr>
<tr><td>15.6～21.0</td><td>48</td><td>4</td></tr>
<tr><td>10.0～15.5</td><td>48</td><td>4.5</td></tr>
<tr><td>4.4～9.9</td><td>48</td><td>5</td></tr>
</table></td></tr>
<tr><td>1209300090（其他草本花卉植物种子）</td><td>柑橘属和其他芸香科种子</td><td>柑橘溃疡病（柑橘细菌性溃疡病）</td><td>热处理+消毒处理</td><td>清洗种子上附着的粘性物质，在51.6 ℃以上的热水中浸泡10 min，再将种子浸入pH 6.0～7.5，0.525%的次氯酸钠溶液中至少2 min，最后排水，干燥到最初的湿度重新包装。</td></tr>
<tr><td>1209300090（其他草本花卉植物种子）</td><td>洋麻、木槿、黄秋葵的豆荚和种子</td><td>钻蛀性害虫</td><td>熏蒸处理</td><td>1.溴甲烷熏蒸室或帐幕熏蒸
<table>
<tr><th rowspan="2">温度（℃）</th><th rowspan="2">剂量（g/m³）</th><th colspan="3">最低浓度（g/m³）</th></tr>
<tr><th>0.5 h</th><th>12 h</th><th>24 h</th></tr>
<tr><td rowspan="2">15.6～35.6</td><td>32</td><td>24</td><td>12</td><td>—</td></tr>
<tr><td>16</td><td>12</td><td>—</td><td>5</td></tr>
<tr><td rowspan="2">4.4～15.0</td><td>48</td><td>36</td><td>17</td><td>—</td></tr>
<tr><td>32</td><td>24</td><td>—</td><td>10</td></tr>
</table></td></tr>
</table>

续表

<table>
<tr><th>HS编码</th><th>货物名称</th><th>有害生物名称</th><th>处理方法</th><th>处理参数</th></tr>
<tr><td>1209300090（其他草本花卉植物种子）</td><td>洋麻、木槿、黄秋葵的豆荚和种子</td><td>钻蛀性害虫</td><td>熏蒸处理</td><td>2. 溴甲烷真空（659 mmHg）熏蒸
<table><tr><th>温度（℃）</th><th>剂量（g/m³）</th><th>密闭时间（h）</th></tr><tr><td>≥4.4</td><td>64</td><td>2</td></tr></table>注：本方法针对洋麻和黄秋葵种子。装载量限制为容积的50%。
3. 磷化氢熏蒸
<table><tr><th rowspan="2">温度（℃）</th><th rowspan="2">剂量（g/m³）</th><th colspan="2">最低浓度（mg/m³）</th></tr><tr><th>72 h</th><th>120 h</th></tr><tr><td>≥10.0</td><td>2.1</td><td>225*</td><td>≥50</td></tr></table>注：*为平均值，其中最低浓度不小于50×10⁻⁶。当货物密闭时，相对湿度必须大于40%，至少通风24 h。</td></tr>
<tr><td>1209300090（其他草本花卉植物种子）</td><td>迷迭香属种子</td><td>蜗牛、钻蛀性害虫</td><td>熏蒸处理</td><td>溴甲烷真空（659 mmHg）熏蒸
<table><tr><th>温度（℃）</th><th>剂量（g/m³）</th><th>密闭时间（h）</th></tr><tr><td>≥21.1</td><td>64</td><td>4</td></tr></table></td></tr>
<tr><td>1209300090（其他草本花卉植物种子）</td><td>麻黄种子</td><td>Bootanomyia spp.</td><td>熏蒸处理</td><td>溴甲烷真空（659 mmHg）熏蒸
<table><tr><th>温度（℃）</th><th>剂量（g/m³）</th><th>密闭时间（h）</th></tr><tr><td>≥21.1</td><td>56</td><td>6</td></tr></table></td></tr>
</table>

续表

<table>
<tr><th>HS编码</th><th>货物名称</th><th>有害生物名称</th><th>处理方法</th><th colspan="3">处理参数</th></tr>
<tr><td rowspan="14">1209300090
（其他草本花卉植物种子）</td><td rowspan="14">松属种子</td><td rowspan="7">外食性害虫</td><td rowspan="7">熏蒸处理</td><td colspan="3">溴甲烷常压熏蒸</td></tr>
<tr><td>温度（℃）</td><td>剂量（g/m^3）</td><td>密闭时间（h）</td></tr>
<tr><td>26.7～35.6</td><td>40</td><td>2.5</td></tr>
<tr><td>21.1～26.6</td><td>48</td><td>2.5</td></tr>
<tr><td>15.6～21.0</td><td>48</td><td>3</td></tr>
<tr><td>10.0～15.5</td><td>48</td><td>3.5</td></tr>
<tr><td>4.4～9.9</td><td>48</td><td>4</td></tr>
<tr><td rowspan="7">钻蛀性害虫</td><td rowspan="7">熏蒸处理</td><td colspan="3">溴甲烷真空（659 mmHg）熏蒸</td></tr>
<tr><td>温度（℃）</td><td>剂量（g/m^3）</td><td>密闭时间（h）</td></tr>
<tr><td>26.7～35.6</td><td>40</td><td>2.5</td></tr>
<tr><td>21.1～26.6</td><td>48</td><td>2.5</td></tr>
<tr><td>15.6～21.0</td><td>48</td><td>3</td></tr>
<tr><td>10.0～15.5</td><td>48</td><td>3.5</td></tr>
<tr><td>4.4～9.9</td><td>48</td><td>4</td></tr>
<tr><td></td><td></td><td></td><td></td><td colspan="3">注：当坚果样种子或种子包装紧密使熏蒸剂无法渗透时，可用本方法。装载量不超过容积的50%。塑料或无法渗透的边条应被移除或适当打孔。此处理方法可能对小蜂的一些种类不完全有效。</td></tr>
</table>

续表

<table>
<tr><th>HS编码</th><th>货物名称</th><th>有害生物名称</th><th>处理方法</th><th>处理参数</th></tr>
<tr><td>1209910000（蔬菜种子）</td><td>豌豆和蚕豆</td><td>豆象科</td><td>熏蒸处理</td><td>溴甲烷熏蒸室或帐幕常压熏蒸
<table>
<tr><th rowspan="2">温度（℃）</th><th rowspan="2">剂量（g/m³）</th><th colspan="6">最低浓度（g/m³）</th></tr>
<tr><th>0.5 h</th><th>2 h</th><th>2.5 h</th><th>3 h</th><th>3.5 h</th><th>4 h</th></tr>
<tr><td>≥21.1</td><td>48</td><td>38</td><td>—</td><td>24</td><td>—</td><td>—</td><td>—</td></tr>
<tr><td>15.6～21.0</td><td>48</td><td>38</td><td>29</td><td>—</td><td>24</td><td>—</td><td>—</td></tr>
<tr><td>10.0～15.5</td><td>48</td><td>38</td><td>29</td><td>—</td><td>—</td><td>24</td><td>—</td></tr>
<tr><td>4.4～9.9</td><td>48</td><td>38</td><td>29</td><td>—</td><td>—</td><td>—</td><td>24</td></tr>
</table>
氯化苦熏蒸：25 g/m³～30 g/m³，20 ℃以上处理24 h。</td></tr>
<tr><td>1209990090（其他种植用的种子、果实及孢子）</td><td>其他种子（在上述处理中没有明确列出的种子）</td><td>外食性害虫</td><td>熏蒸处理</td><td>溴甲烷常压熏蒸
<table>
<tr><th>温度（℃）</th><th>剂量（g/m³）</th><th>密闭时间（h）</th></tr>
<tr><td>25.7～35.6</td><td>40</td><td>2.5</td></tr>
<tr><td>21.1～26.6</td><td>48</td><td>2.5</td></tr>
<tr><td>15.6～21.0</td><td>48</td><td>3</td></tr>
<tr><td>10.0～15.5</td><td>48</td><td>3.5</td></tr>
<tr><td>4.4～9.9</td><td>48</td><td>4</td></tr>
</table>
注：装载量不超过熏蒸空间容积的30%。干种子的熏蒸无须加湿。通常情况下，干种子运输到达后发现潮湿则可能已经受损。此处理方法可能灼伤椰子壳（一般热带或坚果样种子潮湿状况下运输）。</td></tr>
</table>

续表

<table>
<tr><th>HS编码</th><th>货物名称</th><th>有害生物名称</th><th>处理方法</th><th>处理参数</th></tr>
<tr><td>1209990090（其他种植用的种子、果实及孢子）</td><td>其他种子（在上述处理中没有明确列出的种子）</td><td>钻蛀性害虫</td><td>熏蒸处理</td><td>溴甲烷真空（659 mmHg）熏蒸
<table>
<tr><th>温度（℃）</th><th>剂量（g/m^3）</th><th>密闭时间（h）</th></tr>
<tr><td>26.7 ~ 35.6</td><td>40</td><td>2.5</td></tr>
<tr><td>21.1 ~ 26.6</td><td>48</td><td>2.5</td></tr>
<tr><td>15.6 ~ 21.0</td><td>48</td><td>3</td></tr>
<tr><td>10.0 ~ 15.5</td><td>48</td><td>3.5</td></tr>
<tr><td>4.4 ~ 9.9</td><td>48</td><td>4</td></tr>
</table>
注：装载量限制为熏蒸空间容积的50%。塑料或无法渗透的边条需要清除或适当打孔。</td></tr>
<tr><td>1209990090（其他种植用的种子、果实及孢子）</td><td>各类种子</td><td>谷斑皮蠹</td><td>熏蒸处理</td><td>溴甲烷常压熏蒸或帐幕熏蒸
<table>
<tr><th rowspan="2">温度（℃）</th><th rowspan="2">剂量（g/m^3）</th><th colspan="4">最低浓度（g/m^3）</th></tr>
<tr><th>0.5 h</th><th>2 h</th><th>4 h</th><th>12 h</th></tr>
<tr><td>≥ 32.2</td><td>40</td><td>30</td><td>20</td><td>20</td><td>15</td></tr>
<tr><td>26.7 ~ 32.1</td><td>56</td><td>42</td><td>30</td><td>30</td><td>20</td></tr>
</table>
注：如果种子用于繁殖，那么此处理剂量可能会损伤其繁殖能力。</td></tr>
</table>

续表

<table>
<tr><th>HS编码</th><th>货物名称</th><th>有害生物名称</th><th>处理方法</th><th>处理参数</th></tr>
<tr><td>1209990090（其他种植用的种子、果实及孢子）</td><td>各类种子</td><td>豆象科（短颊粗腿豆象作溴甲烷常压熏蒸处理）</td><td>熏蒸处理</td><td>溴甲烷真空（659 mmHg）熏蒸
<table>
<tr><th rowspan="2">温度（℃）</th><th colspan="2">剂量（g/m³）</th><th colspan="2">密闭时间（h）</th></tr>
<tr><th>短颊粗腿豆象</th><th>其他</th><th>短颊粗腿豆象</th><th>其他</th></tr>
<tr><td>21.1～35.6</td><td>5</td><td>3</td><td>2</td><td>2.5</td></tr>
<tr><td>15.6～20.6</td><td>—</td><td>3</td><td>—</td><td>3</td></tr>
<tr><td>10.0～15.0</td><td>—</td><td>3</td><td>—</td><td>3.5</td></tr>
<tr><td>4.4～9.4</td><td>—</td><td>3</td><td>—</td><td>4</td></tr>
</table>注：野豌豆 Vicia spp. 种子除外。</td></tr>
<tr><td>1209990090（其他种植用的种子、果实及孢子）</td><td>玉米（种子）（小批量作繁殖用但不食用或作饲料、炼油用）</td><td>玉米晚枯病菌、玉米内州萎蔫病菌、玉米细菌性枯萎病菌等玉米多种病害</td><td>其他化学药剂</td><td>将代森锰锌和克菌丹混合后干燥施于染病种子。</td></tr>
<tr><td>1209990090（其他种植用的种子、果实及孢子）</td><td>甘蔗属（甘蔗）种子</td><td>甘蔗白色条斑病菌和野油菜黄单孢菌</td><td>其他化学药剂处理</td><td>1. 热水浸泡：室温下预浸 24 h，放入 50 ℃热水浸泡 3 h。
2. 其他化学药剂：用 0.525% 的次氯酸钠溶液中浸泡 30 min，空气中放置 8 h 后包装。（适用甘蔗属 Saccharum 纯种）。</td></tr>
<tr><td>1209990090（其他种植用的种子、果实及孢子）</td><td>澳大利亚坚果（种用）</td><td>洋槐异形小卷蛾</td><td>熏蒸处理</td><td>溴甲烷常压熏蒸
<table>
<tr><th>温度（℃）</th><th>剂量（g/m³）</th><th>密闭时间（h）</th></tr>
<tr><td>≥21.1</td><td>32</td><td>2</td></tr>
<tr><td>15.6～21.0</td><td>40</td><td>2</td></tr>
<tr><td>10.0～15.5</td><td>48</td><td>2</td></tr>
<tr><td>4.4～9.9</td><td>56</td><td>2</td></tr>
</table></td></tr>
</table>

续表

<table>
<tr><th>HS编码</th><th>货物名称</th><th>有害生物名称</th><th>处理方法</th><th>处理参数</th></tr>
<tr><td>1209990090（其他种植用的种子、果实及孢子）</td><td>巴西三叶橡胶种子</td><td>钻蛀性害虫</td><td>熏蒸处理</td><td>溴甲烷常压熏蒸
<table>
<tr><th>温度（℃）</th><th>剂量（g/m³）</th><th>密闭时间（h）</th></tr>
<tr><td>26.7～35.6</td><td>40</td><td>2</td></tr>
<tr><td>21.1～26.5</td><td>48</td><td>2</td></tr>
<tr><td>15.6～21.0</td><td>48</td><td>2.5</td></tr>
</table></td></tr>
<tr><td>1209990090（其他种植用的种子、果实及孢子）</td><td>野豌豆</td><td>豆象科</td><td>熏蒸处理</td><td>1. 溴甲烷常压熏蒸
<table>
<tr><th rowspan="2">温度（℃）</th><th rowspan="2">剂量（g/m³）</th><th colspan="6">最低浓度（g/m³）</th></tr>
<tr><th>0.5 h</th><th>2 h</th><th>11 h</th><th>12 h</th><th>13 h</th><th>14 h</th></tr>
<tr><td>≥21.1</td><td>56</td><td>46</td><td>28</td><td>27</td><td>—</td><td>—</td><td>—</td></tr>
<tr><td>15.6～21.0</td><td>56</td><td>46</td><td>28</td><td>—</td><td>27</td><td>—</td><td>—</td></tr>
<tr><td>10.0～15.5</td><td>56</td><td>46</td><td>28</td><td>—</td><td>—</td><td>27</td><td>—</td></tr>
<tr><td>4.4～9.9</td><td>56</td><td>46</td><td>28</td><td>—</td><td>—</td><td>—</td><td>27</td></tr>
</table>
2. 溴甲烷真空（659 mmHg）熏蒸
<table>
<tr><th rowspan="2">温度（℃）</th><th rowspan="2">剂量（g/m³）</th><th colspan="2">密闭时间（h）</th></tr>
<tr><th>蚕豆</th><th>其他</th></tr>
<tr><td>21.1～35.6</td><td>48</td><td>3.5</td><td>2.5</td></tr>
<tr><td>15.6～21.0</td><td>48</td><td>4</td><td>3</td></tr>
<tr><td>10.0～15.5</td><td>48</td><td>4.5</td><td>3.5</td></tr>
<tr><td>4.4～9.9</td><td>48</td><td>5</td><td>4</td></tr>
</table></td></tr>
</table>

续表

<table>
<tr><th>HS编码</th><th>货物名称</th><th>有害生物名称</th><th>处理方法</th><th>处理参数</th></tr>
<tr><td rowspan="2">1209990090（其他种植用的种子、果实及孢子）</td><td rowspan="2">豆科种子</td><td>广肩小蜂、小峰属</td><td>熏蒸处理</td><td>溴甲烷真空（659 mmHg）熏蒸<table><tr><th>温度（℃）</th><th>剂量（g/m³）</th><th>密闭时间（h）</th></tr><tr><td>≥ 21.1</td><td>64</td><td>4</td></tr></table></td></tr>
<tr><td>短颊粗腿豆象</td><td>熏蒸处理</td><td>1. 溴甲烷常压熏蒸<table><tr><th>温度（℃）</th><th>剂量（g/m³）</th><th>密闭时间（h）</th></tr><tr><td>≥ 10.0</td><td>32</td><td>24</td></tr></table>2. 溴甲烷真空（659 mmHg）熏蒸<table><tr><th>温度（℃）</th><th>剂量（g/m³）</th><th>密闭时间（h）</th></tr><tr><td>≥ 10.0</td><td>32</td><td>24</td></tr><tr><td>≥ 21.1</td><td>56</td><td>3</td></tr></table></td></tr>
<tr><td>1209990090（其他种植用的种子、果实及孢子）</td><td>带感染果肉的种子</td><td>果蝇和侵染果肉的昆虫</td><td>热处理</td><td>去除果肉。把种子放到金属线筐内，浸入47.5 ℃ ~ 51.5 ℃热水中25 min，然后用自来水冲洗除去种子上的果肉。该方法只对果蝇和其他侵染果肉的昆虫有效。种子象甲等钻蛀性害虫和外食性害虫仍需要熏蒸处理。</td></tr>
<tr><td>1209990090（其他种植用的种子、果实及孢子）</td><td>鳄梨（不带果肉的种子）</td><td>阿根廷茎象甲、鳄梨种子象鼻虫，美国英象和宽吻谷象、鳄梨茎象鼻虫</td><td>熏蒸处理</td><td>溴甲烷（659 mmHg）真空熏蒸<table><tr><th>温度（℃）</th><th>剂量（g/m3）</th><th>密闭时间（h）</th></tr><tr><td>32.2 ~ 35.6</td><td>33</td><td>2</td></tr><tr><td>26.7 ~ 31.1</td><td>48</td><td>2</td></tr><tr><td>21.1 ~ 26.6</td><td>64</td><td>2</td></tr><tr><td>15.5 ~ 21.0</td><td>64</td><td>3</td></tr><tr><td>10.0 ~ 15.5</td><td>64</td><td>4</td></tr><tr><td>4.4 ~ 9.9</td><td>64</td><td>5</td></tr></table></td></tr>
</table>

续表

<table>
<tr><th>HS编码</th><th>货物名称</th><th>有害生物名称</th><th>处理方法</th><th>处理参数</th></tr>
<tr><td>1209990090（其他种植用的种子、果实及孢子）</td><td>鳄梨（不带果肉的种子）</td><td>瓜实蝇、桔小实蝇、昆士兰实蝇、智利短须螨、地中海实蝇、葡萄小卷叶蛾</td><td>溴甲烷常压熏蒸加冷处理</td><td>
<table>
<tr><th rowspan="2">温度（℃）</th><th rowspan="2">剂量（g/m^3）</th><th colspan="2">最低浓度要求（g/m^3）</th></tr>
<tr><th>0.5 h</th><th>2 h</th></tr>
<tr><td>≥21.1</td><td>32</td><td>25</td><td>18</td></tr>
<tr><td colspan="4">随后冷处理</td></tr>
<tr><td colspan="2">果心温度（℃）</td><td colspan="2">处理时间（d）</td></tr>
<tr><td colspan="2">0.36～2.77</td><td colspan="2">4</td></tr>
<tr><td colspan="2">3.33～8.33</td><td colspan="2">11</td></tr>
</table>
</td></tr>
<tr><td>1209990090（其他种植用的种子、果实及孢子）</td><td>栗子（不包括水栗子）和橡树籽</td><td>欧洲栗象、象鼻虫属、栗小卷蛾</td><td>熏蒸处理</td><td>
溴甲烷熏蒸室或帐幕常压熏蒸
<table>
<tr><th>温度</th><th>剂量</th><th colspan="7">最低浓度（g/m^3）</th></tr>
<tr><th>（℃）</th><th>（g/m^3）</th><th>0.5 h</th><th>2 h</th><th>3 h</th><th>3.5 h</th><th>4 h</th><th>5 h</th><th>6 h</th></tr>
<tr><td>≥32.2</td><td>64</td><td>58</td><td>34</td><td>34</td><td>—</td><td>—</td><td>—</td><td>—</td></tr>
<tr><td>26.7～32.1</td><td>64</td><td>58</td><td>32</td><td>—</td><td>—</td><td>32</td><td>—</td><td>—</td></tr>
<tr><td>21.1～26.6</td><td>90</td><td>72</td><td>42</td><td>—</td><td>—</td><td>42</td><td>—</td><td>—</td></tr>
<tr><td>15.6～21.0</td><td>90</td><td>72</td><td>40</td><td>—</td><td>24</td><td>—</td><td>40</td><td>—</td></tr>
<tr><td>10.0～15.5</td><td>108</td><td>85</td><td>50</td><td>—</td><td>—</td><td>—</td><td>50</td><td>—</td></tr>
<tr><td>4.4～9.9</td><td>108</td><td>85</td><td>48</td><td>—</td><td></td><td></td><td>—</td><td>48</td></tr>
</table>
</td></tr>
<tr><td>1209990090（其他种植用的种子、果实及孢子）</td><td>栗子（不包括水栗子）和橡树籽</td><td>其他蛀性害虫</td><td>熏蒸处理</td><td>
溴甲烷真空（659 mmHg）熏蒸处理
<table>
<tr><th>温度（℃）</th><th>剂量（g/m^3）</th><th>密闭时间（h）</th></tr>
<tr><td>26.7～35.6</td><td>48</td><td>2</td></tr>
<tr><td>21.1～26.6</td><td>64</td><td>2</td></tr>
<tr><td>15.6～21.0</td><td>64</td><td>3</td></tr>
<tr><td>10.0～15.5</td><td>64</td><td>4</td></tr>
<tr><td>4.4～9.9</td><td>64</td><td>5</td></tr>
</table>
</td></tr>
</table>

续表

<table>
<tr><th>HS编码</th><th>货物名称</th><th>有害生物名称</th><th>处理方法</th><th>处理参数</th></tr>
<tr><td>1209990090（其他种植用的种子、果实及孢子）</td><td>棉籽</td><td>外食性害虫</td><td>熏蒸处理</td><td>
1. 溴甲烷熏蒸室熏蒸
<table>
<tr><th>温度（℃）</th><th>剂量（g/m³）</th><th>密闭时间（h）</th></tr>
<tr><td rowspan="2">≥15.6</td><td>96</td><td>12</td></tr>
<tr><td>48</td><td>24</td></tr>
<tr><td rowspan="2">4.4~15.0</td><td>112</td><td>12</td></tr>
<tr><td>48</td><td>24</td></tr>
</table>
注：装载量限制为容积的50%。
2. 溴甲烷帐幕熏蒸
<table>
<tr><th rowspan="2">温度（℃）</th><th rowspan="2">剂量（g/m³）</th><th colspan="4">最低浓度（g/m³）</th></tr>
<tr><th>0.5 h</th><th>2 h</th><th>12 h</th><th>24 h</th></tr>
<tr><td rowspan="2">≥15.6</td><td>112</td><td>54</td><td>56</td><td>27</td><td>—</td></tr>
<tr><td>80</td><td>40</td><td>40</td><td>—</td><td>20</td></tr>
<tr><td rowspan="2">4.4~15.0</td><td>108</td><td>64</td><td>64</td><td>32</td><td>—</td></tr>
<tr><td>96</td><td>48</td><td>48</td><td>—</td><td>24</td></tr>
</table>
3. 溴甲烷真空（659 mmHg）熏蒸处理
<table>
<tr><th>温度（℃）</th><th>剂量（g/m³）</th><th>密闭时间（h）</th></tr>
<tr><td>≥4.4</td><td>4</td><td>2</td></tr>
</table>
注：装载量限制为容积的50%。
4. 磷化氢常压熏蒸
<table>
<tr><th rowspan="2">温度（℃）</th><th rowspan="2">剂量（g/m³）</th><th colspan="2">最低浓度（10⁻⁶）</th></tr>
<tr><th>72 h</th><th>120 h</th></tr>
<tr><td>≥10.0</td><td>2.1</td><td>225*</td><td>≥50</td></tr>
</table>
注：*为平均值，其中最低浓度不小于50×10⁻⁶。当货物密闭时，相对湿度必须大于40%，至少通风24 h。
</td></tr>
</table>

续表

<table>
<tr><th>HS编码</th><th>货物名称</th><th>有害生物名称</th><th>处理方法</th><th>处理参数</th></tr>
<tr><td>1211903999（其他主要用作药料的鲜、冷、冻或干的植物）、0910910000（混合调味香料）、0910990000（其他调味香料）</td><td>干草药及香料</td><td>各种贮藏害虫，不包括谷斑皮蠹</td><td>熏蒸处理</td><td>溴甲烷常压熏蒸
<table>
<tr><th rowspan="2">温度（℃）</th><th rowspan="2">剂量（g/m^3）</th><th colspan="4">最低浓度（g/m^3）</th></tr>
<tr><th>0.5 h</th><th>4 h</th><th>16 h</th><th>24 h</th></tr>
<tr><td>≥21.1</td><td>32</td><td>24</td><td>16</td><td>10</td><td>—</td></tr>
<tr><td>15.6 ~ 20.6</td><td>32</td><td>24</td><td>16</td><td>—</td><td>10</td></tr>
<tr><td>10.0 ~ 15.0</td><td>48</td><td>36</td><td>24</td><td>15</td><td>—</td></tr>
<tr><td>4.4 ~ 9.4</td><td>48</td><td>36</td><td>24</td><td>—</td><td>15</td></tr>
</table></td></tr>
<tr><td>1211903999（其他主要用作药料的鲜、冷、冻或干的植物）</td><td>车前草</td><td>外食性害虫加夜蛾科蓟马属</td><td>熏蒸处理</td><td>溴甲烷熏蒸室或帐幕常压熏蒸
<table>
<tr><th rowspan="2">温度（℃）</th><th rowspan="2">剂量（g/m^3）</th><th colspan="2">最低浓度（g/m^3）</th></tr>
<tr><th>0.5 h</th><th>2 h</th></tr>
<tr><td>≥26.7</td><td>24</td><td>19</td><td>14</td></tr>
<tr><td>21.1 ~ 26.6</td><td>32</td><td>26</td><td>19</td></tr>
<tr><td>15.6 ~ 21.0</td><td>40</td><td>32</td><td>24</td></tr>
<tr><td>10.0 ~ 15.5</td><td>48</td><td>38</td><td>29</td></tr>
<tr><td>4.4 ~ 9.9</td><td>64</td><td>48</td><td>38</td></tr>
</table></td></tr>
<tr><td>12119039</td><td>欧洲防风</td><td>钻蛀性害虫</td><td>熏蒸处理</td><td>溴甲烷熏真空（380 mmHg）熏蒸
<table>
<tr><th>温度（℃）</th><th>剂量（g/m^3）</th><th>密闭时间（h）</th></tr>
<tr><td>≥32.2</td><td>32</td><td>2</td></tr>
<tr><td>26.7 ~ 32.1</td><td>40</td><td>2</td></tr>
<tr><td>21.1 ~ 26.6</td><td>48</td><td>2</td></tr>
<tr><td>15.6 ~ 21.0</td><td>48</td><td>2</td></tr>
<tr><td>10.0 ~ 15.5</td><td>48</td><td>2</td></tr>
<tr><td>4.4 ~ 9.9</td><td>48</td><td>3.5</td></tr>
</table></td></tr>
</table>

续表

<table>
<tr><th>HS编码</th><th>货物名称</th><th>有害生物名称</th><th>处理方法</th><th>处理参数</th></tr>
<tr><td>1211903999（其他主要用作药料的鲜、冷、冻或干的植物）</td><td>新鲜草药（包括除种子外的所有新鲜植物部分）</td><td>外食性害虫及叶螨</td><td>熏蒸处理</td><td>溴甲烷熏蒸室或帐幕常压熏蒸
<table>
<tr><th rowspan="2">温度（℃）</th><th rowspan="2">剂量（g/m³）</th><th colspan="2">最低浓度（g/m³）</th></tr>
<tr><th>0.5 h</th><th>2 h</th></tr>
<tr><td>≥21.1</td><td>32</td><td>26</td><td>14</td></tr>
<tr><td>15.6～21.0</td><td>40</td><td>32</td><td>24</td></tr>
<tr><td>10.0～15.5</td><td>48</td><td>38</td><td>29</td></tr>
<tr><td>7.2～9.9</td><td>56</td><td>43</td><td>34</td></tr>
<tr><td>4.4～7.1</td><td>64</td><td>48</td><td>38</td></tr>
</table></td></tr>
<tr><td>1212910000（鲜、冷、冻或干的甜菜）</td><td>甜菜</td><td>外食性害虫</td><td>熏蒸处理</td><td>溴甲烷熏蒸室或帐幕常压熏蒸
<table>
<tr><th rowspan="2">温度（℃）</th><th rowspan="2">剂量（g/m³）</th><th colspan="5">最低浓度（g/m³）</th></tr>
<tr><th>0.5 h</th><th>2 h</th><th>3 h</th><th>3.5 h</th><th>4 h</th></tr>
<tr><td>≥32.2</td><td>32</td><td>26</td><td>19</td><td>19</td><td>—</td><td>—</td></tr>
<tr><td>26.7～32.1</td><td>40</td><td>32</td><td>24</td><td>24</td><td>—</td><td>—</td></tr>
<tr><td>21.1～26.6</td><td>48</td><td>38</td><td>29</td><td>24</td><td>—</td><td>—</td></tr>
<tr><td>15.6～21.0</td><td>48</td><td>38</td><td>29</td><td>—</td><td>24</td><td>—</td></tr>
<tr><td>10.0～15.5</td><td>48</td><td>38</td><td>29</td><td>—</td><td>—</td><td>24</td></tr>
</table></td></tr>
</table>

续表

<table>
<tr><th>HS编码</th><th>货物名称</th><th>有害生物名称</th><th>处理方法</th><th>处理参数</th></tr>
<tr><td>1212910000
（鲜、冷、冻或干的甜菜）</td><td>甜菜</td><td>钻蛀性害虫</td><td>熏蒸处理</td><td>溴甲烷真空（380 mmHg）熏蒸
<table><tr><th>温度（℃）</th><th>剂量（g/m³）</th><th>密闭时间（h）</th></tr><tr><td>≥32.2</td><td>32</td><td>2</td></tr><tr><td>26.7～32.1</td><td>40</td><td>2</td></tr><tr><td>21.1～26.6</td><td>48</td><td>2</td></tr><tr><td>15.6～21.0</td><td>48</td><td>2.5</td></tr><tr><td>10.0～15.5</td><td>48</td><td>3</td></tr><tr><td>4.4～9.9</td><td>48</td><td>3.5</td></tr></table></td></tr>
<tr><td>1214900002（以除紫苜蓿外的禾本科和豆科为主的多种混合天然饲草）</td><td>饲草
（输往韩国）</td><td>钻蛀性害虫及病害</td><td>热处理、熏蒸处理</td><td>热处理：5 mL/m³ 的福尔马林和 30 g/m³ 密闭熏蒸 8 h, 熏蒸库内温度不低于 19 ℃。</td></tr>
<tr><td>1214900090</td><td>芜箐甘蓝</td><td>钻蛀性害虫</td><td>熏蒸处理</td><td>溴甲烷真空（380 mmHg）熏蒸
<table><tr><th>熏蒸剂</th><th>温度（℃）</th><th>剂量（g/m³）</th><th>密闭时间（h）</th></tr><tr><td rowspan="6">溴甲烷</td><td>≥32.2</td><td>32</td><td>2</td></tr><tr><td>26.7～32.1</td><td>40</td><td>2</td></tr><tr><td>21.1～26.6</td><td>48</td><td>2</td></tr><tr><td>15.6～21.0</td><td>48</td><td>2.5</td></tr><tr><td>10.0～15.5</td><td>48</td><td>3</td></tr><tr><td>4.4～9.9</td><td>48</td><td>3.5</td></tr></table></td></tr>
</table>

八、食品工业的残渣及废料、配置的动物饲料

<table>
<tr><th rowspan="2">HS编码</th><th rowspan="2">货物名称</th><th rowspan="2">有害生物名称</th><th rowspan="2">处理方法</th><th colspan="7">处理参数</th></tr>
<tr><th>温度（℃）</th><th>剂量(g/m^3)</th><th>最低浓度（g/m^3）0.5h</th><th>2h</th><th>24h</th><th>28h</th><th>32h</th></tr>
<tr><td rowspan="6">2301201000（饲料用鱼粉）、2302400000（其他谷物糠、麸及其他残渣）</td><td rowspan="6">鱼粉、米糠</td><td rowspan="6">斑皮蠹（非中国种）</td><td rowspan="6">熏蒸处理</td><td>≥32.2</td><td>64</td><td>48</td><td>32</td><td>25</td><td>—</td><td>—</td></tr>
<tr><td>26.7～32.1</td><td>96</td><td>72</td><td>48</td><td>30</td><td>—</td><td>—</td></tr>
<tr><td>21.1～26.6</td><td>128</td><td>96</td><td>64</td><td>35</td><td>—</td><td>—</td></tr>
<tr><td>15.6～21.0</td><td>192</td><td>144</td><td>96</td><td>50</td><td>—</td><td>—</td></tr>
<tr><td>10.0～15.5</td><td>192</td><td>144</td><td>96</td><td>50</td><td>50</td><td>—</td></tr>
<tr><td>4.4～9.9</td><td>192</td><td>144</td><td>96</td><td>50</td><td>50</td><td>50</td></tr>
<tr><td rowspan="8">2302300000（小麦糠、麸及其他残渣）</td><td rowspan="8">麦麸</td><td rowspan="8">一般生活害虫</td><td rowspan="8">熏蒸处理</td><td colspan="7">溴甲烷（659 mmHg）常压熏蒸</td></tr>
<tr><td>温度（℃）</td><td>剂量（g/m^3）</td><td>最低浓度要求（g/m^3）0.5 h</td><td>2 h</td><td>24 h</td><td>28 h</td><td>32 h</td></tr>
<tr><td>≥32.2</td><td>64</td><td>48</td><td>32</td><td>25</td><td>—</td><td>—</td></tr>
<tr><td>26.7~32.1</td><td>96</td><td>72</td><td>48</td><td>30</td><td>—</td><td>—</td></tr>
<tr><td>21.1~26.6</td><td>128</td><td>96</td><td>64</td><td>35</td><td>—</td><td>—</td></tr>
<tr><td>15.6~21.0</td><td>192</td><td>144</td><td>96</td><td>50</td><td>—</td><td>—</td></tr>
<tr><td>10.0~15.5</td><td>192</td><td>144</td><td>96</td><td>50</td><td>50</td><td>—</td></tr>
<tr><td>4.4~9.9</td><td>192</td><td>144</td><td>96</td><td>50</td><td>50</td><td>50</td></tr>
</table>

续表

<table>
<tr><th>HS编码</th><th>货物名称</th><th>有害生物名称</th><th>处理方法</th><th>处理参数</th></tr>
<tr><td>2306900000（其他油渣饼及固体残渣）</td><td>油籽饼</td><td>斑皮蠹（非中国种）</td><td>熏蒸处理</td><td>溴甲烷熏蒸
<table>
<tr><th rowspan="2">温度（℃）</th><th rowspan="2">剂量(g/m^3)</th><th colspan="5">最低浓度（g/m^3）</th></tr>
<tr><th>0.5 h</th><th>2 h</th><th>24 h</th><th>28 h</th><th>32 h</th></tr>
<tr><td>≥32.2</td><td>64</td><td>48</td><td>32</td><td>25</td><td>—</td><td>—</td></tr>
<tr><td>26.7～32.1</td><td>96</td><td>72</td><td>48</td><td>30</td><td>—</td><td>—</td></tr>
<tr><td>21.1～26.6</td><td>128</td><td>96</td><td>64</td><td>35</td><td>—</td><td>—</td></tr>
<tr><td>15.6～21.0</td><td>192</td><td>144</td><td>96</td><td>50</td><td>—</td><td>—</td></tr>
<tr><td>10.0～15.5</td><td>192</td><td>144</td><td>96</td><td>50</td><td>50</td><td>—</td></tr>
<tr><td>4.4～9.9</td><td>192</td><td>144</td><td>96</td><td>50</td><td>50</td><td>50</td></tr>
</table></td></tr>
<tr><td>2308000000（其他饲料用植物产品）</td><td>稻草</td><td>钻蛀性害虫及病害</td><td>热处理</td><td>蒸热处理：内部温度80 ℃，10 min或者内部温度86 ℃，持续4 min。</td></tr>
<tr><td>2309909000（其他配置的动物饲料）</td><td>捆包的干草</td><td>钻蛀性害虫及扁虱和锯蝇</td><td>熏蒸处理</td><td>磷化氢熏蒸
<table>
<tr><th rowspan="2">温度（℃）</th><th rowspan="2">剂量（g/m^3）</th><th colspan="4">最低浓度（g/m^3）</th></tr>
<tr><th>0.5 h</th><th>2 h</th><th>24 h</th><th>168 h</th></tr>
<tr><td>≥10.0</td><td>2.1</td><td>45</td><td>30</td><td>15</td><td>15</td></tr>
</table>
通风24 h或通风直至浓度≤0.3×10^{-6}。</td></tr>
</table>

九、烟草、烟草及烟草代用品的制品

<table>
<tr><th>HS编码</th><th>货物名称</th><th>有害生物名称</th><th>处理方法</th><th>处理参数</th></tr>
<tr>
<td>2401101000（未去梗的烤烟）、2401201000（部分或全部去梗的烤烟）、2402200000（烟草制的卷烟）、2402100000（烟草制的雪茄烟）、2401109000（其他未去梗的烟草）、2401209000（部分或全部去梗的其他烟草）</td>
<td>出口烟草（箱装烤烟，白莱烟，土耳其卷烟，雪茄烟烟心和雪茄烟）</td>
<td>一般贮藏货物口害虫</td>
<td>熏蒸处理</td>
<td>溴甲烷真空（659 mmHg）熏蒸
<table>
<tr><th>温度（℃）</th><th>剂量（g/m^3）</th><th>密闭时间（h）</th></tr>
<tr><td>≥21.1</td><td>64</td><td>4</td></tr>
</table>
溴甲烷常压熏蒸
<table>
<tr><th>温度（℃）</th><th>剂量（g/m^3）</th><th>密闭时间（h）</th></tr>
<tr><td>≥21.1</td><td>20</td><td>72</td></tr>
<tr><td>7.2～20.6</td><td>32</td><td>72</td></tr>
</table>
磷化氢熏蒸
<table>
<tr><th rowspan="2">温度（℃）</th><th rowspan="2">剂量（g/m^3）</th><th colspan="2">最低浓度（10^{-6}）</th></tr>
<tr><th>96 h</th><th>144 h</th></tr>
<tr><td>≥20.0</td><td>1.17</td><td>200</td><td>—</td></tr>
<tr><td>16.1～20.0</td><td>1.17</td><td>—</td><td>300</td></tr>
</table>
</td>
</tr>
</table>

十、盐；硫磺；泥土及石料；石膏料、石灰及水泥

<table>
<tr><th>HS编码</th><th>货物名称</th><th>有害生物名称</th><th>处理方法</th><th>处理参数</th></tr>
<tr><td rowspan="2">2507001000（无论是否煅烧的高岭土）、2508100000（无论是否煅烧的膨润土）、2508300000（无论是否煅烧的耐火黏土）、2508400000（无论是否煅烧的其他黏土）、2512001000（无论是否煅烧的硅藻土）</td><td rowspan="2">土壤、介质土</td><td>马铃薯金线虫</td><td>熏蒸处理</td><td>溴甲烷真空（659 mmHg）熏蒸
<table><tr><th>温度（℃）</th><th>剂量（g/m³）</th><th>密闭时间（h）</th></tr><tr><td rowspan="3">≥4.4</td><td>128</td><td>16</td></tr><tr><td>168</td><td>12</td></tr><tr><td>256</td><td>8</td></tr></table>注：在容器中土壤进行熏蒸，容器直径不得超过24英寸。</td></tr>
<tr><td>马铃薯金线虫</td><td>熏蒸处理</td><td>溴甲烷熏蒸
<table><tr><th rowspan="2">温度（℃）</th><th rowspan="2">剂量（g/m³）</th><th colspan="3">最低浓度（g/m³）</th></tr><tr><th>0.5 h</th><th>2 h</th><th>24 h</th></tr><tr><td>≥15.6</td><td>240</td><td>180</td><td>120</td><td>72</td></tr></table>重要提示：土壤应松散发潮，但不能太湿。土壤厚度不超过30 cm。如果在容器中迭层放置，则每层留30 cm间隔。</td></tr>
<tr><td>同上</td><td>土壤</td><td>昆虫害虫和病原体</td><td>热处理</td><td>内部温度100 ℃，30 min，然后将垃圾掩埋。</td></tr>
</table>

十一、生皮、皮革、毛皮及其制品；鞍具及挽具；旅行用品、手提包及类似容器；动物肠线（蚕胶丝除外）制品

<table>
<tr><th>HS编码</th><th>货物名称</th><th>有害生物名称</th><th>处理方法</th><th>处理参数</th></tr>
<tr><td>4103902100（其他退鞣山羊或小山羊皮）、4103902900（其他非退鞣山羊或小山羊皮）、4106210001（蓝湿山羊皮）、4113100000（加工的山羊或小山羊皮革）</td><td>山羊皮、小羊皮、绵羊皮（皮毛和皮革）</td><td>谷斑皮蠹</td><td>熏蒸处理</td><td>溴甲烷帐幕熏蒸
<table>
<tr><th rowspan="2">温度（℃）</th><th rowspan="2">剂量（g/m³）</th><th colspan="3">最低浓度（g/m³）</th></tr>
<tr><th>0.5 h</th><th>2 h</th><th>12 h</th></tr>
<tr><td>≥ 32.2</td><td>40</td><td>30</td><td>20</td><td>15</td></tr>
<tr><td>26.7 ~ 32.1</td><td>56</td><td>42</td><td>30</td><td>20</td></tr>
<tr><td>21.1 ~ 26.6</td><td>72</td><td>54</td><td>40</td><td>25</td></tr>
<tr><td>15.6 ~ 21.0</td><td>96</td><td>72</td><td>50</td><td>30</td></tr>
<tr><td>10.0 ~ 15.5</td><td>120</td><td>90</td><td>60</td><td>35</td></tr>
<tr><td>4.4 ~ 9.9</td><td>144</td><td>108</td><td>70</td><td>40</td></tr>
</table>
重要提示：用溴甲烷处理时，皮毛、马毛制品和皮件（皮毛和皮革）可能产生无法接受的气味。
溴甲烷真空（659 mmHg）熏蒸
<table>
<tr><th>温度（℃）</th><th>剂量（g/m³）</th><th>密闭时间（h）</th></tr>
<tr><td>≥ 15.6</td><td>128</td><td>3</td></tr>
<tr><td>4.4 ~ 15.5</td><td>144</td><td>3</td></tr>
</table>
重要提示：用溴甲烷处理时，皮毛、马毛制品和皮件（皮毛和皮革）可能产生无法接受的气味。
注：装载量不超过熏蒸空间容积的75%。</td></tr>
</table>

续表

HS编码	货物名称	有害生物名称	处理方法	处理参数		
				溴甲烷真空（659 mmHg）熏蒸		
				温度（℃）	剂量（g/m³）	密闭时间（h）
4103902100（其他退鞣山羊或小山羊皮）、4103902900（其他非退鞣山羊或小山羊皮）、4106210001（蓝湿山羊皮）、4113100000（加工的山羊或小山羊皮革）	山羊皮、小羊皮、绵羊皮（皮毛和皮革）	谷斑皮蠹	熏蒸处理	32.2 ~ 35.6	40	12
				26.7 ~ 32.1	56	12
				21.1 ~ 26.6	72	12
				15.6 ~ 21.0	96	12
				10.0 ~ 15.5	160	12
				4.4 ~ 9.9	192	12

十二、木及木制品；木炭；软木及软木制品；稻草、秸秆、针茅或其他编结材料制品；篮筐及柳条编结品

<table>
<tr><th>HS编码</th><th>货物名称</th><th>有害生物名称</th><th>处理方法</th><th>处理参数</th></tr>
<tr><td>4403（原木大类别）</td><td>原木</td><td>白带长角天牛、窄吉丁、咖啡黑长蠹、辐射松幽天牛、白条天牛、乳白蚁、异胫长小蠹（非中国种）、砂白蚁（非中国种）、大小蠹（红脂大小蠹和非中国种）、咖啡黑长蠹、蔗根象、混点毛小蠹、合毒蛾、双钩异翅长蠹、刺角沟额天牛、家天牛、暗天牛属、美洲榆小蠹、长林小蠹、楹白蚁（非中国种）、美国白蛾、齿小蠹（非中国种）、木白蚁（非中国种）、缘白蚁（非中国种）、蔗扁蛾、美柏肤小蠹、木蠹象属、长小蠹（属）（非中国种）、楔天牛（非中国种）、欧洲榆小蠹、欧洲大榆小蠹、断眼天牛（非中国种）、材小蠹（非中国种）、青杨脊虎天牛、黑头长翅卷蛾、摩氏奥粉蚧、松唐盾蚧、无花果盾蚧、松针盾蚧、云杉色卷蛾、杨干象、桉象、松突圆蚧、苍白树皮象、黑丝盾蚧、东京蛎蚧、榆蛎蚧、日本金龟子、澳洲蛛甲、刺桐姬小蜂、云杉树蜂、红火蚁、松异带蛾、松材线虫</td><td>熏蒸处理</td><td>1.溴甲烷熏蒸
<table>
<tr><th colspan="3">溴甲烷熏蒸</th></tr>
<tr><th>温度（℃）</th><th>剂量（g/m^3）</th><th>密闭时间（h）</th></tr>
<tr><td>≥15</td><td>80</td><td>16</td></tr>
<tr><td>5.0～15.0</td><td>120</td><td>16</td></tr>
</table></td></tr>
</table>

续表

HS编码	货物名称	有害生物名称	处理方法	处理参数
4403（原木大类别）	原木	白带长角天牛、窄吉丁.咖啡黑长蠹、辐射松幽天牛、白条天牛、乳白蚁、异胫长小蠹（非中国种）、砂白蚁（非中国种）、大小蠹（红脂大小蠹和非中国种）、咖啡黑长蠹、蔗根象、混点毛小蠹、合毒蛾、双钩异翅长蠹、刺角沟额天牛、家天牛、暗天牛属、美洲榆小蠹、长林小蠹、楹白蚁（非中国种）、美国白蛾、齿小蠹（非中国种）、木白蚁（非中国种）、缘白蚁（非中国种）、蔗扁蛾、美柏肤小蠹、木蠹象属、长小蠹（属）（非中国种）、楔天牛（非中国种）、欧洲榆小蠹、欧洲大榆小蠹、断眼天牛（非中国种）、材小蠹（非中国种）、青杨脊虎天牛、黑头长翅卷蛾、摩氏奥粉蚧、松唐盾蚧、无花果盾蚧、松针盾蚧、云杉色卷蛾、杨干象、桉象、松突圆蚧、苍白树皮象、黑丝盾蚧、东京蛎蚧、榆蛎蚧、日本金龟子、澳洲蛛甲、刺桐姬小蜂、云杉树蜂、红火蚁、松异带蛾、松材线虫	熏蒸处理	2. 硫酰氟熏蒸 温度（℃）/ 剂量（g/m^3）/ 密闭时间（h）： ≥10 / 80 / 20 5.0～10.0 / 104 / 24

2. 硫酰氟熏蒸

温度（℃）	剂量（g/m^3）	密闭时间（h）
≥10	80	20
5.0～10.0	104	24

续表

<table>
<tr><th>HS编码</th><th>货物名称</th><th>有害生物名称</th><th>处理方法</th><th>处理参数</th></tr>
<tr><td rowspan="2">4403（原木大类别）</td><td rowspan="2">原木</td><td>松生枝干溃疡病菌、嗜松枝干溃疡病菌、落叶松枯梢病菌、栎枯萎病菌、云杉帚锈病菌、油松疱锈病菌、北美松疱锈病菌、松球果锈病菌，松树纺锤形癌肿锈病菌、松疱锈病菌、桉树溃疡病菌、松瘤锈病菌、松脂溃疡病菌、松树枯梢病菌、雪松—苹果锈病菌、杨树炭团溃疡病菌、松干基褐腐病菌、铁杉叶锈病菌、杨树叶锈病菌、松针褐斑病菌、松褐针枯病菌、松针红斑病、新榆枯萎病菌、榆枯萎病菌、针叶松黑根病菌、雪松疫霉根腐病菌、栎树疫霉猝死病菌、杨树枯萎病菌</td><td>熏蒸处理</td><td>溴甲烷常压熏蒸
<table>
<tr><th rowspan="2">温度（℃）</th><th rowspan="2">剂量（g/m³）</th><th colspan="7">最低浓度（g/m³）</th></tr>
<tr><th>0.5 h</th><th>2 h</th><th>12 h</th><th>24 h</th><th>36 h</th><th>48 h</th><th>72 h</th></tr>
<tr><td>≥4.44</td><td>240</td><td>240</td><td>240</td><td>200</td><td>120</td><td>160</td><td>120</td><td>80</td></tr>
</table></td></tr>
<tr><td>白带长角天牛、窄吉丁、咖啡黑长蠹、辐射松幽天牛、白条天牛、乳白蚁、异胫长小蠹（非中国种）、砂白蚁（非中国种），大小蠹（红脂大小蠹和非中国种）、咖啡黑长蠹、蔗根象、混点毛小蠹、合毒蛾、双钩异翅长蠹、刺角沟额天牛、家天牛、暗天牛属、美洲榆小蠹、长林小蠹、楹白蚁（非中国种）、美国白蛾、齿小蠹（非中国种）、木白蚁（非中国种）、缘白蚁（非中国种）、蔗扁蛾、美柏肤小蠹、木蠹象属、长小蠹（属）（非中国种）、楔天牛（非中国种）、欧洲榆小蠹、欧洲大榆小蠹、断眼天牛（非中国种）、材小蠹（非中国种）、青杨脊虎天牛、黑头长翅卷蛾、摩氏奥粉蚧、松唐盾蚧，无花果盾蚧，松针盾蚧，云杉色卷蛾、杨干象、桉象、松突圆蚧、苍白树皮象、黑丝盾蚧、东京蛎蚧、榆蛎蚧、日本金龟子、澳洲蛛甲、刺桐姬小蜂、云杉树蜂、红火蚁、松异带蛾、松材线虫</td><td>热处理</td><td>1. 原木的中心温度至少要达到71.1 ℃，75 min以上。
2. 原木完全浸泡于水中90 d以上杀灭所携带的有害生物。</td></tr>
</table>

<table>
<tr><th>HS编码</th><th>货物名称</th><th>有害生物名称</th><th>处理方法</th><th>处理参数</th></tr>
<tr><td rowspan="2">4403（原木大类别）</td><td rowspan="2">板材</td><td>松生枝干溃疡病菌、嗜松枝干溃疡病菌、落叶松枯梢病菌、栎枯萎病菌、云杉帚锈病菌、油松疱锈病菌、北美松疱锈病菌 、松球果锈病菌，松树纺锤形瘤肿锈病菌 、松疱锈病菌、桉树溃疡病菌、松瘤锈病菌、松脂溃疡病菌、松树枯梢病菌 、雪松—苹果锈病菌、杨树炭团溃疡病菌、松干基褐腐病菌、铁杉叶锈病菌、杨树叶锈病菌、松针褐斑病菌、松褐针枯病菌、松针红斑病、新榆枯萎病菌、榆枯萎病菌、针叶松黑根病菌、雪松疫霉根腐病菌、栎树疫霉猝死病菌、杨树枯萎病菌</td><td rowspan="2">熏蒸处理</td><td>溴甲烷常压熏蒸
<table>
<tr><th rowspan="2">温度（℃）</th><th rowspan="2">剂量（g/m³）</th><th colspan="6">最低浓度（g/m³）</th></tr>
<tr><th>0.5 h</th><th>2 h</th><th>12 h</th><th>24 h</th><th>36 h</th><th>48 h</th></tr>
<tr><td>≥4.44</td><td>240</td><td>200</td><td>160</td><td>100</td><td>40</td><td>120</td><td>80</td></tr>
</table></td></tr>
<tr><td>白带长角天牛、窄吉丁、咖啡黑长蠹、辐射松幽天牛、白条天牛、乳白蚁、异胫长小蠹（非中国种）、砂白蚁（非中国种）、大小蠹（红脂大小蠹和非中国种）、咖啡黑长蠹 、蔗根象、混点毛小蠹、合毒蛾、双钩异翅长蠹、刺角沟额天牛、家天牛 、暗天牛属 、美洲榆小蠹、长林小蠹 、楹白蚁（非中国种）、美国白蛾、齿小蠹（非中国种）、木白蚁（非中国种）、缘白蚁（非中国种）、蔗扁蛾、美柏肤小蠹 、木蠹象属、长小蠹（属）（非中国种）、楔天牛（非中国种）、欧洲榆小蠹 、欧洲大榆小蠹、断眼天牛（非中国种）、材小蠹（非中国种）、青杨脊虎天牛、黑头长翅卷蛾、摩氏奥粉蚧、松唐盾蚧、无花果盾蚧、松针盾蚧、云杉色卷蛾、杨干象 、桉象、松突圆蚧、苍白树皮象、黑丝盾蚧、东京蛎蚧、榆蛎蚧、日本金龟子、澳洲蛛甲、刺桐姬小蜂、云杉树蜂、红火蚁、松异带蛾、松材线虫</td><td>溴甲烷常压熏蒸
<table>
<tr><th rowspan="2">温度（℃）</th><th rowspan="2">剂量（g/m³）</th><th colspan="4">最低浓度（g/m³）</th></tr>
<tr><th>0.5 h</th><th>2 h</th><th>4 h</th><th>16 h</th></tr>
<tr><td>≥21.1</td><td>48</td><td>36</td><td>30</td><td>27</td><td>25</td></tr>
<tr><td>4.4～21.0</td><td>80</td><td>60</td><td>51</td><td>46</td><td>42</td></tr>
</table></td></tr>
</table>

续表

<table>
<tr><th>HS编码</th><th>货物名称</th><th>有害生物名称</th><th>处理方法</th><th>处理参数</th></tr>
<tr><td rowspan="3">4403
（原木大类别）</td><td>木质包装</td><td>所有有害昆虫、线虫</td><td>熏蒸处理</td><td>溴甲烷熏蒸
<table><tr><th rowspan="2">温度（℃）</th><th rowspan="2">剂量（g/m³）</th><th colspan="4">最低浓度（g/m³）</th></tr><tr><th>2 h</th><th>4 h</th><th>12 h</th><th>24 h</th></tr><tr><td>≥21</td><td>48</td><td>36</td><td>31</td><td>28</td><td>24</td></tr><tr><td>≥16</td><td>56</td><td>42</td><td>36</td><td>32</td><td>28</td></tr><tr><td>≥11</td><td>64</td><td>48</td><td>42</td><td>36</td><td>32</td></tr></table></td></tr>
<tr><td>包括集装箱在内的木产品</td><td>马铃薯金线虫</td><td>熏蒸处理</td><td>溴甲烷真空（659 mmHg）熏蒸
<table><tr><th>温度（℃）</th><th>剂量（g/m³）</th><th>密闭时间（h）</th></tr><tr><td rowspan="3">≥4.4</td><td>128</td><td>16</td></tr><tr><td>168</td><td>12</td></tr><tr><td>256</td><td>8</td></tr></table></td></tr>
<tr><td>包括集装箱在内的木产品</td><td>原木所列检疫性害虫除钻蛀性白蚁</td><td>熏蒸处理、热处理</td><td>1. 溴甲烷熏蒸
<table><tr><th rowspan="2">温度（℃）</th><th rowspan="2">剂量（g/m³）</th><th colspan="4">最低浓度（g/m³）</th></tr><tr><th>0.5 h</th><th>2 h</th><th>4 h</th><th>16 h</th></tr><tr><td>≥21.1</td><td>48</td><td>36</td><td>30</td><td>27</td><td>25</td></tr><tr><td>4.4 ~ 20.6</td><td>80</td><td>60</td><td>51</td><td>46</td><td>42</td></tr></table></td></tr>
</table>

续表

<table>
<tr><th>HS编码</th><th>货物名称</th><th>有害生物名称</th><th>处理方法</th><th>处理参数</th></tr>
<tr><td>4403（原木大类别）</td><td>包括集装箱在内的木产品</td><td>原木所列检疫性害虫除钻蛀性白蚁</td><td>熏蒸处理、热处理</td><td>
2. 溴甲烷真空（659 mmHg）熏蒸
<table>
<tr><th>温度（℃）</th><th>剂量（g/m³）</th><th>密闭时间（h）</th></tr>
<tr><td>≥21.1</td><td>64</td><td>4</td></tr>
<tr><td>4.4～20.6</td><td>64</td><td>5</td></tr>
</table>
3. 热窑处理
<table>
<tr><th>干球温（℃）</th><th>湿球气（℃）</th><th>相对湿度</th><th>水气含量</th><th>木材厚度（英寸）</th><th>密闭时间（h）</th></tr>
<tr><td rowspan="3">60</td><td rowspan="3">-13.9</td><td rowspan="3">82%</td><td rowspan="3">13.80%</td><td>1</td><td>3</td></tr>
<tr><td>2</td><td>5</td></tr>
<tr><td>3</td><td>7</td></tr>
<tr><td rowspan="3">54.4</td><td rowspan="3">-8.9</td><td rowspan="3">60%</td><td rowspan="3">9.40%</td><td>1</td><td>10</td></tr>
<tr><td>2</td><td>12</td></tr>
<tr><td>3</td><td>14</td></tr>
<tr><td rowspan="3">51.7</td><td rowspan="3">-9.4</td><td rowspan="3">61%</td><td rowspan="3">9.70%</td><td>1</td><td>46</td></tr>
<tr><td>2</td><td>48</td></tr>
<tr><td>3</td><td>50</td></tr>
</table>
</td></tr>
</table>

续表

<table>
<tr><th>HS编码</th><th>货物名称</th><th>有害生物名称</th><th>处理方法</th><th>处理参数</th></tr>
<tr><td rowspan="2">4403（原木大类别）</td><td rowspan="2">包括集装箱在内的木产品</td><td>钻蛀性白蚁</td><td>熏蒸处理</td><td>硫酰氟常压熏蒸
<table>
<tr><th rowspan="2">温度（℃）</th><th rowspan="2">剂量（g/m³）</th><th colspan="7">最低浓度（g/m³）</th></tr>
<tr><th>0.5 h</th><th>2 h</th><th>4 h</th><th>12 h</th><th>16 h</th><th>24 h</th><th>32 h</th></tr>
<tr><td>≥21.1</td><td>64</td><td>48</td><td>45</td><td>40</td><td>—</td><td>32</td><td>—</td><td>—</td></tr>
<tr><td>15.6～21.0</td><td>64</td><td>48</td><td>45</td><td>40</td><td>36</td><td>—</td><td>32</td><td>—</td></tr>
<tr><td>10.0～15.5</td><td>80</td><td>60</td><td>56</td><td>52</td><td>48</td><td>—</td><td>40</td><td>—</td></tr>
<tr><td rowspan="2">4.4～9.9</td><td>104</td><td>76</td><td>71</td><td>66</td><td>60</td><td>—</td><td>52</td><td>—</td></tr>
<tr><td>80</td><td>60</td><td>57</td><td>53</td><td>49</td><td>—</td><td>44</td><td>40</td></tr>
</table>
注：此熏蒸不要使用含苏打石棉（Ascarite®）的过滤器。</td></tr>
<tr><td>斑皮蠹（非中国种）及螨类</td><td>熏蒸处理</td><td>溴甲烷常压熏蒸
<table>
<tr><th rowspan="2">温度（℃）</th><th rowspan="2">剂量（g/m³）</th><th colspan="5">最低浓度（g/m³）</th></tr>
<tr><th>0.5 h</th><th>2 h</th><th>4 h</th><th>16 h</th><th>24 h</th></tr>
<tr><td>≥26.7</td><td>56</td><td>36</td><td>33</td><td>30</td><td>25</td><td>17</td></tr>
<tr><td>21.1～26.6</td><td>72</td><td>50</td><td>45</td><td>40</td><td>25</td><td>22</td></tr>
<tr><td>15.6～21.0</td><td>96</td><td>65</td><td>55</td><td>50</td><td>42</td><td>29</td></tr>
<tr><td>10.0～15.5</td><td>129</td><td>80</td><td>70</td><td>60</td><td>42</td><td>36</td></tr>
<tr><td>4.4～9.9</td><td>144</td><td>85</td><td>76</td><td>70</td><td>42</td><td>42</td></tr>
</table></td></tr>
</table>

十三、稻草、秸秆、针茅或其他编结材料制品；篮筐及柳条编结品

<table>
<tr><th rowspan="2">HS编码</th><th rowspan="2">货物名称</th><th rowspan="2">有害生物名称</th><th rowspan="2">处理方法</th><th colspan="6">处理参数</th></tr>
<tr></tr>
<tr><td>4601291112（蔺草制的其他席子）</td><td>榻榻米</td><td>钻蛀性害虫及病害</td><td>热处理</td><td colspan="6">干热：80 ℃，2 h。</td></tr>
<tr><td rowspan="7">4602191000（草编织的篮筐及其他制品）</td><td rowspan="7">其他竹藤柳草及其制品</td><td rowspan="7">原木中所列表检疫性有害钻蛀类昆虫及其他钻蛀类害虫</td><td rowspan="7">熏蒸处理</td><td colspan="6">溴甲烷常压熏蒸</td></tr>
<tr><td rowspan="2">温度（℃）</td><td rowspan="2">剂量（g/m³）</td><td colspan="4">最低浓度要求（g/m³）</td></tr>
<tr><td>2h</td><td>4h</td><td>12h</td><td>24h</td></tr>
<tr><td>≥21</td><td>48</td><td>36</td><td>31</td><td>28</td><td>24</td></tr>
<tr><td>≥16</td><td>56</td><td>42</td><td>36</td><td>32</td><td>28</td></tr>
<tr><td>≥11</td><td>64</td><td>48</td><td>42</td><td>36</td><td>32</td></tr>
<tr><td colspan="6">注：处理竹竿和竹制花园用木桩时，将正常16 h密闭时间延长到24 h。</td></tr>
</table>

十四、棉花

<table>
<tr><th>HS编码</th><th>货物名称</th><th>有害生物名称</th><th>处理方法</th><th colspan="5">处理参数</th></tr>
<tr><td rowspan="5">5201000001.5201000080、5201000090（未梳的棉花）、5203000001、5203000090（已梳的棉花）</td><td rowspan="5">棉花及其产品，麻制品</td><td rowspan="5">斑皮蠹（非中国种）及螨类</td><td rowspan="5">熏蒸处理</td><td colspan="5">溴甲烷帐幕熏蒸</td></tr>
<tr><td rowspan="2">温度（℃）</td><td rowspan="2">剂量（g/m³）</td><td colspan="3">最低浓度（g/m³）</td></tr>
<tr><td>0.5 h</td><td>2 h</td><td>24 h</td></tr>
<tr><td>≥15.6</td><td>128</td><td>96</td><td>64</td><td>35</td></tr>
<tr><td>4.4～15.5</td><td>176</td><td>132</td><td>88</td><td>50</td></tr>
</table>

续表

<table>
<tr><th>HS编码</th><th>货物名称</th><th>有害生物名称</th><th>处理方法</th><th>处理参数</th></tr>
<tr><td rowspan="2">5201000001、5201000080、5201000090（未梳的棉花）、5203000001、5203000090（已梳的棉花）</td><td rowspan="2">棉花及其产品、麻制品</td><td>马铃薯金线虫</td><td>熏蒸处理</td><td>溴甲烷帐幕熏蒸
<table>
<tr><th>温度（℃）</th><th>剂量（g/m³）</th><th>密闭时间（h）</th></tr>
<tr><td rowspan="2">≥4.4</td><td>128</td><td>16</td></tr>
<tr><td>168</td><td>12</td></tr>
</table></td></tr>
<tr><td>墨西哥棉铃象</td><td>熏蒸处理</td><td>溴甲烷帐幕熏蒸
<table>
<tr><th rowspan="2">温度（℃）</th><th rowspan="2">剂量（g/m³）</th><th colspan="5">最低浓度（g/m³）</th></tr>
<tr><th>0.5 h</th><th>2 h</th><th>24 h</th><th>28 h</th><th>32 h</th></tr>
<tr><td>≥32.2</td><td>40</td><td>30</td><td>20</td><td>—</td><td>—</td><td>—</td></tr>
<tr><td>26.7 ~ 32.1</td><td>48</td><td>36</td><td>28</td><td>—</td><td>—</td><td>—</td></tr>
<tr><td>21.1 ~ 26.6</td><td>64</td><td>48</td><td>36</td><td>—</td><td>—</td><td>—</td></tr>
<tr><td>15.6 ~ 20.6</td><td>64</td><td>50</td><td>—</td><td>34</td><td>—</td><td>—</td></tr>
<tr><td>12.8 ~ 15.5</td><td>80</td><td>64</td><td>—</td><td>48</td><td>—</td><td>—</td></tr>
<tr><td>10.0 ~ 12.7</td><td>88</td><td>70</td><td>—</td><td>—</td><td>50</td><td>—</td></tr>
<tr><td>4.4 ~ 9.9</td><td>96</td><td>80</td><td>—</td><td>—</td><td>54</td><td>40</td></tr>
</table></td></tr>
</table>

续表

<table>
<tr><th>HS编码</th><th>货物名称</th><th>有害生物名称</th><th>处理方法</th><th colspan="6">处理参数</th></tr>
<tr><td rowspan="15">5201000001.、5201000080、5201000090（未梳的棉花）、5203000001、5203000090（已梳的棉花）</td><td rowspan="15">棉花及其产品、麻制品</td><td rowspan="4">墨西哥棉铃象</td><td rowspan="4">熏蒸处理</td><td colspan="6">磷化氢熏蒸</td></tr>
<tr><td colspan="2" rowspan="2">温度（℃）</td><td colspan="2" rowspan="2">剂量（g/m³）</td><td colspan="2">最低浓度（mg/m³）</td></tr>
<tr><td colspan="2">72 h</td></tr>
<tr><td colspan="2">≥10.0</td><td colspan="2">1.27</td><td colspan="2">225*</td></tr>
<tr><td colspan="2"></td><td colspan="6">注：*平均值为225 mg/m³，其中最低浓度不小于50 225 mg/m³。</td></tr>
<tr><td rowspan="5">红铃虫属</td><td rowspan="5">熏蒸处理</td><td colspan="6">溴甲烷帐幕熏蒸</td></tr>
<tr><td rowspan="2">温度（℃）</td><td rowspan="2">剂量（g/m³）</td><td colspan="4">最低浓度（g/m³）</td></tr>
<tr><td>0.5 h</td><td>2 h</td><td>12 h</td><td>24 h</td></tr>
<tr><td rowspan="2">≥4.4</td><td>112</td><td>84</td><td>60</td><td>30</td><td>—</td></tr>
<tr><td>80</td><td>60</td><td>40</td><td>—</td><td>20</td></tr>
<tr><td rowspan="5">其他一般有害昆虫（建议）</td><td rowspan="5">熏蒸处理</td><td colspan="6">溴甲烷常压熏蒸</td></tr>
<tr><td rowspan="2">温度（℃）</td><td rowspan="2">剂量（g/m³）</td><td colspan="4">最低浓度（g/m³）</td></tr>
<tr><td>0.5 h</td><td>2 h</td><td>12 h</td><td>24 h</td></tr>
<tr><td rowspan="2">≥4.4</td><td>112</td><td>84</td><td>60</td><td>30</td><td>—</td></tr>
<tr><td>64</td><td>60</td><td>40</td><td>—</td><td>20</td></tr>
</table>

续表

<table>
<tr><th>HS编码</th><th>货物名称</th><th>有害生物名称</th><th>处理方法</th><th>处理参数</th></tr>
<tr>
<td>5201000001、5201000080、5201000090（未梳的棉花）、5203000001、5203000090（已梳的棉花）</td>
<td>棉花及其产品、麻制品</td>
<td>其他一般有害昆虫（建议）</td>
<td>熏蒸处理</td>
<td>
溴甲烷帐幕、集装箱、大轮熏蒸
<table>
<tr><th>温度</th><th colspan="2">剂量（g/m³）</th><th rowspan="2">密闭时间（h）</th></tr>
<tr><th>（℃）</th><th>散装货物</th><th>非散装货物</th></tr>
<tr><td rowspan="2">≥ 15.6</td><td>96</td><td>96</td><td>12</td></tr>
<tr><td>64</td><td>48</td><td>24</td></tr>
<tr><td rowspan="2">4.4 ~ 15.0</td><td>112</td><td>112</td><td>12</td></tr>
<tr><td>80</td><td>64</td><td>24</td></tr>
</table>
溴甲烷真空（659 mmHg）熏蒸
<table>
<tr><th>温度</th><th>剂量</th><th rowspan="2">密闭时间（h）</th></tr>
<tr><th>（℃）</th><th>（g/m³）</th></tr>
<tr><td>≥ 15.6</td><td>128</td><td>3</td></tr>
<tr><td>4.4 ~ 15.5</td><td>144</td><td>3</td></tr>
</table>
磷化氢熏蒸
<table>
<tr><th>温度</th><th>剂量</th><th colspan="2">最低浓度（mg/m³）</th></tr>
<tr><th>（℃）</th><th>（g/m³）</th><th>72 h</th><th>120 h</th></tr>
<tr><td>≥ 10.0</td><td>2.1</td><td>225*</td><td>50**</td></tr>
<tr><td>≥ 10.0</td><td>2.1</td><td>—</td><td>50**</td></tr>
</table>
注：1.* 平均值为 225×10^{-6}，其中最低浓度不小于 50 mg/m³。
2.** 平均读数不低于 50 mg/m³。
</td>
</tr>
</table>

续表

<table>
<tr><th>HS编码</th><th>货物名称</th><th>有害生物名称</th><th>处理方法</th><th>处理参数</th></tr>
<tr><td rowspan="2">5201000001、5201000080、5201000090（未梳的棉花）、5203000001、5203000090（已梳的棉花）</td><td rowspan="2">棉籽、棉籽产品或样品</td><td>斑皮蠹（非中国种）</td><td>熏蒸处理</td><td>溴甲烷熏蒸
<table>
<tr><th>温度</th><th>剂量</th><th colspan="3">最低浓度（g/m^3）</th></tr>
<tr><th>（℃）</th><th>（g/m^3）</th><th>0.5 h</th><th>2 h</th><th>24 h</th></tr>
<tr><td>≥32.2</td><td>40</td><td>30</td><td>20</td><td>15</td></tr>
<tr><td>26.7～32.1</td><td>56</td><td>42</td><td>30</td><td>20</td></tr>
</table>
注：棉籽产品（除了棉籽）采用此方法处理后，不可再用于食品或饲料。</td></tr>
<tr><td>红铃虫属及其他一般有害昆虫</td><td>熏蒸处理</td><td>溴甲烷熏蒸
<table>
<tr><th>温度</th><th>剂量</th><th colspan="4">最低浓度（g/m^3）</th></tr>
<tr><th>（℃）</th><th>（g/m^3）</th><th>0.5 h</th><th>2 h</th><th>12 h</th><th>24 h</th></tr>
<tr><td rowspan="2">≥4.4</td><td>112</td><td>84</td><td>60</td><td>30</td><td>—</td></tr>
<tr><td>80</td><td>60</td><td>40</td><td>—</td><td>20</td></tr>
</table></td></tr>
</table>

动植物检疫处理相关法律法规、条约与标准

本章将目前已正式发布实施，同动植物检疫处理有关的法律法规、规章条例以及国际协议、现行实施的检疫处理标准进行汇编与概述。

一、检疫处理法律法规

（一）《中华人民共和国生物安全法》

（2020年10月17日第十三届全国人民代表大会常务委员会第二十二次会议通过）

目录

第一章　总则

第二章　生物安全风险防控体制

第三章　防控重大新发突发传染病、动植物疫情

第四章　生物技术研究、开发与应用安全

第五章　病原微生物实验室生物安全

第六章　人类遗传资源与生物资源安全

第七章　防范生物恐怖与生物武器威胁

第八章　生物安全能力建设

第九章　法律责任

第十章　附则

（二）《中华人民共和国进出境动植物检疫法》

（1991年10月30日第七届全国人民代表大会常务委员会第二十二次会议通过，1991年10月30日中华人民共和国主席令第五十三号公布，根据2009年8月27日 第十一届全国人民代表大会常务委员会第十次会议《关于修改部分法律的决定》修正）

目录

第一章　总则

第二章　进境检疫

第三章　出境检疫

第四章　过境检疫

第五章　携带、邮寄物检疫

第六章　运输工具检疫

第七章　法律责任

第八章　附则

（三）《危险化学品安全管理条例》

（2002年1月9日国务院第52次常务会议通过，2002年1月26日中华人民共和国国务院令第344号公布，自2002年3月15日起施行；根据2011年2月16日国务院第144

次常务会议修订通过，2011年3月2日中华人民共和国国务院令第591号重新公布，自2011年12月1日起施行；根据2013年12月4日国务院第32次常务会议通过，2013年12月7日中华人民共和国国务院令第645号公布，自2013年12月7日起施行的《国务院关于修改部分行政法规的决定》修正）

目录

第一章　总则

第二章　生产、储存安全

第三章　使用安全

第四章　经营安全

第五章　运输安全

第六章　危险化学品登记与事故应急救援

第七章　法律责任

第八章　附则

（四）《农药管理条例》

（1997年5月8日中华人民共和国国务院令第216号发布，根据2001年11月29日《国务院关于修改〈农药管理条例〉的决定》修订，2017年2月8日国务院第164次常务会议修订通过）

目录

第一章　总则

第二章　农药登记

第三章　农药生产

第四章　农药经营

第五章　农药使用

第六章　监督管理

第七章　法律责任

第八章　附则

二、检疫处理条约

《蒙特利尔议定书》

《蒙特利尔议定书》全名为《关于消耗臭氧层物质的蒙特利尔议定书》（Montreal protocol on substances that deplete the ozone layer），是联合国为了避免工业产品中的氟氯碳化物对地球臭氧层继续造成恶化及损害，承续1985年保护臭氧层维也纳公约的大原则，于1987年9月16日邀请所属26个会员国在加拿大蒙特利尔所签署的环境保护公约。该公约自1989年1月1日起生效。

三、检疫处理标准

（一）GB 434—1995

名称：溴甲烷原药

Methyl bromide technical

范围：本标准规定了溴甲烷原药的技术要求、试验方法、检验规则以及标志、包装、运输和贮存要求。

本标准适用于由溴甲烷及其生产中产生的杂质组成的溴甲烷原药，应无添加的改性剂。

（二）GB 5452—2017

名称：56%磷化铝片剂

56% Aluminium phosphide tablets

范围：本标准规定了56%磷化铝片剂的要求、试验方法以及标志、标签、包装、贮运、安全和保证期。

本标准适用于由磷化铝原药和氨基甲酸铵及其他填料所压制成的56%磷化铝片剂。

（三）GB 18218—2018

名称：危险化学品重大危险源辨识

Identification of major hazard installations for hazardous chemicals

范围：本标准规定了辨识危险化学品重大危险源的依据和方法。

本标准适用于生产、储存、使用和经营危险化学品的生产经营单位。

本标准不适用于：

1.核设施和加工放射性物质的工厂，但这些设施和工厂中处理非放射性物质的部门除外；

2.军事设施；

3.采矿业，但涉及危险化学品的加工工艺及储存活动除外；

4.危险化学品的厂外运输（包括铁路、道路、水路、航空、管道等运输方式）；

5.海上石油天然气开采活动。

（四）GB 20476—2006

名称：松材线虫病发生区 松木包装材料　处理和管理

Pine wilt disease —Pine wood packing material --Treatment and management

范围：本标准规定了松材线虫病发生区松木包装材料除害处理方法和管理要求。

本标准适用于松材线虫病发生区和来源于松材线虫病发生区松木原木制作的包装材料。

（五）GB/T 13324—2006

名称：热处理设备术语

Terminology of heat treatment equipment

范围：本标准规定了热处理专用设备术语。

本标准适用于制定标准、编制技术文件、编写和翻译专业手册、教材和书刊。

（六）GB/T 21659—2008

名称：植物检疫措施准则 辐照处理

Guidelines for the use of irradiation as a phytosanitary measure

范围：本标准规定了对限定有害生物或物品采用电离辐射技术进行辐照处理的具体程序和技术准则。

本标准不包括用于以下方面的处理：

——为防治有害生物生产不育生物，

——卫生处理（食品安全和家畜卫生），

——保持或改进商品质量（如储存期限延长），

——诱发突变。

（七）GB/T 23477—2009

名称：松材线虫病疫木处理技术规范

Technical treatment standard for wood infected by pine wood nematode

范围：本标准规定了松材线虫病疫木除害处理的方法和技术。

本标准适用于松材线虫病疫木检疫除害处理。

（八）GB/T 26420—2010

名称：林业检疫性害虫除害处理技术规程

Disinfestation technical rules of forest quarantine pest insect

范围：本标准规定了对携带林业检疫性害虫的森林植物及其产品，以及填充物、装载容器、运输工具和堆放场所等进行除害处理的技术和方法。

本标准适用于植物检疫机构对携带林业检疫性害虫的森林植物及其产品，以及填充物、装载容器、运输工具和堆放场所等实施检疫除害处理。

（九）GB/T 28060—2011

名称：进出境货物木质包装材料检疫管理准则

Guidelines for phytosanitary regulating wood packaging material

范围：本标准规定了进出境货物木质包装材料的检疫处理、标识的加施和检疫监督管理的方法和要求。

本标准适用于进出境货物木质包装材料的检疫管理。

（十）GB/T 28837—2012

名称：木质包装检疫处理服务质量要求

Requirement on services of quarantine treatments of wood packing materical

范围：本标准规定了木质包装检疫处理服务的质量要求。

本标准适用于出境货物木质包装检疫处理行业及其相关企业。

（十一）GB/T 28838—2012

名称：木质包装热处理作业规范

Guideline on heat treatment for wood packing material

范围：本标准规定了出境货物木质包装的热处理方法及其作业规范。

本标准适用于出境货物木质包装的热处理，也适用于木质包装除害处理标识加施企业及对标识加施企业进行规范。

（十二）GB/T 31752—2015

名称：溴甲烷检疫熏蒸库技术规范

Technical requirements for methyl bromide quarantine fumigation chamber

范围：本标准规定了溴甲烷检疫熏蒸库的设计原则、设备配备和熏蒸操作。

本标准适用于使用熏蒸剂溴甲烷进行常压检疫熏蒸处理所需的熏蒸库设计、设备配备和熏蒸处理技术规范。

（十三）GB/T 36773—2018

名称：竹制品检疫处理技术规程

Technical rule of phytosanitary treatment for bamboo products

范围：本标准规定了竹制品溴甲烷或硫酰氟常压熏蒸、蒸热和辐照等处理的技术方法。

本标准适用于各类竹制品的熏蒸、蒸热和辐照等检疫除害处理。

（十四）GB/T 36826—2018

名称：熏蒸剂溴甲烷循环再利用技术要求

Technical requirements for recycling and reusc of methyl bromide phtoanitary treatments

范围：本标准规定了溴甲烷检疫熏蒸处理后，熏蒸空间内剩余熏蒸气体的循环再利用技术的具体要求。

本标准适用于检疫熏蒸处理后熏蒸剂溴甲烷剩余气体的循环再利用。

（十五）GB/T 36827—2018

名称：进境木材检疫处理区建设规范

Specification for the construction of importing timbers phtosanitary treatment zone.

范围：本标准规定了采用熏蒸方式进口散装木材，建设木材检疫处理区的方法和要求。

本标准适用于采用熏蒸方式进口散装木材检疫处理区的建设。

（十六）GB/T 36854—2018

名称：集装箱熏蒸操作规程

Rules for container fumigation

范围：本标准规定了集装箱装载的进出境动植物产品、木质包装及铺垫材料、水果等鲜活货物和空集装箱的熏蒸处理操作程序。

本标准适用于进出境动植物产品、木质包装及铺垫材料、水果等鲜活货物和空集装箱的熏蒸处理。

（十七）GBZ 230—2010

名称：职业性接触毒物危害程度分级

Classification for hazards of occupational exposure to toxicant

范围：本标准规定了职业性接触毒物危害程度分级的依据。

本标准适用于职业性接触毒物危害程度的分级。

本标准也是工作场所职业病危害分级以及建设项目职业病危害评价的依据之一。

（十八）GBZ 77—2002

名称：职业性急性化学物中毒性多器官功能障碍综合征诊断标准

Diagnostic criteria of occupational acute chemical toxic multiple organ dysfunction syndrome

范围：本标准规定了职业性急性化学物中毒性多器官功能障碍综合征的诊断标准和处理原则。

本标准适用于在职业活动中由于急性化学物中毒所致的多器官功能障碍综合征，非职业性急性化学物中毒所致的多器官功能障碍综合征的诊断，也可参考本标准。

（十九）SN/T 1123—2010

名称：帐幕熏蒸处理操作规程

Rules for sheet fumigation

范围：本标准规定了用帐幕覆盖的出入境植物、植物产品的熏蒸处理操作规程。

本标准适用于覆盖在帐幕中的出入境植物、植物产品的熏蒸处理。

（二十）SN/T 1253—2003

名称：入出境集装箱及其货物消毒规程

Codes for disinfection of entry–exit containers and inner cargo

范围：本标准规定了入出境集装箱及其货物消毒的实施范围、对象、方法、微生物学评价及处置。

本标准适用于入出境普通集装箱、冷藏集装箱、圆罐式集装箱、框架集装箱、空运集装箱、火车集装箱及其所装货物的消毒。

（二十一）SN/T 1268—2010

名称：入出境航空器消毒规程

Codes of disinfection for entry–exit aircrafts

范围：本标准规定了入出境航空器消毒的要求、对象、准备、程序、效果评价及处置。

本标准适用于入出境航空器的消毒处理，其他航空器的消毒也可参照执行。

（二十二）SN/T 1270—2003

名称：入出境散装货物消毒规程

Codes of disinfection for entry–exit bulk cargo

范围：本标准规定了入出境散装货物消毒的要求、对象与指征、程序、结果判定及处置。

本标准适用于入出境散装货物的消毒。

（二十三）SN/T 1275—2010

名称：入出境船舶除虫规程

Codes of disinsecting for entry-exit ships

范围：本标准规定了入出境船舶除虫的对象、技术要求、程序、结果判定及处置。

本标准适用于入出境船舶的除虫处理。

（二十四）SN/T 1281—2003

名称：入出境集装箱及其货物除虫规程

Disinsection codes for entry-exit containers and inner cargo

范围：本标准规定了入出境集装箱及其货物除虫的实施范围、对象、方法、结果判定及处置。

本标准适用于入出境的普通箱、冷藏箱、圆罐式箱、框架箱、空运箱、火车集装箱及其所装货物的除虫。

（二十五）SN/T 1343—2003

名称：入出境船舶压舱水消毒规程

Codes of disinfection for ballast water in entry — exit ships

范围：本标准规定了入出境船舶压舱水消毒处理的要求、程序、方法、结果判定及处置。

本标准适用于入出境船舶压舱水的消毒处理。

（二十六）SN/T 1411—2004

名称：国境口岸常用卫生处理药物中毒急救规程

Emergency rescue codes for druggery poisoning in sanitary treatment at frontier ports

范围：本标准规定了国境口岸常用卫生处理药物中毒时的诊断及救治。

本标准适用于国境口岸常用卫生处理药物中毒患者的紧急救治。

（二十七）SN/T 1425—2004

名称：二硫化碳熏蒸香梨中苹果蠹蛾的操作规程

Rules of the CS_2 fumigation for codling moth（*Cydia pomonella L.*）in fragrant pears

范围：本标准规定了二硫化碳熏蒸香梨中苹果蠹蛾的基本要求、处理前准备、除害处理、监督管理和结果评定的基本程序和方法。

本标准适用于使用二硫化碳药剂对出口香梨中的苹果蠹蛾的熏蒸处理。

（二十八）SN/T 1456—2004

名称：磷化铝随航熏蒸操作规程

Procedure of ship fumigation in transit with aluminium phosphide

范围：本标准规定了对船载出境粮谷类进行磷化铝随航熏蒸处理的基本要求、处理前准备、熏蒸操作、安全措施、效果检测和评定。

本标准适用于在船舶货舱内使用磷化铝熏蒸剂对出境玉米、小麦、大米等粮谷类进行的随航熏蒸处理。

（二十九）SN/T 1484—2004

名称：进境原木火车熏蒸操作规程

Rules for fumigation for imported logs in railway wagon

范围：本标准规定了进境原木在火车车厢内用熏蒸剂熏蒸时的基本要求、所使用的仪器设备及操作程序。

本标准适用于进境原木在常压条件下在火车车厢内的熏蒸处理。

（三十）SN/T 1529—2005

名称：卫生处理安全操作规程

Codes of safety operation for health measures

范围：本标准规定了卫生处理安全操作的要求、操作要点和监督管理。

本标准适用于入出境交通工具、集装箱、行李、货物和邮包的卫生处理。

（三十一）SN/T 1583—2005

名称：输日稻草热处理操作规程

Rules for heat treatment of rice straw exporting to Japan

范围：本标准从植物检疫和动物检疫方面规定了输日稻草及稻草制品的热处理程序。

本标准适用于输日稻草及稻草制品的湿热及干热处理。

（三十二）SN/T 1587—2005

名称：林木蛀干害虫真空熏蒸处理规程

Rules for vacuum fumigation treatment of wood borers

范围：本标准规定了针对林木蛀干害虫的木材、木制品和木质包装材料的溴甲烷真空熏蒸处理的技术要求。

本标准适用于针对林木蛀干害虫的木材、木制品和木质包装材料的溴甲烷真空熏蒸处理。

（三十三）SN/T 1592—2005

名称：输韩饲草福尔马林熏蒸处理操作规程

Rules of formalin fumigation treatment for the forage grass exported to the Republic of Korea

范围：本标准规定了输韩饲草福尔马林熏蒸处理操作程序。

本标准适用于裸装输韩饲草的福尔马林熏蒸处理。

（三十四）SN/T 1759—2006

名称：出入境口岸卫生处理常用药物使用准则

Codes for usages of common disinfectants and pesticides at entry-exit ports

范围：本标准规定了出入境口岸卫生处理的常用药物的使用准则、分类、剂型、适用范围、作用对象、使用方法、注意事项和防护安全措施。

本标准适用于出入境口岸常用卫生处理药物的使用。

（三十五）SN/T 2010—2007

名称：植原体脱除方法

Method for elimination of phytoplasma

范围：本标准规定了植物种苗、鳞球茎和组培苗的植原体脱除及检测的基本原则和方法。

本标准适用于进出境植物种苗、鳞球茎和组培苗的植原体脱除和检测。

（三十六）SN/T 2015—2007

名称：出境林木种子有害生物检疫除害处理方法

Method for quarantine treatment of pest of export forest tree seeds

范围：本标准规定了对贸易或其他方式出境的林木种子（主要是籽粒）所携带有害生物进行溴甲烷熏蒸处理、热水处理以及微波处理等检疫除害处理的技术措施。

本标准适用于出境林木种子籽粒所携带有害生物的检疫除害处理。

（三十七）SN/T 2016—2007

名称：TCK疫麦环氧乙烷熏蒸处理方法

Method for ethylene oxide fumigation treatment for *Tilletia contraversa* Kühn in wheat

范围：本标准规定了使用环氧乙烷和二氧化碳混合熏蒸剂熏蒸处理TCK疫麦的方法。

本标准适用于使用环氧乙烷和二氧化碳混合熏蒸剂熏蒸处理大型立筒仓和袋装TCK疫麦的灭菌处理。

（三十八）SN/T 2020—2007

名称：进出境栽培介质检疫和除害处理规程

Rules for quarantine and treatment of import and export growing medium

范围：本标准规定了进出境栽培介质的抽样、检疫、处理方法和结果评定方法。

本标准适用于进出境栽培介质的检疫和处理。

（三十九）SN/T 2355—2009

名称：国境口岸卫生处理常用药物贮存通则

General rule for storage of common disinfectants and pesticides at frontier ports

范围：本标准规定了国境口岸卫生处理药物贮存的基本要求。

本标准适用于国境口岸卫生处理常用药物的出库、人库、贮存及养护。

（四十）SN/T 2370—2017

名称：木制品检疫除害处理方法

Method for quarantine treatment of pests of woodwork

范围：本标准规定了木制品所携带有害生物进行溴甲烷或硫酰氟熏蒸处理、热处理及防腐剂加压渗透处理等检疫除害处理的技术方法。

本标准适用于木制品所携带有害生物的检疫除害处理。

（四十一）SN/T 2371—2017

名称：木质包装热处理操作规程

Rules for heat treatment for wood packing material

范围：本标准规定了木质包装材料的热处理方法及操作程序。

本标准适用于出境货物木质包装材料的热处理。

（四十二）SN/T 2429—2010

名称：输日饲草热处理动物检疫操作规程

Protocol of animal quarantine for steaming treatment of straw and forage to Japan

范围：本标准规定了向日本出口热处理饲草动物检疫操作方法和程序。

本标准适用于向日本出口热处理饲草动物检疫及监督管理。

（四十三）SN/T 2475—2010

名称：植物类病毒脱除处理规程

Rules of plant viroids elimination

范围：本标准规定了植物类病毒脱除处理方法。

本标准适用于检验检疫行业、农业、林业对带有类病毒的植物繁殖材料的脱除处理。

（四十四）SN/T 2485—2010

名称：植物病毒脱除处理规程

Rules of plant virus elimination

范围：本标准规定了植物脱毒处理程序方法。

本标准适用于检验检疫行业、农林业对带有病毒的植物繁殖材料的无毒无害化处理。

（四十五）SN/T 2526—2010

名称：鲜切花溴甲烷库房熏蒸除害处理规程

Rules for methyl bromide chamber fumigation of fresh cut-flower

范围：本标准规定了鲜切花溴甲烷库房熏蒸处理的操作程序。

本标准适用于可用溴甲烷熏蒸的鲜切花溴甲烷库房熏蒸处理。

（四十六）SN/T 2556—2010

名称：出口荔枝蒸热处理检疫操作规程

Rules for vapor heat treatment of litchi for export

范围：本标准规定了出口荔枝蒸热处理的必需条件和检疫操作程序。

本标准适用于携带桔小实蝇等有害生物风险的出口荔枝的蒸热处理和检疫监管。

（四十七）SN/T 2587—2010

名称：刺桐姬小蜂检疫处理技术标准

Technical standard of quarantine treatment for erythrina gall wasp，*Quadratichus erythrinae* Kim

范围：本标准规定了刺桐姬小蜂熏蒸处理和药剂浸泡处理所使用的设备、仪器、药剂、剂量及操作程序。

本标准适用于出入境刺桐属植物中携带刺桐姬小蜂的熏蒸处理和药剂浸泡处理。

（四十八）SN/T 2590—2010

名称：按实蝇属除害处理技术指标

Technical elements for dis-infestation of fruit flies（*Anastrepha* spp.）

范围：本标准规定了按实蝇属 *Anastrepha* 实蝇的冷处理、热处理和溴甲烷熏蒸处理等除害处理技术指标。

本标准适用于进境携带按实蝇属实蝇或具有携带按实蝇属实蝇风险的水果或瓜果类蔬菜（以下通称为果实）的冷处理、热处理和溴甲烷熏蒸处理等检疫除害处理。

（四十九）SN/T 2771—2011

名称：进境原木船舶熏蒸操作规程

Procedure of ship fumigation on import logs

范围：本标准规定了对船运进境原木使用溴甲烷或硫酰氟进行熏蒸处理的基本要求、熏蒸处理前准备、操作、安全措施和效果评定。

本标准适用于在船舶货舱中使用溴甲烷或硫酰氟对进境原木实施熏蒸处理。

（五十）SN/T 2837—2011

名称：进境集装箱承载废物原料动植物检疫除害处理规程

Rules for the disinestation treatments of the propagation quarantine for imported wastes as raw materials by containers

范围：本标准规定了进境集装箱承载废物原料动植物检疫除害处理的操作程序。

本标准适用于进境集装箱承载废物原料动植物检疫除害处理。

（五十一）SN/T 2858—2011

名称：进出境动物重大疫病检疫处理规程

Protocol of quarantine treatment for notificable disease of entry and exit animal

范围：本标准规定了进出境动物检疫中发现重大动物疫病时的检疫处理技术要求。

本标准适用于进出境动物检验检疫中发现重大动物疫病时的检疫处理，进境动物检出其他疫病的检疫处理可参照本标准。

（五十二）SN/T 2960—2011

名称：水果蔬菜和繁殖材料处理技术要求

Technical requirements for dis-infestation of fruit，vegetable and propagation materials

范围：本标准规定了水果蔬菜和繁殖材料冷处理、热处理、溴甲烷熏蒸处理和辐照处理等除害处理技术指标。

本标准适用于进出口水果蔬菜和繁殖材料冷处理、热处理、溴甲烷熏蒸处理和辐照处理等检疫除害处理。

（五十三）SN/T 3070—2011

名称：蔬菜类种子溴甲烷熏蒸处理技术标准

Technical standard of methyl bromide fumigation treatment for vegetable seeds

范围：本标准规定了对贸易或其他方式进出境的蔬菜类种子所携带有害生物进行溴甲烷熏蒸处理的技术措施。

本标准适用于进出境蔬菜类种子所携带有害生物的检疫除害处理。

（五十四）SN/T 3089—2012

名称：进出境动物运输工具消毒处理规程

Rules of conveyance disinfection for transporting the entry-exit animals

范围：本标准规定了进出境（含过境）动物运输工具消毒处理的基本要求、程序。

本标准适用于进出境（含过境）动物运输工具的消毒处理。

（五十五）SN/T 3167—2012

名称：花卉真空熏蒸处理规范

Rules on vacuum fumigation for flowers

范围：本标准规定了主要进、出口盆栽花卉的溴甲烷真空熏蒸处理的技术要求。

本标准适用于盆栽花卉凤梨、竹芋、火鹤等在常温下溴甲烷真空熏蒸处理。

（五十六）SN/T 3275—2012

名称：出口竹制品溴甲烷熏蒸处理规程

Rules of methyl bromide fumigation treatment for export bamboo products

范围：本标准规定了出口竹制品溴甲烷常压熏蒸基本要求、准备、操作和结果评定等技术规程。

本标准适用于出口竹制品中害虫的常压熏蒸，包括帐幕熏蒸、集装箱熏蒸和熏蒸库熏蒸等，不适用于对溴甲烷熏蒸有限制要求的出口竹制品。

（五十七）SN/T 3279—2012

名称：富士苹果磷化氢低温检疫熏蒸处理方法

Method of phosphine quarantine fumigation at low temperatures for Fuji apple

范围：本标准规定了磷化氢低温检疫熏蒸处理富士苹果的方法。

本标准适用于使用纯磷化氢气体对可能携带桃蛀果蛾或苹果蠹蛾的进出境富士苹果的检疫熏蒸处理。

（五十八）SN/T 3282—2012

名称：检疫熏蒸处理基本要求

General requirements for quarantine fumigation

范围：本标准规定了进出境动植物检疫熏蒸处理的基本要求。

本标准适用于使用溴甲烷、硫酰氟、磷化氢等熏蒸剂进行检疫熏蒸库、集装箱和帐幕等常压检疫熏蒸处理。

（五十九）SN/T 3291—2012

名称：热处理通用要求

General requirements for heat treatment

范围：本标准规定了热处理机构及人员资质、设施设备及其技术性能、热处理程序的通用要求。

本标准适用于热处理操作活动。

（六十）SN/T 3295—2012

名称：栽培介质检疫处理要求

Requirements of quarantine treatments for growing medium

范围：本标准规定了进出境栽培用及种苗携带的栽培介质的检疫处理方法。

本标准适用于进出境栽培介质的检疫处理。

（六十一）SN/T 3401—2012

名称：进出境植物检疫熏蒸处理后熏蒸剂残留浓度检测规程

Rules for fumigants rusidue detection after plant quarantine fumigation

范围：本标准规定了进出境植物检疫熏蒸处理后溴甲烷、硫酰氟和磷化氢空间残留浓度的要求及检测方法。

本标准适用于进出境植物检疫熏蒸处理后溴甲烷、硫酰氟和磷化氢空间残留浓度的检测。

（六十二）SN/T 3568—2013

名称：危险性有害生物检疫处理原则

Principles of treatment on dangerous pests

范围：本标准规定了对从进出境植物及植物产品中检出危险性有害生物后进行除害处理的原则。

本标准适用于检出危险性有害生物后对进出境植物及植物产品进行处理。

（六十三）SN/T 3707—2013

名称：香蕉中新菠萝灰粉蚧检疫辐照处理技术要求

Irradiation as a phytosanitary treatment for *Dysmicoccus neobrevipes* Beardsley in banana

范围：本标准规定了进境香蕉中发现新菠萝灰粉蚧（*Dysmicoccus neobrevipes* Beardsley）实施检疫辐照处理的技术要求，处理目的是阻止新菠萝灰粉蚧正常发育或导致其F、代不育。

本标准适用于进境香蕉中发现新菠萝灰粉蚧的检疫辐照处理。

（六十四）SN/T 4070—2014

名称：芒果、荔枝中桔小实蝇检疫辐照处理最低剂量

The minimum absorbed dose for the pytosanitary irradiation of *Bactrocera dorsalis*（Hendel）in mango and leech fruits

范围：本标准规定了携带桔小实蝇（*Bactrocera dorsalis*）的芒果、荔枝等新鲜水果运用辐照技术进行检疫处理的最低吸收剂量。

本标准适用于芒果、荔枝检疫辐照处理。

（六十五）SN/T 4071—2014

名称：莲雾、木瓜中桔小实蝇检疫辐照处理技术要求

Technical requirements for phytosanitary irradiation of *bactrocera dorsalis*（Hendel）in wax-apple and papaya fruits

范围：本标准规定了莲雾和木瓜携带桔小实蝇检疫辐照处理的技术要求。

本标准适用于传带桔小实蝇的莲雾、木瓜的检疫辐照处理。

（六十六）SN/T 4330—2015

名称：进境水果检疫处理一般要求

General requirement of quarantine treatment of entry fruits

范围：本标准规定了进境水果检疫处理的一般要求

本标准适用于检验检疫机构对进境水果所携带有害生物的检疫处理。

（六十七）SN/T 4331—2015

名称：进境水果检疫辐照处理基本技术要求

Basic requirements for phytosanitary irradiation of importing fruits

范围：本标准规定了进境新鲜水果实施检疫辐照处理的基本技术要求。

本标准适用于进境新鲜水果携带限定性有害生物（昆虫、螨类）的检疫辐照处理。

（六十八）SN/T 4332—2015

名称：新鲜水果中磷化氢熏蒸气体残留测定方法气相色谱法

Determination of phosphine fumigant residues in fresh fruits — Gas chromatography method

范围：本标准规定了新鲜水果中磷化氢熏蒸气体残留的测定方法。

本标准适用于磷化氢熏蒸后的新鲜水果中熏蒸气体残留的气相色谱法测定。

（六十九）SN/T 4333—2015

名称：苹果溴甲烷检疫熏蒸处理操作规程及技术要求

Rules and technical requirements for methyl bromide quarantine fumigation of apples

范围：本标准规定了苹果溴甲烷检疫熏蒸处理的操作规程和技术指标。

本标准适用于使用溴甲烷对携带桃蛀果蛾、苹果蠹蛾和山楂叶螨的进出境苹果的常压检疫熏蒸处理。

（七十）SN/T 4334—2015

名称：大型景观植物检疫处理设施及技术要求

The requirements of facilities and technology of large landscape plants quarantine treatment

范围：本标准规定了大型景观植物熏蒸、药剂浸泡及滴灌处理设施的具体要求。

本标准适用于大型景观植物传带有害生物的检疫处理。

（七十一）SN/T 4409—2015

名称：苹果蠹蛾辐照处理技术指南

Irradiation treatment for *Cydia pomonella*

范围：本标准规定了进出境水果中苹果蠹蛾（*Cydia pomonella*）检疫辐照处理的技术要求。

本标准适用于进出境水果中苹果蠹蛾的辐照处理。

（七十二）SN/T 4410—2015

名称：梨小食心虫辐照处理技术指南

Irradiation treatment for *Grapholitha molesta* Busck

范围：本标准规定了进境货物中发现梨小食心虫实施检疫辐照处理的技术要求，处理目的是阻止梨小食心虫成虫羽化。

本标准适用于对梨小食心虫的检疫辐照处理。

（七十三）SN/T 4411—2015

名称：木质包装材料真空熏蒸处理规程

Rules for vacuum fumigation treatment of wood packaging material

范围：本标准规定了木质包装材料的溴甲烷真空熏蒸处理技术要求和程序。

本标准适用于木质包装材料中的松材线虫和钻蛀类害虫溴甲烷真空熏蒸处理。

（七十四）SN/T 4642—2016

名称：枇杷桔小实蝇、梨小食心虫检疫处理技术标准

Technical standard of quarantine treatment for oriental fruit fly（*Bactrocea dorsalis*）and oriental fruit moth（*Grapholita molesta*）of Loquat

范围：本标准规定了枇杷中桔小实蝇、梨小食心虫的检疫处理方法。

本标准适用于枇杷中桔小实蝇、梨小食心虫的检疫处理。

（七十五）SN/T 4716—2016

名称：进境粮食加工副产品湿热处理方法

Method for steam treatment of by-product of processing import cereals, legumes and oilseeds

范围：本标准规定了进境粮食加工副产品蒸热处理的环境、设施、处理方法和结果评定。

本标准适用于进境粮食下脚料的湿热处理及监督管理，也适用于检疫性有害生物未有效杀灭的粮食加工副产品豆皮、麦麸等的湿热处理及其监督管理。

（七十六）SN/T 4719—2016

名称：进境百合种球传带检疫性线虫的检疫处理操作规程

Rules for quarantine treatment of lily bulb nematodes

范围：本标准规定了进境百合种球传带检疫性线虫的检疫处理技术操作程序。

本标准适用于进境百合种球传带检疫性线虫的检疫处理。

（七十七）SN/T 4791—2017

名称：出入境集装箱熏蒸处理气密性检测标准

Gas-tightness test standard of entry-exit container treated by fumigation

范围：本标准规定了对熏蒸处理的出入境集装箱进行气密性检测的设备、检测程序以及判定标准。

本标准适用于出入境海运集装箱使用硫酰氟或溴甲烷进行熏蒸处理的气密性检测。

（七十八）SN/T 4861—2017

名称：进境粮食蒸热处理设施设备基本要求

The requirements of facilities and technology for steam quarantine treatment of import agricultural product for processing uses

范围：本标准规定了进境农产品常压蒸热处理设施设备的基本技术要求。

本标准适用于进境粮食加工副产品、粮食加工下角料、饲料、水果、动物皮毛及加工下脚料等农产品携带有害生物的蒸热灭活处理、处理企业资质认定及其检疫监督管理。

（七十九）SN/T 4862—2017

名称：水果中实蝇类害虫冷处理技术指南

Technical guide to cold treatment of fruit flies in fruit

范围：本标准规定了水果冷处理技术条件和操作指南。

本标准适用于针对实蝇类害虫进出境水果冷处理。

（八十）SN/T 4980—2017

名称：桃小食心虫、杰克贝尔氏粉蚧、南亚果实蝇检疫辐照处理最低吸收剂量

The minimum absorbed dose for phytosanitary irradiation treatment against *Carposina sasakii*, *Bactrocera tau*, and *Pseudococcus jackbeardsleyi*

范围：本标准规定了应用电离辐射（γ、X、电子束）对桃小食心虫、南亚果实蝇和杰克贝尔氏粉蚧进行 检疫处理的最低吸收剂量。

本标准适用于可能携带桃小食心虫、南亚果实蝇、杰克贝尔氏粉蚧的进出口水果、蔬菜等鲜活产品 的检疫辐照处理。

（八十一）SN/T 4982—2017

名称：鲜切花三种有害生物磷化氢低温熏蒸处理方法

Low temperature phosphine fumigation of three pest insects on cut flowers

范围：本标准规定了低温磷化氢检疫熏蒸处理康乃馨、菊花、月季、玫瑰等重要出口切花的方法。

本标准适用于使用磷化氢气体对出口鲜切花中康乃馨、菊花、月季、玫瑰上携带的西花蓟马、南美斑潜蝇和朱砂叶螨3种有害生物的检疫熏蒸处理。

（八十二）SN/T 4983—2017

名称：桔小实蝇磷化氢低温检疫熏蒸处理技术要求

Technical requirements for phytosanitary fumigation of Bactrocera dorsalis with phosphine at low temperature

范围：本标准规定了桔小实蝇（Bactrocera dorsalis）磷化氢低温检疫熏蒸处理的技术要求。

本标准适用于携带桔小实蝇的进出口冷藏水果的磷化氢检疫熏蒸处理。

（八十三）SN/T 4986—2017

名称：出口番木瓜蒸热处理操作技术规程

Rules for vapor heat treatment of Carica Papaya L. for export

范围：本标准规定了出口番木瓜蒸热处理方法和技术指标。

本标准适用于携带实蝇类害虫的出口番木瓜蒸热处理。

（八十四）SN/T 4987—2017

名称：出口芒果蒸热处理操作技术规程

Rules for vapor heat treatment of Mangifera indica L.for export

范围：本标准规定了出口芒果（Mangifera indica L.）蒸热处理技术。

本标准适用于携带桔小实蝇和瓜实蝇害虫的出口芒果蒸热处理。

（八十五）SN/T 4991—2017

名称：真空检疫熏蒸设备基本要求

Requirements of vacuum fumigation treatment equipments

范围：本标准规定了真空检疫熏蒸处理设备应满足的基本要求。

本标准适用于真空检疫熏蒸处理设备的建造和使用。

（八十六）SN/T 4992—2017

名称：植物消毒处理设施设备基本要求

Requirements of plant disinfection facilities

范围：本标准规定了植物消毒处理设施设备的基本要求。

本标准规定了植物的消毒处理。

参考文献

[1] I.G.奥布莱特，F.J.M.迪斯马切利埃，任永林. 氰熏蒸剂及使用氰的熏蒸法：95194858.X [P]. 1997.

[2] 白泉阳，张体银，郑腾，等. 进口蜂产品中蜂类疫病传入风险分析[J]. 畜牧与兽医，2016，48(7):123–127.

[3] 白希尧，白敏冬，杨波，等.外来有害生物入侵性传播灾害和治理方法的研究[J]. 自然杂志，2002，24(4):223–227.

[4] 白兴月，邓善英，裴华新，等. 澳大利亚溴甲烷熏蒸处理标准简析[J]. 植物检疫，2002(01): 59–60.

[5] 句淑英，张静. 猪水疱病检疫要点介绍[J]. 农业开发与装备，2014(7)：143.

[6] 包哲哲. 金融危机背景下世界新贸易壁垒研究[D]. 上海：华东师范大学，2010.

[7] 薄玉霞，王长德，李书建，等. 过氧化氢银离子复方消毒剂杀菌效果试验观察[J]. 中国消毒学杂志，2009，26(3)：274–276.

[8] 毕璋友.农药应用与管理[M].重庆：重庆大学出版社，2009.

[9] 彩万志，庞雄飞，花保祯，等. 普通昆虫学[M]. 北京：中国农业大学出版社，2001：400–401.

[10] 蔡宝祥. 家畜传染病学[M]. 4版. 北京：中国农业出版社，2001.

[11] 蔡康. P2P对等网络原理与应用[M]. 北京：科学出版社，2011.

[12] 曹善琪. 民用建筑设计标准规范实施手册下[M]. 北京：中国建筑工业出版社，1998.

[13] 曹文杰，周毅勋，黄荣辉，等. 高大平房仓早籼稻不同熏蒸阶段磷化氢浓度的变化[J]. 粮食科技与经济，2019，44(10)：45–47.

[14] 曹越. 逆转录环介导等温扩增(Rt–LAMP)技术检测仙台病毒的方法建立与应用[D]. 扬州：扬州大学，2012.

[15] 常鑫. 猪支原体肺炎治疗与预防的研究进展[J]. 猪业科学，2016，33(10)：107–108.

[16] 常宗堂，赵梅梅，宋军阳. 熏蒸法防治温室白粉虱[J]. 西北园艺，2004，(11).

[17] 陈爱平，江育林，钱冬，等. 鳖腮腺炎病[J]. 中国水产，2012(4)：53–54.

[18] 陈爱平，江育林，钱冬，等. 刺激隐核虫病[J]. 中国水产，2011(8)：39–40.

[19] 陈爱平，江育林，钱冬，等. 淡水鱼细菌性败血症[J]. 中国水产，2011(3)：54–55.

[20] 陈爱平，江育林，钱冬，等. 蛙脑膜炎败血金黄杆菌病[J]. 中国水产，2012(5)：

51–52.

[21] 陈爱平，江育林，钱冬，等. 迟缓爱德华氏菌病[J]. 中国水产，2011(7)：49–50.

[22] 陈春晓，成纪予，路兴花，等. MeJA熏蒸处理对杨梅酚类物质含量及抗氧化性的影响[J]. 食品工业，2017，38(08)：63–66.

[23] 陈聪. 中储粮山东辖区储粮磷化氢熏蒸杀虫技术应用调查与研究[D]. 郑州：河南工业大学，2018.

[24] 陈弟诗，郭万柱，陈杨，等. 猪沙门氏菌病与猪肉食品安全[J]. 猪业科学，2010，27(02)：78–81.

[25] 陈刚. 生长抑素生产过程中有机溶剂残留质量研究[D]. 长春：吉林大学，2006.

[26] 陈海峰，陈金萍. 羊传染性无乳症[J]. 畜牧兽医科技信息，2016(1)：54.

[27] 陈洪俊. 有害生物风险分析与进出境水果检疫[J]. 植物检疫，2004，18 (2)：105–108.

[28] 陈华忠，张清源，方元炜，等. 芦柑接入桔小实蝇的低温杀虫处理试验[J]. 植物检疫，2002 (1)：1–4.

[29] 陈金印，吴友根. 采后热处理与果实贮藏[J]. 植物生理学通讯，2003(1): 83–88.

[30] 陈龙. 中国移动应对互联网发展新挑战的策略研究[D]. 长沙：湖南师范大学，2014.

[31] 陈明. 大数据核心技术与实用算法[M]. 北京：北京师范大学出版社，2017.

[32] 陈默，唐洋，杨志锋，等. 光声痕量气体分析仪在熏蒸气体检测上的应用[J]. 中华卫生杀虫药械，2013 (268)：19–3.

[33] 陈荣光. 土拉杆菌病的研究进展[J]. 畜禽业，2016(6)：12–14.

[34] 陈如敬. 小瓜虫重组抑动抗原的亲和纯化及免疫学特性分析[D]. 福州：福建农林大学，2008.

[35] 陈树雷. 我国国门生物安全治理路径探析[J]. 口岸卫生控制，2020.

[36] 陈万义屠予钦钱传范.农药与应用[M].北京：化学工业出版社，1991.

[37] 陈小轩. 出口柑橘安全卫生质量控制手册[M]. 北京：中国农业出版社，2009.

[38] 陈燕，张健，魏佳，等. 一氧化氮熏蒸抑制干制灰枣黑曲霉病及贮藏品质保持.农业工程学报[J]. 2019，35(12)：297–303.

[39] 陈怡. 日本农产品技术性贸易壁垒及对中国出口的影响[D]. 北京：对外经济贸易大学，2007.

[40] 陈云芳，刘莉，高渊，等. 2003—2013年全国进境水果截获疫情分析[J]. 中国植保导刊，2016 (5)：61–66.

[41] 陈正荣. 羊传染性脓疱皮炎的防治技术探讨[J]. 中国动物保健，2017，19(01)：40–41.

[42] 陈仲梅，黄冠胜．中国植物检疫大事年表(补遗)(1914 ~ 1991) [J]. 植物检疫，1992(05)：400-401.

[43] 陈宗懋．国外农药环境毒理学研究进展[J].农药.1985(02).

[44] 谌运清，姜良，苏长流．溴甲烷在我国的应用现状和前景分析[J]. 中国进出境动植检，1997(4)：28-31.

[45] 程唤奇，骆清兰，郑小玲．辣椒炭疽菌干热处理技术研究[J]. 广东农业科学．2021，48(04).

[46] 程顺昌．热处理对辣椒果实贮藏特性及冷害的影响[D]. 杨凌示范区：西北农林科技大学，2005.

[47] 程伟霞，丁伟，赵志模．气调(CA)对储藏物害虫的作用机制[J]. 昆虫知识，2001(38)：330-333.

[48] 程瑜，张瑞峰，杨菲，等．植物检疫辐照处理的研究进展[J].山西农业科学，2013，41(002)：197-200.

[49] 丛林．基于物联网的设备测控信息管理初探[J]. 中国管理信息化，2015，18(021)：166-169.

[50] 崔建新，马新岭．国际植物检疫措施标准汇编[M]. 北京：中国农业科技出版社，2009.

[51] 崔小君，苗连叶，娄兴国．规模猪场在消毒灭源过程中应注意的若干问题[J]. 河南畜牧兽医，2006，27(6)：27-28.

[52] 代永，周晓军，渠琛玲，等．磷化氢自然扩散熏蒸研究[J]. 粮食科技与经济，2019，44(09)：99-101.

[53] 戴域．毒氟磷微乳剂的制备及性能评价研究[D]. 贵阳：贵州师范大学，2017.

[54] 丁涛，苗平，彭文文，等．进口原木检疫热处理技术的分析与展望[J]. 木材工业，2016 (4)：25-28.

[55] 东北农业大学经济管理学院，农村经济与社会发展研究中心．农业与农村经济发展研究 2007[M].北京．中国农业出版社，2008.

[56] 董向丽，王思芳，孙家隆．农药科学使用技术 [M]. 2版．北京：化学工业出版社，2019.

[57] 董晓敏，刘布鸣，白懋嘉，等．复配茶树精油对6种仓储害虫成虫的熏蒸活性研究[J].香料香精化妆品，2019，(03)：25-28.

[58] 董雅凤，于济民．梨树苹果茎沟病毒的脱毒技术研究[J]. 中国果树，1998(4)：8-10.

[59] 杜春雷．ARM体系结构与编程[M]. 北京：清华大学出版社，2003：1-19.

[60] 段殿勋，梁广勤，梁帆，等．荔枝蒸热和低温综合杀虫处理试验[J]. 中国进出境

动植检，1996(04)：26–28.

[61] 段弘扬，班海群，张流波. 2007—2013年全国消毒产品监督抽检结果分析[J]. 中国消毒学杂志，2017，34(4)：345–347.

[62] 方剑锋，王文祥，葛萃萃，等. CO_2气调技术防治害虫研究进展与展望[J]. 南方农业学报，2014，45（6）：1000–1004.5.

[63] 方剑锋. 植物检疫除害处理研究进展[J]. 植物保护，2005，31(6)：17–21.

[64] 方宗敏. 兔球虫病的发病机制、诊断和综合防制[J]. 中国动物检疫，2012，29(7)：55–57.

[65] 冯冬云，王勇. 国内外防毒面具的应用现状综述[J]. 安防科技，2012 (03)：30–35.

[66] 冯加武. 钢铁企业辐射风险评估与控制对策研究[D]. 武汉：武汉科技大学，2012.

[67] 冯洁，王胜昌，胡建华，等. 四种消毒剂对小鼠肝炎病毒MHV–A59的杀灭效果[J]. 中国比较医学杂志，2007，17：219–222.

[68] 冯俊. 物联网信息采集系统的设计与实现[J]. 电脑知识与技术:学术交流，2011.

[69] 冯雪. 离子迁移谱技术在药物快速识别中的应用研究[D]. 北京：中国食品药品检定研究院，2014.

[70] 冯媛媛. 运输实务[M]. 北京：对外经济贸易大学出版社，2004.

[71] 付逸群，于颖敏，马瑞瑶.农用杀虫化合物种类及其活性探究[J]. 山东化工. 2020(49).

[72] 傅德谦，赵向兵，张林涛，等. 大数据离线分析[M]. 北京：清华大学出版社，2017.

[73] 甘灰炉. 微波在植物纤维加工中的应用[D]. 天津：天津科技大学，2009.

[74] 甘振磊，汤德元，罗险峰，等. 猪水疱性口炎病毒基因及其疫苗的研究进展[J]. 中国动物保健，2012，14(6)：8–13.

[75] 高步衢. 我国植物检疫发展简史[J]. 森林病虫通讯，1996(01)：37–40.

[76] 高驰. 中国特色进出境动植物检疫体系分析及其功效评估[D].武汉：华中农业大学，2011.

[77] 高东旗. 国家卫生部颁布新的《消毒技术规范》[J]. 医学动物防制，2003，19(6)：384.

[78] 高钧成，杨元第，张彦立. 国家剂量保证服务(NDAS)计划发展情况(一)[J].现代计量测试，2001 (05)：9–10.

[79] 高凯丽，胡文忠，刘程惠，等. 茶树精油熏蒸处理对轻加工百合褐变及品质的影响[J]. 食品工业科技，2019，40(18)：267–272.

[80] 高美须，王传耀，李淑荣，等. 辐照柑橘和板栗害虫的研究[J]. 植物检疫，1999(04)：6–8.

[81] 高美须，王传耀，李淑荣，等.辐照作为豆类中绿豆象的检疫处理方法[J].植物检疫，2008，18(1)：11–14.

[82] 高美须，辐照技术在产品中的应用[M]//汪勋清，哈益明，高美须. 食品辐照加工技术. 北京：化学工业出版社，2005：186–207.

[83] 高美须.辐照作为一种检疫处理方法的发展和现状[J].植物检疫，2003(02)：91–94.

[84] 高明，李丽，李柏树，等. 进口山竹携带南洋臀纹粉蚧甲酸乙酯熏蒸技术研究[J].植物检疫，2019，33(02)：53–57.

[85] 高明，李丽，邹海洋，等. 磷化氢低温熏蒸对出口油桃品质的影响[J]. 植物检疫，2018，32(01)：70–74.

[86] 高明. 南洋臀纹粉蚧气态磷化氢检疫熏蒸技术研究[D]. 哈尔滨：黑龙江大学，2019.

[87] 高文学. 猪囊尾蚴的生化代谢规模和药物作用机理[D]. 哈尔滨：东北农业大学，2000.

[88] 高希武，王殿轩. 农产品保护与检疫处理技术[M]. 北京：中国农业大学出版社，2011.

[89] 高喜奎，朱卫东，程明霄. 在线分析系统工程技术[M]. 北京：化学工业出版社，2013.

[90] 高一程. 氮气和二氧化碳气体气调对赤拟谷盗的熏蒸处理技术研究[M]. 山东农业大学，2019.

[91] 葛凤翔. 消毒和卫生除害工作的现状及其进展[J]. 河南预防医学杂志，1995(05)：270–273.

[92] 葛志荣.《实施卫生与植物卫生措施协定》的理解[M]. 北京：中国农业出版社，2001，1–177.

[93] 顾超. 浅谈医药研发实验平台的设计[J]. 医药工程设计，2005(04)：12–14.

[94] 顾春英，薛广波. 等离子体消毒和灭菌[J].上海预防医学杂志，1999 (11)：486–491.

[95] 顾健. 浅谈我国消毒产品卫生行政许可机制[J]. 中国消毒学杂志，2008，25(5)：524–526.

[96] 顾杰，杨光，吴建波，等. 溴甲烷在进口木材有害生物检疫处理中的减量与替代技术研究应用[J]. 应用昆虫学报，2013，50（1）：276–282.

[97] 顾杰，郭建波，吴新华，等.家天牛在中国的适生区分析[J].植物检疫，

2007(2)：67–70.

[98] 顾金燕，邢刚，雷静，等. 猪圆环病毒2型与猪圆环病毒相关性系统疾病的回顾及展望[J]. 生物工程学报，2015，31(6)：880–891.

[99] 顾瑞春. 面向移动物联网的切片模型及方法研究[D]. 呼和浩特内蒙古大学，2020.

[100] 关少枫. 新西兰的植物检疫[J]. 世界农业，1996(11)：25–26.

[101] 关鑫，曾玲，胡学难，等. 热水处理对扶桑棉粉蚧的致死作用[J]. 植物检疫 . 2011（1）：1–5.

[102] 关学雨，孙守义，王守经，等.辐照莱阳梨贮藏期生理生化指标的研究[J].核农学通报，1993(03)：22–25.

[103] 郭爱珍，胡长敏，曹永强. 水灾后肉牛疫病防控技术要点[J]. 农村养殖技术，2012(17)：28–29.

[104] 郭宝平. 犬抗细粒棘球绦虫保护性抗原Eg M9重组蛋白引起免疫应答变化规律的研究[D]. 乌鲁木齐：新疆农业大学，2007.

[105] 郭超，王殿轩，劳传忠，等. 粮堆磷化氢浓度衰减阶段数学模型及验证研究[J]. 中国粮油学报，2018，33(02)：67–73.

[106] 郭坤，高晓娜，罗军荣，等. 猪传染性胸膜肺炎放线杆菌的研究进展[J]. 黑龙江畜牧兽医，2017(3)：59–62.

[107] 郭睿，郭璇，杨佳乐，等. 甲酸乙酯对绿豆象的熏蒸活性[J]. 黑龙江大学工程学报，2018，9(03)：80–85.

[108] 郭淑娴. 面向海量数据的流式计算模型设计及应用[D]. 长沙：湖南大学，2016.

[109] 郭新彪，刘君卓. 常用消毒剂和消毒方法[M]. 北京：化学工业出版社，2003.

[110] 郭志君，许俊. 我国实验室通风柜标准化探究[J]. 标准科学，2019，000(004)：73–77.

[111] 国家奶牛产业技术体系. 中国现代农业产业可持续发展战略研究[M]. 奶牛分册.北京：中国农业出版社，2016.

[112] 哈益明，周洪杰，王锋. 辐照食品鉴定检测原理与方法[M]. 北京：科学出版社，2013.

[113] 哈益明. 辐射食品及其安全性[M]. 北京：化学工业出版社，2006.

[114] 韩化敏. 先天性旋毛虫病的研究[D]. 郑州：郑州大学，2004.

[115] 何光超. 溴甲烷熏蒸检疫处理豇豆上的巴西豆象[J]. 植物检疫，1995，(02).

[116] 何光超. 溴甲烷熏蒸检疫处理柚和红橘上的橘大实蝇[J]. 植物检疫，1994(06)：327–328.

[117] 何洁，何楠，黄少康. 甲酸熏蒸对大蜂螨致死剂量及对工蜂的安全性[J]. 中国蜂业，2019，70(12)：42–44.

[118] 何秀玲. 甲基溴替代药剂滴灌法防控土传病原菌和杂草[J]. 世界农药，2012，34(01).

[119] 贺字典，王秀平.植物化学保护[M].北京：科学出版社，2017.

[120] 洪楠. MINITAB统计分析教程[M]. 北京：电子工业出版社，2007.

[121] 洪霓.植物检疫方法与技术[M].北京：化学工业出版社，2006.

[122] 胡德刚，高彦生，王冲，等. 新发现的动物传染病——施马伦贝格病[J]. 中国畜牧兽医，2012，39(9)：217–222.

[123] 胡美英，姚振威，侯任昭，等. γ–射线对荔枝蒂蛀虫幼虫检疫处理的研究[J]. 仲恺农业技术学院学报，1998(02)：58–63.

[124] 胡婷婷，鲁玉杰，洪冰，等.大蒜精油等五种植物精油对绿豆象熏蒸效果研究[J].粮食储藏，2019，48(02)：28–33.

[125] 胡永华. 流行病学史话[M]. 北京：北京大学医学出版社，2017.

[126] 扈新萍，谢玮，李昕. 自由贸易区国门生物安全防控体系建设研究[J]. 口岸卫生控制，2020，2(3)：28–30.

[127] 华乃震. 市场需求大的重量级杀虫剂毒死蜱综述[J]. 农药市场信息，2019(10).

[128] 华南农业大学. 植物化学保护[M]. 北京：农业出版社，1994.

[129] 黄德生，李绍珠. 云南省家畜家禽寄生虫名录(五)[J]. 云南畜牧兽医，2001(1)：9–13.

[130] 黄冠胜，吴新华，顾杰，等. 浅议动植物检疫处理体系的建设[J]. 植物检疫，2014，28(01)：6–10.

[131] 黄冠胜，赵增连，周明华，等. 论中国特色进出境动植物检验检疫[J]. 植物检疫，2013，27(06)：20–29.

[132] 黄冠胜. 国际植物检疫措施标准汇编[M]. 北京：中国标准出版社，2010.

[133] 黄宏英. 植物保护技术[M]. 北京：中国农业出版社，2001.

[134] 黄剑，吴文君. 利用EXCEL快速进行毒力测定中的致死中量计算和卡方检验[J].昆虫知识，2004(06)：594–598.

[135] 黄剑. 小菜蛾抗阿维菌素品系细胞色素P450的研究[D]. 杨凌示范区：西北农林科技大学，2005.

[136] 黄静，蔡家珍. 漳州出口水仙花的熏蒸处理技术研究[J]. 河北北方学院学报(自然科学版)，2018，34(07)：47–49.

[137] 黄曼，胡碧君，罗柏流，等.电子束辐照防治储粮害虫及对小麦品质影响的研究[J].河南工业大学学报(自然科学版)，2009，30(24)：17–20.

[138] 黄琦辉，蔺凯丽，黄琦，等. 丁香酚熏蒸对青茄采后冷害和脯氨酸代谢的影响[J]. 核农学报，2018，32(05)：907–915.

[139] 黄茜，何时雨，李静，等. 温度、气调和熏蒸处理对咖啡豆象的致死效果试验[J]. 广东农业科学，2018，45(10)：98–105.

[140] 黄庆林，蒋小龙，杜宇，等. 氧硫化碳对果蔬、花卉熏蒸处理的研究[J]. 南京林业大学学报(自然科学版)，2007(06)：61–64.

[141] 黄庆林，魏亚东，詹国平，等. 利用Simpson模型预测我国木质包装热处理时间的可行性研究[J]. 检验检疫学刊，2009 (1)：28–32.

[142] 黄庆林，楼旭日，刘永胜，等. 溴甲烷及其混剂杀灭小麦矮腥黑穗病菌的研究[J]. 南京农业大学学报. 2008，(03).

[143] 黄庆林. 动植物检疫处理原理与应用技术[M]. 天津：天津科学技术出版社，2008：1–516.

[144] 黄雄杰. 浅谈二维码技术在物联网中的应用[J]. 福建电脑，2013，029(002)：122，134.

[145] 黄玉柳. 食品中沙门氏菌污染状况及预防措施[J]. 广东农业科学，2010，37(6)：225–226.

[146] 黄作英. 英国“疯牛病”引起的思考[J]. 对外经济贸易大学学报，1996(06)：13–16+4.

[147] 霍宁宁. 奶山羊干酪性淋巴结炎抗体ELISA检测方法研究及血清流行病学初步调查[D]. 杨凌示范区：西北农林科技大学，2015.

[148] 疾病预防控制中心. 传染性非典型肺炎预防控制培训教材[M]. 北京：中国协和医科大学出版社，2003：97.

[149] 纪越峰. 现代通信技术[M]. 4版. 北京邮电大学出版社，2014.

[150] 郏黎. BSL–3实验室工程设计案例探讨[J]. 化工与医药工程，2014，035(004)：23–27.

[151] 贾凡，佟鑫. NFC手机支付系统的安全威胁建模[J]. 清华大学学报（自然科学版），2012(10)：1460–1464.

[152] 贾万忠. 我国包虫病的防治现状[J]. 兽医导刊，2011(6)：30–33.

[153] 简艳. 浅谈药品检测实验室建筑设计要点[J]. 中国建材科技，2020，172(04)：158–159.

[154] 建筑设计常用数据手册第2版[M]. 北京：中国建筑工业出版社，2001.

[155] 姜礼燔，朱伟. 第五代灭虫新药B型灭虫精治理鱼类蚤病指环虫病有特效[J]. 内陆水产，2006，31(8)：45.

[156] 姜培刚. 在线红外气体分析器的发展及工程应用研究[J]. 分析仪器，2009 (06)：77–86.

[157] 蒋丽雅，盛常顺，马圣安，等. 松材线虫病疫木的微波除害处理技术[J]. 南京林

业大学学报（自然科学版），2006 (6)：87–90.

[158] 焦懿，陈志粦，康林，等. 溴甲烷对刺桐删、蜂的熏蒸效果[J]. 植物保护，2008(01).

[159] 金朝荣. 一种自动配药系统的设计研究[J]. 中华卫生杀虫药械，2014 (02)：166–167.

[160] 金福姝. 结核分枝杆菌环介导等温扩增实时荧光与反向斑点杂交检测方法的研究[D]. 大连：大连医科大学，2014.

[161] 金翕. 上海出入境检验检疫局职能演变及发展趋势研究[D]. 上海：复旦大学，2014.

[162] 进出境货物木质包装热处理检疫监管和标识管理信息系统[J]. 植物保护，2011，37(01)：171.

[163] 中华人民共和国国家质量监督检验检疫总局. 进出境皮、毛、绒防疫消毒规程：SN/T 4804—2017[S]. 北京：中国标准出版社，2017：7.

[164] 巨勇. 有机合成化学与路线设计[M]. 北京：清华大学出版社，2002.

[165] 康芬芬，程瑜，黄庆林，等. 微波技术在我国有害生物检疫处理中的应用现状[J]. 植物保护，2009 (6)：36–39.

[166] 康芬芬，魏亚东，程瑜，等. 新菠萝灰粉阶辐照检疫处理研究初报[J]. 植物检疫，2011，25(5)：25–27.

[167] 康乐. 日本脑炎病原检测与免疫防治方法的研究[D]. 南京：南京农业大学，2009.

[168] 柯翎，陈如敬，杨金先，等. 重组小瓜虫抑动抗原表达产物的纯化及其免疫学特性分析[J]. 福建农业学报，2008(1)：6–10.

[169] 孔宪刚，王笑梅. 兽医微生物学第二版[M]. 北京：中国农业出版社，2013.

[170] 中华人民共和国农业部. 口蹄疫消毒技术规范：NY/T 1956–2010 [S]. 北京：中国农业出版社，2010：12.

[171] 赖星如. 2011 年深圳市消毒产品举报投诉案件查处情况分析与思考[J]. 中国卫生监督杂志，2012，19(5)：459–463.

[172] 雷庆，黄敏，康菊，等. 电子束辐照草莓保鲜效果研究[J]. 核农学报，2011，25(003)：510–513.

[173] 李柏树，李丽，高明，等. 溴甲烷熏蒸对几种柑橘果实储藏品质的影响[J]. 植物检疫，2018，32(05)：46–49.

[174] 李斌. 杀虫剂研发进展[J]. 农药，2000(04)：6–9+5.

[175] 李春喜. 生物统计学[M]. 北京：科学出版社，1997.

[176] 李德山，段刚，赵汗青. 植物检疫除害处理研究现状及方向[J]. 植物检疫，

2003(05)：289–292.

[177] 李芳，李伟.船舶压载水污染的处理方法研究进展[J].中国水运（学术版），2007，7(5)：12–13.

[178] 李福海.船舶压载水的处理与进展[J].青岛远洋船员学院学报，2008，29(4)：36–38.

[179] 李赫. 高等职业教育实训建筑空间设计研究[D]. 重庆：重庆大学，2013.

[180] 李宏. 牛皮蝇蛆病的防治[J]. 贵州畜牧兽医，2017，41(1)：43–44.

[181] 李慧，路清宇，张瑞杰，等. 改性大蒜素对玉米象的熏蒸作用研究[J]. 河南工业大学学报(自然科学版)，2018，39(06)：111–114+98.

[182] 李建光，汪万春，武国栋，等. 几种常见花卉在真空条件下对溴甲烷耐药性的研究[J]. 植物检疫，2004(04)：193–197.

[183] 李健，马金波，张洁，等，北京市消毒产品卫生质量抽检报告[J]. 中国消毒学杂志，2012，29(9)：801–805.

[184] 李金香，武波涛，王兴军. 离子迁移谱技术发展趋势和应用前景[J]. 船舶科学技术，2006 (2)：13–15.

[185] 李奎，郑宝强，王雁，等.60 Co– γ 射线辐照对黄牡丹种子萌发及幼苗生长的影响[J].云南农业大学学报，2010，25(6)：291–295.

[186] 李蕾. 防止外来林木有害生物入侵的检疫对策研究[D]. 青岛：中国海洋大学，2014.

[187] 李联宁. 网络工程. [M]. 2版. 北京：清华大学出版社，2017.

[188] 李明，姚勇，郭春莲，等. 干热处理对黄瓜种带真、细菌额防治效果[J]. 山西农业科技，1996 (1): 35–36.

[189] 李通瑞.我国动物检疫的历史与文献资料概述[J]. 动物检疫，1989(05)：46–48.

[190] 李尉民.欧洲及地中海植物保护组织[J]. 世界农业，1994(01)：28–29.

[191] 李文，龚国祥. 我国签订的双边植物检疫条约概况[J]. 植物检疫，2004，18(1)：62–63

[192] 李闻. 雏鸡自然感染考氏住白细胞虫时配子体的检验[J]. 青海畜牧兽医杂志，1986(1)：13.

[193] 李小波，关建建，黄庆林等. 活性炭纤维吸附含溴甲烷气体的性能[J]. 环境工程学报，2013，7(8)：3131–3136.

[194] 李小波. 高性能粘胶基活性炭纤维的制备及应用[D]. 大连：大连理工大学，2012.

[195] 李雄亚，刘波，李天秀等. 进出境原木及木质包装溴甲烷替代的化学处理技术现状与展望[J]. 植物检疫，2019，33(2)：8–13.

[196] 李彦虎，负建民，毕阳，等. 两种精油熏蒸处理对双孢蘑菇贮藏特性的影响[J]. 食品与发酵工业，2019，45(11)：191–198.

[197] 李友才. 李友才.淡水主要养殖鱼类寄生指环虫的鉴别[J].动物学杂志，1964(2)：90–92.

[198] 李占武.紫花苜蓿草地病虫害防治技术[J].当代畜牧，2003(2)：43–44.

[199] 李长江，《中国出入境检验检疫指南》编委会. 中国出入境检验检疫指南[M]. 北京：中国检察出版社，2020.

[200] 李志红，杨汉春，沈佐锐. 动植物检疫概论[M]. 北京：中国农业大学出版社. 2004.

[201] 栗克森，叶炳元. 微波加热对几种害虫的杀虫实验[J]. 植物检疫，1992(2)：114–117.

[202] 梁栋，贾昕为，陈莎，等. 基于多地实践的新技术在农业信息化发展中的应用[J]. 农业网络信息，2018，000(001)：30–33.

[203] 梁广勤，梁帆，吴佳教. 沙田柚低温杀虫处理试验研究[J]. 江西农业大学学报，2002 (2)：23–26.

[204] 梁广勤，梁帆，杨国海，等. 利用低温和气调对鲜荔枝作检疫杀虫处理试验[J]. 中山大学学报(自然科学版)，1997(02)：123–125.

[205] 梁广勤，林楚琼，梁帆，等. 低温处理橙果实中桔小实蝇作为检疫措施[J]. 动植物检疫，1998 (27)：63–66.

[206] 梁广勤，杨国海，梁帆，等. 气调技术在检疫处理中的应用[J]. 中国进出境动植检，1998 (3)：43–44.

[207] 梁金平，户华雄，张冬生，等. 一种新型复方过氧化氢于消毒液的消毒相关性能观察[J]. 中国消毒学杂志，2011，28(2)：129–130.

[208] 梁俊玉，罗艳，李玲艳，等. 牛尾蒿、灌木亚菊挥发油对烟草甲防治作用研究[J]. 中国粮油学报，2019，34(09)：101–103+124.

[209] 梁帆，梁广勤，吴佳教，等. 应用热水处理技术对进境木瓜作杀虫处理[J]. 植物检疫，2002 (3)：139–140.

[210] 廖嘉，胡文忠，权春善，等. 采后浆果熏蒸保鲜技术的研究进展[J]. 食品与发酵工业，2019，45(14)：277–284.

[211] 林伯全. 动物防疫与检疫技术[M]. 中国农业大学出版社，2008.

[212] 林朝森. 昆士兰实蝇60 Co– γ 射线辐照检疫处理研究[J]. 中国进出境动植检，1995(01)：27–30.

[213] 林明光，林娟娟. 进口原木中截获的刺角沟额天牛的研究[J].应用昆虫学报，1992（6）：349–350.

[214] 林阳武，林晨，董文勇，等. 斑螟亚科3种主要仓储害虫的识别与检疫[J]. 福建农业科技，2015 (10): 79–81.

[215] 林音. 食品辐照生产的质量管理体系[J]. 核农学通报，1997 (02)：44–47+32.

[216] 林长军. 有机磷杀虫剂急性中毒救治分析[J]. 现代医药卫生，2010 (19)：2962–2963.

[217] 刘春艳，霍建飞，姚玉荣，等. 土壤熏蒸剂对芹菜根结线虫病的防治效果[J]. 安徽农业科学，2018，46(24).

[218] 刘大森，强继业. 核农学[M]. 北京：中国农业出版社，2006.

[219] 刘德菊，曹兴凯. 论蜜蜂疫病综合防治[J]. 中国畜禽种业，2016，12(12)：34.

[220] 刘芳著. SPS协定与我国检验检疫法律体系的完善[M]. 北京：中国政法大学出版社，2014.

[221] 刘海军. 中国输美木包装携带重要钻蛀性害虫的风险评价[D]. 北京：北京林业大学，2006.

[222] 刘建民. 规避新贸易壁垒[D]. 北京：北京林业大学，2007.

[223] 刘建民. 欧盟花卉新贸易壁垒浅析[J]. 中国花卉园艺，2006(21)：45–47.

[224] 刘娟，王娓辰，姜涛，等. 不同类型废物原料硫酰氟熏蒸通风散毒时效研究[J]. 口岸卫生控制，2019，24(06)：30–32+36.

[225] 刘俊敏. 硫酰氟对集装箱害虫熏杀效果研究[D]. 北京：对外经济贸易大学，2007.

[226] 刘亮. 基于PLC的啤酒厂酸性氧化电位水生成器控制系统的设计与研究[D]. 太原：太原理工大学，2014.

[227] 刘宪云. 离子迁移谱在环境污染物检测中的应用[D]. 曲阜：曲阜师范大学，2006.

[228] 刘英语，吴西芝，黄佳璐. 我国果蔬气调贮藏的现状[J]. 现代食品，2018 (6)：154–156.

[229] 刘永春. Q热的防控[J]. 畜牧与饲料科学，2010，31(11–12)：178–179.

[230] 刘宇. RFID中的安全协议及加密算法研究与实现[D]. 成都：电子科技大学，2010.

[231] 刘作伟，郭道林，严晓平，等. CO_2气调储藏防治储粮害虫的研究[J]. 粮食储藏，2004，32: 10–14.

[232] 柳觐，孔广红，倪书邦，等. 高剂量60 Co–γ 射线辐照对澳洲坚果种子的诱变及致死效应[J]. 西南农业学报，2014，27(1)：291–295.

[233] 楼军文. 中国水果进出口检验检疫技术性贸易措施研究[D]. 北京：中国农业大学，2005.

[234] 卢志军，陈明远，黄健，等. 土壤化学熏蒸剂在根结线虫防治中的应用[J]. 中国植保导刊. 2016，36(09).

[235] 芦晓立，颜新敏，张强. 牛疙瘩皮肤病概述[J]. 动物医学进展，2009，30(11)：118-121.

[236] 陆承平. 兽医微生物学[M]. 北京：中国农业出版社，2012.

[237] 陆永贵，余良中. 口岸卫生处理技术培训教材[M]. 北京：中国商业出版社，2007.

[238] 栾耀君，季秀芬，林连岩. X射线防护与管理[M]. 哈尔滨工程大学出版社，1997.

[239] 罗朝科. 世界贸易中动植物检疫技术措施对我国外贸的影响及对策[J]. 畜牧与兽医，2002，34(4)：18-19.

[240] 骆焱平. 农药知识读本[M]. 北京：化学工业出版社，2017.

[241] 吕国豪，罗四维，黄雅平，等. 基于卷积神经网络的正则化方法[J]. 计算机研究与发展，2014，51(9)：1891-1900.

[242] 吕亮，董晶杰，张春玲，等. 防控非洲猪瘟常用消毒药物及操作技术[J]. 兽医导刊，2019(1)：52-53.

[243] 马斌，张丽艳. 一种基于径向基神经网络的短期风电功率直接预测方法[J]. 电力系统保护与控制，2015，43(19)：78-82.

[244] 马晨. 两种检疫性粉蚧的热处理研究[D]. 保定：河北农业大学，2014.

[245] 马骏，梁帆，赵菊鹏，等. 溴甲烷对扶桑绵粉蚧的熏蒸处理研究[J]. 植物检疫，2012(5)：6-9.

[246] 马骏，赵菊鹏，林莉，等. 扶桑绵粉蚧辐照处理研究[J]. 植物检疫，2012(3):13-16.

[247] 马娜，鞠同飞，张锦冈. 微生物实验室给排水系统设计探讨[J]. 化工与医药工程，2020.

[248] 马荣德. 禽波氏杆菌的生物学特性研究及血清分型的初步探索[D]. 泰安：山东农业大学，2010.

[249] 马薇. 电力通信检修管理系统的设计与实现[D]. 沈阳：东北大学，2015.

[250] 马志鑫，妥佳，李晋. 我国消毒产品生产企业卫生状况分析与对策研究[J]. 中国卫生监督杂志，2019，26(1)：62-66.

[251] 门罗. 熏蒸防治害虫手册[M]. 北京：科学普及出版社，广州分社，1982.

[252] 孟丽平，赵德明. 慢性消耗性疾病进展[J]. 中国畜牧兽医文摘，2006(4)：18-19.

[253] 米勒. 植物药理学 植物保护剂的行为和作用方式[M]. 北京：北京农业大学出版社，1988.

[254] 聂凤英. 中国欧盟农业合作战略研究[M]. 北京：中国农业科学技术出版社，2007.

[255] 牛小迎. 弓形虫病的综述[J]. 青海畜牧兽医杂志，2008(03)：48–49.

[256] 庞艳华，吕晓燕，丁永生，等. 船舶压载水外来生物入侵传播的防治[J]. 大连海事大学学报，2007，33(1)：10–12.

[257] 彭丹，邓志红，谭兴和，等. 冰温技术在果蔬贮藏中的应用研究进展[J]. 包装与食品机械，2009 (2)：38–43.

[258] 彭金火，张翠蓉，许永金，等. γ 射线对小麦矮腥黑穗病菌的灭活效应[J]. 植物检疫，1994，8(3)：154–156.

[259] 蒲崇建. 农业植物检疫方法[M]. 甘肃：甘肃科学技术出版社，2019.

[260] 戚龙君等. 热处理杀灭木质包装中松材线虫的技术研究[J]. 植物检疫，2005，(6)：325–329.

[261] 齐晓峰，王宏新. 管理统计学[M]. 北京：冶金工业出版社，2016.

[262] 千莎莎，何彪，涂忠忠，等. 委内瑞拉马脑炎病毒一步法荧光定量RT–PCR方法的建立[J]. 病毒学报，2015，31(2)：107–113.

[263] 钱志新. 大互联网[M]. 南京：南京大学出版社，2014.

[264] 刘秀楠，程星凯，乔康，等. 1.3–二氯丙烯熏蒸土壤对病虫草害的防治效果评价[A]. 植物病理学研究进展——中国植物病理学会第十二届青年学术研讨会论会选编[C]，2015年.

[265] 乔克林，吕佳. 方差分析与回归分析之比较[J]. 延安大学学报(自然科学版)，2009，28(2)：34–3.

[266] 乔卿梅，程茂高，王文静. 几种中药材提取物对中药材仓储害虫的防治作用研究[J]. 河南科学，2018，36(10)：1546–1549.

[267] 秦长畦. 口岸卫生除害处理资料汇编[M]. 北京：新华出版社，2009.

[268] 曲能治. 动植物检疫的由来和在我国的发展情况[J]. 植物检疫，1984(05)：59–61.

[269] 全国农业技术推广服务中心. 无公害农产品适用农药品种应用指南[M]. 北京：中国农业出版社，2004.

[270] 全国植物检疫标准化技术委员会. 进出境植物检疫标准汇编[M]. 北京：中国标准出版社，2011.

[271] 饶瑞，郑宗林，黄辉. 鱼类寄生指环虫病的药物防治新技术[J]. 河南水产，2008(2)：29–30.

[272] 任德齐，谢昌荣，曾宝国，等. 物联网技术概论[M]. 重庆：重庆大学出版社，2013.

[273] 任荔荔，彭彩云，刘波，等. 气调处理技术在植物检疫中应用的研究进展[J]. 植物检疫，2019，33 (5)：1–5.

[274] 任荔荔，朱飞，詹国平. 中国动植物检疫处理体系的现状分析及建议[J]. 植物检疫，2013，27(2)：38–40

[275] 中华人民共和国国家质量监督检验检疫总局. 入出境汽车及其他车辆消毒规程：SN/T 1333—2003 [S]. 北京：中国标准出版社，2003.8.

[276] 邵莹，任荔荔，刘永杰，等. 60 Co– γ 射线辐照对杰克贝尔氏粉蚧影响的研究初报[J]. 植物检疫，2013，27 (6)：51–55.

[277] 沈博. 我国部分地区鸡群弓形虫感染情况调查[D]. 南京：南京农业大学，2010.

[278] 沈培垠，何丹军，叶西. 微波技术处理木材中天牛和线虫的研究[J]. 检验检疫学刊，2004 (1)：12–14.

[279] 沈夕良，王成炬，黄信飞. 磷化铝对菜豆象熏蒸杀虫效果初报[J]. 植物检疫，1993，7(5).

[280] 沈新庭. 植物检疫实用手册[M]，北京：中国农业科学技术出版社，2015.

[281] 沈佐锐，马晓光，高灵旺，等. 植保有害生物风险分析研究进展[J]. 中国农业大学学报，2003(03)：51–55.

[282] 盛志超，李浩，潘海浪，等. 日本进境粮食检验检疫监管体系和检疫程序研究[J]. 植物检疫，2015，29(05)：88–91.

[283] 施培新. 食品辐照加工原理与技术(精)[M]. 农业科技出版社，2004.

[284] 时春喜. 农药使用技术手册[M]. 北京：金盾出版社，2009.

[285] 史骥，张艳艳，刘博. 检验检疫综合性检测实验室规划布局的设计与应用[J]. 中华建设，2015，126(11)：110–111.

[286] 史加荣，马媛媛. 深度学习的研究进展与发展[J]. 计算机工程与应用，2018，54(10)：1–10.

[287] 斯琴巴特尔. 山羊传染性胸膜肺炎的诊断与防治[J]. 畜牧与饲料科学，2012，Z1：141–142.

[288] 苏朝，王晓钧. 马传染性贫血病[J]. 畜牧兽医科技信息，2013(10)：8–10.

[289] 孙大伟. 进出境集装箱检验检疫实务[M]. 北京：中国标准出版社，2002.

[290] 孙殿军. 地方病学[M]. 黑龙江：黑龙江人民出版社，1999.

[291] 孙生波. 基于PPP模型的信息安全防护设计与实现[D]. 华东师范大学，2011.

[292] 孙素荣，胡俊，张渝疆，等. 新疆地区克里米亚刚果出血热病毒M片段的遗传分析[J]. 中华微生物学和免疫学杂志，2007，27(6)：560–564.

[293] 孙笑，刘春延，张池军，等. "互联网+"背景下敏捷物流管理信息共享机制研究[J]. 情报科学，2017，35(05)：157–159.

[294] 孙雨，宋晓晖，胡冬梅等. 羊痒病病原学特点与流行病学特征的研究进展[J]. 中国畜牧兽医，41(9)：254–258.

[295] 索炳玉. 我国动物检疫现状及入世后的对策[J]. 畜牧兽医科技信息，2006，(11)：12–13.

[296] 谈书勤. 海港口岸闸口快速消毒设备对集装箱空箱的消毒效果评价[D]. 广州：南方医科大学，2013.

[297] 汤伯森，郝喜海，江南. 防护包装原理[M]. 北京：化学工业出版社，2011.

[298] 唐光杰，贺兰淋，胡月，等. 苗木植保农药混用问题与原则[J]. 绿色科技. 2019(17).

[299] 唐洪玉. 电信支撑系统信息安全体系研究及应用[D]. 太原：太原理工大学，2008.

[300] 唐先谱，李喜宏，张彪，等. 三种不同保鲜剂对四川仔姜贮藏保鲜效果的影响[J]. 中国食品添加剂，2018(04)：134–140.

[301] 田毅峰，花立中，冯桂学，等. 溴甲烷尾气化学吸附技术的研究[J]. 植物检疫，2014，28(5)：31–34.

[302] 屠予钦.农药科学使用指南[M].北京：金盾出版社，2009.

[303] 万建信，尹国枫，王赫然，等. 电解盐水制次氯酸钠对饮用水消毒效果影响的研究[J]. 现代工业经济和信息化，2017 (12)：48–49+57.

[304] 万正杰，张楚河. 外来物种入侵我国的现状与对策[J]. 甘肃农业，2006，(6)：114.

[305] 汪海波，陈雁翔，李艳秋. 基于主成分分析和Softmax回归模型的人脸识别方法[J]. 合肥工业大学学报(自然科学版)，2015(6)：759–763.

[306] 汪明. 兽医寄生虫学第三版[M]. 中国农业出版社，2003.

[307] 汪兴鉴. 果实蝇属重要害虫的厘订名录和分亚属及种检索表 (双翅目：实蝇科：寡鬃实蝇亚科) [J]. 植物检疫，1996 (2)：95–103.

[308] 王传祯. γ 辐照装置及其应用： γ irradiation facilities and it’s application[M]. 中国原子能出版，2013.

[309] 王春林，郭永田，刘书社，等.欧盟植物检疫概况[J].世界农业，2003(07)：29–31.

[310] 王凡，倪晋平，董涛，等. 结合视觉注意力机制和图像锐度的无参图像质量评价方法[J]. 应用光学，2018，39(01)：51–56.

[311] 王富强，王明举，刘福兴，等. 新小麦夏季入仓后的安全储存[J]. 粮油仓储科技通讯，2018，34(04)：29–33.

[312] 王贵升，尹斐斐，张华杰. 毛皮动物规模养殖场的消毒技术[J]. 中国畜牧兽医

文摘, 2015 (11): 65–66.

[313] 王国平. 动植物检疫法规教程[M]. 北京: 科学出版社, 2006.

[314] 王海涛, 张睿, 段宏安, 等. 毛细管气相色谱法检测食品中溴甲烷残留量[J]. 口岸卫生控制, 2004 (01): 16–18.

[315] 王化祥. 现代传感技术及应用[M]. 北京: 化学工业出版社, 2008.

[316] 王进军, 赵志模, 吴仕源, 等. 不同温度下气调对嗜虫书虱急性致死作用的研究[J]. 西南农业学报, 1994, 7(1): 70–74.

[317] 王靖博, 张敏, 董睿, 等. 3种植物精油熏蒸处理对油桃保鲜效果的影响[J]. 核农学报, 2018, 32(05): 933–940.

[318] 王俊, 阿依夏木・麦麦提, 陈庆宽等. 新疆扶桑绵粉蚧疫情的传入及扑灭概况[J]. 植物检疫. 2012 (4): 90–91.

[319] 王利兵. 检验检疫学导论[M]. 北京: 科学出版社, 2012.

[320] 王利军, 谭万忠, 罗华东, 等. 虫生真菌及其在害虫生物控制中的应用现状与展望[J]. 河南农业科学. 2010(04).

[321] 王巧丽, 王娓辰, 刘娟, 等. 磷化氢熏蒸及熏蒸后不同通风方式对泰国香米品质影响的研究[J]. 粮食科技与经济, 2018, 43(06): 62–65.

[322] 王荣华, 李权生, 曾令兵等. 斑点叉尾鮰肠道败血症的病因分析与防治技术[J]. 科学养鱼, 2014(5): 54–55.

[323] 王胜利. γ 射线辐照防治舞毒蛾研究[D]. 哈尔滨: 东北林业大学, 2008.

[324] 王霆, 张雨, 刘宏, 等. 臭氧熏蒸处理联合 PE 包装对金针菇采后贮藏品质及抗氧化能力的影响[J]. 中国农业科学, 2020, 53(4): 823–835.

[325] 王伟, 钟文渊, 刘宏波等. 入世后我国出入境动物检疫发展的机遇与对策[J]. 广东农业科学, 2006, (12): 124–125.

[326] 王炜玮. 小鹅瘟的诊断与防治措施探讨[J]. 农技服务, 2015, 32(12): 204.

[327] 王文浩. 基于移动互联网的数字社区网络教育平台的设计与实现[D]. 电子科技大学, 2014.

[328] 王祥, 李凯兵, 谈珺, 等. 进境林木种苗疫情分析与检疫对策[J]. 广东农业科学, 2012 (19): 83–86.

[329] 王小艺, 黄炳球. 农药对农业生态系统的影响与生态学控制对策[J]. 农业环境保护. 1997(06).

[330] 王昕. 黄埔口岸进境粮食检疫截获疫情初步分析[D]. 长沙: 湖南农业大学, 2016.

[331] 王新, 刘志群, 王跃进, 等. 高能 X 射线对十二齿小蠹成虫的影响初报[J]. 植物检疫, 2011, 25(3): 28–31.

[332] 王圆，吴品珊，陈克.电子辐照灭活小麦矮腥黑穗菌[J].植物检疫，2000，14(2)：73–75.

[333] 王跃进，王新，徐亮，等. 木质包装中黄斑星天牛微波处理初探[J]. 植物检疫，2004 (4)：200–203.

[334] 王跃进，吴昊，李雄亚，等. 害虫检疫处理研究规范的发展与应用[J]. 植物检疫，2016，30(06)：1–5.

[335] 王跃进，詹国平，王新，等. 黄斑星天牛磷化氢熏蒸技术初步研究[J]. 植物检疫，2003，17(3)：129–132.

[336] 王跃进，詹国平，王新，等. 黄斑星天牛溴甲烷检疫熏蒸技术研究[J]. 植物检疫 2003，17(1)：1–6.

[337] 王跃进，詹国平. 检疫辐照处理技术与应用[M]. 北京：中国农业出版社，2016.

[338] 王跃进，张广平，徐亮，等. 熏蒸气体浓度检测仪的研制及其在检疫中的应用[J]. 粮食储藏，2002，31(2)：37–39.

[339] 王跃进，王新，詹国平，等.辐照对光肩星天牛幼虫发育的影响[J].核农学报，2006，20 (6)：527–530.

[340] 王跃进，徐亮，詹国平，等.辐照对青杨虎天牛幼虫和蛹发育的研究初报[J].核农学报，2011，25(2)：298–301.

[341] 王跃进. 中国植物检疫处理手册[M]. 北京：科学出版社，2014.

[342] 王占伟. SPS协议与我国动植物卫生检疫[J]. 黑龙江对外经贸，2001，(2)：51–53.

[343] 王志东.对我国核农学发展规律的探讨[J].核农学报，2003，17(5)：328–331.

[344] 王忠跃.中国葡萄病虫害与综合防控技术[M].北京：中国农业出版社，2009.

[345] 卫生健康委员会，国家中医药管理局. 关于印发新型冠状病毒感染的肺炎诊疗方案(试行第2–5版)的通知[S]. 国家卫生健康委员会，2020.

[346] 魏佳，张政，赵芳芳，等. 鲜食葡萄SO2气体精准熏蒸保鲜控制系统设计[J]. 农业工程学报，2019，35(01)：260–268.

[347] 魏蒙月，张赟彬，吴西芝，等. 香辛料精油–β–环糊精微胶囊的物理特征及对酱牛肉熏蒸保鲜的效果研究[J]. 中国食品添加剂，2019，30(04)：127–133.

[348] 吴佳. 光声光谱法在油融气体分析中的应用[D]. 上海：复旦大学，2013.

[349] 吴佳教，黄蓬英，尤民生. 入境台湾果蔬病虫口岸检疫[M]. 北京：中国农业出版社，2016.

[350] 吴佳教，杨国海，梁广勤，等. 气调检疫处理研究进展[J]. 植物检疫，1999(1)：36–38.

[351] 吴明娟，陈书义，邢涛，等. 物联网与区块链融合技术研究综述[J]. 物联网技

术，2018，8(08)：88–91+93.

[352] 吴清平，韦明肯，吴军林，等. 化学消毒剂作用机理研究进展[J]. 微生物学通报，2006，33(6)：117–121.

[353] 吴时舫，苏宇轩 .互联互通的世界[M]. 北京：经济管理出版社，2018.

[354] 吴松浩. 论我国进出境动物检疫法律制度的完善[D]. 复旦大学，2009.

[355] 吴文君，罗万春. 农药学(第二版)[M]. 北京：中国农业出版社，2020.

[356] 吴长松，丁昭斌，李海，等. 几种不同处理方式防除菜豆象疫情试验研究初报[J]. 植物检疫. 2018，32(06).

[357] 伍艳梅，黄荣凤，吕建雄，等. 世界贸易中木包装材料检疫处理研究进展[J]. 世界林业研究，2008(02)：26–31.

[358] 武扬，季湘铭，吴蓉，等. 进境花卉种子有害生物主要检疫处理方法综述[C]// 2008年浙江省植物保护与农产品质量安全研讨会暨会员代表大会. 2008.

[359] 夏红民. 动植物检疫除害处理工作实现跨越式发展[J]. 中国检验检疫，2004，(1)：11–12

[360] 夏亚文. 缓释作用对精油微胶囊抑菌行为影响研究[D]. 上海：上海应用技术大学，2019.

[361] 夏玉宇. 化验员实用手册[M]. 北京：化学工业出版社，2005.

[362] 现行建筑施工规范大全（缩印本）上[M]. 北京：中国建筑工业出版社，2009.

[363] 肖开提，阿曼古丽，吐勒洪，等.新疆马鼻疽防控效果与风险评估[J]. 中国动物检疫，2011，28(6)：53–55.

[364] 肖长坤，李勇，李健强. 十字花科蔬菜种传黑斑病研究进展[J]. 中国农业大学学报，2003，8(5)：61–68.

[365] 谢凤云，张钦凯，王百川，等. 肝片吸虫的特性及肝片吸虫病的预防与治疗[J]. 畜牧与饲料科学，2014，35(1)：72–74.

[366] 徐朝哲，洪雷，白章红，等. 口岸检疫除害处理实务[M]. 上海：格致出版社，2016.

[367] 徐朝哲，王旭，单松华. 溴甲烷、环氧乙烷混用熏蒸处理技术研究[J]. 植物检疫，2002，16(4)：212–215.

[368] 徐朝哲，袁平，周国梁，等. 探索动植物检疫除害处理新方法[J]. 植物检疫，2004，18(5)：307–308.

[369] 徐国，栗克森，王跃进，等. 圆筒仓溴甲烷循环熏蒸技术研究[J]. 植物检疫，1994(02)：76–79.

[370] 徐国淦，陈仲梅，赵森，等. 硫酰氟熏蒸应用技术的开发研究[J]. 粮食储藏，2001(01)：12–18.

[371] 徐国淦，王跃进，蔡悦，等. 溴甲烷、二硫化碳熏蒸处理对苹果蠹蛾的效果及水果安全范围的研究[J]. 植物保护学报，1989(01)：61-66.

[372] 徐国淦，徐京辉. 植物有害生物检疫熏蒸技术[M]. 北京：农业出版社，1988.

[373] 徐国淦. 病虫鼠害熏蒸及其他处理实用技术[M]. 北京：中国农业出版社. 2005.

[374] 徐海，招辉，余道坚，等. 热处理技术在植物检疫中应用概况[J]. 植物检疫，1997，(4)：217-218.

[375] 徐海，招晖，余道坚，等.热冷处理技术在植物检疫中应用概况[J].植物检疫，1998(02)：44-46.

[376] 徐汉虹. 植物化学保护学[M].中国农业出版社，2007.

[377] 徐加兵，王镭. 气体检测技术在口岸熏蒸业务中的应用[J]. 旅行医学科学，2006 (02)：32-35.

[378] 徐淑武，郑健，毕志毅，等. 离子迁移谱检测技术及其应用[J]. 物理，2003 (08)：539-542.

[379] 徐淑武. 离子迁移谱检测技术原理及其应用中的问题研究[D]. 上海：华东师范大学，2004.

[380] 徐文雅. 磷化氢对黑腹果蝇靶标酶的影响及其分子机制研究[D]. 福建农林大学，2014.

[381] 徐燕，工玲，谈智，等. 复方过氧化氢消毒剂杀灭微生物效果的试验研究[J]. 中国消毒学杂志，2005，22(4)：361-364.

[382] 许汴利，杜尊伟，赵旭东，等. 我国部分省市旋毛虫病的血清学调查研究[J]. 中国人兽共患病学报，2009(10)：1021-1024.

[383] 许敏，刘亚辉. 物联网技术体系架构[J]. 数字通信世界，2015，000(012)：335-337.

[384] 许强. 大型成套仓幕式自动化熏蒸作业系统的应用研究[D]. 南京：南京理工大学，2010.

[385] 许世峰. 基于REST架构的物联网数据开放系统的设计与实现[D]. 广州：广东工业大学，2015.

[386] 许志刚. 植物检疫学[M]. 北京：中国农业出版社，2003

[387] 许钟麟. 药厂洁净室设计、运行与GMP认证.第2版[M]. 上海：同济大学出版社，2011.

[388] 薛广波. 现代消毒学及其进展[J]. 上海预防医学杂志，2004 (07)：355-358.

[389] 闫波雯，魏佳，张政，等. 一氧化氮(NO)减压熏蒸对葡萄采后品质的影响[J]. 新疆农业科学，2020，57(01)：54-62.

[390] 闫庆博，梁成彪，张忠，等. 出口大蒜溴甲烷熏蒸技术研究[J].植物检疫，2017，

31(06)：26–29.

[391] 严晓平，穆振亚，李丹丹，等. 硫酰氟防治储粮害虫研究和应用进展[J].粮食储藏，2018，47(04)：15–19.

[392] 阎丙申，赵显伦. 第一讲消毒及其相关概念[J]. 医学动物防制，2003，19(7)：445–447.

[393] 阎世江，张继宁，刘洁. 有机磷农药毒性降解研究[J].农药市场信息. 2016(16).

[394] 杨保山，孟祥峰等. 牛巴贝斯虫病及其研究进展[J]. 山东畜牧兽医，2009，7(150)：93–94.

[395] 杨朝文. 电离辐射防护与安全基础[M].北京：原子能出版社，2009.

[396] 杨承峰，金朝荣，兰湛华. 快速智能闸口集装箱消毒系统的研究与应用[J]. 中国国境卫生检疫杂志，2011(06)：472–474.

[397] 杨光，吴新华，季健清，等. 出境木质包装热处理设施及其应用现状[J]. 植物检疫，2010 (03)：65–67.

[398] 杨乐. 采后球形果实热处理过程中的热物理研究[D]. 上海：上海海洋大学，2010.

[399] 杨良斌. 信息分析方法与实践[M]. 长春：东北师范大学出版社，2017.

[400] 杨美玲，张紫虹，胡永成，等. 过氧乙酸复合消毒液的消毒效果及其毒性研究[J]. 中国消毒学杂志，2008，25 (2)：127–130.

[401] 杨青海，许斌. 两种箱装片烟磷化氢动态变化分析[J]. 生物化工，2018，4(06)：70–71.

[402] 杨赛军. 溴甲烷对野苹果的灭虫处理[J]. 植物检疫，1998(04)：212–214.

[403] 杨永红. 仪器分析操作技术[M]. 北京：化学工业出版社，2008.

[404] 姚守拙. 现代实验室安全与劳动保护手册. 下 [M]. 北京：化学工业出版社，1992.

[405] 姚树国，唐大为，张宝良. 牛恶性卡他热的诊断与防控[J]. 畜牧与饲料科学，2010，31(3)：162–163.

[406] 姚文国，章正. 我国植病检疫的现状与进展[J]. 植物检疫，1993(04)：243–246.

[407] 姚艳平，张光明. 检疫除害处理[M]. 北京：中国农业科学技术出版社，2010.

[408] 叶其培. 试验设计与数据处理在农林生产中的应用[J]. 现代农业科技，528(10)：41–42.

[409] 叶杨高. 在线式吸收型光纤干度传感器的研制[J]. 传感器世界，2012 (01)：10–12+16.

[410] 殷汉华，杨赛军，张幼虎. 集装箱溴甲烷熏蒸气体分布测定研究[J]. 植物检疫，1997(04)：7–10.

[411] 殷震，刘景华. 动物病毒学第二版[M]，1997.

[412] 余本水.原药供应手册[M].北京：中国农业出版社，2008.

[413] 余勇. 基于AS/NZS 4360：1999的信息安全风险管理[J].信息安全与通信保密，2003(07)：71–73.

[414] 禹建丽，卞帅. 基于BP 神经网络的变压器故障诊断模型[J].系统仿真学报，2014，26(6)：1343–1349.

[415] 袁敏. 烟草粉螟药剂防治研究[D]. 贵州大学，2019.

[416] 袁野，盛海刚. 演化博弈视角下的政府信息资源共享策略研究[J]. 北京邮电大学学报(社会科学版)，2016，18(02)：65–71.

[417] 袁志能，徐浪，黄河清，等. 硫酰氟熏蒸对竹绿虎天牛卵的杀灭效果[J]. 植物检疫，2020，34(02)：63–66.

[418] 臧一天. 微酸性电解水对进入鸡场物品表面消毒方法研究[D]. 北京：中国农业大学，2015.

[419] 詹国平，高美须. 辐照技术在检疫处理中的应用与发展[J]. 植物检疫，2013(6)：1–12.

[420] 詹国平，李天秀，马晨，等. 溴甲烷回收再利用设施的现状与展望[J]. 植物检疫，2017，31(05)：1–9.

[421] 詹国平，马晨，康芬芬，等. 落叶松和杨木材料对溴甲烷吸附与尾气交换性能评估研究[J]. 植物检疫，2019，33(05)：42–46.

[422] 詹国平，王跃进，王新，等. 硫酰氟对杨树包装材料中光肩星天牛幼虫的毒力测定[J]，植物检疫，2005，19(5)：257–260.

[423] 詹国平，高美须，叶保华，等.辐照对桃小食心虫脱果幼虫羽化率的影响[J]. 核农学报，2014a，28(3)：453–458.

[424] 詹国平，李柏树，王跃进，等.云杉小墨天牛幼虫和雌虫辐照处理研究初报[J]，植物检疫，2011b，25(2)：18–20.

[425] 詹国平，李洋，李天秀，等. 60Co γ 射线辐照对桃小食心虫卵发育的影响初报[J].植物检疫，2013，27(1)：15–19.

[426] 詹国平，任荔荔，龚绍润，等.桃小食心虫蛹的辐照耐受性比较研究[J].植物检疫，2014b，28 (5)：27–31.

[427] 詹国平，王新，王跃进，等.高能X射线辐照松墨天牛的试验研究[J].植物检疫，2011a，25(4)：12–17.

[428] 詹国平，周景清，王新，等.辐照对落叶松八齿小蠹发育和繁殖的影响[J]，核农学报，2011b，25(5)：226–232.

[429] 詹国平.检疫辐照处理进展[C].//食品与医疗卫生用品辐照标准和质量控制国

家培训班暨学术研讨会文集. 42–46.

[430] 詹开瑞，刘杰，林金成，等. 浅议进出境动植物检疫基础设施建设[J]. 植物检疫, 2015 (02)：15–18.

[431] 詹开瑞. 桔小实蝇的检疫技术与风险分析[D]. 福建：福建农林大学，2006.

[432] 战文斌. 水产动物病害学[M]. 北京：中国农业出版社，2011.

[433] 张春旺，吴寅初，王思宇 等. 5G无线通信概念及应用的思考[J]. 中国信息化，2020.

[434] 张凡华，刘涛，李丽，等. 低温条件下磷化氢熏蒸对玫瑰采后品质的影响[J]. 植物检疫，2011 (6)：1–4.

[435] 张凡华，王跃进，汪万春，等. 强制热空气处理对鲜切花品质的影响[J]. 植物检疫，2011 (3)：39–43.

[436] 张凡华，徐亮，王跃进. 气相色谱法检测熏蒸过程中的溴甲烷[J]. 现代科学仪器，2008 (03)：48–49.

[437] 张方奎，张春业. 短距离无线通信技术及其融合发展研究[J]. 电测与仪表，2007，(10)：32–34.

[438] 张金兰，唐志，栗克森，等. 氨化法处理假高粱种子技术研究[J]. 植物检疫，1992(02)：10–14.

[439] 张金龙. 钩端螺旋体分子特性分析研究[D]. 长春：长春工业大学，2015.

[440] 张锦胜，彭红. 数据分析在食品科学研究中的应用[M]. 北京：中国轻工业出版社，2013.

[441] 张静静，雷忻，田鹏飞，等. 有机杀虫剂对动物体毒性及其作用机制的研究进展[J]. 延安大学学报(自然科学版). 2015(04).

[442] 张俊芳，彭丽，吴军基，等. 基于蓝牙技术与GSM通信的集中抄表系统[J]. 电力需求侧管理，2005，(9)：36–38.

[443] 张雷，张少杰. 我国信息技术与信息服务的国际竞争力分析[M]. 北京：人民邮电出版社，2018.

[444] 张磊，许静，魏佳，等. 二氧化硫(SO2)熏蒸对葡萄果实结构和花色素苷含量的影响[J]. 食品工业科技，2018，39(10)：292–297.

[445] 张立青，谢森，王学兴，等. 松褐天牛与马尾松大量萎蔫死亡关系的调查. 植物检疫[J]. 1992(06)：405–407.

[446] 张敏恒. 农药品种手册精编[M]. 北京：化学工业出版社，2013.

[447] 张楠. 实验楼的空间组织模式研究[D]. 南京：南京大学，2016.

[448] 张瑞峰，楼旭日，程瑜，等. 我国动植物检疫处理信息化的现状与展望. 植物检疫[J]. 2014 (03)：8–13.

[449] 张瑞宇. 生鲜食品低温域贮藏及其地位效应[J]. 保鲜与加工，2005 (1)：15–18.

[450] 张若蓍. 中国植物检疫工作的创建与发展[J]. 植物检疫，1990(02)：102–105.

[451] 张世颖. 移动互联网用户生成内容动机分析与质量评价研究[D]. 长春：吉林大学，2014.

[452] 张淑凤，王强，周婷，等. 蜜蜂白垩病病原的研究及防治[C]// 2005年中国养蜂学会蜜蜂产品专业委员会，蜜蜂保护专业委员会，蜜蜂授粉专业委员会联合工作会议和学术研讨会.

[453] 张涛，刘帅冰，李娜，等. 高大平房仓磷化氢熏蒸及散气作业过程安全防护距离研究[J]. 粮油食品科技，2019，27(01)：69–73.

[454] 张汀，李宗，张宇蔚. 电子束辐照技术在检疫处理中的应用[M]. 中国质检出版社，2013.

[455] 张停林，王桂英，杨军峰，等. 碳酸氢铵熏蒸防治十字花科蔬菜根肿病效果[J]. 长江蔬菜，2019，(22)：76–80.

[456] 张希近. 我国北方一季作区马铃薯纺锤块茎类病毒的发生与防治[J]. 杂粮作物，2004，24（4）：249.

[457] 张相敏，张广平，李丽，等. 甲酸乙酯熏蒸对火龙果采后冷藏和货架期品质的影响研究[J]. 食品科技，2019，44(08)：42–46.

[458] 张益昭，张彦国，姜海，等. 对有关生物安全实验室规范的理解和体会[J]. 建筑科学，2004，20(006)：8–13.

[459] 张永. 亨德拉病的防控[J]. 畜牧与饲料科学，2010，31(Z2)：159.

[460] 张永宁，吴绍强，林祥梅. 施马伦贝格病研究进展[J]. 畜牧兽医学报，2014，45(7)：1029–1037.

[461] 张友军，吴青君，芮昌辉，等. 农药无公害使用指南[M]. 北京：中国农业出版社，2003.

[462] 张余仁. 进口木材检验检疫实用指南[M]. 上海：上海科学普及出版社，2006.

[463] 张执中. 森林昆虫学[M]. 北京：中国林业出版社. 1997–07–16

[464] 赵波. Android NFC 开发实战详解[M]. 北京：人民邮电出版社，2014：16–3.

[465] 赵宏涛，严飞，刘亚辉. 猪传染性脑脊髓炎的鉴别诊断及防治措施[J]. 畜牧与饲料科学，2015，36(5)：118–119.

[466] 赵慧龙，陈科伟，曾伶，等. 植物精油对土耳其扁谷盗的驱避和熏蒸活性研究[J]. 环境昆虫学报，2017，39(05)：1032–1040.

[467] 赵菊鹏，胡学难，梁帆，等. 桔小实蝇、木瓜实蝇辐照检疫除害处理试验研究[J]. 植物检疫，2010，24(6)：6–9.

[468] 赵菊鹏，梁振宇，周庆贤，等. 溴甲烷对韭菜苔上葱蓟马的杀灭效果[J]. 植物

检疫，2018，32(04)：60–63.

[469] 赵璐玲，马卫宾，谢岩黎. 绿叶挥发物反式–2–己烯醛对储藏玉米中黄曲霉生长的抑制作用[J]. 河南工业大学学报(自然科学版)，2018，39(02)：65–71.

[470] 赵天泽，高明，张广平，等. 磷化氢熏蒸对南洋臀纹粉蚧的杀灭效果和对进口菠萝品质的影响研究[J]. 植物检疫，2019，33(02)：48–52.

[471] 赵侠，李顺，李玉梅，等. 几种专用实验室的通风设计[J]. 暖通空调，2013(05)：34–37.

[472] 赵友福，陈红燕，张乐，等. 菜豆萎蔫病菌的血清检测鉴定技术研究[J]. 植物检疫，1997(04)：2–7.

[473] 郑保有，郑毓，鲍立友，等. 干热处理杀灭松木段内松墨天牛实验[J]. 植物检疫，2000（5）：18–20.

[474] 郑兵. 对实验室空调通风系统安全性的探讨[J]. 上海建设科技，2020.

[475] 郑文华，陈志，杨小波，等. 硫酰氟对集装箱害虫熏杀效果研究[J]. 西南农业大学学报，1994(01)：41–44.

[476] 郑秀银，孟德丰，孙汝川，等. 磷化铝熏蒸稻水象研究初报[J]. 河北农业大学学报，1998(01)：35–39.

[477] 钟天润，冯晓东，王建强. 新西兰种子认证与植物检疫风险控制体系[J]. 中国植保导刊，2015，35(05)：82–84.

[478] 钟志友，张敏，杨乐，等. 果蔬冰点与其生理生化指标关系的研究[J]. 食品工业科技，2011 (2)：76–78.

[479] 周娟. 肉桂精油对玉米象的熏蒸活性及触角感器的观察[D]. 太原：山西农业大学，2018.

[480] 周军，高鑫，贾润成，等. 单质硫熏蒸对日光温室草莓白粉病的防治试验[J]. 农业科技通讯，2019(10)：145–147.

[481] 周旻曦. 大黄鱼刺激隐核虫病病原生物学特性的研究[D]. 宁波大学，2012.

[482] 周明华，吴新华，张呈伟，等. 纪念《进出境动植物检疫法》颁布实施25周年[J]. 植物检疫，2017，31(02)：6–9.

[483] 周明华，张晓燕，罗凯明，等. 论口岸动植检基础设施建设的基本原则和要求[J]. 植物检疫，2015，29(02)：19–25.

[484] 周述辉. 禽副伤寒防治[J]. 四川畜牧兽医，2013(11)：50.

[485] 周小妹. 我国主要出口水果两种重要检疫性害虫的气调热处理初步研究[D]. 泰安：山东农业大学，2017.

[486] 周友兵. 中国信息产业简史[M]. 北京：知识产权出版社，2017.

[487] 朱弘. 离子迁移谱探测仪技术的研究[J]. 自动化与仪器仪表，2006 (03)：65–67.

[488] 朱红梅，周宁. 鱼类链球菌病的防治[J]. 科学养鱼，2013(10)：90.

[489] 朱明道，王开湘，魏云琛，等. 溴甲烷和CO2混合气体熏蒸杀虫效果的研究[J]. 植物检疫，1988(02)：132-135.

[490] 朱熙文. 大数据下的在线机器学习算法研究与应用[D]. 西安：西南交通大学，2017.

[491] 朱延光，严晓平，何洋，等. 富氮低氧条件下200 mL/m3磷化氢熏蒸杀虫效果分析研究[J]. 粮食储藏，2018，47(05)：1-5.

[492] 朱永和，王振荣，李布青. 农药大典[M]. 北京：中国三峡出版社，2006.

[493] 鉏超，张其中，罗芬. 20种中草药杀灭离体小瓜虫的药效研究[J]. 淡水渔业，2010，40(1)：55-60.

[494] 左锋. 信息安全体系模型研究[J]. 信息安全与通信保密，2010(01)：70-72.

[495]《走进日本市场》编委会. 食品与农产品进口法规和程序要求[M]. 北京：中国标准出版社，2006.

[496] WHITE T H. 权威指南[M]. 北京：清华大学出版社，2015.

[497] CN-SN. 入出境船舶压舱水消毒规程[S]2003.

[498] GB 10252—2009 γ 辐照装置的辐射防护与安全规范.

[499] GB 17568—2019 γ 辐照装置设计建造和使用规范.

[500] GB 50346—2011 生物安全实验室建筑技术规范

[501] GB/ T 18268—2000 测量、控制和实验室用的电气设备电磁兼容性要求.

[502] GB/T 13324—2006 热处理设备术语.

[503] GB/T 28838—2012 木质包装热处理作业规范.

[504] GB/T 21659—2008 植物检疫措施准则 辐照处理[S]. 北京：中国标准出版社，2008.

[505] GB/T 31167—2014 信息安全技术云计算服务安全指南.

[506] GB/T 36826—2018 熏蒸剂溴甲烷循环再利用技术要求.

[507] GB/T 36827—2018 进境木材检疫处理区建设规范.

[508] GB 19489—2008 实验室生物安全通用要求

[509] GB/T 28060—2011 进出境货物木质包装材料检疫管理准则.

[510] GB/T 31752—2015 溴甲烷检疫熏蒸库技术规范.

[511] ISPM 15 国际贸易中木质包装材料管理准则.

[512] ISPM 28 限定有害生物的植物检疫 第11部分：缺氧条件下梨小食心虫的建议处理(通用) (2009).

[513] ISPM 42：使用温度作为植物检疫措施的要求.

[514] ISPM 43：使用熏蒸作为植物检疫措施的要求.

[515] JGJ 91—2019 科研建筑设计标准.

[516] OIE陆生动物卫生法典(下卷), 2019.

[517] OIE陆生动物诊断试验和疫苗手册（第5版）.

[518] Shlomo，Navarro，方茜，等. 熏蒸剂的使用受限促进气调技术的发展[J]. 粮食储藏，2007，36(2)：25–29.

[519] SIGAS–055 舒茨股份S–ANALYZER 200 气体分析仪使用手册 V3.3.

[520] SIGAS–056 舒茨股份SPTr–GAS® ANALYZER 在线式光声光谱使用手册 V1.3.

[521] SIGAS–094 舒茨股份SPTr–GAS® PORT 200 便携式光声光谱使用手册V1.3.

[522] SIGAS–106 舒茨股份SPTr–GAS®300 Tracer多通道式光声光谱使用手册 V1.4.

[523] SIGAS–112 舒茨股份SPGAS® PORT 100 便携式红外气体分析仪使用手册 V1.0.

[524] SN T 4330—2015 进境水果检疫处理一般要求.

[525] SN/T 2556—2010 出口荔枝蒸热处理检疫操作规程.

[526] SN/T 2590—2010 按实蝇属除害处理技术指标.

[527] SN/T 3089—2012 进出境动物运输工具消毒处理规程.

[528] SN/T 1253—2003 入出境集装箱及其货物消毒规程.

[529] SN/T 1270—2003 入出境散装货物消毒规程.

[530] SN/T 4070—2014 芒果、荔枝中桔小实蝇检疫辐照处理最低剂量.

[531] SN/T 2371—2009 木质包装热处理操作规程.

[532] United States Department of Agriculture Treatment Manual[M], 2020.

[533] Wintle B C, Boehm C R, Rhodes C, et al. Point of View: A transatlantic perspective on 20 emerging issues in biological engineering.[2017–11–14]. http://elifesciences.org/articles/30247.

[534] LI D, LIU B X, YANG F, et al. Preparation of uniform starch microcapsules by premix membrane emulsion for controlled release of avermectin[J]. CarbohydrPolym, 2016, 136: 341–349.

[535] Yoon Y S, Ameer K, Song B S, et al. Effects of X–ray irradiation on the postharvest quality characteristics of ‘Maehyang’ strawberry (Fragaria × ananassa) [J]. Food Chemistry, 2020: 126817.

[536] Abbar M, Malik A U, Maqbool M, et al. Anti–sap chemicals and hot water quarantine treatment effects on storage life and fruit quality of mango CV[J]. Samar Bahisht Chaunsa Pak J Bot, 2012 (2): 757–764.

[537] Abdel RM, Wakid AM, Hafez M, et al.Influence of oxygen.partial vacuum. temperature and relative humidity combined with gamma radiation on the mosquito, Culex pipiens complex L. III. Combined effect of gamma radiation and the other factors on adult

emergence and longevity[J].Isotope and Radiation Research, 1992, 24(2): 165–172.

[538] Abdel–Malek–AA, Wakid–AM, Tantawy–AO, et al. Studies on factors influencing the induction of sterility in AnopHeles pHaroensis Theobald by gamma radiation. // Proceedings of a symposium held in Beirut–Lebanon, March 1974. The use of isotopes in pesticides and pest control, 1975, 161–174.

[539] Agrafioti P, Kaloudis E, Bantas S, et al. Modeling the distribution of phosphine and insect mortality in cylindrical grain silos with Computational Fluid Dynamics: Validation with field trials[J]. Computers and Electronics in Agriculture, 2020, 173: 105383.

[540] Aguilar JAD, Arthur V, Wiendl FM. Gamma radiation effects of Cobalt–60 on adults of Heliothis virescens (Fabr., 1781) (Lepidoptera, noctuidae) and on its F–1 generation[J]. Journal of Nuclear Agriculture and Biology, 1995, 24: 1, 13–17.

[541] Akinbingol B, Denli E, Ic E., et al. Inhibition of egg and larval development of the Indian meal moth Plodia interpunctella and fig moth EpHestia cautella by gamma radiation of decorticated hazelnuts. Irradiation as a pHytosanitary treatment of food and agricultural commodities[J]. IAEA–TEC–DOC–1427, 2004: 87–99.

[542] Alavanja MC & Bonner MR. Occupational pesticide exposures and cancer risk: a review[J]. Journal of Toxicology and Environmental Health, Part B: Critical Reviews, 2012 (4): 238–263.

[543] Alderman D.J. & Polglase J.L.. Disinfection for crayfish plague[J]. Aquaculture and Fisheries Management, 1985, 16:203–205.

[544] Amenta V, Aschberger K, Arena M, et al. Regulatory aspects of nanotechnology in the agri/feed/food sector in EU and nonEU countries[J]. RegulToxicolpHarmacol, 2015, 73(1).

[545] Andrade T.P.D., Srisuvan T., Tang K.F.J. & Lightner D.V. Real–time reverse transcription polymerasechain reaction assay using TaqMan probe for detection and quantification of infectious myonecrosis virus(IMNV)[J]. Aquaculture, 2007, 264:9–15.

[546] Anil S K, Ma J, Kremer G E, et al. Life cycle assessment comparison of wooden and plastic pallets in the grocery industry[J]. Journal of Industrial Ecology, 2020.

[547] 2008.

[548] Arakawa, Deering R E , Higman K H , et al. Polymerase chain reaction (PCR) amplification of a nucleoprotein gene sequence of infectious hematopoietic necrosis virus[J]. Diseases of Aquatic Organisms, 1990, 8(3):165–170.

[549] Arcier J.–M., Herman F., Lightner D.V., Redman R.M., Mari. J. & Bonami J.–R. A viral disease associated with mortalities in hatchery–reared postlarvae of the giant freshwater prawn Macrobrachium rosenbergii[J]. Dis. Aquat. Org., 1999, 38:177–181.

[550] Arimoto M, Sato J, Maruyama K, et al. Effect of chemical and pHysical treatments on the inactivation of striped jack nervous necrosis virus (SJNNV)[J]. Aquaculture, 1996, 143(1):15–22.

[551] Arkush KD, Mendonca HL, McBride AM, et al. Effects of temperature on infectivity and of commercial freezing on survival of the North American strain of viral hemorrhagic septicemia virus (VHSV)[J]. Dis Aquat Organ. 2006, 69(2–3):145–151.

[552] Arnzen J M , Ristow S S , Hesson C P , et al. Rapid fluorescent antibody tests for infectious hematopoietic necrosis virus (IHNV) utilizing monoclonal antibodies to the nucleoprotein and glycoprotein.[J]. Journal of Aquatic Animal Health, 1991, 3(2):109–113.

[553] Arthur V, Groppo GA. Influencia da radiaciao gama sobre adultos de "Tuta absoluta" (Meyrick) (Lepidoptera: Gelechiidae): nota[J]. Boletin de sanidad vegetal. Plagas, 2007, 33(1): 43–44.

[554] Arthur V. Use of gamma radiation to control three lepidopteran pests in Brazil. In: Irradiation as a phytosanitary treatment of food and agricultural commodities[J]. IAEA, Vienna, 2004: 45–50.

[555] Arzul I, Renault T, Th é bault A, et al. Detection of oyster herpesvirus DNA and proteins in asymptomatic Crassostrea gigas adults[J]. Virus Res. 2002, 84(1–2):151–160.

[556] Arzul I., Gagnaire B., Bond C., et al. Effects of temperature and salinity on the survival of Bonamia ostreae, a parasite infecting flat oysters Ostrea edulis[J]. Dis. Aquat. Org., 2009, 85:67–75.

[557] Aspden K, Passmore JA, Tiedt F, et al. Evaluation of lumpy skin disease virus, a capripoxvirus, as a replication–deficient vaccine vector[J]. J Gen Virol. 2003, 84(8):1985–1996.

[558] Audemard C., Reece K.S. & Burreson E.M. Real–time PCR for the detection and quantification of the protistan parasite Perkinsus marinus in environmental waters[J]. Appl. Environ. Microbiol, 2004, 70:6611 6618.

[559] Aung L H, Leesch J G, Jenner J F, et al. Effects of carbonyl sulfide, methyl iodide, and sulfuryl fluoride on fruit phytotoxicity and insect mortality[J]. Annals of Applied Biology, 2001, 139(1): 93–100

[560] Australia Quarantine and Inspection Service. AQIS treatments and fumigants. 2005.

[561] Aysan, Y. Karatas, A. Cinar, O. Biological control of bacterial stem rot caused by Erwiniachrysanthemi on tomato[J]. Crop Protection. Elsevier Science Ltd, Oxford, UK: 2003. 22: 6, 807 ~ 811. 15 ref.

[562] Ayvaz A, Tunçbilek AŞ. Effects of gamma radiation on life stages of the

Mediterranean flour moth, EpHestia kuehniella Zeller (Lepidoptera: Pyralidae) [J]. Journal of Pest Science, 2006, 79(4): 215–222.

[563] B S Li, G P Zhan, B Liu, et al. 2016. Forced hot–air quarantine treatment to control Acanthoscelides pallidipennis in seeds of false indigo (Amorpha fruticosa)[C]. 184 - 187. In: Navarro S, Jayas DS, Alagusundaram K, (Eds.) Proceedings of the 10th International Conference on Controlled Atmosphere and Fumigation in Stored Products (CAF2016), CAF Permanent Committee Secretariat, Winninpeg, Canada.

[564] Baker A C. The basis for treatment of products where fruit flies are involved as a condition for entry into the United States[J]. U.S. Dep. Agric. Circ. 1939: 551.

[565] Baldock FC, Blazer VS, Callinan RB, et al [C]. Outcomes of a short expert consultation on epizootic ulcerative syndrome (EUS): Re–examination of causal factors, case definition and nomenclature. Fish Health Section, Asian Fisheries Society, Manila, The pHilippines, 2005.

[566] Balock J W, Burditt A K, Seo S T, et al. Gamma irradiation as a quarantine treatment for Hawaiian fruit flies. J. Econ[J]. Entomol. 1966, 59: 202–204.

[567] Bansiddhi K, SiripHontangmun S, Rumchiapikul. Combination treatments with irradiation for controlling orchid thrips, Thrips palmi. Irradiation as a pHytosanitary treatment of food and agricultural commodities[J]. IAEA–TEC –DOC –1427, 2004: 155–161.

[568] Barse A M. Gill parasites of mummichogs, Fumdulus heteroclitus (Teleostei:Cyprinodontidae): effects of season, locality, and host sex and size [J]. Journal of Parasitology, 1998, 84(2):236–244.

[569] Bartolucci A, Vera MT, Yusef V, et al. MorpHological characterization of the reproductive system of irradiated AnastrepHa fraterculus[C]. // Congreso.7th International Symposium of Fruit Flies of Economic Importance. El Salvador, Bahia, Brazil, 2006:156–178.

[570] Beckett S J & Morton R. The mortality of three species of Psocoptera, Liposcelis bostrychophila Badonnel, Liposcelis decolor and Liposcelis paeta Pearman, at moderately elevated temperatures[J]. Joural of Stored Products Research, 2003 (39): 103–115.

[571] Bell T.A. & Lightner D.V. (1988). A Handbook of Normal Penaeid Shrimp Histology[M]. World Aquaculture Society, Baton Rouge, LA, USA.

[572] Benschoter C. A. Evaluation of ethylene chlorobromide as a fumigant for citrus and mangoes infested by the Mexican fruit fly[J]. Ibid. 1963, 56: 394–396.

[573] Berger, F. Cronfeld, P. Control or disinfection of fire blight bacteria Erwiniaamylovora by simple means ~ chances and limits[J]. Erwerbsobstbau. Blackwell Wissenschafts ~Verlag GmbH, Berlin, Germany: 2001. 43: 1, 15 ~ 18. 11 ref.

[574] Berthe FCJ., Hine PM, Bonamia exitiosa Hine, et al. 2001 is proposed instead of B. exitiosus as the valid name of Bonamia sp. infecting flat oysters Ostrea chilensis in New Zealand[J]. Dis. Aquat. Org, 2003, 57:181.

[575] Bertsias GK, Katonis P, Tzanakakis G, et al. Review of clinical and toxicological features of acute pesticide poisonings in Crete (Greece) during the period 1991~2001[J].Medical Science Monitor, 2004 (11): 622–627.

[576] Bhuiya D, Majumder MZR, Hahar G, et al. Irradiation as a quarantine treatment of cut flowers, ginger and tumeric against mites, thrips and nematodes[J]. Irradiation as a quarantine treatment of Arthropod Pests, IAEA TECDOC series 1082, 1999: 57–66.

[577] Biruma, M. Pillay, M. Tripathi, et al. Banana Xanthomonas wilt: a review of the disease, management strategies and future research directions[J]. African Journal of Biotechnology. Academic Journals, Nairobi, Kenya: 2007. 6: 8, 953–962. many ref.

[578] Blibech I, Ksantini M, Shete M. Insecticidal Activity of an Indian Botanical Insecticide ULTRA ACT® against the Olive Pest Bactrocera oleae (Diptera: Tephritidae) in Tunisia[J]. Advances in Chemical Engineering and Science, 2020, 10(01): 69.

[579] Boczek J, Jaminska D, Bruce WA, et al. Effect of gamma radiation on RhizoglypHus echinopus (Fumouze and Robin) and AleuroglypHus ovatus (Troupeau) (Acari:Acaridae) [J]. Journal of Entomological Science , 1985, 20(1): 115–120.

[580] Bolduan C F, Bolduan N W. Public health and hygiene: a student' s manual[M]. Philadelphia: Saunders, 1941.

[581] Bonami J.R., Lightner D.V. Chapter 24. Unclassified Viruses of Crustacea. In: Atlas of Invertebrate Viruses [M]. Adams J.R. & Bonami J.R., eds. CRC Press, Boca Raton, Florida, USA, 1991:597–622.

[582] Bonami J.R., Hasson K.W., Mari J., et al. Taura syndrome of marine penaeid shrimp: characterization of the viral agent[J]. J. Gen. Virol, 1997, 78:313–319.

[583] Bonami J.R., Shi Z., Qian D., et al. White tail disease of the giant freshwater prawn, Macrobrachium rosenbergii: separation of the associated virions and characterization of MrNV as a new type of nodavirus[J]. J. Fish Dis, 2005, 28:23–31.

[584] Bonami J.R., Trumper B., Mari J., et al. Purification and characterization of IHHN virus of penaeid shrimps[J]. J. Gen. Virol., 1990, 71:2657–2664.

[585] Bond E J. Manual of Fumigation for Insect Contro1[M]. FAO, 2001.

[586] Bower, S.M. Infectious diseases of abalone (Haliotis spp.) and risks associated with transplantation[J]. Can. Spec. Publ. Fish. Aquat. 2000, 130:111–122.

[587] Bower, SM. Updte on emerging abalone diseases and techniques for health

assessment[J]. Journal of Shellfish Research, 2003, 22(3):805–810.

[588] Bradley–Dunlop, D.J., Pantoja, et al. Development of monoclonal antibodies for detection of necrotizing Hepatopancreatitis in penaeid shrimp[J]. Diseases of Aquatic Organisms, 2004, 60:233–240.

[589] Branson TF, Guss PL. Sterilization of adult male western corn rootworms by gamma radiation in an inert atmospHere[J]. Journal of the Kansas Entomological Society, 1984, 57(4): 717–719.

[590] Brinez, B., Aranguren, F. and M. Salazar. Fecal samples as DNA source for the diagnosis of Necrotizing Hepatopancreatitis (NHP) in Penaeus vannamei broodstock[J]. Diseases of Aquatic Organisms, 2003, 55:69–72.

[591] Broughton W J & Guat T. Storage conditions and ripening of the custard apple Annona squamosa L[J]. Scientia Horticulture, 1979 (10): 73–82.

[592] Bryan LK, Baldwin CA, Gray MJ, et al. Efficacy of select disinfectants at inactivating Ranavirus[J]. Dis Aquat Organ. 2009, 84(2):89–94.

[593] Buchmann K, Bresciani J. Rainbow trout leucocyte activity: influence on the ectoparasitic monogenean Gyrodactylus derjavini[J]. Disease of Aquatic Organisms, 1999, 35 (1):13–22.

[594] Bugaret, Y. Tombu, B. Vergnet, C. Chemicalcontrol of grapevinebacterialnecrosis: new elements for optimising the use of copper[J]. Phytoma. Ruralia, Boulogne, France: 2002. 548, 34 ~ 40. 5 ref.

[595] Bughio AR. Effects of gamma–radiation on mature pupae of maize borer, Chilo partellus (Swinhoe) (Lepidoptera: Pyralidae) [J]. International Journal of Tropical Insect Science, 1992, 13(3): 363–368.

[596] Buscarlet L. A., Aminian B, Bali C. 1986. Effect of irradiation and exposure to nitrogen on mortality of adults of Tribolium confusum [M]. In Du V. Proc 4th Int Work Coni Stored–Product Protetion, E Donahaye and S Navarro, eds. (Tel AVIV, Israel, Sept): 186–193.

[597] Bushek D., Holley R., Kelly M. Treatment of Perkinsus marinus–contaminated materials[J]. J. Shellfish Res, 1997, 16:330.

[598] Bushek, David Howell, Thomas. The Effect of UV *Irradiation on Perkinsus* marinus and its *Potential Use to Reduce Transmission Via Shellfish Effluents* [J]. Belle W. Baruch Institute for Marine Biology and Coastal Research, 2021.

[599] Byrns G & Fuller TP. The risks and benefits of chemical fumigation in the health care environment[J].Journal of Occupational and Environmental Hygiene, 2011 (2): 104–112

[600] CampHor ESW, Hashmi AA, Ritter W, et al.Seasonal changes in mite (Tropilaelaps clareae) and honeybee(Apis mellifera) populations in Apistan treated and untreatedcolonies[J]. Apiacta, 2005, 40:36–44.

[601] Campos E. V. R., De Oliveira J L, Fraceto L F, et al. Polysaccharides as safer release systems for agrochemicals[J]. Agron Sustain Dev, 2015, 35(1): 47–66.

[602] Cancino Jorge, Lia Ruiz, Patricia Lopez, et al. The suitability of AnastrepHa spp. and Ceratitis capitata larvae as hosts of DiachasmimorpHa longicaudata and DiachasmimorpHa tryoni : Effects of host age and radiation dose and implications for quality control in mass rearing[J]. Biocontrol Science and Technology, 2009, 19(1): 81–94.

[603] Carpenter A, Potter M. Controlled atmospheres [M]. // Sharp J L, Hallman G J. Quarantine *Treatments for Pests of Food Plants*. Boulder, Colorado: Westview Press, 1994: 171–198.

[604] Castro D, Espinosa J, Vargas M. Ionising radiation as a quarantine treatment for controlling Brevipalpus chilensis (Acarina: Tenuipalpidae) in Thompson seedless grapes. Irradiation as a pHytosanitary treatment of food and agricultural commodities[J]. IAEA–TEC–DOC–1427. 2004:143–153.

[605] Chan KH, Peiris JS, Lam SY, et al. The Effects of Temperature and Relative Humidity on the Viability of the SARS Coronavirus[J]. Adv Virol, 2011, 2011:734690.

[606] Changet a. Herpes–like virus infection causing mortality of cultured abalone Haliotis diversicolor supertexta in Taiwan[J]. Dis Aquat Org. 2005, 65:23–27.

[607] Chen N M, Paul R E. Development and prevention of chilling injury in papaya fruit (Carica papaya L.)[J]. Journal of the Amercan Society for Horticultural Science, 1986 (111): 639–643.

[608] Chen S.N., Chang P.S. & Kou C.H. Infection route and eradication of monodon baculovirus (MBV) in larval giant tiger prawn, Penaeus monodon [C]. In: Diseases of Cultured Penaeid Shrimp in Asia and the United States, Fulks W. & Main K.L., eds. The Oceanic Institute, Honolulu, HI, USA, 1992: 177–184.

[609] Chiluwal K, Lee B H, Kwon T H, et al. Synergistic effect of fumigation with ethyl formate and methyl salicylate on mortality of life stages of adzuki bean beetle, Callosobruchus chinensis (L.)[J]. Journal of Asia–Pacific Entomology, 2020.

[610] Chintapalli S, Dagit D, Evans B, et al. Benchmarking streaming computationengines: Storm, Flink and spark streaming [C] //Parallel and Distributed Processing Symposium Workshops, 2016 IEEE International. IEEE, 2016: 1789–1792.

[611] Cho S W, Kim H K, Kim B S, et al. Combinatory effect of ethyl formate

and phosphine fumigation on Pseudococcus longispinus and P. orchidicola (Hemiptera: Pseudococcidae) mortality and phytotoxicity to 13 foliage nursery plants[J]. Journal of Asia-Pacific Entomology, 2020, 23(1): 152–158.

[612] Chung SL, Tashiro H, Lippold PC, et al. Gamma irradiation of the European chafer. 2. Determination of sterilization dose levels for adults, with notes on rearing techniques[J]. Journal Economic Entomology, 1971, 64(4): 832–837.

[613] Chung SL, Tashiro H, Lippold PC, et al. Gamma irradiation of the European chafer. 3. Longevity, flight behavior, and mating competitiveness of sterlized males, with observation on reproductive biology[J]. Journal Economic Entomology, 1971, 64(4): 883–886

[614] clercq I, Bat é jat C, Burgui è re AM, et al. Heat inactivation of the Middle East respiratory syndrome coronavirus[J]. Influenza Other Respir Viruses, 2014, 8(5):585–586.

[615] Collins SR, Weldon CW, Banos C, et al. Optimizing Irradiation Dose for Sterility Induction and Quality of Bactrocera tryoni[J]. Journal of Economic Entomology, 2009, 102(5): 1791–1800.

[616] Collins SR, Weldon CW, Banos C, et al. Effects of irradiation dose rate on quality and sterility of Queensland fruit flies, Bactrocera tryoni (Froggatt) [J].. Journal of Applied Entomology, 2008, 132 (5): 398–405.

[617] Connor KM, Quirie MM, Baird G, et al. Characterization of United Kingdom isolates of Corynebacterium pseudotuberculosis using pulsed-field gel electropHoresis[J]. Journal of Clinical Microbiology, 2000, 38:2633–2637.

[618] Corcoran R J. Fruit fly (Diptera: Tephritidae) responses to quarantine heat treatment [D]. Austrilian, The University of Queensland. 2002.

[619] Couey H M, Chew V. Confidence limits and sample size in quarantine research[J]. Journal of Economic Entomology, 1986, 79: 887–890.

[620] Coulin, C., Calcaterra, L. A. and Follett, P. A. Fecundity and longevity of Argentine ant (Hymenoptera: Formicidae) queens in response to irradiation[J]. Journal of Applied Entomology, 2014, 138: 355–360.

[621] CUI B, FENG L, PAN Z Z, et al. Evaluation of stability and biological activity of solid nanodispersion of lambda-cyhalothrin[J]. PLoS One, 2015, 10(8): e0135953.

[622] Damalas CA & Eleftherohorinos IG. Pesticide exposure, safety issues, and risk assessment indicators[J]. International Journal of Environmental Research and Public Health, 2011 (5): 1402–1419.

[623] Das D, Gares SL, Nagata LP, et al. Evaluation of a Western Equine EncepHalitis recombinant E1 protein for protective immunity and diagnostics[J]. Antiviral Res. 2004,

64(2):85–92.

[624] Das, A. K. Shyam Singh Integration of chemicals and cultural practices for management of bacterial canker (Xanthomonasaxonopodis pv citri) in acid lime (Citrus aurantifolia) [J]. Indian Journal of Agricultural Sciences. Indian Council of Agricultural Research, New Delhi, India: 2003. 73: 10, 570 ~ 571. 3 ref.

[625] Davison AJ, Eberle R, Ehlers B, et al. The order Herpesvirales[J]. Arch Virol. 2009, 154(1):171–177.

[626] Davison AJ. Evolution of the herpesviruses[J]. Vet Microbiol. 2002, 86(1–2):69–88.

[627] DE Oliveira J L, Campos E V R, Bakshi M, et al. Application of nanotechnology for the encapsulation of botanical insecticides for sustainable agriculture: prospects and promises[J]. Biotechnol Adv, 2014, 32(8).

[628] Degheele D, Salem H, Vos E, et al. Effect of gamma radiation on the ovary of adults of the cabbage root fly, Delia radicum Bouche (Diptera, Anthomyidae) [J]. // In International Symposium on Crop Protection. Land bouwwetensc happen, Rijksuniversiteit Gent. 1988, 53: 3a, 1225–1239;

[629] Deng M, He JG, Weng SP, et al, Molecular cloning and physical mapping of the genome of infectious spleen and kidney necrosis virus (ISKNV) from mandarinfish, Siniperca chuatsi (Basilewsky)[J]. Chin. J. Virol. 2001, 17:273–276.

[630] Deng M, He JG, Weng SP, et al, Purification and genomic analysis of infectious spleen and kidney necrosis virus (ISKNV) from mandarinfish[J]. J. Fisheries China, 2001, 25:238–243.

[631] Deng X, Qi X, Gao Y, et al. Development of a loop–mediated isothermal amplification method for rapid detection of reticuloendotheliosis virus[J]. J Virol Methods. 2010, 168(1–2):82–86.

[632] Deng X, Zhang N, Shen Z, et al. Rhizosphere bacteria assembly derived from fumigation and organic amendment triggers the direct and indirect suppression of tomato bacterial wilt disease[J]. Applied Soil Ecology, 2020, 147: 103364.

[633] Department of agriculture, fisheries and forestry. AQIS Methyl Bromide Fumigation Standard [S]. 2006, Version Ⅰ.

[634] Doan TT, Nguyen TK, Vo TKL, et al. Effects of gamma irradiation on different stages of mealybug Dysmicoccus neobrevipes (Hemiptera: Pseudococcidae) [J]. Radiation physics and Chemistry, 2012: 81(1)97 – 100. (with supplementary data proposed to TPPT).

[635] Dohino T, Masaki S, Takano T, el al. Effects of electron beam irradiation on sterility of Comstock mealybug, Pseudococcus comstocki (Kuwana) (Homoptera: Pseudococcidae) [J].

Research bulletin of the plant protection service, Japan , 1997, 33: 31–34.

[636] Dohino T, Tanabe K, Masaki S, et al. Effects of electron beam irradiation on Thrips palmi Karny and Thrips tabaci Lindeman (Thysanoptera: Thripidae) [J]. Research Bulletin Plant Protection Service, Japan, 1996: 32: 23–29.

[637] Donskey CJ. Does improving surface cleaning and disinfection reduce health care–associated infections[J]. Am J Infect Control, 2013, 41:S12–S19.

[638] Drummond RO, Medley JG, Graham OH. Engorgement and reproduction of lone star ticks (Amblyomma americanum L.) treated with gamma radiation[J]. International Journal of Radiation Biology, 1966, 10(2): 183–188.

[639] Du M, Jia X, Li J, et al. Regulation effects of 1–MCP combined with flow microcirculation of sterilizing medium on peach shelf quality[J]. Scientia Horticulturae, 2020, 260: 108867.

[640] Duarte JA, Arthur V. Control of the larvae of the rice moth Corcyra cepHalonica (Stainton, 1865) (Lepidoptera, Pyralidae) through gamma iradiation with cobalt 60[J]. Lavoura Arrozeira, 1993, 46: 406.

[641] Ebadi R, Jafari R, MajdF, et al. Effect of gamma–ray male sterilization on the integrated control management of greater wax moth, Galleria mellonella L. (Lep., Pyralidae) [J]. Journal of science and technology of agriculture and natural resources, 2001, 5(3): 191–199.

[642] El–Kady EA, Salem YS, Hekal AM. Effect of gamma irradiation on pupae of the greasy cutworm, Agrotis ipsilon (Hufn.) (Lepidoptera: Noctuidae) [J]. Journal of Radiation Research and Applied Sciences, 1983, 48(2): 385–392.

[643] Ellard K. Findings of disease investigations following the recent detection of AVG in Tasmania [C]. Proceedings of the Fourth National FRDC Aquatic Animal Health Scientific Conference, Cairns, Australia, 2009:22–24.

[644] El–Naggar S, Megahed MM, Sallam HA, et al. Effect of gamma radiation on the black cutworm Agrotis ipsilon (Hufn.): irradiation of eggs and larvae[J]. African Journal of Agricultural Science, 1985, 12(1–2):155–162.

[645] Falk K, Namork E, Rimstad E, et al. Characterization of infectious salmon anemia virus, an orthomyxo–like virus isolated from Atlantic salmon (Salmo salar L.) [J]. Journal of Virology, 1997, 71(12):9016–9023.

[646] Faria JT, Arthur V, Wiendl TA, et al. Gamma radiation effects on immature stages of the orange fruit borer , EcdytolopHa aurantisns Lima[J]. Journal of Nuclear Agriculture and Biology, 1998, 27(1): 52–56.

[647] Fatmi, M. Use of Oxos, a complex of hydrogen peroxide, acetic acid and silver

ion, to control bacterial speck of tomato (Pseudomonassyringaepv.tomato) and angular leaf spot of melon (P. syringaepv. lachrymans)[M]. [Book chapter. Conference paper]Presentations from the 6th International Conference on Pseudomonassyringae pathovars and related pathogens, Maratea, Italy, September 15-19, 2002.. Kluwer Academic Publishers, Dordrecht, Netherlands: 2003. 459-466. 14 ref.

[648] Fauquet C.M., Mayo M.A., Maniloff J., et al. Totiviridae [C]. In: Virus Taxonomy: Classification and Nomenclature of Viruses. Eighth Report of the International Committee on the Taxonomy of Viruses, Elsevier, San Francisco, USA.

[649] Feng X, Hansen J D. Use of hot water treatment to control codling moths in harvested california 'bing' sweet cherries[J]. Posthavest Biology and Technology, 2004 (31): 41-49.

[650] Fernandes C, Fontainhas-Fernandes A, Monteiro S M, et al.Histopathological gill changes in wild leaping grey mullet (Liza saliens) from the Esmoriz-Paramos coastal lagoon, Portugal[J]. Environmental Toxicology, 2007, 22(4):443-448.

[651] Fields P G, White N D. Alternatives to methyl bromide treatments for stored-product and quarantine insects[J]. Annual Review of Entomology, 2002, 47(1): 331-359.

[652] Fijan N., Matasin Z., Petrinec Z., et al. Isolation of an iridovirus-like agent from the green frog (Rana esculenta L.)[J]. Veterinarski Arhiv, 1991, 61:151-158.

[653] Follett P A, Neven L G. Current trends in quarantine quaranatine entomology[J]. Annual Review of Entomology, 2006 (51): 359-385.

[654] Follett P A, Armstrong J W. Revised irradiation doses to control melon fly, Mediterranean fruit fly, and Oriental fruit fly (Diptera: Tephritidae) and a generic dose for tephritid fruit flies[J]. Journal of Economic Entomology, 2004, 97: 1254 1262.

[655] Follett PA & Snook Kirsten. Irradiation for quarantine control of the invasive light brown apple moth (Lepidoptera: Tortricidae) and a generic dose for tortricid eggs and larvae[J]. Journal of Economic Entomology, 2012, 105(6):1971-1978.

[656] Follett PA, Lower RA. Irradiation to ensure quarantine security for CryptopHlebia spp. (Lepidoptera: Tortricidae) in sapindaceous fruits from Hawaii[J]. Journal of Economic Entomology, 2000, 93(6):1848-1854.

[657] Follett PA, Taniguchi G. Effect of irradiation on the longevity and reproduction of pHeidole megacepHala (Hymenoptera: Formicidae) queens[J]. Proc. Hawaiian Entomology Society, 2007: 39:43-47.

[658] Follett PA. Effect of irradiation on Mexican Leafroller (Lepidoptera: Tortricidae) Development And Reproduction[J]. Journal of Economic Entomology, 2008, 101(3): 710 - 715.

[659] Follett PA. Generic Radiation Quarantine Treatments: The Next Steps[J]. Journal of

Economic Entomology, 2009. 102(4): 1399–1406.

[660] Follett PA. Irradiation as a pHytosanitary treatment for white peach scale (Homoptera: Diaspididae) [J]. Journal of Economic Entomology, 2006, 99 (6): 1974–1978.

[661] Follett PA. Irradiation as a quarantine treatment for mango seed weevil[J]. Proceedings Hawaiian Entomolical Society, 2001: 35: 85–90.

[662] Follett PA. Irradiation quarantine treatments for mango seed weevil and Cryptophlebia spp. Irradiation as a phytosanitary treatment of food and agricultural commodities[J]. IAEA-TECDOC-1427, 2004: 9–18.

[663] Follett PA. Irradiation to control insects in fruits and vegetables for export from Hawaii[J]. Radiation physics and Chemistry, 2004, 71(1): 161–164.

[664] Follett, P.A., Snook, K. (2013). Cold storage enhances the efficacy and margin of security of phytosanitary irradiation treatments against fruit flies (Diptera: Tephritidae) [J]. Journal of Economic Entomology, 106, 2035–2042.

[665] Frans J M Harren, Gina Cotti, Jos Oomens, et al. Photoacoustic Spectroscopy in Trace Gas Monitoring [M]. The Netherlands: Hekkert University of Nijmegen, 2006.

[666] Frati P. Quarantine, trade and health policies in Ragusa-Dubrovnik until the age of George Armmenius-Baglivi[J]. Medicina Nei Secoli, 2000, 12(1): 103.

[667] Frederiksen H K, Kristensenh G, Pedersen M. Solid lipid microparticle formulations of the pyrethroid gamma-cyhalothrinincompatibility of the lipid and the pyrethroid and biological properties of the formulations [J]. Journal of Controlled Release, 2003.

[668] Frelier, P.F., Loy, et al. Transmission of necrotizing Hepatopancreatitis in Penaeus vannamei[J]. Journal of Invertebrate Pathology, 1993, 61:44–48.

[669] Frelier, P.F., Sis, et al. Microscopic and ultrastructural studies of necrotizing Hepatopancreatitis in Pacific white shrimp (Penaeus vannamei) cultured in Texas[J]. Veterinary Pathology, 1992, 29:269–277.

[670] Fressancourt A, Herault C, Ptak E. NFC Social: Social Networking in Mobilitythrough IMS and NFC[C]//2009 First International Workshop on Near FieldCommunication. IEEE Computer Society, 2009: 24–29.

[671] Friedman C.S. & Finley C.A. Evidence for an anthropogenic introduction of "CandidatusXenohaliotis californiensis", the etiological agent of withering syndrome, into northern California abalone populations via conservation efforts[J]. Can. J. Fish Aquat. Sci., 2003, 60:1424–1431.

[672] Friedman C.S., Andree K.B., Beauchamp K.A., et al. "CandidatusXenohaliotis californiensis" a newly described pathogen of abalone, Haliotis spp., along the west coast of

North America[J]. Int. J. Syst. Evol. Microbiol., 2000, 50:847–855.

[673] Gao M, Chuanyao W, Li S, et al. Irradiation as a pHytosanitary treatment for Trogoderma granarium Everts and Callosobruchus chinensis L. in food and agricultural products. Irradiation as a pHytosanitary treatment of food and agricultural commodities[J]. IAEA–TEC–DOC–1427, 2004: 75–85.

[674] Garcia AM. Pesticide exposure and women' s health[J]. American Journal of Industrial Medicine, 2003 (6): 584–594.

[675] Gazit Y, Rossler Y, Wang S, et al. Thermal death kinetics of egg and third–instar Mediterranean fruit fly Ceratitis capitata (Wiedemann) (Diptera: Tephritidae) [J].Journal of Economic Entomology, 2004 (97): 1540–1546.

[676] Gleeson D J. Experimental infection of striped marshfrog tadpoles (Limnodynastes peronii) by IchthyopHthirius multifiliis[J]. Journal of Parasitology, 1999, 85(3):568–570.

[677] Gochangco MU, San J, Lustre AO. Irradiation as an alternative to methyl bromide for disinfestation of Tribolium castaneum in stored cacao. Irradiation as a phytosanitary treatment of food and agricultural commodities[J]. IAEA–TEC –DOC–1427.2004: 111–126.

[678] Goel A & Aggarwal P. Pesticide poisoning[J]. Natl Med J India, 2007 (4): 182–191.

[679] Goggin C.L., Sewell K.B., Lester R.J.G.. Tolerances of Perkinsus spp. (Protozoa, Apicomplexa) to temperature, chlorine and salinity[J]. J. Shellfish Res., 1990, 9:145–148.

[680] Gomollón–Bel F. Ten chemical innovations that will change our world: IUPAC identifies emerging technologies in chemistry with potential to make our planet more sustainable[J]. Chem Int, 2019, 41(2).

[681] Gonzalez BJ, Vargas VC, Jara PB. Studies on the application of the sterile–male technique for the control of the South American fruit fly, AnastrepHa fraterculus (Wied.) [J]. Revista Peruana de Entomologia , 1971, 14: 66–86.

[682] Gould WP, Hallman CJ. Irradiation disinfestation of diaprepes root weevil (coleoptera: curculionidae) and papaya fruit fly (diptera: tepHritidae) [J]. Florida Entomologist, 2004, 87(3):391–392.

[683] Gray WL, Mullis L, Lapatra SE, et al. Detection of Koi herpesvirus DNA in tissues of infected fish[J]. Journal of Fish Diseases, 2002, 25(3):171–178.

[684] Grondeau, C. Ladonne, F. Fourmond, et al. Attempt to eradicate Pseudomonas syringae pv.pisi from pea seeds with heat treatments[J]. Seed Science and Technology. 1992. 20: 3, 515 ~ 525. 26 ref.

[685] Grout T G, Stoltz K C. Carbon Dioxide Fumigation to Shorten Cold Disinfestation Treatments for Thaumatotibia leucotreta (Lepidoptera: Tortricidae) in Citrus Fruit[J]. Journal of

Economic Entomology, 2020, 113(1): 144–151.

[686] Grudzinska, M. Solarska, E. Czubacka, et al. Elimination of Hop latent viroid from hop plants by cold treatment and meristem tip culture[J]. Phytopathologia Polonica. Polskie Towarzystwo Fitopatologiczne (Polish Phytopathological Society), Poznan, Poland: 2006. 40, 21–30. 15 ref.

[687] Guo–Jun Q, Chen T, Gao Y, et al. Potential geographic distribution of Planococcus minor and P. lilacinus in China based on Maxent[J]. Journal of Environmental Entomology, 2015.

[688] H. Harold Toba, Harold R. Moffitt. Controlled–Atmosphere Cold Storage as a Quarantine Treatment for Nondiapausing Codling Moth (Lepidoptera: Tortricidae) Larvae in Apples [J]. Journal of Economic Entomology, Volume 84, Issue 4, 1991, 1316–1319.

[689] Halfhill JE. Irradiation disinfestation of asparagus spears contaminated with Brachycorynella asparagi (Mordvilko) (Homoptera: ApHididae) [J]. Journal of Economic Entomology, 1988, 81 (3): 873–876.

[690] Hallinan E, Rai KS. Radiation sterilization of Aedes aegypti in nitrogen and implications for sterile male technique [J]. Nature, 1973, 244 (5415): 368–369.

[691] Hallman G J, Mangan R L. Concerns with temperature quarantine treatment research [C] // Obenauf G L. Annual International Research Conference on Methyl Bromide Alternatives and Emissions Reduction. San Diego, CA, USA, 1997: 79–1~79–4.

[692] Hallman G J. Efficacy of Delayed Atmospheric Modification in a Heat/Modified Atmosphere Phytosanitary Treatment[J]. Journal of Economic Entomology, 2010, 103(1):34–39.

[693] Hallman G J. Factors affecting quarantine heat treatment efficacy[J]. Postharvest Biology and Technology, 2000, 21: 95–101

[694] Hallman GJ & Thomas WP. Ionizing irradiation of adults of Angoumois Grain Moth(Lepidoptera: Gelechiidae) and Indianmeal Moth(Lepidoptera: Pyralidae) to prevent reproduction, and implications for a generic irradiation treatment for insects[J].Journal of Economic Entomology, 2008, 101(4): 1051–1056.

[695] Hallman GJ, Martinez LR. Ionizing irradiation quarantine treatment against Mexican fruit fly (Diptera: TepHritidae) in citrus fruits[J]. Postharvest Biology and Technology, 2001, 23(1): 71 – 77.

[696] Hallman GJ, Parker AG, Blackburn CM. The case for a generic phytosanitary irradiation dose of 400 gy for Lepidoptera that infest shipped commodities as pupae[J]. Journal of Economic Entomology, 2013b, 106(2):525–532.

[697] Hallman GJ, Valter A, Blackburn CM, et al. The case for a generic phytosanitary

irradiation dose of 250 Gy for Lepidoptera eggs and larvae[J]. Radiation pHysics and Chemistry, 2013a, 89:70 - 75.

[698] Hallman GJ. Ionizing Irradiation quarantine treatment against oriental fruit moth (Lepidoptera: Tortricidae) in ambient and hypoxic atmospHeres[J]. Journal of Economic Entomology, 2004, 97(3): 824–827.

[699] Hallman GJ. Ionizing radiation quarantine treatments against tepHritid fruit flies[J]. Postharvest Biology and Technology, 1999, 16(2): 93–106.

[700] Hallman GJ. phytosanitary Applications of Irradiation[J]. Comprehensive Reviews in Food Science and Food Safety, 2011, 10(2):143–151.

[701] Hallman GJ, Hellmich, Richard L. Ionizing radiation as a pHytosanitary treatment against european corn borer (Lepidoptera: Crambidae) in ambient, low oxygen, and cold conditions[J]. Journal of Economic Entomology, 2009, 102(1): 64–68.

[702] Hamidah S, Osman MS, Zainon O, et al. Development of gamma irradiation as a quarantine treatment of mites on cut flowers [C]. // Ishs Acta Horticulturae 710: International Symposium on Greenhouses. Environmental Controls and In–house Mechanization for Crop Production in the Tropics and Sub–Tropics, 2004.

[703] Hamilton D, Ambrus A, Dieterle R, et al. Pesticide residues in food – acute dietary exposure[J]. Pest Management Science, 2004 (4): 311–339

[704] Han D, Du M, Zhou Z, et al. Overexpression of a Malus baccata NAC Transcription Factor Gene MbNAC25 Increases Cold and Salinity Tolerance in Arabidopsis[J]. International Journal of Molecular Sciences, 2020, 21(4): 1198.

[705] Hanschen F S, Winkelmann T. Biofumigation for Fighting Replant Disease–A Review[J]. Agronomy, 2020, 10(3): 425.

[706] Hasaballa ZA. Effect of gamma irradiation on the larval and pupal stages of the navel orangeworm, Paramyclois transitella (Walker) (Lepidoptera: Pyralidae) [J]. Assiut Journal of Agricultural Sciences, 1988, 19: 321–326.

[707] Hasan MM. Effect of ageing on mating competitiveness of gamma–sterilised Tribolium spp. males[J]. International Journal of Tropical Insect Science, 1998, 18(4): 349–355.

[708] Hawley LM, Garver KA. Stability of viral hemorrhagic septicemia virus (VHSV) in freshwater and seawater at various temperatures[J]. Dis Aquat Organ. 2008, 82(3):171–178.

[709] Hayashi T, Kikuchi OK, Dohino T. Electron beam disinfestation of cut flowers and their radiation tolerance[J]. Radiation pHysics and Chemistry, 1998, 51 (2):175–179.

[710] Hayashi Y, Yoshida T, Kiba F, et al. Gamma irradiation of sweet potato weevil pupae, Cylas formicarius (Fabricius) (Coleoptera: Brentidae). II. An optimum irradiation

condition of pupae in sweet potato[J]. Research Bulletin of the Plant Protection Service, Japan, 1994, 30:111–114, 9.

[711] Hayasi T, Todoriki S, Nakakita H, et al. Effectiveness of electron irradiation as a quarantine treatment of cut flowers [R]. Irradiation as a quarantine treatment of Arthropod Pests, IAEA TECDOC series 1082 , 1999: 49–56.

[712] He JG, Weng SP, Huang ZJ, and Zeng K. Identification of outbreak and infectious diseases pathogen of Siniperca chuatsi[J]. Acta Scientiarum Naturalium Universitatis Sunyatseni, 1998, 5:74–77.

[713] He JG, Weng SP, Zeng K, et al. Systemic disease caused by an iridovirus–like agent in cultured mandarinfish, Sinipera chuatsi (Basilewsky), in China[J]. J Fish Dis, 2000, 23: 219–222.

[714] He J. G., Deng M., Weng S. P., et al. Complete genome analysis of the mandarin fish infectious spleen and kidney necrosis iridovirus[J]. Virology, 2001, 291(1):126–139.

[715] Heather N W, Hallman G J. 2008. Development of postharvest phytosanitary disinfestation treatments [M]. //Heather N W, Hallman G J. Pest management and phytosanitary trade barriers.Wallingford, Oxfordshire, United Kingdom: CABI International, 2008: 71–95.

[716] Heather N W. Generalized quarantine disinfestation research protocol [R]. //IAEA. International Atomic Energy Agency Technical Documents (IAEA–TECDOCs) 1427. Austria: IAEA, 2004: 171–178.

[717] Heather N W, Corcoran R J, Banos C. Disinfestation of mangoes with Gamma Irradiation against two Australian fruit flies (Diptera: TepHritidae) [J]. Journal of Economic Entomology, 1991, 84(4): 1304–1307.

[718] Henri G, Michel C, Jean–Robert B, et al. Recherche sur l'agent de la maladie de la glande digestive de Ostrea edulis Linné[J]. scipeche bull inst peches marit, 1974.

[719] Hine P.M., Cochennec–Laureau N., Berthe F.C.J.. Bonamia exitiosusn. sp. (Haplosporidia) infecting flat oysters Ostrea chilensis (pHilippi) in New Zealand[J]. Dis. Aquat. Org., 2001, 47:63–72.

[720] Hirata K, Chachin K, Iwata T. Changes of K+ leakage, free amino acid contents and phenyl propanoid metabolism in water convolvulus with reference to chilling injury[J]. Journal of the Japanese Society of Horticultural Science, 1987 (55): 516–523.

[721] Hobson G E. Low–temperature injury and the storage of ripening tomatoes[J]. Journal of Horticultural Science, 1987 (62): 55–56.

[722] Hollingsworth R G, Armstrong J W. Potential of temperature, controlled atmospheres, and ozone fumigation to control thrips and mealybugs on ornamental plants for

export[J]. Journal of Economic Entomology, 2005, 98(2):289–98.

[723] Hollingsworth Robert G., Follett Peter A. Ionizing Radiation for Quarantine Control of Opogona sacchari (Lepidoptera: Tineidae)[J].Journal of Economic Entomology, 2007, 100(5): 1519–1524.

[724] Hooper C, Hardy Smith P, Handlinger J. Ganglioneuritis causing high mortalities in farmed Australian abalone (Haliotis laevigata and Haliotis rubra)[J]. Aust Vet J. 2007, 85:188–193.

[725] Hooper GHS. Sterilization of Dacus cucumis French (Diptera: TepHritidae) by gamma radiation. III. Effect of irradiation in nitrogen on sterility, competitiveness and mating propensity[J]. Journal of the Australian Entomological Society, 1976, 15:(1), 13–18.

[726] Hoover K, Simpson J A, Grgurinovic C A. Appropriateness of probit–9 in the development of quarantine treatments for timber and timber commodities[J]. Journal of Economic Entomology, 2011, 104(3):717–731.

[727] Hossain AM, Hallman GJ, Khan SA, et al. pHytosanitary irradiation in South Asia[J]. Journal of Entomology and Nematolology, 2011, 3(3): 44–53.

[728] Hsin–Yiu C, Chung–Che H, Tsui–Yi P. Isolation and Characterization of a Pathogenic Iridovirus from Cultured Grouper (EpinepHelus sp.) in Taiwan[J]. Fish Pathology, 1998, 33(4):201–206.

[729] Hu MY, Liu XQ, Lo XM, et al. Irradiation as a quarantine treatment against citrus rust mite (pHyllocoptruta oleivora). Irradiation as a pHytosanitary treatment of food and agricultural commodities[J]. IAEA–TEC–DOC–1427, 2004: 127–132.

[730] Hu T, Len CH, Lee BS, et al. The laboratory rearing and radiation effects of gamma ray on the pupae of Chrysomya megacepHala (Fabricius)[J]. Chinese Journal of Entomology, 1995, 15(2): 103–113.

[731] Huang B, Yan D, Wang Q, et al. Effects of dazomet fumigation on soil phosphorus and the composition of phoD–harboring microbial community[J]. Journal of Agricultural and Food Chemistry, 2020.

[732] Huang F, Li WD, Li XQ, et al. Irradiation as a quarantine treatment for the solenopsis mealybug, phenacoccus solenopsis[J]. Radiation pHysics and Chemistry, 2014, 96: 101 – 106.

[733] Huang, C., Zhang, L., Zhang, J., et al. Purification and characterization of White Spot syndrome virus (WSSV) produced in an alternate host: crayfish, Cambarus clarkia[J]. Virus Res, 2001, 76(2):115–125.

[734] Huang, H. C. Erickson, R. S. Hsieh, et al. Control of bacterial wilt of bean

(Curtobacteriumflaccumfacienspv.flaccumfaciens) by seed treatment with Rhizobium leguminosarum[J]. Crop Protection. Elsevier, Amsterdam, Netherlands: 2007.26: 7, 1055 ~ 1061. 20 ref.

[735] Hughes, G. The maximum pest limit concept explained [J]. Plant Health Progress 2003, DOI:10.1094/PHP-2003-1113-05-RV.

[736] Husni E, Purwantoro S. Shopping Application System with Near Field Communication (NFC) Based on Android[C]//System Engineering andTechnology (ICSET), 2012 International Conference on. IEEE, 2012: 1-6.

[737] Hyatt AD, Gould AR, Zupanovic Z, et al. Comparative studies of piscine and ampHibian iridoviruses[J]. Arch Virol. 2000, 145(2):301-331.

[738] IAEA (International Atomic Energy Agency). Irradiation as a phytosanitary treatment of food and agricultural commodities [R]. International Atomic Energy Agency Technical Documents (IAEA-TECDOCs) 1427. Austria: IAEA, 2004.

[739] ICGFI (International Consultative Group on Food Irradiation). Irradiation as a Quarantine Treatment of Fresh Fruits and Vegetables [R]. ICGFI Document No.13. IAEA, 1991.

[740] ICGFI (International Consultative Group on Food Irradiation). Irradiation as a Quarantine Treatment of Fresh Fruits and Vegetables [R]. ICGFI Document No.17. IAEA, 1994.

[741] Ignatowicz S, Banasik-Solgala K. Gamma irradiation as a quarantine treatment for spider mites (Acarina: Tetranychidae) in horticultural products [R]. Irradiation as a quarantine treatment of Arthropod Pests, IAEA TECDOC series 1082, 1999: 29-47.

[742] Ignatowicz S. Irradiation as an alternative to methyl bromide fumigation of agricultural commodities infested with quarantine stored product pests [R]. Irradiation as a phytosanitary treatment of food and agricultural commodities. IAEA TECDOC 1427, 2004: 51-66.

[743] International Plant Protection Convention [S]. ISPM 28 Phytosanitary Treatments, PT 7: Irradiation treatment for fruit flies of the family Tephritidae (generic). Rome: Food and Agric Org, 2009.

[744] International Plant Protection Convention. 2021. List of Topics for IPPC Standards. [S] https://www.ippc.int/en/core-activities/standards-setting/list-topics-ippc-standards/list. Access at 2021-04-08.

[745] International Plant Protection Convention. ISPM No.18: Guidelines for the use of irradiation as a phytosanitary measure [S] . Rome: Food and Agric. Org. 2003.

[746] International Plant Protection Convention. ISPM No.28: Phytosanitary treatment for regulated pest [S] . Rome: Food and Agric. Org. 2007.

[747] ISPM 15 Regulation of wood packaging material in international trade.

[748] Jackson D S. Automobile high-temperature pest extermination device [P]. U.S. Patent application 16/355, 619. 2020-1-2.

[749] Jacobsen CM, Hara AH. Irradiation of Maconellicoccus hirsutus (Homoptera: Pseudococcidae) for phytosanitation of agricultural commodities[J]. Journal of Economic Entomology, 2003, 96(4):1334-9.

[750] Jaga K, Dharmani C. Ocular toxicity from pesticide exposure: a recent review[J]. Environmental Health and Preventive Medicine, 2006 (3): 102-107.

[751] Jang E B. Thermal death kinetics and heat tolerance in early and late third instars of the oriental fruit fly (Diptera: Tephritidae)[J]. Journal of Economic Entomology, 1991 (84): 1298-1303.

[752] Janisiewicz W J, Leverentz B, Conway W S, et al. Control of bitter rot and blue mold of apples by integrating heat and antagonist treatments on 1-MCP treated fruit stored under controlled atmosphere conditions[J]. Postharvest Biology & Technology, 2003, 29(2):129-143.

[753] Jessup AJ. Gamma irradiation as a quarantine treatment for sweet cherries against Queensland fruit fly[J]. Hortscience, 1990: 25: 456-458.

[754] Jesús A. Sánchez-Navarro, M. Carmen Cañizares, Emilio A. Cano, et al. Plant tissue distribution and chemical inactivation of six carnation viruses[J]. Crop Protection .2007 (26): 1049-1054.

[755] Johnson J A, Wang S, Tang J. Thermal death kinetics of fifth-instar Plodia interpunctella (Lepidoptera: Pyralidae)[J]. Journal of Economic Entomology, 2003 (96): 519-524.

[756] Johnson M., Berger L., Phillips L., et al. In vitro evaluation of chemical disinfectants and pHysical techniques against the ampHibian chytrid, Batrachochytrium dendrobatidis[J]. Dis. Aquat. Org., 2003, 57:255-260.

[757] Johnson S A, Neven L G. Heated-Controlled Atmosphere Postharvest Treatments for Macchiademusdiplopterus (Hemiptera: Lygaeidae) and Phlyctinuscallosus (Coleoptera: Curculionidae)[J]. Journal of Economic Entomology, 2011, 104(2):398-404.

[758] Jones V M, Waddell B C, Maindonald J H. Comparative mortality responses of three tortricid (Lepidoptera) species to hot water[J]. Journal of Economic Entomology, 1995 (88): 1356-1360.

[759] Joplin K H, Denlinger D L. Developmental and tissue specific control of the heat shock induced 70 kda related proteins in the flesh fly, Sarcophaga crassipalpis[J]. Journal of Insect Physiology, 1990 (36): 239-245, 247-249.

[760] Jory, DE. Necrotizing hepatopancreatitis and its management in shrimp ponds[J].

Aquaculture Magazine, 1997, 23(5):98–101.

[761] Ju J, Xie Y, Yu H, et al. Synergistic inhibition effect of citral and eugenol against Aspergillus niger and their application in bread preservation[J]. Food Chemistry, 2020, 310: 125974.

[762] Kader AA. Potential Applications of Ionizing Radiation in Postharvest Handling of Fresh Fruits and Vegetables[J]. Food Technology, 1986, 40(6): 117–121.

[763] Kah M, Beulke S, Tiede K, et al. Nanopesticides: state of knowledge, environmental fate, and exposure modeling[J]. Crit Rev Environ Sci Technol, 2013, 43(16).

[764] Kah M, Hofmann T. Nanopesticide research: current trends and future priorities[J]. Environ Int, 2014, 63.

[765] Kah M, Kookana R S, Gogos A, et al. A critical evaluation of nanopesticides and nanofertilizers against their conventional analogues[J]. Nat Nanotechnol, 2018, 13(8).

[766] Karimirad R, Behnamian M, Dezhsetan S. Bitter orange oil incorporated into chitosan nanoparticles: Preparation, characterization and their potential application on antioxidant and antimicrobial characteristics of white button mushroom[J]. Food Hydrocolloids, 2020, 100: 105387.

[767] Kaspi R, Parrella MP. Improving the biological control of leafminers (Diptera: Agromyzidae) using the sterile insect technique[J]. Journal of Economic Entomology, 2006: 99 (4):1168–75.

[768] Khan MH. Effect of irradiation on the adults of Hyalomma (Hyalomma) dromedarii Koch[J]. Indian Journal of Animal Health, 1995, 34(1): 61–64.

[769] Khandelwal N, Barbole R S, Banerjee S S, et al. Budding trends in integrated pest management using advanced microand nano–materials: challenges and perspectives[J]. J Environ Manag, 2016, 184.

[770] Kilwein J H. Some historical comments on quarantine: part two[J]. Journal of Clinical Pharmacy&Therapeutics, 1995, 20: 249–252.

[771] Kindermann J, Karbiener M, Leydold S M, et al. Virus disinfection for biotechnology applications: Different effectiveness on surface versus in suspension[J]. Biologicals, 2020.

[772] Kodituwakku T D, Abeywickrama K, Karunanayake K. Pathogenicity of Stem–end Rot Associated Fungi Isolated from Karthakolomban Mango and Their Control by Spray and Fumigation Treatments with Selected Essential Oils[J]. Journal of Agricultural Sciences – Sri Lanka, 2020, 15(1).

[773] Kuhn, O. J. Portz, R. L. Stangarlin, et al. Effect of aqueous extract from turmeric (Curcuma longa) on Xanthomonas axonopodis pv.manihotis[J]. Semina: Ciencias Agrarias

(Londrina). Universidade Estadual de Londrina, Londrina, Brazil: 2006. 27: 1, 13–20. 21 ref.

[774] Kumagaia J, Katoha H, Kumadab T, et al. Strong resistance of Arabidopsis thaliana and RapHanus sativus seeds for ionizing radiation as studied by ESR, ENDOR, ESE spectroscopy and germination measurement: E.ect of long–lived and super–long–lived radicals[J]. Radiation physics and Chemistry, 2000, 57: 75–83.

[775] Kumar S, Bhanjana G, Sharma A, et al. Synthesis, characterization and on field evaluation of pesticide loaded sodium alginate nanoparticles[J]. Carbohydr Polym, 2014, 101.

[776] Landolt P J, Chambers D L, Chew V. Alternative to the use of probit 9 mortality as a criterion for quarantine treatment of fruit fly (Dipetra:Tephritidae) infested fruit[J]. J. Econ. Entomol. 1984, 77:285–287.

[777] Lay–Yee M, Whiting D C. Response of 'Hayward' kiwifruit to high–temperature controlled atmosphere treatments for control of two–spotted spider mite (Tetranychusurticae) [J]. Postharvest Biology and Technology, 1996, 7: 73–81.

[778] Le deuff RM, Renaultt T. Purification and partial genome characterization of a herpes–like virus infecting the Japanese oyster Crassostrea gigas[J]. J. Gen. Virol., 1999, 80:1317–1322.

[779] Le G P, 1932. Les Proprieties insecticides du bromure de methyl[J]. Rev. Path. Veg. Ent. Agric. France, 19: 169–172.

[780] Le Roux F., Lorenzo G., Peyret P., et al. Molecular evidence for the existence of two species of Marteilia in Europe[J]. J. Euk. Microbiol, 2001, 48 (4):449–454.

[781] Le T N, Shiesh C C, Lin H L, et al. Vapour heat quarantine treatment for Taiwan native mango variety fruits infested with fruit fly[J]. Journal of Applied Horticulture, 2010 (12): 107–112.

[782] Lee C.S., O' bryen P.J. Biosecurity in Aquaculture Production Systems: Exclusion of Pathogens and Other Undesirables [R]. World Aquaculture Society, Baton Rouge, LA, USA, 2003.

[783] Lee R E. Principles of insect low temperature tolerance. In: Lee R E and Denlinger D L (eds), Insects at Low Temperature[J]. Chapmen and Hall, New York, 1991, 17–46.

[784] Li H, Tian H, Liu C, et al. The effect of arsenic on soil intracellular and potential extracellular β–glucosidase differentiated by chloroform fumigation[J]. Science of The Total Environment, 2020: 138659.

[785] Li W, Wang K, Chen L, et al. Tolerance of Sitophiluszeamais, (Coleoptera: Curculionidae) to heated controlled atmosphere treatments[J]. Journal of Stored Products Research, 2015, 62:52–57.

[786] Li X, Li B, Cai S, et al. Identification of Rhizospheric Actinomycete Streptomyces lavendulae SPS-33 and the Inhibitory Effect of its Volatile Organic Compounds against Ceratocystis fimbriata in Postharvest Sweet Potato (Ipomoea batatas (L.) Lam.)[J]. Microorganisms, 2020, 8(3): 319.

[787] Li Z, Di Gioia F, Hwang J I, et al. Dissipation of fomesafen in fumigated, anaerobic soil disinfestation-treated, and organic-amended soil in Florida tomato production systems[J]. Pest Management Science, 2020, 76(2): 628–635.

[788] Li Z, Yang J, Shang B, et al. Water stress rather than N addition mitigates impacts of elevated O3 on foliar chemical profiles in poplar saplings[J]. Science of The Total Environment, 2020, 707: 135935.

[789] Lightner D.V. Biosecurity in shrimp farming: pathogen exclusion through use of SPF stock and routinesurveillance[J]. J. World Aquaculture Soc, 2005, 36:229–248.

[790] Lightner D.V., Pantoja C.R., Poulos B.T., et al. Infectious myonecrosis: new disease in Pacific white shrimp[J]. Global Aquaculture Advocate, 2004, 7:85.

[791] Lightner D.V., Redman R.M., Arce S., et al. Specific Pathogen–Free Shrimp Stocks in Shrimp Farming Facilities as a Novel Method for Disease Control in Crustaceans [M]. In: Shellfish Safety and Quality, Shumway S. & Rodrick G., eds. Woodhead Publishers, London, UK, 2009.

[792] Lim C J, Basri M, Omar D, et al. Green nanoemulsion–laden glyphosate isopropylamine formulation in suppressing creeping foxglove (A. gangetica), slender button weed (D. ocimifolia) and buffalo grass (P. conjugatum)[J]. Pest Manag Sci, 2013, 69(1).

[793] Liu B X, Wang Y, Yang F, et al. Construction of a controlledrelease delivery system for pesticides using biodegradable PLA–based microcapsules[J]. Colloid Surface B, 2016, 144: 38–45.

[794] Liu Bo, Li Baishu, Zhan Guoping, et.al. Forced hot–air treatment against Bactrocera papayae (Diptera: Tephritidae) in papaya[J]. Applied Entomology and Zoology, 2017 52(4):1–11, DOI 10.1007/s13355–017–0501–4.

[795] Liu T, Li L, Wang YJ, et al. Postharvest fumigation of Chinese ya pear with carbonyl sulfide for the control of black spot disease [C] // Navarro S., Banks H.J., Jayas D.S., et al.Proceedings of the 9th International Conference on Controlled AtmospHere and Fumigation in Stored Products. Antalya, Turkey: ARBER Professional Congress Services, 2012: 38–43.

[796] Liu Y B. CA requirements for postharvest pest control [J]. //Controlled and Modified Atmospheres for Fresh and Fresh–Cut Produce. Academic Press, 2020: 65–74.

[797] Loy, J.K., P.F. Frelier. Specific, nonradioactive detection of the NHP bacterium in

Penaeus vannamei by in situ hybridization[J]. Journal of Veterinary Diagnostic Investigations 1996, 8: 324–331.

[798] Loy, J.K., Frelier, P.F., Varner, P. and J.W. Templeton. Detection of the etiologic agent of necrotizing Hepatopancreatitis in cultured Penaeus vannamei from Texas and Peru by polymerase chain reaction[J]. Diseases of Aquatic Organisms, 1996, 25: 117–122.

[799] Lu DG, Kang W, Li YJ, et al. The feasibility of control of Anoplophora glabripennis with sterile insect technique[J]. Acta agriculturae Nucleatae Sinica, 2001, 15(5): 302–307.

[800] M. Yasumoto, H. Ogawa, N. Sei, et al. Research Institute of Instrumentation Frontier, National Institute of Advanced Industrial Science, photo–acoustic spectroscopy with infrared fel.

[801] Mackowiak sochacka, A. Investigations on control of bacterial ring rot of potato (Clavibactermichiganensissubsp.sepedonicus)[J]. Progress in Plant Protection. Instytut Ochrony Roslin (Institute of Plant Protection), Poznan, Poland: 2005. 45: 1, 277 ~ 283. 9 ref.

[802] Maeda M., Itami T., Mizuki E., et al. Red swamp crawfish (Procambarus clarkii): an alternative experimental host in the study of white spot syndrome virus[J]. Acta Virol, 2000, 44(6):371–374.

[803] Maeda M., Saitoh H., Mizuki E., et al, M. Replication of white spot syndrome virus in ovarian primary cultures from the kuruma shrimp, Marsupenaeus japonicas[J]. J. Virol Methods, 2004, 116(1):89–94.

[804] Mahé D, Blanchard P, Truong C, et al. Differential recognition of ORF2 protein from type 1 and type 2 porcine circoviruses and identification of immunorelevant epitopes[J]. J Gen Virol. 2000, 81(7):1815–1824.

[805] Manoto EC, Resilva SS, del Rosario SE, et al. Effects of gamma radiation on the insect mortality and fruit quality of pHilippine "Carabao" mangoes [C] // Proceedings of Research Co–ordination Meeting. Use of Irradiation as a Quarantine Treatment of Food and Agricultural Commodities. Kuala Lumpur, 1990 IAEA, Vienna. 1992: 91–116.

[806] Mariott J. Bananas physiology and biochemistry of storage and ripening for optimum quality[J]. CRC Critical Reviews of Food Science and Nutririon, 1980 (13): 41–88.

[807] Matovinovic J.A short history of quarantine (Victor C. Vaughan) [J].University of Michigan Medical Center Journal, 1969, 35(4):224–228.

[808] Mattos B D, Tardy B L, Magalhes W L E, et al. Controlled release for crop and wood protection: recent progress toward sustainable and safe nanostructured biocidal systems[J]. J Control Release, 2017, 262.

[809] MBTOC. Assessment Report of the Methyl Bromide Technical Options Committee

[R]. 2010.

[810] Mirshekari A, Madani B, Yahia E M, et al. Postharvest melatonin treatment reduces chilling injury in sapota fruit[J]. Journal of the Science of Food and Agriculture, 2020, 100(5): 1897–1903.

[811] Mitcham E, Martin T, Zhou S. The mode of action of insecticidal controlled atmospheres[J]. Bulletin of entomological research, 2006, 96: 213–222.

[812] Mitter N, Hussey K. Moving policy and regulation forward for nanotechnology applications in agriculture[J]. Nat Nanotechnol, 2019, 14(6).

[813] Moeri OE, Cuda JP, Overholt WA, et al. F1 sterile insect technique: A novel approach for risk assessment of Episimus unguiculus (Lepidoptera: Tortricidae), a candidate biological control agent of Schinus terebinthifolius in the continental USA[J]. Biocontrol Science and Technology, 2009, 19(1):303–315.

[814] Montzka S. 2009. The influence of methyl bromide from QPS applications on the ozone layer. Presentation on Scientific Assessment Panel report [R]. Workshop on methyl bromide use for quarantine and pre–shipment purposes, 3 November 2009, MoP–21, Port Ghalib.

[815] Mukhopadhyay A K, Ghose S K. Biology of the mealybug Planococcus lilacinus Cockerell Pseudococcidae Homoptera[J]. Environment and Ecology (Kalyani). June; 172: 464–466, 1999

[816] Muller IC, Andrade TP, Tang–Nelson KF, et al. Genotyping of white spot syndrome virus (WSSV) geograpHical isolates from Brazil and comparison to other isolates from the Americas[J]. Dis Aquat Organ. 2010, 88(2):91–98.

[817] Murray R, Lucangeli C, Polenta G, et al. Combined pre–storage heat treatment and controlled atmosphere storage reduced internal breakdown of “Flavorcrest” peach[J]. Postharvest Biology & Technology, 2007, 44(2):116–121.

[818] Myers S W, Fraser I, Mastro V C. Evaluation of heat treatment schedules for emerald ash borer (Coleoptera: Buprestidae)[J]. J Econ Entomol, 2009, 102: 2048–2055.

[819] Na Zhu, Dingyu Zhang, Wenling Wang, et al. A Novel Coronavirus From Patients With Pneumonia in China, 2019[J]. N Engl J Med, 2020, 382(8):727–733.

[820] Nagai T, Noda Y, Nabeshima T. Pesticide and central nervous system[J]. Chudoku Kenkyu, 2003 (4): 407–411

[821] Nair R, Varghese S H, Nair B G, et al. Nanoparticulate material delivery to plants[J]. Plant Sci, 2010, 179(3).

[822] NAPPO (Northern America Plant Protection Organization). RSPM No.34:

Development of Phytosanitary Treatment Protocols for Regulated Arthropod Pests of Fresh Fruits or Vegetables [S]. Ottawa: NAPPO, 2011.

[823] Nawagitgul P, Morozov I, Bolin SR, et al. Open reading frame 2 of porcine circovirus type 2 encodes a major capsid protein[J]. J Gen Virol. 2000, 81(9):2281–2287.

[824] Nel A, Xia T, Mädler L, et al. Toxic potential of materials at the nanolevel[J]. Science, 2006, 311(5761).

[825] Neven L G, Hansen L D. Effects of temperature and controlled atmospheres on codling moth metabolism[J]. Annals of the Entomological Society of America, 2010, volume 103(3):418–423(6).

[826] Neven L G, Mitcham E J. CATTS (Controlled Atmosphere Temperature Treatment System): A Novel Tool for the Development of Quarantine Treatments [J]. American Entomologist, 1996, 42: 56–59.

[827] Neven L G, Rehfieldray L. Confirmation and efficacy tests against codling moth and oriental fruit moth in apples using combination heat and controlled atmosphere treatments[J]. Journal of Economic Entomology, 2006, 99(5):1620–7.

[828] Neven L G. Combined Heat and Controlled Atmosphere Quarantine Treatments for Control of Codling Moth in Sweet Cherries[J]. Journal of Economic Entomology, 2005, 98(3):709–715.

[829] Neven L G. Development of a Model System for Rapid Assessment of Insect Mortality in Heated Controlled Atmosphere Quarantine Treatments[J]. Journal of Economic Entomology, 2008, 101(2):295–301.

[830] Nibert M.L. "2A–like" and "shifty heptamer" motifs in penaeid shrimp infectious myonecrosis virus, a monosegmented double–stranded RNA virus[J]. J. Gen. Virol, 2007, 88:1315–1318.

[831] Nie J, Sun Y, Zhou Y, et al. Bioremediation of water containing pesticides by microalgae: Mechanisms, methods, and prospects for future research[J]. Science of The Total Environment, 2020, 707: 136080.

[832] Norio A, Atsushi N, Mitsunobu K, et al. Influence of irradiation on dispersal ability and survival rate in the sugarcane click beetle Melanotus okinawensis Ôhira (Coleoptera: Elateridae) [J]. Applied Entomology and Zoology, 2010, 45(2): 303–311.

[833] Nunan L.M., Poulos B.T., Lightner D.V.. Use of polymerase chain reaction (PCR) for the detection of infectious hypodermal and hematopoietic necrosis virus (IHHNV) in penaeid shrimp[J]. Mar. Biotechnol, 2000, 2:319–328.

[834] Nunes A.J.P., Cunha–martins P. & Vasconselos–gesteira T.C. Carcinicultura

ameaçada[J]. Rev. Panoram. Aquic, 2004, 83:37–51.

[835] Obenland D M, Jang E B, Aung L H, et al. Tolerance of lemons and the Mediterranean fruit fly to carbonyl sulfide quarantine fumigation[J]. Crop Protection, 1998, 17(3):219–224

[836] Obra GB, Resilva SS, Follett PA, et al. Large-scale confirmatory tests of a phytosanitary irradiation treatment against Sternochetus frigidus (Coleoptera: Curculionidae) in philippine mango[J]. Journal of Economic Entomology, 2014, 107(1): 161–165.

[837] Observatory Nano. Nanotechnologies for nutrient and biocide delivery in agricultural production[C]. Working paper, April 2010. http://www.observatorynano.eu/project/filesystem/files/Controlled%20delivery.pdf.

[838] Office International Des Epizooties. Manual of Diagnostic Tests for Aquatic Animals[M]. 6 Edition. Paris: OIE, 2009:132–143.

[839] OH S, LIU Y B. Effectiveness of Nitrogen Dioxide Fumigation for Microbial Control on Stored Almonds[J]. Journal of Food Protection, 2020, 83(4): 599–604.

[840] Oidtmann B., Heitz E., Rogers D., et al. Transmission of crayfish plague[J]. Dis. Aquat. Org., 2002, 52:159–167.

[841] Opiyo E. Survival and reproductive potential of gamma irradiated male Glossina pallidipes Austen[J]. Entomologia Experimentalis et Applicata, 2001, 99(3): 397–400.

[842] Ormeño E, Viros J, M é vy J P, et al. Exogenous Isoprene Confers Physiological Benefits in a Negligible Isoprene Emitter (Acer monspessulanum L.) Under Water Deficit[J]. Plants, 2020, 9(2): 159.

[843] Otter JA, Donskey C, Yezli S, et al. Transmission of SARS and MERS coronaviruses and influenza virus in healthcare settings: the possiblerole of dry surface contamination[J]. J Hosp Infect, 2016, 92(3):235–250.

[844] Pajni HR;Jabbal A. Induction of sterility in Zabrotes subfasciatus (Boh.) (Bruchidae: Coleoptera) by the use of gamma radiation[J]. Current Science, 1979, 48(13): 604–606.

[845] Palungan M B, Tangaran B, Salu S, et al. The Effect of Fumigation Treatment of King Pineapple Leaf Fiber (Agave Cantala Roxb) on Length of Fiber Critical Using Epoxy Matrix [J]. Journal of Physics Conference, 2020.

[846] Pan L, Zhao X, Chen M, et al. Effect of exogenous methyl jasmonate treatment on disease resistance of postharvest kiwifruit[J]. Food chemistry, 2020, 305: 125483.

[847] Parry L, Dixon PF. Stability of nine viral haemorrhagic septicaemia virus (VHSV) isolates in seawater[J]. Fish Pathol, 1997, 17:31–36.

[848] Pascoli M, Lopes-oliveira P J, Fraceto L F, et al. State of the art of polymeric

nanoparticles as carrier systems with agricultural applications: a minireview[J]. Energy Ecology Environment, 2018, 3(3).

[849] Paull R E, McDonald E. Heat and cold treatments [R]. // Paul R E and Armstrong J (ed.), Insect Pests and Fresh Horticulture Producs: Treatments and Responses. CAB International: 1994: 191–195.

[850] Paull R E. Chiing injury in tropical and subtropical crops [M]. In: Wang C Y (ed.), Chilling Injury of Horticultural Crops. Boca Raton: CRC Press, 1990: 17–36.

[851] Perez L M, Moore P J, Abney M R, et al. Species Composition, Temporal Abundance and Distribution of Insect Captures Inside and Outside Commercial Peanut Shelling Facilities[J]. Insects, 2020, 11(2): 110.

[852] pHillott A.D., Speare R., Hines H.B., et al. Minimising exposure of ampHibians to pathogens during field studies[J]. Dis. Aquat. Org., 2010, 92:175–185.

[853] Pichot Y., Comps M., Tige G., Grizel H. & Rabouin M.A. Recherches sur Bonamia ostreae gen. n., sp. n., parasite nouveau de l'huître plate Ostrea edulis L [R]. Rev. Trav. Inst. P ê ches Marit., 1979, 43:131–140.

[854] Plagge, J. Rommelt, S. Study on the effect of alternative control methods against blossom infection with fireblight (Erwiniaamylovora) in apples [J]. Schriftenreihe ~ Institut fur Organischen Landbau. 1997.4: 199 ~ 203. 9 ref.

[855] Poléo AB, Schjolden J, Hansen H, et al. The effect of various metals on Gyrodactylus salaris (Platyhelminthes, Monogenea) infections in Atlantic salmon (Salmo salar) [J]. Parasitology. 2004, 128(2):169–177.

[856] Poulos B.T., Lightner D.V. Detection of infectious myonecrosis virus (IMNV) of penaeid shrimp by reverse–transcriptase polymerase chain reaction (RT–PCR)[J]. Dis. Aquat. Org., 2006, 73:69–72.

[857] Poulos B.T., Tang K.F.J., Pantoja C.R., et al. Purification and characterization of infectious myonecrosis virus of penaeid shrimp[J]. J. Gen. Virol., 2006, 87:987–996.

[858] D. J. Finney. Probit Analysis[M]. 2nd ed. Cambridge University Press, New York, 1952. xiv + 318.

[859] Properties of the formulations[J]. J Control Release, 2003, 86(2–3).

[860] Qu T, Li B, Huang X, et al. Effect of Peppermint Oil on the Storage Quality of White Button Mushrooms (Agaricus bisporus)[J]. Food and Bioprocess Technology, 2020: 1–15.

[861] Ranjbar Karimi R, BazmandeganShamili A, Aslani A, et al. Sonochemical synthesis, characterization and thermal and optical analysis of CuO nanoparticles[J]. Physic B Condensed Matter, 2010, 405(15).

[862] Rao D, Aguilar-Argüello S, Montoya P, et al. The effect of irradiation and mass rearing on the anti-predator behaviour of the Mexican fruit fly, AnastrepHa ludens (Diptera: TepHritidae)[J]. Bulletin of Entomological Research 104, 2014: 176 - 181.

[863] Ravishankara A R, Kurylo M J, Ennis C A (eds.).Trends in Emissions of Ozone-Depleting Substances, Ozone Layer Recovery, and Implications for Ultraviolet Radiation Exposure. Synthesis and Assessment Product 2.4 [R]. November 2008. Department of Commerce, NOAA' s National Climatic Data Center, Asheville, NC: 22, 44, 53.

[864] Ravuiwasa KTT, Lu KH, Shen TC, et al. Effects of Irradiation on Planococcus minor (Hemiptera: Pseudococcidae)[J]. Journal of Economic Entomology, 2009, 102(5): 1774–1780.

[865] Ren J J, Zhang D, Hou P X, et al. Effects of horseradish oil (Armoracia rusticana) and eight isothiocyanates vapour treatment on the postharvest disease control and their efficacy as preservatives of mature green tomato[J]. Plant Disease, 2020 (ja).

[866] Ren Y L, Desmarchelier J M, Vu L T, et al. Commercial-scale trials on the application of carbonyl sulfide (COS) to barley, oats and canola[J]. Technical Report - CSIRO Division of Entomology, 2003, 91: iii + 45.

[867] Ren Y L, Desmarchelier J M, Allen S, et al. Carbonyl sulfide (COS) trials on barley oats and canola in 40 t farms bins[C]//In: Wright E J, Banks H J, Highley E. ed., Stored grain in Australia 2000. Canberra, CSIRO Stored Grain Research Laboratory, 2002, 89–96.

[868] Ren Y L, Mahon D. Field trials on ethyl formate for fumigation of on-farm storage [C]. E.J. Wright, M.C. Webb and E. Highley, ed., Stored grain in Australia 2003. Proceedings of the Australian Postharvest Technical Conference, Canberra, 25 - 27 June 2003. CSIRO Stored Grain Research Laboratory, Canberra.

[869] Richard H. Le Pelley Ph.D. F.R.E.S. An oriental mealybug (pseudococcuslilacinuscklI.) (hemiptera) and its insect enemies[J]. Ecological Entomology, 1943, 93(1):73–93.

[870] Roberts, P. D. Berger, R. D. Jones, et al. Disease progress, yield loss, and control of Xanthomonasfragariae on strawberry plants[J]. Plant Disease. 1997. 81: 8, 917–921. 27 ref.

[871] Roksana H, Islam S, Islam ATMF. Effects of gamma radiation on the quantitative aspects of sperm transfer in blowfly, Lucilia cuprina (Wied.) (Diptera: CallipHoridae) [J]. Bangladesh Journal of Entomology, 1999, 9(1–2): 33–38.

[872] Ron Mack. Review of Current Research on Solid Wood Packing (SWP) Fumigation Alternatives to Methyl Bromide[R]. IFQRG 2006, 26, 1–7.

[873] Runner GA. Effects of roentgen rays on the tobacco or cigarette beetle and the results of experiments with new form of roentgen tube[J]. Journal Agricultural Research, 1916, 6: 383–388.

[874] Saengchan S., pHewsaiya K., Briggs M. et al. Outbreaks of infectious myonecrosis virus (IMNV) in Indonesia confirmed by genome sequencing and use of an alternative RT–PCR detection method[J]. Aquaculture, 2007, 226:32–38.

[875] Sakurai H, Shiraishi R, Ito Y, et al. Effect of gamma–radiation on the spermatogenesis of melon fly, Dacus cucurbitae[J]. Research Bulletin of the Faculty of Agriculture, Gifu University, 1989, 54:59–69.

[876] Salazar P., H. Duque, S. Cultural and chemical control of the pseudostem pit (Erwiniachrysanthemi pv. paradisiaca) in Musa spp[J].Fitopatologia Colombiana. 1994. 18: 1 ~ 2, 9 ~ 13. 8 ref.

[877] Sallam HA, El–Shall SSA, Mohamed HF. Inherited sterility in progeny of gamma–irradiated spiny bollworm, earias insulana boisd[J]. Arab Journal of Nuclear Sciences and Applications, 1999, 32(1): 263–270.

[878] Salvatori E, Gentile C, Altieri A, et al. Nature–Based Solution for Reducing CO_2 Levels in Museum Environments: A Phytoremediation Study for the Leonardo da Vinci' s "Last Supper" [J]. Sustainability, 2020, 12(2): 565.

[879] Sammataro D, Gerson U, Needham G. Parasitic mites of honey bees: life history, implications, and impact[J]. Annual Review of Entomology, 2000, 45(1):519–548.

[880] Sanchez F. Irradiation quarantine treatment to sterilise Quadraspidiotus perniciosus and Neotermes chilensis [R] // Report of the Final Research Co–ordination Meeting on the Use of Irradiation as a Quarantine Treatment of Food and Agricultural Commodities, Kuala Lumpur, 1990, IAEA. 1991.

[881] Sangwanangkul P, Saradhuldhat P, Paull RE. Survey of tropical cut flower and foliage responses to irradiation[J]. Postharvest Biology and Technology, 2008, 48:264 – 271.

[882] SAP (2007) Scientific Assessment of Ozone Depletion: 2006 [R]. World Meteorological Organisation, Geneva: 8.3 and 8.29.

[883] Sasaki, A. Shimane T. Current and developing approaches for controlling fire blight (caused by Erwinia amylovora) [J]. Bulletin of the National Institute of Fruit Tree Science. National Institute of Fruit Tree Science, Tsukuba, Japan: 2007. 6, 1–9. 64 ref.

[884] Schart M E, Nguyen S N, Song C. Evaluation of volatile low molecular weight insecticides using Drosophila melanogaster as a model[J]. Pest Manag Sci, 2006, 62:655 – 663.

[885] Schirra M D, Aquino S, Cabras P, et al. Control of postharvest diseases of fruit by heat and fungicides: efficacy, residue levels, and residue persistence[J].Journal of Agricultural and Food Chemistry, 2011 (59): 8531–8542.

[886] Scott Stoddard [R]. Sweetpotato Research Progress Report , 2003, 1–19.

[887] Scudamore K A, Heuser S G. Ethylene oxide and its persistent reaction products in wheat flour and other commodities: Residues from fumigation or sterilisation, and effects of processing[J]. Pesticide Science, 2006, 2(2): 80—91.

[888] Sehgal SS, Chand AT. Mating competitiveness of adult rice moths 60Co irradiated as pupae[J]. Indian Journal of Entomology, 1978, 40(3): 303–307.

[889] Selim SA. Oedematous skin disease of buffalo in Egypt[J]. J Vet Med B Infect Dis Vet Public Health. 2001, 48(4):241–258.

[890] Seo S T, Kohayashi R M, Chambers D L, et al. Fumigation with methyl bromide plus refrigeration to control infestations of fruit flies in agricultural commodities[J]. J. Econ. Entomol. 1971, 64: 1270–1274.

[891] Setsuko Todoriki, Md. Mahbub Hasan, Akihiro Miyanoshita, et al. Comet assay: A novel technique to detect DNA damage in larvae of Curculio sikkimensis (Heller) exposed to gamma irradiation[J]. International Pest Control, 2006, 48(1): 19–21.

[892] Severin, V. Constantinescu, F. Jianu F. Appearance, expansion and chemical control of fire blight (Erwiniaamylovora) in Romania[J]. Acta Horticulturae. 1999. 489, 79 ~ 84. 12 ref.

[893] Sgrillo R. Efficacy and equivalence of phytosanitary measures[R/OL]. A discussion and reference paper prepared for the IPPC Expert Working Group on the Efficacy of Phytosanitary Measures. Imperial College, UK 2–4 July 2002 (http://www.sgrillo.net/sampling/efficacy_and_equivalence_of_phyt.htm).

[894] Shao Z, Zhang Y, Mu H, et al. Ozone–induced reduction in rice yield is closely related to the response of spikelet density under ozone stress[J]. Science of The Total Environment, 2020: 136560.

[895] Sharma S, Barman K, Prasad R N, et al. Chilling Stress During Postharvest Storage of Fruits and Vegetables [R]//New Frontiers in Stress Management for Durable Agriculture. Springer, Singapore, 2020: 75–99.

[896] Sharp J L. Heat and cold treatments for postharvest quarantine disinfestations of fruit flies (Diptera: Tephritidae) and other quarantine pests[J]. Florida Entomologist, 1993 (76): 212–218.

[897] Shi P, Deng D, He C, et al. Mechanochromic luminescent materials with aggregation–induced emission: Mechanism study and application for pressure measuring and mechanical printing[J]. Dyes and Pigments, 2020, 173: 107884.

[898] Shi P, Zhang X, Liu Y, et al. A multi–stimuli–responsive AIE material switching

among three emission states[J]. Materials Letters, 2020, 263: 127214.

[899] Shinohara, M. Nakajima, N. Uehara, Y. Purification and characterization of a novel esterase (beta-hydroxypalmitate methyl ester hydrolase) and prevention of the expression of virulence by Ralstoniasolanacearum[J].Journal of Applied Microbiology. Blackwell Publishing, Oxford, UK: 2007. 103: 1, 152-162. 33 ref.

[900] Silva, LKF, Arthur V, Nava DE, et al. Use of gamma radiation of Cobalt-60 aiming at the quarentenary treatment and the sterilization of Stenoma catenifer Walsingham (Lepidoptera: Elachistidae) [J]. Boletin de Sanidad Vegetal, Plagas. Ministerio de Agricultura, Pesca y Alimentacion, Madrid, Spain: 2007, 33: 3, 427-438.

[901] Simpson T, Bikoba V, Mitcham E J. Effects of ethyl formate on fruit quality and target pest mortality for harvested strawberries[J]. Postharvest Biology and Technology, 2004, 34(3): 313 - 319.

[902] Smistad E, Falch T L, Bozorgi M, et al. Medical image segmentation on GPUs - A comprehensive review[J]. Medical Image Analysis, 2015, 20(1): 1 - 18.

[903] Smit R, Jooste M M, Addison M F, et al. Ethyl formate fumigation: Its effect on stone and pome fruit quality, and grain chinch bug (Macchiademus diplopterus) mortality[J]. Scientia Horticulturae, 2020, 261: 108845.

[904] Sokhansanj S, Venkatesam V S, Wood H C.Thermal kill of wheat midge and Hessian fly[J]. Postharvest Biology and Technology, 1992 (2): 65-71.

[905] Sommer N F, Mitchell F G. Relation of chilling temperatures to postharvest alternaria rot of papaya fruit[J]. Proceeding of the Tropical Region, America society for Science for Horticulture Science, 1978 (22): 40-47.

[906] Son Y, Chon I, Neven L, et al. Controlled Atmosphere and Temperature Treatment System to Disinfest Fruit Moth, Carposinasasakii (Lepidoptera: Carposinidae) on Apples[J]. Journal of Economic Entomology, 2012, 105(5):1540-7.

[907] Spivey A C, Weston M, Woodhead S. Celas—traceae sesquiterpenoids: biological acitivity and synthesis[J]. Chem. Soc. Rev. , 2002, 31: 43-49.

[908] St MJ , Young J, Williams LM . Epizootic haematopoietic necrosis virus (EHNV): Growth in fish cell lines at different temperatures[J]. Bulletin- European Association of Fish Pathologists, 2005, 25(5):228-231.

[909] Stanley J, Srivastava C. Phosphine: an eco-friendly alternative for management of wheat storage insects. bioRxiv, 2020.

[910] Stanley MA, Oliver JH. Gamma radiation effects on reproductive biology of the tick[J]. Journal of Entomological Science, 1993, 28(3):267-277.

[911] Stuard S M. A State of deference: Ragusa/Dubrovnik in the medieval centuries[J]. Philadelphia: University of Pennsylvania Press, 1992.

[912] Su Kyung Choi, Se Ryun Kwon, Yoon Kwon Nam, et al. Organ distribution of red sea bream iridovirus (RSIV) DNA in asymptomatic yearling and fingerling rock bream (Oplegnathus fasciatus) and effects of water temperature on transition of RSIV into acute pHase[J]. Aquaculture, 2006, 256:23–26.

[913] Subramanyam B, Mahroof R, Brijwani M. Heat treatment of grain-processing facilities for insect management: a historical overview and recent advances[J]. Stewart Postharvest Review, 2011 (3): 1–11.

[914] Sudhakaran R., Haribabu P., Rajesh Kumar S., et al. Natural aquatic insect carriers of Macrobrachium rosenbergii noda virus (MrNV) and extra small virus (XSV)[J]. Dis. Aquat. Org., 2008, 79:141–145.

[915] Sunder, S. Singh, R. Dodan, et al. Management of bacterial blight of rice with botanical extracts and non—conventional chemicals[J]. Plant Disease Research (Ludhiana). Indian Society of Plant Pathologists, Ludhiana, India: 2005. 20: 1, 12–17. 21 ref.

[916] T. O. Adejumo. Crop protection strategies for major diseases of cocoa, coffee and cashew in Nigeria[J]. African Journal of Biotechnology. 2005, 4 (2): 143–150.

[917] T. O. Adejumo. Crop protection strategies for major diseases of cocoa, coffee and cashew in Nigeria[J]. African Journal of Biotechnology. 2005, 4 (2): 143–150.

[918] Tahir I I, Johansson E, Olsson M E. Improvement of apple quality and storability by a combination of heat treatment and controlled atmosphere storage [J]. Hortscience A Publication of the American Society for Horticultural Science, 2009, 44(6):1648–1654.

[919] Tan J, Lancaster M, Hyatt A, et al. Purification of a herpes-like virus from abalone (Haliotis spp.) with ganglioneuritis and detection by transmission electron microscopy[J]. J Virol Methods. 2008, 149(2):338–341.

[920] Tanabe A, Kondo Y, Toriumi T. Effect of HPS on leucocytozoon and coccidial infection in chickens[J]. Folia pHarmacologica Japonica, 1985, 86(3):175–179.

[921] Tanabe A, Kondo Y, Toriumi T. Effect of sulfamonomethoxine and ormetoprim on leucocytozoon infection in chickens[J]. Nihon Yakurigaku Zasshi Folia pHarmacologica Japonica, 1986, 87(3):273–279.

[922] Tang J, Mitcham E, Wang S, et al. Heat treatments for postharvest pest control: theory and practice[M]. Oxford, UK: CABI Publishing, 2007, 15: 335–336.

[923] Tang K.F.J., Pantoja C.R., Poulos B.T., et al. In situ hybridization demonstrates that Litopenaeus vannamei, L. stylirostris and Penaeus monodon are susceptible to experimental

infection with infectious myonecrosis virus (IMNV)[J]. Dis. Aquat. Org., 2005, 63:261–265.

[924] TEAP (2010) Assessment report of the technology and economic assessment panel [R]. Montreal protocol on substances that deplete the ozone layer, United Nations Environment Programme, Nairobi. 91.

[925] TEAP (2012) Assessment report of the technology and economic assessment panel [R]. Montreal protocol on substances that deplete the ozone layer, United Nations Environment Programme, Nairobi. 164.

[926] Thomas D B, Mangan R L. Modelling thermal death in the Mexican fruit fly (Diptera:Tephritidae) [J]. Journal of Economic Entomology, 1997 (90): 527–534.

[927] Tilton EW, Burkholder WE, Cogburn RR. Effect of gamma radiation on Trogoderma glabrum and Attagenus piceus[J]. Journal Economic Entomology, 1966, 59(4): 944–948.

[928] Torres–Rivera Z, Hallman GJ. Low–dose irradiation pHytosanitary treatment against Mediterranean fruit fly (Diptera: TepHritidae) [J]. Florida Entomologist, 2007, 90:342–346.

[929] TPPT (Technical Panel on Phytosanitary Treatments) [R]. Report of Technical Panel on Phytosanitary Treatments December 2012. (2013–4–22) [2015–12–18]. https://www.ippc.int/static/media/files/publications/1366634475_Report_TPPT_2012_Dec_ 2013–04–22.pdf.

[930] Trajcevski, T. Results of some chemical protection of apple from the parasite Erwinia amylovora (Burrill) Winslow et al[J]. Macedonian Agricultural Review. 1999. 46: 1/2, 49 ~ 56. 21 ref.

[931] Treatment Manua1. APHIS, USA, 2003.

[932] Tsunoda, Kunio. Gaseous Treatment with Allyl Isothiocyanate to Control Established Microbial Infestation on Wood[J]. Journ. Wood Sci. 2000, 46(2): 154–158.

[933] Tu Q B, Wang P Y, Sheng S, et al. Microencapsulation and Antimicrobial Activity of Plant Essential Oil Against Ralstonia solanacearum[J]. Waste and Biomass Valorization, 2020: 1–10.

[934] UNEP (1992) Report of the fourth meeting of the parties to the montreal protocol on substances that deplete the ozone layer [R]. UNEP / Ozl. Pro. 4/15.

[935] UNEP (1999) Methyl bromide phase–out strategies, A global compilation of laws and regulations [R]. United Nations Environment Programme Division of Technology, Industry and Economics Ozone Action Programme. 146.

[936] UNEP MBTOC [R]. Assessment of Alternative to methyl bromide. 1998.

[937] UNEP [R]. 2010 Assessment, 2010 Report of the Methyl Bromide Technical Options Committee, Nairobi, 2011, 11:231–235.

[938] United States Department of Agriculture (USDA). The application of irradiation to

phytosanitary problems. Federal register, 1996, 61(95):24433~24439.

[939] United States Department of Agriculture Treatment Manual, 2021.

[940] USDA. Regulating the Importation of Fresh Fruits and Vegetables [R]. 2002. http://www.apHis.usda.gov/ppq/manuals/pdf_files/FV%20PDF/22FVReference_Section.pdf.

[941] USDA-ApHIS Plant Protection and Quarantine. Federal Quarantine Order on New invasive fruit fly Bactrocera invadens (Diptera, TepHritidae). ApHIS, Plant Protection and Quarantine 29 dcember, 2008.

[942] Van Maele-Fabry G, Duhayon S, Lison D. A systematic review of myeloid leukemias and occupational pesticide exposure[J]. Cancer Causes Control, 2007 (5): 457-478.

[943] Vanengelsdorp D, Meixner M D. A historical review of managed honeybee populations in Europe and the United States and the factorsthat may affect them[J]. J Invert Pathol, 2010, 103(S1):80-95.

[944] Velazquez G, Candelari H E, Ram í rez J A, et al. An improved quarantine method for mangoes against the Mexican fruit fly based on high-pressure processing combined with heat[J]. Foodborne Pathogens and Disease, 2010 (7): 493-498.

[945] Venumuddala R R. Distributed Frameworks Towards Bui l di ng an Open Data Archi tecture. Denton: Uni versi ty of North Texas, 2015.

[946] Villaverde J J, Sevilla-Morán B, López-Goti C, et al. An overview of nanopesticides in the framework of European legislation[M] //GRUMEZESCU AM. New pesticides and soil sensors. Cambridge: Academic Press, 2017: 227-271. doi: 10.1016/B978-0-12-804299-1.00007-2.

[947] Vincent A.G., J.M. Lotz. Time course of necrotizing Hepatopancreatitis (NHP) in experimentally infected Litopenaeus vannamei and quantification of NHP-bacterium using real-time PCR[J]. Disease of Aquatic Organisms, 2005, 67:163-169.

[948] Vincent A.G., Breland V.M., J.M. Lotz. Experimental infection of Pacific white shrimp Litopenaeus vannamei with Necrotizing Hepatopancreatitis (NHP) bacterium by per os exposure[J]. Disease of Aquatic Organisms, 2004, 61:227-233.

[949] Waddell B C, Clare G K, Maindonald J H. Comparative mortality responses of two Cook Island fruit fly (Diptera: Tephritidae) species to hot water immersion[J]. Journal of Economic Entomology, 1997 (90):1351-1356.

[950] Waddell B C, Jones V M, Petry R J, et al. Thermal conditioning in Bactrocera tryoni eggs (Diptera: Tephritidae) following hot-water immersion[J]. Posthavest Biology and Technology, 2000 (21): 113-128.

[951] Walker CS.The application of sterile insect technique against the tomato leafminer

Liriomyza bryoniae [D]. P.H.D. thesis, Imperial College London. Centre for Environmental Policy. 2012.

[952] Walker PJ, Benmansour A, Calisher CH, et al. Family Rhabdoviridae. In: van Regenmortel MHV, Fauquet CM, Bishop DHL, Carstens EB and 7 others (eds) The Seventh Report of the International Committee for Taxonomy of Viruses. Academic Press, San Diego, CA, 2000:563–583.

[953] Wang H, Xu J Z, Zhu J J.Preparation of CuO nanoparticles by microwave irradiation[J]. Journal of Crystal Growth, 2002, 244(1).

[954] Wang HS, Zhao CD, Li HX, et al. Control of Dacus citri by irradiated male sterile technique[J].Acta Agriculturae Nucleatae Sinica, 1990, 4(3):135–138.

[955] Wang J Y , Guo Z X , Feng J , et al. Virus infection in cultured abalone, Haliotis diversicolor Reeve in Guangdong Province, China[J]. Journal of Shellfish Research, 2004, 23(4):1163–1168.

[956] Wang S, Ikediala J N, Tang J, et al. Thermal death kinetics and heating rate effects for fifth–instar Cydia Pomonella (L.) (Lepidoptera: Tortricicae) [J]. Journal of Stored Products Research, 2002a, 38: 441–453.

[957] Wang S, Tang J, Johnson J A, et al. Thermal death kinetics of fifth–instar Amyelois transitella (Walker) (Lepidoptera:Pyralidae) larvae[J]. Journal of Stored Products Research, 2002b, 38: 427–440.

[958] Wang S, Tang J, Younce F. Temperature measurement [M]. In: Heldman D R. Encyclopedia of agricultural, food, and biological engineer. New York: Marcel Dekker, 2003: 987–993.

[959] Wang ZN, You RL.Changes in wheat germination following g–ray irradiation: an in vivo electronic paramagnetic resonance spin–probe study[J].Environmental and experimental Botany, 2000, 43:219–225.

[960] Watson R T, Albritton D L, Andersen S O, et al. Methyl bromide: Its atmospheric science, technology, and economics. United Nations Environment Programme, United Nations Headquarters, Ozone Secretariat, Nairobi, Kenya, 1992.

[961] Weichenthal S, Moase C, Chan P. A review of pesticide exposure and cancer incidence in the agricultural health study cohort[J]. Environmental Health Perspectives, 2010 (8): 1117–1125.

[962] Whiting D C, Hoy L E. High–Temperature Controlled Atmosphere and Air Treatments To Control Obscure Mealybug (Hemiptera: Pseudococcidae) on Apples[J]. Journal of Economic Entomology, 1997, 90(2):546–550.

[963] Whiting D C, Jamieson L E, Spooner K J, et al. Combination high-temperature controlled atmosphere and cold storage as a quarantine treatment against Ctenopseustisobliquana and Epiphyaspostvittana on "Royal Gala" apples[J]. Postharvest Biology and Technology, 1999, 16: 119-126.

[964] Whiting D C, O' Connor G M, Heuvel J V D, et al. Comparative mortalities of six tortricid (Lepidoptera) species to two high-temperature controlled atmospheres and air[J]. Journal of Economic Entomology, 1995, 88(88):1365-1370.

[965] Whittington RJ, Becker JA, Dennis MM. Iridovirus infections in finfish – critical review with empHasis on ranaviruses[J]. J Fish Dis. 2010, 33(2):95-122.

[966] Williams D J. The distribution of the mealybug genus Planococcus (Hemiptera: Pseudococcidae) in Melanesia, Polynesia and Kiribati [J]. Bulletin of Entomological Research, 1982, 72(3):441-455.

[967] Woolf A B, Ferguson I B. Postharvest responses to high fruit temperatures in the field[J]. Posthavest Biology and Technology, 2000 (21): 7-20.

[968] Wu F, Qushim B, Guan Z, et al. Weather Uncertainty and Efficacy of Fumigation in Tomato Production[J]. Sustainability, 2020, 12(1): 199.

[969] Wu Z C, Chang Y Y, Lai Q J, et al. Soil is not a reservoir for Phellinus noxius[J]. Phytopathology, 2020: PHYTO-08-19-0314-R.

[970] Wunner WH, Calisher CH, Dietzgen RG, et al. Rhabdoviridae[J]. Arch Virol, 1995, 10:275-288.

[971] Wyban J.A., Swingle J.S., Sweeney J.N.,et al G.D. Development and commercial performance of high health shrimp using specific pathogen free (SPF) broodstock Penaeus vannamei [R]. In Proceedings of the Special Session on Shrimp Farming, Wyban J., ed. World Aquaculture Society Baton Rouge, LA, USA, 1992.

[972] Yahia E M. Modified and Controlled Atmospheres for Tropical Fruits[M]// Horticultural Reviews, Volume 22. John Wiley & Sons, Inc. 2006:123-183.

[973] Yang W, Sokhansanj S, Tang J, et al. Estimation of thermal conductivity of oilseeds using maximum slope method [J]. Biosystems Engineering, 2002 (82): 169-176.

[974] Yehoshua S B, Beaudry R M, Fishman S, et al. Modified atmosphere packaging and controlled atmosphere storage [M] //Yeoshua S B. Environmentally friendly technologies for agricultural produce quality. Florida, USA: CRC Press, 2005: 70-121.

[975] Yocum G D, Zd á rek J, Joplin K H, et al. Alteration of the eclosion rhythm and eclosion behavior in the flesh fly, Sarcophaga crassipalpis, by low and high temperature stress[J]. Journal of Insect Physiology, 1994 (40): 13-21.

[976] Yoganandhan K., Leartvibhan M., Sriwongpuk S., et al. White tail disease of the giant freshwater prawn Macrobrachium rosenbergii in Thailand[J]. Dis. Aquatic. Org., 2006, 69:255–258.

[977] Yokoyama V Y, Miller G T, Dowell R V. Response of codling moth (Lepidoptera:Tortricidae) to high temperature, a potential quarantine treatment for exported commodities[J]. Journal of Economic Entomology, 1991 (84): 528–531.

[978] Young AS, Leitch BL, Irvin AD, et al. The effect of irradiation on the susceptibility of RhipicepHalus appendiculatus ticks to Theileria parva infection[J].Parasitology, 1981, 82(3): 473–479.

[979] Young C K, Cunningham S. Exploring the partnership of almond seeds[J]. Lebens-Wissen Technol, 1991 (33): 415–423.

[980] Yue W, Huihui Z, Jiechen W, et al. Elevated NO_2 damages the photosynthetic apparatus by inducing the accumulation of superoxide anions and peroxynitrite in tobacco seedling leaves[J]. Ecotoxicology and Environmental Safety, 2020, 196: 110534.

[981] Yun J, Li X, Li W, et al. Growth and quality of soybean sprouts (Glycine max L. Merrill) as affected by gamma irradiation[J].Radiation pHysics and Chemistry, 2013, 82:106–111.

[982] Yusoff S N M, Kamari A, Aljafree N F A. A review of materials used as carrier agents in pesticide formulations[J]. Int J Environ Sci Technol, 2016, 13(12).

[983] Zhan G P, Li B S, Gao M X, et al. Phytosanitary irradiation of peach fruit moth (Lepidoptera: Carposinidae) in apple fruits[J]. Radiation Physics and Chemistry, 2014, 103:153–157.

[984] Zhan G P, Ren L L, Shao Y, et al. Gamma irradiation as a phytosanitary treatment of Bactrocera tau (Walker) (Diptera: Tephritidae) in pumpkin fruits[J]. Journal of Economic Entomology, 2015, 108(1):88–94.

[985] Zhang L, Liu Z, Sun Y, et al. Combined antioxidant and sensory effects of active chitosan/zein film containing α-tocopherol on Agaricusbisporus[J]. Food Packaging and Shelf Life, 2020, 24: 100470.

[986] Zhang M, Li Y, Gao K, et al. A turn-on mechanochromic luminescent material serving as pressure sensor and rewritable optical data storage[J]. Dyes and Pigments, 2020, 173: 107928.

[987] Zhang W, Cao J, Fan X, et al. Applications of nitric oxide and melatonin in improving postharvest fruit quality and the separate and crosstalk biochemical mechanisms[J]. Trends in Food Science & Technology, 2020.

[988] Zhang Y, Wei J, Chen H, et al. Antibacterial activity of essential oils against Stenotrophomonas maltophilia and the effect of citral on cell membrane[J]. LWT, 2020, 117: 108667.

[989] Zhang Y. Detection and Control of Air Pollutants on Crops[J]. Revista de la Facultad de Agronomia de la Universidad del Zulia, 2020, 37(1).

[990] Zhao Y, Zhu X, Hou Y, et al. Postharvest nitric oxide treatment delays the senescence of winter jujube (Zizyphus jujuba Mill. cv. Dongzao) fruit during cold storage by regulating reactive oxygen species metabolism[J]. Scientia Horticulturae, 2020, 261: 109009.

[991] Zhu J, Ren Z, Huang B, et al. Effects of Fumigation with Allyl Isothiocyanate on Soil Microbial Diversity and Community Structure of Tomatov [J]. Journal of Agricultural and Food Chemistry, 2020, 68(5): 1226–1236.

[992] Zobeley E, Flechsig E, Cozzio A, et al. Infectivity of scrapie prions bound toastain lesssteelsurface[J]. MolMed, 1999, 5(4):240–243.